DER GANZE MENSCH

GERMANISTISCHE SYMPOSIEN
BERICHTSBÄNDE

Im Auftrag der Germanistischen Kommission
der Deutschen Forschungsgemeinschaft und in Verbindung
mit der »Deutschen Vierteljahrsschrift
für Literaturwissenschaft und Geistesgeschichte«

herausgegeben von
· Wilfried Barner
XV

Der ganze Mensch
*Anthropologie und Literatur
im 18. Jahrhundert*

DFG-Symposion 1992

Herausgegeben
von Hans-Jürgen Schings

Verlag J. B. Metzler
Stuttgart · Weimar

Germanistische Symposien
Berichtsbände, XV

Gedruckt mit Unterstützung der deutschen Forschungsgemeinschaft

Die Deutsche Bibliothek – CIP-Einheitsaufnahme

Der *ganze Mensch* : Anthropologie und Literatur im
18. Jahrhundert ; DFG-Symposium 1992 / hrsg. von Hans-Jürgen
Schings. – Stuttgart ; Weimar : Metzler, 1994
(Germanistische-Symposien-Berichtsbände ; 15)
ISBN 3-476-00997-1
NE: Schings, Hans-Jürgen [Hrsg.]: Deutsche Forschungsgemeinschaft; GT

Dieses Werk einschließlich aller seiner Teile ist urheberrechtlich geschützt.
Jede Verwertung außerhalb der engen Grenzen des Urheberrechtsgesetzes ist
ohne Zustimmung des Verlages unzulässig und strafbar. Das gilt insbesondere für Vervielfältigungen, Übersetzungen, Mikroverfilmungen und die
Einspeicherung und Verarbeitung in elektronischen Systemen.

© 1994 J. B. Metzlersche Verlagsbuchhandlung
und Carl Ernst Poeschel Verlag GmbH in Stuttgart

Einbandgestaltung: Willy Löffelhardt
Satz: Satzherstellung Stahringer, Ebsdorfergrund
Druck: Franz Spiegel Buch GmbH, Ulm
Printed in Germany

Verlag J. B. Metzler Stuttgart · Weimar

Inhalt

HANS-JÜRGEN SCHINGS (Berlin): Vorbemerkung 1

I. Neue Diskurse von der Seele und vom Körper

WILHELM SCHMIDT-BIGGEMANN (Berlin): Einführung 9
REINHARD BRANDT (Marburg): Ausgewählte Probleme der Kantischen
    Anthropologie 14
GERALD HARTUNG (Berlin): Über den Selbstmord. Eine Grenz-
    bestimmung des anthropologischen Diskurses im 18. Jahrhundert . . 33
HANS WERNER INGENSIEP (Essen): Der Mensch im Spiegel der Tier- und
    Pflanzenseele. Zur Anthropomorphologie der Naturwahrnehmung
    im 18. Jahrhundert 54
JOSEPH VOGL (Paris): Homogenese. Zur Naturgeschichte des Menschen
    bei Buffon 80
HANS ADLER (Madison, Wisconsin): Aisthesis, steinernes Herz und
    geschmeidige Sinne. Zur Bedeutung der Ästhetik-Diskussion in der
    zweiten Hälfte des 18. Jahrhunderts 96
FRIEDRICH VOLLHARDT (Hamburg): Zwischen pragmatischer Alltags-
    ethik und ästhetischer Erziehung. Zur Anthropologie der moraltheo-
    retischen und -praktischen Literatur der Aufklärung in Deutschland . . 112
STEPHAN MEIER-OESER (Berlin): Diskussionsbericht 130

II. Neue Erfahrungen von der Natur des Menschen

HARTMUT BÖHME (Berlin): Einführung 139
MICHAEL HAGNER (Göttingen): Aufklärung über das Menschenhirn.
    Neue Wege der Neuroanatomie im späten 18. Jahrhundert 145
RÜDIGER CAMPE (Essen): Bezeichnen, Lokalisieren, Berechnen 162
ANNELIESE EGO (Berlin): Magnetische Auftritte – ideologische Konflikte.
    Zur Problematik eines medizinischen Konzeptes im Zeitalter der
    Aufklärung 187
JÜRGEN BARKHOFF (Basel): Darstellungsformen von Leib und Seele in
    Fallgeschichten des Animalischen Magnetismus 214

CLAUDIA SCHMÖLDERS (Berlin): Das Profil im Schatten. Zu einem physiognomischen »Ganzen« im 18. Jahrhundert 242
LOTHAR MÜLLER (Berlin): Die ›Feuerwissenschaft‹. Romantische Naturwissenschaft und Anthropologie bei Johann Wilhelm Ritter 260
HELMUT MÜLLER-SIEVERS (Evanston, Illinois) Verstümmelung: Schiller, Fichte, Humboldt und die Genealogie des Masochismus 284
LILIANE WEISSBERG (Philadelphia, Pennsylvania): Erfahrungsseelenkunde als Akkulturation: Philosophie, Wissenschaft und Lebensgeschichte bei Salomon Maimon 298
FRIEDRICH VOLLHARDT (Hamburg): Diskussionsbericht 329

III. Exempla anthropologica

HANS-JÜRGEN SCHINGS (Berlin): Einführung 337
INKA MÜLDER-BACH (Berlin): Eine »neue Logik für den Liebhaber«: Herders Theorie der Plastik 341
PETER UTZ (Lausanne): »Es werde Licht!« – Die Blindheit als Schatten der Aufklärung bei Diderot und Hölderlin 371
RALPH HÄFNER (München): »L'âme est une neurologie en miniature«: Herder und die Neurophysiologie Charles Bonnets 390
WOLFGANG RIEDEL (Berlin): Erkennen und Empfinden. Anthropologische Achsendrehung und Wende zur Ästhetik bei Johann Georg Sulzer 410
CARSTEN ZELLE (Siegen): Die Notstandsgesetzgebung im ästhetischen Staat. Anthropologische Aporien in Schillers philosophischen Schriften 440
MANFRED ENGEL (Erlangen): Die Rehabilitation des Schwärmers. Theorie und Darstellung des Schwärmens in Spätaufklärung und früher Goethezeit 469
HANS ESSELBORN (Köln): Vexierbilder der literarischen Anthropologie. Möglichkeiten und Alternativen des Menschen im europäischen Reiseroman des 17. und 18. Jahrhunderts 499
MICHAEL NEUMANN (Münster): Philosophische Nachrichten aus der Südsee: Georg Forsters *Reise um die Welt* 517
ALEXANDER KOŠENINA (Berlin): Diskussionsbericht 545

IV. Literarische Anthropologie

HELMUT PFOTENHAUER (Würzburg): Einführung 555
RUDOLF BEHRENS (Bochum): Die Spur des Körpers. Zur Kartographie des Unbewußten in der französischen Frühaufklärung 561
ROLAND GALLE (Essen): Bilder des Körpers im Roman der Aufklärung . . 584
ALBRECHT KOSCHORKE (München): Alphabetisation und Empfindsamkeit 605
URSULA GEITNER (Köln): Zur Poetik des Tagebuchs. Beobachtungen am Text eines Selbstbeobachters 629

STEFAN GOLDMANN (Darmstadt): Topos und Erinnerung. Rahmenbedingungen der Autobiographie 660
RITA WÖBKEMEIER (Hamburg): Physiognomische Notlage und Metapher. Zur Konstruktion weiblicher Charaktere bei Jean Paul 676
GÖTZ MÜLLER (Würzburg): Die Einbildungskraft im Wechsel der Diskurse. Annotationen zu Adam Bernd, Karl Philipp Moritz und Jean Paul 697
ULRICH GAIER (Konstanz): »... ein Empfindungssystem, der ganze Mensch«: Grundlagen von Hölderlins poetologischer Anthropologie im 18. Jahrhundert 724
CHRISTIAN BEGEMANN (Würzburg): Diskussionsbericht 747

ALEXANDER KOŠENINA: Auswahlbibliographie zur Erforschung der (literarischen) Anthropologie im 18. Jahrhundert (1975–1993) 755

Personenregister 769

Vorbemerkungen des Herausgebers

Der vorliegende Band dokumentiert ein Symposion, das vom 22. bis zum 25. September 1992 in Wolfenbüttel stattgefunden hat – das vierzehnte in der von Albrecht Schöne inaugurierten und von der Deutschen Forschungsgemeinschaft geförderten Reihe der Germanistischen Symposien. Teilgenommen haben 39 Wissenschaftler aus dem In- und Ausland. Das Thema, das sie interdisziplinär zusammenführte, lautete: »Der ganze Mensch. Anthropologie und Literatur im 18. Jahrhundert.«

I.

Es war ein Glücksfall, daß der Herausgeber mit seinem Konzept auf Anhieb das Interesse von Hartmut Böhme (Hamburg), Helmut Pfotenhauer (Würzburg) und Wilhelm Schmidt-Biggemann (Berlin) gewinnen konnte, sie alle längst tätig auf dem Gebiet, das da bearbeitet werden sollte. Die Kollegen erklärten sich umstandslos bereit, die Rolle der Kuratoren zu übernehmen. Gemeinsam haben wir den Ausschreibungstext entworfen, der hier im Auszug wiedergegeben werden soll, vor allem wegen der Topik der vier Arbeitstage:

»Im Gegenzug gegen die cartesianische Trennung von res cogitans – res extensa und die metaphysischen Versuche ihrer Bewältigung bildet sich um die Mitte des 18. Jahrhunderts eine neue Erfahrung vom Menschen und mit ihr eine ›Wissenschaft‹ vom ›Zusammenhang der tierischen Natur des Menschen mit seiner geistigen‹, die sich gezielt den Namen ›Anthropologie‹, ›philosophia anthropologica‹, ›menschliche Philosophie‹ gibt. Man hat von der »Erfindung des Menschen« gesprochen. Entschlossen nimmt die neue Anthropologie Tendenzen der Aufklärung auf: Rückgang auf die Empirie, Naturalisierung des Menschen, ›Rehabilitation der Sinnlichkeit‹. Aber auch spekulativ-hermetische Traditionen kommen ins Spiel. Am Ende des Jahrhunderts entwickelt sich aus der ›Anthropologie‹ die Lehre von der Bildung des ganzen Menschen, das Ideal der Humanität.

Zu Wortführern der Anthropologie werden die »philosophischen Ärzte« (médecins-philosophes), die hier ihre eigentliche Domäne entdecken. Mit ihnen verbünden sich Philosophen (insbesondere ›Philosophen für die Welt‹), Psychologen, Theoretiker der Ästhetik, Ethnologen, Pädagogen, Theologen, Physiognomisten und nicht zuletzt die Literaten, in Theorie und poetischer Praxis. Kaum ein Autor, der nicht an dieser Bewegung teilhat. Nicht wenige sind bedeutende Anreger der Anthropologie.

Das Symposion soll sich der Herausforderung dieses weitverzweigten, doch eng verzahnten Untersuchungsfeldes stellen, Beziehungen, Filiationen und Wechselwirkungen in den Blick nehmen, historische Entwicklungen verfolgen. Nur ein interdisziplinärer Zugriff kann dem Gegenstand und seiner Anregungskraft gerecht werden, auch wenn das Interesse des Symposions auf eine ›Anthropologie in literarischer Hinsicht‹ abzielt. Eingeladen sind deshalb ausdrücklich Vertreter der Nachbarphilologien, Philosophen, Theologen, Wissenschafts- und Medizinhistoriker.

Für die vier Sektionen schlagen die Kuratoren folgende Themen- und Arbeitsfelder vor. Die Stichworte verstehen sich als heuristische Vorgaben, erheben keinen Anspruch auf Vollständigkeit, lassen durchaus andere Akzentuierungen zu.

I. Neue Diskurse von der Seele und vom Leib
(Leitung: Wilhelm Schmidt-Biggemann)

Theorien des ›commercium mentis et corporis‹: Verfall der metaphysischen Lösungen (praestabilierte Harmonie, Okkasionalismus, Idealismus/›Egoismus‹). Leibniz-Rezeption und Leibniz-Kritik. Erneuerung des Influxionismus (Hypothesen vom ›Mittelding‹). Französischer Materialismus: Lamettrie, Helvétius, Holbach als Anthropologen. Ihre Wirkung in Deutschland.

Modelle der neuen Anthropologie: Physiologische Psychologie (Haller, Zimmermann). ›Experimental-Seelenlehre‹ (Krüger). ›Anthropologie für Ärzte und Weltweise‹ (Platner). ›Vom Erkennen und Empfinden der menschlichen Seele‹ (Herder). Erfahrungsseelenkunde (Moritz).

Pragmatische Anthropologie: Umgang mit Menschen (Knigge). Welt- und Menschenkenntnis (Kant).

Anthropologie und Bestimmung des Menschen (Pope, Spalding).

Ästhetische Anthropologie: Von der ›cognitio sensitiva‹ (Baumgarten) zur ›ästhetischen Erziehung‹ (Schiller).

Neue Leitthemen im Zeichen der Anthropologie: Individualität. Sprache. Natürliche Bildung (Blumenbach, Herder). Humanität als Ziel der Geschichte (Herder).

II. Neue Erfahrungen von der Natur des Menschen
(Leitung: Hartmut Böhme)

Neue Paradigmen der klinischen Medizin: Neuropathologie, Psychopathologie, Anatomie. Physiologie. Embryologie (Evolutionsgeschichte).

Semiotica moralis: Lavaters »Physiognomische Fragmente«, Theorie und Praxis der Physiognomik, Vorläufer, (literarische) Wirkungen, Antiphysiognomisten, Pathognomik. Mimik.

Diätetik. Makrobiotik (Hufeland).

Anthropologie, Naturphilosophie, hermetische Tradition: Mikrokosmos – Makrokosmos. ›Analogie zum Menschen‹. Attraktion und Repulsion. Konzentration und Expansion. Sympathie und Antipathie. ›Wahl-Anziehung‹. Temperamente, humores, Elemente. Natursprache. Chain of being. Lebensgeist (Archaeus).

Tierischer Magnetismus/Mesmerismus: Magnetische Kuren. Metaphysische Konsequenzen. Gegner, Zweifler, Anhänger.

›Schwarze‹ Anthropologie: Lust und Macht. Verbrechen. Sexualität. Nihilismus. De Sade als Anthropologe.

III. Exempla anthropologica
(Leitung: Hans-Jürgen Schings)

Kommunikationsformen der Anthropologie: Anthropologie als ›Disziplin‹. Zeitschriften. Akademie-Preisausschreiben. Pädagogik (z.B. Karlsschule, Philanthropen, Illuminaten).

›Kritik der Sinne‹: Gesicht, Gehör, Gefühl und ihre Rangordnung. Philosophie des Gefühls (Herder). Beobachtungen an Blinden und Taubstummen. Das Statuen-Modell Condillacs.

Empfindungen: Physiologie der Empfindungen (Nerven). Entdeckung des Unbewußten (perceptions insensibles, ›Abgrund dunkler Empfindungen‹). Gemischte Empfindungen (agreeable horror, Mitleid, joy of grief u.a.). Gefühle des Schönen und des Erhabenen. Lachen und Weinen. Moralische Empfindungen (moral sense). ›Empfindsamkeit‹. ›Irrationalismus‹.

Affekte/Leidenschaften: Physiologie der Affekte. Aufwertung der Leidenschaften. Poetik der Leidenschaften (Dubos-Rezeption). Anthropologie des ›Sturm und Drang‹.

Ingenium: Charaktere. Genie-Theorie. Aufmerksamkeit (›Mutter des Genies‹). Ideen-Assoziation und ›Witz‹.

Ambivalenzen der Einbildungskraft: ästhetische und pathologische Phantasie.

Enthusiasmus/Schwärmerei: Schwärmer-Analysen und Schwärmer-Kuren. Positivität und Negativität des Enthusiasmus. Ahnungen, Visionen, Träume, Geisterseherei. Aufklärung durch Anthropologie.

Seelenkrankheitskunde: Wahnsinn und Vernunft. Therapien (z.B. psychische Kuren). Suizid-Analysen.

IV. Literarische Anthropologie
(Leitung: Helmut Pfotenhauer)

Die anthropologische Konstitution des Subjekts: Finden und Erfinden des ganzen Menschen. Autobiographien von Adam Bernd bis Moritz. Autobiographischer Roman. Aphorismus (Lichtenberg). Aphoristisches und poetische Lizenzen in popularphilosophischen Anthropologien (z. B. Platner).

Literatur als empirische Forschung: Anthropologische Reiseberichte und Ethnologien. Fallbeschreibungen: kriminalistische oder psychopathologische Konstruktionen des Individuums (Biographien der Wahnsinnigen, Biographien der Selbstmörder).

Fiktionale Gattungen: Anthropologischer und psychologischer Roman, seine Theorie (u. a. Wieland, Blanckenburg, Wezel, Jean Paul). Drama (Schiller u. a.). Lehrgedicht (Pope, Wieland). Moralische Erzählung, Novelle (z. B. Schillers »Verbrecher aus verlorener Ehre«).

Gattungs- und Stillehren, Dichtungstypologien: z. B. Stil der Schwärmer. Wirkungsästhetik und Leidenschaften. Schillers Versuch über naive und sentimentalische Dichtung im Kontext seiner anthropologischen Fundierung von Poetik und Ästhetik.

Bildnisse als Vorbilder: Evidenzverheißung für die Integration von Leib und Seele in Literatur und Ästhetik (antike Plastik, Winckelmann, Kunstliteratur, Malerei). Pygmalion-Mythos.«

II.

Das war ein weites Feld, das da abgesteckt wurde. Die Resonanz war groß. Trotz knapper Fristen gingen ca. 100 Bewerbungen ein, weit mehr, als nach der Vorgabe der Regularien berücksichtigt werden konnten. Die Kuratoren sahen sich deshalb zu einem einigermaßen rigorosen Auswahlverfahren gezwungen. Die Breite des thematischen Spektrums sollte, so wenig man ihr gerecht werden konnte, doch nicht aus dem Blick verschwinden. Qualität, Anregungskraft, Materialwert und Diskussionsfähigkeit der in knappen Exposés angekündigten Vorlagen mußten ebenso ins Kalkül gezogen werden wie die Gesichtspunkte der Interdisziplinarität und Internationalität. So beruht das Programm auf einem Balanceakt, der mit bedauerlichen Verzichten und Absagen erkauft wurde. Kompromisse und Abstriche waren unvermeidlich, es blieben Lücken, ungleichartige Nachbarschaften, wohl auch Unausgewogenheiten. Für Vielfalt jedenfalls war gesorgt.

Auffallend war die große Zahl jüngerer Forscher, die sich gemeldet haben. Die Kuratoren sahen darin eine Chance, die sie weit über das in diesem Rahmen übliche Maß zu nutzen suchten. So dürfte ein ungewöhnlich ›junges‹ Symposion zustande gekommen sein. Nach getaner Tat hatte niemand Grund, dies zu bedauern; der Gewinn überstieg bei weitem die Risiken.

Natürlich hatte die ›Bewerbungslage‹ etwas mit dem besonderen Profil des Gegenstandes zu tun, der verhandelt werden sollte. Der Leitbegriff ›Anthropologie‹, hier durchaus historisch gefaßt, steht für ein immer noch junges Forschungsinteresse, das sich seit etwa zwei Jahrzehnten einen unübersehbaren Platz in der Aufklärungsforschung erobert hat. Die Wende zur Anthropologie, maßgeblich von Odo Marquard eingeleitet, öffnete ganz neue Wege des Quellenstudiums und der interdisziplinären Symbiose. Insbesondere die Literaturwissenschaftler unter den Dixhuitièmistes fühlten sich angezogen und trieben den neuen ›Diskurs‹ voran. Das Wolfenbütteler Symposion gehört in diesen Zusammenhang. Das neuerdings ungewöhnlich rege Interesse an Herder, der wie kaum ein anderer den Denkstil und die Kompetenz des Anthropologen verkörpert, kann als prägnantes Indiz für die Entwicklung der Forschung gelten. Nicht von ungefähr wurde denn auch Herder zur unerklärten, aber omnipräsenten Leitfigur unseres Unternehmens. Einen Überblick über die neue Forschungslandschaft vermitteln die Auswahlbibliographie, die Alexander Košenina für diesen Band erstellt hat, und ein erster umfassender Forschungsbericht von Wolfgang Riedel, der gleichzeitig mit diesem Band im »Internationalen Archiv für Sozialgeschichte der deutschen Literatur« (Sonderheft 6) erscheint.

Zur Abwehr von Mißverständnissen ist es angebracht, noch einmal den Titel des Symposions zu kommentieren. Um dem Verschleiß des Begriffs vorzubeugen, wird ›Anthropologie‹ hier in jener engen Kernbedeutung verstanden, die sich den »philosophischen Ärzten« des 18. Jahrhunderts verdankt, die den neuerlichen Aufstieg des Begriffs herbeiführten. Ernst Platner, einer ihrer Wortführer, definiert wie folgt, indem er die Anthropologie von Anatomie und Physiologie einerseits (die es nur mit der Körper-»Maschine« zu tun haben) und von der Psychologia rationalis anderseits (deren Gegenstand nur die Seele ist) abgrenzt: »Endlich kann man Körper und Seele in ihren gegenseitigen Verhältnissen, Einschränkungen und Beziehungen zusammen betrachten, und das ist es, was ich Anthropologie nenne« (Anthropologie für Aerzte und Weltweise, 1772). Von Anfang an wohnt dieser Wissenschaft, mehr oder weniger offen, eine polemische Tendenz inne. Sie macht Front gegen jene Spiritualisierung und Halbierung des Menschen, die sie auf das Konto der Metaphysik (insbesondere des Platonismus) und der Theologie verbucht. Die metaphysischen Konstruktionen des Commercium mentis et corporis werden zugunsten einer Empirie aufgegeben, die am substantiellen Status der Seele rüttelt und trotz aller gegenteiligen Erklärungen eine Asymmetrie zur Folge hat, die die Gewichte neu verteilt. Die Wendung zum Körper, zu den Sinnen, zum Triebleben, zu den unteren Seelenkräften, zum dunklen fundus animae, zum Unbewußten rückt die Anthropologie auf die Seite des ›Anderen der Vernunft‹, während Transzendental- und Reflexionsphilosophie das Erbe der res cogitans antreten. Nicht von ungefähr hat der (alte) Terminus ›Idealismus‹ für die Anthropologen einen geradezu pathologischen Beiklang. Jene »Achsendrehung im Begriff des Menschen« (G. Simmel) kündigt sich an, die ihre Konsequenzen über Schopenhauer schließlich Nietzsche und Freud zuspielen wird. Von vornherein ausgemacht ist freilich dieser Gang der Dinge nicht. Lavater und die aufs neue virulente hermetische Tradition, Herder und Jean Paul oder, wieder ganz anders, Schiller und natürlich der Anthropologe Kant liefern die Gegenbeispiele.

»Die Medizin beschäftigt den ganzen Menschen, weil sie sich mit dem ganzen Menschen beschäftigt.« Die Formel vom »ganzen Menschen«, hier in einer Version Goethes, hat ihren angestammten Platz namentlich dort, wo das Commercium mentis et corporis in Rede steht, in den Gefilden der Anthropologen also. Das gilt auch für ihre wohl bekannteste Fassung, diejenige Schillers. Sie bezeichnet, wie leicht zu sehen ist, in erster Linie ein methodisches Postulat, das, was Schiller die »vollständige anthropologische Schätzung« nennen wird. Der Weg zum moralischen, bildungspädagogischen Postulat muß deshalb nicht weit sein. Gleichwohl ist die suggestive Formel noch keine Garantie für Harmonie, will sie mithin auch dem Symposion kein Harmoniegebot vorzeichnen. Wer mochte, konnte sie als Provokation verstehen, die eher auf Defizite, Verluste, neue Zerrissenheiten aufmerksam zu machen verstand.

III.

Bleibt noch die angenehme Pflicht des Dankens. Zu danken habe ich Albrecht Schöne, der mich zu diesem Unternehmen ermuntert, und der Senatskommission für Germanistische Forschung der Deutschen Forschungskommission, die es genehmigt hat. Dr. Manfred Briegel von der DFG war ein stets geduldiger, umsichtiger und tatkräftiger Förderer. Danken möchte ich der erprobten Wolfenbütteler Gastfreundschaft, insbesondere Professor Friedrich Niewöhner von der Herzog August Bibliothek, der einen reibungslosen Ablauf unserer Sitzungen (auch über alle ›Dienstzeiten‹ hinaus) ermöglichte. Dankbar bin ich meinen Mit-Kuratoren, Hartmut Böhme, Helmut Pfotenhauer und Wilhelm Schmidt-Biggemann, auf deren Beistand mit Rat und Tat von Anfang an Verlaß war. Eine der wohl schwierigsten Aufgaben hatten die Redaktoren zu übernehmen, oblag es ihnen doch, das oft genug verschlungene Diskussionsgeschehen zu begradigen und in eine lesbare Form zu bringen. Dafür sei Christian Begemann (Würzburg), Alexander Košenina (Berlin), Stephan Meier-Oeser (Berlin) und Friedrich Vollhardt (Hamburg) nachdrücklich gedankt. Schließlich geht mein besonderer Dank an alle Teilnehmer des Symposions, die sich durchweg an Fristen und Umfangsbeschränkungen gehalten, die Mühen eines beachtlichen Lektürepensums pünktlich auf sich genommen und vier volle Tage das interdisziplinäre Gespräch mit ihrer Sachkenntnis, ihrer Diskussionsfreude und ihrer Neugierde befeuert und zu einem spannenden Ereignis gemacht haben.

Unfaßbar, daß während der Vorbereitungen zur Drucklegung die Nachricht von der schweren Erkrankung und vom Tode Götz Müllers kam. Niemand hätte dergleichen während der unbeschwerten Wolfenbütteler Tage auch nur ahnen können. So mag dieser Band auch dazu dienen, die Erinnerung an Götz Müller zu bewahren.

Berlin, im September 1993

I. Neue Diskurse von der Seele und vom Körper

Einführung

WILHELM SCHMIDT-BIGGEMANN (Berlin)

I. Commercium mentis et corporis

Personalisierung der Vernunft einerseits und die Dynamisierung der Natur anderseits sind die Vektoren im Begriffsfeld des Commercium mentis et corporis. War das Verhältnis der Seele zum Leib zuerst in dem metaphysischen Ternar situiert, dem Christian Wolff den einprägsamen Titel *Von Gott, der Welt und der Seele des Menschen* gegeben hatte und den er mit *vernünftigen Gedanken* darstellen wollte, so ist am Ende des Jahrhunderts der alte metaphysische Diskurs als Selbstverhältnis des Menschen gefaßt. Dieses Selbstverhältnis wird auch als die Natur begriffen, die von der Seele durchdrungen sich zeigt. Die Frage nach Gott wird entweder – bei Kant – zum Postulat oder bei Herder und im Spinozismus zur Frage nach der Natur selbst. Die neue Metaphysik – wenn es denn eine ist – ist transzendental oder identitätsphilosophisch umgebaut: Die Metaphysik am Ende des Jahrhunderts, wie sie sich aus der Tradition des Commerciums transformierte, müßte formuliert werden als »Vernünftige Gedanken über das Verhältnis des Menschen zu sich selbst, zu seiner Natur und zu seinem Gott«.

Daß das Problem der Seele und des Leibes die Philosophen, Naturforscher und Ärzte das ganze Jahrhundert beschäftigte, zeigt, daß das Problem nicht gelöst wurde, sondern nur umgeformt. Ein gelöstes Problem hört auf, eines zu sein, in der Umformung wirkt das alte Problempotential fort. So zeigte sich im Umformungsprozeß, daß die Cartesianische, die Leibnizsche und die Stahl-Lockesche Konzeption der Seele als unbefriedigend empfunden wurden. Alle hatten Vorteile, aber alle brachten das Problem der Seele nicht zuende. So konvenierte denn keine der Lösungen dem Jahrhundert völlig, und die Frage nach dem Verhältnis von Körper und Seele, die die Stellung des Menschen in der Natur und der Schöpfung bestimmte, blieb das ganze Jahrhundert hindurch virulent.

Alle Lösungen hatten Vorteile: Descartes strikte Trennung von Körper und Seele hatte den Vorteil, mit einer Reform der Substanzontologie zugleich die Frage nach der Gewißheit zu klären: Das Gewißheitskriterium war innere Erkenntnis – Evidenz – der Seele. Erkauft wurde diese Erkenntnisgewißheit mit der Verbindungslosigkeit von Körper und Seele, denn sie beruhte auf einem schwer zu vermittelnden Dilemma: zwei Substanzen, deren Attribute sich ausschlossen, deren Prädikate in kontradiktorischem Widerspruch standen, mußten miteinander gekoppelt werden. Die Seele war unausgedehnt und erkennend; der Körper ausgedehnt und nicht erkennend. Wie diesen Widerspruch vermitteln? Weder der Okkasionalismus Malebranches noch auch Spinozas Versuch, mit einem theologischen Monismus das Substanzenproblem zu lösen, führte zu anderen als zu analogen Argumentationen: Denn immer mußte die Materie analog zur apriorischen Mathematik – meist Geometrie – erklärt werden. Und die Gewißheit war auch nur halbe Gewißheit: Denn die Gewißheit des Willens und der Schmerzempfindung war aus dem cartesischen Konzept weitestgehend ausgeschlossen. Das führte dazu, daß eine cartesische Moral undenkbar war, provisorisch geplant wurde und unausgeführt blieb.

Leibniz' Lösungsversuch der prästabilierten Harmonie von äußerer Mechanik und innerer Logik hatte den Vorteil der ausgeprägtesten Logizität bei Beibehaltung metaphysischer Evidenzen. Denn die Vorstellung einer vollständigen Definition eines Wesens war für seinen rationalen Gott identisch mit der Existenz ebendieses Wesens – und daß der göttliche Gedanke in der Seele des Menschen frei nachvollzogen wurde, als er seine dann selbständige Existenz bekam, machte Logik, Metaphysik von Körper und Seele und die Freiheit des Willens so weit miteinander verträglich, wie das in dem Konzept der inneren, mathematisch-logischen Evidenz möglich war. Zugleich konnten die Begriffe Kraft und Entelechie als Normbegriffe der harmonisch-dynamischen Natur installiert werden, denn die göttliche Kraft war der Prozeß, der die göttliche Logik ins Wesen der Welt setzte.

Stahls und Lockes Vorstellungen einer sensualistischen Vermitttlung von Seele und Körper hatten den Vorteil einer empirischen Evidenz. Wille und Schmerz waren beschreibbar. Aber dafür waren alle inneren Evidenzen verloren: Die Sicherheit der Logik, die Intuition der Mathematik und die Gewißheit, das Gute tun zu müssen, ließen sich aus der Empirie nicht folgern. Der Geist war nicht zustimmungsberechtigt zu logischen Operationen, sie sind seine Zwangsjacke. Das gilt auch fürs moralische Sollen: Aus dem Sein ließ sich kein Sollen schließen; das hat später Hume konstatiert.

II. Der Streit der Evidenzen und die Natur der Seele

Die unzureichende Leistungsfähigkeit dieser Seelentheorien für praktische Probleme war ein Anlaß dafür, sich mit dem Verhältnis von natur- und vernunftrechtlichen Vorstellungen neu zu beschäftigen. Gerade außerhalb der unmittelbaren Diskussion des Commercium mentis et corporis wurde am Problem der Freiheit und der Personalisierung der Vernunft weitergearbeitet. Denn weder die cartesische Vernunft noch gar die leibnizsche waren in dem Sinne personal, wie Kant sie begriffen hatte. Aber die juristische Vernunft mußte auf der Personalität des Schuldigen bestehen, wenn sie nicht das Schuldprinzip überhaupt aufgeben wollte. Der Vernunftbegriff der Leibniz-

Schule und des Cartesianismus war wegen seiner mathematischen Evidenzen immer auch mehr als die persönliche Vernunft, es war »die« sei es die göttliche, sei es die außergöttliche ideale Vernunft, aber sie konnte durchs Selbstbewußtsein ans Individuum gekettet werden.

Neben dieser mathematischen Evidenz gab es – das war schon ein Streitpunkt zwischen Gassendi und Descartes gewesen – die empirische Evidenz; und die Frage danach, ob die cartesische Destruktion der empirischen Evidenz, die die Welt als Traum und Einbildung denunzierte, denn tatsächlich einleuchte, ist in der empirisch orientierten Philosophie durchaus skeptisch beurteilt worden. Die empirische Evidenz der Verbindung von Körper und Seele konkurrierte offensichtlich erfolgreich gegen die apriorische Evidenz der mathematisch innerlichen Gewißheit.

Diese Frage ist in den Traditionen der deutschen Schulphilosophie zunächst sozusagen leibnizianisch behandelt worden, nämlich als Frage nach dem Wesen und der Wirkung der cognitio obscura. Daß sinnliche Erkenntnis obskure Erkenntnis sei, war zwar richtig, wenn man den Maßstab mathematischer Erkenntnis anlegte. Nahm man aber die metaphysische Vollkommenheit jedes einzelnen Dinges, das ja schlechterdings vollkommen sein mußte, damit es aus seiner Möglichkeit im Gedanken Gottes in seine Realität treten konnte (existiturire) dann erkannte die Sinnlichkeit, das Vermögen der Ästhetik, das schlechterdings Vollkommene. An der Wirkung dieses Gedankens zeigt sich, daß die angeblich allein klare mathematisch-metaphysische Erkenntnis mit dem Gewißheitsanspruch der sinnlichen Erkenntnis konkurrierte. Diese Konkurrenz um die Priorität sinnlicher oder begriffliche Erkenntnis verschob das Interesse von der metaphysischen Topologie, wie sie von Descartes als Verhältnis von Gott, Mensch und Welt konstruiert worden war, immer stärker zu einer Beschäftigung mit dem Ereignis der Evidenz, zur Beschäftigung mit der Erkenntnis und mit dem, was denn die Seele sei, die geheimnisvolle Instanz dieser Evidenzen.

In diesem Prozeß erwies sich die Seele als Natur. Was hieß das? Offensichtlich war sich die Seele das Organ, in dem sich Natur privilegiert in ihrem Leben und Weben zeigte, und die Natur wurde umgekehrt zur Außenseite der Seele. Das war ein Prozeß, der die Sicherheit der alten cartesianischen Substanzenteilung in res cogitans und res extensa wieder auflöste. In diesem Prozeß wurden Natur- und Seelenbegriff mehrfach doppeldeutig: Sie waren nach alten metaphysischen Begriffen sowohl Substanzen als auch logische und moralische Norm. In der neuen inneren Erfahrung zeigte sich die widerspruchvolle Natur der Seele.

Die Verwerfungen wurden vor allem in Metaphysik und Naturrecht sichtbar. Die Sicherheit des Naturrechts – die Eindeutigkeit der Natur – wurde infrage gestellt: Selbstmord wurde als Möglichkeit einer nicht mehr allein normativen Natur der Seele begreifbar – und die Frage danach, ob die Erkenntnisse aus der Natur des Menschen für die apriorische Pflichtenethik überhaupt verwertbar seien, führte zu Kants möglicherweise aussichtslosem Rigorismus.

Das Ergebnis dieser Entwicklung: Die Seele konnte nicht mehr nur als vernünftige res cogitans und als moralische Norm begriffen werden, sie zeigte sich in der Erfahrung der inneren Natur als entzweit, in der äußeren Natur als Kraft. Im Anschluß an Leibnizens universale Seelendynamik, bei Buffon und Robinet, auch im Zusammenhang mit dem als Pantheismus interpertierten Spinozismus, wurde Natur als universaler Lebenszusammenhang, als Entelechie einer sich kreisförmig ewig im Leben zeigenden natürlichen Einheit begriffen. Und der Stil war bei Buffon die Prägung durch die Form, die lebend sich entwickelt.

III. Von der Medicina Mentis zur Humanitätserziehung

Im Streit der Evidenzen, im Streit um die rationale oder empirische Sicherheit der Seele kommt die entzweite, uneinige, die erfahrungsfähige, die – und dieses Wort bekommt in der zweiten Hälfte des 18. Jahrhunderts seine Emphase – die sensible, sentimentale, die kranke Seele in den Blick. Diese Perspektive verändert die philosophische Zugangsweise: Nicht mehr metaphysische Sicherheit und logische Begriffsklarheit sind der Seele angemessen, sondern Philosophie als Medicina Mentis. Wo die kranke, entzweite Seele als Diagnose sichtbar wird, wo die falschen Affekte der Seele als Krankheiten des Willens für den philosophischen Arzt diagnostizierbar sind, muß die Möglichkeit der Versöhnung der Entzweiung bedacht werden; die Seele sieht sich und wird gesehen im Prozeß der Selbstveränderung und Verbesserung zur Empfindungs-Einheit, einem Prozeß, der für den einzelnen Menschen emphatisch Bildung, für seine Gattung Erziehung zur Humanität heißt.

Erziehungsziel für den Einzelnen und fürs Menschengeschlecht ist Humanität, der Status des verwirklichten ganzen Menschen. Dieser Erziehungsgedanke baut auf der Tradition der Civil conversazione auf, einer Tradition des praktischen Eklektizismus, der zunächst an bürgerlicher und rechtlicher Kommodität orientiert war: Das ist das Schicksal des Ulpianischen iustum, honestum decorum in Leipzig und Halle. Der Gedanke bürgerlicher Erziehung wird bei Lessing, Herder, Schiller aufgenommen und theologisch-philosophisch als Erziehung des Menschengeschlechts zur Autonomie überhöht, die die Natur des Menschen am Menschen vollzog.

In dieser neuen, nicht mehr mechanischen, immer stärker als Seele und Kraft interpretierten Natur wurde Selbstbeobachtung der Ausgang für ein Erziehungskonzept, das Natur und Person gleichermaßen einschließen sollte. Der alte Diskurs, in dem die Seele und der Leib unvermittelt nebeneinander existierten, war monistisch uminterpretiert. Eine dynamische Natur – äußerlich und innerlich, körperlich und seelisch – konnte sich als Bildungsprozeß zur Humanität selbst begreifen. Die Idee der Bildung, das interne Ziel, die Entelechie aller Natur und Erziehung, diese Idee war Bildung zu dem Ziel, das als Natur der Seele und Seele der Natur sich andeutungsweise zeigte: Humanität.

Diese neue Erziehungsphilosophie hatte bei Schiller ein Formalmoment des Menschlichen als Ziel: das ästhetisch-selbstbezogene Spiel. Herder wählte statt der reinen Formalität Schillers das Naturschemen der Humanität. Er nahm offensichtlich in Kauf, daß die neue Einheitsphilosophie die begriffliche Klarheit der alten Metaphysik und der neuen Transzendentalphilosophie verspielte: Denn in der dynamischen Natur begriff sich der Mensch nicht als Teilhaber an einer apriorischen Evidenz, er begriff sich auch nicht autonom in intellektuellen Selbstverhältnissen, er begriff sich überhaupt nicht, sondern er ahnte sich im Prozeß fortlaufender Humanisierung.

Humanisierung ist Versöhnung mit dem Göttlichen. Humanisierung übernimmt die Funktion der alten Christologie, denn sie leistet selbst die Versöhnung der entzweiten Seele; diese Vermittlung heißt sinnliche Darstellung des Schönen, Ästhetik. Das Konzept von Herders »Gott«, sein Erziehungsspinozismus ist die philosophische Voraussetzung für die Erziehung zur Humanität. Bislang ist das ein hochoptimistisches, unerfülltes Versprechen. Die Frage, ob man für dieses Einheits-Projekt den Verlust begrifflicher Klarheit in Kauf nehmen sollte, bleibt offen.

Ausgewählte Probleme der Kantischen Anthropologie

REINHARD BRANDT (Marburg)

Der Titel der 1798 publizierten Schrift, die aus der vom Wintersemester 1772/73 bis 1795/96 gehaltenen Anthropologie-Vorlesung hervorgegangen ist, lautet: »Anthropologie in pragmatischer Hinsicht.« In der ersten Vorlesung zur Anthropologie oder »Naturerkentniß des Menschen«[1] fehlt jeder Bezug zu einer spezifisch pragmatischen Aufgabe der Vorlesung; statt dessen ist das Thema eine empirische Psychologie als spekulative, nicht praxisorientierte Wissenschaft. Es soll im folgenden zuerst das ursprüngliche Konzept dieser empirischen Psychologie und dann der Wechsel zur pragmatischen Anthropologie erläutert werden, danach möchte ich auf den Anspruch Kants, ein anthropologisches System zu liefern, eingehen und den Aufbau der Vorlesung und der Schrift von 1798 analysieren; im abschließenden dritten Teil soll andeutend untersucht werden, wie sich diese empirisch-pragmatische Wissenschaft der Menschenkunde zu den drei Fragen verhält: Was kann ich wissen? Was soll ich tun? Was darf ich hoffen? Die vierte, hinzugefügte Frage ist anthropologischer Natur und lautet: Was ist der Mensch?

I.

Im ursprünglichen Konzept der Vorlesung von 1772/73 ist nicht die pragmatische Orientierung des unter Menschen handelnden Menschen das Thema, sondern der aus der Metaphysik ausgegliederte Bereich der empirischen Psychologie.

---

1 So der Titel der Nachschrift *Philippi*; die Handschrift wird in der Akademie-Ausgabe nicht getrennt gedruckt, da die parallele Nachschrift *Collins* vollständiger ist und Philippi praktisch in Collins aufgeht. Der Titel der Collins-Handschrift lautet »Antropologie«. – Kant wird im folgenden nach der Akademie-Ausgabe der Gesammelten Schriften (Berlin 1900ff.) mit Band- und Seitenangabe zitiert, die *Kritik der reinen Vernunft* jedoch nach der Auflage A und B. – Der Vortrag führt Gedanken des Aufsatzes »Beobachtungen zur Anthropologie von Kant (und Hegel)« (Brandt, 1991) fort und bereitet in einigen Teilen die Einleitung in die Edition der Anthropologie-Vorlesungen innerhalb der Akademie-Ausgabe von Kants Gesammelten Schriften vor.

Die »Psychologia empirica« aus Baumgartens *Metaphysik* wird zugrundegelegt, aber die empirische Psychologie ist nach Kants Idee keine Metaphysik mehr, sondern eine bloße »Erkenntniß aus Beobachtung und Erfahrung«.[2] Auf dem Wege zu der seit ungefähr 1766 projektierten Neufassung der Metaphysik (mit der gänzlich neuen dualen Struktur einer Metaphysik der Natur und einer Metaphysik der Sitten) gliedert Kant aus dem Gesamtkomplex des Erkenntnis- und Begehrungsvermögens und des Gefühls des Lust und Unlust die empirische Seite aus und erweitert diesen Teil über den Grundriß der drei Seelenvermögen hinaus um weitere empirische Fragestellungen (dazu Näheres im II. Abschnitt).

Die Emanzipation der empirischen Psychologie aus dem Metaphysik-Verbund ist seit langem vorbereitet und geht in einigen der von Kant geäußerten Gedanken offensichtlich auf Christian Wolffs *Ausführliche Nachricht von seinen eigenen Schriften* (1725) zurück; Wolff erklärt, warum er in der *Deutschen Metaphysik* die empirische Psychologie vor die Kosmologie stellen konnte: »Ich habe einen Theil der Psychologie vor der Cosmologie abgehandelt. Der Grund dazu ist dieser. Die Psychologie theile ich in zwey Theile ein. Der eine handelt von demjenigen, was man von der Seele des Menschen aus der Erfahrung erkennet: der andere aber erkläret alles aus der Natur und dem Wesen der Seele und zeiget von dem, was man observiret, den Grund darinnen. Den ersten Theil nenne ich Psychologiam empiricam, den anderen aber Psychologiam rationalem. Die Psychologia empirica ist eigentlich eine Historie von der Seele und kan ohne alle übrige Disciplinen erkandt werden: hingegen die Psychologia rationalis seszet die Cosmologie als bekandt voraus«, und: »... so habe ich den einen Theil von der Psychologie, nehmlich die Empiricam, vor die Cosmologie geseszet, weil sie leichter als diese ist und Anfängern anmuthiger fället, denen der Verdrusz dadurch benommen wird, den sie bey der Ontologie gehabt, indem sie auf verschiedenes genauer haben acht geben müssen, als sie zu thun etwan gewohnet sind.«[3] In der *Anthropologie-Philippi* aus dem ersten Vorlesungssemester wird notiert: »Wenn wir die Kentniß des Menschen als eine besondre Wissenschaft ansehen, so entspringen daraus viele Vortheile. Erstlich darf[4] man nicht aus Liebe zu ihr die ganze Metaphisic studiren« (2v). Und schon in der *Nachricht von der Einrichtung seiner Vorlesungen in dem Winterhalbenjahre von 1765–1766* hatte Kant in Baumgartens *Metaphysik* »eine kleine Biegung« (II 308) gebracht: »Ich fange demnach nach einer kleinen Einleitung von der empirischen Psychologie an, welche eigentlich die metaphysische Erfahrungswissenschaft vom Menschen ist ...« (II 309); darauf soll die Naturlehre folgen, die aus den Hauptstücken der Kosmologie entlehnt wird, dann erst geht es analytisch weiter zur Ontologie (II 309). Schon hier also bedient sich Kant des gleichen didaktischen Musters wie Wolff, wenn er die empirische Psychologie an den Anfang stellt.

---

2 *Anthropologie-Philippi* 1 r.
3 In der Ausgabe von 1733 der § 79, S. 231–3.
4 »Darf« für »braucht«, wie üblich.

Die gleitende Differenz von empirisch und rational bei Wolff und überhaupt in der Leibniz-Tradition wird von Kant 1770 scharf kritisiert: Das Aposteriori und das Apriori sind nicht mit graduellen Differenzen auf der Deutlichkeitsskala von der sinnlich affizierten Anschauung zum Verstandesbegriff anzusiedeln, sondern entspringen prinzipiell unterschiedlichen Erkenntnisquellen. Seit 1770 ist für Kant ausgemacht, daß Metaphysik von den conceptus puri der Form der Anschauung und des Verstandes handelt und folglich eine Disziplin wie die empirische Psychologie *notwendig* aus ihr zu entfernen ist; entsprechend heißt es in der Vorlesungsnachschrift *Anthropologie-Parow* (ebenfalls Winter 72/73): »Die empyrische Psychologie ist eine Art von Naturlehre. Sie handelt die Erscheinungen unsrer Seele ab, die einen Gegenstand unsers innern Sinnes ausmachen, und zwar auf eben die Art, wie die empyrische Naturlehre oder die Physik, die Erscheinungen abhandelt. Man siehet also gleich ein, wie wenig diese Lehre einen Theil der Metaphysik ausmachen kann, da diese lediglich die Conceptus puri, oder Begriffe die entweder bloß durch die Vernunft gegeben sind, oder doch wenigstens, deren Erkenntniß Grund in der Vernunft liegt, zum Vorwurf hat.«[5] »Erscheinungen«: Das sind die »phaenomena« des »mundus sensibilis« gemäß der Schrift von 1770; Physik und Psychologie werden gemäß der Unterscheidung von äußerem (Raum-) und innerem (Zeit-)Sinn zu parallelen Unternehmen. Ein späterer Reflex der Ausgliederung der empirischen Psychologie aus der Metaphysik findet sich in der *Kritik der reinen Vernunft*: »Also muß empirische Psychologie aus der Metaphysik gänzlich verbannt sein, und ist schon durch die Idee derselben davon gänzlich ausgeschlossen« (A 848).[6]

Und dann der komplementäre Gedanke: Kant schafft sich eine Disziplin der empirischen Psychologie unter dem auch von Baumgarten verwendeten[7] Namen der Anthropologie, um ungestört den rationalen Teil im Hinblick auf die geplante Kritik der reinen Vernunft verfassen zu können und doch den Vorstellungen der Empiristen einen Ort zuzuweisen, an dem ihre von ihnen selbst verkannten Vorstellungen – wie etwa die Assoziationsgesetze – behandelt und dargestellt werden können.

Die empirische Psychologie oder Anthropologie ist kein Teil der kritischen Philosophie oder der Transzendentalphilosophie; Kant prägt zwar in einer Notiz spielerisch den Begriff der »Anthropologia transcendentalis«, aber damit ist kein Titel der empirischen Psychologie oder Anthropologie (inklusive der pragmatischen Anthropologie) gemeint.[8] Sie hat weder 1772 noch später eine

---

5 *Anthropologie-Parow* 1.
6 Zur Ausgliederung der empirischen Psychologie aus der Metaphysik vgl. auch Hinske, 1966.
7 Baumgarten spricht von der Anthropologie nicht in der »Psychologia empirica«, sondern erst in der »Psychologia rationalis«, § 747: Die philosophische Erkenntnis des Menschen ist die »anthropologia philosophica«.
8 »Es ist auch nicht gnug, viel andre Wissenschaften zu wissen, sondern die Selbsterkentnis des Verstandes und der Vernunft. Anthropologia transcendentalis« (Refl. 903; XV 395). Diese nach Adickes gegen 1776–1778 niedergeschriebene Notiz bezieht sich auf den Plan der Kritik der reinen – sc. menschlichen – Vernunft (so Sim-

a priori bestimmte Systemstelle – niemand würde ihr Fehlen bei Kant bemerken –, und sie ist entsprechend auch nicht systematisch nach der Kategorientafel oder dem Schema von Analytik und Dialektik konzipiert. Die empirische, pragmatische Anthropologie gehört nicht zur Philosophie im strengen Wortsinn, sondern ist Kants eigentümliche Popularphilosophie oder Philosophie für das Leben.[9]

Im Gegensatz etwa zur Anthropologie in der Renaissance, die als militante, metaphysikfeindliche Disziplin auftritt[10], im Gegensatz auch zu David Humes Lehre von der menschlichen Natur oder zur Psychologie des Federschülers Michael Hißman, zur Anthropologie von Ludwig Feuerbach und Nietzsche und bestimmten Tendenzen der zeitgenössischen Popularphilosophie ist Kants empirische Psychologie oder Anthropologie als eine mit der Metaphysik und dem Kritizismus koexistierende Disziplin angelegt; sie dient nicht der Reduktion metaphysischer Theoreme auf psychologisch durchschaute Prozesse und Motivationen, sondern bildet eine Untersuchung sui generis. Die Anthropologie ergänzt die kritische Philosophie, sie will und kann sie nicht destruieren. So die Vorstellung Kants. Ob jedoch die Anthropologie seine friedliche Intention tatsächlich verwirklicht, soll im dritten Teil unserer Ausführungen andeutend erörtert werden.

Bevor zum Wechsel von der empirischen zur pragmatischen Anthropologie übergegangen wird, noch einige Hinweise zum ersten Konzept von 1772–73. Der Begriff der Anthropologie begegnet bei Baumgarten nicht innerhalb der »Psychologia empirica«; diese Beobachtung führt auf eine wichtige Differenz zwischen Baumgarten und Kant. Die Kantische Anthropologie ist zwar eine empirische Psychologie, gemessen an Baumgarten jedoch in einer restringierten Form, die zuerst trivial scheint: Kant schränkt die Psychologie auf den Menschen ein. Es wird vom Menschen gehandelt und dezidiert nicht von den Tieren. Wenn Baumgarten die empirische Psychologie mit dem Satz beginnt: »Si quid in ente est, quod sibi alicuius potest esse conscium, illud est ANIMA« (§ 504), so bezieht er sich hiermit auch auf tierisches Bewußtsein[11]; Kant setzt

---

mermacher, 1951, 3, nach Firla, 1981, 45, Anm. 113), nicht aber auf die oder einen Teil der empirischen oder pragmatischen Anthropologie. Eine andere Interpretation wird in der klugen, aber in der These verfehlten Dissertation von Monika Firla entwickelt. Kant hat die Disziplin einer Transzendentalanthropologie in keiner Vorlesung oder Druckschrift erwähnt oder gar als Disziplin ausgearbeitet; es ist allerdings möglich, seine Vorstellung von den ursprünglichen Anlagen in der Weise, wie Firla es tut, zu sammeln und gewissermaßen als materiales Komplementärstück der Moralphilosophie vorzustellen, die ja auf die Ausbildung der ursprünglichen Anlagen dringt.

9 Wenn sie als solche nicht rezipiert wurde, so liegt es daran, daß die »Popularphilosophen« (wie Engel, Garve, Feder) den Autor der Kritiken bekämpften und seine ihnen sehr nahestehende Anthropologie nicht zur Kenntnis nehmen konnten, weil sie bis 1798 lediglich in Form von Vorlesungsskripten zirkulierte; gemäß dieser Vorgabe ist es bis heute versäumt worden, Kant als Popularphilosophen zu berücksichtigen; vgl. z. B. die sonst vorzügliche Arbeit von Bachmann-Medick, 1989.

10 Vgl. Dilthey, 1964.

11 Vgl. die Abhandlung der »Animae brutorum« in der *Metaphysica* (§ 792–§ 795).

an eben diese Stelle sogleich das Selbstbewußtsein, das nur dem Menschen zukommt, und er kann mit demselben Schachzug die gesamte nichtmenschliche Natur zur Sache deklarieren, mit der die selbstbewußten Menschen nach eigenem gustus verfahren können.[12] In der Leibniz-Tradition können die Überschritte vom tierischen zum menschlichen Seelenleben und von den Menschenaffen zu den Hottentotten und Weißen gleitend gedacht werden; für Kant gibt es eine unendliche Kluft, bei der sich die empirische Psychologie sogleich auf die nicht-animalische Seite stellt und dadurch ihre Identifizierung mit der Anthropologie, der Naturerkenntnis speziell des Menschen, ermöglicht. Es gibt zwar hin und wieder Seitenblicke auf die Tierpsychologie, aber es fehlt jedes Interesse, das Verhältnis von tierischem und menschlichem Seelenleben systematisch zu bestimmen.[13]

Ein weiterer Punkt: Die Anthropologie-Vorlesung von 1772–1773 enthält bereits diese Wende zum Selbstbewußtsein, und sie enthält sie zum ersten Mal: In den anthropologischen Bemerkungen der sechziger Jahre fehlt die korrespondierende Ich-Reflexion, und sie fehlt auch in der Dissertation von 1770. So werden die Nachschriften der Anthropologie-Vorlesung zum ersten Dokument einer Philosophie, die die Ich-Problematik ins Zentrum stellen wird, und sie setzt »das Ich« – mitbedingt durch die Vorgabe von Baumgartens *Metaphysica* und deren empirischer Psychologie – an den Anfang des Ganzen (während die *Kritik der reinen Vernunft* die »Ästhetik« und die Urteilstafel der allgemeinen Logik an den Anfang stellt).[14]

Wolff und Baumgarten haben in ihrem Gesamtsystem die Psychologie auf die Kosmologie folgen lassen; so bestimmt Baumgarten in der »Psychologia empirica« die Seele als Vermögen des Denkens, die Gedanken aber als Reprä-

---

12 Vgl. den ersten Satz im § 1 der *Anthropologie* von 1798: »Daß der Mensch in seiner Vorstellung das Ich haben kann, erhebt ihn unendlich über alle andere auf Erden lebende Wesen. Dadurch ist er eine Person und vermöge der Einheit des Bewußtseins bei allen Veränderungen, die ihm zustoßen mögen, eine und dieselbe Person, d. i. ein von Sachen, dergleichen die vernunftlosen Thiere sind, mit denen man nach Belieben schalten und walten kann, durch Rang und Würde ganz unterschiedenes Wesen ...« (VII 127).

13 Es sei nur darauf verwiesen, daß in der *Kritik der Urteilskraft* zwischen Tieren und Pflanzen praktisch nicht unterschieden wird. Die Tiere setzen sich so wenig wie die ersteren eigene Zwecke und können daher gänzlich unter die generelle Baum-Teleologie (§ 64) subsumiert werden. – In den Anthropologie-Vorlesungen werden Argumente dafür angeführt, daß der Mensch zum aufrechten Gang geschaffen wurde und diesen nicht historisch erworben hat; so heißt es z. B. in der 1831 publizierten *Menschenkunde*: »Der Embryo des Menschen hat an den Füßen das Callum auf den Sohlen, wie alle vierfüßigen Thiere, es fehlt aber gänzlich auf den Händen. Also ist er kein vierfüßiges Thier. Ist der Mensch mit dem Oranoutan verwandt? Von außen sieht er ihm sehr ähnlich, allein sein Knochenbau ist ganz von ihm unterschieden, und alles übrige auch; daher kann man dergleichen Vermuthungen ganz bei Seite setzen« (Kant, 1831, 365). Natur trennt zwischen dem Menschen und den vernunftlosen Tieren.

14 Zur möglichen Funktion Rousseaus bei Kants genereller Wende zur Ich-Thematisierung vgl. Vf., Rousseau und Kants »Ich denke« (demnächst in den Kant-Forschungen).

sentationen der vorgängigen Welt: »Cogitationes sunt repraesentationes. Ergo anima mea est vis repraesentativa« (§ 506); das Was, der Inhalt der Repräsentationen ist das Universum, vermittelt durch den je eigenen Körper, der eine bestimmte Stelle (»positus«) im Universum einnimmt und es von dort aus wahrnimmt (§ 507 – § 509).[15] Bei Kant wird der Rückbezug der Psychologie auf die Kosmologie von vornherein aufgekündigt, die Seele wird nicht mehr im vorgängigen Kosmos verortet. Dies kann der subjektivistischen Raum-Zeit-Theorie der Dissertation von 1770 entspringen oder trägt ihr wenigstens Rechnung; in der *Kritik der reinen Vernunft* wird die Kritik der rationalen Psychologie mit der Entlarvung ihrer Schlüsse als Paralogismen konsequent vor die Antinomie der Kosmologie treten.

Das bedeutet: Das menschliche Selbstbewußtsein wird bei Kant nicht mehr wie bei Wolff und Baumgarten (oder auch Ernst Platner) als ein Bewußtsein begriffen, durch das ich mich von anderem – der vorgegebenen Welt – unterscheide und somit »distincte« erkenne. Bei Kant ist der Ich-Gedanke mit sich selbst konfrontiert; die empirische Psychologie bzw. pragmatische Anthropologie beginnt mit der Analyse der Ich-Anschauung bzw. der Ich-Vorstellung, ohne daß in sie die Distinktion von anderem eingine. »Der erste Gedanke, der uns aufstößt, wenn wir uns selbst vorstellen, drückt das Ich aus« (*Philippi* 3r) – in diesem Ich ist sich der Mensch nicht nur seiner selbst bewußt, sondern er erkennt sich (vermutlich bis zur Entdeckung der Paralogismen in der zweiten Hälfte der siebziger Jahre)[16] als substantielle, immaterielle Wesenheit. D. h. Kants Anthropologie setzt nicht ein mit dem »ganzen Menschen« als einer Einheit von Leib und Seele, sondern stellt zuerst das Ich als bloße Seele vor, die in den späteren Ausführungen entdeckt, daß sie einen Körper hat. (Die transzendentale Ästhetik konstruiert den Raum als Form des äußeren Sinnes und gewährleistet damit, daß die Differenz von beliebigen Körpern und meinem eigenen Leib nicht originär mit der äußeren Anschauung gegeben ist).[17]

Empirische Psychologie: Die Quellenfrage ist für Kant von emphatischer Wichtigkeit, denn sein Einspruch gegen die traditionelle Metaphysik resultiert aus der Frage nach der Quelle und Belegbarkeit der Erkenntnis, die zwar als klar und distinkt deklariert wurde, deren Quellen jedoch unklar blieben. Im Bereich des Apriorischen kommt nur die reine Anschauung (Kants Erfindung oder Entdeckung) oder das reine Denken und die Beziehung des ersteren auf die empfindungsfreie oder -besetzte Anschauung in Frage, andernfalls läßt

---

15 Wenn Wolff, wie oben gezeigt, die empirische Psychologie an die Spitze seines Systems (in dem die rationale Psychologie auf die Kosmologie folgt) stellt, so wird damit nicht das Prinzip aufgekündigt, daß die Welt in der Psychologie vorausgesetzt wird, denn im Empirischen gilt dies a fortiori und unbezweifelt.

16 Hiermit wird unterstellt, daß Kant in der Anthropologie-Vorlesung seiner eigenen transzentalphilosophischen Gedankenentwicklung folgt und die Ich-Problematik der beiden Disziplinen als kompatibel behandelt.

17 Bekanntlich wird Schopenhauer in diesem Punkt zum Kant-Gegner; Herder versucht, der Seelenisolierung dadurch zu entgehen, daß er die Ich-Gewinnung nicht in die Vorstellung, sondern in ein gegenstandsbezogenes Gefühl legt; vgl. dazu die Ausführungen von Inka Mülder-Bach in diesem Band.

sich die prätendierte Erkenntnis nicht quellenmäßig und nachvollziehbar ausweisen. In der empirischen Psychologie gibt Kant im Gegensatz etwa zu Hobbes und Hume im Vorspann an, aus welchen Quellen er schöpft; es sind Romane, Schauspiele, Weltgeschichte, Biographien und der unerschöpfliche Bereich der – wenn auch schwierigen – Selbst- und Fremderfahrung (VII 120–121); zu ergänzen sind die pathologischen Grenzfälle, von denen in Monats- oder Wochenschriften berichtet wird. Eine andere, nicht genannte Quelle sind Anekdotenbücher.[18]

Kant sagt nicht, daß die empirische Psychologie und ihre Nachfolgerin, die pragmatische Anthropologie, keine Erfahrungs-Quellen für die Titel anführen können, unter die das empirische Material subsumiert wird; daß es jedoch das Erkenntnisvermögen, das Gefühl von Lust und Unlust und das Begehrungsvermögen gibt und keine weiteren Vermögen entdeckt werden können, wird durch die leicht korrigierte Vorlage von Baumgartens *Metaphysik* gewährleistet, aber nicht in der Anthropologie selbst von Kant belegt oder begründet. Hier ist die Vorlage essentiell: sie entlastet den Autor davon, die Strukturen empirisch zu entwickeln, in die hinein das empirische Material sortiert und gestellt wird. Das heißt: Die Erfahrung fungiert nicht als Induktionsbasis der gesamten empirischen Psychologie, sondern sie bringt den Stoff für die vorgegebenen Titel teils zur Erläuterung und Illustration, teils auch, um relativ allgemeine Gesetze oder Regeln des Verhaltens zu gewinnen. Die Fächer jedoch sind der empirischen Wissenschaft a priori zugeteilt. Für die Anthropologie gilt die gleiche Maxime wie z. B. für die Rassenkunde: »Es liegt gar viel daran, den Begriff, welchen man durch Beobachtung aufklären will, vorher selbst wohl bestimmt zu haben, ehe man seinetwegen die Erfahrung befragt; denn man findet in ihr, was man bedarf, nur alsdann, wenn man vorher weiß, wornach man suchen soll« (VIII 91). Die empirische Psychologie und Anthropologie ist bei Kant nie Erfahrungsseelenkunde, die das eigene unvertauschbare Individuum erkunden will; sie ist nicht an dem einmaligen Subjekt interessiert, sondern an den allgemeinen Prädikaten, die sich in wiederholbaren Situationen verwenden lassen.

Gegen Baumgarten richtet sich, wie wir sahen, die regionale Ausgrenzung der empirischen Psychologie oder »Naturerkentniß des Menschen« aus der Metaphysik; gegen Platner und dessen *Anthropologie für Ärzte und Weltweise* von 1772 wendet Kant den Phänomenalismus, noch nicht 1772–73, sondern erst 1773–74. Er schreibt in einem Brief an Marcus Herz gegen Ende 1773: »Ich lese in diesem Winter zum zweyten mal ein collegium privatum der Anthropologie welches ich jetzt zu einer ordentlichen academischen disciplin zu machen gedenke. Allein mein Plan ist gantz anders.« (Für den Briefempfänger: anders als die Platnersche Anthropologie, von der vorher die Rede war; wir wissen: anders auch als die vorhergehende eigene Konzeption.) »Die Absicht die ich habe ist durch dieselbe die Quellen aller Wissenschaften: die der

---

18 Vgl. die vielfältigen Literaturverweise von Erich Adickes im Bd. XV der Akademie-Ausgabe.

Sitten, der Geschicklichkeit, des Umganges, der Methode Menschen zu bilden u. zu regiren, mithin alles Praktischen zu eröfnen.[19] Da suche ich alsdenn mehr Phänomena u. ihre Gesetze als die ersten Gründe der Möglichkeit der modification der menschlichen Natur überhaupt. Daher die subtile u. in meinen Augen auf ewig vergebliche Untersuchung über die Art wie die Organe des Körpers mit den Gedanken in Verbindung stehen ganz wegfällt« (X 145). In der Nachschrift *Philippi* hieß es schon in einer (nach 1772/73 hinzugefügten?) Marginalie: »Der Übergang der körperlichen Bewegung bis zur geistigen läßt sich nicht weiter erklären, folglich Bonnet und verschiedene andre irren sehr, wenn sie vom Gehirn auf die Seele, mit Sicherheit glauben schließen zu können.«[20]

Was der Brief an Marcus Herz nicht unmittelbar mitteilt: Kant löst sich von der Idee der Naturerkenntnis des Menschen als einer empirischen Psychologie qua theoretischer Disziplin; die praktische Ausrichtung der Anthropologie, die hier konstatiert und die Kant in der Vorlesung vom Winter 1773–74 vorgetragen haben wird, wendet sich, wie schon angemerkt, entschieden nicht nur gegen eine medizinische Anthropologie, sondern gegen das ursprüngliche eigene Konzept. »Also nicht speculativ sondern pragmatisch nach Regeln der Klugheit seine Kenntnis anzuwenden, wird der Mensch studirt, und das ist die Antropologie ... Alle Antropologien, die man noch zur Zeit hat, haben noch die Idee nicht gehabt, die wir hier vor uns haben. Alles was kein Verhältnis zum klugen Verhalten des Menschen hat, gehört nicht zur Antropologie.«[21] Hierunter fällt auch die Vorlesung vom Winter 1772–73, weil sie sich noch als rein theoretische Disziplin sah.

Auch mit der Wende zur pragmatischen Anthropologie bewegt sich Kant auf vertrautem Boden, vertraut sowohl aus der älteren Metaphysiktradition wie auch neueren Tendenzen in den Kulturwissenschaften. Christian Wolff sagt in den »Anmerkungen« zu seinen *Vernünfftigen Gedancken von Gott, der Welt und der Seele des Menschen* von seiner Philosophie, daß sie »gantz pragmatisch ist, das ist, dergestalt in allem eingerichtet, daß sie sowohl in Wissenschaften und den sogenannten höheren Facultäten als auch im menschlichen Leben, sich gebrauchen lässet«.[22] Humes Geschichte gilt als pragmatisch, wenn sie auch von ihrem Autor als solche nicht bezeichnet wird; Herder notierte: »... Hume,

---

19 Die Interpunktion von »Wissenschaften« bis »mithin« wurde ergänzt, R. B.
20 *Anthropologie-Philippi* 2v; Vorläufer der phänomenologischen Einstellung und der Ausklammerung psycho-physischer Probleme sind Locke (vgl. Locke, 1975, 43–44) und Hume (Hume, 1896, 60–61; 248; 275–276). Kant hält am Agnostizismus im Hinblick auf die Zuordnung physischer und psychischer Vorgänge fest (vgl. auch die Vorrede der 1798 publizierten *Anthropologie*, VII 119, und die Antwort an Samuel Thomas Sömmering vom 10. August 1795, XII 31–35); zugleich ist Kant immer der Meinung gewesen, daß es keine psychischen Prozesse – auch die des Denkens – ohne physische Substruktur gibt. In der *Anthropologie-Brauer* steht: »Unsre Seele denkt nie allein, sondern im elaboratorio des Körpers, zwischen welchen beyden immer eine Harmonie ist ... so wie die Seele denkt, bewegt sie den Körper mit« (82).
21 *Anthropologie-Friedländer* (Ms. 400), 7; vgl. 14.
22 Wolff, 1740, 70; auf die Passage verweist Kühne-Bertram, 1983, 161.

ein Schriftsteller, der die schwere Kunst versteht, die pragmatischen Kunstgriffe eines Tacitus und Polyb's nach dem Geschmack unserer Zeit anzuwenden.«[23] 1766 veröffentlichte der Hallenser Historiker Karl Renatus Hausen einen *Versuch einer pragmatischen Geschichte des 18. Jahrhunderts*. Georg Friedrich Meier unterscheidet in der Logik die chronologische Lehrart der Geschichte von der geographischen[24], Kant notiert dazu zwischen 1776 und 1789: »Die historische Lehrart ist pragmatisch, wenn sie noch eine andere Absicht hat als die Scholastische, nicht blos vor die Schule, sondern auch vor die Welt oder die Sittlichkeit ist.«[25] So mag eines der Motive der Kantischen Neukonzeption der Anthropologie sein, daß er der Humeschen Geschichtsschreibung sein eigenes pragmatisches Werk zur Seite stellen wollte; aber wie dem auch sei: Mit der handlungstheoretischen Wende verbindet Kant die Absicht, die Gefahr der empirischen Psychologie, prinzipienlos von der (beobachtenden) Psychologie zur (erklärenden) Physiologie weiterzuschreiten, aus dem Unternehmen zu bannen; so Kant im oben zitierten Brief an Marcus Herz, und so auch in der *Anthropologie* von 1798 (VII 119).

Der Wechsel zur dezidiert pragmatischen Anthropologie ist jedoch kein dramatischer Übergang von einer theoretischen zu einer praktischen Disziplin; schon als empirische Psychologie war die Anthropologie von unmittelbar praktischer Relevanz, und umgekehrt gibt es jetzt zwar die Möglichkeit, die Untersuchung auf das pragmatisch Wichtige einzuschränken, aber die Orientierung wird nur locker eingehalten; es kommt häufig zu theoretischen und auch psychosomatischen Exkursen. Entsprechend macht sich der Programmwechsel eher im Etikett als im Inhalt bemerkbar. Wir kommen hierauf gleich noch einmal zurück.

Kant schafft eine Disziplin, in der der Umgang des Menschen mit sich und anderen in der bürgerlichen Welt thematisiert wird. Wer die parallele Vorlesung im Sommersemester über Geographie »a priori« hörte, wird bei seiner späteren Umschiffung des Globus wissen, wohin er fährt und was ihn im Grundsatz erwartet; er kann seine Wahrnehmungen richtig sortieren und konsistente, allgemein mitteilbare Erfahrungen machen. Anthropologie und physische Geographie ersetzen das Gegensatzpaar Psychologie und Physik und bilden Parallelunternehmen der empirischen Ermöglichung von Klugheit und Welterfahrung.[26]

»Pragmatisch ist die Erkenntnis, von der sich ein allgemeiner Gebrauch in der Gesellschaft machen läßt« (Refl. 1482; XV 660). Die pragmatische Anthropologie löst den Fürstenspiegel und den *Cortegiano* von Baldassare Castiglione ab. Für die höfische Welt ist sie nicht zuständig: »Die sogenannte große Welt aber, den Stand der Vornehmen, zu beurtheilen, befindet sich der Anthropologe in einem sehr ungünstigen Standpunkte, weil diese sich untereinander zu

---

23 Herder, 1985, 158 (»Von der Veränderung des Geschmacks der Nationen durch die Folge der Zeitalter (Ein Fragment)«, 1766). Zur Auffassung von Rezensenten, Humes *History* sei wie die des Polybios (vgl. dessen *Historiae* I 2, 8; IX 2, 4) pragmatisch, s. a. Brandt und Klemme, 1989, 53—55.
24 Meier, 1752, § 432; bei Kant, 1900ff., XVI 804—805.
25 Refl. 3376 (XV 804), s. a. in der *Grundlegung* IV 417 Anmerkung.
26 Vgl. auch *Anthropologie-Friedländer* (Ms. 400) 6—7.

nahe, von Anderen aber zu weit befinden« (VII 120). Die Gesellschaft, an die Kant denkt, ist der bürgerliche Mittelstand; denn daß die körperlich Arbeitenden als Adressaten ausgeschlossen sind, versteht sich von selbst.

In der Klugheitslehre lernt der Hörer und Leser die Spielregeln kennen, nach denen in der bürgerlichen comédie humaine, im Umgang mit sich und anderen, verfahren wird. Unter Abstraktion der Begründung von moralischen Gesetzen von Recht und Tugend und ihren eigentümlichen Sanktionen wird hier gezeigt, wie wir klug verfahren und zu einem gelungenen Leben gelangen können; die Sanktionen, die hier zählen, sind im Umgang mit sich selbst psychologischer, aber auch leiblich-gesundheitlicher Natur, im Umgang mit anderen ist es der soziale Erfolg oder Mißerfolg. Kant nimmt mit seiner pragmatischen Anthropologie einen großen Bereich der Aristotelischen Lehre von der eudaimonia und der Klugheit, phronesis, auf; nur ist jetzt die eigentliche Ethik von der Darstellung der umsichtig-klugen Lebensgestaltung getrennt.

Einer der Gründe, warum sich der Wechsel im behandelten Stoff selbst kaum bemerkbar machte und schon die empirische Psychologie praktisch relevant war, liegt in folgendem: Nach Kants Auffassung ist in einem organisierten Wesen, also auch im Menschen, alles Allgemeingesetzliche zu irgendeinem Zwecke gut[27]; die eigene und fremde Seelenanlage ist zweckmäßig ausgerichtet, und der Mensch kann, oder besser: muß, wenn er klug verfährt, in seinen eigenen Zwecksetzungen den Zwecken der Natur folgen. Aber diese Teleologie geht noch weiter: Nicht nur die natürlichen Anlagen sind zweckmäßig, sondern auch die menschliche Kultur; die Natur will die Kultur, sie will, daß sich der Mensch pragmatisch und moralisch in der Geschichte hin zu dem entwickelt, was sie in ihren Anlagen vorgesehen hat. Die zeitgenössische Kultur in Europa scheint sich zwar am meisten von der Natur zu entfernen, aber eben dies ist im Naturplan vorgesehen. Wer klug handelt, folgt entsprechend den Natur- und Kulturtendenzen, die in der Anthropologie freigelegt werden. Der durchgängige Finalismus ermöglicht es, das Pragmatische und Kluge im Handeln in die besonders stoische Lehre vom »naturae convenienter vivere« einzubinden – wer klug handelt, ist nicht schlau, sondern pragmatisch-weise.

Einige Beispiele, wie die pragmatische Anthropologie die »phronesis« und das »naturae convenienter« realisiert: Die anthropologische Selbsterkenntnis führt zu einer Abschätzung der eigenen Begabung, so daß man in der Berufswahl geschickt verfährt; die Kenntnis von Affekten und Leidenschaften schafft die nötige Selbst-Distanz, um in den entscheidenden Momenten einen Überschlag über das eigene Leben im ganzen zu machen und dann die momentane, schon geminderte Aufwallung dagegen zu halten. Die pragmatische Anthropologie hilft uns, die unbewußte Verstandestätigkeit zu analysieren und uns so ihrem Einfluß zu entziehen; sie läßt uns das Maskenspiel der anderen Menschen

---

27 »Alles, was die Natur selbst anordnet, ist zu irgendeiner Absicht gut«, heißt es in der *Kritik der reinen Vernunft* (A 743). Dieses Prinzip, an dem Kant während seines ganzen Lebens festhielt, beherrscht die Anthropologie, ohne daß in ihr die erkenntnistheoretischen Bedingungen, wie sie in den *Kritiken* von 1781 und 1790 formuliert werden, irgendeine Rolle spielten.

durchschauen und den Schein – so lange er nicht aus der harmlosen Illusion in Betrug umschlägt – als notwendiges Element im Lebensspiel akzeptieren. Am Ende lernen wir: Das Leben ist Stückwerk; der einzelne Mensch ist nicht dazu bestimmt, sich selbst zu verwirklichen, sondern als Glied der Menschheit im ganzen seine geringe Rolle zu übernehmen. Die pragmatische Anthropologie will lehren, wie man dies urban mit Verstand, mit spielerischem Abstand und mit Anstand und Charakter bewältigen kann. Es ist das gleiche Ziel, das sich die Popularphilosophen mit ihrer Philosophie für das Leben gesteckt haben.

II.

Die Kantische Anthropologie stellt den Anspruch, systematisch abgefaßt und damit kein bloßes Aggregat zu sein. In der Buchpublikation wird von der Vollständigkeit der Titel, der einzelnen Gesichtspunkte der Gliederung also, gesprochen (VII 121). Es kann niemand von einer Reise nach Königsberg zurückkommen und Kant berichten, daß er die *Anthropologie* um einen dritten und vierten Teil oder bestimmte Titel erweitern müsse, weil sich bestimmte Phänomene im Verhalten der Menschen in anderen Ländern nicht seiner Rubrizierung beugen wollten. Einsprüche der Empirie gegen das System sind nicht gut möglich, weil die Möglichkeit der mitteilungsfähigen Empirie erst durch das Vorweg-System geschaffen wird. Die Erfahrung kann nicht gegen ihre eigenen Prämissen argumentieren, die zwar empirisch entdeckt werden, aber nicht empiristisch ihrer Entdeckung verpflichtet bleiben.

Die Nachschriften dokumentieren, wie die Vorlesung sich in ihrem ersten größeren Teil allmählich aus einer freien Kommentierung, Kritik und materialreichen Ergänzung der Baumgartenschen Psychologie zu einer zunehmend selbständigen Gesamtkonzeption entwickelt; aus dem Aggregat der vielen psychologischen Einzelbeobachtungen wird die pragmatische Anthropologie mit einer systematischen Intention und Zielsetzung.

Die triadische Gliederung von Erkenntnisvermögen, Gefühl der Lust und Unlust und Begehrungsvermögen, die sich allmählich durchsetzt, konnte Kant zwar in dieser Klarheit nicht in der »Psychologia empirica« von Baumgarten finden, wohl aber in dessen *Ethica*.[28] In den Vorlesungsnachschriften und auch

---

28 Die *Ethica philosophica*, die 1740, 1750 und 1763 erschien, erörtert im Bereich der Pflichten gegen sich selbst die »cura intellectus« (§ 221 – § 225), sodann die »cura voluptatis et taedii« (§ 226 – § 234) und danach die »cura facultatis appetitivae« (§ 235 – § 241); anders verfährt die Gliederung in der »Synopsis«, die eine Zweiteilung von »facultas cognoscitiva« und »appetitiva« vorsieht und der letzteren traditionsgemäß »voluptas« und »taedium« zuordnet (2). In der ersten Auflage wird unter den »Officia erga teipsum respectu animae« nach der Zweiteilung von »facultas cognoscitiva« und »facultas appetitiva« (§ CCII) die erstere in den §§ CCIII bis CCXXV behandelt, »voluptas et taedium« §§ CCXXVI bis CCXXXIV, sodann folgt das Begehrungsvermögen (bis § CCXXXXVIIII); also auch hier schon die Dreiteilung, die sich in der deutschsprachigen Philosophie durchsetzen wird.

in der Publikation von 1798 findet sich keine nähere Begründung für die Vollständigkeit gerade dieser drei Kapitel; lediglich bei *Mrongovius* (Mitte der achtziger Jahre) ist notiert: »Das BegehrungsVermögen setzt Gefühl der Lust oder Unlust voraus und diese Erkenntnis« (78). Hiermit wäre die Reihenfolge begründet: Wir nehmen zuerst etwas wahr und erkennen es; der Gegenstand erregt ein Gefühl der Attraktion oder Repulsion in uns, und entsprechend reagieren wir dann in unserem Begehrungsvermögen, das eine Handlung der Erstrebung oder Vermeidung auslöst. Ein analoger Hinweis findet sich nicht in der Publikation; Kant wird angenommen haben, daß sich dieses Voraussetzungsverhältnis von selbst versteht.

Mit der Erweiterung der Anthropologie über die drei Seelenvermögen hinaus scheint der Autor die Vorlage der Baumgartenschen *Metaphysik* gänzlich zu verlassen und nur auf seine *Beobachtungen über das Gefühl des Schönen und Erhabenen* von 1764 zurückzugreifen. Dort wird im ersten Kapitel zunächst grundsätzlich »Von den unterschiedenen Gegenständen des Gefühls vom Erhabenen und Schönen« gehandelt (II 207–210), dann folgt die für uns einschlägige Untersuchung »Von den Eigenschaften des Erhabenen und Schönen am Menschen überhaupt« (II 211–227), »Von dem Unterschiede des Erhabenen und Schönen in dem Gegenverhältniß beider Geschlechter« (II 228–243) und »Von den Nationalcharakteren, in so fern sie auf dem unterschiedlichen Gefühl des Erhabenen und Schönen beruhen« (II 243–256). Also: Mensch – Geschlechter – Nationen. Auch in der Schrift von 1764 wird in der Untersuchung des einzelnen Menschen von den vier Temperamenten gehandelt (II 218–224). Mit diesem Passus (oder der Bestimmung des Naturells) beginnt Kant den zweiten Teil der Anthropologie-Vorlesung und entwickelt das folgende auf der in den *Beobachtungen* vorgezeichneten Matrix.

Unter dem Aspekt von System und Vollständigkeit sind jetzt zwei Punkte wichtig: Die Beziehung des ersten zum zweiten Teil, die sich, sobald die beiden Teile explizit von einander unterschieden werden, in der Titelwahl ausdrückt, und zweitens die innere Logik im Zusammenhang der Themen von Teil 2.

Für Kants Versuche, die beiden Teile der Anthropologie als zwei und nur zwei Stücke der einen Wissenschaft vom Menschen begrifflich zu bestimmen, führe ich drei Beispiele an:

In den frühesten Nachschriften ist die Zweiteilung der Vorlesung noch nicht explizit markiert, sie findet sich jedoch ab der Mitte der siebziger Jahre. In der *Anthropologie-Friedländer* heißt es zu Beginn des zweiten Teils: »Nachdem wir in dem allgemeinen Theil den Menschen nach seinen Seelenkräften und Vermögen kennen gelernt haben, so müßen wir nun im besondern Theil die Kenntnis des Menschen anzuwenden suchen, und von derselben Gebrauch machen.«[29] Die beiden Teile sollen sich also durch die Begriffe »allgemein – besonders« und »(Theorie) – Anwendung« unterscheiden. Die *Anthropologie-Mrongovius* (Mitte der achtziger Jahre) formuliert: »Zweiter oder practischer

---

29 *Anthropologie-Friedländer* (Ms. 400) 506.

Theil der Anthropologie welcher handelt von der Characteristic des Menschen. Da der erste Theil Physiologie des Menschen und also gleichsam die Elemente enthält aus denen der Mensch zusammengesetzt ist; so ist der practische Theil der Anthropologie derienige der uns lehrt, wie die Menschen in ihren willkührlichen Handlungen beschaffen sind« (99r). Hier suggeriert der Ausdruck »Elemente« einen Aufbau derart, daß nach der Lehre von den Elementen eine auf sie aufbauende, sie voraussetzende Lehre von der Anwendung dieser Elemente folgt (nach dem Muster der Elementar- und Methodenlehre in der Logik); dies ist jedoch faktisch nicht der Fall und muß mit dem Konzept der Physiologie und der Elemente (beides nur hier bei *Mrongovius*)[30] auch nicht intendiert sein. Beide Teile stehen nebeneinander, Teil 2 setzt Teil 1 nicht voraus. Die *Anthropologie* von 1798 bestimmt den ersten Teil als »Anthropologische Didaktik. Von der Art, das Innere sowohl als das Äußere des Menschen zu erkennen« (VII 125), und den zweiten als: »Die anthropologische Charakteristik. Von der Art, das Innere des Menschen aus dem Äußeren zu erkennen« (VII 283). Es ist symptomatisch, daß das Rostocker Manuskript noch mit der Einteilung experimentiert (VII 399) und für den ersten Teil, die »Anthropologische Didaktik«, die Frage »Was ist der Mensch?« (wohl als Untertitel) hinzufügt, beim zweiten Teil, der »Anthropologischen Charakteristik« notiert: »Woran ist die Eigenthümlichkeit jedes Menschen zu erkennen?« (VII 410).

Das Resümee muß glaube ich lauten: Es ist Kant nicht gelungen, eine befriedigende begriffliche Lösung für die Beziehung der beiden Teile der Anthropologie zu finden. Im Anschluß an die Ergänzungen im Rostocker Manuskript läßt sich jedoch eine unterschiedliche logische Struktur der beiden Teile entdecken: Die drei Vermögen der Seele finden sich bei jedem Menschen überhaupt, es sind gewissermaßen die Transzendentalien der Anthropologie; die Bestimmungen von Teil 2 sind disjunktiver Art[31]: die allgemeinen Titel (»Naturell«, »Temperament«, »Geschlecht«, »Volk«, »Rasse« (letztere gemäß VII 320–321) realisieren sich wie bei der Urteils- und Kategorientafel in jeweils einer von verschiedenen Möglichkeiten – das »Eigentümliche jedes Menschen«, seine anthropologische Charakteristik, läßt sich nur in Kontrasten erkennen, im Rahmen also von disjunktiven Möglichkeiten.

Im zweiten Teil steht das »commercium corporis et animae« am Anfang, daher zuerst das Naturell, dann das Temperament und darauf der Charakter, den der Mensch sich selbst verdankt. Diese drei Bestimmungen machen das Innere des Menschen aus; es folgt auf sie die Physiognomie, die lehrt, das Innere aus dem Äußeren zu erkennen, und dann kommen Bestimmungen, die dem Äußeren allein zu entnehmen sind: Das männliche oder weibliche Geschlecht, die Rasse, die Nation. Dieser Gesichtspunkt der Gliederung wird von Kant nicht angeführt, er drängt sich jedoch beim Versuch auf, die interne Logik des zweiten Teils zu entdecken.

---

30 Zur Physiologie vgl. Refl. 1029 (XV 461).
31 Ausnahmen bilden die Erörterungen des Charakters als Denkart, der Physiognomie und des Charakters der Gattung.

Die Darstellung des Charakters der Person zerfällt 1798 in Naturell, Temperament und Charakter – »Die beiden ersteren Anlagen zeigen an, was sich aus dem Menschen machen läßt; die zweite (moralische), was er aus sich selbst zu machen bereit ist« (VII 285). Hier liegt eine Bezugnahme zur moralischen Anthropologie, die von der kritischen Moralphilosophie gefordert wird.[32] Und: Die Zweiteilung der Spätversion, wie immer sie betitelt ist, ist mit einer jeweiligen Kulmination der Gedanken in der Idee vom höchsten Gut verbunden. Die beiden letzten Überschriften der »Anthropologischen Didaktik« lauten »Von dem höchsten physischen Gut« und »Von dem höchsten moralisch-physischen Gut« (VII 276 und 277), und die »Anthropologische Charakteristik« setzt in ihrem letzten Kapitel die Bestimmung der menschlichen Gattung in den beständigen Fortschritt zum moralisch Besseren und die Realisierung der Idee einer »fortschreitenden Organisation der Erdbürger in und zu der Gattung als einem System, das kosmopolitisch verbunden ist« (VII 333). In eben dieser Idee kulminiert auch die »Rechtslehre« in der *Metaphysik der Sitten* von 1797, der Idee, die »durch allmähliche Reform nach festen Grundsätzen versucht und durchgeführt wird« und »in continuirlicher Annäherung zum höchsten politischen Gut, zum ewigen Frieden, hinleiten kann« (VI 355). In der Lehre vom höchsten Gut gipfelt also die Kantische Handlungslehre, und sie stiftet letztlich ihre Einheit. Wie die Geschichte nach Kant aus dem Plural vieler Geschichten zum Singular einer einzigen Idee der Geschichte dadurch verknüpft werden kann, daß man sie in »weltbürgerlicher Absicht«, d.h. unter der Einheit des Rechts, begreift und darstellt, so kann das Aggregat von empirischen Beobachtungen der Psychologie zu einer systematischen Einheit dadurch gelangen, daß es in »pragmatischer Absicht«[33] gewählt und geordnet wird; wie die weltbürgerliche Geschichte ist auch das pragmatische Handeln der Menschen auf die eine einheitliche Bestimmung des Individuums und der Gattung bezogen. Die Begründung hierfür liegt nicht mehr im Bereich von Geschichtsphilosophie und Anthropologie.

III.

Das Feld der Philosophie in weltbürgerlicher Bedeutung läßt sich, so entnahm Gottlob Benjamin Jäsche den Kantischen Logik-Notizen, auf folgende Fragen bringen: »1) Was kann ich wissen? 2) Was soll ich thun? 3) Was darf ich hoffen? 4) Was ist der Mensch? Die erste Frage beantwortet die Metaphysik, die zweite die Moral, die dritte die Religion und die vierte die Anthropologie. Im Grunde könnte man aber alles dieses zur Anthropologie rechnen, weil sich die drei ersten Fragen auf die letzte beziehen« (IX 25).[34] Wenn die Anthropologie

---

32 Vgl. Brandt (»Beobachtungen«), 1991, 77–78.
33 »Anthropologie in pragmatischer Absicht« lautet eine Formulierung der Buchfassung (VII 119).
34 Zur Kulturgeschichte dieser Fragen vgl. Brandt (»D'Artagnan«), 1991, 75–76.

die drei vorhergehenden Bereiche umfaßt, so ist ein Konflikt zwischen ihr und den vorhergehenden drei Disziplinen nicht möglich. Die hier angesprochene Anthropologie ist sicher nicht identisch mit dem Kolleg, das Kant seit 1772/73 las; aber auch diese uns vorliegende Anthropologie will, so wurde oben referiert, keine Kampfdisziplin sein, sie fordert nicht die Rationalphilosophie vor ihre Schranken mit der Absicht, sie auf ihre empirisch verifizierbaren Gehalte zu reduzieren. Das »Ich sehe Pferde, aber keine Pferdheit« des Antisthenes und der Popularphilosophen (»Ich bin in Göttingen, aber doch nicht Göttingen in mir«) war nie Kants Intention. Die Anthropologie entwickelt sich eigenständig neben der Transzendental- und kritischen Philosophie; aber mit dieser Nebenordnung ist nicht a priori gewährleistet, daß es nicht zu bestimmten Konflikten kommen kann. Wo die Rationalphilosophie mit empirischen Anleihen arbeitet, kann sie von der Anthropologie differieren. Hiervon soll abschließend wenigstens in einigen Andeutungen gehandelt werden.

Ich beginne mit der Frage: »Was darf ich hoffen?«

Die Hoffnung, die sich auf die Verknüpfung des sittlichen Handelns mit einer proportionierten Glückseligkeit bezieht, ist kein Thema der Kantischen Anthropologie. Sie stützt sich zwar auf einen durchgehenden Finalismus, aber dieser wird nicht explizit theologisch begründet, und die anthropologisch relevante Hoffnung der einzelnen Menschen bezieht sich weniger auf eine Glückseligkeit nach dem Tod als auf die am Ende des 18. Jahrhunderts wichtige Frage[35], wie das Grab beschaffen sein wird: »Sich das Grab in seinem Garten oder unter einem schattichten Baum, im Felde oder im trockenen Boden zu bestellen, ist oft eine wichtige Angelegenheit für einen Sterbenden: obzwar er im ersten Fall keine schöne Aussicht zu hoffen, im letzteren aber von der Feuchtigkeit den Schnupfen zu besorgen nicht Ursache hat« (VII 137). Weiter wird in einer Anmerkung als skurriler Witz vermerkt, daß man den Choleriker für orthodox, den Sanguiniker für einen Freigeist, den Melancholiker für einen Schwärmer und den Phlegmatiker für einen Indifferentisten hält (VII 291). Das Phlegma ist seit den siebziger Jahren das eigentlich philosophische unter den Temperamenten[36]; Kant selbst, der beim universitären Gottesdienst gern vor der Kirchentür abbog, hält sich in der Anthropologie an den Phlegmatiker und seinen Indifferentismus. Wenn das Schauspiel des menschlichen Lebens zu Ende geht, mag man mit Augustus seine Mitspieler fragen, ob man seine Rolle gut gespielt hat, aber niemand fragt ernsthaft nach der Zukunft, wenn der Vorhang fällt. So stößt die a priori konzipierte Hoffnung im Bereich der empirisch-pragmatischen Psychologie auf ein »Vacat«. Aber wo hat sie ihren Ort, wenn nicht im Leben der Menschen?

---

35 Vgl. Bauer, 1992.
36 In der Beurteilung dieses Temperaments vollzieht sich ein starker Wandel; während es noch in den *Beobachtungen über das Gefühl des Schönen und Erhabenen* beiseite geschoben wird (II 219; 220; 224), wird es zunehmend eindeutig favorisiert, wenigstens »im guten Sinn genommen« (VII 318; vgl. 290). Einer der Gründe für diesen Wandel wird darin liegen, daß Kant die Bedeutung der moralischen Reflexion vor der Ausführung der Handlung stärker akzentuiert und im kühlen Phlegma das Temperament der moralgerechten Aufschiebung und »deliberatio« (»Noch fragt er aber ...« IV 423 u. ö.) sieht.

Die zweite Frage lautet: Was soll ich tun? Die Moralphilosophie beantwortet diese Frage mit dem kategorischen Imperativ: »Handle nur nach derjenigen Maxime, durch die du zugleich wollen kannst, daß sie ein allgemeines Gesetz werde« (IV 421). Dieser Imperativ wird weder in der *Anthropologie* von 1798 noch in den Vorlesungsnachschriften genannt. Aber der Ort, an den er als Handlungsprinzip gehört, läßt sich ausmachen: Es ist die Darstellung des »Charakters als der Denkungsart« (VII 291–92). Wenn Kant dort von Grundsätzen spricht, die falsch und fehlerhaft sind (VII 292), so kann das Kriterium der Unterscheidung von richtigen und falschen Grundsätzen nur der kategorische Imperativ sein. Die Anthropologie setzt damit voraus, daß das moralische und das pragmatische oder kluge, naturgemäße Handeln kompatibel sind, daß das, was der Mensch aus sich nach pragmatischen Gesichtspunkten macht und machen kann, auf das hinausläuft, was er aus sich machen soll (VII 119). Wie kann in dieser Konstruktion der Empirie die Möglichkeit verweigert werden, Einspruch gegen das Apriori der Ethik zu erheben? Andernfalls setzt die Moral die Empirie unter einen nicht legitimen Bestätigungszwang.

Sieht sich die apriorische Ethik genötigt, das »Du« des Imperativs näher zu spezifizieren, handelt es sich um ein sinnlich affizierbares Vernunftwesen, z.B. den Menschen. An dieser Stelle erhebt die Anthropologie, besonders in den Vorlesungsskripten und den Reflexionen, entschiedenen Widerspruch und verlangt eine weitere, in der praktischen Philosophie nicht vorgesehene Spezifikation. Farbige und Frauen sind zum Handeln aus Pflicht auf Grund ihrer Naturanlage nicht befähigt; sie sind und bleiben im Reich der Sitten passive Staatsbürger.[37] Nur der weiße Mann handelt aus Grundsatz, und der Student erfuhr, daß selbst ein Verbrecher, der böse aus Grundsatz handelt, denjenigen Personen vorzuziehen ist, die über Grundsätze nicht verfügen.[38] Nicht zufällig wird in der *Anthropologie* von 1798 im letzten Satz der Erörterung des Charakters als Denkungsart der »Mensch« durch den »Mann« ersetzt: Es ist der höchste

---

37 Vgl. u.a. Brandt (»D'Artagnan«), 1991, 133–136. – In der publizierten *Anthropologie* ist Kant wesentlich zurückhaltender als in den Reflexionen, die ihren Niederschlag in den Vorlesungsskripten finden. Es wird schwer zu entscheiden sein, ob sich die Ansichten in den neunziger Jahren gewandelt haben (u.a. auf Grund der Ideen aus Frankreich), oder ob Kant auf das Buchpublikum Rücksicht nahm. In der Vorlesung saßen nur männliche Studenten, sie wendet sich entsprechend (etwa in Fragen der immer wieder erörterten Sexualmoral) nur an sie. Die Formulierung, die pragmatische Anthropologie könne im Gegensatz zur scholastischen »von der Dame bey der toilette gelesen werden« (*Anthropologie-Petersburg* 4; *Menschenkunde-Starke* 6) geht entweder auf den Verfasser der Nachschrift zurück (als Übernahme eines bekannten Topos), oder ist von Kant im Hinblick auf die Tatsache gebracht worden, daß die Skripten in vielen Varianten als Lektüre- und Vorlesungsstoff zirkulierten.

38 Vgl. auch VII 292: Einen Charakter schlechthin zu haben, bedeutet, sich an bestimmte praktische Prinzipien zu binden, die man sich durch die eigene Vernunft vorgeschrieben hat. »Ob nun zwar diese Grundsätze auch bisweilen falsch und fehlerhaft sein dürften, so hat doch das Formelle des Wollens überhaupt, nach festen Grundsätzen zu handeln (nicht wie in einem Mückenschwarm bald hiehin, bald dahin abzuspringen), etwas Schätzbares und Bewundernswürdiges in sich; wie es denn auch etwas Seltenes ist«. Nur der Charakter hat einen inneren Wert und nicht nur einen Markt- oder Affektionspreis.

Wert, »ein Mann von Grundsätzen zu sein« (VII 295). Der weiße Mann, der moralisch autonome, aktive citoyen, ist der Nachfahr des Stoikers, des »tenax propositi«, aber auch des Aristotelischen Griechen, der von Natur dazu bestimmt ist, den Barbaren Handlungsanweisungen zu geben. Moralisch sind Frauen und Farbige nur befähigt, das Handeln aus Grundsatz zu imitieren; man sagt ihnen die Regel, und sie befolgen sie, weil sie es so gelernt haben.

Der Mann bedarf der Frau; im rohen Naturzustand dient sie als Haustier (VII 304) und zur Fortpflanzung des Geschlechts. Die Natur hat die Frau geschwätzig gemacht; ihre Absicht war dabei, daß die Kinder früh sprechen lernen.[39] Der Jüngling, auf unmittelbaren Genuß drängend, wird vor der Erniedrigung durch die Lusterfüllung dadurch bewahrt, daß er der Frau mit Achtung begegnen muß.[40] Diese Achtung ist die Vorübung für das eigentliche Ziel, dem nur der Mann allein sich zuwenden kann: Zu handeln aus Achtung vor dem Gesetz.

Die Anthropologie muß, wenn sie auf dieses Lehrstück nicht verzichtet, von der Moralphilosophie fordern, daß sie nicht generell vom Menschen spricht, sondern eine Klassenteilung mündigkeitsfähiger und -nichtfähiger vernünftiger Wesen bzw. Menschen als möglich annimmt[41] und sich mit dem Imperativ qua Imperativ nur an die ersteren wendet. Die Anthropologie würde damit die Moralphilosophie nicht destruieren, ihr jedoch eine empfindliche Einschränkung abnötigen.

Was kann ich wissen? Hier führt die Konfrontation der Anthropologie mit der Transzendentalphilosophie zu dem gravierendsten Einwand; er soll uns abschließend beschäftigen.

In der »Transzendentalen Ästhetik« wird vom Raum folgendes gesagt: »1) der Raum ist kein empirischer Begriff, der von äußeren Erfahrungen abgezogen worden. Denn damit gewisse Empfindungen auf etwas außer mir bezogen werden (d. i. auf etwas als in einem anderen Orte, als darin ich mich befinde), ... dazu muß die Vorstellung des Raumes schon zum Grunde liegen« (A 23). Wir können diese Selbstlokalisierung meines Körpers an einer bestimmten Stelle im Raum noch als heuristisches Mittel interpretieren, um zu der Vorstellung des Raumes überhaupt zu gelangen, die auch dieser Selbstverortung noch zuvorliegt und sie allererst möglich macht. Doch dann heißt es unter Ziffer 2: »Der Raum ist eine nothwendige Vorstellung a priori, die allen äußeren Anschauungen zum Grunde liegt. Man kann sich niemals eine Vorstellung davon machen, daß kein Raum sei« (A 23); und Ziffer 3 fährt fort: »Auf diese Nothwendigkeit a priori gründet sich die apodiktische Gewißheit aller geometri-

---

39 Vgl. *Anthropologie-Parow* 51.
40 Vgl. VII 306: »... und das Recht, Achtung vor sich auch ohne Verdienst zu fordern, behauptet sie schon aus dem Titel ihres Geschlechts«. S. dazu Kofman, 1982, 25–56.
41 In der publizierten *Anthropologie* wird im Hinblick auf die leibliche Vereinigung von »vernünftigen Wesen« und »vernünftige(n) Thieren« gesprochen (VII 303). In der ungefähr gleichzeitig verfaßten *Metaphysik der Sitten* unterscheidet Kant das »Vernunftwesen« vom »vernünftigen Wesen« oder auch »vernünftigen Naturwesen« (VI 418); letzteres ist als solches keine moralische Persönlichkeit. Die Frau scheint nur vernünftiges Naturwesen zu sein.

schen Grundsätze und die Möglichkeit ihrer Constructionen a priori« (A 24). Parallel zu den Ziffern 2 und 3 heißt es bei der Erörterung der Zeit, sie sei eine notwendige Vorstellung, die allen Anschauungen zum Grunde liege, und: »Auf diese Nothwendigkeit gründet sich auch die Möglichkeit apodiktischer Grundsätze von den Verhältnissen der Zeit oder Axiomen von der Zeit überhaupt. Sie hat nur eine Dimension; verschiedene Zeiten sind nicht zugleich, sondern nacheinander« (A 31).

Raum und Zeit als notwendige Vorstellungen mit der näheren Auskunft, daß sich auf diese Notwendigkeit die Möglichkeit der apodiktischen Grundsätze der euklidischen Geometrie und der Zeitordnung stützen. Die anthropologische Nachfrage bezieht sich auf das Subjekt der notwendigen Raum- und Zeitanschauung. Es ist zweifellos der Mensch, denn Kant spricht ausdrücklich von ihm: »Wir können demnach nur aus dem Standpunkte eines Menschen vom Raume, ausgedehnten Wesen etc. reden« (A 26). Das Wesen, von dessen Vorstellung gesprochen wird, ist also nicht omnipräsent und damit ohne bestimmten Ort in Raum und Zeit; sondern es sieht beides perspektivisch aus einem bestimmten beliebigen Hier und Jetzt. Diese Perspektive ist dem Raum- und Zeitwesen Mensch notwendig; beides ist uns nur aus einem Vorstellungswinkel vorstellbar. Hierauf beharrt die Anthropologie und nötigt damit die »Transzendentale Ästhetik«, sich in folgender Alternative zu entscheiden: Entweder werden Raum und Zeit aus der perspektivlosen Anschauung eines omnipräsenten Wesens entwickelt, oder aus der Perspektivbindung des Menschen. Wenn das letztere der Fall ist, gehören zu den notwendigen Vorstellungen beim Raum ein jeweiliges Hier und bei der Zeit die modalen Zeitbestimmungen von Vergangenheit, Gegenwart und Zukunft, wie sie in der Kantischen Anthropologie tatsächlich entwickelt werden, während die »Transzendentale Ästhetik« sie rigoros ausschließt.

Wenn die Transzendentalphilosophie den anthropologischen Einspruch und die ihr gestellte Alternative akzeptiert, zerstört sie sich selbst und muß völlig neu konstituiert werden. Tut sie es nicht, muß sie zeigen, wie sie dem Dilemma zwischen göttlicher und menschlicher Anschauung entgehen will.

Literatur

Doris BACHMANN-MEDICK, Die ästhetische Ordnung des Handelns. Moralphilosophie und Ästhetik in der Popularphilosophie des 18. Jahrhunderts, Stuttgart 1989.

Franz J. BAUER, Von Tod und Bestattung in alter und neuer Zeit, in: Historische Zeitschrift 254, 1992, 1−31.

Alexander Gottlieb BAUMGARTEN: Metaphysica, 7. Auflage, Halle und Magdeburg 1779.

Reinhard BRANDT/Heiner KLEMME, David Hume in Deutschland, Marburg 1989.

Reinhard BRANDT, Beobachtungen zur Anthropologie bei Kant (und Hegel), in: F. Hespe und B. Tuschling (Hrsg.), Psychologie und Anthropologie oder Philosophie des Geistes, Stuttgart 1991, 75−106.

Reinhard BRANDT, D'Artagnan und die Urteilstafel. Über ein Ordnungsprinzip der europäischen Kulturgeschichte, Stuttgart 1991.

Christian August CRUSIUS, Anweisung vernünftig zu leben, Leipzig 1744.

Wilhelm DILTHEY: Die Funktion der Anthropologie in der Kultur des 16. und 17. Jahrhunderts, in: ders: Gesammelte Schriften, hrsg. von Georg Misch, Stuttgart 1964, 416–492.

Monika FIRLA, Untersuchungen zum Verhältnis von Anthropologie und Moralphilosophie bei Kant, Frankfurt/Main und Bern 1981.

Karl Renatus HAUSEN, Versuch einer pragmatischen Geschichte des 18. Jahrhunderts, Halle 1766.

Johann Gottfried HERDER, Frühe Schriften 1764–1772, hrsg. von U. Gaier, Frankfurt 1985.

Norbert HINSKE, Kants Idee der Anthropologie, in: Die Frage nach dem Menschen. Aufriß einer philosophischen Anthropologie. Festschrift für Max Müller zum 60. Geburtstag, hrsg. von H. Rombach, Freiburg 1966, 410–427.

David HUME, A Treatise of Human Nature: Being an Attempt to introduce the experimental Method of Reasoning into Moral Subjects (1739–1740), hrsg. von L. A. Selby-Bigge, Oxford 1896.

Immanuel KANT, Gesammelte Schriften (Akademie-Ausgabe), Berlin 1900ff.

Immanuel KANT, Menschenkunde. Nach handschriftlichen Vorlesungen hrsg. von F. C. Starke, Leipzig 1831.

Sarah KOFMAN, Le respect des femmes (Kant et Rousseau), Paris 1982.

Gudrun KÜHNE-BERTRAM, Aspekte der Geschichte und der Bedeutungen des Begriffs ›pragmatisch‹ in den philosophischen Wissenschaften des ausgehenden 18. und des 19. Jahrhunderts, in: Archiv für Begriffsgeschichte 27, 1983, 158–186.

John LOCKE, An Essay Concerning Human Understanding (1690), hrsg. von P. Nidditch, Oxford 1975.

Georg Friedrich MEIER, Auszug aus der Vernunftlehre, Halle 1752.

Ernst PLATNER, Anthropologie für Ärzte und Weltweise, Leipzig 1772.

Volker SIMMERMACHER, Kants Kritik der reinen Vernunft als Grundlegung einer Anthropologia transcendentalis, Diss. Heidelberg 1951.

Johann Georg SULZER, Vermischte Schriften, 2 Bde, Leipzig 1800.

Christian WOLFF, Der Vernünfftigen Gedancken von Gott, der Welt und der Seele des Menschen, auch allen Dingen überhaupt, Anderer Theil ..., Frankfurt 1740.

Über den Selbstmord

Eine Grenzbestimmung des anthropologischen Diskurses im 18. Jahrhundert

GERALD HARTUNG (Berlin)

1. Die Bedingungen des anthropologischen Diskurses

Es mag auf den ersten Blick verwunderlich erscheinen, vom Begriffsfeld »Selbstentleibung, -tötung, -mord« aus einen Einstieg in den Diskurs der Anthropologen/Menschenkundler des 18. Jahrhunderts anzustreben. Im Rahmen dieses kleinen Traktats sollen die Verbindungslinien aufgezeigt werden.

Seit ihren Anfängen hat die anthropologische Disziplin sich mit dem Verhältnis von menschlicher Seele und Körper beschäftigt. Das verrät Guenius' *Anthropologia seu de hominis secundum corpus et animam constitutione* von 1618 bereits im Titel. Der Normalfall in der Relation von Seele und Körper ist der Lebenszusammenhang, d. h. die Aufrechterhaltung einer konstitutionellen Verbindung. Der Ausnahmezustand hingegen ist die vorsätzliche Lösung der Bindung von Seele und Körper: die Selbstentleibung. Nicht von der natürlichen Sterblichkeit und ihren physischen Ursachen soll hier die Rede sein, sondern von dem sogenannten »unnatürlichen Tod«, dessen Bewertung jede Wissenschaft, die vom Menschen spricht, vornimmt. So nähern wir uns dem anthropologischen Diskurs von seinen Grenzen.

In Mittelalter und früher Neuzeit wurde der Diskurs von Moraltheologie, -philosophie und Rechtswissenschaft geführt. Im 18. Jahrhundert trat die medizinische Anthropologie hinzu. Die Vielfalt der Perspektiven soll im Rahmen dieses Traktats vorgestellt werden. Auf eine kurze Darstellung der moraltheologischen Thesen folgt eine Besprechung der moralphilosophischen Positionen wie sie in der französisch-englischen Aufklärung (Montaigne, Montesquieu, Hume) entwickelt wurden. Anschließend wird die Lehrmeinung der französischen Materialisten (La Mettrie, d'Holbach) und ihre Rezeption durch Physiologie (Unzer) und medizinische Anthropologie (Platner) skizziert. Am Ende der Darstellung steht Kant, nicht aus philosophiehistorischer Bequemlichkeit, sondern weil er die Tendenzen seines Zeitalters bündelt. Kant hat das Verhältnis von Anthropologie und Moralphilosophie folgenreich bestimmt.

Noch im 18. Jahrhundert gab es konkurrierende Modelle der Körper-Seele-Relation, die entweder die Liebe (caritas), die Herrschaft (dominium) oder die Natur (physis) zum strukturierenden Prinzip erklärten. Fraglich war, welche Bedeutung man der physischen Seinsweise zusprechen soll, wenn der

Mensch wesentlich durch seine Seele individuiert wird, was trotz aller Differenzen jede Lehrmeinung voraussetzte.

Im Hinblick auf das Thema »Selbstentleibung« kristallisieren sich die verschiedenen Perspektiven: Haben wir ein Recht am eigenen Körper oder die Pflicht zur Selbsterhaltung oder unterliegen wir vielmehr physischen Gesetzen, so daß weder von Recht noch Pflicht die Rede sein kann? Selbstentleibung und d. h. radikale Negation des Anspruchs auf gestaltendes Handeln in der Welt, ist die anthropologische Grenzsituation schlechthin. Alle wissenschaftlichen Disziplinen, die sich mit der Stellung des Menschen in Natur- und Gesellschaftsordnung befaßten, mußten bei diesem Thema Stellung beziehen. In diesem Sinne geht es in dem vorliegenden Entwurf um die Frage, ob sich die anthropologische Disziplin im 18. Jahrhundert aus der moraltheologischen und -philosophischen Tradition hat lösen können. Oder ist sie bloß ein Ornament im großen Sittengemälde der Aufklärungsphilosophien gewesen?

2. Moraltheologie und Naturrechtsgeschichte. Eine Skizze der Vorgeschichte

Die moraltheologische Vorgeschichte dieser Debatte soll hier nur in Umrissen skizziert werden. Seit Thomas von Aquin wird das Verhältnis von Seele und Körper als Herrschaftsverhältnis verstanden. Es funktioniert analog der Herrschaft Gottes über die Welt und des Fürsten über sein Territorium.[1] Herrschaft wird im Mittelalter vorrangig als eine Verpflichtung, officium, verstanden, der sich der Herrschende nicht entziehen darf. Weder der König noch die Menschenseele dürfen ihr Amt niederlegen, ihr göttlicher Ursprung fordert die strukturelle Kontinuität der Sozial- und Lebensverhältnisse.

Die mittelalterliche Welt übertrug ihr Bild fürstlicher Herrschaft durch das Analogieverfahren auf andere Ordnungsgefüge: Gottes Liebe erhält die Schöpfungsordnung, diejenige des Fürsten die Sozialordnung und die Seele ist durch die caritas an ihre physische Existenz gebunden. Die Ebenen der Herrschaft durch Liebe und Liebespflicht sind hierarchisch geordnet. Das Analogiemuster bedeutet zugleich, daß die Seele-Körper-Relation ein Derivat der kosmischen (Liebes-)Ordnung ist. Die Liebespflicht der Seele gegenüber ihrer körperlichen Existenz ist nicht vom Prinzip göttlicher Liebe zu trennen und das hat Folgen für die Moraltheologie.

---

1 Thomas von Aquin: [De regno ad Regem Cypri. In: Ders.:] Opera omnia. tomus 42. Roma 1979, 464: »Oportet igitur considerare quid Deus in mundo faciat, sic enim manifestum erit quid immineat regi faciendum. Sunt autem universaliter consideranda duo opera Dei in mundo: unum quo mundum instituit, alterum quo mundum institutum gubernat. Hec etiam duo opera anima habet in corpus: nam primo quidem virtute anime formatur corpus, deinde vero per animam corpus regitur et movetur.«

Sollte sich ein Mensch selbst entleiben und dadurch willentlich seine Seele vom Körper trennen, so lädt er in moraltheologischer Hinsicht ein dreifaches Maß an Todsünde auf sich. Er verstößt gegen den natürlichen Selbsterhaltungstrieb, gegen die Menschengemeinschaft und gegen den einen Gott, dessen Knecht der Mensch ist.[2] Thomas ist Rigorist. Er lehnt die Möglichkeit, daß soziale Umstände die Selbstentleibung legitim erscheinen lassen, strikt ab. Für Seelenschwäche, »mollitia animae« hat die Moraltheologie des Mittelalters kein offenes Ohr. Thomas von Aquin hat in den Streitigkeiten in Paris um die averroistische Lehre von der Einheit des Intellekts deutlich gemacht, wieviel in moraltheologischer Perspektive an der Verbindung von Seele, mitsamt ihrer intellektuellen Vermögen, und ihrer physischen Seinsweise liegt. An diesem Individuationsprinzip hängt die moralisch-rechtliche Lehre von der Verantwortlichkeit des Einzelmenschen für sein Handeln und die Möglichkeit eines menschlichen wie auch göttlichen Gerichtshofes.[3] Nur in diesem Zusammenhang wird die Vehemenz der Verdammung der Selbstentleibungspraktik verständlich.

Der Todsündencharakter der Selbstentleibung hat im christlichen Abendland eine Herkunftsgeschichte. Im alten und neuen Testament findet sich keine Ächtung desselben und es gibt sogar prominente Akteure (Samson[4], Saul[5], Judas[6]). Erst Augustinus hat angesichts des Verfalls der politischen Herrschaftsverhältnisse und christlicher Sektiererei zur Konsolidierung der Lebensverhältnisse aufgerufen. Durch die Gleichsetzung von Selbstentleibung und Tötung des Mitmenschen hat er auch erstere zu einem Tötungsdelikt erklärt. Beide Handlungen beinhalten die Verletzung eines Teils der göttlichen Ordnung (Verstoß gegen das fünfte mosaische Verbot: »Du sollst nicht töten«) und beiden steht das evangelische Liebesgebot[7] entgegen.

Im Angesicht der göttlichen Gerechtigkeit spricht Augustinus deshalb von Tötung und Selbsttötung als »*homicidium*«, Mord.[8] Das Schützenswerte im Menschen ist die Bindung der Einzelseele an ihre körperliche Gestalt. Diese Relation ist Ausdruck des göttlichen Ursprungs im Menschen und seiner anfänglichen Schuldhaftigkeit gegenüber dem einen Gott. Sie läßt sich nicht aus dem göttlichen Heilsplan lösen. Christliche Morallehren haben seit Augustinus zu keiner Zeit anders argumentiert.

Eine willentliche Trennung von Seele und Körper hervorzurufen, liegt demnach allein in der Macht der göttlichen Instanz und ihrer Vorsehung. Der Körper ist das Gefängnis der Seele, wie die politisch-rechtliche Ordnung die Fessel der Einzelmenschen darstellt. Auch hier funktioniert die Analogie.

---

2 Thomas von Aquin: Summa theologiae II. IIae. q. 64. a. 5., Bd. 18. Heidelberg 1953, 164–8.
3 Thomas von Aquin: [Summa contra gentiles II. In: Ders.:] Opera omnia. tomus 13. Romae 1918, 419–22.
4 *Richter*. 16.26ff.
5 *1. Samuel*. 31.4.
6 *Matthäus*. 27.5.
7 *Matthäus*. 22.39: »liebe dich selbst wie deinen Nächsten.«
8 Augustinus: [De civitate Dei I. In: Ders.:] Œuvre de Saint Augustin. Bd. 33. Paris 1959, 246.

Augustinus' Lesart des mosaischen Tötungsverbots wurde im 12. Jahrhundert ein Grundsatz des Kirchenrechts: »*Item: non occides, nec te, nec alterum. Nec enim qui se occidit, aliud quam hominem occidit.*«[9] Das ist der Ausgangspunkt der strafrechtlichen Behandlung der Selbsttötung, die in der frühen Neuzeit nachhaltig praktiziert und erst in Anselm Feuerbachs *Bayrischem Strafgesetzbuch* von 1813 endgültig beigelegt wurde.[10] Es lohnt sich für diesen Zusammenhang, den moraltheologischen Einfluß auf die Strafrechtspraktiken nachzulesen: von Didacus Covarrubias[11] über Benedictus Carpzovius[12] bis zu den brandenburgisch-preußischen Edikten im 18. Jahrhundert.[13]

Insbesondere bei Carpzovius, dem maßgebenden sächsischen Strafrechtler reformatorischer Schule, findet sich das ganze Arsenal augustinisch-scholastischer Begriffsmuster. Wer sich selbst entleibt, so heißt es in der *Practica rerum criminalium* von 1670, der verliert nicht nur seinen Körper, sondern auch seine Seele.[14] In dieser Beurteilung und rechtlichen Bestimmung stimmen Carpzovius zufolge römisches Recht und Moraltheologie überein. Der Sachverhalt erscheint in moralischer Hinsicht so eindeutig, daß die Rechtsquellenlage geglättet werden kann.

Dem schändlichen Begräbnis (genannt: Eselsbegräbnis; vgl. Jeremia 22.18—21) spricht er zwar nicht den Status eines Naturrechts zu, als Gewohnheitsrecht aber beansprucht es universelle Geltung. Den vorsätzlichen Selbstmördern wird ein ehrenhaftes Begräbnis verweigert, »*eorumque cadavera per fenestra dejecta, vel sub domus limine extracta, in locum infamem, & cadaveribus destinatum projiciuntur*«.[15] Der Sinn dieser spektakulären und entwürdigenden Praktik ist die Abschreckung der Mitbürger. Der versuchte Selbstmord wird hingegen, wenn ihm ein krankhafter Gemütszustand zum Grunde liegt, milde behandelt. Die kranke Seele wird dem Mitleid eines Geistlichen ausgesetzt, so haben schon die Schöffengerichte der Vorzeit gerichtet.

»Et in hunc modum veteres Scabinos ante plurimos annos pronunciasse reperio, hisque verbis: Und da auß seinem Bericht erfunden wird / daß er auß Ungedult etwan einer Krankheit / großen Bekümmerniß / oder Schande / oder daß ihme zu leben verdrossen / oder dergleichen Ursachen darzu kommen / so wäre sein mit der Straff zu verschonen / und würden ihme billig auß Mitleidung gottfürchtige Prediger und andere Leute zugeordnet / die ihn von solchen Übel wenden.«[16]

---

9 Decretum Gratiani cum glossis. Paris apud Thielman-Kerver 1536, fol. 456.
10 Vgl. Gustav Radbruch/Heinrich Gwinner: Geschichte des Verbrechens. Versuch einer historischen Kriminologie. Frankfurt a. M. ²1990, 308—12.
11 Didacus Covarrubias: [Relectio in Clementis Quinti Constitutionem. In: Ders.:] Opera omnia. tomus I. Francoforti 1599, fol. 561—95.
12 Benedictus Carpzovius: Practica nova imperialis Saxonicae rerum criminalium pars I. Wittenbergiae 1670.
13 Vgl. Hugo Hälschner: Das preußische Strafrecht, Teil I. Bonn 1855.
14 Benedictus Carpzovius: Practica novae imperialis Saxonicae rerum criminalium pars I. q. 1. n. 25. ebd., fol. 12.
15 Benedictus Carpzovius: ebd. q. 2. n. 30. ebd., fol. 13.
16 Benedictus Carpzovius: ebd. q. 2. n. 39. ebd., fol. 14.

Doch zurück zur Vorgeschichte und der Evidenz des Analogiemodells. Thomas hat durch das dreischichtige Modell und das dreifache Todsündenverdikt die Körper-Seele-Relation stabilisiert und das Grundmuster der moraltheologischen Debatte für diesen Zusammenhang über die Jahrhunderte hinweg geliefert.

Die Tragweite der Analogisierung zwischen den drei Herrschaftsbereichen Gott-Welt, Fürst-Reich, Seele-Körper drückt sich vorrangig in den publizistischen Schriften des 14. Jahrhundert aus, als Theologen und Juristen um die Legitimation säkularer Herrschaft stritten.[17] Die Ächtung der Selbstentleibung als dreifache Todsünde hat sich in der thomistischen Renaissance des 16. Jahrhunderts[18] und in den Naturrechtslehren des 17. Jahrhunderts behauptet.[19]

Erst mit der sogenannten »Säkularisation« im politisch-theologischen Bereich zerbricht der Plausibilitätsanspruch des thomistischen Modells. Der Prozeß der Säkularisation läßt sich pointiert derart beschreiben, daß die Analogie von Gottes- und Fürstenherrschaft allmählich in den Hintergrund gedrängt wurde. Seit dem 18. Jahrhundert, als im Zusammenhang der Menschenrechtsdeklarationen und der bürgerlichen Vertragstheorien, Revolutionen und Reformationen der säkulare Charakter politischer Herrschaft hervortrat[20], verblaßt diese Vorstellung gänzlich.

Während der Bereich säkularer politischer Herrschaft zusehends von Juristen erschlossen und d.h. verrechtlicht wurde, entzog sich seit der theologischen Reformation die Gott-Welt-Beziehung dem Zugriff juristischer Begriffsmuster.

Der klassische Rechtsbegriff für den Zusammenhang säkularer Herrschaftsverhältnisse wurde dem römischen Recht entlehnt: »dominium«. Innerhalb eines dominium regiert der dominus, Herr über rechtlose Knechte. So jedenfalls sah es das römische Recht vor.[21] Der Vorteil dieses Rechtsinstitutes war für Theologie und Rechtswissenschaft gleichgewichtig: man konnte einen Bereich reiner Willkürherrschaft gestalten, in dem souveräner Gott, Familienvater und Landesfürst unreglementiert handeln.

Das dominium Gottes blieb Sache der Theologen und in der Nachfolge von Thomas zunehmend der menschlichen Rationalität entzogen. Das irdische dominium hingegen wurde vorerst von den Juristen der Krone analog zur Gottes-

---

17 Vgl. Aegidius Romanus: De ecclesiastica potestate [1302], (Hg.) Richard Scholz. Aalen 1961, 29.
18 Vgl. Dominicus Soto: De iustitia et iure liber quintus [Salamanca 1556]. q. 1. a. 5. Madrid 1967, fol. 394.
19 Vgl. Samuel Pufendorf: De jure naturae et gentium liber secundus [Amsterdam 1688]. cap 4. § 15. Washington 1934, 176.
20 Vgl. Ernst-Wolfgang Böckenförde: Die Entstehung des Staates als Vorgang der Säkularisation. In: Ders.: Recht, Staat, Freiheit. Studien zur Rechtsphilosophie, Staatstheorie und Verfassungsgeschichte. Frankfurt a.M. 1991, 110–4.
21 Institutiones Justiniani I.8.1. (Hg.) Paul Krüger. Berlin 1963: »In potestate itaque dominorum sunt servi. quae quidem potestas iuris gentium est: nam apud omnes peraeque gentes animadvertere possumus dominis in servos vitae necisque potestatem esse.«

herrschaft gestaltet.²² Die Moraltheologen thomistischer Provenienz sind nie so weit gegangen. Dieser Konflikt manifestiert sich in den Naturrechtslehren der spanischen Scholastik des 16. Jahrhunderts²³ und den protestantischen Naturrechtskonzeptionen von Grotius und Pufendorf.²⁴ Unter ihrem Einfluß wurde die politische Herrschaft rationalisiert, berechenbar gemacht. Naturrechtsprinzipien, Gewohnheitsrechte und fürstliche Edikte lieferten den rechtlichen Rahmen der Herrschaft bis im 18. Jahrhundert die Zeit der kontinentalen Gesetzgebungen anbrach.

Die dritte Variante des Analogiemusters wurde strikt vor der Möglichkeit einer Verrechtlichung geschützt. Innerhalb der Moraltheologie ist es unzulässig, daß ein Mensch sich zum Herrn über sein eigenes Leben macht. Das dominium meint lediglich äußere Güter, über die der Mensch zum Lebensvollzug frei verfügen kann. Die Binnenwelt von Seele und Körper ist durch den natürlichen Trieb zur Selbsterhaltung (inclinatio naturalis se ipsum conservare) und die Liebe zum Leben (caritas) geregelt. Der Übergang vom irdischen zum glückseligen Leben obliegt göttlicher Bestimmung.²⁵

Während die göttliche Herrschaft der rationalen Begrifflichkeit entzogen und als stabilisierender Faktor ethischer Lebensführung fragwürdig wurde, ist in der frühen Neuzeit das Band zwischen Selbsterhaltung und natürlicher Sozialität des Menschen straffer geknüpft worden.²⁶ Die Relation von Seele und Körper korrespondiert zumindest den äußeren sozialen Verhältnissen. Die zunehmende Bindung des Menschen an die Sozialgemeinschaft drückt sich nicht zuletzt in der rigorosen Kriminalisierung der Selbstentleibung, z. B. bei Benedictus Carpzovius im reformierten Sachsen, aus.

3. Der Angriff auf die Moraltheologie durch Moralphilosophen und Materialisten, Physiologen und Anthropologen

Die verstärkte Rezeption der stoischen Moralphilosophie seit dem 16. Jahrhundert ging einher mit der Verdammung zentraler Grundsätze stoischer Lebensführung. Justus Lipsius, der große Förderer stoischer Weisheiten, hat unumwunden auf die Gefahren der stoischen Moralllehre hingewiesen. Das Loblied

---

22 Vgl. Jean Bodin: Les six livres de la Republique. I.cap 8. Paris 1583.
23 Vgl. Leonardus Lessius: De iustitia et iure caeterisque virtutibus cardinalibus liber secundus. cap 4. dubit. 910. Antverpiae 1614, 40: »Hominem non esse dominum, sed solum custodem vitae suae membrorumque (...). dominium verò esse apud solum Deo. (...) neque Princeps, neque etiam Respublica est dominus vitae suorum subditorum vel servorum (...) atqui solus Deus pro arbitrio potest interficere.«
24 Vgl. Hugo Grotius: De jure belli ac pacis liber secundus. cap 21. n. 14. Amsterdami 1646, 376.
25 Thomas von Aquin: Summa theologiae II.IIae. q. 64. a. 5. ad. 3. ebd., 166.
26 Vgl. Samuel Pufendorf: Elementorum jurisprudentiae universalis liber secundus. observatio IV. § 10. Cantabrigae 1672, 292.

der Stoiker auf die Selbstentleibungspraktik nennt er eine »*sententia damnata*«[27], versteckt zwischen ewiger Weisheit.

Augustinus gilt gleichfalls bei Lipsius als unhintergehbare Autorität. Daran ändert auch nichts die Einsicht, daß die antike Welt weitestgehend und »*Japanes etiam hodie*«[28] die Selbstentleibung keineswegs verdammen.

Den französischen Freigeistern, allen voran Michel de Montaigne, ist es vorbehalten geblieben, die antike Moralphilosophie aus den Klammern der christlichen Ethik zu befreien. Montaigne gibt wieder, was Diogenes Laertius, Platon, Plutarch, Cicero, Tacitus, Plinius und Seneca über die Selbstentleibung gesagt haben. Der qualitative Sprung ist hier die ungeschminkte Auflistung dieser Lehren, deren Ensemble eine Hymne auf den freiwilligen und erwählten Tod ausmacht: »*La plus volontaire mort, c'est la plus belle.*«[29] Der Grundsatz der Willensfreiheit wird beim Wort genommen.

Der junge Montesquieu hat in seinen *Lettres persanes* eine Außenaufnahme des christlichen Kulturkreises und seiner moralisch-rechtlichen Grundsätze vorgenommen. »*Les lois sont furieuses en Europe contre ceux qui tuent euxmêmes ...*«[30] Montesquieu sucht die direkte Auseinandersetzung mit den Grundsätzen der Moraltheologie. Folgenreich ist seine Destruktion der Verbindung von individueller Lebensführung, deren Sozialverträglichkeit und Anpassung an das Regiment göttlicher Vorsehung.[31] Der Genuß und Sinn des individuellen Lebens ist lediglich selbstbezüglich zu verstehen. Zudem sind die territorialen Gesetze ausschließlich menschlichen Charakters. Sie beziehen sich auf das irdische Leben und dessen Form der Glückseligkeit. Wer das irdische Leben verläßt, der steht außerhalb der Sozialgemeinschaft und deren Gesetzgebung.[32]

Der Eingriff in die eigene Natur ist, Montesquieu zufolge, kein Verstoß gegen die göttliche Vorsehung. Die Trennung der Seele von ihrem Körper betrifft nicht die Ordnung der Materie, da das materielle Gleichgewicht durch Reduktion einer immateriellen Substanz (anima) nicht berührt wird. Ebensowenig verliert die Seele von ihrem erhabenen Status, weil ihre Sublimität nicht im Zusammenhang mit der Materie steht.

Montesquieu erklärt die Selbstentleibungspraktik zu einem persönlichen Freiheitsrecht:

»je ne fais qu'user du droit qui m'a été donné, et, en ce sens, je puis troubler à ma fantaisie toute la nature, sans que l'on puisse dire que je m'oppose à la Providence.«[33]

---

27 Justus Lipsius: Manuductionis ad Stoicam philosophiam libri tres. editio secunda. dissertatio 33. Antverpiae 1610, 205.
28 Lipsius: ebd., 209.
29 Michel Montaigne: Les Essais III. Paris 1925. cap 3. (Coustume de l'isle de Cea), 43.
30 Montesquieu: *Lettres persanes*. Paris [1721] 1964, (lettre 74.) 131.
31 Montesquieu: ebd., 131–2.
32 Vgl. David Hume: Of suicide. In: Ders.: The philosophical works. vol. 4. London 1875, 408–13. Johannes Robeck: Exercitatio philosophica de morte voluntaria philosophorum et bonorum virorum etiam Judaeorum et Christianorum. (Hg.) N. Funciuss, Rinteln 1736.
33 Montesquieu: ebd., 132.

Der französische Rechtsgelehrte liefert die Verrechtlichung der menschlichen Binnenwelt von Seele und Körper. Das erwähnte dominium im privatrechtlichen Gebrauch wird nicht nur auf äußere Güter, sondern im Sinne einer aufgeklärt-heroischen Lebensweise auch auf das eigene physische Leben bezogen. Montesquieu denunziert die moraltheologische Lehre von der Individualität des Menschen, welche sich in der unaufhebbaren Bindung der Seele an ihren zugehörigen Körper manifestiert, als Traumgebilde. Die Relation von anima und corpus ist vielmehr Ausdruck einer Erniedrigung der Seele in physischer Seinsweise. Der Mensch ist den Mechanismen einer Natur unterworfen, deren Notwendigkeiten er sich nur durch heldenhafte Entsagung des irdischen Glücks entziehen kann.[34]

Rousseau zerschneidet, wie vor ihm Montesquieu, das Band zwischen göttlicher Vorsehung, sozialer Gemeinschaft und individueller Lebensführung. Wer seine physische Existenz abstreift, legt nur ein unbequemes Kleidungsstück ab.[35] Die Argumente, welche in der Selbstentleibungspraktik eine Schwäche der Seele erkennen, weist Rousseau zurück. Zwar sieht er ein, daß die christliche Maxime der Lebensführung, »*combattre et souffrir*«[36], nichts für Schwächlinge ist. Aber er wähnt die Verwirklichung der von Gott verliehenen Willensfreiheit erst garantiert, sobald diese, auf die Spitze getrieben, sich gegen die physische Existenz wenden kann.

Rousseau ist nicht soweit gegangen wie vor ihm Montesquieu. Er hat seine Argumentationslinie durch einen Rekurs auf eine naturrechtliche Pflichtenlehre, wie sie schon bei Pufendorf und Thomasius zu finden ist, entschärft.[37]

Grundlegend eint diese verschiedenen Ansichten folgendes: Die physische Existenz wird als dominierend über die moralischen Fähigkeiten der Menschen vorgestellt; der Handlungsspielraum der Seelenkräfte wird auf ein Minimum reduziert, insbesondere die Willensfreiheit läßt sich lediglich in der heroischen Lebensweise, welche die irdische Existenz für nichts erklärt, manifestieren. Die Herrschaft der Seele über den Körper, von der Moraltheologie proklamiert, scheint nicht mehr selbstverständlich zu sein. Nur der Vereinzelte realisiert sie in höchster Kraftanstrengung.

Die Freigeister bedienen sich bei ihrem Plädoyer für den freigewählten Tod der Vorstellung, daß sich die Morallehre auf ein physiologisches Grundmuster reduzieren lasse. Diese Lehre ist von den Materialisten entworfen worden, die den Menschen unter dem Diktat der Naturtriebe seiner intellektuellen Freiheiten beraubt haben.

In La Mettrie's kurzem Traktat *L'homme machine* aus dem Jahre 1748 erreicht die materialistische Lehre ihren ersten polemischen Höhepunkt. Das

---

34 Vgl. Voltaire: Dictionnaire philosophique. Art. »De Caton, Du suicide«. In: Ders.: Œuvres complètes. tome 18. Paris 1878, 89. Ders.: Dictionnaire philosophique. Art. »Suicide, ou homicide de soi-même«. In: Ders.: Œuvres complètes. tome 20. Paris 1879, 444–6.

35 J. J. Rosseau: La Nouvelle Héloïse 3. lettre 21. In: Ders.: Œuvres complètes II. Paris 1964, 379.

36 Rousseau: ebd., 380.

37 Rousseau: ebd. (lettre 22.), 386–93.

grundlegende Argument lautet: »*Les divers Etats de l'Ame sont toujours corrèlatif à ceux du corps.*«[38] Dieser Zusammenhang sei bisher vernachlässigt worden, hier habe bereits die antike Medizin mehr gewußt als Descartes. Die Materialisten setzten mit der optimistischen Haltung ein, daß eine physiologische Betrachtung des Menschen Licht in das Dunkel erkenntnistheoretischer und moralisch-rechtlicher Fragestellungen bringen wird. Der Mensch als Maschine gesehen berechtigt zu der Hoffnung, daß über die Einsicht in die physische Organisation das Rätsel des ganzen Menschen entschlüsselt wird.[39] Die Herrschaft der Seele über den Körper wird umgestoßen, die Seele zu einer Funktion innerhalb der physischen Organisation des Menschen degradiert.

D'Holbach hat in seinem *Système de la nature* die Seele der menschlichen Körpernatur untergeordnet. Ihr Zustand korrespondiert der körperlichen Verfassung des Menschen[40], deshalb haben alle metaphysischen Studien über die Seele ins Nichts geführt. D'Holbach bestimmt den Ort der Seele im Gehirn. Dieses wird von äußeren Eindrücken geprägt, in seiner Bewegung findet sich der Ursprung aller intellektuellen Fähigkeiten des Menschen, die traditionell allein der Seele zugerechnet wurden. D.h., die Morallehre muß sich zuallererst auf die Erfahrungen der Medizin einlassen, wenn sie ein stabiles Fundament sucht.[41]

Das neue Fundament der Morallehre ist die Kenntnis von der physischen Natur des Menschen. Denk- und Willensfreiheit reichen nicht weiter als der natürliche Handlungsspielraum des Menschen, »*l'homme n'est plus libre de penser que d'agir*«.[42] D'Holbach legt seine ganze Energie in die Zurückweisung des theologischen Argumentationsmusters für den moralisch-rechtlichen und politischen Zusammenhang. Wer einen Gott zum Prinzip der Morallehre stilisiert, begibt sich in den Bereich der Fabeln. Nur die Einsicht in den natürlichen Lebensraum des Menschen erschließt die Gebote der praktischen Vernunft im Hinblick auf Selbsterhaltung und Sozialverhalten. Die Natur ist eine stabile, autonome Größe, mit der sich rechnen läßt. Somit erscheint das Band zur göttlichen Provenienz endgültig durchschnitten.[43]

Helvetius hat die materialistische Lehre in seinem Handbuch *Le vrai sens du système de la nature* pointiert zusammengefaßt. Aus dem Grundsatz, daß der Mensch ausschließlich als physisch Seiendes zu betrachten ist[44], leitet er die

---

38 La Mettrie: L'homme machine [Leyden 1748]. (Hg.) A.Vartanian. Princeton 1960, 158.
39 La Mettrie: ebd., 180: »(...) puisque toutes les facultés de l'Ame dépendent tellement de la propre organisation du Cerveau & de tout le Corps, qu'elles ne sont visiblement que cette organisation même; voilà une Machine bien éclairée. (...) L'Ame n'est donc qu'un vain terme dont on n'a point d'idée, & dont un bon esprit ne doit se servir que pour nommer la partie qui pense en nous.«
40 P.-H.Thiry d'Holbach: Système de la nature ou de loix du monde physique & du monde moral I. cap 7. Londres 1770, 94—5.
41 D'Holbach: ebd. cap 9., 123.
42 D'Holbach: ebd. cap 10., 186.
43 D'Holbach: Système de la nature II. cap 9., 271.
44 Helvetius: Le vrai sens du système de la nature. Londres 1774. cap 1., 1—2: »L'homme est une être purement physique, considéré sous certains points de vue: son organisation est l'ouvrage de la nature.«

Destruktion der Willensfreiheit ab: »*L'homme est à chaque instant soumis à la nécessité*«.⁴⁵ Es gibt keinen Bereich menschlicher Handlungsfreiheit, der außerhalb des notwendigen physischen Geschehens liegt. Moralität hat auf der Spitze der materialistischen Argumentation nichts mehr mit dem Freiheitsbegriff zu tun, sondern mit Unterwerfung unter eine natürliche Gesetzmäßigkeit.⁴⁶

Die neue Begründung der Moralität gibt sich frei von theologischen Argumentationsmustern, sie ist aber nicht weniger universell. Ob vom einen Gott oder der einen Natur her argumentiert wird, das Resultat ist das gleiche: es gibt gegenüber der Moralität kein Entkommen,

»la vraie morale est une: elle doit être la même pour tous les habitants de notre Globe«.⁴⁷

Die genauen Konturen der Morallehre sind bei den Materialisten des 18. Jahrhundert verschieden ausgeprägt. Während bei d'Holbach aus physiologischer Ableitung die thomistische Morallehre eine erneute Renaissance feiert⁴⁸, reduzieren La Mettrie und Helvetius die Selbstentleibung auf eine physische Reaktion. Da der Mensch sich den Gesetzen der Natur nicht entziehen kann, ist die Selbstentleibung notwendige Konsequenz physischen und seelischen Leidens. Von Seelengröße kann keine Rede sein.⁴⁹

D'Holbach hat durch die Destruktion menschlicher Willensfreiheit der materialistischen Lehre eine vollendete Form gegeben. Der Mensch ist in der Hand der Natur ein Spielball der physischen Kräfte. Wenn die Menschen-Maschine defekt ist, treten die Folgen unwillkürlich ein. Die Moralität der Handlung liegt in ihrer Unabwendbarkeit.

»C'est l'excès du malheur, le désespoir, le derangement de la machine causé par la mélancholie qui porte l'homme à se donner la mort.«⁵⁰

Der Handelnde ist nicht frei zu entscheiden, er erfüllt das Gesetz der Notwendigkeit. Deshalb ist die Selbstentleibung nicht unnatürlich, weil sie die Unterwerfung unter ein Naturgesetz meint; sie ist keine Abkehr vom einen Gott, da dieser mit der Schöpfung der Natur auch für deren Gesetze verantwortlich zeichnet; und sie ist kein Vergehen gegen die Gesellschaft, weil es sich um die Isolierung eines kranken Gliedes handelt.⁵¹ Helvetius fügt hinzu, daß nur ein gelungenes Leben liebenswert ist, der Mensch »*ne peut aimer son être, qu'a condition d'être heureux*«.⁵²

---

45 Helvetius: ebd. cap 6., 16.
46 Helvetius: ebd. cap 11., 34: »La nécessité qui regle tous les mouvements du monde physique, regle aussi tous ceux du monde moral, où tout est par consequent soumis à la fatalité.«
47 D'Holbach: ebd. cap 5., 56.
48 D'Holbach: La morale universelle ou les devoirs de l'homme fondés sur sa Nature I.1. Amsterdam 1776. cap 6., 29 und I.2. cap 4., 81.
49 La Mettrie: Über das Glück und das höchste Gut/ Anti-Seneca [Frankfurt und Leipzig 1751]. Nürnberg 1985, 74–5.
50 D'Holbach: Système de la nature I. cap 14., 309.
51 D'Holbach: ebd., 310.
52 Helvetius: ebd. cap 14., 50.

Die Physiologen und medizinischen Anthropologen haben im 18. Jahrhundert ausgehend von der materialistischen Lehre das Verhältnis von Seele und Körper eingehend untersucht. Einige Argumente sollen hier kursorisch dargestellt werden. Der Mediziner Michael Alberti hat das menschliche Gehirn als »Werkstatt der Seele« beschrieben. Die Fähigkeiten der Seele, auf die physische Außenwelt Einfluß zu nehmen, hängt von der »structur des gehirnes« und anderen körperlichen Dispositionen ab.[53] Die Seele behält den Status eines ordnenden Prinzips, allerdings wird sie in ihrer Abhängigkeit von der Physis betrachtet. Ein defektes Werkzeug stellt zwar nicht die Fähigkeit eines Handwerkers in Frage, es hindert ihn aber an der Ausübung seiner Profession, so vermerkt Alberti.

Sittliche Eigenschaften sind im Seelenvermögen angelegt gemäß göttlicher Ordnung. Ihre Verwirklichung muß am Maßstab der physischen Möglichkeiten eines Menschen bemessen werden.[54] Folglich werden die Krankheiten der Seele nach ihren organischen Ursachen zu betrachten sein. Melancholie z. B. kann durch Alkoholkonsum, Hurerei oder Hämorrhoiden hervorgerufen werden. Hier muß die Behandlung ansetzen.[55] Eine frei-handelnde Seele gibt es nur unter der Voraussetzung körperlicher Gesundheit. Selbstentleibung ist demnach in den seltensten Fällen ein juristischer Fall, sondern in erster Linie ein medizinisches Problem.[56]

Johann August Unzer ist einer der bedeutendsten Physiologen des 18. Jahrhunderts. Sein Hauptanliegen war, zwischen Arzneiwissenschaft und Philosophie die Verbindungslinien aufzuzeigen. Die Medizin betrachtet den menschlichen Körper und greift insoweit in das Feld der philosophischen Seelenlehre ein als sie den kranken Körper kuriert. Keine der Disziplinen erfaßt isoliert den ganzen Menschen, das macht die Notwendigkeit einer Kooperation aus.[57]

Unzer übernimmt aus der materialistischen Lehre die Metapher von der menschlichen Maschine. Der menschliche Körper erscheint ihm als eine mechanische Maschine, deren Bewegungen nach Gesetzen ablaufen. Die Verbindung der einzelnen Körperteile ist durch eine Struktur gekennzeichnet, deren Erkenntnis die »Zergliederungskunst« (Anatomie) bewirkt. Die Anatomie liefert eine Analyse der mechanischen Abläufe im menschlichen Körper und dadurch eine vollständige Erkenntnis der physischen Natur des Menschen.

Das Verhältnis von Seele und Körper entschlüsselt der Physiologe durch das Analogieverfahren. Körper und Seele bilden eine Gemeinschaft, die harmonisch gestaltet ist und in der physische und psychische Vorgänge korrespondie-

---

53 Michael Alberti: Medicinische Betrachtung von den Kräften der Seelen nach den Unterscheid des Leibes und dessen Natürlichen Gesundheit oder Krankheit. Halle/Magdb. 1740, 13.
54 Alberti: ebd., 15.
55 Alberti: ebd., 27.
56 Alberti: Oratio valedictoria de Autochiria literatorum. Halle/Magdb. 1727, 25.
57 Johann August Unzer: Philosophische Betrachtungen des menschlichen Körpers überhaupt. Halle/Magdb. 1750, § 11, 13.

ren; das ist ein menschlicher Organismus.[58] Am eindrucksvollsten hat Unzer die analoge Beschreibung der Seelen- und Körperfunktionen in seiner »Abhandlung vom Seufzen« durchgeführt. Es gibt Seufzer der Seele und solche des Körpers, die einander korrespondieren. Diese Beziehung läßt sich lediglich beschreiben.[59]

Unzer ist aufgrund der angenommenen Gliederung des Menschen in einen mechanischen Teil und ein organisches Ganzes gezwungen, jede physische Bewegung als psychische zu verdoppeln. Die tradierte These von der Gemeinschaft der Seele mit dem Körper führt zu der verblüffenden Konsequenz, daß alles physiologisch Beschreibbare auch als Seelenvermögen postuliert werden muß. Der Physiologe vermutet hinter den Bewegungen des Körpers, dem pulsierenden Blut und dem Fluß der Nervensäfte zwischen Gehirn und Rückenmark den Sitz der Seele.

Die Vorzeichen haben sich nunmehr geändert: Die Gemeinschaft von Seele und Körper ist nur in physiologischer Hinsicht beschreibbar. Die Natur des Menschen mitsamt seinem Seelenvermögen läßt sich lediglich analog zu seiner »thierischen Natur« erfassen. Von der Herrschaft der Seele über den Körper kann keine Rede mehr sein und ihre Abhängkeit von demselben wird fortan zum Grundgesetz der Physiologie.[60]

Unzer kritisiert die sogenannten »mechanischen Ärzte«, die den Einfluß der Seele auf den Körper und damit auch ihre Existenz leugnen. Ebenfalls lehnt er die Meinung ab, daß die Wirkung der Seele auf den Körper physikalischen Gesetzen gehorcht. In der Annahme, daß eine Seele existent ist und nach außen wirkt, diese Wirkung aber nicht erklärt werden kann, obwohl sie als bedingt durch die physische Existenz des Menschen vorgestellt werden muß, offenbart sich der Physiologie ein metaphysischer Abgrund.[61]

Ernst Platner hat in seiner »Anthropologie für Ärzte und Weltweise« die Konsequenzen aus den physiologischen Einsichten seiner Vorgänger gezogen. Im § 12 dieser Schrift heißt es bezeichnenderweise:

> »Die Seele zur Meisterin des mechanischen Lebens zu machen, ist wider die Analogie, wider die Erfahrung, folglich ein willkürlich angenommener beweisloser Satz.«[62]

---

58 Unzer: ebd. 4. Teil. § 148, 155–6: »Die Harmonie Leibes und der Seelen, welche wechselweise in einander einfliessen, heist ihre Gemeinschaft, deren Erklärungsarten in der Metaphysik vorgetragen und geprüft werden.«
59 Unzer: Abhandlung vom Seufzen. Halle/Magdb. 1747. § 57, 95.
60 Unzer: Erste Gründe einer Physiologie der eigentlichen thierischen Natur thierischer Körper. Leipzig 1771. § 29, 46.
61 Unzer: ebd. § 348, 338. Ders.: Gedanken vom Einfluß der Seele in den Körper. Halle/Magdb. 1746. § 49, 123: »Dieses will eben so viel sagen, als: die Seele und der Körper würcken physicalisch in einander. (...) Ich schliesse so: Weil zwischen zweyen Veränderungen bey dem Menschen ein Einfluß statt hat, und weil dieser Einfluß weder bloß idealisch noch allein physicalisch seyn kann, (...) so ist die Meinung, welche ich ietzo vom physicalischen Einfluß vorgetragen, so lange wahr, bis man sie wiederlegt und eine andere substituiret.«
62 Ernst Platner: Anthropologie für Ärzte und Weltweise. Theil 1. Leipzig 1772. 1. Hauptstück. § 12, 5.

Das traditionelle Analogieverfahren für die Begründung der Seele-Körper-Relation hat seine Plausibilität verloren, weil es am Maßstab menschlicher Erfahrung bemessen wird. Die Seele bleibt auch bei Platner in herkömmlichem Verständnis immateriell und Ausgangspunkt der Selbsterkenntnis. Alle weiteren Einsichten über den Charakter der menschlichen Seele muß allerdings die Erfahrung liefern.[63] Zwar gründen Intellektualität und Willenskraft in der Seele, doch sind sie nur als Seelenkräfte an ihren Wirkungen im physischen Bereich erkennbar.

Die Lage des Körpers bedingt die Weltvorstellung der Seele. Über das Gehirn läuft die Vermittlung der Außenwelt, somit ist *das Gehirn (...) der Spiegel welcher die Welt der Seele nach der Lage ihres Körpers verfeinert vorstellt*.[64] Die größte Schwierigkeit hängt auch bei Platner an der Frage, wie die Vermittlung des physischen mit dem psychischen Bereich beschreibbar ist. Der Mediziner spricht von einer inneren Bewegung des Nervensaftes im Gehirn, derzufolge in der Seele Vorstellungen motiviert werden. Die Gefahr besteht bei diesem Beschreibungsmodus darin, daß man auf mechanische Weise etwas erläutert, was sich nicht den Gesetzen der Physik beugt. Oder anders formuliert: etwas Immaterielles kann nicht berührt werden.[65]

Wo die Erfahrung endet, läßt sich nur mutmaßen. Platner zufolge korrespondieren die Bewegung des Nervensaftes im Gehirn und ein sich-in-Bewegung-setzen des Seelenvermögens, seine Außenwelt zu erkennen. Die Rückwirkung der Seele auf den physischen Mechanismus entzieht sich vollständig der Erklärung.[66]

Augenfällig ist in Physiologie und medizinischer Anthropologie das neue Analogiemodell: Der Körper wird als mechanische Maschine beschrieben und das Seelenvermögen wird analog der physikalischen Gesetzmäßigkeiten des Körpers erfaßt. Zum Beispiel spricht Platner vom »*Gesichtskreis der Seele*«[67], um die begrenzte Aufnahme sinnlicher Eindrücke durch das Seelenvermögen zu beschreiben. Der innere Sinn kann nur durch Rückgriff auf äußere Sinne vorstellbar gemacht werden. Statt auf Vernunft, die dem traditionellen Modell der Seelenherrschaft zugrunde lag, wird auf Erfahrung gebaut. Doch die Physiologen sind inkonsequenter als die Materialisten in bezug auf die traditionelle Seelenlehre, da sie ihrem Grundsatz, eine Erfahrungswissenschaft zu begründen, nicht strikt folgen.

Durch ein neues Analogiemodell (physischer Mechanismus) versuchen die Physiologen einen Restbestand der traditionellen Seelenlehre zu retten. Die Seele soll sich analog der Physis verhalten, doch eine Erfahrungswissenschaft kann dies nur postulieren.

---

63 Platner: ebd. § 118, 33.
64 Platner: ebd. § 131, 36.
65 Platner: ebd. 2. Hauptstück. § 307, 93: »Man kann sich über das System des reellen Einflusses nicht anders erklären, als wenn man sagt der Nervensaft wirkt auf eine ähnliche Art in die Seele, wie ein Element in das andere. Diese Erklärung ist kein Materialismus; denn es wird darinnen nicht angenommen, daß der Nervensaft die Seele berührt (...).«
66 Platner: ebd. § 311, 95.
67 Platner: ebd. § 491, 161.

4. Metaphysik der Sitten und pragmatische Anthropologie. Kants Vermittlung im Streit der Fakultäten

Das 18. Jahrhundert hat das Seele-Körper-Verhältnis vielschichtig verhandelt. Neben heroisch-aufklärerischem Duktus der Freigeister, materialistischer und physiologischer Lehrmeinung hält sich die Tradition der Seelenlehre und des Naturrechts. Christian Wolff hat den Anspruch des Menschen, Herr über sein Leben zu sein, auf der Basis einer Pflichtenordnung zurückgewiesen:

> »Obligatio vitam conservandi, quae ex essentia & natura corporis humani fluit, tollit dominium vitae (...). Pugnat hoc jus cum obligatione vitam conservandi. Quoniam enim vitam conservare obligamur, lege naturali praecipitur vitae conservatio.«[68]

Nur Gott kommt ein unbeschränktes dominium über die menschlichen Seelen und Körper zu. Angesichts dieser Tatsache erscheint die stoische Lehre vom Körper als Gefängnis der Seele als perverse Doktrin.[69] So rigoros seine Morallehre ist, so unerbittlich springt Wolff auch mit den Pflichtverletzern um. Die Verweigerung eines ehrenhaften Begräbnisses, sepultura honesta, ist ein Grundsatz.[70] Darüber hinaus spricht Wolff sich im Namen der Vernunft für den Strafvollzug am Leichnam des Selbstmörders aus. Das ist eines der dunkleren Kapitel deutscher Aufklärung, deren moralischer Rigorismus seinesgleichen vergeblich sucht.[71]

Eine populäre Version der Wolffschen Morallehre findet sich in Johann Lorenz von Mosheims *Sittenlehre der Heiligen Schrift*.[72] Zu den bekannten Argumenten fügt Mosheim ein weiteres, das er Johann Peter Süßmilchs Schrift über *Die göttliche Ordnung* entnommen hat. Süßmilch hat anhand von Sterbetabellen nachzuweisen versucht, daß es beständige Regeln der Sterblichkeit gibt, die sich in Jahreszyklen wiederholen, um eine bestimmtes Maß der Sterblichkeit zu erfüllen.

> »Geschähe das nicht, herrschte hier Unordnung; so würde diese Ordnung im Tode nicht entstehen können (...). Kann man nun dieses alles wohl ohne Rührung betrachten? Wird man den nicht verehren müssen, welcher Herr des Lebens und des Todes

---

68 Christian Wolff: [Jus naturae (Halle/Magdb. 1748). In: Ders.:] Gesammelte Werke. 2. Abt. (lat. Schriften). Bd. 17. Hildesheim—New York 1972. pars 1. cap 2. §§ 352—3, 234.
69 Wolff: ebd. § 379, 248.
70 Wolff: Jus naturae. Pars VIII. cap 3. § 712, 538.
71 Wolff: Vernünftige Gedanken von dem Gesellschaftlichen Leben der Menschen und insonderheit dem gemeinen Wesen zu Beförderung der Glückseligkeit des menschlichen Geschlechts. Franckfurt und Leipzig 1736. cap 3., 334: »(...) sondern auch die Selbst-Mörder noch nach ihrem Tode zu straffen, indem man sie ihrer Ehre kräncket: dergleichen z.E. geschiehet, wenn man den todten Leichnam durch den Schind-Anger schleppen und, wofern der Selbst-Mord sehr gemein wird, wie Mörder auf das Rad flechten lässet. Ich weiß wohl, daß das letztere nicht in Brauch ist. Allein ich rede jetzt als ein Weltweiser von dem, was mit Vernunfft geschehen kan und soll.«
72 Johann Lorenz von Mosheim: Sittenlehre der Heiligen Schrift. Sechster Theil. Helmstedt 1762. § 11.

ist? Wird man sich ferner wohl im Tode einen ohngefähren und blinden Zufall gedenken können, ohne sich eines Unsinns schuldig zu machen?«[73]

Von einem Sittenlehrer gewendet, bedeutet das statistische Argument Süßmilchs eine zusätzliche Möglichkeit, den Todsündencharakter der Selbstentleibung herauszuheben. Da Gottes Vorsorge sogar die Populationsrate bemißt, untersteht jedes Einzelleben den Bedingungen des zyklischen Gleichmasses. Der Verbrechenscharakter läßt sich statistisch bestimmen.[74]

Die Vorstellung, im Leben ein Geschenk Gottes zu sehen, daß man zurückgeben kann (Montesquieu), erscheint Mosheim als Übertreibung des französisch-englischen Strebens nach rechtspolitischer Freiheit. Dessen letzte Konsequenz ist durch Zerschneidung des Bandes zwischen göttlicher Vorsehung und ethischer Lebensführung die Leugnung des göttlichen dominium.[75]

Erst die rechtsgeschichtliche Perspektive auf die heiligen Schriften erledigt den moraltheologischen Zugriff auf die Selbstentleibungspraktik. Mosheims Schüler, Johann David Michaelis, hat in seiner vielbändigen Schrift über das »Mosaische Recht« mit dem Bezug zwischem dem Tötungsverbot und der Selbstentleibung aufgeräumt. Die augustinische Lesart sei *»eine willkuerliche Art zu erklären«*[76], so Michaelis.

Die Gründe dafür, daß Moses kein gesondertes Verbot erließ sind folgende: als bürgerlicher Gesetzgeber mußte er seine Gesetze nicht auf das Jenseits ausrichten; in der Frühzeit der Völker gab es keine Auswüchse der Selbstentleibung. Es ist vielmehr ein Ausdruck der »wahren Güte Gottes«, daß ein Verbot fehlt. So ist der Weg frei für die philosophische Moral und den gesunden Menschenverstand. Die Vorstellung des Menschen, Herr über sein Leben zu sein, kann demnach nicht mit juristischen und moraltheologischen Kriterien erfaßt werden, sondern gehört in eine Untersuchung des krankhaften Gemüts.[77]

Selbstmord ist eine »Unwissenssünde« wie die Polygamie. Es gibt keinen geoffenbarten Rechtszusammenhang, der Klarheit verschafft. In geschichtlicher Perspektive eröffnet sich Michaelis die Möglichkeit, Selbstentleibung anhand ihrer kulturellen Bedingtheit periodisch darzustellen. Sie wird nur bei einigen Völkern praktiziert und hat dort soziale, physiologische und religiöse Gründe. Michaelis zählt auf: kultische Irrtümer (z.B. Donatisten), Irreligion (Frankreich im 18. Jahrh.), wunderliche Philosophien (Griechen und Römer der antiken Welt), falsches Ehrverständnis (Römer und Engländer), schwermütiges Temperament (schwarze Afrikaner), übermäßiger Fleischkonsum (England) und vieles mehr.[78]

---

73 Johann Peter Süßmilch: Die göttliche Ordnung in den Veränderungen des menschlichen Geschlechts aus der Geburt, dem Tode und der Fortpflanzung desselben erwiesen. Erster Theil. Berlin 1775 (4. Auflage). cap 2. § 42, 100–01.
74 Mosheim: ebd., 258–62: Auszüge aus Sterbetabellen.
75 Mosheim: ebd., 274.
76 Johann David Michaelis: Mosaisches Recht. Sechster Theil. Reutlingen 1785 (2. Auflage). § 272, 4.
77 Michaelis: ebd., 6.
78 Michaelis: ebd., 9.

In den letzten zwei Jahrzehnten des 18. Jahrhunderts gab es eine Fülle von Schriften über das Thema »Selbstmord«. Ihr gemeinsames Fundament ist eine rechtsgeschichtliche und physiologische Behandlung dieses Sozialphänomens. Darüber hinaus differieren die Lösungsvorschläge weitgehend. Einige halten an der strafrechtlichen Verfolgung fest[79], andere versuchen über eine »Geschichte der Menschenkunde« Ursachen des Phänomens und Möglichkeiten der Vorsorge zu bestimmen.[80]

Für den Menschenkundler Knüppeln sind auch die Strafgesetze nur ein weiteres soziales Übel. Und die Grundsätze der Moraltheologie betreffen nur den gesunden Menschen, für den physisch und moralisch Erkrankten sind sie nichts als »leere Worte«.[81] Es ist Aufgabe der politischen Gewalt, dem Menschen »einen bescheidenen Theil der Lebensglueckseligkeit«[82] zu vermitteln und so die Selbstmordrate zu verringern.

Zur Erläuterung führt Knüppeln Selbstmörder-Biographien an, in denen u. a. folgende Kategorien auftreten: Selbstmord aus Liebe, Melancholie, Zukunftsangst. Der Katalog der Ursachenunterteilung wird in den Biographiesammlungen von Spiess[83], Albrecht[84] und Tzschirner[85] beliebig ausgedehnt.

Der Themenkomplex »Selbstentleibung« hat sich zusehends im späten 18. Jahrhundert zu einem interdisziplinären Forschungsgebiet entwickelt. Immanuel Kant unternahm den bedeutenden Versuch, diese Tendenzen zu bündeln. In seiner »Anthropologie in pragmatischer Hinsicht« hat er dem physiologisch-anthropologischen Interesse am Menschen Rechnung getragen. Innerhalb seiner »Metaphysik der Sitten« prolongiert er die Traditionslinie der Morallehren des 18. Jahrhunderts. Das Verhältnis seiner Anthropologie zu den metaphysischen Grundsätzen der Moral ist auf den ersten Blick schwer einzusehen. Anhand seiner Erörterung der Selbstentleibung in beiden Zusammenhängen soll Klarheit gewonnen werden.

In der Vorrede zu seiner Tugendlehre (zweiter Teil der Metaphysik der Sitten) stellt Kant sich der Frage, was Moralität nach der Kritik reiner Vernunft mit Metaphysik zu tun habe. Es geht um Sicherheit in der Tugendlehre. Sobald der Rekurs auf die »Elemente der Metaphysik« fehlt, geht die Philosophie bloß auf Gefühlsahnungen und Moralhistorien, denen das Prinzipielle mangelt.[86]

---

79 Vgl. H. W. Heller: Über den Selbstmord in Teutschland. Frankfurt a. M. 1787. cap 7., 43—9.
80 Vgl. J. F. Knüppeln: Über den Selbstmord. Ein Buch für die Menschheit. Gera 1790, 13—4.
81 Knüppeln: ebd., 46.
82 Knüppeln: ebd., 55. Und begleitende erzieherische Maßnahmen empfiehlt G. W. Block: Vom Selbstmord, dessen Moralität und Gegenmitteln. Aurich 1792, 157—68.
83 C. F. Spiess: Biographien der Selbstmörder. Bd. 1—4. Leipzig 1786.
84 J. F. C. Albrecht: Neue Biographien der Selbstmörder. Bd. 1—4. Frankfurt—Leipzig 1794.
85 H. G. Tzschirner: Leben und Ende merkwürdiger Selbstmörder. Weißenfels—Leipzig 1805.
86 Immanuel Kant: Die Metaphysik der Sitten (Königsberg 1798). In: Ders.: Werkausgabe Bd. 8. (Hg.) Wilhelm Weischedel. Frankfurt a. M. 1977, 505.

Kant warnt vor den Bestrebungen, eine Lehre von der menschlichen Glückseligkeit allein auf der Basis der physischen Konstitution des Menschen aufzubauen. Er sieht hier den Irrweg der Physiologen im Bund mit der »stolzen spekulativen Vernunft«, den ganzen menschlichen Mechanismus »erklären« zu wollen.[87] Auch Kant geht es um den ganzen Menschen. Nach dem Durchlauf durch die »Kritiken« (reine und praktische Vernunft, Urteilskraft) sind allerdings die herkömmlichen Erkärungsmuster für die menschliche Natur hinfällig geworden. Weder ist es möglich, das Rätsel »Mensch« aus seiner physischen Existenz, noch durch metaphysische Ableitung zu entschlüsseln.

Vor allem die Frage nach der menschlichen Seele ist auf der Grundlage der *Kritik der reinen Vernunft* problematisch geworden. Von der traditionellen Seelenkonzeption bleibt die Reduktionsform des »inneren Sinnes« innerhalb der transzendentalen Ästhetik: eine Anschauung unserer selbst, die zeitlich verfaßt ist.[88] Kant bietet kein physiologisches Analogiemodell, um die Funktion des inneren Sinnes über die äußeren Sinnfunktionen zu entschlüsseln.

Als eine Folge dieser Konzeption geschieht die Bestimmung der Seelenvermögen apriorisch (innerer Sinn) und – vermittelt über die Formen der Anschauung und Kategorien des Verstandes – empirisch. Das Verhältnis der menschlichen Seele zu ihrer Außenwelt gerät über den Bereich der theoretischen Vernunfterkenntnis (*Kritik der einen Vernunft*) in das Feld der ästhetischen Urteilskraft, der praktisch-moralischen Vernunft und der anthropologisch-psychologischen Fragestellungen.

Nach Kant ist die Seele-Körper-Problematik ein weitgehend differenziertes Gebilde von Einzelfragen, mit denen die ästhetische, psychologische, medizinische und moralphilosophische Disziplin ihren Gegenstand traktiert. Kant selbst hat sich inmitten der vielfältigen Tendenzen für den Primat der praktisch-moralischen Vernunft entschieden[89]: Die Bestimmung des Menschen ist vorrangiges Ziel und Aufgabe der Moralphilosophie.

In seiner Metaphysik der Sitten hat Kant dem Grundsatz von der Tugendpflicht, so wie er in der praktischen Vernunft angelegt ist, Gestalt verliehen:

---

87 Kant: ebd., 507.
88 Kant: Kritik der einen Vernunft (Riga 1781). In: Ders.: Werkausgabe Bd. 3. Frankfurt a. M. 1974, 80−1: »Die Zeit ist nichts anders, als die Form des innern Sinnes, d. i. des Anschauens unserer selbst und unsers innern Zustandes. (...): so ist die Zeit eine Bedingung a priori von aller Erscheinung überhaupt, und zwar die unmittelbare Bedingung der inneren (unserer Seelen) und eben dadurch mittelbar auch der äußern Erscheinungen.«
   Ders.: Über das Organ der Seele. In: Ders.: Werkausgabe Bd. 11. Frankfurt a. M. 1977, 255−6.
89 Kant: Kritik der reinen Vernunft. ebd., 701: »Der erstere [Zweck der Philosophie] ist kein anderer, als die ganze Bestimmung des Menschen, und die Philosophie über dieselbe heißt Moral. Um dieses Vorzugs willen, den die Moralphilosophie vor aller anderen Vernunftbewerbung hat, verstand man auch bei den Alten unter dem Namen des Philosophen jederzeit zugleich und vorzüglich den Moralisten.«
   Ders.: Kritik der Urteilskraft. (Berlin 1790) In: Ders.: Werkausgabe Bd. 10. Frankfurt a. M. 1974. (Buch 2.: Methodenlehre der teleologischen Urteilskraft). §§ 79−91.

als moralischem Gefühl, Gewissen, Menschenliebe und Achtung. Der Mensch untersteht einem sittlichen Zwang, dem er sich nicht entziehen kann. Kant spricht von einer moralischen Nötigung durch die gesetzgebende praktische Vernunft. Erst auf dieser Grundlage kann sich das tugendhafte Handeln gegenüber den lasterhaften Neigungen als moralische Stärke des menschlichen Willens erweisen. Am Horizont der Argumentation zeigt sich ein Ideal der Menschheit, das nicht durch die gesammelten Erfahrungen vom tatsächlichen menschlichen Handeln, wie sie die Anthropologie liefert, aufzuheben ist.[90]

Kant hält für die Bestimmung der moralischen Kompetenz des Menschen am Ideal der Willensfreiheit fest. Freiheit des Willens bedeutet aber nicht Willkür der Handlungen, sondern eine moralisch gezähmte Freiheit entsprechend der inneren Gesetzgebung zum pflichtgemäßen Handeln. Vorausgesetzt wird hierbei die Herrschaft des Gemüts über die sinnlichen Neigungen.

> »Zur inneren Freiheit aber werden zwei Stücke erfordert: seiner selbst in einem gegebenen Fall Meister (animus sui compos) und über sich selbst Herr zu sein (imperium in semetipsum), d.i. seine Affekten zu zähmen und seine Leidenschaften zu beherrschen.«[91]

Der Terminus imperium, der in der Rechtsliteratur die souveräne Befehlsgewalt meint, verdeutlicht nachdrücklich, mit welcher Vehemenz Kant am Primat der praktisch-moralischen Vernunft festhält. Im ersten Teil der »Ethischen Elementarlehre«, der die Pflichten des Menschen gegen sich selbst umfaßt, zeigen sich die Konsequenzen. Es geht in moralischer Hinsicht um den ganzen Menschen. Die Trennung von Seele und Körper ist eine bloß theoretische, die Pflichtenlehre hingegen erlaubt keine Sonderung: »*das verpflichtete so wohl als das verpflichtende Subjekt ist immer nur der Mensch*«.[92] Mit der Zurückweisung der traditionellen Vorstellung von der Seele als geistiger Substanz fällt die theoretische Möglichkeit weg, hier ein Rechtsverhältnis zu konstruieren.

Die Pflichten werden dahingehend unterteilt, ob sich der Mensch selbst im jeweiligen Fall als Sinnen- oder Vernunftwesen betrachtet. D.h. im ersten Fall geht es um physische Erhaltung (Gesundheit), im zweiten um moralische Vervollkommnung (Kultur). Die Grundsätze der Pflichten gegen sich selbst lauten demnach: »Lebe der Natur gemäß« und »Erhebe dich über deine bloße Naturhaftigkeit als Kulturwesen.« Der Naturhaftigkeit des Menschen widerstreiten vorrangig die Laster des Selbstmordes, der Geschlechtsneigung und des unmäßigen Nahrungsmittelkonsums. Kant beginnt seine »Ethische Elementarlehre« mit der Behandlung der Selbstentleibungspraktik.

---

90 Kant: Metaphysik der Sitten. Teil 2. ebd., 537: »Alle Hochpreisungen, die das Ideal der Menschheit in ihrer moralischen Vollkommenheit betreffen, können durch die Beispiele des Widerspiels dessen, was die Menschen jetzt sind, gewesen sind, oder vermutlich künftig sein werden, an ihrer praktischen Realität nichts verlieren, und die Anthropologie, welche aus bloßen Erfahrungserkenntnissen hervorgeht, kann die Anthroponomie, welche von der unbedingt gesetzgebenden Vernunft aufgestellt wird, keinen Abbruch tun.«
91 Kant: ebd., 539.
92 Kant: ebd. (Ethische Elementarlehre § 4.), 551.

Im Sinn der moraltheologischen Tradition stellt Kant einleitend fest: »*Die Selbstentleibung ist ein Verbrechen (Mord).*«[93] Er vermerkt, daß der Verbrechenscharakter durch die Pflichtverletzung gegen Mitmenschen und gegen Gott (»dessen uns anvertrauten Posten in der Welt der Mensch verläßt«) verstanden wird. Doch zuallererst ist es die Qualität des Menschen als »Person«, deren Nichtanerkennung die Selbstentleibung zum Verbrechen macht. Wer das Subjekt der Sittlichkeit in seiner eigenen Person vernichtet, der stellt die Existenz der Sittlichkeit selbst in Frage. Der Einzelmensch ist nur Mittel im Hinblick auf die Verwirklichung des Sittengesetzes, d.h. er besitzt nicht die Tugend, sondern diese ihn.[94]

Kant hält am moraltheologischen Pathos der »Seelenstärke« fest, das sich im Erleiden auch der größten Gefahren, Schrecken und sozialen Mißstände manifestiert. Kant hat zudem in seiner »Analytik des Erhabenen« gezeigt, daß Seelenstärke sich vorrangig mit den Kategorien der ästhetischen Urteilskraft beschreiben läßt, sofern man nicht die moralphilosophische Implikation aus den Augen verliert.[95]

Der Rigorismus der Tugendlehre Kants wird dadurch unterhöhlt, daß den Grundsätzen kasuistische Fragestellungen folgen. Kasuistik meint bei Kant den Spielraum der praktisch-moralischen Urteilskraft, der sich ergibt, wenn die Grundsätze auf die soziale Lebenswelt appliziert werden sollen. Die Kasuistik ist »*Übung, wie die Wahrheit gefunden werden soll.*«[96] In bezug auf die Selbstentleibung lauten die Fragestellungen u.a.: Wie unterscheiden sich Selbstmord und Märtyrertum? Darf man einem Todesurteil durch Selbstentleibung zuvorkommen? Darf man aufgrund einer unheilbaren Krankheit sich selbst das Leben nehmen?

Die Kasuistik der Tugendlehre weist in die Anthropologie. Innerhalb der anthropologischen Disziplin stellt sich auf dem Hintergrund moralischer Grundsätzlichkeit, die Frage nach der Fassung des Gemüts und der »*Stärke des inneren Sinnes*«[97]: d.i. der Mut. Ob der moralisch verwerfliche Selbstmord in gewissen Fällen Mut voraussetzt, ist nicht eine moralische, sondern psychologische Frage:

> »Es scheint dem Menschen eine Art von Heroism zu sein, dem Tode gerade ins Auge zu sehen und ihn nicht zu fürchten, wenn er das Leben nicht länger lieben kann.«[98]

Kant unterscheidet anhand der Wahl der Mittel die jeweilige Disposition des menschlichen Gemüts. Nur wer jede Möglichkeit der Rettung zunichte macht, dem ist der Mut nicht abzusprechen. Kant weigert sich, grundsätzlich denjenigen, der sich das Leben nimmt, als »nichtswürdige Seele« zu verachten. Es gibt äußere Umstände, z.B. die Gerichtspraxis des Wohlfahrtsausschusses der fran-

---

93 Kant: ebd., 554.
94 Kant: ebd., 538.
95 Kant: Kritik der Urteilskraft. Buch 2., 164–207 und 371–442.
96 Kant: Metaphysik der Sitten. ebd., 544.
97 Kant: ebd., 586.
98 Kant: ebd., 589.

zösischen Republik, welche die Selbstentleibung im Angesicht verhängter Todesstrafe verständlich machen. »*Die Moralität aber hievon verlange ich nicht zu verteidigen.*«[99]

Auch wenn Kant zwischen zwei Weisen der Beurteilung schwankt, das psychologische wie das moralische Urteil gehören in den Kompetenzbereich der Philosophie. Kant polemisiert gegen den Anspruch der medizinischen Fakultät, über die Gemütsverfassung des Menschen urteilen zu können. Ob Selbstentleibung ein Ausdruck der Gemütsstärke oder -verwirrung ist, entscheidet allein die philosophische Fakultät. Nur der Philosoph kann den psychologischen Charakter einer Handlung ermessen, denn nur er betrachtet deren praktisch-moralisches Fundament. Das Scheitern der Mediziner und Physiologen, die in ihrer Erkenntnis des »Maschinenwesens« im Menschen noch nicht entsprechend vorgedrungen[100] sind, gibt dem Moralphilosophen Recht.

Kant löst die anthropologische Disziplin nicht vom Fundament der Sittenlehre. Trotz zugestandener Fragwürdigkeit der traditionellen Seelenlehre bleibt in praktisch-moralischer Hinsicht die Konzeption menschlicher Personalität für Kant unhintergehbar.

Es bleibt festzuhalten: Der thomistische Entwurf vom Menschen (Seelenherrschaft) und die analogisierende Perspektive auf die soziale und kosmische Ordnung hat am Ende des 18. Jahrhunderts seine Plausibilität verloren. Das materialistische Modell (Mensch als Maschine) wird einhellig von Physiologen, medizinischen Anthropologen und Moralphilosophen kritisiert, weil es nicht den ganzen Menschen (als Körper- und Seelenwesen) erfaßt. Während Physiologen und Anthropologen sich darin bescheiden, das seelische Vermögen des Menschen analog zu seiner physischen Natur zu beschreiben, weist Kant diesen Ansatz zurück. Was die Seele für sich bei Kant noch sein kann, obliegt ästhetischen Beschreibungsmustern. Was die Seele in bezug auf die Außenwelt kann, darf und soll, ist grundsätzlich eine Frage der praktisch-moralischen Vernunft und kasuistisch eine solche der pragmatischen Anthropologie.

Das Postulat, der Mensch soll Herr seiner Handlungen sein (imperium in semetipsum), ist konstitutiv für die Tugendlehre. Die Tatsache, daß die Herrschaft äußeren Bedingungen (z.B. physisch und klimatisch) unterliegt, ist Voraussetzung für die anthropologische Sichtweise. Es bietet sich kein Analogiemodell an, um das Rätsel »Mensch« in seiner Komplexität zu entschlüsseln. Mit psychologisch-anthropologischen und ästhetischen Beschreibungsmustern versucht Kant, der menschlichen Individualität auf die Spur zu kommen. Über die

---

99 Kant: ebd., 591.
100 Kant: ebd., 528−9: »(...) die Frage: ob der Angeklagte bei seiner Tat im Besitz seines natürlichen Verstandes- und Beurteilungsvermögens gewesen sei, ist gänzlich psychologisch und, obgleich körperliche Verschrobenheit der Seelenorganen vielleicht wohl bisweilen die Ursache einer unnatürlichen Übertretung des (jedem Menschen beiwohnenden) Pflichtgesetzes sein möchte, so sind die Ärzte und Physiologen überhaupt doch nicht so weit, um das Maschinenwesen im Menschen so tief einzusehen, daß sie die Anwandlung zu einer solchen Greueltat daraus erklären (...) könnten.«

praktisch-moralische Vernunft erfaßt er den Menschen in seiner personalen Struktur als Medium eines überindividuellen Sittengesetzes.

Selbstentleibung ist auf der einen Seite individuelle Affekthandlung und als solche ein physiologisches, psychologisches und ästhetisches Phänomen. Als Handlung des personal-verantwortlichen Menschen weist sie über das Individuum hinaus und behält ihren Stellenwert gemäß christlicher Moralitätstradition: Sie ist Selbstmord, Verbrechen gegen das Sittengesetz. In der Rede über den ganzen Menschen hat bei Kant die Moralphilosophie das letzte Wort.

Der Mensch im Spiegel der Tier- und Pflanzenseele
Zur Anthropomorphologie der Naturwahrnehmung im 18. Jahrhundert

Hans Werner Ingensiep (Essen)

Die *Biologie* des 18. Jahrhunderts war im wesentlichen spezielle und allgemeine Naturgeschichte: als spezielle versuchte sie, die bunte Vielfalt der Dinge der Natur, der Naturalien, zu sammeln und zu beschreiben, als allgemeine, sie nach Prinzipien zu ordnen und zu erklären. *Anthropologie* war und ist der Versuch, das Wesen und die Stellung des Menschen in der Ordnung des Ganzen zu finden, sei es in Anbindung oder Abgrenzung zur nicht-menschlichen Natur. Zur Frage nach dem ganzen Menschen gehört auch die Frage nach seinem Verhältnis zu Tieren und Pflanzen. Dieses Verhältnis erscheint den Heutigen zumeist als *anthropomorph* und wäre insofern ein Thema einer *Anthropomorphologie*. Was aber sind die Gegenstände einer *Anthropomorphologie* der philosophischen und naturgeschichtlichen Wahrnehmung der Tier- und Pflanzenseele? Beginnen wir bei scheinbaren Äußerlichkeiten. Während der Wandel im Naturverständnis des 17. Jahrhunderts (Galilei, Descartes, Newton) sich vor allem auf Dinge der außermenschlichen Natur erstreckte, ergriff er im Laufe des 18. Jahrhunderts den Menschen selbst. Der Mensch zieht materialiter und formaliter in die ›Natur‹ ein, d.h. nicht nur als vollkommen mechanisch erklärbares Naturobjekt, als lebendige Maschine wie in der Jahrhundertmitte bei La Mettrie, sondern schon zuvor – weit weniger spektakulär – als Mitglied der lebendigen Vielfalt im System der Ordnung des Lebendigen: Linné fügte schon 1735 den Menschen zusammen mit den Affen und Faultieren als Ordnung »Anthropomorpha« ins Tierreich ein, um ihn schließlich in der 10. Auflage seiner *Systema naturae* (1758) als »homo sapiens« den »Primates«, den Herrentieren, zuzuweisen.[1] Diese leibliche Zugehörigkeit des Menschen zum Tierreich, diese erste Wahrheit der Naturgeschichte, empfand Linnés großer Rivale Buf-

---

[1] Linné stellte den Menschen ursprünglich zu den »Anthropomorpha« in die Klasse der Vierfüßer (Quadrupedia) und seit der 10. Auflage als ›homo sapiens‹ zu den Primates in die Klasse der Säugetiere (Mammalia). In seinen »Amoenitates Academicae« (VI, 1763) im Beitrag »Anthropomorpha« seines Schülers Hoppius (1760) werden vier kuriose Gestalten abgebildet (1. Troglodyta Bontii, 2. Lucifer Aldrovandi, 3. Satyrus Tulpii und 4. Pygmaeus Edwardi), die aus heutiger Sicht diverse Phantasien im Affe-Wilde-Mensch-Übergangsfeld bedienen, z.B. als ›Figura Diaboli‹; siehe Janson, H.W.: Apes and Ape Lore. London 1952.

fon als »eine für den Menschen vielleicht demütigende Wahrheit«.² Blumenbach löste zur Jahrhundertwende die Ordnung der Primaten wieder auf und grenzte, wie später Cuvier, den Menschen als einzigen Zweihänder (Bimana) von den vierhändigen Affen (Quadrumana) ab. Dazu vermerkte Haeckel: »Spätere Forscher suchten die Kluft, die zwischen dem Menschen und den übrigen Säugetieren besteht, immer mehr zu erweitern, indem sie besonderes Gewicht auf die großen Unterschiede ihrer höheren Seelentätigkeit legten.«³

Damit ist angedeutet, womit es eine *Anthropomorphologie* der naturgeschichtlichen und philosophischen Wahrnehmung der Pflanzen und Tiere im 18. Jahrhundert zu tun haben könnte, insbesondere, wenn das Anthropomorphe in ihrer Seele zur Sprache gebracht werden soll. Es ist weniger die materielle und formelle Nähe als die seelische Nähe, die dem Menschen zum Problem wird und ihn zunehmend über sein Verhältnis zu diesen Wesen nachdenken läßt, sei es, um sich in ihnen wiederzufinden oder um sich von ihnen abzugrenzen. Systematisch betrachtet wäre eine klare Definition des Menschen nützlich, um dann auf die Suche nach dem Anthropomorphen in der Tier- und Pflanzenseele zu gehen. Aber historisch betrachtet ist diese Vorgehensweise problematisch, da sich ›der Mensch‹ gerade in der Auseinandersetzung mit den nicht-menschlichen Wesen erfindet, um ihnen und sich eine Stellung im Naturganzen zuzuweisen. Eine historische Anthropomorphologie muß daher zunächst mit einem relativen und unscharfen Begriff des Anthropomorphen arbeiten. Deren Fragen sind vielfältig, z.B.: Wie spiegelt sich der Mensch in den Lebewesen, mit denen er Ähnlichkeiten teilt bzw. von denen er sich durch Unterscheidungen abgrenzt? Worüber gibt uns das Anthropomorphe Auskunft? Welche Funktion hat es? Die einführenden Stichworte ›Anthropomorpha‹, ›Herrentier‹, ›Demütigung‹, ›Kluft‹ könnten uns auf die Spur anderer Fragen bringen: In welcher Beziehung stehen das *Anthropomorphe* in der Naturgeschichte und die generelle ›*Anthropozentrik*‹ dieser Zeit zueinander? Gibt es überhaupt einen Zusammenhang? Oder konkreter gefragt: Inwiefern spiegelt sich in den Ansichten zur Tier- und Pflanzenseele das Verhältnis des Menschen zur Natur? – Weit davon entfernt, diese einfachen Fragen ebenso einfach beantworten zu können, aber ohne sie gänzlich aus dem Blick zu verlieren, möchte ich zunächst Einblicke in das Material geben, d.h. (I.) einen kurzen Abriß der Geschichte der Tier- und Pflanzenseele im 18. Jahrhundert im Hinblick auf die exklusive Stellung des Menschen liefern, beginnend mit einigen Hinweisen auf Quellen und Analysen. Aus der Fülle der Lebewesen bieten sich zwei Wesen geradezu als Eintrittskarten in die Anthropomorphologie an, die Menschenaffen und die Sinnpflanzen, die deshalb besonders beachtet werden. Daran schließt (II.) ein Einblick in die Deutungsmöglichkeiten des Anthropomorphen an, sowie in deren Begrifflichkeit und Problematik. In der nachfolgenden Auswahl wird weniger die Masse der konkreten anthropomor-

---

2 Zitat aus der Übersetzung von H.J. Schaltenbrand: Buffon's sämmtliche Werke. 1. Bd. Köln 1837, 86.
3 Ernst Haeckel in seinem Vortrag: Das Menschenproblem und die Herrentiere von Linné. Frankfurt a.M. 1907, 9.

phen Beschreibungen zur Tier- und Pflanzenseele präsentiert, vielmehr geht es mehr um den philosophischen und naturgeschichtlichen Kontext der anthropomorphen Perspektive.

I. Zur Geschichte der Tier- und Pflanzenseele im 18. Jahrhundert

I.1 Quellen und Analysen zur Geschichte der Tier- und Pflanzenseele

Umfangreiches Quellenmaterial für die ›Seelenanalyse‹ im 18. Jahrhundert bieten einerseits die Fülle von Vor- und Darstellungen in den naturgeschichtlichen Beschreibungen und Erzählungen der Zeit, andererseits die naturphilosophische Theorie-Diskussion, vor allem im Gefolge der Auseinandersetzung zwischen christlich-scholastischem Naturbild und den Neuansätzen von Descartes und Leibniz. Angeregt durch die Tier-Automatendiskussion nach Descartes sind schon im 18. Jahrhundert umfangreiche historische Analysen entstanden und bis in die Gegenwart immer wieder neue Aspekte bearbeitet worden.[4]

Eine Geschichte der Pflanzenseele fehlt bislang und auch die Aufarbeitung einzelner Quellen erfolgte bisher unzureichend, wohl aber gibt es Arbeiten zum 18. Jahrhundert.[5] – Dieser deutlich asymmetrischen Aufarbeitung der Quellen und Analysen zur Tier- und Pflanzenseele ist bereits zu entnehmen, daß die ›Seele‹ der Tiere bis in die Gegenwart offensichtlich auf lebhaftes analytisches Interesse gestoßen ist, während die ›Seele‹ der Pflanzen sich trotz

---

4 Z.B. in Bayles Artikel ›Rorarius‹ in seinem Dictionnaire (1696), von Ribovius, G.H. in seiner ›Dissertatione historico-philosophica de anima brutorum‹ im Anhang seiner Herausgabe des Rorarius (Helmstädt 1728), von Guer, J.A. in seiner ›Histoire critique de l'âme des bêtes ...‹ (Amsterdam 1749) oder von Hennings, J.C.: Geschichte von den Seelen der Menschen und Tiere pragmatisch entworfen (Halle 1774). Andere, die vor allem eigene Konzepte zur Tierseele vorlegen wollten, gaben auch historische Abrisse z.B. Meier, G.F. in seinem ›Versuch eines neuen Lehrgebäudes von den Seelen der Thiere‹ (Halle, 1749) und später Reimarus, H.S. in seinen ›Kunsttrieben‹ (^{2}1762). Im 20. Jahrhundert entstand das Standardwerk von L.C. Rosenfield: From Beast-Machine to Man-Machine. The theme of animal soul in french letters from Descartes to la Mettrie (New York 1940). Eine Übersicht zur Tierseelendiskussion in Frankreich liefern: Hastings, H.: Man and beast in French thought of the eighteenth century. Baltimore 1936. Eine nützliche Skizze zum Stand der Tierseele im 18. Jahrhundert bietet W. Krauss in: Zur Anthropologie des 18. Jahrhunderts. München. 1979, 136–175. Speziellere Einblicke liefern: Sutter, A.: Göttliche Maschinen. Frankfurt a.M. 1988 und Textquellen in historischem Kontext: Schütt, H.-P. (Hrsg.): Die Vernunft der Tiere. Frankfurt a.M. 1990.

5 Meine gegenwärtigen Arbeiten zielen darauf hin, Quellen und Analysen für eine ›Geschichte der Pflanzenseele‹ zusammenzutragen. Eine lückenhafte aber dennoch nützliche historische Übersicht findet sich unter dem von Eisler in sein Wörterbuch der Philosophie (1929; 4. A.) eingeführten Stichwort ›Pflanzenseele‹ in den Beiträgen von F. Krafft und W. Eckart im 7. Bd. vom ›Historischen Wörterbuch der Philosophie‹ hrsg. von Joachim Ritter. Basel 1989; zur Pflanzenseele 18. Jahrhundert gibt Francois Delaporte viele hilfreiche Quellen- und Interpretationshinweise in: Das zweite Naturreich. Über Fragen des Vegetabilischen im XVIII. Jahrhundert. Frankfurt a.M. 1983.

mehrfacher ›revivals‹ in der neuzeitlichen Biologie und Philosophie der historischen Reflexion weitgehend entzogen hat. Diese Schräglage wirkt sich im folgenden Beitrag insofern aus, als daß die Skizze der Tierseele im 18. Jahrhundert im Vordergrund steht, während zur Pflanzenseele vor allem weniger bekannte Quellen angeschnitten werden, insbesondere solche, die einen Vergleich der Ansichten zur Tier- und Pflanzenseele ermöglichen.

I.2 Die Tierseele im 18. Jahrhundert und die Exklusivität des Menschen

Im Hinblick auf die exklusive Stellung der Menschenseele im Naturganzen möchte ich einerseits die allgemeine Theorie-Diskussion über die Tierseele, insbesondere bei Philosophen, andererseits die Wahrnehmung einer speziellen Tierseele, nämlich die der ›Menschenaffen‹, in drei groben Schnitten zu Beginn, zur Mitte und zum Ende des Jahrhunderts verfolgen.

Die Lage der Tierseele zu Beginn des 18. Jahrhunderts ist noch ganz geprägt durch die philosophische Theorie-Diskussion zwischen Cartesianern und Anti-Cartesianern unterschiedlicher Richtung in der zweiten Hälfte des 17. Jahrhunderts. Naturgeschichtliche Beschreibungen und Beobachtungen, wie sie z.B. in dem älteren, aber verbreiteten Tierbuch Conrad Gesners vorlagen, oder bereits vorliegende Einzelanalysen zu ›Menschenaffen‹ spielen eine geringe Rolle.[6] In dieser ersten großen ›biologischen‹ Kontroverse der Neuzeit geht es weniger um die Frage, ob Tiere eine Seele haben oder ›Automaten‹ sind, als um das Konfliktpotential, welches die jeweilige Antwort für das Selbstverständnis des Menschen in sich birgt. Es geht weniger um den ontologischen oder moralischen Status der Tiere, sondern um den exklusiven Status der Menschenseele in der Ordnung der Dinge der Natur. Weltanschauliche Grundpositionen prallen aufeinander, die ihre jeweiligen Hauptvertreter vehement verteidigen, insbesondere wenn Spätscholastiker die ›anima sensitiva‹ als Charakteristikum der Tierseele mobilisieren und Cartesianer ihre Automaten und Uhren. Die wiederbelebte These des Rorarius, daß Tiere ›vernünftiger‹ als Menschen seien, nimmt der Skeptiker Bayle in seinem gleichnamigen Artikel im historischen Wörterbuch zum Anlaß, den Stand der Tierseelen-Diskussion am Ende des 17. Jahrhunderts wiederzugeben und sich einzumischen.[7] Daraus entwickelt sich der Disput zwischen Bayle und Leibniz, in welchem Leibniz auch das Tierseelenproblem einer ›harmonischen‹ Lösung zuführt. – Das Konfliktpotential für die menschliche Identität ergibt sich durch folgendes Dilemma: Wenn auch Tiere eine ›Seele‹ hätten – Seele hier in der Bedeutung von Descartes'

---

6 Die fünfbändige ›Historia animalium‹ Conrad Gesners erschien lateinisch erstmalig 1551–1587 und bereits 1563 ein deutschsprachiger Auszug. Neue Ausgaben erschienen dann immer wieder revidiert bis weit ins 17. Jahrhundert. Außer in Reiseberichten, z.B. von Battel in »Purchas his Pilgrimage« (1613 u.ö.) oder von Bontius (1650), lagen auch schon Studien zu Menschenaffen vor, z.B. von Tulpius (1641) und Tyson (1699).

7 Lit. zu Rorarius/Bayle s. in Anm. 4.

›res cogitans‹ –, wäre der exklusive ontologische und theologische Status der Menschenseele gefährdet; z.B. würden unbequeme Fragen nach dem jenseitigen Leben der Tiere aufgeworfen. Andererseits, auch wenn Tiere keine Seele hätten – weder eine organisierende, noch eine denkende ›anima‹ – wäre die Exklusivität der Menschenseele in Frage gestellt, denn ihre vielfach den Tieren ähnlichen Tätigkeiten könnten nun auch Produkt einer materiellen Organisation sein; dann stünde aber die Immaterialität und Unsterblichkeit der Menschenseele in Frage. Zwischen diesen Extremen pendelt die Theorie-Diskussion.

Um die exklusive Stellung der Menschenseele zu retten, werden um 1700 unterschiedliche Lösungsversuche geboten. Gegenüber der klassischen spätscholastischen Seelenlehre und der weniger beachteten atomistischen Lehre (Gassendi) spielen drei neue Lösungsansätze eine Rolle: 1. die orthodox-cartesianische Version, nach welcher die Tiere leidensfreie Automaten sind, 2. die Leibnizsche Lösung mittels ›prästabilierter Harmonie‹ zwischen einem durch Gott aufeinander abgestimmten materiellen und einem immateriellen Automaten, sowie 3. die vitalistische Lösung unter dem Einfluß von Stahl, die den Körper zum Werkzeug einer mit ihm wechselwirkenden Seele erklärt, die im Falle der Tiere auch deren Gefühlsleben beinhaltet. Die Grundlagen einer sensualistischen Lösung der Tierseelenfrage (Locke) kündigen sich an, sind aber noch nicht entfaltet, eine rein ›materialistische‹ Lösung (La Mettrie) steht noch aus. Einblicke in die Diskussion um die Wende zum 18. Jahrhundert:

Eine erstaunliche Lösung bietet der protestantische Theologe und Cartesianer Jean Darmanson in *La beste transformée en machine* (1684). Wenn die Tiere eine erkenntnisbegabte Seele hätten, würde Gott sich selbst nicht lieben, da er erkenntnis- und liebesfähige Wesen erschaffen hätte, um im »Stande der Sünde« zu verbleiben statt um ihn zu erkennen und zu lieben. Gott wäre unbeständig und kein »weiser Werkmeister«, da er Seelen erschaffen hätte, um beim Tode ins Nichts zurückzukehren, obgleich er doch die unvollkommenere Materie erhalte. Schließlich wäre Gott »grausam und ungerecht«, da er doch die unschuldigen Tiere Schmerz und Elend unterworfen hätte. Darmanson:

> »Wie gehen wir nicht mit den Tieren um? Wir lassen sie zu unserem Vergnügen einander zerreißen; wir erwürgen sie zu unserer Nahrung; wir durchwühlen ihre Eingeweide bei ihrem Leben, bloß um unserer Neubegierde ein Genügen zu tun: und alles dies thun wir vermöge der Herrschaft, welche uns Gott über die Thiere gegeben hat [...] Ist es nicht eine Grausamkeit und Ungerechtigkeit, wenn man die unschuldige Seele so vieler Widerwärtigkeit unterwirft? Man befreyet sich aber, durch des Cartesius Lehre, von allen diesen Schwierigkeiten.«[8]

In diesen wenigen Worten offenbaren sich einerseits aufrichtiges Empfinden und die Not eines Menschen angesichts der Behandlung von Tieren, andererseits aber auch eine radikale Entschuldungsstrategie, um den Herrscherauftrag und damit die Exklusivität des Menschen zu retten. – Leibniz kann sich einer orthodox-cartesianischen Lösung nicht anschließen und erfindet mit großem

---

8 Aus Bayles Wörterbuch übers. von Gottsched (Leipzig 1741–44) im Artikel ›Rorarius‹; 4. Bd. S. 79 (s. a. Anm. 4).

metaphysischem Aufwand die wohl verrückteste Lösung des Tierseelenproblems: einen bis ins Unendlich durchorganisierten Körper-Seele-Vollautomaten, der von Gott so vorprogrammiert wurde, daß kein nachträglicher Eingriff mehr erforderlich ist und jegliche Aufeinanderfolge von Perzeptionen in einer Geistmonade der Bewegung einer Körpermonade entspricht.[9] Jedes Lebewesen wird zu einer präformierten und transformierbaren »göttlichen Maschine«, bestehend aus hierarchisch organisierten, immateriellen, unvergänglichen Monaden. Keine Hypothese lasse Gottes Weisheit und Vollkommenheit deutlicher hervortreten »als die unsrige, gemäß der es überall Substanzen gibt, die [...] verschiedenartige Spiegel der Schönheit des Universums sind, wobei nichts leer, unfruchtbar, unbebaut und ohne Perzeption verbleibt«.[10] – Philosophisch betrachtet ist der lückenlos erfüllte Kosmos ein Indikator göttlicher Vollkommenheit und Güte, psychologisch betrachtet aber ist er zum Projektionsfeld der menschlichen Seele geworden, die sich in einer hochgradig geordneten ›oeconomia divina‹ spiegelt. – Für Alberti, der als ›Iatrotheologe‹ und Vitalist die Stahlschen Lehren auf die Tier- und auch auf die Pflanzenseele anwendet, stehen der Körper und die immaterielle »vernünftige Seele« in Wechselwirkung miteinander. Die Tierseele könne unsterblich sein. Durch den Sündenfall sei auch »in die Natur das Verderben eingedrungen / so siehet man ja auch an den Thieren was sündlich und als eine Frucht des Falles ist [...] und wenn sie auch hernach durch den Willen Gottes unsterblich wären / so könten wir uns um die consequentien nicht bekümmern / wie Gott seine Barmherzigkeit oder seine Gerechtigkeit an den Thieren erweisen wolle ...«[11] Die Tierseele wird im Zeichen einer inharmonischen, verdorbenen ›natura lapsa‹ verstanden und derart in heilsgeschichtliche Endzeiterwartungen der Menschenseele eingebettet, daß deren Aussicht auf Erlösung nicht gefährdet wird. Diese Beispiele zeigen wie um 1700 die Tierseele zum Indikator und Projektionsfeld des jeweiligen Selbst- und Naturverständnisses des Menschen wird – gleichgültig, ob ›Natur‹ nun als determinierte ›machina‹, als harmonische ›oeconomia divina‹ oder als disharmonische ›natura lapsa‹ verstanden wird. Trotz sehr unterschiedlicher Prämissen steht die ontologische und ethische Exklusivität der Menschenseele außer Frage. Während aber die Cartesianer die Tierseele auflösen, bemühen sich die Gegner um ihre Anerkennung und theologische Integration, allerdings ohne neue lebensweltliche Konsequenzen zu ziehen.

Im Laufe des Jahrhunderts ändert sich die Lage der Tierseele. Der Cartesianismus und die Tier-Automaten-Diskussion flauen ab und werden zum Teil ironisiert. So spekuliert Bougeant, daß es sich bei den Tierseelen um Dämonen oder Teufel handeln könnte.[12] Die cartesische Kluft erweist sich gemäß den

---

9 Siehe Sutter (1988) bes. 3. Kap.: »Natürliche Maschinen und immaterieller Automat bei Leibniz« (s. Lit. in Anm. 4).
10 G. W. Leibniz: Hauptschriften zur Grundlegung der Philosophie. Übers. von A. Buchenau und hrsg. von E. Cassirer. Meiner Bd. 108. Leipzig. Bd. II, 253f.
11 Alberti (1721, 216ff.) (s. Anm. 43).
12 Père G.-H. Bougeant (1690–1743): Amusement philosophique sur le langage des bêtes (1739) nach Krauss 1979, 144f. (s. Anm. 4).

Prinzipien der Kontinuität und linearen Stufung als überbrückbar, die große Kette der Wesen erlebt ihre Blütezeit.[13] Nach Boullier, dessen Ansichten über die Enzyklopädie Verbreitung finden, stellt die perzipierende Tierseele auf der fixen Leiter der Intelligenzen einen niedrigeren Typus dar als die Menschenseele. Wollte man Affen die Seele absprechen, so könne man es auch bei Bauerntölpeln tun.[14] Zunehmend kommt die Naturgeschichte ins Spiel, insbesondere das menschenähnlichste Wesen, der Affe. Die Nähe dieser Wesen im Kontinuum der ›scala naturae‹ stellt die Würde und exklusive Rationalität des Menschen auf die Probe. Affen und Wilde durchbrechen im Stillen die cartesianische Demarkationslinie zwischen der Menschen- und Tierseele, wie auch Linnés ›Anthropomorpha‹ anzeigen. In der Jahrhundertmitte erhält die Theorie-Diskussion um die Tierseele wieder neue Impulse durch La Mettries Menschen-Maschine, aber auch durch das tabula rasa – Tier unter dem Einfluß des Lockeschen Sensualismus bei Condillac, Hartley, Bonnet u. a. Der bedeutendste Tiergeschichtler des 18. Jahrhunderts, Buffon, anerkennt zwar die scala naturae, gerät aber in Puncto Tierseele ins cartesianische Abseits. Nichtsdestoweniger verbreitet gerade er durch seine Naturgeschichte ›anthropomorphe‹ Tierbeschreibungen und Darstellungen für die Abgrenzungsdiskussion. – Zunächst zum Verhältnis der Philosophen zu den Affen:

Verschiedene Gruppen versuchen, die Seelenlage dieser Wesen im Hinblick auf den Menschen zu bestimmen.[15] Für die eine Gruppe ist der Affe ein degenerierter wilder Mensch, z. B. für Maupertuis, La Mettrie, Rousseau. Was durch Mythen und Märchen seit der Antike bekannt war, erhielt nun durch Reiseberichte und deren ›anthropomorphe‹ Beschreibungen und Darstellungen empirische Nahrung, z. B. durch die *Histoire générale des voyages* (1748), in der ein freundlich dreinblickender »Chimpaneze« mit dem Wanderstab aufrecht gehend durch Angola abgebildet ist. Die Erzählung von Eingeborenen, daß ›Waldmenschen‹ nicht sprächen, um nicht zu Sklavenarbeitern gemacht zu werden, erschien nicht nur den Eingeborenen einleuchtend, sondern entsprach auch den Erwartungen der Philosophen. Für sie war er nicht mehr der böse Satyr, sondern ein guter Wilder, der im Prinzip zu einem ›degenerierten‹ Stadtmenschen erzogen werden könnte. La Mettrie in *L'homme machine* (1748): »Dieses Tier gleicht uns so sehr, daß die Naturforscher es als wilden Menschen oder als Waldmenschen bezeichnet haben [...] Wer sieht nicht, daß die Tierseele mit der unsrigen sterblich und unsterblich sein muß, daß sie mit ihr das gleiche Schicksal, welches es auch sein mag, teilen muß«.[16] In Opposition zu diesen Erniedrigern des Menschen steht eine recht heterogene Gruppe, die die menschliche Überlegenheit nicht antastet. Während Linnés ›Anthropomorpha‹ eher eine Relativierung menschlicher Exklusivität nahelegten – Linné

---

13 Siehe Lovejoy, A. O.: Die große Kette der Wesen. Frankfurt a. M. 1985 (1. A.: The Great Chain of Being. 1936).
14 D.-R. Boullier (1699–1759): Essai philosophique sur l'âme des bêtes ... (1727); nach Krauss 1979, 147ff. (s. Anm.4).
15 Siehe Hastings 1936, 109ff.: The philosophers and the apes. (s. Anm. 4).
16 Zitate nach Schütt 1990, 122 u. 141; s. a. Sutter 1988 (s. Anm.4).

spricht in einem ungedruckten Manuskript sogar von den ›Cousins der Menschen‹, glaubte sein Gegenspieler Buffon durch seine Untersuchungen zu Affen bewiesen zu haben, daß der Mensch höheren göttlichen Ursprungs sei. Seine Seele unterscheide ihn grundsätzlich vom Affen, bei welchem die Stufenleiter der Wesen ende. Der Affe sei kein Mittelding zwischen der menschlichen und tierischen Natur, sondern »in der Wahrheit nur ein bloßes Tier, das äußerlich die Maske der menschlichen Figur an sich trägt, dem aber innerlich der Gedanke, dem alles fehlt, was den Menschen macht«.[17] Nichtsdestoweniger ist es Buffon's Abbildung des »Jocko«, die geradezu als Prototyp der ›anthropomorphen‹ Affendarstellung bis weit ins 19. Jahrhundert gelten kann. – Bonnet dagegen sieht nur einen gradweisen Unterschied in der Organisation des Gehirnes und macht den Affen zu einem wichtigen Zwischenglied in der Stufenfolge der Dinge: »Der Affe ist dieser Entwurf vom Menschen; ein grober, ein ungeschickter Entwurf, ein unvollkommenes, jedoch ähnliches Bild, und welches endlich die bewunderungswürdige Stufenfolge der Werke Gottes in ihr Licht zu setzen, beendigen hilft.«[18] Der Orang benutze Werkzeuge, sei erziehbar, die Organisation seines Gehirnes sei menschenähnlich. Aber, der Mensch sei ihm durch seine vollkommenere Organisation und die Sprache überlegen. – Auch für Reimarus besteht die erste Schranke der tierischen Vorstellung in ihrer Sprachunfähigkeit: »So sehr uns auch die Affen überhaupt, und besonders in dem Baue ihres Mundes, nahe kommen: so haben sie doch keine Sprache unter sich, und lernen sie nicht einmal unter uns durch Nachahmung.«[19] Wie alle Tiere werden auch die Affen durch ›Triebe‹ geleitet, insbesondere durch Instinkte, die ihnen von Gott eingegeben sind. Die Beispiele zeigen, daß um die Jahrhundertmitte der ›Waldmensch‹ nicht nur bekannt, sondern auch ein Problem war, das in eine philosophische Seelenkonzeption integriert werden mußte. Als Orang oder »Jocko« wurde er nicht nur durch Buffons Naturgeschichte und die Enzyklopädie verbreitet, sondern auch in kleineren gängigen Lexika, z. B. in Hübners Naturlexikon.[20] Die Philosophen schenken ihm ihre Aufmerksamkeit und machen ihn zu einem ›philosophischen Tier‹.

---

17 Zitat aus: Herrn von Buffons Naturgeschichte der vierfüßigen Thiere. 17. Bd. Wien 1791, 218; s. a. Zimmermann, W.: Evolution. Freiburg 1953, 223. Verwunderung über Buffons Ansicht äußert z. B. J. G. Krüger in seiner ›Experimental-Seelenlehre‹ (Halle 1756) in seiner Vorrede (S. 6): »Ich kann, sage ich, nicht bergen, wie groß meine Verwunderung sey, daß ein Mann, welcher um die Natur der Thiere zu beschreiben die Hertzhaftigkeit hat, die Thiere mit so großer Zuversicht der Vernunft berauben, und sie nach dem Beyspiele des Cartesius zu Marionetten machen könne.«
18 Carl Bonnets Betrachtung über die Natur. Hrsg. v. J. D. Titius. Wien 1804. 1. Bd. 5. A. 138. Dort kritisiert Bonnet, daß Buffon den Elephanten über den Orang gestellt hat. S. 144; Anm. 1; s. a. unten Anm. 63.
19 H. S. Reimarus: Allgemeine Betrachtungen über die Triebe der Thiere, hauptsächlich über ihre Kunsttriebe (1762) II. 31.
20 Curieuses und Reales Natur-Kunst-Berg-Gewerck und Handlungslexikon (1. A. 1712, dann bis 1792 immer wieder aufgelegt).

Um die Jahrhundertmitte sind es vor allem drei Ansätze, die das Tierseelenproblem einer neuen Lösung zuführen – abgesehen von komplexen metaphysischen Konstruktionen: der materialistische, der sensualistische und der Ansatz beim Trieb-Tier. Einerseits artikuliert sich auf der Körperseite ausgehend von Descartes' Tiermaschine in La Mettries Menschen-Maschine eine radikal materialistische Lösung, die auch eine physikalische Bestätigung menschlicher Überlegenheit beinhaltet. Für Helvetius (*De l'Esprit* 1758) ist die höhere physikalische Organisation die Ursache der menschlichen Überlegenheit über die Tiere; für Holbach (*Système de la nature* 1770) hat der Mensch mehr Geist als ein Ochse, weil das Gehirn doppelt so schwer ist.[21] – Andererseits zersetzt von der Geistseite her die sensualistische Psychologie im Anschluß an Locke das cartesische Ego und fragmentiert es in kontinuierlich abgestufte Intelligenzgrade: auch Tieren komme ein Grad von Vernunft zu.[22] Condillac radikalisiert in seinem immaterialistischen Sensualismus diese Position und führt alle geistigen Fähigkeiten auf Empfindungen und ihre Transformationen zurück, worin ihm Bonnet folgt, der die Tierseele in eine durchgängige scala naturae einbettet. Die wirkliche Assoziationspsychologie aber setzt bei Hartley (*Observations on Man* 1749) ein, der mentale Assoziationen mit physikalischen Vibrationen von Nerven und Gehirn parallelisiert und damit den Grad der Gehirnorganisation zum Abgrenzungskriterium zwischen Menschen- und Tierseele macht. – Den dritten wichtigen Ansatz entwickelt Reimarus in seinen allgemeinen Betrachtungen über die Triebe der Tiere (1760), in denen er vor allem von den angeborenen »Kunsttrieben« handelt, welche die empfindende Tierseele zwecks Selbsterhaltung zeigt. Diese im Kern mechanistisch und empirisch orientierte Instinktlehre wird in einem physikotheologischen Mantel präsentiert, so daß einerseits die göttliche Autorität, andererseits die Exklusivität der Vernunftseele gewahrt bleiben.

Ein anderer Trend wird seit der Jahrhundertmitte erkennbar. Die allgemeine Gefühlslage gegenüber der Tierseele ändert sich, und es etabliert sich eine ästhetische und moralische ›Empfindsamkeit‹ gegenüber Tieren, welche auch eine Diskussion von Mitleid und Grausamkeit einschließt.[23] In dieser Diskussion spielen ›anthropomorphe‹ naturgeschichtliche Kenntnisse und die philosophische Theorie-Diskussion zur Tierseele in einer Weise zusammen, daß die klassische ›Anthropozentrik‹ zunehmend in Frage gestellt wird. Anders gesagt: außer der theologischen ist verstärkt eine ästhetische, moralische bzw. egalitär-ontologische Bruderschaft zwischen Menschen- und Tierseele zu erkennen, und zwar jeweils abhängig vom grundsätzlichen Standpunkt ihrer ›Integratoren‹, sei er nun spiritualistisch, materialistisch oder sensualistisch. Einige Aspekte:

---

21 S. a. in Krauss u. Hastings (s. Lit. in Anm. 4).
22 S. in Schütt 1990 und dem Artikel ›Animal Soul‹ von R. M. Young in: The Encyclopedia of Philosophy. New York 1967. Vol. 1. p. 122–127.
23 S. a. Hastings 178 ff. (s. Anm. 4) und Jost Hermand: Gehätschelt und gefressen: Das Tier in den Händen der Menschen S. 55–76 in: Reinhold Grimm/Jost Hermand (Hrsg.): Natur und Natürlichkeit. Frankfurt a. M. 1981.

Nach Abflauen des Cartesianismus ist vor der Jahrhundertmitte in Frankreich eine Modeströmung zu verzeichnen, welche die unsterbliche Tierseele in eine Seelenwanderungslehre integriert. Schon zuvor entstand eine Literatur zur Tierfreundschaft. Das Seelenleben von Katzen, Hunden, Bibern, Ratten und Insekten geriet zunehmend in den Blick und die Tierseele wurde von eifrigen Gelehrten verteidigt.[24] Was zunächst als Amusement begann, bringt unter dem Einfluß der Leibniz-Wolffschen Philosophie der Philosoph Georg Friedrich Meier in seinem *Versuch eines neuen Lehrgebäudes von den Seelen der Tiere* (1749) mit deutschem Ernst in ein System. Die Tierseele wird ästhetisch und theologisch integriert: »Gibt man den Tieren Seelen, so wird alles gedacht und empfunden. Keine Schönheit und Lieblichkeit geht ungenossen verloren.«[25] Auch die Tiere seien geschaffen, die Schönheit der Welt zu genießen. Nach ihrem Tode könne auch die Tierseele durch Verwandlung zu einem vernünftigen Wesen aufsteigen. Von der Schöpfung im Ganzen gerührt leitet Meier sein Werk mit einer empfindsamen Kritik der ›Anthropozentrik‹ ein:

> »Diese kleine Creatur ist so thöricht, sich mehrenteils mit ihren Gedancken in sich selbst zu versencken, und sich zum Mittelpunkt der gantzen Schöpfung zu machen. Nach diesem Fehltritte folgt eine Thorheit der anderen [...] Laßt uns anständiger dencken, und zu unserer eigenen Ehre uns erhabenere Begriffe, von der Grösse, Pracht und Schönheit der gantzen Creatur, machen.«[26]

Die Erhöhung der ästhetischen Ordnung der Natur erhöht den Menschen selbst. Was aber geschieht mit der Tierseele angesichts von Leiden und Tod? Die Antwort: Ihr körperlicher Tod verhelfe ihrer Seele zu einem höheren vernünftigeren Leben:

> »So wird all das Übel, so sie bey ihrem Tode ausstehen, reichlich ersetzt. Gott ist ein gütiger Vater aller seiner Geschöpfe; und es ist in Wahrheit eine anstößige Sache, wenn man sieht, wie viel thausend Thiere, die keine Strafe verwürckt haben, alle Augenblicke mit den größten Schmerzen sterben müssen [...] Den Thieren kann keine größere Wohlthat wiederfahren, als wenn sie getödtet werden.«[27]

Die ästhetisch-theologische Integration der Tierseele führt bei Meier zu einer eleganten theoretischen Entschuldung bei gleichzeitiger Relativierung der ›Anthropozentrik‹, nicht aber zu einer neuen praktischen diesseitsbezogenen Ethik. – Ähnlich verfährt Reimarus, der zwar eine Seelenwanderung ablehnt, aber die Tierseele als Mitgenießer der Schönheiten der Schöpfung akzeptiert. Die unvollkommene anorganische Welt sei nicht um ihrer selbst willen geschaffen, ebenso wenig allein für den Menschen, »sondern alles muß um des Leben-

---

24 Siehe Krauss 144 ff. (s. Anm. 4); z. B. das Katzenbuch von Moncrift (1727) oder die von J. H. Winckler herausgegebene Schrift: Philosophische Untersuchungen von dem Seyn und Wesen der Seelen der Thiere von einigen Liebhabern der Weltweisheit (Leipzig 1745), in der die Vernunft und das Weiterleben von Tierseelen vertreten wird.
25 A. a. O. 170.
26 G. F. Meier: Versuch eines neuen Lehrgebäudes von den Seelen der Thiere. Halle 1749 § 1.
27 A. a. O. 69.

digen willen« geschaffen sein, wozu er allerdings nicht die physischen Pflanzen zählt.[28] Alle Tiere seien in ihrer Art vollkommen, ihr Kunsttrieb und Gefühlsleben Beweis göttlicher Fürsorge. Diese ästhetisch-physikotheologische Integration der Tierseele gefährdet aber in keiner Weise die generelle Überlegenheit des sprechenden Vernunftwesens Mensch, insbesondere dessen moralische Exklusivität. In dieser Hinsicht war die sensualistische Auffassung der Tierseele subversiver, vor allem die angelsächsische Tradition, ihr Empfindungsleben zu vermenschlichen. Der Sensualist Hartley behauptet, »daß durch die Tödtung der Thiere, um sich derselben zur Nahrung zu bedienen, den Grundsätzen des Wohlwollens und des Mitleidens ein großer Eintrag geschehe.« Die Tiere scheinen in ihren Leidenschaften »in den Zeichen der Traurigkeit, der Furcht, des Schmerzes und des Todes uns ähnlich zu sein.« Und wären sie unsere »Brüder und Schwestern« sowohl in der Unsterblichkeit als auch in der Sterblichkeit und würden an derselben Erlösung teilhaben, »so würde dies eine besondere Abzweckung haben, unser sympathetisches Gefühl für dieselben zu vermehren«.[29] Auch Rousseau sieht eine Verpflichtung, empfindenden Wesen kein Leid zuzufügen: »Da nun Menschen und Tiere das gleiche Empfindungsvermögen haben, kommt ihnen auch das Recht zu, sich vom anderen nicht unnütz mißhandeln und quälen zu lassen.«[30] Jeremy Bentham, der Vater des angelsächsischen Utilitarismus, fragt in seinen *Principles of Penal Law* (1780): »Warum sollte das Gesetz irgendeinem empfindungsfähigen Wesen seinen Schutz versagen? Es wird soweit kommen, daß der Mantel der Menschlichkeit alles umfängt, was atmet.« 1789 bringt er die ethische Frage zur Tierseele auf den Punkt: »The question is not, Can they reason? nor, Can they talk? but, Can they suffer?«[31] – Die ›anthropomorphe‹ Einfühlung in die Tierseele trägt bei zu einer ›pathozentrischen‹ Ethik, die ihrerseits gesellschaftlich praktisch wird, nämlich in der angelsächsischen Tierschutzbewegung von Humphrey Primatts *On the Duty of Mercy and the Sin of Cruelty to Brute Animals* (1776) bis hin zu Thomas Young's *Essay on Humanity to Animals* (1798). Andere Überlegungen führen zur persönlichen moralischen Integration der Tiere bis in die Nähe des Vegetarismus, z.B. John Oswald's *The Cry of Nature* (1797) oder Joseph Ritson in seinem *Essay on Abstinence from Animal Food as Moral Duty* (1802). Ritson verbindet naturgeschichtliche Kenntnisse vom Orang mit Rousseaus Idee vom Naturzustand: der Mensch sei im Naturzustand ein Orang gewesen und dieser sei von Natur aus ein friedfertiger Früchtesammler und esse niemals Fleisch.[32] Diese angelsächsische Strömung zur Integration der Tierseele führt also zu sehr konkreten neuen praktischen ethischen Ansätzen. Anders artikuliert sich die Bruderschaft zwischen Mensch und Tier bei den angefeindeten Materiali-

---

28 Siehe Krauss 172ff. (s. Anm. 4).
29 Dt. nach Hennings 1774, 480 (s. Anm. 4).
30 Rousseau, J.-J.: Über den Ursprung und die Grundlagen der Ungleichheit unter den Menschen (1755). Berlin 1955, 41.
31 Bentham, J.: Introduction to the principles of morals and legislation. (1789). Kap. 17. Abschn. 1 § 4, Anm. S.a. Peter Singer: Verteidigt die Tiere. Wien 1986.
32 Siehe Hastings 129ff. (s. Anm. 4) und Hermand 59 (s. Anm. 23).

sten. Gegen die materialistische Gleichstellung von Mensch und Tier polemisiert der Jesuit Barruel in einer antiaufklärerischen Schrift (1781) gegen La Mettrie und Holbach. Holbach schrieb in *Le bon sens* (1772):

> »Da die Menschen niemals auf ihre törichte Anmaßung verzichten wollen, vermögen sie auch nicht zu erkennen, daß die Natur nicht um ihretwillen gemacht ist, daß diese Natur Gleichheit für alle Lebewesen gesetzt hat und daß die Lebewesen gleich geschaffen worden sind, um zu leben und zu sterben, sich zu freuen und zu leiden.«[33]

Diese Gleichmacherei von Tier und Mensch empfindet der Berliner Johann Peter Süßmilch (1707–1767) in seinen Werken über die Sprache der Tiere (1766) und über die göttliche Ordnung (2. A. 1761) als »Mode« und »Demüthigung«. Aufgrund von Vernunft und Sprache sei der Mensch »Herr der Welt, es sey nun de facto oder de iure.« Ohne Sprache würde man den Menschen »im Geschlecht der Affen vielleicht weiter nichts, als die erste Classe der witzigsten darunter ausgemacht haben.«[34] – Die Beispiele zeigen, daß seit der Jahrhundertmitte die Vorstellungen von der Exklusivität des Menschen angesichts der Tierseelenfrage ontologisch und ethisch ins Wanken geraten – sozusagen sanft im Spiritualismus, heftig im Materialismus, aber erst wirklich praktisch werdend im Sensualismus.

Einen Querschnitt durch das Spektrum der ›Anthropomorphologie‹ der Tierseele gegen Ende des 18. Jahrhunderts bietet die *Philosophie der Naturgeschichte* von William Smellie (1740–1795), insbesondere in seiner Auffassung vom Instinkt, vom Affen und einer nach Empfindungsgraden gestuften scala naturae. Eine Verschiebung der hierarchischen Seelenordnung würde ins Chaos führen. »Warum haben die Thiere nicht die Seelenkräfte des Menschen?«. Die Antwort:

> »Jedes Geschöpf ist nach seiner Bestimmung vollkommen. Würde also eine Ordnung von Wesen erhoben oder niedergedrückt, so müßte das ganze System in Unordnung gerathen, und zu ihrer Erhaltung wäre eine neue Welt notwendig. [...] Steigt man die Leiter der Belebung herunter, so ist die nächste Stufe – zu unserer Demüthigung müssen wir es bemerken – sehr gering. Der Mensch in seinem niedrigsten Zustande ist sichtlich sowohl in der Gestalt seines Körpers, als auch in der Fähigkeit seiner Seele, an die großen und kleinen Orang-Utangs geknüpft.«[35]

Bei Smellie ist das Anthropomorphe im Seelenleben der Tiere und im Affen dem Menschen in äußerste Nähe gerückt. Um den exklusiven Herrschaftsanspruch des Menschen dennoch zu legitimieren, muß er ihn zum Hauptglied in der scala naturae machen, damit aber auch zum Haupterhalter der irdischen Ordnung, deren Subtilität und Fragilität erkennbar wird. – Die Diskussion um

---

33 Siehe Krauss 167 ff. (s. Anm. 4).
34 Süßmilch, J. P.: Die göttliche Ordnung in den Veränderungen des menschlichen Geschlechts, [...]. Erster Theil, 2. A., Berlin 1761, Zitate aus der Einleitung § 11, 41–45.
35 William Smellie's Philosophie der Naturgeschichte. Übersetzt von E. A. W. Zimmermann. Berlin 1791. 2. Teil S. 288 u. 290. Engl. Ausgabe: The Philosophy of Natural History. London 1790.

die Tierseele ist gegen Ende des Jahrhunderts eingebettet in neue Gedanken der Medizin, Chemie, Physik und Physiologie, insbesondere in die Lehren von der Irritabilität, von der Lebenskraft und von der tierischen Elektrizität. Das Gehirn wird zunehmend zum »Sammelplatz aller Empfindungen [...] Die Natur stellt uns ihr Werk hin: von außen eine verhüllte Gestalt, ein überdecktes Behältnis innerer Kräfte«, so Herder.[36] Schließlich wird Kants Kritik spürbar: »Kraft ist ein subjektiver Begriff, die Form, nach welcher wir uns die Verbindung zwischen Ursache und Wirkung denken«, so Reil. »Von einer Seele als einer übersinnlichen unerwiesenen Substanz«, meint er im Jahre 1795, dürfe der empirische Physiologe »gar keine tierischen Erscheinungen ableiten, weil er sonst aus einem hypothetischen Prinzip erklären würde«.[37] Die Tierseele gilt als ein Produkt der dynamischen Materie, nicht von Geistern, nicht von toten Korpuskeln. Als Empfindungs- und Bewegungskraft ist die animalische Kraft über die vegetative Kraft, aber unter dem Vernunftvermögen des Menschen angesiedelt, »das bloß dem Menschen eigen ist.« Die Exklusivität der Menschenseele ist gewahrt, wenngleich aus der statischen cartesianischen Ordnung der Dinge zu Beginn des Jahrhunderts längst eine dynamische Ordnung der Naturkräfte geworden ist, die der aufgeklärte Mensch qua ›Subjekt‹ nun seinem Wesen gemäß denkt. Auch die Diskussion um das Problem ›Affe und Mensch‹ ist nicht verstummt. Herder stellt zwar die Menschenaffen in äußerste Nähe des Menschen, wendet sich aber in seiner Schrift über den Ursprung der Sprache (1772) gegen »die entehrende Tradition, die den Menschen vom Affen herleitet«.[38] Gemäß dem unsichtbaren Plan der Stufenreihe haben sich Mensch und Affe neben- und nicht auseinanderentwickelt und nur der Mensch die höchste Stufe erreicht. Der schottische Lord Monboddo sinnt über den Ursprung der Sprache (1773) nach, behauptet die Abstammung der menschlichen Sprache von tierischen Lauten und überwindet damit eine wichtige Hürde in der Abgrenzungsdiskussion zwischen Mensch und Tier. Der Orang wird zum Beispiel für das Kindheitsstadium der menschlichen Spezies; er ist intelligent, höflich und sozialisierbar, hat nur nicht sprechen gelernt. Für Vertreter einer physiognomischen Metamorphose, die die Ähnlichkeiten ins Auge fassen (Lavater, Goethe), ist der Orang ein wichtiges Mittelglied in der ›Evolution‹ vom »Froschkopf« zu »Apollo«. Die Anatomen (Camper und Blumenbach) heben die Unterschiede zwischen Mensch und Affe hervor (Kehlkopf, Zwischenkiefer, Zweihändigkeit) und geben dem Menschen eine eigene Ordnung im Tierreich – als Zweihänder.[39] – So nahe auch die Affenseele dem Menschen kommen mag: Die Exklusivität des einzigen Vernunftwesens wird letztlich immer wieder auf vielfältige Weise untermauert – dynamisch, metamorphotisch, sprachlich oder anatomisch. Erst nach Darwin fällt die anatomische Hürde, in-

---

36 Siehe Rotschuh, K. E.: Physiologie. Der Wandel ihrer Konzepte. Freiburg 1968, 169.
37 A. a. O. 170.
38 Siehe Zimmermann, W.: Evolution. Die Geschichte ihrer Probleme und Erkenntnisse. Freiburg 1953, 241 ff.
39 S. a. a. O. 266 ff.

dem Huxley 1863 nachweist, daß Affen ebenso Zweihänder sind wie die Menschen, wodurch die bekannte heftige Abgrenzungsdiskussion ausgelöst wird.[40]

I.3 Die Pflanzenseele im 18. Jahrhundert und der Mensch

Im Gegensatz zur Tierseele war die Lage der Pflanzenseele im ausklingenden 17. Jahrhundert nicht durch eine spektakuläre Theorie-Diskussion bestimmt. Zwar vertraten Spätscholastiker weiterhin die Lehre von der ›anima vegetativa‹ und ihren Funktionen, aber es gab kaum Rettungsversuche, als diese durch die cartesianische Naturphilosophie wegerklärt wurde – letztlich wohl deshalb, weil sich an der Pflanzenseele keine Mensch-Tier-Abgrenzungsdiskussion festmachen ließ. Die Anticartesianer hatten schon Mühe genug, die Tierseele zu retten. Die Cartesianer hatten die Dämonen, die okkulten Qualitäten, Sympathie und Antipathie aus den Pflanzen vertrieben und sie zu einfachen hydraulischen Automaten erklärt. Daß die Seele der Pflanzen überhaupt noch diskutiert wurde, verdankte sie zunächst einem naturgeschichtlichen Kuriosum, nämlich der zunehmenden Beachtung der ›Sinnpflanze‹ (Mimosa) im 17. Jahrhundert, z.B. durch die Royal Society.[41] Zwar gab es auch originelle naturphilosophische Zugänge zur Seele der Pflanzen, z.B. bei Campanella, aber es waren weniger Philosophen als Naturforscher bzw. Mediziner wie z.B. Harvey, Redi, Ray, Camerarius, die die Diskussion belebten. Insbesondere die Sinnpflanze und nicht die ›anima vegetativa‹ der Spätscholastiker stellte eine Herausforderung für die cartesianische Auffassung der Lebewesen dar, der sich bereits Henricus Regius, ein früher Anhänger von Descartes, mit einer ausführlichen mechanistischen Erklärung stellte, die in England der Franziskaner und Cartesianer Antoine Le Grand in seinen Werken popularisierte.[42] Hinzu kommen die neuen Erkenntnisse der Mikroskopiker in der zweiten Hälfte des 17. Jahrhunderts und Überlegungen zu Zoophyten, die die Grenzen zwischen Tieren und Pflanzen unschärfer machen. Schließlich wird auch das Ernährungs- und Fortpflanzungsleben der Pflanzen gründlicher untersucht. Alles trägt dazu bei, daß diverse Ähnlichkeiten mit dem Tierleben entdeckt oder vermutet werden und in dem Maße, in dem die Pflanzen tierähnlicher werden, rücken sie auch dem Menschen näher, der sich nun auch mit ihrer möglichen Sensitivität und mit ihrem ontologischen, theologischen, ästhetischen und moralischen Status konfrontiert sieht. – Soweit ein Ausblick, dem nun Einblicke in die Diskussion zur Pflanzenseele zu Beginn, zur Mitte und zum Ende des Jahrhunderts folgen.

---

40 T.H. Huxley: Man's place in nature. London 1863.
41 Siehe Webster, P.C.: The Recognition of Plant sensitivity by English Botanists in the seventeenth century. ISIS, 1966 Bd. 57 N. 187, 5–23; Als ›Sinn-Kraut‹ wird sie z.B. in Zedlers Universallexikon bezeichnet, gemäß dem lateinischen »herba sensitiva« bzw. dem englischen ›sensitive herbe‹ in dem Kräuterbuch von Thomas Johnson (London 1633).
42 H. Regius: Philosophia naturalis. Amsterdam 1661; Antoine Le Grand: Historia naturae. London. 1673; 5. A. Nürnberg 1702.

Der bereits erwähnte Vitalist Alberti (1682–1757) wettert in seinen Abhandlungen heftig gegen die cartesianische Erklärung des menschlichen Leibes, der Tiere und der Pflanzen. Es gefiel Gott, sich und seine Herrlichkeit in seinen Kreaturen zu spiegeln, den Menschen, Tieren und Pflanzen ein ›geistliches Wesen‹ einzugeben. Die Pflanzen hätten auch ein Gefühl, »nicht wie es dem corpori hominis, sondern der oeconomia und corpori plantarum zukommt ...«, welches sie in ihrem jahreszeitlich und klimatisch bedingten Wachstum leitet.[43] Pflanzenseelen seien allerdings keine daemones und könnten nicht wandern. Der Einwand, daß wir sündigten, wenn wir Pflanzen essen, sei lächerlich, denn Gott habe die Pflanzen und Tiere für den Menschen gemacht. Mit solchen ›Seelen-Schluckern‹ könne man nicht diskutieren. Wie alle irdischen Seelen trägt bei Alberti auch die Pflanzenseele die Zeichen des Sündenfalles. Aber, der »Gott der Ordnung« heilige durch seine Gnade die ganze Natur, so daß »die gantze Creatur zu seiner Erbarmung empfohlen, damit alles, was durch den Fall verderbet ist« wieder in einen ewigen vollkommenen und seligen Zustand gelange.[44] Albertis Pflanzenseele ist weder mechanisch, noch scholastisch, sondern theologisch-vitalistisch konzipiert, d.h. als Lebensprinzip einer fühlenden Pflanze, die ökonomisch in einer ›natura lapsa‹ lebt. – Noch im Zeichen der scholastischen anima vegetativa hatte sich Leibniz mit der Möglichkeit einer Pflanzenseele befaßt. In einem Brief aus dem Jahre 1686 schreibt er an den katholischen Cartesianer Arnauld:

> »Ich möchte nicht unbedingt zu behaupten wagen, daß die Pflanzen weder Seelen noch Leben, noch eine substantielle Form besitzen [...] Vielleicht gibt es auch bei den Formen der körperlichen Substanzen eine unendliche Anzahl von Abstufungen.«[45]

Monadologisch und präformationistisch betrachtet haben alle lebendigen Dinge der Natur irgendeinen Grad von Empfindung und Strebung. Daher erscheint es konsequent, auch den Pflanzen ein monadisches Seelenleben zuzugestehen. In einem fiktiven Dialog mit Locke behauptet Leibniz:

> »Ich neige der Ansicht zu, daß auch die Pflanzen eine Art Perzeption und Begehrung besitzen, der großen Analogie wegen, die zwischen den Pflanzen und Tieren obwaltet; und wenn es, wie die allgemeine Meinung ist, eine vegetative Seele gibt, so muß sie auch Perzeption besitzen.«[46]

Nichtsdestoweniger seien alle Vorgänge am Pflanzenkörper – auch die »sensitive« Bewegung – mechanistisch erklärbar und stünden nicht in Wechselwirkung mit einer Seele. Leibniz und Alberti verbindet eine antimechanistische Grundeinstellung. Während es aber dem Vitalisten Alberti primär darum geht, mittels der Pflanzenseele Lebensphänomene zu erklären, isoliert Leibniz gemäß seiner Lehre von der prästabilierten Harmonie alles Seelische vom mechanischen Naturgeschehen und gestattet keine Wechselwirkung. Die Pflanzenseele

---

43 Michael Alberti: Abhandlung von der Seele des Menschen, der Thiere und der Pflantzen ... Halle. 1721. Anderer Theil. 244.
44 A.a.O. 270 ff.
45 Zitiert nach der Ausgabe von Cassirer – Buchenau: Hauptschriften zu Grundlegung der Philosophie. Bd. II Meiner: Leipzig. S. 216.
46 Zitiert nach Schütt 1990, 113 (s. Anm. 4).

wird zu einem nutzlosen Demonstrationsobjekt göttlicher Vollkommenheit, zu einem Statisten in einer kontinuierlich gestuften, ›optimistischen‹ Natur. Demgegenüber hält Alberti sie für ›ökonomisch‹; sie lebt allerdings in einer ›pessimistischen‹ Natur. Also: Beide, Alberti und Leibniz, binden ihre Pflanzenseele in eine theoretische bzw. theologische Naturkonzeption ein. Ästhetische oder moralische Fragen spielen eine geringe Rolle oder werden abgetan. Ihre Pflanzenseele ist zudem völlig unerotisch und unsentimental.

Andere Überlegungen bestimmen den wichtigsten Botaniker des 18. Jahrhunderts in seinen Ansichten zur Pflanzenseele. Linné spricht sich in seinen systematischen Standardwerken für die klassische qualitative Differenz zwischen Tieren und Pflanzen aus, d.h. Pflanzen leben und wachsen, aber empfinden nichts und sind ohne freiwillige Bewegung; er wendet sich aber gegen die klassische Erklärung mittels einer anima vegetativa. Die starre aristotelische Ordnung hindert Linné nicht, sein Sexualsystem im *Systema naturae* (1735) mit wilden Anleihen aus dem menschlichen Sexualleben zu schmücken, z.B. die Klasse der ›Polyandria‹ mit: »viele Männer, zwanzig und mehr in demselben Bett mit einer Frau«. In der Streitschrift *Von den Hochzeiten der Pflanzen* (1746) läßt Linné die pflanzliche Fortpflanzungsweise in Analogie zur tierischen verteidigen (»Amor unit plantas«) und am Ende gar die Spekulation zu, daß auch die Pflanzen eine Empfindung von der Liebeslust hätten. In seiner Schrift *Politia naturae* (1760), wagt er nicht zu sagen, ob Pflanzen etwas auffassen. Doch:

> »Hingegen scheint ihnen, was Nahrung und Fortpflanzung anbelangt, eine Art Begehren innezuwohnen; sie freuen sich über angenehmes Wetter, [...] erfrischen sich an Regen und Tau, [...] sie halten bei Nacht einen Schlaf [...], sie werden matt vom Hunger. Widerstreben legen sie jedoch durch keinerlei Anzeichen an den Tag. Daher kommt es, daß man mit Pflanzen kein Mitleid hat.«[47]

Bei Linné kommen neue ›anthropomorphe‹ Dimensionen des Seelenlebens der Pflanze verstärkt in den Blick: Schlaf, Freude und Leid, insbesondere Eros. Die Pflanze ist auf dem Wege, von einer einfachen Maschine zu einem empfindsamen Lebewesen zu werden und harrt ihrer ontologischen Aufwertung. Um die Jahrhundertmitte wächst das Interesse an dem Leben der Pflanzen und auch an ihrer möglichen Sensitivität. Bonnet integriert die Dinge der Natur in eine groß angelegte Stufenlehre und macht in dieser Ordnung nicht nur den Polypen oder den Orang zu ›philosophischen Tieren‹, sondern auch das Sinnkraut zu einer ›philosophischen Pflanze‹ und verbreitet sie in seinen *Betrachtungen über die Natur*.[48] Es wird populär sich mit dem Gefühl der Pflanzen zu profilieren, wie eine Abhandlung des Arztes Johann Unzer zeigt. Schließlich werden ausgehend von von Hallers Irritabilitätslehre Untersuchun-

---

47 Übersetzung nach: Anker, J. u. S. Dahl: Werdegang der Biologie. Leipzig 1938. S. 278.
48 Die erste Auflage der Contemplations de la nature erfolgte 1764 (dt. 1765 dann bis 1804 in 5. A., aus der nachfolgend zitiert wird): C. Bonnets Betrachtung über die Natur hrsg. v. J. D. Titius. Wien. 1804. 2 Bde.

gen zur Pflanzenbewegung angestellt und im Hinblick auf die Frage der Pflanzenseele diskutiert. Einige Einblicke:

Vom Standpunkt einer mechanistischen Fibernpsychologie, wie Bonnet sie in seinen Schriften zur Seele vertritt, dürfte eigentlich eine Pflanze keine Seele haben, da sie keine Nerven hat, die durch äußere Reize erregt werden könnten. Aber für den scala naturae-Blick ist keineswegs entschieden, ob es nicht auch Pflanzen gibt, die eine Empfindung haben, denn:

> »Wenn man den Pflanzen Empfindung abspricht, läßt man die Natur, ohne alle Ursache, einen Sprung thun. [...] Die Stufenfolge, welche wir überall wahrnehmen, muß uns diese Philosophie beybringen, und der neue Grad der Schönheit, den das Weltgebäude dadurch bekommt, nebst dem Vergnügen die empfindenden Wesen zu vervielfältigen, müssen uns nöthigen, sie anzunehmen.«[49]

Bonnet geht noch weiter und liefert eine Art ästhetisches Glaubensbekenntnis:

> »Was mich betrifft, so gestehe ich frey, daß diese Philosophie sehr nach meinem Geschmacke ist. Ich will gerne glauben, daß diese Blumen, die unsere Felder schmücken, daß diese Bäume, deren Früchte unser Gesicht und Geschmack so angenehm vergnügen, und daß diese majestätischen Stämme, woraus unsere weitläufigen und bejahrten Wälder bestehen, insgesammt empfindende Wesen sind, welche nach ihrer Art die Annehmlichkeiten des Daseins schmecken.«[50]

Die Empfindungen der Pflanzen erstrecken sich also weit über die Sinnpflanzen hinaus. Was würde wohl ein vorurteilsfrei urteilender Mondbürger beim Besuch der Erde angesichts der »Hochzeiten der Pflanzen« sagen:

> »Er würde ohne Zweifel anfangen, die Geschlechtstheile der Pflanzen mit der Thiere, besonders der Insecten ihren, zu vergleichen [...]. Unser wißbegieriger Mondbewohner würde ferner die Art bewundern, womit sich die Warze des Stämpels auftut, um den Saamenstaub einzunehmen, und hernach wieder zuschließt; er würde die Begierde bewundern, womit die Warze diesen Staub erheischet, und ihn aufnimmt [...], die gewissermaßen willkürlichen Bewegungen in gewissen Staubfäden, um die Befruchtung desto sicherer zu Stande zu bringen; die sichtliche Beziehung dieser Bewegungen auf die einstimmigen Bewegungen des Stämpels ...«[51]

Nach Bonnet kommen die Pflanzen vornehmlich durch ihre Geschlechtsteile den Tieren nahe und just in diesen äußern sich Reizbarkeit und – wie hier mit extraterrestrischem Blicke beschrieben – ihr Empfindungsleben. Nun ist sich Bonnet bewußt, daß einige Philosophen versuchen, bereits das tierische Seelenleben mechanisch zu erklären und ruft aus:

> »Wunderliches Verfahren der menschlichen Vernunft! Während daß einige Philosophen die Pflanzen erheben, und sie in die Classe der empfindenden Wesen zu setzen suchen, bemühen sich andere, die Thiere zu erniedrigen, und sie unter die bloßen Maschienen zu stellen.«[52]

---

49 A.a.O. II 168 u. 169.
50 A.a.O. II 169.
51 A.a.O. II 173 Anm. 2.
52 A.a.O. II 175.

Ganz offensichtlich ist die Pflanzenseele Bonnets höchst erotisch geworden, wodurch sie dem Menschen näher rückt und ontologisch aufgewertet wird. Oder sollen wir sagen: Bonnet hat in der menschenförmigen Pflanzenseele ein Objekt zur Projektion erotischer Phantasien gefunden, als welches die Tiere, sei es wegen ihrer Nähe zum Menschen im Ganzen, vor allem wegen ihrer Geschlechtsorgane ungeeignet erscheinen? Denn es ist gängige Meinung, daß die tierischen Geschlechtsorgane, »die wir für garstig halten, die wir uns anzusehen schämen«, von der Natur eben deshalb verborgen worden sind, wie Linné in den ›Hochzeiten der Pflanzen‹ anmerkt.[53]

Der Hamburger Mediziner und Schriftsteller Johann August Unzer (1727–1799) handelt in seinen populären Schriften auch *Vom Gefühle der Pflanzen* (1766), natürlich in einem Schreiben an eine »Mademoiselle«.[54] Zuvor hat er in einer Abhandlung über die Natur der Tiere sehr ernsthaft eine Theorie der Wechselwirkung zwischen Leib und Seele in Anlehnung an den Mediziner und Philosophen Johann Gottlob Krüger (1715–1759) vorgestellt. In der Schrift zum Gefühl der Pflanzen spielt er unterhaltsam seine Kenntnisse zur Sinnpflanze und Stufung der Natur aus, um schließlich eine Geschichte aus Krügers *Träumen* (1758) zum besten zugeben: Jener sinniert an einem schönen Tag in einem Garten über die mechanischen Ursachen der Bewegungen der Sinnpflanze. Hierbei befällt ihn »eine Art von Traurigkeit [...], die ich weiß nicht was Angenehmes bey sich hatte. Warum hat doch rufte ich mit einem tiefen Seufzer aus, die Natur diesen prächtigen Werken die Unvergänglichkeit nicht mittheilen können?«[55] Er schläft ein und träumt, in einem Garten mit redenden Bäumen zu sein, die seufzen, klagen, aber sich auch freuen. Verwundert darüber fragte er einen besonders schönen Baum in der Gartenmitte, wie dies möglich sei. Der Baum antwortet: auch in der Menschenwelt redeten die Bäume, allerdings in einer »Sprache, welche für eure Sinne zu schwach ist«. Sie hätten »Geschmack und Gefühl«, dürsteten, vergnügten sich und würden durch Mist wollüstig.[56] Schließlich wird der Baum zum Bittsteller in eigener Sache:

> »Ich bitte euch also im Namen des ganzen Pflanzenreichs, dessen Vorgesetzter ich zu seyn seyt 300 Jahren die Ehre habe, nicht ferner mit uns so grausam, als bisher, zu verfahren. Ihr beraubt uns unserer Blüthen; ihr ermordet uns, ehe wir sterben, um unsere Körper zu zerhauen und zu verbrennen, ihr ermordet unsere Jugend, oder lasset solche das Vieh abfressen. Welche Proportion ist zwischen dem Guten, so ihr uns anthut, und zwischen der Grausamkeit, die ihr uns erweiset?«[57]

Die ›anthropomorphe‹ Baumklage zeigt, daß, wenn denn nun Pflanzen eine empfindende Seele zugestanden wird, auch moralische Ansprüche geltend gemacht werden können. Unzer treibt die Baum-Moral sogar noch weiter und

---

53 Linné, C. v.: Von den Hochzeiten der Pflanzen (lat. 1746) dt. 1776, 230.
54 Unzer, J. A.: Sammlung kleiner Schriften. 2 Bde. Physicalische. Rinteln u. Leipzig 1766.
55 A. a. O. 250.
56 A. a. O. 251.
57 A. a. O. 252.

spielt mit der Vorstellung einer möglichen Vervollkommnung der Baumseele durch ihren Aufstieg in der scala naturae. Doch am Ende gibt er ›vernünftige‹ Erklärungen und überzieht seine Betrachtungen nicht ohne erotische Anspielungen ins Lächerliche. – Nichtsdestoweniger zeigen diese Äußerungen, daß um die Jahrhundertmitte sogar Vorstellungen zur Pflanzenseele auftauchen, die auch Fragen nach ihrem moralischen Status aufwerfen. Im Spiegel der Pflanzenseele wie auch der Tierseele artikuliert sich eine ästhetische und moralische Empfindsamkeit zwischen Eros und Idylle. Das scholastische, aber auch das cartesianische Bild von der Pflanze als dem empfindungslosen Wesen ist deutlich ins Wanken geraten.

In der zweiten Hälfte des Jahrhunderts werden zunehmend pflanzliche Bewegungsphänomene erforscht und damit auch Fragen nach ihrer Sensitivität neu aufgeworfen. Die Untersuchungen erfolgen vor allem unter dem Einfluß der Irritabilitätslehre des Mediziners Albrecht von Haller, der Experimente zur Reizbarkeit und Empfindlichkeit an Muskeln und Nerven anstellte und den Pflanzen beides abspricht.[58] Der Mediziner Johannes Friedrich Gmelin (1748–1804) prüft die Irritabilität der Pflanzen in einer Dissertation (1772) und kommt zu dem Ergebnis, daß viele Pflanzen und Pflanzenteile doch reizbar sind, vor allem an den Geschlechtsteilen. Die Lehre von der Irritabilität erhält insbesondere unter Linné-Anhängern (z. B. Müller, Willdenow) Auftrieb, die die Empfindlichkeit der Pflanzen ablehnen, sie aber als Ausdruck einer allgemeinen Lebenskraft verstehen. Die Vertreter der Pflanzensensitivität geraten allmählich ins Abseits. Von dem Linneaner Willdenow wird z. B. dem englischen Arzt Thomas Percival (1740–1804) bestenfalls ein empfindungsloser ›Instinkt‹ zugestanden, um die Bewegungen beim Wurzelwachstum des Keimlings zu erklären. Percival hatte in seinen *Speculations on the perceptive Power of Vegetables* (1789) das empfindende Instinktleben der Pflanze als Fall der »oeconomia naturae« angesehen. Pflanzliche Tätigkeiten sollten als Anpassungsphänomene in Analogie zum tierischen Instinkt verstanden werden:

> »Kann man sich vorstellen, daß eine solche Üppigkeit an Leben ohne die geringste Empfindung Bestand haben kann? Die Annahme, daß die Pflanzen diese Fähigkeit mit den Tieren teilen und daß unser großer Schöpfer das Gute bei allen Lebewesen in ein ausgewogenes Verhältnis gebracht hat, ist weitaus vorzuziehen.«[59]

Aber auch Gegner der Pflanzensensitivität berufen sich auf die göttliche Ordnung. Peschier fragt in seiner Dissertation über die Irritabilität bei Tieren und Pflanzen (1794): »Erscheint es der Weisheit des Schöpfers würdig, daß die Pflanzen, welche die Beute der Tiere und den Unbilden der Luft ausgesetzt sind, Empfinden und Wollen haben?«[60] Mit ähnlichen Worten verteidigten schon ein Jahrhundert zuvor Cartesianer die Empfindungslosigkeit ihrer Tierautomaten. Aus der Sicht von Delaporte geht es in allen Fällen um die Entschuldung des Menschen als eines Zerstörers der Pflanzen. – Am Jahrhundert-

---

58 S. in Delaporte Kap. IV (s. Anm. 5).
59 A. a. O. 166.
60 A. a. O.

ende gesteht die Mehrheit der Forscher den Pflanzen zwar ›Irritabilität‹ zu, nicht aber ›Sensibilität‹, also ein Empfinden und Fühlen; denn letztlich sind nur Lebewesen mit Nerven wirklich sensibel. Die empfindende Pflanzenseele erhält sich vor allem in englischer Tradition bei Erasmus Darwin, Smith und Tupper. So schreibt Erasmus Darwin in seiner »Phytologia« (1800) über die Sinnpflanze:

»Beweist dies nicht, daß es dort ein Hirn oder ein gemeinsames Sensorium gibt, wo die Nerven mit einem Teil dieser Knospe oder des Blattes kommunizieren [...]. Eine unangenehme Empfindung setzt sich vom einen Teil auf das Ganze fort und bestimmt die Aktion einiger entfernter Muskeln auf dieselbe Weise, wie ich meine Hand zurückziehe, wenn mein Finger verletzt ist. [...] Dies führt uns zu einer seltsamen Frage. Besitzen die Pflanzen Sinnesorgane?«[61]

Die Seele der Pflanzen muß als Gehirn-Seele mit entsprechenden Sinnesorganen präsentiert werden, um plausibel zu erscheinen. Ganz anders noch als zu Jahrhundertbeginn, wo noch von einer universal monadisch verfaßten Pflanzenseele (Leibniz) oder einer vitalistischen Pflanzenseele (bei Alberti) die Rede war: Nun muß sich die Pflanzenseele am materiellen Träger der Menschenseele messen lassen – am Gehirn. Der ›Sammelplatz aller Empfindungen‹ des Menschen – das Gehirn und das Nervensystem – ist anerkannter Träger alles Seelischen geworden und die neurozentrische Seelenlehre bahnt sich ihren Weg. Die Vernunft hat die Macht ergriffen und die empfindende Pflanzenseele hat ihren Zenit überschritten, so daß jeder Versuch im neuen Jahrhundert, die Pflanzenseele zu retten (insbesondere der von Fechner), den meisten Forschern und Denkern als ›anthropomorph‹ erscheinen muß.

II. Deutungen des Anthropomorphen

Wie bereits aus den Einblicken in den Materialteil zur Geschichte der Wahrnehmung der Tier- und Pflanzenseele deutlich geworden sein dürfte, geht es mir um eine vorsichtige Annäherung an das Phänomen des Anthropomorphen. Diese Vorsicht schlägt sich sowohl in dem Terminus selbst nieder – ich spreche nicht von ›Anthropomorphismen‹ – als auch in dem Versuch, möglichst vielfältige und kompatible Deutungen zu finden, ohne aber die Schwierigkeiten zu glätten. Nichtsdestoweniger sind einige begriffliche Klärungen hilfreich, die ich anhand der Titelblattvignette einer deutschsprachigen Ausgabe von Buffon's Naturgeschichte vornehmen möchte.[62] (Siehe Abbildung).

Dieses keinesfalls pompöse Zierstück verbildlicht augenfällig, daß der Mensch im Zentrum der naturgeschichtlichen Ordnung steht. Der Mensch – ein Mann –

---

61 A.a.O. 147f.
62 Herrn von Buffons allgemeine Naturgeschichte. Berlin. 1771–1777. 7 Teile. Frei übersetzt von F.H.W. Martini. Die Vignette ist in allen sieben Bänden zu finden, allerdings leicht variiert. Die Reproduktion stammt aus dem 1. Bd. der 2. A. (1772) eines Exemplars aus der Herzog August Bibliothek in Wolfenbüttel.

nackt, sich mit der rechten Hand auf einen Baumstumpf stützend, weist mit der linken Hand den Weg. Wem? Den ihn umringenden Tieren, die sich dem Menschen zuwenden. Jedes gibt sich ihm in seiner Art hin – liebevoll, kindlich, freundlich, demütig oder bewundernd in Haltung und Blick. Löwe, Strauß und Elephant bilden zu seiner Rechten ein exotisches Trio, Rind, Pferd und Adler zur Linken ein einheimisches. In besonderer räumlicher Nähe zu seiner Linken kauert ein untertänigst zu ihm aufblickender Affe. Der Mensch und die ihn umgebenden Tiere vermitteln ein harmonisches Ganzes. In anthropomorpher Weise feiern alle Tiere in ihrem Blick und ihrer Haltung den Menschen, den Führer, um den sich alles dreht: Herr befiehl! Wir folgen dir! Wir sind um deinetwillen hier auf Erden! könnte die Botschaft lauten. Die konzentrische Anordnung der Tiere um den Menschen läßt keine hierarchische Ordnung im Tierreich erkennen, auch keine Stufenleiter. Es fehlt ein deutlicher Hinweis auf eine Unterordnung des Menschen unter höhere Instanzen – es wird kein Transzendenzbezug vermittelt. Deutlich ist, daß der Mensch seinen Blick nicht den Tieren zuwendet, sondern eher eine visionäre Abwesenheit vermittelt, verstärkt durch eine zarte Corona um sein Haupt. Sein Blick geht auch nicht in die Richtung, in die er mit seiner Linken majestätisch weist.

Diese Darstellung läßt vielfältige ikonographische Assoziationen zu, von Paradiesvorstellungen (Friedensreich, Adam als Namengeber, Herrscherauftrag) über eine mythologische apollinische Lichtgestalt bis hin zum aufgeklärten absolutistischen Herrscher, ausgestattet mit Majestätsattributen wie Stärke, Großmut und Klugheit (Löwe, Adler, Elephant).[63] Mir geht es zunächst um eine schlichtere Deutung. Was die Stellung des Menschen betrifft, halte ich den Ausdruck ›anthropozentrisch‹ für angebracht, d. h. hier: der Mensch allein ist Ziel und Zentrum des Geschehens. Bezüglich der Blicke und Haltungen der Tiere würde ich den Ausdruck ›anthropomorph‹ wählen, da sie physiognomisch menschenähnliche Blicke und Haltungen zeigen.[64] In diesem Bild wird deutlich, daß die anthropomorphe Physiognomie der Tiere – der äußerliche Ausdruck ihres seelischen Innern – auf mannigfaltige Weise den Menschen in

---

63 Buffon spricht in seiner Naturgeschichte dem Löwen unter den vierfüßigen Tieren die Oberherrschaft zu wie dem Adler unter den Vögeln. Allerdings plaziert er in der Stufenleiter der Wesen den Elephanten und nicht den Affen aufgrund seiner Klugheit in die Nähe des Menschen – im Gegensatz zu den Ansichten vieler Zeitgenossen. (s. a. Anm. 18)

64 So trivial meine Erläuterungen von ›anthropozentrisch‹ und ›anthropomorph‹ auch sein mögen – in der Fachliteratur werden sie nicht selten verwechselt und sind daher klärungsbedürftig. So bezeichnet Krauss in seinem Exkurs zur Tierseelentheorie im 18. Jahrhundert Robinet's Stufenleiter-Weltbild als ›anthropomorph‹ und erläutert: »Der Mensch ist das Ziel der gesamten Entwicklung, die schon im Bereich der Mineralien einsetzt« (Krauss, 1979, 161; s. Anm. 4). Ich hätte hier den Ausdruck ›anthropozentrisch‹ erwartet. An anderer Stelle behauptet Krauss, daß Reimarus »das anthropomorphe Weltbild«, welches im Christentum gipfelt, angefochten habe und zitiert den Reimarus-Satz: »Wir pflegen uns zum Teil in den Mittelpunkt und alle Absichten der ganzen Schöpfung auf uns allein zu ziehen.« (Krauss, 1979, 173). Auch in diesem Falle wäre wohl bezüglich des christlichen Weltbildes der Ausdruck ›Anthropozentrik‹ treffender gewesen.

Herrn von Buffons
Naturgeschichte
der vierfüßigen Thiere.

Mit Vermehrungen aus dem Französischen übersetzt.

Erster Band.

Mit allergnädigstem Königl. Preuß. Privilegio.

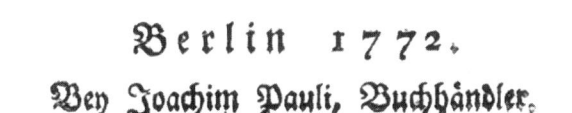

Berlin 1772.
Bey Joachim Pauli, Buchhändler.

seiner Zentriertheit bestätigt. Handelt es sich bei diesem Verhältnis von Anthropozentrik zum Anthropomorphen um eine wesentliche Funktion des Anthropomorphen in der naturgeschichtlichen Wahrnehmung von Tieren und Pflanzen, gerade dann, wenn ihre Seele zur Sprache kommt? Gibt es Auskunft über sein unangefochtenes Selbstverständnis? Dann würde das Anthropomorphe in der naturgeschichtlichen Wahrnehmung immer wieder neu vermitteln, was als implizite Prämisse dem Hauptstrom der Naturforschung aber auch der Philosophie des 18. Jahrhunderts zugrundeliegt: daß der Mensch der Endzweck und die Naturforschung Mittel zum Zweck menschlicher Selbstverwirklichung ist. Das Anthropomorphe gäbe dann Auskunft über die narzißtische Spiegelung des Menschen in außermenschlichen Mitwesen, die eine elegante Selbsterhöhung, Distanzierung und Versicherung der eigenen Exklusivität gegenüber diesen Mitwesen einschließt. Dies wäre eine mögliche Deutung: *das Anthropomorphe als narzißtischer Spiegel.* Was auch im Seelenleben der Tiere und Pflanzen sichtbar würde, wäre die Instrumentalisierung dieser Seelen durch den Menschen, der in ihnen Verdrängtes auslebt oder Frustrationen kompensiert. – Doch eine derartige Deutung birgt die Gefahr in sich, in einen trivialen Psychologismus abzugleiten. Wer nur so deutet, wird im Anthropomorphen immer nur die Menschenseele gespiegelt sehen, und andere mögliche Deutungen ausblenden. Gerade die bürgerliche ›Empfindsamkeit‹ gegenüber den Dingen der Natur im 18. Jahrhundert verführt zu einer solchen Deutung. Das Anthropomorphe psychologistisch zu deuten, liegt zudem um so näher, je weiter die anthropomorphisierte Naturalie vom Menschen entfernt ist, wenn z. B. die Pflanzen betroffen sind. Delaporte, der sehr wohl um die Gefahren des Psychologismus weiß, deutet die Affinität zwischen Botanik und Religion im Streit um die Pflanzensexualität folgendermaßen:

> »Daher wird sofort deutlich, daß die Botanik wie ein Heilsweg erscheint. Betrachtet man sie sowohl im Hinblick auf ihren Gegenstand wie im Hinblick auf ihre Methoden, so wird man gewahr, daß sie den Geist von den Bildern des Körpers, der Sexualität abwendet. Die Pflanze befreit oder löst im Gegensatz zum Tier das Subjekt von den fleischlichen Zwängen. Die Botanik ist eine Technik zur Beherrschung der Triebe.«[65]

Delaporte gesteht Bonnet gerne zu, daß die Idee eines Glücks der Pflanzen »den Vertretern der Pflanzensensibilität eine zweifellos narzißtische Freude bereitet«. Solche Deutungen können in die Irre führen, wenn nur die unbewußten Regeln der Produktion von Wissenschaft im Blickfeld der Interpretation liegen. Sie sind durchaus plausibel, aber nicht erschöpfend. Andere Deutungen des Anthropomorphen müssen daher geprüft werden.

Beginnen wir mit der Möglichkeit, das Anthropomorphe als historischen ›Irrtum‹ oder als ›Fabel‹ zu verstehen. Dies war die Auffassung der klassischen Wissenschaftshistoriker, die bei der Beurteilung des Anthropomorphen vom jeweils aktuellen Wissensstand ihrer Wissenschaft ausgingen. Es ist zudem die Auffassung der meisten Naturwissenschaftler und Wissenschaftstheoretiker, für die gilt: Anthropomorphismus ist gleich Dilettantismus! und daher zu vermei-

---

[65] Delaporte 1983, 122, folgendes Zitat 168 (s. Anm. 5).

den. Vielmehr sei Entanthropomorphisierung der Kernauftrag einer ›objektiven‹ Wissenschaft. Aus der Perspektive der Sieger im Wissenschaftsprozeß urteilen diese Interpreten über die Verlierer, deren Geschichte sie nicht schreiben wollen. Daß gerade in diesen Irrtümern und Fabeln, z. B. zum menschlichen Verhalten von Tieren, Relikte von Mythen aufzuspüren sind oder daß sie immer in dem jeweiligen »Paradigma« (Kuhn) verstanden werden müssen, ist erst Thema der neueren Wissenschaftsgeschichte.

Einen weiteren Zugang zum Verständnis des Anthropomorphen verschafft der politisch-soziale Kontext. Danach wäre das Anthropomorphe im Tier- und Pflanzenleben als Widerspiegelung einer bestimmten gesellschaftlichen Ordnung oder Konstellation anzusehen oder als möglicher Ort einer ›Ideologie‹. Wer z. B. im 18. Jahrhundert Naturgeschichte betreibt und die Dinge der Natur gemäß der ›scala naturae‹ ordnet, spiegelt seine oder die gesellschaftliche Hierarchie wider und bestätigt den absoluten Herrscher an der Spitze. Wer wie Linné in seiner *Politia naturae* (1760) das Pflanzenreich gemäß der Ständeordnung seiner Zeit ›soziomorph‹ beschreibt, muß damit rechnen, daß in dieser Art von Naturpolitik »eine Widerspiegelung von Linnés stark paternalistisch geprägtem, aufgeklärtem Absolutismus zu sehen« ist.[66] Die Buffonsche Naturgeschichte wird zu einem typischen Produkt adliger Wissenschaft. Die Hierarchien, die er im Reich der Tiere entdeckt, wenn z. B. vom Löwen als dem König der Tiere oder vom Adel des Pferdes die Rede ist, verweisen auf unbewußte Interessen des Erzählers, der ein Verfechter der Ordnung und ein »Grandseigneur« in seinen sozialen Beziehungen ist.[67] – So wird das Anthropomorphe zu einem Buch, in welchem das jeweilige Herrschaftswissen gelesen werden kann. Daß aber diese Deutung nicht pauschal vorgenommen werden darf, zeigt z. B. ein genauerer Vergleich zwischen Buffons ›anthropomorphem‹ Tierverständnis und Linnés ›anthropomorphem‹ Verständnis der Pflanzenwelt im Naturganzen. Während Buffon in der Tat zu einer hierarchischen Ordnung gemäß der scala naturae unter Ausschluß des Menschen neigt, ist Linné bemüht, Mensch, Tier und Pflanze in eine Kreislauf- und Gleichgewichts-Ordnung der »oeconomia naturae« einzugliedern. Gerade in seiner *Politia naturae*, wo er auch von der Pflanzenseele spricht, argumentiert er – geradezu revolutionär – gegen die klassische Rangordnung in der Natur und versucht zu zeigen, daß die Tiere für die Pflanzen geschaffen sind und nicht umgekehrt. Daß zudem das Pflanzenreich gemäß einer ständischen Rangordnung gegliedert werden kann, beinhaltet für den Status dieser unterschätzten Lebewesen auch eine ontologische Aufwertung. So kann auch ihr anthropomorphes Seelenleben als Aufwertung dieses Naturwesens und als Widerspiegelung eines veränderten Naturverhältnisses des Menschen verstanden werden.

Noch eine Deutung wäre nicht zu vergessen – das Anthropomorphe als *Didaktik* oder *Stil*: als schlichtes didaktisches Instrumentarium oder als stilisti-

---

66 Wolf Lepenies in einem Beitrag zu: Carl von Linné. Nemesis Divina. Frankfurt a. M. 1983, 340.
67 Derselbe in: Das Ende der Naturgeschichte. München 1978, 161, sich auf Bachelard beziehend.

sche Anbiederung an die Gepflogenheiten der Zeit. So könnte man Linnés drastische Vergleiche zu menschlichen Sexualvorstellungen bei der Darstellung seines Pflanzensystems im Systema naturae nicht für »verabscheuungswürdige Unzucht im Reich der Pflanzen«, wie sein heftigster Gegner Siegesbeck 1737 meinte, halten, sondern für eine didaktisch und stilistisch geschickte »anthropomorphe Charakterisierung«, die zumindest beim Unterricht der akademischen Jugend »nicht wenig zu der leichten Einprägsamkeit beigetragen« haben könnte.[68] Dies wäre allerdings eine Minimaldeutung.

Die Beispiele zeigen bereits, daß es verwegen wäre, das Anthropomorphe in der Tier- und Pflanzenseele allzu einseitig zu deuten. Die meisten Deutungen verharren gewissermaßen auf einer ›anthropozentrischen‹ Ebene, indem sie die Tier- und Pflanzenseele ahistorisch auf den Menschen zurückspiegeln statt zunächst einmal innezuhalten, und den Blick auf die Geschichte der Beziehung zwischen Mensch und Tier bzw. Pflanze zu fixieren. Auf dieser Ebene wird gerade mittels der Seelensprache im 18. Jahrhundert die neue Wertigkeit der Tiere und Pflanzen – theologisch, ästhetisch, moralisch – zum Ausdruck gebracht. Das Anthropomorphe wird zum *Reservoir für Menschlichkeit* gegenüber diesen Wesen. Hier geht es weniger um die Stellung des Menschen selbst – sein Selbstverständnis – als um sein Verhältnis zur natürlichen Mitwelt. Es geht, kurz gesagt, um den ontologischen Status und den moralischen Rang seiner Mitwesen. Eine solche Deutung ist inspiriert durch die aktuelle Frage nach dem Naturverhältnis des Menschen in der industriellen Umweltkrise und nach dessen historischen Wurzeln. Aus diesem Blickwinkel heraus könnte es sich erweisen, daß das Anthropomorphe in der Darstellung von Tieren und Pflanzen noch ein ›menschliches‹ Naturverhältnis bewahrte, insofern ›Menschlichkeit‹ nicht nur moralisches Verhalten zu den Mitmenschen, sondern auch zu anderen Mitwesen einschließt. Konkreter und im Rückblick auf die Geschichte der Tier- und Pflanzenseele im 18. Jahrhundert bezogen heißt das: das Anthropomorphe in der Tier- und Pflanzenseele trug dazu bei, eine Seelenbrücke zwischen den cartesianischen Automaten und den jenseitsorientierten Christenseelen zu schlagen. Naturhistoriker, Physikotheologen, Vitalisten, Spiritualisten, Materialisten und vor allem Sensualisten leisteten diese Arbeit. Sie bereiteten einen subversiven Zugang zur natürlichen Mitwelt, der eine empathische Identifizierung mit den Tieren und Pflanzen ermöglichte. Was als theologische Integration begann, dann sich zunehmend als ästhetische und moralische Integration fortsetzte, wird zumindest in der angelsächsischen Tradition auch in dem Sinne praktisch, daß konkrete Fragen des Tierschutzes und des Vegetarismus diskutiert werden. Das Anthropomorphe wird gleichsam normativ und gipfelt in der Frage: »Can they suffer?« Im Anthropomorphen schlummerte also ein Potential zur Überwindung der Kluft zwischen den reinen Vernunftwesen und den von ihm zu Automaten, Sachen, Objekten, Ressource und Ware deklarierten Mitwesen. Die ›anthropomorphe‹ Seelendiskussion führte beim Tier zu einer moralischen Zuwendung und bei der Pflanze zumindest zu einer ästhetischen

---

68 Jahn, Ilse und Konrad Senglaub: Carl von Linné. Leipzig 1978, 45f.

Zuwendung. – Spätestens aber an diesem Punkt wird eine Gefahr dieser Deutung erkennbar: eine überharmonische Fehldeutung der Beziehung zwischen Mensch und Tier bzw. Pflanze aus dem Blickwinkel der gegenwärtigen Umweltkrise. Sie leuchtet demjenigen ›Aufklärer‹ sofort ein, der auf der metaphorischen Ebene des Anthropomorphen verbleibt, und schlicht alles derartige als ›Anthropomorphismus‹ oder gar Biologismus abtut. Nichtsdestoweniger scheint es, daß die Seelensprache des 18. Jahrhunderts auf einen tieferliegenden Wandel des Menschen in seinem Verhältnis zu Tieren und Pflanzen hinweist und einen Wertewandel zur Sprache bringt, in welchem der theologisch und philosophisch hoch belastete Begriff ›Seele‹ nur ein Vehikel ist.

Homogenese

Zur Naturgeschichte des Menschen bei Buffon

JOSEPH VOGL (Paris)

I.

Die Ordnung der Natur konstituiert sich im Vergessen. Im Akt des Vergessens tritt das Wissen in einen evidenten Bezug zu sich selbst, der das Diffuse und Regellose ebenso bannt wie das Willkürliche und damit eine Transparenz erzeugt, die im Netz der Beschreibungen dasjenige Bild erscheinen läßt, das die natürlichen Formen von sich selbst geben. Die Schrift des Wissens naturalisiert sich im Vergessen, und die wissenschaftliche Naturerfahrung des 18. Jahrhunderts vollzieht dies als systematischen Verzicht in zwei elementaren Verhaltensweisen: in der »Beobachtung« als reiner Selbstpräsenz des Blicks, der die Amphitheater der Anatomie, die botanischen Gärten und chemischen Retorten durchmustert, den »Romanen« der bloßen Gelehrsamkeit ebenso ausweicht wie den Sedimenten eines überfüllten Gedächtnisses und eben dadurch zur unzweideutigen Lektüre jenes ersten Buches gelangt, das die Natur selber ist[1]; und in einer »Aufmerksamkeit«, die als »Logik in actu« die Wahrnehmungen unmittelbar an die Begriffe heftet und damit von den Antizipationen und Täuschungen der Einbildungskraft auf die Notwendigkeit einer Struktur zurückführt, die über der Kette der Wesen die Verkettung der Worte vergessen macht: »Mon livre forme une chaîne, et cette chaîne est longue«.[2]

Die Arbeit der Naturgeschichte konzipiert also einen Menschen, der, wie Buffon schreibt, »tatsächlich alles vergessen hat oder ganz frisch zu den Gegenständen erwacht, die ihn umgeben«.[3] Dieses Erwachen zur Natur und zu sich selbst entwirft – wie etwa in den ersten Atemzügen der zum Leben erweckten Statuen bei Buffon, Condillac oder Bonnet inszeniert – einen kohärenten und erinnerungslosen Raum, verpflichtet das Sichtbare auf die Be-

---

1 Giorgio Baglivi: De l'accroissement de la médecine pratique, Paris 1851, S. 46ff; Georges-Louis Leclerc de Buffon: Préface du traducteur, in: Stephen Hales: La statique des végétaux et l'analyse de l'air. Expériences nouvelles, Paris 1735, S. V.
2 Charles Bonnet: Contemplation de la nature, Amsterdam 1764, Bd. 1, S. LVII u. LXVIIIff.; ders.: La palingénésie philosophique, ou Idées sur l'état passé et sur l'état futur des êtres vivants, Genf 1770, Bd. 1, S. 35 u. 51ff.
3 Georges-Louis Leclerc de Buffon: Œuvres complètes, Paris 1774, Bd. 1, S. 31.

schreibung und wiederholt die Reihe der Dinge in einer Homogenese der Benennungen, die in genauer Entsprechung und schrittweiser Abnahme der Ähnlichkeiten die Kontinuität der Naturobjekte nachbuchstabiert. Der Erfahrung dieses Erwachens präsentiert sich die Natur in bruchloser Folge, und umgekehrt findet die geordnete Abfolge der Ideen hier ihren Spiegel. Der Erwachende unterscheidet die Dinge in ihrer realen Entfernung, Größe, Gestalt und Substanz[4], bildet also die natürlichen Einteilungen, indem er sie bloß reproduziert; gerade in dieser Mimesis aber wird er auf kritische Weise von deren eigenen Grenzen und Abbruchrändern heimgesucht, und der erste, erinnerungslose Blick erweist sich als eine heuristische Fiktion. Denn in Wahrheit ist der konkrete Raum weder homogen noch kontinuierlich, sind die ursprünglichen Zusammenhänge unterbrochen, und das aufmerksame Auge begegnet den disparaten Ablagerungen eines immensen »Archivs« und Gedächtnisses, dem Kryptogramm der Natur, und muß sich im Nachvollzug der Naturordnung selbst auf jenen entfernten Ort zurückbewegen, an dem die Kontinente noch nicht getrennt und die ersten Veränderungen noch nicht eingetreten waren.[5] Insofern sich die Naturgeschichte nicht zuletzt durch die klassifikatorische Wiederholung sichtbarer Strukturen konstituiert – ein Problem, dessen epistemologischer Grundriß sich in jenem erwachenden Blick der Statue verbildlicht –, hängt also das Maß ihres Gelingens an der Verwirklichung eines doppelten Projekts. Sie sucht in der Unordnung des Sichtbaren die mäandrischen Spuren der kontinuierlichen Zusammenhänge der Natur, und sie tut dies in nuancierten Abstufungen von Ähnlichkeiten und Unterschieden, mit Hilfe von Begriffen also, deren referentielle Wahrheit sich an der Aussicht auf ihre fugenlose Kontiguität bemißt. Anders gesagt: Die Naturgeschichte des 18. Jahrhunderts existiert nur insofern, als sie die tatsächliche Streuung der Phänomene in die stetigen Sukzessionen der Natur selbst zurückübersetzt; und sie verfährt dabei mit Namen und Klassifikationen, die die chronologischen und geographischen Zufälle in die natürlichen Nachbarschaften des taxonomischen Raums auflösen und die feinen Schattierungen, die ununterbrochene Naturbewegung selbst wiederholen – als »großes Tableau von Ähnlichkeiten, in dem sich das lebende Universum als eine Familie darstellt«.[6]

Diese doppelte, horizontale wie vertikale, Kontinuität ist damit als eines der Probleme zu betrachten, das sich nicht bloß aus den Widerständen empirischer Erfahrung, sondern aus der immanenten Struktur der Wissensform selber ergibt. So sichtet die naturhistorische Reflexion die privilegierten Bezüge, die »aus jener immensen Kette ein einziges Ganzes machen«[7], und so sammelt sie

---

4 Vgl. Pierre-Jean-Marie Flourens: Buffon. Histoire de ses travaux et de ses idées, Paris 1844, S. 5–6.
5 Georges-Louis Leclerc de Buffon: Œuvres complètes. Histoire des animaux quadrupèdes, Paris 1775, Bd. 7, S. 282.
6 Buffon (Anm. 3), Bd. 6, S. 247. – Vgl. Michel Foucault: Die Ordnung der Dinge. Eine Archäologie der Humanwissenschaften, Frankfurt 1971, S. 191 ff.
7 Bonnet (Anm. 2 [1764]), Bd. 1, S. 1; Jean-Baptiste Robinet: Considérations philosophiques de la gradation naturelle des formes de l'être, ou Les essais de la nature qui apprend à faire l'homme, Paris 1768, S. 2.

ihre Anstrengung insbesondere um jene sensiblen Stellen, an denen sich das Wissen in sich selbst zusammenzieht und auf die Fragen konzentriert, die zur Probe seiner inneren Kohärenz geraten – Lücken und blinde Flecken im System, Abweichungen, Anomalien und Unregelmäßigkeiten, schließlich all die Ambiguitäten, die mittleren Geschöpfe, Mischwesen, Zwischenarten und Transformationen, deren seltsame Formen an den Nahtstellen zwischen den Einteilungen hervorquellen: zwischen Stein und Pflanze, Pflanze und Tier, Muschel und Fisch, Fisch und Vogel, Vogel und Vierfüßer, Tier und Mensch ...[8] Singularitäten dieser Art repräsentieren einen Widerstand, an dem das Ordnungssystem nicht nur kapituliert, sondern zugleich zu seiner permanenten Revision und Neuformulierung herausgefordert wird und eine unsichere Referentialität, einen problematischen Bezug zwischen Klassifikation und Lebewesen verhandelt, wie Buffon dies in seinem Artikel »Le cochon, le cochon de siam et le sanglier« beschrieben hat: Diese Tiere sind »singulär«; ihre Art ist gleichsam »einzigartig«; sie tritt aus der Kontinuität heraus und erscheint »isoliert«, d.h. ohne sichtbare Nachbarschaft zu anderen Arten; sie ähnelt weder den Einhufern, noch den Paarhufern oder Spaltfüßern und versammelt dennoch all deren Merkmale auf ambige und zweideutige Weise; sie ist also nicht subsumierbar und läuft dennoch in unterschiedliche Gattungen auseinander; und gerade darum ist diese Art keineswegs ein »Irrtum der Natur«, sondern ein Extrem- und Ausnahmefall, an dem die gegenwärtigen Ordnungsbegriffe zerbrechen, die neuen Kontinuitäten aber bald zu Tage treten werden: »Les espèces ambiguës, les productions irrégulières, les êtres anomaux cesseront dès lors de nous étonner, et se trouveront aussi nécessairement que les autres dans l'ordre infini des choses; ils en forment les nœuds, les points intermédiaires; ils en marquent aussi les extrémités. Ces êtres sont pour l'esprit humain des exemplaires précieux, uniques, où la nature paroissant moins conforme à elle-même, se montre plus à découvert, où nous pouvons reconnoître des caractères singuliers, et des traits fugitifs qui nous indiquent que ses fins sont bien plus générales que nos vues, et que si elle ne fait rien en vain, elle ne fait rien non plus dans les desseins que nous lui supposons.«[9] Buffons Schwein, Linnés homo troglodytus, Trembleys Polyp, de Brunos Magnet und Maupertuis' weißer Neger ebenso wie Fossilien, Hybride, Monstren oder die Metamorphose der Insekten bezeichnen Wesen ohne Begriff und damit problematische Knoten, Verwerfungen oder exemplarische Leerstellen, an denen die Benennung unsicher wird und der naturhistorische Blick sich verwirrt; sie bezeichnen Unbekannte und erzeugen schließlich eine »Perplexität« (wie Buffon dies nannte)[10], die die klare Anordnung der Ideen unterbricht und deren Wucherung provoziert: eine Heterogenese, d.h. deren gleichzeitiges Auseinandertreiben in unterschiedliche Richtungen, das nun zu einem unkontrollierten Erregungszentrum der

---

8 Bonnet (Anm. 2 [1764]), Bd. 1, S. 51f.
9 Buffon (Anm. 3), Bd. 5, S. 59. Vgl. Georges Canguilhem: La connaissance de la vie, Paris ²1965, S. 213–214.
10 Buffon: Discours sur le style. Suivi de l'art d'écrire, Paris 1992, S. 24.

naturgeschichtlichen Schrift selbst wird, wie Bonnet dies in seinen »Considérations philosophiques au sujet des Polypes« formuliert: »Les Idées s'offrent en foule dans un objet si riche: l'on ne sçait ce qu'on doit écarter ou retenir, et l'on regrette autant ce qu' on écarte, que l'on craint de ne pas rendre assez bien ce qu'on retient. Ce Polype met tout en mouvement dans le cerveau d'un Naturaliste: une multitude de Branches et de Rameaux tiennent à ce petit tronc.«[11]

Sätze wie diese belegen also paradigmatische Erschütterungen, die die Wissensordnung zur Selbstbegründung herausfordern und die Verweiskraft der einzelnen Werte der Nomenklatur unterlaufen. Sie belegen Verwerfungen in der stetigen Verteilung der Naturwesen und zugleich die Schwäche im System der Benennungen, das hier der Gefahr seiner Arbitrarität begegnet. Und diese Schwäche ist prinzipieller Art. Wenn nämlich die Natur keine Sprünge macht und in unmerklichen Nuancen operiert, wenn sich zwischen zwei Arten stets eine Zwischenart findet und das Intervall zwischen den Wesen gegen Null schrumpft[12], wenn also die Natur ein immenses und kontinuierliches Ganzes darstellt und damit unendliche Abstufungen in ihrem Innern impliziert, so wiederholt sich das Problem der Diskontinuität in der Diskretheit der Begriffe: »Tout demeuroit isolé dans notre Esprit, tandisque tout est lié dans l'Univers.«[13] Während die Natur sich gleich den bruchlosen Übergängen zwischen den Farben des Spektrums als stetige Fläche präsentiert, zeichnet die begriffliche Ordnung Punkte, Linien und Schnitte[14], führt damit Grenzen und Grenzwerte ein und stößt Benennung und Klassifikation in ein geradezu klassisches Paradox. Der Übergang von einer Art zur anderen, von einer Gattung zur anderen, der Weg von einem Ort der Nomenklatur zu einem anderen impliziert nun eine infinite Anzahl von Zwischenschritten und Interpolationen, und gerade diese infinitesimale Annäherung ans Kontinuum der Natur umspielt nur die diskontinuierlichen Schnitte, die die begriffliche Gliederung selbst zieht: »[...] si rien ne tranche dans la Nature, il est évident que nos Distributions ne sont pas les siennes. Celles que nous formons sont purement nominales, et nous ne devons les regarder que comme des moyens relatifs à nos besoins et aux bornes de nos connoissances«.[15] Die diskreten Extensionen bleiben also dem Kontinuum der Natur unangemessen, oder umgekehrt: die scheinbaren Brüche, Lücken und Zwischenarten in der Natur werden durch den Regreß ins Infinitesimale verdoppelt, der im Inneren der Nomenklatur als Problem von deren nominalem Charakter wiederkehrt. Es ist daher nur konsequent und für die Funktion der Zeichen im naturhistorischen Wissen keineswegs sekundär, wenn etwa Buffon – wie d'Alembert – in seinen mathematischen Überlegungen

---

11 Bonnet (Anm. 2 [1764]), Bd. 1, S. 243.
12 Buffon (Anm. 3), Bd. 6, S. 242; vgl. François Jacob: Die Logik des Lebendigen. Von der Urzeugung zum genetischen Code, Frankfurt/M. 1972, S. 54–55.
13 Bonnet (Anm. 2 [1764]), Bd. 1, S. XI.
14 Ebd., Bd. 2, S. 76.
15 Ebd., Bd. 1, S. 29.

den imaginären Charakter infinitesimaler Größen behauptet.[16] Buffon ignoriert den instrumentellen Wert unendlicher und infinitesimaler Größen ebenso wie deren realistische Auslegung[17], und sein konsequenter Nominalismus kristalliert sich daher nicht um operative Fragen des Kalküls, sondern um das Problem der Referenz: Die Frage nach der Realität unendlicher Größen stellt sich analog zur Frage nach der Arbitrarität des klassifikatorischen Begriffs. So hängt die intelligible Existenz der Zahl an der sinnlichen Existenz der einzelnen Dinge, die von ihr repräsentiert werden, und tritt damit in Analogie zur Funktion der Benennung: »Le Nombre n'est qu'un assemblage de même expèce; l'unité n'est point un Nombre, l'unité désigne une seule chose en général; mais le premier Nombre 2 marque non-seulement deux choses, mais encore deux choses semblables, deux choses de même espèce; il en est de même pour tous les autres Nombres: Mais ces Nombres ne sont que des représentations, qui n'existent jamais indépendamment des choses qu'ils représentent; les caractères qui les désignent ne leur donnent point de réalité, il leur faut un sujet, ou plutôt, un assemblage des sujets à représenter pour que leur existence soit possible.«[18] In diesem Verhältnis zwischen »Einheit« und »Zahl« regiert eine empiristische Tendenz, ein mathematischer Empirismus[19], der die Gültigkeit eines Terms ausschließlich durch seine extensionale Seite garantiert sieht, das Unendliche aber nur als Privation anerkennt. Daher das Paradox: Während die Einheit nur »ein einziges Ding überhaupt bezeichnet« und mit der Feststellung korrespondiert, daß es in der Natur »nur Individuen gibt«[20], setzt der Begriff der Zahl bereits »ähnliche Dinge«, Dinge »gleicher Art« und also ein Kontinuum voraus; und während der referentielle Charakter der Einheit sich auf die endliche Reihe der einzelnen Naturdinge bezieht und damit die Namensfunktion vertritt, appelliert das Kontinuum der Natur an unendlich kleine oder große Werte, die jener Endlichkeit widersprechen, also irreal sind, also den arbiträren Charakter der Einteilungen spiegeln. Und das bedeutet zugleich: Die Realität infinitesimaler Größen würde Diskretheit und Beschränkung und damit das Diskontinuierliche in die Naturordnung selbst zurückverlegen und den stetigen Übergang zwischen den Wesen unterbrechen, während die bloß imaginäre Gültigkeit des unendlich Kleinen (oder Großen) widerspruchslos mit der abstrakten und schließlich arbiträren Form der Repräsentationen zusammengeht – das Kontinuum der Natur begegnet in den unendlichen und infinitesi-

---

16 Buffon (Anm. 3), Bd. 10, S. 157; ders.: Préface, in: Isaac Newton: La méthode des fluxions et des suites infinies, Paris 1740, S. X; Jean le Rond d'Alembert: Infini, in: Encyclopédie ou dictionnaire raisonné des sciences, des arts et des métiers, Paris 1751ff., Bd. 8, S. 1765.
17 Vgl. Pierre Brunet: Buffon mathématicien et disciple de Newton, in: Mémoires de l'Académie des Sciences, Arts et Belles-Lettres de Dijon, 1936, S. 86.
18 Buffon, in: Newton (Anm. 16), S. IX.
19 Pierre Brunet: La notion d'infini mathématique chez Buffon, in: Archeion 13, 1931, S. 34.
20 Georges-Louis Leclerc de Buffon: De l'homme, hg. v. M. Duchet, Paris 1971, S. 43.

malen Größen seiner Undarstellbarkeit.[21] Und diese Problemfigur verweist schließlich auf den kritischen Punkt der naturhistorischen Nomenklatur selbst, insofern sie sich als Wiederholung der kontinuierlichen Natur versteht. So wie etwa das seltsame Wesen des Polyps keine direkte Entsprechung in der Idee hat, so hat das Infinitesimale keine Entsprechung in der Natur, und diese Verfehlung markiert zugleich den unanschaulichen Ursprungsort der Naturgeschichte, der in ihren Tableaus selbst nicht erscheint. Das Problem der Leerstellen, Übergangsformen und Unregelmäßigkeiten spiegelt sich in der begrifflichen Undarstellbarkeit, in der die stetige Wiederholung sowohl gefordert wie unterbrochen ist und die diskreten Extensionen der Terme sowohl notwendig – zur Identifikation der Individuen – wie arbiträr – bezüglich der Kontinuität – erscheinen läßt.

Es geht in dieser Darstellung allerdings nicht bloß um Buffons Verwechslung des mathematisch Möglichen mit dem biologisch Möglichen.[22] Es soll vielmehr gezeigt werden, daß diese Verwechslung und die daraus resultierende Paradoxie zwangsläufig sind und aus der besonderen Architektur der naturgeschichtlichen Wissensordnung hervorgehen. Denn dieses Paradox befindet sich dort, wo jede Singularität an eine stetige Reihe appelliert, in der sie als Abstufung, Übergang oder Zwischenart ihren Platz finden kann, wo also die Transparenz der Zeichen und – wie bei Leibniz und noch in Kants regulativer Konkurrenz zwischen Homogenitäts-, Spezifikations- und Kontinuitätsprinzip[23] – die stetige Wiederholung des Kontinuums der Natur gefordert sind; und jene Wiederholung wird zum privilegierten Ort insofern, als das naturhistorische Wissen gerade in ihr den Menschen lokalisiert. Der Mensch, sein anthropomorpher Charakter bemißt sich in dieser Konfiguration an der Fähigkeit, die Folge der Naturdinge in korrespondierende Zeichen zu übersetzen, und umgekehrt manifestiert sich die Natur selbst nur in dieser Operation. Der Mensch ist damit als das durchsichtige Organ einer Wiederholung gefordert, die die Kongruenz von Dargestelltem und Darstellungsform, zwischen der Struktur des Beschriebenen und der Struktur der Beschreibung garantiert[24], er ist diese Wiederholung, diese Kongruenz und Darstellungsfunktion selbst, er steht in diesem Intervall, in diesem leeren Zwischenraum auf dem Spiel. Auf diese Weise erklärt sich die zentrale Rolle der heuristischen Fiktion des erwachenden Blicks, in der der Mensch zum klärenden und geschichtslosen Spiegel der Natur und ih-

---

21 Konsequent greift daher Buffons empiristische Leugnung letzter Terme im Unendlichen gerade auch die Newtonschen Idee der Grenze und des Grenzwerts an; vgl. Brunet (Anm. 19), S. 33.
22 Canguilhem (Anm. 9), S. 220.
23 Brief von Leibniz an Varignon über das Kontinuitätsprinzip, in: Hauptschriften zur Grundlegung der Philosophie, hg. v. E. Cassirer u. A. Buchenau, Leipzig 1924, Bd. 2, S. 556–559; Immanuel Kant: Kritik der reinen Vernunft, in: Werke, hg. v. W. Weischedel, Wiesbaden 1956, Bd. 2, S. 572ff. Vgl. dazu: Arthur O. Lovejoy: Die große Kette der Wesen. Geschichte eines Gedankens, Frankfurt/M. 1985, S. 176ff. u. 290.
24 Vgl. Foucault (Anm. 6), S. 177; Karl-Heinz Kohl: Prototyp und Varietäten der Gattung. Buffons Anthropologie, in: Ders.: Entzauberter Blick. Das Bild vom guten Wilden und die Erfahrung der Zivilisation, Frankfurt/M. u. a. 1983, S. 145.

rer Geschichte wird; und auf diese Weise erklärt sich schließlich auch der programmatische Status des naturhistorischen »Stils«. Denn dieser Stil meint weder den gestischen, d.h. expressiven und körperlichen Wert der Sprache noch den Abdruck eines Individuellen[25], sondern die akkurate Realisierung eines Plans, den die Natur selbst diktiert: »Le style n'est que l'ordre et le mouvement qu'on met dans ses pensées.«[26] Es geht also in der stilistischen Prägnanz darum, »die Natur in ihrem Gang und in ihrer Arbeit nachzuahmen«, und das bedeutet: Wie die natürlichen Wesen sich ohne Zwischenraum zur Kette organisieren, so folgt die naturhistorische Schreibweise dem Anspruch, all ihre Sätze »so eng miteinander zu verketten, daß sie keinerlei Lücke dazwischen entstehen lassen«.[27] Nur so wird der Stil zum Abbild der Dinge und damit zum Stil schlechthin; und nur so naturalisiert sich die Schrift, indem Sprache und Signifikant transparent werden und die Ideen sich nun »von selbst« miteinander verknüpfen.[28] Der »Stil« erstellt den topographischen Plan, die ideographische Karte[29], auf der die disparaten Ideen als Imitation der Natur in bruchloser Fügung zueinander finden. Der stilistische Genius entwirft deren Lineamente, bestimmt die Intervalle, füllt diese mit »zusätzlichen und mittleren Ideen« und erhält so jene »Kontinuität des Fadens«, jene »sukzessive Entwicklung« und »einförmige Bewegung«, jene »Folge« und »kontinuierliche Kette, in der jeder Punkt eine Idee repräsentiert«.[30] Nur auf diese Weise entsteht das Buch der Natur aus dem Grund der Dinge; nur auf diese Weise werden die vereinzelten Kenntnisse, Daten und Entdeckungen kohärent; und nur auf diese Weise erklärt sich schließlich Buffons berühmtes Fazit: »le style est l'homme même.«[31] Paraphrasiert heißt das: Der Stil ist die Homogenität, die die Natur in der Anordnung der Ideen annimmt, und eben dies ist der Mensch. In dieser Aussagestruktur ist der »Mensch« keineswegs Gegenstand und ein gesicherter referentieller Posten; als reine Schreibfläche und bloßer Projektionsraum konstituiert er sich vielmehr im Rahmen einer Homo-Genese, die in ihrer substantiellen Leere selbst normativ wird und den anthropomorphen Charakter von der Proportion zwischen Naturdingen und Repräsentation abhängig macht. Die Durchsichtigkeit des Menschen garantiert die Evidenz der Natur und umgekehrt, und dieses Projektionsverhältnis kann noch zur Annahme verleiten, die Fibern des Gehirns seien analog zu den Objekten der Natur miteinander verbunden und darum deren unmittelbares Bild.[32] Aus diesem Grund perhorresziert der naturhistorische Text jede Art einer Trübung dieser Relation – sei es die allzu gedrängte oder allzu lockere Folge der Sätze, sei es ein Überschuß der Ideen in der Einbildungskraft oder ein Überfluß an Worten in der gelehrten Eloquenz,

---

25 Vgl. Jürgen Trabant: Le style est l'homme même. Quel Homme? in: Comparatio 2, 1990, S. 57–72.
26 Buffon (Anm. 10), S. 19.
27 Bonnet (Anm. 2 [1770]), Bd. 1, S. XIV.
28 Ebd., Bd. 1, S. XVII–XVIII u. XIV.
29 Trabant (Anm. 25), S. 63.
30 Buffon (Anm. 10), S. 20, 22 u. 26.
31 Ebd., S. 30.
32 Bonet (Anm. 2 [1770]), Bd. 1, S. 148.

kurz: jede Form von »Heterogenität« und »Perplexität«.[33] Gerade in dieser Normierung aber scheint sich das unbewußte, aber positive Wissen um die paradoxale Konstitution dieses Ortes zu verpuppen, den der Mensch einnimmt und der zum genetischen Zentrum der Wissensstruktur selbst wird – wo das Kontinuum der Natur zugleich das Dargestellte und das Undarstellbare ist, wo aus der abgestuften Reihe der Wesen auch die Unähnlichkeiten hervorquellen und ins Undeutliche wuchern, und wo schließlich das klare anthropomorphe Medium der Wiederholung seiner eigenen Unwiederholbarkeit begegnet.

II.

Die Wahrheit der Naturgeschichte und ihr anthropomorpher Kern liegen also im Vermögen, die Beharrlichkeit derjenigen Natur sichtbar zu machen, die sich in all ihren Mannigfaltigkeiten gleichbleibt. Natur ist damit Gesetz im strengen Sinn: Konstanz über alle Veränderungen hinweg. Der Begriff der Veränderung, die Formationen der Erdoberfläche, die Varietät der Lebewesen ebenso wie Wachstumsprozesse, Verfall und Degeneration verlangen funktionale Erklärungen, die die Stetigkeit in den Variationen selber nachweisen; und gerade in dieser Hinsicht wird der Gegenstandsbereich der »histoire naturelle« um den Geltungsraum einer »économie naturelle« komplementär ergänzt. Wie können etwa die Disparitäten, Ungleichheiten, »Trümmer« und »Ruinen« aus den Beschreibungen der Erdgeschichte auf »allgemeine, konstante und regelmäßige Prinzipien« im Rahmen einer »économie naturelle du globe« reduziert werden?[34] Oder im Pflanzenreich: Auf welche Weise offenbaren etwa die sukzessiven Abfolgen natürlicher Blütenfarben allgemeine »Operationen der Natur«, deren Gesetze eben mit einer »économie végétale« zusammengehen?[35] Oder wie lassen sich die naturhistorischen Beobachtungen zum Bau der Lebewesen in eine »économie animale« oder »économie de l'Homme«, d. h. in physiologische Funktionszusammenhänge übersetzen, die schließlich noch eine Theorie der Medizin begründen?[36] Der Begriff der Ökonomie ist koextensiv zu dem der Natur und mit ihm durch eine doppelte Anschlußstelle verbunden. Er schließt den Kontakt zwischen Struktur und Funktionsweise und umfaßt das System der Gesetze, die die verschiedenen Zustandsformen der Wesen aufeinander beziehen und schließlich auch die Modifikationen und Vitalprozesse organisierter Körper bestimmen[37]; und er betrifft zu-

---

33 Vgl. Buffon (Anm. 10), S. 24–25; Bonnet (Anm. 2 [1770]), Bd. 1, S. XVI.
34 Buffon (Anm. 3), Bd. 1, S. 98 ff.; Bd. 2, S. 1 ff.; M. Demarest: Géographie, in: Encyclopédie (Anm. 16), Bd. 7, S. 613–614.
35 Art. Histoire naturelle, in: Ebd., Bd. 8, S. 227.
36 Ebd., S. 226; Vgl. Gualtero Charleton: Exercitationes physico-anatomicae de oeconomia animali, Amsterdam 1659.
37 Herman Boerhaave: Institutions de Médecine, Paris 1740, Bd. 1, S. 15; Bonnet (Anm. 2 [1764]), Bd. 1, S. 125; ders. (Anm. 2 [1770]), Bd. 2, S. 65 ff.; Art. Œconomie animale, in: Encyclopédie (Anm. 16), Bd. 10, S. 365; Bryan Robinson: A treatise of the Animal Oeconomy, Dublin 1732, passim.

gleich das Geflecht dynamischer Relationen zwischen den einzelnen Gegenständen, Wesen und Arten, deren Verteilung, Fortpflanzung, Erhaltung und Zerstörung sich nach gleichförmigen Proportionen und konstanten Gesetzen vollzieht.[38]

In dieser Perspektive erhärtet sich der präevolutionistische Charakter der Naturgeschichte, und erst in dieser Perspektive fügt sich etwa das Werk des Antisystematikers Buffon zum System, d.h. zum enzyklopädischen Sammlungsort des Wissens ebenso wie zum allgemeinen Schematismus der Naturprozesse. Die Körper der Erde, der Pflanzen, des Tiers und des Menschen sind nicht nur stufenweise übereinandergestellt, sondern in ihrer Funktionsweise Verkörperungen des einen Korpus der Natur, das in all seinen Verkleidungen zur Demonstration dessen aufgerufen ist, daß jede Gleichheit Veränderung, jede Veränderung aber Gleichförmigkeit ist. Daher sind es zunächst die Gesetze der Hydrodynamik, die von diesem wechselnden Fluß und fließenden Wechsel herbeizitiert werden und hier ein Motiv ihrer Konjunktur finden: in der Erklärung der Erdoberfläche, deren Ungleichheiten aus Fluß und Rückfluß, aus stetigem Strömen hervorgehen[39]; in der Erklärung der Körper, deren »Vitalfunktion« sich an der Zirkulation von Blut und Nahrungssäften bemißt[40]; und in der Erklärung der Organstruktur, die sich als System kommunizierender Röhren offenbart: »Tout est vaisseaux.«[41] Und daher ist es – zweitens – eine einzige materielle Ursache, die von Buffon bis de Sade die Konstanz der Natur in all ihren Formen gewährleistet. So wird derselbe Stoff nacheinander Planet, Insekt, Muschel, Fisch, Vogel, Vierfüßer und Mensch[42]; so verteilt sich eine unveränderliche »organische Materie« über alle pflanzlichen und tierischen Substanzen; und so garantiert das Recycling dieser Materie – die inhärente Eigenbewegung von Buffons »molécules organiques« – die verschiedenen Entwicklungsstufen der Individuen selbst, an denen sich Ernährung, Wachstum und Reproduktion nach ein und demselben Muster vollziehen, Leben wie Tod als Wellenschlag einer einzigen Bewegung: »[...] ces molécules passent de corps en corps, et servent également à la vie actuelle et à la continuation de la vie, à la nutrition, à l'accroissement de chaque individu; et après la dissolution du corps, après sa destruction, sa réduction en cendres, ces molécules organiques, sur lesquelles la mort ne peut rien, survivent, circulent dans l'Univers, passent dans d'autres êtres et y portent la nourriture et la vie [...].«[43]

---

38 Vgl. die Dissertation des Linné-Schülers I. J. Bibery: L'économie de la nature (1749), in: Carl von Linné: L'équilibre de la nature, hg. v. C. Limoges, Paris 1972, S. 57–101.
39 Buffon (Anm. 3), Bd. 1, S. 119 u. 124.
40 Ebd., Bd. 3, S. 90ff., Bd. 4, S. 43ff.; Boerhaave (Anm. 37), Bd. 2, S. 1ff.; Hales (Anm. 1); ders.: Hæmastatique ou La statique des animaux. Expériences faites sur les animaux vivans, Genf 1754.
41 François Quesnay: Essai phisique sur l'économie animale, Paris 1736, S. 214.
42 Bonnet (Anm. 2 [1764]), Bd. 1, S. 244.
43 Buffon (Anm. 5), Bd. 1, S. 171–172. Vgl. Donatien Alphonse François Marquis de Sade: Das Mißgeschick der Tugend, in: Ausgewählte Werke, hg. v. M. Luckow, Frankfurt/M. 1972, Bd. 2, S. 40.

Die Formulierung geschlossener Kreisläufe, die sich mit Referenz an Harveys Entdeckung vollzieht; die Verallgemeinerung hydrodynamischer Gesetzmäßigkeiten; die Berufung auf einen einheitlichen Grundstoff des Lebens; die Eigenbewegung dieser Materie, die sich als Applikationsfeld der Newtonschen Physik erweist[44] – mit diesen empirischen und ideologischen Momenten erträumt die Naturgeschichte eine zirkuläre Bewegung, die sich über die Metamorphosen der Formen hinweg gleichbleibt, die Funktionsweise der Einzelwesen mit dem Ablauf des Ganzen korreliert und dabei einerseits den kartesianischen Mechanismus hinter die Autodynamik der Organismen zurückdrängt[45], andererseits die auktoriale Steuerung der Naturprozesse durch Prinzipien der Selbstregulierung ersetzt. Über den bloßen Metaphern-Transfer zwischen Blutzirkulation, Wasserkreislauf, Handel und Geldumlauf hinweg erweist sich damit die analoge Struktur von naturhistorischem Feld und politischer Ökonomie, und der alte und hartnäckige Vergleich zwischen natürlichem und politischem Körper erhält dabei eine neue Notwendigkeit und eine neue Definition. Noch an den Ausläufern der galenischen Medizin hat etwa das vom Herzen ausgeschickte Blut den Körper gleichsam bewässert, und entsprechend spielte noch bei Davanzatti das Geld keine andere Rolle als die, die verschiedenen Teile der Nation zu durchtränken.[46] Seit dem von Harvey gelieferten Modell jedoch werden Physiologie wie Handel als geschlossene Kreisläufe gedacht, und von Hobbes bis Rousseau erscheint die Mechanik des Geldumlaufs als notwendiger Zusammenschluß von venöser und arterieller Bewegung.[47] Die Zirkulation wird damit zu einer der fundamentalen Kategorien der – politischen wie physiologischen – Ökonomie, deren Analyse die Stabilisierung konstanter Abläufe und darin vor allem eine Administration von Überschüssen verfolgt. Kein Leben ohne diese Zirkulation, und keines, dessen Bestand sich nicht in einem Ausgleich zwischen Fülle und Mangel bewahrheiten würde. So etwa in Buffons Physiologie: Das Blut transportiert den Chylus in alle Partien des Körpers und setzt dort die »matière organique« frei; was nicht der Subsistenz dient, geht im Wachstum des Organismus auf; ist dieses Wachstum einmal abgeschlossen, so werden die Überschüsse in den Samengefäßen angesammelt und gespeichert, »als Überfluß an Leben, der sich nach außen ergießen

---

44 Vgl. Buffon (Anm. 3), Bd. 3, S. 90: »Il est évident que ni la circulation du sang, ni le mouvement des muscles, ni les fonctions animales ne peuvent s'expliquer par l'impulsion, ni par les autres loix de la mécanique ordinaire; il est tout aussi évident que la nutrition, le développement et la reproduction se font par d'autres loix; pourquoi donc ne peut-on pas admettre des forces pénétrantes et agissantes sur les masses des corps, puisque d'ailleurs nous avons des exemples dans la pesanteur des corps, dans les attractions magnétiques, dans les affinités chimiques?«
45 Thomas Fuchs konnte kürzlich nachweisen, daß die Beschreibung des Blutkreislaufs bei Harvey auch auf eine vitale Eigenbewegung des Bluts rekurrierte, die von Descartes' mechanistischer Rezeption des Modells vorübergehend verdeckt wurde (Die Mechanisierung des Herzens. Harvey und Descartes – Der vitale und der mechanische Aspekt des Kreislaufs, Frankfurt/M. 1992, S. 54ff.).
46 Vgl. Canguilhem (Anm. 9), S. 23; Foucault (Anm. 6), S. 226.
47 Thomas Hobbes: Leviathan, Stuttgart ²1980, S. 219–220; Jean-Jacques Rousseau: Economie, in: Encyclopédie (Anm. 16), Bd. 5, S. 347.

muß«[48]; und all die »überschüssige Materie«, die nicht mehr integriert werden kann, führt nun zur Deformierung des Körpers, zur Schwächung der Zirkulation, zur Verhärtung der Membranen, Fibern und Knochen und schließlich zum Tod ...[49] Der Überschuß, dessen Welle den Körper zwischen des Extremen einer unendlich schnellen und unendlich langsamen Zirkulation durchläuft, regelt also Zeugung und Geburt, Wachstum und Verfall, Gesundheit und Krankheit und ist damit Ursache des Lebens, die zugleich den Tod herbeiführt, er ist die Fülle, die sich in Mangel verwandelt, er ist das Ungleichgewicht, das die Natur zum Ausgleich bestimmt. – Entsprechend formuliert sich auch die »natürliche Zirkulation« des Warentausches in einer Hydrodynamik der Ströme[50], und gerade im Umkreis des physiokratischen Denkens und in der Kritik an der merkantilistischen Schatzbildung erscheint dies als Problem eines dynamischen Gleichgewichts, das die Produktion von Überschüssen in ein System kontinuierlicher Kompensationen überführt: »Tant que rien n'interrompra cet équilibre exact, les hommes seront heureux, la société très-florissante«.[51] Dieselben Fragen wie in der Naturgeschichte: Wie können die Ungleichheiten in der geographischen Verteilung der Güter und Reichtümer ausgeglichen und auf einen Prozeß verpflichtet werden, in dem die Natur selber erscheint? Wie läßt sich diese Natur so repräsentieren, daß sie sich in ihren Zeichen adäquat wiederholt? Und wie läßt sich der ökonomische Raum homogenisieren? Das Leben des Sozialkörpers jedenfalls residiert weder in der Menge der verfügbaren Naturgüter noch in der Akkumulation von Edelmetall oder Geld, es begründet sich vielmehr in der Fähigkeit, das eine ins andere zu konvertieren und dadurch eine ebenso vollständige wie permanente Eigenbewegung der Zirkulation sicherzustellen, in der sich Überschüsse in Geld, Geldzeichen aber wiederum in Güter verwandeln. Um die Mitte des 18. Jahrhunderts orientiert sich damit der ökonomische Diskurs am Ideal einer Norm, die die Deteriorierung an zwei Punkten lokalisiert: in der arbiträren Behinderung des natürlichen Kreislaufs, wie sie sich in Zöllen, Edikten, Privilegien oder Einfuhr- und Ausfuhrverboten realisiert[52]; und in der Thesaurierung und Akkumulation von Überschüssen, die auf der einen Seite »Luxus« und »Frivolität«, auf der anderen aber Notstand und Armut erzeugen[53] – mangelnder Abbau oder behinderte Integration von Überschüssen, Konversion von Überschuß in Mangel. In jeder Hinsicht ist dabei der Überschuß (surabondance, surplus) das kritische Moment dieser Ökonomie. Er löst den Tausch aus und muß gerade in ihm verschwinden; er ist das Nutzlose, das die Zirkulation bewegt und durch sie an den Ort transportiert wird, an dem es Nutzen und Notwendigkeit erhält; und

---

48 Buffon (Anm. 20), S. 101.
49 Ebd., S. 141 ff.; ders. (Anm. 16), Bd. 3, S. 72 ff. u. 90 ff.
50 Art. Espèces, in: Encyclopédie (Anm. 16), Bd. 5, S. 961. Siehe auch: Francine Markovits: L'ordre des échanges. Philosophie de l'économie et économie du discours au 18ᵉ siècle en France, Paris 1986, S. 13.
51 Art. Espèces (Anm. 50), S. 961.
52 Anne-Robert Jacques Turgot: Ecrits économiques, Paris 1970, S. 63 ff.
53 Ebd., S. 67; François Quesnay: Ökonomische Schriften, hg. v. M. Kuczynski, Berlin 1971, Bd. 1, S. 396.

er ist ein Wertloses, das dennoch den elementaren Tausch animiert, also den Vergleich ermöglicht, also den Wert erzeugt, also die Äquivalentform und die Zeichenfunktion begründet, die aber den Wert nur insofern repräsentiert, als sie sich selbst – wie Quesnay dies beschrieben hat – in jenen elementaren Tausch zurückübersetzt und in der Zirkulation naturalisiert: »Das gemünzte Geld ist ein Reichtum, für den mit anderen Reichtümern bezahlt wird und der innerhalb der Länder ein vermittelndes Pfand beim Kauf und Verkauf ist, welches nicht mehr zum Fortbestehen der Reichtümer innerhalb eines Staates beiträgt, wenn es aus der Zirkulation zurückbehalten wird und nicht mehr Reichtum gegen Reichtum austauscht.«[54] In gewisser Hinsicht begegnet man hier dem Problem der Benennung, wie es sich auch in der naturhistorischen Klassifikation gestellt hat: Wie nämlich die Nomenklatur der Arten und Gattungen ihre signifikative Kraft durch ein natürliches Kontinuum erhält, das gerade in ihr nicht darstellbar ist, so repräsentiert das Geldzeichen die Reichtümer nur, indem es sie zirkulieren läßt und sich selbst als Zeichen in dieser stetigen Zirkulation annulliert. Auf unterschiedliche Weise, so läßt sich folgern, situieren also Naturgeschichte und politische Ökonomie ihre Gegenstände auf ein und demselben Terrain, das durch zwei Grenzen determiniert wird. Einerseits durch die Frage nach der diskreten Repräsentation kontinuierlicher Zusammenhänge: das monetäre Zeichen setzt den Reichtum in Umlauf, und das klassifizierende Zeichen integriert jedes natürliche Wesen in eine bruchlose Folge von Ähnlichkeiten und Unterschieden; andererseits aber durch ein Problem der Selbstregulierung und des entsprechenden Maßes, das seine Wahrheit in einem »laisser agir la nature« (Boisguilbert)[55] sucht und sich im kritischen Moment des Überschusses, seines Transportes und seiner Kompensation konzentriert. Als latente Krisis dieser allgemeinen Ökonomie provoziert der verschiebbare Überschuß jenes Ungleichgewicht, das den Naturprozeß antreibt und gegen sich selbst arbeiten läßt: Er ist das Motiv des Lebens, das den Tod in sich trägt; er ist die Fülle, die die Defizienz hervorruft; er ist der Sprung, der die kontinuierliche Bewegung motiviert; er ist das Überflüssige, das auf das Bedürfnis antwortet, das Supplement, das das Notwendige definiert, der Signifikant, der sich im Bezeichneten auslöscht.

Diese Figur, die in der Beschreibung der Natur und in der Medizin ebenso wiederkehrt wie in der Analyse der Reichtümer oder in der Stilistik[56], macht nicht nur den Ausgleich, das »natürliche Gleichgewicht« und die ökonomische Idee der Kompensation zum Kern der verschiedenen Systembildungen in der zweiten Hälfte des 18. Jahrhunderts[57], sie situiert in ihrem Zentrum zugleich einen homo compensator, der zum Definiens der richtigen Proportionen an-

---

54 Ebd., S. 438.
55 Zit. nach Paul Harsin: Les doctrines monétaires et financières en France du 16ᵉ au 18ᵉ siécle, Paris 1928, S. 106.
56 Vgl. Michael Cardy: Le nécessaire et le superflu: antithèse des lumières, in: Studies on Voltaire and the eighteenth century 202, 1982, S. 183–190; Jacques Derrida: L'archéologie du frivole. Lire Condillac, Paris 1973.
57 Vgl. Jean Svagelski: L'idée de la compensation au 18ᵉ siècle, Paris 1981.

wächst. Wie der Mensch etwa das Maß des Preises und des Werts darstellt[58], so wird umgekehrt der Ausgleich zum Maß des Menschen, und mit dieser tautologischen Bestimmung gerät das normierende – und leere – Bild des Menschen zum Kriterium einer Ökonomie der Natur. Einerseits erscheint somit die Ähnlichkeit des Menschen mit sich selbst im Augenblick einer vollständigen Kompensation, die bloß eine flüchtige Trennlinie zwischen Wachstum und Verfall markiert: »Lorsque le corps a acquis toute son étendue en hauteur et en largeur par le développement entier de toutes ses parties, il augmente en épaisseur: Le moment de cette augmentation est le premier point de son dépérrissement; car cette extension n'est pas une continuation de développement ou d'accroissement intérieur de chaque partie [...]; mais c'est une simple addition de matière surabondante qui enfle le volume du corps et le charge d'un poids inutile.«[59] Andererseits aber öffnet das Ungleichgewicht, die Freisetzung und die Akkumulation von Überschuß den Fächer einer Pathologie, die Buffon als Verlust des anthropomorphen Charakters selbst beschreibt: in der Erzeugung von Mißbildungen und Monstren; in einer Exzentrik der Einbildungskraft, die mit einem Flüssigkeitsstau beginnt und in »Demenz« und »Epilepsie« endet; in der Genese des Formlosen, das sich aus der unkontrollierten Zusammenballung von Stoffüberschuß ergibt und etwa in der Urzeugung von Bandwürmern, Spulwürmern oder Leberegeln eine »völlige Anarchie« des Lebens belegt; und eben im Marasmus des Alters, wo die »überschüssige Materie« die Gestalt des Körpers auseinandertreibt: »Le visage se déforme, le corps se courbe.«[60] Das Bild des Menschen wird von seinen Deformationen umrahmt, die die Quantifizierung des ökonomischen Paradigmas in einen qualitativen Sprung übersetzen. Der Mensch, das Leben des Menschen, ist jene fast unmerkliche Differenz zwischen Form und Formlosem, bloßem Ausgleich und Exzeß, und nur im Intervall zwischen den Lebensaltern, in dem sich Mangel und Überfülle ohne Rest aufheben, tritt die Normgestalt des Menschen für einen Augenblick als eine ephemere Figur vor einen dunklen Untergrund, in dem »Zuviel« und »Zuwenig«, Formlosigkeit, Indifferenz und Monstrosität den anthropomorphen Charakter gefährden, wie Diderot dies ganz analog zu Buffon am Beispiel des bildnerischen Ideals beschreibt: »L'enfant est une masse informe et fluide, qui cherche à se développer; le vieillard, une autre masse informe et sèche, qui rentre en elle-même, et tend à se réduire à rien. Ce n'est que dans l'intervalle de ces deux âges, depuis le commencement de la parfaite adolescence jusqu' au sortir de la virilité, que l'artiste s'assujettit à la pureté, à la précision rigoureuse du trait, et que le *poco più* ou *poco meno*, le trait en dedans ou en dehors fait défaut ou beauté.«[61]

Diese Verschlingung von Physiologie und Schönheitslehre, in der die Kategorie des Überschusses Funktionselement und Bildmerkmal gleichzeitig ist

---

58 Ferdinando Galiani: De la Monnaie (1751), Paris 1955, S. 85–86.
59 Buffon (Anm. 20), S. 141.
60 Buffon (Anm. 3), Bd. 4, S. 70ff. – Ebd., Bd. 11, S. 109ff.; ders. (Anm. 20), S. 102ff. – Ders. (Anm. 3), Bd. 11, S. 27ff. – Ders. (Anm. 20), S. 142.
61 Denis Diderot: Essai sur la peinture, in: Œuvres, Paris 1951, S. 1115.

und damit eine Ökonomie der Ströme mit der Umrißzeichnung des Körpers zusammenschließt, beschreibt eine Bewegung, mit der die naturhistorische Methode in eine ästhetische übergeht und hier ihre Perfektion findet. Buffon selbst hat diesen Übergang vom Funktionalen zum Bildnerischen systematisiert und mit der Idee eines »moule intérieur«, einer inneren Präge- oder Gußform, ein Konzept erfunden, das nicht nur für die kontinuierliche Reproduktion der Natur und für die Konstanz der Arten einsteht, das nicht nur die Konfrontation zwischen Präformationslehre und Epigenese aufhebt und eine logische Vermittlung zwischen der aristotelischen Formursache und der »idée directive« Claude Bernards darstellt.[62] Dieses Konzept ist vielmehr in seiner Begründung, Funktion und Normativität ganz und gar ästhetisch gedacht. Denn als Lösungsvorschlag für das Problem des Kopierens dreidimensionaler Formen[63] präsentiert sich jene innere Prägeform als strikte Fortsetzung skulpturaler Technik. Während der Bildhauer nur Oberflächen gestaltet und die Plastizität durch Kombinationen, Korrekturen und lineare Bewegungen erschließt und imitiert, bearbeitet die Natur mit jeder ihrer Bewegungen alle drei Dimensionen zugleich, durchdringt also die Körper, erzeugt innere wie äußere Form zugleich und vollendet damit das plastische Ideal: »quelle comparaison de la statue au corps organisé, mais aussi quelle inégalité dans la puissance, quelle disproportion dans les instrumens!«[64] Einerseits ist dieser »moule intérieur« damit das genormte und unveränderliche Original, welches das Maß für die Homöostasie und die Regel der natürlichen Ökonomie verkörpert, ein Original, aus dem sich die Individuen der einzelnen Arten als variable Exemplare entwickeln und die Gleichform in der Veränderung bewahren: »Le corps d'un animal est une espèce de moule intérieur, dans lequel la matière qui sert à son accroissement se modèle et s'assimile au total; de manière que sans qu'il arrive aucun changement à l'ordre et à la proportion des parties, il en résulte cependant une augmentation dans chaque partie prise séparément [...]«[65] Andererseits demonstriert diese Konfiguration von Modell und Nachbild die Arbeit der Natur insgesamt und offenbart die »histoire naturelle« selbst als einen ästhetisch bestimmten Raum. Wie jedes Individuum dem immer reproduzierten Urbild seiner Art folgt, so sammeln sich die kontinuierlich abgestuften Muster und ihre Variationen in einem Ursprung, in einem ersten Prototyp, der seine Projektionsebene schließlich in der »schönen Natur« des Menschen findet. Die schöne Natur: Mit der geläufigen Anspielung auf die Zeuxis-Anekdote wird hier das plastische Nachbild der konkreten Naturen zu einem Original, das wiederum zum Abbild der Natur selber absinkt und deren bildnerischen Arbeit nach Maßgabe der klassischen Proportionslehre manifestiert.[66] Über die Kette der Wesen und die unendlichen Variationen hinweg hat also die Natur gelernt,

---

62 Canguilhem (Anm. 9), S. 54.
63 Jacob (Anm. 12), S. 92.
64 Buffon (Anm. 16), Bd. 3, S. 48ff.; ders. (Anm. 5), Bd. 7, S. 30ff.
65 Buffon (Anm. 16), Bd. 3, S. 60.
66 Buffon (Anm. 5), Bd. 4, S. III; ders. (Anm. 20), S. 127–128.

»den Menschen zu machen«[67], und wie man in der Hand des Menschen den Pferdehuf erkennen und somit vom Menschen zu den Vierfüßern, »von den Vierfüßern zu den Waltieren, von den Walen zu den Vögeln, von den Vögeln zu den Reptilien, von den Reptilien zu den Fischen, etc. ...« hinabsteigen kann[68], so bringt erst die abstrakte, plastische Normgestalt des Menschen die Varietäten der Lebewesen und damit den Prototyp zur Erscheinung: »L'Homme (j'entends l'homme pris dans un sens général et abstrait pour le modèle de l'espèce) est le prototype, plus le résultate de toutes les combinaisons que le prototype a subies en passant par toutes les termes de la progression universelle de l'Etre.«[69] Die Exemplare sind nach dem Modell ihrer ›inneren Statue‹ geprägt; diese Schablonen weisen in stetigen Übergängen auf den Prototypus der Natur selbst zurück; und dieses Urbild wird schließlich in der Statue des Menschen sichtbar und perfekt. Der Mensch öffnet und schließt also den homogenen naturhistorischen Raum, indem er an seinem Körper das Korpus der Natur insgesamt wiederholt. Als Inkarnation der »schönen Natur« gerinnt der Mensch zu jenem Ur-Sprung, der den Unterschied setzt, zu einer idealischen Mitte und damit zur »Unbezeichnung« und »Normalidee«, wie Winckelmann bzw. Kant dies nannten.[70] Er ist die Differenz, die alle Ähnlichkeiten und Differenzen zwischen den Arten begründet, der Abstand, der alle natürlichen Verteilungen bemißt; er ist das leere Zentrum, in dem sich das Netz der Taxonomie zusammenzieht und das nicht eigentlich Gegenstand des naturhistorischen Diskurses wird, sondern diesen selbst organisiert: »On peut établir une échelle pour juger des degrées de qualités intrinsèques de chaque animal, en prenant pour premier terme la partie materielle de l'homme, et plaçant successivement les animaux à différentes distances, selon qu'en effet ils approchent ou s'éloignent davantage, tant par la forme extérieure, que par l'organisation intérieure.«[71]

Als klares Medium der Wiederholung, als unbewegter Ort der Zirkulation und als reine Differenz, die alle Differenzen ermöglicht, ist der Mensch in den Operationen der Naturgeschichte gegenwärtig und fällt doch auf entscheidende Weise aus ihnen heraus. Im Tableau der Klassifikationen nimmt der Mensch die Stelle ein, an der sich die Kontinuität der Natur durch ihre Wiederholung konstituiert und gerade darin ihrer Undarstellbarkeit begegnet; die Analyse der ökonomischen Kreisläufe rührt an die stetige Verschiebung eines labilen Gleichgewichts, das den anthropomorphen Charakter gewährleistet, indem es sich gerade durch ihn definiert und darum nur in der bildhaften Beschwörung des Exzessiven, Regellosen und Monströsen festgestellt werden kann; und daher ist die Gestalt des Menschen nicht nur eine mittlere Form, sondern die Mitte schlechthin, ein Null-Meridian, mit dem die natürlichen Formen begin-

---

67 Robinet (Anm. 7), S. 4.
68 Diderot, Buffon, zit. nach: Jean Piveteau: Introduction à l'œuvre philosophique de Buffon, in: Jean Dorst (Hg.): Buffon, Paris 1988, S. 179–180.
69 Robinet (Anm. 7), S. 5.
70 Johann Joachim Winckelmann: Geschichte der Kunst des Altertums, in: Werke, hg. v. J. Eiselein, Bd. 4, Berlin 1825 (Nachdruck: Osnabrück 1965), S. 61; Immanuel Kant: Kritik der Urteilskraft, in: Werke (Anm. 23), Bd. 5, S. 315–318.
71 Buffon (Anm. 16), Bd. 5, S. 381–382.

nen und enden, er ist der Sprung, der die Kette der Wesen und diejenige Natur ermöglicht, die selbst keinen Sprung machen soll. In all diesen Momenten wird der Mensch repräsentiert, ohne wirklich vorhanden zu sein, und er garantiert die Homogenität der Natur nur durch die »reine Repräsentation dieses wesentlichen Fehlens«.[72] Buffons Naturgeschichte des Menschen verfolgt daher eine menschliche Natur, die mit jener anderen, ungeordneten, in unzählige Wesen verstreuten Natur nur insofern kommuniziert, als sie diese mit der Logik einer Kreisbewegung erfaßt und verdoppelt, die vom Blickfeld der erwachenden Statue auf die »schöne Natur« dieser Statue selber zurückführt. Man mag dies Anthropozentrismus nennen; beide Naturen aber haben hierin nicht den Status unterschiedlich privilegierter Objekte. Die menschliche Natur ist nicht durch eine intransigente Selbstbeobachtung an ihren phänomenalen, in Raum und Zeit verlorenen Charakter gefesselt, der eine Anthropologie erst ermöglichen würde; sie ist vielmehr von ihrer eigenen, undurchdringlichen Dichte durch jenen immensen Raum der anderen Natur abgetrennt, mit deren Repräsentation, mit deren Homogenese sie selbst unsichtbar wird.

---

[72] Foucault (Anm. 6), S. 372.

Aisthesis, steinernes Herz und geschmeidige Sinne
Zur Bedeutung der Ästhetik-Diskussion in der zweiten Hälfte des 18. Jahrhunderts

HANS ADLER (Madison, Wisconsin)

I.

Daß die 1735 von Alexander Gottlieb Baumgarten eingeführte Bezeichnung »Ästhetik« Kritik auslöste, hatte seine Gründe weniger darin, daß man – wie Gottsched – das Neue der Disziplin nicht begriff[1] oder – wie Klopstock – eine schulmeisterliche Bevormundung der Poesie durch die Philosophie befürchtete.[2]

---

1 In der vierten Auflage seiner »Critischen Dichtkunst« von 1751 (Georg Friedrich Meiers »Anfangsgründe aller schönen Wissenschaften« [3 Bde., Halle 1748–1750] und der erste Teil von Baumgartens »Aesthetica« [Frankfurt/Oder 1750] lagen gerade vor) polterte Gottsched – offenbar ohne das Projekt »Ästhetik« überhaupt zu begreifen – gegen die »wilden ästhetischen Köpfe« sowie dagegen, daß »Neuere, ihre düstre ästhetische Schreibart, als das Wesentliche der Dichtkunst auf den Thron zu erheben gesuchet«. Johann Christoph Gottsched: Versuch einer critischen Dichtkunst [...]. [^{4}1751]. Reprint Darmstadt ^{5}1962, S. 93. – Überhaupt bleibt »ästhetisch« ein »neumodisches Kunstwort« für Gottsched, »womit man den schwülstigen, oder wie die Liebhaber der hochtrabenden Schreibart reden, den sinnlichen Ausdruck, anzeigen will.« Die Ästhetik sei nur eine »vermeynte neue Wissenschaft«; gemeint sei mit diesem »Invento nov-antiquo« eigentlich die Rhetorik. »Handlexicon oder Kurzgefaßtes Wörterbuch der schönen Wissenschaften und freyen Künste.« Hrsg. von Johann Christoph Gottsched [1760]. Reprint Hildesheim, New York 1970, Sp. 49. – Im Grunde nimmt Gottsched moralischen Anstoß an der – mißverstandenen – Aufwertung der Sinnlichkeit, die bei Baumgarten natürlich einen erkenntnistheoretischen Stellenwert hat. Vgl. schon Gottscheds »Erste Gründe der Gesamten Weltweisheit [...].« Anderer Practischer Theil [1734]. Reprint Frankfurt a. M. 1965, § 90 f. – Den übereifrigen Gottschedianer Theodor Johann Quistorp, der die Dichter, eben wegen dieser ›Sinnlichkeit‹ der Dichtung, bereits auf dem Weg in die »sittliche Sklaverey« sah, fertigte G. F. Meier deftig ab: »Ein Gelehrter ist ein Mensch, und bleibt aller seiner Gelehrsamkeit ohnerachtet noch ein Mensch. Da er also nun die Sinnlichkeit nicht los werden kan, so komt er mir als ein Kranker vor, der oben verdort und unten schwilt, wenn er die Sinlichkeit nicht verbessert.« »Anfangsgründe«, § 20.
2 Der ›freie‹ Dichter Klopstock fürchtet um seine Unabhängigkeit und mißversteht die neue Disziplin als normatives Regelwerk. In seiner Ode »Aesthetiker« von 1782 heißt es:

> Bürdet ihr nicht Satzungen auf dem geweihten
> Dichter? erhebt zu Gesetz sie?
> [...]

Gewichtiger war wohl, daß Baumgarten in seinen *Meditationes* ...³ explizit und programmatisch auf die Etymologie des Wortes und auf die Tradition des Begriffs zurückgegriffen hatte: Ästhetik: die Wissenschaft von den »aistheta«; die Disziplin, die philosophische Erkenntnis von der klaren und verworrenen Erkenntnis liefern sollte; Ästhetik: »die Wissenschaft von der sinnlichen Erkenntnis.«⁴ *Nicht* primär eine Kunsttheorie, wenngleich auch das; *nicht* primär eine Theorie des Kunstschönen, obwohl – und keineswegs an letzter Stelle – auch das; *sondern*: eine Wissenschaft von einer Erkenntnisart, die in cartesianischer Tradition überhaupt bestritten wurde. Die Leitfrage der theoretischen Ästhetik (ich lasse das Projekt der organischen Ästhetik hier außer Betracht) war die nach dem Beitrag der Sinne zur menschlichen Erkenntnis und die nach der Art der Wahrheit dieser – der sinnlichen – Erkenntnis, der Aisthesis.

Wenn nun den Sinnen ein Beitrag zur menschlichen Erkenntnis eingeräumt wird, dann verschärft sich das Problem des Verhältnisses von Körper und Seele, es sei denn, daß entweder die Sinnlichkeit aller Empirie entkleidet wird und die »Prinzipien der Sinnlichkeit a priori« ausschließlicher Gegenstand der Betrachtung werden, wie in Kants »transzendentaler Ästhetik«⁵; oder – wie in

    Regelt ihr gar lyrischen Flug, o, so trefft ihr
    's Aug' in den Stern dem Gesange der Alcäe,
    Trefft, je schöner es blickt, je stärker
    Ihr's mit der passenden Faust.

    Friedrich Gottlieb Klopstock: Oden. 1. Bd. (= Klopstocks sämmtliche Werke. Stereotyp-Ausgabe. Bd. 4.) Leipzig 1839, S. 278.
3 Alexander Gottlieb Baumgarten: Meditationes philosophicae de nonnullis ad poema pertinentibus [...]. Nachdruck der Erstausgabe von 1735 in: Reflections on Poetry. Alexander Gottlieb Baumgarten's »Meditationes [...]«. Translation, with the Original Text, an Introduction, and Notes, by Karl Aschenbrenner and William B. Holther. Berkeley and Los Angeles 1954. In § 115 definiert Baumgarten: »Quum psychologia det firma principia, nulli dubitamus *scientiam dari posse facultatem cognoscitiuam inferiorem, quae dirigat*, aut *scientiam sensitiue quid cognoscendi*«. In § 116 benennt Baumgarten sein Desiderat erstmalig: »Sunt ergo ›noëta‹ cognoscenda facultate superiore obiectum logices, ›aistheta epistemes aisthetikes‹ sive AESTHETICAE«.
4 Alexander Gottlieb Baumgarten: Aesthetica [1. Teil]. Halle 1750, § 1. In seiner »Metaphysica« definiert Baumgarten von der ersten Auflage (Halle 1739) an: »Scientia sensitiue cognoscendi & proponendi est AESTHETICA.« (§ 533) Dieser Kernbestand der Definition wird durch alle Auflagen der »Metaphysica« hindurch beibehalten.
5 Immanuel Kant: Kritik der reinen Vernunft. Nach der ersten und zweiten Original-Ausgabe hrsg. von Raymund Schmidt. Mit einer Bibliographie von Heiner Klemme. (= Philosophische Bibliothek. Bd. 37a.) Hamburg 1990, S. 64f. (B 35f.) [zitiert als: KrV] – Die Konzilianz, die Kant zwischen der 1. (1784) und der 2. (1787) Auflage der KrV gegenüber der Ästhetik entwickelt, verdankt sich bekanntlich der Tatsache, daß Kant in der Zwischenzeit einen dritten, zwischen theoretischer und praktischer Philosophie vermittelnden Teil ›fand‹, die Teleologie. Vgl. die bekannte Anmerkung in der KrV zu A 21/B 35. – Kants Bemühung um die Herauspräparierung eines ›rein‹ ästhetischen Bereichs zeigen auch hier die selbstverständliche Präsenz der Etymologie und der philosophischen Tradition der Aisthesis. – Im vollen Bewußtsein der Etymologie nimmt auch Hegel nolens volens den Begriff »Ästhetik« hin, obwohl er ihn semantisch für ungeeignet hält. Vgl. Georg Wilhelm Friedrich Hegel: Ästhetik. Hrsg. v. Friedrich Bassenge. Bd. 1. Frankfurt a. M. [o. J.], S. 13.

Kants *Kritik der ästhetischen Urteilskraft* –, der Bezug zum Gegenstand der Erfahrung und Erkenntnis wird derart reduziert, daß weder die Erkenntnis des Gegenstandes noch das Begehren nach ihm in den Blick kommt, um das Augenmerk ganz auf die Aktionen eines Vermögens der Lust und der Unlust zu richten, welches je nach dem Verhältnis von Anschauungs- und Denkvermögen zueinander sich bemerkbar macht.[6] Bleibt aber die Aisthesis, verstanden als unabdingbar zum Menschen gehörige Art der Erkenntnisgewinnung im Bereich der philosophischen Aufmerksamkeit, so entstehen Probleme grundsätzlicher Art.

Dabei geht es in der zweiten Hälfte des 18. Jahrhunderts bei den Kernbeständen der Philosophie nicht um ein graduell quantitatives Verrücken der Grenzen der Philosophie, wie wohl noch bei Baumgarten mit seiner kompromißbereiten *Aesthetica* und auch bei Sulzer mit seinen Anregungen, das ›Unbewußte‹ zum Gegenstand (schul-)philosophischer Behandlung zu machen, womit er à son insu eine Art programmatischer Handreichung zu Karl Philipp Moritzens Konzept der »Erfahrungsseelenkunde« lieferte – ein Vierteljahrhundert vor dessen *Magazin zur Erfahrungsseelenkunde*. In seinem Überblick über den damaligen Stand der Wissenschaften schrieb Sulzer:

> »Da nun die Kenntnis der menschlichen Seele der edelste Theil der Wissenschaften ist, so ist die Erweiterung der empirischen Psychologie den Liebhabern der Weltweisheit bestens zu empfehlen. Insonderheit möchten wir sie erinnern, die genaueste Aufmerksamkeit auf die dunkeln Gegenden der Seele (wenn man so reden kann) zu richten; wo sie durch sehr undeutliche und dunkle Begriffe handelt. Wolf [sic] hat die Würkungen des Verstandes beym deutlichen Denken und Urtheilen fürtrefflich beschrieben. Wenn man auf eben diese Weise das Betragen der Seele bey der undeutlichen Erkenntnis und bey den schnellen Urtheilen, welche aus der anschauenden Erkenntnis folgen, bey allerley Arten der Fälle genau aus einander sezte, so würde dieser Theil der Philosophie noch sehr erweitert werden.«[7]

Ein Jahr zuvor, 1758, hatte Sulzer bereits die philosophisch nicht erfaßten Wirkungen des ›Dunklen der Seele‹, des »fundus animae«[8] als Verhaltensproblem der psychologischen Analyse anempfohlen, denn es sei so,

> »daß dunkle Vorstellungen sehr merkliche Wirkungen haben können, und daß sich die Seele mit einer beträchtlichen Angelegenheit beschäfftigen kann, ohne eine recht klare Erkenntniß davon zu haben. Das sind die in dem Innersten der Seele verborgenen Angelegenheiten, die uns zuweilen auf einmal, ohne alle Veranlassung und auf eine

---

6 Immanuel Kant: Kritik der Urteilskraft. Hrsg. von Karl Vorländer. Mit einer Bibliographie von Heiner Klemme. (= Philosophische Bibliothek. Bd. 39a.) Hamburg 1990, S. 26f. (Einleitung, B XLIIIf.)

7 [Johann Georg Sulzer:] Kurzer Begriff aller Wißenschaften und andern Theile der Gelehrsamkeit, worin jeder nach seinem Inhalt, Nuzen und Vollkommenheit kürzlich beschrieben wird. Zweyte ganz veränderte und sehr vermehrte Auflage. Leipzig 1759, S. 159.

8 Vgl. dazu meinen Aufsatz »Fundus Animae – der Grund der Seele. Zur Gnoseologie des Dunklen in der Aufklärung.« In: DVjs 62 (1988), S. 197–220.

unschickliche Art, handeln oder reden, und ohne daß wir daran denken, Dinge sagen lassen, die wir schlechterdings verbergen wollten.«[9]

Die beabsichtigte ›Erweiterung‹ entwickelt sich in der zweiten Hälfte des 18. Jahrhunderts als Antrieb zur Sprengung der traditionellen Metaphysik. Die cognitio philosophica wird dabei gewissermaßen vom Kopf auf die Füße gestellt, indem der wissenskohärenzierenden Spekulation die Vorrangstellung vor der Beobachtung, der Erfahrung und dem Experiment streitig gemacht wird. Der Prozeß ist verwickelt, denn er besteht nicht in simpler Verdrängung der Spekulation durch Empirie, sondern darin, beides zueinander in Beziehung zu setzen, um die Ergebnisse der cognitio historica, die »Erkenntnis dessen, was ist und geschieht« umzuwandeln in die Erkenntnis, »warum etwas ist und geschieht«[10] und erstere in letzterer, der cognitio philosophica, aufzuheben.

II.

Der *philosophische Arzt*[11] ist in dieser Hinsicht die wissenschaftliche Nobilitierung des médecin empirique, der laut Leibniz zu drei Vierteln in seinem Tun nicht der Vernunft, sondern dem analogon rationis verpflichtet ist.[12] Ernst Platners Entwurf der neuen Wissenschaft mit dem Namen[13] *Anthropologie* plädiert für die Wiedervereinigung von »Arzneykunst« und Psychologie unter dem

---

9 Johann George Sulzer: Zergliederung des Begriffs der Vernunft [1758]. In: J.G.S.: Vermischte Philosophische Schriften: Aus den Jahrbüchern der Akademie der Wissenschaften zu Berlin gesammelt. Leipzig 1773, S. 244–281, hier: S. 261.
10 Christian Wolff: Philosophia rationalis sive Logica. Pars I [1740]. Edition critique avec introduction, notes et index par Jean Ecole. Reprint Hildesheim 1983, § 3 und § 6.
11 [Melchior Adam Weikard:] Der philosophische Arzt. Frankfurt und Leipzig 1773–1775. Vgl. dazu: Hans-Jürgen Schings: Melancholie und Aufklärung. Melancholiker und ihre Kritiker in Erfahrungsseelenkunde und Literatur des 18. Jahrhunderts. Stuttgart 1977, S. 21 ff.
12 Vgl. Gottfried Wilhelm Leibniz: Théodicée, § 65 der Préface. In: Die philosophischen Schriften von Gottfried Wilhelm Leibniz. Hrsg. von C.J. Gerhardt. 7 Bde. [Nachdruck der Ausgabe Berlin 1875–1890.] Hildesheim, New York 1978, hier: Bd. VI, S. 87 sowie: Ders.: Principes de la Nature et de la Grace, fondés en raison, § 5 (ed. Gerhardt, Bd. VI, S. 600) und ders.: ›Monadologie‹, § 26 und § 28 f. (ed. Gerhardt, Bd. VI, S. 611). – Ich lasse hier die Entwicklung im Bereich der Geschichtsphilosophie beiseite. Vgl. dazu meine Arbeit: Die Prägnanz des Dunklen. Gnoseologie – Ästhetik – Geschichtsphilosophie bei Johann Gottfried Herder. (= Studien zum 18. Jahrhundert. Bd. 13.) Hamburg 1990, S. 150–172.
13 Vgl. zur Anthropologie avant la lettre: Wolfgang Pross: Herder und die Anthropologie der Aufklärung. In: J.G. Herder: Werke. Hrsg. von Wolfgang Pross. Bd. II. München/Darmstadt 1987, S. 1128–1175 (»Anthropologie der Aufklärung: Disziplin ohne Begriff«).

Dach der – alle Wissenschaften vereinigenden – Philosophie.[14] Die Anthropologie solle sich dabei mit »Körper und Seele in ihren gegenseitigen Verhältnissen, Einschränkungen und Beziehungen befassen«.[15] »Mehr historisch als spekulativ«[16], d.h. mehr beobachtend und sammelnd denn systematisierend und deshalb in »aphoristische[r] Schreibart«[17] solle seine »Anthropologie« zunächst sein. Diese Skepsis gegenüber dem Systemhaften der Erkenntnisse ist bei Platner freilich so grundsätzlich, daß die Vorläufigkeit des »Historischen« und »Aphoristischen« selbst den nicht hintergehbaren Bedingungen einer anthropozentrischen Epistemologie geschuldet ist,

> »Denn ich [sc. Platner] bin überzeugt, daß alle Untersuchungen über die Natur der geistigen und materiellen Substanzen, und über die Gemeinschaft beyder Arten, niemals zu einem festen Lehrgebäude geraten werden.«[18]

Der Grund liege in der Perspektivität der Erkenntnisse, da die Seele sich nur jeweils eine Seite des Erkenntnisgegenstandes gegenwärtig halten könne und deshalb Systeme Resultate habitueller Reduktion seien – eher eine Reverenz an die spezifisch menschlichen Erkenntnismöglichkeiten bzw. an eine Gewohnheit denn eine gegenstandsadäquate Operation.

Es geht Platner also um »mehr Fakten als Spekulationen«[19] in der Anthropologie, wie es Johann Gottfried Herder mit seiner Maxime: »nicht Vernünfteln, sondern Sammlen«[20] für die Ästhetik (und für das, was er »menschliche Philosophie« überhaupt nennt) und Karl Philipp Moritz mit dem Motto: »Fakta, und kein moralisches Geschwätz« für seine Erfahrungsseelenkunde fordert.[21] Aber – was sind »Fakta«?

Da die Seele »vor sich allein« keine Vorstellung von Dingen außerhalb ihrer selbst gewinnen kann, bedarf sie des Körpers als Organ, das eine bestimmte Position in der Welt einnimmt und so die Perspektivität jeder menschlichen Erkenntnis bedingt:

---

14 Ernst Platner: Anthropologie für Ärzte und Weltweise. Leipzig [1772], S. IIIf. – Vgl. zu Platner: Alexander Košenina: Ernst Platners Anthropologie und Philosophie. Der ›philosophische Arzt‹ und seine Wirkung auf Johann Karl Wezel und Jean Paul. (= Epistemata. Würzburger Wissenschaftliche Schriften. Reihe Literaturwissenschaft. Bd. XXXV.) Würzburg 1989, S. 11–41.
15 Platner: Anthropologie (Anm. 14), S. XVII.
16 Ebd., S. XXVI.
17 Ebd., S. XVIII.
18 Ebd., S. XIIIf.
19 Ebd., S. XVIII.
20 Johann Gottfried Herder: Plan zu einer Aesthetik. In: J.G.H.: Werke in zehn Bänden. Bd. 1.: Frühe Schriften 1764–1772. (= Bibliothek deutscher Klassiker. Bd. 1.) Hrsg. von Ulrich Gaier. Frankfurt a.M. 1985, S. 659–676, hier: S. 672.
21 [Karl Philipp Moritz: Vorwort zu:] ΓΝΩΘΙ ΣΑΥΤΟΝ oder Magazin zur Erfahrungsseelenkunde [...] hrsg. von Carl Philipp Moritz. Ersten Bandes erstes Stück. Berlin 1783, S. 2.

»Die Seele stellt sich die Welt nach einer gewissen Lage[22] des ihr beygesellten Körpers vor ...[23]
Der Ursprung aller Ideen ist also die sinnliche Empfindung.«[24]

Die Funktion der Organe der Seele (Gehirn und äußere Sinne) ist, die Objekte der Erfahrung so zu »verfeinern«[25] und zu »verkleinern«[26], daß sie für die menschliche Seele gewissermaßen verdaulich zugerichtet werden. Bewußtsein ist nicht ein reflexartiger Akt der Rezeption, sondern die »ganz einfache Handlung der menschlichen Seele«[27], durch die der mechanische Prozeß des äußeren Eindrucks[28], der seinerseits – von den »Lebensgeistern« über die Nerven ins Gehirn vermittelt (»innere Impression«) – in eine »geistige Idee«[29] transformiert wird, um dann durch Vergleich mit und Unterscheidung von abwesenden Objekten gehabter Erfahrungen das gegenwärtige Objekt als erkanntes zu individualisieren und somit zu identifizieren – nur, aufgrund des Vermittlungsprozesses ist das *gegebene* Objekt in ein ›gemachtes‹ verwandelt worden, denn, so Platner,

> »die geistige Vorstellung[,] die unsere Seele von dem Objekte hat, [ist] nichts anderes [...], als eine Veränderung[,] welche aus dem Verhältnisse der Objekte zu unsern äußern und innern Werkzeugen [...] und aus dem Verhältnisse dieser Werkzeuge zu unserer Seele, entsteht.
> [...]
> Die Seele erkennt also die Objekte nicht selbst, sondern nur die Verhältnisse[,] in denen sie, ihrer Natur nach, mit ihnen steht.«[30]

Die menschliche Erkenntnis der äußeren Welt beschränkt sich also auf die Wahrnehmung von Wirkungen der Objekte und auf die Bestimmung des Verhältnisses, in dem das Subjekt zu den Objekten und die Erkenntnisorgane zur Seele stehen. Dieses ›Defizit‹ nennt Platner »Irrthum der Sinne«:

> »Also stellen uns unsere Empfindungen die Objekte anders vor, als sie sind. Dieser Irrthum der Sinne ist unserer Natur angemessen, und folglich dem Schöpfer nicht unanständig. Denn wir brauchen nach den Absichten unsers Daseyns, die Sinne nicht[,] um die Körperwelt selbst zu erkennen, sondern nur die Verhältnisse, in denen wir mit ihr stehen.«[31]

---

22 Platner ist über weite Strecken der Psychologia empirica der Schulphilosophie verpflichtet. Von der »Lage« des Körpers heißt es bei Baumgarten in seiner »Metaphysica«: »REPRAESENTO PRO POSITV CORPORIS mei in hoc vniuerso«, was er selbst übersetzt mit: »Meine Vorstellungen richten sich nach der Stelle meines Leibes.« (§ 512)
23 Platner: Anthropologie (Anm. 14), § 127.
24 Ebd., § 202.
25 Ebd., § 130f.
26 Ebd., § 202.
27 Ebd., § 286.
28 Ebd., § 223. Auch dies ist in enger Anlehnung an die Psychologie der »Schule« formuliert. Vgl. Adler: Prägnanz (Anm. 12), S. 20f.
29 Platner: Anthropologie (Anm. 14), § 284.
30 Ebd., § 312f.
31 Ebd., § 315.

Unter dieser Bedingung skizziert Platner eine Art Authentizitätshierarchie der Sinne, in der der Tastsinn, der »wahrhaftigste Sinn«[32], wegen seines relativ unmittelbarsten Kontakts mit den Objekten an oberster Stelle steht. Weniger dieses aber ist in unserem Zusammenhang von Interesse, als vielmehr die These Platners, daß die Transformation der sinnlichen Empfindungen in geistige ein Akt der ›Verunähnlichung‹[33] ist: sinnliche Erkenntnis ist kein mimetischer Akt. Das spezifisch Menschliche an dieser Erkenntnis ist nicht eine Abbildung des Gegebenen, sondern bildende, nicht-mimetische Aneignung. Die Rolle der Aisthesis im Prozeß der menschlichen Erkenntnis ist ein anthropologisches Datum, das Platner auf der vorsichtig formulierten Annahme des influxus physicus aufbaut.[34] Die erkannte Realität ist eine Transformation des Gegebenen, ein Faktum, dessen Grundlage die Aisthesis ist.

Es ist nur folgerichtig, wenn Platner dem Problem, wie denn Gewißheit über die Existenz des Erkannten überhaupt erlangt werden könne, mit einer Art Verweigerung philosophischer Reflexion begegnet. Vor dem Hintergrund seiner aisthetischen Fundierung der Erkenntnis ist das Sein des Erkannten nicht beweisbar, aber dennoch gewiß. Die ontologische Grundlage seiner Anthropologie ist die »Ueberzeugung von der Wirklichkeit«.[35] Es sei »unserer Natur eben so gemäß[,] die Wirklichkeit der Körper zu glauben, als einen geometrischen Beweis.«[36]

> »Wer die Untrüglichkeit dieser Empfindung bestreitet, und bey der Ueberzeugung von der Wirklichkeit der Materie demonstrative Beweise vermißt, der kann nicht widerlegt werden, weil er eben diese Empfindung leugnet, welche bey der sinnlichen Ueberzeugung der oberste Grundsatz ist, so wie bey der demonstrativen Ueberzeugung, der Satz des Widerspruchs.«[37]

Die auf dieser aesthetico-ontologischen Überzeugung gegründete Anthropologie Ernst Platners, die Disziplin des Zusammenspiels von Körper und Seele des Menschen, führt in Platners »Neue[r] Anthropologie«[38] (die nicht gar so verschieden von Platners erster »Anthropologie« ist, wie er den Leser glauben machen will) zu einem Zentralbegriff, mit dem Platner die Natur des Menschen charakterisiert; es ist der Begriff »Sinnlichkeit«:

---

32 Ebd., § 317.
33 Vgl. ebd., § 330: »Aus dem bisherigen ist klar. 1) Daß unsere Vorstellungen von den körperlichen Eigenschaften [...] den Körpern selbst gar nicht ähnlich seyn können.«
34 Vgl. ebd., § 300 ff. (»Von der Wirkung des Körpers in die Seele«.)
35 Ebd., § 332.
36 Ebd.
37 Ebd., § 333. Vgl. zur Unterscheidung von »sinnlicher« und »demonstrativer Gewißheit«: Baumgarten: Metaphysica (Anm. 4): »Conscientia veritatis est CERTITVDO (subiectiue spectata [...]). Certitudo sensitiua est PERSVASIO, intellectualis CONVICTIO«. (§ 531, S. 185) – Diese Unterscheidung spielt im gesamten Werk J. G. Herders eine grundlegende Rolle. Vgl. Adler: Prägnanz (Anm. 12), S. 54 ff.
38 Ernst Platner: Neue Anthropologie für Aerzte und Weltweise. Mit besonderer Rücksicht auf Physiologie, Pathologie, Moralphilosophie und Aesthetik. 1. [und einziger] Bd. Leipzig 1790. – Vgl. zu Platners Distanzierung von seiner »Anthropologie« von 1772 die unpaginierte Vorrede.

Sinnlichkeit in der allgemeinen und weitern Bedeutung des Worts, ist die Vermischung des Geistigen und Thierischen in einem lebendigen Wesen. [...] die wahre Sinnlichkeit ist doch eigentlich eine gleichmäßige Mischung des Geistigen und Thierischen, und diese ist nur in den eigentlich menschlichen Empfindungen [...]; und eben diese Sinnlichkeit ist der Karakter der eigentlich menschlichen Natur.«[39]

Platner faßt in seiner Anthropologie eine Tendenz seiner Zeit zusammen, die wissenschaftlich und philosophisch den ›ganzen Menschen‹ zum Ausgangs- und Zielpunkt hat. Als solche steht diese Tendenz in einer heiklen Zwei-Fronten-Stellung zwischen jenen, die sich nur der Beobachtung und Erfahrung verpflichtet fühlen und jenen, die der nominaldefinitorisch fundierten Schulmetaphysik anhängen. Daß Platner ausgerechnet mit dem Begriff »Sinnlichkeit« als ausgewogenem Verhältnis von »Geistigem und Thierischem« das Spezifische der menschlichen Natur bezeichnet, ist als Nobilitierung auf der Grundlage einer Modifizierung des Begriffs zu werten. Festzuhalten ist jedenfalls, daß die Aisthesis ein konstitutives Element der Anthropologie geworden ist, nachdem sie epistemologiehistorisch seit Leibniz von der Peripherie philosophischer Aufmerksamkeit sich einen Weg in deren Zentrum gebahnt hatte. Johann Gottfried Herder ist ein entscheidender Kombattant in dieser Entwicklung.

III.

In der Mitte der 60er Jahre des 18. Jahrhunderts arbeitet Herder an der Frage, wie die Philosophie lebensweltlich relevant werden könne. Weniger der Aspekt pragmatischer Popularisierung ist dabei interessant, als vielmehr Herders Kritik an der damals praktizierten Philosophie. In seinen Entwürfen zur Beantwortung der Frage, *Wie die Philosophie zum Besten des Volks allgemeiner und nützlicher werden kann* (1765)[40], fordert Herder bekanntlich – 22 Jahre vor Kant, aber dessen Intentionen diametral entgegengesetzt – eine Radikalkur für die Philosophie, eine ›Kopernikanische Wende‹.[41]

---

39 Ebd., § 791. – Im § 796 macht Platner zum Begriff »ästhetisch« eine Anmerkung, die den Verlust des etymologischen Bezuges behauptet: »Der Ausdruck, ästhetische Empfindungen, ist im Grunde [...] etwas sonderbar: da aber das Wort ästhetisch seit Baumgarten seine etymologische Bedeutung in dem Grade verloren hat, daß man kaum mehr daran denkt: so scheint es mir, wenigstens in systematischen Schriften, zur Bezeichnung der Empfindungen, die sich auf ästhetische Vollkommenheit beziehen, ein schickliches und fast unentbehrliches Beywort zu seyn.« (S. 340)

40 Johann Gottfried Herder: [Wie die Philosophie zum Besten des Volks allgemeiner und nützlicher werden kann.] In: J. G. H.: Werke in zehn Bänden. Bd. 1 (Anm. 20), S. 101–134.

41 Vgl. Ulrich Gaier: Der frühe Herder. In: J. G. Herder: Werke in zehn Bänden. Bd. 1 (Anm. 20), S. 813–832, hier: S. 815. – Vgl. auch Hans Dietrich Irmscher: Die geschichtsphilosophische Kontroverse zwischen Kant und Herder. In: Bernhard Gajek (Hrsg.): Hamann – Kant – Herder. Acta des vierten Internationalen Hamann-Kolloquiums im Herder-Institut zu Marburg 1985. (= Regensburger Beiträge zur deutschen Sprach- und Literaturwissenschaft. Reihe B.) Frankfurt a.M. [u.a.] 1987,

»Alle Philosophie, die des Volks sein soll, muß das Volk zu seinem Mittelpunkt machen, und wenn man den Gesichtspunkt der Weltweisheit in der Art ändert, wie aus dem Ptolomäischen, das Kopernikanische System ward, welche neue fruchtbare Entwickelungen müssen hier nicht zeigen [sic], wenn unsre ganze Philosophie Anthropologie wird.«[42]

Philosophie in der Form der akademischen Disziplin begreift Herder als eine intellektualistische Hybridbildung, die ihre wichtigste Quelle – die Erfahrung – nicht nur nicht erreichen kann, sondern auch nicht erreichen will, da sie sich erklärtermaßen von ihr wegbewegt, von der cognitio historica zur cognitio mathematica. In den zuletzt zitierten Sätzen unterstellt Herder dem Volk eine größere Nähe zur Welt durch Erfahrung – ›Volk‹ ist »sinnliches Volk«.[43] Der Verlust dieser Sinnlichkeit ist für Herder gleichbedeutend mit dem Verlust des entscheidenden Teils dessen, was den ›ganzen Menschen‹ ausmacht. »Volk« und dessen positive Sinnlichkeit ist also für Herder soviel wie ›Mensch in der ursprünglichen Fülle seiner Fähigkeiten‹. Eben diese Fülle, so Herders wiederholte Kritik in geschichtsphilosophischer Perspektive, gehe der Kultur des 18. Jahrhunderts ab: die eigene Zeit sei »siechherzig«, »Kopf und Herz ist [sic] einmal getrennt«.[44] Die Philosophie der Zunft lehre nichts Neues, sondern verwalte nur noch Wissensbestände und kultiviere die Techniken dieser Verwaltung; sie kreire selbst Probleme, um Lösungen dafür zu finden, die beide außerhalb der Zunft irrelevant sind[45] – ein intellektualistischer Kropf.

All das ist kein Plädoyer Herders für eine Abschaffung der Philosophie, denn der Irrweg der herrschenden Philosophie ist nur dem Philosophen erkenntlich. Das Gegengift ist eine andere Philosophie. Herders andere Philosophie ist ›genetisch‹ fundiert. Sein früher Satz, »Bilde nicht eher den Weltweisen, bis du den Menschen gebildet hast«[46], ist eine – nicht nur rousseauisti-

---

S. 111–192, hier: S. 113, sowie Wolfgang Proß: Herder und die Anthropologie der Aufklärung [Anm. 13], S. 1133f. – Rudolf Haym, der Herder philosophisch als epigonalen, vorkritischen Kantianer darstellt, erwähnt Herders programmatische Formulierung der ›Kopernikanischen Wende‹ zwar, stellt aber bezeichnender Weise keine Verbindung zu Kants späterer Verwendung desselben Vergleichs (KrV B XVI) her; vgl. R.[udolf] Haym: Herder nach seinem Leben und seinen Werken. 1. Bd. Berlin 1880, S. 50.

42 Herder: Philosophie zum Besten des Volks (Anm. 40), S. 134. – In einer »Anlage« zu diesem Text die Bemerkung: »Philosophie wird auf Anthropologie zurückgezogen« (S. 103), und in einer »Übersicht«: »Einziehung der Philosophie auf Anthropologie« (S. 132). – Der Begriff »Anthropologie« auch in Herders Kritik an Hamann: Dithyrambische Rhapsodie über die Rhapsodie kabbalistischer Prose [1765]. In: J. G. H. Werke in zehn Bänden. Bd.1 (Anm. 20), S. 30–39, hier: S. 35.

43 Herder: Philosophie zum Besten des Volks (Anm. 40), S. 133.

44 Herder: Auch eine Philosophie der Geschichte zur Bildung der Menschheit. Beytrag zu vielen Beyträgen des Jahrhunderts [1774]. In: J. G. H.: Sämtliche Werke. Hrsg. von Bernhard Suphan. Bd. 5. Reprint Hildesheim, New York ²1978/1979, S. 475–596, hier: S. 541. – Diese Ausgabe wird im folgenden zitiert als SWS mit Angabe der Band- und Seitenzahl.

45 Vgl. Herder: Philosophie zum Besten des Volks (Anm. 40), S. 114.

46 Ebd., S. 126. – Vgl. auch Herder: Versuch über das Sein. In: J. G. H.: Werke in zehn Bänden. Bd. 1 (Anm. 20), S. 9–21, hier: S. 15 (»Menschen [sind] eher gewesen [...] als Philosophen«).

sche – Warnung vor der Verkümmerung des ganzen Menschen durch eine Zunft von Eunuchen:

»Alles, was die Philosophen lehren, und nicht tun können, tun die, welche der Natur am nächsten sind, die einfältigen Landbewohner. Diese sind die größten Beobachter der Natur ...«[47]

Als sklerotisch und banausisch (»Handwerksphilosoph«[48]) stellt sich Herder seine zeitgenössische Philosophie dar. Sie ist keine »menschliche Philosophie«, da sie in ihrer anästhetischen Tendenz zu Lasten des Leibes den ganzen Menschen auf das Konstrukt eines Cephalopoden reduziert. Wenn Herder von der ganzheitlichen ›Natur des Menschen‹ spricht, dann meint er den Menschen als Teil der ganzen Natur. Herder hat, modern gesprochen, ein ökologisches Menschenbild. Der Mensch ist ein komplexer Organismus, ein ›Auszug der Schöpfung‹:

»Sein Blut und seine vielnamigen Bestandtheile sind ein Compendium der Welt: Kalk und Erde, Salze und Säuren, Oel und Waßer, Kräfte der Vegetation, der Reize, der Empfindungen sind in ihm organisch vereint und in einander verwebet.«[49]

Das Verhältnis zwischen anorganischer und organischer Natur, geistiger Fähigkeit und dazwischenliegenden Ebenen der Vermittlung begreift Herder evolutiv und holistisch.[50] Vorausgesetzt wird, daß es ein Ganzes der Schöpfung gibt, daß dieses Ganze der Schöpfung insgesamt geordnet ist und in seiner Gesetzmäßigkeit den Mitteln der menschlichen Erkenntnis zugänglich ist. Der Zweck der Gesamtorganisation liegt in ihr selbst, sie ist autark, »selbstgenugsam«, wie Herder sich ausdrückt. Innerhalb dieser Gesamtorganisation hat der Mensch selbst eine relativ autarke Position inne, deren Relativität ihm aber aufgrund seiner eingeschränkten Erkenntnismöglichkeiten zu bestimmen kaum möglich ist. Demzufolge ist die Erkenntnis der Grenzen menschlicher Erkenntnis die Bedingung ganzheitlicher menschlicher Erkenntnis überhaupt: Menschliche Erkenntnis ist subjektive Erkenntnis, bedingt durch die menschliche Konstitution. Diese Konstitution ihrerseits ist bestimmt durch das Zusammenspiel von

---

47 Herder: Philosophie zum Besten des Volks (Anm. 40), S. 126f. (Interpunktion von mir geändert; H. A.)
48 Ebd., S. 126. – Vgl. Hyperions bekannte Klage über die Deutschen: »Handwerker siehst du, aber keine Menschen, Denker, aber keine Menschen, Priester, aber keine Menschen, Herrn und Knechte, Jungen und gesezte Leute, aber keine Menschen – ist das nicht wie ein Schlachtfeld, wo Hände und Arme und alle Glieder zerstükelt untereinander liegen, indessen das vegoßne Lebensblut im Sande zerrinnt?« Friedrich Hölderlin: Sämtliche Werke. »Frankfurter Ausgabe«. Bd. 11: Hyperion II. Hrsg. von Michael Knaupp und D. E. Sattler. Frankfurt a. M. 1982, S. 774.
49 Herder: Ideen zur Philosophie der Geschichte der Menschheit. 1. Teil [1784]. SWS 13, S. 1–203, hier: S. 168.
50 Vgl. dazu Hans Adler: Totum confuse – Pars distincte. Die Entstehung der Ästhetik als Reduktionismus-Kritik. In: Das Ganze und seine Teile/The Whole and its Parts. Internationales und interdisziplinäres Symposium. Hrsg. von Walter A. Koch (= Bochum Publications in Evolutionary Cultural Semiotics. Vol. 19). Bochum 1989, S. 1–20 sowie: Hans Adler: Herders Holismus. In: Herder Today. Contributions from the International Herder Conference Nov. 5–8, 1987, Stanford, California. Hrsg. von Kurt Mueller-Vollmer. Berlin, New York 1990, S. 31–45.

Körper und Seele. Stammes- und individualgeschichtlich macht der Körper eine Entwicklung durch, deren Verlauf die Qualität der Erkenntnisse bestimmt: Sensibilität ist Resultat von Übung und Bildung der Sinne.

Herder geht aber noch weiter, indem er vor der klaren und verworrenen, sinnlichen Erkenntnis den Bereich des Physiologischen, des ›Dunklen‹ miteinbezieht, um sein genetisch-holistisches Modell fester zu begründen. In seine Abhandlung *Vom Erkennen und Empfinden der menschlichen Seele. Bemerkungen und Träume* von 1778[51] arbeitet Herder eigenwillig Ergebnisse der modernen Physiologie ein.

Albrecht Haller hatte 1752 vor der »Göttingischen Gesellschaft der Wissenschaften« seine Ansichten *Von den empfindlichen und reizbaren Teilen des menschlichen Körpers* vorgetragen.[52] Haller nimmt in dieser Schrift eine »neue Einteilung der Teile des menschlichen Körpers« in »reizbare« und »empfindliche« vor.[53] »Reizbar« nennt Haller »denjenigen Teil des menschlichen Körpers, welcher durch ein Berühren von außen kürzer wird«[54] und kommt aufgrund seiner Versuche zu der Feststellung, daß »bloß die Muskelfaser«[55] reizbar ist, wobei das Herz das reizbarste Organ sei.[56] »Empfindlich« nennt Haller

> »einen solchen Teil des Körpers, dessen Berührung sich die Seele vorstellet; und bei den Tieren, von deren Seele wir nicht so viel erkennen können, nenne ich diejenigen Teile empfindlich, bei welchen, wenn sie gereizet werden, ein Tier offenbare Zeichen eines Schmerzes oder einer Unruhe zu erkennen gibt.«[57]

Empfindlich sind, nach Haller, »die Nerven [...] und die Teile des Körpers, welche viele Nerven haben«.[58]

Herder geht recht freizügig – »eklektisch«[59] – mit Hallers Reiz-Begriff um und integriert ihn in seine Abhandlung als untere Grenze des Beobachtbaren bei der Betrachtung des Zusammenhanges der menschlichen Natur. Alles, was

---

51 Herder: Vom Erkennen und Empfinden der menschlichen Seele. Bemerkungen und Träume [1778]. SWS 8, S. 165–235. Die Erst- und Zweitfassung (1774 und 1775) ebd., S. 236–333.
52 Albrecht Haller: Von den empfindlichen und reizbaren Teilen des menschlichen Körpers. Deutsch hrsg. und eingeleitet von Karl Sudhoff (= Klassiker der Medizin). Reprint der Ausgabe Leipzig 1922: Leipzig 1968. Der Text folgt der Ausgabe »Sammlung kleiner Hallerischer Schriften«, Bern 1772. Der lateinische Titel lautete: De partibus corporis humani sensibilibus et irritabilibus.
53 Ebd., S. 13.
54 Ebd., S. 14.
55 Ebd., S. 50.
56 Vgl. ebd., S. 48.
57 Ebd., S. 14.
58 Ebd., S. 32.
59 H.[ugh] B.[arr] Nisbet: Herder and the Philosophy and History of Science. (= Modern Humanities Research Association. Dissertation Series, Vol. 3.) Cambridge 1970, S. 263. Vgl. Nisbets einläßliche Ausführungen zu Herders Haller-Rezeption, ebd. S. 255–275. – Wolfgang Pross in seinem Kommentar zu Bd. 2 seiner Herder-Ausgabe (Anm. 13) bestreitet Hallers Physiologie als Quelle Herders und führt statt dessen Johann Gottlob Krügers »Naturlehre« an; vgl. a.a.O., S. 1013 (zu S. 563) und S. 1015f. (zu S. 589)

vor diesen Reiz zurückgehe, sei auf eine menschlicher Empfindung analoge Metaphorik verwiesen, da der Mensch keinen Zugang zum »innern Zustand« der »tote[n] Natur«[60] habe.

> »Tiefer können wir wohl die Empfindung in ihrem Werden nicht hinabbegleiten, als zu dem sonderbaren Phänomen, das *Haller* »Reiz« genannt hat. Das gereizte Fäserchen zieht sich zusammen und breitet sich wieder aus; vielleicht ein Stamen, das erste glimmende Fünklein zur Empfindung, zu dem sich die todte Materie durch viele Gänge und Stufen des Mechanismus und der Organisation hinaufgeläutert. – So klein und dunkel dieser Anfang des edlen Vermögens, das wir Empfinden nennen, scheint; so wichtig muß er seyn, so viel wird durch ihn ausgerichtet.«[61]

Bündig faßt Herder seine Vorstellung von der aufsteigenden Verbindung zwischen Reiz und Denken in den »Ideen« zusammen:

> »Das Resultat der Reize wird Trieb; das Resultat der Empfindungen, Gedanke: ein ewiger Fortgang von organischer Schöpfung, der in jedes lebendige Geschöpf gelegt ward.«[62]

Entscheidend ist für Herder dabei nicht, wie – physiologisch und anatomisch exakt nachgewiesen – der ›Reiz‹ funktioniert, sondern dessen Einbettung in das hierarchische Ganze des Organismus, das der Totalität der Schöpfung analog ist und so die Analogie als Verfahren einer sympathetischen Heuristik legitimiert.[63] Es gibt, nach dieser holistischen Sichtweise, keine elaborierte Form der Erkenntnis, die nicht mit physischen oder physiologischen Prozessen verbunden wäre. Der Reiz ist »Keim der Empfindung«[64], Grenzlinie der Wahrnehmbarkeit des Lebendigen, die Empfindung ist Keim des Denkens. Sehr treffend schreibt Heinrich Lehwalder zur Rolle der Aisthesis in diesem Zusammenhang:

> »Herder möchte zeigen, daß auch das sinnliche Welthaben im Keim schon vernünftig ist, daß empfindend der Mensch sich seiner selbst bewußt wird und seinen Kontakt mit der Welt als jeweiliger Umwelt erlebt.«[65]

Was vor dem Reiz und jenseits des Denkens liegt, ist Gegenstand des Glaubens; die Wirkungen beider Extreme sind Gegenstand des Staunens; was zwischen Reiz und Denken liegt, wird über die Annahme einer »stillen Aehnlichkeit«[66] alles Mannigfaltigen in »Bildern«, »Aehnlichkeiten« und »Gesetzen der Uebereinstimmung zu Einem«[67] dem menschlichen Fassungsvermögen angemessen, d. h. subjektiv angeeignet.

---

60 Herder: Vom Erkennen und Empfinden [1778], (Anm. 51), SWS 8, S. 169.
61 Ebd., S. 171.
62 Herder: Ideen (Anm. 49), SWS 13, S. 78.
63 Vgl. dazu Hans Dietrich Irmscher: Beobachtungen zur Funktion der Analogie im Denken Herders. In: DVjs 55 (1981), S. 64–97.
64 Herder: Vom Erkennen und Empfinden [1775], (Anm. 51), SWS 8, S. 272.
65 Heinrich Lehwalder: Herders Lehre vom Empfinden. Versuch einer Interpretation von Herders Schrift »Vom Erkennen und Empfinden der menschlichen Seele« und zugleich ein Beitrag zur modernen Problematik des Empfindungsbegriffs. Phil. Diss. vervielf. Kiel 1954, S. 49f.
66 Herder: Vom Erkennen und Empfinden [1778], (Anm. 51), SWS 8, S. 171.
67 Ebd.

IV.

In diesem Zusammenhang bedient Herder sich der zu seiner Zeit durch die Erkenntnisse der Naturwissenschaften bereits lädierten Körperteil-Metapher[68] des Herzens:

> »Hat man je etwas Wunderbarers gesehen als ein schlagendes Herz mit seinem unerschöpflichen Reize? Ein Abgrund innerer dunkeln Kräfte, das wahre Bild der organischen Allmacht, die vielleicht inniger ist, als der Schwung der Sonnen und Erden.«[69]

Herder hat nie ein schlagendes Herz gesehen, aber er kennt natürlich sowohl die Metapher, als auch medizinische Literatur über das Herz. Und trotz der wissenschaftlichen ›Aufklärung‹ bewahrt Herder die metaphorische Dimension:

> »*die drei Haupt- und Wunderkräfte: Gedanke, Herz, und Thierische Lebenskraft*! im Menschen.«[70]

Das Herz in der Mittelstellung zwischen Denken und Vitalkräften – hiermit greift Herder eine lange Tradition auf, die von der Antike und dem Alten Testament über die Patristik auf ihn gekommen und bis heute wirksam ist.[71]

Der Zusammenhang des Herzens als Metapher mit der Rolle der Aisthesis wird leicht einsichtig, wenn man sich in Erinnerung ruft, daß das Herz von alters her als Erkenntnisinstanz galt. Das fühllose Herz ist ein Zeichen für Anästhesie. Das alttestamentliche verstockte Herz, das Herz aus Stein, die Härte des Herzens, das kalte Herz, das diamantene Herz, aber auch das verfettete Herz sind Symbole geistlicher, geistiger und körperlicher Anästhesie, die vorwiegend als Krankheit begriffen wurde. Die mit dem verstockten Herzen können Gottes Wort nicht vernehmen[72], die mit dem kalten Herzen sind der Nächstenliebe unfähig.[73] Das ›verständige Herz‹[74] ist – bis hin zu Feuerbach, der die

---

68 Vgl. dazu den knappen Hinweis bei Ernst Robert Curtius: Europäische Literatur und lateinisches Mittelalter. Bern und München ⁸1973, S. 146–148.
69 Herder: Vom Erkennen und Empfinden [1778], (Anm. 51), SWS 8, S. 172.
70 Herder: Aelteste Urkunde des Menschengeschlechts. 1. Bd. [1774], SWS 6, S. 193–511, hier: S. 315.
71 Vgl. Pierre Miquel: Lexique du Désert. Etudes de quelques mots-clés du vocabulaire monastique grec ancien. (= Spiritualité Orientale N° 44). Abbaye de Bellefontaine (Bégrolles-en-Mauges) 1986, S. 87–111 (»Anaisthesia«). – Manfred Frank: Steinherz und Geldseele. Ein Symbol im Kontext. In: Das kalte Herz. Texte der Romantik. Ausgewählt und interpretiert von Manfred Frank (= Insel Taschenbuch 330). Frankfurt a. M. ²1981, S. 253–401. – Wolf Gewehr: Der Topos »Augen des Herzens« – Versuch einer Deutung durch die scholastische Erkenntnistheorie. In: DVjs 46 (1972), S. 626–649.
72 Vgl. z. B. AT 2. Mose 4,21; 7,3ff.; 8,11; 10,1; 14,4,17f.; 5. Mose 15,7; Jesaja 6,10; 63,17; Hesekiel 2,4; 3,7; usw. – Vgl. auch Joseph Mac Avoy: »Endurcissement«. In: Dictionnaire de Spiritualité [...]. Tome IV. Paris 1960, Sp. 642–652.
73 Vgl. Manfred Frank (Anm. 71). – Positiv bewertet wird die Anästhesie als Voraussetzung für die Schaffung moderner und engagierter Kunst und Literatur bei Arno Schmidt: Das steinerne Herz. Historischer Roman aus dem Jahre 1954 nach Christi [¹1956]. (= A. S.: Bargfelder Ausgabe, Werkgruppe I. Romane, Erzählungen, Gedichte, Juvenilia. Bd. 2.) Zürich 1986, z. B. S. 46, 70, 81, 104f., 108f., sowie bei Peter Weiss: Die Ästhetik des Widerstands. Roman. 1. Bd. Frankfurt a. M. 1985 [¹1975], S. 83.
74 Z. B. AT 5. Mose 29,3.

»*widerspruchslose Auflösung der Theologie in der Anthropologie*« »in der Vernunft [... und] *im Herzen*, kurz, im *ganzen, wirklichen* Wesen des Menschen«[75], einen »Anthropotheismus« mit dem Zentrum des »zu *Verstand* gebrachte[n] Herz[ens]«[76] erstrebte – die Instanz, die die Sinneseindrücke zu sinnlicher Erkenntnis umwandelt. Die Sinnesorgane sind ›taub‹, wenn das Herz nicht weich und beweglich ist. Die Belege für diese Tradition sind zahllos, ich greife zwei heraus: Jesaja ist zum Propheten berufen und erhält seinen Auftrag von Gott:

> »Gehe hin und sprich zu diesem Volk: Höret, und verstehet's nicht; sehet, und merket's nicht!
> Verstocke das Herz dieses Volks und laß ihre Ohren hart sein und blende ihre Augen, daß sie nicht sehen mit ihren Augen noch hören mit ihren Ohren noch verstehen mit ihrem Herzen und sich bekehren und genesen.«[77]

In Philipp Jacob Speners *Pia Desideria* ist zu lesen:

> »... du hörest göttliches Wort. Ist recht gethan: Aber es ist nicht gnug, daß dein ohr es höret; lässest du solches auch innerlich in dein hertz bringen und solche himmlische speise daselbst verdauet werden damit du safft und krafft davon empfangest oder gehet es zu einem ohr ein zum andern auß.«[78]

Herders Diagnose der »siechherzigen« Gegenwart, seine Ansicht, daß in vergangenen Zeiten nicht mit »*kränkelnden Gedanken*«, sondern mit »*Neigungen und Trieben* alles gebunden« wurde, nämlich »*Herz* und nicht *Kopf* genährt!«[79], daß die »heilige Tonkunst auf *reine, allgemeinmenschliche Rührung*« zielt, der sich auch die dramatische Tonkunst bedienen muß, »wenn sie aufs Herz des Menschen, nicht blos auf Auge und Ohr wirken« will[80], seine rhetorische Frage, »würde der Kopf denken, wenn dein Herz nicht schlüge?«[81], die hinter der physiologischen Wahrheit die anthropologische vom ›ganzen Menschen‹ einklagt – all das ist einzuordnen in eine Konjunktur innerhalb der Aufklärung, die die Ganzheit des Menschen gegen seine diskursive Zerlegung in Vermögen, seine soziale Reduktion auf einseitig spezialisierende Ausbildung verteidigte. Mit der emphatischen Betonung der aisthetischen ›Schnittstelle‹ zwischen menschlichem Organismus und ihn umgebender Natur als Grundlage menschlicher Erkenntnis wird zugleich Erkenntnis als ›Passung‹ – Herders

---

75 Ludwig Feuerbach: Grundsätze der Philosophie der Zukunft [1843]. In: L. F.: Werke in sechs Bänden. Hrsg. von Erich Thies. Bd. 3. Frankfurt a. M. 1975, S. 247–322, hier: S. 317.
76 Ludwig Feuerbach: Vorläufige Thesen zur Reformation der Philosophie [1843]. In: L. F.: Werke (Anm. 75). Bd. 3, S. 223–243, hier: S. 236.
77 AT, Jesaja 6,9f.
78 Philipp Jacob Spener: Pia Desideria [¹1675]. Hrsg. von Kurt Aland. (= Kleine Texte für Vorlesungen und Übungen. 170) 2. durchgesehene Auflage. Berlin 1955, S. 35f. (Text nach der Ausgabe 1676.)
79 Herder: Auch eine Philosophie [Anm. 44], SWS 5, S. 526.
80 Herder: Cäcilia (= 5. Stück der 5. Sammlung der »Zerstreuten Blätter« [1793]), SWS 16, S. 253–272, hier: S. 266.
81 Herder: Vom Erkennen und Empfinden [1778], SWS 8, S. 201.

Ausdruck ist »Theilnehmung«[82] – begriffen. Von diesem weiten Ästhetik-Verständnis her wird die Bandbreite in der zweiten Hälfte des 18. Jahrhunderts von einer Logik der Erfahrung bis zur Ästhetik als Theorie des autonomen Diskurses der Kunst und Literatur entfaltet, die einerseits deutlich macht, daß Ästhetik als Kunsttheorie eine Verengung durch Ausdifferenzierung darstellt, die den Ästhetik-Begriff bis heute bestimmt. Andererseits wird deutlich, daß Ästhetik als Lehre von der Aisthesis eine Chance enthält, die Verschüttung im Rahmen der postmodernen Erschütterung des Rationalitäts-Begriffs freizulegen. Bei Herder war die Erkenntnis der Natur Erfahrung des Wahren, zunächst durch die Sinne, die, je empfänglicher und geschmeidiger, desto subtiler, ›passender‹ und inniger die Wahrheit der Einheit des mannigfaltigen Individuellen zu vermitteln vermögen. Geschmacksbildung, wie Herder in der *Kalligone* schreibt, muß früh beim noch bildbaren Menschen anfangen, sonst trifft sie auf »eigensinnig-harte Organe«.[83] Der sklerotische Mensch ist unfähig, seinen Ort in Natur und Gesellschaft zu finden und zu schaffen.

Schillers Kritik am Zustand der Gesellschaft seiner Zeit in den *Ästhetischen Briefen* geht von der Verwilderung der »niedern und zahlreichen Klassen«, einerseits, und der Verengung des Herzens unter »Abschwächung der Empfindsamkeit«[84], andererseits, aus, und er entwickelt sein Programm der »ästhetischen Erziehung« mit der Kunst als Spiel im Zentrum. Für Herder gilt zwar, »die Natur des Menschen ist Kunst«[85], ›Kunst‹ ist aber deshalb kein Spiel für Herder, weil sie sowohl als techne, wie auch als freie Kunst eine Natur voraussetzt, die in ihrer Gesetzmäßigkeit selbst schön ist. Herders Satz: »Ich werde, was ich bin!«[86], macht in nuce deutlich, was ›Kunst‹ im weitesten Sinne bei ihm bedeutet: Selbstkonstitution des Menschen[87], der Gesellschaft und des für den Menschen größtmöglichen Kunstwerks – Geschichte. Die »Nachahmung unsrer selbst«[88], d. h. die volle Ausbildung aller menschlichen Fertigkeiten unter den jeweils gegebenen Bedingungen ist die Aufgabe. »Der Zweck unsers Da-

---

82 »Sein [sc. des Menschen] Fiberngebäude ist so elastisch fein und zart, und sein Nervengebäude so verschlungen in alle Theile seines vibrirenden Wesens, daß er als ein Analogon der alles durchfühlenden Gottheit sich beinah in jedes Geschöpf setzen und gerade in dem Maas mit ihm empfinden kann, als das Geschöpf es bedarf und sein Ganzes es ohne eigene Zerrüttung, ja selbst mit Gefahr derselben, leidet.« Herder: Ideen [Anm. 49], SWS 13, S. 156.
83 Herder: Kalligone II [1800], SWS 22, S. 217.
84 Schiller: Ueber die ästhetische Erziehung des Menschen in einer Reihe von Briefen. In: Schillers Werke. Nationalausgabe. Bd. 20. Unter Mitwirkung von Helmut Koopmann hrsg. von Benno von Wiese. Weimar 1962, S. 309–412, hier: S. 319f.
85 Herder: Briefe zu Beförderung der Humanität. 2. Sammlung [1793], SWS 17, S. 117.
86 Herder an Mendelssohn, Riga, Anfang April 1769. In: J. G. Herder: Briefe. Gesamtausgabe. Hrsg. von Wilhelm Dobbek und Günter Arnold. Bd. 1. Weimar 1977, S. 138.
87 Der Mensch »constituiret sich selbst; er constituirt mit andern ihm Gleichgesinnten nach heiligen, unverbrüchlichen Gesetzen eine Gesellschaft.« Herder: Briefe zu Beförderung der Humanität. 3. Sammlung [1794], SWS 17, S. 143.
88 Herder: Über die neuere deutsche Literatur. Zwote Sammlung von Fragmenten. Eine Beilage zu den Briefen, die neueste Literatur betreffend. In: J. G. Herder: Werke in zehn Bänden. Bd. 1 (Anm. 20), S. 261–365, hier: S. 311.

seyns ist *Wohlseyn*«[89], Körper und Seele, Aisthesis und Noesis, Gefühl und Verstand in ausgewogenem Verhältnis auszubilden. Anästhesie, Kardiosklerose und einseitige Verstandesausbildung sind – gemessen am ›ganzen Menschen‹ – pathologische Befunde, auf denen Herder die Kritik an seiner Zeit aufbaute. Das Verhältnis, in dem dieser Herdersche ›Irrationalismus‹ zum ›Rationalismus‹ seiner Zeit stand, ist dem Verhältnis vergleichbar, in dem im Rahmen der Postmoderne-Debatte die Parteiungen im Streit um das, was ›Vernunft‹ und ›Aufklärung‹ seien, stehen. Deshalb ist von dem aisthetisch fundierten ›Irrationalimus‹ des 18. Jahrhunderts zu lernen.

---

89 Herder: Kalligone I [1800], SWS 22, S. 36.

Zwischen pragmatischer Alltagsethik und ästhetischer Erziehung

Zur Anthropologie der moraltheoretischen und -praktischen Literatur der Aufklärung in Deutschland

FRIEDRICH VOLLHARDT (Hamburg)

»Know then thyself, presume not God to scan; / The proper study of Mankind is Man.« Eine zeitgenössische Illustration zu den berühmten Versen, mit denen Alexander Pope die zweite Epistel seines *Essay on Man* eröffnet, zeigt zwei in ein Gespräch vertiefte junge Männer. Einer der Gesprächspartner umfaßt ein Buch, das die Aufschrift HISTORY erkennen läßt; sein Gegenüber stützt sich auf einen Band, dessen Titel dem Betrachter unmittelbar in den Blick fällt: ETHICS. Zu ihren Füßen sitzen Putten, die Instrumente der Naturforschung im kindlichen Spiel um sich ausgebreitet haben.[1] Eine deutliche Abstufung. Oder nur ein später Nachklang der Geringschätzung, mit der die Naturphilosophie im humanistischen Fächerkatalog bedacht wurde?[2] Wie auch immer – für die vornehmsten Fragen der Anthropologie behaupten die studia humanitatis noch in der Mitte des 18. Jahrhunderts ihre Geltung. Vor allem im Hinblick auf das instinktentbundene Handeln des Menschen, das als ein Gattungsmerkmal gilt, an das sich die Forderungen nach einer sittlichen Bildung der Persönlichkeit binden. Die Wissenschaften von der Natur, auch der humanen Physis, mögen vergleichbare Ziele verfolgen, ihr Nutzen ist jedenfalls ein anderer und für den Lebensvollzug offenbar von geringerer Bedeutung.

Sieht man von den impliziten Wertungen ab – die naturwissenschaftlich bestimmte Anthropologie unseres Jahrhunderts sollte diese umkehren[3] –, veranschaulicht das dem zweiten Buch des *Essay on Man* beigefügte Bild eine bis an das Ende des 18. Jahrhunderts akzeptierte Arbeitsteilung zwischen den Disziplinen, die auf der Unterscheidung der physischen und der moralischen Natur

---

1 Eine Abbildung des Kupfers bei Erwin Wolff: Dichtung und Prosa im Dienste der Philosophie – Das philosophisch-moralische Schrifttum im 18. Jahrhundert. In: Hans-Joachim Müllenbrock (Hg.): Neues Handbuch der Literaturwissenschaft. Bd. 12: Europäische Aufklärung II. Wiesbaden 1984, S. 155–204, S. 181.
2 Vgl. August Buck: Die Ethik im humanistischen Studienprogramm. In: Ders.: Studia humanitatis. Gesammelte Aufsätze 1973–1980. Hg. v. Bodo Guthmüller u.a. Wiesbaden 1981, S. 253–262, bes. S. 254f.
3 Repräsentativ ein Aufsatz von D.J. Cunningham, der zu den maßgeblichen Anthropologen des 18. Jahrhunderts nur Camper, White, Sömmering, Blumenbach, Prichard und Lawrence zählt: Anthropology in the eighteenth century. In: Journal of the Royal Anthropological Institute 38 (1908), S. 10–35.

des Menschen beruht. Einander gegenübergestellt werden praktische Philosophie und Naturphilosophie, empirische und rationale Psychologie, schließlich pragmatische und physiologische Anthropologie.

Ausnahmsweise soll an dieser Stelle nicht die berühmte Definition Kants zitiert werden, sondern ein dem ersten Anschein nach ähnlicher Bestimmungsversuch, den Christoph Meiners in seiner im Jahr 1800 erschienenen »kritischen« *Geschichte der ältern und neuern Ethik oder Lebenswissenschaft* unternommen hat:

> »Die Lebenswissenschaft besteht [...] aus zwey Hauptstücken: aus Untersuchungen über die menschliche Natur, oder das, was der Mensch ist; und dann aus Betrachtungen über die Bestimmung des Menschen, und die Mittel, diese Bestimmung zu erreichen: oder aus Betrachtungen über das, was der Menschen werden soll, und wie er es werden kann.«[4]

Der programmatische Titel des Werkes bestätigt die von Odo Marquard an der Schrift Kants exemplifizierte These, wonach sich die Anthropologie – bei Meiners in einer deutlichen Verbindung mit der praktischen Philosophie – im Zuge einer »Wende zur Lebenswelt« am Ende des 18. Jahrhunderts etabliert. Diese ›Wende‹ haben auch die Gegner Kants vollzogen, allerdings, wie sich an dem Werk des Göttinger Popularphilosophen zeigen läßt, mit einer gänzlich anderen Begründung. Den gesamten zweiten Band der *Lebenswissenschaft* nimmt die polemische Auseinandersetzung mit Kant ein. Sie ist von selbstgenügsamer Ignoranz und – entgegen den erklärten philosophischen Überzeugungen des Autors – von einem unbelehrbaren Dogmatismus gekennzeichnet, der Meiners schon in den Augen der Zeitgenossen zum Verlierer des Streites machte.

Eine allein auf Erfahrung gegründete »Kenntniß der menschlichen Natur« (I, 368), die sich nicht auf eine reine Körperlehre beschränken darf, ist für Meiners die Voraussetzung für die Formulierung von sittlichen Begriffen, die auf die Wirklichkeit des Handelns bezogen sein sollen. Daß der Übergang von der auch in der Ethik gesetzgebenden Vernunft zur pragmatischen Anthropologie kein unmittelbarer sein kann, daß also, wie Kant deutlich herausgestellt hat, die »anthropologische Definition des Anwendungsbereichs der Moral [...] nicht mit den Geltungsbedingungen ihrer Normierung zu verwechseln«[5] ist, bleibt dem common sense-Philosophen unbegreiflich. Das empirische, nicht auf die Physiologie reduzierte Studium des Humanen bildet für ihn den Maßstab, an dem geprüft werden kann, welchen Beitrag das moralische Schrifttum zur

---

4 C.[hristoph] Meiners: Allgemeine kritische Geschichte der ältern und neuern Ethik oder Lebenswissenschaft nebst einer Untersuchung der Fragen: Gibt es dann auch wirklich eine Wissenschaft des Lebens? Wie sollte ihr Inhalt, wie ihre Methode beschaffen seyn? Erster Theil. Göttingen 1800, S. 270. – Der zweite Teil des Werkes erschien 1801.

5 Wolfgang Kersting: Kann die Kritik der praktischen Vernunft populär sein? Über Kants Moralphilosophie und pragmatische Anthropologie. In: Studia Leibnitiana 15 (1983), S. 82–93, hier: 90. Vgl. auch Doris Bachmann-Medick: Die ästhetische Ordnung des Handelns. Moralphilosophie und Ästhetik in der Popularphilosophie des 18. Jahrhunderts. Stuttgart 1989, Kap. 1.2.

Lebenswissenschaft leistet. In der praktischen Philosophie haben solche »Untersuchungen«, etwa über »das Empfindungsvermögen« oder »die Denkkräfte des Menschen: über den Willen: über Triebe, Neigungen, und Leidenschaften [...] und endlich über die Kunst der Selbst= und der Menschen=Kenntniß« (I, 369), eine lange Vorgeschichte. Mit der anthropologischen Grundlegung der Ethik in den Systemen der schottischen Empiristen hat diese Entwicklung ihren vorläufigen Abschluß gefunden. Meiners ist davon überzeugt, daß die Fragen nach dem Verhältnis von Sinnlichkeit und Vernunft und der handlungsmotivierenden Kraft der (moralischen) Neigungen damit im Prinzip gelöst sind, weshalb sich die »Verwandlung der ganzen Lebens=Wissenschaft in trockne, oder unbestimmte, und unanwendbare Pflichtgebote« (I, 353) – vordergründig richtet sich die Kritik auf die Tradition, meint aber Kant – von selbst verbietet. In diesem Urteil konnte sich Meiners mit Autoren wie Feder, Garve, Tittel oder Lossius[6] einig wissen, nicht länger jedoch mit Samuel Christian Hollmann, dem eine Generation älteren Begründer der ›Göttinger Schule‹; von dem hier eingetretenen Wandel der Sichtweisen, der auch die Methode des eklektischen Philosophierens betrifft, wird noch zu sprechen sein. Für die Richtigkeit seiner Annahmen über die Natur und, davon nicht zu trennen, die Bestimmung des Menschen bürgt Meiners nicht eine der Heteronomie verdächtige Theorie der Normativität sittlicher Gebote, sondern die historische Reflexion auf die kulturellen Bedingungen und nationalen Eigentümlichkeiten, die zur Entwicklung der pragmatischen Anthropologie in der Neuzeit beigetragen haben.

Die Geschichtlichkeit von Handlungsnormen berührt Meiners dabei nur am Rande. Ihm geht es um eine »kritische« Sichtung der Beiträge, die aus den überlieferten, stets zeitbedingten und wandelbaren Sittenlehren eine Moral- und schließlich eine Lebenswissenschaft geformt haben, deren Gegenstand die conditio humana ist. Und das aus einer inneren Konsequenz, muß doch jede Moral »nothwendig auf Welt= und Menschenkenntniß, und diese nothwendig auf Erfahrungen gebaut werden« (I, 345). Die Nähe zur Erfahrungswirklichkeit wird, wie schon angedeutet, zum Kriterium der Beurteilung erhoben. Der geschichtliche Überblick hat daher mit den für die Neuzeit paradigmatischen »Essais de Michel de Montaigne« zu beginnen, der als erster »originale Beobachtungen über den Menschen, und das menschliche Leben« (I, 272) sammelte, die von den französischen Moralisten vertieft wurden. Meiners beeilt sich hinzuzufügen, daß der verhaltenspsychologischen Literatur die für eine Wissenschaft geforderte Systematik fehlt. Die »Französische Nation« habe »kein einziges vollständiges System der Sittenlehre von mehr, als mittelmäßigem Werth geliefert« (I, 274f.), da ihre »besten moralischen Schriftsteller« zu sehr geneigt waren, »aus einzelnen Erfahrungen zu früh und zu viel zu schließen,

---

6 Vgl. etwa Johann Christian Lossius' Schrift über die *Physischen Ursachen des Wahren* (Gotha 1775), in der neben den Werken der englischen Empiristen Ernst Platners Anthropologie diskutiert wird. – Zur Anthropologie der ›Schottischen Schule‹ vgl. Michel Faure: Le Scottish Enlightenment: Naissance d'une anthropologie sociale. In: Revue de synthèse 4 (1986), S. 411–425.

und einzelne Erscheinungen in allgemeine Naturgesetze zu verwandeln.« (I, 344) In Deutschland verhielt es sich, wie der Historiograph nun ungleich schärfer urteilt, genau umgekehrt. Seit »Puffendorfs Zeiten« habe man hier alle das menschliche Leben betreffenden »Materien« im Naturrecht abgehandelt, das in Frankreich bezeichnenderweise nicht »unter die Wissenschaften aufgenommen« wurde, »welche man auf hohen Schulen lehrte, und lernte.« (I, 346) Meiners bemüht sich um die Korrektur der in seinen Augen fatalen Folgen, die die Herrschaft dieser Doktrin in Deutschland nach sich gezogen hat – die Herausforderung durch die Kantische Philosophie, denn um diese geht es dem Autor, trübt dabei den Blick für die historischen Zusammenhänge.

Die Wesensnatur des Menschen bildete demnach für die deutschen Sittenlehrer nur den Ausgangspunkt für die Frage, worin »das erste Gesetz der Natur, oder der erste Grundsatz« bestehe, »aus welchem alle Pflichten des Menschen gegen Gott, gegen seinen Nächsten, und gegen sich selbst können abgeleitet werden?« (I, 351) An die Stelle der Erfahrung treten abstrakte Sollenssätze. Was die erste Generation der Naturrechtstheoretiker als Fortschritt betrachtete, daß nämlich den antiken und mittelalterlichen Tugendkatalogen ein einfaches Ordnungsschema der Pflichten gegenübergestellt werden konnte, ist für Meiners nur Ausdruck eines Systemzwangs, der die Entwicklung einer realitätsnahen Lebenswissenschaft behinderte, zu der die französischen Moralisten bereits die entscheidenden Anstöße gegeben hatten. Die deutsche Aufklärungsphilosophie hat die hier aufgezeigte Konstellation gänzlich anders bewertet. Eine Beschäftigung mit der moralistischen Menschenkunde hat sie allenfalls zu propädeutischen Zwecken empfohlen[7], was zur Verspätung ihrer Rezeption, die in Deutschland erst im letzten Drittel des 18. Jahrhunderts einsetzt, beigetragen haben dürfte.

Bemerkenswert an Meiners' historischer Rekonstruktion ist die Verschränkung zweier Perspektiven: Das Systemdenken der deutschen Naturrechtsphilosophie, vor allem ihre Pflichtenlehre, wird gegen den Erfahrungsgehalt der moralistischen Literatur, an der sich eine pragmatische Anthropologie orientieren soll, ausgespielt. Nach den Studien Wilhelm Diltheys mag diese historische Linienführung nicht weiter überraschen, die anthropologischen Interessen

---

7 Zwei Beispiele: In der Vorrede zur zweiten Auflage seiner *Neuesten und nützlichsten Art die sogenannte Moral Oder die Natürliche Verbesserung des Willens gründlich zu erlernen [...]* (Jena 1721) schreibt Johann Jacob Lehmann: »Die Franzosen haben sich auch mit ihren kurtzen Meditationen gar sehr um unsere Moral verdient gemacht; aber um die systematische Ordnung sind sie unbekümmert gewesen, als welche ohnediß ihren ingeniis zuschwehr fällt. Die Teutschen hingegen sind hierinnen geschickter und also auch in dieser Sache emsiger gewesen; daher wir freylich die ordentlichsten Moralen von diesen erhalten.« (Unpag.) Ähnlich urteilt Johann Andreas Fabricius über die *Caractères* von La Bruyère: »Ich glaube man könne hievon sagen, was Thomasius [...] vom Theophrasto geurtheilet, denn es kommen freilich zuweilen solche Sätze und Einfälle vor darinnen, welche wohl besser sein könten, und man hat überhaupt von diesen Nachahmungen nicht so viel Wesens zu machen, indem eine systematische Ausführung ihnen allerdings vorzuziehen ist.« (*Vernünftige Gedancken Von der Moralischen Erkenntniß Der Menschlichen Gemüther [...]*. Jena 1731, S. 19.)

Montaignes und seiner Nachfolger sind seitdem vielfach beschrieben worden[8], auch in der Literaturwissenschaft, die in Gattungsfragen sonst eher auf eine klare Grenzziehung zwischen den Disziplinen (und die eigenen Kompetenzen) achtet. Die klassischen Maximen und Reflexionen wurden dem Bereich der ›science morale‹[9] zugewiesen oder noch enger auf die Wissenschaft vom Menschen, eben die frühe ›Anthropologie‹ im Sinne Diltheys[10], eingegrenzt; um 1800 war eine solche Einschätzung der Moralistik noch nicht selbstverständlich, eine Zeittendenz kam ihr jedoch entgegen.

Das verspätete Interesse an den klassischen Maximen der ›société des honnêtes gens‹ entsteht zu einem Zeitpunkt, an dem sich die Anthropologie zu einer wissenschaftlichen Disziplin formt, die Aphoristik auch bei deutschen Autoren hohes Ansehen gewinnt[11] und der Popularphilosoph Knigge eine Verhaltenslehre veröffentlicht, die erkennbar auch Elemente der moralistischen Menschenkunde aufnimmt (vorhandene Interferenzen deuten die Titel an, die Ernst Platner für seine schnell in den Rang von Lehrbüchern[12] erhobenen Schriften wählt). In Frankreich beginnt die Entwicklung der empirisch-systematischen Humanwissenschaften entsprechend zeitversetzt. »Science de l'homme« oder »anthropologie« gelten noch am Ende des Jahrhunderts als neue oder, wie Cabanis 1796 im ersten seiner *Rapports du physique et du moral*

---

8 Vgl. etwa Margaret T. Hodgen: Early Anthropology in the Sixteenth and Seventeenth Centuries. Philadelphia 1964, bes. Kap V.
9 Vgl. Harald Wentzlaff-Eggebert: Gesellschaftsbezogene Reflexion und verweigerte Gattungsbildung (Versuch einer Funktionsbestimmung moralistischer Texte). In: R. Kloepfer (Hg.): Bildung und Ausbildung in der Romania. Band I: Literaturgeschichte und Texttheorie. München 1979, S. 137–151, bes. S. 144f.
10 Vgl. Jürgen von Stackelberg: Französische Moralistik im europäischen Kontext (= EdF, 172). Darmstadt 1982, S. 2f.: »In der älteren Forschung war es üblich, von *Anthropologie* zu sprechen, wenn das gemeint war, was wir heute Moralistik nennen – oder richtiger: das, was wir so bezeichnen, war einmal ein Teil der so benannten Wissenschaft vom Menschen. [...] Wäre es noch üblich, Montaigne, La Rochefoucauld und La Bruyère Anthropologen zu nennen, von ihren anthropologischen Interessen, Beobachtungen und Erkenntnissen zu sprechen, so hätte das den Vorteil, von vornherein die moralische Assoziation auszuschließen.« Vgl. hierzu auch Cantarutti (Anm. 13), S. 58f. und Karlheinz Stierle: Sprache und menschliche Natur in der klassischen Moralistik Frankreichs (= Konstanzer Universitätsreden, Bd. 151). Konstanz 1985, S. 21f.
11 Vgl. Harald Fricke: Aphorismus (= SM, 208). Stuttgart 1984, bes. S. 52: »Für die deutsche Aphoristik stellt sich die Frage weniger nach den vielgesuchten Gründen ihrer Entstehung als danach, warum sie erst so spät entstand. [...] Verwundern muß dabei, wie zeitlich spät, wie quantitativ gering und wie qualitativ geringfügig sich im Vergleich zu anderen europäischen Ländern die Französische Moralistik in Deutschland ausgewirkt hat.« Zur verzögerten Rezeption der Moralistik in Deutschland vgl. auch Corrado Rosso: Procès à La Rochefoucauld et à la maxime (= Histoire et critique des Idées, Bd. 8). Pisa 1986, S. 52ff.: »La Rochefoucauld en Allemagne: ombres et doutes d'une réception.«
12 Vgl. Harald Schöndorf: Der Leib und sein Verhältnis zur Seele bei Ernst Platner. In: ThPh 60 (1985), S. 77–87 sowie Alexander Košenina: Ernst Platners Anthropologie und Philosophie. Der philosophische Arzt und seine Wirkung auf Johann Karl Wezel und Jean Paul. Würzburg 1989.

de l'homme erklärt, als vor allem in Deutschland geläufige Begriffe.[13] Die analoge Verlagerung der Rezeption läßt sich geradezu musterhaft mit dem Stichwort der Kompensation erklären – und tatsächlich hat Odo Marquard den historischen Vorgang so zu erklären versucht: Die Anthropologie erhält in Frankreich deshalb erst spät den neuen wissenschaftlichen Namen und Status, »weil so früh und so lange die Moralisten ihre Sache taten«.[14]

Bei näherer Betrachtung erscheint das Zusammentreffen der verschiedenen Tendenzen jedoch bereits weniger folgenreich, zumindest was die Gesellschaftsethik Knigges betrifft. Sie steht in der Tradition einer »prudentistischen Alltagsethik« (Werner Schneiders), die auf Christian Thomasius zurückführt, dem die pragmatische Anthropologie in Deutschland mehr zu verdanken hat[15], als das von Meiners gezeichnete oder richtiger: aus polemischem Interesse verzeichnete Epochenbild vermuten läßt. Die naturrechtliche Pflichtenlehre, deren »Unnützlichkeit« (I, 354) Meiners im Blick auf Kant zu erweisen sucht, hat der Vermittlung einer Welt- und Menschenkenntnis an ein breiteres Publikum nicht im Wege gestanden. Im Gegenteil: Bereits Thomasius bemüht sich um eine zwischen der Normerkenntnis und der Alltagspraxis vermittelnden Prinzipienlehre des Handelns[16], zwar noch nicht im Sinne jener von Kant geforderten »Anthroponomie«[17], aber auch nicht mehr im Sinne einer ethisch indifferenten Klugheitslehre, die den Menschen nur als Faktor im Kalkül von Handlungsinteressen betrachtet, ohne nach seinem wahren Wesen und seiner Bestimmung zu fragen. Diese Lehre wird in das Naturrecht eingebunden, das alle Disziplinen der praktischen Philosophie umgreift. Das System setzt die physische Natur in Differenz zur moralischen. Anthropologische Annahmen, die hieraus folgen, bilden die Grundlage der neuen »Fundamentalwissenschaft«[18],

---

13 Zit. nach Giulia Cantarutti: Moralistik, Anthropologie und Etikettenschwindel. Überlegungen aus Anlaß eines Urteils über Platners »Philosophische Aphorismen«. In: G. Cantarutti u. H. Schumacher (Hg.): Neue Studien zur Aphoristik und Essayistik (= Berliner Beiträge zur neueren deutschen Literaturgeschichte, Bd. 9), S. 49–103, hier: 60.
14 Odo Marquard: Zur Geschichte des philosophischen Begriffs »Anthropologie« seit dem Ende des achtzehnten Jahrhunderts. In: Ders.: Schwierigkeiten mit der Geschichtsphilosophie. Frankfurt a. M. 1973, S. 122–144 u. 213–248, hier: 222 Forts. Anm. 36. Vgl. auch den Hinweis auf Marquards »stimulierende These« bei Cantarutti (Anm. 13), S. 60.
15 Vgl. Hans-Jürgen Schings: Melancholie und Aufklärung. Melancholiker und ihre Kritiker in Erfahrungsseelenkunde und Literatur des 18. Jahrhunderts. Stuttgart 1977, S. 26 ff.
16 Vgl. Werner Schneiders: Thomasius politicus. Einige Bemerkungen über Staatskunst und Privatpolitik in der aufklärerischen Klugheitslehre. In: Norbert Hinske (Hg.): Zentren der Aufklärung I: Halle. Aufklärung und Pietismus (= Wolfenbütteler Studien zur Aufklärung, Bd. 15). Heidelberg 1989, S. 91–110, bes. S. 99.
17 Vgl. Kersting (Anm. 5), S. 90 f.
18 Horst Denzer: Samuel Pufendorfs Naturrecht im Wissenschaftssystem seiner Zeit. In: Kjell A. Modéer (Hg.): Samuel von Pufendorf 1632–1982. Ett rättshistoriskt symposium i Lund (= Rättshistoriska Studier, Bd. II/12). Stockholm 1986, S. 17–30, hier: 23.

die Erklärungen für das Handeln des einzelnen Menschen wie die historisch-gesellschaftliche Ursprungssituation der Menschheit bereithält; bis in das letzte Drittel des 18. Jahrhunderts vertritt sie die Stelle der ETHICS, auf die sich der imaginierte Leser Popes bei seinem Studium des Menschen stützt.

I.

Übernimmt die naturrechtliche Moralpragmatik in Deutschland die Funktionen der Moralistik? Ist sie, salopp formuliert, Moralistikersatz? Das bisher Gesagte könnte einen solchen Gedanken nahelegen, der sich mit einem Verweis auf Thomasius' Gracián-Vorlesung des Jahres 1687 oder anhand einiger in den ersten Jahrzehnten des 18. Jahrhunderts anonym erschienener Umgangslehren illustrieren ließe, hinter denen man August Bohse – einen Kenner und Übersetzer der Maximen La Rochefoucaulds – als Verfasser vermutete; die gemeinsame Quelle der populären Schriften bildeten indes die Vorlesungen *De decoro*, die Thomasius um 1700 gehalten hat.[19] Die decorum-Lehre fand damit einen festen Platz im akademischen Vorlesungswesen, sie wird Teil einer systematischen Ordnung, deren Universalität der einzelnen Disziplin erst ihre spezifische Bedeutung verleiht. Der bloße Hinweis auf die systematische Einbindung ihrer Praxislehren genügte Autoren wie Lehmann oder Fabricius[20], um sich von der ›vorparadigmatischen‹ Menschenkunde der Moralistik abzugrenzen.

Die Berufung auf das System des Naturrechts meinte keinesfalls pedantische Gelehrsamkeit, sondern eine auf Prinzipien gegründete wahre (und diesen adäquate) Erkenntnis. Das sowohl gegenüber der Moralistik wie der ›scholastischen‹ Tradition verteidigte Wissenschaftsverständnis[21] forderte die selbstkritische Prüfung auch der eigenen (Vor-)Urteile und deren Korrektur, sobald

---

19 Vgl. Manfred Beetz: Ein neuentdeckter Lehrer der Conduite. Thomasius in der Geschichte der Gesellschaftsethik. In: Werner Schneiders (Hg.): Christian Thomasius 1655–1728. Interpretationen zu Werk und Wirkung (= Studien zum achtzehnten Jahrhundert, Bd. 11). Hamburg 1989, S. 199–222. Ein Hinweis auf das genannte Textcorpus bereits bei Volker Sinemus: Poetik und Rhetorik im frühmodernen deutschen Staat. Sozialgeschichtliche Bedingungen des Normenwandels im 17. Jahrhundert (= Palaestra, Bd. 269), S. 162f. Zu der Sammlung moralistischer Texte in der ›Bibliotheca Thomasiana‹ vgl. Rolf Lieberwirth: Die französischen Kultureinflüsse auf den deutschen Frühaufklärer Christian Thomasius. In: Wiss. Zs. Univ. Halle 33 (1984), S. 63–73.
20 Vgl. Anm. 7.
21 Es ist das einer »eklektischen Erfahrungsphilosophie«; vgl. dazu Wilhelm Schmidt-Biggemann: In nullius verba iurare magistri. Über die Reichweite des Eklektizismus. In: Wilfried Barner (Hg.): Tradition, Norm, Innovation. Soziales und literarisches Traditionsverhalten in der Frühzeit der deutschen Aufklärung (= Schriften des Historischen Kollegs, Bd. 15). München 1989, S. 297–312; Horst Dreitzel: Zur Entwicklung und Eigenart der »eklektischen Philosophie«. In: Zeitschrift für Historische Forschung 18 (1991), S. 281–343.

diese mit der Erfahrung in Widerspruch gerieten. Nach dem Erscheinen seiner erfolgreichen *Sitten-* und *Vernunftlehre* hat Thomasius diesen Grundsatz der Verstandesaufklärung befolgt und die anthropologischen Optionen des Gesamtsystems modifiziert. Die optimistischen Annahmen über das Zusammenwirken von Verstand und Willen, also über das, was »der gantze Mensch sey«[22] und was ihn zu einem gesellschaftlichen Leben prädisponiere, wandeln sich zu einer realitätsgerechteren Einschätzung der humanen Triebkräfte. Die auf das Handeln bezogenen Affekten-, Sitten-, Klugheits- und Temperamentenlehren erhalten damit eine neue und gewichtige Funktion; sie bilden das pragmatisch-therapeutische Gegenstück zur Normentheorie. Die Entwicklungsschritte, die zu der inneren Differenzierung der Moralwissenschaft geführt haben, seien hier kurz skizziert.

Der maßgebliche Theoretiker des modernen Naturrechts, Samuel Pufendorf, widmet das erste Buch seines Hauptwerkes *De Jure Naturae et Gentium* (1672) fast ausschließlich anthropologischen Problemstellungen. Erst im dritten Kapitel des zweiten Buches wird die Rechtslehre zum Thema. Die Anthropologie wird so aus einer bloßen Voraussetzung »zum Gegenstand der eigentlichen Frage, auf die das Naturrecht die Antwort zu geben unternimmt«.[23] Pufendorf verbindet die ›empirische‹ Untersuchung der humanen Natur mit Überlegungen, die das Wesen und die natürliche Bestimmung des Menschen betreffen. Er unterscheidet drei Komponenten der Naturausstattung: Der Mensch ist ein auf seine Selbsterhaltung bedachtes Geschöpf, das sein Leben nur mit Hilfe der Nebenmenschen, durch Erziehung und Kulturentwicklung erhalten kann, da seine instinktentbundene Natur von größter Schwäche und Bedürftigkeit gekennzeichnet ist; zu den Neigungen der Menschen gehört, daß sie einander sowohl unterstützen als schaden. In seinem Manual *De Offico Hominis et Civis* (1673) faßt Pufendorf seine Beobachtungen wie folgt zusammen:

»Nun hat der Mensch dieses mit allen empfindlichen Geschöpffen gemein / daß er nichts höhers liebet / als sich selbst / und sich auff alle Art un[d] Weise zu conserviren trachtet [...]. Aber darinne scheinets ein Mensch weit schlechter zu haben / als die unvernünfftigen Thiere / weil deren fast kein einiges / seiner Geburt nach / so elend und dürfftig / als jener auff die Welt kömmet; So gar / daß man es gewiß vor ein rechtes Wunder halten müste / wenn ein Kind / ohne anderer Leute Verpflegung / in die Höhe wachsen solte. [...] Was nun im Gegentheil das menschliche Leben anitzo vor Bequemlichkeiten begleiten / das hat man alles mit einander der mutuellen Behülfflichkeit der Menschen zu dancken [...]. Alleine / so nützlich die Menschen einander seyn

---

22 Einleitung Zu der Vernunfft=Lehre [...]. Vierdte und correctere Aufflage. Halle 1711, S. 19 [Erste Aufl.: 1691].
23 Horst Rabe: Naturrecht und Kirche bei Samuel von Pufendorf. Eine Untersuchung der naturrechtlichen Einflüsse auf den Kirchenbegriff Pufendorfs [...] (= Schriften zur Kirchen- und Rechtsgeschichte, Bd. 5). Tübingen 1958, S. 14. Eine knappe Gesamtbetrachtung der anthropologischen Voraussetzungen des Pufendorfschen Naturrechtssystems bei Malte Dießelhorst: Zum Vermögensrechtssystem Samuel Pufendorfs (= Göttinger rechtswissenschaftliche Studien, Bd. 97). Göttingen 1976, Kap. I.

können / so fehlet es ihnen doch auch hinwiederum nicht an grosser Boßheit / und an sattsamen Vermögen / einander zu beschädigen [...].«[24]

Woraus sich die Bestimmung des Menschen zum gesellschaftlichen Leben, zur Geselligkeit, ergibt. Die socialitas (der Begriff ist eine Neuschöpfung Pufendorfs[25]) wird zum höchsten Prinzip der Naturrechtslehre, aus dem sich alle weiteren Einzelvorschriften ergeben, kurz alles »dasjenige / so zu sothaniger Socialität überhaupt und nothwendig nütz= und ersprießlich seyn kan« (65 f.). Zusammengefaßt werden die Gebote in jener dreigliedrigen Pflichtenlehre, die Meiners als dogmatisches Hindernis für die Entwicklung der *Lebenswissenschaft* kritisieren sollte.

Für die Geltung und Anwendung des Sozialitätsprinzips ließ sich auf verschiedene Weise argumentieren. Positiv wird der Grundsatz dadurch bewiesen, daß die Menschen zu einem sozialen Handeln und zur Entwicklung eines rechtlich geordneten, auf Sprache, Kunst und Wissenschaft begründeten Gesellschaftslebens von Natur aus fähig sind; die Fiktion des völlig einsamen und damit dem Verderben ausgelieferten Gattungswesens liefert den gesuchten Beweis auf indirektem Wege.[26] Das Bild vom Menschen als einem »Mängelwesen an Instinkt«[27] hat das anthropologische Denken der Folgezeit nachhaltig geprägt, wobei die methodische Funktion, die Pufendorf der imbecillitas-Lehre für die Begründung des natürlichen Rechts zugewiesen hat, allmählich in Ver-

---

24 Einleitung Zur Sitten= und Stats=Lehre / Oder Vorstellung der Schuldigen Gebühr aller Menschen / und insonderheit der Bürgerlichen Stats=Verwandten / nach Anleitung derer natürlichen Rechte; [...]. Leipzig 1702, S. 56—59 [Fettdruck im Original wurde nicht berücksichtigt]. Die Übersetzung stammt von Immanuel Weber, die benutzte Ausgabe ist vermutlich von Immanuel Proeleus, dem Verfasser der *Grund= Sätze Des Rechts der Natur Nebst Einer kurtzen Historie und Anmerckungen über die Lehren Des Hrn. Barons von Puffendorf* (Leipzig 1709), überarbeitet worden. Zur Druckgeschichte und Verbreitung von Pufendorfs Kompendium (bis 1830 erschienen über 150 lateinische und landessprachliche Editionen) vgl. Klaus Luig: Zur Verbreitung des Naturrechts in Europa. In: Tijdschrift voor Rechtsgeschiedenis 40 (1972), S. 539—557.
25 Vgl. Horst Denzer: Moralphilosophie und Naturrecht bei Samuel Pufendorf. Eine geistes- und wissenschaftsgeschichtliche Untersuchung zur Geburt des Naturrechts aus der Praktischen Philosophie (= Münchener Studien zur Politik, Bd. 22). München 1972, S. 95. Zum Problem der Übersetzung (»Geselligkeit«) vgl. Klaus Weimar: »Bürgerliches Trauerspiel«. Eine Begriffserklärung im Hinblick auf Lessing. In: DVjs 51 (1977), S. 208—221, bes. S. 215 Anm. 38.
26 Zur wissenschaftslogischen Funktion der ›fictio contrarii‹ vgl. Denzer (Anm. 25), S. 93, 99, 104 u. bes. 114: »Die fictio contrarii ist für Pufendorf der Naturzustand in seiner radikalsten Form, wie er nur sehr schwer real vorgestellt werden kann: etwa wenn man ein Kind in der Wüste aussetzt.« Eine ›Robinsonfabel‹ kann nicht dieselbe Beweisfunktion übernehmen, da ein in den Naturzustand zurückversetzter erwachsener Mensch bereits über das zur Lebensführung notwendige technisch-zivilisatorische Wissen verfügt. Vgl. hierzu Pufendorfs Schrift *De statu hominum naturali* (1678), die in einer Neuedition vorliegt: Samuel Pufendorf's »On the Natural State of Men« (= Studies in the History of Philosophy, Bd. 13). Hg. v. Michael Seidler. Lewiston, New York 1990, bes. S. 88.
27 Vgl. Wilhelm Schmidt-Biggemann: Theodizee und Tatsachen. Das philosophische Profil der deutschen Aufklärung. Frankfurt a.M. 1988, S. 98.

gessenheit geriet. Der Autor hält sich bei seiner Beschreibung der conditio humana nicht lange auf dieser ersten, nur einer ›negativen‹ Beweisführung dienenden Stufe auf, da der Mensch für ihn ein Wesen ist, das seine Mängelnatur im gesellschaftlichen Leben schon stets kompensiert hat. Die socialitas kann daher als Verpflichtung verstanden werden, an der sich sein gesamtes Verhalten zu orientieren hat. Der Begriff bleibt freilich, und das ist entscheidend für die nachfolgende Theoriebildung, doppeldeutig: Handelt es sich um eine natürliche Disposition, eine Neigung zur Gesellschaft oder, bezogen auf den Inhalt der naturrechtlichen Norm, um ein diszipliniertes Verhalten, das dem ebenso naturgegebenen Egoismus erst abzufordern ist?[28]

Der rationalen Deduktion der Handlungsnormen entsprach bei Pufendorf die Vorstellung von der Einsichtsfähigkeit des Individuums, das aus freiem Entschluß sein Verhalten auf den Zweck der Sozialität verpflichtet. Ob die affektbehaftete Triebnatur des Menschen ein solches Vertrauen verdient, wird für Thomasius zur skeptisch behandelten Grundüberlegung, aus der er seine neuen *Fundamenta juris naturae et gentium* (1705) konzipiert und zwar, wie es in dem an Pufendorfs Hauptwerk angelehnten Titel weiter heißt, *ex sensu communi deducta*; die pragmatische Anthropologie erhält hier den gesuchten systematischen Ort.

Zunächst hatte sich Thomasius jedoch in anderer Weise von dem Vernunftrecht Pufendorfs distanziert. Im ersten Teil seiner *Sittenlehre* (1692) kritisiert er den aus dem Sozialitätsprinzip abgeleiteten Gehorsamsanspruch des Staates, der sich auf eine verkürzte Beschreibung der natura hominis stützt: Die spontane Zuneigung, welche die Menschen füreinander empfinden (und auf der sich, wie Thomasius andeutet, gesellschaftliche Ordnungsformen errichten lassen), wird dem Zwang der Naturrechtsgebote bewußt nachgeordnet. Dem widerspricht eine »humanitär eingefärbte Anthropologie, die den Menschen grundsätzlich als liebendes Wesen versteht«.[29] Die wahre Tugend, aus der alle anderen hervorgehen, ist die »vernünftige Liebe« anderer Menschen. Das Prinzip der Geselligkeit dient nurmehr zur Veranschaulichung dieser »tugendlichen Liebe«, die zum »Wesen« des Menschen erklärt wird und an die Spitze einer Beweiskette rückt, mit der die herrschaftslegitimierende Funktion des Naturrechts in Frage gestellt werden kann:

---

28 In Anlehnung an eine Formulierung von Werner Schneiders: Naturrecht und Liebesethik. Zur Geschichte der praktischen Philosophie im Hinblick auf Christian Thomasius (= Studien und Materialien zur Geschichte der Philosophie, Bd. 3). Hildesheim u. New York 1971, S. 75; vgl. auch Wolfgang Röd: Geometrischer Geist und Naturrecht. Methodengeschichtliche Untersuchungen zur Staatsphilosophie im 17. und 18. Jahrhundert (= Bayerische Akademie der Wissenschaften. Philosophisch-historische Klasse Abhandlungen, NF Bd. 70). München 1970, S. 90; Jutta Brückner: Staatswissenschaften, Kameralismus und Naturrecht. Ein Beitrag zur Geschichte der Politischen Wissenschaft im Deutschland des späten 17. und frühen 18. Jahrhundert (= Münchener Studien zur Politik, Bd. 27). München 1977, S. 116 u. 177.

29 Stephan Buchholz: Recht, Religion und Ehe. Orientierungswandel und gelehrte Kontroversen im Übergang vom 17. zum 18. Jahrhundert (= Ius Commune Sonderhefte, Bd. 36). Frankfurt a. M. 1988, S. 110.

»wenn man erweget / daß alle menschliche Gesellschafft in der Vereinigung zweyer Gemüther zu einem gewissen Endzweck bestehe / so siehet man / daß auch alle Gesellschafften ihrem Wesen nach die Liebe / als welche die Vereinigung der Gemüther ist / intendiren. Und also wird man bald gewahr / daß keine Gesellschafft ohne Liebe / aber wohl ohne Befehl und Zwang seyn könne; und daß der Befehl und Zwang zufälliger Weise in die menschlichen Gesellschafften gekommen sey [...].«[30]

Noch einhundert Jahre später sind dem Historiographen Meiners die »liebevollen Schwärmereyen des gutherzigen Christian Thomasius« einer Erwähnung wert (I, 280). Was Meiners nicht erwähnt, ist die Selbstkritik, mit der Thomasius noch vor Vollendung des praktischen Teils der *Sittenlehre* die Prämissen seiner Liebesethik verabschiedet.

Die Suche nach einer »Artzeney Wieder die unvernünfftige Liebe / und der zuvor nöthigen Erkäntniß Sein Selbst« führt zu desillusionierenden Einblicken in die Natur des Menschen. Nicht eine ›vernünftige Liebe‹, sondern Affektregungen determinieren das menschliche Handeln, das als Ziel nur die Selbsterhaltung und das individuelle Glück kennt. Da Thomasius nicht weiter in abstracto über die Sozialität des Menschen philosophieren will, untersucht er die Natur der Affekte, er kombiniert ihre Erscheinungsweisen und entwirft ein Schema der Hauptlaster (voluptas, ambitio, avaritia), denen entsprechende Temperamente zugeordnet werden. Das Ergebnis ist eine pseudoempirische Taxonomie, die zwar noch bis in die Mitte des 18. Jahrhunderts die Menschenkunde und Seelenforschung beeinflußt hat, bald jedoch zur Kuriosität werden sollte. Von weitreichenderer Bedeutung blieben die systematischen Folgerungen, die Thomasius aus der pessimistisch umbewerteten Anthropologie für das Norminstrumentarium des Naturrechts gezogen hat. Die korrupte Triebnatur des Menschen läßt sich nur dann mit Aussicht auf Erfolg therapieren, wenn die Obligationsebenen der Vielschichtigkeit des (nicht nur nach außen wirksamen[31]) Handelns entsprechen, das stets unter dem Primat des Willens betrachtet werden muß.

Thomasius eröffnet die neuen *Grund=Lehren* mit der Feststellung, daß sich das Studium des Menschen nicht aus Büchern betreiben lasse. Er selbst habe an diesem »Vorurtheil kranck gelegen«,

»daß wir nebst dem Grotio und Pufendorffio, obwohl nicht auf eine solche thörigte Art / wie die Scholastici gethan / dennoch nach anderer ihren Meinungen des Men-

---

30 Christian Thomasius: Von Der Kunst Vernünfftig und Tugendhafft zu lieben / [...] Oder: Einleitung Der Sitten=Lehre [...]. Sechste Auflage / verbessert und Corr. Halle 1715, S. 357 [Fettdruck im Original wurde nicht berücksichtigt].
31 Das wird Pufendorf entgegengehalten, etwa von dem Thomasius-Schüler Nicolaus Hieronymus Gundling in seinem *Ausführlichen Discours über Das Natur= und Völcker=Recht* (Franckfurt u. Leipzig 1734): »Denn derjenige, welcher dächte, er hätte das gantze Jus Naturae studiret, da er nichts gelernet, als die äuserlichen officia, so die Menschen gegen einander observiren, der wäre gewiß noch nicht weit kommen.« (S. 16 f.) Sein Augenmerk hat sich auf die ›inneren Handlungen‹ zu richten, die einer besonderen Normenlehre bedürfen; darauf soll gleich näher eingegangen werden.

schen Natur untersuchet haben / [...] als daß wir dieselbe / so ein jedweder bey sich selbst hat / mit gehöriger Sorgfalt untersuchet haben.«[32]

Eine solche Untersuchung führt zur Beseitigung des »Haupt=Irrthum[s] / von der geschickten Übereinstimmung des Verstandes und Willens / das ist / von der Herrschafft des Verstandes über den Willen« (Vorr., 2f.); in Wahrheit verhält es sich umgekehrt. Dem folgt kein Katalog disziplinarischer Maßnahmen, sondern eine nüchterne methodische Überlegung. Wenn das Handeln des Menschen von seiner Triebnatur dirigiert wird, kann das »Gebäude der Moral« nicht auf der von Pufendorf angenommenen Trennung der ›entia physica‹ von den ›entia moralia‹ errichtet werden; entfalten die Gesetze der Natur auch in der moralischen Welt ihre Wirkung, muß die Anthropologie des Naturrechts naturalisiert und die erwähnte Differenz eingeebnet werden, damit »alle moralia aus denen naturalibus bewiesen und erleutert werden können.« (Vorr., 3)

Der Wille wird zur »moralische[n] Krafft« erklärt, deren Wirkungen sich wie die anderer Naturkräfte beobachten und in einen berechenbaren Zusammenhang bringen lassen:

»Dieserwegen wird die moralische Natur des Menschen der physicalischen Natur des Menschen nicht recht entgegen gesetzet / auch nicht schlechterdings und absolut der vernünfftigen oder verständlichen Natur des Menschen. Denn die physicalische Natur des Menschen ist ein ungereimtes Wort / weil es eben so viel heisset / als wenn du sagest die natürliche Natur. Es wird auch wenig helffen / wenn du zur Entschuldigung anführest / daß die physicalische Natur gennenet werde / wovon in der Physica gehandelt wird. Denn / auch die moralische Natur auff gewisse Art zu der Physica gehöret / weil sie von dem Willen dependiret und angetrieben wird / dessen Abhandlung zur Physica gehöret. Dannenhero ist offenbahr / daß die Moralia ohne die natürlichen Dinge nicht können verstanden werden / weil sie derselben Schlüsse seyn und also die Philosophia moralis einen absonderlichen Theil der Physic abgiebt.« (1, I, 58—60)

Wie nicht anders zu erwarten, bleibt auch bei Thomasius der Übergang von den beobachteten ›physischen‹ Sachverhalten zu den ›moralischen‹ Aussagen über das Wesen und die Bestimmung des Menschen problematisch. Der Begriff des Willens wird äquivok gebraucht, er gehört einerseits in die Vermögenspsychologie und andererseits in die Moralwissenschaft, der Schritt »von der deskriptiven zur normativen Sphäre«[33] wird unmerklich vollzogen.

---

32 Im folgenden wird nach der deutschen Übersetzung zitiert, deren Titel den Leitbegriff des sensus communis nicht völlig adäquat wiedergibt: Grund=Lehren Des Natur- und Völcker=Rechts / Nach dem sinnlichen Begriff aller Menschen vorgestellet / In welchen allenthalben unterschieden werden Die Ehrlichkeit / Gerechtigkeit und Anständigkeit; [...] Zum Gebrauch Des Thomasianischen Auditorii. Halle 1709, hier: Vorrede 2. Zitate werden künftig – mit Ausnahme der Vorrede – unter Angabe von Buch, Hauptstück und Paragraph nachgewiesen. – Die *Grund=Lehren* korrigierten das ältere Lehrbuch der *Institutiones iurisprudentiae divinae* (1687/88) in vielen Einzelheiten und lieferten gleichzeitig eine Überarbeitung der gesamten Naturrechtstheorie. Beide Werke wurden in der von Ephraim Gerhard übersetzten deutschen Ausgabe zusammengefaßt.

33 Röd (Anm. 28), S. 167.

Um die Vielfalt der Affektregungen und Triebimpulse zu ordnen, greift Thomasius auf das Schema der »drey Begierden / Wollust / Geld Geitz / und Ehrgeitz« zurück[34] (die leicht verändert noch in Kants Anthropologie auftauchen), da »kein Mensch gefunden wird / bey welchem nicht eine unterschiedene Vermischung dieser Willen sey.« (1, I, 130) Das Handeln des einzelnen kann nur in Relation zu den drei Hauptlastern betrachtet werden, es hat keine innere moralische Qualität, nicht einmal im Blick auf die »Bewahrung der Geselligkeit« (1, VI, 19), da das Sozialitätsprinzip nicht mehr als normativer Richtwert fungiert. Tugend besteht im Grunde nur in einem (günstigen) Ausgleich zwischen den (schlechten) Affekten, in der Suche nach einer »gleichen Proportion aller drey Begierden«, wie Thomasius in den *Cautelen* schreibt[35], nicht jedoch, das gilt es hervorzuheben, in dem Versuch ihrer völligen Unterdrückung oder Auslöschung. Die Argumentation würde sich allerdings in einen Zirkel hineinbewegen, könnte nicht der zur Leitung des Willens untaugliche Verstand durch ein anderes Ordnungsinstrument ersetzt werden. Der Mensch wird als ein der Formung bedürftiges Sozialwesen betrachtet und den gesellschaftlichen wie staatlichen Instanzen der Erziehung und Disziplinierung, »Rath und Herrschafft« (1, IV, 62), überantwortet.

An dieser Stelle führt Thomasius die Unterscheidung von drei Normklassen ein, die alle denkbaren Verhaltensmuster umgreifen sollen: Die Ratschläge des ›iustum‹, die zu erzwingbaren positiven Gesetzen werden können, sichern den äußeren Frieden zwischen den Bürgern einer Gesellschaft; die Regeln des ›honestum‹, die sich mit den Einsichten der medizinischen Temperamentenlehre verbinden lassen, zielen auf die Neutralisierung der Affekte und befriedigen so die Suche nach dem inviduellen Glück, das sich mit der inneren ›Gemütsruhe‹ einstellt; die ›regulae decori‹ schließlich, deren Beachtung nur moralisch einklagbar ist, gestalten das soziale Leben.[36] Der letztgenannte, dem gesellschaftlichen Verkehr besonders nahe Bereich der Sitten (decorum) wird

---

34 Die Aufzählung steht selbstverständlich in Traditionszusammenhängen, sie verdankt sich der aristotelischen Moralphilosophie und der neutestamentlichen Sündenlehre; vgl. Schneiders (Anm. 28), S. 213: »Thomasius hat diese Zusammenstellung nur – und das scheint seine selbständige Leistung zu sein – radikal in den Vordergrund geschoben und zur ersten Grundlage der Einteilung der Affekte bzw. Laster gemacht.« Die Wirkung bei den Zeitgenossen war enorm, erst mit dem Aufkommen der ›empirischen‹ Psychologie verlor das Affektschema seine Anerkennung als Instrument der Selbst- und Menschenkenntnis. – Zur Herkunft und Wirkung des von Thomasius benutzten Schemas vgl. auch Hinrich Rüping: Die Naturrechtslehre des Christian Thomasius und ihre Fortbildung in der Thomasius-Schule (= Bonner rechtswissenschaftliche Abhandlungen, Bd. 81). Bonn 1968, S. 37ff.
35 Höchstnöthige Cautelen Welche ein Studiosus Juris, Der sich zu Erlernung Der Rechts=Gelahrheit Auff eine kluge und geschickte Weise vorbereiten will / zu beobachten hat. Halle 1713, S. 360.
36 Vgl. *Grund=Lehren* 1, V, 58: »Endlich ist zu mercken / daß das in einer weitern Bedeutung genommene Recht der Natur die gantze Philosophiam moralem in sich begreiffet [...]. Denn die Ethica lehret die Principia honesti, die politica die Principia decori. Das in einen engern Verstande genommene Recht der Natur aber / welches insbesondere die Principia justi & injusti lehret / wird [...] gar mercklich unterschieden.«

durch die hinzutretende Klugheits- und Anstandslehre ›politisch‹ geordnet. Zusammen mit der Tugendlehre (honestum) bilden die prinzipiell nicht erzwingbaren sittlichen Pflichten, deren Ausübung die Klugheit lehrt, eine Anthropologie des Humanverhaltens in pragmatischer Hinsicht; vor allem in dem die Lehre vom decorum ergänzenden prudentistischen Teil, der die Forderung nach Selbsterkenntnis mit exemplarischen Charakterstudien verbindet und insofern, nimmt man die pessimistischen Anschauungen über die selbstbezogene Affektnatur des Menschen hinzu, eine Verwandtschaft mit der moralistischen Literatur erkennen läßt – wäre da nicht die Rückbindung an die regulae decori, mit der die Anweisungen zu einem weltgewandten Umgang mit Menschen in den Rang einer auf allgemeine Prinzipien gegründeten, mit der Kraft der Normsetzung ausgestatteten Wissenschaft erhoben werden.

Diesen Rang innerhalb des Naturrechtssystems konnte die Sozialethik und die ihr angeschlossene Verhaltenslehre nur wenige Jahrzehnte verteidigen. Bis zur Mitte des 18. Jahrhunderts haben allerdings Affekten- und Sittenlehren, die sich nach dem von Thomasius geschaffenen Muster um die richtige Gemütserkenntnis und eine ›gescheide Conduite‹ – so der Untertitel von Thomasius' *Entwurff der Politischen Klugheit* (1707)[37] – bemühen, beachtliche Konjunktur. Ich beschränke mich auf zwei Beispiele.

An ein gelehrtes Publikum wendet sich Jacob Gabriel Wolf mit einer zusammenfassenden Darstellung der *Grund=Sätze* seiner Naturrechtslehre. Originell ist nur die Anordnung der von Thomasius übernommenen Systemteile. Gleich zu Beginn wird der »Einfluß« hervorgehoben, den »das Temperament des Leibes« auf die moralischen Handlungen des Menschen ausübt, dergestalt nämlich, »daß ein Mensch vom sanguinischen Temperament zu wollüstigen; einer vom cholerischen Temperament zu ehrgeitzigen; einer vom melancholischen Temperament zu Geld=geitzigen Begierden und Handlungen geneigt ist«.[38] Zum Guten können die durch ihre Affekte moralisch entmündigten Menschen nur durch »Zwang« oder »Liebe« (15), durch rechtliche Sanktionen (iustum) oder edukative Maßnahmen (honestum und decorum), angeleitet werden: »Hieraus fliessen [...] folgende allgemeine moralische Grund=Regeln. Befleißige dich der Gerechtigkeit; wie auch der innerlichen Ehrbarkeit; nicht weniger des äusserlichen Wohlstandes; und endlich der wahren Klugheit.« (21)

Einem weniger starren Schema folgt Johann Andreas Fabricius in seinen bereits zitierten *Gedancken Von der Moralischen Erkenntniß der Menschlichen Gemüther*. Thomasius wird in einem vorangestellten Literaturbericht nur kurz erwähnt, da »von dessen ungemeine[n] Verdiensten alle Bücher voll sind«,

---

37 Als Einteilungsprinzip dient auch in dieser Schrift die Trias der Affekte, deren Kennzeichen Thomasius am Schluß des vierten Kapitels in einem Register der Laster und Tugenden (»Spiegel Der Erkäntniß seiner selbst und anderer Menschen«) ausführlich erläutert; die Klugheit ist weniger eine Kunst andere zu führen als sich selbst zu beherrschen – die ›quies interna‹ bildet die Voraussetzung für das nach außen gerichtete Handeln.

38 Jacob Gabriel Wolf: Kurtzer Entwurf der vornehmsten GrundSätze, Seiner Jurisprudentiae Ecclesiasticae; wie auch der Jurisprudentiae Naturalis; [...]. Halle 1730, S. 12 u. 14.

weshalb der Autor darauf verzichtet, »ein mehrers zu gedencken.« (20) Die Abhängigkeit von Thomasius ist für den kundigen Leser ohnehin deutlich, für ihn ist das Handbuch der praktischen Menschenkenntnis auch nicht gedacht. Fabricius gibt eine populär gehaltene Beschreibung der »moralischen« und der »animalischen« Natur des Menschen. Für letztere, über die kaum etwas mitgeteilt wird, wählt er die Bezeichnung »Anthropologie« (33). Über die Bestimmung des Menschen, ihr ist der Hauptteil der Untersuchung gewidmet, unterrichten das »Recht der Natur« und die »Regeln der Klugheit« (37). Die drei »Hauptneigungen« des Willens, nämlich »Ehrgeiz, Geldgeiz und Wollust« (48ff.), werden in aller Ausführlichkeit beschrieben, ihre Kombinationen, ihr Verhältnis zu den Temperamenten (Kap. V) und ihre Ausprägungen in der Physiognomie (Kap. VII) durch die genannten Hilfswissenschaften aufgeschlüsselt; ein »Exempel« (119ff.) zeigt am Schluß die praktischen Anwendungsmöglichkeiten der Gemütsforschung.

Im Bewußtsein, über sichere wissenschaftliche Erkenntnis zu verfügen, übernehmen beide Autoren das Gerüst der thomasischen Naturrechtslehre, um es inhaltlich auszufüllen. Die vorhandenen Mängel des Systems werden in dieser ersten Phase der Rezeption nur selten angesprochen. Auf Dauer ließen sie sich jedoch nicht übersehen, sie sollten die Ausgliederung der ›praktischen‹ Teildisziplinen zur Folge haben. Zwei Momente wirkten hier zusammen. Einerseits drängte das Funktionssystem des Rechts mit seiner spezifischen Eigenlogik auf die Positivierung der regulae iusti, also auf eine strengere Unterscheidung der Normsphären, mit der die nur sozialgerechten aber nicht rechtlich erzwingbaren Verhaltensnormen ihren gleichrangigen Platz im System verloren. Zugleich stellte man sich die Frage, ob die sich stets wandelnden regulae decori überhaupt in eine Praxislehre hineingehören, die sich – der ursprünglichen Zielsetzung entsprechend – zu einer Wissenschaft formen soll, die für ihre Sätze allgemeine Geltung beansprucht. Die Antwort konnte nur negativ sein. Das Naturrecht teilte sich in der Folgezeit in die Bereiche des positiven Rechts und der individuellen Moral, die decorum-Lehre wurde anderen Vermittlungsinstanzen überlassen.

II.

Zu ›Aufsehern‹ über die Sitten hatten sich zuvor bereits die Moralischen Wochenschriften und verwandte Gattungen der moral-didaktischen Literatur erklärt – in bewußter Abgrenzung von der »Obrigkeit«, die »Gewalt hat, manche Pflichten von ihren widerspenstigen Unterthanen zu erpressen«. Daß auch andere Ordnungsformen denkbar sind, die sogar eine weitgehende Emanzipation von der Zwangsgewalt des Staates ermöglichen könnten, gibt die zitierte Wochenschrift[39] im Anschluß zu bedenken: »Wenn alle Menschen einander, als

---

39 Es handelt sich um das von Samuel Gotthold Lange und Georg Friedrich Meier herausgegebene Periodikum *Der Mensch* (Halle 1751–1756), hier: Stück 86.

wahre Menschenfreunde, liebten, so würden diese Pflichten niemals mit Gewalt erpreßt werden dürfen.« Der programmatische Leitsatz erinnert an Thomasius' *Sittenlehre* (s.o. S. 121f.), teilt jedoch nicht deren anthropologische Grundannahmen. Die »höchst elende und lasterhafte Gemütsart der allermeisten Menschen« fordert verschiedene Steuerungsmittel, solche des Gesetzgebers, nicht weniger aber solche, die sich der Einsicht in die gesellschaftserhaltende Funktion derjenigen Pflichten verdanken, die das decorum lehrt. Die Autoren der Wochenschrift setzen die Trennung der drei Normsphären von Recht, Ethik und Sitte voraus[40], halten gleichzeitig aber fest, daß die Sittenlehre naturrechtlich verbindliche Pflichten – etwa solche der Menschenliebe: officia humanitatis –, also mehr als nur die moralisch verbrämte Klugheit einer bürgerlichen Lebensführung vermittelt. Erst die Befolgung der rechtlich unvollkommenen Pflichten bildet den Menschen zu einer sittlichen Persönlichkeit.

Entscheidend ist der Aspekt der Vermittlung: Zwischen der abstrakten Normerkenntnis, die auf der Unterscheidung der drei genannten Handlungsräume aufbaut, und den konkreten Bedingungen des Handelns, die von der Trieb- und Bedürfnisnatur des Menschen gesetzt werden, soll eine Verbindung hergestellt werden. An Beispielen des Alltags erörtern die Wochenblätter die Notwendigkeit der Selbsterkenntnis, beschreiben die ihr entgegenstehenden Hindernisse und demonstrieren die Möglichkeiten, das Erkannte anzuwenden. Was dazu an Wissen über die humane Natur nötig ist, skizziert *Der Mensch* in seinen ersten Stücken, wobei »die Würdigkeit unserer Natur« den »Augenpunct« bildet, aus dem »die Sittenlehre, die Tugend und Laster, und alle unsere Pflichten« zu betrachten sind. (St. 1) Die »Gemüthsbewegungen oder Affecten« werden nach dem bekannten Schema eingeteilt, der Vernunft wird es überlassen, diese »recht regelmäßig« (St. 2) im Sinne der erkannten Pflichten zu ordnen; der thomasische Voluntarismus wird entsprechend abgeschwächt: »Eigentlich ist der Wille allezeit dem Verstande gehorsam, oder deutlicher zu reden, die Seele will allezeit das, was sie selbst als das beste und vortheilhafteste erkant hat.« (St. 374)

An den neueren psychologischen Theorien zeigen die Wochenschriften ein auffallend geringes Interesse. Einzelne Autoren wie der eingangs erwähnte Samuel Christian Hollmann erklären die menschliche Natur in ihrer »gedoppelten Beschaffenheit« kurzerhand zu einem »Geheimnüß«, das nicht vollständig aufzuklären ist. Wie in seinen wissenschaftlichen Veröffentlichungen rät Hollmann auch in seinem Wochenblatt *Der Zerstreuer* zur vorsichtigen Skepsis, sobald die Fragen nach der Organisationsform unseres Wesens, den mentalen Zuständen und ihrem Verhältnis zum Körper (und dessen Existenz) aufgewor-

---

40 Vgl. etwa das 430. Stück, das »die Eintheilungen unter dem, was gerecht [iustum], was ehrenwerth [honestum] und was nützlich [decorum] ist«, verständlich ntachen will: »Die Vernunft muß also ein jedes von diesen billigen [...] und sie thut es um so vielmehr, wenn alles dreyes beysammen ist; wie denn das Naturrecht diese drey Stükke verbindet.«

fen werden.⁴¹ Die moralische Bestimmung des Menschen ist dagegen weniger zweifelhaft. Der Eklektiker setzt auf Erfahrungserkenntnis und empirische Forschung, er erwartet daher am ehesten von der Physiologie und Anatomie weitere Aufschlüsse über den Körper des Menschen – zumindest über diesen, wenn schon seine Doppelnatur unergründlich bleiben sollte. Die Aufklärung hat es leichter, wo es darum geht, Vorurteile der Tradition zu beseitigen. Das führt Hollmann vor, indem er empfiehlt, auf die gänzlich unfruchtbaren Hypothesen der Humoralpathologie zu verzichten. Er stellt sich in Opposition zu jenem verbreiteten Typ von Gemüts- und Klugheitslehren, die den von Thomasius vorgegebenen Gliederungsprinzipien auch in diesem Teil folgen. Was »des Hippocratis seine vier Säffte« angeht, sind indes »die Grundsäulen dieses artigen moralischen Gebäudes schon längst gleichsahm verfaulet, und über einen Hauffen gefallen«, nur aus Bequemlichkeit, aufgrund des Diktats der Schule oder der »Mode«, nicht aber aufgrund von empirischen Beweisen wird an der Einteilung noch immer festgehalten:

> »Die Neigungen, so sich bey uns Menschen finden, kommen, ausser einer gewissen Art Neigung zur Wollust, wohl von der Erziehung, der Gewohnheit, dem Umgange mit andern Menschen, und andern Umständen unsers Lebens, her, mit nichten aber von den salzigten, noch schwefelichten, oder irdischen Theilen, unsers Geblüthes: und die, nach der gemeinen temperamentistischen Lehre, mit solchen Neigungen verknüpffte Beschaffenheit des Verstandes, und Gedächtnüsses, ist bloß was ungefähriges, und zufälliges.« (*Der Zerstreuer*, St. 10)

Im Gegensatz zu unserer empirischen Selbsterkenntnis hat die moralische den Vorteil, bei dem ›Umgang mit andern Menschen‹ auf eine hinreichend begründete Theorie der Pflichten zurückgreifen zu können. Die empirische Beobachtung wird in der pragmatischen Anthropologie zu einer eingreifenden, die die sittliche Erziehung des Menschen den Normen des Naturrechts unterstellt. Noch in einer seiner letzten Veröffentlichungen verteidigt Hollmann die Unterscheidung der drei Normebenen des Handelns und den Nutzen der daraus abgeleiteten Pflichten, die den ›inneren‹ wie ›äußeren‹ Frieden sichern.⁴²

Das Vertrauen in die Ordnungskraft der juridifizierten Normen schwindet bei der nachfolgenden Generation der Popularphilosophen, die Grundsätze des (moralischen) Handelns werden durch den unbefangenen Blick auf die Natur des Menschen neu geprüft. Immanuel David Mauchart, ein Mitarbeiter des *Magazins zur Erfahrungsseelenkunde*, verwendet in einer 1782 entstandenen Abhandlung *Ueber die Moralität solcher Handlungen, die sich aus natürlichen*

---

41 Göttingen 1737. Hier: Stück 31. – Zu Hollmanns Diagnose der zeitgenössischen Theoriebildung im Feld der Psychologie und Seelenlehre vgl. Konrad Cramer: Die Stunde der Philosophie. Über Göttingens ersten Philosophen und die philosophische Theorielage der Gründungszeit. In: Jürgen von Stackelberg (Hg.): Zur geistigen Situation der Zeit der Göttinger Universitätsgründung 1737 (= Göttinger Universitätsschriften, Bd. A/12). Göttingen 1988, S. 101–143.
42 Vgl. [Samuel Christian Hollmann:] Zufällige Gedanken über verschiedene wichtige Materien. Sechste und Letzte Sammlung. Frankfurt und Leipzig 1776, S. 10–30: *Die Moralphilosophie*, bes. S. 27f.

Trieben erklären lassen zwar noch das begriffliche Instrumentarium des Naturrechts – die Selbstliebe und der Trieb zur Selbsterhaltung bilden den Ausgangspunkt, von dem aus die Handlungsantriebe des Menschen beschrieben, klassifiziert und auf das Prinzip der ›custodia socialitatis‹ bezogen werden –, die pflichtentheoretische Differenzierung spielt dabei jedoch keine Rolle mehr.[43] Ihr unflexibler Rationalismus wird von Meiners dann vollends abgelehnt. Von der Beispielsethik des Naturrechts glaubt man nun sicher zu wissen, daß sie den voluntativen Antrieben des Menschen, der Dynamik seiner Affekte und Gefühlseinstellungen nicht in einer das moralische Handeln motivierenden Weise gerecht werden kann.

Da die Überwindung der humanen Affektnatur weiterhin als Problem, ja als die fundamentale Voraussetzung jeder Gesellschaftsbildung betrachtet wurde, mußte nach einem Gegenkonzept zu dem Vernunftrecht gesucht werden. Wenn staatliche und gesellschaftliche Instanzen nur Pflichten des Wohlverhaltens lehren oder diese gar erzwingen müssen, geht die natürliche Disposition zu einem gesellig-tugendhaften Handeln verloren. In einem solchen ›Staat der Not‹ ist der Mensch vielleicht zivilisiert, seine Bestimmung zur Humanität wird er jedoch notwendig verfehlen. Der aufgezeigten Problematik ließ sich nur durch die Idee einer autonomen ästhetischen Erziehung entgehen, die den genannten Instanzen in völliger Unabhängigkeit gegenübertritt.

---

43 Vgl. Immanuel David Mauchart: Phänomene der menschlichen Seele. Eine Materialien=Sammlung zur künftigen Aufklärung in der Erfahrungs=Seelenlehre. Stuttgart 1789, S. 229–290; nur beiläufig werden die »Plichten gegen sich selbst« erwähnt (260).

Diskussionsbericht

Stephan Meier-Oeser (Berlin)

In der Diskussion der Vorlage von Reinhardt Brandt (*Ausgewählte Probleme der Kantischen Anthropologie*) wurde besonders der in der Kantischen Anthropologie virulente Finalismus thematisiert. Dabei stellt sich die Frage, inwieweit Kants Anthropologie mit ihrer an aristotelische Teleologie anknüpfenden Betonung der durchgängigen Zweckmäßigkeit des Seienden in unvermitteltem Gegensatz zur Transzendentalphilosophie stehe. Denn in der *Kritik der Urteilskraft* finde sich neben der bloßen »Als ob«-Teleologie in Form des deutlich finaler Struktur unterliegenden Bildungstriebes eine gleichsam metaphysisch begründete implizite Teleologie. Daß die Teleologie hier explizit nur im Modus des »als ob« erscheine, liege am Systemzwang der kantischen Urteilstafel, welche die Naturkausalität je schon auf die »causa efficiens« eingeschränkt und somit die Finalursächlichkeit eben nur im Modus des »als ob« integrierbar gemacht habe. Es wurde jedoch betont, daß die Ausschaltung der Finalkausalität innerhalb der Transzendentalphilosophie mehr ist, als nur Tribut an einen äußerlichen Systemzwang und somit der massive Rückgriff auf die Finalkausalität in der Anthropologie einen deutlichen Positionswechsel darstelle.

Es wurde darauf hingewiesen, daß die finalistische Hintergrundsstruktur der Kantschen Anthropologie gerade im Kontrast zu Rousseau deutlich werde. Während Rousseaus geschichtsphilosophisches Konzept durch einen positiven Anfang und eine kontingente Entwicklung gekennzeichnet sei, so die Anthropologie Kants durch einen kontingenten Anfang und eine positiven Entwicklung – eine Spiegelverkehrung, die Kant selbst in seinen Vorlesungen mehrfach explizit gemacht habe. Von daher lasse sich auch die in der Diskussion aufgeworfene Frage beantworten, wie Kant den durch empirische Befunde nahegelegten Zweifeln und Enttäuschungen an den vorausgesetzten Evidenzen einer kontinuierlichen Vervollkommnung der menschlichen Gattung widerstanden habe: Das Konzept der finalistischen Integration des Übels in die umfassende Ordnung des Guten macht auch das Böse noch als gut beschreibbar.

In diesem Zusammenhang wurde jedoch die Frage aufgeworfen, ob dieser geschichtsphilosophische Finalismus nicht letztlich ein Scheinoptimismus sei, dem so etwas wie ein stoischer Gattungsfatalismus zugrunde liege, wenn Kant das Böse dergestalt in die umfassende Zweckordnung einbinde, daß man durch das Böse jeweils nur zum Guten der Gattung gelangt. Hierbei wurde

Übereinstimmung darin erreicht, daß es gemäß der kantischen Anthropologie im Prozeß der Entwicklung im Grunde nichts wirklich Neues gibt. Die Menschen haben gemäß dem Modell einer geschichtsphilosophisch gewendeten Präformationslehre lediglich das bereits keimhaft angelegte Gattungsprogramm zu realisieren.

Dabei wurde die Altertümlichkeit des Finalitätsdenkens der kantischen Anthropologie sowie die Differenz gegenüber der Anthropologie Platners betont. Finalitätsstrukturen im 18. Jahrhundert seien überwiegend Sedimente der Kosmologie des 17. Jahrhunderts. Insofern könne der Finalismus bei Kant als ein Relikt der Frühaufklärung erscheinen, wie er sonst im 18. Jahrhundert nur in der Physikotheologie zu finden sei. Eine Einbettung des Menschen in Sinnstrukturen sei spätestens mit Platners Anthropologie krisenhaft geworden. Gerade mit seiner Theorie der Vervollkommnung der menschlichen Gattung weiche Kant von Platner ab (der eben bei Kant mit dessen Wende zur pragmatischen Anthropologie nicht mehr präsent sei) und deute die Anthropologie in Richtung auf Geschichtsphilosophie um. Die hierdurch sich ergebenden konzeptionellen Spannungen werden sichtbar am Auseinanderklaffen von Klugheitsregeln am Anfang und Geschichtsphilosophie am Schluß der Anthropologie.

Hinsichtlich des konstatierten Mißlingens der Vereinigung der beiden Teile der Anthropologie wurde darauf hingewiesen, daß der von Kant erhobene Anspruch einer systematischen Verbindung von Normentheorie und praktischer Anwendung im Grunde selbst schon insofern unzeitgemäß war, als eine solche Verbindung bereits eine Generation früher obsolet geworden sei, als klar wurde, daß eine materiale Klugheitslehre nicht wissenschaftsfähig ist.

Die von Gerald Hartungs Beitrag (*Über den Selbstmord. Eine Grenzbestimmung des anthropologischen Diskurses im 18. Jahrhundert*) eingenommene Perspektive auf das zentrale Thema der Anthropologie von der scheinbaren Peripherie wurde einhellig begrüßt. Der Blick auf die Anthropologie vom Grenzbereich der Selbsttötung her gebe nicht nur für den Bereich der Literatur Aufschluß über die historischen Hintergründe der Provokation von Goethes *Werther*, sondern werfe für den Bereich der Anthropologie auch erhellende Schlaglichter auf die Brüchigkeit des Konzepts vom »ganzen Menschen«, welche, je mehr man sich im 18. Jahrhundert desselben zu vergewissern unternahm, um so deutlicher zutage getreten sei. So eben auch an der in den letzten Jahrzehnten des 18. Jahrhunderts parallel zur Auflösung des scholastisch-moraltheologischen Paradigmas durch die historisierende Rechtsbetrachtung erfolgenden Diversifizierung der Sichtweisen auf das Phänomen der Selbsttötung. Zwar sei der Selbstmord hier zu einer Art interdisziplinärem Forschungsgegenstand geworden. Die Beantwortung der entscheidenden Frage nach seiner Legitimität lasse jedoch den interdisziplinären Rahmen je wieder zerbrechen. Dies zeige sich insbesondere auch an Kants Beitrag zum Thema. Denn wenngleich er noch einmal die verschiedenen Ansätze, den anthropologischen und den moraltheologischen, aufgreife, indem er einerseits in der Anthropologie dem physiologisch-anthropologischen Interesse am Menschen Rechnung getragen, in der Metaphysik der Sitten dagegen die Traditionslinie der Morallehren des 18. Jahrhunderts prolongiert habe, so entstehe daraus noch keine einheitliche, sich dem interdisziplinären Ansatz verdankende Einschätzung der Selbsttötung. Zwar liefere die Anthropologie physiologisch-psychologische Erklärungsmuster, die den Suizid als individuelle Affekthandlung verständlich machten. Das letzte Wort in der Frage nach der Legitimität der Selbsttötung (und damit in gewisser Weise auch in der Frage nach dem »ganzen Menschen«) habe bei Kant jedoch der Moralphilosoph, für den sich das selbe Phänomen der Selbsttötung als Handlung des personal-verantwortlichen Menschen darstellt und somit über das Individuum hinausweist und – gemäß christlicher Moralitätstradition – inkriminiert wird: sie ist und bleibt – nun weil Verbrechen gegen das Sittengesetz – Mord. An Kant zeigt sich, wie lange der Anspruch auf Normierung des sich der Normierung Entziehenden von der Philosophie aufrecht erhalten wurde.

Ebenso wie schon im Zusammenhang mit dem Finalismus der Anthropologie zeige sich auch in dieser Frage deutlich die Präsenz älterer – und teilweise schon obsolet gewordener – Traditionen bei Kant. Die moraltheologische Traditionslinie des Selbsttötungsverbotes wurde eingehend erötert. Dabei wurde darauf hingewiesen, daß die Legitimierung der Selbsttötung bei den Freigeistern und Materialisten im Zusammenhang mit der Bedeutung der stoischen Moralphilosophie in der französischen und englischen Aufklärung gesehen werden müsse. Hier bestehe eine markante Differenz zur deutschen Aufklärung, die stoische Elemente nur unter christlichen Vorzeichen aufgenommen habe, so daß sie von Pufendorf über Thomasius bis Wolff dem thomistischen Modell verhaftet bleibt; eine Linie, die dann in Kant ihre Fortsetzung finde. Zugleich wurde jedoch deutlich gemacht, daß die neben den Legitimierungsansätzen des Suizid seitens der Freigeister, Materialisten und Physiologen herlaufende Kontinuität in der Entwicklung des Themas der Selbsttötung von Thomas über die Naturrechtslehre der Frühaufklärung zu Kant von subtilen aber bedeutsamen Verschiebungen innerhalb der Begründung des Selbsttötungsverbots begleitet wird. Insgesamt zeichne sich hierbei eine Trennung des Bereichs der Rechte von dem der Pflichten ab. Während beide Momente im thomistischen Ansatz parallel konzipiert sind, fallen bei Kant die Rechte aus der Beurteilung des Suizids heraus. D.h. auch nach dem Verblassen der moraltheologischen Grundmuster wird die Billigung natürlicher Rechte und sittlicher Autonomie nicht bis zum Grenzfall der Legitimierung von Selbsttötung vorangetrieben. Als bestimmend für die Begründung des Selbsttötungsverdikts bleiben nurmehr die Pflichten übrig. Insofern erscheine die neue Moral, wenn auch unter anderen Vorzeichen, als die ganz alte.

Eine gänzlich neue Qualität erhalte das Thema der Selbsttötung erst im Einflußbereich der romantischen Ironie. Hier werde Selbsttötung als heroische Entscheidung oder soziales Opfer literarisch darstellbar (wie im Falle der Diotima im *Hyperion*) und bis in die realen Biographien hinein als kunstvolle Selbstinszenierung möglich.

Es wurde betont, daß gerade auch im Zusammenhang mit dem Thema der Selbsttötung das Verhältnis des literarischen zum philosophisch-anthropologischen Diskurs näher zu untersuchen sei. Es müsse gefragt werden, welche Rolle die Literatur bei der Erörterung des Themas spiele. Denn dort (vgl. *Wer-*

ther) werde keine moraltheologische Behandlung unternommen, sondern die Beschreibung einer Geschichte, die die Selbsttötung verständlich macht. Die psychologische Differenzierung sei in der Literatur ganz offensichtlich weiter gediehen als in Kants pragmatischer Anthropologie, deren Defizite gerade im Vergleich zur zeitgenössischen Literatur deutlich würden. Angesichts dieses Differenzierungsvorsprunges müsse untersucht werden, inwieweit es Rückwirkungen von der Literatur auf den philosophischen Diskurs oder auf die Jurisprudenz gegeben habe, in welcher sich etwa parallel dazu der Übergang vom Tat- zum Täterstrafrecht vollziehe.

In der Diskussion zu Hans Werner Ingensieps Beitrag (*Der Mensch im Spiegel der Tier- und Pflanzenseele. Zur Anthropologie der Naturwahrnehmung im 18. Jahrhundert*) wurde zu Bedenken gegeben, daß das anthropomorphe Modell nicht nur Reservoir für Menschlichkeit im Sinne einer ästhetisch-moralischen Integration der Tiere und der Begründung einer Tierethik sei, sondern eben auch für Unmenschlichkeit. So habe etwa die Betonung der Verwandtschaft von Mensch und Affe in der populären Schädellehre des späten 18. Jahrhunderts vielfach zu dem Versuch geführt, Frauen und Kinder den Affen gleichzustellen oder zumindest doch anzunähern. Die Nähe des Nichtmenschlichen bahne den Weg für hierarchische Differenzierung innerhalb der menschlichen Gattung selbst, so daß die Aufwertung der Affen begleitet wird von einer Abwertung der Frauen. Ebenso gelte: wenn der Affe dem Menschen ähnlich wird, dann wird aus der Sicht des Weißen gerade der Schwarze dem Affen ähnlich. Der fließende Übergang von Mensch und Affe habe so die Gefahr einer Skalierung der Menschenrassen eröffnet.

Hinsichtlich des Konzepts des »Anthropozentrismus« wurde darauf hingewiesen, daß es sich im 18. Jahrhundert bereits um ein in seinem Anspruch eingeschränktes Modell gehandelt habe, da schon in der kosmologischen Diskussion des 17. Jahrhunderts von Autoren wie Galilei und Descartes der Gedanke eines Anthropozentrismus im Sinne einer finalen Hinordnung der Schöpfung auf den Menschen nachhaltig destruiert worden sei. Als problematisch erschien in diesem Zusammenhang die Definition der Anthropologie als »Versuch, das Wesen und die Stellung des Menschen in der Ordnung des Ganzen zu finden, sei es in Anbindung oder Abgrenzung zur nicht-menschlichen Natur«. Denn hier sei zu fragen, inwieweit es im 18. Jahrhundert überhaupt noch »das Ganze« als organische Ordnung gegeben habe. Eine solche Vorstellung sei wohl noch bei Christian Wolff, nicht mehr jedoch bei Herder anzutreffen, der in den *Ideen* eine Emphase des Kontingenzbegriffs vollführe. Das sich dort abzeichnende Vordringen des Kontingenten habe im Laufe des 18. Jahrhundert das Konzept des Ganzen zunehmend in Frage gestellt.

Historisch gesehen habe, wie betont wurde, der Anthropozentrismus im 18. Jahrhundert eine Alternative im Kosmozentrismus gehabt. Paradigmatisch zeige sich dies im Gegensatz von Buffon und Linné. Während Buffon von einer hierarchischen »scala naturae« her denke, vollziehe Linné mit seinem Konzept der »oeconomia naturae« als einer egalitären Gemeinschaft von Tier und Pflanze die Aufhebung einer am Menschen ihr Maß findenden Skalierung.

Während das »anthropomorphe« Denken mit den Konkordanzen von Mensch und Tier spielt, soll der in der Vorlage von Wolfgang Proß (*Der aufrechte Gang des Menschen und seine Stellung in der Kette Wesen*) thematisierte aufrechte Gang in der Anthropologie Herders gerade die spezifische Differenz des Menschen innerhalb der Gattung des Lebendigen benennbar machen. In der Diskussion wurde die These formuliert, daß der aufrechte Gang gleichsam als Schema der Anthropologie gelten könne und hier dieselbe Funktion übernehme, wie das Schematismuskapitel in Kants *Kritik der reinen Vernunft*. Er sei die Instanz der Verzeitlichung. Zeit werde mittels seiner beschreibbar als Ausbreitung des Menschen im Raum, so daß er aufgrund der hierdurch wirksam werdenden unterschiedlichen Umwelteinflüsse die Erklärung für die nichtlineare historische Entwicklung des Menschengeschlechts und die Gleichzeitigkeit des Ungleichzeitigen liefere.

Es wurde darauf hingewiesen, daß bei Herder zusammen mit dem aufrechten Gang auch die Religiosität als Charakteristikum des Menschen fungiere und – ähnlich wie etwa bei Marsilio Ficino – der aufrechte Gang des Menschen, gemäß dem alten Topos vom »contemplator coeli« geradezu das Schema der Religiosität bilde.

In der Diskussion der Vorlage von Hans Adler (*Aisthesis, steinernes Herz und geschmeidige Sinne. Zur Bedeutung der Ästhetik-Diskussion in der zweiten Hälfte des 18. Jahrhunderts*) wurde auf die Frage, ob mit der von Herder postulierten, über das Herz vermittelten Erkenntnis nicht eine Tendenz zur Idyllenbeschreibung vorliege, herausgestellt, daß es Herder keineswegs um eine Idyllisierung der sinnlichen Erkenntnis gehe. Wenn er das Landvolk als das »sinnliche Volk« beschreibe, so in erster Linie deshalb, weil es sich die Fähigkeit zur sinnlich empirischen Beobachtung bewahrt habe. Insofern sei er durchaus in der Traditionslinie Baumgartens und Meiers zu sehen, in der es um die Rehabilitation der Sinnlichkeit als Objekt und Instrument philosophischer Betrachtung ging. Überhaupt gelte in jener Tradition der Aufklärung die Sinnlichkeit nicht einfach als das Andere der Vernunft, sondern als deren Komplementum. Es sei dort um die Integration der Sinnlichkeit in ein umfassenden System der Erkenntnisvermögen gegangen. Insofern sei auch Herder kein Irrationalist. Die Forderung nach dem ganzen Menschen werde bei Herder zum Postulat der Rekomplettierung des Menschen durch Sinnlichkeit und Empfindung. Denn wenn Vernunft sich als Akkomodation von sinnlicher Erfahrung herausgebildet hat, so moniert Herder das Vergessen eben jenes sinnlichen Ursprungs und fordert das Wiedereinholen dessen, was genetisch der Vernunft voraufging aber verloren wurde. In diesem Zusammenhang wurde darauf hingewiesen, daß die Aisthesis, zumal bei Herder, nicht auf einen Mechanismus der Informationsverarbeitung reduziert werden dürfe. Ziel Herders sei es immer auch, das metaphorische Moment der Sprache in ein komprehensives Vernunftkonzept zu integrieren und somit der Irrationalisierung des Metaphorischen von seiten einer restriktiven Vernunftkonzeption entgegenzuarbeiten.

Besonderes Interesse fand hinsichtlich der Vorlage von Friedrich Vollhardt (*Zwischen pragmatischer Alltagsethik und ästhetischer Erziehung. Zur Anthropologie der moraltheoretischen und -praktischen Literatur der Aufklärung in Deutschland*) die in der Aufklärung feststellbare Wirksamkeit zweier konträrer Auffassungen vom Menschen als der Grundlage der beiden konkurrierenden Modelle von optimistischer und pessimistischer Anthropologie, wie sie sich etwa – in zeitlicher Folge – im Denken von Christian Thomasius sowie in den beiden, durch unterschiedliche Anknüpfung an den frühen oder späteren Thomasius gekennzeichneten Thomasiusschulen nachweisen lassen.

Auf die Frage, inwieweit es sich bei den philosophischen Entwürfen der Klugheitslehren der Thomasiusschule um eine Rezeption der bereits in der französischen Moralistik vorliegenden kritischen Einstellung zum Menschen handele, wurde betont, daß zwar das prinzipielle Mißtrauen gegenüber dem Menschen vergleichbar sei, nicht jedoch die daraus gezogene Konsequenzen. Denn obwohl in der Domestisierung der menschlichen Natur durch gesellschaftlichen Interessenausgleich sowie in der klugen Verwaltung des Mißtrauens durch Rat (Klugheitsregeln) und Zwang (Staat) Anklänge an Mandeville gesehen werden könnten, gebe es für das aus der pseudoempirische Taxonomie der drei Begierden (Wollust, Geld Geitz, Ehrgeitz) abgeleitete Konzept einer im wechselseitigen Ausgleich dieser drei Triebparameter bestehenden Tugend sowie für die drei dafür zuständigen Normenklassen des »iustum«, »honestum« und der »regulae decori« in der französischen Moralistik keine direkten Vorläufer. Auch sei die Verabschiedung der frühen, optimistischen, sich im Begriff der vernünftigen Liebe ausdrückenden Einstellung Thomasius' weniger von den französischen Moralisten als vom Hallenser Pietismus beeinflußt. Seine Auffassung von der korrupten Menschennatur trage daher auch deutlich die Züge der lutherisch gedachten »natura lapsa«.

Hinsichtlich der beiden Typen von optimistischer und pessimistischer Anthropologie und deren Verhältnisses zu dem von Thomasius beeinflußten späteren Konzept der Menschenkenntnis wurde darauf hingewiesen, daß diese ein Programm des Illuminatenordens war, dem wichtige Protagonisten der Menschenerkenntnis-Lehre, wie Meiners oder Knigge, als Mitglieder angehörten. Innerhalb des Illuminatenordens haben zwei Perspektiven auf das durch Spionage sowie methodische Auskundschaftung der Gedanken der Mitglieder praktizierte Programm der Menschenerkenntnis vorgelegen. Aus der Perspektive der »Oberen« sei diese Praxis als ein Herrschaftsinstrument gehandhabt worden und korrespondiere mit der pessimistischen Anthropologie. Aus der Perspektive der »Unteren« erscheine sie dagegen als eine Art säkularisierte Beichte und trage, weil mit Beseitigung von Vorurteilen und so mit »Aufklärung« verbunden, eher die Züge der optimistischen Anthropologie.

Methodologische Fragestellungen standen bei der Diskussion des Beitrags von Joseph Vogl (*Homogenese. Zur Naturgeschichte des Menschen bei Buffon*) im Zentrum. Hierbei wurde insbesondere die Tauglichkeit eines forcierten diskursanalytischen Ansatzes zur Gewinnung von gleichsam epochalen Abgrenzungskriterien in Frage gestellt und die Gefahr einer Totalisierung und Verabsolutierung einzelner Begriffe und Denkmuster betont. So habe Foucault selbst in der *Archäologie des Wissens* seine in der *Ordnung der Dinge* verwendete Rede in Termini kultureller Totalität kritisiert. Das, was zunächst als Rekonstruktion erscheine, könne sich bei näherem Zusehen – zumindest teilweise – als Projektion erweisen. So sei es etwa fraglich, ob das Konzept sich selbst regulierender Kräfte tatsächlich ein tragendes Moment des Denkens des 18. Jahrhunderts ist. Denn dort würden Kreislaufprozesse überwiegend nicht als selbstregulierte Prozesse, sondern als von außen – im Falle körperlicher Zirkulation etwa durch die Seele – regulierte Abläufe beschrieben. Demgegenüber wurde die Notwendigkeit einer historischen Rekonstruktion von Theorien betont. Wenn beispielsweise Buffon die vom Menschen eingeführten Distributionen der Naturordnung als »purement nominales« charakterisiere, so weise das auf eine Absorption der im dritten Buch von Lockes *Essay concerning Human Understanding* getroffen Feststellung hin, daß der menschlichen Erkenntnis nicht die »real Essences«, sondern allein die »nominal Essences« verfügbar seien. In diesem Zusammenhang sei zu fragen, ob die an Buffon festgemachte, durch den Begriff der Zirkulation dominierte Wissensordnung tatsächlich charakteristisch für das 18. Jahrhundert sei, oder nicht ebenso für das 16. und 17. Jahrhundert zutreffe. Ebenso sei die Figur der Kompensation im theologischen Diskurs des 17. Jahrhunderts omnipräsent.

Demgegenüber wurde betont, daß sich zwar, zumal in der Episteme des 16. Jahrhunderts, vielfältige Anwendungen zirkulärer Strukturen auffinden ließen. Es sei jedoch ein Charakteristikum erst des 18. Jahrhunderts, daß hier das Modell des Kreislaufs an das Konzept des Überschusses gekoppelt sei. Ferner ergebe sich eine grundlegende Differenz dadurch, daß im Gegensatz zur älteren Wissensform im 18. Jahrhundert nicht mehr der Analogiegedanke im Zentrum stehe. Vielmehr sei es gerade ein Kennzeichen des 18. Jahrhunderts, daß hier, wie etwa durch den Versuch, die kohärente und kontinuierliche Naturordnung durch ein System differenzierter Begrifflichkeit zu fassen, die Analogien und Identitäten der Renaissance durchgängig in Differenzen übersetzt würden. Das Konzept der Kompensation komme, während es vorher allenfalls im Muster von Ausgleichs- und Balanceprozessen gedacht gewesen sei, erst im Kontext der von der Episteme des 18. Jahrunderts beschriebenen Zirkulationsprozesse zur eigentlichen Geltung.

II. Neue Erfahrungen von der Natur des Menschen

Einführung

HARTMUT BÖHME (Berlin)

Den »ganzen Menschen« erfassen zu *wollen*, war das Motiv, ihn im Ganzen aber auch erfassen zu *können*, war die konzentrierte Anstrengung der Anthropologie im 18. Jahrhundert. Drei dazu gegenläufige Prozesse entwickeln sich innerhalb der Anthropologie und zerstören sie als ›Einheitswissenschaft‹ in dem Augenblick, wo sie zu einer solchen werden will. Noch vor 1800 stellt man fest, daß der »ganze Mensch« in dem Maße zersplittert, wie man sich seiner zu vergewissern unternimmt.

Da ist zum einen der »*Erfahrungsdruck*« (M. Foucault, W. Lepenies): die Fülle empirischen Wissens – von der Anatomie bis zur Erfahrungsseelenkunde, von der Semiotik bis zur Physik und Statistik – vervielfältigt die Perspektiven auf ›den‹ Menschen, der immer weniger auf ›einer‹ Fläche von Erfahrung sich homogenisieren läßt. Gleichwohl ist die Erfahrung – sei's die experimentelle, die beobachtende, die biographische, soziale oder ethnische – der Schlüsselbegriff der Anthropologie des 18. Jahrhunderts: sie steckt damit forschungslogisch und bis heute gültig das Feld ab, auf dem das Wissen über den Menschen erlangt und ausgewiesen werden muß. Und sie gerät, angesichts der disparaten empirischen Strategien, dabei sogleich in die erkenntnistheoretisch moderne Reflexivität, nach welcher jede Erfahrung immer schon konstruktiv, d. h. ein Effekt theoretischer Vorannahmen ist. Das gilt für einen experimentellen Hirn-Physiologen wie Samuel Thomas Sömmering ebenso wie für einen empirieorientierten Erzähler wie dem des *Anton Reiser*.

Da ist zum anderen die *Akzeleration der Konzeptbildungen*: Zwischen dem Naturrecht des 17. Jahrhunderts und der Naturphilosophie der Romantik, die man als Ausgangs- und Endpunkt integrativer Rahmentheorien nehmen kann, entsteht eine unwiderstehliche Pluralisierung von Diskursen, Konzepten, Perspektiven und Systemebenen. Die immer kürzeren Wellen von Theorie-Konjunkturen indizieren den Verlust von »Ganzheit« und »Natur« des Menschen. Je mehr die Natur des Menschen zu erfassen gesucht, ja, gegen Ende des Jahrhunderts beschworen wird, umso fragwürdiger wird es, überhaupt noch von einer, gar der einen Natur des Menschen zu sprechen. Am Ende des Jahrhunderts ist deutlich, daß ebenso wie die Theologie auch die Naturgeschichte nicht länger zur Bestimmung des Menschen taugt. Die immer nur assertorischen Naturbestimmungen entsprechen auf der anderen Seite den immer schon kontingenten Sozialbestimmungen des Menschen: im Maß wie Natur und Gesellschaft zu komplementären, oft antagonistischen Zuschreibungsfeldern ›des Menschen‹ werden, beide aber keine stabilen Größen sind, sondern als Begriffskonzepte selbst schon aporetisch und historisch, werden auch die Bilder und Erfahrungen des Menschen in den Verschleiß der Zeit gesogen.

Damit verbunden ist, drittens, der Prozeß der *Ausdifferenzierung der Wissenschaften* vom Menschen, welcher Kant im »Streit der Fakultäten« energisch das Wort redet. Gegenüber der Selbstbegrenzung und Segmentarisierung des Wissens erscheinen fortan holistische Theorien eigentümlich vormodern und kehren, nach einem fast zweihundertjährigem Kümmerdasein, erst wieder nach dem Ende der Moderne in den Kreis diskussionswürdiger Denkmodelle zurück.

Die Ausdifferenzierung der Diskurse, die man durchaus noch als Verlust metaphysischer Wesens- oder Naturbestimmungen des Menschen erfährt, wird nach 1770 – literarisch wie wissenschaftlich – aufgefangen durch Formen der *Historisierung*. Die Geschichte wird als jene Ebene ausgezeichnet, auf der die unwiderrufliche Zersplitterung der Daseins- und Wissensformen ebenso eingetragen werden kann wie die Hoffnung auf ihre Integration. Geschichte wird als das Feld der polyperspektivischen Narrationen konzipiert – und die *Zeit* wird zu dem Medium, in welchem die auseinandergetretenen Vielheiten als Momente von Handlungs-, Entwicklungs- oder Sinnlogiken erscheinen können. In diesem Prozeß spiegelt sich der Verfall der Metaphysik ebenso wie der Aufstieg der Ästhetik und der Historiographie. Nur diese verbleiben am Ende des Jahrhunderts als diejenigen Wissensformen, welche sowohl den modernen Zug zur Temporalisierung und Empirisierung vorantreiben wie sie zugleich aus den Trümmern der Methaphysik und Theologie einen Anspruch auf integrale Ordnung und teleologische Entwicklung hinüberzuretten versuchen. Auf nachhaltigste ist bereits die vorparadigmatische Anthropologie von diesen epochalen Transformationen affiziert, im Verhältnis zu denen der Idealismus wissenschafts- wie ästhetikgeschichtlich als ein chancenloses Intermezzo erscheint.

Zur Geschichte also wird die Anthropologie sich retten – durch den Paradigmawechsel von einer substantialistischen Wesensbestimmung des »ganzen Menschen« hin zur »historischen Anthropologie«. Sie ergänzt das Herdersche ›Der Mensch wird, was er ist‹ durch das ebenso Herdersche ›Der Mensch ist, was er wird‹. Die Erfahrungen vom Menschen – und das ist ein unterhintergehbarer Ertrag des 18. Jahrhunderts – sind solche einer als Schmerz und Chance zugleich begriffenen »Zerrissenheit« (Chr. Begemann), die freilich erst mit Schiller explizites Thema wird – nicht zufällig im Rahmen geschichtsphilosophischer Ästhetik. Die Zerrissenheit als Signatur des sozialen und individuellen Daseins macht das Denken einer vom Ursprung her immer schon zur Einheit gefügten, ›ausstehenden‹ oder ›kommenden‹ Gestalt des Menschen obsolet. Damit ist das Problem des »ganzen Menschen« und der Einheit des Wissens freilich weder systematisch noch historisch erledigt; auch dafür bildet Schiller, wenn er Anthropologie, Ästhetik und Geschichte zusammenzudenken versucht, den Fluchtpunkt der intellektuellen Entwicklungen des deutschen 18. Jahrhunderts.

Dieser zweite Tag, von den Veranstaltern gedacht als Übergang von systemintegrativer Theorie zur erfahrungspluralen Literatur, spiegelt die genannten Prozesse zwar nicht vollständig, doch symptomatisch und – irritierend. In der Tat entsteht eine kognitive Dissonanz, wenn man beobachtet, wie das Opake und die Vielheit der Erfahrung immer neu überboten wird durch universalisierende Theorien, welche das Feld des Humanen homogenisieren und dennoch schon im Augenblick ihres Entstehens sich als Fehlzündung erweisen; oder bloßes ›Nachbild‹ vergangener Epochen sind; oder zum Initial von Verwissenschaftlichungen werden, die dem Kontext ihrer Herkunft schleunigst entlaufen; oder – ich denke an Maimon – auf irreduzible Erfahrungen stoßen, deren unversöhnte Zerrissenheit ein vorauslaufendes Ereignis der Moderne ist.

Die moraltheoretische, diätetische, religiöse oder staatliche Frage, was der Mensch *sein sollte*, verblaßt gegen die Einsicht, daß das, was der Mensch *ist* und was in basalen Zuschreibungen formulierbar scheint, unerschöpfend ist gegenüber der immer gewaltigeren Amplitude dessen, was der Mensch *sein kann*. Diese Amplitudenerweiterung treibt die Dissonanzen des Wissens hervor, das seinerseits – alte Orthodoxien überschreitend und neue kreierend – den Raum des Menschenmöglichen in immer neuen Verwerfungen vergrößert. Die Dynamik von Erfahrung und Wissen ist nicht mehr in homogenisierenden Theoriebildern stillzustellen. Der Rhythmus ihrer Etablierung und ihres Kollapses weist vielmehr, als Metastruktur der Theoriebewegungen, genau das Interminable und Offene auf, welches auf Dauer auch inhaltlich zum ersten Bestimmungstück des Menschen wird. Darin zeigt sich eine eigentümliche Konvergenz mit der zunehmend aperten Struktur des Ästhetischen. Die Ästhetik und Literatur nämlich wirken an der Entdeckung des Menschen noch gleichberechtigt mit, weil sie dem Singulären, Kontingenten, Opaken und Widersprüchlichen leichter sprachlichen Raum und normativen Geltung zu bereiten vermögen, wie es im Blick auf eine der großen Entdeckungen dieses Jahrhunderts erforderlich ist: den *fundus animae*, den dunklen Grund der Seele (vgl. H. Adler, W. Riedel).

Der optimistische Ausgang, daß man in der Weltkenntnis tunlichst mit dem beginnt, was man am besten ›von sich selbst her‹ kenne, und das sei der Mensch – in diesem Sinne wird immer wieder Alexander Pope zitiert –, weicht der weder pessimistischen noch skeptizistischen, sondern ernüchterten Erfahrung, daß hinsichtlich des Menschen seine Rätsel proportional mit dem Wissen zunehmen. Das wird kein einziger der in dieser Sektion behandelten Autoren explizit sagen, aber es ist die Einsicht eines, der sie alle rezipiert hat, nämlich Goethes – und er hat damit Recht.

Geht man von dem alten stoischen Anthropologem aus, wonach der Mensch die mittlere Proportionale zwischen Tier und Gott sei, so sind *Anatomie* und *Physiognomie* zwei Weisen, auf der Achse dieser Proportionalität charakteristische Verschiebungen vorzunehmen. Beide sind Modi der Strategie von Visualisierung des Unsichtbaren, die für neuzeitliche Wissenschaft grundlegend ist. Darin ist die semiotische Physiognomik des 18. Jahrhunderts durchaus moderner, als es ihre Verbundenheit mit der hermetischen Tradition vermuten läßt.

Während Lavater jedoch der *Physiognomie* die metaphysische Pointe gibt, die Semiotik in der panoptischen Transparenz angelischer Korporalität und der universellen Schrift koinzidierender Signifikanten und Signifikate zu entwikkeln –, während Lavater also das Leibhafte in eschatologische Lichtkörper transformiert (und das mußte als Schwärmerei erscheinen), steigt die *Anatomie* – so Michael Hagner – zwischen Sömmering unnd Gall hinab in die Feinstruktur des zum Königsorgan avancierten Gehirns. Anatomie soll die Konflikte um die homo-duplex-Natur des Menschen von der physischen Seite her lösen, indem sie den (traditionellen) Katalog aller Seelenregungen im Hirn kartographiert und eine Äquivokation zwischen materiellem Sitz (*sedes*) und immateriellem Vorstellungsgehalt der Seele nachweist. Natürlich scheitern beide Programme. Sie werden aber, nach Abstreifen ihrer ideologischen Kontexte, zu Initialen einerseits der sozialen Holographie, nämlich der polizeiförmigen Herstellung des ›gläsernen Menschen‹, andererseits des physiologischen Funktionalismus und der verhaltensbiologischen Richtung der Medizin.

Daß es, noch vorparadigmatisch, in den anthropologischen Diskursen um eine Politik der Darstellung des Menschen geht, wodurch die erhöhten Steuerungs- und Kontrollbedarfe des Staates befriedigt werden, macht Rüdiger Campe deutlich – so, wenn die physiognomische Semiotik und die physiologische Hirnanatomie in Beziehung tritt zur probabilistischen Mathematik und ihrer Anwendung auf den Menschen. Auch dabei gerät das Konzept des »ganzen Menschen« in eine Paradoxie: das freie, integrale Individuum stellt nichts als ein Ereignis im Feld mathematischer Verteilungen dar – wie es auf der anderen Seite zur Kombination von Lokalisationen in der Karte des Gehirns wird. Das sind historisch weitreichende »Aussichten« in der Stratifizierung des Menschen.

Das gilt auch für jene Konfiguration, die Claudia Schmölders mit Lavater und Chladenius herstellt. Die *vera ikon* des Menschen, welche Lavater gewissermaßen aus der 90-Grad-Drehung, der armseligen Schattenriß-Linie, herausbuchstabiert, fixiert den Menschen auf den geschichtslosen Kairos seiner Physiognomie, in welche Lavater das Urteil Gottes geschickhaft eingesenkt glaubt. Demgegenüber erscheint in der Hermeneutik des Chladenius die Gestalt des Menschen zwar auch im »verjüngten Bild«, doch nicht panoptisch, sondern in den polyperspektivischen Narrationen der Historie. Geschichte ist dabei weder das »Schema« der Selbstdarstellung der Vernunft noch im Sinne Schillers »Die Weltgeschichte ist das Weltgericht« (*Resignation*). Vielmehr formuliert Chladenius energisch das Programm einer Verzeitlichung des in Geschichten verwickelten Menschen.

Die anthropologischen Theorien – seien es physiologische, anatomische, physiognomische, mathematische – erweisen sich durchgängig dem Kontinuitätsprinzip verpflichtet. Der alte Grundsatz »Natura non fecit saltus« ebenso wie jener von der »Kette der Lebewesen«, welche für die naturgeschichtliche *oeconomia naturae* modellbildend waren, eskamotieren das Unzusammenhängende, die Sprünge und Klüfte, Singularitäten und Widersprüche, die Brückenlosigkeit und die Leere. Jedes Konzept des »ganzen Menschen« im 18. Jahrhundert ist daher die Universalisierung meist nur eines einzigen Typus von Kontinuität.

Dies wird besonders deutlich an den Konzepten des »tierischen Magnetismus« (A. Ego/J. Barkhoff) und der »Elektrizität« (L. Müller), die jeweils als homogenisierende Grundkraft die zerfallende Einheit des Universums und des Menschen zu restituieren haben.

Die materialistische ›Strömungsphysik‹ des aufgeklärten Mesmer soll, ähnlich Newtons Gravitation, das Skandalon der Fernwirkung beheben, freilich im älteren Schema der Kontaktkausalität. Dadurch wird der *Mesmerismus* zwischen Aufklärung und Okkultismus zum Austragungsfeld für Kämpfe um die Interpretation des Kontinuitätsprinzips, das den Menschen ins Reich der physikalischen Natur hinein- oder in magischen Animismus zurückstellt. Dabei wird verkannt, daß der Mesmerismus zum Prozeß der Ausdifferenzierung der Psychologie und -therapie gehört, insonderheit der sich bildenden Diskurse über das Unbewußte, über Suggestion, leibliche Dynamiken und therapeutische Settings. So hat auch der Mesmerismus (besonders im Genre der Krankengeschichte) an jener Bewegung teil, welche die Verzeitlichung von Krankheit, d.h. ihre Integration in den lebensgeschichtlichen Zusammenhang des kranken Menschen vorbereitet.

Weit radikaler noch positioniert Ritter den Menschen in die kontinuitätsgarantierende *Elektrodynamik*. Mit ihr glaubt er das Ganze der Natur, Organisches und Anorganisches, die drei Naturreiche sowie alle physische, sensuelle und psychomentale Lebenstätigkeit des Menschen als Modifikationen des heraklitischen Feuers erwiesen zu haben – in einer Art elektrischen Aufklärung. Die Idee der ›einen‹ Grundkraft, welche zu entdecken die Naturwissenschaft und die Anthropologie seit der Neuzeit sich gleichermaßen bemühen, kulminiert bei Ritter, im Zwang der Zitate, in einem eschatologischen Programm, das die im prometheischen Vermögen des Menschen reflektierte Sphinx-Natur in die »Aussicht« universeller Animation und Befreiung stellt – wie später bei Ernst Bloch. Auch diese äußerste Homogenisierung von Mensch, Natur und Geschichte gehört zu den sich überbietenden anthropologischen Diskursen, die, kaum entstanden, liquidiert oder, wie hier, als Station auf dem Weg der technischen Zivilisation eingemeindet werden.

Der Mensch ist nicht einer, sondern Mann und Frau, wundert sich noch Musils Mann ohne Eigenschaften. Anthropologie als offener oder larvierter *Geschlechterdiskurs* bestimmt die Philosophien Schillers, W. v. Humboldts und Fichtes (Müller-Sievers). Die Frage der Sexualität, insonderheit die der Perversion, ist immer der Prüfstand anthropologischer Theorie. Wenn denn wahr ist, daß die Eintragung der Frau in den ästhetischen, moralischen und ›generativen‹ Diskurs im 18. Jahrhundert nur um den Preis der Souveränität im *Sadismus* (Sade) oder des *Masochismus* zu haben ist, beides aber nur ›auf Grund‹ der zum ›Abstoßungsobjekt‹ erniedrigend erhöhten Frau –: dann müßte von hier aus die Geschichte der Anthropologie noch einmal rückwärts gelesen werden. Denn es hieße, daß unterhalb der beschworenen Ganzheit des Menschen sich geheime Rituale der Zerstückelung abspielten – ja, daß die Diskurse selbst eine unerkannte Szene der Opferung aufführten, durch welche mittels einer vertrackten Inversion der Perversion der »ganze Mensch« erst erzeugt würde. Fragen dieser Art heften sich jedenfalls im Fortgang an die Fersen der

Anthropologie, bis sie mit Freud auf die Tagesordnung der Humanwissenschaften geraten.

Ganz anders, doch trennscharf könnte Salomon Maimon in der Geschichte der Anthropologie eine Kippfigur bilden. Der durch keine noch so bewährte anthropologische Reflexion heilbare Riß in seinem *Namen* markiert schmerzhaft die Frage, inwieweit das Konzept des »ganzen Menschen« ein Verhältnis zu Minderheiten, Flüchtlingen, ethnisch oder religiös Anderen einnehmen kann. ›*Akkulturation*‹ ist hier die ins Soziokulturelle übersetzte Strategie dessen, was zuvor Homogenität, Kontinuität und Integration genannt wurde. Sie werden am Fall des Juden Maimon so zuschanden wie vorher am Status der Frau oder des Kant'schen Negers. Identität des Selbst, ob auf dem Weg der Erfahrungsseelenkunde, der Moralisierung, der Ästhetisierung oder der Akkulturation versprochen, erweist sich, vermutlich dauerhaft, als das uneingelöste und uneinlösbare Zentrum einer vom *Kontinuitätsprinzip* bestimmten Anthropologie. In ihren Brüchen und Heterogenitäten dagegen zeichnet sich die Geschichte der Verfolgungen, der Ausschlüsse und der Ausmerzungen ab, welcher sich eine historische Anthropologie jenseits des »ganzen Menschen« zu stellen hat.

In unterschiedlicher Weise vollziehen alle hier behandelten Autoren das Ende einer substantialistischen Anthropologie. Sie befördern, direkt oder indirekt, eine Säkularisierung, über deren Richtung und Folgen nur naive Optimisten noch gewiß sein konnten. Sie arbeiten an der Überwindung der cartesischen Zerreißung der menschlichen Natur ebenso wie sie das Wissen vom Menschen aus den Fesseln metaphysischer und ontotheologischer Zuschreibungen lösen. Niemand von ihnen vollzieht die Wende Kants mit, der den unausweichlichen Empiriedruck kontert durch die transzendentale Selbstbegründung des Menschen – und damit das insgesamt gesehen eher isolierte und konservative Modell einer pragmatischen Anthropologie liefert. Auf den Spuren der Autoren dieser Sektion wird man auch kaum Ansätze für eine Ästhetik ausmachen können, welche dem der Kontingenz von Geschichte ausgelieferten und diese zugleich erzeugenden Menschen in der Kunst ein Ausdrucksmedium verlorener oder erhoffter Ganzheit und untilgbaren Schmerzes gewährt. Wo es, wie hier, nahezu ausschließlich um Wissen geht, entzieht sich die Ästhetik als der Raum von vielleicht unersetzbaren anthropologischen Erfahrungen. Noch viel weniger wird dem radikalen Ansatz Herders gefolgt, dessen anticartesischer Grundsatz »Ich empfinde mich! Ich bin!« ein *primum mobile* für anthropologischen Reflexion des Jahrhunderts hätte werden können. Das Herdersche Leib-Apriori, seine Sinnen-Philosophie und seine Fundierung des anthropologischen Denkens auf der Sprache stehen der transzendental-idealistischen Linie ebenso konträr wie dem Zug zum objektiven Wissen, das nur um den Preis einer Empirisierung zu haben ist, die ihren Gegenstand, den Menschen, in dem Maße auflöst, wie sie sich seiner bemächtigt.

Aufklärung über das Menschenhirn
*Neue Wege der Neuroanatomie im späten 18. Jahrhundert**

MICHAEL HAGNER (Göttingen)

I.

Soemmerring, Reil, Gall – mit diesen drei Namen ist die Konstituierung der Neuroanatomie in Deutschland am Ende des 18. Jahrhunderts verbunden. Wie kam es dazu? Die lange Zeit übliche Antwort beschränkte sich auf die Vorstellung eines kontinuierlich anwachsenden empirischen Wissens, das sich ohne bzw. gegen die spekulativen Entwürfe zur Funktionsweise des Gehirns und die Theorien zur Interaktion von Seele und Gehirn Geltung verschaffen konnte. Der Preis für eine solche isolationistische Sichtweise besteht in der willkürlichen Auseinanderdividierung einheitlich gedachter Entwürfe. Wenn Soemmerrings Theorie vom Seelenorgan, Reils Anleihen bei der Naturphilosophie und Galls Organologie vielfach als spekulative Verirrungen dargestellt wurden, die man vernachlässigen dürfe, ohne ihre Bedeutung als Anatomen einzuschränken, so wäre dem entgegenzuhalten, daß sich die zunehmende Konzentration auf die Struktur des Gehirns vis-à-vis mit nicht-anatomischen Fragen und Konzepten entwickelte. Das Postulat eines inneren Zusammenhangs von Anatomie, Anthropologie, Physiologie und Psychologie war gleichsam das Rückgrat zur Etablierung eines einheitlichen Wissenscorpus, der das Bestreben nach einer möglichen Wissenschaft vom Menschen aufzugreifen versuchte. Dieses Programm scheiterte zweimal, nämlich am Ende der Aufklärung in Gestalt einer *philosophischen Anatomie*, und eine Generation später, am Ende der Romantik in Gestalt einer *naturphilosophischen Physiologie*. Man mag es für eine Ironie der (Wissenschafts-) Geschichte halten, daß beide Male eine »gereinigte« Anatomie bzw. Physiologie am Ende der Bemühungen stand, vorerst reduziert um inhaltliche Ansprüche, aber bereichert um methodologische Vorgaben, die zur weiteren kognitiven und disziplinären Differenzierung dieser Fächer beitrugen. Dieser Prozeß ist aber nicht mein Thema, sondern die Bedingungen für das Programm einer philosophischen Anatomie, seine Intention und Formulierung und sein verhältnismäßig rasches Scheitern.

---

* *Mein herzlicher Dank gilt Anke te Heesen für ihre geduldige und sorgfältige Lektüre des Manuskripts.*

Seit der Renaissance wurde der morphologischen Struktur des Gehirns Aufmerksamkeit geschenkt, ohne daß man so recht wußte, was die Struktur für die Funktion bedeuten könnte. Eine gewisse Klarheit über das Struktur-Funktions-Verhältnis entwickelte sich erst im 17. Jahrhundert, was zur einen Hälfte das positive, zur anderen das negative Verdienst von Descartes ist. Seine erkenntnistheoretische Unterscheidung zwischen res extensa und res cogitans, seine rein mechanistische Theorie der Körperfunktion und die Annahme einer Interaktion zwischen Seele und Körper führten – verkürzt gesagt – zu zwei unabdingbaren Maximen: zum einen der Verflechtung von Immaterialität und Unteilbarkeit der Seele, zum anderen – und hier dehnte Descartes die Einheit der Seele auf die Materie aus – die Suche nach einem Interaktionsort, der im Gehirn unpaarig angelegt war. Es zeigte sich aber auch die Kehrseite der Medaille, indem Descartes selbst es mit der Anatomie des Gehirns trotz eigener Sektionen nicht allzu genau nahm. Die anatomisch begründete Kritik an Descartes führte dazu, daß seine Epiphysentheorie rasch beiseite gelegt wurde, die Theorie vom Seelenorgan allerdings das Kernstück aller weiteren hirnanatomischen Unternehmungen blieb. Die Anatomen des 17. und 18. Jahrhunderts präparierten eine ganze Anzahl verschiedener Hirnstrukturen, von denen sie glaubten, daß sie die notwendigen Voraussetzungen erfüllten, um als Seelenorgan identifiziert zu werden. Daraus folgte, daß die Hirnanatomie zwar nicht identisch war mit der Suche nach dem Seelenorgan, die Beschreibung der Gehirnstrukturen sich jedoch weitgehend davon ableitete. Hingegen war die Beschäftigung mit dem Seelenorgan durch die Ärzte des 18. Jahrhunderts nicht notwendig auf einen bestimmten Seelen-Begriff bezogen. In diesem Kontext war es gleichgültig, ob die Seele als denkende Seele im cartesischen Sinne, als koordinierendes Hegemonikon für Wahrnehmung und Bewegung oder als einheitsstiftendes Lebensprinzip verstanden wurde. Die über Descartes hinausgehenden Kriterien zur Lokalisierung des Seelenorgans kamen aus der Anatomie bzw. Physiologie.

Erst mit Albrecht von Hallers physiologischen Untersuchungen wurden erhebliche Zweifel an dieser Art von Lokalisierung geübt. Hallers Äquipotenztheorie besagte, daß das Seelenorgan nicht in einer bestimmten Struktur des Gehirns lokalisierbar, sondern auf die gesamte weiße Substanz verteilt sei. Die zu dieser Erkenntnis führenden Reizexperimente des Gehirns basierten auf dem Konzept der »Empfindung« oder »Sensibilität« als charakteristischer Eigenschaft der Nerven, die er gemeinsam mit der »Irritabilität« der Muskeln als Grundfunktionen des Lebendigen ansah.[1]

Die zeitgenössischen Physiologen akzeptierten dieses Postulat ungeachtet des Umstandes, daß sie die Natur dieser organischen Kräfte nicht kannten. Man versprach sich von Hallers Physiologie, daß sie den Einfluß der mechanistischen bzw. physikalistischen Physiologie eindämmen könne. Insbesondere der Materialismus La Mettries und Holbachs, der Descartes' Dualismus gewis-

---

1 Vgl. Albrecht von Haller: De partibus corporis humani sensibilibus et irritabilibus. Commentarii Societatis Regiae Scientiarum Gottingensis 2 (1753), S. 114–158.

sermaßen halbierte und auch den Menschen für einen Automaten hielt, dessen Unterschied zum Tier quantitativ bestimmbar wäre, stieß in verschiedenen physiologischen Schulen auf scharfe Ablehnung, auch als sich die Erkenntnis, daß die Ausprägung der geistigen Fähigkeiten mit dem Entwicklungsgrad des Gehirns im Zusammenhang stehe, durchgesetzt hatte. Hallers Physiologie und ihr Erfolg waren ein Ausdruck des vorhandenen Bedürfnisses, bei der Frage nach der Relevanz der Natur für eine Standortbestimmung des Menschen einen Mittelweg zwischen Materialismus und Animismus Stahlscher Prägung zu finden: Das Modell vom »homme machine« wurde eingetauscht gegen den »homme sensible«[2], daneben jedoch grenzte man sich in gleichem Maße von der Idee ab, daß die Seele für die Konstruktion und Lenkung des Körpers verantwortlich sei. Damit entstand die scheinbar paradoxe Situation, daß die Seele nicht zur Erklärung der körperlichen Funktionen herangezogen wurde, daß aber eine (materialistische) Physiologie ohne Seele ebenso vermieden wurde.

Diese spezifische Konstellation hatte ihr Pendant in der Annahme einer moralischen und physischen Doppel-Existenz des Menschen, die als gleichberechtigt nebeneinander stehend angenommen wurden. Zum einen betrachtete man ihn als Bestandteil der Stufenleiter der Lebewesen, und auch wenn es selbstverständlich akzeptiert war, daß der Mensch das edelste und am weitesten entwickelte Wesen sei, begriff man die Seele gleichwohl als eine Spielart des Lebens. Auf der anderen Seite blieb der Glauben an die göttliche Schöpfung, an die Unsterblichkeit und Unteilbarkeit der Seele erhalten.[3] Ein solches Konzept des *homo duplex* vertrat beispielsweise Charles Bonnet. Ausgehend von Condillacs Sensualismus faßte er das Gehirn als eine Art sensorischen Organismus auf, von dem aus sich die geistigen Funktionen erschlossen. Aus der Forderung, jegliche Erkenntnis aus der Sinneswahrnehmung abzuleiten, entwickelte sich die Überlegung, auch die Hirnstruktur im Hinblick auf die Sinneswahrnehmung zu untersuchen. Bonnet ging dabei so weit, das Gehirn als ein Konglomerat aus verschiedenen Organen anzusehen: Für jeden einzelnen Sinneseindruck bildet sich eine spezifische Hirnfaser bzw. materielle Spur, so daß das Gehirn letztlich aus unzähligen einzelnen Organen oder Fasern besteht.[4] Menschliche Qualitäten wie Aufmerksamkeit, Willkür oder Gedächtnis waren letztlich auf die Bildung dieser Spuren zurückzuführen. Wenn Bonnet beinahe im gleichen Atemzug auch von einer Immaterialität und Unsterblichkeit der Seele sprach, die er aus der einheitlichen Empfindung der seelischen Vorgänge, also aus der lebensweltlichen Selbsterfahrung herleitete, zeigte sich darin eine Ambivalenz von *homme physique* und *homme morale*, die nur noch als

---

2 Vgl. Sergio Moravia: From Homme Machine to Homme Sensible. Changing Eighteenth-Century Models of Man's Image. Journal of the History of Ideas 39 (1978), S. 45–60.
3 Zu dieser Unterscheidung vgl. Werner Krauss: Zur Anthropologie des 18. Jahrhunderts. Die Frühgeschichte der Menschheit im Blickpunkt der Aufklärung. Berlin 1987, S. 11.
4 Charles Bonnet: La palingénésie philosophique, ou idées sur l'état passé et sur l'état futur des êtres vivans. 2 Bde. Genf 1769, Bd. 1, S. 18, 27.

ein harmonisches Nebeneinander gefaßt werden konnte.[5] Die notwendige Bindung der Seele an den Körper war dabei die physiologische Minimalforderung, die allerdings zunehmend ihren Schatten auf die Diskussion um den *homo duplex* warf.

Herder scheint diesen Transformationsprozeß als einer der ersten bemerkt zu haben. In Anknüpfung an Bonnet versuchte auch er einer metaphysischen und einer naturhistorischen Bestimmung des Menschen Rechnung zu tragen. Beim Vergleich von Mensch und Affe konstatierte er eine Reihe von Gemeinsamkeiten. Gleichzeitig jedoch insistierte Herder auf der Unteilbarkeit der Seele und wies darauf hin, daß Vernunft, Gedächtnis und Vorstellungskraft verschiedene Ausdrucksweisen einer einzigen und einheitlichen Seele seien.[6] Als ob er der Einheit der Seele ihre strikte Unabhängigkeit von Anatomie und Physiologie bewahren wollte, wies Herder mit Genugtuung darauf hin, daß sämtliche physiologischen Erfahrungen keinerlei Zusammenhang zwischen dem unteilbaren Denken und bestimmten Arealen im Gehirn ergeben hätten, doch fügte er unmißverständlich hinzu, daß auch ohne diese wissenschaftliche Absicherung die »Beschaffenheit der Ideen-Bildung selbst« den Gedanken an eine solche Diversifikation verbiete.[7]

Der ursprüngliche Versuch, die dynamische Eigenständigkeit des Organischen mit der moralischen bzw. religiösen Bestimmung des Menschen in Einklang zu bringen, hatte dazu geführt, daß man nach Materialismus und Animismus, ohne es unbedingt zu wollen, wieder in den cartesischen Bezugsrahmen zurückgekehrt war. Dabei diente das Seelenorgan sozusagen als verlängerter Arm eines philosophischen Dualismus und markierte die Schnittstelle, wo Philosoph und Physiologe, bisweilen noch in einer Person vereint, sich über das Verhältnis von Körper und Seele verständigen konnten.

Es war keineswegs bloß die Metamorphose des Gehirns von einer cartesischen Maschine zu einem entwicklungsfähigen, sensiblen und sensorischen Organ, die einen anderen, genaueren Blick auf das Gehirn lenkte. Zum eigentlichen Desiderat, den Formationen und Deformationen dieses Organs genauer nachzugehen, kam es vor allem durch die Kenntnisnahme eines ›Anderen‹, das dem aufgeklärten weißen Europäer auf den Leib rückte und das die Selbstgewißheit einer freien, unsterblichen Seele nach und nach zu unterhöhlen begann. Die vergleichende Anatomie des Gehirns mit ihren ganz unterschiedlichen Argumentationsversuchen, um die exponierte Stellung des Menschen an der Größe des Gehirns festzumachen; der naturhistorische Vergleich von Affe und Mensch; Sektionen des »Negerhirns« (von Soemmerring durchgeführt) und Campers Messungen des Kieferwinkels dienten der Sichtbarmachung und Materialisierung von Gemeinsamkeiten und Unterschieden. Die Problemstellungen der Anatomie und der physischen Anthropologie spitzten sich auf die

---

5 Ebd., S. 7.
6 Johann Gottfried Herder: Ideen zur Philosophie der Geschichte der Menschheit (1784–1791). In: Ders.: Werke. Hg. Hermann Kurz. Band 3. Leipzig 1884, S. 93–100.
7 Ebd., S. 99–100.

Frage des menschlichen Selbstverständnisses im Hinblick auf die *Kette der Lebewesen* zu. Das umfaßte auch die Abgrenzung zwischen dem Europäer und dem sogenannten Wilden, die sich angesichts der zunehmenden Konfrontation mit außereuropäischen Zivilisationen ergab. Anthropomorphe und eurozentrische Interpretationen waren nur möglich vor dem Hintergrund eines prinzipiellen Zusammenhangs von anatomischer bzw. morphologischer Entwicklung und der Ausprägung von Fähigkeiten und Talenten. Eine solche Verknüpfung jedoch war im Repräsentationsraum des Seelenorgans, in welchem der naturgeschichtliche Entwicklungsstand des Gehirns keine Rolle spielte, nicht durchführbar.

Mit solchen in Bewegung begriffenen Problemstellungen war die Frage, *welcher* Mensch überhaupt unter das Messer des Anatomen und in die Vermessung des Anthropologen geriet, im späten 18. Jahrhundert nicht mehr klar zu beantworten. Auf der einen Seite war er immer noch, im cartesischen Sinne, selbstbewußtes unteilbares Ich, um das die Anatomie gewissermaßen herumsezierte, auch wenn anatomische und pathologische ›Beweise‹ für das Seelenorgan nach wie vor gesucht und gefunden wurden; auf der anderen war dieser Mensch mehr und mehr Alltagswesen mit Gemüt, Denken und Phantasie, also allen erdenklichen Eigenschaften, Neigungen und Talenten. Im Spannungsfeld von Natur und Alltag, sozialem und metaphysischem Selbstverständnis bewegte und veränderte sich die Hirnanatomie. Die Initiierung dieses Transformationsprozesses läßt sich exemplarisch an Soemmerring, Reil und Gall darstellen. Seine Brisanz war vor allem dadurch gegeben, daß die Hirnanatomie – neben der physischen Anthropologie – unversehens zu einem Instrument für die Legitimation jener Standortbestimmungen des Menschen wurde. Die Frage ist nun, wie sich die Anatomie diesem ›Auftrag‹ stellte und welche methodologischen Konsequenzen das mit sich brachte.

II.

Soemmerrings Schrift *Ueber das Seelenorgan* kann als letzter Versuch betrachtet werden, das Seelenorgan im Grenzbereich von Hirnanatomie, Physiologie, Anthropologie und Philosophie zu etablieren. Sie ist nicht, wie häufig gesagt wurde, ein Makel in Soemmerrings wissenschaftlicher Laufbahn, sondern fügt sich ohne Schwierigkeiten in den Kontext seiner vielfältigen Beiträge zur Wissenschaft vom Menschen. Sein spezifisches Anliegen bestand darin, die Vorstellungen vom *homo duplex*, wie sie ihm von Bonnet und Herder bekannt waren, mit seinen eigenen Forschungen zur Hirnanatomie und Anthropologie sowie mit der aktuellen Physiologie, für die hauptsächlich der Name Johann Friedrich Blumenbach stand, in Einklang zu bringen.[8]

---

8 Vgl. dazu Michael Hagner: Soemmerring, Rudolphi und die Anatomie des Seelenorgans. »Empirischer Skeptizismus« um 1800. Medizinhistorisches Journal 25 (1990), S. 211–233.

Die traditionelle Auffassung vom Seelenorgan als Ort des Zusammentreffens von afferenten und efferenten Nervensignalen war auch für Soemmerring die Maßgabe, die er anhand seiner anatomischen Untersuchungen wenigstens teilweise erfüllen zu können glaubte, indem er die Endigungen der Hirnnerven und der Rückenmarksnerven bis zu den Wänden der Ventrikel verfolgte. Er mußte einräumen, daß er nicht in allen Fällen die gesuchten topographischen Beziehungen gefunden hatte, doch sein Verweis auf die Schwierigkeiten mit dem Untersuchungsgegenstand und weitere anatomische Untersuchungen legten nahe, daß es sich hierbei um lösbare technische Probleme handelte. Soemmerring konnte sich in diesem Punkt ganz auf seine von niemandem angezweifelte Autorität als Anatom verlassen.

Nun hätte sich eine bloße Anatomie der Hirnnerven angesichts der physiologischen Diskussionen um die Belebtheit und die Organisation der Materie als vollkommen unzureichend erwiesen. Mit einer Anbindung an die Physiologie erhoffte sich Soemmerring jener Probleme zu entledigen, die alle bisherigen Lokalisierungen des Seelenorgans mit sich gebracht hatten: In der mehr oder weniger gleichartigen Struktur des Gehirns war makro-anatomisch kein bevorzugter Ort für das Seelenorgan auszumachen. Deswegen konzentrierte sich Soemmerring nicht wie all seine Vorgänger seit Descartes auf eine solide Hirnstruktur, sondern auf die Flüssigkeit in den Hirnhöhlen. Daß Soemmerring diesen Ansatz ausdrücklich als eine über die Empirie hinausgehende »transzendentale Physiologie«[9] einführte, war keineswegs unbeabsichtigt. Mit der konzeptionellen Verbindung von Anatomie und Physiologie versuchte er die menschliche Seele in der Ambivalenz von quantitativer Vermessung, die den Abstand zum Tier materiell festlegte, anhand der Größenunterschiede des Gehirns, der Hirnnerven und auch der Hirnventrikel, sowie einer metaphysischen Physiologie von der animierten Flüssigkeit, einzubetten. Dabei konnte er nicht mehr – wie Herder oder Bonnet – beide Bereiche gleichberechtigt nebeneinander stellen; er mußte sie ineinandergreifen lassen, weil er ansonsten seine Vorstellungen über die menschliche Natur nicht mehr mit seiner vollständig akzeptierten Hirnanatomie hätte legitimieren können.

Der Anatomie kam in diesem Entwurf ein außerordentlich hoher Stellenwert zu, aber sie hatte keinen Selbstzweck, sondern diente dazu, das Selbstverständnis des Menschen, genauer gesagt: des europäischen Menschen, im Abstand zum Nicht-Europäer abzustützen. Bereits 1784 hatte Soemmerring eine kontrovers diskutierte Schrift *Ueber die körperliche Verschiedenheit des Mohren vom Europäer* veröffentlicht, in der es ihm auf eine quantitative Vermessung und Beurteilung menschlicher Eigenarten und Eigenschaften ankam. Nach der Sektion von drei Gehirnen vermeldete Soemmerring deutliche physische Unterschiede zwischen Schwarzen und Weißen, indem er bei den Schwarzen kleinere Hirnventrikel und überhaupt kleinere Gehirne gefunden zu haben

---

9 Samuel Thomas Soemmerring: Über das Organ der Seele. Königsberg 1796 [Nachdruck: Amsterdam 1966], S. 37.

meinte.¹⁰ Er führte andere Beobachtungen an, nach denen die Hirnsubstanz der Schwarzen »fast von einer solchen Zähigkeit war, wie man bey einigen Verrückten beobachtet«.¹¹ Aus diesen ›Befunden‹ leitete Soemmerring ihre »Wildheit, Unbändigkeit und etwas mindere Fähigkeit zur feineren Kultur«¹² ab und definierte ihren Ort in der Kette der Lebewesen näher am Affen als am Europäer.¹³ Hält man die beiden Texte von 1784 und 1796 gegeneinander, so wird klar, daß es sich um ein- und denselben Kontext handelte, in welchem vergleichende Anatomie, physische Anthropologie, Hirnanatomie und transzendentale Physiologie miteinander verflochten waren, um sowohl die menschliche Doppel-Natur zu erklären, als auch den europäischen vom nicht-europäischen Menschen abzugrenzen. Die Theorie vom Seelenorgan sollte das definitive Konstrukt für die Einlösung dieses Anspruchs bilden, indem gleichzeitig die sozial und gesellschaftlich relevanten Unterschiede zwischen den Menschen bzw. Menschenrassen quantitativ und qualitativ erklärt wurden.

Soemmerrings neurologische Verklammerung von naturhistorischer und moralischer Natur hatte keinen Bestand. Zwar wurden seine anatomischen Resultate ernstgenommen, doch sein Lösungsvorschlag vom Seelenorgan, an welchem Anatomie, Physiologie und Philosophie beteiligt waren, wurde sowohl methodisch als auch konzeptuell verworfen.¹⁴ Das Fundament vom Seelenorgan war nicht mehr stabil genug, um die Probleme, die an einem unterschiedliche Bedürfnisse Rechnung tragenden Wissen vom Menschen auftauchten, zu bewältigen. Konkret rückten vor allem zwei Problemfelder in den Vordergrund: eine Neubestimmung des Verhältnisses von Wissenschaft und Philosophie und die Frage, wie das Wissen vom Menschen in diesem Spannungsfeld verankert werden könne.

Der erste und bedeutendste Kritiker des Konzepts vom Seelenorgan war Kant, den Soemmerring um ein Nachwort für seine Schrift gebeten hatte. Kant kam dieser Einladung nur mit einiger Mühe nach, da er Soemmerrings Konzept rundweg ablehnte.¹⁵ Zunächst einmal warf er dem Naturforscher vor, nicht durchgängig und genau zwischen dem Sitz der Seele und dem Sitz des

---

10 Samuel Thomas Soemmerring: Über die körperliche Verschiedenheit des Mohren vom Europäer. Mainz 1784, S. 16−21. Genaugenommen stellte er fest, daß Schwarze größere Hirnnerven hätten. Aufgrund der von ihm aufgestellten Regel, wonach die Hirngröße in Relation zur Größe der Hirnnerven festgelegt sei, folgte für Soemmerring, daß Schwarze kleinere Gehirne hätten.
11 Ebd., S. 20.
12 Ebd., S. 24.
13 Für eine Analyse von Soemmerrings Anthropologie vgl. Georg Lilienthal: Samuel Thomas Soemmerring und seine Vorstellungen über Rassenunterschiede. In: Mann, Gunter/Dumont, Franz (Hg.): Die Natur des Menschen: Probleme der Physischen Anthropologie und Rassenkunde (1750−1850). (= Soemmerring-Forschungen Bd. 6), Stuttgart/New York 1990, S. 31−55.
14 Einige Kritiken werden referiert bei Hagner (Anm. 8), S. 217−218.
15 Vgl. Peter McLaughlin: Soemmerring und Kant: Über das Organ der Seele und den Streit der Fakultäten. In: Mann, Gunter/Dumont, Franz (Hg.): Samuel Thomas Soemmerring und die Gelehrten der Goethe-Zeit. (= Soemmerring-Forschungen Bd. 1), Stuttgart/New York 1985, S. 191−201.

Seelenorgans unterschieden zu haben. Das veranlaßte ihn zu der Frage, wer überhaupt die Kompetenz besitze, zu dem einen oder anderen Problem Stellung zu beziehen. Kant diagnostizierte in diesem Punkt einen Streit zwischen der medizinischen Fakultät (Anatomie und Physiologie) und der philosophischen bzw. einem Erkenntnisgewinn auf empirischer Basis in der ersteren und a priori entwickelten Erkenntnissen in der letzteren. Beide Ansätze schließen einander nach Kant vollständig aus, weil es aus epistemologischer Sicht klar ist, daß die Seele nur Objekt des inneren Sinnes sein könne und damit nach zeitlichen Bedingungen bestimmbar sei. Die Suche nach einem Ort der Seele im Gehirn, also eine konkrete ontologische Festlegung im Physischen, würde eine Wahrnehmung mit demselben Sinn bedeuten, der auch die äußere Umwelt wahrnimmt. Das ist nach Kant unmöglich, denn die Seele kann sich nicht außerhalb ihrer selbst versetzen.[16] Konsequenterweise forderte er einen methodologischen Dualismus, bei dem sich die beiden Fakultäten bzw. die beiden Ansätze fremd und unvereinbar gegenüber standen. Indem die philosophische Analyse sich der Seele widmete, die Physiologie hingegen die Hirnfunktion untersuchte, hatte Kant ein bis dahin noch einheitliches Wissensgebiet, das philosophische Ärzte und Physiologen besetzt hatten, vollständig gespalten. Die Legitimität des Konzepts vom Seelenorgan war damit nicht notwendigerweise in Frage gestellt, doch mit der Zurückweisung jeglicher philosophischen Relevanz der anatomischen und physiologischen Forschung war man nun argumentativ hinreichend gewappnet, das Seelenorgan endgültig zu verabschieden.

Ernüchtert durch Kant und eine Reihe weiterer Kritiker, hat sich Soemmerring in der Folgezeit gehütet, auf seinen Ideen zu beharren. In der 2. Auflage seines großen anatomischen Werkes führte er die Geisteskräfte des Menschen nicht mehr auf die Ventrikel zurück, sondern auf das beim Menschen »in Rücksicht seiner Nerven [...] allergrößte Hirn«[17] zurück. Damit war Soemmerring wieder bei seiner längst etablierten Formel angelangt; von einer topographischen Eingrenzung des Seelenorgans war keine Rede mehr. Übrig blieb die von ihm selbst aufgeworfene Frage, wozu die restlichen Hirnanteile gut sein mögen, wenn das Seelenorgan in der Ventrikelflüssigkeit liege. Die Möglichkeit zur Beantwortung dieser Frage stellte sich aber erst in anders gelagerten konzeptuellen Zusammenhängen.

Soemmerring ist der exponierteste, wenn auch nicht der einzige Vertreter einer Hirnforschung im späten 18. Jahrhundert, in welcher vielfältige relevante Themen aufgegriffen wurden und die sich in ihrer Reaktion auf diese Diversifikation selbst verwandelte, bis sie konzeptionell an ihre Grenzen gelangte – was

---

16 Eine ähnliche Argumentationsfigur hatte Kant bereits drei Jahrzehnte zuvor gegen Emanuel Swedenborg in Anschlag gebracht. Vgl. Immanuel Kant: Träume eines Geistersehers (1766). In: Ders.: Werke. W. Weischedel (Hg.). Bd. 2. 4. Aufl. Darmstadt 1975, S. 931–932 (A 20–21). In beinahe identischer Form wie im Nachwort taucht das Argument bereits in der »Kritik der reinen Vernunft« auf. Vgl. ebenda. Bd. 4, S. 341 (B 400/A 342).
17 Samuel Thomas Soemmerring: Vom Baue des menschlichen Körpers. Th. 5, Abth. 1: Hirn- und Nervenlehre. 2. Aufl. Frankfurt a.M. 1800, S. 388.

einherging mit dem Umstand, daß der hirnanatomische Diskurs ein exponiertes Feld für das Wissen vom Menschen geworden war. Der Anspruch, den Soemmerring sich schließlich am nachdrücklichsten auf die Fahnen geschrieben hatte, löste geradezu eine Lawine aus, von der Kants Kritik nur den – wenn auch in seiner Wichtigkeit kaum zu überschätzenden – Anfang darstellte. Angesichts der vielfältigen Überschneidungsbereiche, die sich für die Hirnforschung mit neuen medizinischen, psychologischen und anthropologischen Anforderungen ergaben, und die gerade in Soemmerrings Œuvre zu einer gewissen Unübersichtlichkeit führten, vollzog sich der eigentliche Modernisierungsprozeß der Hirnforschung um 1800 als eine Differenzierung in verschiedene Wissens- und Arbeitsgebiete; und es ist ein markanter Umstand, daß der Anfang dieses Prozesses eigentlich keiner war, sondern ein Ende, nämlich das Ende vom Seelenorgan.

III.

Daß sich die Medizin als traditionell obere Fakultät den Bedürfnissen des Staates anzupassen hatte, war nicht erst seit Kants Schrift über den »Streit der Fakultäten« bekannt. Dabei bildete eine für das Gemeinwohl nützliche Medizinalordnung das Kernstück der Anbindung an die staatlichen Belange, doch unterhalb dieser allgemeinen Richtlinie waren die spezifischen Erwartungen an die unterschiedlichen Fächer innerhalb der medizinischen Fakultät verschieden. Von der Anatomie beispielsweise wurde nicht unbedingt erwartet, daß sie die pathologischen Deformationen menschlicher Verhaltensweisen vollständig erklären könnte. Dieser Erklärungsdruck lastete vielmehr auf der klinischen Medizin, und er führte dazu, daß Kliniker sich nicht bloß auf nosologische Systeme beschränkten, sondern verstärkt der Anatomie und Physiologie zuwandten. Das trifft insbesondere für Johann Christian Reil zu, der stets als innerer Mediziner tätig war, daneben aber auch die erste physiologische Zeitschrift gründete und die Psychiatrie in Deutschland zum Gegenstand der Diskussion machte. Neben Reils Arbeit als Stadtphysikus in Halle und seinen vielfältigen Tätigkeiten für staatliche Organe lassen sich auch die Anstöße, die er mit seinen *Rhapsodieen über die Anwendung der psychischen Curmethode auf Geisteszerrüttungen* von 1803 gab, im Sinne einer Verflechtung von Medizin und staatlicher Organisation verstehen.

Der Erklärungsbedarf im Hinblick auf die geistigen Zerrüttungen führte Reil zur systematischen Analyse des Gehirns. Bereits 1794 versprach er sich von solchen Untersuchungen, »daß man den Ursachen, den Anfang und der ersten Entstehung der Verrückung genauer in dem weitläufigen Nervensystem nachspüre«.[18] Diese praktische Orientierung war begleitet von einem anatomi-

---

18 Johann Christian Reil: Über das Gemeingefühl (1794). In: Ders.: Kleine Schriften wissenschaftlichen und gemeinnützigen Inhalts. Halle 1817, S. 34–112, hier: 105.

schen und physiologischen Forschungsprogramm, in dem eine Topographie des Seelenorgans gar nicht erst auf der Tagesordnung stand. Damit offenbarte sich beinahe gleichzeitig mit Soemmerring ein bereits völlig veränderter Blick auf das Gehirn. Im Gegensatz zu den meisten anderen Physiologen leitete Reil die senso-motorischen Funktionen nicht mehr aus einem hierarchischen Modell von Sinnesorganen, Nervenleitungen und Seelenorgan ab, bei dem das Gehirn als Ursprungsort der Nerven angesehen wurde. Er ging von einer funktionalen Differenzierung aus, die auf Gleichberechtigung basierte: »Gehirn und Nerven sind nur miteinander verbunden, damit sie, wie die Gefäße, zu einem gemeinschaftlichen Zweck wirken können.«[19] Die *Degradierung* des Gehirns zu einem »zu eigenthümlichen Verrichtungen bestimmten Eingeweide«[20] hatte die Konsequenz, daß Reil versuchte, eine abstrakte Definition des Seelenorgans auf funktionaler Basis vorzunehmen. Danach fungierte es zwar als Band zwischen Seele und Körper, doch war das nicht in einem interaktionistischen, sondern eher in einem parallelistischen Sinne gemeint, indem Seele und Gehirn gleichzeitig wirken.[21]

Reil wußte natürlich, daß die Struktur des menschlichen Gehirns ähnlich beschaffen ist wie beim Tier. Deswegen nahm er eine spezifische Mischung und Form der Hirnmaterie an, aus der bestimmte physische und mechanische Eigenschaften folgten.[22] Den Bogen von der Anatomie und Physiologie zu den menschlichen Verhaltensweisen schlug Reil mit seinem parallelistischen Modell, das eine gegenseitige Zuordnung erlaubte, ohne eine Kausalbeziehung vorauszusetzen. »Die Ideen sind besondere Phänomene, unter welchen uns die Hirnthaten erscheinen, daher können wir deren Natur, die gesunde als krankhafte sowohl, besonders aus der Beschaffenheit der Ideen erkennen.«[23] Das heißt nichts anderes, als daß die Hirnfunktion sich indirekt aus den menschlichen Verhaltensweisen ablesen läßt – eine Überlegung, die für Gall etwa zur gleichen Zeit zentral werden sollte.

In der Verklammerung von Anatomie, Physiologie und Psychologie baute Reil sein Programm nach 1800 aus. Für seine psycho-physiologischen Vorstellungen war dabei das aus dem naturphilosophischen Polaritätsgedanken entwickelte Konzept des »Cerebral-Systems« und des »Ganglien-Systems« von entscheidender Bedeutung, denn es demonstrierte auf prototypische Weise, wie die Naturphilosophie die Lücke ausfüllte, die der verpönte Dualismus hinterlassen hatte. Während das Cerebral-System das Äquivalent für Bewußtsein und Willkürlichkeit darstellte und das Gehirn überhaupt als Substrat der Ver-

---

19 Johann Christian Reil: Ueber den Bau des Gehirns und der Nerven (1795). In: Ders.: Kleine Schriften wissenschaftlichen und gemeinnützigen Inhalts. Halle 1817, S. 113–132, hier: 130.
20 Ebd., S. 129.
21 Vgl. Johann Christian Reil: Über die eigenthümlichen Verrichtungen des Seelenorgans (1795). In: Ders.: Gesammelte kleine physiologische Schriften. Bd. 2. Wien 1811, S. 1–158.
22 Ebd., S. 17.
23 Ebd., S. 103.

nunft galt[24], verstand Reil das Ganglien-System als ein zweites, unabhängiges Nervensystem, das die »Hauptwerkstätte der Vegetation« bedeutete. Anhand dieses Modells des unbewußten Seelenlebens hoffte Reil auch psychiatrische und scheinbar übernatürliche Phänomene (z. B. Somnambulismus) physiologisch erklären zu können.[25] Unbeschädigt der Annahme des physiologischen Zusammenhangs zwischen beiden Systemen scheint die Trennung der Substrate für Bewußtsein und Bewußtlosigkeit gleichwohl auf eine hierarchische Lokalisierung hinzuweisen, die die Normalität von der Anomalität deutlich abzugrenzen vermochte. Reil schreibt: »Doch bricht zuweilen auch im Menschen, z. B. in der Wuth und Tollheit, das Ganglien-System zum Cerebral-System durch, die Isolirung zwischen beiden hört auf, statt derselben entsteht eine freye Gemeinschaft, und die zu jenem gehörigen brutalen Organe wirken direkt auf das Gehirn ein. Daher der Trieb der Rasenden zum Morden, Beissen und Zerstören [...].«[26] Das klingt wie eine Rehabilitierung des Gehirns, dem etwa in der Organologie Galls ein Mord-Sinn ›untergeschoben‹ worden war. Dazu paßt, daß das Ich in Reils Entwurf eine irreduzible Größe blieb bzw. umgekehrt als »kleinster Punkt des leeren Denkens und Seyns in gedoppelter Form, als Ideales und Reales«[27] angenommen wurde, von dem aus die menschliche Persönlichkeit sich entfaltet und die mit dem Tode erlischt. Das physiologische Korrelat für diesen Nullpunkt ist die Centricität, gebunden im Gehirn, aber nicht zu lokalisieren. Damit erfolgte noch einmal die Absage an das Seelenorgan: Es sei unstatthaft, »nach dem Sitz der Seele in irgendeinem körperlichen Organ zu fragen, oder einem Nervensaft ihre Functionen aufzutragen. Sie ist der dynamische Vereinigungspunkt, daher weder fix noch räumlich [...].«[28]

Bekanntlich wurde Reil nicht nur von seinen Zeitgenossen bisweilen als »philosophischer Arzt« charakterisiert. Damit stellt sich natürlich die Frage nach dem Verhältnis von Philosophie und empirischer Wissenschaft, doch im Gegensatz zu Soemmerring hat Reil die methodologische Trennung von Philosophie und Naturwissenschaft bereits vollzogen. Deren Verhältnis definierte er in Anlehnung an Kant als eine klare Abgrenzung voneinander bzw. von den jeweiligen Wissenobjekten. Die Philosophie könne der Medizin gerade damit helfen, daß sie »ihr die Grenze anwiese, über welche die menschliche Untersuchung nie hinausgehen darf, und sie aus dem Reiche der Metaphysik, worin

---

24 Johann Christian Reil: Ueber die Eigenschaften des Ganglien-Systems und sein Verhältnis zum Cerebral-System. In: Archiv für die Physiologie 7 (1807), S. 189–254, hier: 241.
25 Vgl. hierzu die Interpretation von Heinz Schott: Zum Begriff des Seelenorgans bei Johann Christian Reil (1759–1813). In: Mann, Gunter/Dumont, Franz (Hg.): Gehirn, Nerven, Seele. Anatomie und Physiologie im Umfeld S. Th. Soemmerrings. (= Soemmerring-Forschungen Bd. 3), Stuttgart/New York 1988, S. 183–210.
26 Johann Christian Reil: Ueber die Centricität der Organismen. In: Beyträge zur Beförderung einer Kurmethode auf psychischem Wege 2 (1812), S. 186–248, hier: 204.
27 Ebd., S. 226.
28 Ebd., S. 245–246.

sie sich so gern verirrt, in das Gebiet der Physik zurück wiese«.[29] Das Konzept des homo duplex lag nicht mehr innerhalb dieser Grenzen, und die Anatomie des Seelenorgans paßte nicht mehr in das funktionale Konzept der Erforschung seelischer Erscheinungen. Diese Abgrenzung hat Reil auch bei seiner Annäherung an naturphilosophische Theoreme beibehalten. Nachdem er die Frage einer unabhängigen Seele offen gelassen und für seinen Diskurs als unerheblich bezeichnet hatte, kam ihm das Postulat der Identität von Geist und Natur entgegen, um den Dualismus endgültig zu verabschieden. Korrespondierend dazu bot das Prinzip der Polarität eine Möglichkeit, die physischen Prozesse genauer zu verstehen.

Reil hat, was hier nur verkürzt darstellbar war, ein ganzes Spektrum von Vorstellungen, Konzepten und Theorien entwickelt, die – im Gegensatz etwa zu Gall – nicht in eine eindeutige Richtung weisen, sondern zunächst einmal Aufräumarbeit leisten und verschiedene Optionen eröffnen. Die daraus resultierende gewisse Unschärfe bzw. Heterogenität ist wohl weniger auf konzeptuelle Schwächen oder habituelle Zuordnungen wie rastlose Umtriebigkeit zurückzuführen, sondern hat mit den komplexen Anforderungen zu tun. Das Ende vom Seelenorgan, die Probleme einer Physiologie des Nervensystems und der Erklärungsdruck der Psychiatrie, bildeten ein Konglomerat, das zwar miteinander verwoben war, dem jedoch nur auf verschiedenen Ebenen begegnet werden konnte.

IV.

Der Vergleich zwischen Reil und Gall ist vor allem wegen ihrer verschiedenen Herangehensweisen an ähnliche Problemstellungen reizvoll. Zwar sind bei Gall die Strömungen des 18. Jahrhunderts wie Herders Philosophie oder der Sensualismus viel markanter[30], doch bestand bei beiden ein enger Zusammenhang zwischen dem Interesse an der menschlichen Natur und ihrer ärztlichen Tätigkeit. Daß Gall vornehmlich auf praktische Belange zielte, wird aus der Aufteilung seines ersten, lange unbeachtet gebliebenen Werks deutlich: während er den ersten Teil dem Verhältnis von Körper und Seele widmete, konzentrierte er sich im zweiten auf die Heilmittel der Natur und der Ärzte. Es hatte nicht allzuviel zu bedeuten, daß er dies gleichzeitig mit dem Anspruch eines philosophischen Arztes verfolgte, da seine philosophischen Ambitionen sich auf den Nachweis der Unstimmigkeiten des dualistischen Konzepts vom Seelenorgan beschränkten. Gegen solche »schwankenden und willkürlichen Hypothesen« vertrat Gall die Suche nach der Wahrheit »in den Dingen

---

29 Johann Christian Reil: An die Professoren Herrn Gren und Herrn Jakob in Halle. Archiv für die Physiologie 1, (1795), S. 3–7, hier: 5.
30 Erna Lesky: Gall und Herder. In: Clio Medica 2 (1967), S. 85–96; dies.: Structure and function in Gall. In: Bulletin of the History of Medicine 44 (1970), S. 297–314.

selbst«.³¹ Diese Forderung war gleichbedeutend mit physiologischer Forschung. Gleichwohl ging er noch nicht so weit, die unsterbliche Seele aus seinem Entwurf zu verabschieden, denn einerseits postulierte er zwar, daß der Vergleich zwischen Mensch und Tier zum »ächten Begriffe von der menschlichen Natur« führe; andererseits aber wollte er die Verstandesfähigkeiten noch nicht unter jene Gesetze subsumieren, die ansonsten Mensch und Tier gleichermaßen determinieren. Dazu paßte der explizite Verweis auf Herder an der Stelle, wo Gall die Organisation des Menschen als vollkommenste und erhabenste bezeichnete.³² Von der Anatomie hingegen war in Galls erstem Anlauf noch nicht weiter die Rede, abgesehen von dem konventionellen Hinweis auf die Hirnnerven und ihren möglichen gemeinsamen Ursprungsort.

Was bis dahin einen eher tentativen, auslotenden Charakter hatte, entwickelte sich wenige Jahre später in einem kurzen Aufsatz zu einem klar umrissenen Forschungsprogramm, das bis zu Galls 1825 publiziertem letzten Werk Bestand haben sollte.³³ Bis ins späte 18. Jahrhundert hinein hatten sich nicht zuletzt diejenigen als philosophische Ärzte verstanden, die sich gleichermaßen für die Behandlung von Körper und Seele zuständig fühlten.³⁴ Gall war einer der ersten, die bemerkten, daß eine derart triviale Auffassung von Philosophie angesichts der inzwischen bekannt gewordenen Transzendentalphilosophie Kants nur noch als Anachronismus gewirkt hätte. Mit der Unmöglichkeit, daß das Subjekt sich selbst zum Objekt machen könne, hatte Kant auch den philosophischen Arzt unmöglich gemacht. Diese Trennung kam Gall außerordentlich entgegen, weil er dadurch den empirischen Gehalt seiner Unternehmung, um deren provokativen Charakter er von Anfang an wußte, beglaubigen konnte. Mit seinem Insistieren auf Erfahrung kehrte er aber auch seinen antiphilosophischen Impuls heraus, indem er die aprioristische Philosophie polemisch als von der Erfahrung beliebig zu korrigierendes »Vernünfteln« abkanzelte.³⁵

Galls Grundüberlegung, daß die verschiedenen geistigen Fähigkeiten, Eigenschaften und Neigungen ihren Sitz und Ursache im Gehirn hätten, und daß der zunehmende Grad von Komplexität dieser Erscheinungen sich proportional verhalte zur zunehmenden Größe des Gehirns in Relation zur Masse des

---

31 Franz Joseph Gall: Philosophisch-Medicinische Untersuchungen über Natur und Kunst im kranken und gesunden Zustande des Menschen. Band 1. Wien 1791, S. 27–28.
32 Ebd. S. 86.
33 Vgl. Franz Joseph Gall: Des Herrn Dr. F. J. Gall Schreiben über seinen geendigten Prodromus über die Verrichtungen des Gehirns der Menschen und der Thiere, an Herrn Jos. Fr. von Retzer. In: Neuer Teutscher Merkur 12 (1798), S. 311–332, das ich zitiere nach Erna Lesky (Hg.): Franz Joseph Gall. Naturforscher und Anthropologe. Bern 1979, S. 47–59.
34 Ein Beispiel dafür wäre Johann August Unzer, der das ungenügende physiologische Verständnis der Interaktion von Seele und Körper darauf zurückführt, daß Ärzte zu wenig von theoretischer Philosophie und Psychologie verstehen. Johann August Unzer: Erste Gründe einer Physiologie der eigentlichen thierischen Natur thierischer Körper. Leipzig 1771, Vorrede (unpaginiert).
35 Gall (Anm. 33), S. 58–59. Dazu paßt auch, daß Gall bereits frühzeitig seine potentiellen Kritiker aufforderte, ihn mit anatomischen und nicht mit philosophischen Argumenten anzugreifen.

Körpers und vor allem der Hirnnerven, war dem 18. Jahrhundert nicht fremd gewesen. Vielmehr handelte es sich hierbei um Topoi, mit denen der Sensualismus und die Philosophie der Ideologie versuchten, die Natur des Menschen materiell zu erfassen. Deren Programm erweiterte er jedoch dahingehend, daß er die geistigen Fähigkeiten und Eigenschaften von dem Geltungsbereich der Sinneswahrnehmung abtrennte und ihnen unabhängige Orte im Gehirn zuwies. Unter der Annahme einer Korrelation zwischen dem geistigen und dem anatomisch-physiologischen Entwicklungsgrad folgerte er, daß sich bei den verschiedenen Spezies, aber auch bei den verschiedenen Individuen einer Spezies, unterschiedliche Entwicklungsstadien in verschiedenen Teilen des Gehirns zeigten. Bestätigung fand Gall in seinen Alltagsbeobachtungen, so daß er eine kausale Beziehung herstellte zwischen der Struktur des Gehirns, seiner Funktion und dem beobachtbaren Verhalten. Indem er sie als drei Aspekte einer einheitlichen Lehre behandelte, war sein Programm mit demjenigen Reils im Prinzip kompatibel. Die letztlich gravierenden Unterschiede zwischen den beiden lagen darin, daß die von Reil vernachlässigte Differenzierung der Verhaltensweisen für Gall zentral war, während er die bei Reil so wichtige physiologische Differenzierung hintanstellte: Der mordende Mensch bei Reil bestand aus Cerebral- und Ganglien-System; Gall stellte sich vor, daß das cerebrale Mord-Organ die anderen Organe überwog.

Der Bruch bei beiden lag in dem psychologisch motivierten Anliegen, den Menschen nicht mehr als metaphysische Größe, sondern die menschlichen Verhaltensweisen zu erklären, wie sie in den verschiedenen Facetten von Neigungen, Leidenschaften, Talenten usw. deutlich wurden – und dies mittels einer anatomischen und physiologischen Untersuchung des Gehirns. Diese Unternehmung gelang zumindest Gall so vollständig und radikal, daß für die unteilbare und freie Seele des Menschen kein Platz mehr blieb. Zwar sagte Gall, ganz im Sinne Kants, daß die Seele nicht Gegenstand der Naturforschung sei, und er sich deswegen nicht dazu äußern wolle, doch ging es ihm zweifelsohne darum, die moralische und intellektuelle Natur des Menschen vollständig und auf der Basis der Gehirnstruktur zu erklären.[36] Dementsprechend entzündete sich die Kritik an Galls Ansatz an seiner Tendenz zum Fatalismus bzw. zum Determinismus aller menschlichen Handlung. Zwar konnte man es als humanistische oder aufklärerische Ambition auffassen, wenn Gall die Verhaltensweisen von Geisteskranken, geistig Minderbemittelten und auch Verbrechern mit dem Hinweis auf ihre so geartete Natur aus der Verantwortlichkeit herauszog, aber damit zog er sich gerade die Kritik von romantischen Psychiatern wie etwa Johann Christian Heinroth zu, die unter dem Hinweis auf die Freiheit des Menschen und die Unabhängigkeit der Seele den Aspekt der Sünde und auch der Bestrafung in der Psychiatrie vertraten.[37]

---

36 Franz Joseph Gall & Gaspar Spurzheim: Recherches sur le système nerveux en général, et sur celui du cerveau en particulier. Paris 1809, S. 273.
37 Vgl. dazu Sigrid Oehler-Klein: Die Schädellehre Franz Joseph Galls in Literatur und Kritik des 19. Jahrhunderts. (= Soemmerring-Forschungen 8). Stuttgart/New York 1990.

Bekanntlich lag Galls Popularität in dem Teilstück seiner Lehre begründet, daß die Ausprägung bzw. Wölbung der Hirnoberfläche auch die Schädelform bestimme, wodurch eine Korrelation zwischen dieser und den geistigen Eigenschaften ermöglicht wurde. Doch zunächst einmal unabhängig von der vor allem in England und Amerika so populär gewordenen Phrenologie und von dem beliebten Gesellschaftsspiel, sich gegenseitig die Schädel nach Höckern abzutasten, waren die Implikationen von Galls Lehre viel zu ernst, um auf der Ebene sensationsheischender Scharlatanerien reflektiert zu werden. Gall hatte eine breite Palette von wissenschaftlichen Methoden zur Ausfüllung seines Forschungsprogramms aufgezählt, die sämtlich zum seriösen Kanon damaliger Wissenschaft gehörten. Das implizierte seine Forderung nach genauer Beobachtung pathologischer Veränderungen des Gehirns, die in Beziehung zu setzen war zu abnormen Verhaltensweisen und der jeweiligen Schädelform; die Untersuchung unterschiedlicher Areale des Gehirns in Beziehung zu individuellen Neigungen und Eigenschaften; und nicht zuletzt Untersuchungen zur menschlichen und zur vergleichenden Anatomie. Auch wenn Galls Anliegen nicht auf die Anatomie beschränkt blieb, orientierte er sich stets an anatomischen Überlegungen, Beobachtungen und Erkenntnissen. Sein Untersuchungsobjekt war primär das Gehirn: »Der Schädel ist es nur insofern, als er ein getreuer Abdruck der äußern Hirnfläche ist, und ist folglich nur ein Theil des Hauptgegenstandes«.[38] Als Hirnanatom war und blieb Gall außerordentlich glücklich und erfolgreich, was zu keiner Zeit bestritten worden ist. Hingegen war es die Verknüpfung von provokativer psychologischer Annahme und anatomischer Autorität, die die Wissenschaftler der Zeit auf den Plan rief, für oder gegen ihn Stellung zu beziehen. Und seine Kritiker konzentrierten sich gerade auf die – auch in Galls Augen – schwierige und entscheidende Frage, inwieweit die anatomische Methode das eigentliche Vorhaben tragen würde. Tatsächlich war dies der wunde Punkt seines Programms, auf den er keine rechte Antwort wußte. Als Pierre Flourens dann auf experimentalphysiologischem Wege Resultate erzielte, die für eine gleichartige Funktion der gesamten Hirnrinde sprachen, war Galls Lokalisationismus zwar weitgehend erledigt, doch begannen sich die Hirnforscher zu dem Zeitpunkt bereits daran zu gewöhnen, die cerebralen Funktionen analog zu ihren Hirnpräparaten in einzelne Segmente zu zerlegen.

V.

Der Übergang vom 18. zum 19. Jahrhundert – hier fokussiert im Übergang von Soemmerring zu Reil und Gall – schuf einen neuen Problemhorizont, vor dem sich die weitere Erforschung des Gehirns abspielte. Das Gehirn wurde nicht länger als der Wohnort eines Seelenorgans aufgefaßt, das nach hegemonialen

---

38 Gall (Anm. 33), S. 58.

Prinzipien die (Um)-Schaltstelle für einlaufende und herausgehende Informationsflüsse war. Die Hypostasierung eines Hegemonikons hatte alle anderen Hirnpartien zu einem untergeordneten und auf diese eine Struktur bezogenen Substrat gemacht, für dessen feinere topographische Differenzierung keinerlei Notwendigkeit bestand. Die einheitliche, unteilbare Seele des Menschen wurde abgelöst durch den Menschen als Konglomerat aus Neigungen und Eigenschaften, Talenten und Unwägbarkeiten. Darum hatte sich zuvor keine Hirnanatomie gekümmert. Erst jetzt, angesichts der Berichte über den ganz anderen Menschen, gemeint sind sowohl der *Wilde* aus Übersee wie der Geisteskranke und der Verbrecher, oder – am entgegengesetzten Ende – das Genie, konnte das Gehirn zum Ort werden, wo der ganze Mensch materiell faßbar wurde und woran sich Gemeinsamkeiten und Unterschiede festmachen ließen. Die bedeutsamste Konsequenz aus dieser Verschiebung lag darin, daß das Gehirn als ein individuelles Organ betrachtet wurde, dessen Sektion zumindest virtuell Aufschluß geben konnte über den vormaligen Besitzer. Im Koordinatensystem der Anatomie des Seelenorgans wäre ein solcher auf das Individuum zielender Sektionsbefund undenkbar gewesen. Das Ende vom Seelenorgan schuf somit erst die Voraussetzung für die spezifische Analyse des Gehirns. Der Gegenstand des naturwissenschaftlichen Diskurses war nicht die unmittelbare Fortführung der naturhistorischen Bemühungen um den homo duplex, sondern er bildete sich dort, wo – mit Foucault gesagt – die Naturgeschichte einen weißen Fleck hinterlassen hatte.[39] Die Konstituierung der Neuroanatomie war also keine ›inner-medizinische‹ Angelegenheit und entwickelte sich auch nicht primär auf dem Boden des Wissens, das bis dahin über das Gehirn gesammelt worden war, sondern vollzog sich in Folge eines Problemzusammenhangs, der einer veränderten Sichtweise auf den Menschen geschuldet war.

Nur scheinbar hatte die Anatomie durch Kants Übertrittsverbot von der Metaphysik zur Empirie und umgekehrt einen Kompetenzverlust erlitten. In Wirklichkeit aber begann man sich auch unabhängig von Kant damit zu beschäftigen, ihren Gegenstandsbereich neu zu definieren. Dabei war es wohlkalkuliert, daß die Seele aus dem anatomischen Diskurs verschwand. Für die Feststellung von der Natur des Menschen hatte das die Konsequenz, daß es eine *histoire naturelle de l'âme* nicht mehr gab. Was die Hirnlehre nun anzubieten hatte, war vorerst nicht mehr so bedeutsam für die philosophische Diskussion, aber dafür war es um so bedeutender »für Sittenlehre, Erziehung, Gesetzgebung usw. und überhaupt für die nähere Menschenkenntnis«.[40] Gall ging hierin ohne Zweifel am weitesten, aber er stand mit einem solchen Anspruch keineswegs allein. Die weitere Entwicklung der Hirnforschung in der ersten Hälfte des 19. Jahr-

---

39 An einer zentralen Stelle in »Die Ordnung der Dinge« weist Foucault darauf hin, daß Philologie, Biologie und Politische Ökonomie »sich nicht anstelle der allgemeinen Grammatik, Naturgeschichte und der Analyse der Reichtümer [bildeten], sondern dort, wo diese Wissensgebiete nicht existierten«. Vgl. Michel Foucault: Die Ordnung der Dinge. Frankfurt a. M. 1974, S. 259.
40 Gall (Anm. 33), S. 47.

hunderts läßt sich mithin als eine *praktische Wende* charakterisieren, die in ihrer reduktiven Arbeitsteilung zu einem Empirisierungsschub führte. Daran vermochte auch der in der romantischen Naturphilosophie und hier insbesondere von Schelling artikulierte erbitterte Protest gegen einen solchen methodologischen Dualismus und gegen die Auseinanderdividierung von Gehirn und Seele nichts zu ändern. Selbst die im naturphilosophischen Raum verankerte Hirnforschung entwickelte sich in unterschiedliche, zum Teil entgegengesetzte Richtungen, was einer weiteren Differenzierung z.B. in vergleichende Anatomie, Embryologie, Sinnesphysiologie und klinische Nervenheilkunde zwar zugute kam, den ursprünglich naturphilosophischen Gedanken der Einheit indes völlig unterlief.[41] Alle Anstrengungen des frühen 19. Jahrhunderts schlugen, soweit es die Anatomie betraf, in der Folgezeit um in den Rückzug auf morphologische Kriterien innerhalb der Entwicklungsgeschichte oder sie mündeten – mit einer gewissen zeitlichen Verzögerung – in einen weithin gepflegten und mit rastlosem Einfallsreichtum betriebenen Dogmatismus von Quantitätsmessungen.[42] Vom *ganzen Menschen* oder vom *homo duplex* war keine Rede mehr.

Wenn man so will, fällt der *ganze Mensch* der Moderne zum Opfer. Er verschwindet nicht unmittelbar unter dem Seziermesser der Anatomen, sondern in seiner zunehmenden Aufspaltung in einzelne Funktionssegmente. Diese Differenzierung läßt sich nur als ein auf verschiedenen Ebenen ablaufender Prozeß erklären, und es wäre eine eigene Untersuchung wert, die veränderten Blicke auf den Menschen im staatlichen bzw. sozialen Gefüge und in der Naturwissenschaft bzw. Medizin miteinander in Beziehung zu setzen. Mit der entstehenden Differenzierung der wissenschaftlichen Disziplinen werden das Wissen, die Wissensgegenstände und die Forschungsschwerpunkte neu verteilt.[43] In dem Muster von Verteilungen, welches Anatomie und Physiologie zu eigenständigen Disziplinen macht, hat der Mensch, wie ihn die Naturgeschichte sich vorstellte, keinen Platz mehr.

---

41 Diese unterschiedliche Interessensverteilung geschah nicht nur bei skeptisch-anatomisch orientierten Medizinern auf der einen und naturphilosophisch gestimmten Physiologen auf der anderen Seite, sondern sogar innerhalb der letzteren Gruppe, was sich beispielsweise an den divergierenden Entwicklungen der Konzepte bei Karl Friedrich Burdach und Carl Gustav Carus, die beide einen gemeinsamen naturphilosophischen Ausgangspunkt hatten, erläutern läßt. Vgl. dazu Michael Hagner: The soul and the brain between anatomy and Naturphilosophie in the early nineteenth century. In: Medical History 36 (1992), S. 1–33.
42 Vgl. hierzu Stephen Jay Gould: Der falsch vermessene Mensch. Frankfurt a.M. 1988.
43 Vgl. dazu vor allem Rudolf Stichweh: Zur Entstehung des modernen Systems wissenschaftlicher Disziplinen – Physik in Deutschland 1740–1890. Frankfurt a.M. 1984, sowie die verschiedenen Beiträge in Kathryn M. Olesko (Hg.): Science in Germany. The Intersection of Institutional and Intellectual Issues. Osiris, 2. Serie, 5 (1989); Gert Schubring (Hg.): ›Einsamkeit und Freiheit‹ neu besichtigt. Universitätsreformen und Disziplinenbildung in Preussen als Modell für Wissenschaftspolitik im Europa des 19. Jahrhunderts. Stuttgart 1991.

Bezeichnen, Lokalisieren, Berechnen

RÜDIGER CAMPE (Essen)

Totalisierungen dessen, was vom Menschen gesagt und gewußt werden kann, haben sich im späteren 18. Jahrhundert vorbereitet. In der Zeit, in der die Dichter und Theoretiker des »Sturm und Drang« eine beschränkte Sicht auf den Menschen zu ergänzen oder eine verlorene Ganzheit des Menschlichen wiederzugewinnen beanspruchten, konstellieren sich Anzeichen auch für dies anders gezielte Ganze von Menschen. Im 19. Jahrhundert wird totalisierende Menschendarstellung experimentell und administrativ werden. In den letzten Jahrzehnten des 18. Jahrhunderts findet sie sprachlich und in Texten statt; um diese Darstellung geht es hier.

Was vom Menschen gesagt und gewußt werden kann: damit sind nicht sogleich die großen Themen der Philosophie oder Medizin gemeint, sondern die vielgestaltigen Versuche, empirisch-individuelle Züge und Verhaltensweisen, zufällige Handlungen und Körperreaktionen von Menschen prognostisch oder symptomatologisch mit dem je eigenen und mit anderen Körpern, mit natürlichen und sozialen Umgebungen zu verweben. Es geht um das, was seit dem 16. Jahrhundert und bis zum Beginn des 18. Jahrhunderts in Seelen- und Affekttheorien einerseits, in den klassischen Physiognomiken andererseits abgelegt wurde.

Im 18. Jahrhundert werden neben den tradierten Semiotiken (und konkurrierend zu jener Sonder-Semiotik, die seit der Rhetorikkritik zu Beginn des 18. Jahrhunderts die Diskussion über Literatur bestimmte)[1] u. a. zwei Darstellungsräume ausgebildet, die am Jahrhundertende den Blick auf Totalisierungen dieses Kontingenz-Wissens erlauben: Der eine Raum ist wiederum der Körper; nicht aber in der Rolle des Zeichen*trägers* wie in der Physiognomik, sondern die gestalthafte oder funktionale Einheit, in der das Ganze sich ausdrückt oder organisiert. Das andere ist der künstlich homogenisierte Raum der Ereignisse, den die Wahrscheinlichkeitsrechnung umschreibt und in den, freilich nur zögernd, auch die Menschen-Daten aus der Statistik (der Staatsbeschreibung) eingegeben werden. Der Körper und die Metapher des Körpers

---

1 Zu dieser These vgl. Verf.: Rhetorik und Physiognomik. Oder: die Zeichen der Literatur. In: Rhetorik 9 (1990), S. 68–83.

regeln offenbar das Verhältnis zwischen diesen Darstellungen. Wir sehen, bemerkte Moritz, zuviel auf den Körper und zu wenig auf die Seele. Rechnet man ins Große, heißt das aber, daß wir auf den ganzen Körper, der die Gesellschaft ist, gerade zu wenig sehen:

> »Tausend Verbrecher sahen wir hinrichten, ohne den moralischen Schaden dieser, von dem Körper der menschlichen Gesellschaft abgesonderten Glieder unserer Untersuchung wert zu halten.«[2]

Gestalt und Zahl scheinen im Bereich des Menschenwissens zuletzt sogar aufeinander zu verweisen. Symbolische Gestalt-Konzepte rufen das Wissen über die Zufälligkeiten empirischer Körper herbei; deren Messung impliziert das Schema der Gestalt.

Beispiel für das erstere gibt Hobbes' Bild des großen Menschen im *Leviathan*. »Um die Natur dieses künstlichen Menschen näher zu beschreiben«, sei als erstes »[d]er natürliche Mensch« zu betrachten, »der dessen Inhalt und Künstler zugleich ist«.[3] Das Studium des Staates gilt, im metonymischen Weg über Schöpfer und Inhalt, zuerst den Verhaltenskontingenzen der Menschen, ihren Handlungsweisen und Leidenschaften. Indem sie das Ganze des politischen Körpers geschaffen haben, haben die natürlichen Körper am metaphorisch Ganzen, das sie selbst nicht sind, als von ihrer Schöpfung Durchforschte und Erkannte teil. Lavater wird in den »Aussichten in die Ewigkeit« – dem ebenso theologischen wie physiologischen Entwurf über Leben und Leiber der verklärten Christen – den Zusammenhang zwischen Gesellschaftskörper und verklärtem Leib so formulieren, daß die Konzeptmetapher und die Schöpfer/Inhalts-Metonymien zusammenzufallen scheinen: In der Gemeinschaft des angelischen Staates könne ein »Glied, das ausser dem Cörper betrachtet, zu dem er gehört, nie richtig beurtheilet werden«. Staat und Körper der Verklärten sind in Hinsicht auf funktionale Einheit eins:

> »Alle von Einem Geiste der reinsten Gemeinnützigkeit beseelt, stehen mir mit allem, was sie sind und haben, gerade so zu Dienste, wie die unmittelbaren Glieder meines eigenen verklärten Cörpers [...].«[4]

Das Beispiel von der messend-berechnenden Seite her, das Zahl und Gestalt selbst ins Spiel bringt: Die Vermessung des Körpers, ›Anthropometrie‹, stand zum ersten Mal in Hobbes' Zeit im Titel eines physiognomischen Werks. 1654

---

2 Karl Philipp Moritz: Vorschlag zu einem Magazin der Erfahrungs Seelenkunde (1782). In: K. P. M.: Werke. Hg. Horst Günther. Frankfurt 1981, S. 759.
3 Thomas Hobbes: Leviathan. Hg. u. übers. J. P. Mayer. Stuttgart 1974, S. 6 (Einleitung). Zur metonymischen Logik vgl. 16. Kap. »Von Personen und Urhebern«.
4 Johann Kaspar Lavater: Aussichten in die Ewigkeit, in Briefen an Herrn Joh[ann] Georg(e) Zimmermann. 3 Bde. Zürich 1768–1773, Bd. 3, S. 92 und 95. Zur Einarbeitung der Bonnetschen Physiologie vgl. besonders die »Gedanken von der Erhöhung der physischen Kräfte der verklärten Christen« im 12. Brief (Bd. 2, S. 184). Es geht dabei um die Fähigkeit, »organische beseelte Cörper, von der Art, wie die unsrige ist, aus uns selbst hervor zu bringen« (187) – was mit einem ausführlichen Zitat zur präformationistischen Entwicklungslehre aus Bonnets »Contemplation de la nature« erläutert wird (197–202).

veröffentlichte der Berliner Hofarzt und -botaniker J. S. Elsholtz eine *Anthropometria*. Ein Übergang: die Illustrationen zeigen auf Gesicht, Hand und Rumpf noch die astrologisch-physiognomischen Signaturen, andererseits legen sie im Bildrahmen das *anthropometron*, die Meßlatte, an. Das Menschenmaß unterwirft den Körper der (von Elsholtz mit Berufung auf Dürers Proportionenlehre eingeführten) Idee der Gestalt, der Symmetrie. Es geht um vitia figurarum, excessus und defectus bezüglich der Proportionen, nicht um den Vergleich von Körpern untereinander.[5] Etwa 200 Jahre später benützt den Titel »Anthropométrie« der Bevölkerungsstatistiker Quételet. Auch er nennt wieder Dürers Proportionenlehre als Vorläufer seiner Bemühungen.[6] Doch die Gestalt ist den Zahlen dieses Anthropometers nicht vorgegeben, sondern, als Durchschnitt, Resultat seiner Rechnung. Körpergröße oder Kraft werden gemittelt, die Individualabweichungen zufallstheoretisch bestimmt. Das Ergebnis, der Durchschnittsmensch, hat für Quételet nicht geringere gestalthafte Präsenz, als die Idee der Proportion sie für den späthumanistischen Arzt hatte. Anthropometrische Rechnungen führen geradewegs auf Gestalt.

Um zu zeigen, wie sich am Ende des 18. Jahrhunderts die Totalisierung in der Darstellung des Menschen vorbereitet, soll die Konstellation aus einem Problembestand (in der herkömmlichen Semiotik des Menschen), einem positiven, aber zunächst scheiternden Versuch (der gehirnphysiologischen Lokalisierung) und einer zunächst noch vermiedenen, sich aber unabweisbar bietenden Möglichkeit (der Anwendung des Kalküls auf die Menschen-Daten der Statistik) beschrieben werden. Problematisch wird das *Bezeichnen* – so lautet die historische These – gerade in der Physiognomik-Debatte der 70er Jahre, die nicht so sehr die Wiederkehr, als vielmehr die Krise der Humansemiotik war. Die Alternative der Gallschen Gehirn*lokalisation* läßt sich hinsichtlich der Zugriffsart an Lavaters Gestalt-Deutung anschließen – wobei die Gehirnlokalisation eine eigene, mit organologischen Konzepten sich erst hier kreuzende Vorgeschichte hat. Die *Berechnung* von Menschen-Daten kann man an das darstellungstheoretische Niveau der Fragen anschließen, die sich für Lichtenberg in seiner Skepsis gegenüber aller Menschen-Semiotik stellten – gerade weil auch Lichtenberg noch einmal für das Aufschieben dieser Möglichkeit steht.

Das Interesse an dieser Konstellation ist Interesse an Darstellungspolitik: Gerade der Versuch der Totalisierung dessen, was vom Menschen zu sagen und zu wissen ist, führte die Krise der Semiotik herbei und damit auf Darstellungen, in denen der Körper selbst oder die kontingenten Ereignisse selbst zu Referenten präpariert wurden. Die Darstellungsentscheidungen betreffen dabei

---

5 Johann Sigismund Elsholtz: Anthropometria, sive, de mutua membrorum corporis humani proportione, & naevorum harmonia libellus. 2. Aufl. Frankfurt a.d. Oder 1663 (zuerst Padua 1654). Der Hinweis auf Dürer: S. 2. Über das Problem des relativen Urteils bezüglich eines einzelnen Körpers: S. 6–8; die Beschreibung des anthropometron: S. 52–54.

6 Adolphe Lambert Quételet: Du système social et des lois qui le régissent. Paris 1848, S. 33.

zwei Achsen: Zum einen gibt es den historischen Unterschied im Zugriffsniveau: zwischen den Tableaux der semiotischen Zu- und Anordnung einerseits und den (gedachten oder technisch implementierten) Interventionen andererseits, die auf das Reale der Körper oder der Ereignisse abzielen. Dann gibt es die stilistischen Unterschiede in der Darstellung. Auf der Stufe der Intervention eröffnet sich die Alternative, Verhaltensweisen zu Körperterritorien zuzuordnen oder Ereignisse des menschlichen Verhaltens im berechenbaren Raum des Wahrscheinlichen anzuordnen. Die Alternative zwischen ganzer Gestalt und großer Zahl wird unauflöslich und scheinhaft gegeneinander stellen, was beim Zeichen der alten Semiotiken, als sein bildhaft-metaphorischer und sein kalkulierend-metonymischer Aspekt, eins zu sein schien.[7]

I.

In den klassischen Physiognomiken zwischen dem 15. und späten 17. Jahrhundert zählt die statura hominis nur als der größte Teil des Menschen. Zwar ist an ihr mehr zu divinieren als am Hals oder Oberarm, aber nicht soviel wie auf der Hand oder der Stirn. Die Physiognomen Johannes ab Indagine, Porta, Rothmann oder Fuchs[8] sprachen in Wahrheit nur vom Rumpf. Man müßte alte physiognomische Indices wie z.B. Stellung, Gebaren und Gang hinzu lesen, um die Wahrnehmungs- und Deutungseinheit zu erzielen, die der, im 18. Jahrhundert entwicklungstheoretisch vorbereitete, Gestaltbegriff an den Körper gerade des Menschen geheftet hat. Hält man nicht schon die Episode der »Anthropometria« von Elsholtz für eine erste Referenz auf Gestalt, dann wird man sagen, daß erst Wolffs Semiotik moralis die phänomenale Idealität, die man Gestalt nennen kann, systematisch in den deutenden Blick fallen läßt. In Wolffs Deskription erscheint nämlich jeder Teil des Körpers als besondere Konfiguration bewegter Teile. Ob es sich um Augenbraue oder Hand oder ob es sich um die Statur handelt: nicht ein bestimmtes Zeichen, keine im voraus beschriebene Form, erst die im Spiel ihrer bewegten Teile je resultierende *Positur*, die

---

7 Die Unterscheidung zwischen Semiotik und Intervention schließt an eine Unterscheidung Ian Hackings an (I. H.: Representing and Intervening. Introductory Topics in the Philosophy of Natural Science. Cambridge 1983). Allerdings ordne ich die Unterscheidung representation/intervention einem Konzept Darstellung ein und spreche so von physiognomisch-semiotischer und intervenierender Darstellung.

8 Die Kompilation: Johannes ab Indagine: Introductiones apotelesmaticae elegantes, in chyromantiam, physiognomiam, astrologiam naturalem, complexiones hominum, naturas planetarum. Straßburg 1522. Naturgeschichte und Signaturen: Giambattista della Porta: De humana physiognomonia (1586). Paris 1990 (Nachdruck). Naturgeschichte und Astrologie: Johannes Rothmann: Chiromancia sampt ihrer Theorick/ Practick/ und Astronomischer Concordantz. Erfurt 1595. Versuch einer Revision des Zeichenbegriffs: Samuel Fuchs: Metoposcopia et Ophthalmoscopia. Straßburg 1615. – Vgl. Verf.: Affekt und Ausdruck. Zur Umwandlung der literarischen Rede im 17. und 18. Jahrhundert (Studien zur deutschen Literatur, Bd. 107). Tübingen 1990, S. 400–423.

momentane Gestalteinheit also, gibt bei Wolff die Bedeutung einer Körpergegend zu lesen.[9]

Hatte es einen systematischen Grund, daß die Gestalt und das Ganze in der Semiotik der klassischen Physiognomen keine Darstellung fanden? Die Werke um 1600 – etwa die Portas oder Rothmanns – bildeten die Bauart semiotischer Systeme besonders deutlich aus: Eine erste Semiose ist jeweils schon da, ontologisch vorrangig, göttlich vorgegeben. Zeichen deuten heißt, die ersten Markierungen wiederfinden. Für Porta, der die antike Tradition sammelt und in die Ordnung der Signaturen einträgt, ist die erste Grenzziehung in den Gattungen der Lebewesen niedergelegt. Beim Rückgang auf die Tiergattungen im physiognomischen Syllogismus ist ein Sein angesprochen, das primär unterschieden ist und das der Mensch im Erweis einer zweiten Ordnung an seinem Körper wiederfindet. In einer astrologischen Physiognomik wie der Rothmanns waren dagegen nicht die Unterschiede, sondern die Zeichen gegeben: signa coeli, die Himmelskörper, die Zeichen schon sind und als solche schon wirken. Es galt hier nicht, in den Abgrenzungen einer ersten Ordnung den Grund einer zweiten, aufzurichtenden Ordnung zu erkennen. Die Zeichen selber schrieben sich durch Influenz und Impression auf Stirnen, Handflächen und Fußsohlen: zwar verwandelt, aber in der Differenz zum signum coeli als dessen Wiederholung.[10]

Das heißt: die physiognomische Semiotik sprach Bedeutung nur zu, indem sie die Unterschiede oder die Zeichen von anderswoher nahm. Die Gestalt als funktionale oder phänomenale Einheit ist aber auf sich selbst bezogen und sich selbst ähnlich. Das zeigt schon Elsholtz' Meßkunst. Es kann in der Physiognomik auch keine Ganzheit der Darstellung in den Grenzen des menschlichen Körpers geben. Der Menschenkörper ist in der klassischen Physiognomik zwar der besondere und unvergleichbare Zeichen*träger*. Gedeutet werden Zeichen in der klassischen Physiognomik aber immer nur in Wiederholung anderer Zeichen, die ihren Ursprung und ihre Einheit anderswo haben. Darum ist ihre Einheit nie dort, wo man sie auslegt.

Das war etwa hundert Jahre vergessen, als die Debatte über Physiognomik 1772 von Lavater begonnen, 1776 von Lichtenberg aufgenommen wurde. Es geht hier nicht um die geschichtlichen Umformungen und Zwischenstufen, sondern um die Momente, in denen die Wiederkehr der Physiognomik die Kri-

---

9 Christian Wolff: Philosophia practica universalis. In: Gesammelte Werke. Hgg. Jean Ecole, Hans-Werner Arndt u. a. II. Abt., Bd. 11. Hg. W. Lenders. Hildesheim, New York 1979 (Nachdruck), P.2, Cap. 4. Z.B.: »Per *Positum corporis* intelligimus compositionem totius corporis externi situ partium mobilium quomodocunque determinato resultantem.« (S. 645f.)

10 Die Ähnlichkeiten, die Foucault noch einmal in seiner Darstellung des 16. Jahrhunderts inszeniert hat, begründen nicht eigentlich Zeichenbeziehungen, sie sind Interpretamente der Beziehungen zwischen dem primären Reich der Unterschiede und ihrer Wiederkehr; das gilt von der Makro-Mikrokosmos-Beziehung wie der Signaturenlehre. (Vgl. Hartmut Böhme: Der sprechende Leib. Die Semiotiken des Körpers am Ende des 18. Jahrhunderts und ihre hermetische Tradition. In: Dietmar Kamper, Christoph Wulf (Hgg.): Transfigurationen des Körpers. Spuren der Gewalt in der Geschichte. Berlin 1989, S. 144–181, hier: S. 153f.)

se der Semiotik des Menschen erkennen läßt. Es geht – in Lavaters Feier – um das Zeigen der Gestalt; und – in Lichtenbergs Kritik – um die Frage, was es heißt, die Einheit der Zeichen auf das Gebiet des Körpers, auf dem sie erscheinen, einzugrenzen. Unter diesen speziellen Fragen ähneln Lavaters Feier und Lichtenbergs Kritik einander.[11]

Daß die verklärten Christen dem Lichtleib Christi ähnlich sein werden und daß sie die Leiber in der schieren Durchsichtigkeit des Lichts werden lesen können, sind zwei offenbar korrespondierende Erklärungen Lavaters in den *Aussichten in die Ewigkeit*.[12] Die physische imitatio Christi und die panoptische Transparenz haben einen Schnittpunkt: das Erscheinen der Gestalt.

»Was wird dann ein Tag, eine Stunde bey Christus, dem leibhaftigen Christus, dem leibhaftigen Ebenbilde Gottes für uns seyn!

Ihn hören; ihn *sehen*; in seinem *Angesicht*, in seinem *Geiste* lesen; – Ihn – ihn selbst sehen; Gott in ihm unmittelbar erkennen, wie wir erkennt sind.«[13]

An der Gestalt Christi können wir Ebenbildlichkeit – zum unsichtbaren Gott[14] – erkennen. Nach ihrem Vorbild wird der verklärte Leib – durch vergestaltende[15] Anähnelung – aber auch zur Ebenbildlichkeit mit dem urebenbildlichen Christus transfiguriert sein. ›Vergestaltung‹ ist ins Ideale der Gestalt (*metaschematizein* des schlechten *soma*: Philipper 3,21) und ins Imaginäre des Bilds (*metamorphestai* hinsichtlich der *eikon*, die der erleuchtete Geist im Spiegel der Schrift erblickt: 2. Korinther 3,18) gewendete Paulinische Christo-

---

11 Über die Physiognomik-Diskussion im späteren 18. Jahrhundert und ihr Umfeld informiert: August Ohage: Von Lessings ›Wust‹ zu einer Wissenschaftsgeschichte der Physiognomik im 18. Jahrhundert. In: Lessing Yearbook 21 (1989), S. 55–87. Verschiedene Ausdeutungen eines kompensatorischen Grundes für die Wiederkehr der Physiognomik geben: Hans Blumenberg: Die Lesbarkeit der Welt. Frankfurt 1981, Kap. XIV; Böhme: Der sprechende Leib (Anm. 10). Eine Deutung der Modernität der Physiognomik: Gerhard Neumann: ›Rede damit ich dich sehe‹: Das neuzeitliche Ich und der physiognomische Blick. In: Ulrich Fülleborn, Manfred Engel (Hgg.): Das neuzeitliche Ich in der Literatur des 19. und 20. Jahrhunderts: Dialektik der Moderne. München 1988, S. 71–107.
12 Lavater: Aussichten (Anm. 4), 10. Brief und 16. Brief.
13 Lavater: Aussichten (Anm. 4), 13. Brief; Bd. 3, S. 33.
14 Es gibt zwar eine unmittelbare Anschauung des verhüllten Gottes – aber nur im auferstandenen und im richtenden Christus, dem ersten Ebenbild, durch das alle Ebenbildlichkeit zu Gott erst ist. (Lavater: Aussichten [Anm. 4], 21. Brief: Bd. 3, S. 220–230).
15 Damit übersetzt Lavater zum einen das *metaschematizein* aus Philipper 3,21, dem Text, als dessen Auslegung sich die »Aussichten« verstehen lassen: »Von daher warten wir auch des Heilandes, des HErrn Christi, welcher unsern niederträchtigen Leib vergestalten wird, (hos metaschematizei to soma täs tapeinoseos hämon) daß er gleichförmig werde seinem herrlichen Leibe (...). Er wird unsern Cörper umbilden, daß er an Gestalt und Lichtheit dem Seinigen ähnlich werde.« Dann übersetzt Lavater so auch das *metamorphestai* aus 2. Korinther 3,18: »Aber wir alle, die wir mit aufgedecktem Angesicht die Klarheit des HErrn in einem Spiegel sehen (...) wir werden vergestaltet in eben dieselbige Bildniß von Klarheit zu Klarheit (tän autän eikona metamorphumeta apo doxäs eis doxan; [...]).« (Aussichten [Anm. 4], 11. Brief; Bd. 2, S. 10 und 11.)

logie. Bild-Sehen und Gestalt-Sein fallen an der Medialität des Mittlers selbst unmittelbar und beim verklärten Christen, mit der Verzögerung zwischen Erkennen und Erkanntsein, mittelbar zusammen.[16] Die Gestaltlehre der Bonnetschen Physiologie tritt, wie man sieht, an zentraler Stelle auf.

Wie kann das Physiognomik werden? Lavaters Antworten spielen in der Verzögerung zwischen Erkennen und Erkanntsein. So ist in den *Aussichten* von Physiognomik zweimal die Rede: Einmal gilt der Körper als »allverständlicher Ausdruck und Wahrheitssprache«.[17] Physiognomie heißt hier Ausdruck ohne bestimmte Bedeutung: im Nu geschaute Eben/Bildlichkeit. Beim Jüngsten Gericht aber (bei dem Lavater nicht das Urteil, sondern die Durchsichtigkeit des Beurteilten interessiert) tauchen auf den Körpern Zeichen für die »Erinnerung einer jeden Handlung, eines jeden Wortes« auf, die die anderen lesen können, »so wie alle Menschen überhaupt eine etwelche Kenntniß der physiognomischen Zeichen haben«.[18] Lesbar werden Körper, indem sie sich wie im Tagebuch beschriften. Doch die Gegenwärtigkeit des Bildes und die Nachzeitigkeit der Zeichenschrift schließen einander jenseits theologischer Figuration aus.

In diesem Paradox kann man den Einsatz sehen, um den es Lavaters Entwurf einer Physiognomik geht. In der Eröffnungsschrift *Von der Physiognomik* hat Lavater eine Wissenschaft erdacht, die – kann man sagen – die beiden Physiognomik-Stellen der *Aussichten* verbindet; die also an den Ort der theologischen Mittlerfigur rückt. Lavater bedient sich Wolffscher Termini: Es gibt zuerst den »unerkennbare[n] Totaleindruck, den das Äußerliche eines Menschen auf uns macht«, der weder mit einer Regel versehen, noch im Leben gemieden werden kann. Was dann ›Zug‹ oder ›charakteristischer Eindruck‹ heißt, setzt dagegen schon Regel und »Vergleichung dieses ganzen Äußerlichen mit dem ganzen Äußerlichen anderer Menschen« voraus.[19] Damit ist das Problem des Gestalt-Erkennens formuliert. Lavater löst es theoretisch, indem er ein apriori wahrscheinliches Urteil annimmt: Bloße Vernunft sagt und Erfahrung bestätigt, daß der ›physische‹ Charakter (z.B. das Alter) am Körper abzulesen ist; bloße Vernunft sagt auch, daß der ›intellektuelle‹ Charakter (z.B. das Gedächtnis) nervenphysiologischen Eigentümlichkeiten entspricht; die vorgängige *Evidenz* des Zusammenhangs von moralischem Charakter und Gestalteindruck (das ist die Frage der Physiognomik) klärt Lavater dann damit, daß bloße Vernunft *analog zum physischen und intellektuellen Charakter* auch für den moralischen eine körperliche Entsprechung annehme (die also, per analogiam gefunden, nur wahrscheinlich ist).[20] Über die Körper-Seele-Beziehung urteilt

---

16 So heißt es deutlich an einer Stelle, wo die Formel vom Erkennen des Erkannten wiederholt ist: »Wir werden GOtt von *Angesicht zu Angesicht sehen; Wir werden ihm gleich seyn,* denn wir *werden ihn sehen, wie er ist. –* Wir *werden erkennen, wie wir erkennt sind.* [...] auf eine ähnliche Erkenntnißweise, wie GOtt selbst in Christo sie erkennt.« (Bd. 3, S. 229f.)
17 Lavater: Aussichten (Anm. 4), 16. Brief, Bd. 3, S. 115.
18 Lavater: Aussichten (Anm. 4), 8. Brief über Auferstehung und Jüngstes Gericht, Bd. 1, S. 242.
19 Johann Kaspar Lavater: Von der Physiognomik. Leipzig 1772, S. 40.
20 Lavater: Von der Physiognomik (Anm. 19), S. 17–21.

Physiognomik danach nicht direkt. Die Theorie hält den theologischen Platz der absoluten Medialität frei. Lavaters praktische Regeln, den Totaleindruck zum physiognomischen Urteil zu prozessieren, erzählen eine Geschichte: Um die Physiognomie der Dummheit zu studieren, geht einer ins Tollhaus, betrachtet Gesichter und betastet Hirne; memoriert Profile, zeichnet und benennt sie; sieht erneut hin, jetzt auch auf andere Körperteile und übt innere, poetische Verbalisierungen; geht fort und kommt wieder; wiederholt dasselbe z. B. in Gesellschaft usw.[21] Die Regel für den freigehaltenen Platz des ›Erkennens, wie wir erkennt sind‹ ist ein nur mehr erzählbares Trainingsprogramm, das seinerseits in memorierenden, zeichnenden, verbalen Darstellungen übt. – Eine Lektüre der Lavaterschen Beiträge zu den *Physiognomischen Fragmenten* könnte zeigen, daß das Training weniger ein ablösbares Wissen, als vielmehr sich selbst zum Ziel hatte; und daß der moderne Name dieses sich selbst trainierenden Trainings, die Zukunft der Lavaterschen Emphasen, Intersubjektivität oder kommunikative Wechselseitigkeit heißt.[22]

Die theologische Ausgangsfigur für das Erscheinen der Gestalt im Raum der Körperzeichen überstieg die semiotische Ordnung und ließ sie gerade darum in Lavaters Texten proliferieren. Die theoretischen und praktischen Ersatzbildungen hatten die Tendenz, die Erstellbarkeit von Ordnung durch Semiotik selbst zu unterlaufen; so wie z. B. Wechselseitigkeit in der Kommunikation (der Blick des anderen) die Codierung des Mitzuteilenden (die symbolische Ordnung) unterläuft.

Die Feier der Gestalt durchkreuzte den herkömmlichen Wissenstyp der Physiognomik. In der Kritik an der Lavaterschen Ganzheits-Deutung stieß Lichtenberg umgekehrt auf die Aporie des Ganzen der den Körper besiedelnden Zeichen.

Etwa in der Mitte der Streitschrift gegen Lavater[23] *Über Physiognomik; Wider die Physiognomen* stellt Lichtenberg Physiker und Physiognomen, die

---

21 Lavater: Von der Physiognomik (Anm. 19), S. 41–71.
22 Das Fragment »Über Verstellung, Falschheit und Aufrichtigkeit« zeigt z. B., wie ›reziproke Kommunikation‹ in einer Umformung der alten Simulations/Dissimulations-Debatte Gestalt annimmt: Der Deutende weiß, daß der Zu-Deutende sich gedeutet weiß, darum opfert er »das dunkle Gefühl, das beym Anblick einer Person in [ihm] rege ward,« dem kommunikativen Zwang, Vertrauen zu schenken, auf, bevor er »einigermaßen zu analisiren« vermag. Und der Zu-Deutende paßt sich dem Deutenden vorweg an: »[...] wie stark, wie nah' ist immer die Versuchung zum ais, ajo und negas, nego?« (Lavater: Über Verstellung, Falschheit und Aufrichtigkeit. In: Ders.: Physiognomische Fragmente, zur Beförderung der Menschenkenntniß und Menschenliebe, Bd. 2 [Leipzig und Winterthur 1776]. Zürich 1968 [Nachdruck], S. 55–63, hier zit.: S. 60 und 61.)
23 Lichtenberg las die »Aussichten in die Ewigkeit«, bevor Lavaters physiognomische Schriften im engeren Sinn erschienen. Der Eintrag A 129 ist exemplarisch: Lichtenberg findet »[m]it einem erstaunenden Vergnügen«, daß Lavater »vor dem Schlaf ähnliche Empfindungen mit mir hat« (Georg Christoph Lichtenberg: Sudelbücher. In: Ders.: Schriften und Briefe. Hg. Wolfgang Promies. Bd.I/1. 3. Aufl. München 1980, S. 37). Das geht auf Lavater: Aussichten (Anm. 4), Bd. 1, S. 143–145. – Vgl. im übrigen: August Ohage: Lichtenberg als Beiträger zu Lavaters »Physiognomischen Fragmenten«. In: LichtenbergJb 2 (1990), S. 28–51.

»man schlechterdings nicht zusammenstellen« kann, einander gegenüber.[24] Der Physiker

>»beobachtet nicht bloß den *natürlichen* Gang des Uhrwerks, sondern versucht auch, und zwingt Erscheinungen, welche, bloß leidend abzuwarten, eintausendjähriges Leben voll Aufmerksamkeit erfordert hätten, in einen Tag zusammen; und was hundert Jahre von *Versuchen* wiederum nicht hätten lehren können, lehrt ihn eine Stunde *Rechnung*, und monatelange Rechnung wird vielleicht am Ende in ein *Blättern* von 5 Minuten verwandelt.

[...] die Physiognomik wird in ihrem eignen Fett ersticken. In einem Zentner schweren physiognomischen Atlas entwickelt, läge der Mensch nicht um ein Haar deutlicher als jetzt in seinem Leibe. Ein weitläuftiges Werk, und zwar eines, welchem Weitläuftigkeit wesentlich ist, zusammen zu denken, ist fürchterlich, da den Menschen aus der ersten Hand zu studieren uns tausendfaches Interesse des Leibes und der Seele anlockt und antreibt.«[25]

In der Gegenüberstellung[26] wird das Ganze von Darstellung zum Problem. Neue Wissenschaft setzte – wie Lepenies zeigt[27] – seit Bacon voraus, daß Wissenszuwachs mit Gewinn an Verarbeitungsökonomie einhergeht. Rationalität ist Darstellungsrationalität. Durch die Gegenüberstellung physikalischer und physiognomischer Darstellung erzielt Lichtenberg nun eine Spannung zwischen Wissen und Darstellung. Auf der Seite des Physikers stehen die intervenierenden Darstellungsformen: Experiment und Kalkül. Auf der Physiognomiker-Seite steht die semiotische Darstellung.[28] Die intervenierende Darstel-

---

24 Georg Christoph Lichtenberg: Über Physiognomik; Wider die Physiognomen. Zu Beförderung der Menschenliebe und Menschenkenntnis. In: Ders.: SuB. Bd. 3. München 1972, S. 256–295, zit.: 276.
25 Lichtenberg: Über Physiognomik (Anm. 24), S. 276 und 277.
26 Das Gegenüberstellen von experimenteller Wissenschaft und Physiognomik beginnt auf der ersten Seite des Heftes A. In zwei Formulierungen, die die Leibnizsche ars characteristica zitieren, geht es – zehn Jahre vor »Über Physiognomik« – nicht um semiotische Darstellung, sondern um das Dasein der Zeichen. Dabei erscheint umgekehrt zur Gegenüberstellung im Physiognomik-Aufsatz das Zeichen der Wissenschaft problematisch (gegenüber der natürlichen Sprache), das physiognomische Zeichen aber als evidente Natur-Selbstdarstellung: »Um eine allgemeine Charakteristik zu Stande zu bringen müssen wir erst von der Ordnung in der Sprache abstrahieren [...].« (A 3); und: »Die Gesichter der Menschen sind oft bis zum Ekelhaften häßlich. Warum dieses? Vermutlich konnte die Verschiedenheit der Gemüts-Arten nicht erhalten werden ohne eine solche Einrichtung; man kann dieses als eine Seelen-Charakteristik ansehen [...].« (A 4; Lichtenberg: Sudelbücher (Anm. 23) I/1, Heft A, S. 9). – Man sieht: die Gegenüberstellung im Heft A macht genau wie im Physiognomik-Aufsatz keinen Typenunterschied zwischen ›künstlichen‹ und ›natürlichen‹ Zeichen; darum sind die ›natürlichen‹ (physiognomischen) Zeichen, die ontologisch die evidenten sind, darstellungslogisch die des ›fürchterlichen Werks‹.
27 Wolf Lepenies: Das Ende der Naturgeschichte. Wandel kultureller Selbstverständlichkeiten in den Wissenschaften des 18. und 19. Jahrhunderts. München 1976, S. 21–24.
28 Das berührt einen wichtigen Punkt des Lichtenberg-Verständnisses. Experimentelle Möglichkeit und Wahrscheinlichkeit des Kalküls stehen für Lichtenberg zunächst im *Gegensatz* zur Darstellung des Menschen (und seiner selbst). Erst indem er das Problem als *Darstellungs-Problem* erkennt und behandelt, öffnet sich ihm der Schreib-

lung virtualisiert das Ganze der ›Erscheinungen‹: Experiment, Formel und Kalkül bilden Abstraktionen, die ein einmal definiertes, d. h. als Ganzes konstruiertes, Ensemble von Phänomenen in fortschreitender Darstellungsverknappung gegenwärtig halten. Das Ganze des Dargestellten und die Verknappung der Darstellung gehören zusammmen: Das Ganze muß in jeder Darstellung erhalten bleiben; aber nur durch die Intervention der Darstellung ist es ganz. Das ist nichts anderes als die kurzgefaßte Grundstellung der mathesis-Lehre, wie sie, bei aller Unterschiedlichkeit, für Leibniz wie Condillac galt.

Lichtenberg stellt das nun der physiognomischen Semiotik gegenüber. Gegenüberstellung besagt einmal: Opposition. Die Semiotik, die man aus Physiognomik und Medizin kennt, ist danach keine wissenschaftliche Darstellung. Lichtenbergs Argument ist nicht der Zweifel an den Zeichen. Im Gegenteil: es gibt sie, und ihre wilde Lektüre hat den Sitz der Leidenschaften – »tausendfaches Interesse des Leibes und der Seele« – im Leben. Gerade darum aber handelt es sich nicht um Darstellung. Weil die Ordnung der physiognomischen Zeichen, ihr Ganzes, der Darstellung vorausgeht, ihren Sitz im Leben der Lockungen und Reizungen hat, fügt es sich keiner Darstellungsrationalität ein. Mit dieser Opposition unterstellt Lichtenberg, daß die klassische Semiotik zugleich gilt und nicht gilt. Er sieht all die Zeichen auf dem Körper, von denen sie sprach; aber deren Ganzheit sieht er auf den Körper des Menschen beschränkt, aus der ontologischen Wiederholung der alten naturgeschichtlichen Physiognomik herausgelöst: »[...] unser Körper [steht] zwischen Seele und der übrigen Welt in der Mitte, Spiegel der Wirkungen von beiden [...].«[29] Die alte Physiognomik als wissenschaftliche Darstellung aufgefaßt, wird so zur schlechten Wiederholung, zur Abbildung im Maßstab 1:1. Der Körper, der die Zeichen schon *hat*, wird das Undarstellbare.

Gegenüberstellung heißt aber auch Vergleich und Gleichstellung. Das ist das wichtigere Moment. Lichtenberg unterstellt – was weder für Leibniz noch Condillac zur Frage wird –, daß der Mensch Gegenstand von Wissen und Darstellung einer mathesis sein müßte und könnte, deren besondere Art noch aufzufinden wäre. Die Gegenüberstellung bezeichnet damit einen prekären Augenblick. Weder ist das Wissen vom Menschen dem über die physikalische Natur gleich, noch ist es einfach andersartig. Es konstelliert sich als anderes in der Gegenüberstellung.

Lichtenbergs Schreiben über Menschen wird von beidem zugleich bestimmt: vom Blick auf Körperzeichen, der wahr ist, ohne ein Wissen und eine Darstellung freizugeben, der zu viel oder zu wenig sieht und das Ganze, das er einfach wiederholt, immer verfehlt; und von Versuchen, diesen Blick zu beschränken, zu konditionieren, ihm Augenblicke und Situationen anzuweisen, in denen

---

weg eines ›Konjunktiv-Stils‹. Interpretationen, die auf philosophisch oder biographisch begründete Skepsis zielen, sind demgegenüber sekundär. Noch Albrecht Schönes Deutung der Möglichkeits-Form als Stil-Physiognomik harmonisiert die Gegenüberstellung sehr schnell (Aufklärung aus dem Geist der Experimentalphysik. Lichtenbergs Konjunktive. München, 2. Aufl., 1983).

29 Lichtenberg: Über Physiognomik (Anm. 24), S. 266.

sich der Mensch perspektiviert darstellt. Das gilt in der Streitschrift von der Weise, in der die Pathognomik der Physiognomik gegenübergestellt wird (eine Wiederholung der Gegenüberstellung Physik/Physiognomik innerhalb des Physiognomischen). Pathognomik ist hier zuerst der positiv gesetzte Gegenbegriff zur gestaltdeutenden Physiognomik Lavaters; das ist die kritische Oberflächenstruktur des Essays. Die »vorübergehenden Zeichen der Gemütsbewegungen«, die »Semiotik der Affekten«[30] bilden die regionalen und momentanen, die im Erscheinen abgegrenzten Punkte der Signifikation am Körper, die dem Totalitätsverlangen der Physiognomik entgegengesetzt sind. So ist Pathognomik zuerst eine kritisch-reduktive Formel. In ihrem Namen räumt Lichtenberg einen physiognomischen Gegenstandsbereich nach dem anderen beiseite. Jedes physiognomische (feste) Zeichen hat(te) seine Wahrheit in einem pathognomischen (momentanen) Zeichen. Über den Gegenstand dieses reduktiven Begriffs, das pathognomische Zeichen, ist dabei allerdings kaum etwas gesagt. Auf einer tieferen Ebene richtet sich die Kritik, die Regionalisierung und Momentanisierung des Deutbaren, dann auch gegen das pathognomische Zeichen selbst. So heißt es im Resümee der Schrift:

> »Physiognomik ist also äußerst trüglich. Die wirkenden Leidenschaften haben zwar ihre Zeichen [...], und daher rührt, das was die Physiognomik Wahres hat. [...] In den Bewegungen der Gesichtsmuskeln und der Augen liegt das meiste, jeder Mensch, der in der Welt lebt, lernt es finden; es lehren, heißt den Sand zählen wollen.«[31]

So richtet sich die Bewegung der Gegenüberstellung gegen das, was, in aller Momentanisierung, schon das pathognomische Zeichen zum Zeichen macht und schon im pathognomisch Momentanen den Irrtum des physiognomisch Ganzen anlegt. Semiotik des Menschen kritisiert und reduziert sich so selbst.

Mit der Gestalt stellt Lavater der physiognomischen Semiotik ein sie durchkreuzendes Darstellungsproblem. Lichtenberg zeigt, daß Physiognomik, als körperimmanente Darstellung aufgefaßt, sich selbst durchkreuzt.

Es wäre zu zeigen, daß damit zwei physiognomische Schreibhaltungen, genauer: zwei Fragmentenschreibweisen verknüpft waren. Die *Physiognomischen Fragmente* Lavaters setzen immer wieder neu an, um das uneinholbare Ganze zu erschreiben (die *Aussichten* sind als Vorübung und als Ersatz für ein Werk von der Art der Klopstockschen Messiade inszeniert). Lichtenbergs ausweichend-beschränkender Fragmentarismus weicht dem Ganzen der Menschen-Darstellung aus oder sucht es zu beschränken, ohne für diese Konditionierung ein eigenes Verfahren zu kennen (wobei bekanntlich die Pläne der Autobiographie und des Romans faktisch abgebrochen wurden). Hier aber soll gefragt werden, wo und wie die Probleme darstellungslogisch gelöst wurden, auf die Lavater im emphatischen Fragment traf und die Lichtenberg im ausweichend-beschränkenden Fragment fand.

---

30 Lichtenberg: Über Physiognomik (Anm. 24), S. 264.
31 Lichtenberg: Über Physiognomik (Anm. 24), S. 293.

II.

Die Zeitgenossen haben Lavater oft mit der Schädellehre in Verbindung gebracht. Wirklich schlug Lavater Schlüsse von der »Feinheit und Empfindlichkeit der Nerven« auf Gedächtnis und Einbildungskraft vor. Er behauptete, daß »die Verschiedenheit des Gehirns und seiner Lage nothwendiger Weise den Contour und Bau des anfangs weichen und faserichten Schädels bestimmen müsse«.[32] Doch damit ordnete er, wie Gall anmerkte[33], dem Gehirn ausschließlich intellektuelle Fähigkeiten zu. Das Gebiet des Moralischen, des Verhaltens und Handelns, behielt er der physiognomischen Gestaltdeutung vor.

Es gibt einen tieferen Grund für die Annäherung Lavaters an die Phrenologen: Lavater sprach in der theologisch-physiologischen Phantasie der *Aussichten* einmal von Zeichen, die die Erinnerungen der Observierten sind (Exzeß der Lesbarkeit – aber wie und wo erscheint sie?), dann vom Ausdruck der organischen Gestalten (Exzeß der Sichtbarkeit – aber wie kann sie etwas Bestimmtes zu lesen geben?). Als Lavater den Lesewunsch der Physiognomik mit Bonnetscher Präformations- und Gestalttheorie erneuerte, warf er damit die Frage auf: Kann man das Ganze und seinen Ausdruck (die Gestalt) und das Einzelne und sein Zeichen (die physiognomische Stelle am Körper) in einer einzigen Theorie und Praxis der Deutung zusammenbringen? Gibt es einen gemeinsamen Ort für das Sehen der Gestalt und das Lesen der Körperzeichen?

Während Lavater selbst an dieser Stelle den Prozeß der Deutung (und die Endlosschleifen der Kommunikation) fand, besetzte Gall diesen Zwischenraum in der Tat mit einer positiven Lehre. Sicher war der eigentlich physiognomische – schädeldeutende – Anteil nur die äußere, die zunächst erfolgreiche, bald aber die Theorie ruinierende, Schicht seines Systems. Doch wie unhaltbar das Physiognomische bei Gall von Anfang an auch war: es bleibt zu bedenken, daß gerade seine Gehirntheorie dem Lesewunsch der in die Krise geratenen Physiognomik antwortete; und wohin Gall die Gehirnforschung hätte führen müssen, hätte er die physiognomische Geste aufgeben wollen.[34]

Gall siedelte (nicht nur die intellektuellen, sondern vor allem auch) die moralischen Eigenschaften und Neigungen auf einzelnen Territorien der Hirnrinde an. Im Ganzen des Hirnorgans – das er als spezielles Organ des menschlichen Gesamtorganismus beschrieb – fungieren besondere Hirne als die »reinen

---

32 Lavater: Von der Physiognomik (Anm. 19), S. 18.
33 Franz Joseph Gall: Des Herrn Dr. F. J. Gall Schreiben über seinen bereits geendigten Prodromus der Menschen und der Thiere, an Herrn Jos. Fr. von Retzer. In: Der Teutsche Merkur. Hg. Christoph Martin Wieland. 3, 12. Stück (1789), S. 311–332, hier: S. 321.
34 Die wichtigsten Darstellungen zu Gall, auf die sich das Folgende stützt, sind: Georges Lanteri-Laura: Histoire de la phrénologie. L'homme et son cerveau selon F. J. Gall. Paris 1970; Robert M. Young: Mind, Brain and Adaptation in the Nineteenth Century. Oxford 1970; Erna Lesky: Structure and Function in Gall. In: Bulletin of the History of Medicin 44 (1970), S. 297–314; Erwin H. Ackerknecht, Henri V. Vallois: Franz Joseph Gall et sa collection. Paris 1955.

Quellen der Denk- und Handlungsweise des Menschen«.[35] Die Bände drei bis fünf von *Sur les fonctions du cerveau* – Galls zweiter Fassung seines Systems in der kleineren Ausgabe von 1825 – tragen den definitionsartigen Titel: *Organologie ou exposition des instincts, des penchans, des sentimens et des talens, ou des qualités morales et des facultés intellectuelles fondamentales de l'homme et des animaux, et du siège de leurs organes.*[36] Die Untersuchung dieser Hirnorgane im Organ Hirn gebe, so verspricht es Gall, Hinweise auf die Handlungsspielräume des Menschen. Das physiologisch dargestellte Ganze, das spezielle Organ, wäre danach als Zeichen lesbar; und auf der Landkarte der Hirnrinde wäre das ganze Verhaltensrepertoire von Menschen aufgetragen.

Wenn Gall sagt, man müsse »im Gehirn ein besonderes Organ für jede wesentlich verschiedene intellektuelle Fähigkeit und moralische Eigenschaft suchen«[37], dann überträgt er vermutlich Bonnetsche Sinnesphysiologie und Wahrnehmungsanalyse[38] auf den der Physiognomik eigenen Bereich des Moralischen. Bonnet hatte gefragt, wie sich Wahrnehmung im Verhältnis zwischen Empfindung und Sinnesorgan realisiere: Werden Differenzen durch verschiedene Bewegungen desselben Organs repräsentiert oder durch verschiedene organische ›Fibern‹ (fibres représentatrices)? Bei den schwach unterscheidenden Sinnen Geruch, Getast und Geschmack leisten danach unterschiedliche Bewegungen derselben Fiber die Darstellung, bei den scharf unterscheidenden akustischen und optischen Sinnen verschiedene Fibern. Jedem Schritt der diatonischen Skala entspricht eine Fiber, die nach Art der Saiteninstrumente über die Glottis gespannt ist, und einem Hörnerv, der in der Schnecke ausgespannt ist. Die Sehfibern kombinieren Wahrnehmungselemente nach der Art des Lettern-

---

35 Gall: Des Herrn Dr. Gall Schreiben (Anm. 33), S. 313.
36 Das in Paris 1825 erschienene sechsbändige Werk »Sur les fonctions du cerveau et sur celles de chacune de ses parties, avec des observations sur la possibilité de reconnaitre les instincts, les penchans, les talens, ou les dispositions morales et intellectuelles des hommes et des animaux, par la configuration de leur cerveau et de leur tête« (der Titel dieses spätesten Werks isoliert das Gehirn am stärksten) ist die Überarbeitung von Galls (und Spurzheims) zwischen 1810 und 1819 in Paris erschienenem vierbändigen Werk »Anatomie et Physiologie du système nerveux en général, et du cerveau en particulier. Avec des observations sur la possibilité de reconnoitre plusieurs dispositions intellectuelles et morales de l'homme et des animaux, par la configuration de leurs têtes«. Zwischen den Fassungen gibt es keine dogmatischen Unterschiede. Während aber »Sur les fonctions du cerveau« in den anatomischen Teil der Lehre nur kurz einführt, ist das der breit entwickelte Ausgangspunkt der früheren »Anatomie et physiologie du système nerveux«. Die damit eng an der Debatte mit den Pariser Anatomen und Medizinern orientiert ist, wie Gall sie publiziert hat in: Recherches sur le système du cerveau en particulier; Mémoire présenté à l'Institut de France, le 14 Mars 1808, suivi d'observations sur le rapport qui en a été fait à cette compagnie par ses commissaires (Paris 1809). Amsterdam 1967 (Nachdruck).
37 Gall: Sur les fonctions (Anm. 36), Bd. 3, S. 363.
38 Galls Bonnet-Lektüre belegt seine der Hirn- und Schädellehre vorausgehende erste Veröffentlichung: Philosophisch-medicinische Untersuchungen über Natur und Kunst im kranken und gesunden Zustande des Menschen, Wien 1791 (1. Band, der zweite wurde offenbar geschrieben, aber nie veröffentlicht). – Auf die strukturelle Verwandtschaft mit Bonnets Sinnesphysiologie hat auch Lanteri-Laura hingewiesen (Histoire de la phrénologie [Anm. 34], S. 54–56, 91, 100).

kastens zu optischen Wahrnehmungen.[39] Die Physiologie folgt, wie man sieht, bei Bonnet der Wahrnehmungsanalyse genau. Den distinkten Einheiten der mentalen Repräsentation entsprechen körperliche Repräsentationen. Gall übertrug das in eine Moralphysiologie des Hirns. Die Elemente des Moralischen werden Örtern auf der Hirnrinde zugeordnet: dabei zieht sich die (physiologische) Repräsentation der (mentalen) Repräsentation aber in einen einzigen Akt, die Lokalisation, zusammen.

Daß die Sinnesphysiologie das Vorbild war und doch deren Repräsentationslogik unterboten werden mußte, zeigt eine Passage in Galls expositorischem Aufsatz im *Teutschen Merkur* von 1798, der den großen wissenschaftlichen Publikationen um zehn Jahre vorausging. Um die Behauptung zu stützen, wonach die »Fähigkeiten und Neigungen« je untereinander »wesentlich verschieden und unabhängig« seien und »ihren Sitz in verschiedenen und unabhängigen Theilen des Hirns« hätten, vergleicht Gall sie mit den ›äußeren‹ Sinnen. Wie die Funktion des Auges und des Ohrs voneinander unabhängig seien, so die verschiedenen moralischen Fähigkeiten (die, im bezeichnenden Versuch der Synonymisierung, »inner[e] Sinne[], das ist, [...] inner[e] Organe[] der Seelenverrichtungen« heißen). Gall führt dann »die Vergleichung etwas weiter aus«, indem er darauf hinweist, daß »[j]edes äußerliche Sinnenwerkzeug [...] durch seine Nerven in Verbindung mit dem Hirn« stehe, »wo beim Anfange des Nerven eine angemessene Hirnmasse das eigentliche innerliche Organ dieser Sinnenverrichtung ausmacht«.[40] Man sieht: Zum einen gliedern sich die moralischen ›inneren Sinne‹, die man auch ›innere Organe‹ nennen kann, wie die äußeren Sinne. Dann aber sind die inneren Organe der Moralphysiologie wie jene ›eigentlichen inneren Organe‹ vorzustellen, die den ›äußeren Sinnen‹ entsprechen. Der Hirn- und Moralphysiologe Gall kennt also die Distinktion zwischen den Organen erst im selben Augenblick, in dem er ihren Sitz auf der Hirnrinde gefunden hat. Damit wird aus der physiologischen Doublette der mentalen Repräsentation, wie man sie bei Bonnet findet, die Intervention des Lokalisierens.

Welches sind nun die ›wesentlichen moralischen Eigenschaften und intellektuellen Fähigkeiten‹ des Menschen, die eine organische Darstellung und Ortung suchen (was man die Frage I der Gallschen Organologie nennen kann). Und was gibt den Hirnen den funktionalen Status und die anatomische Struktur von Organen, wodurch sie z. B. dem Auge vergleichbar würden (was man als die Frage II der Organologie bezeichnen kann)? Schließlich: sind diese beiden Fragen in einer zusammenhängenden Organologie zu lösen, die dann die erfolgreiche Lokalisation lehrte?

Früher ausgearbeitet und spekulativer gedacht ist, was Gall zum Ersten, zur psychophysischen Organologie sagt. Soweit man die Vorträge der Deutschlandreise (1805–1807) rekonstruieren kann, war dieser Teil der Lehre vor 1805

---

39 Charles Bonnet: Essai de psychologie; ou considerations sur les operations de l'ame, sur l'habitude et sur l'education (London 1755). Hildesheim, New York 1978 (Nachdruck), S. 51–68 u. 75–78.
40 Gall: Des Herrn Dr. Gall Schreiben (Anm. 33), S. 319–321.

abgeschlossen. Sie muß sogar, wie der *Merkur*-Aufsatz zeigt, in sehr ähnlicher Weise bereits Gegenstand der Wiener Vorlesungen nach 1796 gewesen sein. Im Vorwort von *Anatomie et Physiologie* zählt Gall besonders genau auf, was man den Apparat seiner Intervention nennen kann: Das ist vor allem die berühmte Sammlung von Gipsabgüssen und Schädeln.[41] Die Schädel verdankte Gall vor allem dem Zugang, den ihm Polizeiminister von Sarau zu den Gefängnissen und Peter Frank, der Direktor des Allgemeinen Krankenhauses, zum Wiener Narrenturm öffneten (Gall untersuchte zudem die Schädel der Irren nach der Klasse ihres Wahnsinns, die der Gefangenen nach der Klasse ihrer Delinquenz). Von Birckenstock, der Leiter der Erziehungsbehörde, ermöglichte es ihm, Schüler hinsichtlich ihrer intellektuellen Begabungen zu untersuchen.[42] Hinzu kommt schließlich die eigene Praxis, die sich schon in Wien, besonders in der Pariser Zeit nach 1808, auf psychiatrische Fälle spezialisierte.

Bereits Napoleon und Goethe, dann die Leser im späteren 19. Jahrhundert hat irritiert, daß Galls Taxonomie der intellektuellen Fähigkeiten und moralischen Eigenschaften bereits soziale Einrichtungen voraussetze (Napoleons Kritik) bzw. zu sehr ins »Spezifische« gehe (Goethes Einwand).[43] Nun kann man bei einer großen Zahl der 27 Fakultäten, die das Verhalten des Menschen und sein Gehirn organisieren sollen, vermuten, daß die Erfahrung, auf die Gall sich für die Analyse der intellektuellen und moralischen Fähigkeiten berief, sich nach den Institutionen modellierte, in denen er sie gewann. Die Organe der Verteidigung des eigenen Lebens und Besitzes, des Totschlags, der Schlauheit, des Hangs zum Stehlen, des hochfahrenden Sinnes und des Ehrgeizes zeigen auf das Gefängnis. Erziehungsfähigkeit, Ortssinn, Personensinn, Farbensinn, Zahlensinn, Wortsinn, Sprachsinn, Kunstsinn: das liest sich wie Basedows pädagogische Anfangsgründe. Den Beginn bilden Organe, wie man sie in der naturrechtlichen Ethik eines Thomasius finden konnte: Fortpflanzung, Liebe zu den Kindern, Freundschaft; das Ende vermögenspsychologische Terme: Scharfsinn, Tiefsinn, Witz u. ä. Organisiert ist danach der Mensch sozio-psychologisch, zumal durch eben die Institutionen, in denen Gall die Erfahrung zuteil wurde, die er in Anspruch nahm.[44]

---

41 Die Sammlung ist beschrieben in: Phrenological Journal and Miscellany, 6 (1829–1830), S. 480–499, 583–602; 7 (1831–1832), S. 27–36, 181–185, 205–253. Ohne Kenntnis dieser Beschreibung haben in einer weiterhin wertvollen Erörterung Akkerknecht und Vallois die Pariser Sammlung im Musée de l'Homme rekonstruiert (Franz Josef Gall [Anm. 34], S. 38–64). Vgl. auch Friedrich Schulz, Die Schädellehre Dr. Galls und seine Restschädelsammlung im Städtischen Rollett Museum zu Baden bei Wien. Wien 1973.
42 Gall, Spurzheim: Anatomie et physiologie (Anm. 36) Bd. 1, S. XIIIf. – Vgl. schon Gall: Des Herrn Dr. Gall Schreiben (Anm. 33), wo er sagt, er habe den größten Teil der Schädelsammlung »von Spitälern und vom Tollhause genommen« (S. 325).
43 Johann Wolfgang Goethe: Annalen. In: Ders.: Sämtliche Werke. Jubiläumsausgabe. Bd. 30. Hg. E. Hellen. Stuttgart, Berlin 1902–1912, S. 155–159. Zu Napoleons Reaktion vgl.: Erna Lesky, Franz Joseph Gall. Naturforscher und Anthropologe. Bern 1979, S.41.
44 Lanteri-Laura zeigt, daß die Verteilung der Einzelhirne auf der Hirnrinde sich als Abbildung einer Hierarchie der intellektuellen und moralischen Fähigkeiten verstehen läßt (Histoire de la phrénologie [Anm. 34], S. 105–113).

Was eine Verwechslung der Ebenen oder ein Sich-Verlieren ins Besondere scheint, charakterisiert Galls Organologie: Die Elemente werden so bestimmt, daß die Analyse nicht isoliert, zerstört oder trennt. Die Fakultäten und die Lokalitäten sind ergreifbare, sichtbare Darstellungen des ganzen, ›organisierten‹ Menschen.

Dem entspricht die Frage II der Organologie, die Beziehung von Anatomie und Physiologie des Nervensystems. Als Gall und Spurzheim 1808 dem Institut de France aussschließlich diesen Teil ihrer Lehre vorstellten, scheint die Kommission eher enttäuscht gewesen zu sein, daß der Skandal der Lokalisationen ausblieb. Pinel, Cuvier, Sabatier u. a. bemerkten aber in ihrer Kritik auch nicht, wie tief die vorgetragene Anatomie der physiologischen Lehre, die sie in der Tat nicht bewies, doch homolog war. Das gilt zunächst von der Technik der Sektion. Gall arbeitet nur mit dem Schneidebesteck und (zu Goethes Genugtuung) ohne Mikroskop. Nicht Verstecktes soll künstlich zur Anschauung kommen, bestehende Anschaulichkeit soll sichtbar werden. Es werden keine horizontalen Schnitte gemacht, wie sie z.B. noch Vicq-d'Azyrs Abbildungen zeigen.[45] »Alle unsere Kunstgriffe bestehen darin, dass wir anstatt zu schneiden, den Nervenfäden nachschaben, ohne ihre Oberfläche zu verletzen.«[46] Die Sektionstechnik ist homolog zur Erfahrungs-techne, die Gall, nach seiner Beobachtung an Gefangenen, Irren und Schulkindern, Organe wie die des Diebstahlssinnes, des Ehrgeizes oder des Sprachsinnes hatte sehen lassen.

Kern der Lehre ist die Theorie der grauen Substanz, die Gall in Auseinandersetzung mit Hallers Nachfolgern, mit Prochaska, Sömmering und Vicq-d'Azyr, entwickelte. Sie ermöglichte es ihm, das Nervensystem in eine allgemeine Theorie zu fassen und in diesem allgemeinen Organsystem wieder besondere Organe, vor allem das spezielle Organ des Gehirns, zu unterscheiden. Bichat hatte in der *Anatomie générale* schon über die Ganglien des Sympathicus die Behauptung aufgestellt, sie bildeten eigene Nervenzentren, die in ihrer Funktion von anderen kommunizierenden Systemen unabhängig seien. Aber ihm ging es wie Reil darum, Hallers Irritabilitätslehre weiterzuführen, wonach die Funktionen Bewegung und Empfindung im Nervensystem einander ausschließen. Er trennte das Gesamtnervensystem in das des Gehirns und der Ganglien auf. Gall dagegen beschreibt die graue Substanz als einheitliches Bauelement des ganzen, freilich polyfunktionalen Nervensystems.[47] Parallel dazu hatte Gall auch die traditionelle Auffassung des Rückenmarks als einer Verlängerung des Gehirns zurückgewiesen. Das Rückenmark hat nach Gall mit dem Gehirn keine andere Ähnlichkeit als mit dem Vegetativum: die nämlich, anatomischer

---

45 Gall, Spurzheim: Recherches (Anm. 36), Section I, S. 19f.
46 Diese Formulierung ist zitiert aus Gall, Spurzheim: Anatomie und Physiologie des Nervensystems im allgemeinen und des Gehirns insbesondere, Bd. 1 (in 2 Teilen), Paris 1810 (dem nicht weiter geführten Beginn einer deutschen Übersetzung von »Anatomie et physiologie«), Vorwort, S. L. – Zur Sektion vgl. auch Lanteri-Laura, Histoire de la phrénologie (Anm. 34), S. 77f.
47 Zu Bichat vgl. Gall, Spurzheim: Recherches (Anm. 36), S. 67; und: Anatomie et physiologie (Anm. 36), Bd. 1, S. 44.

Ort eines System von Nervensystemen zu sein.[48] Es gibt also einerseits die Vielfalt der anatomischen Merkmale und der physiologischen Funktionsweisen der Nerven, weit über die drei Teile hinaus; andererseits eine erste Einheitlichkeit des Baus in allen drei Bereichen des Nervensystems und so auch im Gehirn. Diese erste Einheitlichkeit, Bichats Nervenzentren ähnlich, geht Differenzen wie vegetativ/animal und Reiz/Empfindung voraus. Sie liegt im Bau und in der Grundfunktion der grauen Substanz, die sie zur »Matrix« der Nerven macht. Von diesen Ansammlungen oder Ballungen einer grauen, manchmal eher grünlichen oder eher weißlichen Substanz sagt Gall, in ungewöhnlich amplifizierender Diktion, daß sie die Nerven nährt, sie stärkt, ihre Funktionsweise verändert und ihr Ursprung genannt werden kann.[49] In der Lehre von der grauen Substanz ist die Einheit von Anatomie und Physiologie und tendenziell die von psychophysischer und anatomisch-physiologischer Organologie angelegt. Zu diesen Nervenmatrizen, also -müttern, des Gehirns ging Galls Darstellung der Kontingenzen menschlichen Verhaltens. Der Aufweis der Matrizen löste den Versuch ein, Ganzheit und lokalisierbare Stelle zusammenzudenken.

Um die Einheit der beiden organologischen Fragen zu praktizieren, hatte Gall nur das antiquierte Mittel der Zeichendeutung. Er las die Protuberanzen des Schädelknochens wie physiognomische Gestaltzeichen für Stärke oder Schwäche, Regelhaftigkeit oder Abnormität der einzelnen den Knochen formenden Organe auf der Hirnrinde. E. Lesky hat darauf hingewiesen, daß sich an dieser Stelle in Galls Schriften eine zukünftige Wissenschaft abzeichne, die hier noch keinen Namen habe: vergleichende Verhaltensforschung.[50] Man darf aber die Grenze nicht übersehen, die für Gall streng galt: seine Interventionsmittel gegenüber dem Menschen und seinem Körper sind die Beobachtung, die Sammlung, die Modellierung und die Präparation, aber keinesfalls das Experiment.[51] Die totalisierende Darstellung des Menschen

---

48 Gall, Spurzheim: Anatomie et physiologie (Anm. 36), Bd. 1, S. 47–58.
49 Die komprimierte Formulierung der These: Gall, Spurzheim: Recherches (Anm. 36), S. 136f. und Résumé.
50 Auf Ansätze vergleichender Verhaltensforschung bei Gall hat Lesky nachdrücklich hingewiesen (Franz Joseph Gall [Anm. 43], S. 23f.).
51 Lanteri-Laura sieht darin (in der Art der Canguilhem-Schule) eine historische Bedeutungsverschiebung von ›Physiologie‹: Danach bezeichnet ›Physiologie‹ seit der Mitte des 19. Jahrhunderts die mit experimentellen Methoden gestützte Funktionsuntersuchung an Lebewesen; Gall bleibe aber im semantischen Raum des 18. Jahrhunderts, wenn er ›Physiologie‹ Funktionsuntersuchungen in einem weiteren Sinne nenne, ohne spezifische Rücksicht auf die Untersuchungsmethode (Histoire de la phrénologie [Anm. 34], S. 45f.). – Young zeigt, daß in der Polemik zwischen Gall und Pierre Flourens in den 30er Jahren die Frage des Experiments zentral war (Mind, Brain, and Adaptation [Anm. 34], S. 37–53).
Man sieht die Belastung des Worts bei Moritz. Im Programm zur »Jubelfeier des Werderschen Gymnasiums« spricht er von »Aussichten zu einer Experimentalseelenlehre«, merkt aber an: »Freilich hält sich der Mensch für zu wichtig, an dem Menschen selber moralische Experimente zu machen; aber es kömmt ja hier nicht auf den Namen sondern auf die Sache an.« Im »Deutschen Magazin« heißt der Terminus dann kurz danach »Erfahrungs Seelenkunde«. (Moritz, Vorschlag [Anm. 2], Umarb. von: Aussichten zu einer Experimentalseelenlehre, zit. S. 88.)

bleibt ein, in Demonstrationsvorführungen und Texten präsentiertes, Bild lokaler Organe.

III.

Als Lichtenberg sagte, daß die Zeichen der Physiognomik im Leben wirksam, im Buch dagegen bloß wiederholbar sind, schien er, in der Gegenüberstellung zur ›Physik‹, vorauszusetzen, es gebe in Hinsicht auf Menschen weder Experiment noch Kalkül. Nun hatte er in der Programmschrift zum Antritt der Göttinger Professur 1770 über *Berechnung der Wahrscheinlichkeit beim Spiel* gehandelt (wahrscheinlich hat er zehn Jahre später vor der Göttinger Sozietät der Wissenschaften noch einmal dazu vorgetragen).[52] Werden beim Spiel nicht Menschen, genauer: Entscheidungen von Menschen dem Experiment der Nichtgewißheit unterzogen? Fragen läßt sich auch: Als Lichtenberg noch »einigen Grund« zur Physiognomik als einer Wissenschaft legen wollte, schien ihm geboten – wie Lavater es als Training lehrte und Gall es praktizierte –, »die größten Männer, die Gefängnisse und die Tollhäuser durch[zu]sehen«.[53] Wird man die beobachteten Erscheinungen nicht abzählen und mitteln wollen (Lichtenberg spricht von »3 Grundfarben, durch deren Mischung gemeiniglich die übrigen entstehen«)? Liegt es nicht nahe, Wahrscheinlichkeit und Menschenzählen zusammenzubringen und einen Raum zu definieren, in dem sich das Ganze menschlicher Zufallsereignisse anordnen läßt? Lichtenberg wird weder in der Programmschrift, noch je sonst die Wahrscheinlichkeit (hinsichtlich des Menschen) und die Menschen (die man zählt) aufeinander beziehen. Damit folgt er der im 18. Jahrhundert herrschenden Übung. Die Grenze, die Galls Unternehmen von Flourens und der Physiologie der zweiten Hälfte des 19. Jahrhunderts trennte, wird hier thematisch. Lichtenberg geht in seiner Schrift genau an die Grenze dieses Ungedachten.

Lichtenbergs Antrittsprogramm behandelte das Problem, das im 18. Jahrhundert als Beispiel einer besonderen mathematischen Schwierigkeit in der Analyse von Spielen galt. Heute erscheint es als Exempel für die Frage: was heißt es, mathematische Kalküle auf Menschen anzuwenden? (Man nannte es das Petersburger Problem, weil die erste Lösung, diejenige Daniel Bernoullis, 1738 von der Petersburger Akademie der Wissenschaften veröffentlicht wurde.)

Das war die Aufgabe, die Niklaus Bernoulli stellte[54]: Peter wirft eine Münze in die Höhe. Erscheint Kopf beim 1. Wurf, gibt Paul ihm 1 Dukaten, erscheint

---

52 Weiterhin wichtig: Paul Hahn: G. C. Lichtenberg und die exakten Wissenschaften. Materialien zu seiner Biographie, Göttingen 1927.
53 Lichtenberg: Sudelbücher I/1 (Anm. 23), A 4, S. 9.
54 Hierzu und zu weiteren Lösungen vgl. die grundlegende Diskussion bei Gérard Jorland: The St. Petersburg Paradox (1713–1937). In: Lorenz Krüger u. a. (Hgg.): The Probabilistic Revolution. Cambridge 1971, S. 157–190.

Kopf beim 2. Mal, gibt er 2 Dukaten, erscheint Kopf beim 3. Mal, dann 4 Dukaten usw., so daß Peters Gewinn, wenn Kopf beim n-ten Mal erscheint, 2^{n-1} beträgt. Wendet man den von Pascal, in seiner Diskussion mit Fermat entwikkelten, Kalkül der Wahrscheinlichkeit der Gewinnhoffnung oder -erwartung an[55], ergibt sich für Peters mathematische Hoffnung der Wert:

$$E = 1/2(1) + 1/4(2) + 1/8(4) + \ldots 1/2^n(2^{n-1}) \ldots$$

Nach der – ebenfalls schon bei Pascal eingeführten – Regel gerechter Chancenverteilung muß Peter den Wert seiner Gewinnhoffnung als Spieleinsatz erlegen. Die Formel zeigt die Erwartung eines Gewinns, der gleich unendlich zu setzen ist, da es die zwar sehr kleine, aber endliche Wahrscheinlichkeit gibt, daß Kopf erst beim n-ten Mal erscheint. Die Chancengerechtigkeit fordert darum von Peter, einen unendlichen Betrag von Dukaten einzusetzen. Anders aber als beim Spiel um die Seligkeit, die mit ihrem unendlichen Gewinn- oder Verlustwert den Nichtgläubigen in seiner Ungewißheit in die Situation des Spiels zwingt, muß Jakob Bernoulli es moralisch evident nennen, daß im Spiel um Geld niemand den als billig errechneten unendlichen Betrag einsetzt. Woher, fragt er, der Widerspruch zwischen dem Kalkül, der doch die ratio des Urteils am reinsten darstellt, und der Intuition des Urteils?

Zu fragen ist, warum man im 18. Jahrhundert darin ein Paradox sah.[56] In Niklaus Bernoullis Aufgabe ein Paradox sehen heißt: davon auszugehen, daß die Problematik des Problems mathematischer Art ist, sich nicht auf einer anderen Typenebene löst. Das zeigen deutlich die vorgeschlagenen Antworten (von denen hier nur die beiden extremen zu nennen sind, die auch in Lichtenbergs Diskussion die größte Rolle spielen): Daniel Bernoulli modifizierte den »Wert einer Gewinnhoffnung« (valor expectationis, § 1) als Gegenstand des Wahrscheinlichkeitskalküls.[57] Die Annahme gleicher Voraussetzungen für beide Spieler sei die ratio der Entscheidung des Richters (des Dritten), nicht die des Spielers (des einen oder andern). Statt dessen führte Daniel Bernoulli den als Differential zu berechnenden »Vorteil« (emolumentum, § 5) ein, der das Verhältnis der Gewinnhoffnung und damit: des zu erlegenden Einsatzes zur spezifischen finanziellen Lage eines Spielers berücksichtigt. Dadurch wird die Gewinnhoffnung endlich, und Peters Einsatz kann neu festgesetzt werden. Anders antwortete d'Alembert[58], der vielmehr die Voraussetzung des Kalküls selber in Frage stellte. Für ihn ist es Mißbrauch des Wahrscheinlichkeitsbegriffs zu sagen,

---

55 Dazu: Lorraine Daston: Classical Probability in the Enlightenment. Princeton 1988, S. 15–17.
56 Vgl. Daston: Classical Probability (Anm. 55), S. 49–111.
57 Daniel Bernoulli: Specimen theoriae novae de mensura sortis. In: Werke. Bd. 2. Hg. D. Speiser (= Die gesammelten Werke der Mathematiker und Physiker der Familie Bernoulli. Hg. von der Naturforschenden Gesellschaft in Basel), bearb. u. kommentiert von L. P. Bouckaert u. B. L. van der Waerden, S. 223–234; dt.: Die Grundlage der modernen Wertlehre: Daniel Bernoulli, Versuch einer neuen Theorie der Wertbestimmung von Glücksfällen. Übers. u. erl. A. Pringsheim, eingel. L. Fick. Leipzig 1896.
58 Jean-le-Rond D'Alembert: Doutes et questions sur le calcul des probabilités. In: Ders.: Œuvres complètes, Bd. 1 (o. O., o. J.), Nachdruck Genf 1967, S. 451–466.

daß der Wert der Wahrscheinlichkeit dafür, daß Kopf beim n-ten Wurf erscheint, bei steigend großem n endlich bleibe. D'Alembert erprobte verschiedene Konzepte für strukturierte Mengen natürlicher Ursachen, die dafür verantwortlich seien, daß eine makellose Münze auf die eine oder die andere Seite zu fallen kommt. Er bildete Formeln aus, in denen die Menge der jeweils vorhandenen und durch ein Wurfereignis verbrauchten Ursachen dargestellt werden. Diese Formeln des ›physikalisch Möglichen‹ der Naturursachen unterminieren die Berechnung des ›mathematisch Möglichen‹ der moralischen Entscheidung mit Hilfe der bekannten Kalküle.

Entweder, so besagen diese beiden Außenpositionen, muß man zur Auflösung des Paradoxes mathematische Modifikationen einführen oder zugeben, daß die bisher vorgeschlagenen Kalküle grundsätzlich unzulänglich sind. Daß die Modifikation aber (mit dem ›Vorteil‹) auf den Spieler zielt und die Infragestellung (über die Ursachenmengen) auf die Naturordnung: darin sah man nicht sich spezialisierende Anwendungsprobleme.[59] Das Kalkül stellte das iudicium, den Vernunftgebrauch, zugleich rein *und* anwendungsbezogen dar. Es gibt, unter der Voraussetzung der geistigen Gesundheit von Peter und Paul, keinen Unterschied zwischen Anwendung und Allgemeinheit, weil es um die Theorie eben der Vernunftanwendung, das Urteil, geht.

Lichtenberg fügt keine neue Lösung hinzu, er nimmt nicht einmal wirklich Stellung zu den vorangegangenen. Er klärt im Zusammenhang des Petersburger Problems – das damit aufhört im strikten Sinne paradox zu sein – die Darstellungsform des Kalküls. Man erkennt in dem, was er mit dem neuen Ausdruck »angewandte[] Mathematik« (nicht mehr moralische oder politische Mathematik) nennt, die Kontur der ›Physik‹ aus der Gegenüberstellung Physik/Physiognomik: Der Mathematiker

»findet nicht selten bei der Anwendung seiner Schlüsse auf die Natur, merkliche Abweichungen von dem, was er nach seiner Rechnung hätte erwarten sollen.«

Der Grund ist: er

»abstrahiert sich von dieser Welt eine eigne, von welcher er die Gesetzbücher gleichsam selbst in Händen hat; keine Kraft kann in derselben würken, ehe er sie selbst hinein legt; er weiß was überall geschieht, und aus seinen Formeln liest er Weissagungen ab [...].«[60]

So kann Lichtenberg sagen, daß Daniel Bernoulli als Mathematiker Recht hatte und in d'Alemberts Gegenrede doch das Problem der Anwendung erscheint. Doch Anwendung worauf? Lichtenberg spricht von »Anwendung in sich wah-

---

59 Im 19. Jahrhundert scheint es leicht zu sehen, daß Daniel Bernoulli mit dem emolumentum nicht die bessere Formel gefunden, sondern einen anthropologischen Typus konstruiert hatte: den homo oeconomicus der Werttheorie (vgl. z.B. das Vorwort Ficks und die Kommentierung Pringsheims in der in Anm. 57 zit. deutschen Übersetzung).
60 Georg Christoph Lichtenberg: Betrachtungen über einige Methoden, eine gewisse Schwierigkeit in der Berechnung der Wahrscheinlichkeit beim Spiel zu heben. In: Ders.: SuB, Bd. 3, S. 9–23, hier: S. 9.

rer Sätze auf die würkliche Welt und die Gesellschaft«.[61] Was hier gesellschaftliche Applikation heißt, ist einfach das Faktum, daß niemand unendlich viel Geld hat und darum auch nicht setzen kann (was schon Cramer alternativ zu Daniel Bernoulli vorgebracht hatte). Wichtiger sind d'Alemberts (dann Béguelins) Fragen nach Wiederholung oder Abwechslung in der Folge der Würfe, die das Kalkül der mathematischen Hoffnung nicht berücksichtige. Von Pascal bis Daniel Bernoulli war vorausgesetzt, daß Wahrscheinlichkeit Grad der Un/Sicherheit beim Urteil bzw. der Gewinnhoffnung hieß. In der Frage der Zufallsverteilung geht es aber um einen mathematischen Raum für Ereigniswahrscheinlichkeit. Lichtenberg umschreibt ihn durch Rechnung und Experiment des Zufallsereignisses: Er berechnet die Kombinatorik bei Serien von 20 Würfen und tabelliert; und er tabelliert das Ergebnis eines Versuchs, in dem er 12 dieser 20er Serien durchführt. Weil in diesem Fall nur zwei Ereignisse definiert sind – Wiederholung oder Abwechslung, die er mit Leibniz' 01-Dyade notiert –, muß Bernoullis Formel, schließt Lichtenberg, nicht eingeschränkt werden.

Als Lichtenberg die Frage einer angewandten Mathematik bis zu diesem Punkt führte, bestätigte er freilich gerade die tiefere Voraussetzung dafür, daß das 18. Jahrhundert den ›Realitätsgehalt‹ des Wahrscheinlichen immer wieder im Petersburger Problem diskutiert hatte. Zwar zeigt Lichtenberg, daß das Problem nicht in der mathematischen Struktur, sondern in der Anwendung liegt und daß es in jener ›wirklichen Welt‹ haust, in der Ereignisse vorkommen. Mit dieser wirklichen Welt sind aber allein Dinge in der ›Natur‹ gemeint – der Würfelfall –, nicht Menschen – die sich so oder so verhalten. Darin kommt der Grund für die scheinbare Blindheit der Bernoullis und ihrer Nachfolger hervor. Sie hatten die Berechnung der Wahrscheinlichkeit immer auf die Subjektivität des Menschen, auf das Urteil, bezogen gedacht, nicht auf die Wahrscheinlichkeit von kontingenten Menschen-Ereignissen.

Quételets Behauptung, er erst habe zu Beginn des 19. Jahrhunderts die Wahrscheinlichkeitstheorie auf die Statistik, die Buchung der Menschen-Ereignisse, angewandt, trifft zumindest mit dem Selbstverständnis der (juristisch-ökonomischen) Moral-Mathematiker des 18. Jahrhunderts zusammen.

Man muß jenseits der Grenze des Ungedachten die andere Hälfte des Zusammenhanges aufsuchen, den Quételet erst im 19. Jahrhundert aussprechen wird. Denn gerade daß im 18. Jahrhundert Urteilswahrscheinlichkeit und Ereigniswahrscheinlichkeit im Hinblick auf Menschen getrennt bleiben, entspricht der Begrenztheit von Galls nichtexperimenteller Lokalisation.

Kant eröffnet 1784 in der *Idee zu einer allgemeinen Geschichte in weltbürgerlicher Absicht*, von der Kritik der praktischen Vernunft aus, den Blick auf die Grenze einer statistischen Wahrscheinlichkeitsrechnung. In Kants Kritik wird und bleibt offen, ob eine solche Mathematik zu denken ist oder nicht. Die Freiheit des moralischen Subjekts verbietet sie; doch sehen statistische Zahlen wie wahrscheinlichkeitstheoretisch gerechnete Werte aus, wenn man vom

---

61 Lichtenberg: Wahrscheinlichkeit (Anm. 60), S. 10.

Zweck und Ganzen höherer Einheiten – von Gattung und Geschichte – auf Menschen zurückblickt.

»Die Geschichte [...] läßt [...] von sich hoffen: daß, wenn sie das Spiel der Freiheit des menschlichen Willens im G r o ß e n betrachtet, sie einen regelmäßigen Gang derselben entdecken könne [...]. So scheinen die Ehen, die daher kommenden Geburten und das Sterben, da der freie Wille der Menschen auf sie so großen Einfluß hat, keiner Regel unterworfen zu sein, nach welcher man die Zahl derselben zum voraus durch Rechnung bestimmen könne; und doch beweisen die jährlichen Tafeln derselben in großen Ländern, daß sie eben so wohl nach beständigen Naturgesetzen geschehen, als die so unbeständigen Witterungen, deren Eräugniß man einzeln nicht vorher bestimmen kann, die aber im Ganzen nicht ermangeln, den Wachsthum der Pflanzen, den Lauf der Ströme und andere Naturanstalten in einem gleichförmigen, ununterbrochenen Gange zu erhalten.«[62]

In der hypothetischen Gerechnetheit der Erscheinungen (deren nichtrechenbares »Ereignis« von der Naturseite her in die Analogie zwischen Natur und Moral eintritt) verhält sich das statistische Register zum Geschichtszweck wie die Meteorologie zum Naturzweck. Das Kalkül der Erscheinungen fällt in den Bereich des Als-ob der Kritik des teleologischen Urteils.

Kants kritische Figur ist dem Stand der mathematischen Statistik kongruent. Wirklich hatte man moralstatistische ›Ereignisse‹ bisher nur rudimentär und regional der Rechnung ausgesetzt. So zeigt es die Arbeit Johann Peter Süßmilchs, an die Kant bei seiner Formulierung sicher erinnern wollte. Süßmilch erweist mit statistischen Tabellen und dogmatischen Kommentaren, dem Titel seines seit 1741 erscheinenden Hauptwerks gemäß, die »göttliche Ordnung in den Veränderungen des menschlichen Geschlechts, aus der Geburt, dem Tode und der Fortpflanzung desselben«. Die Berechnung z. B. von Mittelwerten verwendet er dabei nur, um etwa Beglücken zu schließen. So geht er vom gemittelten Verhältnis der in einem Jahr Gestorbenen zur Gesamtbevölkerung aus, um Bevölkerungszahlen auch dort anzugeben, wo er keine staatlichen Erhebungen, wohl aber die Sterberegister der Pfarren zur Verfügung hat. Oder er errechnet Mittelwerte aus den Geburten bzw. der Zahl der Häuser einer Stadt für Jahreszyklen, die ihm zum Aufweis der »Veränderungen« sinnvoll erscheinen (für vier Jahre, die zwischen zwei Kriegen liegen; für zwei Jahre, die zwischen der Eröffnung eines neuen Registers und einer Pest liegen usw.).[63] Statistik ist bei Süßmilch nicht mehr einfache Staatsbeschreibung, sondern Demonstration einer Ordnung. Berechnen heißt: den Menschen-Kontingenzen die Ordnung des Ganzen nachweisen. Zunächst die göttliche Ordnung, die das Menschengeschlecht und die Universalgeschichte der »Veränderungen« zum Gegenstand hat. Der Gestus des Ordnungsaufweises bleibt aber auch, wenn

---

62 Immanuel Kant: Idee zu einer allgemeinen Geschichte in weltbürgerlicher Absicht. In: Ders.: Gesammelte Schriften. Hg. von der Königlich Preußischen Akademie der Wissenschaften. 1. Abt., 8. Bd. Berlin, Leipzig 1923 (Neudruck), S. 15–31, zit.: S. 17.
63 Johann Peter Süßmilch: Die göttliche Ordnung in den Veränderungen des menschlichen Geschlechts, aus der Geburt, dem Tode und der Fortpflanzung desselben erwiesen. 3 Teile (3. verb. Aufl. 1765). Göttingen 1988 (Nachdruck).

Süßmilchs Gegenstand Bevölkerung und Staat sind. Es geht dann um den staatlichen Heilsplan des Wachstums. So legte er 1749 der Akademie der Wissenschaften den ›Beweis‹ über das »schnelle[] Wachsthum« Berlins in den letzten fünfzig Jahren vor.[64] Die Berlin-Schrift führt den Ordnungsbeweis ausdrücklich in *zwei* Abhandlungen: in der – wo nötig durch Wahrscheinlichkeitsrechung ergänzten – Statistik und in der historischen Erzählung. Um die Kritik dieses Verhältnisses geht es Kant in der *Idee zu einer allgemeinen Geschichte*. Solange es, in Süßmilchs doppelter Schrift oder in Kants kritischer Theorie dieser Dualität, um einen historischen Beweis bzw. seine Möglichkeit geht, deuten Urteil und Ereigniswahrscheinlichkeit zwar aufeinander hin, bleiben aber strikt getrennt. Solange kann oder darf Statistik nicht durchgehend mathematisiert werden.

Das geschieht erst in der administrativ konzipierten und intervenierenden Statistik. Erst im veröffentlichten Plan staatlicher Fürsorge kommen die Wahrscheinlichkeit der Ereignisse und die des Urteils zusammen. In der Statistikgeschichte gilt die Verwaltung des Napoleonischen Staates als die erste, die statistisches Material öffentlich machte und zur Herstellung von Öffentlichkeit nutzte.[65] Dieser Administration hatte Gall im übrigen, wohlüberlegt wenn auch erfolglos, die Organologie als (mit Foucaults Wort) biopolitische Theorie angetragen.

Der belgische Astronom und Statistiker Adolphe L. Quételet hat sich die Anwendung der Wahrscheinlichkeitstheorie auf die Bevölkerungsstatistik zugeschrieben. Er formulierte das in einem organologischen System aus, dessen Hauptstück der Staat und dessen Ziel Zivilisation im weltgeschichtlichen Maßstab war. Das System Quételets setzte zweierlei voraus: Das eine – die Tradition der Statistik – nannte er »soziale Physik«.[66] Sie konzipiert das »fiktive Wesen«[67], den Durchschnittsmenschen, der die Metapher aller Mittelwerte von Menschen-Ereignissen ist (der anthropometrischen Maße, der Lebensdauer, des Heiratsalters usw.). Ferner gibt sie die Ober- und Untergrenzen an, zwischen denen die vorkommenden individuellen Körper und Existenzen vom Durchschnittsmenschen abweichen. Die zweite Voraussetzung des Systems ist die Wahrscheinlichkeitsrechnung in ihrer Anwendung auf Moral und Politik. Hier geht es darum, das Spiel der einzelnen Abweichungen, der Ober- und Untergrenzen, nach ihrer Gesetzmäßigkeit zu untersuchen. Das ist das Gesetz der akzidentellen Ursachen: wenn man über ausreichendes statistisches Material für die Bestimmung von Mittelwert und Grenzen verfügt, kann man angeben, wie sich z. B. hinsichtlich der Größe ein bestimmtes Segment einer gege-

---

64 Johann Peter Süßmilch: Der Königl[ichen] Residenz Berlin schneller Wachsthum und Erbauung. In zweyen Abhandlungen erwiesen von [J. P. H.]. Berlin 1752.
65 Vgl. Ian Hacking: The Taming of the Chance. Cambridge 1990, S. 16–34.
66 Adolphe Lambert Quételet: Soziale Physik oder Abhandlung über die Entwicklung der Fähigkeiten des Menschen. Übers. V. Dorn, eingel. H. Waentig. 2 Bde. Jena 1914–1921.
67 Quételet: Du système social (Anm. 6), S. 13f.

benen Bevölkerung um den nationalen Mittelwert verteilt. Mit diesem zweiten Schritt, dem Gesetz der Zufallsursachen, ist benannt, was Lichtenberg offenbar nicht denken konnte und Kant hintanhielt: die Mathematik des Menschen->Ereignisses<.[68] Bezirk dieser Ereignisse ist nun, in einer Art Umdrehung des tradierten Zusammenhangs von Statistik und Staatsgeschichte, die Fläche des Schnitts durch die Entwicklungsgeschichte der Nation (»das Leben dieses großen Körpers«).[69] Zum System fügte Quételet seine Arbeiten, als er den statistischen Rahmen für das individuelle Spiel der Ereigniswahrscheinlichkeiten in eine geschichtsphilosophische Spekulation spannte. Der Gang der Zivilisationsgeschichte ist, bei konstanten Mittelwerten, die stetige Verengung der Ober- und Untergrenzen. Der Spielraum der Ereignisse wird menschheitsgeschichtlich immer enger. Der Mittelwert wird gesellschaftlich Sein, das verwaltete Sein der Gesellschaft.[70] Gesellschaft ist der Name eines Subjekts, das die Ganzheit des Verhaltens, Daseins und Handelns von Menschenobjekten darstellt.

IV.

Es gibt einen Hinweis darauf, daß, wenn die für Bernoulli und Lichtenberg, Süßmilch und Kant gültige Grenze zwischen Urteils- und Ereigniswahrscheinlichkeit überschritten ist, auch die Homologie zwischen Lokalisation und Berechnung, zwischen Organizismus und Kalkül sichtbar werden kann.

Wo Quételet die statistisch-mathematische Darstellung des moralischen Menschen in sein soziales System einführt, kommt es ihm keineswegs in den Sinn, auf die wahrscheinlichkeitstheoretischen Vorläufer des 18. Jahrhunderts hinzuweisen. Er setzt vielmehr bei Gall an:

»Man ist im Allgemeinen von der Vorstellung ausgegangen, unsere moralischen und intellektuellen Eigenschaften stünden in direktem Verhältnis mit bestimmten Organen, die ihnen offenbar als Sitz (siège) oder Übersetzer (interprète) dienen. Man muß sagen, daß sich zahlreiche Tatsachen zugunsten dieser Hypothese anführen lassen. [...] Die Arbeiten Galls und der Physiologen seiner Schule werden, sieht man von den Einwürfen ab, die die Versprechen der Phrenologen erregen können, ewig Bestand haben als wissenschaftliches Monument von völlig unangreifbarem Wert.«[71]

Quételet stellt einer als phantastisch abgelehnten Schädeldeutung nicht (wie das zu Lebzeiten Galls oft der Fall ist) den Anatomen, sondern den Physiolo-

---

68 Die Skizze folgt Quételets Selbstinterpretation im Vorwort zu: Du système social (Anm. 6), S. VIII.
69 Zitiert: Quételet: Du système social (Anm. 6), S. XII. Vgl. zum Zusammenhang: Adolphe Lambert Quételet: Lettres sur la théorie des probabilités. Brüssel 1846, S. 260 und Teil IV »De la statistique« passim.
70 Quételet, Du système social (Anm. 6), S. 28 und 252–256.
71 Quételet, Du système social (Anm. 6), S. 60f. Dasselbe sagt Quételet hinsichtlich der intellektuellen Eigenschaften des Menschen: die Statistik übernehme den Beweis, den Galls Gehirnlokalisation einstweilen noch nicht führen könne (S. 123).

gen Gall gegenüber. Und offenbar gilt ihm die Gehirnlokalisation als Unternehmung des *Physiologen* Gall (was die Kommission des Institut de France 1808 so heftig bestritten hatte). Das Gewicht der Passage ist nicht zu überschätzen. Nach Gall nennt Quételet mit sinkender Zustimmung als körper- und gestaltgestützte Äquivalente wahrscheinlichkeitstheoretischer Moralstatistik: Petrus Camper, Lavater und zuletzt (einen als Literaten qualifizierten) Buffon.[72] Physiologie und Naturgeschichte gelten Quételet (für den Individualmensch, Nation und Menschheit Metamorphosen organischer Gebilde waren)[73] überhaupt als Einführung und Pendant zu seinem statistisch-probabilistischen Projekt. In dieser Funktion der Einführung und Parallele steht die Gehirnlokalisation Galls deutlich an erster Stelle. Was Quételet als statistischen Ersatz der noch unvollendeten physiologischen Lokalisationen anbietet, ist die Moralstatistik des 18. Jahrhunderts über Heiraten und Verbrechen und Selbstmorde, ergänzt um das Wahrscheinlichkeitskalkül, das den Individualfällen ihr Gesetz gibt. Womit zum ersten Mal in der Systemschrift Quételets es nötig wird, das Gesetz der großen Zahl anzurufen (»Die Willensfreiheit des Menschen verschwindet und bleibt ohne merkliche Wirkung, wenn die Beobachtungen sich auf eine große Anzahl von Individuen erstreckt«).[74] Das Ganze des Menschen, das sich in den Lokalen seines Gehirns darstellt, schien Quételet mit der statistischen Wahrscheinlichkeit zusammenzugehören, in dem sich der Gesellschaftskörper darstellt. Ihm war strenger Organizismus mathematischer Positivismus.

Das tertium von Lokalisation und statistischer Wahrscheinlichkeit wäre Gegenstand einer anderen Untersuchung, die jenseits der Darstellung durch Sprache topographische Punktbestimmungen vorführte. Im Zeitraum, der hier zur Untersuchung stand, bilden ein tertium wohl nur die ›Augen‹ der In/Okulation: Es gibt einmal die *Stellen* der Pockenimpfungen. Wahrscheinlichkeitstheoretiker von Bernoulli über d'Alembert bis Diderot berechneten die mathematische Hoffnung der Inokulation: wie wahrscheinlich ist der Tod mit, wie wahrscheinlich ohne die Pockenimpfung? Dann gibt es die *Stellen* der Pfropfung. Am Ende des *Mémoire*, nachdem er Goethes Morphologie der Pflanzen angerufen hat, vergleicht Gall das Nervensystem mit einem Baum; er behauptet, die Gesetze des Nerven- und des Pflanzenaufbaus seien gleichförmig. Freilich führt er zusätzlich die Pfropfung des Baums in seinen Vergleich ein, um ihn zu dem entscheidenden Ende zu bringen, wo das Organ von Organen, das Ensemble lokaler Ganzheiten vorzustellen ist.[75] Mit der Pfropfung aber tritt ein äußerer Eingriff in die behauptete Gleichförmigkeit und macht sie zum rhetorischen Vergleich.

---

72 Quételet: Du système social (Anm. 6), S. 63. Zur Geschichte der Buffon-Einschätzung vgl. Lepenies: Das Ende der Naturgeschichte (Anm. 27), S. 131–168.
73 Was den Staat angeht, ist das besonders auffällig in: Quételet: Lettres (Anm. 69), 34. Brief.
74 Quételet: Du système social (Anm. 6), S. 70.
75 Gall: Recherches (Anm. 42), S. 138–140.

Magnetische Auftritte – ideologische Konflikte
Zur Problematik eines medizinischen Konzeptes im Zeitalter der Aufklärung

ANNELIESE EGO (Berlin)

Den Griechen der Antike war er bekannt und ebenso den Arabern des Mittelalters; in Hildegard von Bingens Rezeptsammlung findet er sich, Paracelsus setzte ihn präpariert und naturbelassen, pulverisiert und im Ganzen ein, Baptista van Helmont hatte ihn im Repertoire; Englische Ärzte schätzten und exportierten ihn ins Hannover'sche, Mitglieder der »Königlichen Societät der Wissenschaften« probierten und die *Göttingischen gelehrten Anzeigen* lobten ihn – den Magnetstein.

Altbewährt war das Heilmittel, weitreichend die Indikation, verschiedenartig die Praxis der Anwendung, und mehr noch differierten die seiner Wirksamkeit zugrundegelegten Erklärungen, sofern man sich einer solchen Herausforderung überhaupt stellte. Die Bereitschaft dazu hielt sich allerdings, als die Magnetkur im Jahre 1774 – diesmal von einem Medicus und einem Geistlichen in Wien – auf ein Neues propagiert wurde, in engen Grenzen. Wer den derzeit geltenden Grundkonsens der Aufgeklärten-Republik nicht sprengen wollte, beschränkte sich auf die Feststellung, daß der Magnetstein Eisen anziehe und, wie es schien, auch auf »thierische Körper« einige Wirkung ausübe. Weiter als bis zur Annahme, daß es sich in beiden Fällen um analoge Vorgänge handele, traute sich die Hypothesenbildung nicht mehr. Nach der Wirkursache wurde weder im einen noch im andern Fall gefragt. Man war theorieabstinent geworden; hatte doch die Vergangenheit hinreichend gezeigt, daß jeder Versuch, vom konkret Beobachteten zum Prinzip, von der wahrnehmbaren Repulsion und Attraktion der Magnete zum Wesen des Magnetismus vorzudringen in den Bereich des Mystisch-Magischen mündete.

Und es konnte nicht anders sein. Jeder Erklärungsversuch lenkte erstens wieder auf »okkulte Qualitäten« (mit welchen Begriffen man diesen Rückfall auch immer zu umgehen suchte) und verlangte zweitens die Konstruktion eines Zusammenhangs zwischen Beweger und Bewegtem, dem Magnetstein und dem Eisen. Das Vermittelnde mochte immateriell oder materiell vorgestellt werden – imponderabel war es immer.

Die Konflikte um die Magnetopathie und ihre theoretische Grundlegung darzustellen; das phasenweise Auftreten der Magnetismus- und verwandter Moden nachzuzeichnen; die Motive der Magnetophilen und insbesondere die ihrer Gegner, der Magnetophoben, sowie das Eingebundensein ihres jeweiligen Engagements in jenseits des Heilmagnetismus angesiedelten Interessenbereichen deutlich zu machen; ist das Anliegen des folgenden Beitrags.

Um das Konfliktpotential in seinem Gewordensein nachvollziehen zu können, ist es nötig, vor das 18. Jahrhundert auszugreifen, und die Schwierigkeiten, vor die sich die Philosophen, besonders die Mechanizisten unter ihnen, angesichts einiger schwer erklärbarer Phänomene gestellt sahen, zumindest fragmentarisch in die Darstellung einzubeziehen. Vor allem aber ist es geboten, einen Blick zurück auf die Paracelsisten und die Probleme, die man ihnen und die sie anderen bereiteten, zu werfen – denn das, was sich da im Jahrhundert der Aufklärung, insbesondere seiner zweiten Hälfte, zeigte und ihm seine zeitweiligen Aufgeregtheiten besorgte, waren paracelsische Renaissancen nicht nur hinsichtlich gewisser magischer Praktiken, sondern auch in epistemologischer Hinsicht: Den Erkenntnisdrang zügeln, ihn innerhalb der Grenzen des Phänomenalen halten zu wollen, war ein zum Scheitern verurteiltes Unterfangen. Auch das lehrte bereits Paracelsus:

> »Die alten scribenten sagen, der magnet zeucht eisen, stahel an sich. und ist war, es bedarf keines scribenten nicht, es sichts ein ietlicher baurenknecht. nun aber ist mein motif, obs allein genug an dem sei, oder ob etwas mehr do sei, das der baurenknecht nicht sicht?«[1]

Eben diese Frage war es, die Hohenheim und manch anderen nach ihm bewegte. Statt der Autoritäten bemühte er die »experienz«; und die zeigte, daß die Anziehungskraft des Magneten sich durchaus nicht auf Eisen und Stahl beschränkte, sondern z. B. auch alle martialischen, also marsbeeinflußten Krankheiten, einschloß. »Nun ist von nöten euch fürzuhalten was die martialisch krankheit seind. die seinds, die der magnet beweist, in dem er sie an sich zeucht wie stahel und eisen.«[2] Dieser gelunge Zirkelschluß weist auf ein über den Ferromagnetismus hinausgehendes, alle Körper – auch die Himmelskörper – einschließendes Prinzip hin. Es ist das Prinzip der allgemeinen Anziehung, bedingt durch einen hierarchisch verlaufenden Assimilationsprozeß der »spiritus«: der »spiritus vitae« ernährt sich vom »spiritus firmamente«, die Geiste der irdischen Lebewesen wiederum nehmen sich vom »spiritus vitae«, was sich brauchen, und ernähren ihrerseits damit die ihnen jeweils unterworfenen Körper. Ändert sich die Gestirnskonstellation und verstärkt oder verringert sich daher die himmlische Influenz, so kann dies entsprechend den dargelegten Abhängigkeitsverhältnissen für den menschlichen Leib nicht folgenlos bleiben – es kommt, bedingt durch die Über- oder Unterversorgung, zu einem Spiritus-Stau beziehungsweise Spiritus-Mangel, unter dem seine Gesundheit nun zu leiden hat.[3] Indes, ein Zuviel oder Zuwenig an »spiritus« ist nicht das einzige, was den Leib eines Menschen treffen kann, es gibt auch pathogenen

---

1 Paracelsus, Theophrast Bombast von Hohenheim: Von den kreften des magneten; in: Sämtliche Werke. Hg. v. Karl Sudhoff; Bd. 2; München und Berlin 1930 (Faksimile), S. 50.
2 Ebd.
3 Vgl. ders.: De viribus membrorum; in: *SW*; Bd. 3; S. 16f.

und heilenden »spiritus«, und zwar sowohl astraler als auch tierischer oder pflanzlicher Herkunft. Mithin – dies ergibt sich hieraus, liegt zumindest nahe – läßt sich ein je nach dem inspirierter Leib auch als Krankheitserreger oder eben als Medikament verwenden. Will man letzteres, so wird man »mumia« selbstverständlich nur aus dem Leichnam eines vordem Gesunden separieren und präparieren, eines solchen also, der eines unnatürlichen Todes gestorben ist. Wenn es sich zudem noch um einen konstellierten, einen von Sonne und Mond beschienenen, Leichnam handelt, wie man ihn im Gespießten, Gehängten, Gerädeten findet, dann besitzt die (Luft)Mumia ungeahnte Kräfte und Fähigkeiten. Es sind indes nicht nur Leichen, die sich mumifizieren lassen, man kann auch lebende Leiber, sogar Teile des eigenen Körpers ohne sich zu schädigen, in eine Mumia transmutieren. Solche Mumien werden oft im Dienste der Buhlschaft eingesetzt, auch dem Hausvieh werden sie eingegeben, damit es nicht entlaufe, dem Wild, damit es angezogen werde; Feinde kann man damit zu Freunden machen. Die Mumie hat also sympathetische Wirkung, läßt sich mithin auch als Medikament gebrauchen: verderbte Mumia des Erkrankten in den Körper eines Gesunden gebracht, bedeutet Genesung für den ersteren, Erkrankung für den letzteren. Es handelt sich um eine Art sympathetischer Transplantation, von Paracelsus »magnetische cur« genannt:

> »dan es ist zu wissen, das ein ieder mensch, der mit [...] suchten behaftet ist, mag dieselbige sucht, es sei gleich aussaz, franzosen, wassersucht, podagran und alles dergleichen zu einem eisen machen (magisch darvon zu reden) und ein lebendig corpus zu einem magischen magneten machen. und als balt der selbige magnet ein essenz aus dem eisen des verderbten mumia empfangen hat, hört er nicht auf an sich zu ziehen, so lang bis das eisen alles an sich zeucht und an sich bringt.«[4]

Es dürften zwar in erster Linie diese mumialen Kuren gewesen sein, die Anstoß erregten und Magnetopathen paracelsischer Provenienz in Verruf brachten; ihre Magnetkuren wurden jedoch auch aus anderen Gründen attackiert, und nicht nur seitens der Mechanizisten, die okkulte Qualitäten und Fernwirkung nicht mehr länger dulden wollten, sondern vor allem seitens der Theologen, denen die Annahme gottloser wie göttlicher spiritueller Influenzen Häresie war.

Eben diesem Konflikt mit der Kirche auszuweichen, genauer: ihn beizulegen, war das Anliegen des Paracelsisten Ioannis Baptista van Helmont, als er mit der Forderung, Sympathie von Zauberei und beides vom Magnetismus zu unterscheiden, 1621 in den zwischen dem Marburger Medicus Goclenius und dem Luxemburger Jesuiten Roberti ausgebrochenen Magnetismus-Streit eingriff.[5] Diese Einmischung verwickelte ihn selbst in einen zehn Jahre währenden Inquisitionsprozeß, ohne indes das Problem auch nur ansatzweise einer

---

4 Ders.: Von dem fleisch und mumia; in: *SW*; Bd. 13; S. 349.
5 Vgl. Ioannis Baptista van Helmont: Disputatio de Magnetica vulnerum naturali et legitima curatione ... Paris 1621, in: Ders.: Ortus Medicinae: o. O. 1648, S. 593–620. Der Streit wurde durch einen 1608 von Goclenius veröffentlichten Traktat (s. Anm. 6) ausgelöst, dessen vierter Auflage Jean Roberti eine Entgegnung folgen ließ (1618), und dauerte bis zum Jahre 1626.

Lösung nähergebracht zu haben. Seine Differenzierung half hier nicht weiter: mochte man das Phänomen im einen Fall Sympathie, im anderen Magnetismus und in einem dritten Zauberei heißen, es blieb jene, von Goclenius »communis attractio«[6] genannte, unbekannte Kraft, die zwar in verschiedenen Modifikationen auftrat, aber in allen Fällen in die Ferne wirkte. Wo aber der Vermittler fehlt, so die Mechanizisten, kann keine Wirkung sein; ist da doch eine, so die Theologen, kann sie nur satanischen Ursprungs sein. Und so wurde das magnetische Heilverfahren von beiden in den Bereich des Aberglaubens – das meint, in den Bereich des Nichtexistenten von den einen, in den der Iatrodämonologie von den anderen – verwiesen.

Jedoch, mochte man auch sympathetische und magnetische Kuren im allgemeinen und mumiale im besonderen zurückweisen, ihre Wirksamkeit bestreiten oder auf teuflisches Eingreifen zurückführen, die Existenz einer allgemein wirkenden kosmischen Kraft zu leugnen, hätte nicht nur bedeutet, gewisse Phänomene unerklärt zu lassen, sondern letztlich sogar das Vorhandensein dieser Phänomene überhaupt zu ignorieren: so die Gezeiten, den Heliotropismus, die Kohäsion oder Adhäsion fester und flüssiger Teilchen, ja den Fall und die Schwere selbst. Das Problem war nicht neu, und die Versuche einer theoretischen Lösung hatten ebenfalls bereits Tradition.

Wollte man eine »actio in distans« nicht zulassen, durften »motor« und »mobile« nicht getrennt bleiben: die im 14. und dann wieder Anfang des 16. Jahrhunderts favorisierte sogenannte Impetustheorie war so ein Vereinigungsversuch. Pierre Gassend (1592–1655) kombinierte sie zudem mit einem zuvor konfessionsverträglich gemachten Atomismus: er leerte zunächst den aufgrund der »fuga vacui« gefüllten Raum wieder und ließ daraufhin Gott nur so viele, mit Impetus begabte, Atome schaffen, daß ihnen noch Bewegungsspielraum blieb. Die Attraktion funktionierte nun so, daß der anziehende Körper einen Korpuskelstrom gleich einem Wasserstrahl aussandte, der sich dann beim Auftreffen auf den anzuziehenden Körper umbog und ihn wie ein Fangarm anklammerte. Je weiter die beiden voneinander entfernt waren, desto weniger Fangarme erreichten den anzuziehenden Körper, eben deshalb nahm die Anziehung mit zunehmender Entfernung ab. Für Descartes (1596–1650) und Huygens (1629–1695), Mechanizisten par excellence, waren inhärente Kräfte sowenig wie okkulte Qualitäten annehmbar. In Partikel zerteilte Materie verschiedener Feinheitsgrade und Bewegung waren die einzig zulässigen Erklärungsprinzipien für jedwede Erscheinung – auch die der Schwere. Beide füllten den Weltraum mit fluider, alles durchdringender Materie, die sich nach Descartes in zylinderförmigen, nach Huygens in kugelförmigen Wirbeln bewegte, wobei die durch die Zentrifugalbewegung herausgeschleuderten schweren Korpuskel in Richtung Erdmittelpunkt fielen.[7] Die Kontaktwirkung war damit gesichert, das eigentliche Problem aber nicht gelöst. Die »vis centrifuga«

---

6 Vgl. Rodolphus Goclenius: Tractatus de Magnetica Curatione Vulneris, citra ullam & superstitionem & dolorem & remedij applicationem ... 3. Aufl.; Marpurgi 1610, S. 17.
7 Vgl. E. J. Dijksterhuis: Die Mechanisierung des Weltbildes; Berlin, Göttingen, Heidelberg 1956, S. 479 f. und 512 ff.

war nicht weniger obskur als die »vis attrahendi« Gassendis oder sonst ein angenommener inwendiger Motor, und sie ließ zudem – da sie sowohl als Auslöser wie als Folge der Bewegung aufgefaßt werden konnte – die Frage nach der Ursache der Schwere weiterhin offen.

Daran änderte auch Newtons Formulierung des Gravitationsgesetzes nichts. Newton beschrieb, wie die Kraft wirkt, nicht was sie ist. Sie wurde zum Namen eines mathematischen Produktes, als physikalische Realität blieb sie weiterhin okkult. Und Newtons Entdeckung war auch nur akzeptabel, sofern man sich auf die bloße Beschreibung der Wirkungsweise dieser Schwerkraft verlegte und darauf verzichtete, sie ergründen zu wollen. Doch ging Newton selbst bereits darüber hinaus. Sein berühmter Satz: »Hypothesen ersinne ich nicht«[8] war weniger ein Vorsatz, als vielmehr Ausdruck der Resignation, nachdem er wechselweise spirituelle und materielle Vermittler eingeschaltet und sogar Fernwirkung zugelassen hatte.[9] Der Begründer der »klassischen Mechanik« sprengte den von der Mechanistik, die alle Erscheinungen auf Materie und Bewegung reduziert wissen wollte, gesetzten Rahmen und ebnete damit dem Animismus, Pantheismus, Vitalismus, der Begeisterung der Welt erneut den Weg. Mehr noch: dadurch, daß er die irdische Schwere, deren Radius ehedem nur bis zum Mond gereicht hatte, zu einer allgemeinen, mithin einer interplanetar wirkenden machte, gewährte er den Sternen wieder Einfluß und verhalf der Astrologie und Magie ein weiteres Mal zu unerwünschter Reputation. Die bereits überwunden geglaubte Einheit von sub- und translunarer Welt war wieder hergestellt, die kosmische Harmonie mathematisch nachgewiesen. Newtons Gravitationsgesetz war ein Ärgernis.

Bereits zu seiner Zeit und auch in der Folge zeigte sich: der Newtonismus zog den Siderismus hinter sich her. Neben anderen waren es insbesondere auch an epidemiologischen Fragestellungen interessierte Medici, denen Newtons Gravitationstheorie willkommen war. Schien sie doch – eben dadurch, daß sie Gestirnseinflüsse wieder zuließ – eine Erklärung für das annähernd periodisch wiederkehrende Auftreten von Seuchen an die Hand zu geben. So wurde z. B. in dem vom Iatromechanisten Richard Mead 1704 veröffentlichten Werk *De imperio solis ac lunae in corpora humana* die Anfang des 17. Jahrhunderts gängige These, wonach Gestirne (insbesondere Sonne und Mond), über die Atmosphäre vermittelt, Einfluß auf den menschlichen Körper haben, auf der Grundlage von Newtons Gravitationsgesetz erneut aktualisiert.[10] In der vermutlich kurz nach der Jahrhundertwende von einem Doktoranden Friedrich Hoffmanns verfaßten Inauguraldissertation *De siderum in corpora humana influxu medico* wird eine sowohl atmosphärisch vermittelte wie auch unmittelbar

---

8 Vgl. Isaac Newton: Philosophiae Naturalis Principia Mathematica; Amstaelodami 1714, S. 484: »Rationem vero harum Gravitatis proprietatum ex Phaenomenis nondum potui deducere, & Hypothesis non fingo.«
9 Vgl. dazu auch Gideon Freudenthal: Atom und Individuum im Zeitalter Newtons; Frankfurt 1982, S. 83 ff.
10 Vgl. dazu Anonym (Jean-Jacquet Paulet): Antimagnetismus oder Ursprung, Fortgang, Verfall, Erneuerung und Widerlegung des thierischen Magnetismus; 2. Aufl., Gera 1790, S. 53 ff.

astrale Einwirkung auf den menschlichen Organismus angenommen.[11] Der Hannoveraner Hofmedicus Werlhof suchte 1731 in seinen *Observationes de febribus* den Verlauf der Fieberperioden, ebenfalls auf der Basis der Gravitationstheorie, aus den Gestirnsbewegungen abzuleiten.[12] Nach ungefähr 20jähriger Unterbrechung, während der die Newtonismus-Mode zugunsten des Elektrizismus hatte zurücktreten und die allgemeine Gravitation ihre Funktion als Erklärungsmodell an die Weltelektrizität hatte abgeben müssen[13], nahm der Newtonismus Ende der 1750er Jahre erneut – diesmal für ein Jahrzehnt – den ersten Rang ein, und mit ihm wurden auch medizinische Beiträge zum Siderismus neu aufgelegt. 1761 veröffentlichte Albrecht Haller, der Begründer der Irritabilitätstheorie, einen Aufsatz, in dem er, wie gehabt, aus dem Gesetz der allgemein wirkenden Schwerkraft über die atmosphärische Luft vermittelte planetare Einflüsse auf den menschlichen Organismus ableitet.[14] Im *Hannoverischen Magazin* (1766) wurden verschiedene Beiträge zu ebendiesem Thema besprochen.[15] Und im selben Jahr legte der Doktorand Franz Anton Mesmer seine medizinische Inauguraldissertation in Wien vor, die hinsichtlich des Argumentationsganges über weite Strecken mit Hallers Aufsatz übereinkommt, insofern aber erheblich über jenen hinausgeht, als sie neben der atmosphärischen Luft auch das Fluidum als Vermittler bemüht. Wie für Newton die irdische Schwerkraft nur ein Spezialfall der allgemeinen Schwerkraft ist, so ist für Mesmer auch die »Gravitas animalis« ein Spezialfall der »Gravitas universalis«. Es gibt nur einen Krafttypus, und der ist verantwortlich für die Planetenbewegungen, bewirkt die Kohäsion, den Magnetismus, die Elektrizität, Irritabilität, alle periodisch verlaufenden physiologischen Vorgänge – und es verlaufen fast alle periodisch: von der Menstruation bis zum Nasenbluten.[16] Wie seine Vorläufer, so argumentiert auch Mesmer zirkulär: die Kraft erklärt die Erscheinungen, die Erscheinungen beweisen die Existenz dieser Kraft. Und diese Kraft ist in Gestalt subtilster Stoffteilchen im Weltenraum verteilt und affiziert daher den tierischen Körper unmittelbar, bewegt seine Körpersäfte in gleicher Weise wie sie Meer und Mond bewegt. Demnach ist die Gravitationskraft also

---

11 Vgl. Friedrich Hoffmann: Opera omnia; Genf 1740, V, S. 70–77. Wiewohl diese Dissertation infolge des Newtonismus entstanden ist, bleibt die Gravitation dennoch unberücksichtigt; der Vf. argumentiert allein auf der Basis von Keplers astronomischen Berechnungen und schließt sich ihm auch insofern an, als er wie dieser unvermittelt wirkende Gestirnseinflüsse annimmt.

12 Werlhof nahm an, daß die Fiebermaterie besonders luftig sei und daher den Luftbewegungen, die ihrerseits durch die Gestirnsbewegungen verursacht seien, folge; dargestellt in: Heinrich Rohlfs: Die medizinischen Classiker Deutschlands; Bd. 1, Stuttgart 1875 (Ndr.: Wiesbaden 1970), S. 78 ff.

13 Nicht nur der Lauf der Gestirne, jegliches Naturereignis und alle physiologischen Vorgänge wurden nunmehr als elektrisch verursacht erklärt, vgl. dazu Johann Ernst Wichmann: Die Moden der Aerzte, in: Hannoverisches Magazin (1765), S. 1452 ff.

14 Vgl. Der Arzt. Eine medicinische Wochenschrift. Hg. v. Johann August Unzer; Bd. 2, Hamburg, Lüneburg und Leipzig 1769 (Ndr. d. Ausgabe v. 1759–1764), S. 512–524.

15 Vgl. Hannoverisches Magazin (1766), S. 961 ff.

16 Vgl. Antonius Mesmer: Dissertatio physico-medica de planetarum influxu; Vindobona 1766, S. 32 ff.

eine der Materie (handle es sich dabei um riesige himmlische Materiekugeln oder um subtilste Stoffteilchen) inhärente Kraft, eine Art »vis insita«. Insofern kommt Mesmers »materia luminosa«[17], wie er sein Fluidum auch nennt, weniger die Funktion eines Vermittlers, als vielmehr die eines Kraftträgers zu, um nicht zu sagen, es handelt sich dabei um die zu Materie verdichtete Kraft selbst. Indes, es ging Mesmer nicht darum, eine neue Gravitationstheorie zu formulieren, er wollte lediglich einen direkten – von Luftdruck, Wind und Wetter unabhängigen – Astraleinfluß möglich machen und brauchte dazu, Mechanist der er war, ein Imponderabile. Doch erregte diese Dissertation sowenig wie die anderen Beiträge Aufsehen. Sie bewegte sich im Rahmen des seinerzeit Erlaubten, wiewohl es seit Newtons Auftreten – und bis in die 1770er Jahre hinein – Gegner des Gravitationsgesetzes im allgemeinen und der Fluidal- und Korpuskulartheorien im besonderen gab. Die Gegenargumente gingen über die bereits zu Newtons Lebzeiten vorgebrachten nicht hinaus, und auch die Alternativangebote waren allenfalls schlechte Kopien früherer Theorien. Einige der Newtonianer suchten Fernwirkung und Fluidum zu vermeiden, indem sie Newtons »vis inertiae« – die einem Körper inhärente Kraft der Trägheit – zu einer aktiven Kraft, »vis insita« genannt, umfunktionierten, also die von den Atomisten ersonnenen und seither immer wieder in der einen oder anderen Modifikation auftretenden, der Materie essentiellen Kräfte favorisierten; wobei sie allerdings, wiewohl sie nun wieder viele Kräfte statt einer einzigen wirken ließen, den Systemcharakter beibehalten wollten.[18] Anders die Gegner der Gravitationstheorie. Sie störte gerade der Systemcharakter, war er es doch, der Mond und Sterne wieder heranholte. Viele Irrtümer, steht im »Schwäbischen Magazin«, seien dem großen Newton unterlaufen, nicht nur in der Farbenlehre, auch hinsichtlich der Interpretation der Gezeiten, deren wahre Ursache im Meer selbst liege.[19] »Nur unter dem gemeinen Pöbel«, so derselbe Autor weiter,

> »kan der Mond noch so viel auf heidnischen Aberglauben gegründete Eigenschaften und Vorzüge behalten, daß er ausser seinem Licht [...] noch andere wichtige Einflüsse auf unsere Erde habe [...] aber unter Gelehrten, und zu gegenwärtiger erleuchteter Zeit, wo billig alles fabelhafte, aberglaubische Zeug gänzlich verworfen und vertrieben seyn sollte dieserlei falsche Meinungen und Irrthümer in Ansehung der Natur-Lehre noch anzutreffen: Was soll man davon denken und sagen?«[20]

---

17 Vgl. ebd. S. 33.
18 Diese z.B. an der Wiener Medicinischen Fakultät von Anton de Haen vertretene Theorie dürfte auch bei Mesmers Diss. Pate gestanden haben, wiewohl sich Mesmer nicht explizit auf sie bezieht; vgl. dazu Christian Probst: Der Weg des ärztlichen Erkennens am Krankenbett. Herman Boerhaave und die ältere Wiener Schule; Bd. 1 (1701–1787), in: Sudhoffs Archiv, Beiheft 15, Wiesbaden 1972, S. 115. Spätere Vitalisten griffen ebenfalls auf sie zurück, wobei sie den Systemcharakter dadurch zu retten suchten, daß sie die »vis insita« nur bei einer bestimmten Stellung der Körper zueinander zur Wirkung kommen ließen, vgl. dazu Peter McLaughlin: Blumenbach und der Bildungstrieb, in: Medizinhistorisches Journal 17 (1982), S. 357–372.
19 Vgl. Schwäbisches Magazin von gelehrten Sachen. Hg. v. Balthasar Haug; Stuttgart 1775, S. 292ff. und 459ff.
20 Ebd. S. 459f.

Es war vor allem der lunare Einfluß, den man zur Zeit der Aufklärung bekämpfte. Zum einen deshalb, weil gerade an ihm die »Unaufgeklärten« am zähesten festhielten; zum anderen, weil die Macht des Mondes die der übrigen Himmelskörper bei weitem überstieg: er diktierte, wann gesät, wann Holz gefällt, die Haare geschnitten, ein Zahn gezogen wurde, er machte mindestens schlaflos, manchmal süchtig, wenn nicht gar irre, und er ließ sogar das Meer anschwellen und verschwinden. Eben diese Sichtbarkeit seines Wirkens war es, die ihm seine Macht in den Köpfen der Bauern und sogar mancher Gebildeten sicherte. Es galt, erkenntnistheoretisch kritisch und methodisch sauber vorzugehen und sich nicht durch die trügerische Gleichzeitigkeit zweier Erscheinungen zu Fehlschlüssen verleiten zu lassen und kausale Zusammenhänge zu konstruieren, die mit der Realität nichts gemein hatten. Diese Forderung führte zu einer Superskepsis, die es verbot, irgendeine Abhängigkeit zwischen Mondphasen und Gezeiten oder dem Lauf der Sonne und der Neigung von Blüten und Blättern der Pflanzen zu sehen.[21]

Indes, die Gefahr kam von anderer Seite. Nicht das Wiederaufblühen des Newtonismus war es, was die Geister wieder losließ, die nach der Jahrhundertmitte von Gelehrten, Gebildeten, Aufgeklärten und Aufklärern Besitz ergriffen, sondern der technische Fortschritt.

1730 gelang dem Engländer Servington Savery die Herstellung künstlicher Stahlmagnete (die wesentlich stärker als die natürlich vorkommenden Magnetsteine waren) und 1745 dem Pommer'schen Domherrn Ewald Georg Kleist und dem Leydener Physiker Peter van Musschenbroek die Konstruktion eines elektrischen Kondensators. Gegenüber den Folgen, die diese Erfindung nach sich zog, nahmen sich die Ereignisse, die jener folgten, eher bescheiden aus. Das zeitgenössische Schrifttum zum Magnetismus[22] zeigt, daß man sich zunächst weniger mit theoretischen, als vielmehr mit verfahrenstechnischen und anwendungsbezogenen Fragen befaßte. Später erst entdeckte man auch den therapeutischen Wert der Stahlmagneten. Zuerst in England selbst, dann auch in Frankreich; in Deutschland kamen sie erst in den 1760er Jahren zum Einsatz: zunächst im Kurfürstentum Hannover, in der Folge auch in Berlin, Hamburg, Königsberg, schließlich gelangte die Kurart nach Stockholm und Petersburg. Die Indikation, zunächst auf Zahnschmerzen begrenzt, wurde dank der eindrucksvollen Behandlungserfolge bald auf Gliederschmerzen, Gicht, Kreislaufdysregulationen und Augenleiden ausgedehnt.[23] Doch blieben die Kuren

---

21 Vgl. Johann Georg Zimmermann: Von der Erfahrung in der Arzneikunst (1763), dargestellt in: Rohlfs (Anm. 12), S. 118; sowie Paulet (Anm. 10), S. 15.
22 Vgl. Friedrich Wilhelm August Murhard: Versuch einer historisch-chronologischen Bibliographie des Magnetismus; Cassel 1797, S. 47ff.
23 Vgl. Göttingische Anzeigen von gelehrten Sachen unter der Aufsicht der Königlichen Gesellschaft der Wissenschaften 27 (1765), S. 252f., 713f.; Berlinisches Magazin, oder gesammelte Schriften und Nachrichten für die Liebhaber der Arzneywissenschaft, Naturgeschichte und der angenehmen Wissenschaften überhaupt 1 (1765) S. 596ff., 2 (1766) S. 148ff., 151; Hannoverisches Mag. (1765), S. 850, 866–894; Christoph Weber: Die Wirkung des künstlichen Magnets in einen seltenen Augenfehler, Hannover 1767, passim.

reine Versuchs-Irrtums-Verfahren. Weder wurde eine neue Theorie entwickelt noch eine frühere reaktiviert, um der Praxis eine Grundlage zu verschaffen. Man stellte fest, daß der (Stahl)Magnet offenbar nicht nur Eisen anzog, sondern auch – und zwar wohltuend – auf den lebenden Organismus einwirkte. Man suchte auch nicht nach neuen Begriffen, um diesen Vorgang, der doch über den Ferromagnetismus hinausging, adäquat zu benennen. Das änderte sich selbst dann nicht, als (1767) einer der Magnetopathen den Stahlmagneten aus der Hand legte und mit bloßen Fingern »magnetisierte«.[24]

Dieser Rückzug auf bloßes Experiment und blinde Empirie ist um so erstaunlicher, als gleichzeitig mit der Praxis der Magnetopathie der Elektrizismus noch und der Newtonismus wieder aktuell war. Auch der mit dem Newtonismus auftretende Siderismus wurde nicht mit den Magnetkuren in Verbindung gebracht, obwohl gerade eine solche Assoziation nahegelegen hätte. Hatte doch in früheren Jahrhunderten stets der Magnetismus den Siderismus und dieser jenen begünstigt. So fehlt auch in Mesmers Dissertation – in der der Magnetismus immerhin als eine der Erscheinungsformen oder Wirkungen der Gravitation explizit genannt ist – jeglicher Hinweis auf die Magnetopathie seiner Zeit; auch der Begriff »Magnetismus animalis« fällt – entgegen späterer Behauptungen Mesmers – hier noch nicht.

Völlig anders gestalteten sich Theorie und Praxis im Zusammenhang mit der Elektrizität. Sie lieferte den sinnfälligen Beweis für das Dasein eines – nunmehr elektrischen – Fluidums: Durch Reibung am Katzenbalg ließ es sich einfangen, durch eine ganze Reihe von Gegenständen weiterleiten und endlich in einer – der »Leydener« – Flasche sammeln, oder eben im menschlichen Körper. Wer nach sinnlicher Wahrnehmung verlangte, brauchte nur einer mit solchem Fluidum geladenen Person die Lippen zum »elektrischen Kuß« zu bieten, dann spürte er es.[25] Die Elektrizität war es, die die Welt auf ein neues begeistete und begeisterte. Sie vermochte nicht nur, alles – die Schwerkraft, den Magnetismus, jegliches Phänomen – zu erklären, sie taugte gar zum endgültigen physico-theologischen Gottesbeweis.[26] Das Fluidum, einst von den Mechanizisten eingesetzt, um Fernwirkung, also »Sympathey«, Magie und was sonst an Zauber denkbar war, auszuschalten, wurde nun selbst zum Substrat für die Verzauberung der Welt. Plotinische Philosopheme und pantheistisches Gedankengut wurden hochgeschwemmt und entsprechende – weniger abstrakte – Folgeerscheinungen stellten sich bald ein: Der Große Gott, der, sich versprühend, sich ins All ergoß, konnte auf allerlei Weise – nicht nur in Gestalt elektrischer Funken – wirksam werden: dem einen verhalf er zum Hell- und Fernsehen, erlaubte ihm gar einen Blick ins Mittelreich und höher hinauf noch[27]; bei anderen stellten sich Wahrträume ein – schlafend, wachend und somnambulierend; bei

---

24 Vgl. Berlinisches Mag. 3 (1767), S. 485.
25 Vgl. Edward T. Canby: Geschichte der Elektrizität; Lausanne 1963, S. 30.
26 Vgl. Ernst Benz: Theologie der Elektrizität; Mainz 1971, passim.
27 So dem (ehemaligen) Naturforscher und Theosophen Emanuel Swedenborg aus Stockholm, dessen visionär erworbenen Erkenntnisse in seinen »Arcana coelestia« (1749–56) und »De nova Hierosolyma« (1758) bekanntgemacht sind.

wieder anderen reichte es bloß bis zur Ahnung, auf jeden Fall aber bei fast allen bis zur Sympathie – zur Wiedererinnerung an eine Liebe in anderen Welten[28], zum Kuß mit fernwirkender Kraft[29], zum Aneinanderstoßen zweier Geister, deren Körper hunderte von Meilen voneinander entfernt waren.[30] Nicht jeder war ein Swedenborg, den meisten blieben diese gewissen geistigen Eindrücke dunkle Perception, aber sie waren doch da – die Bereitschaft jedenfalls zur Empfindsamkeit war da. Wo nicht, da ließ sie sich durch entsprechende Reize evozieren.

Die »electrische Medicin« hatte Einzug gehalten. Aus Regensburg, Heidelberg und Wien wurde berichtet, daß mit Hilfe der Elektrisiermaschine Lähmungen, Krämpfe, Seh- und Hörstörungen erfolgreich bekämpft würden.[31] Und bald schon wurde die Indikation derart ausgeweitet, daß die Elektrotherapie beinah schon den Charakter eines Universalmittels annahm. Doch waren die Elektro-Kuren nicht die einzige, wenn auch die einzig direkte, Form praktisch-therapeutischer Umsetzung des Elektrizismus: Sympathetische Transplantationen kamen wieder ins Programm, magische Praktiken verschiedener Couleur wieder zu Ansehen, selbst die Mumia fand Anklang – so großen, daß die Verknappung ägyptischer Mumien durch entsprechende Importe aus den Kanaren ausgeglichen werden mußte.[32] Was immer es gewesen sein mag, das die Apotheker im einzelnen als pulverisierte Mumia feilboten, die einst heimische, von Paracelsus so gepriesene, gestirnte Luftmumia war es nicht mehr. Überhaupt waren direkte Hinweise auf den Renaissance-Magier selten, wiewohl vieles von dem, was da die Presse verließ und auf den Markt geworfen wurde, an paracelsische Arkana erinnert. Dennoch, man wollte selbst in den nunmehr wieder praktizierten sympathetischen Transplantationen keine Wiederkunft der Magie sehen, genauer: man glaubte, die Rückkehr der Magie dadurch vermieden zu haben, daß man sich – wie auch im Fall der Magnetopathie – auf die pure Erfahrung zurückzog, sich auf die Beschreibung des Procedere beschränkte, Fallstudien erstellte, die Ergebnisse auszählte und die Erfolgsquote ermittelte; und die letztere fiel z.B. bei der sympathetischen Warzenbekämpfung weit günstiger als bei den üblichen Behandlungsverfahren aus. Es handelte sich also um Mittel, »deren sich auch vernünftige Menschen, ohne sich zu schämen, bedienen dürfen, ob man gleich von ihrer Wirkungsart blos nach Erfahrungen und nie nach Gründen urteilen kann«.[33] Man blieb also gesellschaftsfähig, solange man nur auf die paracelsische »experienz«, die

---

28 Vgl. Christoph Martin Wieland: Sympathien, in: Sämtliche Werke, Bd. 3, Leipzig 1795 (Ndr. Hamburg 1984), S. 130f.
29 Vgl. Immanuel Kant: Briefwechsel. Hg. v. Otto Schöndörffer; Hamburg 1972, S. 31.
30 Vgl. Christian Garve: Garve's Vertraute Briefe an eine Freundin; Leipzig 1801, S. 106f.
31 Vgl. Berlinisches Mag. 1 (1765), S. 703f. und 2 (1766), S. 315, 380; Göttingische gelehrte Anzeigen 27 (1965), S. 1083.
32 Vgl. Berlinische Sammlungen zur Beförderung der Arzneywissenschaft, der Naturgeschichte, Cameralwissenschaft und der dahin einschlagenden Litteratur 2 (1770), S. 481.
33 Ebd., S. 393f.

Erfahrung und philosophische Spekulation synthetisierte, verzichtete. Und doch waren jene nüchtern empirisch betriebenen Praktiken Folgen der durch die allwirkende Elektrizität ausgelösten natur- und religionsphilosophischen Spekulationen. Und die brachten nicht nur Elektriseure, Magnetiseure und Sympathetiker hervor, sondern ließen auch Alchymisten wie Pilze im warmen Regen aus dem Boden schießen. Das (electrische) Fluidum, soweit es auch von der Metalltransmutation entfernt scheint, war für die Revitalisierung auch dieses Berufszweiges verantwortlich. Wie einst im 16. Jahrhundert, da sich der allesdurchflutende »spiritus« im Laboratorium zu einer omnipotenten Tinktur (mit der nicht nur Gold herzustellen, sondern jede Krankheit zu heilen, das Altern zu verhindern, gar der Tod zu besiegen war) verdichten ließ; und wie im folgenden Jahrhundert dank der mechanizistischen Reduktion der Qualitätenvielfalt auf nur eine Materiensorte (deren Partikel sich lediglich noch hinsichtlich ihrer Größe und Gestalt unterschieden) die Stoffumwandlung möglich, mithin dem Spezialfach der Alchymie, der Goldmacherkunst, wissenschaftliche Legitimation verschafft wurde, und infolgedessen die Landesherren auf pekuniäre Entlastung und verschiedene Chymisten auf eine Anstellung hoffen durften; so gewann diese Profession auch im »elektrischen Seculo«[34] wieder an Reputation, jedenfalls an Zulauf. Und damit zusammenhängend – sozusagen in zweiter Ableitung – setzte auch die Suche nach verborgenen Schätzen und die Zitation informierter Geister wieder verstärkt ein. Allein in Wien wurden im Jahre 1752 um die 13000 Alchymisten, Schatzgräber und Geisterbeschwörer gezählt.[35]

Ende der 60er, Anfang der 70er Jahre war man der – teils einander ablösenden, teils sich überlappenden – Modetrends müde: Weder hatten die verschiedenen Grundlagenforschungen zu erkenntnistheoretisch sicherem Boden verholfen noch hatten die technischen Innovationen hinsichtlich ihrer praktischen Anwendung im allgemeinen und ihrer medizinischen Einsatzfähigkeit im besonderen das gebracht, was man sich von ihnen versprochen hatte – der schwärmerischen Höhen, in die man sich sonst noch verstiegen hatte, gar nicht zu erwähnen. Die »Theatervorstellung« war zu Ende, so Wieland in seiner »Geschichte der Abderiten« genannten Zeitgeistkritik, und das epidemische »Fieber [...] winterlicher Kälte« gewichen.[36] Selbst der Natur, die durch ihre Sinnfälligkeit leicht zu Fehlschlüssen verführte, war nicht mehr zu trauen und weniger noch den Sinnen selber, die da wahrnahmen, was nicht wahr sein konnte. Die Erfahrung, seit Baco von Verulam hofiert, hatte dank der Schwär-

---

34 So genannt vom Medicus und Elektrotherapeuten Schäffer, auf den die turbulenten 1750er Jahre den Eindruck machten, als würde das gesamte Jahrhundert von der Elektrizität geprägt, vgl. Johann Gottlieb Schäffer: Die Electrische Medicin oder die Kraft und Wirkung der Electricität in dem menschlichen Körper und dessen Krankheiteny..., Regensburg 1752, Einleitung.
35 Vgl. Biographisches Lexicon des Kaiserthums Oesterreich. Hg. v. Constant von Wurzbach; Bd. 41, Wien 1848, S. 49.
36 Vgl. Wieland: Geschichte der Abderiten, in: *SW*, Bd. 19, S. 367.

mer, die sie stets als Argument und letzte Zuflucht aus einem logischen Dilemma mißbrauchten, ihren guten Ruf eingebüßt.[37]

Es war Zeit für eine Neuorientierung. Das kommende Jahrzehnt sollte frei von Schwärmerei und Atheismus (zwei Erscheinungen, die sich gegenseitig förderten), statt dessen mit Gefühl und Verstand (jedes an seinem Platz) gemeistert werden – moderat sollte es verlaufen, ohne Crescendi.

Die Voltairisten und Schwärmer waren vom Platz gewiesen, wenigstens an die Ränder gedrückt, die Stahlmagnete aus der Hand gelegt, die pneumatologische Literatur vergriffen, von Sympathey und Verwandtem hörte und las man nichts mehr – da entdeckten, praktizierten und propagierten zwei Wiener – ein Arzt und ein Astronom – auf ein neues die Magnetkur.

Die Entwicklung der voraufgehenden zwei Jahrzehnte war sowohl Voraussetzung für Mesmers magnetischen Auftritt als auch Ursache für die Reserviertheit, mit der man dieser »neuen«, wohlvertrauten Heilmethode und insbesondere der bald schon nachgelieferten Theorie begegnete. Daß man überhaupt bereit war, sich mit dieser Entdeckung zu befassen, lag an der nominellen Zunahme der Nervenkrankheiten, denen mit herkömmlicher Medizin und Medikation nicht mehr beizukommen war. Sei es, daß es sich dabei um eine tatsächliche Zunahme handelte; sei es, daß lediglich Krankheitsbilder, die früher einem anderen Formenkreis zugerechnet worden waren, nunmehr unter den Begriff »Nervenkrankheiten« gefaßt wurden – gewiß ist, daß, nachdem erstmal das Augenmerk auf diese sog. Nervenkrankheiten gelenkt war, immer mehr entdeckt und möglicherweise auch produziert wurden. Eine Erscheinung, die sich ebenfalls während der zwei vorausgehenden Dezennien entwickelt hatte, und daher ebenso wie die technischen Innovationen und metaphysischen Spekulationen dieser Zeit zu den Voraussetzungen für die Wiederentdeckung der Magnetopathie zählt.

Eine weitere, hinsichtlich Mesmers Entdeckung des »animalischen Magnetismus« nur mittelbar wirksam gewordene, in Hinsicht auf den kurzzeitigen Applaus, mit dem er ebendafür seitens der Aufklärer bedacht wurde, aber unabdingbare Voraussetzung waren der Hang zum Übersinnlichen, Außerirdischen, der Glaube an Dämonen, die Sehnsucht nach dem Wunderbaren, die sich in die 1770er Jahre herübergerettet hatten. Sie waren es, die die Errungenschaften der Aufklärung eigentlich gefährdeten, indem sie Gefährlicheres, als jedes Fluidum mit all seinen Folgeerscheinungen es sein konnte, favorisierten: Aberglauben katholischer Provenienz und – aus der Perspektive der Aufklärer damit zusammenhängend – Jesuitismus und Papismus.

Dieses Konglomerat von Rand- und Hauptbedingungen erklärt die Beweggründe, die Aufgeklärte und Aufklärer innerhalb kurzer Zeit die Position von Ignoranten, von Verteidigern, von Gegnern des »thierischen Magnetismus« einnehmen und infolgedessen seinen Entdecker, Mesmer, binnen kurzem die Rollen des Unaufgeklärten, des Aufklärungsretters, des Aufklärungsfeindes

---

37 Vgl. ders.: Don Sylvio von Rosalva, in: *SW*, Bd. 12, S. 71; auch Johann Wolfgang Goethe: Dichtung und Wahrheit, in: Sämtl. Werke. Hg. v. Eduard von der Hellen; Bd. 24, Stuttgart und Berlin 1907, S. 253f.; auch Allg. Deutsche Bibliothek 23 (1775), 2. St., S. 327.

spielen lassen sollten: Im Dezember 1774 war in drei Zeitschriften[38] von erfolgreichen Magnetkuren zu lesen, durchgeführt vom k.k. Hofastronomen und Leiter der Wiener Sternwarte, Maximilian Hell (1720–1792), einem ehemaligen Jesuiten, und dem Arzt Dr. Franz Anton Mesmer (1734–1815), einem zugereisten Schwaben, der in einem Außenbezirk Wiens ein vornehmes Haus mit Praxis führte. Bekannt geworden war die Magnetkur den beiden durch eine englische Touristin, die sich wegen ihrer Magenkrämpfe bei Pater Hell (der seit 1762 mit der Herstellung von Stahlmagneten befaßt und dafür bekannt war) einen passend geformten Stahlmagneten bestellte. Damit war diese Kurart nun auch in der Kaiserstadt, die die Magnetopathie-Mode der 60er Jahre verpaßt hatte, eingeführt.

Diesen ersten Presseberichten ließ Hell bald schon ein eigenes »Schreiben«[39] folgen, in dem er darlegte, daß die in England und Frankreich seit langem bekannte Magnetkur bisher fehlerhaft praktiziert worden, daher wenig wirksam gewesen und infolgedessen bald wieder in Vergessenheit geraten sei; insbesondere habe man bei der Herstellung der Magnete die für die therapeutische Wirkung so bedeutsame Beachtung der Pole vernachlässigt. Dies herausgefunden zu haben und die entsprechend gestalteten Stahlmagnete nun bereitzustellen, waren Hells Verdienst und Aufgabe. Die Durchführung der Kuren aber komme nur Ärzten zu, denn sie müsse nach der »Theorie der magnetischen Electricität« erfolgen. Indes sei die endgültige Methode noch nicht entwickelt, und bevor dies nicht erfolgt und durch Mesmer und die beiden Hofmedici Störk und Kestler bekannt gemacht worden sei, dürfe diese gefährliche Kur von keinem angewandt werden. Mesmer wartete dieses gemeinsam zu erarbeitende Ergebnis nicht ab, sondern gab seine eigene Auffassung bereits am folgenden Tag in Druck. Wie auch Hell ging er davon aus, daß das Fluidum, das der Magnet ausströme, dem »fluido nerveo« analog sei, daß des weiteren die magnetische Materie und die elektrische fast einerlei seien, daß jene sich wie diese leiten und auch konzentrieren lasse. In einem Punkt allerdings ging er wesentlich über Hell hinaus und gewissermaßen gegen ihn vor: er substituierte Hells Stahlmagnete durch andere Materialien – Wolle, Glas, Menschen, fast allem vermochte er gleich dem Eisen magnetische Fähigkeiten zu verleihen. Der »animalische Magnetismus«, der ihn in der Folge nicht nur mit Hell entzweien, sondern ihm auch schlechte Presse bescheren sollte, war in diesem »Ersten Schreiben« über die Magnetkur[40] bereits angelegt. Die öffentliche Meinung zeigte sich zunächst eher Hell zugeneigt, der beim Magnetismus mineralis blieb, auf der rein physikalischen Wirkung der Magnete bestand und Mesmers Theorie dessen reger Einbildungskraft zuschrieb, befand indes bald, daß auch

---

38 Vgl. Büschings wöchentliche Nachrichten, Berlin, 2 (1774) S. 404ff.; Gelehrte Anzeigen auf das Jahr 1774, Dreßden, S. 765ff.; Leipziger gelehrte Zeitung (1774), S. 813.
39 Vgl. Maximilian Hell: Unpartheyischer Bericht (4.1.1775), in: Friedrich A. Reuss: Sammlung der neuesten gedruckten und geschriebenen Nachrichten von Magnet-Curen, vorzüglich der Mesmerischen; Leipzig 1778, S. 9–16.
40 Vgl. Franz Anton Mesmer: Erstes Schreiben an einen auswärtigen Arzt (5.1.1775), in: Ders.: Schreiben über die Magnetkur, o.O. 1776, S. 3–11.

Hell »theoretische Grille(n)« pflege und setzte nunmehr auf die Erfahrungen eines Dritten, des Altonaer Arztes Unzer, der im Unterschied zu den beiden Wienern, von denen man »noch nichts als superficielle Nachrichten« vernahm, frei von aller Spekulation experimentierte.[41]

Innerhalb der zeitgenössischen Stimmen – seien es Periodika oder Einzelschriften – lassen sich im wesentlichen drei Positionen ausmachen: Erstens jene, die der Magnet-Kur – sofern sie ohne theoretische Grundlegung auskam und selbstredend *mit* Stahlmagneten durchgeführt wurde – für ein ernstzunehmendes therapeutisches Verfahren ansah. Die Anhänger dieser Position gaben den Ton an und bestimmten den Rahmen, innerhalb dessen die Diskussion abzulaufen hatte. Die zweite Position war jene, die dem Magneten jegliche auch nur palliative Wirkung absprach. Die Anhänger dieser Position bekamen von denen der erstgenannten nicht zuletzt deshalb Gegenwind, weil auch sie von einer a priori gebildeten Theorie ausgingen und daher von vornherein auf alle Erfahrung verzichteten oder aber gemachte Erfahrungen nicht vorurteilsfrei auszuwerten verstünden. Die dritte Position – öffentlich ausschließlich von Mesmer alleine vertreten – verteidigte den Iatromagnetismus mit und ohne Verwendung des Magneten und verlangte in jedem Fall eine theoretische Fundierung, wobei Theoriebildung und Experiment bereits im Erkenntnisprozeß miteinander zu verbinden und aufeinander abzustimmen waren. Der Vertreter dieser Position hatte einen Zwei-Fronten-Krieg zu führen: gegen Anhänger der Magnetkur und gegen ihre Gegner.

Vertreter der Aufklärung waren sie alle. Unterschiedlich aber waren ihre Begriffe von Aufklärung, genauer: ihre jeweilige Auffassung darüber, was zu tun respektive zu unterlassen sei, um die Aufklärung zu befördern, ohne ihre Errungenschaften zu gefährden. Der von den Aufklärern gestutzte Baum der Erkenntnis hatte gestutzt zu bleiben, Auswüchse waren durch Nachbeschneidung zu beseitigen – soweit war man sich einig. Doch was zählte zu den Auswüchsen? Das nicht Wißbare, so die Empiristen, also alles, was nicht sinnlich erfahrbar ist, mithin Theorien und Systeme generell. Den Theoretikern genügte umgekehrt die wodurch auch immer kontrollierte Erfahrung nicht, solange kein Begründungszusammenhang geliefert werden konnte, und der wiederum mußte intersubjektiv überprüfbar sein. Was diesen Ansprüchen nicht genügte, zählte nicht zum Wissenswerten. Mesmer wollte beides – Erfahrung und Begründungszusammenhang. Doch erfüllte sein System die sich herausbildenden Wissenschaftskriterien – Wiederholbarkeit des Experiments und Überprüfbarkeit des theoretischen Fundaments – nicht, war daher nicht plausibel; seine Erfahrung, gewonnen durch das Experiment am Patienten, verstieß zudem gegen die Prinzipien der Humanität, war daher verwerflich.[42]

---

41 Vgl. Allg. dt. Bibliothek 26 (1775), 1. St., S. 188; auch Medicinisch-practische Bibliothek von Johann Andreas Murray, Göttingen 2 (1775), S. 156.

42 Vgl. das Gutachten der Berliner Akademie der Wissenschaften, in: Allg. dt. Bibl. 26 (1775) 1. St., S. 191 f.; dazu auch Reuss (Anm. 39), S. 79 ff.; sowie Johann Christoph Unzer: Beschreibung eines mit dem Künstlichen Magneten angestellten medicinischen Versuchs, Hamburg 1775, S. 142.

Neben diesen erkenntnistheoretischen Grundsätzen spielte auch die Fixierung auf Vorbilder eine wichtige Rolle. Autoriäten im Bereich der Naturforschung meldeten sich zu Wort und beriefen sich, um Mesmers Glaubwürdigkeit zu untergraben, auf noch größere Autoritäten, denen doch auch nicht gelungen sei, was jener für sich beanspruche[43], vor allem aber brachten sie der Öffentlichkeit solche Vorbilder, auf die Mesmer sich durchaus nicht berufen und mit denen er nicht in Zusammenhang gebracht sein wollte, in Erinnerung: die Iatromagier und Iatroastrologen der Vergangenheit.[44] Deren Erfolge beruhten auf Einbildung – ihrer eigenen und mehr noch der der Patienten. Ebenso verhielt es sich auch bei Mesmer und seinen Patienten, wobei noch nicht ausgemacht war, ob es sich nur um eine geistige oder vielleicht doch auch um eine moralische Verfehlung handelte: »Ein Weib fällt bey Mondenschein! Der Mond soll also Ursach seyn? Oder sollten sie gar – –?«[45] Die Unterstellung eines Zusammenspiels – und zwar eines bewußten – zwischen Behandler und (vermeintlich) Krankem war eine der wichtigsten und wirksamsten Waffen im Kampf gegen den medizinischen Außenseiter, handele es sich dabei um einen übriggebliebenen Empyriker, einen modernen Scharlatan oder einen wiedergekehrten Exorzisten. Da die Warnungen vor den Folgen ihrer Kunst kaum verfingen, galt es, ihnen den Markt auf andere Weise zu entziehen. Ein beliebtes und altbewährtes Mittel war die Diskreditierung ihrer Klientel, das auch von Klerikern beider Konfessionen gegen die Praxis nichtautorisierter Segenssprecher einst empfohlen und erfolgreich eingesetzt worden war.[46] Die Patienten, die einen medizinischen Außenseiter aufsuchten, rekrutierten sich daher vornehmlich aus dem Adel und der Plebs, gehörten also entweder jenem Stand an, der um seinen Ruf nicht zu fürchten brauchte, oder jener Schicht, die keinen zu verlieren hatte; zumindest konnten die nur sich dazu bekennen, während Angehörige des Bürgertums den Gang zum Afterarzt besser über die Hintertreppe erledigten.

43 So hielt z. B. der Wiener Naturforscher und Medicus Ian IngenHousz grundsätzlich nur das Genie eines Engländers einer solchen Entdeckung, wie Mesmer sie gemacht haben wollte, für fähig; vgl. Franz Anton Mesmer: Abhandlung über die Entdekkung des thierischen Magnetismus, Carlsruhe 1781, S. 20; der Naturforscher Tetens verwies auf Musschenbroeck, der vergeblich versucht habe, die magnetische Kraft auf nichteisenhaltige Körper zu übertragen; vgl. Anonym (J. N. Tetens): Ueber die neuern Magnetcuren, an einen Arzt von einem Naturforscher, Schwerin 1775, in: Reuss (Anm. 39), S. 116.
44 Mesmer selbst sah sich als puren Mechanisten, in dessen wissenschaftlicher Ahnenreihe Magier keinen Platz hatten; zu Mesmers Vorläufern vgl. Wolfgang Kupsch: Franz Anton Mesmer. Eine medizingeschichtliche Standortbestimmung von Theorie und Praxis des »Thierischen Magnetismus«; med. Diss. Freiburg 1984, passim.
45 Joseph Thaddäus Klinkosch: Schreiben, den thierischen Magnetismus, und die sich selbst wieder ersetzende elektrische Kraft betreffend; Prag 1776, 13. Seite (nicht pag.).
46 Vgl. z. B. Bartholomaeus Anhorn: Magiologia. Christliche Warnung für dem Aberglauben unn Zauberey; Basel 1674, S. 1048; zum Problem medizinischer Außenseiter im 18. Jh. vgl. Anneliese Ego: »Animalischer Magnetismus« oder »Aufklärung«; Würzburg 1991, S. 106–113.

Die Zahl derer allerdings, die in den Jahren 1774/75 einen Magnetiseur aufsuchten, war durchaus noch überschaubar; und die Patienten zählten weder zu den »gens du monde« noch zum Landvolk oder städtischen Pöbel. Sowohl Mesmer als auch die Ferromagnetisten behandelten nur ausgewählte Fälle – sog. Hysterikerinnen – bei denen die herkömmlichen, galenischen Behandlungsmethoden nichts mehr auszurichten vermocht hatten. Anders verhielt es sich bei dem zu gleicher Zeit im süddeutschen Raum exorzierenden katholischen Geistlichen namens Gaßner. Er war ein Magnet: Zu Tausenden strömten Kranke und Schaulustige nach Ellwangen, dem hauptsächlichen »Kurort«:

> »Die Straße von Aalen nach Ellwang wimmelte ... damals von elenden Pilgrimen, welche bei Gaßnern Hülfe suchten [...] Alle Heerbergen, Ställe, Schaathäuser, Zäune und Heken lagen voll von Blinden, Tauben, Lahmen, Krüppeln; von Epilepsie, Schlagflüssen, Gicht und andern Zufällen jämmerlich zugerichteten Menschen. Was Krebs, Eiter, Grind und Kräze, Ekelhaftes, Abscheuliches, Entsezliches hat, – selbst was die Seele drückt und entmannt, – Schwermut, Wahnsinn, Tollheit [...] teuflische Anfechtungen, – war hier [...] in einer schreklichen Gruppe zusammengedrängt zu sehen.«[47]

Die Indikation kannte keine Grenzen. Gaßner heilte alles, was teuflischen Ursprungs war, und alles konnte teuflischen Ursprungs sein, der »exorcismus probativus« brachte es an den Tag. Von 20 000 ist die Rede, die Gaßner allein in Ellwangen aufgesucht haben sollen: Bettler, Vornehme aus Bürgertum und Adel, Katholiken, auch Protestanten, Frauen, Männer, Einheimische und Ausländer, unheilbar Kranke, die auf Wunder hofften, Gesunde, die Zeugen desselben sein wollten, Kränkliche, die hinreichend geschröpft, purgiert und zur Ader gelassen waren und nach Abwechslung verlangten, Viele aus Lust an der Sensation. Hier war mit den Sinnen zu erfassen, was die Vernunft kaum begreifen konnte. Was hatte die Neologie demgegenüber den Kranken schon zu bieten und was den Gesunden.

Die Vorgänge machten zunächst den hohen Klerus, dann die schwäbischen Aufklärer und schließlich auch die der nördlichen Regionen nervös. Exorziationen, fester Bestandteil katholischer Tradition, waren nicht mehr gern gesehen. Der katholische Klerus fürchtete sich vor dem Spott der Protestanten, die Protestanten fürchteten die Attraktivität der katholischen Riten. Beide zurecht.

Man schritt zu Gegenmaßnahmen: Der Bischof von Konstanz ließ des Exorzisten *Unterricht*[48] auf den Index setzen, Bayerns Kurfürst verbot die Drucklegung gleich aller Religionsstreitschriften; der Bischof von Augsburg und Kurfürst von Trier ließ den Exorzisten nicht einreisen; die Journalisten untergruben seine Glaubwürdigkeit, bezichtigten ihn des Betruges, seine Anhänger der Dummheit, seine Besessenen der Bosheit, der Hinterlist, günstigstenfalls

---

47 Christian Friedrich Daniel Schubart: Schubart's Leben und Gesinnungen, Bd. 2, Stuttgart 1793, S. 95.
48 Vgl. Johann Joseph Gaßner: Nützlicher Unterricht wieder den Teufel zu streitten; Kempten 1774. Die Schrift erreichte bereits ein Jahr später ihre 10. Auflage.

unterstellte man ihnen Hysterie und vor allem unterstellte man, daß sie alle weiblichen Geschlechts seien.[49] Sie griffen nicht, diese Gegenmaßnahmen. Es galt, die Erfolge des Teufelsaustreibers, die nicht zu leugnen waren (jedenfalls konnte man mit dem Leugnen allein beim Publikum nichts ausrichten), als natürlich verursacht zu interpretieren: Das Drücken und Stoßen, also die mechanischen Einwirkungen seitens des Exorzisten, die von Gaßner verordneten Medikamente, selbst die durch die Anreise bedingte Luftveränderung für die Patienten wurden ins Feld geführt, um die Ellwangischen Spontanheilungen zu erklären. Aber ebendas hätten die vermeintlich Besessenen auch anderswo haben können. Man brauchte ein »arcanum naturale«, wenn man überzeugen wollte. Die »electrische Kraft« war so eins, auch die »magnetische«, sogar die »sympatetische« wurde ins Spiel gebracht und selbstverständlich die ohnehin wirkende »Einbildungskraft«.[50] Indes, der Einsatz der Elektrizität verlangte entsprechende Gerätschaften. Man untersuchte Kruzifix und Stola und fand sie nicht, und ebensowenig waren dort Magnete verborgen. Die Sympathetik wirkte zwar mittellos in die Ferne, war aber nicht das eigentlich gewünschte Arkanum. Wiewohl auch dies eher noch annehmbar gewesen wäre als Einflüsse höllischer Provenienz und deren Beseitigung durch himmlische Einwirkung. Übersinnlich zwar, aber innerweltlich sollte das hier wirkende Arkanum sein, den fünf Sinnen nicht zugänglich, aber natürlich: ein Imponderabile.

Der einzige, der, als die Gaßneriaden im Jahre 1775 ihren Höhepunkt erreichten und die Aufklärung im Kern bedrohten, einen solch unwägbaren, aber materiellen Stoff im Angebot hatte, war Mesmer. Seine Theorie lieferte die Erklärung und seine Praxis überzeugte. Mesmer, der mittlerweile ganz vom Stahlmagneten abgekommen war und grundsätzlich ohne diesen magnetisierte (es war ebender Exorzist, der ihn das vorbildhaft gelehrt hatte, indem er ohne jegliches Hilfsmittel im »thierischen« Körper Ebbe und Flut zu erzeugen vermochte), provozierte bei seinen Patienten Krämpfe, Zuckungen und dergleichen Bewegungen, die im Phänotyp mit den von Gaßner erzeugten übereinkamen, genetisch sich aber grundlegend von jenen unterschieden. Der »säkularisierte Clergé«[51], der dringender noch als die aufklärenden Journalisten an einem raschen Ende der Gaßneriaden interessiert war, sorgte für eine Einladung Mesmers in die Bayerische Akademie der Wissenschaften in München,

---

49 Zu den Presseberichten im Zusammenhang mit den Gaßneriaden vgl. Ego (Anm. 46), S. 4–26.
50 Vgl. Anonym (Don Ferdinand Sterzinger): Die aufgedeckten Gaßnerischen Wunderkuren. Aus authentischen Urkunden beleuchtet, und durch Augenzeugen bewiesen; o. O. 1775, S. 62. Anton de Haen: De Miraculis Liber; Francofurti et Lipsiae 1776, S. 208.
51 So genannt im Medicinisches Wochenblatt, oder fortgesetzte medizinische Annalen für Aerzte, Wundärzte, Apotheker, und denkende Leser aus allen Ständen. Hg. v. Joh. Valentin Müller jun. und Georg Fr. Hoffmann jun.; Frankfurt 1790, S. 23 und 48. Vgl. dazu auch Josef Hanauer: Der Teufelsbanner und Wunderheiler Johann Joseph Gaßner (1727–1779); theol. Diss. in: Beiträge zur Geschichte des Bistums Regensburg, Bd. 19, Regensburg 1985, S. 303–545.

wo er, wie es heißt, an Pater Kennedy, dem Ständigen Sekretär der Akademie, selber und in Gegenwart des Kurfürsten, seinen »animalischen Magnetismus« so überzeugend vorführte, daß die Anwesenden sogar vermeinten, sie hätten »die magnetische Effluvia in Gestalt eines zuweilen warmen, zuweilen kalten Windes, aus einem auf einen entgegengesetzten Finger, deutlich gespüret«.[52] Mesmer hatte Gaßners Kuren nie selber gesehen, doch wurde seine Vorführung als Begutachtung derselben gewertet, genauer: sie galt als Widerlegung der Gaßnerischen Dämonologie und brachte dem Exorzisten das Verbot seiner Kuren in Bayern, dem Magnetiseur die Mitgliedschaft in der Bayerischen Akademie der Wissenschaften ein. Mesmer war schlagartig zum Retter der Aufklärung geworden. Selbst Nicolais *Allgemeine deutsche Bibliothek* setzte nunmehr auf Mesmer und sein Heilkonzept.[53] Andere Zeitschriften hatten ihm den Steigbügel schon eher gehalten: Mesmers Sieg in der Akademie war medienpolitisch vorbereitet. Von April bis November 1775 wurden nicht nur antimesmerische Artikel zurückgehalten, sondern seine magnetischen Tourneen, die ihn – nicht zufällig – in ebendie Gegenden führten, in denen Gaßner zuvor exorziert hatte, wohlwollend bis euphorisch, teils mit versteckten, teils mit offenen Hinweisen auf Gaßners (mißlungene) Kuren, kommentiert. Dennoch blieb Mesmers Popularität weit hinter der Gaßners zurück. An keinem seiner »Kurorte« kam es zu Menschenaufläufen. Die Anzahl der Kuren, die er durchführte, machte nur einen Bruchteil der Quantität aus, die Gaßner tagtäglich zu bewältigen hatte. Schaulustige fehlten nicht völlig, ihre Zahl hielt sich aber in Grenzen. Das Schauspiel, das er bot, nahm sich gegenüber Gaßners Darbietungen bescheiden, bieder aus.

Und selbst sein publizistischer Erfolg war kein eigenständiger, sondern abgeleitet, abhängig von Gaßners Popularität. Ohne Gaßners Exorziationen, das wurde spätestens nach deren Erledigung deutlich, war Mesmers Magnetismus nichts. Seine Gegner wurden wieder offensiv, seine Anhänger rar, seine Presse schlecht. Gaßners Kuren waren nicht mehr länger falsch verstandener Magnetismus, sondern Mesmer eine Art Krypto-Exorzist.[54]

Ein ähnliches Phänomen zeigte sich, zeitlich verzögert, hinsichtlich der empirisch ausgerichteten (Stahl)Magnetopathen: Man fiel nicht über sie her, aber es wurde stiller um sie, und gegen Ende des Jahrzehnts hatten auch sie ausgedient. Ohne die Furcht der Aufklärer vor einem Rückfall in präaufklärerische Zeiten konnten beide – der animalische und der mineralische Heilmagnetismus – nicht bestehen. Auch die Empirie oder Erfahrung hatte ausgespielt. Ihre Neuauflage war ebenso Mittel gegen Mesmers Ausgreifen ins Unwägbare gewesen, wie die zeitweilige Akzeptation von dessen Fluidum Instrument gegen Gaßners Dämonen war. Das jeweils größere Übel wurde mit dem je kleineren bekämpft und innerhalb von vier bis fünf Jahren zum Verschwinden gebracht, jedenfalls auf der Erscheinungsebene.

---

52 Anonym: Schreiben aus München, in: Reuss (Anm. 39), S. 96.
53 Vgl. Allg. dt. Bibl. 27 (1776), 2. St., S. 624f.
54 Vgl. Klinkosch (Anm. 45), 1. Seite (nicht pag.); Tetens (Anm. 43), S. 116.

Was blieb, waren die Kranken im allgemeinen und die Nervenkranken im besonderen. Mochten die tieferen Ursachen für Gaßners Popularität auch weltanschaulich bedingt sein, die konkreten Anlässe für den massenhaften Zulauf waren nicht metaphysische Probleme, sondern physische, auch psychische. Das achtzehnte Jahrhundert war nicht nur das der Aufklärung, es war auch das der Nervenaffektion, der Hypochondrie, der Hysterie, der Konvulsion, der Vapeurs, des Spleen, der Besessenheit in mehrerer Hinsicht. Dank der »Empfindsamkeit« und der Empfindlichkeiten, die sie mit sich brachte, fanden sich immer mehr, die darunter litten: ein wachsendes Potential für kommende Wundertäter, für Scharlatane, wenigstens für Mode-Ärzte mit extraordinairen Heilmethoden.

Trotzdem, es waren nicht die hilfesuchenden Kranken, auch nicht die Nervenkranken, die die Mode diktierten, den Zeitgeist bestimmten. Sie waren eher dessen Opfer. Wer sich mit seinem Konzept – auf welchem Gebiet auch immer – durchsetzen wollte, brauchte Anhänger, deren Motive jenseits derartig persönlicher Betroffenheit lagen, und deren Einfluß insbesondere weit über den jener hinausging. Mesmers »animalischem Magnetismus« fehlte es in den 1770er Jahren noch an Resonanzboden. Dies lag zum einen am, ungeachtet aller Imponderabilien, die es enthielt, doch noch nüchternen Charakter dieses Konzeptes; zum anderen am nicht unerheblichen Gesinnungsdruck, der seitens derer, die über die Druckerpressen verfügten, ausgeübt wurde. Unter den Journalisten und Verlegern der meistgelesenen Zeitschriften (und nur die zählten, da sie es waren, die die Verbreitung einer Idee oder eines Konzeptes förderten oder eben verhinderten) fanden sich keine Anhänger im eigentlichen Sinne. Für die kurzzeitige begeisterte, oder vielmehr dankbare Anhänglichkeit waren opportunistisch-pragmatische Erwägungen maßgebend. Man praktizierte im Bereich der Wissenschaft das, was man auf anderem Feld Realpolitik zu nennen pflegt. Eigentliche Zweifler, Schwankende, lassen sich auch nicht ausmachen – sicher waren ihm nur die Gegner.

Mesmer ging, sein Magnetismus kam französisch verfeinert und metaphysisch veredelt wieder, und die Rezeption nahm einen anderen Verlauf.

Sein theoretisches (materialistisch-mechanistisch fundiertes) Konzept hat Mesmer auch während seines Frankreichaufenthaltes beibehalten, er veränderte jedoch seine Praxis in einigen Punkten bzw. erweiterte sie um einige Elemente: Erstens ging er von der aufwendigen Individualbehandlung über zur Gruppentherapie am Baquet, jenem der »Leydener Flasche« nachempfundenen Gesundheitszuber, in dem das Fluidum gesammelt, konzentriert und, an den Spitzen der rings aus dem Baquet ragenden Eisenstäbe austretend, direkt auf den jeweiligen Krankheitsherd der Leidenden gelenkt wurde. Die kreisförmig um diesen Fluidumsakkumulator gruppierten Rezipienten waren ihrerseits durch ein Seil miteinander verbunden (oder stellten die Verbindung selbst, sich gegenseitig an Daumen und Zeigefinger anfassend, her), waren also nicht nur Empfänger des Fluidalstroms, sondern fungierten auch als dessen Leiter, was zur Gleichmäßigkeit seines Flusses durch *alle* Personen beitrug. Nur einzelne wurden noch, je nach Bedarf (denn zum einen war nicht jeder in gleichem Maße magnetisch sensibel, zum anderen die fluidale Harmonie nicht in jedem

Körper im gleichen Ausmaß gestört), von Mesmer persönlich – wie es heißt mit einem Spanischen Rohr[55] – zusätzlich magnetisiert; zweitens fanden die »traitments« grundsätzlich unter musikalischer Begleitung statt. Musik galt Mesmer allgemein als Verstärker des Fluidalstromes, ganz besonders aber die sphärischen Klänge, die er der Glasharmonika (in Wien schon war er als Virtuose auf diesem Instrument bekannt) zu entlocken wußte; drittens ließ er einen sog. Krisensaal, ein mit Matratzen ausgelegtes Zimmer, einrichten, in den die in kritische Konvulsionen Geratenen für die Dauer ihres Paroxysmos gebracht wurden; viertens nahm der »animalische Magnetismus«, der anfangs vor allem bei Nervenkranken eingesetzt wurde, im Laufe der Zeit den Charakter eines Universalmittels an. Eine konsequente Entwicklung: da nach Mesmer Krankheit ausschließlich durch Disharmonie des Fluidalstroms verursacht sein konnte, konnte es auch nur einen Weg zur Wiederherstellung des Kranken geben – eben die Wiederherstellung der fluidalen Harmonie.

Entscheidend aber für die weitere Entwicklung und Verbreitung des Heilmagnetismus oder Mesmerismus (wie Mesmers Heilsystem in Frankreich und vereinzelt auch in Deutschland bereits in den 1780er Jahren genannt wurde) war die Selbstorganisation der Magnetiseure. Entsprechend der seinerzeit üblichen Organisationsformen – Gesellschaften, Logen, Geheimbünde – gründeten Mesmers Schüler die »Société de l'Harmonie«: Ort der Zusammenkunft, Lehrinstitut und Behandlungszentrum in Einem. Affiliationen folgten und bald auch Neugründungen seitens der Schismatiker. Die Existenz der ersten Société von und für Magnetiseure verschaffte diesem neuen Berufszweig nicht nur die Möglichkeit freier Entfaltung, geschützt vor gegnerischer Repression (wie sie seitens der Pariser Akademie der Wissenschaften, der Königlichen Medizinischen Gesellschaft und der Medizinischen Fakultät bereits erfolgt und weiterhin zu erwarten waren), sondern bot eben deshalb Mesmers Schülern den (unbeabsichtigten) Vorteil, sich allmählich von ihrem Meister zu lösen; die reglementierte und reglementierende Organisation förderte gewissermaßen qua Abhängigkeit die Emanzipation ihrer Mitglieder. Einer der ihren war Marquis de Puységur[56], dessen hauptsächliche Leistung in der Folgezeit darin bestand, das Erscheinungsbild der magnetischen Krisis verändert, ja veredelt zu haben: nicht mehr in mindestens ästhetischer Hinsicht problematischen Verzerrungen der Gesichtszüge und manchen gar obszön anmutenden konvulsiven Zuckungen der Extremitäten und halbkreisförmig verbogenen Leibern zeigte sie sich jetzt, im Gegenteil: jetzt verklärte sich die Physiognomie eines in die kritische Phase Geratenen – er schlief scheinbar, war aber wach, somnambulierte, sagte Weises und weissagte. Eine weitere, eher praktische Neuerung war

---

55 Derartige Besonderheiten – wie auch die Angabe, daß Mesmer statt der für Ärzte üblichen schwarzen Kleidung Purpur oder Lila getragen habe – finden sich nur in Anti-Mesmeriana beschrieben, so z.B. in Anonym: Der gerechtfertigte Mesmer, Frankfurt 1785, S. 4, 37f. und 51.

56 Die drei Brüder de Puységur zählten sämtlich zu Mesmers Schülern; am bekanntesten wurde Amand-Marie-Jacques de Chastenet, Marquis de Puységur (1751–1825), Artillerieoffizier, Gründer der »Société Harmonique des Amis Réunis« in Straßburg und Entdecker des »künstlichen Somnambulismus«.

die Substituierung des sperrigen Baquets durch Bäume, wodurch der Magnetiseur beweglicher wurde: kamen die Patienten nicht zu ihm, dann eben er zu ihnen; Bäume wuchsen überall, auch jenseits der Rheingrenze. 1786 zog der Heilmagnetismus wieder in Deutschland ein.

Über welche Wege er sich ausbreitete[57], soll hier nicht dargelegt werden, auch von den Behandlungsmethoden, die sich in einigem von den in Frankreich vornehmlich praktizierten unterschieden, sei nur so viel erwähnt: Man gab hier der Individualbehandlung (die im wesentlichen in den sog. magnetischen Strichen bestand, die der Magnetiseur mit seinen Händen in geringer Distanz zum Körper des Patienten und stets von oben nach unten durchführte[58]) gegenüber der Gruppenbehandlung den Vorzug, kreiste also in Deutschland weit seltener als im Nachbarland um irgendwelche Bäume, auch fand die musikalische Begleitung nicht den Anklang wie in Frankreich; der Somnambulismus aber spielte hier eine sehr große Rolle, und eine größere noch seine Spezialform: die Clairvoyance.

Als der Heilmagnetismus nach Deutschland reimportiert wurde, fand er eine von jener der 1770er Jahre verschiedene mentale Situation vor: Die Aufklärer hatten sich in zwei Parteiungen gespalten – in die der Orthodoxen (später auch Nicolaiten und Berlinisten genannt[59]) und die der Faustischen, der Stürmer und Dränger, zwischen denen die Moderaten, die im vorigen Jahrzehnt den Ton angegeben hatten, zerrieben wurden. Zuviel hatten die auf Sicherheit bedachten Aufklärer Nicolaischer Prägung ausgegrenzt: voran die Leidenschaften und ihre jeweiligen Ausdrucksformen. Es wurde belehrt statt gelebt oder gar geliebt. Da war kein Aus-sich-Herausgehen und kein Sich-Einlassen. Ihre Kinder, die Aufklärer der zweiten Generation, denen das mokante Grinsen Voltaires nichts mehr gab, machten sich von gewissen Verhaltungen frei. Und reichte es nicht zum hemmungslosen Gelächter, so doch zum ungehemmten Tränenfluß. Man hielt sich an Rousseau, gab dann, dank Goethes Vorbild »Werther«, auch der je eigenen Empfindsamkeit eine heroische Wendung und ließ diese dann in den Geniekult münden, der sich in den 1780ern Bahn brach. Man glaubte an sich, an seinen Geist, der, sich innerhalb der von den orthodoxen Aufklärern gezogenen Grenzen aufzuhalten, nicht mehr bereit war. Die Sehnsucht nach Transzendenz griff um sich und zog immer weitere

---

57 Zur Ausbreitung der magnetistischen Bewegung in den 1780er Jahren in Deutschland vgl. Ego (Anm. 46), S. 163 ff.
58 Zu den Methoden der Individualbehandlung nach Krankheiten geordnet, vgl. Franz Anton Mesmer (Hg. Caullet de Veaumorel): Lehrsäzze des Herrn Mesmer's so wie er sie in den geheimen Versammlungen der Harmonia mitgeteilt hat, Strasburg 1785, Sätze 101 ff. und 330 ff.; die hier noch zu findende Vielfalt, die auch sog. magnetische Griffe einschloß, wurde in Deutschland allerdings weitgehend auf die sog. magnetischen Striche reduziert.
59 Die Begriffe tauchen erstmals in den Jahren 1786 und 1788 auf, so z. B. als Buchtitel: Der Berlinismus oder Freundschaftsgespräch über Doktor Stark und seine Gegner, Templin und Ephesus 1788; In der »Mainzer Monatsschrift für geistliche Sachen« (1786) wird erstmals die Bezeichnung »Nicolait« gebraucht, vgl. Richard van Dülmen: Antijesuitismus und katholische Aufklärung, in: Historisches Jb, 89 (1969), S. 73.

Kreise. Die Potentiale des Möglichen waren längst noch nicht ausgereizt (das Luftschiff, gestern undenkbar, heute 400 Fuß hoch dahintreibend, könnte morgen schon auf dem Mond landen) und die Möglichkeiten der Erkenntnis noch längst nicht ausgeschöpft: was mit den fünf Sinnen nicht zu erfassen sei, werde durch den sechsten offenbart. Der »animalische Magnetismus« war willkommen, produzierte er doch die somnambulen Clairvoyanten, die sowohl in sich selbst als auch in andere hinein, sowohl in die Ferne als auch in die Zukunft zu sehen vermochten, die sowohl die irdischen Arkana entdeckten als auch das Mysterium der Trinität entschlüsselten[60], je nach Grad eben, den ihre magnetische Exaltation erreichte; und letzteres war wiederum vom Magnetiseur abhängig, insbesondere davon, ob er den Magnetismus in erster Linie als Heilmittel betrachtete oder den Magnetisierten als Medium, das Einblick in Gottes und der Welt Geheimnisse gewährte.

Die orthodoxen Aufklärer reagierten im Schulterschluß: nicht allein auf den Magnetismus, sondern auf alle ihrer Weltanschauung zuwiderlaufenden Zeiterscheinungen, wobei Unterschiedlichstes – vom wiedererstandenen Alchymisten über die Somnambule, den Geisterevokateur bis zum neuhinzugekommenen Automatenkonstrukteur – amalgamiert wurde. Vor allem aber tauchte der Magnetismus/Somnambulismus in Verbindung mit sog. Geheimen Orden und Umsturzversuchen auf; nicht nur in Deutschland, auch in Frankreich, doch löste der Vorwurf des Umsturzversuches in beiden Ländern verschiedene Assoziationen aus: in Frankreich dachte man an Jakobinismus und Sansculotterie und auf seinem Antillenbesitz San Domingo an Sklavenbefreiung, in Deutschland aber – und da mochte beim Nachbarn und in seinen Kolonien geschehen was wollte[61] – galt der Magnetismus den Magnetophoben als Inkarnation des Rückschritts: In ihm traten der Jesuitismus, der Papismus, die Möncherei, die Rosenkreuzerei in neuer, nicht für jeden erkennbarer Gestalt auf.[62] Emissäre, ausgesandt von und im Autrag ihrer unbekannten Oberen, waren es, die Unaufgeklärtheit, Dummheit und Aberglauben ihrer Opfer ausnutzend, mit ihren Taschenspielerkünsten auftraten, Krankheiten zu heilen vorgaben und so die Hilfesuchenden um ihr Geld, ihre Gesundheit, gar ihr Leben brachten und

---

60 So z.B. die Somnambule Stamm in der Société Harmonique, deren Darlegungen in einer gekürzten und einer vollständigen Fassung anonym auf den Markt kamen, letztere unter dem Titel: Gott, der Mensch und die Natur, ein philsophisches Gemählde einer Somnambule, London 1788.
61 Die Verbindung zwischen Magnetismus und Revolution war in Deutschland sowohl hinsichtlich Frankreichs als auch St. Domingos bekannt, vgl. Medicinisches Wochenblatt 8 (1787) S. 256; Berlinische Monatsschrift 16 (1790), S. 217; zum Zusammenhang von Mesmerismus und Französischer Revolution vgl. auch Robert Darnton: Der Mesmerismus und das Ende der Aufklärung in Frankreich, München und Wien 1983, S. 70 und 95ff.
62 Die magnetischen Gesellschaften waren zwar keine Geheimbünde, die Société Harmonique veröffentlichte sogar ihre Behandlungsprotokolle, dennoch vermutete man hinter dieser Organisation das Wirken geheimer Orden, vorzüglich das der Jesuiten; ja, einer wollte sogar in den »magnetischen Strichen« eine geheime Botschaft in Gestalt eines Druden- oder Alpfußes ermittelt haben, vgl. Deutsche Zeitung für die Jugend und ihre Freunde, Gotha, 4 (1787) S. 138 und 197.

– soweit es sich um weibliche Somnambule handelte, und um solche handelte es sich vor allem – um ihre Tugend. Oft genug freilich suchten diese Frauen, gelangweilte Damen der Gesellschaft ebenso wie arbeitsscheue Mägde, den magnetisierenden Betrüger nicht zuletzt zu eben diesem Zweck auf.[63] Die Kritiker verlegten ihre je eigenen Phantasien in die Magnetiseure und ließen die Somnambulen ihre Wünsche erfüllen: Der Geldgier des Magnetiseurs stand die Geltungssucht der weiblichen Magnetisierten gegenüber, der Geilheit der ersteren die Wollust der letzteren, der Taschenspielerei der ersteren die vorgetäuschten Krankheiten der letzteren, dem aktiven Betrüger die passive Betrügerin, die sich gegenseitig, vielleicht auch sich jeweils selbst, auf jeden Fall aber das Publikum hintergingen. Damit diesem die Augen geöffnet würden, verfaßte man pragmatische und fiktive Texte, Anekdoten, Satiren und belehrende Theaterstücke, verfängliche Séancen wurden in Kupfer gestochen und in Berlin zur Karnevalszeit sogar eine Maskerade veranstaltet, die vorführte, um wen es sich bei den Magnetophilen handelte[64]: Dem Maskenzug voran schritt die als Torheit personifizierte, in Straßburg von Puységur gegründete »Société Harmonique des Amis Réunis«, also jene magnetistische Gesellschaft, die den Re-Import des Magnetismus nach Deutschland zu verantworten hatte; ihr folgte der Magnetiseur, Mesmer, hinter dem ein Baquet hergetragen wurde. Dieser Vorhut nun schlossen sich an: ein Geistlicher, ein Pilger, eine Nonne, zwei Straßburgerinnen in Nationaltracht, eine Spanierin, ein Prokurator und ein Jude mit lahmem Fuß. In diesem Zug sind bereits die meisten der Feindbilder der orthodoxen Aufklärer und Magnetismus-Gegner versammelt: Vorweg ein Vertreter des katholischen Klerus, hintan, als letztes Glied der korrupten Menschenkette, der betrügende Kranke, dessen Hinterlist doppelt signifikant ist: als Lahme gaben sich seit jeher die Almosenerschleicher aus, war diese Art von Täuschung doch eine wenig aufwendige – und waren es keine Juden, so benahmen sie sich wenigstens wie solche. Zwischen ihnen fanden sich Subjekte, die nicht weniger arbeitsscheu und der Menschheit kaum weniger gefährlich als jene beiden waren: ein Wallfahrer, der heimisches Geld in fremdes Land verschleppte und an die nach Straßburg Reisenden erinnern sollte, an der Hand eine Betschwester, da die Frömmigkeit zweisam leichter zu ertragen war; sodann Frauen wie man sie in der Straßburger Société allenthalben, ihre Zeit und Langeweile vertreibend, fand; die Spanierin wiederum stand für den spanischen Katholizismus und vor allem dessen Inquisition, möglicherweise vertrat sie zudem noch die Loyoliten; und schließlich – nicht zufällig in der Nähe des »Kranken« positioniert, denn er wird, sobald der Prozeß der Magnetisation beginnt, protokollieren – der Prokurator. Er trug Sorge weniger für den ordnungsgemäßen Ablauf des Geschehens, als vielmehr dafür, daß auch jedes

---

63 Sowohl in Kupferstichen wie in Druckerzeugnissen von Magnetismus-Gegnern spielten Geld, Sex und Tod die wichtigste Rolle, so z. B. in S. G. Presser: Fräulein von Arnsheim oder das magnetisirte Mädchen; Frankfurt und Leipzig 1788, einem Roman, in dem es im Laufe einer Magnetisation zu Gravidität, Abortus, Exitus der Magnetisierten kommt, vgl. ebd. S. 75 f.
64 Vgl. Berlinische Monatsschrift 11 (1788) S. 183.

Wort des in die magnetische Krise gefallenen und daher divinierenden »Kranken« aufgezeichnet und der Welt bekannt gemacht wurde. Er – und gleich ihm jeder magnetisierende und seine Protokolle veröffentlichende Arzt[65] – diente der magnetistischen Gesellschaft und ihren geheimen Oberen und verborgenen Interessen.

Furcht vor der Einbuße der eigenen ideologischen Vorherrschaft und, komplementär dazu, Furcht vor dem Wiedererstarken des Katholizismus, seiner Orden und seines Klerus, so scheint es, hat die Gegner des Heilmagnetismus und anderer unorthodoxer Zeiterscheinungen mobilisiert. Und dies, obgleich katholische Geistliche unter den Magnetiseuren kaum, und schon gar nicht unter den Neo-Swedenborgianern, Böhmisten, Alchymisten anzutreffen waren. Ja, die Römische Kirche ging sogar ihrerseits gegen dieselben Phänomene, gegen dieselbe Zeitströmung vor wie die orthodoxen Aufklärer. Sie reagierte nur schneller und arbeitete meist effizienter: Schriften, deren Verbot die Aufklärer verlangten, fanden sich bereits auf dem *Index librorum prohibitorum*.[66] Cagliostro, der Geisterevokator, Diamantenvergrößerer, Magnetiseur, Logen- und Adoptionslogengründer sowie »päpstlicher Emissär« und »Jesuit«[67], wurde in Rom interniert, nicht im protestantischen Kurland.

Die Unterstellung, hinter den Magnetiseuren, Pneumatologen etc. stünden der päpstliche Stuhl und sein gefährlichster Orden, die im geheimen weiterexistierende Gesellschaft Jesu, war mithin eher taktischer Natur, als daß sie realer Furcht entsprungen wäre. Man hoffte, die Protestanten damit um so eher davon abbringen zu können, sich diesen Modeerscheinungen anzuschließen; ebenso wie man mit der Behauptung, nur Mägde ließen sich magnetisieren, Frauen von Stand davon abhalten wollte, ebenfalls solche Hilfe in Anspruch zu nehmen; und mit der Unterstellung, nur Frauen zeigten sich für jenes sog. magnetische Fluidum empfänglich, insbesondere erreichten nur sie jenen kritischen Zustand des Somnambulismus (ungeachtet der Tatsache, daß Puységurs erster Somnambule ein Mann war), die ganze Angelegenheit als grundsätzlich unmännlich, mithin unvernünftig – weibisch eben – hinzustellen suchte, um sie gänzlich zu diskreditieren. Auch die sexuellen Anspielungen, die sich in den

---

65 Als Diskussionsforum für Magnetiseure in Deutschland wurde 1787 vom Karlsruher Physik- und Mathematikprofessor Johann Lorenz Böckmann das: Archiv für Magnetismus und Somnambulismus, Strasburg 1787–1788, ins Leben gerufen, in dem vor allem Behandlungsprotokolle veröffentlicht wurden. Zu Funktion und Inhalt der Behandlungsprotokolle siehe den folgenden Beitrag in diesem Band von Jürgen Barkhoff: Magnetische Fiktionen. Darstellungsformen von Leib und Seele in Fallgeschichten des Animalischen Magnetismus.
66 So z. B. Nostradamus' »Propheties«, Cagliostros »Maconnerie Egyptienne«, Mr. Beams »Mémoires authentiques pour servir à l'histoire du Comte de Cagliostro«, vgl. dazu Historisches Portefeuille. Hg. Karl Renatus Hausen; 5 (1786) S. 519f.; auch Franz Heinrich Reusch: Der Index der verbotenen Bücher; Bd. 2; Bonn 1885 (Ndr. Aalen 1967), S. 187f. und 803.
67 Vgl. z. B. Friedrich Nicolai: Vorwort zu: Charlotta Elisabeth Konstantia von der Recke: Nachricht von des berühmten Cagliostro Aufenthalte in Mitau; Berlin und Stettin 1787; Frankfurter gelehrte Anzeigen. Hg. v. Joh. H. Merck, Joh. Georg Schlosser, Karl Fr. Bahrdt; 19 (1790) S. 459; u. a.

meisten Darstellungen magnetischer Szenen finden, dienten in erster Linie dem Ziel, ehrbare Frauen vom Magnetiseur – genauer: vorsichtige Ehemänner dazu anzuhalten, jene von diesem fernzuhalten. Dennoch, sowenig die dargestellten Séancen dem tatsächlichen Ablauf magnetischer Sitzungen entsprachen, steckte hinter diesen Warnungen eine reale Angst: Da war nicht nur dieser »Rapport«, die jeder erfolgreichen Magnetisation vorausgehende Übereinstimmung zwischen Magnetiseur und Magnetisierter, da war auch noch die »Manipulation«, dieses »Handhaben, Einkrabbeln und Befingern«[68], und die führte zur »Desorganisation«, zur »Entsinneswerkzeugung, Sinneskraftberaubung«, zur »Entmenschung«.[69] Es war diese Entfesselung, diese Enthemmung, die unkontrollierbare Leidenschaft, von den empfindsamen Romanschriftstellern vorbereitet und nun während der magnetischen Sitzungen durch die »Desorganisation« des Nervensystems vollends durchbrechend, die man fürchtete, und die, sich zunächst nur bei einzelnen zeigend, bald schon alle erfassen könnte. Daß ausgerechnet während der und durch die Desorganisation dessen, was dem denkenden Menschen eigen ist (ein funktionierendes Nervensystem mit vigilantem Cerebrum), die Fähigkeit zur Transzendenz erreicht, durch sie die von den Aufklärern festgesetzte Erkenntnisgrenze gesprengt werden sollte, ließ diese Mode nur um so gefährlicher erscheinen. Insofern läßt sich bei den Gegnern des Magnetismus tatsächlich eine Furcht wenn nicht vor dem direkten Wiedererstarken des Katholizismus, so doch vor der Wiederkunft religiösmystischer Sektiererei, die sich der katholische Klerus zunutze machen könnte, ausmachen. Eine Furcht freilich, die sie mit der katholischen Geistlichkeit teilten, daher die uneingestandene und möglicherweise auch ungewußte Zusammenarbeit der orthodoxen Aufklärer und der Römischen Kirche im Kampf gegen die Überflieger.

Ihnen gegenüber standen sie Faustischen, die sich selbst als die eigentlichen Aufklärer und als Avantgarde begriffen, die einen Kulturkampf gegen jene, die sie zur Immanenz und Ignoranz verpflichten wollten, zu führen hatte. Man griff dabei zu jedem Mittel, das die Erkenntnis fördern, das Licht ins Dunkel bringen könnte. Der Heilmagnetismus war nur eines davon; und auch seiner bedienten sich die meisten nur, soweit sich durch ihn Hellsicht evozieren und mit Geistern kommunizieren ließ. Man stützte sich auf Divination, warf sich auf die Aeronautik, Automatik, Alchymie, Pneumatologie; Nostradamus wurde wieder entdeckt, Jacob Böhme gelesen, Swedenborg neu aufgelegt. Der Erkenntnisdrang wurde zum Erkenntniswahn. Allerdings rekrutierte der Heilmagnetismus, da er innerhalb des Außerordentlichen, gegen die Vernunft Verstoßenden noch eine der eher annehmbaren Varianten war, seine Anhänger nicht nur aus den Reihen der Überflieger. Unter den zahlreichen aktiven Ma-

---

68 Vgl. Berlinische Monatsschrift 10 (1787) S. 191.
69 Vgl. ebd., S. 177. Die Begriffe »Manipulation« und »Desorganisation« wurden von Puységur eingeführt, erster meint die Behandlung i. e. S., also die Technik der Ausrichtung und Verteilung des Fluidums, letzterer die Auflösung der festgefügten Struktur disharmonischer Fluidalverteilung, die der Neuorganisation vorausgehen muß.

gnetiseuren fanden sich viele Ärzte und auch medizinische Laien, denen es immer noch in erster Linie um den therapeutischen Nutzen des »animalischen Magnetismus« zu tun war, wenn sie auch das Phämomen des Somnambulismus bestaunten und die Aussagen der Semivigilanten zum Zwecke der Diagnosestellung und weiteren Medikation gern in Anspruch nahmen. Außerdem war da die Masse der Magnetisierten, die in Frankreich zwar weit größer als in Deutschland war, jedoch hier wie dort Personen aus allen Schichten und beiderlei Geschlechts umfaßte. Auch ihnen dürfte es weniger um das kritische Stadium des Somnambulismus (ein Stadium, das bei weitem nicht alle erreichten), als vielmehr um ihre Genesung gegangen sein.

Schwieriger als Anhänger und Gegner lassen sich die Skeptiker fassen und bestimmen, zumal sich der Zweifel aus unterschiedlichen Motiven nährte. Mancher gab sich aus taktischen Erwägungen als Zweifelnder aus, um auf diese Weise um so eher Überzeugungsarbeit leisten zu können: wenn er, ein Skeptiker, gewisse Phänomene gesehen hatte und nicht mehr zu leugnen vermochte, dann mußte an der Sache etwas Wahres sein. Manche Zweifler wiederum gaben sich aus Furcht vor der zu erwartenden Diffamierung als Gegner aus oder schwiegen zumindest. Letzteres läßt sich aus der Menge der magnetisch Behandelten und Behandelnden und der vergleichsweise geringen Zahl derer, die den Heilmagnetismus öffentlich zu verteidigen bereit waren, erschließen. Die Schriftstellerin Sophie von LaRoche bespielsweise, die der neuen Heilart zuerst eher ablehnend gegenüberstand, später aber, in Straßburg, sogar selber magnetisierte, hat sich nie öffentlich dazu geäußert.[70] Der Illuminat Joh. J. Christoph Bode, in intensivem Briefkontakt mit einem Bremer Magnetiseur und Ordensbruder sowie selbst als Fluidumsempfänger und Magnetiseur erfahren, hat sich öffentlich nur selten und zurückhaltend zu Wort gemeldet.[71] Schiller war dem Therpeutikum anfangs sehr zugetan, bekannte sich aber nur in Privatschreiben dazu und ließ sich selbst auch nicht magnetisch behandeln.[72] Einige zeigten sich neugierig und setzten sich selber sogar den magnetischen Manipulationen aus, doch nur, um bezeugen zu können, daß sie nichts verspürt hätten, also zu den Vernünftigen zählten – so Elisa von der Recke.[73] Andere wieder trauten sich nur in fremden und fernen Kulturkreisen, die wohltuende Wirkung des »animalischen Magnetismus« zu spüren, so der Weltreisende Joh. Georg Forster auf Tahiti.[74]

---

70 Vgl. Sophie von LaRoche: Ich bin mehr Herz als Kopf. Ein Lebensbild in Briefen. Hg. v. Michael Maurer; München 1983, S. 278 und 299; zu ihrem Straßburger Aufenthalt vgl. auch Ernst Baumann: Straßburg, Basel und Zürich in ihren geistigen und kulturellen Beziehungen. Aus dem Freundeskreise der Lavater, Pfeffel, Sarasin und Schweighäuser (1770–1810), Frankfurt a. M. 1938, S. 27 und 65.
71 Vgl. Journal des Luxus und der Moden. Hg. v. F.J. Bertuch, G.M. Kraus; Weimar 1788, Mai, S. 153 ff.; dazu auch Ego (Anm. 46), S. 182 ff.
72 Vgl. Friedrich Schiller: Sch's Briefwechsel mit Körner, Theil 3, Leipzig 1859, S. 123 und 131.
73 Vgl. Elisa von der Recke: Aufzeichnungen und Briefe aus ihren Jugendtagen, Bd. 1, Hg. v. Paul Rachel, 2. Aufl., Leipzig 1902, S. 370 f.
74 Vgl. Berlinische Monatsschrift 9 (1787), S. 593.

Furcht vor Diffamierung war das eine, Angst vor dem Unbekannten, Unfaßbaren das andere Moment, das viele davon abhielt, die Wirkungen des Magnetismus an sich selbst zu erproben oder auch nur an anderen zu beobachten. So hatte der innerhalb seines Wirkungskreises, der Poesie, dem Übersinnlichen sonst nicht abgeneigte Goethe nie eine Somnambule sehen wollen. Der Somnambulismus, die neue magnetische Krise, die die Magnetkur für Pneumatologen, Spiritisten und Neo-Mystiker attraktiv machte, war es, die andere abstieß – nicht nur Goethe, auch Herder, der die menschlichen Beziehungen als eine »Art von Emanation des Fluidi nervei, oder was es sonst ist, aus einem Körper in den anderen«[75] begriff und daher auch die Wirksamkeit des Heilmagnetismus nicht bezweifelte, wegen der religiös-mystischen Behandlung des Phänomens aber befürchtete, man werde wohl bald auch die Wunder Christi magnetisch erklären[76], womit er recht behalten sollte.

Mesmers »animalischer Magnetismus« war eben kein bloß zwischenmenschliches Agens, sondern ein ubiquitär wirkendes; sein Begründer machte den Menschen zum Teil des Kosmos, indem er ein Kontinuum herstellte durch stetige Verfeinerung der Materie bis hin zum Unwägbaren ... Flüchtigen, das innerhalb der Grenze nicht blieb und bleiben konnte, die sein Schöpfer, Mesmer, ihm angewiesen hatte. Seine Warnung, die er am Ausgang des Jahrhunderts an die »Metaphysiker« adressierte:

> »Möchten doch sie mich ohne Vorurtheil lesen und je früher, je besser anerkennen, daß alles durch mechanische, in der Natur aufgefundene Gesetze erklärlich sei, und daß alle diese Erscheinungen zu den Modifikationen der Materie und der Bewegung gehören.«[77]

verhallte ungehört. Die Entwicklung war längst über ihn weggeschritten.

---

75 Schiller an Körner über ein Gespräch mit Herder, in: Schiller (Anm. 72) Bd. 1, S. 296; vgl. auch Johann Gottfried Herder: Ideen zur Philosophie der Geschichte der Menschheit, 2. Th., Riga und Leipzig 1786, S. 109.
76 Vgl. Brief Herders an Müller, in: Protestantische Monatsblätter für innere Zeitgeschichte, Bd. 14, Hg. v. Heinrich Gelzer; Gotha 1859, August-Heft, S. 114.
77 Franz Anton Mesmer: Ueber meine Entdeckungen und den thierischen Magnetismus überhaupt, Jena 1800, S. 47f.

Darstellungsformen von Leib und Seele in Fallgeschichten des Animalischen Magnetismus

JÜRGEN BARKHOFF (Essen)

»Materialien für die Anthropologie« nennt Eberhard Gmelin, der frühe Pionier des tierischen Magnetismus, die 1791 und 1793 in zwei Bänden veröffentlichten Fallberichte seiner Magnetkuren, mit denen er seine umfangreichen, schon 1787 auf dem Gipfel der ersten Magnetismuswelle in Deutschland begonnenen Publikationen zum Thema abschließt.[1] Gmelins Arbeiten stellen den ersten Höhepunkt einer für die magnetistische Bewegung spezifischen Textsorte dar: der Fallgeschichte zur Thematisierung und Dokumentation der Wirkungen des tierischen Magnetismus und insbesondere der Grenzerfahrungen der somnambulen Zustände, die durch die romantische Blütezeit hindurch und bis in die Überführung des Mesmerismus in die metaphysisch-spiritualistisch überformte Spätphase hinein in Sammlungen und Periodika Tausende von Seiten füllen.

Wie gegenseitige Bezugnahmen und Kommentierungen vielfach belegen, waren diese Fallgeschichten für die Selbstdarstellung und Selbstverständigung der Praktiker und Anhänger des animalischen Magnetismus über dessen verschiedene Konjunkturen und Strömungen hinweg von großer Bedeutung. Trotz dieser Funktion mögen sie als spezialisierte und entlegene Textsorte erscheinen und sind entsprechend auch innerhalb der anwachsenden Forschung zum Mesmerismus noch weitgehend unausgewertet; sie weisen aber zugleich

---

[1] Eberhard Gmelin: Materialien für die Anthropologie. Bd. 1. Tübingen 1791. Bd. 2. Heilbronn, Rotenburg ob der Tauber 1793. Bd. 2 hat als zweiten Titel: Untersuchungen über den Thierischen Magnetismus und über die Einfache Behandlungsart, ihn nach gewissen Regeln zu leiten und zu handhaben. Im folgenden im Text zitiert: (G = Gmelin, M = Materialien 1 = Bandzahl, Seitenzahl). Zuvor waren von Gmelin erschienen: Eberhard Gmelin: Ueber Thierischen Magnetismus. In einem Brief an Herrn Geheimen Rath Hoffmann in Mainz. Tübingen 1787; ders.: Ueber den Thierischen Magnetismus. Zweytes Stück. Tübingen 1787; ders.: Neue Untersuchungen über den Thierischen Magnetismus. Tübingen 1789. Gmelin war auch einer der Hauptbeiträger zum ersten magnetistischen Periodikum: Böckmanns Archiv für Magnetismus und Somnambulismus. 1.–8. Stück. Straßburg 1787f. Zur deutschen Rezeption bis 1800 jetzt ausführlich: Anneliese Ego: Animalischer Magnetismus oder Aufklärung. Eine mentalitätsgeschichtliche Studie zum Konflikt um ein Heilkonzept im 18. Jahrhundert (= Epistemata, Bd. 68). Würzburg 1991; zur Magnetismuswelle um 1787 bes. S. 163–220.

über den *inner circle* der magnetistischen Bewegung hinaus: Wenn Gmelin seine wichtigste Sammlung *Materialien für die Anthropologie* überschreibt, so geschieht dies zwar teilweise, weil er, wie er in der Vorrede sagt, angesichts der heftigen Kontroversen um den Magnetismus mit diesem neutralen Titel erreichen will, »daß gewiße Dilettanten des hier abgehandelten Gegenstandes darauf nicht aufmerksam [...]« (G, M 1, III) werden, zugleich markiert er aber einen tieferen Sachverhalt: In ihrer Versprachlichung von Körperwahrnehmungen und den Erfahrungen physisch-psychischer Wechselwirkungen stellen sie wichtige Quellen dar, die in einzigartiger Weise den anthropologischen Leib-Seele Diskurs ergänzen und veranschaulichen.

Um nur die neben Gmelins Sammlung wichtigsten Quellen zu nennen: Die umfangreichen Erfahrungsberichte des aufgeklärten Arztes Arnold Wienholt, der auf Initiative von Lavater 1787 in Bremen die erste Behandlung einer somnambulen Patientin in Deutschland durchführte und in der Folge das norddeutsche Pendant zum Heilbronner Stadtarzt Gmelin darstellte, wurden im Nachhinein und zum Teil posthum zwischen 1802 und 1806 in drei Teilen und fünf Bänden veröffentlicht.[2] Im Kontext der romantischen Medizin waren es dann vor allem die Fachzeitschriften, die Fallgeschichten wiedergaben, so das von den romantischen Naturphilosophen Carl August von Eschenmayer, Dietrich Georg Kieser und Friedrich Nasse zwischen 1817 und 1824 in 12 Bänden herausgegebene *Archiv für den Thierischen Magnetismus*, und die von Karl Christian Wolfart, dem Herausgeber von Mesmers Spät- und Hauptwerk, zwischen 1818 und 1823 in fünf Bänden besorgten *Jahrbücher für den Lebens-Magnetismus oder Neues Asklaepieion*.[3] Typologisch ist schließlich auch noch Kerners Darstellung seiner ersten Begegnungen mit somnambulen Phänomenen, die *Geschichte zweyer Somnambülen*[4] von 1824 diesen ärztlichen Fallgeschichten zuzurechnen, wobei sie gleichzeitig einen Schluß- und Umschlagpunkt markiert.

Die Struktur dieser Beschreibungen ist, bei noch zu diskutierenden sich signifikant verschiebenden Schwerpunkten, recht konstant. Der Arzt dokumentiert eine Heilbehandlung mit Hilfe des animalischen Magnetismus. Er gibt eingangs eine Symptombeschreibung, erwähnt die bisherige Krankheitsgeschichte und legt dar, warum der Magnetismus als erfolgversprechendes (letztes) Heilmittel eingesetzt wurde. Von da an wird mehr oder weniger protokollartig Sitzung um Sitzung dokumentiert, um die somatischen und psychischen Wirkungen des Magnetismus zu beschreiben, das Verschwinden alter

---

2 Arnold Wienholt: Heilkraft des Thierischen Magnetismus. 3 Tle. Lemgo 1802–1806.
3 Carl August von Eschenmayer, Dietrich Georg Kieser, Friedrich Nasse (Hg.): Archiv für den Thierischen Magnetismus. 12 Bde. Halle, Leipzig 1817–1824; Karl Christian Wolfart: Jahrbücher für den Lebens-Magnetismus oder Neues Asklaepieion. Allgemeines Zeitblatt für die gesammte Heilkunde nach den Grundsätzen des Mesmerismus. 5 Bde. Leipzig 1818–1823.
4 Justinus Kerner: Geschichte zweyer Somnambülen. Nebst einigen andern Denkwürdigkeiten aus dem Gebiete der magischen Heilkunde und der Psychologie. Karlsruhe 1824. Im Text zitiert: (K = Kerner Seitenzahl).

und das Entstehen neuer Symptome zu verzeichnen, Beschwerden und Anfälle zu schildern. Zumeist werden auch andere medizinisch relevante Fakten, die Gabe von Medikamenten etc. erwähnt. Mit dem Einsetzen des Schlafwachens verschiebt sich dann der Schwerpunkt der Darstellung auf die Aussagen der Somnambulen: ihre Autodiagnose und Autotherapie. Das Interesse gilt darüber hinaus den weitergehenden unerklärlich-›übernatürlichen‹ Phänomenen: den Prophetien, dem telepathischen Gedankenlesen im magnetischen Rapport etc. Vielfach werden die Probandinnen auch regelrechten Versuchsreihen unterworfen: es geht um Metallfühligkeit, die sympathetische (Un)Verträglichkeit verschiedener Personen, das Unterscheiden magnetisierten Wassers, das Erkennen von auf die Herzgrube gelegten Spielkarten, die Erzeugung von partieller Anästhesie oder Katalepsie etc. Schließlich wächst im Laufe der romantischen Karriere des Mesmerismus zunehmend das Interesse an den metaphysischen ›Divinationen‹, den ›Offenbarungen‹ über das Jenseits und die Geisterwelt.

In dieser Textsorte überschneiden sich verschiedenste Diskurse und Wissensformen: Medizinische Fachwissenschaft und volkstümliche Heilkunde, Anthropologie, Psychologie, Theologie. Zur Spezifik der Fallgeschichten gehört aber auch eine literarische Komponente. Dies hängt mit dem grenzensprengenden Charakter der magnetischen Phänomene zusammen: Die Darstellung der Exaltationen der somnambulen Zustände, die Symbolik ihrer rätselhaften Ekstasen und die Dynamik ihrer clairvoyanten Visionen übersteigen notwendig die auf Exaktheit, Sachlichkeit und Reproduzierbarkeit angelegte Textsorte der medizinischen Krankengeschichte und ihre empirisch-nosographischen Beschreibungsverfahren. Die Fallgeschichten des animalischen Magnetismus sind Beispiele einer Diskursvermischung, in der das wissenschaftliche Sprechen über den ›ganzen Menschen‹ in seinen inkommensurablen Anteilen narrative und metaphorische Elemente braucht und nutzt.[5] »Magnetisches Dichtungsvermögen«[6] nennt denn auch von Eschenmayer in einer expliziten Parallelisierung mit der poetischen Phantasie das bilderschaffende Potential der somnambulen Zustände. Indem die Funktion dieses magnetischen Dichtungsvermögens auch aus seinen formalen Aspekten heraus bestimmt werden soll, können die Fallgeschichten auch das Interesse und die Zuständigkeit des Literaturwissenschaftlers beanspruchen über den bekannten Sachverhalt hinaus, daß das in ihnen zu Tage tretende semiotische Archiv des Mesmerismus einen

---

5 Zu literarisierenden Tendenzen in der Psychologie bzw. Medizin der Zeit siehe die anregenden Arbeiten: Werner Obermeit: »Das unsichtbare Ding, das Seele heißt«. Die Entdeckung der Psyche im bürgerlichen Zeitalter. Frankfurt/M. 1980; Rita Wöbkemeier: Erzählte Krankheit. Medizinische und literarische Phantasien um 1800. Stuttgart 1990. Auf den Mesmerismus gehen diese Studien nicht ein.
6 Kerner zitiert Eschenmayer ohne Nachweis in: Justinus Kerner: Bemerkungen zu diesen zwey Geschichten. In: Kerner (Anm. 4), S. 345–398, hier: 361. Der gleiche Gedanke auch in: Carl August v. Eschenmayer: Versuch, die scheinbare Magie des thierischen Magnetismus aus physiologischen und psychologischen Gesetzen zu erklären. Stuttgart 1816, S. 69f.

reichhaltigen Fundus bot, den sich die Literatur (der Romantik) anverwandelte.[7]

Wenn im folgenden versucht werden soll, die Fallgeschichten in ihrer Materialität und Textualität exemplarisch darzustellen und auszuwerten, so geschieht dies in der Verschränkung zweier Perspektiven: Zunächst geht es um die historische Analyse ihres Selbstverständnisses und ihrer Bedeutungsgehalte durch Situierung in den zeitgenössischen medizinischen, anthropologischen, psychologischen Diskursen. Dies wird ergänzt durch die Reflexion aus der Perspektive unseres heutigen Verständnisses, das den Magnetismus der vorparadigmatischen Phase der Tiefenpsychologie zuordnet. Letzteres geschieht aus der wissenschaftsgeschichtlich bestätigten Erkenntnis heraus, daß das theoretische Selbstverständnis der Magnetiseure und ihre praktischen Verfahrensarten sie weitgehend blind lassen mußten für die den Charakter und Erfolg ihrer suggestiven Behandlungsverfahren bestimmende Psychodynamik, und daß erst die Psychoanalyse ein kritisches Verständnis jener manipulativen Übertragungsphänomene systematisiert hat, die den Magnetiseuren noch als physischer Vorgang, als Übertragung des materialen Fluidums erschienen.[8] Ein solches Vorgehen scheint mir heuristisch ergiebig, weil die Fallgeschichten ein Darstellungsfeld auch für von ihren Autoren nichtbegriffene Phänomene darstellen, die erst der psychoanalytische Diskurs manifest werden ließ.[9] Sie sind

---

7 Für einen Überblick siehe: Walter Artelt: Der Mesmerismus im deutschen Geistesleben. In: Gesnerus 8 (1951), S. 4–14; Hans Franke: Franz Anton Mesmer und sein »Thierischer Magnetismus«. Der Einfluß einer medizinischen Heilungslehre auf das Geistesleben der Romantik und Nachromantik. In: Veröffentlichungen des Historischen Vereins zu Heilbronn 22 (1957), S. 201–220; Ego (Anm. 1), S. 427–429 (Anm. 380). Demnächst erscheint die Dissertation des Verf.: Magnetische Fiktionen. Literarisierungen des Mesmerismus in der Romantik.
8 Vgl. hierzu: Heinz Schott: Zum Begriff der Übertragung. Mesmerismus – Hypnotismus – Psychoanalyse. In: Praxis der Psychotherapie und Psychosomatik 32 (1987), S. 178–183. Zum psychoanalytischen Übertragungsbegriff allgemein: s. v. »Übertragung« in: Jean Laplanche, Jean-Bertrand Pontalis: Das Vokabular der Psychoanalyse. 2 Bde. Zuerst Frz. 1967. Frankfurt 1972, Bd. 2, S. 550–559. Zur Wissenschaftsgeschichte nach wie vor das Standardwerk: Henry F. Ellenberger: Die Entdeckung des Unbewußten. Geschichte und Entwicklung der dynamischen Psychiatrie von den Anfängen bis zu Janet, Freud, Adler und Jung. Zuerst Amerik. 1970. Zürich 1980.
9 Ein solcher Bezug soll und darf freilich die Deutungsnormen der Tiefenpsychologie keinesfalls verabsolutieren zur Ratifizierung einer linearen Fortschrittsgeschichte, als hätte der animalische Magnetismus sich erst in der Psychoanalyse erfüllt. Im Gegenteil: Der Blick auf sein historisches Material im Kontext der Anthropologie um 1800 vermag durch Distanzgewinn auch auf Defizite der heutigen (Tiefen)psychologie hinzuweisen. Das ist auch die Perspektive von: Heinz Schott: Mesmers Heilungskonzept und seine Nachwirkungen in der Medizin. In: Ders. (Hg.): Franz Anton Mesmer und die Geschichte des Mesmerismus. Beiträge zum internationalen wissenschaftlichen Symposion anläßlich des 250. Geburtstages von Mesmer, 10.–13. Mai 1984 in Meersburg. Stuttgart 1985, S. 233–252, bes. S. 247ff.; ders.: Die ›Strahlen‹ des Unbewußten – von Mesmer zu Freud. In: Ders. (Hg.): Mesmer. Wirkungen eines spekulierenden Arztes der Goethezeit. Themenheft Freiburger Universitätsblätter 25 (1986), H. 93, S. 35–54, bes. 54. [Wiederabdruck in: Wolters, Gereon (Hg.): Franz Anton Mesmer und der Mesmerismus. Wissenschaft, Scharlatanerie, Poesie (= Konstanzer Bibliothek, Bd. 12). Konstanz 1988, S. 55–70].

es freilich nicht auf der Ebene des intendierten Sprechens, wo sie als wissenschaftliche Texte Krankheitsverläufe und Heilungsbemühungen wiedergeben, oder die Aussagen der somnambulen Patientinnen über ihre Krankheitsursache oder die Natur ihrer Entrückung für bare Münze nehmen. Doch da, wo sie als ästhetikaffin begreifbar sind, ist aus ihren symbolischen Anordnungen und narrativen Konstruktionen ein symptomatischer Bedeutungsgehalt interpretativ zu entfalten, um in den Geschichten Ebenen zum Sprechen zu bringen, die sich aus dem zeitgenössischen Horizont allein nicht erschließen.[10]

I.

Sucht man in den Fallgeschichten nach gemeinsamen, synchron wie diachron wiederkehrenden Bild- und Vorstellungskomplexen, so stößt man auf ein Phänomen, das gleichzeitig ins Zentrum des theoretischen Verständnisses der Magnetisierung wie der zeitgenössischen Leibeswahrnehmung führt: die Grunderfahrung des Strömens des magnetischen Fluidums. Bereits Mesmers erste Patientin, Franziska Oesterlin, fühlte 1774 »innerlich, ein schmerzhaftes Ströhmen einer sehr feinen Materie«[11] und beeinflußte durch diese (nichtsomnambule) Mitteilung Mesmers Theoriebildung. Ähnliche Wahrnehmungen finden sich in der Folge allenthalben. So berichtet Wienholt in einer Falldarstellung, seine Patientin habe »eine sehr bestimmte Empfindung von dem Magnetisieren, [...]; wohin meine Hände kämen, schien ihrem Gefühl nach ein glühend heißer Strom von ihnen zu fließen«, und werte dabei die Empfindung »als führen Feuerstralen aus meinen Händen, besonders aus den Spitzen der Finger«, als Zeichen, »daß ich gut auf sie wirke«.[12] Wenn Kerner seine erste Somnambule in gleichem Sinne zitiert: »Die Hände des Herrn Doctor geben Feuer« (K 14), so scheint darin Mesmers zentrale und vielzitierte Definition der magnetischen Übermittlung des »Lebensfeuers« in die Empfindung übersetzt: »Magnetisieren ist: dieses Feuer durch eine Art von Erguß oder Entladung dieser Bewegung erregen und mittheilen.«[13] Eindrucksvoll scheint sich hier die

---

10 Die Unterscheidung von intendiertem und symptomatischem Sinn bezieht sich auf: Gottfried Gabriel: Zur Interpretation literarischer und philosophischer Texte. In: Danneberg, Lutz, Friedrich Vollhardt in Zusammenarbeit mit Hartmut Böhme und Jörg Schönert (Hg.): Vom Umgang mit Literatur und Literaturgeschichte. Positionen und Perspektiven nach der »Theoriedebatte«. Stuttgart 1992, S. 239–249. Vgl. auch: Ders.: Zwischen Logik und Literatur. Erkenntnisformen von Dichtung, Philosophie und Wissenschaft. Stuttgart 1991.
11 Franz Anton Mesmer: Abhandlung über die Entdeckung des thierischen Magnetismus. Carlsruhe 1781. Neudruck Tübingen 1985, S. 14.
12 Wienholt (Anm. 2), 3. Theil, 3. Abth., S. 245, 271 f.
13 Friedrich [!] [vielm. Franz] Anton Mesmer: Mesmerismus. Oder System der Wechselwirkungen, Theorie und Anwendungen des thierischen Magnetismus als die allgemeine Heilkunde zur Erhaltung des Menschen. Hg. v. Karl Christian Wolfart. Berlin 1814, S. 117. Eine Zusammenstellung der zahlreichen Belege für die Strahlungsemp-

Theorie dem Körper einzuschreiben, an dem sie sich bewährt. Natürlich spiegeln diese Mitteilungen dabei auf einer Ebene die in die Selbsterfahrung der Patienten einsuggerierte, theoretisch gestützte Erwartung der Ärzte.[14] Sicher auch codiert sich in den Bildern der Strömungswahrnehmung allgemein und spezifisch die Arzt-Patient-Interaktion. Sie können geradezu als Gradmesser für das Fließen der interaktiven Übertragungsenergien genommen werden. Doch zugleich wäre es falsch, die Wirkungs- und Aussagekraft dieser Vorstellungskomplexe auf die Formel zu reduzieren, sie seien ›nur suggeriert‹. Denn im Sinne eines Verständnisses der Suggestion, wie sie der Medizinhistoriker Heinz Schott vertritt, als krankmachende wie heilende Kraft, in der geistige bzw. seelische Vorgänge sich körperlich umsetzen[15], beschreiben die fiktiven magnetischen Ströme eine für die Betroffenen unmittelbare, psycho-physische Realität, deren Wirklichkeit sich durch ihre Wirksamkeit, die wohltätigen Folgen, die Heilungserfolge eindrucksvoll bewährte. In der Wahrnehmung eines 24jährigen Patienten Gmelins:

> »Wenn ich ihn manipuliere, fühle er lebhaft, wie etwas aus den Spitzen meiner Finger aus- und in ihn einströme, was seine Nerven besänftige, seinen ganzen Körper belebe, und erwärme. [...] deutlich fühle er, daß eine Kraft auf ihn wirke, es seye wie ein Hauch, wie ein Strom.« (G, M 1, 107)

Damit eine (unzutreffende) abstrakte Theorie sich auf diese Weise ihre eigene, leiblich konkrete Realität zu schaffen vermag, sich vielfach und in weitgehend kongruenten Wahrnehmungen bestätigt, muß sie tiefverwurzelte Grunderfahrungen im Leibverständnis der von ihr Betroffenen ansprechen und aktivieren. Aus ihrer diskursiven Repräsentation im Medium der Krankengeschichte heraus sind beide Richtungen zu entwickeln: die Erwünschtheit der Strömungsempfindungen für den Arzt als Theoretiker und Praktiker wie die Plausibilität für den Patienten als Affizierten und Interpretierenden.

Der Schnittpunkt von Theorie und Praxis, von magnetisierendem Akteur und empfangendem Kranken wird besonders plastisch in Äußerungen des oben zitierten Patienten. Dieser 24jährige Mann nutzt seine somnambule Trance, um über die Natur des Magnetismus zu dozieren, seinen Arzt mit seinen

---

findung in der magnetischen Fachliteratur in: Carl Alexander Ferdinand Kluge: Versuch einer Darstellung des animalischen Magnetismus als Heilmittel. 3. Aufl. Berlin 1818, § 108 f., S. 83–87.

14 Wienholt gibt das ungewollt zu erkennen, wenn er in einem Fall mitteilt, daß eine Patientin die Frage nach einer Strömungsempfindung zunächst verneint, nach einer Weile aber von selbst wieder aufgenommen und einen »Strom durch ihren Körper« bezeugt habe. (Wienholt (Anm. 2), 3. Theil, 2. Abth., S. 100).

15 Schott sieht im Suggestionsbegriff eine Reduktionsformel, in der die heutige wissenschaftliche Medizin genau die – weiterhin ungelösten – Mechanismen der Leib-Seele-Wechselwirkung einzufangen versucht, die auch die Anthropologie beschäftigten. Vgl.: Ders.: Die Suggestion und ihre medizinhistorische Bedeutung. In: Seidler, Eduard, Heinz Schott (Hg.): Bausteine zur Medizingeschichte. Heinrich Schipperges zum 65. Geburtstag (= Sudhoffs Archiv, Beiheft 24). Stuttgart 1984, S. 111–121. Siehe auch: Schott, Heilungskonzept (Anm. 9), S. 249 f.

›divinierten‹ Einsichten zu beeindrucken und sogar zu belehren.[16] Er berührt u. a. auch ein Kernproblem des *commercium mentis et corporis*, die Frage nämlich, wie körperliche Eindrücke auf die Seele wirken, sich ihr mitteilen. Sie stellte sich verstärkt durch eines der rätselhaftesten somnambulen Phänomene, die diagnostisch wie therapeutisch oft mit Erfolg eingesetzte Wahrnehmung des Körperinnenraumes, das Gewahrwerden der physiologischen Vorgänge im Körper durch das Bewußtsein. Es heißt dazu:

> »Die Seele ist zwar so fein, daß gar kein Vergleich zwischen jeder auch noch so feinen körperlichen Materie und ihr ist, aber doch ist die feinere, oder die Blizmaterie, diejenige Materie, welche sich während der Magnetisation in mich ergießt, geschickter, als eine gröbere, die Eindrücke, die auf meinen Körper geschehen, ihr beyzubringen, und den Zustand derselben ihr anzugeben, die Begriffe über die Art Eindrücke in ihr aufzuklären.« (G, M 1, 121)

Der somnambule Philosoph identifiziert hier die ›Blizmaterie‹, den beim Magnetisieren übertragenen fluidalen Strom, als ein auch für die leib-seelischen Vermittlungsprozesse verantwortliches, feinstoffliches, imponderables Trägermedium. Was er als Ergebnis körperlicher Introspektion präsentiert, wird wohl eher, wie Gmelin angesichts der Tatsache, daß »seine Meinung vom Magnetismus [...] mit meiner Theorie so viele Aehnlichkeit« habe (G, M 1, 190), argwöhnt, eine Paraphrase von dessen heimlich konsultierten Schriften sein. Damit aber zeigen die zitierten Mitteilungen dieses Patienten, wie eng die Gmelinsche Theorie und die von ihrer Anwendung hervorgebrachten somatischen Sensationen auf die anthropologische Diskussion der Spätaufklärung bezogen sind.[17] Im Mittelpunkt von Gmelins Vorstellungen steht dabei der Begriff des Lebensgeistes oder der Lebensflüssigkeit, ein belebendes Prinzip des Körpers, das er explizit mit Platners Nervengeist parallelisiert. (Vgl. G, M 1, 347) Es verbindet die ›thierische Masse‹, d.h. die einzelnen Körperteile und Organe untereinander und diese mit der immateriellen Seele zu einem Ganzen, so daß Leib und Seele »in einander wechselweise aufgelößt zu seyn scheinen.« (G, M 1, 348) Dieser Lebensgeist sind feinstoffliche, je individuelle »Modificationen Einer Urkraft«[18], die zu einem Teil der Atmosphäre entnom-

---

16 Für einen der wenigen männlichen Somnambulen stellt diese Rivalität *in theoretici* eine recht plausible Form der Übertragung dar. Um zu markieren, daß die ganz überwiegende Mehrheit der Somnambulen weiblich war, werden im Text im Plural immer Feminina verwendet. Vgl. auch die statistische Auswertung des Patientenaufkommens deutscher und französischer Magnetiseure bei Ego (Anm. 1), S. 250–266.

17 Zu Gmelins Theorie jetzt ausführlich: Gerhard Bauer: Eberhard Gmelin (1751–1809). Sein Leben und Werk. Ein Beitrag zum Quellenstudium des tierischen Magnetismus im deutschsprachigen Raum. Diss. med. Freiburg 1990; knapper: Ders.: Eberhard Gmelin, sein Konzept des »thierischen Magnetismus« und sein Einfluß auf Justinus Kerner. In: Schott, Heinz (Hg.): Medizin und Romantik. Kerner als Arzt und Seelenforscher (= Justinus Kerner. Jubiläumsband zum 200. Geburtstag. Teil 2). Weinsberg 1990, S. 224–231. Auf Beziehungen zur Anthropologie geht Bauer nicht ein. Desgleichen Mareta Linden: Untersuchungen zum Anthropologiebegriff des 18. Jahrhunderts. Bern, Frankurt/M., 1976, S. 189f. in ihrer kurzen Erwähnung von Gmelins »Materialien«.

18 Gmelin, Neue Untersuchungen (Anm. 1), S. 559.

men und dann durch eine in Gehirn und Rückenmark produzierte, spezifische »animalische Beymischung«[19] angereichert wird. Als Mittlerstoff wirkt sie nicht nur durch die Nerven, sondern auch intersubjektiv vermittels der »animalisirt-electrische[n] Atmosphäre«[20], die der Lebensgeist als eine Art Körperaura um jedes Lebewesen konstituiert. »Thierischen Magnetismus« nennt Gmelin nun seinen Lebensgeist in seiner vermittelnd-vernetzenden Funktion nach innen und außen:

> »Nun ergiebt es sich, was thierischer Magnetismus sey? Nemlich die dem Zwek der thierischen Einrichtung entsprechende Uebereinstimmung, das Ebenmaaß und Verhältniß aller sichtbaren Theile des Thiers unter sich und zum Ganzen, die wechselseitige Vereinigung der thierischen Masse mit der Seele zu E i n e m, zu diesem bestimmten Thier, und das Verhältniß, die Beziehungen des Thiers zu Dingen ausser ihm, zu andern Individuen seiner Art und fremde Thierarten, v e r m ö g e d i e s e r K r a f t, d i e s e s L e b e n s g e i s t e s.« (G, M 1, 353 f.)

Indem Gmelin hier, das Ineinanderschieben der Begrifflichkeit legt es bereits nahe, vom Vitalismus inspirierte anthropologische Mittlerstoffmodelle mit Mesmers Fluidtheorie überformt, wird der Lebens- oder Nervengeist auch Element der sympathetischen Vernetzung mit der Umwelt und anderen Nervengeistern, mithin interpersonales Mittlermedium. Der gleiche Mittlerstoff überwindet damit nicht nur, wie in der vitalistisch-anthropologischen Diskussion, den Graben der cartesianischen Substanzentrennung im Individuum, sondern auch die Subjekt-Objekt-Grenzen, indem das Subjekt im Verströmen und Empfangen des Lebensgeistes gleichsam permeabel wird nach außen, empfänglich in vielfältigen Wechselwirkungen und Austauschprozessen mit anderen Individualitäten.[21] In dieser Verschränkung der beiden Wechselwirkungsmodelle stellt er den, soweit ich sehe, engsten Berührungspunkt zwischen der Anthropologie und der »magnetischen« Theoriebildung dar.[22] In der letzten Formulierung seiner Position, der Abhandlung »Was ist thierischer Magnetismus?«[23] im ersten Band seiner *Materialien für die Anthropologie* von 1791 ruft Gmelin explizit und emphatisch – und im Wissen um dessen Skepsis seinem Gegenstand gegenüber – den Anthropologen Ernst Platner mit der gerade erschienenen Neufassung seiner Anthropologie als Kronzeugen auf: »Ich wünsche nichts mehr, als daß dieienige, welche dieß Geschäft [die »ernste philosophische Prüfung« des animalischen Magnetismus, J. B.] unternehmen, vorher Ernst Platners goldnes Buch, *Neue Anthropologie*, studiren möchten, [...]«.

---

19 Ebd., S. 569.
20 Ebd., S. 410.
21 Für die theoretische Ebene reflektiert diese Konstellation: Schott, Strahlen des Unbewußten (Anm. 9). Die Fallgeschichten fügen dem die Praxis- und Patientenperspektive hinzu.
22 Die Beziehungen zwischen Magnetismustheorie und anthropologischem Leib-Seele Diskurs sind insgesamt noch nicht gut erforscht.
23 Eberhard Gmelin: Erläuterung einiger Fragen: Was ist thierischer Magnetismus? Worauf kommt es bey Untersuchung desselben an? In: G, M 1, S. 342–388.

(G, M 1, 374)²⁴ Von dem Vergleich mit Platners »Erklärungs-sätze[n]« verspricht er sich nicht nur, daß »die Phänomene des thierischen Magnetismus, wo nicht begreiflich, doch annehmbar werden.« (G, M 1, 375) Er ist auch umgekehrt davon überzeugt, daß Platners Theorie »durch Versuche mit lebendiger menschlicher Einwirkung [wie er die Magnetisierung auch nennt, J. B.] die sicherste Bestätigung erhält.« (Ebd.) Insofern ist der Titel seiner letzten Sammlung zum Thema auch programmatisch zu verstehen. Daß diese enge Anbindung an anthropologische Konzepte nicht nur taktisch-akzeptanzfördernd gemeint war, ergibt sich auch aus Gmelins Bildungsgang und der Hochschätzung seinem Leydener Lehrer Gaub gegenüber.²⁵ Wie sehr sie praxisformend wirkte, wird uns später noch beschäftigen. Hier kam es zunächst einmal mit Blick auf die Aussagekraft der Fallgeschichten darauf an, das Entsprechungs- und Spiegelungsverhältnis zwischen der theoretischen Formulierung der fluidalen Ströme und ihrer somatischen Erfahrbarkeit in der Praxis festzuhalten.

Zurück zum Erfahrungsbereich der Patienten. Wird das Fließen der magnetischen Ströme durchweg als wohltätig-heilend beschrieben, so entspricht dem in der Selbstwahrnehmung der Betroffenen ein nach Qualität und Richtung komplementärer Fluß. In Autodiagnose und -therapie erfahren die Somnambulen ihre Krankheit fast immer als durch eine Stockung oder Zähigkeit der Körperflüsse, durch eine Verhärtung oder ›schwürigte‹ Veränderung von Körpermaterie entstanden, nehmen sie Verunreinigung, ›Fäulnis‹, ›Inflammation‹ oder ›Schärfe‹ des Blutes oder anderer Körperflüssigkeiten als Ursache ihres Unwohlseins an.²⁶

---

24 Als »goldnes Buch« bezeichnet Gmelin hier: Ernst Platner: Neue Anthropologie für Aerzte und Weltweise. Mit besonderer Rücksicht auf Physiologie, Pathologie, Moralphilosophie und Aesthetik. Leipzig 1791. Siehe zu Platners Nervengeistkonzeption, an die sich Gmelin teilweise eng anlehnt, bes. S. 40–91. Vgl. zu Platner: Wöbkemeier (Anm. 5), S. 160–176; Alexander Košenina: Ernst Platners Anthropologie und Philosophie. Der philosophische Arzt und seine Wirkung auf Johann Karl Wezel und Jean Paul (= Epistemata, Bd. 35). Würzburg 1989; Harald Schöndorf: Der Leib und sein Verhältnis zur Seele bei Ernst Platner. In: Theologie und Philosophie 60 (1985), S. 77–87. Zu Mittlerstofftheorien der Spätaufklärung insg. vgl. Wolfgang Riedel: Die Anthropologie des jungen Schiller. Zur Ideengeschichte der medizinischen Schriften und der »Philosophischen Briefe« (= Epistemata, Bd. 17). Würzburg 1985, S. 74–100.
25 Der Boerhaave-Nachfolger Hieronymus Gaub, bei dem Gmelin während seiner Bildungsreise nach dem Tübinger Medizinstudium 1764–69 ein Jahr lang in Leyden hörte, war von bleibendem Einfluß auf ihn. Gaubs Traktate zum Leib-Seele-Problem zitiert er immer wieder (Vgl. z. B. G, M 1, S. 355f., 379) und stellt Gaub-Zitate fast allen seinen Arbeiten als Mottos voran. Zwei von Gmelin herangezogene Abhandlungen über den Einfluß der Seele auf Gesundheit und Krankheit in englischer Übersetzung und mit Kommentar bei: Lelland Joseph Rather: Mind and Body in Eighteenth Century Medicine. A Study based on Jerome Gaub's *De regimine mentis*. London 1965.
26 Gmelin nennt einmal (unter Berufung auf Mesmers Aphorismen von 1785) »Obstructionen, genirte Circulation, Infarctus das Schiboleth aller Somnambülen« (Gmelin, Neue Untersuchungen (Anm. 1), S. 433f.). Es wird wohl auch das Schiboleth der Ärzte gewesen sein, wie eine Mitteilung Wienholts nahelegt: »Eben so wenig wußte sie über den eigentlichen Sitz der Krankheit, die Quelle derselben, ob verhaltner *fluxus menstruus*, ob Schärfe oder was sonst Ursache sey, etwas Bestimmtes anzugeben.« (Wienholt (Anm. 2), 3. Theil, 3. Abth., S. 150).

Entsprechend dienen die selbstverordneten Therapeutika zumeist dazu, die Austreibung der schlechten, unreinen Körpermaterie zu befördern und zu unterstützen, einen heilenden, reinigenden Abgang nach außen zu veranlassen. Das eingesetzte Arsenal der Aderlässe, Fontanellen, spanischen Fliegen, blasenziehenden Pflaster, der Purganzien, Vomitiva und Laxantien setzt denn auch einen immer wieder forcierten Fluß von innen nach außen in Gang, den die behandelnden Ärzte getreulich verzeichnen: all die ›Öffnungen‹ nach ›oben‹ und ›unten‹, die abgezapften Teller voll Blut, sind Dokumente von sich zumeist unter Qualen selbstauferlegten Reinigungsprozeduren.[27] In solchen Verordnungen spiegeln sich sowohl im 18. Jahrhundert (noch) praxisbestimmende Krankheitskonzepte der Humoralpathologie und besonders der Iatrophysik[28], wie auch zeitgenössische Leibvorstellungen, wie sie Barbara Dudens medizinhistorische Quellenstudien belegt haben.[29] Sicher übernehmen die Patientinnen auch die Verordnungsgewohnheiten ihrer Ärzte und die – von diesen oft noch wenig differierenden – in ihrer Umgebung gebräuchlichen Hausmittel[30], so wie sich auf der Beschreibungsebene das vom Arzt aufgenommene diagnostische Vokabular und der eigene Gefühlsausdruck durchdringen. All das soll und kann hier nicht näher erörtert werden, ebensowenig wie die – ohnehin kaum zu klärende – Übersetzung der Symptombeschreibungen in die Sprache moderner klinischer Diagnostik. Es kann nur darum gehen, die

---

27 Besonders anschaulich wird dies in Wienholts vierter Krankengeschichte: Wienholt (Anm. 2), 3. Theil, 3. Abth., S. 123–229, bes. S. 124–132, 145f., 153.
28 Vgl. Karl Eduard Rothschuh: Konzepte der Medizin. Stuttgart 1978, S. 185–260. Siehe auch: Josef Bauer: Geschichte der Aderlässe. München 1870. Nelly Tsouyopoulos sieht in der therapeutischen Reinigung des Körpers von dem unnatürlichen Krankheitsstoff geradezu *das* ideologische Prinzip hinter Theorie und Praxis der Medizin im 17. und 18. Jahrhundert. Siehe: Nelly Tsouyopoulos: Schellings Konzeption der Medizin als Wissenschaft und die »Wissenschaftlichkeit« der modernen Medizin. In: Hasler, Ludwig (Hg.): Schelling. Seine Bedeutung für eine Philosophie der Natur und der Geschichte. (= Problemata, Bd. 91). Stuttgart-Bad Cannstatt 1981, S. 107–116, hier: 110.
29 Barbara Duden hat in ihrer eindrucksvollen Untersuchung: Geschichte unter der Haut. Ein Eisenacher Arzt und seine Patientinnen um 1730. Zuerst 1987. Stuttgart 1991 die entsprechenden »Sinnfelder der Vorstellung vom Leib« (Kapitelüberschrift S. 123) rekonstruiert. Vgl. S. 123–201. Daß, wie die Fallgeschichten belegen, die von ihr herausgearbeiteten Vorstellungsfelder auch in der 2. Hälfte des Jhdts. noch Geltung hatten, zeigt, wie langsam die ärztliche Praxis und die Selbstwahrnehmung der Patienten der sich umwälzenden wissenschaftlichen Medizin folgten.
30 Das bemerkt bereits Gotthilf Heinrich Schubert: Ansichten von der Nachtseite der Naturwissenschaft. Dresden 1808, S. 346: »Ich weiß nicht ob aus dieser sonderbaren Sympathie mit dem Magnetiseur, nicht zum Theil das erklärt werden muß, was die magnetisch Schlafenden zur Heilung ihrer Krankheit vorschlagen. Heineckens Kranke verlangten stets die Mittel, welche im Geist der Heilmethode waren, der sich ihr Arzt zu eigen gemacht hatte. Aderlässe, Brechmittel und Abführungen waren fast der ganze Kreiß, um welchen sich ihr Wissen bewegte, und im Geist der Schule, zu welchen [sic] ihr Magnetiseur gehörte, waren auch die Ansichten, die sie von ihrer Krankheit gaben.« Zu volkstümlichen Krankheitsvorstellungen und Rezepturen vgl. auch: Ernst Bargheer: Eingeweide, Lebens- und Seelenkräfte des Leibesinneren im Deutschen Glauben und Brauch. Berlin, Leipzig 1931.

psychodynamischen Vorstellungskomplexe zu erfassen, die sich in dem beschriebenen fluidalen Austauschprozeß ausdrücken: Das Verdorbene, Unreine, Körperlich-Materiale muß ausgetrieben werden, dem besänftigend-lichten, feinstofflich-ätherischen Lebensgeist Platz machen, der die Körperfunktionen harmonisiert und in Form der somnambulen Trance auch die Seele zu Entzücken und höchster Seligkeit führt. Die leib-seelischen Affektationen verschlüsseln ein immer wieder inszeniertes Reinigungsritual, in dem sich physiologische und religiöse Schichten des Fühlens und Denkens ineinanderschieben: Der Mensch wird vom Fluch des bösen Fleisches befreit, durch die Ankunft der Lichtmaterie von seinen Qualen erlöst. Anschaulich wird dieser kathartische Mechanismus an den immer wieder beschriebenen Höhe- und Umschlagpunkten der Behandlung, wenn die Krampfanfälle unter dem Einfluß der Magnetisierung in Wohlbehagen und Entzücken umschlagen. Gmelin berichtet von einer Patientin mit Krämpfen der Atmungsorgane, die wir später noch näher kennenlernen werden:

> »Ich traf sie auf den Tisch hingelehnt, hustend und roth im Gesicht an; selten hörte der Husten 3 bis 4 Minuten lang auf, ein einzelner Hustenanfall dauerte immer etliche Minuten lang, er kam stoßweise, mit secundenlangen Absätzen, er war zischend, trokken, krampfhaft, äusserst ermüdend, daß sie sich nicht mehr aufrecht halten konnte, mit bangem, schwehrem Athem und mit Gefahr zu ersticken; ihr Puls hatte nicht über 80 Schläge in einer Minute, sie war sehr warm, aber doch nicht heiß anzufühlen; sie klagte über Druck, Spannen, Klemmen, Stechen in der Brust; ihr ganzes Benehmen verkündigte Angst und große Mißbehaglichkeit.« (G, M 2, 198)

Mit einsetzender Magnetisierung hörte der Husten

> »endlich nach einer Viertelstunde gänzlich auf; sie sagte selbst, nun sey es ihr, als hätte man alle ihre Leiden, alle ihre Brustbeschwerden weggewischt, sie finde sich so kräftig, daß sie tanzen könnte, alles Gefühl von Ermüdung sey weg; dagegen habe sie ein so lebhaftes Gefühl von unbeschreiblicher Wohlbehaglichkeit, daß sie nicht nur in keiner vorhergegangenen Krise, sondern in ihrem ganzen Leben nicht gehabt habe; sie könne nun auch fast ganz frey und tief einathmen;« (G, M 2, 199)

Der Paroxysmus als »fast sinnbildliche Darstellung der Weigerung, sich zu öffnen«[31] – als Körpermetapher auch der psychischen Blockade – und seine Transformation in befreiende Entgrenzungserlebnisse somatischer und psychischer Natur – in physiologischer Fassung werden hier deutlich die Konstellationen pietistischer Erweckungserlebnisse und auch des Exorzismusmodells wiederholt.[32]

---

31 Duden (Anm. 29), S. 169.
32 Duden (Anm. 29) nennt denn auch an anderer Stelle die austreibenden Paroxysmen »physiologische Exorzismen« (S. 151). Auch Wöbkemeier (Anm. 5) findet in den oben erwähnten konventionellen »Therapiebräuchen der Zeit [...] Anklänge an nur geringfügig rationalisierte schamanistische oder auch mittelalterlich-klerikale Austreibungspraktiken« (S. 45f.). Vgl. auch: N. P. Spanos, J. Gottlieb: Demonic Posession, Mesmerism and Hysteria: A Social Psychological Perspective on their Historical Interrelations. In: Journal of Abnormal Psychology 88 (1979), H. 5, S. 527–546. Daß die magnetischen Strömungsbilder auch von pietistischen Vorbildern gespeist wurden, zeigt bereits ein kurzer Blick auf die Wortgruppen der Wasser- und Feuermetaphorik in: August Langen: Der Wortschatz des deutschen Pietismus. Tübingen 1954, S. 319–339.

Bereits Mesmer sah und nutzte diese phänomenologische Nähe in seinem Gutachten über Gassner; im Konzept der »heilsamen Krise« wiederholt sie sich bei ihm auch auf der Theorieebene.[33] Daß auch in den Kuren der vom Puységur-Magnetismus beeinflußten deutschen Magnetiseure nach 1787, in deren Theorie die Krampfanfälle als *conditio sine qua non* der Heilung durch den somnambulen Schlaf ersetzt waren, die Paroxysmen und ihre Auflösung in die Harmonie des gleichmäßig strömenden Lebensgeistes praktisch trotzdem eine so große Rolle spielten, zeigt, wie sehr die Gesundungs- und Erlösungshoffnungen, die zuvor das Exorzismusmodell einschloß, die Vorstellungen der Patienten bis in ihre somatische Symptomatik bestimmten.

So wie die in Exorzismus und Magnetkuren zutage tretenden somatischen und psychischen Exaltationen heute in dem zwar kulturell und historisch stark varianten, aber doch typologisch zusammengehörigem Feld hysterischer Phänomene gefaßt werden[34], so sieht die Psychohistorie in beiden Praktiken verwandte Bearbeitungsformen unbewußter Konflikte. Eine solche Zuordnung fordert, nach den psychotherapeutischen, psychosomatisch wirksamen Momenten dieser Behandlungen zu fragen, zumal diese Frage auch an Aspekte des zeitgenössischen Verständnisses der in der Arzt-Patient Interaktion wirksamen Kräfte anschließt. Denn wenn diese auch primär als material-physiologische Übertragungsprozesse begriffen wurden, so wurde die Psyche doch immer als beteiligt, affiziert mitgedacht und erlebt. Gewiß auf Seiten der Patienten, wenn sie als Folgen des Fluidalstroms ›Wohlbehaglichkeit‹, ›Entzükken‹, ›Seligkeit‹ verspüren. Gewiß auch auf Seiten von Ärzten wie Gmelin, die in der Theorie des magnetischen Mittlerstoffes ihr Wissen um die enge Leib-Seele Interdependenz systematisieren und in der Praxis oft ebensosehr als Psychologen wie als Magnetiseure agieren.

Die Parallele zum Exorzismus verdeutlicht noch ein weiteres: Die Funktion des ans religiöse Zeremoniell gemahnenden Ritualcharakters der magnetischen Behandlung. Über den schon für sich nicht zu unterschätzenden Effekt der außerordentlichen Aufmerksamkeit und Zuwendung, die die Patientinnen in den oft zweimal am Tag stattfindenden, bis zu einstündigen Sitzungen erfuhren, hinaus, schuf deren formalisierter Ablauf, das Rituelle der magnetischen Gebärden, der Bestreichungen, eine Form, die den Verheißungen von Reini-

---

33 Zum Verhältnis Gassner-Mesmer siehe Ego (Anm. 1), S. 1−27, 65−69, 79−87; Ellenberger (Anm. 8), S. 89−95; Hans Grassl: Aufbruch zur Romantik. Bayerns Beitrag zur deutschen Geistesgeschichte. München 1968, S. 131−162; Rudolf Tischner, Karl Bittel: Mesmer und sein Problem. Magnetismus − Suggestion − Hypnose. Stuttgart 1941, S. 51−66.
34 Siehe zur Historizität der Hysterievorstellungen und -darstellungen: Esther Fischer-Homberger: Hypochondrie. Melancholie bis Neurose: Krankheitsbilder und Zustandsbilder. Bern, Stuttgart, Wien 1970, S. 97−107; dies.: Hysterie und Misogynie − Ein Aspekt der Hysteriegeschichte (1969). In: Dies.: Krankheit Frau. Und andere Arbeiten zur Medizingeschichte der Frau. Bern, Stuttgart, Wien 1979, S. 32−48; Regina Schaps: Hysterie und Weiblichkeit. Wissenschaftsmythen über die Frau. Frankfurt/M., New York 1982. Eine Typologie der Hysterie aus heutiger Sicht bei: Stavros Mentzos: Hysterie. Zur Psychodynamik unbewußter Inszenierungen. München 1980, bes. S. 13−21, 45−57.

gung, Erneuerung und Verwandlung eine sich täglich wiederholende Konkretisierung bis in die leibliche Evidenz bot. Was Magie und Beschwörung assoziieren ließ und den Kritikern deshalb als Inbegriff der Scharlatanerie galt, war wohl eher eine Psychotechnik, die das von Krämpfen und Krisen zerrissene Individuum in ihrem Wiederholungs- und Inszenierungselement zu tragen und entlasten vermochte, indem es die in Leib- und Bildräumen vagierende Strömungssymbolik aufnahm und vermittelte.[35] Glaubhaft und affektiv eindrücklich konnte sie dies deshalb tun, weil sie sich als medizinisches Konzept säkular, physikalisch-physiologisch formulierte und zugleich ihre sakral-arkanen Konnotate in der Praxis täglich aktualisierte.[36] Aus der Amalgamierung solch ungleichzeitiger Horizonte und aus seiner Marginal- und Außenseiterposition im Wissenschaftsgefüge heraus bot der animalische Magnetismus damit ein Tableau ritueller Einwirkung auf Leib und Seele in jenem historischen Moment, in dem der Körper und das ärztliche Tun an ihm mit der Durchsetzung der anatomisch-naturwissenschaftlichen Medizin zunehmend seelenlos wurden.

---

35 Es ließen sich noch weitergehende Bezüge aufzeigen zu in Ethnomedizin und Ethnoreligionen praktizierten Kultur- und Psychotechniken, etwa schamanistischen Heilungen oder Pubertäts- und Initiationsriten. Das Schema vieler *rites des passages*: Leiden, symbolischer Tod und verwandelte Erweckung, ist wiederzuerkennen in dem Dreischritt von 1. der die Magnetkur auslösenden und für den Somnambulismus sensibilisierenden Krankheit, 2. den Ohnmachten und Bewußtlosigkeiten oder, weniger dramatisch, dem Einschlafen, und 3. dem Überschreiten der Schwelle: dem Erwachen im höheren Zustand somnambuler Ekstase mit seinen Verzückungen und Divinationen. Vgl. hierzu: Mircea Eliade: Das Mysterium und die Wiedergeburt. Versuch über einige Initiationstypen. Zuerst Engl. 1958. Frankfurt/M. 1988; ders.: Schamanismus und archaische Ekstasetechnik. Zuerst Frz. 1951. Frankfurt/M. 1989; Arnold van Gennep: Übergangsriten. Zuerst Frz. 1909. Frankfurt/M. 1986. Das gleichzeitige Schwinden des Wissens um die Funktion des Rituellen in Schwellensituationen, wie sie die somnambulen Krankheiten zumeist darstellten, hält die schriftliche Fixierung der Pubertäts- und Initiationsriten codierenden Volksmärchen durch die Gebrüder Grimm fest. Hat die somnambule Christiana Käpplinger, deren Fall weiter unten noch ausführlich zur Sprache kommt, die ihre Angstlust vor dem Verlust ihrer Unschuld durch den geliebten Magnetiseur codierende Anordnung, man müsse alle Spindeln im Haus verstecken, weil sie sich sonst somnambul mit einer solchen das Auge verletzen werde, aus den 1812 und 1814 erschienenen Hausmärchen der Gebrüder Grimm, namentlich aus dem allseits bekannten »Dornröschen«? Vgl. K, S. 67 u. 69.

  Schließlich: Ist es Zufall, daß Eberhard Gmelin der Sohn des älteren Sibirienreisenden Johann Georg Gmelin war, der in seinen umfangreichen Reiseberichten immer wieder schamanistische Heilungsrituale wiedergibt, wenn auch aus der frühaufklärerischen Position selbstbewußter Überlegenheit gegenüber solchem ›Aberglauben‹? Vgl. Johann Georg Gmelin: Reise durch Sibirien, von dem Jahr 1733 bis 1744. 4 Theile. Göttingen 1751f.

36 Siehe hierzu: Ernst Benz: Theologie der Elektrizität. Zur Begegnung und Auseinandersetzung von Theologie und Naturwissenschaft im 17. und 18. Jahrhundert (= Akademie der Wissenschaften und der Literatur. Abhandlungen der Geistes- und Sozialwissenschaftlichen Klasse. Jg. 1970, Nr. 12). Wiesbaden 1971; Johanna Geyer-Kordesch: Die Nachtseite der Naturwissenschaft: Die ›okkulte‹ Vorgeschichte zu Franz Anton Mesmer. In: Schott (Hg.), Geschichte des Mesmerismus (Anm. 9), S. 13–30.

II.

Dem Strömen des magnetischen Fluidums im Leib entspricht im Geistig-Seelischen der Fluß der somnambulen Rede, den dieses auslöst. Denn der Sinn der Magnetisierung war ja nicht nur die Besänftigung der Krampfanfälle, sondern auch, wenn möglich, die Herstellung der Clairvoyance, deren auf den Körperraum gerichtete Einsichten und auf den Zeitraum der Krankheit gerichtete Aussichten die Heilung unterstützen sollten. Entsprechend die stets sich wiederholenden Fragen der Ärzte: zur Dauer des Heilschlafes, zur Vorhersage der nächsten Beschwerden und Anfälle, zur Anwendung geeigneter Gegenmittel, zum Zeitpunkt der nächsten Magnetisierung, zur Prognose der Krankheit und der nötigen Gesamtdauer der Magnetkur. Indem die Kranken, von diesem sich fortspinnenden Netz der Fragen getragen, so von Tag zu Tag die Geschichte ihrer Krankheit forterzählen, werden sie selbst zu Akteuren ihrer eigenen Krankengeschichte, greifen sie gestaltend in deren Verlauf ein. Im Fluß der Prophetien überführen sie das Monströse, Fragmentarische und Unintegrierbare ihrer Paroxysmen, Ohnmachten und Katalepsien in ein narratives Kontinuum, wehren sie dem Überwältigenden und Bedrohlichen ihrer Leiden, indem sie sich deren weiteren Gang selbst erzählen und den einzelnen Anfällen damit Zweck, ihrer Abfolge Folgerichtigkeit geben. Sie stellen einen Zusammenhang her, den die nosographische Faktizität des ärztlichen Protokolls allein der Krankheit nicht zu geben vermöchte, und der, bei Einlösung des therapeutischen und narrativen *telos* von seinem Ende, der Gesundung her, Sinn stiftet. Erfüllt sich dieser Sinn, so versiegt der Strom der Prophetie, indem die Mitteilung des Lebensgeistes unterbleibt, womit auch die Krankengeschichte abschließt. Die somnambulen Fallgeschichten bieten damit ein Beispiel erzählerischer Sinnstiftung, bei dem der Kunstcharakter des künstlichen Schlafwachens auch auf den Kunstcharakter seiner textualen Darstellung durchschlägt.[37] Angesichts des diadischen Charakters des magnetischen Rapports ist dabei zu betonen, daß an der Produktion dieser magnetischen Fiktionen zwei Autoren mitwirken. Die Kranke in ihrer bewußtseinsentrückten Trance, in der die magnetische Flut Material aus ihrem Unbewußten hochspült und in die Prophetien fließen läßt, zu Metaphern und symbolischen Anordnungen ver-dichtet. Und der Arzt, der lenkt, ordnet, eingreift und letztlich den Text erstellt.

Illustrieren läßt sich dies Zusammenspiel von Arzt und Patient, von dokumentarischem Bericht und ver-dichtender Narration an Gmelins berühmte-

---

37 Zu ähnlichen Konstellationen in den Darstellungsformen der Hysterie bei Charcot und Freud vgl.: Marianne Schuller: Hysterie als Artefaktum. Zum literarischen und visuellen Archiv der Hysterie um 1900. In: Dies.: Im Unterschied. Lesen, Korrespondieren, Adressieren. Frankfurt/M. 1990, S. 81–94; dies.: Literatur und Psychoanalyse. Zum Fall der hysterischen Krankengeschichte bei Sigmund Freud. In: Ebd., S. 67–80. Siehe zur Funktion des Erzählens in der Arzt-Patient Interaktion aus der Sicht heutiger Psychosomatik auch Wöbkemeier (Anm. 5), S. 257f.

stem Fall, der Behandlung der 14jährigen Lisette Kornacher.[38] Gmelin setzt den Magnetismus gegen Atembeklemmungen ein, nachdem genau vier Wochen nach der ersten Mens, »ein öfterer trockener Husten mit Spannen auf der Brust« (G, M 2, 2) einsetzte, der in der Folge hartnäckig die Stelle des Monatsflusses einzunehmen scheint. Schnell lindert die Behandlung die Symptome: »der Magnetismus verschaffe ihr große Erleichterung, es sey ein vorzügliches Heilmittel«, empfindet die Kranke. (G, M 2, 59) Parallel dazu holt sie nach einmonatiger Behandlung aus ihrem Inneren ein somatisches Bild hervor, daß die Ursache dieser Krankheit angibt. Es sei »eine Härte« (G, M 2, 38) in der Brust, über deren Entstehung sie Gmelin, nachdem sie ihre Mutter aus dem Raum geschickt hat, anvertraut:

> »Nun sagte sie; jetzt könne sie mir erklären, wie die Härte entstanden sey; im Jenner habe sie zum erstenmal ihr Geblüt bekommen, im Hornung hätte es wieder kommen sollen, habe sich aber nicht eingefunden: da sey das Blut nach der Brust gestiegen, habe sich in der Lunge angehäuft und dort die Verhärtung gemacht; hierinnen spüre sie nun Stiche, und sie fange an zu geschwären, es sey schon Eyter da; eine vollkommene Heilung werde niemals Statt haben; [...] sie werde die Auszehrung bekommen und sehr langsam sterben.« (G, M 2, 53)

Diese ›Diagnose‹ ist zunächst einmal völlig einstimmig mit geläufigen Leibwahrnehmungen der Zeit. Sie spiegelt nicht nur die wichtige Rolle des »Geblüts« für die Sprache des Körpers und eines regelgerechten *fluxus menstruus* für seine Gesundheit, sondern auch eine der zentralen Annahmen zum Entstehen von Krankheit: die fehlerhafte Verkehrung des Geblütes nach innen und oben statt nach außen und unten und die krankmachende Verfestigung seiner Materialität. Sie bietet also eine subjektiv echte, somatische Deutung der eigenen Befindlichkeit im Horizont verbreiteter medizinischer Vorstellungskomplexe.[39] Zugleich kann man wohl, ohne sich dabei auf eine der zu Recht umstrittenen psychologischen Ferndiagnosen über eine Distanz von 200 Jahren einzulassen, auf der symptomatischen, der Sprecherin unbewußten Ebene, in dieser Körpermetapher die Codierung einer pubertären Reifungskrise erkennen, zumal diese Deutung sich auch auf Gmelin selbst berufen kann, der allgemein festgestellt hatte:

> »Aber auffallend ist es, daß die meisten Somnambülen in diese Epoche [Entwicklungs- und Ausbildungsepoche, J. B.] fallen: die meisten sind in einem Alter vom

---

38 Eberhard Gmelin: Geschichte einer magnetischen Schlafrednerin 1789. In: G, M 2, S. 1–365. Schubert erwähnt in seinen »Ansichten« diese Fallgeschichte. Er zitiert von den »ältern Magnetiseurs« nur Gmelin, weil dieser »allgemein als einer der wahrhaftigsten und strengsten anerkannt wird.« (Schubert (Anm. 30), S. 330f.) Durch diese Vermittlung hatte Gmelin beträchtlichen Einfluß auf die romantischen Vorstellungen vom Magnetismus. Vgl. hierzu Bauer, Leben und Werk (Anm. 17), S. 80–98. Bauer geht S. 76f. auch knapp auf diese Geschichte als Psychotherapie ein.
39 Vgl. Duden (Anm. 29), bes. S. 148. Siehe zur Historizität der Menstruationswahrnehmung: Esther Fischer-Homberger: Krankheit Frau – aus der Geschichte der Menstruation in ihrem Aspekt als Zeichen eines Fehlers (1974/78). In: Dies.: Krankheit Frau (Anm. 34), S. 49–84.

14ten bis zum 21ten Jahr, in welchem Zeitpunct man immer annehmen kann, daß eine solche Entwicklung vorgehe;«[40]

Im konkreten Einzelfall: Das reale Stocken der Menstrualblutung und ihr projiziertes totbringendes Zurückziehen in die Brust erscheint als Symbol angstbesetzter Abwehr des bedrohlichen Frau-Seins bzw. -Werdens, denn die von der Brust ausgehende ›Auszehrung‹ innerhalb von zwei Jahren, wie Lisette später (G, M 2, 99) präzisiert, revidiert die für genau diesen Zeitraum zu erwartende gegenteilige Entwicklung des weiblichen Körpers. Dieser Befund ist nun für sich nicht sonderlich interessant; er wird es aber in Ansehung der vom Magnetismus bzw. vom Magnetiseur bewirkten Therapie.

Wie reagiert Gmelin? Als *Arzt* nimmt er die – auch von der Symptomatik her nicht gänzlich abwegige – Annahme eines ›Lungengeschwürs‹ durchaus ernst, zumal sich unmittelbar nach dieser Diagnose Fieberanfälle einstellen, und befragt die Patientin immer wieder nach probaten Medikamenten, deren Gabe er ebenso pflichtbewußt betreibt wie die Einhaltung ihrer diätetischen Vorschriften. Als *Psychologe* ist er von Anfang an skeptisch gegenüber der pessimistischen Prognose, deren melancholisch-hypochondrischen Zug er in der »Gleichgültigkeit« (G, M 2, 54) dem eigenen Schicksal gegenüber sofort bemerkt. Er hält sie nicht für divinierte Eingebungen, sondern für »fremde Vorstellungen« und »Täuschungen« (G, M 2, 156f.). Er ist eben Aufklärer; einerseits skeptisch genug, nicht alle Äußerungen der somnambulen Innenschau automatisch als Offenbarungen gelten zu lassen[41], andererseits psychologisch so sensibel gegenüber ihren symptomatischen Gehalten, sie als Alarmsignal ernstzunehmen. Als guter Anthropologe und Gaub-Schüler weiß er nämlich um den Einfluß der Seelenkräfte auf die Körperfunktionen, um die krankmachende Macht der Gemütsstimmungen. Entsprechend versucht er in der Folge, die Krankengeschichte zu beeinflussen, indem er den Gang der somnambulen Narration verändert. In Dialogen über die Selbstwahrnehmung des Geschehens in ihrer Brust bezweifelt er deren Authentizität, bis es zu einer Verschiebung der Sehweise seiner Patientin kommt: das Geschwür sei noch nicht voll ausgebildet und damit noch therapierbar (vgl. G, M 2, 163–165). Schließlich glaubt sie selbst zunächst widerstrebend (und unter zeitweiligem Nachlassen ihrer luziden Fähigkeiten) (G, M 2, 170), dann freudiger (G, M 2, 190) an die Heilbarkeit ihrer Krankheit. Gegen Ende der 1 1/2 jährigen Behandlung verbindet Lisette mit der Aussicht auf Heilung schließlich ursächlich die Prognose, ihr Geblüt werde sich bald wiedereinstellen, was, als es zutrifft, auch das Ende der magnetischen Behandlung markiert. Das Fließen des Geblüts ersetzt den Strom des Fluidums und macht dem Fluß der Narration ein Ende (G, M 2, 344, vgl. auch 357). Gmelin weiß oder ahnt dabei, daß er hier

---

40 Gmelin, Brief (Anm. 1), S. 103f.
41 Öfter spricht sich Gmelin generell für eine aufgeklärte Skepsis den Divinationen gegenüber aus, so in: Gmelin, Neue Untersuchungen (Anm. 1), S. 454, 476, 478. Ein weiteres angewandtes Beispiel bietet: G, M 1, S. 141 u. 264 als Kommentar zu 102–106.

ebensosehr als Praktiker der »Experimental-Seelenlehre«[42] wie als Arzt gewirkt hat. Die den guten Ausgang der Geschichte besiegelnde Erfüllung obiger Prognose: »Abends um 8 Uhr den 8ten Febr. stellte sich das Geblüt wirklich ein und floß 5 Tage lang in zureichender Menge mit gehöriger Beschaffenheit,« resümiert er zunächst als Mediziner: »die Integrität aller Functionen ist wiederhergestellt.« (G, M 2, 355) Zugleich hält er aber auch das gute Ende der Reifungskrise fest: »[...] sie befindet sich nach allen Rücksichten gesund, und auffallend war es, wie sie mit der wiederkommenden Gesundheit mehr Anhänglichkeit an Welt und mehr weibliche Eitelkeit erhielte; dies ist nun, wie es nach ihrem Alter und Stand seyn solle, der Welt Lauf!« (G, M 2, 357) Dieses *happy-end* rundet die ausgestandenen Leiden und Kämpfe der »Heldin dieser Geschichte« (G, M 2, 173), wie Gmelin seine Patientin zum ersten und einzigen Male nach bestandener Bewährung, der erstmaligen Annahme einer Heilungsaussicht, nennt, normativ nach dem literarischen Muster der Bildungsgeschichte, an deren Ende die Rückkehr in die soziale Rollennorm[43] erfolgt, die Lisette Kornacher später auch insofern erfüllt, als daß sie 1801 einen jüngeren Kollegen Gmelins, den dieser auf die dritte Physikusstelle berufen hatte, heiratet.[44]

Das beschriebene Verfahren erzählender Selbstheilung hat noch andere Dimensionen: In der somnambulen Rede über sich und ihre Krankheit werden die Patientinnen in ihrem subjektiven Empfinden, ihrem eigenleiblichen Spüren ernstgenommen, wird auch die exaltierteste Pose, die entrückteste Vision nicht als ver-rückte Rede denunziert. Das Interesse der Magnetiseure an der Körperwahrnehmung, die Insistenz, mit der sie zur Innenschau auffordern, mobilisiert das intuitive Wissen der Frauen um ihren Zustand und um das, was ihnen guttut, ihren ›inneren Arzt‹, die einfühlende Interpretation der eigenen Befindlichkeit und die unter Frauen tradierten therapeutischen Erfahrungsbestände. Die magnetische ›Gesprächstherapie‹ nutzt damit noch Heilungsfaktoren in der Arzt-Patient Beziehung, die die Ärzteschaft im Zuge ihrer zeitlich parallel laufenden Professionalisierung zunehmend eliminierte: Intuition und

---

42 Gmelin, Brief (Anm. 1), S. 120. Aus der Verwendung des Begriffs allein kann man nicht unbedingt schließen, daß er das wichtige gleichnamige Werk: Johann Gottlob Krüger: Versuch einer Experimental-Seelenlehre. Halle, Helmstädt 1756 kannte. Wenn er aber bekundet, daß er mit seinen Versuchen zum Magnetismus zu dieser einen Beitrag leisten will (vgl. ebd.), gibt er zu erkennen, daß er sich selbst als den Praktikern und Theoretikern der *Psychologia Empirica* zugehörig versteht.

43 Vgl. Parallelfälle, in denen der psychologische Eingriff in die Prophetie ein entscheidendes Moment der Heilung darstellt, bei Wienholt (Anm. 2), 3. Theil, 2. Abth., S. 1–252, bes. 46f. u. 87, und im Archiv (Anm. 3), 3 (1818), 1. Stck., S. 76–102, bes. 83–85 u. 96–99. Auch den normativen Ausgang der Kuren markieren einige Geschichten, wie die hier erwähnte von Wienholt, die mit einem ausführlichen Bericht über Heirat und erste Schwangerschaft der Patientin endet. (S. 171f.) Der Einsatz von Psychologie zur Demystifizierung des Übernatürlichen findet sich auch bei romantischen Naturphilosophen wie z.B. Kieser. Vgl.: Daemonophania, bei einem wachenden Somnambul beobachtet vom Prof. Dr. D. G. Kieser. In: Archiv (Anm. 3), 6 (1819), 1. Stck., S. 56–147.

44 Vgl. Bauer, Leben und Werk (Anm. 17), S. 39.

Wissen der – als Konkurrenz begriffenen – weiblichen Heilkundigen[45], vor allem aber das Eingehen auf die leib-seelischen Selbstwahrnehmungen der Kranken als Subjekt ihrer Krankheit. Daß die Betroffenen in den Fallgeschichten so ausführlich zu Wort kommen, macht diese nicht nur zu medizingeschichtlich seltenen und wertvollen Quellen. Vor allem wird in ihnen eine Praxis beschrieben, die geradezu als ungleichzeitiges Gegenmodell gesehen werden kann zu dem sich parallel formierenden und schnell dominierenden ›ärztlichen Blick‹, der, wie Foucault rekonstruiert hat, den Patienten zum Schweigen bringt, indem er den kranken Körper unter dem analytischen Blick der klinischen Examination zu einem passiven Objekt macht, zum Text, an dem die Krankheit als erkannte Wahrheit, als im Leib sich objektivierender Tatbestand nur mehr distanziert abzulesen ist.[46]

Gegen das Verstummen des Kranken unter dem klinischen Blick des Arztes also das Freisetzen seiner Rede durch den suggestiven Blick des Magnetiseurs – dieser öffnet, wie an den psychologischen Interventionen oben gezeigt, die Augen auch für den Ausdruckscharakter von Krankheit, für die Symbolsprache des Körpers und der Psyche, die wahrgenommen und auf die reagiert werden will. Es lassen sich in den Fallgeschichten weitere Bewältigungsstrategien aufzeigen für die so zum Ausdruck drängenden psychosozialen Konflikte. So dient die Trance bei Lisette Kornacher auch zum Ausprobieren ihrer im Wachzustand noch abgelehnten, angstbesetzten Rolle als junge Frau, zur spielerischen Einübung des Verhaltens, das am Ende der Kur auch in den Wachzustand übergeht. Gmelin notiert:

»Auffallend ist jedem alsbald die plötzliche Veränderung von dem während der Krise ohne alle Géne geäusserten, muntern, traulichen Betragen in das, wie es Convenienz und Ton erfordern, génirte, überbescheidene, zurückhaltende Benehmen und die Abnahme der Munterkeit.« (G, M 2, 133)

Zunutze macht sich Gmelin auch die für den Somnambulismus so charakteristischen Idiosynkrasien gegenüber einzelnen Personen, in denen sich sonst tabuisierte Antipathien, Aggressionen oder Abgrenzungsbedürfnisse äußern können. Äußerst bedrohlich, ›widrig‹ und krampfauslösend wirken auf Lisette Kornacher nicht nur fast alle jungen Männer, die in ihre Nähe kommen, sondern vor allem ihre ältere Schwester Lotte, die das verkörpert, wogegen sie sich wehrt. Auch Vater und Mutter erträgt sie zu Beginn der Behandlung im somnambulen Zustand kaum in ihrer Nähe. In einem austarierten, rituell inszenierten Zeremoniell führt der Arzt diese Personen täglich in variierender Nähe an sie heran und registriert dabei ein Nachlassen oder erneutes Anwachsen der magnetischen Sympathie und Antipathie. Er ermöglicht so ein Ausagieren und Aufarbeiten eben der Nähe-Distanz-Problematik, die sich als

---

45 Siehe zu diesem Vorgang: Ute Frevert: Frauen und Ärzte im späten 18. und frühen 19. Jahrhundert. – Zur Sozialgeschichte eines Gewaltverhältnisses. In: Kuhn, Annette, Jörg Rüsen (Hg.): Frauen in der Geschichte II. Düsseldorf 1982, S. 177–210, bes. 183–90.
46 Vgl. Michel Foucault: Die Geburt der Klinik. Eine Archäologie des ärztlichen Blicks. Zuerst Frz. 1963. Frankfurt/M. 1988.

körperliches Symptom anfangs in den Atembeschwerden äußerte. Daß der Magnetismus es in beiden Szenarien ermöglicht, sozial streng tabuisierte Gefühle und Verhaltensweisen zu zeigen und auszuleben, dürfte dabei für seinen therapeutischen Erfolg von entscheidender Bedeutung sein.[47]

Große Bedeutung hatte sicher auch die Durchbrechung des ja damals auch in der ärztlichen Praxis bestehenden Berührungstabus. So verzeichnet Gmelin nach 14monatigem Rapport zu Lisette: »während der Krise zieht sie die wechselseitige Berührung unserer Hände allen anderen Berührungsarten vor;« (G, M 2, 199) eine zärtliche Geste, die mit den fachgerechten Anweisungen zum Magnetisieren nicht mehr viel gemein hat, dafür um so mehr mit sublimierter Erotik. Denn diese Mitteilung folgt unmittelbar auf die Erwähnung einer von ihr gesetzten – und später wiederholten – Grenze: »Das Massiren in der Beckengegend verwarf sie als unnütz zur Erreichung der Absicht, das Geblüt wieder in seine Weege einzuleiten; [...]«. (G, M 2, 198f.) Eine von Wienholt behandelte Magd ist – vielleicht schichten- und sicher altersbedingt – weniger indirekt im Ausdrücken der sexuellen Konnotationen der Behandlung. Nach einem Konflikt mit ihrem Arzt über an ihr vorgenommene Experimente schreibt sie ihm somnambul einen Zettel: »›Wenn sie mir, nach dem Erwachen, die Brust etwas halten könnten, würde es mir großen Vortheil thun.‹«[48] Worauf Wienholt nüchtern notiert: »Dies geschah.«[49]

III.

Spätestens hier, wo die latente Erotik des magnetischen Rapports manifest wird, drängt sich auch dessen problematischer Charakter in den Vordergrund. In den Fallgeschichten war dieses Thema weitgehend tabu – jedenfalls in ihren diskursiven Passagen, auch Wienholt schließt an obige Bemerkung gleich eine Reflexion über den therapeutischen Nutzen dieser Berührung an. Eine Ausnahme macht wiederum Gmelin: In seiner Theorie gibt er, wie immer in physiologischer Fassung, eine gewisse Ahnung zu erkennen, wenn er über Arten der möglichen Weitergabe des Lebensgeistes sagt: »Die Begattung ist im

---

47 Vgl. z.B. G, M 2, S. 269: »Hr. Ass. Sonnenmayer kam während diesem Zustand, welcher ihr nun, ohne ihn zu kennen, eben so sehr zuwider war, als ihre Schwester Lotte, welchen sie es auch ohne alle Géne sagte.« In einer Krankengeschichte berichtet Wienholt von einer Magd, die in Angstparoxysmen »häufig einen starken Trieb« spürte, »jemanden zu ermorden, und zwar am liebsten die ihr theuersten Menschen.« (Wienholt (Anm. 2), 3. Theil, 3. Abth., S. 155) Allgemeiner ist auf diesen Ventileffekt angesichts der eingeschnürten und vielfach reglementierten Lebensweise des magnetischen Klientels verschiedentlich hingewiesen worden. So sieht Anneliese Ego in den Vapeurs und Ohnmachten vor allem einen Protest gegen »Kirche, Küche, Keuschheit«, gegen limitierte Rolle und rigide soziale Kontrolle. Vgl. Ego (Anm. 1), S. 101–105, hier: 104.
48 Wienholt (Anm. 2), 3. Theil, 3. Abth., S. 215.
49 Ebd.

Grunde nichts anderes als thierischer Magnetismus: er unterscheidet sich von dem eigentlich sogenannten durch nichts anderes, als durch die Theile, aus welchen der Nervenäther aus, und in den anderen Theil hinüberströmt.«[50] Die physiologische Formulierung deckt dabei die sexuelle Komponente des Rapports mehr auf, als daß sie sie verhüllt. Zudem zementiert sie die im Magnetismus reproduzierte Rollenzuweisung in biologistischer Fassung: Der Mann als der aktive, kraftvolle Lebens(geist)spender, die Frau als das passive, leidendempfangende Gefäß. In Theorie und Praxis des thierischen Magnetismus codiert sich auch paradigmatisch genau die psychosoziale Rollenverteilung, die parallel in Form einer weiblichen Sonderanthropologie fixiert und untermauert wurde.[51] Angesichts einer diesen Festschreibungen gegenüber blinden Theoriebildung, die im magnetischen Rapport nur »wunderbare Sympathie« und »unschuldige Zuneigung«[52] zu erkennen vermochte, blieb es bekanntlich literarischen Texten vorbehalten, den Gewaltaspekt des Magnetismus und seine Momente der Manipulation, des Mißbrauchs, der Destruktion zu pointieren. Ich nenne nur den bekanntesten: E.T.A. Hoffmanns »Der Magnetiseur«.[53] Doch auch an den Fallgeschichten wird die in Hoffmanns Novelle betonte »Nachtseite«[54] des Magnetismus sichtbar. Denn schließlich buchstabiert sich magnetische Anziehung auch als Abhängigkeit, bringt der Somnambulismus nicht nur erlösende Prophetien und Ekstasen, sondern auch neue Krampfanfälle, heilt und harmonisiert er nicht nur, sondern schafft auch neue Leiden.

So durch den Druck, die Erwartungshaltung der Magnetiseure bedienen zu müssen, als erfolgreiche Somnambule zu brillieren. Immer ist er latent da; selten wird er so explizit wie in dem Appell von Gmelins wenig subtilem Stellvertreter an Lisettes diagnostische Fähigkeiten: »Ich weis, sie müssen etwas entdecken. Strengen Sie ihre Aufmerksamkeit auf sich an; sehen Sie, so zu sagen, in Ihren Körper hinein. Wo fehlt es Ihnen?« (G, M 2, 12) Es fehlt angesichts solcher Pressionen nicht an Versprechungen der Patientinnen, bald noch klarer

---

50 Gmelin, Brief (Anm. 1), S. 112f.
51 Dazu jetzt ausführlich: Claudia Honegger: Die Ordnung der Geschlechter. Die Wissenschaften vom Menschen und das Weib 1750–1850. Frankfurt/New York 1991, bes. S. 168–193. Siehe auch: Lesley Sharpe: Über den Zusammenhang der tierischen Natur der Frau mit ihrer geistigen. Zur Anthropologie der Frau um 1800. In: Barkhoff, Jürgen, Eda Sagarra (Hg.): Anthropologie und Literatur um 1800. München 1992, S. 213–225.
52 Schubert (Anm. 30), S. 345f. Schuberts Haltung kann hier als für die gesamte Romantik charakteristisch stehen.
53 E.T.A. Hoffmann: Der Magnetiseur. In: Ders.: Sämtliche Werke in sechs Einzelbänden. Fantasie- und Nachtstücke. Hg. v. Walter Müller-Seidel. München 1976, S. 141–178. Vgl. die scharfsinnige Analyse von Margarete Kohlenbach: Ansichten von der Nachtseite der Romantik. Zur Bedeutung des animalischen Magnetismus bei E.T.A. Hoffmann. In: Saul, Nicholas (Hg.): Die deutsche literarische Romantik und die Wissenschaften. München 1991, S. 209–232.
54 So Hoffmanns eigene Kennzeichnung in einem Brief über den Magnetiseur an Kunz vom 20.7.1813. In: E.T.A. Hoffmann: Briefwechsel. Gesammelt und erläutert von Hans von Müller u. Friedrich Schnapp. 3 Bde. München 1967–1969. Bd. 1. Königsberg bis Leipzig 1794–1814. 1967, S. 400.

und besser sehen zu können.⁵⁵ Kerners Christiana Käpplinger meldet sogar einmal Höchstleistungen und damit zugleich den Wunsch, nicht weiter bedrängt zu werden: »[...] ich bin so tief in mir, als jemals ein Mensch in sich geführt werden kann [...]«. (K 78) Andererseits wissen die meisten Somnambulen sich durchaus zur Wehr zu setzen. Sie reagieren z. B. mit Verweigerung der Clairvoyancen, wenn sie zu ungeniert als Versuchsobjekte benutzt oder darin einem staunenden Publikum vorgeführt werden.⁵⁶ Daß Abhängigkeit und Manipulation überhaupt gegenseitig sind, zeigt vor allem die konflikthafte, von den Patientinnen, die das Ende ihrer Kur immer selbst festlegen, zumeist durch Rückfälle herausgezögerte Ablösungs- und Abschlußphase. Sie bestrafen die Magnetiseure (und sich) für ein Nachlassen ihrer ungeteilten Aufmerksamkeit, etwa für kleine Verspätungen, kurze Abwesenheiten oder mangelnde Konzentration bei der Magnetisierung mit z. T. dramatischen Paroxysmen. Als Wienholt z. B. nach dem offiziellen Ende einer Kur eine eintägige Ohnmacht erst nach einigem Zögern durch Magnetisierung hebt, erklärt seine Patientin, es hätte einen sechswöchigen Veitstanz zur Folge gehabt, wenn sie nicht magnetisiert worden wäre.⁵⁷

Wie solche Verstrickungen, die die Psychoanalyse heute aus der Übertragungsbeziehung erklärt, sich verselbständigen und eine den Erfolg der Kur in Frage stellende Eigendynamik annehmen können, zeigt beispielhaft Kerners erster Fall. Er behandelt die 21jährige Christiana Käpplinger die, nachdem sie mit 13 Jahren ihren 11jährigen Bruder verloren hatte, melancholisch und in Trauer um ihren Bruder gänzlich jenseitsfixiert wurde. Der Somnambulismus entführt sie entsprechend sofort zu den Gefilden der Seligen, wo sie ihrem Bruder als Schutzgeist begegnet, der sie immer tiefer in die Welt der Geister und in die Nähe des Erlösers führt. Schnell verschiebt sich ihr Interesse jedoch auf Kerner, der als Magnetiseur mit dem Bild Gottes verschmilzt, während sie sich selbst an die Stelle der Seligen setzt. Zu Beginn erfährt sie den im magnetischen Rapport strömenden Nervenäther als »ungemein liebliche Wärme, und es sey ihr, als begöße man sie mit den reinsten Sonnenstrahlen. Es ströme aus ihnen eine Wärme, deren Lieblichkeit gar nicht zu beschreiben sey.« (K 18) Acht Tage später hat sie in ihren somnambulen Geistreisen im Jenseits die gleiche Konstellation ausgemacht:

>»Die Seligen werden verklärt durch die Strahlen der Liebe Gottes; und je mehr ein Seliger Gott liebt, je mehr zieht er solche Strahlen der Liebe Gottes in sich, und kann damit seine Verklärung erhöhen. [...] Die Lieblichkeit der Lichtstrahlen, welche die Seligen aus unserm Erlöser ziehen, ist nicht zu beschreiben.« (K 29, 41)

---

55 Z. B. G, M 2, S. 43; Wienholt, 3. Theil, 3. Abth., S. 243.
56 Vgl. z. B. bei Lisette Kornacher G, M 2, S. 103, 115f., 155f.
57 Wienholt (Anm. 2), 3. Theil, 2. Abth., S. 150. Vgl. auch 151–155; Wienholt, 3. Theil, 3. Abth., S. 252–257; G, M 1, S. 174 und, bei Lisette Kornacher, G, M 2, S. 202–211. Öfter findet sich in der Ablösungsphase auch so etwas wie ein stummer Geständniszwang, in dem sich Liebesgefühle durch Schwermut und bedeutungsvolles Schweigen zu erkennen geben. Vgl. Wienholt, 3. Theil, 3. Abth., S. 144–147 u. G, M 2, S. 344f.

Kurz darauf wird sie, indem die Magnetisierung und die von ihr induzierte Jenseitsvision ineinsfließen, selbst zum Empfänger der Strahlen des Erlösers: »Seine Strahlen leuchten aufs herrlichste zu mir her.« (K 43) So wie die Seligen zu ihrer Erlösung der Strahlen Gottes bedürftig sind, so braucht sie Kerners magnetische Strahlung und wird durch diese verklärt. Ihre Visionen und die von ihr inszenierten Rituale machen Kerner, indem sie ihn immer wieder mit Gott identifizieren, zu ihrem pseudo-sakralen, magnetischen Erlöser. Um somnambul zum Sprechen zu kommen, verlangt sie z. B., daß Kerner ihr dreimal in den Mund hauche. Durch ihn erwacht so ihr magnetisches Leben und wiederholt darin die Belebung des Erdenkloßes durch den göttlichen Hauch. (K 25) Als sie sich einmal drei Locken von ihm geben läßt, um mit ihnen als Amulett ihre Krämpfe fernzuhalten, wiederholt sich dieser Vorgang gleich anschließend in der Trance: »da kommt ein Seeliger und reicht mir drey prächtige unvergängliche Rosen, ich weiß aber nicht, was es zu bedeuten hat, [...]«. (K 53f.) In ihren einfallsreichen Ritualen und bunten Visionen verschränken sich im Laufe der heftiger werdenden Übertragungsliebe immer deutlicher erotische Wünsche und metaphysische Bilder, deren Ineinander energetisch von einem starken, religiös begründeten sexuellen Tabu gespeist zu sein scheint. Je mehr ihr sexuelles Begehren in die Symbolik ihrer Visionen und Anweisungen einschießt, desto wichtiger wird für sie das dagegengehaltene Bewußtsein ihrer Unschuld, für die sie von Gott eine Lilie erhält, die zum Zentralsymbol ihrer Bilder avanciert. So wie sich ein schrecklicher Krampfanfall auflöst in der seligen Beschwörung: »O Unschuld! Du bist das höchste Glück der Erde!« (K 168), so weiß sie auch, daß sie diesem Glück auch ihre magnetischen Fähigkeiten verdankt. »Ich bin in diesem magnetischen Zustande ganz wie im Stande der ersten Unschuld«, und der Magnetismus kann so stark wirken, weil sich »in meinem Körper keine Störung durch Leidenschaften« findet (K 154). In dieser Gewißheit kann sie ihren Gefühlen und Projektionen freien Lauf lassen. Als ihr z. B. einmal ein anderer Mann, Z., großen Eindruck macht, sprich mit einem starken Nervengeist, von dem sie sich ewige »Verzuckung« (K 108) verspricht, auf sie wirkt, verordnet sie Kerner ausgetüftelte Prozeduren, um sie wieder zurückzugewinnen: »Es wird Dich Mühe kosten, diesen Geist wieder aus mir hinaus zu bringen.« (K 110) Zunächst versucht sie anläßlich einer somnambulen Diagnose seiner Beschwerden mit ihm zu verschmelzen: »[...] ich gehe jetzt nach und nach ganz in Dich hinein. [...] Ach Gott! sagte sie, ich bin ja nun ganz, ganz in Dir, [...]«. (K 112) Anschließend ersinnt sie ein Ritual, in dem die Taufzeremonie mit dem sexuell konnotierten Erguß seiner Körperflüssigkeit ein bizarres Konglomerat eingehen: »Du mußt einen Schoppen Wasser so stark, als möglich magnetisieren, dadurch, daß du das Wasser in deinen Mund nimmst, und wieder heraus bläsest, und diesen Schoppen Wasser mußt Du mir, ehe Du mich erweckest, über den Kopf gießen [...]«. (K 113) Damit nicht genug. Zuletzt inszeniert sie, um den widrigen Eindruck des Z. zu vertreiben, einen magnetischen Kuß: »[...] halte ein großes Glasstück zwischen den Zähnen, das ich am andern Ende auch mit den Zähnen fasse, [...]«. (K 116) Neben recht handfesten Wünschen wie diesem stehen immer wieder auch ins Metaphysische projizierte Sehnsüchte wie die einer *unio mystica* im gemeinsamen Tod der Liebenden.⁵⁸ Angesichts solch massiver Symbiosewünsche gestaltet sich die Ablösungsphase verständlicherweise äußerst langwierig und in zahlreichen Psychodramen. In einem Moment nachlassender Intensität droht Christiana: »Dadurch, daß ich zuletzt unter zu großen Störungen magnetisirt wurde, wurde meine Entwicklung gehemmt, und das wird nun meinen Tod verursachen.« (K 219) Als »das einzige Mittel auf der Welt, mich zu retten« fordert sie ein Ritual, in dem Elemente von Hochzeit und christlichem Abendmahl ineinsfallen: »In ein Trinkglas voll alten Wein, muß man einen goldenen Ring werfen, und den Wein mit dem Ring etwas sieden lassen, dann muß ich den Wein um ³/₄ auf 11 trinken? ... Magnetisirt mich dann der Doctor mit Freudigkeit [!] fort, so werde ich mich wieder geistig entwickeln können.« (K 220) Als Dank erhält der Doctor in der nächsten Sitzung folgerichtig die Hälfte von der »Lilie, die ich von dem Erlöser zum Preis meiner Unschuld erhielt, [...]«. (K 222) Doch dieses Preisgeben ihrer Unschuld wird wenig später wieder zurückgenommen, wenn sie in einem höchst dramatischen Kampf mit einem ›Engel der Versuchung‹, der ihr die Lilie rauben will, unter schrecklichen Leiden obsiegt. (Vgl. K 238–242) Es wundert nicht, daß sich Kerners Patientin abschließend nur durch eine Flucht aus dieser veritablen *folie à deux* losreißen kann; sie verordnet sich als Ende der Behandlung eine siebenwöchige Abwesenheit.

Beliebig ließe sich die Fülle von faszinierenden Inszenierungen verlängern, mit der Christiana Kerner in Atem hielt bzw. von ihm in Atem gehalten wurde, denn gewiß war er so sehr in Christianas Geister verliebt wie in sie selbst, bediente ihr Einfallsreichtum seinen Hunger nach Pneumatologie und Magie. Wie er zu Beginn ihrer Jenseitsreisen zu ihr sagte: »[...] du bist in bessern Gegenden, die wir auch einmal sehen wollen.« (K 42) Sie zeigte sie ihm. Insofern hatte er wohl weniger Interesse daran, den Fluß ihrer Erzählung im Sinne einer therapeutischen Intervention zu verändern, als ihn vielmehr in Gang zu halten. Doch hier soll und kann kein Urteil über Kerner als Therapeut gefällt werden⁵⁹; es geht vielmehr um das Symptomatische der Verselbständigung des Narrativen. Dazu sind – vergleichend mit dem aufgeklärten Vorgänger Gmelin – vor allem formale Merkmale der Fallgeschichten als Texte heranzuziehen. Es fällt zunächst die pure Quantität auf. Kerner stellt eine viermonatige Behandlung fast ebenso wortreich dar wie Gmelin eine beinahe fünfmal so lange Kur.⁶⁰ Nimmt man dazu, daß die einzelnen Szenen gegen Ende der Kernerschen Sitzungen immer länger werden, so kann man schon von einem unkontrollierten Anwachsen der Erzählung sprechen. Dieses Überschießen der Narration läßt

---

58 »Es möge gehen, wie es wolle, so kann ich nicht sterben, so lang Du nicht stirbst, würdest Du aber jetzt sterben, so stürb auch ich im Augenblick Deines Todes.« (K, S. 128).
59 Vgl. die Würdigungen seiner psychotherapeutischen Bemühungen aus der Sicht der Psychiatriegeschichte in den einschlägigen Aufsätzen in dem Sammelband: Schott (Hg.), Medizin und Romantik (Anm. 17).
60 An den Seitenzahlen ist das nicht ablesbar. Ich habe dazu eine Wortschätzung vorgenommen.

sich insofern als Moment des Scheiterns verstehen, als daß darin der Verlust von organisierenden, das Material zügelnden Deutungsrastern sich ausdrückt. Auch in der Detailstruktur des Berichts läßt sich das Fehlen eines Kontrollmoments feststellen. So verzichtet Kerner, anders als Gmelin, darauf, seine Fragen, die den Gang der Sominiloquie ja präformieren, zu verzeichnen. Das macht seinen Text weniger protokollarisch, besser lesbar, spannender; es überläßt den Leser ganz der suggestiven Rede der Somnambulen. Das markiert aber zugleich einen Kontroll- und Distanzverlust.[61] Im gleichen Sinn läßt sich Kerners völlige Deutungsabstinenz verstehen. Er begründet diesen konsequenten Reflexionsverzicht eingangs damit, nur »reine Fakta« (K 11) ohne Interpretationen präsentieren zu wollen, was ihm zumeist als empiristisch-dokumentarisches Verfahren auch gegenüber dem Ungreifbaren zugutegehalten wird. Es ist wohl ebenso Indiz für die Weigerung, der psychologischen Dynamik des Geschehens gewahr werden zu müssen, die Rätsel des Unbegreiflichen auch psychologisch angehen zu müssen, und Ausdruck einer wachsenden Faszination gegenüber der Selbstbewegung der poetischen Visionen und dramatischen Inszenierungen, die Christiana ihm bietet.[62] Kerner, Arzt wie Gmelin, geht es auch nicht mehr so sehr um die somatische Krankheit seiner Somnambulen. Kaum je verzeichnet er medizinische Daten, protokolliert er ihr körperliches Befinden. Auch ihre Selbstverordnungen spiegeln das: sie verschreibt sich nur von ihr selbst als magisch wirkend verstandene Tees und Kräuter.[63] So wie sie sich immer mehr ins Jenseits hineinphantasiert und dabei den Kontakt mit ihrem Körper verliert (»Ich war ganz vom Körper los« (K 169 u. ö.)), hat sich seine Aufmerksamkeit von ihrem körperlichen Wohl abge-

---

61 Ein ähnlicher Distanzverlust spiegelt sich in der Form der ersten Fallgeschichte in Wolfarts Jahrbüchern (Anm. 3), 1 (1818), S. 90–126. Unter dem Titel »Meine eigene Bekehrung nebst einigen Zügen aus dem magnetischen Hellsehen einer Brust= und Nervenkranken Frau« blendet der Herausgeber seine eigene Bildungsgeschichte, die Züge eines pietistischen Erweckungserlebnisses mit der wiederholten Beschwörung wissenschaftlicher Objektivität paart, mit der Entwicklung der Patientin ineinander. Die Protokollform von Tag zu Tag wird ersetzt durch arrangierende, bedeutungsstiftende Abschnitte mit Überschriften wie »Wie ich dazu kam« (S. 90), »Erstes Magnetisieren« (S. 95), »Die Hellseherin« (S. 97), »Mein Zustand dabei« (S. 100), »Der verhängnisvolle Freitag« (S. 104).
62 Der Psychoanalytiker Stavros Mentzos definiert hysterische Phänomene geradezu als »unbewußte szenische Darstellungen, unbewußte ›tendenziöse‹ Inszenierungen.« (Mentzos (Anm. 34), S. 21.) Das In-Szene-Setzen der aus psychoanalytischer Sicht als schwere Hysterikerin erscheinenden Christiana ist so gesehen für die zunehmende literarische Qualität dieses Textes konstitutiv.
63 Mit beiden Tendenzen, dem Verschwinden des ärztlichen und der Verselbständigung des literarischen Moments steht Kerner keineswegs allein. In den im »Archiv« abgedruckten Fallgeschichten stehen im Laufe der Jahre zunehmend Geistererscheinungen im Mittelpunkt, und es werden vermehrt Fälle aus älterer Literatur interpretiert, also Texte besprochen, statt Beobachtungen wiedergegeben. Siehe z. B.: Geschichte einer dämonischen Kranken, aus einer älteren Schrift ausgezogen, und mit Bemerkungen begleitet von Prof. Dr. D. G. Kieser. In: Archiv (Anm. 3), 6 (1819), 3. Stck., S. 1–92.

löst.⁶⁴ Bei Gmelin konstituierte ein austariertes Wechselspiel von identifikatorischem Ernstnehmen des Eigenlebens der somnambulen Rede einerseits und medizinischem Datensammeln sowie distanzierendem, seelenkundlichem Kommentar andererseits den Text. Mal nennt er seine Patientin »Meine Schlafrednerin« (G, M 2, 173), mal »das Subject« (G, M 2, 133) – zwischen diesen Perspektiven hält der Text die Balance und rundet sich. Kerners Form ist dagegen offen und will es auch sein – offen in bezug auf seine Inhalte, die Geisterwelt; offen in bezug auf seine Deutung, die unterbleibt; offen in bezug auf das Wuchern der Bilder, die an die Stelle der Deutungen treten; offen schließlich als ein Text, der abbricht, sich als unvollendet und unvollendbar begreift, auf seine Fortsetzung harrt. Und in der Tat: Jahre später, zwischen ihrem 30ten und 36ten Lebensjahr, schreibt Christiana Käpplinger diesen Text fort. 1843 erscheint ihr Buch: »Beschreibung über das Wesen der Gottheit, der menschlichen Natur und der christlichen Religion.«⁶⁵ Sie schrieb dieses pietistisch-schwärmerische Traktat

>»mit Freuden, nach Anleitung einer Sonne, die in meinem Innern hervorging, [...] wo diese Sonne ihre Strahlen in meinem Innern hinwarf, da wurden Buchstaben lebendig, die sich schnell zu Worten bildeten, und die ich schnell, einem Drang zufolge, gleich einem Dictirschreiber, zu Papier bringen mußte.«⁶⁶

Sie blieb also inspiriert durch die göttlich-magnetischen Strahlen, dichtete in Trance, als Fortsetzung ihrer Sominiloquie.

Das Offene des Kernerschen Textes läßt sich im Kontext der Romantik auf verschiedene Weise als symptomatisch verstehen: im Horizont eines Wissen-

---

64 Parallele Verschiebungen auf der Theorieebene lassen sich hier nicht darstellen. Konzeptionell blieb Kerner durchaus an das Nervengeist-Modell gebunden, das ja angesichts der Ansiedlung aller Mittlerstoffmodelle auf der Grenze zwischen Materie und Geist leicht zu spiritualisieren war. Ihm war auch Gmelins Position gut bekannt. Nachdem dieser in dem zehnjährigen Knaben durch einmalige magnetische Behandlung eines nervösen Magenleidens lebenslang »ein magnetisches Leben« erweckt hatte (Justinus Kerner: Das Bilderbuch aus meiner Knabenzeit. Erinnerungen aus den Jahren 1786–1804. Braunschweig 1849, S. 243), war er später ein eifriger Leser der Gmelinschen Schriften. (Vgl. den Katalog: Bibliothek des schwäbischen Dichters Justinus Kerner. Vaihingen/Enz 1985, S. 12, Nr. 250a, 251, 252a. Die Exemplare enthielten vielfache Kommentare von Kerners Hand.) Für Kerners Verständnis des Somnambulismus wurde allerdings, wie für die meisten Romantiker, die von Reil entwickelte Konkurrenz zwischen Ganglien- und Cerebralnervensystem zentral. Wie die Orientierung am Nervengeist-Konzept und Jenseitsfixierung bei Kerner zusammengehen, zeigt (mit Blick auf die »Seherin von Prevorst«): Heinz Schott: Der »Okkultismus« bei Justinus Kerner – Eine medizinhistorische Untersuchung. In: Berger-Fix, Andrea (Hg.): Justinus Kerner: Nur wenn man von Geistern spricht. Briefe und Klecksographien. Stuttgart, Wien 1986, S. 71–103 u. 227–232.
65 Christiana Käpplinger: Beschreibung über das Wesen der Gottheit, der menschlichen Natur und der christlichen Religion. Gewidmet allen christlich gesinnten Freunden unserer Zeit. Heilbronn 1843.
66 Ebd. Einleitung, S. XVIII. Siehe zu dieser Krankengeschichte auch: Otto-Joachim Grüsser: Justinus Kerner 1786–1862. Arzt-Poet-Geisterseher. Nebst Anmerkungen zum Uhland-Kerner-Kreis und zur Medizin- und Geistesgeschichte im Zeitalter der Romantik. Berlin, Heidelberg 1987, S. 201–206.

schaftsbegriffs, der für Wissen und Ahnung gleichermaßen ein Feld bieten wollte, deren Auseinandertreten zu revidieren antrat, und deshalb die Diskursformen der Wissenschaft mit denen der Poesie zu verschmelzen trachtete[67], und im Horizont eines Menschenbildes, das nicht wie die Aufklärung auf normative, gesellschaftskonforme Festlegungen gerichtet war, sondern im Gegenteil in der Nobilitierung von Wahnsinn, Krankheit und schwärmerischer Entrückung die Grenzen des menschlichen Erfahrungsraumes zu erweitern suchte, um »mit den Augen des Unbewußten [...] in die höchsten Höhen und die tiefsten Tiefen«[68] zu blicken und so der Nachtseite der menschlichen Existenz ein Forum zu verschaffen.

Mit Blick auf den anthropologisch orientierten Vorgänger aber erscheint diese Offenheit auch und vor allem als Verlust; als Verlust nämlich leibbezogener Wahrnehmungsformen und Deutungsnormen. Der Vergleich zwischen den Exponenten Gmelin und Kerner legt es nahe: solange die magnetische Praxis in ihrer Insistenz auf den leib-seelischen Zusammenhang ›körpernah‹ wahrnahm und verstand und die somatischen Sensationen und Codierungen als Ausgangspunkt ihrer Interpretationen und Interventionen ansah, solange sie also an den anthropologischen Diskurs angebunden blieb, konnte sie auch ihr therapeutisches Moment im Sinne einer ›Experimental-Seelenlehre‹ entfalten. Indem aber in der romantischen Spätphase die Metaphysik die Physiologie verdrängt, der Spiritismus das Soma preisgibt und die somnambulen Metaphern sich nicht mehr als dem Leib eingeschriebene und von dessen Affiziertheit kündende präsentieren, geht der Leib als Darstellungsfeld leib-seelischer Wechselwirkungen und damit zugleich wichtiges und wirksames Wissen um die Interdependenz von Körper und Geist verloren. Die romantischen Forschungen und Theoriebildungen zu Magnetismus und Somnambulismus insgesamt setzen einerseits die Fragestellungen der Anthropologie fort.[69] In ihren metaphysischen und psychisierenden Tendenzen, die sich bis in die Psychoanalyse

---

67 Hierzu zuletzt: Nicholas Saul: Nachwort. In: Saul (Anm. 53), S. 306–318.
68 Schott, Strahlen des Unbewußten (Anm. 9), S. 48. Auch diese Tendenz spiegelt sich in formalen Merkmalen. So beschließt der romantische Arzt und Magnetiseur Karl Eduard Schelling, ein Bruder des Philosophen, das Ende eines Fallberichts bewußt und dramaturgisch effektvoll mit einem Triumph des Wunderbaren, der Bestätigung einer Todesahnung durch einen entreffenden Brief. Daß Numinose, nicht die Normalität hat hier das letzte Wort. Vgl. Karl Eduard Schelling: Ideen und Erfahrungen über den thierischen Magnetismus. In: Jahrbücher der Medicin als Wissenschaft 2 (1806), H. 1, S. 3–46, hier: 43–46.
69 Dieser Bereich ist im Detail noch wenig erforscht. Vgl. die Übersichtsartikel: Odo Marquard: Zur Geschichte des philosophischen Begriffs »Anthropologie« seit dem Ende des achtzehnten Jahrhunderts. In: Collegium Philosophicum. Studien. Joachim Ritter zum 60. Geburtstag. Von Ernst Wolfgang Böckenförde u. a. Basel, Stuttgart 1965, S. 209–239, bes. 213–216; Dietrich von Engelhardt: Mesmer in der Naturforschung und Medizin der Romantik. In: Schott (Hg.), Geschichte des Mesmerismus (Anm. 9), S. 88–107; Karl Eduard Rothschuh: Deutsche Medizin im Zeitalter der Romantik. Vielheit statt Einheit. In: Hasler (Hg.) (Anm. 28), S. 145–151, bes. 147.

fortsetzen[70], präformieren sie aber mit dem Verschwinden des Leibes auch ein folgenreiches Defizit.

Doch des einen Verlust ist des anderen Gewinn: das Wuchern der Visionen nähert die Fallgeschichten zunehmend der Literatur an:

> »[...] die höchste Wonne und das größte Frohseyn, wie ich es nie im Leben fühlte, beseeligen mich. Ich sehe die Welt um mich her im schönsten reinsten Lichte, mein Geist ist über alles Irrdische erhaben, es ist mir, als befände ich mich auf einer großen Anhöhe, von welcher mein Blick in das Unermeßliche schauet. Alles was ich von irdischen Dingen höre, die Stimmen der Menschen, kommen mir wie aus einer großen Tiefe hervorschallend vor, ich höre sie deswegen nur dumpf und undeutlich.«[71]

Dies ist keine Szene aus einem der beseelt-erhabenen Jean-Paulschen Tableaus über Glauben und Unsterblichkeit[72], wie es die hohe, poetisierende Stimmungslage vermuten lassen könnte. Es ist ein Zitat aus einer Fallgeschichte im *Archiv für den Thierischen Magnetismus*, dessen eifriger Leser Jean Paul über viele Jahre war.[73] Doch die szenische Ausgestaltung, das topographische Arrangement, in dem hier der Abstand zu dem Gewimmel des alltäglichen Lebens bezeichnet wird, und mit dem der Blick in die räumliche Ferne den in die Unendlichkeit des Jenseits meint und ausdrückt, wiederholt sich exakt in der Konstellation, mit der Selina in der Magnetisierung, die am Ende des Jean Paulschen Werkes steht[74], den weiten Ausblick von einer Anhöhe mit somnam-

---

70 Vgl. zu dieser Kontinuität vor allem: Odo Marquard: Transzendentaler Idealismus. Romantische Naturphilosophie. Psychoanalyse. Köln 1987. Knapper: Ders.: Über einige Beziehungen zwischen Ästhetik und Therapeutik in der Philosophie des neunzehnten Jahrhunderts. In: Frank, Manfred, Gerhard Kurz (Hg.): Materialien zu Schellings philosophischen Anfängen. Frankfurt/M. 1975, S. 341–347.

71 Geschichte einer merkwürdigen Entzündungskrankheit des Unterleibes mit dem Charakter der Exsudation, welche mit nervösem Leiden verschiedener Form verbunden war, und im Somnambulismus ihr Heilungsmittel fand. Aus dem Tagebuche seines Vaters gezogen und geordnet von Dr. Philipp Heineken in Bremen. Mit einem Vorworte von ersterem. In: Archiv (Anm. 3), 2 (1818), 3. Stck., S. 1–71, hier: 36f. Wie der üppig barocke Titel andeutet, stellt diese Aufzeichnung auch insofern einen weiteren Schritt in Richtung Literarisierung dar, als daß der Autor hier nicht mehr der protokollierende Arzt/Experimentator ist, sondern sich auf eine schriftliche Quelle stützt, indem er dessen Tagebuchaufzeichnungen aus einem Abstand von sechs Jahren heraus verdichtet.

72 Vgl. die Zusammenstellung solcher Szenen bei: Wolfgang Proß: Jean Pauls geschichtliche Stellung (= Studien zur deutschen Literatur, Bd. 44). Tübingen 1975, S. 214f.

73 Vgl. die verdienstvolle Auswertung der Exzerpte Jean Pauls in: Goetz Müller: Jean Pauls Exzerpte. Würzburg 1988, S. 248, 250, 252. Daß Jean Paul auch den Band zur Kenntnis genommen hat, in dem sich diese Fallgeschichte findet, verzeichnet Müllers Buch nicht. Vgl. aber einen entsprechenden Eintrag in Jean Pauls Exzerpten in der Staatsbibliothek Berlin, Unter den Linden, 46. Band, Nr. 269.

74 Vgl. Jean Paul: Selina oder über die Unsterblichkeit der Seele. In: Ders.: Sämtliche Werke. Abt. I. Werke. Hg. v. Norbert Miller. 6 Bde. München 1963–1970, Bd. 6. 1967, S. 1106–1236, hier: 1218–1220.

bulen »Aussichten ins zweite Leben«[75] verbindet. Nicht, daß ich damit behaupten wollte oder nachweisen könnte, Jean Paul habe sich hier direkt vom ›magnetischen Dichtungsvermögen‹ inspirieren lassen. Das hatte er kaum nötig; eher schon könnte umgekehrt die zitierte Somnambule (oder der aufzeichnende Arzt) den eigenen Bildervorrat aus der eifrigen Lektüre des populären Romanciers angereichert haben. Daß hier ärztliche Fallgeschichte und dichterischer Text sich im Dienste magnetischer Grenzüberschreitungen der gleichen Raumsymbolik bedienen, kann aber abschließend an einem kleinen Punkt veranschaulichen, wie der animalische Magnetismus, indem er sich von den protokollarisch-medizinisch-leibgebundenen Redeweisen entfernt und sich seinen somnambulen Visionen überläßt, damit in die Arme der Literatur treibt.[76]

---

[75] So die Überschrift des letzten Abschnitts von Jean Pauls ausführlichster theoretischer Auseinandersetzung mit dem Phänomen, den 1814 im Museum veröffentlichten »Mutmassungen über einige Wunder des organischen Magnetismus«. In: Ders.: Sämtliche Werke. Abt. II. Jugendwerke und vermischte Schriften. Hg. v. Norbert Miller und Wilhelm Schmidt-Biggemann. 4 Bde. München 1974–1985. Bd. 2. 1976, S. 884–921, hier: 918. Die Magnetisierung im ›Selina‹-Traktat stellt eine dichterische Umsetzung zentraler Gedanken dieses diskursiven Textes dar. Zum animalischen Magnetismus in der ›Selina‹ siehe: Götz Müller: Jean Pauls Ästhetik und Naturphilosophie (= Studien zur deutschen Literatur, Bd. 73). Tübingen 1983, S. 38–58, bes. 57f.; Verf.: Allsympathie im magnetischen Geiste. Jean Paul und der animalische Magnetismus. In: Saul (Anm. 53), S. 177–208, bes. 187–191.

[76] Allgemein haben die romantischen Theoretiker des Magnetismus diesen Vorgang verschiedentlich thematisiert. Am explizitesten Passavant, den Jean Paul auch kannte. (Vgl. Müller, Exzerpte (Anm. 73), S. 254) Passavants Feststellung über »die große Ähnlichkeit, welche zwischen dem begeisterten Dichter und dem entzückten magnetisch Schlafenden, zwischen der Sprache der Poesie und der der Clairvoyance statt findet«, begründet er mit implizitem Rekurs auf Gotthilf Heinrich Schuberts »Symbolik des Traumes« von 1814: »Es gleichen die Reden der Schlafwachenden jener alten ursprünglichen Naturpoesie, die aller späteren Poesie zu Grunde liegt«. (Johann Carl Passavant: Untersuchungen über den Lebensmagnetismus und das Hellsehen. Frankfurt/M. 1821, S. 173, 172).

Das Profil im Schatten
Zu einem physiognomischen »Ganzen« im 18. Jahrhundert

Claudia Schmölders (Berlin)

1757 konnte man dem Eintrag »Physiognomie: f. f. (Science imagin.)« in der *Encyclopédie raisonnée* folgendes Fazit entnehmen: »Il faut donc avouer que tout ce que nous ont dit les physionomistes est destitué de tout fondement.«[1] Rund zwanzig Jahre später, 1776, hieß es beim Physiognomen Anton Joseph Pernety:

> »De toutes les sciences la physionomique est la plus étendue. Elle est le fondement de toutes les autres; elle est la science universelle, si on la considère dans toute la rigueur du terme (...) Tout porte à l'exterieur un signe distinctif, un signe hieroglyphique, au moyen duquel un observateur en sait très-bien connaitre les vertus secretes & les Proprietés.«[2]

Wiederum rund zweihundert Jahre später, in zwei Aufsätzen des Jahres 1989, und leicht verschoben auf ästhetische Fragestellungen, lesen wir folgendes: »Physiognomy«, heißt es im ersten, »is the hidden root of philosophy, science and esthetics«[3] – aber: »Habe ich völlig Unrecht«, ruft der zweite Autor, ein Kunsthistoriker, mit Bezug auf die Physiognomik,

> »wenn ich frage, ob es Zufall gewesen sei, daß in der jüngeren Geschichte unserer Disziplin sich gerade die Apologeten der unmittelbaren Anschaulichkeit als wenig immun erwiesen gegen jene Verführungen, welche die Ästhetisierung der Gewalt in den dreißiger Jahren angeboten hat?«[4]

---

1 Encyclopédie ou Dictionnaire Raisonné des sciences, des arts et des metiers ... mis en ordre & publié par M. Diderot ... & M.D. D'Alembert, Paris 1757. Verfaßt hatte diesen Eintrag der Chevalier de Jaucourt, unter anderm auch Autor des Artikels »Charlatan« (1753). – Diesen Hinweis, sowie eine sorgfältige Diskussion des folgenden Aufsatzes danke ich Martin Blankenburg, Berlin.
2 Anton Joseph Pernety: La connaissance de l'homme morale par celle de l'homme physique. 2 Bde. Berlin 1776, Bd. 1, S. 12/27.
3 Vgl. die Emmanuel Lévinas verpflichtete Arbeit von G. Gurisatti und K. Huizing: Die Schrift des Gesichts. Zur Archäologie physiognomischer Wahrnehmungskultur. In: Neue Zs f. syst. Theologie u. Religionsphilosophie 31 (1989), S. 287. Das Zitat stammt aus der englischen summary des Aufsatzes.
4 Willibald Sauerländer: Überlegungen zum Thema Lavater und die Kunstgeschichte. In: Idea. Jahrbuch der Hamburger Kunsthalle 8 (1989) 15–30, S. 28.

Widersprüche, wie die hier vorgeführten, löst man gewöhnlich durch Unterscheidungen; man unterscheidet zwischen den verwendeten Begriffen, den Perspektiven der Autoren und der Geschichte von Begriffen, Perspektiven und Autoren. Daß die Diderotsche *Encyclopédie*, als dezidiertes Aufklärungsorgan, sich gegen die Physiognomik wandte, kann nicht überraschen. Daß der Franzose Pernety, zeitweilig Bibliothekar Friedrichs des Großen und mystischen Zirkeln zugehörig, eine Meinung aus dem Geist der paracelsischen Signaturenlehre äußert, ist ebenfalls verständlich. Physiognomik als »Totalwissenschaft« konnte nur in derartigen Zirkeln überdauern – möchte man meinen. Daß wir aber beinahe dieselbe Parteibildung noch zweihundert Jahre später bei modernen Historikern der Physiognomik wiederfinden, erstaunt schon mehr. Auch wenn man dem kritischen Geist von 1989, Willibald Sauerländer, nicht unbedingt darin folgen möchte, der Physiognomik grundsätzlich faschistische Tendenzen zu unterstellen – man möchte doch etwa an Kracauers (Film-)Physiognomik erinnern, die unter dem Zeichen einer »Errettung der äußeren Wirklichkeit« stand – der Total-Anspruch der zitierten Befürworter der Physiognomik fällt doch auf. Physiognomik soll die Wissenschaft am Grunde der wichtigsten geistesgeschichtlichen, wenn nicht gar aller Wissenschaften sein. Das steht offensichtlich gegenläufig zu herrschenden Entwicklungen; nicht nur zur Entvisualisierung vieler Wissenschaften sondern auch zu deren Arbeitsteilung.

Mit gutem Recht, so scheint es, kann man das physiognomische Interesse am »Ganzen« irrational nennen, nicht nur wegen seiner bekannten Legierung mit okkulten Strömungen.[5] Mit gutem, aber wohl nicht mit vollem Recht. Denn das, was die Physiognomik als holistische Pseudowissenschaft zu überblicken vorgibt, ist ja zum Beispiel gerade nicht identisch mit jenem Irrationalen, auf das uns etwa die Psychoanalyse aufmerksam gemacht hat. Traumdeutung und Körperdeutung stehen seit jeher konträr zueinander; der Physiognom ist weder mit verdrängten und verbotenen sexuellen Inhalten befaßt, noch auch mit Dämonen. Sein Interesse gilt ja vielmehr sowohl dem unverwechselbar einzelnen Charakter-Körper als auch dessen kosmischer und das heißt: ganz außenweltlicher Einbettung und Fatalität.

Es ist die Frage, ob diese Interessen methodisch überhaupt zu vereinen sind, oder ob ihre Unvereinbarkeit selbst etwas hierher Gehöriges besagt.[6] Die phy-

---

5 Vgl. dazu neuerdings Anne Harrington: Interwar »German« Psychobiology: Between Nationalism and Irrationalism. In: Science in Context 4 (1991) 429–447. H. beschreibt den Holismus speziell der deutschen Psychobiologie der Zeit als Reaktion nicht nur auf (angelsächsische) Mechanisierungs-Ideologien des 19. Jahrhunderts, sondern als tiefgreifende Abwehr der allgemeinen Ernüchterung im 20. Davon unabhängig hat sich allerdings die prägnanteste Sub-Disziplin jenes Holismus, die Gestaltpsychologie, gehalten; sie wird neuerdings wieder unter Rückgriff auf die Sprache diskutiert. Vgl. etwa Mark Johnson: The Body in the Mind. Chicago UP 1987.
6 Fritz B. Kraus: Die physiognomischen Omina der Babylonier. Leipzig 1935, meint, es handle sich um ganz verschiedene Traditionen: die Griechen hätten Physiognomik als Charakterkunde gelehrt, die Babylonier hingegen als Mantik. Das Objekt der ersteren ist der Erwachsene, das Objekt der letzteren das Baby, speziell natürlich das hochrangige, um dessen Zukunft es geht.

siognomische Fragestellung etwa der »Société des Observateurs de l'homme« war jedenfalls zu Beginn des 19. Jahrhunderts mit der damaligen Wissenschaft vollkommen kompatibel; es war eine ethnologische.[7] Die Beschreibung sämtlicher Menschenrassen im Dienst einer empirischen Wissenschaft galt nicht als hybrides Unternehmen – im Gegenteil. Noch Balzac zehrte von dem quasi zoologischen Pathos für seine *Comédie humaine*.

Nicht diese deskriptive Klassifikation fällt also unter das Verdikt des Irrationalismus. Will man nicht bei astrologischen Relikten nachsuchen, dann bleibt jene psychologische Grundierung, die, wie mir scheint, Ernst Gombrich am bündigsten analysiert hat. Es gehe schlicht darum, schreibt er,

> »daß wir [physiognomisch] unsere Umwelt ständig auf die Antwort auf eine Frage absuchen, die für uns lebenswichtig ist: Bist du Freund oder Feind, etwas Gutes, etwas Böses? Ja, es läßt sich behaupten, daß die Antwort auf diese Frage für jedes Lebewesen im Kampf ums Dasein ebenso grundlegend ist wie die Antwort auf andere Fragen, die es mit Hilfe seiner Sinneswahrnehmungen von seiner Umwelt zu erhalten sucht.«[8]

Das physiognomische Orientierungsbegehren stammt mit andern Worten aus psychisch archaischen Einstellungen – egal, ob sie mit Melanie Klein individualhistorisch betrachtet und »schizoid« oder »paranoid« genannt, oder ob sie stammesgeschichtlich geortet und auf Bedingungen einer frühen Jägergesellschaft zurückgeführt werden.[9]

Ihnen jedenfalls verdankt die Physiognomik als Kunst- und Morallehre offenbar ihre »aufs Ganze gehende« Tendenz. Nicht nur das »Ganze« der je individuellen Existenz ist damit gemeint, sondern auch die eigentümliche Totale dieser Kommunikationssituation. Wir erleben den andern Menschen eben nicht »distanziert«, sondern im Rahmen einer prae- und vor allem nonverbalen Rhetorik, von der die überlieferte ars rhetorica nur ein schwacher Abglanz, ein zivilisierter Schatten ist. Wenn irgendwo, so ist der Begriff »Überwältigungsrhetorik« hier angebracht: denn anders als in der Verbalrhetorik, in der wenigstens idealiter einer den andern ausreden läßt, »sprechen« die einander begegnenden Körper immer gleichzeitig aufeinander ein: werden etwa die Zeichen von Alter, Geschlecht, Rasse, Wohlgestalt etc. blitzartig gegeneinander gehalten und registriert und nach den Auskünften abgetastet, die Gombrich erwähnt. Der Physiognom des Alltags fühlt sich in aller Regel immer zugleich von seinem individuellen Objekt angeschaut – eine nicht zu unterschätzende

---

7 Serge Moravia: Beobachtende Vernunft. Philosophie und Anthropologie in der Aufklärung. München 1973, S. 58ff.
8 Ernst Gombrich: Das Arsenal der Karikaturisten. In: Ders., Meditationen über ein Steckenpferd. Frankfurt am Main 1978, S. 244.
9 Ersteres betont Peter von Matt in seinem wegweisenden Buch: ... fertig ist das Angesicht. Zur Literaturgeschichte des menschlichen Gesichts. München 1983, S. 132: »Die älteste Hermeneutik entspringt aus dem Schrecken über die Veränderlichkeit des Muttergesichts.« – Letzteres ist nachzulesen bei Ginzburg: Signes, Traces, Pistes. Racines d'un paradigme de l'indice. In: Le Débat 6 (1980) 3–44, S. 44. G. unterscheidet Charakterkunde und Mantik als zwei Formen physiognomischer Intuition; die eine nennt er eine »intuition basse«, die andere eine »intuition mystique«. Die erstere schreibt er drei Gruppen zu: den Jägern, den Seeleuten, den Frauen.

Ausgangssituation auch des Wissenschaftlers, dem es ums Gattungsgeschöpf geht.

Wenn, mit andern Worten, die Physiognomik als »Science imaginaire« auf der historischen Bühne erscheint, hat sie diese primitive Ebene der besorgten Fragen ans Objekt zwar transformiert, aber keineswegs verlassen. Der pseudoaristotelische Traktat *Physiognomonica* bietet sie – eher einfältig – als jene Perspektive an, die wir die zoomorphe nennen. In dieser Tradition, die sich bis in unser Jahrhundert gehalten hat – transportiert teils von rassistischen Theoremen, teils von karikaturistischen Techniken –, sind die Primärfragen der nonverbalen Rhetorik gespeichert. Ob jemand einer Schlange, einem Löwen oder einem Adler gleiche, ist Antwort auf die Frage, ob er (und meist handelt es sich um Männer) bösartig, stolz oder gar überragend sei. Primärfragen, die unversehens im Alltag der Erwachsenen auftauchen und hier zum großen Kapitel »Menschenkenntnis«, i. e. »soziale Orientierung« geschlagen werden.[10]

Ob nonverbale Fragen dieser Art wirklich unter die heute gebräuchliche Rubrik »Hermeneutik« gehören, ist selbst eine Frage. Die seit Mitte des 18. Jahrhunderts und zuvor in der theologischen Tradition betriebene Auslegungskunst ist ja entstanden in der Auseinandersetzung mit autoritativen Schrifttexten; also im literalen Bereich, der seinerseits den verbalen voraussetzt. Rhetorik qua Redekunst und Hermeneutik sind aber ursprünglich keineswegs komplementäre Disziplinen. Die Fragen der Auslegung entstehen hier erst angesichts einer nachlassenden Überzeugungskraft, einer aufkommenden Stimmung der Ungewißheit über die Bedeutung von Texten.

Die Tradition *physiognomischer* Auslegung dagegen geht auf nonverbale Zeichen-Konstellationen, die nicht wie die Schrift weniger, sondern, wie gesagt, ein Mehr an rhetorischem Appell enthalten; dringlichere, schnellere, umfassendere Fragen stellen und in dieser Dringlichkeit beantwortet, entschieden werden müssen. Neben der traditionellen Charakterkunde hat sich als die hierzu gehörige Wissenschaft die »Mantik« oder »Divination« etabliert. Sie umfaßt die babylonischen Omina ebenso wie die abendländische »Zuckungsliteratur«, die spätere Hand- und Stirnlesekunst ebenso wie die Astrologie. All diesen Wissenschaften vom nonverbalen Zeichen ist gemeinsam, daß sie nicht auf eine Rekonstruktion vergangener Geschichte, sondern eben auf Prognose aus sind. Anders als jene Spuren, die Carlo Ginzburg am Beispiel des Jägers untersucht hat, der aus den Spuren lebender Tiere eine (Jagd)Geschichte rekonstruiert, folgert der Mantiker aus tendenziell anorganischen, jedenfalls koinzidentellen Spuren (wie etwa dem Muttermal) ein Geschick, ein Schicksal. Literarisch ge-

---

10 Und zwar nicht erst seit der Neuzeit. Vgl. jene Passagen über die Physiognomik, die in einem Aristoteles zugeschriebenen Sendschreiben an Alexander den Großen (*Sekretum Sekretorum*) ins Mittelalter überliefert, in zahlreichen Handschriften verbreitet und nicht zuletzt durch die Autorität des Albertus Magnus zu Allgemeingut wurde. Hier werden physiognomische Merkmale im Rahmen eines »Fürstenspiegels« erörtert. Auch die sog. Ikonistik in der Sklaven- und Soldatenhaltung (die steckbrieflich genaue Erfassung von Individuen, die entlaufen könnten, oder gekauft werden sollen) gehört hierhin. Vgl. dazu Elizabeth Evans: Physiognomics in the Ancient World. Philadelphia 1969.

sprochen handelt er also von einer *Rahmengeschichte*, wo der Jäger von einem *Ereignis* berichtet.[11] Disziplingeschichtlich wird man hier an jenes »templum« erinnert, welches die antiken Auguren zu Zwecken der Deutung herstellen mußten. Es handelte sich um einen viereckigen oder runden Raum-Ausschnitt, von dem aus wiederum ein bestimmter Himmelsausschnitt zu sehen war. Hier, in diesem festumrissenen »Visierraum«, wurden Vogelflug und Blitzschlag gedeutet. Und selbst wenn die Deutungen sich auf *vereinzelte* Fragen in Sachen politischer Entscheidung bezogen – also dem Ereignis näher als dem Geschick zu stehen schienen: die Fragestellung erfolgte buchstäblich »im Rahmen«.

Das inaugurale Modell mit dem uns vertrauteren hermeneutischen zu konfrontieren, hat in Sachen Physiognomik auch deshalb Sinn, weil der Augure ja gerade nicht mit Problemen schwindender Bedeutsamkeit bzw. Autorität zu tun hat, sondern vielmehr mit ad hoc-Entscheidungen von Göttern, die sich eben nicht der Schrift bedienen, sondern gleichsam nach einem binären Code funktionieren: es geht um ihr JA oder NEIN zu einer gegebenen Frage. Hinzu kommt die Verpflichtung des Auguren angesichts widersprüchlicher Zeichen zur Auflösung des Widerspruchs – eine Aufgabe, die in der traditionellen Physiognomik immer wieder gestellt, in der Regel aber nicht mehr beantwortet wird. Denn welches Zeichen dominiert, wenn zwei entgegengesetzte Deutungen des Charakters auftauchen, also etwa die Nase dem Ohr widerspricht?

Wie dem auch sei: Es ist diese Idee des Rahmens oder auch des Grundrisses, der den nonverbalen Aspekt und Ausgangspunkt der Physiognomik als eigentümlich räumlicher Perspektive in allen verwandten Disziplinen durchsetzt, auch dort übrigens, wo Physiognomik und *Temperament* liiert werden. Ob unter dem Namen »Konstitution«, »Charakter« oder »Schicksal« – immer geht es um eine zeitenthobene, fixierte Konstellation; grob gesprochen um den Versuch, Geschichte in – begrenzte – Körper zu verwandeln, statt wie die moderne Wissenschaft, Körper in – unbegrenzte – Geschichte, oder, mit Kassner zu reden, in »Zahl«.[12]

Diese Opposition – die sich mit dem Antagonistenpaar Irrationalismus vs. Rationalismus nur ungenau übersetzen läßt – hat im 18. Jahrhundert einen ihrer prägnantesten Auftritte. Er umfaßt, selbst nach Art einer Rahmengeschichte, mehrere Szenen.

---

11 Vgl. zum Folgenden Georg Wissowa (Hrsg.), Paulys Realencyclopädie der classischen Altertumswissenschaft. 4. Hbbd., Stuttgart 1876, Sp. 2237ff. sowie die Artikel templum und auspicium.
12 Kassner, Rudolf: Zahl und Gesicht. Nebst einer Einleitung: Der Umriß einer universalen Physiognomik. Mit einem Nachwort von Ernst Zinn. Frankfurt am Main 1979. Die erste Ausgabe von »Zahl und Gesicht« erschien 1919 im Insel Verlag Leipzig. Der Beginn der quantitativen Physiognomik ist von der (ästhetischen) Proportionslehre einerseits, der Anthopometrie andererseits bestimmt.

I.

Gebildet wird dieser Rahmen von den beiden Vorträgen zum Thema Physiognomik, die Charles Le Brun Ende des 17. Jahrhunderts vor der Pariser Akademie hielt; beide reich illustriert, aber der eine erst mehr als ein Jahrhundert später, nämlich 1806, ediert.[13] Der eine Vortrag war dem mimischen Ausdruck der Leidenschaften gewidmet; der andere dem Vergleich zwischen Mensch und Tier. Der eine fußte auf der damals modernsten Philosophie bzw. Psychologie, nämlich der cartesianischen Lehre von den *passions*; der andere auf der Vorlage eines bereits hundertjährigen Hauptwerkes der Physiognomik von Gianbattista della Porta, *De humana physiognomia* (1586). Der artistische Zweck erlaubte dem ersten Hofmaler des Königs sozusagen unwidersprochen das Nebeneinander zweier Positionen, die während des 18. und 19. Jahrhunderts immer mehr auseinanderdrifteten. Als Fortsetzung der »Querelle des anciens et des modernes« begegneten diese Positionen einander noch im Streit um die Bedeutung der Mimik, der zwischen Lichtenberg und Lavater ausgetragen wurde. Wieder hält sich in diesem Disput der moderne Naturwissenschaftler aufseiten der Mimik, also dem bewegten Gesicht, und der fromme Physiognom aufseiten der Statik, des Körpers und seiner »feststehenden Teile«. Noch im 19. Jahrhundert finden wir diese Arbeitsteilung zwischen einer bald schon anachronistischen Phrenologie und naturwissenschaftlich progressiver Mimikforschung: in den Arbeiten von Gall einerseits, Darwin andererseits.

Daß sich der wissenschaftliche Fortschritt an den Teil der Physiognomik heftete, der als praeverbale Expressivität gleichsam zwischen nonverbalen und verbalen Zeichen vermittelt, ist natürlich kein Zufall. Spätestens seit den Studien von Parsons (1745)[14] wurde der muskuläre Unterbau der Mimik anatomisch erforscht – in Abwehr der okkulten Metoposkopie. Und mit einem ähnlichen Ruck versetzten rund ein Jahrhundert später die elektrophysiologischen Experimente Duchennes am mimischen Apparat den Körper und die dazugehörige Theorie in Bewegung.[15] Charles Darwins große Arbeit über *The Expression of Emotions in Man and Animals* (1872) bediente sich u. a. dieser Forschungen, setzte aber zugleich vom Ufer der binnenhumanen Untersuchungen über zum Ufer der Zoologie: im Widerspruch zu den schädelkundlichen Auslassungen Friedrich Blumenbachs gegen Ende des 18. Jahrhunderts. Mensch und Tier verfügen über analogische mimische Apparaturen und folglich Expressionen. Dieses »darwinistische«, jedenfalls inTERspezifisch orientierte Interesse an der praeverbalen Mimik war von der zoomorphen Physiognomik

---

13 Charles Le Brun: Conférence sur l'expression générale et particulière. Hrsg. von Louis Testelin. Amsterdam 1698; sowie Morel D'Arleux: Dissertation sur un traité de Charles Le Brun, concernant les rapports de la physionomie humaine avec celle des animaux. Paris 1806. Der letztgenannte Vortrag wurde 1671, der erste 1668 gehalten.
14 James Parsons: Human Physiognomy Explained. In: Proceedings of the Royal Society 1745/47.
15 Guilleaume-Benjamin-Armand Duchenne: Mécanisme de la physiognomie humaine ou Analyse electrophysiologique de l'expression des passions. Paris 1862.

ersichtlich vorbereitet. Und es galt seit dem 18. Jahrhundert als naturwissenschaftlich.

Trotzdem hatte es eine nonverbale Nebengeschichte. Der holländische Neuroanatom Peter Camper brachte die Frage nach der physiognomischen Verwandtschaft zwischen Mensch und Tier auf den zeichnerischen Begriff des *Profils* oder auch der sog. *Gesichtslinie*.[16] Anhand der verschieblichen Winkel zwischen Nase, Kinn und Stirn ließen sich exakt die Umrisse eines Affen-, eines Menschen-, oder sogar eines »göttlichen« Schädels unter ein- und dasselbe Gesetz des Zeichners bringen. Mit nur leichten Winkel-Zügen wird aus dem Affen(profil) ein Mensch(enprofil) – werden also riesige Etappen der Naturgeschichte zurückgelegt, bzw. in Körpergrenzen abgebildet.

Diese eigentümliche Liaison von Naturwissenschaft und Kunst war besonders im physiognomischen Feld nichts Neues. Von Dürer wie auch von Leonardo sind ähnliche Profilstudien überliefert; wenn auch nicht aus inTERspezifischem Interesse, so doch aus inTRAspezifischer Neugier entstanden.[17] Die »curiositas« auf das menschenmögliche, künstlich zu erzeugende Aussehen sieht der wissenschaftlichen curiosiatas zum Verwechseln ähnlich – und folgerichtig ist die Kunstgeschichte bis heute nicht sicher, ob diese Studien einen neuen Empirismus oder eine alte Monster-Schau oder einfach nur zeichnerische Schöpfungswillkür bieten.[18]

Die – als irrational empfundene – Verwandlung von Geschichte qua Geschick in Körper hat jedenfalls nur in der Kunst ihre volle Legitimation gefunden: in der bildenden Kunst einerseits, der Schauspielkunst andererseits. Noch das Lexikon Watelets vermerkt unter dem Stichwort »Physiognomik« erzürnt, wie unsinnig diese Disziplin mit Anspruch auf Wissenschaftlichkeit sei, wie sinnvoll und angebracht dagegen als Kunstlehre.[19]

Teil dieser Kunstlehre ist natürlich seit alters die Darstellung des Gesichts im Profil. Auch wenn man die Meinung nicht teilt, wonach die Profildarstellung historisch mit einem bestimmten Rangordnungsdenken assoziiert sei[20] – sie erscheint in der Antike vorwiegend auf Gedenkmünzen mit Bildern hervorragender Persönlichkeiten –: die nahezu stereotype Dürersche Anordnung gestaffelter Profile, die noch Grandville und Rodolphe Toepffer aufnehmen, lesen sich als Satire auf eine bekannte sozialhistorische Konnotation. Als Sati-

---

16 Peter Camper: Dissertation sur les variétes naturelles qui caracterisent la phisionomie des hommes ... avec une Maniére nouvelle de dessiner toutes sortes de têtes avec la plus grande exactitude. Paris-La Haye 1791.
17 Die Unterscheidung zwischen innerartlicher = inTRAspezifischer und außerartlicher = inTERspezifischer Kommunikation und Wahrnehmung stammt aus der Zoologie.
18 Vgl. dazu die Übersicht bei Ernst Gombrich: The Grotesque Heads of Leonardo. In: Ders.: The Heritage of Appelles. Studies in the Art of the Renaissance. Oxford 1976, 56–79.
19 Charles Watelet – P. C. Levésque: Dictionnaire des Arts de Peinture, Sculpture et Gravure. Paris 1792, vol 5, S. 22.
20 Vgl. dazu Karl Clausberg: Symmetrie als Syntax mittelalterlicher Bilderschriften. In: Symmetrie in Kunst, Natur und Wissenschaft. Katalog der Ausstellung Mathildenhöhe. Darmstadt 1986, Bd. 1, 233–255, S. 251 ff.

re im vollen antiken Sinn, eben weil die Grenzen zwischen Tier und Mensch mühelos überschritten werden können – ganz wie in den volkstümlichen Satiren, den Tierfabeln.

Die naturwissenschaftliche Aufladung des Profils durch Camper flankiert aber nun bezeichnenderweise das Vordringen jener Bildkunsttechnik, die unter dem Namen »Porträt des kleinen Mannes« im 18. Jahrhundert außerordentlich beliebt geworden ist. Gemeint ist die Silhouette, als deren Erfinder man sinnigerweise einen sparsamen Finanzminister namens Etienne de Silhouette aus der ersten Hälfte des 18. Jahrhunderts nennt. Auf sie trifft offenbar zu, was Max Friedländer zum Profil bemerkt: es sei, sagt er, »gleichsam der Grundriß, der Plan des physiognomischen Gebäudes, und [es] verhält sich zur Vorderansicht wie die Landkarte zur Landschaft«.[21]

Genau so hat nun Lavater die Silhouette zu Zwecken der physiognomischen Diagnose genutzt. Sie galt ihm als sicherstes Mittel der Diagnose, der physiognomischen Intuition überhaupt; sein Werk strotzt von Schattenrissen.[22]

Zwar zeigen auch die Illustrationen des Werkes von Della Porta mit Vorliebe seitwärts gewendete Köpfe, aber sie zeigen in der Regel das Dreiviertelprofil unter Einschluß des Auges und der Mundwinkel, also unter Einschluß der Mimik. Das völlige Absehen von Mimik, welches die Silhouette impliziert, die Abstraktion von praeverbalen zugunsten einer energischen Konzentration auf nonverbale Züge, eigentlich also den Schädelbau, hat nun aber – will man nicht Campers Studien als Anreger gelten lassen – womöglich noch eine andere Bild-Tradition als Della Porta oder auch Dürer. Ich denke etwa an die schematischen Bilder in der »Metoposkopie« des berühmten Cardanus aus dem Jahre 1658. Hier, in diesem Umkreis nämlich, erscheinen erstmals schematische Profile zu Zwecken physiognomischer Deutung im Bild.[23]

---

21 Max Friedländer: Das Porträt. Von der Bildnisdarstellung. In: Ders.: Essays. Den Haag und Oxford 1947, 289–331, S. 296.
22 Zum Schattenriß vgl. Lavater: Physiognomische Fragmente zur Beförderung der Menschenliebe und der Menschenkenntniß. Bd. II, Fragm. 11 und 12. Ich zitiere hier und in der Folge nach dem Nachdruck der Erstausgabe von 1775–78, Zürich und Leipzig 1968.
  Natürlich ist Lavaters exorbitante Verwendung der Silhouette von allen Kommentatoren bemerkt worden – in der Regel wird das aber als Graphismus gedeutet. Vgl. durchgängig etwa Guaratti-Huizing, a. a. O. – Es ist auch Mode geworden, Lavater deswegen eine botanisierende, skelettierende Einstellung zum Objekt vorzuhalten. Der historische Kontext spricht aber dagegen: L.'s Verwurzelung im Sturm und Drang, seine Nähe zum Mesmerismus und zu Bonnet, sowie seine missionarische Religiosität in physiognomischen Dingen. Vgl. das enorme Buch von Barbara M. Stafford: Body Criticism. Imaging the Unseen in Enlightenment's Art and Medicine. Cambridge and London 1992.
23 Mir liegt als gedrucktes Buch vor: Metoposcopia ... Libris tredecim. Lutetiae Parisiorum 1658, also rund hundert Jahre nach der ersten Handschrift. Cardanus gilt zwar allgemein als Begründer der Metoposkopie, hat aber sein Werk nicht zu Lebzeiten veröffentlicht. Die Vorgeschichte dieser okkulten Wissenschaft findet sich bei Ptolemäus; im 16. Jahrhundert dann bereits bei Agrippa von Nettesheim. Nach einem Hinweis von Martin Blankenburg finden sich Profilbilder auch in den illustrierten

Tatsächlich hat auch Lavaters erstes Interesse an der Physiognomik strictu sensu sich am Profil, und zwar am Profil des Außenseiters orientiert. In seiner ersten Schrift zum Thema, *Von der Physiognomik*, erzählt er von seinen Besuchen im Irrenhaus, wo er sich aus (natur)wissenschaftlichem Ehrgeiz im Zeichnen von Profilen geübt habe.[24]

Aber Lavater war, wie man weiß, kein Naturwissenschaftler, nicht einmal Wissenschaftler im moderneren Sinn. Sämtliche Zeitgenossen, Kant, Hegel, Lichtenberg haben ihm widersprochen, von späteren garnicht zu reden. Anders sieht diesen Zusammenhang die Wissenschaftsgeschichte. Ergiebiger als die Linie der nachahmenden Kritik scheint ihr jene Fundierung des Lavaterschen Interesses an der Silhouette, die Karl Pestalozzi anspricht.[25] Will man seiner Meinung folgen, wonach sich die Physiognomik unter der Hand Lavaters in eine *Text*wissenschaft verwandelt, liegt der Schluß nahe, auch und gerade in der Lieblingsfigur des Schattenrisses weniger eine ästhetische als vielmehr eine hermeneutische Grundfigur, gleichsam als Derivat der bildgewordenen mantischen, zu finden.

> »Das Schattenbild von einem Menschen, oder einem menschlichen Gesichte, ist das schwächste, das leereste, aber zugleich, wenn das Licht in gehöriger Entfernung gestanden; wenn das Gesicht auf eine reine Fläche gefallen – mit dieser Fläche parallel genug gewesen – das wahreste und getreueste Bild, das man von einem Menschen geben kann; das *schwächste*; denn es ist nichts Positifes; es ist nur was Negatifes, – nur die Gränzlinie des halben Gesichtes; – das *getreueste* weil es ein unmittelbarer Abdruck der Natur ist, wie keiner, auch der geschickteste Zeichner, einen nach der Natur von freyer Hand zu machen imstande ist.« (PF II, Fragm. 11)

Ausgaben der bekannten Physiognomen Cocles und Johannes von Indagine 1536 bzw. 1531. –

Das 13. Buch des zitierten Werkes von Cardanus wird, anders als die andern zwölf, mit zwei ganzseitigen Frauenporträts eingeleitet – vermutlich wegen des Themas dieses Buches, dem »Muttermal«. Da es nun Muttermale auch am Ohr oder am Hals gibt, tauchen in diesem Kontext eben auch Profilbilder auf. –

24 Von der Physiognomik. Zuerst in: Hannoverisches Magazin. 10. Jg. Februar 1772. Anonym hrsg. von Johann Georg Zimmermann. Im selben Jahr dann unter Lavaters Namen Leipzig 1772.

»Ich gehe also ... in ein Thorenhospital, wo ich eine Sammlung von Menschen finde, deren Bestimmung nicht ist, daß sich ihre Verstandesfähigkeiten in diesem Leben entwickeln sollen; hier weiß ich nun gewiß, daß ich mit Thoren aller Arthen umgeben bin. (...) Ich finde sogleich, daß ich von vorne her meiner Beobachtung nicht wohl zurechte komme, und daß sich das Besondere, das darinn seyn möchte, zwar auch bemerken, aber nicht so leicht behalten, viel weniger anschaulich bestimmen läßt. Ich richte mich also gegen das Profil, und finde wenigstens so viel, daß sich dieses mit leichter Mühe nachzeichnen; und also viel leichter vergleichen läßt. Ich fange also an, mir die Profile von der Stirne einzuprägen; und indem ich diese sehe, so glitscht meine Beobachtung zugleich über das ganze Gesicht herunter ...« 42ff.

25 Karl Pestalozzi: Physiognomische Methodik. In: A. Fink und G. Gréciano (Hrsg.): Germanistik aus interkultureller Perspektive. Strasbourg 1988. P. begründet seine Deutung allerdings mit Hinweis auf die Hermeneutik des Matthias Flacius Illyricus, Clavis Sacrae Scripturae (1567) und dessen Vergleich des biblischen skopus mit einem Körper. Dieser Vergleich ist allerdings selbst schon antik.

Diese Sätze bedürfen der Auslegung. Gemäß der Devise, wonach der Schattenriß eben den »getreuesten« Anblick des Abgebildeten gewährt, wird er im Dienst des von Lavater, dem Pietisten, so eifrig beschworenen sensus literalis und historicus stehen, also eher desymbolisieren als symbolisieren.[26] Er wird eine subkutane Rechtfertigung sein für Lavaters Bestrebungen, etwa das Gesicht des historischen Christus en face zu zeichnen, also die Verwandlung von Geschichte in Körper mit dem Nachdruck (emphasis) des Inkarnationsgeschehens zu präsentieren:

> »Wenn ein Schattenriß, nach dem allgemeinen Gefühl und Urtheil aller Menschen, für oder wider einen Charakter entscheiden kann – was wird das volle lebendige Antlitz, was die ganze physiognomische und pantomimische Menschheit entscheiden? – wenn Ein Schatten Stimme der Wahrheit, Wort Gottes ist, wie wird's das beseelte, von Gottes Licht erfüllte, lebende Urbild seyn!« (PFII, 11. Fragm.)

Der Schattenriß bildet also, im Verhältnis zum Gesicht en face, einen überaus sprechenden Sonderfall dessen, was in der einschlägigen Hermeneutik »locus obscurus« genannt wird. Im physiognomischen Kontext erhält er wiederholt eine eigentümliche Beschreibung:

> »Was kann weniger Bild eines ganzen lebendigen Menschen seyn, als ein Schattenriß? und wie viel sagt er! wenig Gold; aber das reinste! In einem Schattenrisse ist nur Eine Linie; keine Bewegung, kein Licht, keine Farbe, keine Höhe und Tiefe; kein Aug', kein Ohr – kein Nasloch, keine Wange, – nur ein sehr kleiner Theil von der Lippe – und dennoch, wie entscheidend bedeutsam ist Er!« (PF, a. a. O.)

Daß dem deutenden Physiognomen das menschliche Gesicht der »locus obscurus« schlechthin sein muß, wäre eine tautologische Bemerkung, wenn nicht Lavaters Formulierung auf ein Paradox verwiese: seine Behauptung nämlich, der im Schatten gegenwärtige »locus obscurus« sei zugleich auch der deutlichste, also eigentlich also ein »locus clarus« oder »perspicuis«. Wirklich ein Paradox? Mindestens ist der Schattenriß wohl ein Tropus, wenn auch ein solcher, der nicht auf Anhieb unter die bekannten – Metapher, Metonymie, Synekdoche, Ironie – zu zählen ist. Für seine Explikation im eingangs skizzierten Zusammenhang wird man auf jenen Hermeneuten verwiesen, der seit der Wiederentdeckung durch Peter Szondi als der wohl originellste Kopf der säkularen Hermeneutik im 18. Jahrhundert zu gelten hat. Gemeint ist Johann Martin Chladenius, Autor der ersten Auslegungskunst für »Vernünfftige Schrifften« (1742) und Autor einer *Allgemeinen Geschichtswissenschaft* (1752), dem noch

---

26 Vgl. hierzu vor allem Horst Weigelt, J. K. Lavater. Leben, Werk und Wirkung. Göttingen 1991: »Mit seinem umfangreichen und breitgefächerten Œuvre und seinen sonstigen vielfältigen Aktivitäten verfolgte Lavater im Grunde ein einziges Anliegen: die manifeste Erfahrbarkeit des Göttlichen.« S. 120 – Zum Schattenriß vgl. auch Charlotte Steinbrucker: Lavaters Physiognomische Fragmente im Verhältnis zur bildenden Kunst. Berlin 1915, S. 165 ff. S. macht mit Recht darauf aufmerksam, daß L. trotz allem an einer anthropometrischen, quantitativen Auswertung des Profils gelegen war, also an einer naturwissenschaftlichen! Das ist kein Widerspruch, besagt vielmehr etwas über die zentrale, nämlich beweiskräftige Rolle des Profils im physiognomischen Unternehmen.

jüngst Reinhart Koselleck überraschende Modernität bescheinigt hat.[27] Seit seiner *Dissertatio de sententiis et Libris sententiosis* (1741) interessierte sich Chladenius für die Hermeneutik der belles lettres und besonders für deren Bausteine, die »sinnreichen Sätze«. Was im rhetorischen Schema traditionell zum »genus floridum«, dem »verblümten Stil« gezählt wird, gehört nach Chladenius zu denjenigen Gedanken,

> »worzu mehr als ein Vermögen der Seele gebraucht wird ... Anfangs soll man sich die Geschichte deutlich vorstellen, und sie hernach in undeutliche Vorstellungen verwandeln, und diese verjüngten Bilder hernach wieder mit einander verknüpfen. § 341
> Es haben solche Historien eine grosse Aehnlichkeit mit denen Gemählden, da man eine grosse Landschaft, oder einen Prospect, auf einen gantz kleinen Platz abbildet.« § 339[28]

Die Miniatur, als Bildtechnik einer bestimmten ästhetischen Mode, der sog. »délicatesse« – die ausgezeichnete Mode der »Modernes« in der »Querelle des Anciens et Modernes« – ist es nun aber, die mit Vorliebe weniger Landschaften als vielmehr Porträts abbildet. Auch und gerade die Kunst des Silhouettenschneidens war ja eine Kunst des »verkleinerten Abbilds«; und dies Verfahren, durch Proportionsverschiebungen den (zunächst naturgetreuen) Schattenriß in eine Art Kleinbild zu verwandeln, wurde im 18. Jahrhundert eben ausdrücklich »verjüngen« genannt.[29] Chladenius' Kunst der »verjüngten Bilder« übersetzt mithin in Sprache, was die Miniatur im Bild enthält:

> »Es ist hiemit eben wie mit kleinen Bildern, beschaffen, die eine grosse Aussicht vorstellen; darinnen trifft man kleine Fleckgen an, welche zur Vollständigkeit etwas beytragen, ohngeachtet man eigentlich nicht weiss, was sie bedeuten sollen: sie können einen Baum, einen Hügel, einen Graben, einen Ochsen oder sonstwas vorstellen, und sie tragen zu unserm Vergnügen etwas bey, ob wir sie gleich nicht eigentlich erkennen.« § 345

Kleine Bilder, die eine *große* Aussicht vorstellen: hier haben wir das Paradox-Pendant zur Lavaterschen Silhouette, die als das »schwächste und leerste« zu-

---

27 Vgl. Johann Martin Chladenius: Allgemeine Geschichtswissenschaft. Mit einer Einleitung von Christoph Friederich und einem Vorwort von Reinhart Koselleck. Neudruck der Ausgabe Leipzig 1752. Wien–Köln–Graz 1985. [In der Folge abgekürzt = AG]. [Aus dem Vorwort von Koselleck: Chladenius] »spielt in der Geschichte der historischen Hermeneutik und Erkenntnistheorie eine wegweisende Rolle (...).
   Wer die heutige Erzählforschung an die rhetorische Tradition zurückbinden will, der wird nicht umhinkönnen, bei Chladenius einzusetzen, wo der Umschlag aus der rhetorischen und topologischen Historie in eine erkenntnistheoretisch begründete moderne Geschichtswissenschaft zu registrieren ist.« IX
28 Johann Martin Chladenius: Einleitung zur richtigen Auslegung vernünfftiger Reden und Schrifften. Mit einer Einleitung von Lutz Geldsetzer, Nachdruck der Ausgabe 1742. Düsseldorf 1969 [In der Folge abgekürzt = EA] – Ich stütze mich im folgenden auf meine Arbeit über C.: Claudia Henn[-Schmölders]: »Sinnreiche Gedanken«. Zur Hermeneutik des Chladenius. In: Archiv für die Geschichte der Philosophie 58 (1976) S. 240–264.
29 Vgl. Anton Kippenberg, Die Technik der Silhouette. In: Jahrbuch der Sammlung Kippenberg Bd. 1, Leipzig 1921, S. 145 ff.

gleich aber auch das »getreueste« Bild des deutungsbedürftigen Gesichts gelten soll. Ein Sonderfall des »locus obscurus«, wie gesagt, und auch technisch gesprochen, geht es doch nicht einfach um eine dunkle, sondern um eine »verdunkelte« Stelle. Schließlich wird ja der Schattenriß *angefertigt*, er verdunkelt in seiner Abstraktion das zuvor deutlich wahrgenommene Gesicht, er stellt es buchstäblich »in den Schatten« – aber nur, um es desto besser wahrzunehmen. Gerade darin entspricht er dem Verfahren des Autors von »sinnreichen Geschichten«, der seinerseits mit den »verjüngten Bildern«, eben mit den kleinen unerkennbaren Details der »großen Aussicht«, eine gewisse sinnliche Dunkelheit über seine Darstellung legt.[30]

III.

Was hier als Überschneidung von literarischer und physiognomischer Hermeneutik aufscheint, setzt sich mit noch größerer Konsequenz als Überschneidung von historischer und physiognomischer Hermeneutik fort. Denn ihre volle Beleuchtung erhält die Theorie des »verjüngten Bildes« erst in Chladenius' *Allgemeiner Geschichtswissenschaft*.[31] Originell ist hier nicht nur die vielgerühmte Lehre von den »Sehepunckten«, sondern schon deren Ausgangspunkt; die Idee nämlich, die »moralischen Begebenheiten« der Geschichte am Modell der physikalischen »Cörper« zu exponieren. Der siebte Paragraph des Werkes erläutert: »Alle die Cörper, welche unserm Auge auf einmal vorgestellt werden, heissen eine Aussicht oder Prospeckt«. Jeder Körper hat viele Seiten, tendenziell unendlich viele, die wir nur nacheinander wahrnehmen können, und jede einzelne Wahrnehmung wiederum ist mit einem neuen »Sehepunckt« identisch. Je mehr wir nun den einen Körper im Kontext anderer wahrnehmen, desto besser lernen wir seine »Gestalt« kennen. Was aber heißt »Gestalt« bei Chladenius?

>»Von Ansehen und Gestalt der Cörper
>Die Vorstellung eines Cörpers durch die Augen, heisset das Ansehen desselben. Die Vorstellung, welche ein Cörper mit Beyhülffe derer, die ihn umgeben, verursachen, heisset die Gestalt. Diese Definition, welche von der gemeinen Erklärung allerdings abgeht, hat dennoch ihren guten Grund; nemlich in demjenigen, was (§ 19) gelehrt worden, und kommt mit denen gemeinen Urtheilen der Menschen genau überein. Wir geben z. E. auf nichts so sehr Achtung, als auf die Gestalt der Menschen: Wenn aber sehen wir wohl eines Menschen Angesicht, ohne daß die umstehenden Sachen in das Bild desselben Einfluß haben sollten? Wie ändert es nicht gleich die Gestalt des Ge-

---

30 Vgl. AG Cap. 6, 14; aber auch EA 345.
31 Vgl. Koselleck, Vorwort zu Chladenius' AG, a. a. O.: »Viertens entwickelte Chladenius eine neue Theorie der historischen Erzählung. Daß die ursprünglich vorgefundene Vielfalt an Begebenheiten erst im Akt einer Erzählung zu einer sinnvollen Geschichte wird, die nur in »verjüngten Bildern« wiedergegeben werden kann, war eine Einsicht, die von der naiven Erkenntnistheorie einer einmalig vorgegebenen und unveränderlichen geschichtlichen Wahrheit abführen sollte.« IX

sichts, nachdem die Haare beschoren, oder aber häuffig vorhanden sind: Uns hilfft der Schmuck, womit der Kopf gezieret wird, wenn die umstehenden Dinge keinen Einfluß in die Gestalt der Dinge haben.« § 23

Nichts könnte einem Physiognomen ferner liegen als dieser Gestaltbegriff, der den situativen Kontext der Erscheinung für wichtiger zu halten scheint als die Sinnesdaten des menschlichen Körpers allein.[32] Gleichwohl ist es eine Gestaltvorstellung, die sich an der malerischen Opposition von Figur und Grund orientiert. Wenige Bildtechniken aber stellen so intensive Figur-Grund-Konstellationen vor wie die Silhouette, deren schwarze Figur sich vom weißen Grund – oder umgekehrt – abhebt. Was die lavatersche Silhouette der »Gestalt« des Chladenius voraushat, ist der »Alles-oder-Nichts«-Kontrast, die Spannung zwischen bedeutender Kontur und nichtiger Umgebung. Darin eben ist die Silhouette wiederum dem mantischen Feld, dem antiken templum, verwandt. Hermeneutisch gesehen entspräche diese Konstellation gleichsam seitenverkehrt dem Verhältnis von unverständlichem (dunklen) Text (locus) und verständlichem Kontext.

Nun ist aber Chladenius auch gar kein Physiognom. Seine Ideen-Assoziation Körper/Gestalt bildet vielmehr die Einführung zur Theorie der »moralischen Wesen«:

»Wenn Menschen einen beständigen Willen haben (nehmlich sowohl eintzelne Menschen als mehrere) und zwar der bekant ist, so heisset dies ein moralisches Wesen. § 12 [...] Die *Gestalt* oder Verfassung eines moralischen Wesens bestehet darinnen, daß in den dazu gehörigen Stücken eine gewisse Verhältniß ist, der gestalt, daß das eine das Hauptwerck, das andere nur eine nothwendige Folge des Hauptwercks: das dritte ein Nebenwerck etc.« (Cap. 3, § 4)

Wenn auch die »moralischen Wesen« ihre Gestalt ändern können, es bleibt doch Aufgabe des Historikers, der Geschichte eine Gestalt zu verleihen. Chladenius hält dies offenbar für eine kreative Aufgabe. Gestaltgebung wird um so eher zu einer kreativen Leistung, je gestaltloser die Sache selbst zuvor war. Folglich nennt er es die vornehmste Arbeit des Geschichtsschreibers, sich der sogenannten »verwirrten Händel« anzunehmen: die gewöhnliche Geschichte verdient keine Überlieferung. Zwei Fallgeschichten vor allem verkörpern die Sorte »verwirrter Handel«: die juristische und die politische:

»Statum caussae pflegt man bey einem Proceß, und was dem ähnlich ist: oder speciem facti, wenn die Sache erst zu einem Proceß gedeyen soll, dasjenige zu nennen, was wir hier die Gestalt heissen. Dieses aber ist bey einer politischen Erzehlung das Hauptwerck, daß man der Geschichte, davon sich jeder sonst nach seiner Willkühr und gantz nicht hinlänglicher Einsicht einen Begriff machen würde, eine gewisse *Gestalt* gebe.« (Cap. 6, § 25)

---

[32] Das soll nicht heißen, daß die Physiognomen, und auch Lavater, nicht an die Rolle des Kontextes gedacht hätten – spätestens bei der Darstellung der Frisur im Schattenriß mußten ja die situativen Einschränkungen bewußt werden. Nur das Programm der Physiognomik: die Verwandlung von Geschichte in Körper, hermeneutisch gesprochen also von Kontext in Text, verlagert den Akzent.

Chladenius spielt hier auf die beiden bekannten Redegattungen (genera causarum) der Rhetorik an: auf das genus iudicale oder die Gerichtsrede, und auf das genus deliberativum oder die politische Rede. Die klassische Rhetorik kennt noch ein drittes genus: das genus demonstrativum oder die Lobrede.[33] Sie gehört in den Bereich der belles lettres und also zu den »sinnreichen Geschichten«. Historisch-politische Erzählungen hingegen stehen im Dienst einer menschlichen Neugier an Handlungen »die was ausserordentliches, verwickeltes, oder gar widerrechtliches an sich haben« (Cap. 6, § 27).

Hier nun, wo also nicht das Obskure eines Textes sondern einer Handlungskette zur Debatte steht, wird vom Historiker perspicuitas erwartet, Aufklärung des Verwickelten, Ausserordentlichen oder gar Widerrechtlichen – und es ist nur folgerichtig, wenn Chladenius nun, statt einer Miniatur, eben eine Gestalt vorschwebt:

>»§ 27 Gestalt der Geschichte
> ... da nun die gewöhnlichste conclusion, um derentwillen die Erzehlung vorgenommen wird, diese ist: daß die Sache recht oder unrecht sey, so kan man das vor den algemeinen Begriff der Gestalt einer Geschichte annehmen: *daß es die Zusammenfügung solcher Umstände sey, wodurch die Gerechtigkeit, oder die Ungerechtigkeit des Handels offenbar gemacht wird.* Die Gestalt findet also nur statt, wenn die Sache zu keiner bekannten und gemeinen Art der Geschäffte und Händel kan gerechnet werden.« (Kursivierung von C. S.)

Sowenig dagegen spricht, das menschliche Gesicht buchstäblich als »locus obscurus« zu betrachten, sowenig spricht dagegen, diesem »locus« namens Gesicht auch den »verworrenen Handel« des Historikers zuzuordnen. Das Gesicht wird ja auch vom Physiognomen nicht sowohl erklärt als vielmehr im Gegenteil problematisiert. Eine Gesichtsbeschreibung, hat Peter von Matt zu Recht angemerkt, ist eigentlich nur in einem normativen Rahmen möglich.[34] Daß Lavater bei aller Liebe zum Individuum letztlich als Moralist auftrat und die Physiognomik sozusagen gnadenlos in den Dienst des genus iudicale zu stellen wußte, ist zur Genüge bekannt. Weniger bekannt ist, daß dieser moralisierende gestus einen theologischen Vorläufer in Swedenborgs religiöser Physiognomik hatte. Das jüngste Gericht wird die Physiognomie der Guten und Bösen enthüllen, ihnen beiden Gestalt verleihen. Davon handeln, unter anderm, die frühen *Aussichten in die Ewigkeit*.[35]

---

33 Alle drei genera beherrschen den physiognomischen Diskurs von Beginn an. Auch wenn man das »Lob der Schönheit« traditionell nicht zur Physiognomik zählt, weil Schönheit charakterlos ist: die beiden andern genera bilden ihr Komplement. Ausgrenzung und Kriminalisierung, wenn nicht sogar biologische Selektion des Objekts bildet den einen Strang des physiognomischen Diskurses; Bewunderung und Rangzuweisung den anderen.
34 Von Matt, a.a.O., S. 93 ff.
35 Über diese Vorgeschichte handelt Ernst Benz: Swedenborg und Lavater. Über die religiösen Grundlagen der Physiognomik. In: Zeitschrift für Kirchengeschichte 3 (1938), S. 153–216.

Daß auch und gerade die Geschichtsschreibung nicht anders denn unter moralischen Auspizien möglich sei, ist eine bis heute gültige Erkennntnis; man vergleiche, was Hayden White, der Autor der vieldiskutierten *Metahistory* in seinem kleinen Essay vor einigen Jahren zum Thema schrieb.[36] Aber beide, Historik und Physiognomik, verfahren offenkundig in entgegengesetzter Richtung. Während Chladenius den physikalischen Körper in Geschichte bzw. Erzählung übersetzt, um von dort aus gewissermaßen die moralische Gestalt einzufordern, übersetzt Lavater die moralische Geschichte in Gestalt, um von dort den sensus literalis einzufordern – sowohl für die silhouettierte christologische als auch für die Biographie des Normalmenschen. Beide handeln von jener Rahmengeschichte, die den Physiognomen interessiert. Denn: »Überhaupt drückt die Silhouette vielmehr die Anlage als die Würcklichkeit des Characters aus.« (PF II, Fragm. 11) Daß die Silhouette, oder eben das »verjüngte Bild«, bei Lavater für die »Anlage« dieses »Ganzen«, bei Chladenius dagegen nur für *einzelne* sinnreiche Sätze stehen kann, ist ein sprechendes Indiz für die hier mit andern Mitteln und Themen fortgesetzte »Querelle des Anciens et Modernes«.[37]

IV.

Für diese gegenläufigen Bewegungen hat man geistesgeschichtliche, bzw. wissenschaftshistorische Entwicklungen großen Ausmaßes verantwortlich gemacht. Wolf Lepenies spricht von den Verzeitlichungstendenzen, die die räumlichen Klassifikationsschemata im 18. Jahrhundert beiseite schieben, um dem »steigenden Erfahrungsdruck« gewachsen zu sein.[38] Ein Paradigma der letzteren ist zweifellos die Physiognomik, besonders auch dort, wo sie als Signaturenlehre auftritt. Kaum ein Beispiel könnte aber sinnfälliger die erstere demonstrieren, als jene Lehre, mit der Chladenius vor allem berühmt geworden ist, und die als »moderne« Folie der Lavaterschen Physiognomik gelten kann: die Lehre von den »Sehepunckten« und vom »Verwandeln der Geschichte in Erzählung«. Wie ein Körper von vielen Seiten her gesehen werden kann, so auch das Objekt der Geschichtsschreibung, das Ereignis. Jede Seite bildet einen »Sehepunckt«, und jeder »Sehepunckt« hat einen Zuschauer, der seinerseits als Augenzeuge »erzählt«. Das Verwandeln der Anschauung in Erzählung entspricht also im

---

36 Hayden White: Die Bedeutung von Narrativität in der Geschichtsschreibung. In: Ders.: Die Bedeutung der Form. Erzählstrukturen in der Geschichtsschreibung. Frankfurt am Main 1987, 11–39, S. 39: »Können wir jemals Geschichten erzählen, ohne zu moralisieren?«

37 Vgl. Claudia Henn[-Schmölders]: Simplizität, Naivetät, Einfalt. Studien zur ästhetischen Terminologie in Frankreich und in Deutschland 1674–1771. Zürich 1974, Kap. I.

38 Wolf Lepenies: Das Ende der Naturgeschichte. Wandel kultureller Selbstverständlichkeiten in den Wissenschaften des 18. und 19. Jahrhunderts. München 1976, S. 32.

genauesten Sinn einer Verzeitlichung der räumlichen Erfahrung, denn Sprache verläuft sukzessiv, Anschauung hingegen will Koexistenz. Das meint der Begriff Anschauung oder auch Aussicht: »Alle die Cörper, welche unserm Auge *auf einmal* vorgestellet werden, heissen eine Aussicht oder Prospeckt.« (Kursivierung von C. S.) Chladenius unterscheidet nun zwischen dem Sehepunkt des Interessenten und Fremden, des Freundes und Feindes, des Gelehrten und Ungelehrten, des Traurigen und Fröhlichen, sowie sogar des Barbaren. Da nun historischerseits sämtliche Erzählungen der Zuschauer Urteile sind, kann theoretisch nur die Summe dieser Urteile das Objekt (= die Handlung) vollständig oder besser: als Objekt im physikalischen Sinn rekonstruieren. Aber eben das ist unmöglich, denn nicht nur sind Ereignisse eben keine Körper, historische Überlieferung besteht grundsätzlich aus Geschichten, und Geschichten sind in Erzählungen verwandelte, ergo auf einen Sehepunkt eingeschränkte Anschauungsurteile. Erst der Rekurs auf die *Moral* der Geschichte ergibt den Fixpunkt, an dem das Gespenst der puren Wahrscheinlichkeit alles Erzählens gebannt erscheint.

Ganz anders dagegen der »Zuschauer« in der Rolle des Physiognomen. Zwar muß oder will auch er den wahrgenommenen Körper, »die Aussicht«, in Erzählung und Mitteilung verwandeln. Und nichts wäre plausibler, als auch den Physiognomen die unterschiedlichsten »Sehepunckte« zuzuordnen; denn auch über das Gesicht und vielleicht besonders über das Gesicht urteilen wir ja als Fremde und Freunde, Feinde und »Barbaren«, Gelehrte und Ungelehrte, Traurige und Fröhliche. Aber Lavater will an der Koexistenz, am Körper festhalten und folglich über die Summe aller »Sehepunckte«, bzw. über Objektivität verfügen. Daß sie jenseits der »Moral von der Geschicht'« nicht gegeben ist sondern gemacht werden muß, ja höchste Kunstfertigkeit erfordert, zeigt das Porträt des Physiognomen als poeta doctus. Er muß sowohl ein guter Zeichner wie auch Mediziner sein, sowohl Physiologe als Anatom, sowohl unnachsichtiger Selbstbeobachter als auch profunder Menschenkenner, sowohl von besonderer Wohlgestalt wie von überragender Sprachgewalt sein. Wie anders könnte er sonst die verschiedensten »Anlagen«/»Aussichten« der von ihm untersuchten Körper beurteilen? Das Verhältnis von Objekt und Perspektive kehrt sich im Physiognomenblick um: nicht der betrachtete Körper hat viele Seiten, sondern der Betrachter.[39] Hier werden die Studienobjekte zu Sehepunkten des Studierenden, die betrachteten Körper zu Körpern der Betrachtung, oder auch: Augen. Die deutsche Zweideutigkeit des Wortes »Gesicht«, auf die noch Rudolf Kassner gern anspielt, setzt sich gleichsam durch; das Sehvermögen und das Objekt seiner Anschauung tragen denselben Namen. Sehen und Gesehenwerden verschmelzen in einem Akt; es ist, natürlich, der Akt der »aufs

---

[39] Das moderne Pendant hierzu hat Judith Wechsler herausgearbeitet. Der physiognomische spectator im 19. Jahrh. wechselt zwischen der alles überschauenden Vogelperspektive – wie Balzac – und dem kalten, genauen, wenn auch flanierenden Auge der Kamera – wie bei Baudelaire. J. W.: A Human Comedy: Physiognomy and Caricature in 19th Century Paris. London 1982. Epilogue.

Ganze gehenden« Intuition. Ihre irrationalen Züge stammen aus religiösem Kontext.[40]

Denn daß es bei Lavaters Schatten- und Rahmenkunst, bei seiner Verwandlung von »Geschichte in Gestalt«, nicht zuletzt auch um den Rahmen der Heilsgeschichte geht, wie schon angedeutet, läßt sich in der physiognomischen Utopie der *Aussichten in die Ewigkeit* bezeugen. Hier finden sich die guten Menschen dieser Erde, die »Glaubenshelden« in englischer Lichtgestalt wieder. Sie behalten zwar ihre charakteristische Physiognomie, aber sie werden unendlich verschönert. Sie haben ein überirdisches Sehvermögen, können alles gleichzeitig wahrnehmen und verfügen über Sprache, die physiognomisch, pantomimisch und musikalisch ist. In ihrer Eigenschaft als Vorausdeuter auf den auferstehenden Christus werden sie, schreibt Lavater, »so viel als ein Schattenbild oder Typus des lichtvollen Himmlischen seyn«.[41]

Hier haben wir den Schattenriß in seiner reinsten theologischen Bedeutung: Die Schattenmetapher ist im typologischen Vokabular des Protestantismus wohlbekannt. Man spricht sogar, wie beim Silhouettieren, transitiv vom »abschatten« des kommenden Heils.[42] Das Schattenbild verhält sich zur plastischen Gestalt wie der Typos zur Figur, wie die Prophezeiungen des Alten zum Neuen Testament. Auch wenn sich Lavater in der physiognomisch-psychologischen Alltagsarbeit an die herrschenden Paradigmen seiner Zeit hielt, also von »Anlage« oder »Keim« und »Silhouette« spricht – es ist wohl immer auch von einer eschatologischen, typologischen Denkweise motiviert.

Was dabei am ideologischen Programm der Physiognomik zum Vorschein kommt, ist nicht nur Abkehr vom zoomorphen Modell und – in Erinnerung an die alte mantische Tradition? – Etablierung eines theomorphen.[43] Es ist auch der Versuch, die nonverbale Dimension als äußerste Beglaubigung des sensus literalis in Anspruch zu nehmen. Die Silhouette, der Schatten, als handgreiflicher, bildgewordener Typos: das ist Verwandlung von Typologie in Topografie, eine zweite Etappe auf dem Weg der Desymbolisierung, um nicht zu sagen: der Säkularisierung, die freilich dieser gerade Einhalt gebieten will.[44] Nur steht das Licht, welches den Schatten der menschlichen Gestalt wirft, jetzt nicht mehr vor, sondern hinter oder neben der Figur; der Schatten der Silhouette ist eine Abstraktion der lebendigen Fülle des Körpers, nicht mehr sein

---

40 Hier mag eine psychoanalytische Erinnerung an die paranoischen Episoden in Lavaters eigener Biographie, gegen Ende seines Lebens, angebracht sein. Sie entsprechen freilich auch einer positiven Schaulust, die er aktiv wie passiv demonstriert. Passiv in seiner Korrespondenzpraxis – er läßt mehr und mehr »bilaterale« Briefwechsel öffentlich kursieren –; aktiv in seiner unersättlichen Neugier auf jedes neue Gesicht, das ja wohlgemerkt auch gegen den Willen des Objekts erforscht werden kann.
41 Aussichten in die Ewigkeit, Bd. 1, Zürich 1768, 8. Brief.
42 Vgl. den Artikel »Typologie« von E. Fascher in RGG Bd 6, Tübingen 1962.
43 Formulierung von Martin Blankenburg. Der Begriff »theomorph« wäre im gegebenen Kontext vielleicht genauer als »christomorph« zu fassen; theomorphe Wendungen finden sich etwa bei Herder, der in seiner Schrift *Plastik* aus dem Jahr 1768–70 eine Physiognomik am Modell einer griechischen Götterstatue liefert!
44 Vgl. dazu die eben erschienene Biographie von Horst Weigelt: J. K. Lavater. Leben, Werk und Wirkung. Göttingen 1991.

»Vorschein«. Nicht mehr der Schatten »(ent)wirft« den Körper, sondern, ganz irdisch, der Körper wirft den Schatten.

Zum Opfer fällt hier mit andern Worten die zentrale Metapher des Gesichts, die Maske und deren entsprechende Bewegung: das Mienenspiel, die praeverbale Kommunikation, die freilich die nonverbale voraussetzt. Sie aber war es, die seit Le Bruns bildnerischer Übersetzung der cartesianischen *passions* in der naturwissenschaftlichen Forschung zu dominieren begann. Ihr ist jenes physiognomische Schemabild zu verdanken, das in der Mitte des 19. Jahrhunderts die Silhouette ablöste und bis heute verwendet wird: das Schema des Gesichts en face, bestehend aus zwei Punkten, einem vertikalen und einem horizontalen Strich. An diesem Schema nun interessiert nicht mehr das »große Ganze«, sondern im Gegenteil das Detail. Noch Georg Simmel staunt über die enorme Veränderung, die auch die kleinste Verschiebung in der Topographie des Gesichts zuwegebringe. Man findet es erstmals in dem kleinen Essay des Rodolphe Toepffer, der daran die unendliche Variabilität des Mienenspiels demonstriert, und dann im großen opus von Carl Gustav Carus an eher versteckter Stelle 1853. Er nennt es – warum? – »die mystische Trias«.[45]

---

45 Carl Gustav Carus: Symbolik der menschlichen Gestalt. Ein Handbuch der Menschenkenntnis. Neu bearbeitet und erweitert von Theodor Lessing. 3., vielfach verm. Aufl. Celle 1925, S. 258f.

Die ›Feuerwissenschaft‹
Romantische Naturwissenschaft und Anthropologie bei Johann Wilhelm Ritter

LOTHAR MÜLLER (Berlin)

I.

In der diskursiven Karriere der ›Wissenschaften vom Menschen‹, wie sie seit der Mitte des 18. Jahrhunderts mehr und mehr ins Blickfeld von Philosophie, Theologie und Literatur treten, spielt die Bezugnahme auf die Naturwissenschaften eine prominente Rolle. Dabei überlagern sich Strategien der Konkurrenz und der Komplementarität. Polemisch machen sich die Plädoyers für die Erforschung der Natur des Menschen die Krise der klassifizierenden Naturgeschichte zunutze, die – so Georg Forster – »zu einem leeren Gewäsch von Namenverzeichnissen, Kunstwörtern und Systemen«[1] geworden sei. Als verschlinge die mikroskopisch geschärfte Aufmerksamkeit auf die »Conchylien« Erkenntnisenergien, die legitimerweise dem Menschen und insbesondere seiner Seele zuzukommen hätten, proklamiert Karl Philipp Moritz gegen die »objektivische Betrachtung« der Naturgeschichte »die Betrachtung seines eignen subjektivischen Daseins«.[2] Georg Christoph Lichtenberg diagnostiziert, das Studium der Naturhistorie sei »nun in Deutschland bis zur Raserei gestiegen« und empfiehlt die Konzentration des Menschen auf sich selbst als Beitrag zur Ökonomisierung des Wissens durch Hierarchisierung der Erkenntnisgegenstände.[3]

Ihr Losungswort findet die Strategie der Konkurrenz in Popes Vers »The proper study of Mankind is Man«. Er wird zur Standardformel, mit der sich die Wissenschaft vom Menschen als »scienza nuova« gegen die hypertrophen Wucherungen älterer Naturkunde etabliert. Der Bescheidenheitstopos, in dessen Horizont der Vers bei Pope seine Kontrastfunktion erhielt, wird dabei umgewertet, der Kontrastpol neu besetzt. Dem »proper study of Mankind« steht im späten 18. Jahrhundert nicht mehr die illegitime Selbstüberhebung menschlicher Vernunft – »presume not God to scan« – gegenüber, sondern das Natura-

---

1 Georg Forster: Ein Blick in das Ganze der Natur. In: Ders.: Werke in vier Bänden. Herausgegeben von Gerhard Steiner, Band 2, Frankfurt/Main 1969, S. 13.
2 Karl Philipp Moritz, Die Bibliotheken, In: Ders., Werke, herausgegeben von Horst Günther, Band 3, Frankfurt/Main 1981, S. 226–227, hier S. 227.
3 Georg Christoph Lichtenberg, Sudelbücher, Heft F, Nr. 262, In: Ders., Schriften und Briefe, herausgegeben von Wolfgang Promies, Band 1, München 1968, S. 498f.

lienkabinett. Es gilt Forster wie Moritz und Lichtenberg als exemplarischer Ort lediglich lexikalischer, auf das Zusammenspiel von Nomenklatur und Gedächtnis orientierter Gelehrsamkeit, die über dem Sammeln und Systematisieren der einzelnen äußeren Formen der Natur den lebendigen Zusammenhang des Ganzen längst vergessen habe.[4]

Steht im Zentrum der Strategie der Konkurrenz die Kritik des Naturalienkabinetts, so orientiert sich die Strategie der Komplementarität am »wahren Naturforscher«, wie er bei Forster dem »Naturalienmäkler« entgegengesetzt ist. Er interessiert sich vor allem für jene Disziplinen, die sich »auf die äußerlichen Gestalten der Körper« nicht beschränken und in der organischen wie anorganischen Natur dem Kausalnexus des »inneren« Zusammenhanges nachspüren. Forster nennt die Physik, die Physiologie, die Anatomie und die Chemie.[5]

Für die Empirisierung und Naturalisierung des Begriffs vom Menschen ist die Orientierung an den Modellen dieser »wahren« Naturforschung von erheblicher Bedeutung. Die Suche nach Verbindungen und Parallelen zwischen »physischer« und »moralischer« Welt erfolgt als bewußt praktizierte Analogisierung. Dabei dient die Analogie zunächst als Instrument der Übertragung bereits erprobter und bewährter Paradigmen der Physik, Medizin etc. auf das als noch weitgehend unerforscht begriffene Gebiet menschlicher Natur. Dies gilt vor allem für die Herausbildung der empirischen Psychologie. So parallelisiert Karl Philipp Moritz seine »Erfahrungsseelenkunde« der medizinischen Enzyklopädie des philosophischen Arztes Marcus Herz, und Lichtenberg praktiziert in seinen »Sudelbüchern« und Aufsätzen bewußt den metaphorischen Transfer technischer Erkenntnisinstrumente wie Teleskop und Mikroskop in die Wissenschaft vom Menschen.[6] Zu dieser Funktion der Analogisierung als Form des Imports naturwissenschaftlich geprägter Erkenntnismodelle und Aufmerksamkeitstypen tritt die heuristisch-experimentelle Funktion der Analogie als Form der Grenzüberschreitung ins Unbekannte.[7]

---

4 Die Literaturgeschichte des Naturalienkabinetts ist noch nicht geschrieben. Vgl. zur Einführung Wolf Lepenies, Das Ende der Naturgeschichte. Wandel kultureller Selbstverständlichkeiten in den Wissenschaften des 18. und 19. Jahrhunderts, Frankfurt/Main 1978, bes. S. 52–77. Hier wird auf Johann Heinrich Mercks Besuch im naturhistorischen Kabinett des Kunstsammlers Hüpsch in Köln und auf die Schilderung des Naturalienkabinetts in Jean Pauls *Hesperus* verwiesen. Für unseren Zusammenhang besonders ergiebig sind die Auszüge aus Ottiliens Tagebuche im siebten Kapitel des zweiten Teils von Goethes *Wahlverwandtschaften*, wo das Naturalienkabinett als »ägyptische Grabstätte« erscheint. Die Reflexionen über das Verhältnis der Natur, die »uns unmittelbar lebendig umgibt«, und der toten Natur der Naturalienkabinetts münden in den Schlußsatz: »aber das eigentliche Studium der Menschheit ist der Mensch.« Johann Wolfgang Goethe, Die Wahlverwandtschaften, Hamburger Ausgabe, Band 6, München 1981, S. 415–417.
5 Georg Forster: Ein Blick in das Ganze der Natur (Anm. 1), S. 13.
6 Vgl. Lothar Müller: Die kranke Seele und das Licht der Erkenntnis. Karl Philipp Moritz' Anton Reiser, Frankfurt/Main 1987, S. 184–191.
7 Die Kritik Kants an Herders *Ideen zur Philosophie der Geschichte der Menschheit* ist vor allem Begrenzung der Reichweite und des Status der Ergebnisse des Analogisierens. Sie trifft nicht die legitime Erkenntnisfunktion der Analogie, wie sie Kant selbst nicht nur im Frühwerk verwendet. Vgl. hierzu Hans Dietrich Irmscher: Beobachtungen zur Funktion der Analogie im Denken Herders, In: DVjS, 55, 1981, S. 64–97.

Die Aufhebung von Sichtbarkeitsgrenzen in den Naturwissenschaften – sei sie instrumentell durch Mikroskop und Teleskop oder hypothetisch durch die Analogie vermittelt – dient der Formierung der »inneren« Natur des Menschen zum Erkenntnisobjekt immer wieder als metaphorische Ressource der Selbstbegründung. Gern wird »das geheime Spiel« oder »innere Räderwerk« als Bild für die Seele genutzt und die empirische Psychologie als Transparenzprojekt umschrieben. Das Subjekt der Wissenschaften vom Menschen tritt vor allem als Beobachter in verschiedenen Schattierungen auf. Als Naturforscher, Reisender und Selbstbeobachter ist es auf die Vorstellung eines virtuellen Observatoriums verpflichtet.[8]

In der romantischen Naturwissenschaft, wie sie durch den Physiker Johann Wilhelm Ritter exemplarisch vertreten wird, ändert sich gegenüber dem Observatorium der Aufklärung die Relation zwischen Wissen von der Natur und Wissen vom Menschen. Romantische Anthropologie, so meine Ausgangsthese, läßt sich nicht als solche darstellen. Sie ist – bei Novalis wie bei Ritter – kein distinktes, durch Übertragung gewonnenes Komplementär- und Parallelphänomen zur Wissenschaft von der Natur, sondern deren integraler Bestandteil und läßt sich nur innerhalb der Rekonstruktion romantischer Physik, Chemie, Mineralogie oder Elektrizitätslehre selbst nachzeichnen. Am Beispiel von Ritters chemischer Interpretation des Galvanismus möchte ich das im folgenden zeigen. Ihr Horizont ist die Tendenz der romantischen Naturwissenschaft zur Enzyklopädistik und die Verschränkung von Selbst- und Naturerkenntnis im romantischen Begriff des Experiments. Beides sei mit Blick auf Novalis kurz erläutert.

Die Modellfunktion der Wissenschaftslehre in Novalis' *Allgemeinem Brouillon* ist nicht so auszulegen, als wolle er sein eigenes Projekt der Fichteschen Transzendentalphilosophie lediglich subsumieren. Vielmehr erscheint aus der Perspektive seiner Enzyklopädistik die Wissenschaftslehre selbst nur als ein an der Philosophie durchexerzierter Spezialfall der transzendentalen Reflexion aller Wissenschaften.

> »ENC[YCLOPAEDISTIK]. Doppelte Universalität jeder wahrhaften W[issenschaft] – Eine entsteht, wenn ich alle andern W[issenschaften] zur Ausbildung der Besondern benutze. – Die Andre, wenn ich sie zur Universalwissenschaft mache und *sie selbst unter sich* ordne – alle andre Wissenschaften, als ihre Modifikationen betrachte. Den Ersten Versuch der leztern Art hat Fichte mit der Phil[osophie] unternommen. Er soll in allen W[issenschaften] unternommen werden.«[9]

---

8 Vgl. zur Kultivierung und Methodisierung des aufmerksamen und analytischen Blicks Kants Diktum: »Erfahrung *methodisch* anstellen heißt allein *beobachten*. Ich danke für den bloß empirischen Reisenden und seine Erzählung, vornehmlich, wenn es um eine zusammenhangende Erkenntnis zu tun ist, daraus die Vernunft etwas zum behuf einer Theorie machen soll.« Immanuel Kant: Über den Gebrauch teleologischer Prinzipien in der Philosophie, In: Ders., Schriften zur Naturphilosophie (= Werkausgabe, herausgegeben von Wilhelm Weischedel, Band IX), Frankfurt/Main, 1977, S. 137–170, hier S. 141.
9 Novalis: Das Allgemeine Brouillon, In: Ders., Schriften, herausgegeben von Richard Samuel in Zusammenarbeit mit Hans-Joachim Mähl und Gerhard Schulz, Dritter Band, Stuttgart ³1983, S. 207–478, hier S. 269.

Der lapidare Schlußsatz dieser Notiz löst die philosophische Zentralperspektive auf und setzt an deren Stelle das *polyperspektivische* Spiegelkabinett der Enzyklopädistik, in dem Physik, Chemie, Mineralogie, Physiologie etc. durch die transzendentale Position der Universalwissenschaft gleiten. Die Analogie steht bei Novalis weniger im Dienste der Übertragung und Parallelisierung als vielmehr der wechselseitigen Durchdringung aller Wissenschaften einerseits, der Mischung von Wissenschaft, Philosophie und Poesie andererseits.[10] Innerhalb dieser komplexen Struktur der Enzyklopädistik ist die Reflexion auf Natur mit einer charakteristischen Revision des Fichteschen »Nicht-Ich« verbunden. In einer der ausführlichsten Eintragungen des »Allgemeinen Brouillon« charakterisiert Novalis die Transzendentalphilosophie als »Zurükweisung ans Subject«. Sie gilt ihm als

> »diejenige Lehre, die uns beym Studium der Natur auf uns selbst, auf innre Beobachtung und Versuch, und beym Studium unsrer Selbst, auf die Außenwelt, auf äußre Beobachtungen und Versuche verweißt. [...]
> Sie läßt uns die Natur, oder *Außenwelt*, als ein menschliches Wesen ahnden – Sie zeigt, daß wir *alles* nur so verstehn können und sollen, wie wir uns selbst und unsre *Geliebten*, uns und *euch* verstehn.«[11]

Nachdem er so unter Wahrung der Formalstruktur des »Kriticism« die Natur in den Status der »Geliebten« gerückt hat, bekräftigt Novalis im folgenden – zunächst scheinbar vorbehaltlos – die Souveränität des Ich, um dann – im Anschluß an die Liebesmetaphorik der Eingangspassagen – das »Nicht-Ich« entscheidend neu zu fassen.

> »Das Princip *Ich* ist gleichsam das ächte gemeinschaftliche und *liberale*, universelle Princip – es ist eine Einheit, ohne *Schranke* und Best[immung] zu seyn. Es macht vielmehr alle Best[immungen] möglich und fest – und gibt ihnen abs[oluten] Zusammenhang und Bedeutung. Selbstheit ist der Grund aller *Erkenntniß* – als der Grund der Beharrlichkeit im Veränderlichen – auch das Princip der höchsten *Mannichfaltigkeit* – (*Du.*) (Statt N[icht] I[ch] – Du.)«[12]

Die Verschränkung von Selbst- und Naturerkenntnis in einer Formel, die aufgibt, das Fichtesche Nicht-Ich als »Du« zu denken, läßt den Begriff des Experiments nicht unberührt. Gegenläufig zur modernen Entsubjektivierung der Versuchsanordnung um der exakten, intersubjektiven Wiederholbarkeit willen

---

10 Die Begriffe »Mischung« und »Durchdringung« signalisieren die Bedeutung der Chemie als Orientierungswissenschaft sowohl für die Enzyklopädistik insgesamt wie für das Projekt der Fusion von Wissenschaft und Poesie. Vgl. hierzu Peter Kapitza: Die frühromantische Theorie der Mischung. Über den Zusammenhang von romantischer Dichtungstheorie und zeitgenössischer Chemie, München 1968.
11 Ebd., S. 429.
12 Ebd., S. 429f. Vgl. Franz von Baaders Unterscheidung zwischen Spekulation und Praxis, derzufolge, »das Ich in der Speculation das Duodram mit dem Nicht-Ich als ein Monodram mit sich selber spielt, wogegen jenes in der Praxis in natura aufgeführt wird.« Franz von Baader: Beiträge zur Elementar-Physiologie (1797), In: Ders., Sämmtliche Werke, Herausgegeben von Franz Hoffmann, Erste Hauptabtheilung, Dritter Band, S. 203–246, hier S. 243.

subsumiert Novalis das Experimentieren ausdrücklich unter die »physikalische Kunstlehre« und begreift den Experimentator als Künstler und Liebhaber.

»Zum Experimentiren gehört Naturgenie, d. i. wunderartige Fähigkeit den Sinn der Natur zu treffen – und in ihrem Geist zu handeln. Der ächte Beobachter ist *Künstler* – er *ahndet* das *Bedeutende* und weiß aus dem seltsamen, vorüberstreichenden Gemisch von Erscheinungen die Wichtigen herauszufühlen.

Die Natur *inspirirt* gleichsam den ächten Liebhaber und offenbart sich um so vollkommener durch ihn – je harmonischer seine *Constitution* mit ihr ist.

Ein gutes physicalisches Experiment kann zum Muster eines innern Experiments dienen und ist *selbst ein* gutes *innres* subj[ectives] Experiment mit. (vid. Ritters Experimente.)«[13]

Novalis' Interesse an Ritters obsessiver Konzentration auf die Phänomene des Galvanismus richtet sich auf ein im doppelten Sinne exemplarisches Projekt. Zum einen sind Ritters Versuchsanordnungen »subjective« Experimente mit dem eigenen Körper, zum anderen erscheint in ihnen der Galvanismus als Selbstoffenbarung der Natur. Indem Ritter zum Muster desjenigen Experimentators wird, der in der Wahl seines Forschungsgebietes »das Bedeutende« ahnt, verkörpert er nicht nur die Verschränkung des Beobachters und des Künstlers, sondern zugleich die – in Novalis' Notiz deutlich ablesbare – Tendenz zur Mischung und Durchdringung der Sprachen von Poesie und Physik.

II.

Dem szientifischen Positivismus des 19. Jahrhunderts galt Johann Wilhelm Ritter als Opfer der romantischen Naturphilosophie Schellingscher Prägung, als ein begabter Experimentator, dem der Geist der Spekulation zum Verhängnis wurde. Im Zuge der Revision des allzu bequemen Schemas, demzufolge die Naturphilosophie generell die positive Naturerkenntnis blockiert, sind inzwischen Ritters wissenschaftliche Leistungen, vor allem seine Verdienste um die Herausbildung der Elektrochemie weitgehend anerkannt.[14] Im folgenden wird er jedoch gegenläufig zu seiner Ehrenrettung als Empiriker weniger als Vorläufer der Physik und Chemie des 19. Jahrhunderts denn als Erbe des späten 18. Jahrhunderts dargestellt, in dessen Werk sich die Experimentalphysik Lich-

---

13 Novalis: Schriften, Band 3 (Anm. 9), S. 179, 256, 386.
14 Vgl. z. B. Hermann Berg und Klaus Richter (Hrsg.): Entdeckungen zur Elektrochemie, Bioelektrochemie und Photochemie, Leipzig 1986; Walter D. Wetzels, Johann Wilhelm Ritter: Romantic physics in Germany, In: Andrew Cunningham, Nicholas Jardine (Hrsg.): Romanticism and the Sciences, Cambridge 1990, S. 199–212; H. A. M. Snelders, Romanticism and Naturphilosophie and the Inorganic Natural Sciences 1797–1840: An Introductory Survey, In: Studies in Romanticism, 9, 1970, S. 193–215, bes. S. 199–206. Die beste Gesamtdarstellung ist nach wie vor Walter D. Wetzels: Johann Wilhelm Ritter: Physik im Wirkungsfeld der deutschen Romantik, Berlin und New York 1973.

tenbergscher Prägung und die Geschichtsphilosophie Herders mit der Orientierung an der Naturphilosophie Schellings und dem Konzept der wechselseitigen Durchdringung aller Wissenschaften bei Novalis mischt. Ritters Theorie des Galvanismus ist als »Universalwissenschaft« im Sinne des Novalis konzipiert und beerbt in ihren Reflexionsmodellen wie in ihrer Sprache zugleich die Metaphorik des 18. Jahrhunderts.

Als er schon einige Jahre einschlägig experimentiert hat, schreibt Ritter im zweiten Stück des Ersten Bandes seiner *Beyträge zur näheren Kenntnis des Galvanismus und der Resultate seiner Untersuchungen* (1800), der Galvanismus sei ein Beleg dafür, »wie tief man in die Geheimnisse der Natur wirklich eindringen könne, sobald man nur ein einziges Phänomen bis in die gehörige Ferne verfolgt«.[15] Der obsessive Charakter von Ritters Versuchsreihen, die nicht selten seine eigene Gesundheit nachhaltig in Mitleidenschaft zogen, ist Ausfluß seiner immer wieder geäußerten Überzeugung, im Galvanismus »den Schlüssel zum Eingang in das Innere der Natur« gefunden zu haben: »schwerlich wird eine andere Art von Versuchen so sehr im Stande seyn, eine *beyden Naturreichen*, dem anorganischen wie dem organischen, *gemeinschaftliche Dynamik* zu begründen, als eben diese.«[16]

Experimentelle Erschließung und reflexive Universalisierung der Phänomene des Galvanismus sind in Ritters Werk von Beginn an miteinander verschränkt. Der Titel des Vortrags, mit dem er am 29. Oktober 1797 vor die Jenaer Naturforschende Gesellschaft trat und nachhaltige Wirkung erzielte, lautet: *Ueber den Galvanismus; einige Resultate aus den bisherigen Untersuchungen darüber, und als endliches: die Entdeckung eines in der ganzen lebenden und todten Natur sehr thätigen Princips.*[17] Hintergrund dieses Vortrags war die Kontroverse zwischen Luigi Galvani und Alessandro Volta um die Deutung der von Galvani bei seinen Experimenten mit Nerv-Muskelpräparaten von Fröschen seit etwa 1785 beobachteten Muskelzuckungen. Zwar hatte Galvani selbst seine Versuche ursprünglich als »Esperimenti circa l'ettrecità de' metalli« bezeichnet, behauptete dann aber in seiner Abhandlung *De viribus electricitatis in motu musculari commentarius* (1791), die »tierische Elektrizität« nachgewiesen zu haben.[18] Volta bestritt dies und erklärte die Muskelzuckungen als Effekt der innerhalb der Versuchsanordnung durch Metallkombination erzeugten Elektrizität. Die Deutungskontroverse beinhaltete charakteristische theoretische Differenzen. Galvani war Anatom, sein Interpretationshorizont die Physiologie im Zeitalter der Fortentwicklung der überlieferten spiritus anima-

---

15 Johann Wilhelm Ritter: Beweis, daß die Galvanische Action auch in der Anorganischen Natur möglich und wirklich sey, In: Ders., Beyträge zur näheren Kenntnis des Galvanismus und der Resultate seiner Untersuchung, Band I, 2, Jena 1800, S. 283.
16 Ebd.
17 Johann Wilhelm Ritter: Physisch-chemische Abhandlungen in chronologischer Folge, Band 1, Leipzig 1806, S. 1–42.
18 Vgl. zum folgenden K. E. Rothschuh: Von der Idee bis zum Nachweis der tierischen Elektrizität, In: Sudhoffs Archiv für Geschichte der Medizin und der Naturwissenschaften, 44, 1960, S. 25–44.

les zum Nervenaktionsstrom.[19] Als Quelle der allem »Tierischen« innewohnenden Elektrizität lokalisierte Galvani das Gehirn, als ihre Leiter die Nerven und als Ort ihrer Entladung die als Leidener Flasche interpretierte Muskelfaser. Gegenüber dieser Vorstellung einer *spezifisch* organischen Elektrizität war für Volta das Nerv-Muskelpräparat lediglich der Gradmesser der von den Eigenschaften der Metallkombination abhängigen Kontaktelektrizität. In Deutschland neigte Alexander von Humboldt in seiner zweibändigen Schrift *Versuche über die gereizte Muskel- und Nervenfaser nebst Vermuthungen über den chemischen Process des Lebens in der Thier- und Pflanzenwelt* (1797) der Position Galvanis zu und versuchte das in den Muskel einströmende »Nervenfluidum« als Ursache der dort erfolgenden Kontraktion nachzuweisen. Ritter faßte demgegenüber in seinem Vortrag »das im Nerven secernirte Fluidum« nur als Bedingung der Möglichkeit, nicht als Ursache galvanischer Kontraktionen auf und erkannte Voltas Erklärung im Prinzip an. Jedoch machte er die charakteristische Einschränkung, die Wirkungen innerhalb der galvanischen Kette seien »nicht nur dem äußern Einfluß, dessen Gesetze *Volta* aufsuchte, allein zuzuschreiben«.[20]

Ritter bemüht sich in seinem Jenaer Vortrag um eine Vermittlung zwischen der »inneren« Ursache, die Galvani physiologisch denkt, und der »äußeren« Ursache, die Volta als Analogon zur Reibungselektrizität denkt. Mit Volta denkt er den Galvanismus als ein Phänomen von universeller Bedeutung, mit Galvani als Effekt »innerer« Vorgänge in der Kette. Zugleich meidet er demonstrativ alle Formulierungen, die »das in der Galvanischen Kette Umlaufende« eindeutig definieren würden. Er nennt die Wirkungsursache der galvanischen Phänomene zunächst ein unbekanntes »Etwas«, das er in unsicheren Umschreibungen nur negativ bestimmt:

> »Es sey etwas auch außer den Organen Vorhandenes, jedoch in diesen, darum weil sie Leiter desselben sind, ebenfalls Enthaltenes; nichts mit dem Nervenfluidum Identisches; Etwas, das sich bis jetzt noch nicht sichtbar darstellen ließ, dessen Daseyn wir aber aus seinen Wirkungen schließen müssen.«[21]

Alle Experimente, die Ritter anstellt, zielen darauf ab, den Bezirk dieser »Wirkungen« über die bisher beobachteten hinaus zu verfolgen und damit den Geltungsbereich des Galvanismus systematisch zu erweitern. In seiner ersten größeren Schrift knüpft er unter dem Titel *Beweis, daß ein beständiger Galvanismus den Lebensproceß in dem Thierreich begleite* (1798) an die bereits im Vortrag dokumentierte, experimentell abgesicherte Differenzierung zwischen »Bewegung« und »Empfindung« als Wirkungen innerhalb der galvanischen Kette an. Während die Bewegung, also die Kontraktion, sich nur beim Schließen und Trennen der Kette beobachten lasse, seien Phänomene der Empfindung konti-

---

19 Vgl. Karl E. Rothschuh, Vom Spiritus animalis zum Nervenaktionsstrom, In: Ders., Physiologie im Werden, Stuttgart 1969, S. 111–138.
20 J. W. Ritter: Ueber den Galvanismus; einige Resultate aus den bisherigen Untersuchungen darüber (Anm. 17), S. 24.
21 Ebd., S. 25.

nuierlich nachweisbar, so lange eine Kette geschlossen sei. Grundlage für diese Kontinuitätshypothese sind sinnesphysiologische Experimente, die vor allem den Augen- und den Geschmackssinn betreffen. Der Körper des Experimentators wird in diesen Versuchsreihen zum Meßinstrument, die Augen und die Zunge werden zu Gliedern der galvanischen Kette. Die Logik der Experimente ist die Ablösung der beobachteten Phänomene vom Ausnahmezustand einer künstlich arrangierten Extremsituation. Die »galvanische Action« besteht für Ritter nun nicht mehr allein im außergewöhnlich-krampfartigen Zucken des abgetrennten Muskelpräparats, vielmehr erweist er sie durch seine Versuchsreihen als Phänomen des organischen Lebens im Normalzustand. Aus einem kurzfristig aufflackernden wird so der »beständige« Galvanismus. Ritter folgt bei seiner temporalen wie qualitativen Ausweitung des Galvanismus der »Innenperspektive« Galvanis, die er freilich von ihrer Bindung an das physiologische Kreislaufmodell weitgehend löst, um sie durch die Analyse chemischer Reaktionen zwischen den heterogenen Kettengliedern neu zu formulieren. Dabei lockert er die Bindung der Voltaschen Deutung des Galvanismus an das Phänomen der »Metallelektrizität«, indem er galvanische Ketten aus rein organischen Gliedern in den Mittelpunkt seiner Experimente stellt. Hieraus gewinnt er die These von der kontinuierlichen Parallelität von Leben und Galvanismus, indem er dessen im Experiment bestimmte Bedingungen – das Zusammentreffen dreier heterogener Körper und zweier Leitungsklassen – im Normalzustand lebender tierischer Körper wiederfindet. Das abgetrennte Nerv-Muskelpräparat wird so in Ritters Experimenten systematisch in den lebendigen Zusammenhang organischen Lebens zurückversetzt. Zugleich schreibt er in seinen Kommentaren und Auswertungen das System galvanischer Ketten in die Tradition der philosophischen Lehren von der Kontinuität in der Natur ein und überblendet die galvanische Kette mit der Kette der Wesen:

»Ein jeder Theil des Körpers, so einfach er auch sey, ist demnach anzusehen, als ein System unendlich vieler unendlich kleiner Galvanischer Ketten, denn man kann theilen bis ins Unendliche, und immer noch werden Theile ähnlich (in dieser Rücksicht) dem Ganzen erscheinen. Solche Systeme aber treten nun wieder als Glieder in höhere Ketten, diese sind Glieder noch höherer, und so fort bis zur größten, die die übrigen alle umfaßt. So laufen die Theile in das Ganze, und das Ganze in die Theile zurück. Aber, ist es anders etwan im Menschlichen Körper, anders in der Hülle des Wurmes? Anders vom Elephant herab bis zur zarten Naide, vom Wallfisch bis zum Infusionsthier? – Nein! Ueberall ist der Grund, und mit ihm das Begründete vorhanden. Und das Begründete ist fortdauernde Thätigkeit in den fortdauernd geschlossenen Ketten.«[22]

Aus der Omnipräsenz des Galvanismus in der organischen Natur entwickelt Ritter ein hypothetisches Panorama der aus seinem Studium zu gewinnenden Aufschlüsse über die innere Ökonomie des »tierischen« – und das heißt auch: des menschlichen – Körpers. Man werde in der Physiologie kein »Nervenfluidum« mehr unterstellen müssen, »um Empfindung an Nerven-leeren Orten zu

---

22 Johann Wilhelm Ritter: Beweis, daß ein beständiger Galvanismus den Lebensprocess im Thierreich begleite, Weimar 1798, S. 158.

erklären«; man werde zu einer umfassenden »Theorie der Wirkungsweise der Sinne« gelangen; man werde dem Einfluß von Wärme, Licht und Elektrizität auf den tierischen Körper verstehen lernen; und womöglich »wird der genaue Zusammenhang zwischen körperlichen und Seelen-Leiden, wie z. B. plötzliche Gemütsveränderungen Krankheiten des Körpers und umgekehrt bewirken, minder unbegreiflich werden«.[23] Diese Hoffnungen sind alte Bekannte der Physiologen, empirischen Psychologen und Anthropologen des 18. Jahrhunderts. Ritter will sie durch die *chemische* Interpretation des Galvanismus einlösen und faßt als »Gesetz« ins Auge: »alles was chemische Prozesse beschleunigt, verspätet, andere Producte derselben veranlaßt, was überhaupt Qualität ändert, das modificirt auch die Wirksamkeit des Galvanismus und umgekehrt.«[24] Diese Formel, die Ritter zunächst im Kontext seiner Beweisführung für die Omnipräsenz des Galvanismus in der organischen Natur formuliert, überträgt er wenig später – im Frühling des Jahres 1799 – in seinem zweiten Vortrag vor der Naturforschenden Gesellschaft zu Jena auf die anorganische Natur: *Beweis, daß der Galvanismus auch in der anorganischen Natur zugegen sey* (1799). Die anorganische Kette aus zwei verschiedenen Metallen und Wasser erscheint hier als Analogon zur organischen Kette. Konnte man an dieser die Einwirkung des Galvanismus an den Phänomenen »Bewegung« (= Muskelkontraktion) und »Empfindung« ablesen, so in der anorganischen Natur an der »Mischungsveränderung«, d. h. an der Veränderung der »chemischen Qualität« der Körper. Die Zersetzung des Metalls entspricht dem Zucken des organischen Präparats, »als wär's Eine Kraft, welche Muskelfasern erschüttert, und Metalle in ihre Elemente auflöst«.[25] Der Galvanismus – so die Argumentationslinie dieses zweiten Vortrags – ist nicht auf den organischen Bereich der Natur beschränkt. Was sich dort beobachten ließ, ist kein *Spezifikum* tierischer Körper, sondern eine allgemeine, universelle »Kraft«, die in der anorganischen Natur nach gleichen Gesetzen, aber unter anderen Erscheinungsformen wirksam ist wie in der organischen Natur. Damit arbeitet der experimentierende Naturwissenschaftler Ritter auf seine Weise an der Kassierung der Differenz von organischer und anorganischer Natur, die sich als Zentralmotiv romantischer Naturphilosophie nicht nur bei Schelling ausmachen läßt.

»Um in der Lehre vom Magnetismus weiter zu kommen«, schreibt Lichtenberg in einem seiner *Sudelbücher*, »müßte man Magnete machen, die sich zu den gewöhnlichen verhielten, wie Herschels großes Teleskop zu einem Taschen-Perspektiv.«[26] Ritter unterbricht im Sommer 1800 seine Abhandlung *Bemerkungen über den Galvanismus im Thierreich*, um euphorisch die Erfindung

---

23 Ebd., S. 164 f.
24 Ebd., S. 164.
25 Johann Wilhelm Ritter: Beweis, daß der Galvanismus auch in der anorganischen Natur zugegen sey, In: Ders., Physisch-chemische Abhandlungen, Band 1, Leipzig 1806, S. 139–164, S. 155. Vgl. zur Bedeutung des Begriffs »Mischungsveränderung« in der Mineralogie wie Chemie bei Novalis Peter Kapitza: Die frühromantische Theorie der Mischung, München 1968, S. 55–58, 86 und öfter.
26 Georg Christoph Lichtenberg: Schriften (Anm. 3), Band 2, S. 483.

eines vergleichbaren Instruments bekanntzugeben: der Voltaschen Säule. Als Batterie aus additiv hintereinandergeschalteten galvanischen Ketten erlaubte sie das Experimentieren mit stärkerer als der bisher zur Verfügung stehenden Elektrizität. Ritter versprach sich von dieser neuen Spannungsquelle »das Unendlichste«[27] und beschrieb das neue Instrument als Chance zur unbegrenzten Potenzierung möglicher Kettenkombinationen im galvanischen Experiment. Wie Teleskope und Mikroskope Sichtbarkeitsgrenzen aufhoben, so konnten nun mit Hilfe der Batterie die bisherigen Nachweisgrenzen des Galvanismus überschritten werden. Der Begriff des »Nicht-Leiters« löste sich auf und machte der Einsicht Platz, »daß alles nur relativ leite und nicht leite«.[28] Körper, die bisher den galvanischen Wirkungen einen intransingenten Widerstand entgegenzusetzen schienen, erwiesen sich nun als Leiter, wenn man sie nur der Einwirkung stärkerer Elektrizität als derjenigen aussetzte, die sich aus der Metallkombination ergab. Damit verlor der Haupteinwand gegen die Identifizierung von Elektrizität und Galvanismus sein Beobachtungsfundament: daß es Körper zu geben schien, die zwar als Leiter der Elektrizität fungieren konnten, in galvanischen Ketten aber isolierende Wirkung ausübten. Triumphierend konnte Ritter nun schreiben, »daß auch die sogenannten *Isolatoren des Galvanismus* Galvanische Action zu begründen vermögen, und diese Action wird in allen Stücken identisch seyn mit der durch leitende Körper producirten. Das Thierreich und die todte Natur haben sich bereits zu Einem gemeinschaftlichen Resultat vereinigt; auch das *Pflanzenreich* wird sich von der Sphäre des Galvanismus nicht ausschliessen. Alle Galvanische Action wird *identisch* erscheinen.«[29] Nun gab es statt Leitern und Nicht-Leitern nur noch »eine continuierliche Reihe unendlicher Übergänge«.[30] Jedem Körper mußte sich nun innerhalb des universellen Gesamtsystems galvanischer Ketten nach Maßgabe seines mehr oder weniger großen electrischen Leitungs- oder Isolationsvermögens sein Ort in der »Spannungsreihe« zuweisen lassen.[31] Der omnipräsente Galvanismus konnte nun endgültig zum Schlüssel in das Innere der Natur werden: »Eine vollständige Theorie des Galvanismus ist eins mit der Theorie der Natur selbst.«[32] Die Verfügbarkeit der Elektrizität und damit jener *einen*, nunmehr identifizierbaren Kraft, die in den galvanischen Ketten organischer wie anorganischer Na-

---

27 Johann Wilhelm Ritter: Bemerkungen über den Galvanismus im Thierreich, In: Ders.: Beyträge zur näheren Kenntniß des Galvanismus, Band 1, 3. und 4. Stück, Jena 1802, S. 151. Vgl. auch S. 168: »Man kann merken, welche neue unendliche Welt sich hiermit aufthut. Man dachte nicht daran, dass man in jedem geringsten Experiment ein Universum in Bewegung setzt.«
28 Johann Wilhelm Ritter: Von der Galvanischen Batterie nebst Versuchen und Bemerkungen den Galvanismus betreffend, In: Ders., Beyträge zur näheren Kenntniß des Galvanismus, Band I, Stück 3 u. 4, Jena 1802, S. 195–290, S. 244.
29 Johann Wilhelm Ritter: Beweis, daß die Galvanische Action oder der Galvanismus auch in der Anorganischen Natur möglich und wirklich sey (Anm. 15), S. 283.
30 Johann Wilhelm Ritter: Von der galvanischen Batterie (Anm. 28), S. 244.
31 Diesen Gedanken hat Ritter später systematisch ausgeführt. Vgl. Johann Wilhelm Ritter: Das elektrische System der Körper. Ein Versuch, Leipzig 1805.
32 Johann Wilhelm Ritter, Bemerkungen über den Galvanismus im Thierreich (Anm. 27), S. 192.

tur die »Mischungsveränderung« bewirkte, verstärkte Ritters Tendenz zu universalisierenden Deutungsformeln. Die Logik, der sie folgen, läßt sich als Projekt der physikalischen Realisierung messianischer Metaphorik umschreiben. »Man hebt die größten verstocktesten Unordnungen im Organismus; Taube hören, Blinde sehen; Lahme gehen, Stumme sprechen, Geruch, Geschmack wird hergestellt – *durch Galvanismus*; Redensarten, die sonst das Unmögliche travestirten, sprechen jetzt die reinste Wahrheit aus.«[33]

Der Galvanismus als in der gesamten organischen und anorganischen Natur in gleicher Weise wirksames Phänomen der elektrischen Veränderung der »Qualität« der Körper gewinnt bei Ritter einen Status, der analog zur Bedeutung der »Quantität« der Körper in der mechanischen Lehre von der Attraktion konzipiert ist. An die Stelle der ursprünglichen These, daß er den »Lebensproceß« nur begleite, tritt bald die Formulierung, »daß er das Principium regens aller Mischungsveränderung im Körper sey«.[34] Der Galvanismus expandiert zum chemisch konzipierten Äquivalent des physikalisch-mechanischen Kraftbegriffs.

> »So werden Vulkane entzündet, und Berge erschüttert, die athmende Brust wird gehoben, der Embryo des Thieres wie der Pflanze ins Leben gerufen – durch E i n e K r a f t .«[35]

Von Beginn überlagern sich in Ritters Universalisierung des Galvanismus die Begriffe »chemisch«, »qualitativ« und »dynamisch«. Er hat damit Teil an der Herausforderung der vom Cartesianismus beförderten Analogisierung von Organischem und Mechanischem, die vor allem im hydraulisch begriffenen Modell des Blutkreislaufs ein Evidenzzentrum besaß. Der Dynamismus der Alchemisten und Neuplatoniker wie die vitalistische Tradition, in der Harvey selbst noch gestanden hatte, waren im 17. Jahrhundert nie ganz verdrängt worden.[36] Der physiologische Vitalismus des 18. Jahrhundert knüpft hier an. Nicht anders Ritters chemisch-physikalischer Galvanismus an die Latenz des Dynamischen. Schon in der Schrift *Beweis, daß ein beständiger Galvanismus den Lebensproceß im Thierreich begleite* (1798) bezeichnet Ritter die organische galvanische Kette als »dynamisches System« und schreibt in dem Abschnitt »Welches ist das Verhältniß des Galvanismus zur Electricität und beider zur Chemie?«:

> »Da im *totalen dynamischen* Proceß, dem sogenannt *chemischen*, auch der *partielle*, der *Electrische* enthalten ist, wie im Ganzen der Theil, darf dann die Ankündigung befremden, daß das System der Electricitaet, nicht wie es jetzt ist, sondern wie es einst seyn wird, zugleich das System der Chemie, und umgekehrt, werden wird?«[37]

---

33 Ebd., S. 154.
34 Johann Wilhelm Ritter: Beweis, daß der Galvanismus auch in der anorganischen Natur zugegen sey (Anm. 25), S. 162.
35 Ebd., S. 162f.
36 Vgl. hierzu die ausgezeichnete Darstellung bei Thomas Fuchs, Die Mechanisierung des Herzens. Harvey und Descartes – Der vitale und der mechanische Aspekt des Kreislaufs, Frankfurt/Main 1992.
37 Johann Wilhelm Ritter: Beweis, daß ein beständiger Galvanismus den Lebensproceß in dem Thierreich begleite, S. 178.

Es ist naheliegend, Ritters experimentelle Erschließung und theoretische Hypostasierung einer konsequent chemischen Interpretation des Galvanismus als Echo auf die Schlüsselfunktion der Chemie in Schellings *Ideen zu einer Philosophie der Natur* (1797) aufzufassen. Die Affinität der Grundkonzeption Ritters zu Schellings im Anschluß an Kants dynamischen Materiebegriff vorgenommene Überbietung der quantitativ – mechanischen Physik durch die qualitativ – »dynamische« Chemie ist in der Tat evident. Doch ist Schellings Naturphilosophie nur das prominenteste Glied in der Kette der um die Mitte des 18. Jahrhunderts beginnenden Revision der Vorstellung von der Materie als einer trägen, passiven, unbelebten Substanz einerseits, der Suche nach einer Verknüpfung physikalischer und chemischer Wirkungsmechanismen andererseits. Lichtenbergs Sudelbücher belegen, daß im späten 18. Jahrhundert in der experimentalphysikalischen Erforschung der anorganischen Natur, und zwar insbesondere der Phänomene von Elektrizität und Magnetismus eine von der naturphilosophischen Reflexion unterscheidbare Tendenz zur Überschreitung des physikalisch-mechanischen Paradigmas zu sehen ist. Man begegnet hier der Vitalisierung des Polaritätsdenkens, der Suche nach einer vereinheitlichenden Naturkraft und der intensiven, vom Analogiedenken beförderten Hypothesenbildung zur Erklärung nicht nur der physikalischen Attraktion, sondern auch ihres chemischen Gegenstückes. Es wird Lichtenberg zunehmend fraglich, ob es »eine mächtigere Materie auf der Welt« geben könne als die Elektrizität, und er schreibt nach einem Überblick über die Vielzahl ihrer Wirkungen: »alles muß undeutlich werden wenn man ein Wesen vernachlässigt, das sich in alles mischt. ... Wie wenn ein großer Teil der Dunkelheit, die in der Naturlehre herrscht daher rührte, daß man die elektrische Materie mehr allein als in Verbindung bisher beobachtet hat?«[38] Die chemische Nomenklatur erscheint ihm schwankend und unvollständig, »so lange man die chemischen Verbindungen der elektrischen Materie nicht kennt«[39], und immer wieder kommt ihm bei seinen Klagen darüber, daß die Meteorologie ihren Newton oder Herschel noch nicht gefunden habe, die Vision einer Fusion von Elektrizitätslehre und Chemie in den Sinn. In einer ganzen Reihe von Eintragungen um die Jahreswende 1789/90 reflektiert Lichtenberg über das Problem einer Ergänzung der mechanischen, auf Stoß und Druck fixierten Bewegungslehre durch eine Mechanik der chemischen Kräfte, »die weder durch Bewegungen hervorgebracht werden noch auch selbst darin bestehen«. Eine derart chemisch revidierte Lehre von den Ursachen aller Bewegung in der Natur könne man »unter dem Namen physischer Dynamik«[40] vortragen. Die Alternative zwischen Le Sage's mechanischer Physik, gegen die Schelling seine dynamische profilieren, und Kants dynamischer Konzeption der Materie, an die Schelling anknüpfen wird,

---

38 Georg Christoph Lichtenberg: Sudelbücher, Heft J 1748, In: Ders., Schriften, Band 2, S. 318 Zur Polarität vgl. S. 324 Vgl. zur Vorgeschichte des romantischen Polaritätsdenkens Rolf Christian Zimmermann: Goethes Polaritätsdenken im geistigen Kontext des 18. Jahrhunderts, In: JDSG, 18, 1974, S. 304–347.
39 Georg Christoph Lichtenberg: Schriften, Band 2, S. 306.
40 Ebd., S. 246.

als Modellen einer solchen »physischen« Dynamik bleibt bei Lichtenberg unaufgelöst.[41] Das Erscheinen der Schriften Humboldts und Ritters zum Galvanismus in den Jahren 1797 und 1798 hat er jedoch aufmerksam wahrgenommen[42], und trotz seiner Verwurzelung im mechanisch-atomistischen Denken führt ihn die Reflexion über die Begriffe »Kraft« und »Bewegung« nicht selten in erstaunliche Nähe zur Sprache romantischer Naturphilosophie: »Es ist eben das Aufheben und Verschlingen der chemischen Kräfte und ihre Entwicklung wieder, durch die die Natur so vieles ausrichtet. Es ist dieses die eigentliche Weltseele.«[43]

Die Katalysatorfunktion von Kants Schrift *Metaphysische Anfangsgründe der Naturwissenschaft* (1786) für die Herausbildung der chemisch-dynamischen Orientierung der romantischen Naturwissenschaft und Naturphilosophie läßt sich an der Kant-Rezeption des jungen Franz von Baader demonstrieren. Hier wird bereits Anfang der 90er Jahre Kants dynamische Konstruktion der Materie, die im Blick auf eine Mechanik anorganischer fester Körper argumentierte und über die organische Natur sowie die Struktur des Lebens keine Aussagen zu machen behauptete, als naturphilosophische »Verlebendigung« der mechanisch-toten Materie gelesen.

> »Indem Herr Kant uns übrigens zeigt, dass sich ohne repulsive und anziehende Kraft zusammen keine Erfüllung eines Raumes und also keine Materie denken lässt, so vernichtet er, wie durch einen wohltätigen Lebenshauch, alle Materie brute in der Natur, und in ihr ist überall nur Materie vive vorhanden.«[44]

Baader interpretiert die Polarität von Attraktions- und Repulsivkraft als Dynamisierung des »metaphysischen Leichnams« der cartesianisch »als reine Passivitaet oder Inertie« aufgefaßten Materie. In seiner Schrift *Beyträge zur Elementar-Physiologie* (1797), die Ritter kannte, überführt Baader die Opposition mechanisch/äußere Anschauung/tote Materie versus dynamisch/innere Anschauung/lebendige Materie in ein dreistufiges Schema, um ein allgemeines Gesetz für den »Verkehr der Raum-Individuen« zu gewinnen. Auf der ersten Stufe, der mechanischen, wirke ein Körper auf den anderen »als räumliches Du, und (weil unmittelbar durch seine Figur) als Maschine.« Auf der zweiten,

---

41 Vgl. Wolf von Engelhardt: »Wenn auch meine Philosophie nicht hinreicht, etwas Neues auszufinden, so hat sie doch Herz genug, das längst Geglaubte für unausgemacht zu halten.« Georg Christoph Lichtenberg und die Naturwissenschaft seiner Zeit, In: Jörg Zimmermann (Hrsg.) Lichtenberg. Streifzüge der Phantasie, Hamburg 1988, S. 132–156, S. 154f.
42 Vgl. vor allem die Eintragungen in Heft L seiner »Sudelbücher«. Hier findet sich auch folgende Notiz: »Der Gedanke des Herrn Ritter, der sich schon aus dem Titel seiner Schrift (*Beweis, daß ein beständiger Galvanismus den Lebensprozeß im Tierreich begleitet*) ergibt, gefällt mir sehr. Er ist eigentlich eine Art von Anwendung eines Satzes, den ich immer predige – *daß alles in allem ist.*« Georg Christoph Lichtenberg: Schriften, Band 2, S. 524.
43 Ebd., S. 246f.
44 Franz von Baader: Ideen über Festigkeit und Flüssigkeit zur Prüfung der physikalischen Grundsätze des Herrrn Lavoisier (1792), In: Ders., Sämmtliche Schriften, Erste Hauptabtheilung, Band 3 (Anm. 12), S. 184–202, hier S. 185.

der »Mittelstufe dynamischer Aufschliessung« reagiere der Körper »bloss mit der einen oder anderen seiner Grundkräfte«, während die dritte und höchste Stufe die der chemischen Mischung sei, »wo nemlich der eine vom anderen völlig in sich aufgenommen und durchdrungen wird«.[45]

Ritter entwickelt seine chemische Interpretation des Galvanismus im Baaderschen Deutungshorizont der Gleichsetzung von chemischem und »totalem dynamischen« Prozeß und knüpft zugleich an das hier durch Lichtenberg bezeichnete Unbehagen an der klassischen Mechanik in der experimentalphysikalischen Erschließung der Elektrizität an. »Ein rein dynamisches System«, schreibt Ritter, »wird gar nicht nach Stoffen ... fragen dürfen; alle Chemie und Physik wird bloß Bewegungsgrößen zu messen haben. Denn was sind chemische Zerlegungen und dgl. anders, als Bewegungen?«[46] Ritter trifft sich bei seiner Ausarbeitung der elektrochemischen Auslegung galvanischer Phänomene mit dem dänischen Physiker Hans Christian Oersted. Oersted bezeichnete gelegentlich die »dynamische Theorie« als Grundlage sowohl der künftigen Chemie wie der Astronomie und Kosmogonie und sieht deren gemeinsame Grundlage darin, »die äußere Bewegung als ein Product der innern Kräfte zu betrachten«.[47] Indem Ritter im Begriff des »Dynamischen« im Sinne Baaders und Schellings die Oppositionen des »Organischen-Lebendigen« und des »Mechanisch-Toten« anklingen läßt, sucht er die gesamte – auch anorganische – Natur durch den Nachweis der Omnipräsenz des chemisch-dynamischen Galvanismus zu verlebendigen. Je universeller der Galvanismus, desto geringer der Restanteil »toter« Materie innerhalb der Natur. In der als System galvanischer Ketten begriffenen Gesamtnatur gilt bei Ritter das Kontinuitätsprinzip. Weder in der organischen noch in der anorganischen Natur noch zwischen beiden gibt es undurchlässige Grenzen, Sprünge oder unüberbrückbare Abgründe. Der Ort anthropologischer Fragestellungen ergibt sich aus der perspektivischen Zentralstellung des Menschen in dieser als »totaler dynamischer Prozeß« kontinuierlichen Natur. Die Mikrokosmos-Makrokosmos-Analogie wird vor diesem Hintergrund für Ritter in den programmatischen und reflexiven Passagen seiner wissenschaftlichen Schriften wie in den literarisch ambitionierten *Fragmenten aus dem Nachlasse eines jungen Physikers* (1810) zum »Zauberstab« (Novalis) der unendlichen Vernetzung der Phänomene.

---

45 Franz von Baader: Beiträge zur Elementar-Physiologie, In: Sämmtliche Schriften, ebd., S. 203–246, S. 223 ff.
46 Johann Wilhelm Ritter: Fragmente aus dem Nachlasse eine jungen Physikers. Faksimiledruck nach der Ausgabe von 1810. Mit einem Nachwort von Heinrich Schipperges, Heidelberg 1969, S. 11.
47 Hans Christian Oersted: Betrachtungen über die Geschichte der Chemie, In: Journal für die Chemie und Physik, Dritter Band, Berlin 1807, S. 194–231, hier S. 214f. Vgl. Ritters Formulierung, »daß die räumliche Erscheinung eines Wesens nichts ist, als der sinnliche Ausdruck seines inneren Kräfteverhältnisses, daß dieses Kraftverhältniß, seine dynamische Beschaffenheit, gleich ist seiner sogenannten chemischen Qualität, d.i. seiner Mischung, und daß alle räumliche Veränderung nur sinnlicher Ausdruck der Veränderung innerer Qualität, der Mischungsänderung ist.« Beweis, daß der Galvanismus auch in der anorganischen Natur zugegen sey (Anm. 25), S. 143.

»Die Erde ist um des Menschen willen da. Sie selbst nur ist sein Organ – sein physischer Körper. Die Erde selbst ist Mensch. Erdbeschreibung, physische, chemische sc. wird Menschenbeschreibung, Erdgeschichte – Menschengeschichte. das physiologische Schema des Individuums ist das physiologische Schema der Erde. Die ganze Welt muß sich im Menschen *en miniature* wiederfinden. Seine Anatomie, und die des großen Menschenkörpers, sind Eine.«

So findet Ritter das chemische Spektrum »Hydrogen ... Eisen ... Oxygen« im »Farbenspectrum der Menschheit« wieder; der Mensch gilt ihm als »das Eisen unter den Thieren«; der Kopf entspricht dem Erdinnern, der Unterleib dem Erdäußeren und die Knochen sind »Granit am Körper«. Alle chemischen, physikalischen, geologischen etc. Begriffe erhalten so einen Index, der sie auf die »Menschenbeschreibung« bezieht.[48] Ritter faßt dies gelegentlich in die Formel: »Auf den Menschen reimt sich die ganze Natur.«[49]

III.

Die romantische Naturwissenschaft verweigert die Ausdifferenzierung der Sprachsphären, wie sie Kant in seiner Rezension von Herders *Ideen zur Philosophie der Geschichte der Menschheit* (1785/85) mit Blick auf das Verhältnis von poetischer und philosophischer Sprache anmahnte und Goethe in Reaktion auf die Aufnahme seiner »Metamorphose der Pflanzen« beklagte: »nirgends wollte man zugeben, daß Wissenschaft und Poesie vereinbar seien. Man vergaß, daß Wissenschaft sich aus Poesie entwickelt habe, man bedachte nicht, daß, nach einem Umschwung von Zeiten, beide sich wieder freundlich, zu beiderseitigem Vorteil, auf höherer Stelle, gar wohl wieder begegnen könnten.«[50] In der romantischen Naturwissenschaft wie im Werk Goethes wird beim Übergang vom 18. ins 19. Jahrhundert noch einmal programmatisch die Wechselwirtschaft von Poesie, Philosophie und Wissenschaft betrieben, ehe sich im späteren 19. Jahrhundert die Ausdifferenzierung der Diskurssphären so erfolgreich durchsetzte, daß selbst der von Kant noch zugestandene kleine Grenzverkehr »nachbarlicher Übergänge« streng kontrolliert wurde.[51]

Wenn Novalis im Klingsohr-Märchen des *Heinrich von Ofterdingen* die galvanische Kette allegorisierte, so nicht als *Übertragung* des Phänomens aus seinem wissenschaftlichen Kontext in einen poetischen, sondern im Sinne jener »chemischen« Konzeption der wechselseitigen »Mischung« der Wissensphären und Sprachen, die das Konzept romantischer Enzyklopädistik wie Universal-

---

48 Vgl. Johann Wilhelm Ritter, Fragmente aus dem Nachlasse, Nr. 420, Nr. 423, Nr. 443.
49 Johann Wilhelm Ritter: Fragmente aus dem Nachlasse, S. 215.
50 Johann Wolfgang Goethe: Schicksal der Druckschrift, HA 13, S. 107.
51 Immanuel Kant: Zu Johann Gottfried Herder: Ideen zur Philosophie der Geschichte der Menschheit, In: Ders., Werkausgabe (Weischedel), Band 12, S. 781–806, hier S. 799.

poesie prägte.⁵² Die romantische Physik strebt *von sich aus* danach, als Poesie und als Geschichte reflektiert zu werden. Das Werk Johann Wilhelm Ritters hat teil an dieser Doppelbewegung der Einschreibung – nicht nur zeitgenössischer – Naturwissenschaft in Poesie, Mythologie und Geschichte wie umgekehrt der Selbstreflexion der Naturerkenntnis in der Sprache von Poesie, Mythologie und Geschichtsphilosophie. An Ritters bedeutendster programmatischen Schrift, der im März 1806 zur Stiftungsfeier der Königlich-bayerischen Akademie der Wissenschaften in München gehaltenen Rede *Die Physik als Kunst. Ein Versuch, die Tendenz der Physik aus ihrer Geschichte* zu deuten⁵³, läßt sich dies erläutern. Ritter zieht in dieser Rede die Summe aus dem Jenaer Jahrzehnt der Versuche zum Galvanismus, vermeidet jedoch konsequent die Sprache der Experimentalphysik und alle unmittelbar physikalisch-chemische Terminologie, sondern knüpft »ein Gewebe von kühnen Metaphern, poetischen Bildern, mythologischen Anspielungen«⁵⁴, wie es Kant an Herders *Ideen* kritisiert hatte.

Im August 1805 schreibt Ritter an Hans Christian Oersted:

> »Eine tüchtige Physik muss durchaus mit der Mosaischen Schöpfung beginnen. Du wirst mich hier keineswegs für »gar zu biblisch« halten, wenn du erst wissen wirst, was in dem Buche alles steht. Lies, ich bitte dich sehr, (*Herder's*) *Aelteste Urkunde des Menschengeschlechts*. B. I u II. Riga 1774. 1776. Dies ist durchaus die Morgenröthe eines wahren Verständnisses derselben.«⁵⁵

Ritter nimmt sich in seiner Münchner Rede Herders *Älteste Urkunde* sowohl in konzeptioneller wie in sprachlicher Hinsicht zum Vorbild. Er fügt die »Geschichte der Physik«, von der er im Untertitel zu handeln verspricht, in ein triadisches geschichtsphilosophisches Modell ein, das Herders Deutung des Sündenfalls und der Vertreibung aus dem Paradies verpflichtet ist. Bereits im Jahr 1804 hatte Ritter sich die Formel notiert: »Die Geschichte des Menschengeschlechts ist auch die seines Verhältnisses zur Natur.«⁵⁶ Nun liest er Herders *Älteste Urkunde* als Kommentar zu dieser Geschichte des Naturverhältnisses. In einem Brief vom 1. April 1806 an Oersted schreibt er, der Prolog seiner Rede sei »nichts als eine treue Übersetzung der Urkunde, mit Rücksicht auf den Schluss von Kant's Kritik der Urteilskraft, besonders wie ihn Baader in der Elementarphysiologie ausdrückt«.⁵⁷ Baader hatte Kants Methodenlehre der teleologischen Urteilskraft wie folgt als »Formel der praktischen Vernunft« zu-

---

52 Vgl. Walter D. Wetzels, Johann Wilhelm Ritter (Anm. 14), S. 42 sowie Peter Kapitza, Die frühromantische Theorie der Mischung, S. 94 ff.
53 Johann Wilhelm Ritter: Die Physik als Kunst. Ein Versuch die Tendenz der Physik aus ihrer Geschichte zu deuten. Zur Stiftungsfeier der Königlich-baierischen Akademie der Wissenschaften am 28. März 1806, München 1806. Hiernach wird im folgenden zitiert. Ein Neuabdruck findet sich in Johann Wilhelm Ritter: Fragmente aus dem Nachlasse eines jungen Physikers. Herausgegeben von Steffen und Birgit Dietzsch, Leipzig und Weimar 1984, S. 288–320.
54 Immanuel Kant, Zu Johann Gottfried Herder (Anm. 51), S. 799.
55 M.C. Harding (Hrsg.), Correspondance de H.C. Örsted avec divers savants, Band II, Copenhagen 1920, S. 111.
56 Johann Wilhelm Ritter, Fragmente aus dem Nachlasse, S. 179 f.
57 Correspondance de H. C. Örsted (Anm. 55), S. 159.

sammengefaßt: »der Mensch sei durch That (durch rechtschaffen, was die Natur (das Du) ausser ihm nicht vermag) das Complement zum Beweis oder Erweis des einen Gottes, welchen die Natur ohne ihn (den Menschen) nicht gibt und nicht geben kann.«[58] Ritter zielt bei seiner Überblendung von Herders Deutung des nachparadiesischen Zustands als »nicht *Unter-* sondern *Ueber- und Fortgang des Menschengeschlechts im Plane Gottes*«[59] und Baaders Formel der »Würde« des Menschen vor allem auf die Formalstruktur des Gedankens ab, der Mensch habe den Zustand ursprünglicher Einheit mit der Natur um der eigenen Selbstvervollkommnung willen verlassen müssen. Wie Herder läßt Ritter »jenen frühesten Stand des Menschen« als unvollkommene Vollkommenheit erscheinen, die auf der »Unvollendung« des Menschen beruhte.[60] Die Geschichte des Menschen läßt sich so als Weg zur Wiedervereinigung mit der Natur auf einer höheren Stufe deuten. Ritter faßt das Schema triadischer Geschichtsphilosophie ins Bild der Ellipse. Dies wohl zum einen, weil die Ellipse bipolar ist wie die Phänomene seiner elektrischen und galvanischen Experimente. Zum anderen aber auch deshalb, weil der Rückweg zur Natur so nicht als einfache Rückkehr erscheint.[61] Auf diesem elliptischen Weg spielen »Selbstvervollkommnung« und Naturerkenntnis komplementäre Rollen. Nicht nur gewinnt der Mensch erst durch die »Aufhebung seiner harmonischen Einheit mit der Natur« in ihr ein begreifbares Gegenüber. Die aus dem »Zwiespalt« als Bedingung ihrer Möglichkeit hervorgehende Erkenntnis der Natur eröffnet zugleich den Weg zur Wiedervereinigung. Ritters Grundformel ist, »daß, um sich einer früher getrennten Natur mit Erfolg von neuem zu vereinigen, das sicherste Mittel dieses sei, sich, und dann diese Natur selbst, zu kennen«.[62] Das Zen-

---

58 Franz von Baader: Beiträge zur Elementar-Physiologie (Anm. 45), S. 242.
59 Johann Gottfried Herder, Aelteste Urkunde des Menschengeschlechts, Zweiter Band, welcher den Vierten Theil enthält, In: Ders., Sämtliche Werke, Hrsg. B. Suphan, Band VII, Berlin 1884, S. 116.
60 Johann Wilhelm Ritter, Die Physik als Kunst, S. 2f. Herders Paradies wie Ritters Zustand der ursprünglichen Harmonie kommen der Jean Paulschen Definition der Idylle nahe: »Vollglück in der Beschränkung.«
61 »Ich habe den jetzigen Schein der großen Entfernung eines beträchtlichen Theils derselben hiervon, doch nachgezeigt als ein nothwendiges Stück der Bahn, die, einer Ellipse gleich, der Mensch zu durchlaufen hat, um wieder anzulangen, wo er ausging.« Johann Wilhelm Ritter, Die Physik als Kunst, S. 55. Vgl. auch die Ankündigung eines geplanten Taschenbuches für Physiker im Brief an Oersted vom 2. Februar 1806: »Das Aphelium ist nur des Periheliums wegen da. Das auf unser Taschenbuch angewandt, erklärt meine Absicht völlig. Es soll allemal aus diesen beyden Elementen zusammengesetzt seyn. Erst die Perihelia, sodann die Aphelia, damit wir neue Perihelia vorbereiten.« Correspondance de Örsted, S. 155.
62 Johann Wilhelm Ritter: Die Physik als Kunst, S. 16. Im folgenden mit Seitennachweis in Klammern zitiert. Vgl. als Seitenstück zu Ritters Auffassung der Physik als Beförderin der Wiedervereinigung die bedeutende Rolle, die Schleiermacher in seinen Reden »Über die Religion« gerade mit Blick auf die zeitgenössische Chemie der »Anschauung der Natur« zumißt: »ihre chemischen Kräfte, die ewigen Gesetze, nach denen die Körper selbst gebildet und zerstört werden, diese sind es, in denen wir am klarsten und heiligsten das Universum anschauen.« Friedrich Schleiermacher, Über die Religion. Reden an die Gebildeten unter ihren Verächtern, Stuttgart 1985, S. 58.

tralmotiv aus Schellings Einleitung in seine *Ideen zu einer Philosophie der Natur klingt* an, wenn Ritter die Bedingung formuliert, unter der allein der Mensch zur Kenntnis der Natur gelangen könne: »daß sie ihm selbst gleiche.«[63] Es ist jedoch charakteristisch für Ritter, daß er nicht über die philosophische Geist-Natur-Identität zu seinem eigentlichen Thema findet, sondern aus der Perspektive des Experimentators, der sich angesichts der Fülle der Phänomene fragt, »in *was* der ... Punkt des Ausgangs wohl zu *finden* sei«. (25) Ritters Antwort ist: im Feuer. Indem er das Feuer mittels der alten Gleichung Feuer-Leben in die Schlüsselposition der Selbstbegegnung des Menschen in der Natur rückt, kommt Ritter zur Bezeichnung der Physik »in ihrer allgemeineren Bedeutung« als »Feuerwissenschaft«, die zugleich »Lebenswissenschaft« (27) sei. Zum einen gewinnt er dadurch für seine folgende Darstellung der Geschichte der Physik den gesamten metaphorisch-mythologischen Reichtum, den das semantische Spektrum des Feuers bereit hält. Zum anderen verschiebt er auf diese Weise sein Thema implizit in Richtung auf die Chemie, von der er in seiner Abhandlung *Versuch einer Geschichte der Schicksale der chemischen Theorie in den letzten Jahrhunderten* (1808) gleich im ersten Satz sagen wird: »Die ersten Gegenstände der Chemie waren zu jeder Zeit das *Leben* und das *Verbrennen*.«[64] Nicht ›zu jeder Zeit‹, wohl aber im 18. Jahrhundert standen die Theorien der Verbrennung im Mittelpunkt der Chemie.[65] In der Geschichte der »Physik«, die Ritters Rede verschlüsselt im Zeichen der Polarität von Feuer und Wasser und in stilistischer Orientierung am epischen Duktus der poetischen Prosa Herders darstellt, ist zunächst die Entwicklung von der phlogistischen Verbrennungslehre Stahls zur antiphlogistischen Lehre Lavoisiers zu erkennen. Sodann aber auch die Erschließung der Phänomene von Magnetismus und Elektrizität seit dem mittleren 18. Jahrhundert. Dabei erscheint der Magnet als Wegweiser zur Elektrizität:

>»einen neuen Quell des *Feuers* lehrte er sie kennen, den *elektrischen*. Wie ein zweiter prometheischer, den ersten selbst noch übertreffender Raub, wurde dieses Feuer von den Sterblichen empfangen. Nicht Donner und Blitz dem Himmel abgelernt zu haben, war, des man sich erfreute: die große Frage um das *Leben* erhielt jetzt neues Leben. Denn nicht nur einiges, wie vormals, alles war imstande, in Feuer aufzugehen und zu

---

63 Ritter hat in seinen Briefen an Oersted, S. 119, behauptet, Schelling nicht zu lesen, und die biographische Distanz zwischen beiden ist überliefert. Gleichwohl zitiert Ritter in seinem »Schreiben an F. A. von Humboldt bei Übersendung des Beweises, daß ein beständiger Galvanismus den Lebensproceß im Thierreich begleite«, aus Schellings Einleitung in die *Ideen*: »aus ›dieser absoluten Identität des Geistes in uns und der Natur außer uns‹, strahlt uns die erfreuliche, untäuschbare Hoffnung entgegen, das große Problem aller Naturerscheinungen wirklich lösen zu können.« Der Hinweis findet sich bei Walter D. Wetzels, Johann Wilhelm Ritter, S. 24.
64 Johann Wilhelm Ritter: Versuch einer Geschichte der Schicksale der chemischen Theorie in den letzten Jahrhunderten, In: Journal für die Chemie, Physik und Mineralogie, Band 7, 1808, S. 1–66, hier S. 2.
65 Der Vorgang ist eines der wichtigsten Beispiele in Thomas S. Kuhn, Die Struktur wissenschaftlicher Revolutionen, Frankfurt/Main 19762. Vgl. auch Elisabeth Ströker, Theoriewandel in der Wissenschaftsgeschichte. Chemie im 18. Jahrhundert, Frankfurt/Main 1982.

brennen. Ein Licht und Leben schien die ganze Schöpfung zu erfüllen, und wo man es nicht sah, nur im Verborgenen zu glühen.« (30)

Wie bei Herder Adam weniger der gegen Gott ungehorsame Sünder ist als vielmehr derjenige, der den schweren, aber notwendigen Schritt aus der beschränkten Vollkommenheit des Paradieses hinaus vollzieht, so ist Prometheus bei Ritter weniger der Rebell gegen Zeus als vielmehr der Menschenbildner.[66] Den zweiten prometheischen Akt, die Entdeckung der Elektrizität als des universaleren und »gleichsam reineren« Feuers, läßt Ritter als Wiederholung und zugleich Überbietung der ursprünglichen Selbstbegegnung im chemischen Feuer erscheinen. Denn der prometheische elektrische Funke erweist sich im Galvanismus als principium regens des organischen Lebens. Ritters experimentalphysikalische Universalisierung des Galvanismus findet in dieser Einschreibung der Entdeckungsgeschichte der Elektrizität in die Prometheus-Mythologie das Zentralsymbol ihrer utopischen Orientierung.

> »Ein solches Feuer mußte durch die ganze Natur, und in stets reger nie verlöschender Glut, zugegen sein. Auch das *Lebendige* mußte bis in seine feinsten Glieder voll von ihm sein, und daß diese wirklich, selbst nach ihrer Trennung von dem Ganzen, es noch gewährten, erhöhte die Gewißheit. Abermals fand überall das Leben sich nur mitten seinesgleichen, und verschwunden auf immer, war jeder Schein von Tod aus der Natur.« (35)

Innerhalb des triadischen Geschichtsmodells steht Ritters hymnische Beschwörung der Elektrizität als Lebensfeuer freilich vor dem dunklen Hintergrund des Bildes der *erloschenen* Natur. Denn die der Chemie polar gegenüberstehende Geognosie zwingt zu der Einsicht, »daß, was so offenbar die Erde einst gewesen war, sie gegenwärtig *nicht mehr sei*. [...] Wie ein großer *verloschner* Feuerbrand, an dem nur selten hie und da noch einzelne Funken sichtbar werden, und der sich bloß noch von der wenigen aus jener Zeit ihm innerlich zurückgebliebnen Glut ernährt, erscheint sie jetzt.« [51] In seinen Briefen an Oersted hat Ritter das in der Rede enthaltene Bild der Erde als eines leblosen »Koloß« als Anspielung auf die Sphinx erläutert. Diese Referenz enthält zwei Bedeutungsschichten. In der ersten ist die Sphinx das »All-Thier«, von dem Ritter schon am Ende seines *Beweis[es], dass ein beständiger Galvanismus den Lebensproceß im Thierreich begleite* spricht.[67] Es symbolisiert den Zusam-

---

66 Herder läßt Gottes Verhältnis zu Adam ausdrücklich als Gegenmodell zum Bestrafung des Prometheus durch Zeus erscheinen. Vgl. Herder, Sämtliche Werke, Band VII, S. 120. Ritter bezieht sich in seinem Bild des Menschenbildners Prometheus auf die 1802 erschienene Aischylos-Übersetzung von Friedrich Stolberg, die er Oersted im Brief vom 16. August 1805 empfiehlt. Über die Achse Feuer-Licht verbindet er dabei Genesis und Prometheus-Mythos: »Die Mosaische Schöpfungsgeschichte beginnt ebenfalls mit der Lichtwerdung – mit der Involution. Überhaupt halte ich die Mythe vom Prometheus für ein verdorbnes erstes Capitel Moses.« Correspondance de H. C. Örtsed, S. 111.
67 Johann Wilhelm Ritter: Beweis, daß ein beständiger Galvanismus, S. 171: »wo bleibt der Unterschied zwischen den Theilen des Thieres, der Pflanze, dem Metall und dem Steine? – sind sie nicht sämmtlich Theile des *grossen All-Thiers*, der *Natur*?« Vgl. hierzu Walter D. Wetzels, J. W. Ritter, S. 125.

menhang »alles Organismus auf Erden« und läßt den Menschen als »Kopf und Gehirn« der Sphinx unauflöslich mit dem übrigen Tierreich verbunden sein. Die zweite Bedeutungsschicht akzentuiert die Sphinx als Bild der versteinerten Natur. Unter diesem Aspekt ist sie eine »tragische Darstellung« der zum Koloß erstarrten, erkalteten, dem Feuer und damit dem Leben entzogenen Erde, die erst über die Erwärmung und Verflüssigung wieder in den chemischen Prozeß des Lebendigen zurückfinden kann: Corpora non agunt nisi fluida. In diesem Sinn schreibt Ritter, »daß die Sphinx das Ansehen eines Versteinerten hat, u. so dargestellt wird, ist mir bis zur entzückenden Rührung bedeutend. Das Steinerne an ihr stellt höchst wahrscheinlich die todte steinerne *Erde* vor, u. wird sie (die Sphynx) *sich* das *Leben* erst vollkommen wiedererrungen haben, so wird auch diese *Erde* leben.«[68]

Ritters prometheische Deutung der Elektrizität gewinnt ihre utopische Qualität vor dem Hintergrund der im Bild der Sphinx als Polarität von Versteinerung und Verflüssigung gefaßten Bewegung der Geschichte. Wie im Hymnus auf das Flüssige in Novalis' *Lehrlingen zu Sais* spielt dabei die Vorstellung der rückgängig zu machenden Versteinerung auf den chemischen Prozeß an.

> »Die ältesten Steine sind auch die härtesten, festesten. Als wäre die Zeit das Härtende, und sähe man in der Rigidität die Geschichte; – das Rigider-, und immer Rigider-, Festerwerden, – Oberhand der Form, Zunahme derselben. Das Flüssige wird fest, das Feste fester. In der Starrheit der Körper liegt ihr Alter. Alles festwerden ist ein Prozeß der Zeit der Geschichte. [...] Daß Wärme wieder flüssigt, bedeutet die Vorzeit in ihr, das Gute, die Gesundheit, das Paradies.«[69]

Die »Feuerwissenschaft« ist die Wissenschaft von der Lösung und Erlösung der erstarrten Natur. Zwischen die Pole der Sphinx als des versteinerten »All-Thiers« und des Prometheus als Figur der Entbindung des Feuers spannt Ritter die Geschichte der Chemie im 18. Jahrhundert. Sie erscheint dadurch zugleich als Geschichte der Natur wie als Geschichte der Menschwerdung der Menschheit. Ritter erzählt sie mythologisierend als Vorgeschichte der Aufhebung bisheriger Chemie in der vom Galvanismus inspirierten Lehre universaler Elektrizität. Die phlogistische Chemie, die den Verbrennungsprozeß als Trennung des brennbaren Körper von dem ihm inhärenten Phlogiston auffaßt, steht der antiphlogistischen Lehre Lavoisiers gegenüber, die Verbrennung als Vereinigung mit dem Sauerstoff begreift. Die Synthese und höhere Stufe, die Oersted ein Jahr nach Ritters Rede als »Übergang von der materialistischen Chemie zur dynamischen«[70] bezeichnen wird, ergibt sich aus einer neuen Verbrennungstheorie. In ihr werden die chemischen Stoffe nicht mehr getrennt, ver-

---

68 Brief Ritters an Oersted vom 25. Mai 1806, Correspondance de H.C. Oersted, S. 168.
69 Johann Wilhelm Ritter: Fragmente aus dem Nachlasse, S. 81f. Vgl. zur Metaphorik des Steinernen Hartmut Böhme: Das Steinerne. Anmerkungen zur Theorie des Erhabenen aus dem Blick des »Menschenfremdesten«, In: Christine Pries (Hrsg.): Das Erhabene. Zwischen Grenzerfahrung und Größenwahn, Weinheim 1989, S. 119–141.
70 Hans Christian Oersted, Betrachtungen über die Geschichte der Chemie, In: Journal für die Chemie und Physik, Band 3, 1807, S. 222.

einigt, zerlegt etc., sondern durch Elektrizität *polarisiert*. Der Phlogistontheorie entnimmt Ritter den inneren Verbrennungsgrund, der modernen antiphlogistischen Chemie das Modell des Verbrennens als Vereinigung eines zuvor Getrennten und übersetzt es in den elektrischen Dualismus. Diese »höhere« Chemie ist, faß man sie in Begriffe des 18. Jahrhunderts, antirevolutionär. Denn indem sie auf dem Elementcharakter des Wassers beharrt und seine Zerlegbarkeit bestreitet, ist sie aus dem vehementen Einspruch gegen ein Kernstück der chemischen Revolution Lavoisiers gewonnen. Die Schlüsselrolle des Wassers ergibt sich daraus, daß es im Wasserstoff den brennbarsten aller Körper enthält, und im Sauerstoff die Bedingung allen Verbrennens. Die Pointe der Ritterschen elektrochemischen Verbrennungstheorie liegt darin, daß sie die Dekomposition des Wassers als Prozeß elektrischer Ladung auffaßt: Wasser + positive Elektrizität = Hydrogen, Wasser + negative Elektrizität = Oxygen. »Die Verbrennung des Wasserstoffes«, schreibt Oersted, »ist nur eine Vereinigung zwischen dem Positiven desselben, und dem Negativen des Sauerstoffs. Die Flamme ist eigentlich ein ununterbrochen erneuerter, electrischer Funke.«[71]

In Ritters Darstellung liest sich die Theorie der elektrischen Polarisierung des Wassers als Kampf der Elemente: gegen die zur »Wasserwissenschaft« gewordene Chemie setzt sich erneut die elektrochemische »Feuerwissenschaft« ins Recht. Lichtenberg in seiner skeptischen Aufnahme der revolutionären antiphlogistischen Chemie hatte bereits notiert: »Die Zeit da die Chemie der Elektrizität entwickelt werden wird, wird vermutlich die sein, da die Franz. Chemie über den Haufen fallen wird.«[72] Ritter glaubt, diese Revolutionierung der revolutionären Chemie geleistet zu haben. Er geht darauf aus, die Elektrizität »als gliederndes Princip«[73] in der gesamten organischen und anorganischen Natur nachzuweisen. Der Weigerung, das Wasser als zerlegbar zu denken, entspricht dabei der ebenfalls anachronistische Versuch einer elektrischen Reformulierung und Entsubstantialisierung der älteren chemischen Lehre von den Affinitäten und Wahlverwandtschaften im Anschluß an Berthollet.[74] Die Auslegung auch des chemischen Feuers als elektrisches Phänomen erlaubt die universelle Deutung des prometheischen Funkens: »Das *ganze* Körperreich wird [...] von der Electricität umfaßt; muß nicht vor allen auf *sie* der Verdacht fallen, *sie* sey das Feuer, was dem Thon des Prometheus Form, Gliederung, Ordnung und Leben giebt?«[75] Ritter prognostiziert, aus dem Studium der

---

71 Ebd., S. 212 Als Vermittler der Einsichten Ritters an ein allgemeines Publikum hat Oersted sich in seinem Artikel für Friedrich Schlegels Zeitschrift »Europa« betätigt: »Uebersicht der neuesten Fortschritte der Physik«, In: Europa, Erster Band. Zweites Stück, Frankfurt 1803, S. 20–48.
72 Georg Christoph Lichtenberg: Schriften, Band 2, S. 317.
73 Johann Wilhelm Ritter: Versuch einer Geschichte der Schicksale der chemischen Theorie (Anm. 64), S. 55.
74 Hierzu Hans Christian Oersted: Uebersicht (Anm. 71), S. 45 ff. Vgl. zum Kontext insgesamt Jeremy Adler: »Eine fast magische Anziehungskraft«. Goethes ›Wahlverwandtschaften‹ und die Chemie seiner Zeit, München 1987, bes. S. 63 ff.
75 Johann Wilhelm Ritter: Versuch einer Geschichte (Anm. 64), S. 51.

Elektrizität als dem systematisierenden Prinzip in der Natur werde sich sowohl eine »Geognosie des Unorganischen« wie eine »Physiologie des Organischen«[76] ergeben, und Oersted erwartet in seinen *Betrachtungen über die Geschichte der Chemie* (1807), »daß die Chemie einst ihrer Seits eben so weit in die Astronomie eingreifen werde, als die Mechanik bisher gethan hat«.[77] Ja, er geht so weit, die elektrochemisch orientierte »dynamische Theorie« Ritters mit der kopernikanischen Wende in der Astronomie zu vergleichen. Ausdrücklich plädiert Oersted in diesem Kontext für eine bewußte Revitalisierung der Mikrokosmos-Makrokosmos-Lehren der mittelalterlichen Chemie. Oersted beschreibt in diesem Sinne die elektrophysiologischen Experimente Ritters als Gegenstück zur glavanisch-dynamischen Astronomie.

»Wir haben gefunden, daß die Electricität, besonders in der Form, worunter sie in dem Galvanismus vorkommt, im Stande sey, die Extreme von allen sinnlichen Empfindungen hervorzubringen: in dem Organe des Geschmacks Acidität und Alkalität, im Organe des Geruchs einen ähnlichen Gegensatz, im Auge die zwei äußersten prismatischen Farben, im Ohr höhere und tiefer Töne, für das Gefühl die Abwechselung der Wärme, und Erweiterung oder Zusammenziehung, in den Nerven veränderte Incitabilität. Die nämlichen Wirkungen werden von den verschiedenen Materien in Verhältniß zu der Grundkraft, die darin herrscht, hervorgebracht. Man kann also hiedurch die Lehre von den Empfindungen der Sinne mit in die Experimentalphysik ziehen.«[78]

Ritter selbst übersetzt in seiner Münchner Rede das Projekt der Integration der Physiologie in die chemische Deutung galvanischer Phänomene in die Formel, »daß alle Sinne nichts als *Feuersinne*, und alle Vernehmung durch sie nur *Feuervernehmung* ist«. (38) Durch den Feuerbegriff schlägt Ritter im Blick auf den Menschen als Sinnenwesen die Brücke vom galvanischen Experiment zur metaphorischen Affinität von Wärme, Verflüssigung und physischer Liebe. Er nähert sich der Diktion von Friedrich Schlegels »dithyrambischer Fantasie über die schönste Situation« im Roman *Lucinde* (1799), wenn er in einer seiner Abhandlungen zum Galvanismus schreibt: »Der Act in unserer galvanischen Kette ist derselbe Organische Act, in dem die Erde Einheit *ist*, derselbe, in dem sie in der höchsten Organismen schönsten Augenblicken Einheit *bleibt* und *bleibt*.«[79] Wie für die Polarität der Geschlechter steht der Galvanismus als Analogon für die Beziehungen der Polaritäten von Körper und Seele, Geist und Sinnen. Hier hat das Interesse von Novalis an Ritters Experimenten seinen Schwerpunkt, wenn er etwa das Denken als galavnische Aktion begreift oder Geist, Seele und Sinne als galvanische Kette im Menschen denkt: »Der

---

76 Ebd. S. 56f.
77 Hans Christian Oersted: Betrachtungen (Anm. 70), S. 215.
78 Ebd. S. 214.
79 Johann Wilhelm Ritter: Bemerkungen über den Galvanismus im Thierreich (Anm. 27), S. 173. Vgl. hierzu Herders Darstellung des Auseinandertretens des »Liebesorgans« in die Zweiheit im Zusammenhang seiner Darstellung der Scham. Älteste Urkunde des Menschengeschlechts, Sämtliche Werke VII, S. 94 sowie Schleiermacher, Über die Religion (Anm. 62), S. 59f.

Geist galvanisirt die Seele mittelst der gröbern Sinne. Seine Selbstthätigkeit ist *Galvanism* – Selbstberührung en trois.«[80]

Ritter ist bei seiner Ausweitung des Galvanismus auf die anorganische Natur auf deren Beziehung zum menschlichen Organismus immer wieder zurückgekommen. Die berüchtigten Pendelversuche mit dem Italiener Campetti während seiner Münchner Zeit ergeben sich konsequent aus der Revitalisierung der Mikrokosmos-Makrokosmos-Tradition im Zuge der Universalisierung der »dynamischen Theorie«.[81] Waren die elektrophysiologischen Experimente in Jena vor allem Demonstrationen der Polarität in der Wahrnehmung, so ist das um die Pendelversuche und die »Metallfühlung« zentrierte Projekt des »Siderismus«, das seine Spuren in den Pendelgeschicklichkeit Ottilies in Goethes *Wahlverwandtschaften* hinterlassen hat, als Experiment zum Nachweis des empirisch-physiologischen Zusammenhangs zwischen dem Makrokosmos der Planetenbewegungen und dem Mikrokosmos des menschlichen Organismus gedacht. »Planetismus verhält sich zum Organismus bloß, wie die Hieroglyphe des letzteren. Im Siderismus aber möchte ich beyde ein u. unterbegriffen haben. Auch der Organismus ist nur wiederholter Sternenlauf. [...] Sie sehen, die *Magie* fängt wieder an.«[82] Freilich gilt auch für die Wiederkehr der »Magie«, daß sie vor dem Hintergrund des elliptischen Geschichtsbegriffs nicht Wiederkehr des Gleichen ist. Ritters experimentalphysikalische »Magie« setzt vielmehr eine ihrem Selbstverständnis nach avanciert wissenschaftliche Chemie an die Stelle der Alchemie. So steht die romantische Naturwissenschaft in Juxtaposition zur »Neuen Mythologie« Friedrich Schlegels.

Es ist kein beiläufig herangezogener Begriff, wenn Ritter in den Sternen eine »Hieroglyphe« des Organismus erkennen will. Seine Abhandlungen sind durchzogen von der Schriftmetaphorik. Wie Novalis und Goethe begreift er die Geognosie als Deutung der »Felsenschrift«, zugleich aber gilt sein besonderes Interesse der experimentalphysikalischen Vergegenwärtigung der Naturschrift. Novalis bezeichnet in diesem Sinne die Jenaer Experimente Ritters als Suche nach dem Schriftbild der Weltseele.

> »Ritter sucht durchaus die eigentliche Weltseele der Natur auf. er will die sichtbaren und ponderablen Lettern lesen lernen, und das *Setzen* der höhern und geistigen Kräfte erklären. Alle äußre Processe sollen als Symbole und lezte Wirkungen innerer Processe begreiflich werden. Die Unvollständigkeit jener soll das Organ für diese und die

---

80 Novalis, Schriften, Band 2, S. 245. Vgl. auch S. 255: »Seele und Körper wircken galvanisch auf einander – wenigstens auf eine analoge Art – deren Gesetze aber in einer höhern Region liegen.« Insgesamt zu Novalis' Interesse am Galvanismus Peter Kapitza, Die frühromantische Theorie der Mischung, S. 83 (»Der Begriff Heterogenität in der Anthropologie des Novalis«).
81 Vgl. zur Logik, die den Experimentator Ritter zum Siderismus führt, Walter H. Wetzels, Johann Wilhelm Ritter, S. 53.
82 Brief Ritters an Carl von Hardenberg, den Bruder des Novalis, vom 1. Februar 1807, In: Friedrich Klemm und Armin Hermann (Hrsg.): Briefe eines romantischen Physikers. Johann Wilhelm Ritter an Gotthilf Heinrich Schubert und an Karl von Hardenberg, München 1966, S. 28–33, hier S. 29 und 32.

Nothwendigkeit eine Annahme des Personellen, als lezten Motivs, Resultat jedes Experiments werden.«[83]

Im Anschluß an die Lichtenbergschen Figuren und Chladnis Klangfiguren ist Ritter auf der Suche nach einer elektrischen Darstellung der »Naturschrift«. In einer ausführlichen Notiz zu Lichtenbergs Abhandlung *De nova methodo naturam ac motum fluidi electrici investigandi* setzt er die »Metallvegetationen« innerhalb der galvanischen Kette oder Voltaschen Säule zu den »Dendritengewächsen« Lichtenbergs in Beziehung.[84] Hier wie dort formt die Elektrizität »Bildung« und »Gestalt«. Darin ist angedeutet, daß Ritter die im Experiment erzeugten Figuren als Chiffren für die *unmittelbare* Naturschrift liest. Der Ort unmittelbarer Selbstauslegung der Natur ist derjenige, »wo die Electricität nicht mehr als äußerlich herangebrachte, sondern dem zu Bildenden und Gliedernden selbst innewohnende, wirkt«.[85] In seiner Abhandlung zu Oersteds und Chladnis Klangfiguren, die er als »Lichtfigur, Feuerschrift« auffaßt, will Ritter in diesem Sinne im Anschluß an die Lichtenbergschen Figuren »die *Ur-* oder *Naturschrift* auf elektrischem Wege wiederfinden«.[86] Die Lektüre der natürlichen Hieroglyphen ist vor dem Hintergrund des triadischen Geschichtsschemas Teil der Wiederbelebung des zur Sphinx versteinerten »All-Thiers«. Der Bildung, die er im Naturreich erkennt, entspricht die Bildung des Menschen selbst. In seinem Versuch einer Geschichte der Chemie hat Ritter sich Goethes Metamorphose der Pflanzen zum Modell einer »Geschichte der Theorie« als eines organischen Prozesses im Geiste genommen. Der Begriff der Metamorphose bekommt so eine doppelte Bedeutung. Er bezeichnet zum einen das innere Bildungsgesetz der Natur selbst, das sich mit Hilfe des »prometheischen« elektrischen Funkens als Schrift sichtbar machen läßt, und zum anderen das Grundprinzip aller Erkenntnis der Natur. In einem Brief an Oersted charakterisiert Ritter seine Einsichten in Galvanismus und Elektrizität als universale Metamorphosenlehre: »Ich verstehe die Metamorphose der Pflanzen, der Tiere, des Menschen, der Erde, der Menschheit etc., wie *Goethe* noch sonst jemand nimmer mehr. Kurz: die *Metamorphose alles Endlichen.*«[87] Dem tritt als Letzbegründung aller Naturwissenschaft und zweite Bedeutung der Metamorphose der Gedanke des Hereinwachsens der Natur in den Menschen an die Seite: »Der Grad unsers eignen Lebens ist beständig bestimmt durch den Grad von Einsicht und Gewalt in die Natur *außer uns*; mit dieser wächst, mehr als blos bildlich, auch die *Natur in uns*.«[88]

---

83 Novalis: Schriften, Band 3, S. 655.
84 Johann Wilhelm Ritter: Versuche einer Geschichte (Anm. 64), S. 63 f.
85 Ebd., S. 56.
86 Johann Wilhelm Ritter: Fragmente aus dem Nachlasse, Anhang, S. 227 ff.
87 Correspondance de Oersted, S. 19.
88 Johann Wilhelm Ritter: Versuch einer Geschichte (Anm. 64), S. 9.

Verstümmelung

Schiller, Fichte, Humboldt und die Genealogie des Masochismus

HELMUT MÜLLER-SIEVERS (Evanston, Illinois)

Perversionen, wie die Bücher, denen die Kliniker sie entnahmen, haben ihre Geschichte. Jede der drei großen »Verirrungen« (Krafft-Ebing) der Neuzeit erhielt ihre bündige Darstellung in literarischen Werken – wobei den Autoren de Sade und Sacher-Masoch in hermeneutischem Kurzschluß die Eponymie angetragen, Nabokovs präzise Analyse der Nymphomanie aber durch ein angeblich weibliches Laster mit äußerst fragwürdiger Symptomatologie pervertiert wurde.[1] Aus der Historizität der Perversionen folge zunächst weiter nichts als die Möglichkeit, sie in ihrer diskursiven Rarität, jenseits von Allgemeinmenschlichem, zu betrachten[2]; aus ihrer Literarizität die Hoffnung, von ihnen in nicht-klinischer Terminologie sprechen zu können, ohne dabei eine wirkliche und ursprüngliche Version des Begehrens vorauszusetzen zu müssen. So wird Perversion hier in buchstäblichster Übersetzung als historisch spezifische *Verwendung* des Begehrens gefaßt.

Ohne das autonom philosophische Potential der Perversionentrias zu unterschätzen, wird man sie doch aus der Verbindung, und zwar der exzessiven Verbindung zu ihrem gesellschaftlichen Umfeld besser verstehen. So muß der Libertin danach streben, seine Negation gegen Staat, Kirche, Volk und Familie, gegen Gott und die Natur zu wenden, sie also ebenso absolut zu machen wie das Gesetz, gegen das er antritt; der Nymphomane wiederum steht in einem

---

1 Vgl. Michael Wetzel: »Le Nom/n de Mignon«. Der schöne Schein der Kindsbräute. In: Kamper, Dietmar, Wulf, Christoph (Hg.): Der Schein des Schönen. Göttingen: Steidl 1989, 380–410.
2 Damit setzt sich das Folgende von den Analysen Leo Bersanis ab, der der ontologischen Dimension des Masochismus und seiner Verbindung zur Ästhetik aufs eindringlichste nachgegangen ist; siehe ders.: The Freudian Body. New York: Columbia University Press 1986, 39: »I wish to propose that, most significantly, masochism serves life. It is perhaps only because sexuality is ontologically grounded in masochism that the human organism survives the gap between the period of shattering stimuli and the development of resistant or defensive ego structures [...] Masochism would be the psychical strategy which partially defeats a biologically dysfunctional process of maturation. Masochism as the model of sexuality allows us to survive our infancy and early childhood. Little animals already make love; little humans produce sexuality. Masochism, far from being merely an individual aberration, is an inherited disposition resulting from an evolutionary conquest.«

komplizierten Aufhebungsverhältnis zum Zusammenbruch der Familie und den daraus sich ergebenden sexuellen und kulturellen Deterritorialisierungsbewegungen. In dieser Hinsicht läßt sich die Konstellation, der zunächst der Einfachheit halber, zu Ende der Darstellung hoffentlich mit einiger Berechtigung der Name Masochismus gegeben wird, unter den gleichermaßen bedeutsamen (und eng verwandten) Aspekten der Biologie der Fortpflanzung und der Ästhetik des späten 18. Jahrhunderts näher betrachten. Denn wenn, wie im folgenden, unter Masochismus die zeitweilige Unterwerfung des Mannes unter die Frau verstanden wird, eine Unterwerfung, die gerade in ihrer Freiwilligkeit der Befestigung der angeblich aufgehobenen Machtverhältnisse dient, dann unterscheiden sich die Humboldt und Schiller von den römischen Elegikern oder den Trobadours nicht in diesem Saturnaliencharakter ihrer Inszenierungen, sondern dadurch, daß für unsere Klassiker der masochistische Exzess sich um die Frau als Mutter und natürliches Gesetz rankt. Diese Position wird in den zeitgenössischen Theorien über biologische Zeugung, genauer: im Umschwung von Präformationismus zur Epigenesis allererst formulierbar und findet in den ästhetischen Entwürfen auch ihre philosophische und letztlich politische Legitimation. Erst auf diesem Hintergrund, so wird weiter vermutet, läßt sich überhaupt die heimliche Hochkonjunktur des Masochismus im 19. und seine Integration in die Massenkultur des späten 20. Jahrhunderts verstehen.

Die Bedeutung von Erklärungsmodellen biologischer Zeugung für die Konstruktion und Perversion des Verhältnisses der Geschlechter liegt auf der Hand. Der Sadesche Ikonoklasmus richtet sich gegen die Natur als Arsenal von Formen, seien diese nun präformierten oder, nach Buffon oder Diderot, molekular-mechanischen Ursprungs. Und die perverse Energie eines Humbert wird nicht nur von der fleischlichen Ambivalenz der Kindsbraut – dies wäre die sozusagen ewige Dimension der Nymphomanie –, sondern von der Überschreitung des in den Mendelschen Vererbungsgesetzen und im genetischen Code erstmals wissenschaftlich aufschreibbaren Inzesttabus gespeist. Die Beziehung des Masochismus zur Epigenesis scheint noch enger, organischer zu sein, insofern beide in einem wechselseitigen Zweck-Mittel-Verhältnis stehen.

Von Aristoteles systematisch in die Naturphilosophie eingebracht und als aristotelischer Kräfteglauben auch vom Mechanismus des 17. und 18. Jahrhunderts verworfen, erlebt der Begriff der Epigenesis zunächst erfolglos durch C. F. Wolff, dann jedoch triumphal in der durch J. F. Blumenbach vertretenen Göttinger Naturphilosophie ab 1781 seine endgültige Renaissance. Dabei ist für den Umschwung von Präformationismus zu Epigenesis bemerkenswert, daß er sich ohne das Hinzukommen neuer empirischer Evidenzen vollzog.[3]

Epigenesis heißt zunächst: Selbstzeugung des Organischen nach gesetzmäßiger Form. In diesem Modell sind also die Spontaneität der generatio aequivoca mit der Formenkonstanz des Präformationismus zusammengedacht, die beide

---

3 Vgl. hierzu und zum folgenden u.a. François Jacob: La logique du vivant. Paris: Gallimard 1970, 41 ff.

sich in der Verfahrensweise eines zugrundeliegenden Triebes (z. B. des »Bildungstriebs« oder des »Strebens«) aufgehoben sehen, welcher nun allerdings nach dem Vorbild Newtons nicht selbst wieder kausal erklärt werden muß, solange die Gesetzmäßigkeit seiner Wirkungen Wissenschaft zuläßt. In engster Wechselwirkung mit dem Begriff des Organismus als eines Zweck-Mittel-Verbunds gehört Epigenesis zu den *conditiones sine quibus non* der Biologie als selbständiger Wissenschaft.

Noch weniger als die im engeren Sinne wissenschaftshistorische ist die diskursive Begründungskraft des Epigenesis-Modells überschätzbar. Philosophisch findet die in ihm enthaltene Denkfigur der Selbsterzeugung und -begründung ihren ersten entscheidenden Ausdruck in Kants These von der Selbsterzeugung der Kategorien. Während die erste Auflage der *Kritik der reinen Vernunft* die Analytik der Begriffe noch ganz präformationistisch als die Aufgabe bestimmt hatte, »die reine [sic] Begriffe bis zu ihren ersten Keimen und Anlagen im menschlichen Verstande [zu] verfolgen, in denen sie vorbereitet liegen«[4], faßt Kant das Ergebnis der Deduktion der zweiten Auflage mit der zentralen Metapher von der » E p i g e n e s i s der reinen Vernunft«[5] zusammen, in welcher Form allein Apriorität *und* Notwendigkeit kategorialen Gegenstandsbezugs und damit die Möglichkeit von Transzendentalphilosophie überhaupt gedacht werden könne.

In Kants Ästhetik entspricht strukturell dem in der Natur heuristisch anzunehmenden »Bildungstrieb« der Organismen die im Genie waltenden Naturkraft, in der gleichermaßen die Unergründlichkeit der Herkunft mit der Regelhaftigkeit der Produkte zusammengehalten ist und die so eine zumindest regulative Verbindung zwischen den zwei Feldern der *Kritik der Urteilskraft* darstellt.

Von allererster Bedeutung ist die Figur der Epigenesis in der praktischen Philosophie. Nicht nur auf anthropologischer Ebene dissonierte die präformierte Gestalt des Menschen arg mit seiner Freiheit; auch der Gedanke der moralischen Autonomie, dessen Wurzeln schon in der Selbstgeschöpflichkeit der Verstandesbegriffe zu sehen sind, greift auf den der biologischen zurück. Der mögliche Erfolg moralischer Handlungen darf diesen nicht zum Bestimmungsgrund dienen, kann also weder positiv noch negativ kausal, sondern nur im epigenetischem Verhältnis gesehen werden: »Das PRINICIPIUM der Moral ist autocratie der freyheit in Ansehung aller Glükseeligkeit oder die Epigenesis der Glükseeligkeit nach allgemeinen Gesetzen der freyheit.«[6]

Diese sorgfältig beachtete kritische Funktion des Epigenesis-Konzepts, dessen um der Rettung des Freiheitsbegriffs willen anzunehmende Unerklärlichkeit, gehört genau zu der Gruppe fundamentaler Erkenntnisvorbehalte in der Philosophie Kants, an der sich der Eifer der Nachfolger entzünden wird. Fich-

---

4 Immanuel Kant: Kritik der reinen Vernunft (KrV). In: Ders.: Kant's gesammelte Schriften. Herausgegeben von der Königlich Preußischen Akademie der Wissenschaften. Bd. IV. Berlin 1903/11, A 66.
5 KrV B 167.
6 Immanuel Kant: Reflexionen zur Moralphilosophie. In: Ders.: Kant's gesammelte Schriften. (Anm. 4) Bd. XIX, 186 (Reflex. 6867).

tes radikale Umwertung der *Kritik der Urteilskraft* beschreibt nicht nur deren bedeutend leere Seiten zwischen Ästhetik und Teleologie, sie strukturiert sich erstmals auch nicht nach dem logischen Zusammenhang ihrer Begriffe, sondern »organisiert« ihre Entwicklung dem Fortschritt eines unterliegenden Strebens gemäß, das im Verlaufe seines Wachstums auch den Namen »Bildungstrieb« erhält. Damit aber ist das »Blumenbachische System«[7] der Epigenesis, das Fichte hier stillschweigend inkorporiert, nicht mehr nur regulativ angenommen, sondern der Forderung der vollständigen Nachweisbarkeit des Erzeugungsvorganges unterstellt, der auch das vormalige Faktum der Freiheit durch »einen genetischen Begriff der Freiheit«[8] entsprechen muß. Nur durch eine solche Grundlegung oder Organisation können für Fichte die unerträglichen Brüche in der Kantschen Philosophie, die sowohl die Systemteile voneinander trennen, als auch für die Hartheiten und Leerstellen in den einzelnen Kritiken verantwortlich seien, geheilt werden. Die Gesetze der Epigenesis selbst müssen philosophisch verstehbar werden.

Auch Schiller und Wilhelm von Humboldt sind in ihrer gemeinsamen Jenaer Periode von diesem Grundgedanken einer Heilung der kritischen Philosophie ausgegangen. Eine Analyse der Befallsstellen des Kantschen Texts zeigt, daß ihrer Exhortation zur Unterwerfung der männlichen Kraft unter die Macht des Weibes neben ihrer pädagogischen und politischen Stimmigkeit auch eine philosophische Stringenz eignet.

Anklagepunkt der Jenaer Kunstrichter, mit höchster Eloquenz erhoben in Schillers *Ästhetischen Briefen*, waren Kant-Stellen wie diese: »Folglich können wir *a priori* einsehen, daß das moralische Gesetz als Bestimmungsgrund des Willens dadurch, daß es allen unseren Neigungen Eintrag thut, ein Gefühl bewirken müsse, welches Schmerz genannt werden kann.«[9] Dieses Gesetz ist für uns, »indem es im Gegensatze mit dem subjectiven Widerspiele, nämlich den Neigungen in uns, den Eigendünkel schwächt, zugleich ein Gegenstand der Achtung und, indem es ihn sogar n i e d e r s c h l ä g t, d. i. demüthigt, ein Gegenstand der größten Achtung, mithin auch der Grund eines positiven Gefühls, das nicht empirischen Ursprungs ist und *a priori* erkannt wird«.[10] Schmerz und Demütigung durch das moralische Gesetz aber werden für Kant nicht etwa durch dessen spezifische Härte gegen spezifische Neigungen hervorgerufen, sondern durch dessen unerklärliche Herkunft. Weder in uns gelegt (weshalb die Moralphilosophie keine Theologie ist) noch allmählich gelernt und damit »empirischen Ursprungs«, ist das moralische Gesetz und folglich das Gefühl, das wir ihm entgegenbringen, nur als epigenetisch entstanden faßbar. Hinichtlich des Ursprungs des Gesetzes heißt das: »Denn wie ein Gesetz für sich und

---

7 Johann Gottlieb Fichte: Eigne Meditationen über ElementarPhilosophie. In: Ders.: Fichte-Gesamtausgabe der Bayrischen Akademie der Wissenschaften Bd. II 3. Hg. v. R. Lauth u. H. Jacob. Stuttgart-Bad Cannstatt, 256.
8 J. G. Fichte: Das System der Sittenlehre nach den Principien der Wissenschaftslehre. In: Ders.: Gesamtausgabe (Anm. 7), Bd. I 5, 52.
9 I. Kant, Kritik der praktischen Vernunft (KpV). Akademieausgabe (Anm. 4), Bd. V, 73.
10 Ebd.

unmittelbar Bestimmungsgrund des Willens sein könne (welches doch das Wesentliche aller Moralität ist), das ist ein für die menschliche Vernunft unauflösliches Problem und mit dem einerlei: wie ein freier Wille möglich sei.«[11] Hinsichtlich des moralischen Gefühls: »die Epigenesis der Glükseeligkeit (Selbstgeschöpf) aus der freyheit, die durch die Bedingungen der allgemeingültigkeit eingeschränkt wird, ist der Grund des moralischen Gefühls.«[12]

Das Triebfedern-Kapitel versucht in diesen teilweise drastischen Worten den Grund darzustellen, auf dem negativ oder »pathologisch« Schmerz und Demütigung, positiv Achtung entstehen und Handlungen motivieren können. Als Grund der Freiheit muß dieser aber selbst grundlos, unerklärlich-faktisch wie der epigenetische Ursprung der Organismen sein, und als grundlosem ist ihm die Aufspaltung in die Gefühle des Schmerzes und der Achtung nicht zu benehmen. Die Eminenz des Problems ergibt sich daraus, daß wir hier »den ersten, vielleicht auch einzigen Fall [haben], da wir aus Begriffen *a priori* das Verhältniß eines Erkenntnisses (hier ist es einer praktischen Vernunft) zum Gefühl der Lust und Unlust bestimmen konnten«[13], den vielleicht einzigen Fall eines demonstrablen Übergangs von Denken zum Sein.

Wenn Schmerz und Demütigung, aber auch die wohl nur mit Zähnknirschen positiv zu verstehende Achtung sich aus der Epigenesis des moralischen Gesetzes herleiten, wenn nichts, auch nicht die selbst wieder ursprungslose – tautologisch aus der Freiheit erwachsende – Pflicht diesen zu überdecken vermag, dann kann der abgründige Schmerz nur dadurch geheilt werden, daß er in ein Gefühl der Lust umgewandelt wird. So nämlich ließe sich eine kontinuierliche – man ist versucht zu sagen: präformierte – Verwandtschaft zwischen gesetzlichem Anspruch, menschlicher Neigung und Handlungserfolg konstruieren, die, a priori postuliert, den Abgrund des Gesetzes zuschüttete und das im Begriff der Pflicht zerschlagene Ganze der menschlichen Natur heil machte. Dies ist, was Kant konsequenterweise »H e i l i g k e i t im vermeintlichen Besitze einer völligen Reinigkeit der Gesinnungen des Willens«[14] nennt und für deren Manifestation als »Liebe« zum Gesetz und zu den Mitmenschen er kaum mehr als Spott übrig hat.[15]

Entgegen der Lesart der *Kritik der praktischen Vernunft* als Instauration des Masochismus enthält diese also vielmehr seine explizite Kritik. Denn der Masochist will ja nicht den Schmerz, sondern die Lust am Schmerz. Damit wäre aber gerade die Triebfeder des moralischen Gefühls annulliert, welches, worauf Kant insistiert, »als U n t e r w e r f u n g unter ein Gesetz, d. i. als Gebot (welches für das sinnlich afficirte Subject Zwang ankündigt) keine Lust, sondern so fern vielmehr Unlust an der Handlung in sich«[16] enthält. Und Unlust ist keine Lust.

---

11 KpV, 72.
12 Kant, Reflexionen (Anm. 6), 185 (Reflex. 6864).
13 KpV, 73.
14 KpV, 84.
15 KpV, 82: »Es ist sehr schön, aus Liebe zu Menschen und theilnehmendem Wohlwollen ihnen Gutes zu thun, oder aus Liebe zur Ordnung gerecht zu sein, aber das ist noch nicht die ächte moralische Maxime unseres Verhaltens.«
16 KpV, 80.

Nicht Liebe und Lust, sondern Achtung und Pflicht sind die einzigen Verhaltensweisen zum moralischen Gesetz, weil nur sie in ihrer Ausdruckslosigkeit (ist Pflicht doch nur ein »Name«[17] und Achtung »die Sittlichkeit selbst«[18]) auf ähnliche epigenetische Originalität Anspruch wie dieses erheben können. Die an die Pflicht gestellte Frage: »welches ist der deiner würdige Ursprung« kann nur mit: »die Persönlichkeit, d.i. die Freiheit und Unabhängigkeit von dem Mechanism der ganzen Natur«[19] beantwortet werden. Und weiterhin kann oder zumindest will man Menschen – oder gar Frauen – nicht achten, obwohl man sie natürlich, wie »z. B. Pferde, Hunde sc.«[20], lieben kann; »Achtung geht jederzeit nur auf Personen«; sie »ist so wenig ein Gefühl der Lust, daß man sich ihr in Ansehung eines Menschen nur ungern überläßt«.[21]

Die Schiller-Humboldtsche Heilung besteht eben in dem Versuch, die Unterscheidung von Liebe und Achtung kollabieren und die Leere des Namens der Pflicht und des moralischen Gesetzes überhaupt im Bild der Frau aufgehen zu lassen. Dabei bedienen sie sich einer Konsequenz der epigenetischen Theorie, die Kant bewußt ausgeklammert hatte, die aber in der von Fichte inspirierten »organischen« Umwertung des Epigenesis von zunehmender Bedeutung wird: der Neubewertung nämlich des Verhältnisses der Geschlechter.

Denn wenn, wie die Epigenesis gegen den Präformationismus behauptet, der Organismus im wesentlichen Konkurs beider Geschlechter entsteht, diese gleichwohl nur Derivate einer unterliegenden, bildenden Kraft sind, dann liegt es nahe, ihr Verhältnis als komplementäres zu konstruieren. Damit wird dem Begriff der Epigenesis, wie Kant ihn verwendet – »Das System der Epigenesis erklärt nicht den Ursprung des menschlichen Körpers, sondern sagt vielmehr, daß wir davon nichts wissen«[22] – die kritische Radikalität benommen und die Entstehung des Organismus (aber auch: des Kunstwerks, des Staates, der Sittenlehre) in eine Narration bald präformationistischen, bald aequivoken Charakters eingebettet. In dem daraus resultierenden Szenario wirkt auf höchster Abstraktionsstufe der Mann, oder vielmehr die männliche Kraft, in ihrer rastlosen »Selbstthätigkeit« kultur- und sittenzerstörend, würde sie nicht von der Anmut und der natürlichen Sittlichkeit der weiblichen Materie entschärft. Erst im so »erklärten« epigenetischen Rahmen ist eine wesentliche Philosophie der Geschlechter möglich und, unter Umständen, nötig; erst jetzt, nach der unseligen, von Geschichtstheoretikern wie Herder bitter beklagten Herrschaft des »französischen« Präformationismus mit all seinen schändlichen Folgen wie weiblicher Gelehrsamkeit und Laszivität, adliger Heiratspraxis und mechanischer Pädagogik, erst mit der endlichen Wiederkehr der »griechischen«, d. h.

---

17 KpV, 86.
18 KpV, 76.
19 KpV, 87.
20 Ebd.
21 KpV, 77.
22 Immanuel Kant, Vorlesungen zur Metaphysik. In: Ders.: Kant's gesammelte Schriften. (Anm. 4) Bd. XXVIII, 761.

natürlichen Epigenesis, ist auch dem Mann wieder sein angestammter Platz im »Zeugungsgeschäft« (Blumenbach) sicher.

Bevor dieser Konstellation in den ästhetischen Schriften Schillers nachgegangen wird, sind einige Präzisionen über die Verwendung des Masochismus angebracht. Offensichtlich wird Masochismus hier allein als männliche Perversion verstanden – eine Perspektive, die sich im sogenannten klinischen Bereich gegen die Freudsche Dogmatik durchzusetzen beginnt[23] und deren wissenschaftshistorische und ästhetische Dimension hier beschrieben werden soll. In der Folge der auch methodologisch richtungsweisenden Analyse von Gilles Deleuze läßt sich weiterhin festhalten, daß die »Urhandlung« des Masochisten in einer Beleihung des Gesetzes mit weiblichen oder vielmehr: mütterlichen Zügen besteht – eine Investition, deren Realitätsanspruch und wissenschaftliche Glaubwürdigkeit auf der Epigenesishypothese beruht, nach der allein die Frau wesentlich Mutter, Mutter in der ganzen Organisation ihres Wesens wird. Dabei wird die Exteriorität und Leere des Gesetzes in der Form eines Vertrages »aufgehoben«, durch welchen die äußerste gesetzliche Konsequenz – die Versklavung – emphatisch besiegelt und ihr damit zuvorgekommen wird.[24] Die in der Antizipation der Strafe vor der Übertretung vollbrachte Aufhebung der Zeitbestimmungen und die in der »Rechtfertigung« der Mutter angestellte Realitätsverneinung vollziehen die Grundoperationen der Einbildungskraft, die folgerichtig – im Gegensatz etwa zum rechnenden, verstandeslastigen Sadismus – zur entscheidenden Kraft hinter den elaborierten masochistischen Inszenierungen wird.[25] Aus dieser Konstellation ergibt sich auch, daß die Ausübung der Gesetzesfunktion seitens der Frau erst Resultat einer im Vertrag festgeschriebenen »Bildung« im klassischen Sinne ist, einer Pädagogik, die ohne alle Wissenschaft den Frauen ebenso genau wie zuvor ihre »natürliche« Rolle als bildende Mütter nun die Überschreitung in die Gestalt der grausamen Herrin beizubringen hat.[26] Eine ausführliche stilistische und motivgeschichtliche Untersuchung der *Venus im Pelz* würde unschwer die Versatzstücke unserer klassischen Bildung auffinden – vom Hegel-induzierten Initialtraum von den »Göttern Griechenlands« bis hin zur Figur des »Griechen«[27].

Die argumentativen Voraussetzungen für eine solche Wendung lassen sich in den grossen Abhandlungen Schillers zur Ästhetik ausfindig machen. Angetre-

---

23 Vgl. z. B. Robert Stoller: Pain & Passion. New York 1991, 3–50.
24 Gilles Deleuze: Sacher-Masoch und der Masochismus. In: Leopold von Sacher-Masoch: Venus im Pelz. Frankfurt/M. o. J., 235: »Der Sinn des masochistischen Vertrages ist die symbolische Übertragung der Macht des Gesetzes auf das Mutterbild.« Zu Kant vgl. ebd. 240 ff.
25 Deleuze (Anm. 24), 284: »Genausowenig ist die Verneinung als solche eine Form der Einbildungskraft: sie ist vielmehr konstitutiv für die Einbildungskraft überhaupt, die das Wirkliche im Zustand der Schwebe verhält, damit sich das Ideal vergegenwärtigen kann.«
26 Monika Treut: die grausame frau. Basel/Frankfurt: 1984, 119: »Bemerkenswert ist, daß in diesem Vorstadium des eigentlich masochistischen Verhältnisses die geliebte Frau zur grausamen Herrin noch erzogen werden muß.«
27 Leopold von Sacher-Masoch: Venus im Pelz (Anm. 24), 7 bzw. 136 f.

ten mit dem expliziten, Kant gegenüber ausgesprochenen »Wunsch, einen nicht unwürdigen Theil der Menschheit mit der Strenge Ihres Systems auszusöhnen«[28], versuchen die im Rahmen des *Horen*-Projekts und damit in engster Nähe zu Humboldt entstandenen Schriften, dem moralischen Gesetz durch den Nachweis seiner Genealogie sowie durch die Möglichkeit seiner Verkörperung im Weiblichen seinen Stachel zu nehmen. Im Einzelnen kann dieser Motivik hier nicht nachgegangen werden, zumal nicht der kritischen Funktion, die der Moralisierung des Erhabenen in Schillers Überschreitung der Kantschen Kritiken zukommt. Stellvertretend sollen in den Briefen *Über die Ästhetische Erziehung des Menschen* anstelle der generellen Bemerkungen, die über die aus der epigenetischen Biologie sich herschreibende Triebmetaphysik und die bis in den Schreibgestus reichende Sexualisierung der Gegensatzpaare zu machen wären, vor allem drei Punkte herausgehoben werden:

1. Im entscheidenden 13. Brief, in dem der Geburt des dritten Triebes vorgearbeitet wird, setzt sich Schiller (in der ersten Fußnote) vom ungenannten Kant dadurch ab, daß er dessen vermeintlichen »ursprünglichen, mithin nothwendigen Antagonism beyder Triebe«[29] durch den Fichteschen Begriff der Wechselwirkung aufzuheben und damit dem Mißstand, daß der Mensch »noch ewig fort getheilt«[30] bleibt, abzuhelfen versucht. Nicht nur ist damit die Ineinssetzung von theoretischer und praktischer Philosophie, die Fichte als Erfolg seiner genetischen Methode gegen Kant behauptet, fraglos zugegeben, sondern auch die Konsequenz, die Kategorie der Wechselwirkung (mit der bei Kant zunächst nichts anderes als Gleichzeitigkeit gedacht wird) als ein Verhältnis der wechselseitigen Unterordnung zu bestimmen: »Die Unterordnung muß allerdings seyn, aber wechselseitig.«[31] Schiller steigert die beiden Pole der Passivität und Aktivität, denen ihr Geschlechtscharakter nicht schwer abzumerken ist, zum äußersten: Kultur bestünde darin, »erstlich: dem empfangenden Vermögen die vielfältigsten Berührungen mit der Welt zu verschaffen, und auf Seiten des Gefühls die Passivität aufs höchste zu treiben: zweytens dem bestimmenden Vermögen die höchste Unabhängigkeit von dem empfangenden zu erwerben, und auf Seiten der Vernunft die Aktivität aufs höchste zu treiben«.[32] Es ist dies eine genaue Beschreibung der masochsistischen Spreizung von Kontrolle und Unterwerfung.

2. Das so entworfene Gleichgewicht des Schreckens, auch Spiel mit der Schönheit genannt, erstarrt charakteristischerweise im

»herrlichen Antlitz einer Juno Ludovisi [...] Indem der weibliche Gott unsere Anbetung heischt, entzündet das gottgleiche Weib unsre Liebe; aber indem wir uns der

---

28 F. Schiller: Briefe 1794−1795. Schillers Werke. Nationalausgabe (NA). Bd. 27, Weimar 1943ff., 13. »Nicht unwürdig« sind hier − Kants Polemik geht gegen Schillers Anmut und Würde (vgl. ders.: Die Religion innerhalb der Grenzen der bloßen Vernunft. Akademie-Ausgabe (Anm. 4) Bd. VI, 23) − offensichtlich die Männer.
29 NA 20, 347 Fn.
30 NA 20, 348 Fn.
31 Ebda.
32 NA 20, 349.

himmlischen Holdseligkeit aufgelöst hingeben, schreckt die himmlische Selbstgenügsamkeit uns zurück. In sich selbst ruhet und wohnt die ganze Gestalt, eine völlig geschlossene Schöpfung, und als wenn sie jenseits des Raumes wäre, ohne Nachgeben, ohne Widerstand; da ist keine Kraft, die mit Kräften kämpfte, keine Blöße, wo die Zeitlichkeit einbrechen könnte. Durch jenes unwiderstehlich ergriffen und angezogen, durch dieses in der Ferne gehalten, befinden wir uns zugleich im Zustand der höchsten Ruhe und der höchsten Bewegung, und es entsteht jene wunderbare Rührung, für welche der Verstand keinen Begriff und die Sprache keinen Nahmen hat.«[33]

In diesem Bild der auch von Goethe so geschätzten Muttergöttin reagiert die offensichtlich männliche »wunderbare Rührung« auf das weibliche Gesetz. Weibliche Schönheit gewinnt hier den charakteristischen Zug der Kälte, der Stillstellung konfligierender, zwischen Schrecken und Hingabe, zwischen Anspannung und Abspannung oszillierender Regungen. Nur diese weibliche gesetzmäßige Schönheit kann die in den *Briefen* zu begründende zivilisierende Funktion erfüllen.

3. Die Frage der Verwirklichung des ästhetischen Staates wird von Schiller bekanntlich nicht behandelt. Dessen generelle Forderung – in dem für die *Briefe* so charakteristischen Vokabular masochistischer Fesselungsphantasien –: »Die Kraft muß sich binden lassen durch die Huldgöttinnen, und der trotzige Löwe dem Zaum eines Amors gehorchen«[34], ist nämlich in einem gewissen Sinne schon im Staat im Staate, in der Ehe, antizipiert: »Eine schönere Nothwendigkeit kettet jetzt die Geschlechter zusammen, und der Herzen Antheil hilft das Bündniß bewahren, das die Begierde nur launisch und wandelbar knüpft. Aus ihren düstern Fesseln entlassen, ergreift das ruhigere Auge die Gestalt, die Seele schaut in die Seele, und aus einem eigennützigen Tausche der Lust wird ein großmüthiger Wechsel der Neigung.«[35] Wieder läßt sich hier die Polemik gegen Kant und dessen Ehedefinition, des berühmten, eben auf gesetzlich garantiertem Tausch bestehenden *»usus membrorum et facultatum sexualium alterius«*[36] nicht überhören.

Ist aber die Ehe tatsächlich die Feststellung des epigenetisch interpretierten und ästhetisch überhöhten komplementären, d.i. »symbolischen« Verhältnisses der Geschlechter und als solche Vorschein des ästhetischen Staates, dann wird ihre rechtliche Definition für die Genealogie der im masochistischen Kontrakt versteckten Gewalt wichtig. Schiller kann es in diesem Kontext aber nicht um eine rechtliche, sondern nur um eine ästhetische Rechtfertigung der Ehe gehen; zumal dann nicht, wenn sie einen die Frauen erreichenden erzieherischen Effekt haben soll. In seiner ebenfalls in den *Horen* geführten diesbezüglichen Polemik mit Fichte besteht Schiller denn auch darauf: »Das andere Ge-

---

33 NA 20, 359f.
34 NA 20, 412.
35 NA 20, 409. Vgl. a. in NA 1, 238, das Epigramm aus dem Jahre 1796: »Der Beste Staat: ›Woran erkenn ich den besten Staat?‹ Woran du die beste Frau kennst; daran mein Freund, daß man von beiden nicht spricht.«
36 Immanuel Kant: Die Metaphysik der Sitten. Akademieausgabe (Anm. 4) Bd. VI, 277.

schlecht kann und darf, seiner Natur und seiner schönen Bestimmung nach, mit dem Männlichen nie die *Wissenschaft*, aber durch das Medium der Darstellung kann es mit demselben die *Wahrheit* theilen.«[37] Im Medium der Dichtung kann den Adressatinnen die von ihnen zu schreibende »Freundliche Schrift des Gesetzes«[38] gelehrt werden, in dem sie mit »des Kindes, des Engels Gewalt«[39] herrschen sollen – oder aber in der schönen Schreibart, zu der sich der 27. Brief nicht von ungefähr aufschwingt. Nicht Schiller, sondern erst Fichte, der »philosophische Schriftsteller[,] erhebt jenen Glauben zur Überzeugung, denn er erweist aus unbezweifelbaren Gründen, daß es sich nothwendig so verhalte«.[40]

Dessen Darlegungen im *Naturrecht* stehen zu Schillers diesbezüglicher Dichtung und Essayistik zwar in stilistischem Widerspruch, bringen dafür aber eine für beide zutreffende tieferliegende Argumentationsschicht zum Vorschein. Bei Fichte erweist sich nämlich die von Schiller als Erfolg der ästhetischen Erziehung gefeierte Unterwerfung der männlichen »Begierde« unter das schöne Gesetz als Folge der systematischen Unmöglichkeit, die Vorstellung weiblicher Lust vernünftig auch nur zu denken. Ist Vernunft immer an Selbsttätigkeit gebunden, und soll um der Kohärenz des epigenetischen Verhältnisses willen das weibliche Geschlecht nicht seiner Gattungsattribute verlustig gehen, dann muß ihm ein Trieb zur Unterwerfung (die Liebe) zukommen. Für den Mann hingegen ist Liebe Resultat des Mitleids für diese weibliche Kondition, die nur im Stand der Ehe menschenwürdig aufgehoben werden kann. Ohne auf die viel besprochene Härte des Fichteschen Eherechts einzugehen, sei hier nur eine der Grenzen aufgewiesen, an der der philosophische Stil der Deduktion der Ehe in den populären umschlägt:

> »Es ist wohl kein Mann, der nicht die Absurdität fühle, es umzukehren, und dem Manne einen ähnlichen Trieb zuzuschreiben, ein Bedürfniß des Weibes zu befriedigen, welches er weder bei ihr voraussetzen, noch sich als das Werkzeug desselben denken kann, ohne sich bis in das innerste seiner Seele zu schämen.«[41]

Die männliche Selbstunterwerfung unter das Gesetz dient folglich nicht nur dem vordergründig und oft mit verhaltenem Stolz angegebenen Ziel, die eigene Rastlosigkeit und Gewalt einzuschränken, sondern im selben Zug der Drohung ungezügelter weiblicher Triebhaftigkeit durch ihre Inszenierung Herr zu werden. Der für einen kurzen Moment in der Epigenesis-Konstellation aufgebrochenen Möglichkeit zweier gleichermaßen unbeherrschbarer und unbegründbarer Triebe wird dadurch gewehrt, daß die Erscheinung des weiblichen aus jeglicher Ästhetik und Politik als das schlechthin Undarstellbare und Ausdruckslose, als das Ekelhafte verworfen wird:

---

37 F. Schiller: Ueber die nothwendigen Grenzen beim Gebrauch schöner Formen. In: NA 21, 16.
38 F. Schiller: Elegie. In: NA 1, 261.
39 F. Schiller: Würde der Frauen. In: NA 1, 243.
40 F. Schiller: Grenzen (Anm. 37), 10f.
41 Johann Gottlieb Fichte: Grundlage des Naturrechts nach Principien der Wissenschaftslehre. Fichte-Gesamtausgabe (Anm. 7) Bd. I 4, 101.

> »Der Geschlechtstrieb des Weibes in seiner Roheit ist das widrigste, und ekelhafteste, was es in der Natur giebt; und zugleich zeigt er die absolute Abwesenheit aller Sittlichkeit. Die Unkeuschheit des Herzens beim Weibe, welche eben darin liegt, daß der Geschlechtstrieb sich in ihr unmittelbar äußert, wenn er auch aus anderweitigen Gründen nie in Handlungen ausbräche, ist die Grundlage zu allen Lastern.«[42]

Der masochistischen Position liegt also nicht nur der Wunsch nach Milderung des Gesetzes durch Antizipation seiner Strafung, sondern gleichzeitig der Ekel vor der unmittelbaren Triebäußerung der Frau zugrunde. Das Unfaßbare an einer solchen Äußerung ist dabei nicht etwa deren dem Männlichen konkurrierende Rastlosigkeit, sondern das Paradox eines Ausdrucks der Passivität.[43] Wie anders als in der Figur der willigen Unterwerfung unter die gebildete Herrin läßt sich die vernunftwidrige Vorstellung einer originären, willigen Unterwerfung der Frau vermeiden, der an Unerklärlichkeit nur noch das moralische Gesetz gleichkäme? Wie anders als durch den inszenierten läßt sich die Gefahr eines ursprünglichen Masochismus vermeiden, der die Vernünftigkeit des Epigenesis-Modells zuschanden machte? Und hier wäre zu fragen, ob sich Freuds Ausgrabung eines ursprünglichen weiblichen Masochismus nicht noch ganz diesem Schiller-Fichteschen Projektionsrahmen verdankt.

Wilhelm von Humboldt teilt in seinem *Horen*-Beitrag *Ueber die männliche und weibliche Form* den Ekel Fichtes:

> »Wenigstens sehen wir auch unter uns, dass, wo männliche und weibliche Gestalten das Gepräge ausschweifender Sittenlosigkeit an sich tragen, wo die Menschheit in ihnen entadelt, und die Freiheit der Vernunft unterdrückt ist, die letzteren immer einen noch ekelhafteren und widrigeren Eindruck hervorbringen, als die ersteren, die wenigstens noch durch den Ausdruck physischer Kraft eine gewisse Haltung bekommen.«[44]

Der erste Teil dieser Abhandlung hatte im Konzert mit Schillers Beitrag die Äquivalenz von biologischem und ästhetischem Bildungstrieb statuiert und somit die Validität des Epigenesis-Modells »in ein unermessliches Feld«[45] ausgedehnt; die daraus erwachsenen anthropologischen Versuche dann etablierten den Geschlechtsunterschied als die »Hauptsächliche Thatsache, auf welche der Gedanke einer vergleichenden Anthropologie sich vorzüglich stützt«.[46]

Das naturphilosophische Begriffsgefüge mit all seinen schon entfalteten Implikationen wird in präziser Form in die späten Arbeiten zur Sprachphilosophie übernommen.[47] In einer Weise, auf die hier nicht näher eingegangen werden kann, versucht Humboldt, das Epigenesis-Modell auf das Phänomen des

---

42 Fichte: Sittenlehre (Anm. 8), Bd. I 5, 289.
43 Vgl. dazu die berüchtigten Ausführungen in Fichtes Naturrecht (Anm. 41), Bd. I 4, 97.
44 Wilhelm von Humboldt: Ueber die weibliche und männliche Form. In: Ders.: Gesammelte Schriften (GS), Akademieausgabe. 17 Bde. Berlin 1903 – 1936. Nachdruck Berlin 1968, Bd. I, 357.
45 Ders.: Ueber den Geschlechtsunterschied und seinen Einfluß auf die organische Natur. In: GS I, 311.
46 Ders.: Plan einer vergleichenden Anthropologie. In: GS I, 400.
47 Vgl. zum folgenden vom Vf., Epigenesis. Naturphilosophie in Wilhelm von Humboldts Sprachdenken. Paderborn: Schoeningh (im Ersch.).

Sprachursprungs im jedesmaligen Sprechen zu übertragen. Das sprechende Subjekt, mit einer epigenetisch unergründlichen Sprachkraft begabt, muß versuchen, dem ihm präformiert überlieferten Sprachstoff individuelle Äußerungen abzugewinnen. Was sich dabei auf der subjektiven Seite wie die Hochzeit von Selbsttätigkeit und Empfänglichkeit im Sprechakt, objektiv wie die Harmonie von Organizität und Geschichtlichkeit der Sprache ausnimmt, erweist sich in letzter Analyse als die um des Ausdrucks und der Verständigung willen erzwungene Unterwerfung der selbsttätigen »Gewalt« unter die unhintergehbare »Macht« der Sprache.[48] Die das gesamte theoretische Werk durchziehende Sexualisierung des Verhältnisses von Subjekt zur Sprache resultiert, verkürzt gesagt, im Bild von der »Weiblichkeit der Sprache« (Liebrucks), die den Sprechenden in das von ihr bestimmte Weltbild bindet. Damit wird über Schiller hinaus nicht nur die ästhetische, sondern auch die linguistische Produktion zu einer moralischen Aufgabe gemacht. Humboldts Ausführungen zur Hermeneutik, mit denen die überkommenen Positionen eines göttlichen (Präformationismus) bzw. konventionellen (generatio aequivoca) Ursprungs der Sprache überwunden werden sollen, sind damit in die skizzierte Bewegung hin zum weiblichen Gesetz einzureihen.

Die ästhetische und (sprach-)philosophische Position eines unauflöslichen Widerstreits von weiblicher Macht und männlicher Gewalt, zusammen mit dem auch für Humboldt verbindlichen Untergrund der masochistischen Ausklammerung ausdrucksloser weiblicher Unterwerfung erlaubt eine Einschätzung der hervorstechenden Merkmale der Humboldtschen Dichtungen, in welcher diese nicht allein als trübe Produkte eines alternden Edelmannes erscheinen. Aus naheliegenden Gründen soll hier über den poetischen »Wert« ebensowenig wie über eine Gesamtcharakteristik dieser in Humboldts Œuvre einen unübersehbaren Raum einnehmenden Werke die Rede sein.

Es mag zunächst befremden, Humboldts hier interessierenden Gedichten das Attribut sadistisch zu versagen, kreisen sie doch mit stellenweise schwer erträglicher Intensität um das Phänomen weiblicher »Botmäßigkeit«.[49] Dies würde jedoch die spezifische Energie seines Schreibens verkennen. Nirgends findet sich bei Humboldt – wir wollen uns hier auf die Gedichte *Weibertreue* und *Die Griechensklavin*[50] beschränken – das Interesse an der für das Opfer sinnlosen, nur im Souveränitätsstreben des Libertins verankerten Grausamkeit, die unter dem Gesetz der großen Zahl stehend jede narrative Form durchbricht. Immer aus der Perspektive der leidenden Frau geschrieben und in engste poetische Rede (Sonett bzw. Stanzen) gebunden, geht es Humboldt eben um Sinngebung für ein Leiden, das andernfalls stumm, unartikuliert, »mit aller Fähigkeit des unmittelbarsten, zeichenlosesten Ausdruks [...] versehen«[51] wäre. In

---

48 Vgl. z.B. Kawi-Einleitung, GS I, 64.
49 Siegfried A. Kaehler: Wilhelm von Humboldt und der Staat. 2. Aufl. Göttingen 1963, 94.
50 GS IX, 72–80 u. 93–151.
51 So charakterisiert Humboldt die Frauen schon in den Ideen zu einem Versuch, die Gränzen der Wirksamkeit des Staats zu bestimmen. GS I, 120.

Umkehrung des in den *Horen*-Aufsätzen gefeierten und die Sprachphilosophie bestimmenden intersexuellen Verständigungsideals entfaltet sich das Drama beider Gedichte aus dem Zusammenbruch jeglicher »verstehender« Kommunikation.

In der »Weibertreue« gibt es nur Schrift- oder Geschlechtsverkehr, der vom Manne ausgehend befehlend und kalt, weiblich aber bittend und »glühend« ist. Die Grausamkeit des Ehemannes besteht eben darin, die von der Epigenesis-Interpretation des *Geschlechtsunterschied*-Aufsatzes ausgehende genetische Verbindung von sexueller und kommunikativer Liebe radikal, also auch räumlich zu unterbrechen und, auf präformationistische Positionen zurückfallend, seinen Anteil an der Bildung der Nachkommen zu negieren: »Komm, dass, Weib, ich dich umfah' aufs Neue, / froh mir eines Erben Samen streue, / und die vielen Töchter dir verzeihe!« / Also schrieb er«. Kein Wunder, daß die so Geschundene sich in den Ritter verliebt, der sich ihr »in traulichen Gespräches Feier« nähert. Doch an der Liebe zu diesem »neuen Mann« hindert und an den Grausamen bindet sie der Ruf des Gewissens, das sich in den gemeinsamen Kindern verkörpert und dem folgend sie sich die Fleischeslust selbst auspeitscht, nur um am Ende unverstanden zu vergehen. Den genealogischen Aspekt dieses düsteren Gemäldes unterstreicht der Hoffnungsschimmer aus der nächsten Generation, von der wir hören, daß »treue Gatten mild die Töchter schirmen«.

Daß die Internalisierung des Gebots als Gewissen und seine Überformung zur Liebe im Falle der »zeichenlosen« Frau inkommunikabel ist und also zu desaströsen Konsequenzen führt, daß Verständnis und Erlösung einzig da winken, wo der Mann ihr in seiner Unterwerfung je schon zuvorkommt, bestimmt auch die Stanzenflut der *Griechensklavin*. Die Reduktion der Kommunikation auf Befehl, Strafe, Vergewaltigung und Verachtung, der Theodota von Seiten der Türken wie auch seitens der Griechen ausgesetzt ist, verschuldet sich letztlich dem selbstauferlegten Schweigen über die ihr vom väterlichen Gesetz versagte Liebe zu Niketas. Ihre Bitte um Nähe zum grausamen Jussuf, die sowohl ihrem Peiniger als auch ihren Befreiern unverständlich bleiben muß, entspringt nicht einem originären Wunsch nach Qual, sondern dem heimlichen Plan, so den Geliebten wiedersehen zu können. Was immer an Peitschenhieben sinnlos, weil von Türken wie Griechen gleichermaßen ausgeteilt, auf ihre »wallenden Brüste« niederhagelt, verwandelt Theodota in bedeutungsvolle Zeichen, die in ihrer fleischlichen Monstrosität ihr als Unterpfand der Treue zum Geliebten dienen werden. Nur einmal verweigert Theodota den Gehorsam, da nämlich, wo sie – selbst mehrfache Mutter – den Mord an zwei Kindern mit dem Hinweis auf die Stimme von »Pflicht und Gewissen« (4/9) unterläßt.

Auch Theodota wird umworben von einem »neuen Mann«, einer, »der ihr so weich und antheilnehmend sprach« (5/18), der ihr die Fesseln der stummen Unterwerfung abnehmen und sie in eine ganz moderne Ehe führen will: »Die Freiheit, Weib, ist dir so weit geschenkt, / dass freier Athemzug die Brust gewinnt, / dass keiner Arbeit Müh, kein Schmerz dich kränket, / nur deiner Füsse Schritte frei nicht sind.« (6/4) Als sie seinem Liebesdrängen freiwillig nicht nachgibt, will er sie zum Beischlaf zwingen. Unter Tränen beginnt sie sich zu entkleiden: »Da unumschränkter Meister ist sein Wille, / kehrt ihm zurück die edle Griechenscheu. / Entwaffnet hat ihn des Gehorsams Stille, / doch Lieb' und Sehnsucht werden zehnfach neu.« (6/19) So genau also beschreibt Humboldt die starre Dialektik des Fichteschen Eherechts, nach dem männliche Liebe aus der Scheu und Abscheu vor stummer weiblicher Unterwerfung entspringt.

Das Drama der *Griechensklavin* ist nicht ihre Hingabe an den zuerst Geliebten, auch nicht ihr Festhalten am Gefühl der Pflicht, ihr grundsätzlich moralisches Verhalten. Sie ist sowohl griechische Sklavin wie Sklavin der Griechen, weil ihr die Möglichkeit, ihre Motivation zu bekennen, benommen ist. Die Grausamkeit, die sich auf ihren Körper schreibt, ist damit im Wortsinne verstümmelnde Kommunikation. Was Humboldt im barocken Handlungsverlauf dieses Epyllions wie auch in zahllosen anderen Sonetten, in den Briefen an Johanna Motherby und an Charlotte Diede auszuschreiben versucht, ist die Konsequenz aus dem Zusammenbruch des moralischen und kommunikativen Gefüges, in dem die Frau dem Gesetz nicht gehorcht, sondern es verkörpert, in dem der Mann nicht einfach befiehlt, sondern seine Gewalt immer schon dem weiblichen Gesetz und seiner Macht unterstellt hat.

Die Frage war, wie eine Perversion überhaupt »klassisch« werden kann, wie die Grenze konstruiert sein muß, aus deren Überschreitung Lust gewonnen wird. Die hier versuchte Genealogie des Masochismus ging zunächst vom biologischen Modell der Epigenesis aus, auf dessen Grundlage die Rolle der Geschlechter zur Bestimmung allererst freigegeben wird. Der letztlich grundlose und dichotomische Gebrauch, den Kant vom Begriff der Epigenesis in erkenntniskritischer wie moralischer Absicht macht, wird im Zuge der genetischen Interpretation Schillers, Fichtes und Humboldts mit Geschlechtscharakteristika aufgeladen, die das für Kant unerklärliche Phänomen des Geschlechtsunterschieds für eine vernunftgemäße Komplementarität von Kräften erklärt. Im Zuge der bei Kant vermißten »Organisierung« von erkenntnistheoretischer, ästhetischer und moralischer Argumentation beleiht Schiller weibliche Schönheit mit gesetzlicher Macht, die mild-mütterlich und unartikuliert auszuüben die »natürliche« Funktion der Frau, der sich zu unterwerfen die vertragliche Basis ästhetischer Erziehung des Mannes ausmacht. Masochismus als entfaltete Perversion wäre demnach die erzwungene ästhetisierende Repräsentation des Gesetzes in seiner weiblichen Grausamkeit. Masochismus, heißt das, ist nicht etwa die Überschreitung des Gesetzes, sondern seine Inszenierung selbst. Die im masochistischen Vertrag angelegte Eskamotierung der zwingenden oder erziehenden Gewalt wehrt, so läßt Fichtes Eherecht ahnen, der diskursiv uneinholbaren, d.i. ekelhaften aktiven Passivität der Frau, die sich aus der epigenetischen Kräfteverteilung zu ergeben droht. Humboldts Einbindung der Sprachphilosophie in diese epigenetische Moral hat dann zu ihrem Widerspiel das Drama der stummen und darum verstümmelten Frau, in dem die prekäre Harmonie des Verstehens sich zur reinen, grausamen Einschrift umwendet. So sind die längeren Gedichte wie auch die düsteren, von Stummheit, Verstummen und Tod durchzogenen Sonette Humboldts durchaus nicht nur chronologisch mit den großen sprachphilosophischen Werken verwandt.

Erfahrungsseelenkunde als Akkulturation:
Philosophie, Wissenschaft und Lebensgeschichte bei Salomon Maimon

LILIANE WEISSBERG (Philadelphia, Pennsylvania)

I. Lesenlernen

Ein »ganzer Mensch« hat keine natürliche Präsenz. Er muß als solcher imaginiert werden, und auch die Imagination hat ihre historischen und philosophischen Voraussetzungen. Diese Voraussetzungen schienen im späten siebzehnten und frühen achtzehnten Jahrhundert nicht besonders gut. Pol-P. Gossiaux versucht in seiner Arbeit zur Anthropologie der Aufklärung nachzuweisen, wie sehr die Arbeiten dieser Zeit von Descartes geprägt wurden, und die Definition der Anthropologie selbst auf ein zweiteiliges Wissensgebiet verwiesen, das die Psychologie und Anatomie umfaßte.[1] Die Konzeption einer Wissenschaft wie der Anthropologie, die den Geist und den Körper eines Menschen behandeln sollte, forderte zwar prinzipiell das cartesianische Denken heraus. Aber viele Arbeiten dieser Zeit beschäftigten sich kaum mit der Relation zwischen »Körper« und »Geist« sondern konzentrierten sich auf den Bereich der Anatomie, um in einzelnen Studien eine »Naturgeschichte« des Menschen zu entwerfen.[2]

Karl Philipp Moritz jedoch hatte mit einer solchen Naturgeschichte wenig im Sinn. Er entwarf 1782 eine Disziplin, die sich umgekehrt auf die Psychologie konzentrieren wollte, und der er zunächst den Namen »Experimentalseelenlehre« gab.[3] In der ersten ausführlichen Skizze seines Projektes, den *Aussichten zu einer Experimentalseelenlehre*, schreibt Moritz deutlich als Pädagoge, als Lehrer des grauen Klosters zu Berlin, der es sich zur Aufgabe gemacht hat,

---

Ich danke der John Simon Guggenheim Memorial Foundation und dem Memorial Council for Jewish Culture für ihre großzügige Unterstützung meiner Arbeit.

1 Siehe zum Beispiel Pierre Dionis, »Anthropologie«, Dictionnaire de Trévoux, Paris 1690; zitiert auch bei Pol-P. Gossiaux, »Anthropologie des Lumières (Culture ›naturelle‹ et racisme rituel)«. In: Droixhe, Daniel und Pol-P. Gossiaux (Hg.): L'Homme des lumières et la decouverte de l'autre, Brüssel 1985, S. 49−69, hier: 50.
2 Siehe Gossiaux (Anm. 1), S. 51−52.
3 Über die Vorgänger und Einflüsse auf Moritz' Projekt informiert Raimund Bezold, Popularphilosophie und Erfahrungsseelenkunde im Werk von Karl Philipp Moritz. Würzburg 1984, S. 121−135.

dort in »jugendliche[] Herz[en] einzudringen«, um ihre Kenntnis zu erlangen.[4] Moritz will diese Untersuchungen aber auch auf Freunde und Fremde erweitern, sofern sie interessante Resultate versprechen, und schließlich seine sowie andere solcher »Spiegel« (III: 95) als Beobachtungen in einer Zeitschrift sammeln. Er betont, wie sehr es ihm an der Wahrheit dieser Beobachtungen liegt, daran, mehr über die Menschen zu erfahren. Gerade aus diesem Grund sollen Reflexionen zur Moral und jegliche Interpretationen des Beobachteten vermieden werden. Doch der »allgemeine[] Spiegel [...], worin das menschliche Geschlecht sich beschauen könnte« (III: 90), ist nichts anderes als eine Vorarbeit, die diese Reflexionen ermöglichen soll. Denn das Ziel des Moritzschen Projektes ist nicht nur die Beschreibung des Menschen, der hier, im Spiegel, dem autonom gesetzten Kunstwerk ähneln muß.[5] Moritz bedauert gerade auch die Abwesenheit jener Analogie zwischen dem Physischen und Psychischem, die das Psychische nicht nur dem Physischen vergleichbar macht, sondern die Seele letztendlich als Körper erscheinen lassen könnte: »Gäbe es doch moralische Ärzte«, beklagt sich Moritz, der nur Quacksalber erkennen will, »welche so wie die physikalischen, sich mehr mit Individuis beschäftigen, und von ihren Heilungsarbeiten, zum allgemeinen Besten, öffentliche Berichte abstatteten!« (III: 88)[6] »Mit Zittern« begibt sich Moritz dann zur Ausführung des Unternehmens und präsentiert 1783 die erste Ausgabe des *Gnothi sauton oder Magazins zur Erfahrungsseelenkunde.*[7] Auf Anregung Moses Mendelssohns hin hatte Moritz die »Experimentalseelenlehre«, einen Begriff, der auf Johann Gottlob Krügers *Experimental-Seelenlehre* (1756) zurückgeht, in »Erfahrungsseelenkunde« umbenannt. Dies wiederum ist ein Name, der auch in Christian Wolffs *Psychologia empirica* (1732) zu finden war, obwohl sich Moritz von Wolffs rationalistischer Philosophie eher distanzierte und der pietistischen Autobiographie und der religiösen Bekenntnisliteratur verbunden war. Die empirische Beobachtung, nicht das physikalische Experiment des Möglichen; das Erforschen, nicht die Lehre sollten sein Projekt definieren. Damit stand Mo-

---

4 Karl Philipp Moritz, »Aussichten zu einer Experimentalseelenlehre«. In: Ders.: Werke. 3 Bde. Horst Günther (Hg.). Frankfurt/M. 1981. III (Erfahrung, Sprache, Denken): 85–99, hier: III: 87.
5 Es ist Moritz, der zuerst eine Theorie des autonomen Kunstwerks entwickelt; siehe die Aufsätze zur Theorie der Kunst. In: Werke (Anm. 4), II (Reisen, Schriften zur Kunst und Mythologie): 541–606, besonders aber den Aufsatz »Über den Begriff des in sich selbst Vollendeten« (1785), II: 543–548.
6 Der Gedanke eines »moralischen Arztes« ist natürlich nicht neu; ähnliche Forderungen finden sich bei Johann Georg Zimmermann, Marcus Herz, und anderen; siehe wiederum Bezold (Anm. 3), S. 140–149 und Martin L. Davies, »Karl Philipp Moritz's Erfahrungsseelenkunde: Its Social and Intellectual Origins«. In: Oxford German Studies 16 (1985), S. 13–35.
7 Karl Philipp Moritz, [Erster Beitrag]. In: Gnothi sauton oder Magazin zur Erfahrungsseelenkunde als ein Lesebuch für Gelehrte und Ungelehrte. Mit Unterstützung mehrer Wahrheitsfreunde hrsg. v. Karl Philipp Moritz I–X (1783–93). Anke Bennholdt-Thomsen und Alfredo Guzzoni (Hg.). Nachdruck in zehn Bänden. Lindau 1979. I, i: 1–3, hier: I: 1 (Es sind tatsächlich die ersten Worte des *Magazins*).
In den folgenden Nachweisen benütze ich die Abkürzung *MzE* für das *Magazin*.

ritz jedoch nicht allein. »Es war eine Zeit, wo nichts als Theorien galten. Jetzt ist das Zeitalter der Beobachtungen« schreibt Christian Gottlieb Selle 1782 im Vorwort seiner eigenen, kurzlebigen Zeitschrift, den *Neuen Beiträgen zur Natur- und Arzenei-Wissenschaft*.[8]

»Und was ist dem Menschen wichtiger, als der Mensch?« fragt Moritz bereits zu Beginn seines einführenden Beitrags zum *Magazin* (I, i: 2), und fährt fort, einen Plan zu skizzieren, der, ebenfalls auf Mendelssohns Anregung hin, die Einteilung der Arzneiwissenschaften übernimmt, so wie sie Marcus Herz, der Berliner Arzt, Kollege Selles und Schüler Kants, z. B. in seinem *Grundriss aller medicinischen Wissenschaften* (1782) entworfen hatte. Die Rubriken »Seelennaturkunde«, »Seelenkrankheitskunde«, »Seelenzeichenkunde«, »Seelendiätik« zeigen jedoch, daß es Moritz nicht nur um die Heilung der kranken, sondern auch um das Verständnis der gesunden Seele geht.

Bereits die ersten Folgen des *Magazins* berichten von Geisteskranken und von einem Kindesmörder, behandeln aber auch Fragen und Probleme der »Seelenbeobachtung« allgemein. Geistliche, Pädagogen und Männer des öffentlichen Dienstes berichten hier und in nachfolgenden Ausgaben von ihren Erfahrungen mit anderen Menschen und bisweilen mit sich selbst. Ein Index, der dem letzten, zehnten Band von 1793 beigefügt wurde[9], teilt diese frühen wie auch die folgenden Beiträge in die von Moritz mit Hilfe der Arzneikunde gewählten Abteilungen ein. Moritz' Beobachtungen eines Taubstummen, des jungen Karl Friedrich Mertens, werden in diesem Index unter »Seelennaturkunde« geführt; sie erscheinen als Folge in mehreren Ausgaben des *Magazins* und dokumentieren nicht nur die Eigenarten des Jungen, dem Moritz seine Wohnung anbot, sondern auch Moritz' Erziehungsexperiment: Es lag ihm daran zu beweisen, daß auch Taubstumme sprechen und lesen lernen konnten. Johann Gottfried Herders Sprachkonzept, das dies als unmöglich betrachtete, galt für Moritz daher als widerlegt.

Deutlicher vielleicht noch als die anderen frühen Beiträge macht diese Serie klar, daß Moritz' Überlegungen ein Konzept der Humanität und Zivilisation zugrunde liegt, das von der Aufklärung geprägt ist. Das *Magazin*, im Untertitel zum *Lesebuch für Gelehrte und Ungelehrte* deklariert, richtete sich tatsächlich an ein größeres und nicht nur akademisches Publikum, das selbstbewußt zu einer Zeitschrift griff, die das Individuum zelebrierte und in seiner Lektüre gleichzeitig ein Sozialisationsmittel fand. Auch dieses Publikum mußte daher »Lesenlernen«. Bei der Beschreibung abweichenden Verhaltens wurde impliziert, welches Verhalten erwünscht war, und Verhaltensnormen auf seelisch-psychologische Eigenheiten zurückgeführt. Erfahrungsseelenkunde als Beobachtung und Selbstbeobachtung erfüllte die Agenda einer Selbstbestimmung des bürgerlichen Individuums.

Carl Friedrich Pockels, der 1787 und 1788 den fünften und sechsten Band des *Magazins* herausgab, da Moritz sich auf Italienreise befand, fügte den Fall-

---

8 Siehe Davies (Anm. 6), S. 17.
9 Das *Magazin* erschien im Jahre 1790 nicht.

beschreibungen einen moralisierenden Kommentar bei. Moritz wandte sich nach seiner Rückkehr deutlich gegen Pockels' neue Bestimmung der Erfahrungsseelenkunde.[10] Aber während Pockels mit seinen Interpretationen dem wissenschaftlichen Konzept der reinen, eine Theorie erst vorbereitenden Beobachtung widersprach, so verstieß er jedoch nicht gegen Moritz' implizites didaktisches Ziel, dem Entwurf des aufgeklärten bürgerlichen Individuums.

Moritz' Projekt erhielt noch eine dritte Definition im *Magazin*; diesmal nicht ohne seine Zustimmung. Salomon Maimon, der als Moritz' Koredaktor für die letzten beiden Bände des *Magazins* verantwortlich war und für Moritz bereits Pockels' editorische Beiträge kritisiert hatte[11], insistierte zwar wieder auf einen mehr empirisch-dokumentierenden Charakter der Beiträge, nannte die Erfahrungsseelenkunde aber nun »Seelenarzneikunde« (VIII, iii: 3), der er wiederum im Vergleich zur »Körperarzeneikunde« nicht nur wissenschaftliche, sondern auch philosophische Begründung zu geben suchte.

Maimon entwarf nicht nur den Index der zehn Bände des *Magazins*, er führte auch seine eigene und eine letzte »Revision der Erfahrungsseelenkunde« im achten, neunten und zehnten Band (1792–93) weiter.[12] Deutlicher noch als Moritz unterscheidet Maimon in diesen Beiträgen die Erfahrungsseelenkunde von einer Naturgeschichte, indem er nochmals auf die Beiträge der ersten Ausgaben referiert. So erwähnt er die Geschichte vom »blödsinnigen Fließe«, die für ihn »kein Phänomen der Erfahrungsseelenkunde« darstellt, und sieht sie nicht als »Beschreibung einer Seelenkrankheit, deren Ursachen, Symptomen, und Kurart sich psychologisch bestimmen lassen« sondern als die einer »angebohrnen Seelenschwäche oder Mangels, die so wenig zur Seelenkrankheitslehre als angebohrner Mangel der Augen, Hände und Füße, oder ein Buckel zur Körperkrankheitslehre gehören«. Sie wird dadurch zu einem »Phänomen der menschlichen Natur überhaupt, und gehört, so wie alle Arten der menschlichen Misgeburhten unter die Abweichungen der Natur in der Naturgeschichte des Menschen«. (X, i: 1)

Es geht Maimon um Psychologie und menschliche Logik; um Phänomene die von der Naturgeschichte nicht faßbar gemacht werden können. Maimon besteht darauf, daß eine Geisteskrankheit wirklich als *Geistes*krankheit zu verstehen sei, und umschreibt diesen Begriff als einen Mangel an freien Willen.[13] Erfahrungsseelenkunde beschäftigt sich mit dem Menschen, der entweder be-

---

10 Siehe die Beiträge des Herausgebers Moritz im siebten Band des *Magazins*, besonders die »Revision über die Revisionen des Hrn. Pockels in diesem Magazin«. In: *MzE*. VII, iii: 3–11 und »Ueber den Endzweck des Magazins zur Erfahrungsseelenkunde«. In: *MzE*. VIII, i: 1–5.
11 Salomon Maimon, »Ueber den Plan des Magazins zur Erfahrungsseelenkunde. Auszug aus einem Briefe an den Herausgeber« (1791). In: *MzE*. VIII, iii: 1–7 und IX, i: 1–23.
12 Salomon Maimon, »Einleitung zur neuen Revision des Magazins zur Erfahrungsseelenkunde«. In: *MzE*. IX, iii: 1–28; »Revision der Erfahrungsseelenkunde«. *MzE*. X, i: 1–10; »Fortsetzung der Revision der Erfahrungsseelenkunde«. *MzE*. X, ii: 1–7.
13 Maimon, »Ueber den Plan des Magazins zur Erfahrungsseelenkunde«. In: *MzE*. IX, i: 1–23, hier: IX: 9: »Seelengesundheit ist nehmlich derjenige Seelenzustand, worin die Würkungen des freien Willens ungehindert ausgeübt werden können; so wie Seelenkrankheit in dem entgegengesetzten Zustande besteht.«

reits einen freien Willen besitzt oder dessen freier Willen wiederherstellbar ist. Es darf bei Maimon, der die Werke Immanuel Kants eifrig las, nicht überraschen, wie sehr dies der Bestimmung eines aufgeklärten Menschen ähnelt, jenem, der, wie Kant in seinem Aufsatz »Beantwortung der Frage: was ist Aufklärung« (1784) erklärt, den Mut besitzen soll, frei seinen Willen zu äußern. Schließlich veröffentlichte Maimon wie Kant in der *Berlinischen Monatsschrift*.[14]

Maimon, von der empirischen Psychologie beeinflußt, teilt die Erfahrungsseelenkunde in einen »gemeinen« und einen »höhern« Teil.[15] Der Gegenstand des ersteren soll leicht ins Auge fallen; im letzteren Teil wird der Begriff des Gegenstandes in seiner höchsten Allgemeinheit angenommen. Geometrie und Mathematik mit Zirkel, Linie und Gleichung bieten Beispiele, den Unterschied zwischen der gemeinen und der höheren Erfahrungsseelenkunde zu verdeutlichen, der schließlich auf eine Trennung der niedrigen Seelenkräfte (wie die Einbildungskraft) von den höheren (Verstand, Vernunft) hinausläuft (X, ii: 44). Eine Krankheit der höheren Seelenkräfte etwa wäre es, wollte man das seiner Natur nach Unbestimmbare bestimmen; diese Darstellung von Ideen als reelle Objekte definiert Maimon als »Schwärmerei« (X, ii: 45).

Bereits Kant hatte, nicht zuletzt in seinen *Träumen eines Geistersehers* (1766), über das Verhältnis von Schwärmerei und Metaphysik nachgedacht – und lehnte beide ab.[16] Maimons Überlegungen zur Erfahrungsseelenkunde führen ihn ebenfalls zur Wahrheitssuche als erkenntnistheoretischem Problem. Schon in seinen Arbeiten, die vor seiner Redaktion des *Magazins* veröffentlicht wurden, weist Maimon auf die zentrale Bedeutung der Mathematik wie der Psychologie für die philosophische Erkenntnislehre.[17] Und Maimons Interesse an der Erfahrungsseelenkunde und am *Magazin* erscheint gerade hinsichtlich der Erkenntnislehre verständlich, die für Maimon, wie seine Arbeit »Sprache in psychologischer Rücksicht« (1793) beweist, letztendlich als eine allgemeine Sprachlehre begriffen werden soll.[18]

---

14 Siehe Maimons Aufsätze »Probe rabbinischer Philosophie« (1789), »Versuch einer Darstellung des Moralprinzips und Dedukzion seiner Realität« (1794) und »Das Genie und der methodische Erfinder« (1795). Die genannten Arbeiten sind wiederabgedruckt in Salomon Maimon, Gesammelte Werke. Valerio Verra (Hg.). 7 Bde. Hildesheim 1965. I: 589–597, VI: 273–325 und VI: 397–420.
  Im folgenden kürze ich die Ausgabe der *Gesammelten Werke* mit *GW* ab.
15 Salomon Maimon, »Zur höhern Erfahrungsseelenkunde. Ueber die Schwärmerei«. In: *MzE*. X, ii: 43–48, hier: X, ii: 43.
16 Siehe dazu meine Diskussion in: Geistersprache: Philosophischer und literarischer Diskurs im späten achtzehnten Jahrhundert. Würzburg 1990, S. 34–91.
17 Siehe etwa Maimon, »Ueber Wahrheit« (1789). *GW*. I: 600–603; Philosophisches Wörterbuch (1791) *GW*. III: 17 hinsichtlich der Ausführungen zur Mathematik und insbesondere der Geometrie von Linie und Dreieck.
18 Maimon, »Sprache in psychologischer Rücksicht«. In: *MzE*. X, i: 11–16; siehe auch etwa »Ueber symbolische Erkenntniß und philosophische Sprache« In: Ders.: Versuch über die Transcendentalphilosophie mit einem Anhang über die symbolische Erkenntnis und Anmerkungen (1790). In: Ders.: *GW*. II: VII–442, hier: II: 296: »Hieraus erhellet: Daß die Philosophie im eigentlichen Verstande nichts anders, als eine allgemeine Sprachlehre sey«.

Widmet sich Moritz daher dem Sprachunterricht eines Taubstummen, so ist auch Maimon in seiner »Revision« an einer Sprachlehre und am Lesenlernen interessiert. Er weist darauf hin, daß der Kindermörder Seibel um ein Kind, das er liebte, »recht fromm zu machen, viele Gebete und Sprüche aus der Bibel gelehrt hatte« (X, i: 3). Über den pädagogischen Wert von Fabeln hatte sich Moritz schon 1786 in seinem *Versuch einer kleinen praktischen Kinderlogik welche auch zum Theil für Lehrer und Denker geschrieben ist* geäußert.[19] Moritz wendet sich in diesem Buch gegen Rousseaus Bestimmung des Menschen als eines Naturwesens und betont dagegen die Denkkraft des Kindes und die frühe Bedeutung der Intellektualität. Während Rousseau in *Emile* argumentiert, daß Fabeln für Kinder gefährlich seien, da sie diese für wahr halten könnten, so benützt Moritz gerade Fabeln für sein pädagogisches Ziel. Maimon bezeichnet sie als die »Erdichtung einer moralischen Handlung«, die mittels der Analogie eine »moralische Wahrheit anschauend« machen.[20]

In seiner »Revision« fährt Maimon fort, über andere Lektüren zu schreiben, die ihm nun als Eingebungen und Träume erscheinen. So träumt Maimon, ein ehemals orthodoxer Jude, davon, in einem himmlischen Jerusalem ein kabbalistisches Buch zu entdecken, indem sich heilige Namen finden und Stellen der Bibel nach kabbalistischer Art erklärt werden (X, i: 8). Im Traum anderer erscheint Maimon selbst, damals Hauslehrer bei den Kindern eines polnisch-jüdischen Pächters, als biblische Gestalt, die einen heiligen Namen tragen könnte:

> »Es kam ihm nämlich vor, als sähen sie mich alle nach dem himmlischen Jerusalem zugehn. Ein alter ehrwürdiger Greiß kam mir am Thor entgegen, führte mich herein, und stieß sie, indem sie mir nachfolgen wollten, zurück. Sie blieben vor dem Thor stehn, um meine Rückkunft abzuwarten, endlich kam ich wieder heraus, meine Gestalt war sehr ehrwürdig, mein Angesicht leuchtete wie das Angesicht Mosis, da er die zwei Tafeln empfing. Sie fürchteten, sich mir zu nähern, und waren in der grösten Verlegenheit, wie sie mit mir in der Zukunft umgehen sollten.« (X, i: 9)

Welche Lektüre, welche heiligen Namen kann aber Maimon seinem Leser bieten?

II. Namen

In der ersten Folge des neunten Bandes, gleichfalls unter der Rubrik »Seelennaturkunde«, veröffentlicht der neue Herausgeber Maimon den ersten Teil der »Fragmente aus Ben Josua's Lebensgeschichte«, deren »Fortsetzung« im zweiten Teil des gleichen Bandes erscheint. Die Fragmente beziehen sich auf die

---

19 Siehe die Diskussion bei Bezold (Anm. 3), S. 13–34, bes. S. 15.
20 Maimon, »Ueber die Aesthetik«. In: Ders.: Streifereien im Gebiete der Philosophie (1793). In: Ders.: *GW.* IV: 189.

Kindheit und Jugend eines polnischen Judens. Der Herausgeber dieser Artikel, Moritz selbst, bemerkt dazu:

> »Der Herausgeber dieser Fragmente darf wohl nicht erst versichern, daß sie eine buchstäblich getreue Darstellung wirklich erlebter Schicksale enthalte; die ganze Erzählung an sich selber trägt zu sehr das ächte Gepräge der Wahrheit, als daß irgend ein theilnehmendes Herz sie darin verkennen sollte. Auch hofft der Herausgeber bald mehr von dieser Geschichte, welche von Herzen zu Herzen redet, dem Publikum mittheilen zu können.«[21]

Das echte Gepräge der Wahrheit, das uns Moritz versichern möchte, entspricht der Intention der Hauptfigur dieser Fragmente, der es um nichts mehr geht als um die Wahrheit selbst. Die Beiträge beschreiben B.J.s Liebe zu Büchern, seinen Wissensdurst, aber auch seine sexuellen Begierden.[22] Wie bei Moritz' Berichten über den taubstummen Mertens und Maimons späteren Reflexionen zur Erfahrungsseelenkunde, so steht auch hier im ersten Beitrag B.J.s Spracherwerb im Mittelpunkt. Während das Hebräische für B.J. die Sprache der religiösen Schriften ist, ist seine mündliche Sprache von polnischen, russischen und jiddischen Ausdrücken geprägt. Auch die deutsche Sprache ist eine Sprache des Buches, und B.J. lernt sie zunächst als Schriftliche kennen. Sie ist die Sprache des neuen, von B.J. erwählten Vaterlandes, das nicht nur die deutsche Kultur, sondern Kultur an sich vertritt und ihm schließlich die Möglichkeit einer »geistlichen Widergeburt« bietet.[23] Im Unterschied zum Polnischen, Russischen oder Jiddischen lernt B.J. durch sie auch keine Bauern, Pächter oder Händler sondern Gelehrte kennen; säkulare Philosophen, denen er zumindest den gleichen Rang zuspricht wie den Talmudexegeten.

Heilige Namen können paradoxerweise auch säkular sein. Beim Unterricht der deutschen Sprache kommt B.J. ohne die mündliche Lektion aus. Die Aneignung des Deutschen erfolgt für B.J. über die Schrift, über den Vergleich eines lateinischen mit einem hebräischen Alphabet – die Reihenfolge der Buchstaben hatte er, wie eine »Nachricht« am Ende des zweiten Fragments anmerkt, »zufälliger Weise« bereits erlernt (IX, ii: 88). Die Lektion des Lesenlernens wird wiederholt, als B.J. sich für die kabbalistischen Schriften zu interessieren beginnt. Erfolgt der erste Versuch des Dechiffrierens glücklich mit Hilfe der Analogie, so muß hier beim zweiten Versuch ein System gefunden werden, für das die Buchstaben metaphorisch einstehen. Als B.J. jedoch Moses Maimonides *More Newuchim*, den *Führer der Unschlüs-*

---

21 »Fragmente aus Ben Josua's Lebensgeschichte. Herausgegeben von K.P. Moritz«. *MzE.* IX, i: 24–69, hier: IX, i: 24 Anm. Dieser erste Beitrag endet mit B.J.s Reise nach Berlin. Die Fragmente wurden fortgesetzt in: *MzE.* IX, ii: 41–88.
22 Dies war im *Magazin* nicht ungewöhnlich; Maimon selbst erwähnt seine sexuellen Träume in der »Revision«: *MzE.* X, i: 6.
23 So beschreibt Maimon seine in der *Lebensgeschichte* dargestellte Erfahrung; siehe: Salomon Maimons Lebensgeschichte. Von ihm selbst geschrieben und herausgegeben von K.P. Moritz. In: *GW.* I: 1–588, hier: I: 301.

sigen²⁴ entdeckt, hilft Maimonides' Suche nach Wahrheit B.J. schließlich auch das polnisch-russisch-jiddische Sprachgewirr zu entschlüsseln, so daß er, aufgeklärt und zum Aufklärer geworden, die orthodox-jüdische Religion als Aberglauben von sich weisen kann.

Der Autor, der hier B.J.s Wahrheitssuche als einen Fall gelungener Aufklärung wiedergibt, weist auf die traurigen Familienverhältnisse B.J.s hin und seine Schwierigkeiten, Aufklärung zu erlangen. Es ist jedoch bemerkenswert und bleibt unkommentiert, daß der Lehrer B.J.s hier weder Kant noch Lessing, weder Mendelssohn noch Jacobi heißt, sondern Maimonides und ein orthodoxer Jude ist, der im mittelalterlichen Spanien schrieb. Rationales Denken und jüdische Religion scheinen in Maimonides' Schriften noch verbunden. Ist der Leser hier nicht nur den Wurzeln einer individuellen Bildung auf der Spur, sondern auch, im Sinne der höheren Erfahrungsseelenkunde, den Wurzeln der Aufklärung selbst?

Maimon, der Herausgeber dieses Bandes, wird sich in seiner »Revision« im folgenden Jahr auf seine eigenen Erfahrungen mit kabbalistischen Schriften beziehen und diesen autobiographischen Beitrag mit seinem Namen zeichnen (X, i: 6). Die Fallgeschichte Ben Josuas und die wissenschaftliche Ausführung des Herausgebers Salomon Maimons sind aber nicht nur zufällig vergleichbar. Zeichnet die Signatur B.J. für Ben Josuas Geschichte, die wiederum von Moritz herausgegeben wurde, so wird diese von Moritz edierte Studie von Salomon Maimon gedruckt, der in seiner polnisch-litauischen Heimat den Namen Salomon ben Josua erhielt. Ist B.J.s Geschichte hier auch Maimon zu eigen; kann seine Geschichte ihm gehören?

In einem Spiel der Abgrenzungen distanziert sich Maimon nicht nur von B.J., sondern auch B.J. von dem »Besitz« seiner eigenen Erzählung. Sie wird in der dritten Person berichtet und erhält dadurch die objektivere Form einer Fallstudie. Moritz' Beitrag hat nicht nur einen weiteren Herausgeber (Maimon); dieser ist Zeuge seines ehemaligen Ichs. Der Leser des *Magazins* erfährt die zusätzliche Distanz zwischen Ben Josua, dem polnischen, orthodoxen Juden, und Maimon, dem aufgeklärten, deutschen Erfahrungswissenschaftler. Vergangenheit und Gegenwart, Polen und Deutschland, dörfliche Armut und Berliner Großstadtleben werden bereits im Namen und durch den Namen getrennt. Um den Buchstaben treu erscheinen zu lassen, muß Maimon in der Fallstudie des *Magazins* als authentischer Jude, über den ethnographisch berichtet wird, mit seinem hebräischen Namen erscheinen. Moritz' Wunsch nach Authentizität wird hier in einer idealen Restaurierung einer Vergangenheit im Namen selbst entsprochen, der bereits zum Museumsexponat geworden ist. Im *Magazin* wird Maimon als Ben Josua für eine »Beobachtung« ausstellbar.

---

24 Moses Maimonides Buch *Dalalat al-hairin* wurde unter verschiedenen Titeln ins Deutsche übersetzt, so als *Führer der Verirrten*. Übersetzt v. Alexander Altmann (Berlin 1935) oder *Führer der Unschlüssigen*. Übersetzt v. Adolf Weiss (Leipzig 1923–24; Neuauflage Hamburg 1972) und der Titel erscheint in vielen Variationen in der Sekundärliteratur. Ich gebrauche im folgenden den hebräischen Titel *More Newuchim*, den auch Maimon benützt.

Die Trennung zwischen Ben Josua und Salomon Maimon ist eine, auf die Maimon später selbst zu insistieren scheint. Maimon wurde in einem polnisch-litauischen Dorf geboren – das Geburtsdatum war Maimon wahrscheinlich nicht bekannt.[25] Dem jüdischen Brauch gemäß wurde er nach seinem Vater Josua, dem Sohn des Heimann Joseph, benannt, und für das Talmudstudium und den Rabbinerberuf bestimmt. Die Schriften und Dokumente, die Maimon nach seinem Eintritt in Berlin und den Beginn seiner schriftstellerischen Karriere ausweisen, zeigen seinen neuen Namen; er zeichnet mit Maimon, Majmon oder auch Maymon.[26] Für den Druck zog er die Schreibweise »Maimon« vor. »Maimon« und »Ben Josua« unterscheiden daher schließlich auch den selbstbestimmten Autor vom schriftstellerischen Objekt. Wie das Lesenlernen selbst, so ist die Aneignung des Namens eine Errungenschaft, die Maimon Autorität gibt.

In seiner 1792–93 erschienen *Lebensgeschichte* begründet Maimon seinen Namenswechsel mit der Bewunderung eines anderen Autors. Bereits in Polen war er mit den Schriften Maimonides bekannt geworden, zu dessen *More Newuchim* er einen Kommentar schrieb. Der neue Name exemplifiziert daher nicht nur eine Grenzüberschreitung, die Maimon konkret auch im Geographischen zu verwirklichen suchte. Der neue Name ersetzt den Bezug auf den leiblichen Vater (Josua) mit dem auf einen intellektuellen Vater (Maimonides) und die genealogische Linie mit einer philosophischen Tradition. Die besondere Rechtslage der Juden dieser Zeit machte diesen Schritt auch außerhalb der jüdischen Gemeinde möglich, da eine Namensgebung willkürlich erfolgen konnte – obwohl der Name in der Praxis oft den des Vaters oder den geographischen Ort der Herkunft des Namenträgers wiedergab.[27]

Während die Beiträge im *Magazin* Ben Josua als Objekt verstehen, das sich vom Herausgeber Maimon unterscheidet, verbinden sich beide Namen in Maimons Autobiographie. Ben Josua wird dort zum Namen seiner Jugend. Maimon, die Signatur des Autors, kennzeichnet Maimons säkulare Bildung und

---

25 Siehe Zwi Batscha, »Nachwort«. In: Salomon Maimons Lebensgeschichte. Von ihm selbst geschrieben und herausgegeben von Karl Philipp Moritz. Zwi Batscha (Hg.). Frankfurt/M. 1984, S. 329–392, hier: S. 371. Samuel Atlas hält es für wahrscheinlich, daß Maimon 1752 in einem Dort nahe Nieswiecz und Mir im Distrikt Nawaradok geboren wurde; siehe sein Buch: From Critical to Speculative Idealism. The Philosophy of Solomon Maimon. The Hague 1964, S. 3–4. Annahmen wie die von Ralph-Rainer Wuthenow, daß er 1754 in Mirz geboren sei, sind auch aufgrund von Maimons *Lebensgeschichte*, die von einem späteren Besuch Mirz' erzählt, unhaltbar; siehe Wuthenow, Das erinnerte Ich. Europäische Autobiographie und Selbstdarstellung im 18. Jahrhundert. München 1974, S. 101.

26 Maimons Brief an Immanuel Kant vom 7. April 1789 (*GW*. VI: 421–425, hier: VI: 425) ist z.B. »Maymon« und sein Brief an Kant vom Juli 1789 (*GW*. VI: 426–27, hier: VI: 427) ist »Majmon« gezeichnet; Maimon schien die Schreibweise »Maimon« für seine Publikationen vorzuziehen.)

27 Die freie Wahl des Namens war in Preußen noch bis zum Jahre 1812 möglich, erst dann verlangte der Preußische Staat eine behördliche Fixierung jüdischer Namen. Siehe Selma Stern, Der preußische Staat und die Juden. 3 Bde. Tübingen 1971; sowie Dietz Bering, Der Name als Stigma: Antisemitismus im deutschen Alltag 1812–1922. Stuttgart 1987, S. 41–62.

den versuchten neuen Lebensweg. Während der leibliche Vater in der *Lebensgeschichte* bald in den Hintergrund rückt, weist Maimon jenem anderen Vater, Maimonides, einen Platz mitten in der Erzählung an, die jegliche Chronologie unterbricht, um dessen Hauptwerk *More Newuchim* zu kommentieren.[28]

So entspricht letztendlich auch Maimons neuer Name der jüdischen Tradition, indem er einen Vater angibt. Aber der Name »Salomon Maimon« nimmt das Erbe des Sohnes – *ben* – stillschweigend an. Darüber hinaus ist gerade diese Genealogie nicht so einfach zu bestimmen. Denn Maimonides' hebräischer Name, Moses ben Maimon, erklärt auch diesen zu einem Sohn Maimons. Während der eine sich zum Sohn des anderen erklärt, scheint der andere die Vaterschaft nicht anzunehmen – beide werden zu Söhnen eines gleichen, dem Leser unbekannten Vaters. Die »assimilierte« Namensgebung (Maimon, Maimonides) kreuzt sich daher mit der jüdischen (ben Josua, ben Maimon). Indem er sich nach Maimonides nennen möchte, schreibt Maimon stillschweigend jedoch auch »Moses« in seinen Namen ein.

Für Salomon ben Josua gibt »Maimon« die Form eines Familiennamens wieder, wie sie in der christlich-deutschen Gesellschaft akzeptabel ist. Während das *Magazin* in der Fallstudie die bereits formal assimilierte Namensgebung verweigert und der Namen den Fremden und Anderen bezeichnet, rückt die *Lebensgeschichte* diese Spaltung im Namen in den Mittelpunkt und zeigt den neuen Namen als fremd und vertraut zugleich. Er wird zu dem Zeichen eines Projektes, das beides vereinen möchte: jüdische und christlich-deutsche Form, religiöse und philosophische Tradition. Dabei wird gerade auch die Wahl des Namens, Maimons freier, selbstständiger Akt als aufgeklärter Philosoph, paradoxerweise zur Wahl eines Vaters, der nicht die deutsche, sondern eine jüdische Tradition vertritt und noch dazu ein Denker ist, der die Philosophie als Beschäftigung für Juden ablehnt.[29]

III. Lebensgeschichte

Kurz nach dem Abdruck der Fallstudie B.J.s im *Magazin* veröffentlicht Maimon seine Lebensgeschichte in Buchform. Es ist möglich, daß die positive Reaktion auf die »Fragmente« Maimon zu einer ausführlicheren Biographie ver-

---

28 Der erste Band der *Lebensgeschichte* schließt mit seiner Reise nach Deutschland. Maimon beginnt den zweiten Band mit einer langen Ausführung zu Maimonides (I: 319–454), um erst nach dieser »langen Ausschweifung« (I: 455) über seine Ankunft in Berlin zu berichten.
29 Maimonides' Buch möchte ein jüdisches und kein philosophisches sein: »Its first premise is the old Jewish premise that being a Jew and being a philosopher are two incompatible things [...] A Jew may make use of philosophy and Maimonides makes the most ample use of it; but as a Jew he gives his assent where as a philosopher he would suspend his assent [...]«; siehe Leo Strauss, »How To Begin To Study *The Guide of the Perplexed*«. In: Moses Maimonides, The Guide of the Perplexed. Übersetzt v. Shlomo Pines. 2 Bde. Chicago 1974 (1963). 3. Aufl., I: xi–cxxxiv, hier: I: xiv.

anlaßte; vielleicht versprach sich der in Geldnöten befindende Autor durch dieses Buch auch einen finanziellen Erfolg.[30] Wie bei den Fragmenten schien es Moritz allerdings auch hier angebracht, der Geschichte des jüdischen Autors einleitende Worte vorauszuschicken.

Bevor Maimon daher mit der Geschichte seines Lebens beginnt, bereitet ein »Vorbericht des Herausgebers« Moritz den Leser auf seine Lektüre vor. Bemerkenswert ist hierbei jedoch, daß Maimons *Lebensgeschichte* dieses Vorberichtes, aber keiner »Anpreisung« bedarf:

> »Sie wird für einen jeden anziehend sein, dem es nicht gleichgültig ist, wie die Denkkraft, auch unter den drückensten Umständen, sich in einem menschlichen Geiste entwickeln kann, und wie der echte Trieb nach Wissenschaft sich durch Hindernisse nicht abschrecken läßt, die unübersteiglich scheinen.«[31]

Moritz versteht Maimons Bericht als eines der »Beispiele« (8), die über die menschliche Natur Auskunft geben können. Neben diesem Lehrinhalt tritt allerdings noch ein anderer Informationsgehalt:

> »Was aber diesem Buche noch in andrer Rücksicht einen besonderen Wert gibt, ist eine unparteiische und vorurteilsfreie Darstellung des Judentums, von der man wohl mit Grunde behaupten kann, daß sie die erste in ihrer Art ist und deswegen, besonders zu den jetzigen Zeiten, wo die Bildung und Aufklärung der jüdischen Nation ein eigener Gegenstand des Nachdenkens geworden ist, vorzügliche Aufmerksamkeit verdient.« (7)

Maimons Autobiographie soll nicht nur über das menschliche Wesen allgemein Auskunft geben, sondern auch »unparteiisch« und »vorurteilsfrei« das Judentum schildern, und damit letztendlich nicht nur informieren, sondern in die Diskussion um die Emanzipation der Juden eingreifen. Das menschliche Wesen an sich und die Fragen der jüdischen Nation bilden somit die Pole, zwischen denen sich Maimons Geschichte bewegen soll. Welche Richtung darf allerdings diese Bewegung einnehmen? Moritz kompliziert den neuen Begriff der »Nation« nicht, bezeichnet allerdings Maimon nicht als Juden, sondern als Darsteller des Judentums und als einen Mann, der trotz widriger Umstände sein Bildungsziel verfolgen konnte. Moritz impliziert somit, daß das Judentum eine mögliche Rolle sei, die man zwecks Förderung seines Bildungsweges ablegen könnte.

---

30 Batscha weist darauf hin, daß wahrscheinlich Moritz und der jüdische Publizist Saul Ascher ein Interesse daran hatten, Maimon mit diesem Projekt für eine Zeit lang abzusichern. Der finanzielle Erfolg blieb leider aus, obwohl Maimons Name heute vor allem mit der Veröffentlichung seiner *Lebensgeschichte* verbunden wird; siehe Batscha (Anm. 25), S. 337.
   Das besondere und fortdauernde Interesse an der *Lebensgeschichte* war nicht nur auf den deutschen Raum begrenzt. So besaß George Eliot ein Buchexemplar und versah es mit Anmerkungen; in ihrem Roman *Daniel Deronda* (1876) findet der Titelheld eine Ausgabe des Buches in einem Antiquariat und wird gleich von dessen Besitzer gefragt, ob er sich für jüdische Geschichte interessiere und gar selbst Jude sei. Siehe Israel Abrahams, Book of Delight and Other Papers. Philadelphia 1912, S. 242–246 und Eliot, Daniel Deronda. Harmondsworth 1967, S. 434–437 (IV, xxxiii).
31 Maimon, Lebensgeschichte. Zwi Batscha (Hg.). (Anm. 25), S. 7. Moritz' einleitende Bemerkung ist in den *GW* nicht enthalten.

Moritz leiht sein Wort Maimon aber mit keiner Geste der Überlegenheit. Seine Legitimation ist eher die Einlösung des Beispielscharakters einer Geschichte, die schließlich auch Moritz miteinschließen muß. Für Moritz, dessen *Anton Reiser* 1785–90 erschien – Fragmente dazu wurden bereits 1784 im *Magazin* veröffentlicht – bietet Maimons Autobiographie einen weiteren Fall der Selbstbeobachtung. Auch Moritz' Roman ist übrigens wie B.J.s »Fragmente« in dritter Person verfaßt und beruft sich auf einen anderen Namen.

Trotz der Selbststilisierung beider Autoren als gesellschaftliche Außenseiter, die in Armut aufwuchsen, verlief der Lebensweg von Moritz und Maimon denkbar verschieden. Moritz wurde Königlich Preußischer Hofrat, Professor der Akademie der Schönen Künste in Berlin und Mitglied der Philosophischen Klasse der Akademie der Wissenschaften. Maimon blieb Zeit seines Lebens ohne eigenes Vermögen, starb 1800 auf dem schlesischen Gut seines Mäzens der letzten Jahre, des Grafen Adolf von Kalkreuth, und wurde von den Juden Glogaus, die in ihm einen Ketzer sahen, ohne Zeremoniell begraben – seine Manuskripte wurden, so will es die Überlieferung, im Hof der Glogauer Synagoge verbrannt.[32] In seiner Suche nach Bildung und Wahrheit schien aber gerade der Jude Maimon für Moritz keine grundverschiedene oder beliebige Fallstudie zu bieten. Seine Ethnographie kam Moritz' ethnographischem Projekt entgegen und Maimon bewies letztendlich, durch seine »Fremdheit« und Besonderheit, Moritz' Roman als mögliche und wahre Lebens-und Leidensgeschichte.

Vielleicht darf Maimon gerade deshalb in dieser Vorrede nicht als Individuum, sondern nur als Beispiel erscheinen, obwohl Moritz selbst in seiner Bestimmung der Erfahrungsseelenkunde die Betonung gerade auf die Erfassung des Individuums legt. Maimons Name wird in Moritz' Einleitung nicht einmal erwähnt. Dies scheint besonders deshalb überraschend, da Maimon sich zu dieser Zeit bereits einen Namen gemacht hatte, nicht nur als Herausgeber des *Magazins*, sondern auch als eigenständiger Philosoph. 1790 veröffentlichte Maimon den *Versuch über die Transcendentalphilosophie mit einem Anhang über die symbolische Erkenntnis*, den er, auf die Anregung von Marcus Herz hin, im Vorjahr Kant übersandt hatte und später durch Anmerkungen ergänzte.[33] Der *Versuch* beschäftigte sich mit den in der *Kritik der reinen Vernunft* entstandenen Probleme des *quid facti* und *quid juris*, und Maimon erwarb sich mit seiner Abhandlung Kants Respekt.[34]

Maimons *Versuch* setzt bereits bei der von Kant postulierten Annahme zweier verschiedener Bereiche der Konzepte und Sinnesdaten ein, deren Trennung er zu überwinden suchte. Die Tatsache, daß Kant a priori Gesetze voraussetzen muß, um die empirische Welt ordnen zu können, führt Maimon zu der

---

32 Siehe Sylvain Zac, Salomon Maimon. Critique de Kant. Paris 1988, S. 22.
33 Zur Publikationsgeschichte, siehe Achim Engstler, Untersuchungen zum Idealismus Salomon Maimons. (ser.) Spekulation und Erfahrung. Texte und Untersuchungen zum Deutschen Idealismus II, 16. Stuttgart-Bad Cannstatt 1990, S. 27.
34 Siehe Atlas (Anm. 25), S. 5; erst in späteren Jahren äußerte sich Kant kritisch zu Maimons Schriften.

Überzeugung, daß auch Sinnesdaten nicht gegeben, sondern geschaffen sind. Für ihn werden Anschauungen nicht von selbstständigen Objekten hervorgebracht, sondern von »Modifikationen des Ichs«; dies schließt – hier sein Kommentar zu dem Problem *quid facti* – unabhängige, allgemeine und notwendige Erfahrungskenntnisse aus. Maimon will die Kantischen Kategorien aufgrund des Satzes der Bestimmbarkeit nicht nur für Dinge an sich ablehnen, deren Postulierung er letztendlich als unhaltbar sieht, sondern auch für die empirischen Objekte, denen er ein allgemeines und notwendiges Zeitverhältnis abspricht. Während Maimon die Möglichkeit allgemeiner und notwendiger Erfahrungskenntnisse in Frage stellte, hob er gleichzeitig den Handlungscharakter der Philosophie hervor, wie ihn später Johann Gottlieb Fichte ebenfalls in den Mittelpunkt seines Denkens stellen würde.[35] Der Skeptiker Maimon öffnete seine Philosophie vor allem zwei grundlegenden Bereichen: der Mathematik (und Logik) sowie, ganz zentral, der Psychologie. Bereits in einem Brief an Kant vom 20. September 1791 schreibt Maimon, daß er der transzendentalen eine psychologische Deduktion der Kategorien und Ideen entgegensetzen will.[36] Der Weg zum *Magazin* stand Maimon offen.

Kants kritischer Schüler publizierte im folgenden, und ohne die Notwendigkeit einer fremden Herausgeberschaft, Bücher und Aufsätze zu Philosophie.[37] 1791 veröffentlichte er sein *Philosophisches Wörterbuch*, das philosophisches Denken darstellen wollte. Seine *Streifereien im Gebiete der Philosophie* erschienen 1793, der *Versuch einer neuen Logik oder Theorie des Denkens* 1794. Maimon schrieb insgesamt 12 Bücher und 58 Aufsätze und war gerade zur Zeit der Abfassung seiner *Lebensgeschichte* besonders produktiv und einflußreich.[38]

Die Bedeutung des Philosophen Maimon scheint Moritz für seine Einführung jedoch nicht nur irrelevant, sondern vielleicht sogar irreführend, da er auch hier die Fallstudie in den Vordergrund rückt. Die »Fragmente« zu Ben Josuas Biographie im *Magazin* sind dabei weder Auszug noch Vorabdruck der *Lebensgeschichte* Maimons. In den *Magazin*-Beiträgen werden Ereignisse geschildert, die dem Autor uneigentlich sind, die er – als »Spiegel« – nur wiedergeben kann. In der *Lebensgeschichte* erhält das Objekt selbst eine Stimme; der Autor reklamiert das beschriebene Leben für sich. So wird die Autobiographie zu einer Seelenkunde, bei der das Objekt zum Subjekt wird und die Autorität der Schrift fordert. Erst hier kann der Schritt zur Selbstbeobachtung gelingen.

---

35 Siehe die Darstellung der Maimonschen Philosophie bei Nathan Rotenstreich, Experience and Its Systematization. Studies in Kant. The Hague 1965, S. 100–110; sowie die grundlegenden und ausführlichen Studien von Atlas (Anm. 25) und Samuel Hugo Bergman, The Philosophy of Solomon Maimon. Übersetzt v. Noah J. Jacobs. Jerusalem 1967 [Ha-Philosophia shel Shelomo Maimon. Jerusalem 1932].
36 Maimon. *GW*. VI: 433–435.
37 Vor Maimons *Versuch* erschienen nur drei seiner Aufsätze, eine hebräische Arbeit in der Zeitschrift *Messaef*, die »Probe rabbinischer Philosophie« (1789) und die erste der beiden Studien »Über Wahrheit« (1789; ein zweiter Beitrag erschien als Folge einer Diskussion mit J. H. Tieftrunk im folgenden Jahr).
38 In meiner Zählung verlasse ich mich auf Batscha (Anm. 25), S. 370.

Maimon nimmt nicht nur den Namen Maimon an; er schreibt in der ersten Person.

Dem Herausgeber Moritz scheint es jedoch wiederum um die Authentizität der Geschichte zu gehen, die er als Authentizität des Textes beweisen möchte. Ganz bewußt läßt er grammatikalische Irrtümer und stilistische Schwächen stehen[39]; erst die späteren Editoren der Maimonschen *Lebensgeschichte* assimilieren den Text in eine »korrekte« hochdeutsche Sprache.[40] Als Autor und Objekt dieser Erzählung verschiebt sich jedoch die Verantwortlichkeit für diese Authentizität auf Maimons Seite. Maimon muß nicht nur einen Namen für sich finden, sondern auch sein Ich bestimmen.

Daß es nicht einfach ist, zu seinem Ich zu finden, wird Maimon selbst in einem Aufsatz darlegen. In seiner 1800 erschienen »Erklärung einer allgemein bekannten merkwürdigen anthropologischen Erscheinung« bezieht sich Maimon auf Kants *Anthropologie in pragmatischer Hinsicht* (1798) und führt dessen Beobachtung weiter aus, »daß ein Kind, welches schon ziemlich fertig sprechen kann, doch ziemlich spät, vielleicht wohl ein Jahr nachher, allererst anfängt durch Ich zu reden, so lange aber von sich selbst in der dritten Person sprach«.[41] Statt »Karl will essen« oder gehen (VII: 521), erkennt das Kind nun die Differenz zwischen Ich und Nicht-Ich. Maimons eigene Abkehr von dem ihm bekannten Karl, und der Wechsel von Karl Philipp Moritz' Edition der Geschichte B.J.s zur Ich-Erzählung der *Lebensgeschichte* scheint allerdings nicht problemlos vor sich gegangen zu sein, dafür bürgt nicht nur Moritz' fortgesetzte Herausgeberschaft. Maimon läßt sich Zeit, zu seinem Ich zu kommen. Auch er beginnt mit einer »Einleitung«, die über das soziale Klassensystem Polens berichtet, fügt dem zweiten Band eine Vorrede an, und bietet philosophische Ausführungen sowie längere Abhandlungen im Text selbst, welche die Herausgeber der Neuauflagen des Buches als störende Exkurse betrachten und in den Anhang verlegen.[42] Selbst bei dem Ausschluß der offensichtlicheren Exkurse ist es jedoch schwierig, in einer Erzählung, bei der jegliche Jahreszahl fehlt, eine ordnende Struktur zu erkennen. Die Integrität des Ichs wird in keiner konsequenten Erzählweise dargestellt, die einer linearen Logik entspricht.

Maimons *Lebensgeschichte* teilt diese Erzählstruktur mit seinen philosophischen Schriften. Bereits sein früher *Versuch* erscheint als eine fragmentarische Aneinanderreihung von Ideen, die er in einer Revision nicht umformuliert, sondern lediglich mit Anmerkungen versieht. Kommentatoren des Maimonschen Werkes wie Samuel Atlas oder Max Horkheimer betonen die Schwierigkeiten, das Werk in seiner unübersichtlichen Form und seinen scheinbaren

---

39 Nicht nur Maimons *Lebensgeschichte*, auch Maimons philosophische Schriften weisen allerdings sprachliche Mängel auf.
40 Dies gilt für alle nachfolgenden Ausgaben mit Ausnahme der Nachdrucke der Erstausgabe (Weimar 1960 und *GW*. I).
41 Maimon, »Erklärung einer allgemein bekannten merkwürdigen anthropologischen Erscheinung«. In: *GW*. VII: 521–532, hier: VII: 521.
42 Dies gilt für die Ausgabe von Jakob Fromer (zweite Auflage, München 1911) wie für die Ausgabe von Batscha (Anm. 25).

Widersprüchen lesbar zu machen[43], so daß auch Achim Engstler sich schließlich fragen muß, wieso solch unübersichtliche philosophische Schriften so eindeutige Interpretationen erfahren können.[44] Maimon war sich der scheinbaren Formlosigkeit seiner Arbeiten bewußt, und sein *Philosophisches Wörterbuch* spielt gerade mit dem Gedanken der Organisation, indem es sich an das Alphabet hält, obwohl die Eintragungen vom Anfang (A wie »Aberglaube«) bis zum Ende (Z wie »Zweifelsucht«) Skepsis vermitteln. Trotzdem er in seiner Suche nach Wahrheit um Eindeutigkeit bemüht ist, zeigen seine Schriften eine unübersichtliche Struktur, bei der Zweideutigkeit nicht zu vermeiden ist. Das Lesenlernen der deutschen Sprache erfolgte bei Maimon durch die Analogie, den Vergleich verschiedener Buchstaben. Hierbei, wie bei den Ereignissen seines Lebens, spielt der Zufall eine Rolle. Die Entzifferung der Maimonschen Schriften zeigt ihre Struktur als eine mangelnde Ordnung, bei der das Objekt seines Denkens nur schwer sichtbar gemacht werden kann.

Aber der »Zufall« und die Unordnung können System besitzen. Auch dies hat eine Tradition. Gerade Maimonides' *More Newuchim* ist dafür bekannt, daß es weder eine offensichtliche Struktur noch eine eindeutige Lesart hat. Maimonides' Buch ist eine Explikation der Torah, d.h. des jüdischen Gesetzes. Das Gesetz verbietet es aber, öffentlich erklärt zu werden; nur das private Individuum, das die Analogien und Bilder verstehen kann und politische Weisheit besitzt, kann eine Erklärung erlangen. In seiner Einführung zum Werk Maimonides weist Leo Strauss daher darauf hin, daß Maimonides das Gesetz erläutert, indem er das Gesetz übertritt. Aber obwohl er eine schriftliche Erklärung seiner Geheimnisse gibt, ist dies keine öffentliche, sondern eine geheime Erläuterung. Maimonides versucht seine Geheimhaltung vor allem durch drei Mittel zu erreichen: den vorsichtigen Wortgebrauch, Widersprüche und Kapitelüberschriften, die keiner klar ersichtlichen Regelung entsprechen.[45]

Maimonides hatte mit seinem Buch, obwohl es zum Druck bestimmt war, einen bestimmten Leser im Auge: seinen ehemaligen Schüler Joseph, der sich in der Mathematik und Astronomie hervortat, Maimonides aber vor der Fertigstellung des Textes verließ. Maimonides' *More Newuchim* ist Testament seines Glaubens und seiner Philosophie sowie Trauerarbeit über diese Lehrer/Schüler-Beziehung. Sein neuer Schüler Maimon, ebenfalls an der Mathematik und an der Wahrheitssuche interessiert, bezieht nicht nur eine Skizze der Philosophie Maimonides' in den Text seiner *Lebensgeschichte* ein. Seine Darstellung des Lesenlernens ist selbst von Maimonides geprägt, der das Geheimnis des Gesetzes nur mittels der Analogie und Allegorie vermitteln kann. Maimonides lehrt diese Lektüreweise, indem auch er sich auf die Grenzziehungen des

---

43 Siehe Atlas (Anm. 25), S. 10–11; Max Horkheimer, »Vorlesungen über die Geschichte der deutschen idealistischen Philosophie«. In: Ders.: Gesammelte Schriften X (Nachgelassene Schriften 1914–1931). Alfred Schmidt und Gunzelin Schmid Noerr (Hg.). Frankfurt/M. 1990, S. 81.
44 Engstler (Anm. 33), S. 16.
45 Strauss (Anm. 29), S. xii–xv.

Raumes – nicht auf die geographischen Entfernungen, sondern auf das Innen und Außen dreidimensionaler Sichtweise – verläßt:

> »Der weise Dichter sagt ferner: »Goldenen Äpfeln in silberner Fassung (Maskijot) gleicht ein Wort, das in seinen verschiedenen Bedeutungen gesprochen ist« (Spr. 25, 11). [...] Er will damit sagen, daß das Wort zweierlei Bedeutungen hat, nämlich eine oben aufliegende und eine verborgene. Notwendig muß der offenbare Sinn an Güte dem Silber gleichen, sein eigentlicher Inhalt aber noch wertvoller sein, so daß er im Vergleich zu dem oberflächlichen Sinne sich wie das Gold zum Silber verhält. Notwendig muß aber auch in dem oberflächlichen Sinn etwas sein, was den Betrachtenden auf den eigentlichen Inhalt hinweist, wie dieser goldene Apfel, den man mit einem sehr feinen Silbergeflecht bedeckt hat, so daß derjenige, der ihn von weitem sieht oder nicht genau acht gibt, ihn für einen Silberapfel halten wird. Wenn ihn aber jemand mit scharfem Auge sorgfältig betrachtet, wird ihm der Inhalt deutlich, und er erkennt, daß er von Gold ist. So ist es auch mit den Gleichnissen der Propheten. Oberflächlich betrachtet enthalten sie Weisheit, die für viele Dinge nützlich ist, unter anderem für die Vervollkommnung der menschlichen Gesellschaft [...]; in ihrer Tiefe aber enthalten sie eine Wissenschaft, die dazu dient, die Wahrheit in ihrer eigentlichen Gestalt zur Geltung zu bringen.«[46]

Wie kann diese Lektüre jedoch auf das Gesetz, und spezifisch auf die Zehn Gebote angewendet werden? Die Gründe für die Gebote sind, nach Maimonides, im allgemeinen Nutzen anzunehmen, wie aus dem Verbot zu Töten und zu Stehlen offensichtlich wird (III: 168). Sie waren aber, mit wenigen Ausnahmen, der Tradition nach Salomon bekannt. So mag vielleicht gerade jener andere Salomon, der seinen Schülern im Traum gar als ein Gesetz bringender Moses erschien, sich einem Wissen näher wähnen, das Wahrheit verheißt. Maimonides macht deutlich, daß dieses Gesetz Moses', dessen Wahrheit nur in einem enthüllenden Geheimnis sichtbar gemacht werden kann, sowohl ein soziales Gesetz ist wie das des Individuums:

> »Und das wahre Gesetz, von dem wir auseinandersetzten, daß es nur eines sei und daß es außer ihm kein anderes gebe, nämlich das Gesetz unseres Lehrers Mose, ist uns tatsächlich nur zugekommen, um uns die beiden Vollkommenheiten miteinander zu verleihen, nämlich den vollkommenen Zustand der gegenseitigen Verhältnisse der Menschen untereinander durch die Beseitigung des Unrechtes und die Aneignung guter und vorzüglicher Charaktereigenschaften, so daß dadurch der bleibende Bestand der Bewohner des Landes in einer bestimmten Ordnung begründet ist, damit jeder von ihnen zu seiner ersten Vollkommenheit gelange, und die Vervollkommnung des Glaubens und die Verleihung wahrer Kenntnisse, vermöge welcher er die letzte Vollkommenheit erreicht.« (III: 175).

So scheint es schließlich innerhalb dieser Logik des wahren Gesetzes notwendig, daß Maimons Untersuchungen mit einer Beschreibung der polnischen Verhältnisse beginnen und Sozialbericht und Bildungsroman miteinander verknüpfen. Wie gelangt man jedoch zum Gold?

---

46 Mose Ben Maimon, Führer der Unschlüssigen. 3 Bde. Übersetzt und hg. v. Adolf Weiss (Leipzig 1923–24), I: 13–14.

IV. Entblößung

Während Maimonides zum expliziten »Vater« Maimons und seines Berichtes wird, zeigt seine *Lebensgeschichte* eine Fülle impliziter Zitate, die die Erzählung bisweilen als literarische Collage erscheinen läßt.[47] Zwi Batscha weist darauf hin, daß Maimons Vorrede zum zweiten Teil seines Berichtes, der er die Ausführungen zu Maimonides folgen läßt, einen konfessionellen Charakter trägt; die *Lebensgeschichte* könnte auch als Maimons Rechtfertigung seines Lebens verstanden werden.[48] Betont Rousseau seine Besonderheit als Individuum, so legt Maimon darauf wert, nicht als »großer Mann« betrachtet zu werden:

> »Ich bin zwar kein großer Mann, kein Philosoph für die Welt, kein Possenreißer; habe auch in meinem Leben keine Mandel Mäuse in die Luftpumpe ersticken keine Frösche auf die Tortur bringen, auch keine Männchen durch die Elektrizität tanzen lassen. Aber was thut dieses zur Sache? ich liebe die Wahrheit, und wo es darauf ankommt frage ich selbst nach dem Teufel und seiner Großmutter nicht.« (I: 299)

Maimon beschäftigt sich 1799 mit dem Problem des »großen Mannes« und referiert in diesem Aufsatz auf einen Beitrag des *Magazins*.[49] Beklagt er in der *Lebensgeschichte* seine einfache Herkunft, so weiß der Aufsatzschreiber Maimon, daß große Männer im Adelstande selten sind (II: 512), und daß es große Weiber wohl nicht gibt (II: 513). Der erste große Mann war jedoch Moses. Er war ein *selfmademan* der Aufklärung: »Angeborene Talente, Genie, Bildung (am Aegyptischen Hofe), und Unterricht (in allen Aegyptischen Kenntnissen) gaben zwar die Grundlage zu seiner Größe her; zum großen Manne aber machte er sich selbst« (II: 514–15). Auch Moses' Lebenslauf zeigt eine wechselnde Geschichte, aber er zeichnete sich durch seine Liebe zum Gesetz aus. Maimon findet das Motiv für sein eigenes Leben dagegen in seiner Liebe zur Wahrheit: »Da ich nun die Wahrheit aufzusuchen, meine Nation, mein Vaterland und meine Familie verlassen habe, so kann man mir nicht zumuthen, daß ich geringfügiger Motiven halber, der Wahrheit etwas vergeben sollte.« (I: 299) Wie verhalten sich aber Wahrheit und Gesetz zueinander?

Obwohl das Gesetz Moses' den noblen und ausgezeichneten Charakter verspricht, verlangt Maimons Wahrheit in seiner Darstellung nicht, daß er sich an das Gesetz hält. Tatsächlich beweist seine *Lebensgeschichte* die fortlaufende Transgression jedes Gesetzes wie auch des sozialen Dekorums. Maimons Buch steht in jener anderen, neueren Tradition, in der der Autor seine Schwächen

---

47 Conrad Wiedemann spricht von einer Überführung in die »Fremdverantwortung des Stilzitats« und weist auf Szenen nach Rousseau, Voltaire, Moritz, Hogarth, Sterne, Swift, Fielding, Wieland, Nicolai, Herder und anderer hin; siehe »Zwei jüdische Autobiographien im Deutschland des 18. Jahrhunderts: Glückel von Hameln und Salomon Maimon«. In: Moses, Stéphane und Albrecht Schöne (Hg.), Juden in der deutschen Literatur. Ein deutsch-israelisches Symposion. Frankfurt/M. 1986, S. 88–113, hier S. 108.
48 Batscha (Anm. 25), S. 349–50.
49 Maimon, »Der große Mann«. GW. VII: 481–520; hier: VII: 506–7.

aber auch seine Menschlichkeit hervorhebt: der Bekenntnisse Jean-Jacques Rousseaus.

Rousseau erscheint tatsächlich mehrmals in Maimons Buch und implizit wird in Anspielungen auf seinen Text verwiesen. In den *Confessions* berichtet Rousseau von einer Princesse de Talmont, die von seiner *Nouvelle Héloïse* so eingenommen war, daß sie, in der Lektüre vertieft, vergaß, zu einem Ball zu fahren.⁵⁰ Während Johann Gottlieb Fichte diese Anekdote als ein Beispiel intensiver Lektüre dienen sollte⁵¹, so erreicht die Prinzessin, als Allegorie der Metaphysik, bei Maimon ihren Ball (I: 580–588). In der Erzählung seines Lebens folgt Maimon selbst dem Beispiel Rousseaus, indem er negative Ereignisse und seine negativen Charaktereigenschaften hervorhebt. Will Rousseau aber seine wahre Natur sichtbar machen, so wird die Wahrheit bei Maimon zu einem Objekt, dessen Besitz er lediglich begehren kann. Paradoxerweise ist die von seiner Wahrheitssuche geprägte *Lebensgeschichte*, die nicht zuletzt von der Lektüre Rousseaus angeregt wurde, gerade durch Rousseaus Buch beeinträchtigt. Und wie könnte auch Maimons und seines Textes »Wahrheit« bei dieser Vielfalt von Vätern und Zitaten sichtbar werden?

In seinen einführenden »Aussichten« zur Erfahrungsseelenkunde betont Moritz, der sein Herz nicht entblößen, aber in Herzen eindringen möchte, daß Menschen, die Bücher und insbesondere Romane gelesen haben, für den Menschenbeobachter als Objekte ungeeignet sind. Objekte müssen ihre wahre Natur zeigen können, und die Lektüre dieser Natur wird seitens des Beobachters durch Selbstbeobachtung geschult. Moritz' Argument betont aber den Unterschied der Genres. Während Romane inakzeptabel sind, gelten diese Bedenken nicht für biographische oder autobiographische Berichte. Viele der Beiträge des *Magazins* verbinden eine Darstellung einer »Seelenkrankheit« mit Anmerkungen zum Lebenslauf, und die respektablen »Fakta«⁵² machen auch Autobiographien zu idealen Fallstudien: »Eigne wahrhafte Lebensbeschreibungen oder Beobachtungen über sich selber, wie Stillings Jugend und Jünglingsjahre, Lavaters Tagebuch, Semlers Lebensbeschreibung, und Rousseaus Memoiren, wenn sie erscheinen werden« (III: 89).

Für Moritz findet die von Rousseau für sich geforderte Entblößung bei Maimon schon beim Text an, der buchstabengetreu wiedergegeben werden muß. Maimon, dessen *Lebensgeschichte* sich *Anton Reiser* ebenso wie die anderen von Moritz erwähnten Texte zum Vorbild nimmt, nimmt den Akt der Entblößung dagegen wörtlich. Entblößung wird für ihn zu einer Frage der Kleidung, und er zeigt, daß selbst das Entblößte noch nicht die nackte Wahrheit offenbart. So überreden ihn junge Leute⁵³, seine polnische und orthodox-jüdische

---

50 Jean-Jacques Rousseau, Les Confessions. In: Œuvres complètes. 4 Bde. (ser.) Bibliothèque de la Pléiade. Bernard Gagnebin und Marcel Raymond (Hg.) Paris 1959–1969, I: 547–548.
51 Siehe meinen Aufsatz »A Philosopher's Style: Reading Fichte's ›Geist und Buchstab‹«. In: Taubeneck, Steven (Hg.), Fictions of Culture: Essays in Honor of Walter H. Sokel. New York 1991, S. 117–132.
52 Moritz, »Aussichten« (Anm. 4), hier: III: 91.
53 Maimon erwähnt sie im 13. Kapitel des zweiten Teils der *Lebensgeschichte*.

Kleidung zugunsten einer deutschen Kleidung aufzugeben und sich seinen Bart schneiden zu lassen. Er folgt ihrem Vorschlag. Maimon, der deutsche Philosoph und polnische Jude, wird durch diesen Schritt aber nicht in seinem aufgeklärten Standpunkt bestätigt. Er erscheint Juden wie Nichtjuden nun fremd; sein Körper wirkt sogar jüdischer als je zuvor. Das Märchen scheint sich bei Maimon umzukehren: Die neuen Kleider lassen ihn nackt erscheinen. Die Grenzüberschreitung als Parvenu verunglückt in einer Bestätigung seiner Vergangenheit und einer Identität, die er abzulegen trachtete. Er hat Schwierigkeiten, seine neue Identität sichtbar zu machen und sprachlich zu fassen; trotz aller Worte ist es jetzt Maimon, der taubstumm bleiben muß.

Lazarus Bendavid, dessen Familie Maimon seinerzeit den Aufenthalt in Berlin ermöglichte[54], erwähnt dieses Ereignis in seiner Lobrede nach Maimons Tod, wobei er die »fatale Zwitterstellung«[55] hervorhebt, in welche ihn Maimons Freunde, trotz ihres Wohlwollens, brachten, und die auch die Gefahr mit sich führte, den »innern Maimon« zu verderben. So kann Bendavid auch über Maimons Reue schreiben:

> »So viel weiß ich gewiß, daß selbst sein Aeußeres dadurch sehr verloren hatte, und sein geistreiches Ansehen so karikaturartig und zurückschreckend umgestaltet wurde, daß ich mich, als ich ihn das erstemal in seiner deutschen Kleidung sah, der Frage nicht enthalten konte: was haben Sie da mit sich machen lassen! [...] Als ich ihm dann zeigte, wie viel er verloren habe, wie er nun, als Deutscher gekleidet, auch als Deutscher werde beurtheilt werden, und man an ihm Ansprüche zu machen hätte, die er schwerlich befriedigen könnte, [...] gestand er, daß er zu voreilig gehandelt hätte, beklagte sich über seine Freunde, die ihn zu diesem Schritte getrieben, und versicherte endlich, daß er zur Ausbildung seines Geschmackes nachholen wollte, um seinen nunmehrigen Landsleuten keine Schande zu machen.«[56]

Während Rousseau sein Herz offenbaren und, wie das Motto der beiden Teile seiner *Confessions* zeigt, mit seiner Beschreibung »unter die Haut« gelangen wollte, steht die Kleidung als Haut bei Maimon im Mittelpunkt seiner Überlegungen. Sie selbst ist das Andere, das die analogische Lektüre ermöglicht. Hier stellen sich nicht nur Fragen nach Grenzen und deren Überschreitung, sondern auch die nach dem rechtmäßigen Eigentum. Darf er seine neue Kleidung überhaupt sein eigen nennen?

Es ist sicher kein Zufall, daß der Name Rousseaus gerade dort erscheint, wo es um Kleidung wie um Eigentum geht, nämlich in der Überschrift des achten Kapitels: »Der Schüler weiß mehr als der Lehrer. Ein Diebstahl à la Rousseau, doch wird er entdeckt. Der Gottlose schaft sich an, und der Fromme bekleidet sich damit« (I: 73). Das so überschriebene Kapitel handelt nicht nur von den Abenteuern des Kindes Maimon, sondern auch von der Rivalität mit seinem Bruder Joseph und dem Vetter Beer, die sich mit Offiziersknöpfen schmücken

---

54 Siehe Batscha (Anm. 25), S. 344. Maimon setzt sich mit Bendavids Schriften in »Ueber symbolische Erkenntniß und philosophische Sprache« auseinander, *GW*. II: 270.
55 Batscha (Anm. 25), S. 347.
56 Lazarus Bendavid, »Über Salomon Maimon« (1800). Zitiert nach: Batscha (Anm. 25), S. 347.

möchten. Auch hier wird der Versuch, sich eine fremde Kultur und einen fremden Stand anzueignen, wiedergegeben, bei dem die Brüder in einem Handel die begehrten, glänzenden Knöpfe erlangen. Sein leiblicher Vater erscheint in diesem Kapitel. Er zieht mit seiner Familie in ein neues Haus und in eine neue Gegend, nach Molhilna; in einen Ort, der von einem mit ihm verwandten, aber rivalisierenden Arendanten verwaltet wird. Derselbe Vater, der später den elfjährigen Maimon aus ökonomischen Interessen gleich zwei Mädchen zur Heirat verspricht, sitzt hier salomonisch über seinem älteren Sohn und seinem Neffen zu Gericht, die ihre Knöpfe nicht mit Maimon, dem Jüngeren, teilen wollen. Ein Spruch – »Der Gottlose schaft sich an, und der Fromme bekleidet sich damit« – soll die Situation lösen. Nicht die Bibelstelle, sondern der erlaubte Betrug als Trick stellt die Knöpfe schließlich nicht dem »frommen« Bruder Maimon zu, sondern denen, die sie zuerst erworben hatten. Denn Maimon nähte, so meinen Joseph und Beer, die ihm zugestandenen Knöpfe lediglich mit Zwirnfaden an seine Hose; ein falscher Faden, der getrennt werden muß, und der den erneuten Besitzwechsel ermöglicht.

Maimons erzählerischer Faden läßt diese Anekdote über die Aneignung von Kleidung und Ornament der Erzählung eines Betrugs folgen, der nicht die Sanktion seines Vaters erhält. Auch hier sind »Kleidung« und »Entblößung«, Gewinn und Verlust, eng miteinander verbunden. Maimon berichtet von dem Diebstahl eines Medizinschächtelchens eines reichen Kindes, das Geld enthält. Es geht Maimon jedoch nicht um das Geld, sondern um dessen »Kleidung«, die Schachtel selbst, deren Aussehen ihm gefällt. Die Tat wird, wie Maimon in der Kapitelüberschrift bereits angibt, entdeckt. Kann es aber beim Begehren der Offiziersknöpfe oder der Schachtel jemals um eine geglückte Aneignung eines fremden Eigentums gehen? Bestätigt darüber hinaus nicht der Handel, Geldbesitz, Diebstahl und Betrug das Klischeebild eines Judens, der nicht nur seine Bibel kennt, sondern sich gerade auch im Schacher und der Geldmacherei hervortut?

V. Ökonomie

Vielleicht ist wirklich auch alles eine Frage der Ökonomie. Maimon deutet dies zumindest an, wenn er seine *Lebensgeschichte* nicht nur mit Beschreibungen zur sozialen Lage polnisch Litauens beginnt, sondern besonders auf die Ökonomie seines Großvaters eingeht (I: 7–23). Während Besitzverhältnisse erzählerisch geklärt werden, erscheinen sie gleichzeitig auch unterlaufbar. So sind die Bedienten dafür bekannt, der schlafenden Großmutter Geld aus der Tasche zu ziehen (I: 16–17). Astronomische Modelle und Bücher werden bereits vom jungen Maimon nur heimlich erworben, benützt und dann versteckt. Das Öffentliche, in der Zirkulation Befindliche wird durch private Hand erst einmal unsichtbar gemacht.

Maimons Anekdote des Diebstahls des Medizinschächtelchens, des »einzigen Diebstahls, den [er] in [s]einem Leben begangen« hatte (I: 75), erhält jedoch einen besonderen Status durch die literarische Referenz – »à la Rousseau«. Rousseau erwähnt einen Diebstahl zu Beginn seiner Autobiographie, den er als Kind begangen haben soll. Er wird des Diebstahls eines Kamms angeklagt, den er, wie er behauptet, nicht entwendet hatte.[57] Für Rousseau wird diese falsche Beschuldigung nicht einfach zu einem Anlaß, seine (kindliche) Unschuld zu beteuern, sondern, als erinnerte Geschichte, zur Anregung seiner Bekenntnisse selbst; Überlegungen, die den Begriff der Schuld problematisieren. Der falschen Anklage folgt Rousseaus Fall von seiner Unschuld; die Entblößung seines Herzens, und das Schreiben seines Textes.

Bei Maimon hat dieser Diebstahl eine andere Position. Die Erzählung befindet sich fast in der Mitte des ersten Bandes; sie wird zu einer Anekdote, die bei »Gelegenheit« erzählt wird (I: 75). Sie ist scheinbar weder für sein Leben noch seinen Bericht zentral und ist wirkungslos. Darüber hinaus handelt es sich um keine falsche Beschuldigung. Maimon betont die Überschreitung, die er vom Spiel zu einer Tat unternimmt, die keinem Kind angemessen ist. Es ist außerdem fraglich, ob die Feststellung, daß dies sein einziger Diebstahl gewesen sei, anläßlich der *Lebensgeschichte* Gültigkeit besitzen kann. Aber es mag notwendig sein, Maimons Erzählung ausführlich zu zitieren:

> »Ich ging oft in das Haus des Arendanten und spielte mit seinen Kindern. Als ich einstmals in die Stube kam und keinen darin antraf, (es war Sommerszeit und die Hausleute draußen beschäftigt) erblickte ich in einem offnen Spinde ein niedliches Medicinschächtelchen, welches mir ungemein gefiel. Als ich es aufmachte, fand ich zu meinem größten Leidwesen etwas Geld darin; es gehörte nehmlich einem Kinde vom Hause. Ich konnte der Begierde, das Schächtelchen zu entwenden, nicht widerstehen, das Geld aber zu nehmen hielt ich für höchst schändlich. Da ich aber überlegte, daß man diesen Diebstahl desto leichter entdecken würde, wenn ich das Geld herauslegte, so nahm ich voller Furcht und Schaam das Schächtelchen wie es war und steckte es ein. Ich ging damit nach Hause und vergrub es auf das sorgfältigste. Die Nacht darauf konnte ich nicht schlafen, und wurde besonders des Geldes wegen in meinem Gewissen unruhig. Ich beschloß auch, dieses wieder zurückzubringen; in Ansehung des Schächtelchen aber konnte ich mich nicht überwinden; es war ein Kunstwerk, dessen gleichen ich noch nie gesehn hatte. Den andern Tag leerte ich das Schächtelchen aus, schlich mich damit wieder in die vorerwähnte Stube, und wartete die Gelegenheit ab, bis niemand darin war. Schon war ich damit beschäftigt, das Geld in das Spinde hereinzuprakticiren; ich hatte aber so wenig Geschick dieses ohne Geräusch und mit erforderlicher Behendigkeit zu bewerkstelligen, daß ich noch auf frischer That ertappt, und zum Geständniß des ganzen Diebstahls gebracht wurde. Ich mußte das schätzbare Kunstwerk (das ohngefähr einen Dreier kostete) wieder ausgraben, seinem Eigenthümer, dem kleinen Moses, zurückgeben, und mich von den Kindern des Hauses D i e b nennen hören.« (I: 75–76)

Die möglichen Perspektiven sind entscheidend. Das dem Kind begehrenswerte Kunstwerk mochte schätzbar sein und nicht viel kosten. Der äußere Behälter (die Schachtel) ist Maimon wichtig, und nicht sein Inhalt (das Geld), wie der wahrscheinlich erwachsene Leser meinen könnte. Wiederum handelt es sich

---

[57] Rousseau (Anm. 50), S. 18–19.

um eine Erzählung, die ein Objekt hinsichtlich seines Innern und Äußern differenziert. Im Unterschied zu Maimons deutscher Kleidung ist die Aneignung der Schachtel allerdings ein Akt, der das individuelle Eigentumsrecht heimlich und nicht offensichtlich verletzt. Maimon muß dabei wieder seinen Namen wechseln. Er wird nun von den ehemaligen Spielgefährten Dieb genannt, obwohl er nicht beim Diebstahl selbst, sondern bei der Rekonstitution des entwendeten Geldes ertappt wird.

In Maimons philosophischen Schriften finden sich Überlegungen zum Eigentum. Im *Versuch einer neuen Darstellung des Moralprinzips und Deduktion seiner Realität* versucht Maimon, das »Begehrungsvermögen« zu definieren, das er nicht als von der Handlung, sondern vom Objekt abhängig beschreibt, und das deshalb gut oder böse sein kann.[58] In »Ueber die ersten Gründe des Naturrechts« (1795) schreibt Maimon über das Eigentumsrecht: »Ein jeder Mensch hat das Recht, eine Sache, die nur Einer gebrauchen kann, zu seinem eignen Gebrauche mit Ausschließung anderer zu wollen, unter der Bedingung, daß nicht ein anderer schon vorher geäußert hat, daß er es zu seinem Gebrauche haben will.«[59] Dabei ist es jedoch fraglich, ob Maimons Erzählung nur von einem Ergreifen oder von einem Besitzergreifen spricht; das erstere bezeichnet Maimon nicht als Teil des Eigentumsrechtes, sondern als eine Willensäußerung. Maimon unterscheidet weiter zwischen der »moralischen Befugniß, eine Sache ausschließend zu gebrauchen« und der »physischen Möglichkeit, dies zu tun« (VI: 351). Die erstere nennt er Eigentum, die letztere Besitz. Beide werden nicht nur durch das Eigentumsrecht bestimmt, sondern auch durch einen Sozialvertrag, den Maimon, anders als Rousseau, bereits im »Stande der Natur« (VI: 357) ansetzt, vor der Einrichtung einer bürgerlichen Gesellschaft. Die Moral bestimmt das Verhältnis vernünftiger Menschen zueinander a priori: Dies ist Maimons Antwort zu der Betonung des Individuums in der Philosophie der Aufklärung.

Greifen – Erfassen – Besitzen: Diese Begriffe werden indirekt auch in der *Lebensgeschichte* erläutert, wo es um Pacht, Sklaverei und menschliches Eigentum in seiner Schilderung des polnischen Alltags geht. In seinem Aufsatz zum Eigentumsrecht führt Maimon als Beispiel den geographischen Besitz an, die Kolonialisierung Südamerikas im Namen der spanischen Krone (VI: 339). Für Maimon sind, im Gegensatz zu Rousseau, der Besitzergreifung nichtreklamierten Eigentums keine Grenzen gesetzt:

> »›Aber, sagt Rousseau (Contrat social L. I, cap. IX) auf diese Art kennte der König von Spanien, aus seinem Kabinet, von der ganzen (noch unbesessenen) Welt Besitz nehmen?‹ Hierauf antwortete ich: allerdings konnte er es, und ein anderer könnte es gleichfalls, wenn er es wollte. Wozu würde aber diese Besitznehmung nutzen, da man so viel unmöglich besitzen kann?« (VI: 339 Anm.)

---

58 Maimon, »Versuch einer neuen Darstellung des Moralprinzips und Deduktion seiner Realität«. *GW.* VI: 274–325, hier: VI: 320.
59 Maimon, »Ueber die ersten Gründe des Naturrechts«. *GW.* VI: 327–360, hier: VI: 339.

Kann nun ein Schächtelchen nützen, dessen geringer Umfang »übersichtlicher« ist, das aber gleich in der Erde vergraben wird?

Ein Besitz, solchermaßen versteckt, kann nicht mehr ergriffen, sondern muß begriffen werden. Auch Begreifen stellt eine Besitzesnahme dar. Schon in seiner »Probe rabbinischer Philosophie« (1789) erläutert Maimon den Ausdruck »Ohne Erkennen gibt es kein Begreifen« mit Zitaten Maimonides' wie auch mit Hilfe des Kantischen Systems. Maimon, das Kind, greift nach der Schachtel, aber begreift nicht seine Pflichten. Der Leser jedoch mag dazu angehalten sein, auch diese Anekdote als etwas anderes zu erkennen (und zu begreifen) als eine Erzählung um die Entwendung materiellen Eigentums.

Tatsächlich ähneln Schächtelchen und Geld dem kunstvollen Äußern und dem goldenen Innern des Objektes in Maimonides' Gleichnis. Maimon begehrt das Schächtelchen und sieht es als Kunstwerk: Das, was als Behältnis des Geldes Nutzen besitzt, wird für ihn ein Objekt interesselosen Wohlgefallens. Kant wies in seiner *Kritik* bereits darauf hin, daß Kunst nur dann frei sein kann, wenn es sich von der ökonomischen Zirkulation befreit; der wirtschaftliche Austausch muß ihr fremd sein.[60] Gerade am Geld ist Maimon wenig interessiert. Dies setzt jedoch auch den »Betrug« des Schächtelchens und am Schächtelchen voraus. Als Medizinschächtelchen enthält es Geld. Als Gebrauchsobjekt verspricht es Kunstwerk zu sein.

In seinen *Streifereien im Gebiete der Philosophie* erläutert Maimon ausführlich seine ästhetische Theorie[61], und er geht in Aufsätzen weiter auf sie ein. So beschreibt er in »Ueber die Theodicee« (1791) den Unterschied, den er zwischen der Täuschung und dem Betrug sieht:

> »Täuschen und Betrügen sind also an sich betrachtet voneinander verschieden, indem im Betrügen das Falsche in der Materie oder innern Form, beim Täuschen hingegen bloß in der äußern Form des Gegenstandes angetroffen wird. In Ansehung ihrer Würkung aber sind sie nicht nur von einander verschieden, sondern sogar einander entgegen gesetzt. Beim Betrügen wird der äußere Schein eines Gegenstandes mit Weglassung der innern Kraft wovon die Würkung oder der Nutzen abhängt, beobachtet, beim Täuschen wird im Gegentheil bloß auf die Würkung gesehen, und von den Eigenschaften des Gegenstandes nur so viel beibehalten, als zu dieser Absicht nöthig ist. Wenn man eine falsche Münze für eine ächte ausgiebt so betrügt man, indem jene nicht eben den Nutzen als diese gewähren kann.«[62]

Maimons Betrug scheint schließlich auch darin zu bestehen, das Innere vom Äußeren trennen zu wollen und sich am Äußeren statt am Innern festzuhalten. Während er nur die Schachtel will, so handelt er eigentlich als Künstler, der nach der Täuschung trachtet, und das Werk als Kunstwerk schafft: »Der Künstler kann daher getrost die Täuschung so weit treiben, so weit es nur im-

---

60 Siehe dazu die Ausführungen von Jacques Derrida, »Economimesis«. In: Agacinski, Sylviane und Jacques Derrida, Sarah Kofman, Philippe Lacoue-Labarthe, Jean-Luc Nancy, Bernard Pautrat, Mimesis des Articulations. Paris 1975, S.57–93, hier: S. 58.
61 Maimon, »Ueber die Aesthetik«. In: Streifereien im Gebiete der Philosophie. In: *GW.* IV: 83–198.
62 Maimon, »Ueber die Theodicee«. *GW.* III: 309–331, hier: III: 273.

mer in seinem Vermögen ist, ohne zu besorgen, daß er ihre Grenzen überschreiten werde«.[63] Erklärt sich Rousseau für unschuldig, so ist Maimon in diesem Sinne »scheinbar« unschuldig.

Maimon will nicht die falsche Münze für die echte, sondern die echte für die falsche ausgeben. Täuschung wird hierbei gerade zum Betrug, da Maimon den Inhalt vom Behältnis nicht trennen kann. Die Aneignung des Schächtelchens als Kunstwerk scheitert, und diesmal bietet Maimon dazu eine ästhetische Theorie, die die Ästhetik selbst als Teil der Erkenntnistheorie erscheinen läßt, genauso wie diese von Fragen der Moral, selbst Kantscher Art, nicht frei sein kann.[64] Statt der Forderung nach einem »moralischen Arzt« stellt sich nun die nach einem »moralischen Künstler«. Warum scheint aber die echte Münze Maimon so wenig relevant? Er betont, daß es ihm nicht am Wert des Geldes gelegen war, sondern an dem des scheinbar wertlosen Kästchens. Lenkt der chronisch geldarme Autor hier vielleicht von seinem wirklichen Begehren ab?

Geldmünzen sind nicht nur notwendige Mittel zum täglichen Überleben; bei Maimon erscheinen sie häufig als Beispiele im philosophischen Diskurs, und nicht nur dem der Ästhethik.[65] So versucht er in seiner Erklärung von Attributen im *Philosophischen Wörterbuch* zu beschreiben, nicht wie gold, aber wie »gelb« als Farbe vom Objekt abstrahiert wird[66]; er spricht dort ebenfalls vom »Gedankenkommerz« der Menschen und vergleicht die Sprache mit einer Münze (III: 9—124). Diese Bemerkungen gehen zum Teil auf seinen Aufsatz »Ueber Wahrheit« (1789) zurück, in dem er den Wert der Materie einer reellen Münze von dem Wert des Gepräges in einem Zeichensystem, bei dem auch die Münzen daher reell oder idealisch sein können, unterscheidet.[67] Die idealische und reelle Münze und ihre Differenz dienen Maimon schließlich dazu, Wahrheit zu bestimmen. Wahrheit verbindet die positiven Eigenschaften der reellen Münze (die Wert an sich besitzt) mit dem der idealischen (die ein Wertmaßstab ist):

> »Die Wahrheit vereiniget beyde Vortheile in sich; denn erstlich ist sie der Maaßstab, wodurch das Verhältniß aller Dinge zu einander bestimmt wird; dazu wird sie aber dadurch geschickt, daß sie kein Objekt, das selbst im Verhältniß mit andern Dingen gedacht werden kann, sondern eine bloße Form oder Art, das Verhältniß der Dinge unter einander zu denken, ist, und als eine solche bleibt sie unveränderlich, und ist hierin mit der blos idealischen Münze zu vergleichen. Zweytens, so hat sie auch ausser

---

63 Maimon, »Ueber Selbsttäuschung. In Bezug auf den vorhergehenden Aufsatz«. In: *MzE* (1791). VIII, iii: 38—50, hier: VIII, iii: 45.
64 Friedrich Niewöhner zu Folge setzt Maimon hier den Beginn einer Kant-Rezeption durch jüdische Philosophen, die gerade sich gerade auf eine Erkenntnistheorie beruft; »›Primat der Ethik‹ oder ›erkenntnistheoretische Begründung der Ethik‹? Thesen zur Kant-Rezeption in der jüdischen Philosophie«. In: Vorstand der Lessing-Akademie (Hg.), Judentum im Zeitalter der Aufklärung. (ser.) Wolfenbütteler Studien zur Aufklärung IV. Bremen 1977, S. 119—161, hier besonders S. 127.
65 Vergleiche auch Moritz' *Kinderlogik*; siehe die Diskussion bei Bezold (Anm. 3), S. 22—23.
66 Maimon, Philosophisches Wörterbuch. In: *GW*. III: 1—246, hier: III: 72—3.
67 Maimon, »Ueber Wahrheit«. In: *GW*. I: 599—616.

diesem, in Ansehung ihres unmittelbaren Gebrauchs, nemlich als Vollkommenheit eines denkenden Wesens, einen vollen Werth.« (I: 605–6)

Und Maimon bemerkt dazu, daß er auf diese Weise auf »Kants Princp der Moral gerathen« ist (I: 606) – ein Prinzip, an dem er allerdings auch Kritik übt:

> »Die Kantische Tugendlehre ist, in zweierlei Rücksicht, mangelhaft. Erstlich wird das Wort: Tugend in einer ganz andern Bedeutung genommen, als ihm wirklich in der Sprache zukommt, und Tugend-Lehre mit Pflichtenlehre (sic) verwechselt. Tugend, im weiteren Sinne, ist nichts anders als Vollkommenheit, und im engeren Sinne, Vollkommenheit des Willens, welche in seiner Freiheit (SelbstBestimmung des Subjects) besteht; wovon die Erfüllung der Pflicht eine bloße Folge ist.«[68]

Maimons Diebstahl stellt eine freie Willensäußerung und Handlung dar, steht aber paradoxerweise dennoch dem Ideal des aufgeklärten Menschen entgegen.

Jede Wahrheit ist, nach Maimon, Form und Materie, wobei die Form den allgemeinen Wert besitzt; sie kann als Materie aber nur bei einem bestimmten Individuum Wert besitzen. Münze und Wahrheit erhalten ein zusätzliches Interesse, da sie in einem ökonomischen Verkehr zirkulieren. Maimons Anekdote, Teil seiner *Lebensgeschichte*, die auch ein »Beitrag zur Geschichte der Philosophie« (I: 301) sein möchte, bietet den Diebstahl als Modell eines ökonomischen Verkehrs. Erst am Ende der Geschichte erfährt der Leser aber den Namen des Eigentümers der kleinen Schachtel. Er trägt einen Namen, der dem Leser bereits bekannt erscheinen muß: Moses.

Vielleicht macht dieser Name es erst deutlich, daß der Anekdote des Diebstahls eine besondere Stellung in Maimons Text gebührt. In der *Lebensgeschichte* Maimons ist der Name Moses von besonderer Signifikanz und er erscheint wiederholt. Moses Mendelssohn ist der deutsch-jüdische Philosoph, durch dessen Unterstützung Maimons Kontakte in Berlin erleichtert wurden. Moses Maimonides ist der Autor, der seine Studien förderte und prägte. Beide leiten ihren Namen letztendlich von jenem biblischen Moses ab, der die Gesetzestafeln erhielt, um deren Wissen sich jener neue Salomon – Maimon – bemüht, der auch als ein neuer Moses erträumt wird. Ist die Wahrheit vom Gesetz, und vom jüdischen Gesetz, zu trennen?

Die Verbindung von Diebstahl und Religion wird bereits 1789 in einem einführenden Beitrag des *Magazins* geleistet, in dem Moritz über den Taubstummen Herbst berichtet, der in einer Kirche, als im das Abendmahl versagt wurde, eine Hostie aus der Hostienschachtel stiehlt und den heiligen Wein trinkt. Damit bekräftigt er zur Freude seiner Familie seinen Glauben (7, 1: 8). Bei Maimon steht der Diebstahl gerade im Kontext des Alten Testaments; der symbolische Körper wird zum Körper des Gesetzes. Wie in Maimonides' Buch, so bewegt das Gesetz sich hier im Geheimen. Diese Struktur des Verbergens und der »Schachtelung« wird in der *Lebensgeschichte* selbst wiederholt, in die

---

68 Maimon, »Ueber die ersten Gründe der Moral« (1798). In: *GW*. VII: 452–477, hier: VII: 452.

die Anekdote wie auch Ausführungen zur jüdischen Religion oder zu Maimonides' Text eingebettet sind. Jeffrey Librett liest die Geschichte des Diebstahls als die Darstellung von Maimons verunglückten Versuch, die Form des (jüdischen) Gesetzes zu wahren, während er auf dessen Inhalt verzichten will: Sie wird zu einer Erzählung kultureller Aneignung, die nicht gelingen kann.[69] Aber nicht nur die mißlungene Trennung von Form und Inhalt ist in Maimons Geschichte bedeutsam, sondern auch die Zusammenführung der begehrten Wahrheit (der Münze) mit dem zurückgewiesenen jüdischen Gesetz (das Moses gehört).

VI. Akkulturation

Maimons Liebe zur Wahrheit mag mit dieser Zurückweisung und dem Verlust beginnen. Die Struktur seiner Suche und seiner Erzählung setzt nicht nur die Aneignung, sondern vor allem den Verlust voraus. Die Erzählung jenes doppelten Diebstahls (die Bestohlenen sind Moses und Maimon) sowie des gescheiterten Diebstahls (der Trennung der Schachtel von ihrem Inhalt) wiederholt letztendlich das Thema von Aneignung und Gewinn, Entwendung und Verlust, das sich auch in den Geschichte der Offizierknöpfe des deutschen Kleides zeigt. So wird schließlich auch Maimons Feststellung hinsichtlich seines Lebensziel in dieser Dialektik von Gewinn und Verlust deutlich: »Da ich nun die Wahrheit aufzusuchen, meine Nation, mein Vaterland und meine Familie verlassen habe [...].« Vielleicht ist diese *Lebensgeschichte* nicht nur der Bericht über das zu erringende Bildungsgut, sondern ebenso Trauerarbeit. Diese Trauerarbeit zeigen auch viele Beiträge des *Magazins*, steht dort doch gerade die Darstellung und Beschreibung der Melancholie im Vordergrund.[70]

Der Melancholie kann nicht entgegengewirkt werden, nicht einmal durch die Wahrheit selbst. In seinem Aufsatz »Ueber Wahrheit« beschreibt Maimon Wahrheit als eine Medizin für den Geist (I: 616), und somit gehört sie tatsächlich in ein »Medicinschächtelchen«. Maimon, der einst von der Berliner jüdischen Gemeinde angehalten wurde, Arzneiwissenschaften zu studieren (I: 499) und ein *Magazin* für Seelenarzneikunde ediert, befindet sich jedoch nur auf der Suche nach Wahrheit, niemals wirklich in ihrem Besitz. So ist es auch letztendlich unmöglich, an eine Therapie zu denken. Dies gilt schließlich jedoch für die »Patienten« des *Magazins* ebenso wie für den Schriftsteller der *Lebensge-*

---

69 Jeffrey Librett, »Improprieties: Theft as a Model of Cultural Consumption in Salomon Maimon's *Lebensgeschichte*«. Vortrag auf der Konferenz der Midwestern Modern Language Association (November 1991); ich danke dem Autor für die freundliche Übersendung des Manuskriptes.
70 Hans Joachim Schrimpf, Karl Philipp Moritz. (ser.) Sammlung Metzler 195. Stuttgart 1980, S. 45; siehe auch Hans-Jürgen Schings, Melancholie und Aufklärung. Melancholiker und ihre Kritiker in Erfahrungsseelenkunde und Literatur des 18. Jahrhunderts. Stuttgart 1977.

schichte. Lothar Müller zeigt, daß Therapie nicht der Gegenstand einer zeitgenössischen analytischen Biographie sein kann.[71]

Die Struktur von Gewinn und Verlust wird schließlich auch an der Sprache sichtbar, deren Lehre ja mit Maimons Verständnis der Philosophie identisch ist. In der *Lebensgeschichte* verweist Maimon auf seinen Aufsatz »Was sind Tropen?« (1789), der in den Anhang seines *Versuchs* (1790), »Ueber symbolische Erkenntniß und philosophische Sprache«, aufgenommen wurde (I: 303–17). Dort verweigert er den meisten Ausdrücken einen »Grenzübertritt«. Anders als es die herkömmliche Meinung will, stellen Tropen nicht die Übertragung der Bedeutung eines »wörtlichen« Ausdrucks dar. Die Differenz zwischen einem »wörtlichen« und einem »figurativen« Ausdruck scheint Maimon in den meisten Fällen nicht gegeben, da beiden Ausdrücken die gleiche Bedeutung gemein ist. Librett weist darauf hin, daß das Problem von wörtlichem Ausdruck und Metapher bei Maimon lediglich verschoben wird, indem nun beide als Metapher einer dritten, »wörtlichen«, transzendentalen Bedeutung erscheinen. Als weiterer Akt der Entwendung kann der metaphorische Ausdruck buchstäblich werden, indem der buchstäbliche Übertragung des Transzendentalen wird.[72] Wie kann die Maimonsche *Lebensgeschichte* dann in ihrer »Buchstäblichkeit« Authentizität beweisen?

Auch für die (Wieder)herstellung dieser Authentizität gibt es kein Pharmakon. Dem Wunsch nach der Heilung einer Sprache, die sich nicht anders ausdrücken kann als in Analogien, obwohl ihr die Tropen abgesprochen werden, und nach einer Wahrheit, die sich jedoch nur als allegorische zeigt, steht auch ein Konzept von Identitätsbildung und Sozialisation bei, das im Prozeß einer Akkulturation sich das Andere nicht aneignen, nur als Metapher sichtbar machen kann. Das Kleid der Sprache entspricht dem deutschen Rock. Bereits in seiner Diskussion der Fabeln wie der Kabbala äußert Maimon jedoch den Wunsch, die Wahrheit nicht anschaulich, sondern pur, nicht als analogische Lektüreübung, sondern vom kleidenden Zeichen entblößt zu sehen, wobei die Suche nach deutschen Büchern nicht nur eine Suche nach »Kultur«, sondern nach der Wahrheit ist, die vom Bild gereinigt wurde. Das Bilderverbot der jüdischen Tradition wird dabei aber zu einem Gebot, die Wahrheit als im Bild geborgen zu sehen. Der Frage, ob dieses Bild Kunstwerk oder nützliches Objekt ist, ist Maimon in der Anekdote des Diebstahls nachgegangen.

Die Wahrheit, die im sprachlichen Bild geborgen ist, scheint von zeitlichen Veränderungen unabhängig zu sein. Bereits Maimons *Lebensgeschichte*, die ohne Daten auskommt, weist aus, daß es Maimon weder um einen faktischen Bericht geht noch um eine Darstellung von Geschichtlichkeit. Trotz des Hinweises auf die Verhältnisse der Juden in Polen fordert Maimon keine bürgerlich-rechtliche Emanzipation, die historisch lokalisiert sein muß, sondern geistige Freiheit. In ihrer Studie zu »Aufklärung und Judentum« betont Hannah

---

71 Lothar Müller, Die kranke Seele und das Licht der Erkenntis. Karl Philipp Moritz' Anton Reiser. Frankfurt/M. 1987.
72 Librett (Anm. 69), S. 5.

Arendt die Relevanz der Trennung von Vernunft- und Geschichtswahrheiten in der Aufklärung:

> »Diese Trennung ist deshalb so überaus wichtig, weil sie die innerhalb der Geschichte zufällige Assimilation legitimieren kann; sie braucht dann nur als fortschreitende Einsicht in die Wahrheit, nicht als Angleichung und Rezeption einer bestimmten Kultur in einem bestimmten und damit zufälligen Geschichtsstadium zu erscheinen.«[73]

Conrad Wiedemann verweist auf Arendts Ausführungen im Kontext seiner Studie zu Maimon, die Maimon als einen »vorbehaltlos« dieses »Grundmuster« akzeptierenden Juden sieht.[74] Arendt führt ihr Argument jedoch noch weiter. Für sie geht in der Aufklärung die Wahrheit verloren, »man will sie nicht mehr. Wichtiger als die Wahrheit ist der Mensch, der sie sucht« (108 – 9). »Und was ist dem Menschen wichtiger, als der Mensch?« fragt Moritz im *Magazin*. Im Falle Maimons wäre dann die Autobiographie, die Beschreibung seiner Suche nach Erkenntnis, wichtiger als die Erkenntnis selbst. Gerade diesem müßte Maimon jedoch widersprechen, da die Tatsache, wer er ist, nicht nur seine Suche, sondern auch die Wahrheit, die er vermitteln kann, bestimmt. Sie muß in Sprache gefaßt werden.

Diese Sprachabhängigkeit geht nicht nur aus der *Lebensgeschichte* hervor, sondern auch aus einem letzten, dritten autobiographischen Fragment, »Salomon Maimon's Geschichte seiner philosophischen Autorschaft, in Dialogen. Aus seinen hinterlassenen Papieren« (1804).[75] In einem Gespräch besteht der Verfasser darauf, nicht nur ein repräsentierender »Darsteller« des Judentums zu sein, wie Moritz ihn bezeichnet hatte, sondern, eine Geschichte für sich fordernd, »jüdischer Nation« (VII: 628) – die gleiche, die er in der *Lebensgeschichte* zu verlassen suchte. Der »Rezensent« bemerkt, daß er dies, wie die Rezeption der Mendelssohnschen Schriften bewies, nicht anführen müsse. Maimon, der »Verfasser«, fährt jedoch fort:

> »Ueber das Factum mag ich mit Ihnen nicht streiten. Doch bitte ich, zu bemerken, daß erstlich Mendelssohn zu einer, zu seiner Zeit herrschenden Partei gehörte, zweitens daß er in seinen Schriften das Utile mit dem Dulci vortrefflich zu verbinden wußte; drittens, daß er sehr politisch war, und mit gewissen Personen und Sachen sehr säuberlich umging; welches Alles bei gegenwärtigem Verfasser der Fall nicht seyn möchte.« (VII: 629)

Auf die Frage, warum er in die »Umständlichkeit« (VII: 630) verfalle, seine persönliche Geschichte wiederzugeben, antwortet Maimon:

> »Damit Sie die Muttersprache des Verfassers kennen lernen. Sie ist, wie es sich leicht aus dem Vorhergehenden ergibt, ein Gemisch aus der hebräischen, griechischen, deutschen und slavonischen Sprache; so, daß die Grundwörter der einen Sprache nicht selten in ihrer Zusammensetzung den Regeln der andern Sprache, und zuweilen

---

73 Hannah Arendt, »Aufklärung und Judenfrage«. Die verborgene Tradition. Acht Essays. Frankfurt/M. 1976, S. 108–126, hier: S. 108.
74 Wiedemann (Anm. 47), S. 105.
75 Maimon, »Salomon Maimon's Geschichte seiner philosophischen Autorschaft, in Dialogen. Aus seinen hinterlassenen Papieren« (1804). In: *GW*. VII: 627–648.

gar keinen Regeln folgen. Man kann sich also leicht denken, wie wenig eine solche Sprache zum Ausdrucke völlig bestimmter Begriffe geschickt ist, und wie man nur durch Hypothesen und Versuche den Sinn einer Rede nach und nach enträthseln kann; und wie eine solche Sprache zum wissenschaftlichen Vortrag, wo Alles auf deutliche und völlig bestimmte Begriffe ankommt, gänzlich untauglich ist.« (VII: 630)

Dem neuen Vaterland kommt die Muttersprache nur bedingt entgegen. Wird die Sprache selbst auch nicht als historisch veränderlich dargestellt, so ist sie doch dem Wechselkurs des Kommerzes unterworfen. Die individuelle Sprache tritt in Kontrast zu anderen Sprachen und zeigt sich bisweilen, gleich einem Körper, mißgebildet und mangelhaft. Gerade da alle Philosophie letztendlich Sprachphilosophie ist, zeigt Maimons Sprache die Grenzen jeglichen Bemühens nach Akkulturation – der Person wie der Philosophie.

Wie bei den Tropen, die Maimon nicht als Transgression sieht, oder als die Übernahme einer Bedeutung durch ein anderes Wort, sondern als ein »zugleich«, so betont er dieses »zugleich« auch hinsichtlich seiner Philosophie. Maimon bemerkt etwa in seinem Aufsatz »Erklärung des Wortes: Ohne Erkennen gibt es kein Begreifen durch Maimonides«: »Daß diese Erläuterung nicht erzwungen ist, hoffe ich, wird mir jeder, der sich auf der einen Seite das Kantische System, auf der andern Seite aber die Hebräisch-philosophische Sprache unsers Autors, geläufig gemacht hat, sicher eingestehn.«[76] Maimon, die Person, und Maimon, der Philosoph, gefallen sich in dem einerseits – andererseits, das wie die beiden Seiten des in seinen mathematischen Beispielen häufig zitierten Dreiecks auf seine eigene, verbindende Basis wartet.

Maimons Schritt, dem buchstäblichen und dem figurativen Ausdruck eine gemeinsame Bedeutung zuzusprechen, mag die Argumentationsweise der Aufklärung wiedergeben, die schließlich auch das »Menschliche« in verschiedenen Menschen erkennen will. Arendt deutet in ihrer Diskussion Lessings bereits darauf hin: »Weil dieses Menschliche wichtiger ist als aller ›Besitz der Wahrheit‹, gibt der Vater in der Fabel von den drei Ringen jedem Sohn einen Ring, ohne zu sagen, welcher der echte sei, so daß damit der echte verloren ist.« (109) Maimon hingegen, auf der Suche nach der Wahrheit, setzt diese als höchstes »Objekt« an die Stelle der Humanität. Dadurch macht er gerade deutlich, wie begrenzt der Begriff einer alles verbindenen Humanität für ihn und seine *Lebensgeschichte* anwendbar ist, trotz Moritz' Insistenz, in Maimon das Beispielhafte zu erkennen.

Maimon besteht gerade auf dem Gegenteil. Er ist anders. Die Trennungslinien zwischen ihm und den Anderen (frommen Juden, säkularen Christen) müssen sich immer von Neuen zeigen. Maimon verlangt nach Kultur und lehnt eine Akkulturation ab. Seine Philosophie, an Kant und Maimonides geschult, wendet sich gegen die rabbinische Orthodoxie. Aber er verweigert sich auch den Schritten, die für eine Anpassung an die deutsche, säkulare Welt letztendlich hilfreich wären. Er protestiert nicht gegen die Unterlassung der stilistischen Korrekturen seiner Schriften. Der einzige Versuch, sich taufen zu lassen,

---

76 Maimon, »Probe Rabbinischer Philosophie«. In: *GW*. I: 589–597, hier: I: 597.

den Maimon in seiner *Lebensgeschichte* erwähnt, scheitert, da er dem Pfarrer keine ausreichende religiöse Überzeugung bieten kann (I: 519–525). In seiner Darstellung der Philosophie Maimonides' in der *Lebensgeschichte* erwähnt Maimon einen doppelten »Diebstahl«, »Die Krähe wird der von anderen Vögeln gestohlnen Federn beraubt oder Verneinung der positiven Eigenschaften Gottes« (I: 32), um zu zeigen, daß positive Eigenschaften Gott unwesentlich sind, und daß diese den endlichen Wesen belassen werden müssen. Maimon scheint sich dieser Federn zu bedienen; in seinem Zimmer läßt er Vögel ohne Käfig fliegen.[77] Beruflich gefällt sich Maimon darin, feste Anstellungen im voraus abzulehnen und zieht ihnen die eher präkere Wanderschaft vor.[78] Maimon bemerkt selbst, daß er, anders selbst als Mendelssohn, weder ökonomisch noch sozial angepaßt ist und sein will – und zu dem Bild des aufgeklärten Juden lediglich die Karikatur bieten kann.

Ernst-Peter Wieckenberg weist darauf hin, daß sich unter den Autoren des *Magazins* eine ungewöhnlich große Anzahl jüdischer Schriftsteller befinden; so neben Maimon auch Herz und Bendavid.[79] Moritz' Seelenschau schien für jene religiöse und soziale Unterschiede aufzuheben, die sich nun als »psychologische Außenseiter« oder experte Beobachter des Anderen einfinden konnten. In seiner *Anthropologie* wird Kant später schreiben, daß gerade die Selbstbeobachtung eine Identitätskrise fördern kann.[80] Auch anderen Juden, die sich mit ihren Federn eine Autorenschaft erschrieben und gleichzeitig selbst zu »Fallstudien« wurden, war die Maimonsche Erfahrung von Aneignung und Verlust nicht fremd.

Ein Beitrag des *Magazins* mag hierbei als Beispiel dienen. Er handelt von der Schwierigkeit, sich als »Grenzgänger« mit einer Trennung (nicht der Harmonie) von Körper und Geist zurechtzufinden. Bendavid berichtet im neunten, von Maimon edierten Band, ebenfalls unter der Rubrik »Seelennaturkunde«, von einer »Sonderbare[n] Art des Trübsinnes«.[81] Dem Autor wurde 1783 ein junger jüdischer Mann aus K(önigsberg) empfohlen; der Stadt, in der Maimons Vater Geschäfte machte und die Kant als seine Heimat pries. Der junge Mann bildete sich ein, der Sohn eines Prinzen zu sein. Schlaflose Nächte und unregelmäßiges Essen sowie die Tendenz, sich wenig bekleidet zu zeigen,

---

77 Batscha (Anm. 25), S. 377.
78 Im September 1794 schreibt Maimon einen Brief an Johann Wolfgang Goethe, indem er diesen um eine Pension bat, aber eine feste Anstellung ablehnte. Siehe Brief und Diskussion in Günter Schulz, »Salomon Maimon und Goethe«. In: Vierteljahresschrift der Goethe-Gesellschaft XVI (1954), S. 272–288.
79 Ernst-Peter Wieckenberg, »Juden als Autoren des *Magazins zur Erfahrungsseelenkunde*. Ein Beitrag zum Thema ›Juden und Aufklärung in Berlin‹«. In: Hahn, Barbara und Ursula Isselstein (Hg.), Rahel Levin Varnhagen. Die Wiederentdeckung einer Schriftstellerin. (ser.) LiLi Beiheft 14. Göttingen 1987, S. 128–140.
  Nicht alle Autoren des *Magazins* sind bislang eindeutig identifiziert worden, siehe Hans Joachim Schrimpf, »Das *Magazin zur Erfahrungsseelenkunde* und sein Herausgeber«. In: Zeitschrift für deutsche Philologie 99 (1980), S. 161–187.
80 Immanuel Kant, Anthropologie in pragmatischer Hinsicht. In: Ders.: Werke 12 Bde. Wilhelm Weischedel (Hg.). Frankfurt 1964, XII: 399–690, bes. XII: 415.
81 Lazarus Bendavid, »Sonderbare Art des Trübsinnes« (1792). In: *MzE*. IX: 67–85.

bilden weitere Merkmale seiner Krankheit. Bendavid hält es für notwendig, die Insistenz des jungen Mannes hinsichtlich seiner Herkunft in wörtlicher Rede wiederzugeben:

> »Ha! erwiderte er, Sie glauben wahrscheinlich auch, daß der Jude in H. mein Vater sei? ich bin nicht von jüdischen Eltern, wenigstens nicht von einem jüdischen Vater gezeugt worden. Ich trage auch das Kennzeichen eines Juden an meinem Körper nicht; und das schützt mich, das L., den Sie kennen, und der mir ähnlich sieht, sich nicht für mich ausgeben kann, so gern er auch wollte.« (IX: 80)

Bendavid kommentiert diese Aussage, indem er dem von Moritz geforderten beobachtenden Spiegel einen konkreten hinzufügt:

> »Ich muß hier anmerken, daß ich ihn oft genug nackt gesehn, und mich von der Falschheit dieser seiner Behauptung zu überzeugen, mehr als eine Gelegenheit gehabt hatte. Aber erklärbar ward mir dadurch, weshalb er so gern nackt vor dem Spiegel stand, und sich stets mit einer Art von Selbstzufriedenheit in demselben erblickte.« (IX: 80)

Bendavid stellt Maimons Geschichte aus Mohilna die des Produktes eines Mohels zur Seite; der männliche jüdische Körper zeigt die Spuren der Beschneidung. Die »Wahrheit«, die Bendavid zu erkennen, und das Bild, das der junge Mann zu sehen scheint, stimmen nicht überein. Wie bei der divergierenden Sichtweise des Kindes und des Erwachsenen Maimon hinsichtlich des Diebstahls, so ist auch hier die Perspektive entscheidend. Handelt es sich bei dem jungen Mann um eine Seelenkrankheit, die der Erfahrungswissenschaft offensteht, oder um ein Körperleiden?

Auch ein ganzer Körper muß erst imaginiert werden. Maimon schreibt in seiner *Lebensgeschichte*, daß die Aufklärung nicht »auf der Erlangung neuer Kenntnisse und Wissenschaften beruht; sondern vielmehr auf Wegschaffung [...] falsche[r] Begriffe« (I: 415). Sie ist eine Reparaturarbeit. Für den Mann in Bendavids Geschichte wird diese Arbeit von seiner Seelenkrankheit geleistet. Auch ihm wird ein Übertritt zum Christentum verweigert, da er zwar Christ werden will, die Taufe aber zurückweist (VII, iii: 84–85). Es ist dieser »Wahnsinn« jedoch, der die Aufklärung ernst nimmt. Der Berliner Jude und Mendelssohn-Schüler David Friedländer erklärte in seinem »Sendschreiben einiger jüdischer Hausväter« 1799, daß er den Übertritt der Berliner Juden zum Christentum befürworte, wenn diese als eine Vernunftreligion zu verstehen sei. Auch sein Angebot zur Taufe wurde vom Adressaten, Probst Teller, abgelehnt.

Bendavids junger Mann arbeitet mit einer Relation von Körper und Geist, von Außen und Innen, die von seiner Perspektive her Moritz' Diktum der Erfahrungsseelenkunde umkehrt: Denn es ist der Körper, der ihm nicht nur den Beweis seiner Identität erbringt, sondern an dem auch, hier als Mangel eines Mangels erfahren, das jüdische Gesetz festgeschrieben und sichtbar gemacht wird. So kann auch bei ihm der menschliche Körper zum Zeugen werden – für das täuschende Bild im Spiegel, das zum Betrug gerät. Er wird nicht zuletzt Zeuge für eine versuchte Akkulturation, die weder durch die Einbildung der Geisteskrankheit, noch durch die Bilder der Erfahrungsseelenkunde ermöglicht werden kann.

Diskussionsbericht

FRIEDRICH VOLLHARDT (Hamburg)

Zu den entscheidenden Herausforderungen für die Anthropologie des 18. Jahrhunderts gehörte das Auseinanderbrechen des cartesianischen Paradigmas. In der Naturlehre vom Menschen – und hier insbesondere in der anatomischen und physiologischen Hirnforschung – ließ sich die Frage nach dem ›ganzen Menschen‹ nicht länger mit den tradierten Vorstellungen einer *unio mentis ac corporis* beantworten. Die Suche nach Modifikationen und neuen Konzepten für die Erklärung der humanen Doppelnatur verzweigte sich in verschiedene Gebiete des medizinischen, physiognomischen, naturphilosophischen und evolutionstheoretischen Wissens. Die genauere Beobachtung psychischer Krankheiten und die Untersuchung ihrer möglichen Therapie trug zur Erweiterung dieses Wissens bei, das in den verschiedenen Gebieten jeweils zu einer ›Totalisierung‹ strebte, die Einheit der immateriellen und körperlichen Natur des Menschen aber nicht mehr im Sinne der älteren philosophischen Entwürfe fassen konnte.

Die Diskussion des zweiten Tages näherte sich diesem Kernproblem von verschiedenen Seiten, wobei die pragmatischen Aspekte der anthropologischen Debatten, die traditionsreichen Fragen nach der Konditionierung des menschlichen Verhaltens, mitbedacht wurden – ebenso wie die am Ende des 18. Jahrhunderts neu gestellten, etwa die nach den Möglichkeiten und dem Mißlingen der Akkulturation.

Die genannten Motive wurden zunächst am Beispiel der hirnanatomischen Forschung diskutiert, die um 1800 einen dramatischen Umbruch erlebt. Mit dem von Kant verfaßten Nachwort zu Samuel Thomas Soemmerings Schrift *Über das Organ der Seele* (1796) wird der von Descartes gesetzte Bezugsrahmen auch für die medizinische Forschung obsolet; die von Kant schon früher eingeleitete Auseinandersetzung mit der cartesianischen Seelenlehre gewann nun auch im Bereich der ›philosophischen Anatomie‹ entscheidende Wirkung. Der empirische, durch Präparationen zu leistende Beweis eines im Gehirn lokalisierten Seelenorgans wird funktionalen und strukturellen Betrachtungen nachgeordnet – das gesamte Hirn wird als ein (individuelles) Organ aufgefaßt. Mediziner wie Johann Christian Reil interessieren sich für die Verhaltensweisen und das Handeln des Menschen in seinen Alltagsformationen, die auf die Funktionsweise des Gehirns bezogen werden sollen. Der integrative Ansatz forderte eine Argumentation auf verschiedenen Ebenen, die nicht miteinander verbunden werden konnten: Einer psychologischen (Erfahrungsseelenkunde), einer zerebralen (Physiologie) und der eigentlich anatomischen.

Im Rahmen dieses Forschungsprogramms sind auch die anatomischen Leistungen Franz Joseph Galls in der Phase zwischen 1800 und 1810 zu würdigen, die durch die von ihm angestoßene Phrenologie-Diskussion in den folgenden Jahrzehnten verdeckt wurden. Die wissenschaftshistorische Rekonstruktion hat sich vor der Trennung des Gallschen Werkes in einen esoterischen bzw. exoterischen Teil zu hüten, soll die Genese wie die – keineswegs zu verharmlosende – Wirkungsgeschichte seiner Schädellehre adäquat verstanden werden.

Die Gehirn- und Schädellehre des 19. Jahrhunderts lieferte mit der Betonung der physiologisch-funktionalen Gestalteinheit des Menschen eine Replik auf die physiognomischen Konzepte, die in den siebziger Jahren des 18. Jahrhunderts mit dem analogen Versuch einer Darstellung dieser Einheit scheiterten, insofern sie nur »Fragmente« (Lavater) einer Theorie anzubieten wußten. Das gilt sowohl für das qualitative, auf die Sichtbarmachung des ›inneren Menschen‹ bezogene Verfahren Lavaters wie für das quantitative, auf die Erhebung von Daten ausgehende Konzept Lichtenbergs. Die beiden gegenläufigen Formen der Untersuchung sind sich einig in der Ablehnung der klassischen physiognomischen Theorien, in denen die Deutung von Signaturen nur als ein Wiedererkennen von andernorts bereits gegebenen Zeichen betrieben wird, wodurch sich allenfalls eine metaphysische Gesamtheit kosmischer Korrespondenzen, nicht aber das Bild einer ›Gesamtgestalt‹ des Menschen hervorbringen läßt. Während Lavater diesen darstellungslogischen Mangel durch eine symbolisch-topographische Betrachtungsweise aufzuheben versucht, setzt Lichtenberg auf die kalkulierende Erfassung des physiognomischen Zeichens, das in einem ›Atlas‹ realistisch abzubilden und zu verorten ist, womit zugleich seine Greifbarkeit konstruierbar wird (in diesem Zusammenhang lassen sich auch die in den *Sudelbüchern* benutzten technischen Metaphern verstehen). Statistische Verfahren, die sich auf humane Befunde anwenden lassen, finden sich hier vorgeprägt. Mit der Anthropometrie der Tradition haben sie eine ebenso lose Verbindung wie die neuere Physiognomik mit den Kosmos-Anthropos-Vorstellungen. Lavater hat die Physiognomik als ein Programm des ›Erkennens des Erkennens‹, als eine Sensibilisierung der *Gestalt*erkenntnis, mithin als Wissenschaft zu begreifen versucht. Die Lesbarkeit einzelner Zeichen – das wurde in der Diskussion vermerkt – tritt dahinter zurück, nur unter bestimmten Bedingungen läßt sich beispielsweise noch auf ihre moralische Valenz schließen. Einzelne Wissenselemente der Überlieferung, etwa die in der christlichen Anthropologie verankerte Vorstellung der menschlichen Gottebenbildlichkeit, werden im Dienst des ›Erfahrungstrainings‹ bewußt trivialisiert. Aus diesem und anderen Gründen erscheint die auf neue Wahrnehmungs- und Schreibweisen ausgerichtete Physiognomie als nicht komplex genug, sie argumentiert im Blick auf die Gesamtgestalt vorschnell und steht damit – so die Kritik Lichtenbergs – der zu entwickelnden anthropologischen ›Lektüre‹ des Menschen im Weg. Der mit dem Wahrscheinlichkeitskalkül befaßte Mathematiker entwickelt jedoch seinerseits nur reduktive, eben fragmentarische Angebote einer solchen Darstellung.

Es stellte sich die Frage, inwiefern die Physiognomik Verfahrensweisen entwickelt hat, die mit der Lektüre in den Textwissenschaften gleichzusetzen sind, obwohl ihren Gegenständen – den Körpern – die Form der Verschriftlichung fehlt. Im 18. Jahrhundert läßt sich hier das Nebeneinander oder genauer: die schrittweise Ablösung zweier Paradigmata erkennen. Es vollzieht sich eine Bewegung vom Schattenriß zur Mimik, von der Deutung der statischen Silhouette (die nicht als Text, sondern eher als ein ›mantisches Templum‹ zu begreifen ist) zum expressiven Gesicht, dem bereits die akademische Kunstdiskussion des späten 17. Jahrhunderts (Charles Lebrun) bedeutende Studien gewidmet hat. Die Mimikforschung verfährt experimentell, sie macht sich anatomische Erkenntnisse über die Gesichtsmuskulatur zunutze und geht mit der daraus entwickelten Experimentenreihe selbst in die Naturwissenschaften ein. Zugleich beerbt sie die Lehren einer ›klugen Menschenkenntnis‹, die Interaktionen auf ihre Bedeutung hin untersuchten – auch dies ein Vorgang der ›Lektüre‹. An die Stelle solcher Bemühungen tritt die (begriffliche) Abstraktion von allein sechs humanen Gemütszuständen, deren mimischer Affektausdruck sich festlegen läßt: ein letzter Zug von Universalität in der sich differenzierenden Wissenschaft vom Menschen. Die Physiognomik wird durch das versinnlichte Wissen über die Affekte codiert, die Ausdruckslehre in entsprechenden Registern aufbewahrt. Der mimische Code, der den Begriff des ›Textes‹ ersetzt, findet dabei einen Vorläufer in den Temperamentenlehren so wie sich die Tendenz zur Universalisierung des mimischen Ausdrucks bereits in den semiotischen Theorien des Mittelalters und der frühen Neuzeit beobachten läßt. Demgegenüber bleibt die Phrenologie des 19. Jahrhunderts einem statischen, an der scala naturae orientierten Modell verpflichtet; sie beschreibt ihre Befunde in einem Argumentationsrahmen, welcher sich der Hominiden-Psychologie verdankt und damit auf einen sozialen Kontext verweist, der sich von der Geschichte der Mimik und Ausdruckskunst signifikant unterscheidet.

Daß die wissenschaftliche Beobachtung literarisiert wird, ist nicht nur auf die schriftstellerische Individualität eines Autors zurückzuführen; das narrative Moment kennzeichnet nicht allein die physiognomische ›Lesekunst‹ Lavaters. Eine ähnliche Tendenz zeigt sich auch in der reichen Quellenliteratur zum animalischen Magnetismus, Somnambulismus, Elektrizismus und verwandten Heilkonzepten, die im 18. Jahrhundert das Problem der psycho-physischen Doppelnatur des Menschen thematisierten. Die literarisch ambitionierten Fallgeschichten, die wir heute als psychotherapeutische Szenarien begreifen, nehmen hier eine prominente Stellung ein. Darüber hinaus haben die Motive der Magnetopathie Eingang auch in die Bildbereiche der ›schönen Literatur‹ gefunden (die Figur der Ottilie in Goethes *Wahlverwandtschaften* bildet dafür das prominenteste Beispiel). Drei Aspekte dieses anthropologischen Diskurses wurden eingehend diskutiert: Seine Modernität im Vergleich zu den magischen Praktiken der Überlieferung; die in mehreren Wellen verlaufende Aneignung und Kritik der neuen wissenschaftlichen Erklärungsmuster und medizinischen Behandlungsmethoden; schließlich die Wechselbeziehung zwischen der Körperwahrnehmung des Patienten und der auf die Psyche gerichteten ärztlichen Intervention, wie sie in den Aufzeichnungen zu den Krankheitsverläufen beschrieben wird.

Der ›Entdecker‹ des animalischen Magnetismus, Franz Anton Mesmer, folgte bei der Betrachtung der fluiden Materie nicht mehr dem Analogieprinzip – hier liegt der Unterschied zu den spirituellen und okkultistischen Deutungen der Tradition (Paracelsus) –, sondern dachte in der Nachfolge Newtons vornehmlich mechanizistisch; die Anziehungskraft des Magneten ließ sich mit Hilfe des Gravitationsgesetzes ›erklären‹, seine therapeutische Wirkung blieb gleichwohl Gegenstand von Spekulationen und zirkulär entwickelten, in Experimenten immer neu korrigierten Annahmen. Schon die Zeitgenossen haben daher nach den neuplatonisch-hermetischen Zügen der Theorie Mesmers gefragt, um ihn als Aufklärer, als der er sich selbst verstand, zu diskreditieren. Seine Gegner identifizierten eine Tradition magnetischer Heilverfahren und stellten eine Ahnenreihe auf, die über Paracelsus, Goclenius, Fludd, van Helmont und Kircher bis hin zu dem schottischen Arzt William Maxwell reicht, der 1679 in seiner *Medicinae magneticae* mit der Wirkungskraft eines neuplatonisch verstandenen Welt-Geistes ein Allheilmittel entdeckt zu haben glaubte.

Zumindest mit den Lehren Athanasius Kirchers war Mesmer seit seinem Studium an der Jesuitenuniversität Dillingen (1750–1754) vertraut. Die Forschung zur Anthropologie des 18. Jahrhunderts hat die auffallenden Entsprechungen zwischen Mesmers System und den iatromagischen Modellen der genannten Autoren bestätigt. Hier wie dort handelt es sich um monistische Vorstellungen, die den anticartesianischen Impuls eines auf Einheit, Harmonie und Partizipation zielenden Weltverständnisses teilen. Aufgrund dieser Homologien wurde sowohl eine materialistische wie idealistische Reformulierung des Systemkerns vorstellbar. Diese Konvertierbarkeit erklärt auch den doppelten Umschlag, mit dem magische Denkformen der barocken Medizin zuerst bei Mesmer im mechanistisch-newtonianischen Gewand auftreten und später mühelos in eine spekulative Interpretation seiner Lehre integriert werden können. So beruft sich der romantische Naturphilosoph Carl August von Eschenmayer in einer 1816 erschienenen Schrift in positiver Weise auf den ›siderischen Leib‹, um Phänomene des animalischen Magnetismus zu erklären, und für Johann Karl Passavant (*Untersuchungen über den Lebensmagnetismus und das Hellsehen*, 1821) ist der Magnetismus selbstverständlich wieder eine magische Kraft.

Die vielgestaltige Auslegungsgeschichte des Magnetismus hat ein Pendant in seiner politischen Instrumentalisierung, die zu vergleichbaren Kontroversen führte. Mesmers Popularität im katholischen Deutschland beruhte nicht zuletzt auf der Indienstnahme seiner Lehre im Kampf gegen einen die Autorität der Kirche gefährdenden, mit wachsendem Zulauf praktizierten Exorzismus und Dämonenglauben; auch im protestantischen Deutschland galt Mesmer als ein ›Retter der Aufklärung‹. Seine Verbindung mit dem Katholizismus – er wurde zum Mitglied der Bayerischen Akademie der Wissenschaften ernannt – brachte ihn jedoch zugleich in den Verdacht, Parteigänger einer rückschrittlichen Politik zu sein (›Jesuitenverschwörung‹). Darüber hinaus wurde der Mesmerismus mit den Geheimbünden der Rosenkreuzer und Illuminaten assoziiert, womit seine unbestimmbare Macht über die Freiheit des menschlichen Willens in einer neuen, nun eher negativen Sicht erschien.

Die Versuche der experimentellen und vor allem der therapeutischen Anwendung des tierischen Magnetismus blieben davon unberührt. Die aufgezeichneten Krankengeschichten geben dem heutigen Leser Aufschluß über die internen Bedingungen wie den äußeren Verlauf der psycho-somatischen Behandlung. Folgende Momente sind hervorzuheben: Die Magnetiseure suchten bewußt nach theoretischen Konzepten wie sie beispielsweise die Experimental-Seelenlehre bereitstellte, um die in der therapeutischen Situation gewonnenen Erfahrungen zu interpretieren – die stark literarisierten Fallgeschichten bildeten ein Ergebnis dieser Bemühung; auf der Seite der somnambulen Patienten wurden die von dem Magnetiseur ›ausgehenden‹ Licht- und Strömungsempfindungen in einer (die Materie) reinigenden Weise, kurz als kathartisches Erlebnis wahrgenommen; die eigene Rede über den Krankheitsverlauf (›Reifungskrise‹) prognostizierte die schließliche Gesundung; das sich allmählich vergrößernde Bildpotential der somnambulen Visionen, das Anwachsen symbolischer Anordnungen und szenischer Darstellungen nähert die durch die Magnetkur induzierten Phantasmen zunehmend der Literatur an; in der romantischen Spätphase verselbständigen sich die Metaphern, die Falldarstellungen entfernen sich von der protokollarischen Redeweise und zugleich wird der Körper mit weitaus geringerer Aufmerksamkeit wahrgenommen.

Die Authentizität der diskursiven Redeweise ist damit generell in Zweifel zu ziehen. Zu fragen ist, ob den vom Therapeuten übermittelten Berichten tatsächliche ›Leiberfahrungen‹ entsprechen und inwieweit diese wiederum durch das soziale Rollenverhalten präformiert sind. Die Ströme- und Strahlenmetaphorik ist vielfach vorgeprägt und dem Modell des ›Durchbruchs‹ zur Gesundung entsprechen zahlreiche kulturelle, vor allem religiöse Standards; diese werden jedoch – hier deutet sich ein Wandel der Therapiekonzepte an – zu anamnestischen Zwecken eingesetzt: der Arzt versteht sich als Aufklärer, der von dem somnambulen Patienten erst ›in Erfahrung‹ bringen muß, was ihm fehlt. Der rituelle, wenn nicht gar kultische Charakter der Sitzungen läßt sich mit Hilfe psychoanalytischer Begriffe (Übertragung, Gegenübertragung) deuten, wobei allerdings zu fragen bleibt, inwieweit nicht schon unsere Rekonstruktion der (literarischen) Falldarstellungen durch die heute geläufigen Theoreme auf ein solches Verständnis festgelegt wird.

Mit der Entdeckung der Elektrizität sah Johann Wilhelm Ritter, einer der Begründer der romantischen Naturphilosophie, die Einlösung der von Mesmer nur angedeuteten Ursachenerkenntnis gekommen. Seine ›Feuerwissenschaft‹ war von Kant inspiriert (die in den *Metaphysischen Anfangsgründen der Naturwissenschaft* vorgenommene Behandlung der Chemie und Äthertheorie blieb in Aporien stecken) und beruhte zugleich auf Experimenten, die mit Selbstsicherheit und Erkenntniszuversicht durchgeführt wurden (sie erscheinen bisweilen wie eine Antwort auf den Konjunktivspezialisten und Skeptiker Lichtenberg); die Abhängigkeit von (spät-)aufklärerischen Programmen zeigt sich auch in dem Versuch, die Ergebnisse der Experimentalphysik in die Sprache Herders zu übertragen. Der Galvanismus beraubt den Menschen seiner exklusiven Stellung in der Kette der Wesen, verschafft jedoch eine Vorstellung von der zwischen Mensch und Natur bestehenden Einheit: Auf der Suche nach einer Synthetisierung wandert die von Ritter inaugurierte »dynamische Theorie« durch die in verschiedene Disziplinen zerfallene Naturwissenschaft – eben hierin bestehe ihre anthropologische Aussage.

Der romantische Naturphilosoph setzte sprachliche Bilder bewußt ein, um das Anliegen der ›kommenden Wissenschaft‹ zu verdeutlichen. Dem Interpreten wird die Aufgabe der Bedeutungszuschreibung wesentlich erleichtert; wo diese erst nachträglich vorgenommen wird, steht er vor oft nur schwer oder gar nicht zu lösenden Problemen. Das ist der Fall bei der Betrachtung von Metaphern, über die der sexuelle Masochismus als ein nach 1800 bei Schiller, Fichte oder Wilhelm von Humboldt auftretender ›diskursiver Effekt‹ beschreibbar werden soll. Eine solche Metaphernanalyse setzt voraus, daß die untersuchte Metaphorik eine in sich selbst konsistente topische Geltung aufweist; deren präzise Beschreibung ist anhand von Begriffspaaren wie ›Aktivität/Passivität‹ oder ›Verzicht/Unterwerfung‹ jedoch kaum möglich, da es sich hier um eine Elementarmetaphorik handelt, die in nahezu allen Texten jeder beliebigen Epoche auftritt. Erst mit der Überführung in eine Argumentationsanalyse, die ihren Ausgang von der im späten 18. Jahrhundert vieldiskutierten Epigenesis-Lehre nimmt – unter epigenetischen Vorzeichen wird das Geschlechterverhältnis notwendig problematisch –, wird der Ansatz der Untersuchung plausibel; noch immer strittig bleibt dann jedoch (z. B. in Kants *Kritik der reinen Vernunft*) der wissenschaftslogische Status der herangezogenen Epigenesis-Lehre.

Das Verlangen nach Ganzheit und die Schwierigkeit, zu einem Ich zu finden, erhöht sich, sobald nicht mehr nur das Verhältnis von Geist und Körper thematisiert wird, sondern auch das (als Metapher verstandene) Kleid, das den Körper bedeckt: Der Jude Salomon Maimon hat in seiner Lebensgeschichte diesen anthropologischen Diskurs – es ist der einer scheiternden Akkulturation – inszeniert. Maimon greift dabei auf literarische Muster zurück, die Rousseau in seinen autobiographischen Schriften entworfen hatte; ähnlich wie Moritz ›dokumentiert‹ er mit der Aufmerksamkeit auf das scheinbar Nebensächliche – immer wieder geht es um die »Aneignung« des Fremden, und sei es durch Diebstahl – die Zwänge, denen ein Außenseiter unterworfen ist. Mit der Veröffentlichung eines exemplarischen, ja ethnographischen Textes, der nur scheinbar dem individuellen Lebenslauf folgt, wird (vom Autor, nicht von der Gesellschaft) das Angebot der Integration ausgesprochen. Maimon versteht sich nicht wie Rousseau als ein Beobachter der Menschheit, sondern als Vertreter einer Gruppe.

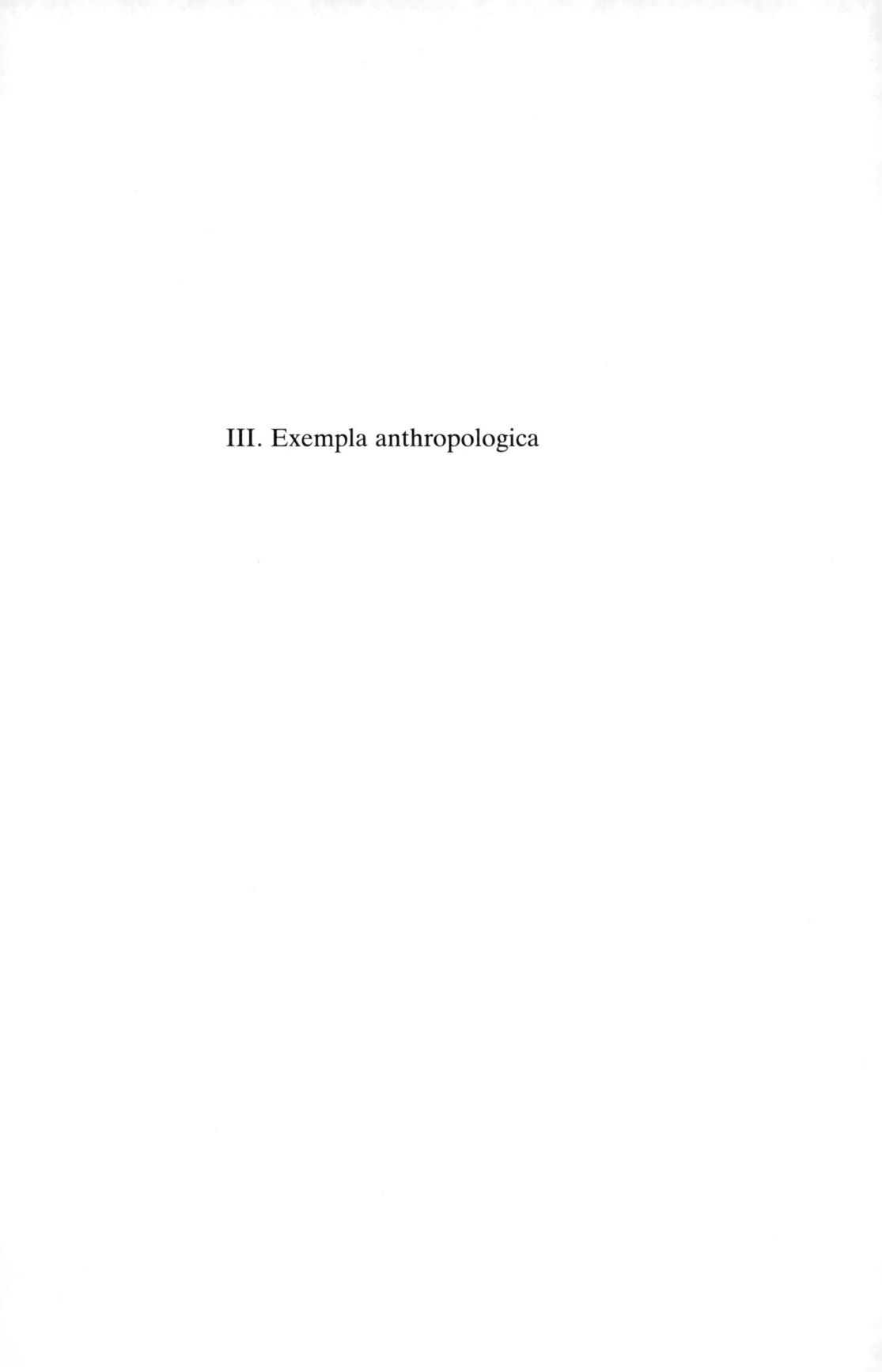

III. Exempla anthropologica

Einführung

HANS-JÜRGEN SCHINGS (Berlin)

Exempla anthropologica – der dritte Tag sollte Gelegenheit geben, die Arbeit der neuen »Anthropologen« am »Zusammenhang der tierischen Natur des Menschen mit seiner geistigen« an signifikanten Fällen zu beobachten, Haupt- und Lieblingsmotive also ins Auge zu fassen, herausragende Interessenfelder, Entdeckungen, überraschende Konsequenzen, Verfahrensweisen. Versteht sich, daß die ›Topik‹ des Ausschreibungstextes dabei keinen Anspruch auf einen Pflichtkatalog machen wollte. Für Orientierung immerhin hat sie gesorgt. Durchaus zwanglos ließen sich den ›einschlägigen‹ Beiträgen schließlich auch noch die Vorlagen zu den anthropologischen Reisenden, fiktiven und realen, zuordnen, die zunächst ihren Platz in der vierten Sektion finden sollten. Auf der Hand liegt gleichwohl die Gefahr, daß der Eindruck des puren »Aggregats« entstehen mag, des »fragmentarischen Herumtappens«, das schon Kant der ihm nicht sonderlich sympathischen Hauptrichtung der zeitgenössischen Anthropologie vorgehalten hatte. Ein Forschungsfeld, das in großen Teilen noch vermessen werden muß, kann freilich solchen Vorwurf ertragen. Doch auch ohne »die Vollständigkeit der Titel, unter welche diese oder jene [...] beobachtete Eigenschaft gebracht werden kann«, auch ohne »die Einheit des Plans«, die Kant für sich in Anspruch nehmen konnte, hat es genügend »Veranlassungen und Aufforderungen« gegeben, die Topoi der Anthropologie «zu einem eigenen Thema zu machen, um sie in das ihr gehörende Fach zu stellen; wodurch die Arbeiten in derselben sich von selbst unter die Liebhaber dieses Studiums verteilen« und »wodurch dann«, um Kants Worte aus der Vorrede zur *Anthropologie in pragmatischer Hinsicht* zu unseren Gunsten zu wenden, »der Wachsthum der gemeinnützigen Wissenschaft befördert und beschleunigt wird«.

Wiewohl sich die Vorlagen dieses Tages gegen jede Systematik sträuben, fehlen ihnen doch nicht einheitstiftende Tendenzen. Die erste: alle Beiträge (mit einer Ausnahme) richten den »Symbiosenappetit« der Anthropologie (O. Marquard) entschieden auf das Feld der Ästhetik, der schönen Künste, der Literatur. Das war erwünscht und alles andere als Zufall, wird solchermaßen doch die Partnerschaft ansichtig, das gemeinsame Interesse an jene Rehabilitation der Sinnlichkeit (P. Kondylis), das die Geschichte von Anthropologie und Kunst, in Theorie und Praxis, seit der Mitte des aufgeklärten Jahrhunderts bestimmt und verbindet.

Zu Recht steht deshalb Herder an der Spitze der Verhandlungen dieses Tages – der Anwalt der »menschlichen Philosophie«, der »Philosophie der Menschheit«, der vielleicht ingeniöseste Anthropologe seiner Zeit, den vielseitige Kompetenz, verblüffende Einstellungen des Blickwinkels und Kühnheit der Argumentationsgänge geradezu zum Ideal- und Wunschautor eines Anthropologie-Symposions erheben. Kein Wunder, daß Herder in nahezu allen Beiträgen dieser Sektion präsent ist. Herder hat seinen historischen Ort nicht zuletzt, ja vornehmlich im Rahmen der physiologisch-psychologischen Anthropologie, der er nun freilich eine theologische Prägung zu geben versteht, die dem Hauptstrom nicht folgt. Das letzte Wort dazu ist keineswegs schon gesprochen. Herder-Forschung und Anthropologie-Forschung hätten sich jedenfalls viel zu sagen.

Rigoroser und provokanter könnte es kaum zugehen als in Herders »Kritik der Sinne« (Goethe), in seiner Fundamentalästhetik des Gefühls. Tasten, Greifen, Fühlen als ästhetischer Ursprungsakt – Sehen hingegen als Komplizin einer dekadenten Aufklärung: die Vorlage Mülder-Bach geht dieser »neuen Logik« bis in ihre Subtilitäten nach, ohne die Gewaltsamkeiten zu verschweigen, mit besonderem Akzent auf dem ästhetikgeschichtlichen Stellenwert von Herders plastischer Theorie der »imaginären sinnlichen Praxis«. Dunkelheit und Blindheit als bevorzugte Bezirke der Ursprünglichkeit, der Authentizität: die Vorlage Utz mustert den aufklärungsfeindlichen Diskurs der Aufklärer über das Blinden-Problem mit seinen literarischen Folgen, eine Motivgeschichte der Blindheits-Umwertung bis hin zu Hölderlin. Der Wille der Aufklärung zum Licht gerät so in beiden Vorlagen ins Zwielicht – ein Indiz mehr für die hartnäckige Neigung der Anthropologen zum ›Anderen der Vernunft‹.

Die Vorlage Häfner macht ihre ästhetischen Konsequenzen nicht explizit. Nicht schwer wäre es freilich, die Linien auszuziehen. Von Bonnets Neurophysiologie führt ein deutlicher Weg zu Herder. Von den reizbar-elastischen Nervenfibern aber ist es nicht weit auch zu einer Physiologie der literarischen Empfindsamkeit; das empfindsame Bildfeld der schwingenden, vibrierenden Nerven-Saiten kann seine Herkunft aus der Nervenlehre der physiologischen Anthropologie nirgends verleugnen.

Die Vorlage Riedel rückt einen Pionier der Anthropologie ins Licht, dessen Prestige unter harschen und prominenten Verdikten in aestheticis besonders gelitten hat – Johann Georg Sulzer. Auch Riedel stößt zu einer Ästhetik der Empfindungen vor, in der überraschenden Gestalt einer Ästhetik der Musik, eines ›Ut musica poesis‹. Eher noch mehr verblüfft die Vorreiterrolle, die Sulzer für das Konzept einer ästhetischen Erziehung zuerkannt wird. Schon hier orientiert sich solche Erziehung der Empfindungen physiologisch und moralisch am ganzen Menschen. Manipulation indes nimmt dabei den Platz ein, den Schiller der Freiheit vorbehält.

Ästhetische Erziehung: die Vorlage Zelle dringt ins Zentrum des Schillerschen Entwurfs ein, der ohne die Anregungskraft der neuen Anthropologie gar nicht zu denken ist. Versöhnung oder perennierender Dualismus, der ganze oder der zwiespältige Mensch, das Schöne mithin oder das Erhabene – worauf läuft die ›vollständige‹ ästhetische Erziehung zu, welches Konzept behauptet sich in letzter Instanz? Zelle unterläuft die harmonistischen Ansichten der ästhetischen Erziehung, besteht auf der Sprengkraft des Erhabenen, legt Schiller auf eine Notstandsmoral fest, die dem utopischen Wunsch nach dem Schönen zuletzt doch nicht trauen kann und so den Rangstreit der beiden ästhetischen Grundmächte zugunsten des Erhabenen entscheidet.

Auf die besondere anthropologische Kompetenz des Romans macht die Vorlage Engel aufmerksam. Schwärmeranalysen gehören zu den beliebtesten Operationen einer angewandten, dezidiert aufklärerischen Anthropologie. Hier konnte sie ihre physiologisch-psychologischen Befunde ideologiekritisch ausmünzen, am ›Leitfaden des Leibes‹ Vorurteilskritik inszenieren. Seit Wieland bemächtigt sich der Roman dieses Verfahrens, wird darüber geradezu zum ›anthropologischen Roman‹. Engel zeigt, wie die Nachfolgegattung, der Bildungsroman, mit diesem Erbe verfährt. Pathogenesen und Schwärmerkuren verkehren sich in Rehabilitationen der Enthusiasten.

Reiseromane, Reiseberichte: auch die Vorlagen Esselborn und Neumann bewegen sich zum guten Teil auf dem Feld einer literarisch gewordenen Anthropologie, wenn auch auf verschiedenen Wegen. Anthropologischer Möglichkeitssinn hier, in den Reisefiktionen der Franzosen und Engländer. Ein wissenschaftlich aufgezäumtes Beobachtungs- und Überprüfungsprogramm dort, in Forsters Südseebericht, gewiß einer der faszinierendsten Sonderformen anthropologischer Prosa.

Neben solchen Transgressionen in die ästhetische Theorie und in die Literatur sorgt, eher untergründig, doch sehr wohl spürbar, die problematisierende Behandlung des Begriffs ›Anthropologie‹ für Zusammenhang und Würze dieses Tages. Dabei handelt es sich weniger um die Distinktion des Begriffs, um seine engere oder weitere Fassung, um seine Spannweite zwischen physiologischer, pragmatischer oder auch ethnologischer Variante. Vielmehr war es die Leitformel vom ›ganzen Menschen‹, deren vermeintlich harmonische Suggestionen Widerspruch hervorriefen, kritische Negationen, Abschattungen ins Dunkle. Mag das methodisch gemeinte Konzept der aufgeklärten Anthropologen damit auch mißverstanden worden sein – dem Mißverständis verdankt sich ein fruchtbares Unruhepotential, das Spannungen freisetzt, einen Problemdruck anzeigt, dem sich in der Tat auch die Anthropologie der »Achtzehnjahrhunderter« nach ihren optimistischen Anfängen sehr bald ausgesetzt sah. Das Mißtrauen der Beiträger blickt ganz zu Recht hinter die Fassaden der Begriffshistorie.

Wohlgemuter Offensivgeist noch konnte Wielands Hippias die Maxime eingeben: »Je besser wir die Körperwelt kennenlernen, desto enger werden die Grenzen des Geisterreichs.« Glücklich die Materialisten vom Schlage des Lamettrie oder Helvétius; konnten sie doch auf den Leib setzen – wie die angegriffenen Platoniker auf den Geist. Das nicht selten polemische Desinteresse an den metaphysischen Konstruktionen des commercium mentis et corporis bahnt zwar neue Wege zum Entwurf des ›ganzen Menschen‹, beseitigt damit aber nicht die alten Probleme. Wielands Agathon, der seinen Platonismus einbüßt, ohne dafür den glückverheißenden Sensualismus seines sophistischen Mentors eintauschen zu können, verkörpert mit der Wende zur Anthropologie zugleich das, was man die anthropologische Krise nennen könnte. Die neue Durchlässigkeit der Grenzen zwischen homme physique und homme moral hebt diese doch nicht oder nur in radikalen Extremfällen auf. Und der forschende Blick in das Dunkel der ›Körperwelt‹ klärt nicht nur auf, buchstäblich, er erzeugt in der Faszination neue Ängste. Die Weimarer Kritik am pathologischen Einschlag der (Kantschen) Anthropologie kommt nicht von ungefähr. Das Postulat des ›ganzen Menschen‹ erledigt wohl die anachronistisch gewordene Rede, nicht aber die Erfahrung vom ›unseeligen Mittelding von Vieh und Engel‹. Es ist sogar dazu geeignet, sie zu verschärfen. Auch dafür gibt Schiller das Beispiel.

Von einer enthusiastischen und einer skeptischen Linie der Anthropologie spricht Wolfgang Riedel. Kein anderer repräsentiert die enthusiastische wie Herder, in der Sache wie in Denkstil und Sprachgestus. Auch Lavater gehört hierher. Aber sie bilden eher Ausnahmen, beide noch von theologischen Interessen befeuert. Sonst stellt die ›Entdeckung des Unbewußten‹ die Weichen auf pessimistische Skepsis, bereitet sie schon in der Mitte des aufgeklärten Jahrhunderts jene »Achsendrehung« (G. Simmel) vor, jenes ›Acheronta movebo‹, das über Schopenhauer zu Freud führen wird.

Ein »frommes« und ein »schwarzes Menschenbild« spielt auch Carsten Zelle gegeneinander aus – auf dem paradigmatischen Kampfplatz von Schillers Ästhetik. Für die schwarze Einfärbung des commercium hatte Schiller ja schon früh die Formel vom »Gott«, »in eine Welt von Würmern verwiesen«, gefunden. So kommt man nicht daran vorbei, die Doppelästhetik des Schönen und des Erhabenen als Widerstreit anthropologischer Optionen zu lesen, als unaufgelösten, wohl unauflösbaren Widerspruch, in dem, wie es scheint, schließlich doch der alte Dualismus das letzte Wort behält.

Auch sonst läßt sich der schwarze Faden ausmachen: im aufklärungswiderständigen Blindheits-Diskurs, wie ihn Peter Utz vorstellt; im aggressiven Mißtrauen gegen die gerade entdeckten und aufgewerteten ›unteren Seelenkräfte‹, wie es Manfred Engel am Beispiel der Schwärmerdebatte vorführt; in den fiktionalen Albträumen, die Hans Esselborn (neben den Wunschträumen) mustert; selbst noch in den von der Empirie erzwungenen Rücknahmen Rousseaus, die Michael Neumann für Forster geltend macht.

Soweit der Versuch, auf Ordnungsstiftung erpicht, Leitfäden (nicht nur die schwarzen) für die Diskussion des dritten Tages vorzuschlagen. Es versteht sich, daß die Vorlagen in ihrer prallen Sachhaltigkeit sich gleichwohl nicht gängeln lassen und dem Gespräch ihre je eigenen Bahnen vorzeichnen.

Eine »neue Logik für den Liebhaber«:
Herders Theorie der Plastik

INKA MÜLDER-BACH (Berlin)

I.

In Herders *Viertem Kritischen Wäldchen* (1769) und in seinen Schriften zur *Plastik* (1769/1770; 1778)[1] treten Malerei und Bildhauerei ebenso weit auseinander wie Poesie und bildende Kunst im *Laokoon*. Haym hat das *Vierte Wäldchen* darum ein »Seitenstück« zu Lessings Untersuchung genannt.[2] Doch Herder stellt den Unterscheidungen Lessings nicht bloß eine weitere an die Seite, sondern er stellt das ganze Projekt der Abgrenzung der Künste auf eine neue theoretische Grundlage. Hatte Lessing den einzelnen Künsten Regeln der Darstellung nach Maßgabe ihres Zeichenmaterials vorschreiben wollen, so ordnet ihnen Herder »eigenthümliche erste Begriffe« (SW IV, 54) nach Maßgabe ihres

---

1 In der Ausgabe Suphans (Johann Gottfried Herder: Sämtliche Werke. Hg. Bernhard Suphan. 33 Bde. Berlin 1877ff. Repr. Nachdruck Hildesheim 1967; im folgenden zitiert als: SW mit Band- und Seitenzahl) umfassen die Schriften zur *Plastik* folgende Texte: Die aus dem Nachlaß edierten »Studien und Entwürfe zur *Plastik*« (SW VIII, 88–115), die ebenfalls nachgelassene *Plastik* von 1770 (SW VIII, 116–163) sowie die 1778 veröffentlichte *Plastik* (SW VIII, 1–87), zu der Herder notierte: »Geschrieben größtentheils in den Jahren 1768–70«. Die »Studien und Entwürfe« sowie die *Plastik* von 1770 schließen zeitlich und sachlich unmittelbar an das zu Lebzeiten Herders nicht veröffentlichte *Vierte Kritische Wäldchen* an, das erstmals 1846 in dem von seinem Sohn herausgegebenen *Lebensbild* erschien. Der Titel des ersten Textes der »Studien und Entwürfe«: »Von der Bildhauerei fürs Gefühl« ist derselbe, unter dem Herder im *Journal meiner Reise im Jahre 1769* die Disposition einer umfangreichen Abhandlung festhielt (vgl. SW IV, 444f.), in deren Umkreis auch die Aufzeichnungen »Zum Sinn des Gefühls« (ca. 1769) gehören, die Hans Dietrich Irmscher erstmals aus dem Nachlaß edierte (Aus Herders Nachlaß. In: Euphorion 54 (1960), S. 281–294, hier: 286–290). Zur Entstehungs- und Editionsgeschichte der genannten Texte vgl. ausführlicher: Irmscher: Aus Herders Nachlaß, S. 282ff. und Irmscher: Zur Ästhetik des jungen Herder. In: Sauder, Gerhard (Hg.): Johann Gottfried Herder 1744–1803. Hamburg 1987 (Studien zum 18. Jahrhundert, Bd. 9), S. 43–76, hier: 56f.
  Zitate aus dem *Vierten Wäldchen*, dem *Journal meiner Reise im Jahre 1769* und den Schriften zur *Plastik* werden im fortlaufenden Text mit Band- und Seitenangabe der SW belegt.
2 Rudolf Haym: Herder nach seinem Leben und seinem Werk. Bd. 2. Berlin 1885, S. 69.

Erfahrungssinnes zu. Erst dieser systematische Neuansatz macht es möglich, die bildenden Künste kategorial voneinander zu scheiden und dabei zugleich in eine neue Rangordnung zu bringen: »Malerei ist nur fürs Auge, Bildhauerei fürs Gefühl« (SW IV, 443), so hält das *Journal meiner Reise im Jahre 1769* in knapper Zusammenfassung die »Entdeckung« des *Vierten Wäldchens* fest, die in den nachfolgenden Studien zur *Plastik* ausgearbeitet wird.

Die 1778 veröffentlichte Schrift trägt den Untertitel: »Einige Wahrnehmungen über Form und Gestalt aus Pygmalions bildendem Traume«. Damit wird implizit nicht nur das Kriterium benannt, nach dem Herder den Wettstreit der Künste entscheidet, sondern auch die Tradition, in der seine theoretischen Bemühungen um die Plastik stehen. Indem er aus »Pygmalions bildendem Traume« berichtet, legt er zugleich den Traum aus, in den Winckelmann sich vor den schönen Statuen der griechischen Helden und Götter verlor. Hatte Winckelmann in den »Gedancken über die Nachahmung« gefordert, man müsse, um ihren Anspruch zu genügen, mit den Werken der Antike vertraut werden »wie mit seinem Freund«[3], so führt er in der »Beschreibung des Apollo« vor, wie sich unter dem ›freundschaftlichen‹ Blick des Betrachters der tote Marmor in einen lebendigen Gott verwandelt:

> »Mit Verehrung scheint sich meine Brust zu erweitern und zu erheben, wie diejenige, die ich wie vom Geiste der Weissagung aufgeschwellet sehe, und ich fühle mich weggerückt nach Delos und in die Lycischen Hayne, Orte, welche Apollo mit seiner Gegenwart beehrete: denn mein Bild scheint Leben und Bewegung zu bekommen wie des Pygmalions Schönheit.«[4]

Mit diesem Ausruf betritt Pygmalions Statue die Bühne der zeitgenössischen Kunsttheorie.[5] Ihr Auftreten signalisiert einen neuen, gesteigerten Begriff der

---

3 Johann Joachim Winckelmann: Gedancken über die Nachahmung der Griechischen Werke in der Mahlerey und Bildhauerkunst. In: Ders.: Kleine Schriften, Vorreden, Entwürfe. Hg. Walther Rehm. Berlin 1968, S. 27–59, hier: 30

4 Winckelmann: Beschreibung des Apollo im Belvedere. In: Ders., Kleine Schriften, S. 267–268, hier: 268. Vgl. zu Winckelmann in ›pygmalionischer‹ Perspektive den vorzüglichen Aufsatz von Oskar Bätschmann: Pygmalion als Betrachter. Die Rezeption von Plastik und Malerei in der zweiten Hälfte des 18. Jahrhunderts. In: Kemp, Wolfgang (Hg.): Der Betrachter ist im Bild. Kunstwissenschaft und Rezeptionsästhetik. Köln 1985, S. 183–224.

5 Die Betonung liegt hierbei auf »Kunsttheorie«. Denn nicht nur war Pygmalion bereits in der ersten Hälfte des 18. Jahrhunderts zu einem der beliebtesten Motive der Kunst, Literatur und Musik avanciert; auch die Bühne des französischen Materialismus hatte sich natürlich längst mit zahlreichen bewegten, empfindenden und denkenden Statuen bevölkert. Die Rezeption ist inzwischen verschiedentlich zusammenfassend dargestellt worden. Vgl. John L. Carr: Pygmalion and the *Philosophes*. The Animated Statue in Eighteenth Century France. In: Journal of the Warburg and Cortauld Institute 23 (1960), S. 239–255; Hans Sckommodau: Pygmalion bei Franzosen und Deutschen im 18. Jahrhundert. Wiesbaden 1970. Zur Motivgeschichte im engeren Sinn vgl. Heinrich Dörrie: Pygmalion. Ein Impuls Ovids und seine Wirkungen bis in die Gegenwart. Opladen 1974; Annegret Dinter: Der Pygmalion Stoff in der europäischen Literatur. Rezeptionsgeschichte einer Ovid-Fabel. Heidelberg 1979 (Studien zum Fortwirken der Antike Bd. 11).

Illusion und, ineins damit, ein neues, gesteigertes Selbstbewußtsein des Betrachters. Der illusionären Metamorphose, in der die »Beschreibung des Apollo« kulminiert, eignet ein irreduzibles sinnliches Moment, das sie von allen rationalistischen Begriffen der Illusion als »Intuition« oder »anschauende Erkenntnis« unterscheidet. Während Intuition eine reine Vorstellung meint, die die Sinnlichkeit des Werks als bloße zeichenhafte Hülle hinter sich läßt, wäre Winckelmanns Begriff des Scheins eher als eine illusionäre Suspension des Zeichencharakters der Kunst zu bestimmen, deren überwältigende Präsenz den Betrachter nicht auf sich selbst, in die Immanenz der Vorstellung zurückweist, sondern in ihren Bannkreis hineinzieht. Es ist ja nicht nur die Statue, die dem Betrachter als ein Bild voller »Leben und Bewegung« entgegenzukommen scheint, vielmehr erfährt umgekehrt auch dieser eine scheinhafte ›Entrückung‹ in die »Gegenwart« des Werks. Der Metamorphose, die die ontologische Differenz zwischen Kunst und Leben aufhebt, korrespondiert eine ›Erhebung‹, die den Betrachter über den geschichtlichen Abgrund hinwegträgt, der seine Zeit von der Antike trennt. Die Macht, die in diesem flüchtigen Augenblick der Versöhnung über die Geschichte und den Tod triumphiert, ist die Macht des lebendigen Eros. Sie wird nicht in der ruhigen Kontemplation schöner Formen erfahren, sondern verlangt, in einem Akt der schöpferischen Reproduktion neu entfesselt zu werden. Auch davon spricht die Verwandlungsmetapher am Ende der Apollo-Beschreibung: Indem sich unter seinem Blick die Glieder der Statue lösen, schlüpft der Betrachter in die Rolle des pygmalionischen Künstlers; er stellt sich ins Zeichen eines Eros, der seine Tätigkeit mit dem ursprünglichen Akt der Produktion vermittelt.

Herder beerbt die gesteigerten Erwartungen und Ansprüche von Winckelmanns Kunstbeschreibungen, in denen er eine Bestätigung der eigenen Theorie der Plastik findet. In dieser Theorie wird die Metamorphose ins Lebendige allerdings nicht mehr allein dem Charisma des Betrachters anvertraut, vielmehr erfüllt sich »Pygmalions Traum« durch einen bestimmten Erfahrungssinn: Als fühlbare, tastbare Kunst trägt die Plastik im Wettstreit um lebendige Schönheit den Sieg über die Malerei davon. Dieser Sieg fällt um so glänzender aus, als er auf einer Umkehrung des klassischen pygmalionischen Verlaufs beruht. Denn Herder greift, indem er der pygmalionischen Ästhetik neue, sensualistische Begriffe zuführt, in die Struktur des traditionellen Modells der Metamorphose ein. An die Stelle der nachträglichen Überwindung einer vorgängigen Polarität tritt bei ihm die vorgängige Vermitteltheit des scheinbar Polaren. Während die Betrachtung Winckelmanns der narrativen Logik der Ovidschen Erzählung folgt, die den Gegensatz zwischen Kunst und Leben durch die (illusionäre) Belebung ›progressiv‹ überwindet, sucht Herder diesen Gegensatz vom Ursprung her zu unterlaufen.

II.

Im Horizont der frühen philosophischen Entwürfe Herders steht das ehrgeizige Vorhaben einer »Einziehung der Philosophie auf Anthropologie«, deren Bedeutung für die »Weltweisheit« mit nichts geringerem als der kopernikanischen Revolution des ptolemäischen Weltbildes verglichen wird.[6] In der anthropologischen Reflexion soll die Philosophie kritisch werden; indem sie sich auf die Art und Weise besinnt, wie sich der Mensch empfindend und erkennend seine Welt erschließt, soll sie sich selbst das »Gegengift« verabreichen, das ihre haltlose »Wißbegierde« auf ein mögliches – und »zum Besten des Volkes« nützliches – Wissen zurücklenkt.[7]

Die Ästhetik, die den Menschen von seiten seiner Sinnlichkeit bestimmt, übernimmt einen Teil, und zwar einen »schweren Theil der Anthropologie, der Menschenkänntnis« (SW IV, 25). »Schwer« ist ihr Part nicht nur in einem übertragenen, sondern durchaus in einem wörtlichen Sinn:

> »Der ganze Grund unsrer Seele sind dunkle Ideen, die lebhaftesten, die meisten, die Maße, aus der die Seele ihre feinern bereitet (...). Man denke sich die Integraltheile der Menschlichen Seele körperlich, und sie hat, wenn ich mich so ausdrücken darf, an Kräften mehr specifische Maße zu einem sinnlichen Geschöpf, als zu einem reinen Geiste: sie ist also einem Menschlichen Körper beschieden; sie ist Mensch.« (SW IV, 27f.)

An der physikalischen Metaphorik, die in programmatischer Weise einen metaphysischen Sachverhalt auf einen physischen ›einzieht‹, läßt sich bereits ablesen, in welche Richtung Herder die schulphilosophische Konstruktion der menschlichen Sinnlichkeit überschreitet. Der Ausdruck »Grund der Seele« (»fundus animae«) ist von Baumgarten übernommen, der ihn in der *Metaphysik* eingeführt hatte, um die Gesamtheit dunkler Vorstellungen, das »Feld der Dunkelheit (Finsternis)«, von dem »Feld der Klarheit (Licht)« in der menschlichen Seele zu unterscheiden.[8] Im Verhältnis zu Baumgarten weitet Herder den »fundus animae« nicht nur quantitativ aus, er wertet ihn qualitativ um: das Dunkle ist der »*ganze* Grund der menschlichen Seele«, weil es ihr *Ursprung* ist. Alle differenzierteren Wahrnehmungen und Erkenntnisse entstammen dunklen, sinnlichen Empfindungen und bleiben an diese Herkunft gebunden. Die schlafähnliche, vegetative Perzeption, die in Leibniz' Hierarchie der Monaden die unterste Stufe definiert, kehrt bei Herder als Anfang und »Keim« (SW

---

6 Herder: Wie die Philosophie zum Besten des Volkes allgemein und nützlich werden kann (1765). In: Ders.: Werke in Zehn Bänden. Bd. I: Frühe Schriften 1764–1772. Hg. Ulrich Gaier. Frankfurt/M. 1985 (= Bibliothek deutscher Klassiker 1) (im folgenden zitiert als HW I mit Seitenzahl), 101–134, hier: 132 und 134.
7 HW I, 122.
8 Alexander Gottlieb Baumgarten: Texte zur Grundlegung der Ästhetik. Lateinisch-deutsch. Übers. und hrsg. von Rudolf Schweizer. Hamburg 1983 (Philosophische Bibliothek Bd. 351), S. 5f. (= Metaphysik § 510–514). Zum »fundus animae« siehe ausführlich: Hans Adler: Die Prägnanz des Dunklen. Gnoseologie. Ästhetik. Geschichtsphilosophie bei J. G. Herder. Hamburg 1990 (Studien zum 18. Jahrhundert Bd. 13), S. 39ff.

IV, 29) der menschlichen Entwicklung wieder: Als »dunkel fühlende Auster«[9] kommt der Mensch auf die Welt, seine »Basis« ist reines »Pflanzengefühl« (SW IV, 29), in diesem dunkelsten Gefühl sind indessen »die Begriffe des ganzen Weltalls« (ebd.) beschlossen. »Hin also in diese dunkle Gegenden ...!«[10]

Mit der Um- und Aufwertung des dunklen Grundes zur generativen Matrix der menschlichen Entwicklung verlagert sich das theoretische Interesse von den unteren Erkenntniskräften auf die sinnliche Empfindung und Wahrnehmung. In seiner 1985 erstmals edierten Auseinandersetzung mit Baumgartens *Aesthetica*[11] stößt sich Herder immer wieder daran, daß das Schöne um der formalen Einheit des Systems – der Analogie von Ästhetik und Logik – willen unter den Leitbegriff der »cognitio« gestellt ist. Seine Kritik gipfelt in dem Vorwurf, Baumgartens *Ästhetik* sei eine »bloße Metapher« (SW IV, 53). Indem sie nur »vom *Erkennen* redt«, fasse sie das »Materiale« ihres Gegenstandsbereichs einerseits »viel zu enge«; andererseits sei ihre Rede »fast uneigentlich [...], da *Gedanken* schon das wenigste *Aesthetische* an sich haben; wenigstens ganz unergründlich [...], weil das Schöne in der Empfindung schon vorausgeht«.[12] Diesen genetischen Zusammenhang in der »subjektiven Ordnung des Schönen«[13] muß die Theorie bewahren, indem sie von der Empfindung zum Gedanken aufsteigt – oder vielmehr, in Herders qualifizierender Perspektive: absteigt. Denn das Schöne manifestiert sich in der Empfindung nicht nur in seiner ersten, sondern auch in seiner stärksten und ursprünglichsten Gestalt. Die Schönheit in der Erkenntnis ist dagegen nur das »letzte schwächste« und »am meisten abgeleitete« Moment der ästhetischen Erfahrung. »Weg also cognitio: Gefühl macht eine besondere *Gattung* aus.«[14]

Das Spezifische der Empfindung ergibt sich aus ihrer Bindung an die Physis, die »Masse« des sinnlichen Leibes. Eine Ästhetik, die ihren Namen: »Lehre des Gefühls«[15] verdient, muß darum auf die körperlichen Sinne als »Quelle« und »Medium« der Vorstellungen zurückgehen, die durch die »sogenannten untern Fähigkeiten des Geistes« (SW IV, 132) gebildet werden. Das »Schöne in den Sinnen z. E. Gefühl, Geruch, Geschmack« ist der erste Abschnitt von Herders frühestem, als Gegenentwurf zu Baumgarten notierten »Plan einer Ästhetik« überschrieben, der bereits die Kenntnis physiologischer und sensualistischer Traditionen bezeugt. Für das *Vierte Wäldchen* und die Studien zur *Plastik* werden diese Traditionen bestimmend. Unter dem Eindruck von Texten wie Condillacs *Traité des Sensations*, Diderots »Lettre sur les aveugles« und Rousseaus *Emile* gewinnt die ästhetische »Lehre des Gefühls« als »Physiologie der Sinne und sinnlichen Begriffe« (SW IV, 56) ihre charakteristische sensualistische Gestalt.

---

9 HW I, 774 (Abhandlung über den Ursprung der Sprache, 1772).
10 HW I, 684 ([Bruchstück von Baumgartens Denkmal], 1767).
11 HW I, 659–676. Herders Baumgarten-Kritik rekonstruiert im Detail: Adler (Anm. 8), S. 79ff.
12 HW I, 668 ([Auseinandersetzung mit Baumgartens *Aesthetica*]).
13 HW I, 670.
14 HW I, 671.
15 HW I, 693 ([Bruchstück von Baumgartens Denkmal]).

Es versteht sich angesichts dieser sensualistischen Weiterungen von selbst, daß Herder die Grenze, die der Ästhetik Baumgartens durch die Bindung an Rhetorik und Poetik gesetzt ist, auf eine Theorie der »schönen *Künste*«[16] hin überschreitet. So umfassend die Empfindungsanalyse, so umfassend muß auch die ›objektive‹ Bestimmung der ästhetischen »Gegenstände, und ihrer schönen Sinnlichkeit« (SW IV, 127) sein. In einer anderen Hinsicht jedoch sollen Anspruch und Reichweite der Theorie entschieden eingeschränkt werden. Hatte Baumgarten in seine Definition der Ästhetik auch die Umschreibung »ars pulcre cogitandi« aufgenommen und den Nutzen der wissenschaftlichen Ästhetik nicht zuletzt in einer »Verbesserung« der natürlichen sinnlichen Fähigkeiten gesehen[17], so besteht Herder auf der strikten Trennung von Theorie und Praxis. Die Kunst des schönen Denkens hat in der Wissenschaft keinen Ort. Vor allem aber gilt: Wer das Schöne denkt, kann es nicht gleichzeitig empfinden.

> »Die künstliche Aesthetik, oder die *Wißenschaft* des Schönen setzt die [natürliche Ästhetik] *voraus;* aber gar nicht auf demselben Wege *fort;* ja sie hat gar das Gegentheil zum Geschäfte. Eben das Gewohnheitsartige, was dort schöne Natur war, löset sie, so viel an ihr ist, auf, und zerstörts gleichsam in demselben Augenblick.« (SW IV, 23)

»Künstliche« und »natürliche« Ästhetik sind nicht »in Graden«, sondern »wesentlich« voneinander unterschieden. Die eine »lehrt« in Begriffen, die andere »wirkt« in Empfindungen.[18] So wenig der Begriff zugleich Empfindung sein kann, so wenig vermag er diese zu verbessern. Die Praxis der »schönen Natur« kann durch die Theorie untersucht, nicht aber »durch Regeln« befördert oder gar »ersetzt« werden (SW IV, 23).

Der Trennung von Theorie und Praxis entspricht auf der einen Seite eine veränderte Auffassung des künstlerischen Schaffens. Wenn Herder programmatisch erklärt, »nichts als Philosophen« und »nichts weniger als Leute von Geschmack und Genie [...] bilden« zu wollen (SW IV, 25), so ist darin vorausgesetzt, daß das Genie sich selbst bildet und in seiner Wirksamkeit durch Regeln von außen nur gestört wird. Zugleich jedoch reflektiert Herder auf einen historischen Sachverhalt. Denn Empfindung und Reflexion, »natürliche« und »künstliche« Ästhetik stehen einander nicht nur in jedem individuellen Akt der Produktion und Rezeption entgegen, sie sind auch in geschichtlicher Perspektive getrennt. Die »metaphysische Erkenntnis des Schönen schwächt die Empfindung«[19] – auch aufs Ganze der ›Menschheitsentwicklung‹ hin gesehen. Während die »Besserungslogik«[20] der Schulphilosophie den Blick auf dieses Wechselverhältnis zu verstellen droht, bringt es die »eigentliche wissenschaftliche Aesthetik« (SW IV, 24) unverfälscht zum Ausdruck. Sie weiß, daß sich

---

16 HW I, 78 (Fragmente einer Abhandlung über die Ode).
17 Alexander Gottlieb Baumgarten: Theoretische Ästhetik. Die grundlegenden Abschnitte aus der »Aesthetica«. Lateinisch-deutsch. Hg. Hans Rudolf Schweizer. Hamburg 1983 (Philosophische Bibliothek Bd. 355), S. 2–5 (= Aesthetik § 1, 3, 7).
18 HW I, 660 ([Auseinandersetzung mit Baumgartens *Aesthetica*]).
19 HW I, 664.
20 HW I, 667.

ihr Flug erst in der Dämmerung der Sinnlichkeit entfaltet: »Leßings Schwalbe, die nicht singen konnte, lernte bauen.«[21]

III.

Das *Vierte Kritische Wäldchen* ist bestimmt durch die Auseinandersetzung mit Friedrich Just Riedels *Theorie der schönen Künste und Wissenschaften* (1767), die als Philosophie aus dem Geiste einer »todten, entschlafnen Letternseele« (SW IV, 60) einer vernichtenden Kritik unterzogen wird. Die Schärfe der Polemik, zu der Herder ein beachtliches Talent besaß, hängt zweifellos mit dem Streit um die zweite Auflage der *Fragmente* zusammen. Daß Herder jedoch überhaupt den Umweg über einen anderen Text nimmt, um eigene Positionen zu entfalten, ist methodisch begründet. Die Ästhetik »wählt sich die Methode der Philosophie, die strenge Analysis« (SW IV, 21). Analytisch, zergliedernd, arbeitet sie sich durch das sprachliche Material – im Fall von Riedel: den »Schutt« (ebd.) – der Tradition, um »den Schatz von Begriffen« ans Licht zu heben, die bereits »sinnlich klar an den Worten kleben«.[22] Für den, der sie zu lesen vermag, offenbart die Sprache die »Entwickelungsweise« des Menschen, die »Geschichte seiner Entdeckungen«.[23] Die philosophische Analyse schreibt diese Geschichte in deutlichen Zügen noch einmal nach, indem sie den Begriff vom Wort, den Gedanken von seinem Ausdruck scheidet, ihn »in andre kleinere Bestimmungen« auflöst, »ihn immer in *verständlichen*, aber nach und nach in *vernünftigern Worten*« umsetzt,

> »bis die Seele sich gleichsam *erinnert*, was sie mit dem Worte *gedacht hat*, und vorher nicht *sagen konnte*, was sie in Platons *Reich der Geister* sahe, und jetzt nochmals siehet, was in ihr schlummerte und jetzt erwachet.«[24]

Analysis als Anamnesis also – mit dem entscheidenden Unterschied allerdings, daß der Gedanke, den die Seele erinnert, kein apriorischer, sondern ein empirischer ist, nicht Vernunftidee, sondern sinnlicher Begriff. Als »Metaphysik und Physik unsrer Begriffe, da jeder genau auf seinen Sinn zurückgeführt« (SW VIII, 123), umreißt Herder das Ziel seiner ästhetischen Untersuchung, deren Aufstieg vom Klaren zum Deutlichen in genetischer Hinsicht ein Abstieg ins Dunkle ist, eine Rückführung des Wissens auf seinen Ursprung in dem sinnlichen »Grund der Seele«.

Riedels Nominaldefinitionen erweisen sich als ein ausgesprochen dankbares Objekt für die Erprobung des analytischen Verfahrens. Was Herder an diesen Definitionen – etwa der Erklärung des Geschmacks als »inneres Gefühl«

---

21 HW I, 33 (Dithyrambische Rhapsodie über die Rhapsodie kabbalistischer Prose, 1765).
22 HW I, 426 (Fragmente. Dritte Sammlung).
23 HW I, 737 (Abhandlung über den Ursprung der Sprache).
24 HW I, 424 (Fragmente. Dritte Sammlung).

(»sensus communis«), das »unmittelbar« von dem Schönen »überzeugt« (vgl. SW IV, 5) – zum polemischen Widerspruch herausfordert, ist nicht nur die Beliebigkeit, sondern mehr noch der verdinglichende Zugriff, der auf kompliziertesten Wegen erworbene Fertigkeiten und Begriffe als einfache und unmittelbare Gegebenheiten festschreibt. Die Seele hat, als produzierende Instanz, ebenso eine Geschichte wie das Wissen, das sie hervorbringt. Es gibt kein Vermögen des Geschmacks, das »inneres Gefühl« wäre. Was wir Geschmack nennen, ist nur »ein Habituelles Anwenden unseres Urtheils« (SW IV, 36), das Empfindung zu sein scheint, weil der Proze߀ der Urteilsbildung durch die Habitualisierung »unbewußt« (ebd., 10) geworden ist. Ein Begriff, der tatsächlich unmittelbar, ohne Urteil und Schluß, durch eine »einfache Empfindung« (ebd., 6) zu überzeugen vermöchte, müßte selbst ein einfacher Begriff und zwar der sinnlichsten, »dunkelsten Ideenart« (ebd.) sein. Kein Merkmal dürfte sich von diesem Begriff abstrahieren lassen, denn alle Merkmalserkenntnis setzt Unterscheidung und mithin Urteil voraus.

> »Würde man also den allersinnlichsten Begriff ausforschen – so würde er völlig vor uns unzergliederlich – sinnlich höchst gewiß, und fast ein theoretischer Instinkt, die Grundlage aller andern Erfahrungsbegriffe und völlig indemonstrabel sein [...].«[25]

In dieser »allersinnlichsten«, »völlig indemonstrablen«, »total unzergliederlichen« Art kann es nur einen Begriff geben –

> »und welches ist diese Eins? Das was auch dem Etwas zum Grunde liegen muß. Der Begriff des Seins: wer kann sich einen sinnlichern Begriff denken, ein einfacheres Wort ausfinden, einen Begriff erdenken, dem er nicht zu Grunde lege [...].«[26]

Daß das »Realsein« (der Erfahrungsbegriff des Seins) »unzergliederlich« und folglich logisch »indemonstrabel« sei, hatte schon Herders Lehrer Kant behauptet, um dann gleichwohl zu einer »Demonstration des Daseins Gottes« auszuholen.[27] Herder jedoch geht hier einen entscheidenden Schritt weiter, indem er dem Unbeweisbaren höchste Gewißheit zuspricht. Wenn die Erkenntnis unser einziger Zugang zur Welt wäre, wenn alle Gewißheit dort endete, wo der Verstand mit seiner Logik endet, kurz: »wenn wir ganz Philosophen ohne

---

25 HW I, 12 (Versuch über das Sein, ca. 1763/64) Die Bedeutung dieses Textes ist – nicht zuletzt wegen der schwer entzifferbaren Handschrift – erst in jüngster Zeit erkannt worden. Vgl. neben dem Kommentar von Gaier (HW I, 844–869) auch die Anmerkungen (nicht allerdings die Textfassung!) von Pross (In: Johann Gottfried Herder: Werke. Hg. Wolfgang Pross. Bd. I: Herder und der Sturm und Drang 1764–1774. München 1984, S. 844–849) sowie vor allem die detaillierte Analyse von Adler (Die Prägnanz des Dunklen (Anm. 8), S. 49–63), der den Text in den größeren Zusammenhang von Herders Nachschriften der Vorlesungen Kants stellt.
26 HW I, 12.
27 Immanuel Kant: Der einzig mögliche Beweisgrund zu einer Demonstration des Daseins Gottes (1763). In: Ders.: Werke in zwölf Bänden. Hg. Wilhelm Weischedel. Bd. II: Vorkritische Schriften bis 1768/2. Frankfurt/M. o.J., S. 621–738. Folgt man Gaier (vgl. HW I, 844ff.), so ist Herders »Versuch über das Sein« vor allem als Widerlegung dieser Kantischen Demonstration zu lesen.

Menschen wären«, dann in der Tat wäre das Sein »völlig ungewiß«.[28] Solange sich jedoch die Gattung Mensch nicht auf die Schwundspezies des Philosophen herabgebildet hat, so lange wird sich ihr das Sein durch die Empfindung mit einer Gewißheit erschließen, die kein verstandeslogischer Zweifel erschüttern kann. Das Sein ist »gar nicht zu erweisen« und steht doch als der allersinnlichste Begriff im »Mittelpunkt der Gewißheit«[29]: dieser Befund markiert eine für die philosophische Erkenntnis unüberschreitbare Grenze und zwingt zu ihrer selbstkritischen »Einziehung auf Anthropologie«.

Dem cartesischen Zweifel antwortet Herder mit einem emphatischen »*Ich fühle mich! Ich bin!*«.[30] Im Wechsel vom Denken zum Empfinden ist die logisch-syntaktische Verkürzung der traditionellen Formel bereits mitgesetzt: Ein Ausrufungszeichen kann das »ergo« ersetzen, weil die subjektive Seinsgewißheit nicht durch einen Schluß erlangt wird, sondern durch die Selbstempfindung unmittelbar beglaubigt ist. »Unmittelbar, durch ein inners Gefühl, bin ich eigentlich von nichts auf der Welt überzeugt, als daß ich bin, daß ich mich fühle«. (SW IV, 7) Dieses innere Gefühl ist seiner Tendenz nach Streben, begehrende Kraft, doch bedarf es des Anstoßes, um die lustvolle »innere Thätigkeit des Entwickelns« (SW IV, 29) zu aktivieren. Durch »Beschränkung von außen«, ein »leidendes Gefühl von anderen« (SW VIII, 120), »windet sich [die Seele] immer allmälich aus dem Schlafe« ihrer monadischen Selbstempfindung zu einer ersten basalen Differenzierung zwischen Innen und Außen »empor« (SW IV, 31).[31] Die Vorstellung, daß »Etwas Außer uns sei« (SW, 7), ist vermittelter als das reine Selbstgefühl, doch spricht Herder auch ihr die Qualität einer unmittelbaren »Überzeugung« (ebd.) zu, einer reflexiv unhintergehbaren sinnlichen Empfindung.

In das Dunkel der unmittelbaren Seinsgewißheit kann der »bedächtige, forschende Zergliederer der Seele« (ebd., 10), als der der Verfasser des *Vierten Wäldchens* sich vorstellt, kein Licht mehr tragen. Er selbst registriert das mit Genugtuung: Es ist offenkundig, daß Herder nicht zuletzt darum so nachdrücklich für die Analyse als »einzige Methode der ganzen Ästhetik« (ebd., 55) plädiert, weil sie sich selbst, indem sie die Begriffe auf ihren Ursprung zurückführt, zugleich an eine unüberschreitbare Grenze heranführt. In der dunklen Seinsempfindung endet der Abstieg in den »Grund der Seele«; sie ist der »Ursprung«, die generative Matrix, aus der sich im Prozeß eines allmählichen

---

28 HW I, 11.
29 Ebd., 19.
30 Zum Sinn des Gefühls (Anm. 1), S. 287.
31 Während Herder den Impetus zur Genese der sinnlichen Existenz hier haptisch akzentuiert (»leidendes Gefühl«, »empfindbarer Stoß« [SW VIII, 120]), setzt er in der *Abhandlung über den Ursprung der Sprache* den akustischen Reiz als ›Wecksignal‹: »Gefühl ist der Mensch ganz: der Embryon in seinem ersten Augenblick des Lebens fühlt wie der Junggeborne: das ist Stamm der Natur, aus dem die zärteren Äste der Sinnlichkeit wachsen und der verflochtne Knäuel, aus dem sich alle feinere Seelekräfte entwickeln. Wie entwickeln sich diese? Wie wir gesehen, *durchs Gehör*, da die Natur die Seele zur ersten deutlichen Empfindung durch Schälle wecket – also gleichsam aus dem dunklen Schlaf des Gefühls wecket [...].« (HW I, S. 749)

Erwachens die sinnlichen Wahrnehmungen und die Formen ihrer reflektierten Bearbeitung entwickeln.

IV.

Herders Rekonstruktion der sinnlichen Begriffsentwicklung ist erklärtermaßen parteiisch. Sie will den »Sinn des Gefühls, der so sehr vom Gesichte verkürzt und verdrängt ist« (SW IV, 52), theoretisch rehabilitieren. An dieser Stelle meint »Gefühl« nicht die innere Empfindung, sondern den haptischen Sinn, der sich in der Hand zu einem hochdifferenzierten Organ ausgebildet hat. Gibt das Gefühl im »Metaphysischen Verstande« (SW VIII, 120) den ersten, allersinnlichsten Begriff des Seins, so übernimmt der Tastsinn eine Leitfunktion in der Entdeckung der körperlichen Wirklichkeit.

> »Kommet an die kleine Grashöle, wo der Säugling einer so genannten Wilden spielt: seine freie Höle wird ihm mehr Werkstäte von Naturkänntnißen, als unsre bequeme moderne Wiege. Da steht der kleine Experient und tastet und wägt und mißt mit Händen und Füßen sehend und fühlend, um sich die ersten Begriffe von Gestalt, Größe, Raum, Entfernung, Beschaffenheit der Körper um ihn zu sichern.« (SW VIII, 120)

Der ›nourrisson sauvage‹ ist natürlich eine Verbeugung vor Rousseau, zugleich jedoch eine bewußt konturierte Gegenfigur zu jenem urtypischen Philosophen, der die Fesseln der Dunkelheit abstreift und dem Licht der Sonne entgegensteigt. Herders kleiner Experimentator befindet sich in einer Position, die in dem platonischen Gleichnis nicht vorgesehen war. Er ist frei – dem Gefängnis des uterinen Lebens entkommen –, und doch bleibt er im Dunkeln. Seine »freie Höhle« schützt ihn vor dem Glanz des Lichtes, das schmerzend in das ungeübte Auge tritt, und verdammt ihn doch nicht dazu, bloße Schatten zu sehen. Denn nicht das Gesicht – das »sonnenähnlichste Werkzeug«, wie Plato es nennt[32] – ist das Organ seines Experimentierens, sondern das Gefühl, der »dunkelste Sinn« (SW VIII, 131). Seine ersten Kenntnisse sind nicht Anschauung, sondern Begriff im wörtlichen Sinne: ein tastendes Begreifen körperlicher »Wahrheit« (SW VIII, 121). Niemals könnte das Auge aus eigener Kraft diese Wahrheit erfassen; auf sich gestellt, sähe es nur »den Schatten«, nicht aber den »Körper, der den Schatten wirft« (SW IV, 58). Das Gesicht spiegelt uns »Flächen, Farben und Bilder«, von »Körperlichem Raum, sphärischem Winkel und solider Form« wissen wir dagegen allein durchs Gefühl, »durch lange und wiederholte Betastungen« (ebd., 49).[33] Daß wir Körper, Formen, Gestalten zu sehen glauben, ist nur eine »gewohnheitsmäßige Verkürzung« (SW

---

32 Plato: *Politeia* 508b (Übers. Schleiermacher).
33 Zu Herders Entgegensetzung von Gesicht und Gefühl vgl. auch Irmscher: Zur Ästhetik des jungen Herder (Anm. 1), S. 61–63. In der einen oder anderen Formulierung tauchen die Bestimmungen, die im folgenden zitiert werden, in allen Schriften zur *Plastik* auf. Aus Platzgründen wird hier auf Querverweise verzichtet.

IV, 51), das Produkt eines habituellen Zusammenwirkens der Sinne, deren einzelne Wahrnehmungen schließlich so automatisch aufeinander abgebildet werden, daß das schnelle Auge seine Stellvertreter-Funktion übernehmen kann und »wir das mit dem ersten Blick weghaben, was wir vormals ertasten mußten« (SW VIII, 121).

Mit dieser Entgegensetzung von Hand und Auge faßt Herder zunächst einmal nur sensualistisches Gemeingut zusammen. Seit Locke, auf ein Gedankenexperiment von Molyneux rekurrierend, die Frage aufgeworfen hatte, ob ein Blindgeborener, der sich tastend einen Begriff von Kubus und Kugel erworben hätte, diese Formen nach einer Heilung mit dem Auge würde wiedererkennen können[34], wurde der Streit zwischen Rationalismus und Sensualismus auch als ein »Prioritätsstreit der Sinne«[35] ausgetragen. Die Beobachtungen des englischen Arztes Cheselden, der zuerst 1728 von einer erfolgreichen Staroperation berichtete, schienen die Vermutung zu bestätigen, daß körperliche Formen nicht zu den originären Inhalten der optischen Wahrnehmung gehören, sondern erst ›gesehen‹ werden, wenn das Auge gelernt hat, sich gleichsam parasitär die ursprünglichen Erfahrungen der Hand zunutze zu machen. In welchem Maße das Gefühl das Gesicht zu ersetzen vermag, zeigte die »palpable arithmetic« des Mathematikers Saunderson, dessen Fall Diderot im »Lettre sur les aveugles« (1749) aufgriff. Das Rechnen bleibt gleich, unabhängig von der materiellen Qualität des Zahlzeichens. Wie aber, so Diderots weitergehende Frage, sähen Ästhetik, Moral und Metaphysik aus, wenn sie ein Blinder verfaßt hätte, dem das Gefühl als Leitsinn der Erkenntnis diente? In einer fingierten Sterbeszene der *Lettre* verhält sich Saunderson spröde gegenüber den Annäherungsversuchen eines Geistlichen. Er wäre in der Tat nicht weit gekommen, wenn er alles, was er nicht sehen konnte, für ein göttliches Wunder gehalten hätte. Seine Weltsicht ist materialistisch: der Gedanke einer allmählichen Entstehung des Universums hat für ihn ebensowenig etwas befremdliches wie der einer Belebtheit der anorganischen Materie: »nous aurions de peine, sans nos yeux, à supposer qu'un bloc de marbre ne pense ni ne sent.«[36]

Wenige Jahre nach Erscheinen von Diderots »Lettre sur les aveugles« mutet Condillac dem Leser seines *Traité des Sensations* (1754) zu, »de se mettre exactement à la place«[37] eines solchen Marmorblocks, dem nach und nach durch die

---

34 Vgl. John Locke: An Essay Concerning Human Understanding. In: The Works of John Locke. A New Edition, Corrected. Bd. 1. London 1823, Nachdr. Aalen 1963, S. 132f. (II, 9, § 8). Sowohl Molyneux wie Locke verneinen die Frage.
35 Jürgen Manthey: Wenn Blicke zeugen könnten. Eine psychologische Studie über das Sehen in Literatur und Philosophie. München 1983, S. 193. Vgl. zur Molyneux-Frage und der Konkurrenz der Sinne zusammenfassend: John W. Davis: The Molyneux Problem. In: Journal of the History of Ideas 31 (1960), S. 392–409; Peter Utz: Das Auge und das Ohr im Text. Literarische Sinneswahrnehmung in der Goethezeit. München 1990, S. 19–38.
36 Denis Diderot: Lettre sur les aveugles. A l'usage de ceux qui voient. In: Ders.: Œuvres philosophiques. Hg. Paul Vernière. Paris 1964, S. 144.
37 Étienne Bonnot de Condillac: Traité des sensations. In: Ders.: Œuvres philosophiques. Hg. George Le Roi. Bd. I. Paris 1947, S. 220–314, hier: 221.

einzelnen Sinne verschiedene Empfindungen zuströmen. Was Condillacs namenlose Statue riecht, hört, schmeckt und sieht, erfährt sie als »modifications propres de l'âme«[38], als »manières d'être«.[39] Bliebe sie auf diese Wahrnehmungen beschränkt, würde sie niemals zu einer »connaissance des objets extérieurs«[40] gelangen. Nur durch haptische Erfahrungen erwirbt sie Begriffe wie Ausdehnung, Undurchdringlichkeit, Solidität, nur durch Berührungen, genauer: durch Bewegungen, die auf haptisch empfundene Widerstände führen, erfährt sie, daß sie selbst einen Körper hat und daß es außer ihr Körper gibt.[41] Im sensualistischen »système de l'homme«[42] widerlegt der Tastsinn – und er allein – jene »extravagante« Weltanschauung des »Idealismus«, die Diderot Condillac ironisch-provokativ unterstellt hatte.[43]

Bleibt Condillac in der Rolle eines fiktiven Beobachters, der sich darauf beschränkt, die Entwicklung seiner statuarischen Heldin zu beschreiben, so drängt Rousseau auf ein aktives Eingreifen in die Ausbildung der Sinne. Nächtliche Spiele, in denen haptisches und akustisches Orientierungsvermögen trainiert werden, sind ein fester Bestandteil des an Emile erprobten pädagogischen Konzepts. Sie sollen dem Zögling die Angst vor der Dunkelheit nehmen und seine Autonomie gegenüber der Gesellschaft stärken. Der »edle Blinde«[44], der ganz auf die Führung durch den Gesichtssinn verzichten muß, steht außerhalb des verhängnisvollen Wechselspiels der Blicke, in dem gesellschaftliches Leben sich entfaltet. Weil er die anderen nicht sieht, sieht er weder die Blicke, die sie auf ihn werfen, noch sich selbst im Spiegel dieser Blicke. Überdies ist er unabhängig von den fragwürdigen zivilisatorischen Errungenschaften, die die natürlichen Grenzen der Wahrnehmung künstlich aufheben. »Pour moi j'aime mieux qu'Emile ait des yeux au bout de ses doigts que dans la boutique d'un chandelier.«[45] Wer mit den Fingern zu sehen gelernt hat, wird jedoch nicht nur im Dunkeln besser zurechtkommen. Da sich die Zuverlässigkeit der sinnlichen Wahrnehmung umgekehrt proportional zu ihrer Geschwindigkeit und Reichweite verhält, ist das Auge auch im hellen Licht des Tages ein trügerisches Organ, das der beständigen Korrektur durch den Tastsinn bedarf.

In der deutschen Tradition ist Herder der erste, der die sensualistische »Kritik der Sinne«[46] nicht allein zur Kenntnis nimmt, sondern theoretisch verarbeitet und fortführt. Im Unterschied zur *Abhandlung über den Ursprung der Spra-*

---

38 Ebd., S. 221, Anm. 1.
39 Ebd., S. 250.
40 Ebd., S. 330 (Extrait raisonné).
41 Vgl. ebd., S. 251 ff.
42 Ebd., S. 325 (Extrait raisonné).
43 Vgl. Diderot: Lettre sur les aveugles, S. 192 f. Es ist unter anderem dieser – auf den *Essai sur l'origine des connaissances humaines* gemünzte – Einwurf gewesen, der Condillac dazu veranlaßte, seine Position im *Traité des sensations* zu reformulieren.
44 Manthey (Anm. 35), S. 193.
45 Jean-Jacques Rousseau: Émile ou De L'Éducation. In: Ders.: Œuvres complètes. Hg. Bernard Gagnebin und Marcel Raymond. Bd. IV. Paris 1969, S. 381.
46 Johann Wolfgang Goethe: Maximen und Reflexionen. In: Ders.: Werke. Hamburger Ausgabe. Hg. Erich Trunz. Bd. 12. 8. Aufl. München 1978, S. 468 (Nr. 731).

che gilt dies in den frühen Studien zur Ästhetik auch in Hinblick auf jene »décomposition de l'homme«[47], die Condillac als vornehmste Aufgabe der Metaphysik definiert: Der Mensch mußte in seine Elemente zerlegt werden, bevor er als transparentes »System« wieder zusammengesetzt werden konnte. Gegen derartige »Zergliederungen der Sensation«[48] betont die Preisschrift nachdrücklich den synästhetischen Zusammenhang, dank dessen sich der Mensch, über die mimetische Anverwandlung von Naturlauten hinaus, auch dort eine Sprache hat »erfinden können«, »wo ihm kein Ton vortönte«.[49] Im *Vierten Wäldchen* und in den Schriften zur *Plastik* jedoch geht es vor allem um die Aufwertung und Rehabilitierung *eines* Sinnes und zwar gegen einen anderen, der den Platz des ersten gleichsam widerrechtlich okkupiert. Nicht Synthese ist hier gefragt, sondern schroffe Entgegensetzung:

> »dem Gefühl gehört so das körperliche Solide; wie dem Gesicht das flächenartige Plane: ich sehe keine Eigenschaften von beiden, wo sie, eigentlich geredet, Tausch machen könnten. Der Körper, den das Auge sieht, ist Fläche: die Fläche, die das Gefühl tastet, ist Körper.« (SW VIII, 121)

Daß die Behauptung »völlig getheilter Gränzen« (SW IV, 51) im Reich der Sinne Herder in theoretische Schwierigkeiten bringt, kann nicht überraschen. Sie zeigen sich zum Beispiel dort, wo er diese Grenzen auch in anderen Begriffssystemen zu markieren versucht, etwa in dem Schema von »juxta«, »post« und »per«, »neben und nach und durch einander«. In früheren Schriften hatte er diese Begriffe in die Trias von Raum, Zeit und Kraft übersetzt[50]; *im Vierten Wäldchen* jedoch wird das ›Nebeneinander‹ der optischen Wahrnehmung zunächst als »Fläche« bestimmt, das ›Nacheinander‹ der akustischen als »Ton«, und das ›Ineinander‹ der haptischen als »Körper« (SW IV, 61f.). Ausschlagend für diese Umformulierung dürfte gewesen sein, daß Herder den Begriff des Raums vermeiden wollte, der, »eigentlich geredet«, einen »Tausch« zwischen Gefühl und Gesicht möglich gemacht hätte.[51] Gewiß kann das Auge einen Gegenstand nicht als Körper ›umfassen‹, wie es die Hand in bestimmten Fällen vermag; dennoch ist die jeweilige optische Ansicht eines Gegenstandes natür-

---

47 Condillac: Traité des sensations, S. 318.
48 HW I, 745 (*Abhandlung über den Ursprung der Sprache*).
49 Ebd., 743.
50 Vgl. HW I, 20 (»Versuch über das Sein«) und 426 (*Fragmente, Dritte Sammlung*). Das *Erste Kritische Wäldchen* bedient sich dieses Schemas dann zur Einteilung der Künste, wobei Herder der Malerei den Raum, der Musik die Zeit und der Poesie die Kraft zuordnet (SW III, 135 ff.).
51 Herder führt die Trias von Raum, Zeit und Kraft in den *Plastik*-Studien zwar wieder ein (vgl. SW VIII, 16 und 128), er macht aber auch hier keine Zugeständnisse an einen möglichen »Tausch«-Handel zwischen den Sinnen. Nunmehr nämlich sollen sich Gesicht−Nebeneinander−Malerei−Fläche−Raum und Gefühl−Ineinander− Plastik−Körper−Kraft entsprechen. Der Systematisierungsversuch führt zum offenkundigen Selbstwiderspruch, da der Begriff des Raumes damit dem plastischen Körper entzogen und statt dessen der malerischen Fläche zugeordnet wird. Ähnliche Schwierigkeiten hätten sich auch bei der Abgrenzung von Poesie und Plastik ergeben, die beide einen Anspruch auf die Kategorie der Kraft machen.

lich räumlich – wir sehen schließlich nicht nur mit einem Auge, sondern mit zwei. Bei Herder liest sich das anders:

> »Was sehen wir an einem Körper durchs Auge? Nichts, als Fläche; sie sei nun Elevation, oder hingeworfner Schattenriß: sie hat nur immer zwei Ausmeßungen, Länge und Breite! Die dritte Ausmeßung, die Dicke, können wir so wenig *sehen*, als jener Mahler den Hund hinter der Thür mahlen konnte.« (SW IV, 63)

Nicht Tiefe also ist die dritte Ausmessung, sondern »Dicke« – ein Begriff, der wirkungsvoll die »Rotundität« (SW VIII, 126), das »Völlige« (ebd., 132) des Körpers assoziiert. Indem Herder auf diese Weise die Ansprüche an die räumliche Wahrnehmung auf ein ›Herum-Sehen‹ hochschraubt, unterlegt er dem Auge eine zyklopische Weltsicht, in der Körper auf Fläche, Dreidimensionalität auf Zweidimensionalität, die ganze Welt auf eine »große Bildertafel« (SW VIII, 119) schrumpft.

Die Sinne erschließen dem Menschen nicht nur verschiedene »Klassen äußerer Gegenstände« (SW IV, 62), sie setzen ihn zugleich in unterschiedlicher Weise zu sich selbst und zu der Welt in Beziehung. Auch in dieser Hinsicht bezeichnen Gesicht und Gefühl für Herder Extreme. Der »Fühlende« lebt in einer Welt des direkten Kontakts, der »unmittelbaren Gegenwart«.[52] Da er in jeder Empfindung eines anderen zugleich sich selbst empfindet, sind seine Eindrücke »innig« und »stark«. Innerhalb seiner »kleinen, engen Sphäre« (SW VIII, 97), deren Grenzen durch die Reichweite der Hand abgesteckt werden, arbeitet er »langsam«, dafür aber »gründlich« (SW VIII, 110); er erfaßt nur Einzelnes, dieses Einzelne aber ganz. Gerade weil seine Begriffe als »erste« erworben werden (SW VIII, 102), sind sie die »solidesten, profundesten« (SW VIII, 97). Das Gesicht dagegen ist der Sinn der Distanz: es verweist uns auf »weit außer Uns Entlegenes« (SW IV, 45) und hält uns dieses zugleich im wörtlichen Sinn vom Leib. Seine Position ist die einer »äußeren Wache«, eines »kalten«, unaffizierten »Beobachters« (SW IV, 111). Das Auge faßt vieles auf einmal im »superficiellen« Überblick (SW VIII, 124) zusammen; es »tüncht nur«, »glitscht über weg« (SW VIII, 107). Zugleich jedoch sind seine Eindrücke »am klärsten«, am »deutlichsten« (SW VIII, 123), da die Gegenstände der optischen Wahrnehmung – »Theile neben einander« – »der willkürlichen Auseinandersetzung [...] am fähigsten« sind (SW IV, 45). In genetischer Hinsicht ist das Gesicht der »Künstlichste, der Philosophischste Sinn« (SW IV, 45), der nur durch viel »Mühe und Uebung«, durch ein ständiges »Vergleichen, Schließen und Messen« (SW VIII, 124), zu einigermaßen zuverlässigen Begriffen der äußeren Wirklichkeit gelangt. Erst wenn dieses Urteilen und Schließen zur Gewohnheit geworden ist, kann das Auge seine Schnelligkeit und Bequemlichkeit gegen die umständliche Hand ausspielen und sich an dessen Stelle setzen.

Herder verkennt nicht die entlastende Funktion dieser Stellvertretung; doch besteht er darauf, daß sie nur eine verkürzende Abstraktion, nicht aber ein vollwertiger Ersatz sei.[53] Optischer und haptischer Körper verhalten sich zu-

---

52 Zum Sinn des Gefühls (Anm. 1), S. 287; das folgende Zitat ebd.
53 Vgl. z. B. SW IV, 49ff., 81f.; SW VIII, 6ff., 12f.

einander wie Wort und Begriff, Ausdruck und Gedanke. Das Auge, das sich an die Stelle der Hand setzt, liest die Gegenstände als »Buchstaben voriger Körpergefühle« (SW VIII, 4); es hat keine eigenen körperlichen Begriffe, sondern »[erinnert] sich nur« (ebd., 122) ursprünglicher haptischer Eindrücke. Wo dieser substitutive Charakter der optischen Wahrnehmung nicht mehr gewußt wird, wo das Auge seine Angewiesenheit auf die Hand ›vergißt‹ und sich als Organ authentischer Körpererfahrung setzt, macht es sich gleichsam zum Komplizen einer »Lettern«-Philosophie nach Art der Riedelschen, die »eine Menge von Wörtern im Munde führt, von denen man keine Sache gesehen« (SW IV, 59 f.).[54] Unter dem Banner der Aufklärung und im Schatten ihrer Lichtmetaphorik betreiben beide, Augenmensch und Wortphilosoph, ein obskures Geschäft der Verdunkelung des Wissens und seiner Genese.

V.

So sehr Herders sinnesphysiologische Unterscheidungen zwischen Hand und Auge dem Sensualismus verpflichtet sind, so originell ist deren Anwendung auf die Künste. Die Logik dieser Anwendung ist von verblüffender Einfachheit: Da jeder Begriff sein »Vaterland« (SW IV, 127) in einem Sinn hat, muß auch jede Kunst, nach Maßgabe ihrer »Originalbegriffe« (ebd.), auf einen Sinn zurückzuführen sein. Die größten Konsequenzen hat dieser genetische Ansatz für die bildenden Künste, die nicht – »wie alle Welt durch einen Irrtum bisher angenommen hat« (SW IV, 53) – »zwo gleiche Schwestern einer Mutter« (SW VIII, 131) sind, sondern sich bereits in ihrem Ursprung, in ihrem »ersten Naturgesetz« (ebd., 129), unterscheiden. Die Malerei, die Schönheit auf Fläche spiegelt, ist eine Kunst fürs Auge; die Plastik, deren Wesen in der schönen Form liegt, eine Kunst fürs Gefühl. Im Begriff des fühlbaren Körpers liegt das »Losungswort« (ebd., 127), das die Theorie der Bildhauerei endlich auf eine gesicherte Grundlage stellt:

> »Es gibt also durchaus keine Bildhauerei für das Auge! Nicht Physisch, nicht Aesthetisch! Nicht Physisch, weil das Auge keinen Körper, als Körper sehen kann: nicht Aesthetisch, weil, wenn dies Körperliche Ganze in der Bildhauerei verschwindet, alles Wesen ihrer Kunst, und ihres eigenthümlichen Effekts verschwindet.« (SW IV, 64)

Die Literaturwissenschaft hat sich mit Herders Theorie der Bildhauerei als fühlbarer Kunst bis heute nicht so recht anfreunden können. Während die ältere Forschung darin wenig mehr als eine »Schrulle« zu sehen vermochte[55], tendiert die neuere dazu, die Bedeutung des im engeren Sinn kunsttheoretischen

---

54 Zur Parallelität von Herders ›Kritik des Auges‹ und seiner Kritik der philosophischen »Wortwelten« siehe ausführlicher: Adler (Anm. 8), S. 104–108.
55 Auf diesen Begriff bringt Irmscher (Grundzüge der Hermeneutik Herders. In: Maltusch, Johann Gottfried (Hg.): Bückeburger Gespräche über J.G. Herder 1971. Bückeburg 1973, S. 17–57, hier: 32) das Urteil der älteren Forschung.

Teils der *Plastik*-Studien zu marginalisieren: »Herders ›Plastik‹ ist erheblich mehr als eine Abhandlung zur Bildhauerkunst: Sie ist eine paradigmatische Schrift zur Körpererfahrung, zum ›Leibapriori der Erkenntnis‹.«[56] So unbestreitbar diese anthropologischen und erkenntniskritischen Intentionen auch sind, und so berechtigt es ist, gerade sie ins Zentrum der Revision des traditionellen Herder-Bildes zu stellen, so unbestreitbar sind die *Plastik*-Studien eben auch Abhandlungen zur Bildhauerei – und werden es mit jedem neuen Entwurf in stärkerem Maße. Zur Marginalisierung besteht um so weniger Anlaß, als Herders theoretischer Ansatz in einer Hinsicht von überraschender Modernität ist. Je stärker die Skulptur im Prozeß der Emanzipation vom Nachahmungsgedanken die ihr eigenen Mittel – Masse, Volumen, Materialität – zum Thema ihrer Darstellung gemacht hat, desto schärfer hat sich ihr spezifischer, von der Malerei grundverschiedener Appell an die Leiblichkeit des Menschen profiliert, an elementare körperliche Empfindungen wie Stand, Gewicht und Balance. Es ist kein Zufall, daß die Frage nach dem Erfahrungssinn der Skulptur in der Moderne wieder virulent wurde.[57]

Bei Herder selbst ist die auf ersten Blick modern anmutende Beziehung der Plastik aufs Körpergefühl allerdings untrennbar verbunden mit einer durchaus restriktiven Auslegung des Mimesis-Gebots – die Skulptur hat menschliche Körper zu bilden – und einer konsequenten Orientierung der ästhetischen Erfahrung an einer vormodernen Kategorie der Lebendigkeit. Im paragone der bildenden Künste trägt die Plastik über die Malerei den Sieg davon, weil der Körper durchs Gefühl zur »lebendigen Substanz« (SW VIII, 130) wird. Diese Auszeichnung des Gefühls liegt nun ganz auf der Linie der pygmalionischen Tradition, in der die fühlende Hand nicht nur, wie in zahlreichen Schöpfungsmythen, als Organ der Herstellung von Leben, sondern auch und spezifischer als derjenige Sinn bestimmt wird, der am Artefakt Leben zu erfahren vermag. So fungiert der Tastsinn schon in Ovids Erzählung als erotischer Leitsinn nicht nur der ›wirklichen‹, sondern auch der täuschenden Belebung. Tastend erliegt Pygmalion zunächst der Illusion einer empfindsamen Materie –

> »Oftmals berührt er sein Werk mit der Hand und versucht, ob es Fleisch, ob Elfenbein sei, und versichert auch dann, kein Elfenbein sei es«

---

56 Adler (Anm. 8), S. 119; zum Zitat im Zitat siehe: Irmscher: Aus Herders Nachlaß (Anm. 1), S. 193 und ders.: Grundzüge der Hermeneutik Herders (Anm. 55), S. 33. Auch aus dem Kommentar von Pross, der die *Plastik*-Schriften von 1770 und 1778 für ein – gemessen an den in den »Entwürfen« abgesteckten »weitgespannten Voraussetzungen« – »mageres Resultat« hält (Herder: Werke [wie Anm. 25]. Bd. II: Herder und die Anthropologie der Aufklärung. München 1987, S. 999), spricht die Geringschätzung der im engeren Sinn kunsttheoretischen Aspekte von Herders Studien.

57 Vgl. (um hier nur drei Belege zu geben): Richard Hohenemser: Wendet sich die Plastik an den Tastsinn? In: Zeitschrift für Ästhetik und allgemeine Kunstwissenschaft 8 (1911), S. 405–419; Max Raphael: Der Tastsinn in der Kunst (1915). In: Ders.: Aufbruch in die Gegenwart. Hg. Hans-Jürgen Heinrichs. Frankfurt/M. und New York 1985, S. 121–130; Wilhelm Pinder: Unser Tastsinn und die Kunst. In: Ders., Von den Künsten und der Kunst. Berlin 1948, S. 23–32.

– bevor er, nach dem Bittgebet an Venus, wiederum tastend die ersten lebendigen Regungen seiner Geliebten erfährt:

>»Wieder nähert den Mund er, betastet die Brust mit der Hand, da
>wird das betastete Elfenbein weich, verliert sein Starrheit,
>gibt seinen Fingern nach und weicht, wie hymettisches Wachs im
>Strahl der Sonne erweicht, von den Fingern geknetet, zu vielen
>Formen sich fügt, und gerade genutzt, seinen Nutzen bekundet.«[58]

Auch Winckelmann setzt den Akzent in spezifisch pygmalionischer Weise auf die Leistungen des Gefühls als rezeptives Organ. Nicht nur überliefert er, daß der Kardinal Albani imstande gewesen sei, »bloß durch Tasten und Fühlen vieler Münzen zu sagen, welchen Kaiser dieselben vorstellen«[59], er spricht auch verschiedentlich davon, daß der organisch-lebendige Kontur der griechischen Plastik – ihre ›Ströme‹, »Wellen« und »schwellenden Hügel« – »mehr dem Gefühl als dem Gesichte offenbar [werden]«.[60]

Herder folgt diesen literarischen und metaphorischen Fingerzeigen und verlängert sie ins Theoretische. Im maßgeschneiderten Gewand einer »Physiologie« des Gefühls antwortet seine Theorie der Skulptur auf jene pygmalionische Lebendigkeitsforderung, die dem ersten Entwurf zur *Plastik* vorsteht:

>»Eine Statue muß *leben:* ihr Fleisch muß sich beleben: ihr Gesicht und Mine sprechen. Wir müssen sie anzutasten glauben und fühlen, daß sie sich unter unsern Händen erwärmt. Wir müssen sie vor uns stehen sehen, und fühlen, daß sie zu uns spricht. Siehe da zwei Hauptstücke der Sculptur *Fleisch* und *Geist!*« (SW VIII, 88)

Als »Illusion der Statue vom Fleisch« und »Illusion der Statue vom Geist« (SW IV, 444) begegnen diese beiden »Hauptstücke« schon in der Disposition des *Reisejournals*. Im ersten wird der Begriff des plastischen Körpers als fühlbarer Leib unter illusions- wie darstellungstheoretischen Gesichtspunkten entfaltet; das zweite beschäftigt sich – wiederum sowohl in subjektiver wie in objektiver Hinsicht – mit dem fühlbaren Leib als »Phänomenon« (SW VIII, 151) der Seele.[61] Da Herder bis in die letzte, veröffentlichte Fassung der *Plastik* hinein an dieser Gliederung festhält, wird sich auch die folgende Darstellung an ihr orientieren.

---

58 Ovid: Metamorphosen, Buch X, v 254–255 und 282–286 (Übers. Erich Rösch).
59 Winckelmann: Abhandlung von der Fähigkeit der Empfindung des Schönen in der Kunst, und im Unterrichte derselben (1763). In: Ders.: Kleine Schriften (Anm. 3), S. 218.
60 Winckelmann: Beschreibung des Torso im Belvedere. In: Ders.: Kleine Schriften, S. 172.
61 Vgl. zum ersten »Hauptstück«: SW VIII, 81–91, 132–151, 18–38, zum zweiten: SW VIII, 38–70, 151–163, 91–94.

VI.

Zur »Bestätigung« seines Begriffs der fühlbaren Kunst ruft Herder den »tiefsinnigen Betrachter am Vatikanischen Apoll« (SW VIII, 125) als Kronzeugen auf. In dessen scheinbar ruhigem Blick entdeckt er eine ruhelose Aktivität, einen ständigen Wechsel der Position, eine Suche nach immer neuen Perspektiven und Ansichten, die darauf angelegt sei, das »entzückende Leibhafte« der Plastik wiederherzustellen, die »fortwälzende Schönheitslinie«, die das Auge zerstört, indem es das Kontinum der Form in ein »täfellichtes Vieleck« zerlegt (ebd.).

> »Wie? hatte er [der »tiefsinnige Betrachter am Vatikanischen Apoll«] also nicht nöthig, eben die Eigenschaft seines Gegenstandes zu zerstören, die das Wesen der Augenvorstellung ist, Fläche, Farbe, Winkel des Anscheins? und mußte er sich nicht mit dem Auge gleichsam einen neuen Sinn geben, das Gefühl? und war der Sinn, den er anwandte, nicht also [...] die Stellvertretung eines ursprünglichern Sinnes? für den die eigentliche Würkung der Kunst möglich war? – Nun setzt, er erreiche diesen. Sein vieländertes Umherschauen, oder sein sichtliches Umhertasten gebe seiner Einbildungskraft das ganze Schöne in Form und Bildung gleichsam einverleibet über: die Täuschung ist geschehen: der schöne Körper, als Körper wird empfunden – sehet! nun empöret sich die Phantasie, und spricht – als ob sie tastete und fühlte: spricht von sanfter Fülle, von prächtiger Wölbung, von schöner Rotundität, von weicher Erhebung, von dem sich regenden, unter der fühlenden Hand belebten Marmor. Lauter Gefühle! warum lauter Gefühle? und warum Gefühle, die keine bloße Metaphern sind? Sie sind Erfahrungen. Das Auge, das sie sammlete, war sammlend nicht Auge mehr; es ward Hand: der Sonnenstral Stab in die Ferne, das Anschauen unmittelbare Betastung: die Phantasie spricht lauter Gefühle!« (SW VIII, 126)[62]

Herders Lektüre von Winckelmanns »Beschreibung des Apollo« ist ein Schlüssel zum Verständnis seiner Variante der pygmalionischen Ästhetik. Sie gibt dem Liebhaber eine »neue Logik« (SW IV, 73) an die Hand, durch die er sich seine Erfahrung in ganz neuer Weise deuten kann. Was bei Winckelmann Schein und Ilusion war, wird im Rahmen dieser Logik zu einer *Wahrheit im Modus der Illusion*. Die Illusion ist das Produkt einer imaginativen Verwandlung von Auge in Hand, eines »künstlichen Wechsels des Gesichts mit dem Gefühle« (SW VIII, 122). Mit diesem künstlichen Wechsel hebt die ästhetische Erfahrung an, durch ihn rundet sich das »Polygon« (ebd., 125) der Augenvorstellung allererst zum schönen plastischen Körper. Was dann im Modus der Illusion von dem Körper prädiziert wird – die pygmalionische Rede von der lebendig-bewegten Schönheit, von dem unter der Hand sich erwärmenden Marmor – ist wahre, empirische, eigentliche Rede des Gefühls: nicht »Metapher«, sondern »Erfahrung«. Daß sie Metapher zu sein scheint, hängt mit der Dominanz der optischen Wahrnehmung zusammen, die aufgrund ihrer sprachähnlichen Struktur – ihrer diskursiven Deutlichkeit – »die Vorstellungen, die Einbildungskraft, die Anschauungsarten der Seele allegorisiret« (ebd., 124). Als

---

62 Die Passage ist fast wörtlich übernommen aus: SW IV, 64f. Vgl. auch die spätere Fassung: SW VIII, 12.

Folge dieser optischen Allegorisierung ist namentlich das Gefühl aus der ästhetische Rede ausgegrenzt und dazu »verdammet« worden »nichts, als unverstandene Metaphern zu liefern« (SW IV, 48): das heißt empirische Begriffe, die als Metaphern mißverstanden werden. Immer wieder besteht Herder auf der »Eigentlichkeit« der Fühlbegriffe[63] und dies aus gutem Grund: bewahrt sie doch auch seine eigene Theorie davor, eine »bloße Metapher« nach Art der Ästhetik Baumgartens zu werden.

Nimmt man Herder so, wie er genommen werden will, nämlich wörtlich, dann stellt sich seine »neue Logik für den Liebhaber« (SW IV, 73) als pygmalionische Überbietung Winckelmanns dar. Überboten wird zunächst die vom Vorgänger betriebene Aufwertung des Betrachters. Herders fühlender Liebhaber nimmt nicht nur implizit, durch die Berufung auf Pygmalion, Produktivität für sich in Anspruch, sondern er tritt in eine imaginäre sinnliche Praxis ein, indem er die »warme, schaffende Hand« (SW VIII, 13), das Organ der künstlerischen Produktion, zum Organ seiner Rezeption macht. Herder hat es sich nicht entgehen lassen, diese sinnliche Praxis als spiegelbildliche Umkehrung der aufklärerischen »Urszene« philosophischer Erkenntnis – dem Augenaufschlag des Blinden – auszugestalten: »Mit geblendeten Augen, in einer heiligen, unzerstreuenden Finsterniß tastet« der Liebhaber »und wird begeistert« (SW VIII, 127). Dieses dunkle ›Umhertasten‹ gibt dem Eros Zeit, sich zu entfalten. Ohne daß die Zeitlichkeit der Wahrnehmung explizit zum Thema würde, erscheint die Verwandlung ins Lebendige ja bereits bei Winckelmann als Höhepunkt eines Erfahrungsprozesses: der Augenblick der Metamorphose muß in der sich allmählich steigernden, erotischen Kommunikation zwischen Werk und Betrachter produziert werden. Herder hebt die produktive Prozessualität der Erfahrung als ein Spezifikum des Tastsinns ausdrücklich hervor. Im Vergleich zum kalten Auge, das alles auf ersten Blick ›weghat‹, arbeitet die Hand »langsamer, gründlicher, und dann verliebter, wie Pygmalion« (SW VIII, 110).

Am deutlichsten zeigt sich der Überbietungscharakter der »neuen Logik« bei der Lösung des in pygmalionischen Zusammenhängen entscheidenden Problems der Aufhebung der Differenz von Kunst und Leben, von Werk und Betrachter. Nach Herders mit großer Konsequenz durchgehaltenen Begrifflichkeit sind Fühlender und Gefühltes nicht nur räumlich – das Gefühl ist Nahsinn – und zeitlich – das Gefühlte ist »leibhafte Gegenwart« (SW VIII, 132) –, sondern auch ontologisch vermittelt: der plastische Körper ist »Fleisch« (ebd., 88), »Geschöpf« (ebd. 130), »lebendige Substanz« (ebd.), »ein Wesen eigner und ganzer Natur« (ebd.). Auf der einen Seite sind diese Fühlbegriffe Teil einer Sprache der Einbildungskraft. Denn der Liebhaber tastet den Körper ja nicht wirklich, sondern er betrachtet ihn bloß, als ob er ihn tastete; er läßt das Gesicht durch einen imaginativen Tausch zum Gefühl werden. Auf der anderen Seite macht diese Operation der Einbildungskraft nur einen anderen »Wechsel« wieder rückgängig, nämlich die Substitution der Hand durchs Auge in der

---

63 Vgl. SW VIII, 99, 131 f., 145.

empirischen Körpererfahrung. So ist der »schöne Trug der Sinne« (SW VIII, 122), mit dem die ästhetische Erfahrung der Plastik anhebt, tatsächlich eine imaginative *restitutio ad integrum*, die den »Sinn des Gefühls«, welcher »so sehr vom Gesichte verkürzt und verdrängt ist, wieder in seine alten Rechte« setzt (SW IV, 52). Die Sprache des Liebhabers ist darum zwar Phantasie, doch durchaus kein leeres Phantasma. Als Äußerung des imaginativ rehabilitierten »ursprünglichern Sinnes«, für den »die eigentliche Würkung der Kunst möglich war« (SW VIII, 126), ist sie vielmehr selbst eigentliche Rede, die ein ursprüngliches Verhältnis von Fühlendem und Gefühltem, Betrachter und plastischem Kunstwerk bezeugt. In der wiedergewonnenen »Erfahrung« von »sanfter Fülle« und »weicher Erhebung«, von dem »sich regenden, unter der fühlenden Hand belebten Marmor« (ebd.) spricht sich dieses Verhältnis als eines der Nähe und Vermitteltheit aus: der plastische Körper ist »fühlbares Geschöpf« für das »mit(!)fühlende Geschöpf« (SW VIII, 130) des Liebhabers.

Indem sie das überlieferte Modell der illusionären Metamorphose mit neuen Begriffen füllt, verändert Herders »neue Logik« tatsächlich dessen Struktur. Winckelmanns Betrachtung wollte die Opposition von Kunst und Leben durch die täuschende Metamorphose der Kunst in ihr Gegenteil, also Lebendigkeit, überwinden. Bei Herder jedoch stellt sich diese Opposition selbst schon als das Produkt einer kulturellen Deformation dar, in deren Prozeß das Kunstwerk auf das reduziert wird, was »todte Mahleraugen« (SW IV, 67) an ihm wahrzunehmen vermögen. Darum bedarf es nicht der Belebung der Kunst, sondern der Wieder-Belebung des Betrachters. Indem sich dieser in einen imaginativ Tastenden zurückverwandelt, wird die Statue wieder zu dem, was sie für die natürliche und ursprüngliche[64] Fühlerfahrung immer schon gewesen ist, nämlich »lebende Gestalt« (SW VIII, 40). Die Illusion hebt also nicht nachträglich eine ursprüngliche Differenz von Kunst und Leben auf, sie stellt vielmehr deren vorgängige Vermitteltheit wieder her.

Herders neue Logik ermöglicht es, von der Restitution des Erfahrungssinnes auf Lebendigkeit als restituierte Erfahrung zu schließen. Dieser (Kurz-)Schluß wäre zwingend freilich nur, wenn die Verwandlung von Auge in Hand tatsächlich nichts als eine spiegelbildliche Rückverwandlung, die exakte Inversion der kulturellen Überformung wäre. Das wird suggeriert, ist aber natürlich

---

64 »Ursprünglich« ist hier durchaus historisch zu verstehen. Denn Herder behauptet ausdrücklich, daß die Bildhauerei »nach der Geschichte« »aus dem Gefühle« entstand und »ursprünglich unmittelbar für das Gefühl würkete«. Die »Gewalt«, die sie diesem Sinn »entriß«, war dieselbe, »die uns in unsrer Erziehung das Auge an die Stelle des Gefühls zu setzen lehrte, nehmlich die Gewohnheit, alles so viel möglich aufs bequemste zu verrichten.« (SW IV, 81) Herder erklärt sich das »Colossalisch«-Werden der griechischen Plastik – als Beispiel wird die Jupiter-Statue des Phidias genannt – als eine kompensatorische Reaktion auf den Verlust des ursprünglichen Sinns. »Was war also zu thun, um [...] sich noch mit dem Auge etwas von dem innigen Eindruck zu geben, den die tiefe Wohllust des Gefühls vorher so unaussprechlich gefühlt hatte? Man mußte der Erscheinung gleichsam das Kleinliche nehmen, das sie jetzt vors Auge hatte, und voraus in ihrer Völligkeit nicht gehabt hatte: man mußte die Masse so vor das Gesicht vergrößern und verstärken, daß sie am Eindruck der Kraft gleich würkte, die sich voraus durchs Gefühl offenbarte.« (Ebd., 82f.)

eine (gewußte) Fiktion. Nur weil der Liebhaber die Begriffe seiner ›geblendeten‹ Augen hinzunimmt, kann er das Kunstwerk in jener notwendigen Distanz halten, die der Einbildungskraft den Spielraum gibt, Stein in Leben zu übersetzen. Gerade Herder hat sich davor gehütet, zu jenem »Herumtatscheln an den weichen Marmorpartien der weiblichen Göttinnen«[65] aufzufordern, die Hegel mit Blick auf Böttiger als atavistische Regression von der Höhe der reinen Anschauung rügen wird. Es bleibt beim »schönen Trug der Sinne« und muß dabei bleiben – denn die tatsächliche haptische Erfahrung der steinernen Materie würde augenblicklich alle illusionäre Lebendigkeit zerstören.

VII.

Die ›objektive‹ Bestimmung der »schönen Sinnlichkeit« (SW IV, 127) des fühlbaren Körpers folgt derselben Denkbewegung wie die ›subjektive‹ Theorie der plastischen Illusion durchs Gefühl. Herder nimmt diese objektive Bestimmung – immer noch im Rahmen des »Ersten Hauptstücks«, der »Illusion der Statue vom Fleische« – in einer beständigen Abgrenzung von der Malerei vor. Diese ist »Trug« (SW VIII, 89) denn sie gibt nur den flächenhaften »Anschein« (ebd.) des Körpers; die Plastik dagegen ist »Wahrheit« (ebd.), denn sie bildet den »Körper, als Körper« (SW IV, 75). Ihre kritische Energie gewinnt die Opposition von Trug und Wahrheit daraus, daß sie die mediale Differenz in einen Gegensatz von Kultur und Natur übersetzt. So ist die Malerei nicht nur an sich selbst Trug, sondern zugleich ein »späteres Bild vom Trug der Welt« (SW VIII, 89); sie zeigt nicht nur die Welt *nach* dem sichtbaren, »äußeren Anschein« (SW IV, 74), sie zeigt eine Welt *des* äußeren Anscheins, eine Welt der kulturellen Verstellung, in der die Menschen sich für die Blicke der anderen einen Anschein geben. Umgekehrt ist die Plastik nicht nur selbst körperliche Wahrheit, sondern ein »Bild der Wahrheit« (SW VIII, 89), denn sie zeigt den unverhüllten, nackten Körper – den Menschen im Naturzustand seiner paradiesischen »Unschuld« (SW VIII, 134). Der Weg von der Plastik zur Malerei ist der Weg des Falls: er führt aus »heiliger unzerstreuter Finsternis« (SW IV, 158) in das blendende Licht der profanen Welt, aus der Wahrheit in den Schein, aus der Unschuld in die Scham, aus der »Freiheit« (SW VIII, 136) in die Konvention. Kein antiquarisches, sondern ein gesellschaftliches Interesse motiviert Herders detaillierte Ausführungen zu der Frage, ob die Plastik Gewänder bilden oder ihre Figuren auf andere Weise bekleiden solle.[66] Die Antwort fällt eindeutig aus: Die Kleider »verbergen, sie verhelen, sie betrügen, sie erkälten, sie sagen nichts: weg mit ihnen so viel als möglich« (SW VIII, 89). Die theoretische Entdeckung der Plastik als autonome Kunstform ist getragen von einem revolutio-

---

65 Georg Wilhelm Friedrich Hegel: Ästhetik. Hg. Friedrich Bassenge. Bd. 2. Frankfurt/M. o. J., S. 14.
66 Vgl. SW VIII, 18–23, 88 ff., 132–138, 150 ff.

nären Gestus des Abwerfens der Hüllen[67], der Befreiung aus dem Korsett – im wörtlichen Sinne: der »Schnürbrüstigen Taille« – der »Chinesisch-Gothisch-Christlichen Zucht« (SW VIII, 90f.), des Heraustretens aus dem beengenden Raum der Konvention in die »fühlbare, offene, schöne, nackte Natur« (SW VIII, 89).

Für das im doppelten Sinne Trügerische der Malerei findet Herder auch die prägnante Formel der »besseren Repräsentation« (SW VIII, 134). Der Begriff der Repräsentation verweist genauer als der des Trugs auf die Semiotik des Bildes, das eben nicht die Sache selbst – den Körper – gibt, sondern nur dessen flächenhaften Stellvertreter. Weil das Bild für etwas anderes steht, weil es zeichenhaft über sich hinaus auf ein anderes, Abwesendes verweist, kann es auch »Schein« und »Verführung« (SW VIII, 24f.) heißen. Die bildnerische Repräsentation lockt den Betrachter in eine unwirkliche, traumhafte Welt der »Vorstellung« (SW IV, 160). Darin ist sie der Poesie und besonders der nach ihr selbst benannten Gattung des poetischen Gemäldes verwandt, dessen durch Lessing als »frostig« abgewertetes Verfahren Herder in der Malerei wiederentdeckt. Das Bild ist ein Spiegel der »kalten« Wahrnehmung des Auges; es »schildert« (SW VIII, 17), indem es Körper in einem flächenhaften Kontinuum »neben einander [setzt]« (SW IV, 76).

Als Gegenbegriffe zu »Repräsentation« und »Schilderung« werden im *Vierten Wäldchen* und in den frühen *Plastik*-Entwürfen Ausdrücke wie »Bilden« (SW IV, 69) oder »Gestalten« (SW IV, 137) bevorzugt. In der veröffentlichten Studie taucht dann an prominenter Stelle der Begriff der »Darstellung« (SW VIII, 12, 17, 25) auf, den Herder mit strenger Konsequenz nur für die Bildhauerei verwendet. Für die Dichtkunst hatte er diesen Begriff bereits im *Vierten Wäldchen* zurückgewiesen:

> »*Dichtkunst stellt* keine Produkte *dar:* sie ist keine der bildenden Künste, die Werke zu einem ewigen Anblick *darstellen;* diese würkt, indem sie fortarbeitet, Energisch. Das Gedicht, als ein dargestelltes vollendetes Werk, als ein gelesener oder geschriebner Codex ist Nichts, die Reihe von Empfindungen während der Würkung ist Alles: sie ist also keine Kunst *Produkte darzustellen.*« (SW IV, 130)

Herder zitiert an dieser Stelle die in der *Laokoon*-Kritik des *Ersten Wäldchens* unter Berufung auf die »Eintheilung des Aristoteles« und deren ästhetische Anwendung durch James Harris formulierte Opposition zwischen energischen und werkhaften Künsten.[68] Als energische Kunst erfüllt sich die Poesie, indem sie fortschreitet, das heißt in ihrem eigenen Vollzug. Darstellend dagegen sollen nur die Künste heißen, die ein Werk hervorbringen, ein Produkt, das »in allen seinen Teilen auf einmal da ist«.[69] Indem sich dieser Begriff des werkhaften ›Da-Seins‹ im Zuge der kategorialen Unterscheidung von Malerei und Pla-

---

67 Vgl. SW VIII, 136f.: »Bei uns ist« – im Gegensatz zur »Griechischen Freiheit« – »Alles verhüllend: Wohlstand und Moral, Geschmack und Zeitgeist der Religion. Und daher auch Alles verhüllter: Körper und Geist, Herz und Sitten.«
68 Vgl. SW III, 78ff.
69 SW III, 78.

stik differenziert, erfährt der Darstellungsbegriff eine weitere Einschränkung. Das Bild »[ist] nicht [...] Darstellung, sondern nur Schilderung, *Phantasie, Repräsentation*« (SW VIII, 25), denn es bietet sich zwar dem Auge »in allen seinen Theilen auf einmal« dar, doch nur als flüchtiges Zeichen, das den Betrachter »mit sich fortziehn« (ebd., 18) will in eine immaterielle Welt der Vorstellung. Ganz anders die Plastik, die den »Körper, als Körper« (SW VIII, 75) bildet und also selbst eine leibhaft-körperliche Gegenwart ist, die nicht über sich hinaus weist, sondern den Liebhaber in den »Kreis ihrer Fühlbarkeit« (SW VIII, 140) hineinzieht.

>[...] die Bildnerei ist *Wahrheit*, die Mahlerei *Traum:* jene ganz *Darstellung*, diese erzählender *Zauber*, welch ein Unterschied! und wie wenig stehen sie auf Einem Grunde! Eine Bildsäule kann mich umfassen, daß ich vor ihr knie, ihr Freund und Gespiele werde, sie ist *gegenwärtig*, sie ist da. Die schönste Mahlerei ist Roman, Traum eines Traumes.« (SW VIII, 17f.)

Wie der Begriff der Illusion, so ist der Begriff der Darstellung bei Herder darauf angelegt, die Opposition von Kunst und Leben nicht etwa progressiv zu überwinden, sondern vom Ursprung her zu unterlaufen. Der Einziehung der Differenz zwischen Werk und Betrachter auf der Seite der Illusion entspricht auf der Seite der Darstellung die Einziehung der Differenz zwischen Zeichen und Bezeichneten. Es wäre ein Mißverständnis, wollte man in dem Gegensatz von Repräsentation und Darstellung nur eine theoretische Neuauflage der angestaubten Opposition von willkürlichen und natürlichen Zeichen sehen. Denn die Plastik steht Herder zufolge überhaupt nicht für ein anderes – und sei es als dessen natürliches Zeichen – , sondern sie steht »für sich«.

»Bildnerei schafft *schöne Formen*, sie *drängt in einander* und *stellt dar*; notwendig muß sie also schaffen, was ihre Darstellung verdient, und was *für sich da steht*.« (SW VIII, 17)

In gewollter Zweideutigkeit verweist der Begriff des »Für-Sich-Da-Stehens« einerseits darauf, daß der Körper ein substantiell »Einzelnes« (SW IV, 68) ist, eine autonome Individualität, die den »an sich« nichtigen Figuren der Malerei, welche »zu« einem kollektiven Ganzen »concurrieren« (ebd., 69) und nur »im Continuum mit anderen« (ebd., 74f.) bestehen, durchaus nicht nur in ästhetischer Hinsicht kontrastiert. Zugleich jedoch meint »Für-Sich« das Mit-Sich-Selbst-Identische der plastischen Darstellung, die präzise nur in Form einer Tautologie erfaßt werden kann: »der Körper ist, was er ist« (SW VIII, 94).

Wie aber vermöchte der mit sich selbst identische plastische Körper jemals etwas anderes sein als – tote Materie? Mit bewundernswerter Konsequenz schützt sich Herder vor dem drohenden Absturz vom schmalen Grat der pygmalionischen Reflexion, indem er als balancierende Gegenkraft das mit sich selbst identische Gefühl aufbietet:

»*Aristoteles* entschuldigt häßliche Vorstellungen in der Kunst durch ›die Neigung unsrer Seele sich Ideen zu erwecken und an der Nachahmung zu vergnügen;‹ [...] Nun aber wißen wir alle, das *Gefühl* ist zu dieser betrachtenden Contemplation und Ideenweckung der dunkelste, langsamste, trägste Sinn [...] Er, Ideen und Nachahmung vergessend, fühlt nur, was er *fühlt* [...] Eine zerstörte, häßliche, mißgebildete Gestalt [...], *Medea* in allen Verzerrungen ihrer Wuth, *Philoktet* in den ärgsten Zuckungen seiner

Krankheit [...] – grausende Objekte für die langsame fühlende Hand, die statt Ideen Abscheu und statt Nachahmung dessen, was *ist*, schreckliche Zerrüttung dessen, was nicht *mehr ist*, wahrnimmt.« (SW VIII, 30f.)

So wie »der Körper ist, was er ist«, so »fühlt« der Gefühlssinn auch »nur, was er fühlt«. Indem Herder beide Sätze beständig ineinander spiegelt, rettet er die Lebendigkeit der Plastik, ohne ihre Wahrheit zu opfern. Die »körperliche Darstellung« ist lebendig und wahr zugleich, denn sie spricht zu einem Sinn, der seine Erfahrungen am »dunklen« Indifferenzpunkt von Zeichen und Bezeichneten sammelt, dort, wo Nachahmung und Natur, Kunst und Leben (fast) ineins fallen.

Die Dunkelheit des Gefühls, das zur deutlichen, merkmalsdifferenzierenden Wahrnehmung der unbegabteste Sinn, ja, tendenziell überhaupt kein Vermögen des Zeichens ist, bildet den Schlußstein des »Ersten Hauptstücks« der *Plastik* und markiert zugleich die Stelle, an dem das Problem der Darstellung wieder in die sensualistische Theorie der Erfahrung einmündet. Bis ins Detail muß sich die Bildhauerei an dem orientieren, was das Gefühl ›kann‹ und vor allem: was es im Unterschied zum Auge nicht ›kann‹. Die generelle Regel der ›Mäßigung‹ dessen, was den für sich bestehenden Körper »ungewiß« läßt (SW VIII, 138f.), hat zahlreiche Restriktionen zur Folge, da für den »dunkelsten Sinn« eben vieles unbestimmt bleibt, was das Auge mühelos erkennen kann. Zu diesen Ungewißheiten gehört etwa der Unterschied von Körper und Gewand: Die schon einmal angesprochene Frage, ob die Plastik ihre Figuren verhüllen solle, wird auch darum verneint, weil das Gefühl die Hülle nicht als Hülle erfährt, sondern als »Madrazze« (SW VIII, 132), als massiven, ungestalteten Körper. Ähnlich die Argumentation im Fall der allegorischen Attribute, die, wenn sie schon nicht vermieden werden können, doch deutlich abgesetzt sein müssen, da das »blinde Gefühl aus den in einander gewachsenen Stücken nichts füglichers, als die Mißgeburt ausfinden [würde], die Horaz zu Anfange seiner Dichtkunst schildert« (VIII, 140). Mit Winckelmann setzt Herder das »Wesen« der Skulptur in die schöne Linie des Konturs, die Einheit und Mannigfaltigkeit, Ebenmaß und Bewegung verbindet, »die in allen ihren Theilen ihre Bahn verändert, die nie gewaltsam unterbrochen, nie widrig vertrieben, sich vielmehr um den Körper mit Pracht und Schönheit gleichsam umherwälzet« (SW VIII, 125). Diese sanft-bewegte Linie des Konturs ist eine Abstraktion und muß es bleiben, denn das Gefühl erfährt differenzierende Merkmale nicht deutlich als Merkmal, sondern dunkel als Mißbildungen des Körpers selbst.

»Diese Adern an Händen, diese Knorpel an Fingern, diese Knöchel an Knien müßen so geschont und in Fülle des Ganzen verkleidet werden; oder aber die Adern sind kriechende Würme, die Knorpel aufliegende Gewächse dem stillen dunkeltastenden Gefühl. [...] Dem Auge sind die blauen Adern unter der Haut nur sichtbar: sie duften Leben, da wallet Blut; als Knorpel und Knochen sind sie nur fühlbar und haben kein Blut und duften kein Leben mehr, in ihnen schleicht der lebendige (!) Tod.« (SW VIII, 27f.)[70]

---

70 Winckelmanns Apollo-Beschreibung – »Keine Adern noch Sehnen erhitzen und regen diesen Körper [...]« (*Kleine Schriften*, S. 267) – ist auch hier mitzulesen.

Wenn Herder alles ablehnt, was der plastischen Gestalt »Charakteristik und Reiz« geben könnte, dann »bringt er sich« durchaus nicht »um die mögliche ästhetische Bedeutung seiner Einsichten«[71], sondern er erntet deren Früchte. Die Zuordnung der Plastik zum Gefühl läßt ihm keine andere Wahl, als die durch Winckelmann etablierte klassische Norm festzuschreiben. Die von aller naturalistischen Partikularität abstrahierte, idealische Bildung der griechischen Plastik »steht als Muster der Wohlform da« (SW VIII, 35), denn sie harmoniert am vollkommensten mit dem Vermögen des Gefühls. Für Veränderungen oder Entwicklungen des antiken Musters gibt es infolge der Beschränktheit dieses Vermögens nur wenig Spielraum. Daß sich Herder, obwohl er gelegentlich über das »Nationalgriechische« Winckelmanns spottet[72], niemals entschließen konnte, die für andere Künste und Gattungen so energisch vorangetriebene Historisierung auch auf die Skulptur anzuwenden, ist nicht zuletzt eine Konsequenz seines sensualistischen Ansatzes. Anders als Malerei, Musik und Literatur, die mit »Geschichte, Menschenart und Zeiten [wechseln]« und wechseln müssen, um jeweils für ihre Zeit »Natur« zu sein, ist die fühlbare Natur des menschlichen Körpers »einförmig und ewig« (SW VIII, 35).[73] Einen Shakespeare der Plastik kann es nicht geben.

VIII.

Die Skulptur bedarf nicht der sekundären *Belebung* durch die »Buhlerreize« (SW VIII, 106) des Charakteristischen, denn sie *hat* Leben als »körperliche Darstellung« fürs Gefühl. Ihr Liebhaber gibt sich damit allerdings nicht zufrieden, sondern tritt mit einem weiteren Anspruch an die Statue heran, dessen Formulierung das zweite, in den frühen Entwürfen schlicht als »Geist« bezeichnete »Hauptstück« der *Plastik* eröffnet:

> »Es ist nicht blos gnug, daß sich alles unter unsern Händen erwärme: es muß ein *Geist* in diesem Fühlbaren wohnen, der unmittelbar zu unserm Geiste spreche: durch eine Sympathie, eine Anziehung, die sich der Wollust nähert.« (SW VIII, 91)

---

71 Proß: »Kommentar« zur *Plastik*. In: Herder: Werke. Bd. II (wie Anm. 56), S. 999.
72 Vgl. SW IV, 211 (Stücke aus einem älteren ›Critischen Wäldchen‹).
73 Wenn Gunter E. Grimm behauptet, daß Herder noch 1778 »den normativen Charakter der griechischen Plastik ab[lehnt]« (Kunst als Schule der Humanität. Beobachtungen zur Funktion griechischer Plastik in Herders Kunst-Philosophie. In: Sauder, Gerhard (Hg.) (Anm. 1), S. 352–363, hier: 355), so bedarf das der Einschränkung. Denn an der Stelle, auf die Grimm verweist (SW VIII, 34), ist explizit nur von der Malerei die Rede. Im *Vierten Wäldchen* allerdings hatte Herder die Möglichkeit einer geschichtlichen Entwicklung der Skulptur zumindest nicht ausgeschlossen: »Nicht unter allen Himmelstrichen ist die Menschliche Natur, als fühlbare, völlig dieselbe« (SW IV, 38). Dagegen wird die in der *Plastik* bezogene, normative Position nach der Italienreise in der *Adrastea* noch einmal bekräftigt (vgl. SW XXIII, 73f.).

Mit diesem Anspruch scheint Herder die Begriffe des »Ersten Hauptstücks« seiner Studie zu verabschieden und wieder in die traditionellen Bahnen illusionistischer Belebung zurückzulenken. Denn um von »Fleisch« zu »Geist«, von Körper zu Seele zu gelangen, ist, wie er einräumen muß, ein »Mittelsatz nöthig«. »Im Leben«, so heißt es in dem Entwurf *Vom Gefühl des Schönen und Psychologie überhaupt*, »supponire ich Seele«, wo ich »Ideen von Bewegung« erhalte (SW VIII, 100). Die Skulptur kann eine ähnliche Supposition provozieren, indem sie durch Elemente des Ausdrucks einen Bewegungsimpuls gestaltet:

> »[...] Seele wird sinnlich durchs Gefühl blos erkannt, so fern sie sich durch Leben, durch Bewegung, durch Würkung, durch Handlung äußert; oder ich schließe, daß sie sich geäußert hat oder sich äußern wird. [...] Blos Bewegung, Stellung, Schritt, mit Hand, Kopf, Fuß, verrathen die Seele.« (SW VIII, 100)

Die Differenz von Zeichen und Bezeichneten, die im Begriff der »körperlichen Darstellung« getilgt schien, bricht mit dieser Lösung nun innerhalb der Plastik selbst als Differenz zwischen Körper und Seele auf. Das Gefühl – jetzt offenbar im Vollbesitz seiner semiotischen Kräfte – ›liest‹ die Ausdruckselemente als Zeichen einer Bewegung, von der es, analog zur empirischen Erfahrung, auf eine bewegende Kraft zurückschließt. Was »dargestellte, tastbare Wahrheit« (SW VIII, 12) war, verwandelt sich in ein stellvertretendes Zeichen, das von der »besseren Repräsentation« der Malerei nicht mehr wesentlich verschieden scheint.

Die Art und Weise, wie sich Herder aus diesem theoretischen Dilemma befreit, ist eine letzte, eindrucksvolle Demonstration der für seine *Plastik* insgesamt bestimmenden Denkbewegung des Einzugs von Differenzen. Statt den in den frühen Entwürfen notierten, traditionellen Ansatz weiterzuverfolgen, versucht er im Fortgang seiner Studien, die zunächst durch den Satz der Bewegung vermittelten Begriffe von Seele und Körper unmittelbar ineins zu setzen.[74] Die neue Lösung nimmt ihren Ausgang vom Begriff der Schönheit, der, wie alle aus der Anschauung abgeleiteten Kategorien, erst umformuliert werden muß, um auf die Plastik Anwendung finden zu können. Für das Gefühl ist diese nicht als Bild schön, das es nach »leichten Formeln« wie Proportion und Symmetrie beurteilt (SW VIII, 161), sondern als Körper, der in jedem seiner Momente das »ist, was er [...] seyn soll« (SW VIII, 95). Was der Körper sein soll, bestimmt sich nach der Entelechie der monadischen Kraft, die sich in ihm ausprägt und nach der jeweiligen Handlung, in die er durch diese Kraft gesetzt ist. Darum sind Schönheit – wie entsprechend auch Häßlichkeit – in der Plastik relative Begriffe, Begriffe der »fühlbaren Vollkommenheit« oder »Unvollkommenheit« (SW VIII, 149) eines individuellen Organismus. »An sich« ist eine »Eidexe so schön, als die Venus der Götter«, nur ist sie es nicht für uns, denn zur Empfindung schöner Zweckmäßigkeit

---

74 In der Plastik »ist *Eins* Alles und Alles nur *Eins*« (SW VIII, 17).

»gehört eine Art inniger Bekanntschaft mit der Natur des Wesens, und da wir diese am eigentlichsten nur von uns haben, also ein gleichartiges Gefühl gleichartiger Vollkommenheit und Unvollkommenheit mit Uns.« (SW VIII, 149)

Auch beim menschlichen Körper bleibt das Urteil über die Zweckmäßigkeit der Gestalt ein »Spiel meiner Einbildungskraft«. Diese Einbildung ist jedoch kein »falsches, leeres Phantasma«, denn sie gründet in einem metaphysischen Sachverhalt, der zwar nicht »a priori« demonstriert, wohl aber »a posteriori« erkannt werden kann (SW VIII, 162). In einer spekulativen Wendung, die Monadenlehre und Anamnesis-Begriff zu einer höchst eigenwilligen Synthese bringt, deutet Herder die Erfahrung plastischer Schönheit als Erinnerung an die Gestaltwerdung des Organismus. Daß sich die »Einzelne einfache Kraft« der Seele zur »Erreichung ihrer Absichten im Universum« eine »plastische Form bereite« (SW VIII, 152), ist seine dynamische Variante von Leibniz' Begriff der »Vorstellung« von Körper durch Seele.[75] »Blos so kann ich die Welt erklären: wie hat sich mein Körper gebildet«[76], heißt es in dem etwa gleichzeitig mit der ersten Fassung der *Plastik* entstandenen metaphysischen Fragment »Zum Sinn des Gefühls«, das den organischen Bildungsprozeß auf Bewegungen der Anziehung und Abstoßung zurückführt, die zu Äußerungen einer Empfindungskraft erotisiert werden. Die im monadischen Selbstgefühl – der einzigen Quelle ihrer unmittelbaren Seinsgewißheit – eingeschlossene Seele strebt nach Entfaltung ihrer Kräfte und zugleich, wie Herder im Gegensatz zu Leibniz betont, nach Kommunikation mit anderen; sie will »Ideen von der Welt [...] sammlen und [...] anderen [...] offenbaren« (SW VIII, 152). Doch diese innere Tätigkeit des Entwickelns, durch die »alle Wesen« im Universum »gegen einander [gravitieren]«[77], stößt auf Widerstand von außen. An der Grenze von Innen und Außen, dort, wo der eigene Impuls durch ein »leidendes Gefühl von anderen« (SW VIII, 120) beschränkt wird, modelliert sich die Form des Körpers, der als »Abdruck und Werkzeug« (SW VIII, 161 f.) ihrer eigenen Entfaltung – und nicht bloß aufgrund einer unerforschlichen prästabilisierten Harmonie – mit der Seele übereinstimmt. Das ›Vergessen‹ der eigenen Gestaltwerdung will Herder nicht als einen notwendigen natürlichen, sondern als einen willkürlichen kulturellen Prozeß verstanden wissen. Es sind, einmal mehr, die Zerstreuungen des Auges, die die Menschen ihrer Leiblichkeit entfremden und sie auf »Erscheinungen« achten lassen, statt darauf, wie sie »Erscheinungen geworden sind«.[78] Der Blinde, der sich ganz in sein »innerstes fühlendes Ich versammelt« (SW IV, 106), müßte sich »Platonisch erin-

---

75 Gottfried Wilhelm Leibniz: Vernunftprinzipien der Natur und der Gnade. Monadologie. Hg. Herbert Herring. 2. Aufl. Hamburg 1982 (Philosophische Bibliothek Bd. 253), S. 54–55 (= *Monadologie* § 61–62). In freier Anlehnung an Plato (Phaidros 246a–250) beschäftigt sich Herder schon in dem Aufsatz »Ist die Schönheit des Körpers ein Bote von der Schönheit der Seele« (1766) mit der Frage, ob sich die Seele ihren Körper als »Werkzeug« und »Wohnhaus« »bereitet« (HW I, 137).
76 Zum Sinn des Gefühls (Anm. 1), S. 288.
77 SW XXXII, 229 (Grundsätze der Philosophie, ca. 1769).
78 Zum Sinn des Gefühls, S. 287.

nern« können, »wie die Seele sich ihren Körper bereitet, wie aus jeder Kraft jeder Sinn gleichsam gebildet wurde«.[79]

Die Übertragung dieses Modells der organischen Gestaltwerdung auf die Plastik hat zur Folge, daß die Grenzen zwischen »Ausdruck« und »Bildung« verschwimmen. Bildung ist selbst schon ein Ausdrucksphänomen, eine Äußerung innerer seelischer Kraft. An ihr und nicht erst an zusätzlichen Elementen wie »Bewegung, Stellung und Schritt« – Elemente, die Winckelmann wie nach ihm auch Lessing der Ausdrucks-Seite zugeordnet hatten – wird »Seele sinnlich durchs Gefühl [...] erkannt« (SW VIII, 100). Es wäre zu kurz gegriffen, wollte man in dieser Umformulierung nur eine terminologische Entdifferenzierung sehen. Denn mit dem ›Träger‹ ändert sich auch und entscheidend die Art der ›Gefühlserkenntnis‹. Hatte Herder in den frühen Entwürfen zur *Plastik* das Verhältnis von Körper und Seele als »Symbolik« (VIII, 106) definiert, so prägt er in der späteren Fassung – in Anlehnung an das aus der Anschauung abgeleitete und daher für seine Zwecke unbrauchbare »intueri« – den Begriff des »Durchgefühles« (SW VIII, 61). Nicht im Prozeß einer symbolischen Lektüre, sondern spontan und unmittelbar wird die Seele im Körper »durchtastet« (SW VII, 60). Die sensualistische Basis dieses haptischen Intuitionsbegriffs ist die spezifische »Bipolarität«[80] des Tastsinns, dessen ›objektive‹ Wahrnehmung des Gegenstandes sich immer mit einer ›subjektiven‹, auf den eigenen Leib bezogenen Empfindung verbindet. In der Erfahrung des plastischen Körpers durch den äußeren Sinn wird insofern tatsächlich ein Inneres spontan und unmittelbar ›durchgefühlt‹ – nur ist diese innere Empfindung natürlich eine Selbstempfindung des Tastenden. *Zwischen* Fühlendem und Gefühltem also – nicht am Gegenstand selbst – findet die haptische Intuition statt. Herder muß alle seine Formulierungskünste aufbieten, um die Schlußfolgerung abzuwehren, daß mit dieser Lösung die Opposition von Körper und Seele nicht etwa aufgehoben, sondern nur auf die Opposition von Werk und Betrachter zurückverschoben wird. Statt als einen Vorgang der Projektion oder Supposition von ›Seele‹ will er die Kommunikation zwischen Liebhaber und Statue als den einer wechselseitigen Re-Artikulation verstanden wissen. In dem Maße, in dem die Körperwahrnehmung des äußeren Sinns den inneren, ›bildenden‹ Sinn erweckt, der sich den Körper als seine »plastische Form« bereitet, in dem Maße soll auf *beiden Seiten* das lebendige Band zwischen Innen und Außen, Seele und Körper neu geknüpft werden: »wir werden mit der Statue gleichsam verkörpert oder diese mit uns beseelet« (SW VIII, 60). Es ist dieser Prozeß der wechselseitigen Re-Artikulation, der die Plastik dazu zwingt, sich strenger als jede andere Kunst an ihre (relative) Norm der Schönheit zu halten. Denn Abweichungen von dieser Norm werden nicht allein durch den äußeren Sinn als Unvollkommenheiten der Bildung, sondern zugleich und unmittelbar durch den inneren Sinn als »Krankheit« oder »Schwäche« der bildenden Kraft (SW VIII, 163) und damit als »grausenvolle, abscheuliche Verwesung eines Geschöpfes, wie ich bin«

---

79 Ebd.
80 Ernst Cassirer: Philosophie der symbolischen Formen. III: Phänomenologie der Erkenntnis. 9. Aufl. Darmstadt 1990, S. 151.

empfunden. »Der Tod schaudert durch die fühlenden Fibern: ein Vorbote ihres künftigen letzten Risses.« (SW VIII, 146)[81] Ruft der schöne Körper, an dem jedes Glied ist, was es nach Maßgabe seines organischen Zweckes sein soll, die eigene Gestaltwerdung in Erinnerung, so affiziert das Häßliche als »schrecklichste Erinnerung meiner eignen Vernichtigung« (SW VIII, 146).

In einem frühen Entwurf grenzt Herder die innere und äußere Empfindung des Körpers als »Ausdruck« und »Eindruck« von jeder bloß optischen Wahrnehmung ab: »Der sinnliche Ausdruck der Natur, noch ehe er Erscheinung wird, gibt den sinnlichen Eindruck, der wieder unendlich mehr als Erscheinung ist.« (SW VIII, 103) Der spätere Text erkennt in dieser »unendlichen« quantitativen Differenz von »Eindruck« und »Erscheinung« einen qualitativen Sprung in die Dimension des Erhabenen:

> »Ich weiß nicht, ob ich ein Wort wagen und es *Statik* oder *Dynamik* nennen soll, was da von Menschlicher Seele in den Kunstkörper *gegossen*, jeder *Biegung, Senkung, Weiche Härte*, wie auf einer Waage *zugewogen*, in jeder *lebt* und beinahe die Gewalt hat, unsre Seele in die nämliche sympathetische *Stellung zu versetzen*. Jedes Beugen und Heben der Brust und des Knies, und wie der Körper ruht und wie in ihm die Seele sich darstellt, geht stumm und unbegreiflich in uns hinüber [...].« (SW VIII, 60)

Von »Erhebung« hatte schon Winckelmann gesprochen, doch erst Herder entdeckt in der ›erhebenden‹ mimetischen Anverwandlung – dem »Heben der Brust«, das er aus der Apollo-Beschreibung übernimmt – das Moment einer (»beinahe«) über alle Widerstände erhabenen »Gewalt«. Nicht charismatische Zuwendung, sondern ›sympathetischer‹ Zwang bringt jenen »großen Grad inniger Täuschung« (SW VIII, 154) hervor, in der die plastische Erfahrung kulminiert. Mit der »Magnetischen Kraft« des »Geschlechts« (SW VIII, 99) zieht mich der Körper an und zwingt mir, einer physischen Nötigung gleich, seine »nämliche Stellung« auf. Die Plastik überredet nicht, sie überwältigt – und zwar als »That« (SW VIII, 60), nicht als Wort. Denn der Eros bedarf keiner Worte und Begriffe, um sich mitzuteilen: unter seiner Herrschaft geht der plastische Eindruck »stumm und unbegreiflich in uns hinüber«.

Auch als »fühlbargewordne Gestalt einer Menschlichen Seele« (SW VIII, 159) bleibt die Skulptur in den engen Grenzen der »körperlichen Darstellung«. Nicht *durch* uns wird sie »beseelet«, sondern »*mit* uns«, was zugleich bedeutet, daß wir »mit« ihr »verkörpert [werden]«. Es gibt in Herders Theorie der Plastik nirgends den Begriff eines bloß materiellen Körpers; denn »fühlbarer« Körper entsteht überhaupt nur, wo seelische Kraft sich durch sinnliches Material artikuliert, als »Produkt der Division des Gedankens in die körperliche Masse« (SW IV, 69). Obwohl der Begriff der »Division« – wie auch das zur Veranschaulichung der Artikulation von Psyche und Physis verwendete Bild

---

81 Der physiologischen Metapher der »Fibern« korrespondiert das Gleichnis vom »Saitenspiel menschlicher Mitempfindung« (SW VIII, S. 60). Herder stellt den Austausch zwischen Statue und Liebhaber damit in dasselbe Bild, das er am Anfang der *Abhandlung über den Ursprung der Sprache* (vgl. HW I, 697–708) für den unbewußten Mechanismus verwendet, der der sympathetischen Kommunikation »gleichfühlender Geschöpfe« durch unartikulierte Töne der Empfindung zugrundeliegt.

des Meeres[82] – den Vergleich nahelegen mögen, ist damit kein auf Saussure vorausweisender »Zeichenbegriff von einer bestechenden Modernität«[83] formuliert. Zum einen bezeichnet die »Division« für Herder ja kein Verfahren der kulturellen Semiosis, sondern das Prinzip der organischen Bildung selbst, aus der nicht »Form« im Saussureschen Sinne hervorgeht, sondern »Substanz« (SW VIII, 130), die für und durch sich besteht. Vor allem aber soll der plastische Körper überhaupt nicht zeichenhaft bedeuten, sondern unmittelbar als geistig-materielles Leben affizieren. Zeichen soll er nur insofern sein, wie aller Körper Zeichen und »Hülle« ist[84], die sinnliche Artikulation der einen, ursprünglichen und amorphen Empfindung des Seins, deren organische Gestaltwerdung die Plastik nicht etwa symbolisch repräsentiert, sondern wiederholend darstellt. Dem widerspricht nicht, daß Herder die Statue am Ende der veröffentlichten Studie mit einer ironischen Wendung gegen die zeitgenössische Diskussion auf den Begriff der »Allegorie« bringt. Denn Allegorie meint an dieser Stelle nicht Repräsentation, ›Eins fürs Andere‹, sondern »Eins durchs Andere, αλλο durch αλλο« (SW VIII, 79). In diesem Sinn kann die Plastik eine »*beständige Allegorie*« (ebd.) genannt werden, da sie »*Seele* durch *Körper* [bildet], und zwei größere αλλα kanns wohl nicht geben« (ebd.). Herder weiß natürlich, daß das »nur uneigentlich gesprochen heißt« (ebd., S. 80), doch gerade Uneigentlichkeit wird hier beabsichtigt: Die »bildende Kunst« ist eben so sehr »bildende Natur« (ebd.), daß sie durch Begriffe der Kunst nur metaphorisch bezeichnet werden kann.

---

82 Vgl. zu diesem Bild – das Herder von Leibniz übernommen haben dürfte – SW VIII, 43 und HW I, 685 (»Bruchstück von Baumgartens Denkmal«); zur entsprechenden Metapher bei Ferdinand Saussure siehe: Cours de linguistique générale. Hg. Charles Bally und Albert Sechehaye. Paris 1972, S. 156.
83 Adler (Anm. 8), S. 112.
84 Im »Versuch über das Sein« nennt Herder das Sein nicht nur »die Grundlage all unseres Denkens«, sondern auch »das Element, mit dem wir umhüllt sind« (HW I, 14). Ulrich Gaier bemerkt in seinem Kommentar, daß das in diesem Text angedeutete »Pyramidenmodell der sinnlichen Gewißheit« – die These also, daß das Sein als »total unzergliederlicher« Begriff im »Mittelpunkt der Gewißheit« stehe, gefolgt von den Begriffen »juxta, post und per«, die nach ihm »die unzergliederlichsten« seien usw. – eine »durchgängige Semiotisierung von Herders Anschauungen« bedingt: »alles, was nicht erfahrenes Sein selbst ist, ist mehr oder weniger dicht verhülltes Sein, Zeichen, welche das Sein individualisiert, charakterisiert, historisiert und auf das Sein durchsichtig bleiben muß« (HW I, 849). An *dieser* »Semiotisierung« hat natürlich auch der plastische Körper teil.

»Es werde Licht!«

Die Blindheit als Schatten der Aufklärung bei Diderot und Hölderlin

PETER UTZ (Lausanne)

I.

Gegenüber der Blindheit sind wir blind. Für uns Sehende bleibt der dunkle Innenraum des Blinden eine black box. Weder Mitleid noch Mythisierung vermögen in ihn einzudringen. Gerade die Epoche der Aufklärung, die sich dem Leitbegriff des Lichtes verschrieben hat, wird von diesem Widerstand der Blindheit besonders herausgefordert. So ist der Versuch, diskursiv in den dunklen Raum der Blindheit hineinzuleuchten, ein zentrales Projekt der Aufklärung, das bisher noch zuwenig gewürdigt worden ist. Nach dem Muster jenes Spiegels, mit dem der Augenarzt als gerichtetem Seh- und Lichtstrahl das Innere der Augenhöhle abtastet, versucht der physiologische und anthropologische Diskurs der Aufklärungszeit, zu den neuralgischen Punkten der Blindheit vorzudringen. Denn erst im Triumph des diskursiven Lichts über die Blindheit wäre die Aufklärung vollendet – das »Siècle des Lumières« will sein Licht auch und gerade jenen zurückgeben, denen es am offensichtlichsten fehlt. Dies erst wäre die Vollendung der Schöpfung, wie sie Alexander Pope 1730 in einem Epitaph auf Newton, den Lichtgott der Aufklärung, feiert: »Nature, and Nature's Laws, lay hid in Night. / God said *Let Newton be!* and All was *Light.*«[1]

Der medizinisch-philosophische, aber auch der literarisch-ästhetische Diskurs der Aufklärung ist in dieser Weise in seiner zentralen Metaphorik anthropologisch fundiert. Dies habe ich in meiner Studie: *Das Auge und das Ohr im Text. Literarische Sinneswahrnehmung in der Goethezeit*[2] ausführlich nachzuweisen versucht, und auf sie stützt sich auch die Argumentation dieses Aufsatzes. Hier aber möchte ich an zwei dort höchstens gestreiften Texten ausführen, inwiefern sich gerade am Gegenstand der Blindheit der aufklärerisch-wissenschaftliche vom literarisch-ästhetischen Diskurs scheidet. »Blindheit« ist, wie William R. Paulson ausgeführt hat, im 18. Jahrhundert keine einheitliche »diskursive Formation« im Sinne Foucaults; sie erscheint vielmehr im Schnitt-

---

[1] The Poems of Alexander Pope. Ed. by J. Butt. London 1963, p. 808.
[2] München 1990.

punkt verschiedener Diskurse.³ Am Blinden, im Augenzeitalter selbst die Verkörperung einer fundamentalen Differenz, erscheinen die diskursiven Differenzen der Zeit. Sie fordern, wie sich an den Beispielen zeigen wird, die literarische Rede heraus, die am Blinden ihr eigenes diskursives Profil reflektiert.

Diderots *Lettre sur les aveugles* (1749) am Beginn der zweiten Hälfte des 18. Jahrhunderts und Hölderlins Ode *Der blinde Sänger* (1801) an ihrem Ende markieren zwei scheinbar weit auseinanderliegende Eckpunkte des hier vorgelegten Umrisses einer literarischen Anthropologie: Diderots *Lettre* zeigt, wo der deskriptive Zugriff auf die menschliche Wahrnehmung notwendigerweise umschlagen muß in Metaphorik und Fiktion, bis hin zu einer Mythisierung, in der sich der Blinde dem aufklärerischen Auge völlig entzieht. Diesen Mythos wiederum situiert Hölderlins Ode geschichtsphilosophisch. Sie entfaltet die Dialektik jener aufklärerischen Urszene, in welcher der Blinde sein Augenlicht zurückerhält, als Teil der Dialektik der Aufklärung, als Umschlagpunkt von Licht in Nacht und von Nacht in Licht. Gleichzeitig reflektiert sie den metaphorischen Status, den jedes Reden über Wahrnehmung hat, insofern es über etwas spricht, das es nicht »sieht«.

Damit schreibt sich die Diskussion über die Blindheit in die Diskussion um den »ganzen Menschen« ein. Auch der »ganze Mensch« ist ja nicht real wahrzunehmen, er ist vielmehr eine diskursive Phantasmagorie. Deren Dialektik zeigt sich am Blinden, insofern er sowohl den zu heilenden Mangel wie auch den Mythos der Ganzheit verkörpern kann: Wenn die Aufklärung dem Blinden als einem Mangelwesen sein Auge zurückgibt, um ihn zum »ganzen Menschen« zu komplettieren, setzt sie affirmativ jene Defekte voraus, die sie triumphierend beseitigen will. Umgekehrt bleibt der »ganze Mensch« ein notwendiger Maßstab, von dem aus die arbeitsteilige Zerstückelung des Menschen erst kritisierbar wird. Nur weil insbesondere die Literatur diesen Traum vom »ganzen Menschen« mit offenen Augen weiterträumt, macht sie dafür hellhörig, wie sehr und wofür der Mensch in vielerlei Hinsicht »blind« ist.

Das Jahrhundert der Aufklärung ist das Jahrhundert des Augen-Lichts. Nirgends wird dies deutlicher als in der Debatte um das Problem von Molyneux, die das ganze Jahrhundert anhält, nachdem das Problem durch Lockes *Essay Concerning Human Understanding* (1693) bekannt gemacht worden war. Locke referiert dort folgendes Gedankenexperiment des englischen Arztes William Molyneux: Man nehme an, daß ein Blindgeborener durch bloßes Tasten gelernt habe, einen Kubus von einer Kugel zu unterscheiden. Kann dieser Blinde nun, nachdem er durch eine Operation sehend geworden ist, die beiden Gegenstände ohne erneutes Betasten, nur durch das Auge, unterscheiden und sie der früheren Tasterfahrung richtig zuordnen?

Auf die endlose Debatte, die diese Frage im 18. Jahrhundert auslöst, und auf die unterschiedlichen Antworten, die sie etwa bei Locke, Berkeley, Leib-

---

3 William R. Paulson: Enlightenment, Romanticism, and the Blind in France. Princeton 1987, in der ausgezeichneten Methodenreflexion seiner Einleitung, p. 16ff. Paulson konzentriert sich in der Folge auf den philosophischen, pädagogischen und literarischen Diskurs über die Blindheit im französischen 18. und 19. Jahrhundert.

niz, Voltaire oder Condillac gefunden hat, kann ich hier nicht näher eingehen.[4] Wesentlicher als diese Antworten scheinen mir jedoch die Implikationen der Fragestellung: Zunächst impliziert das Gedankenexperiment von Molyneux die Trennbarkeit der Sinnesleistungen, ihre je einzelne Messbarkeit. Als Resultat der Debatte um das Molyneux-Problem wird denn auch die alte Hierarchie der Sinne durch ihre Leistung neu legitimiert. Das Auge dominiert nun die Sinneshierarchie nicht mehr wegen seiner Nähe zu einer platonisch oder christlich eingefärbten Idee, sondern wegen seiner Informationsleistung. An dem, was dem Blinden fehlt, kann die Leistung des Auges ermessen werden. Impliziert in der Fragestellung von Molyneux ist aber auch die Trennung der Sinne, in welcher die Einheit der Wahrnehmung problematisch wird: Ist die Kugel, die ich sehe, auch die Kugel, die ich greifen kann? – So formuliert, läßt das Molyneux-Problem eine »ganze« Wahrnehmung höchstens noch in Form einer Arbeitsteilung zwischen den Sinnen denken; eigentlich herrscht zwischen ihnen Konkurrenz. Bei Adam Smith etwa ist das Verhältnis zwischen den Sinnen nach dem Modell von Wettbewerb und freiem Markt gedacht.[5] Gerade auf diese extreme Parzellierung der Sinne wird der Traum vom »ganzen« Menschen antworten.

Im Gedankenexperiment von Molyneux impliziert ist aber auch die direkte, schlagartige Heilung des Blinden. Durch den rasanten Fortschritt der Augenheilkunde, durch die Technik der Star-Operation, scheint eine solche unmittelbare Heilung nun möglich. Schon 1728 versucht der englische Arzt Cheselden die Frage von Molyneux bei einer Staroperation experimentell zu beantworten. Daß dabei die Antwort negativ ausfallen muß, weil sich der geheilte Blinde erst langsam an die neuen Möglichkeiten des Sehens gewöhnen kann, daß also die Frage eigentlich falsch gestellt ist, wird in der ausgedehnten Diskussion dieser und ähnlicher Experimente erst langsam bewußt. Denn zu reizvoll ist das Heilungswunder, das sich beim Star-Stechen spektakulär vollzieht: Ein schlagartiger Triumph der aufklärerischen Medizin, die dem Menschen sein Augenlicht buchstäblich »augenblicklich« wiedergibt – eine Ur-Szene der Aufklärung. In Analogie zum ersten Schöpfungstag realisieren hier das Auge und die Hand des Arztes das »Es werde Licht«. Die angewandte Wissenschaft vom Menschen gibt diesem zurück, was ihm zu seiner »Ganzheit« anscheinend am meisten gefehlt hat.

Erst recht zur Ur-Szene des Auges wird dieser Heilungsmoment, wenn er sich – wie häufig im 18. Jahrhundert – vor Zuschauern abspielt, die mit ihren eigenen Augen diesen Triumph des Auges beglaubigen – auch Rührungstränen sind hier erlaubt. Denn meist fällt dann noch, wie in einer Szene beim berühmten Jacques Daviel, dem Leib-Augenarzt Ludwigs XV., der Blick des Geheil-

---

4 Vgl. dazu John W. Davis: The Molyneux Problem. In: Journal of the History of Ideas XXI/3(1960), p. 392–408, und die ausführlichere Darstellung: Michael J. Morgan: Molyneux's question: Vision, Touch and the Philosphy of Perception. Cambridge/New York 1977, ferner Paulson (Anm. 3), Kap. 2, p. 21–38.
5 Adam Smith: Of the external senses. In: Ders.: Essays on Philosophical Subjects. Ed. by W. P. D. Wightman and J. C. Bryce, Oxford 1980, p. 150.

ten auf seine Mutter[6] – daraus eine sentimentale Oper oder ein bürgerliches Rührstück zu machen, drängt sich geradezu auf.[7] Jean Pauls *Hesperus* (1795) parodiert diese Szene mit einer Blindenheilung, die in dem pathetischen Ausruf des Erzählers: »Das Schicksal sagte: es werde Licht, und es ward« gipfelt, sich aber dann als großangelegter Erzählbetrug erweist.[8] Jean Paul setzt so ein literarisches Fragezeichen hinter den Jahrhundertdiskurs über die Sinne, insofern dieser am Blinden bloß noch das eigene Augenlicht feiert. Das Interesse für den Blinden, das als Gedankenexperiment von Molyneux begann, droht als bloße Show zu enden.

II.

Genau hier setzt Diderot mit seiner *Lettre sur les aveugles, à l'usage de ceux qui voient* schon 1749 an. Sein Essay beginnt nämlich mit einer verhinderten Heilungsszene: Diderot ist zu einer Staroperation nicht eingeladen worden. An die Stelle des Heilungsspektakels setzt der Text den Besuch bei einem Blinden in Puisaux. Dessen erstaunlichen Fähigkeiten ist der erste Teil des Textes gewidmet. Ein zweiter Teil, das Hauptstück, gilt dem in seiner Zeit berühmten blinden englischen Mathematiker Nicholas Saunderson (1682–1739) und gipfelt in der Szene seines Todes. Der dritte Teil schließlich ist dem Problem von Molyneux gewidmet, das Diderot aus seiner eigenen Sicht diskutiert. Dreiunddreißig Jahre später fügt Diderot dieser *Lettre* eine *Addition* hinzu, welche das Thema der Blindheit erneut aufgreift – die argumentative Heterogenität, die schon die »Lettre« selbst charakterisiert, wird durch diesen Zusatz noch verstärkt. So tritt bei Diderot an die Stelle des Heilungswunders, das mit einem Schlag Erleuchtung verspricht, ein gewundener, labyrinthischer Gang durch das dunkle Gelände der Blindheit.

Diderots Diskurs ist so in Inhalt und Form als Replik auf die aufklärerische Anthropologie zu lesen – diese These möchte ich im folgenden erhärten. Im ersten Teil, beim Blinden von Puisaux, folgt Diderot allerdings zunächst noch recht genau den diskursiven Regeln der Anthropologie: Er hält einen gewissen Beobachtungsabstand zu seinem Gegenstand, und seine Argumentation verläuft ziemlich gradlinig. Gerade die verblüffenden Fähigkeiten des Blinden zeigen, daß er jenseits einer Grenze lebt, die der Text mit seinem Interesse für das Andere, das Ausgegrenzte, nur umso deutlicher zieht: So arbeitet der Blinde am liebsten in der Nacht; er vertritt eine andere Moral, weil er die

---

6 Denis Diderot, Œuvres Complètes. Ed. p. Yvon Belaval, Robert Niklaus et autres. Tome IV, Paris 1978, p. 97f.
7 Zahlreiche Beispiele aus der französischen Literatur führt Paulson (Anm. 3), p. 72ff. auf. Im deutschen Bereich repräsentativ ist A. v. Kotzebues Lustspiel »Das Epigramm« (1798) – hier findet eine Blindenheilung auf offener Bühne statt, und der erste Blick des Blinden fällt auf seine Mutter.
8 Jean Paul: Werke. Hrsg. v. Norbert Miller. 3. Aufl. München 1970ff., Bd. I, S. 504f. – zur Szene vgl. P. U. (Anm. 2), S. 178.

Scham nicht kennt, und er wünscht sich lieber lange Arme, die bis zum Mond reichen würden, statt Augen und Teleskope (23).[9] Wie der edle Wilde, dem er hier noch gleicht, lebt der Blinde auf einem anderen Kontinent.[10]

Fasziniert von dieser Figur, beginnt Diderots *Lettre* zu ihr diskursive Brücken zu schlagen. Schon der Titel des Textes macht ja deutlich, daß er sich auf der Seite des Sehens situiert weiß: »Lettre sur les aveugles, à l'usage de ceux qui voient«. Als Brief richtet er sich denn auch immer wieder direkt an jene »Madame«, die im Text die sehende Leserinstanz vertritt, und appelliert an ihre Vorstellungskraft. Sie soll sich beispielsweise vorstellen, wie ein Blinder eine Nadel einfädelt. Die »imagination« wird so zur einzigen Brücke, über die man als Sehender die Welt der Blinden betreten kann. Dort jedoch stößt man auf ein Problem, an dem die mitgebrachte Begrifflichkeit endgültig scheitern muß: Wie soll man sich denn die »imagination« des Blinden vorstellen, wenn dieser Begriff schon vom visuell geprägten Wortsinn her obsolet wird? – Am Blinden und seiner »imagination« wird so die »imagination« der Sehenden sich selbst thematisch; sie ist das zugleich notwendige und unzureichende Mittel, auf diese Nachtseite der visuellen Welt vorzudringen.

Insofern weckt Diderot bei seinen Lesern am Gegenstand und am Widerstand der Blindheit die »imagination« als einen zusätzlichen Sinn. In den nachgelassenen *Eléments de physiologie* wird Diderot denn auch der »imagination« gleichberechtigt mit den anderen Sinnesorganen ein eigenes Kapitel widmen. Als inneres Alternativ-Auge ist sie zugleich das Mittel eines Diskurses, der nicht nach der Geometrie des Sehens und des Gedächtnisses strukturiert ist, und seine Form: »La mémoire est verbeuse, méthodique et monotone. L'imagination aussi abondante, est irrégulière et variée.«[11] Wie der Blinde selbst die Moralbegriffe, so setzt die »imagination« die Regeln des Diskurses außer Kraft. Insofern entspricht diese Form der »imagination« nicht mehr jener, auf die das klassische Ordnungssystem angewiesen ist, um die Ordnung der Dinge als Ähnlichkeitsbeziehungen zu konstruieren[12], sondern sie weist voraus auf die Neuentdeckung der »Einbildungskraft« als produktivem Vermögen in der späten Aufklärung.[13] Wenn Diderots *Lettre* auf dem dunklen Kontinent der Blindheit der eigenen »imagination« begegnet, hat sich sein eigener Diskurs schon einen Schritt vom linearen Diskurs der Aufklärung abgesetzt.

---

9 Diderots »Lettre sur les aveugles« wird im folgenden im Text nachgewiesen nach der Ausgabe der Œuvres Complètes (Anm. 6), tome IV, p. 1–107.
10 Diesen interessanten Deutungsansatz verabsolutiert Jürgen Manthey dann zu undifferenziert für den ganzen Aufsatz Diderots (Jürgen Manthey: Wenn Blicke zeugen könnten. Eine psychohistorische Studie über das Sehen in Literatur und Philosophie. München 1983, S. 202–204).
11 Diderot, Œuvres Complètes (Anm. 6), tome XVII, p. 480.
12 Michel Foucault: Die Ordnung der Dinge. Eine Archäologie der Humanwissenschaften. Übers. v. Ulrich Köppen. Frankfurt a.M. 1974, S. 104f. Foucault identifiziert diese »klassische« Form der Imagination noch mit der Kraft der Erinnerung, während Diderot hier beides in Opposition setzt.
13 Vgl. dazu insbesondere den Beitrag von Götz Müller in diesem Band.

In dieser selbstreflexiven Imagination, wie sie im ersten Teil der »Lettre« wirksam wird, bereitet sich ein Paradigmawechsel des Diskurses vor, der sich im zweiten Teil abzeichnet. Am Beispiel des blinden Mathematikprofessors Saunderson, dessen geometrische und arithmetische Rechnungsmethoden Diderot ausführlich beschreibt, stößt Diderot auf die Metaphorizität der Sprache. Wie die »imagination«, die ja für den Blinden selbst höchstens metaphorischen Charakter hat, ist die Sprache jenes Medium, das zwischen den isolierten Sinnen Brücken schlägt. Saunderson sei bei seinem Unterricht gerade deshalb sehr anschaulich gewesen, weil er aus Mangel an sprachlichen Ausdrucksmitteln zu Ausdrücken greifen mußte,

> »qui sont propres à un sens, au toucher par exemple, et qui sont métaphoriques en même temps à un autre sens, comme aux yeux, d'où il résulte une double lumière pour celui à qui l'on parle; la lumière vraie et directe de l'expression, et la lumière réfléchie de la métaphore.« (41)

Anschaulichkeit erhalten die Dinge, so läßt sich aus dieser Kernstelle von Diderots *Lettre* folgern, erst aus einer Doppelbeleuchtung von direktem und metaphorischem Ausdruck. Die aufklärerische Zentralmetapher des Lichts wird hier durch Diderot metaphorisch auf die Sprache übertragen und dabei ihrerseits gespalten und gebrochen: Sprache ist das Medium des Direkten und des Indirekten gleichzeitig; gerade der indirekte, metaphorische Ausdruck wird zur Alternative zum geradlinigen Licht und hilft – wie die »imagination« – jene Bereiche erschließen, für die uns die Wörter und die Sinne fehlen. Konsequent vergleicht denn auch Diderot die Situation Saundersons mit jener von Fremdsprachigen, die aus Mangel an Worten manchmal besonders glückliche Formulierungen finden, und mit jener der Schriftsteller, deren »imagination vive« sich mit dem gewöhnlichen Wortschatz nicht zureichend ausdrücken lasse (42). Blinde, Fremde, Poeten – sie alle leben in einem sprachlichen Mangelgebiet, aus dem nur die Metapher heraushilft.

Diderot selbst bedient sich solcher Metaphorik bewußt und prägnant, wenn er beispielsweise die Sensibilität von Saundersons Tastsinn auf die Formel bringt: »Saunderson voyait donc par la peau« (47). Umgekehrt – und hier deutet sich ein Perspektivwechsel an – imaginiert Diderot aber auch die Perspektive Saundersons; für diesen sind all jene Sehenden, die vom Unendlichen philosophieren, selbst »Blinde« (46). »Blindheit« wird zur bewußt eingesetzten, erkenntniskritischen Metapher, mit der Diderot nun die Partei der Blinden ergreift. Das gebrochene Licht von Diderots eigenen Metaphern dient selbst zur Reflexion der aufklärerischen Lichtmetaphorik. Die metaphorische Diskursform wird so als indirekte Replik, als Replik des Indirekten auf jene aufklärerische Urszene lesbar, die der Text am Anfang ausgelassen hatte. Statt »Es werde Licht!« proklamiert der Text hier: »Es werde Sprache!« und: »Es werde Imagination!«

Solche Mittel von Perspektivwechsel, metaphorischem Sprechen und kühner Imagination führen in einen fiktionalen Diskurs, der sich dem anthropologischen Diskurs der Aufklärung gegenüberstellt. Dies zeigt sich am dramatischen Höhepunkt von Diderots Text, dem Tod Saundersons. Diderot inszeniert hier in direkter Rede einen Dialog zwischen dem sterbenden Blinden und einem Priester, bei dem Saunderson provokativ die Existenz Gottes in Frage stellt: »Si vous voulez que je croie en Dieu, il faut que vous me le fassiez toucher«(48). Alte Argumente aus der Gottesbeweis-Diskussion erhalten im Munde des Blinden neue Sprengkraft; so ist für Saunderson der Priester bezüglich des Ursprungs der Welt ebenso blind wie er selbst (50). Und als sichtbar mangelhaftes Geschöpf zeugt der Blinde gegen die aufklärerisch-christliche Idee der besten aller Welten.[14] Hilflos gleitet die Eloquenz des Priesters, der rhetorisch die »lumières« des letztlich doch gottgläubigen Newton zu Hilfe nimmt (49), am Blinden ab. Dieser stirbt mit dem paradoxen Ausruf auf den Lippen: »ô Dieu de Clark et de Neuton, prends pitié de moi« (52). Der Provokation dieses Todes setzt Diderots Kommentar seine atheistische Spitze auf, indem er metaphorisch die Erkenntnisblindheit der Sehenden mit der Vision des Blinden kontrastiert: »Aussi ils vivent en aveugles, et Saunderson meurt, comme s'il eût vu.«(53)

Dieser letzte Dialog Saundersons ist eine freche Fiktion. Daß Diderot dies zunächst verschleiert und ihn scheinbar einer Saunderson-Biographie eines »William Inschlif« entnimmt, die er ihrerseits wieder fingiert, entschärft sie nicht.[15] Die atheistische Provokation trägt Diderot kurz nach der Publikation der *Lettre* drei Monate Haft in Vincennes ein – offensichtlich ist die *Lettre* ein willkommener Anlaß, den jungen Intellektuellen vorerst einmal mundtot zu machen. Dabei relativiert Diderot selbst die letzten Worte Saundersons, indem er nachher unvermittelt eine zweite Sterbeszene nachliefert: Hier nun stirbt der Blinde im Kreise seiner Familie, wendet das Gesicht seiner Frau zu, wie um sie noch zu sehen, und segnet die Kinder (54). Sein Lebenslicht verlöscht hier im Stil des aufgeklärt-empfindsamen Rührstücks; spiegelverkehrt zur Blindenheilung, im gleichen Familienrahmen, sinkt der Blinde in eine ewige Nacht zurück.

Diderot scheint hier zwei dramaturgische Modelle des Sterbens zu erproben, wie sie in der zweiten Hälfte des 18. Jahrhunderts gängig werden: Der Tod als Revolte und der Tod als Reintegration.[16] Daß er sie so unvermittelt nebeneinanderstellt, macht den literarisch-fiktionalen Charakter beider Modelle deutlich. So wie das gebrochene Licht der Metaphorik auch den verbindlichen Status der scheinbar direkten, »wahren« Aussage bricht, so bricht sich im irritierenden, doppelten Licht dieser Sterbefiktion die Persönlichkeit des Blinden,

---

14 Den Einfluß von Lukrez »De rerum natura« auf diese Passage hat im einzelnen nachgewiesen Christine M. Singh: The Lettre sur les aveugles: Its Debt to Lucretius. In: Studies in Eighteenth-Century French Literature, presented to Robert Niklaus. Ed. by J. H. Fox. Exeter 1975, p. 233–241.

15 Inchlifs Buch, das Diderot genau zu zitieren vorgibt, ist bis heute nicht nachzuweisen gewesen; auch entlarvt der Artikel »Aveugle« der »Encyclopédie« von Diderot/ d'Alembert diese »prétendue histoire des derniers momens de Saunderson« als »absolument supposée«.

16 Besonders deutlich wird diese doppelte Dramaturgie im deutschen »Sturm und Drang«, wo der versöhnende Tod und der revoltierende Tod zeitgleich koexistieren, so beispielsweise in Schillers »Kabale und Liebe«.

unmittelbar bevor sich dieser in die letzte, allen unzugängliche black box des Todes zurückzieht.[17] Im fiktionalen Modus, mit einer explizit inszenierten Szene, die seiner eigenen Imagination entspringt, antwortet Diderot auf jene andere Szene, in der die heilende Hand des Arztes dem Blinden das Lebenslicht zurückzugeben verspricht und die ihm – und dem Leser – am Anfang der *Lettre* vorenthalten blieb. Die Fiktion der Feder hat den Schnitt des Skalpells ersetzt.

Auch wenn Diderot nun im dritten Teil des Briefs wieder in konventionellerer Weise zum Problem von Molyneux Stellung nimmt, so hält sich sein Diskurs doch an die »langage des poètes« (55) und bleibt auf der Höhe einer bewußten Reflexion über das metaphorische Verhältnis von Sprache und Wahrnehmung. Von dort aus hebt Diderot nun die Versuchsanordnung von Molyneux aus den Angeln: Weil man das Sehen wie eine Sprache erlernen muß (60), ist die schlagartige Aufklärung des Auges von vorneherein ausgeschlossen. Das Sehen ist nicht wie eine Geometrie, sondern wie eine Semantik strukturiert.[18] Sie zu erlernen ist ein komplexer Prozeß, bei dem sich die Sinne zwar gegenseitig helfen, aber doch autonom bleiben. Es ist deshalb durchaus ein Mensch denkbar, bei dem die Sinne ständig im Widerspruch bleiben – dieses Gedankenexperiment stellt Diderot am Schluß der *Lettre* dem Experiment von Molyneux gegenüber (71 f). In der *Lettre sur les sourds et les muets* (1751) wird er sich dann, noch radikaler, eine Gesellschaft von fünf Personen vorstellen, die jede nur einen Sinn besäße: Ohne Zweifel hielten sie sich wechselseitig für Wahnsinnige.[19] Beide Experimente von Diderots »metaphysischer Anatomie«[20] führen zum gleichen Schluß: Die Sinne sind so vereinzelt, daß ein »ganzer« Mensch kaum mehr zu denken ist. Dies und die Differenz zwischen Blindheit und Sehen, die in der Metaphorik der Sprache nur reflektiert, nicht aber annulliert werden soll, relativiert den aufklärerischen Erkenntnisoptimismus. Darauf insistiert Diderot am Schluß seiner *Lettre*, wenn er den scheinbar Sehenden, an die seine Schrift gerichtet ist, ins Gesicht sagt: »Nous ne savons donc presque rien« (72).

Das Insistieren auf der Differenz wird bei Diderot jedoch auch zum formalen Prinzip seines Textes, und dieses ist wiederum als eine andere, implizite Antwort auf den aufklärerischen Erkenntnisoptimismus zu deuten. Der formale Aspekt des Textes, der erst in den neueren Arbeiten zu Diderot überhaupt

---

17 Eine im Ansatz interessante, von den Ergebnissen her aber fragwürdige, weil einseitig für die zweite Sterbeszene optierende Deutung dieser Sterbefiktion liefert Mary Byrd Kelly: Saying by Implicature: The Two Voices of Diderot in ›La Lettre sur les aveugles‹. In: Studies in Eighteenth Century Culture XII (1983), p. 231–241.
18 Vgl. dazu Francine Markovits: Diderot, Mérian et l'aveugle. Nachwort zu Jean-Bérnard Mérian: Sur le problème de Molyneux. Paris 1984, p. 193–282, hier p. 195. Paulson (Anm. 3), p. 54 f. sieht, darüber hinausgehend, die bei Diderot wesentliche Differenz zwischen der sprachlichen Semantik und ästhetischen Ähnlichkeitsbeziehungen.
19 Diderot, Œuvres Complètes (Anm. 6), Bd. IV, p. 140.
20 Ebd.

wahrgenommen worden ist[21], soll hier abschließend unterstrichen werden. Diderot selbst hebt jene Sprunghaftigkeit und Digressivität seines Textes hervor, die meine knappe Analyse nivellieren mußte: »Et toujours des écarts, me direz-vous: Oui, Madame, c'est la condition de notre traité« (66). In seinen argumentativen Sprüngen setzt Diderot den relativierenden Perspektivwechsel zwischen Blinden und Sehenden in Gang. Argumentative Sprünge im großen sind aber auch, wie metaphorische Brechungen im Kleinen, insofern die Spielregel von Diderots Diskurs, als er in ihnen der Linearität des aufklärerischen Denkens entgeht. Wo dieses direkte Verbindungen zwischen zwei Begriffspunkten zieht, getreu dem Stilideal der Wissenschaftssprache im 18. Jahrhundert, das »clarté« und einen »ordre direct« verlangt[22], da setzt Diderots eigener Diskurs auf den Umweg. Der Text selbst macht deutlich, daß er nicht einer geometrischen, sondern einer sprachlich-imaginativen Logik folgt. An die Stelle der Kausalität tritt dabei die Temporalität.[23] Sprache, besonders wenn sie als quasi-mündlicher, imaginärer Dialog mit der Briefpartnerin inszeniert wird, entfaltet sich erst in der Zeit. Nur so wird sie zum Medium eines möglichen Erkenntnisfortschritts. Nur so erlaubt sie aber auch den Schritt in die Fiktion – bezeichnend denn auch, daß in den beiden Sterbeszenen das dramatische, das heißt von der direkten Rede diktierte Tempo den Rhythmus des Textes bestimmt. Erst auf dem langen Weg durch den Text – Diderot bemißt ihn am Schluß nicht zufällig im Zeitmaß als »deux heures que j'ai l'honneur de vous entretenir« (72) – kann sich die Metaphorizität der Sprache und ihr imaginatives Potential entfalten. Dies ist die indirekte Antwort von Diderots *Lettre* auf das Problem von Molyneux: Jene Zeit, die jeder Wahrnehmungsprozeß in Analogie zum Sprachprozeß braucht und die in der Versuchsanordnung von Molyneux fälschlicherweise ausgeklammert wird, erhält in Diderots Diskurs ihr Eigenrecht. Wenn er uns die Augen öffnet über die Blindheit, dann in einem langsamen Prozeß, der auch am Ende des Textes nicht abgeschlossen ist.

Daß Diderot seine *Lettre* nach dreiunddreißig Jahren 1782 mit einer *Addition* versieht, unterstreicht die Unabgeschlossenheit seiner Argumentation. In diesem Nachtrag deutet sich dabei nochmals ein – bisher kaum beachteter – diskursiver Paradigmawechsel an, der für die Darstellung der Blindheit bedeutsam ist. Wieder, wie in der *Lettre*, setzt Diderot mit der Szene des Star-Stechens ein –

---

21 Eine ältere, ausführliche Untersuchung wirft Diderot noch schlicht geistige Indisziplin vor: Pierre Villey: A propos de la Lettre sur les aveugles. In: Revue du dixhuitième siècle, 1(1913), p. 410–433, hier p. 428. Auf die Diskursivität Diderots und ihre Beziehung zur Thematik des Sehens weist David Berry hin: Diderots Optics: An Aspect of his Philosophical and Literary Expression. In: Studies in Eighteenth-Century French Literature (Anm. 14), p. 15–28. Am weitesten geht in dieser Richtung Suzanne L. Pucci: Vision and the »I« of the Beholder. In: L'Esprit Créateur Vol. XXIV, No. 1 (1984), p. 108–122.
22 Zu diesen Zitaten von Friederich II. und Antoine de Rivairol vgl. Heinz L. Kretzenbacher: Zur Stilistik der Wissenschaftssprache im 18. Jahrhundert. In: Arbeitsgruppe »Wissenschaftssprache« der Akademie der Wissenschaften zu Berlin (Hg.): Historische Wissenschaftssprachforschung, zwei Referate eines Kolloquiums. Berlin 1992, S. 41–60, hier S. 52ff.
23 Darauf macht Markovits (Anm. 18), p. 248f. aufmerksam.

Schriften. Und wie bei Diderot gravitiert auch bei Herder der anthropologische Ansatz immer wieder in eine ästhetische Richtung, bis hin zur Mythisierung des Blinden, die auch bei Herder an der Rückseite der Sinnesdiskussion erscheint. Sogar in der digressiven Argumentationsweise, die bei Diderot als indirekte Antwort auf die kalte aufklärerische Visualität lesbar geworden ist, folgt Herder seinem Vorbild streckenweise, auch wenn er sich dann immer wieder zur systematischen Ordnung ruft.

Diese These kann hier nur im Ansatz belegt werden. Zunächst scheint Herders Projekt, seine Ästhetik anthropologisch zu fundieren, in die entgegengesetzte Richtung zu weisen. So werden Diderots Blinde bei Herder immer wieder beschworen, um die Bedeutung des kalten, oberflächlichen Auges ab- und den Tastsinn aufzuwerten, etwa im vierten *kritischen Wäldchen* oder im Aufsatz über *Plastik*.[31] Mit seinem Versuch, eine Ästhetik auf den Sinnesdifferenzen zwischen Auge, Ohr und Tastsinn zu begründen, scheint Herder zunächst die aufklärerische Sinnesspaltung bloß ästhetisch zu legitimieren. Er treibt sie jedoch bis an einen Punkt, wo die »Ganzheit« von Wahrnehmung und Körper nur noch als Mythos an einen imaginären »Ursprung« zurückverlegt werden kann. Der Mythos von der Einheit ist die dialektische Rückseite der Spaltung. Dieser Umschlag prägt Herders Schrift *Ueber den Ursprung der Sprache* (1771). Hier ergreift Herder einerseits gegen die Augendominanz die Partei des Ohres, andererseits aber beklagt er den Verlust der Einheit der Wahrnehmung. In der Ursprache, auf welche die realen Sprachen wie Vektoren zurückverweisen, würde die Analogie, die Nähe der Sinne hörbar.[32] Der metaphorische und arbiträre Charakter der Sprache, den Diderot im Diskurs über den Blinden herausgestellt hatte, wird so von Herder wieder in einen mythisch-natürlichen Ursprungspunkt zurückbuchstabiert.

Sogar für diese Wendung liefert der Blinde Herder ein Argument. So heißt es in der Schrift über den Sprachursprung, selbst ein Blinder und Stummer würde der Natur ihre Laute abhorchen und eine Sprache erfinden.[33] Ihm bleibt noch das Ohr, jener Sinn, der die ursprüngliche Einheit von Sprache und Wahrnehmung verbürgt. In *Vom Erkennen und Empfinden der menschlichen Seele* (1778) macht Herder daraus eine direkte Beschwörung der mythischen Vorbildgestalten der abendländischen Poesie: »Die drei größten epischen Dichter in aller Welt, Homer, Ossian und Milton waren blind, als ob diese stille Dunkelheit dazu gehörte, daß alle Bilder, die sie gesehen und erfasset hatten, nun *Schall, Wort, süße Melodie* werden könnten.«[34] So wie die Aufwertung des Blinden bei Diderot zunächst durch ein aufklärerisches Interesse an der Sin-

---

31 Herder, Werke (Anm. 28), Bd. 2, S. 100ff., S. 403ff., S. 465ff. Eine ausführliche Auseinandersetzung mit Diderots »Lettre« führt Herder insbesondere in der fragmentarischen Erstfassung von »Plastik« (1770), wo er Diderots Behauptung bestreitet, der Schönheitsbegriff eines Blinden beschränke sich auf die Symmetrie (ebd., S. 459ff.). – Zu Herders Ästhetik des Tastsinns vgl. insbesondere den Beitrag von Inka Mülder-Bach in diesem Band.
32 Herder, Werke (Anm. 28) Bd. 2, S. 303.
33 Ebd., S. 288.
34 Ebd., S. 682.

nesleistung motiviert ist und erst in der späten *Addition* von 1782 in die Mythisierung der blinden Melanie de Salinac als Allegorie der Poesie umschlägt, so treibt auch Herder zunächst die aufklärerische Sinnesdiskussion und damit die Arbeitsteilung der Sinne voran, bevor er zum alten Mythos des blinden Sängers zurückkehrt, um die Dichtkunst dann doch in einer erträumten menschlichen Ganzheit zu verankern. Die Literatur, oder besser: eine Fiktion der Literatur, wie der zeitgenössische Mythos vom blinden Ossian besonders deutlich zeigt, soll für diese Ganzheit einstehen.

IV.

Über Herder kommt der doppelte Diskurs über die Blindheit, der in Diderots *Lettre* eine wesentliche Wurzel hat, in die ästhetisch-anthropologische Debatte der deutschen Spätaufklärung. Hölderlins Ode *Der blinde Sänger* (1801), am Ende des Aufklärungsjahrhunderts, im Schnittpunkt der ästhetischen Konzeptionen von Klassik und Romantik, stelle ich hier Diderot gegenüber, nicht um direkte Abhängigkeiten zu behaupten, sondern weil Hölderlin noch einmal an beides anknüpft: an die aufklärerischen Diskurse über die Blindheit und an die Mythisierung des Blinden, wie sie bei Diderot oder Herder erscheint. Zwischen dem aufklärerischen Licht, das sich die Blindheit einzuverleiben versucht, und dem Blindheitsmythos, der sich diesem Licht entzieht, schafft und hält Hölderlins Ode den Abstand reflektierter Metaphorizität, in dem sich der literarische Diskurs selbst situiert. Insofern taucht – so meine These – auch Hölderlin die Differenz von Blindheit und Licht in das »lumière réfléchi« seines eigenen Textes, allerdings dialektisch zugespitzt: *Der blinde Sänger* spricht aus dem Umschlagspunkt von Blindheit und Sehen, von Licht und Nacht heraus.

Bis zu dieser Ode trägt Hölderlins Werk noch einen visuellen Akzent[35]: Das »Auge« des Subjekts möchte sich am »Licht« orientieren, einem umfassenden Symbol, in dem bei Hölderlin neuplatonische, mystische und aufklärerische Elemente zusammenfließen. Beispielhaft wird diese Symbolik der Gottesnähe, der vertikalen Orientierung, etwa im »Empedokles«-Projekt vitalisiert. Empedokles erscheint als sonnenhafter Augenmensch, »vor dem seelgen Aug ist alles licht« (StA 4, 1, S. 83)[36], während die Agrigenter »blind« oder »lichtscheu« (124) bleiben. Totalität ist hier der visuelle Horizont des Dichtens: Als Dichter »blikt« Empedokles »auf ein Ganzes« (156), wie es im ›*Grund zum Empedokles*‹ heißt, und der »ganze Mensch« ist ein Fluchtpunkt auch von Hölderlins anderen ästhetischen Theorieentwürfen der Zeit.[37] Dieses Ganze erhält aller-

---

35 Vgl. dazu Jürgen Söring: »Sie haben mein Auge mir genommen« – Vom Beweggrund der Dichtung in Hölderlins lyrischem Schaffen. In: Bad Homburger Hölderlin-Vorträge 1990, S. 33–50.
36 Die Werke Hölderlins werden im folgenden im Text nachgewiesen nach der Großen Stuttgarter Ausgabe. Hrsg. v. Friedrich Beißner. Stuttgart 1943 ff.
37 Vgl. dazu den Beitrag von Ulrich Gaier in diesem Band.

dings schon in der ersten und zweiten Fassung des *Empedokles* dort einen Riss, wo sich Empedokles als »Blindgeschlagener« sieht, der umher tasten muß (14, 102). In der dritten Fassung dann wird Empedokles als reine Lichtgestalt aufgelöst. Wie die »Rebe« erscheint er nun »aus Licht und Nacht geboren« (135), und um Mitternacht, im Gewitter des Zeus, das sich donnernd ankündigt, wird er sich in den Ätna stürzen (138f.).

Dies ist die Situation, welche die Ode *Der blinde Sänger* (1801) geschichtsphilosophisch entfaltet. In seiner weit ausgreifenden Deutung des Gedichts hat Jochen Schmidt den »blinden Sänger« in einer geschichtsphilosophischen Triade situiert, wie sie bei Schiller vorgeprägt ist: Der blinde Sänger bewegt sich vom verlorenen, naiven Zustand jugendlichen Lichtglücks hin zu einer neuen, sentimentalischen Lichtutopie.[38] Zweifellos liegt diese historische Struktur dem Text zunächst zugrunde; er setzt jedoch mit dem Verlust des Lichtes ein, den er als Frage und Ausruf gleichzeitig formuliert:

> 1 Wo bist du, Jugendliches! das immer mich
> Zur Stunde wekt des Morgens, wo bist du, Licht!
>   Das Herz ist wach, doch bannt und hält in
>   Heiligem Zauber die Nacht mich immer.
>
> 2 Sonst lauscht' ich um die Dämmerung gern, sonst harrt'
> Ich gerne dein am Hügel, und nie umsonst!
>   Nie täuschten mich, du Holdes, deine
>   Boten, die Lüfte, denn immer kamst du,
>
> 3 Kamst allbeseeligend den gewohnten Pfad
> Herein in deiner Schöne, wo bist du, Licht!
>   Das Herz ist wieder wach, doch bannt und
>   Hemmt die unendliche Nacht mich immer.
>
> 4 Mir grünten sonst die Lauben; es leuchteten
> Die Blumen, wie die eigenen Augen, mir;
>   Nicht ferne war das Angesicht der
>   Meinen und leuchtete mir und droben
>
> 5 Und um die Wälder sah ich die Fittige
> Des Himmels wandern, da ich ein Jüngling war;
>   (StA 2, 1, S. 54)

Der Ort, von dem aus gesprochen wird, ist der einer mehrfachen Differenz: Das »Herz« ist wach, aber umgeben von einer umfassenden »Nacht«. Nur noch in der Erinnerung »leuchten« die »Blumen, wie die eigenen Augen, mir«; Subjekt und Objekt sind durch den »wie«-Vergleich getrennt, so wie sich

---

[38] Jochen Schmidt: Hölderlins später Widerruf in den Oden »Chiron«, »Blödigkeit« und »Ganymed«. Tübingen 1978, S. 16ff. Erst im »Widerruf« durch die Ode »Chiron«, so Schmidt, werde die Unmittelbarkeit des »blinden Sängers« zum »Licht« reflektiert, hier erst vollziehe sich der Übergang vom »Dichter« zum »Philosophen«. Dem steht die Deutung Ryans entgegen, der die Gebrochenheit schon des »blinden Sängers« unterstreicht – vgl. Lawrence Ryan: Hölderlins »tragische Ode« ›Der blinde Sänger‹. In: Gedichte und Interpretationen 3, Klassik und Romantik. Hrsg. v. Wulf Segebrecht. Stuttgart 1984, S. 368–379.

in der Sprache, die das »Licht« buchstäblich herbeireden muß, der Verlust erst recht artikuliert. Diese Differenz aber ist der Ort ästhetischer Produktivität:

> Nun siz ich still allein, von einer
>   Stunde zur anderen und Gestalten
> 6 Aus Lieb und Laid der helleren Tage schafft
> Zur eignen Freude nun mein Gedanke sich,
>   Und ferne lausch' ich hin, ob nicht ein
>   Freundlicher Retter vieleicht mir komme.
>
> 7 Dann hör ich oft die Stimme des Donnerers
> Am Mittag, wenn der eherne nahe kommt,
>   Wenn ihm das Haus bebt und der Boden
>   Unter ihm dröhnt und der Berg es nachhallt.
>
> 8 Den Retter hör' ich dann in der Nacht, ich hör'
> Ihn tödtend, den Befreier, belebend ihn,
>   Den Donnerer vom Untergang zum
>   Orient eilen und ihm nach tönt ihr,
>
> 9 Ihm nach, ihr meine Saiten! es lebt mit ihm
> Mein Lied und wie die Quelle dem Strome folgt,
>   Wohin er denkt, so muß ich fort und
>   Folge dem Sicheren auf der Irrbahn.
>
> 10 Wohin? wohin? ich höre dich da und dort
> Du Herrlicher! und rings um die Erde tönts.
>   Wo endest du? und was, was ist es
>   Über den Wolken und o wie wird mir?

In dieser geschichtsphilosophischen Mittagszeit, die gleichzeitig die Mitternacht der Blindheit anzeigt und strukturell mit der 7. Strophe auch die Mitte des Gedichts markiert, ist das »Lied« des blinden Sängers – und damit der ganze Text – angesiedelt. Denn gerade die Nachtstille öffnet ihm das Ohr für jene himmlische Donnerstimme, die dann die »Saiten« des Gesangs als Nachklang weitertragen. Dem blinden Sänger öffnet sich das Ohr für überirdische Töne. Dies könnte noch ein romantischer Topos sein; der Paradigmawechsel vom Auge zum Ohr, der sich mit dem Übergang vom Licht zur Nacht hier andeutet[39], setzt jedoch eine Dynamik in Gang, in der sich die Zeilen zu überstürzen beginnen und in der – in einer paradoxen Vertauschung von Auge und Ohr – der Donner Jupiters seinem Licht vorausgeht. Das »Licht«, wenn es am Ende des Gedichtes erscheinen wird, ist so das Resultat einer geschichtlichen, aber auch ästhetischen Bewegung, die ihrerseits die »Nacht« voraussetzt. Der Textprozeß setzt sich hier nicht, wie bei Diderot, der schlagartigen Aufklärung entgegen, er geht ihr voraus.

Das »Licht« ist dann das Ende vom Lied, aber auch das Ende des Liedes. Dies zeigt sich in der letzten Strophentrias, wo der Tag nun in den Text einbricht und ihm einen neuen, euphorisch-stammelnden Rhythmus diktiert:

---

39 Vgl. dazu Söring (Anm. 35), S. 45f.

11 Tag! Tag! du über stürzenden Wolken! sei
    Willkommen mir! es blühet mein Auge dir.
        O Jugendlicht! o Glük! das alte
            Wieder! doch geistiger rinnst du nieder

12 Du goldner Quell aus heiligem Kelch! und du,
    Du grüner Boden, friedliche Wieg'! und du,
        Haus meiner Väter! und ihr Lieben,
            Die mir begegneten einst, o nahet,

13 O kommt, daß euer, euer die Freude sei,
    Ihr alle, daß euch seegne der Sehende!
        O nimmt, daß ichs ertrage, mir das
            Leben, das Göttliche mir vom Herzen.

Trotz aller Nähe zur mystischen Lichtbegeisterung ist diese Wiederkehr des »Jugendlichts« auf höherer, »geistiger« Stufe keine ungebrochene Heilung, die sich feiern ließe wie eine mystische Version der aufklärerischen Urszene.[40] Denn wie jene ist auch sie ein gewaltsamer Eingriff von außen, und sie setzt, dialektisch, jener Blindheit ein Ende, welche die Bedingung der Möglichkeit war, sie herbeizusingen. Nur als Blinder kann der Sänger singen. »Blindheit« ist hier, wo sie das Ohr und die Stimme weckt, anders, positiver konnotiert als in jenen anderen Stellen des Werks, die sie im optischen Horizont negativ bewerten und sie bezeichnenderweise mit dem »Herumtasten« assoziieren.[41] Gerade der Blinde – was schon Diderot und Herder fasziniert – erfindet eine Sprache, eine Sprache für das Visionäre.

Ob die Erscheinung des »Tages« und der Heimat, die sie ekstatisch beschwört, nicht doch nur die Vision eines Blinden sei, läßt Hölderlins Ode denn auch offen – die Bezeichnung »der Sehende« ist von bewußter Ambivalenz. In jedem Fall aber löscht sich in den taghellen Schlußstrophen die Funktion des Sängers selbst aus: Während in jenen Strophen, die der geschichtsphilosophischen »Nacht« entsprechen, das »ich« immer auch als grammatisches Subjekt auftritt, entäußert es sich hier an ein »Du« und ein »Euch«. Nur noch in der zweitletzten Zeile erscheint es, aber in dem paradoxen Appell, ihm das mit seinem »Leben« identisch gewordene »Göttliche« so abzunehmen, »daß ichs ertrage«. Die göttliche Überfülle wäre nur zu ertragen, indem man sie verteilt. Wie aber daraus eine neue Identität, die eines sehenden Sängers, zu bilden wäre, können der blinde Sänger und seine Ode nicht sagen. Schon in der 10. Stro-

---

40 Die Nähe zur Mystik und die Ungebrochenheit dieser Lichtutopie betont Schmidt (Anm. 38), S. 27ff.; Ryan (Anm. 38) sieht dagegen die Spannung am Schluß: »Das quälende Leiden des Sängers am Licht – sei es in der Form der Blindheit, sei es unter dem überwältigenden Andrang – wird ihm nicht genommen.« (S. 376)

41 So z.B. im »Empedokles«: »der Blindgeschlagene tastet nun umher« (StA 4,1, S. 14); in einer Vorfassung der »Friedensfeier« übt der Wilde »blindbetastend« den »Wahn« am »Göttlichen« (StA 2, 1, S. 134). Die deutlichste Ambivalenz setzt »Der Rhein«, der einerseits proklamiert, daß die »Achtungslosen« »mit Recht« mit »Blindheit« geschlagen werden (StA 2, 1, S. 146), andererseits aber – im Sinne der Geschichtsphilosophie des »Blinden Sängers« – proklamiert: »Die Blinden aber / Sind Göttersöhne.«(ebd., S. 143)

phe, die dem Tageseinbruch vorangeht, hat er buchstäblich den Boden unter den Füßen verloren. Insofern ist die »Befreiung«, die sich in der 8. Strophe angekündigt hat, »belebend« und »tödlich« zugleich.[42] Auch das Motto aus dem *Ajax* von Sophokles, das Hölderlin der Ode voranstellt, kündigt diese tragische Dialektik versteckt, fast ironisch an: »Gelöst hat den grausamen Kummer von den Augen Ares.«[43] Denn im Kontext der Tragödie bezeichnet die Stelle die imaginäre Hoffnung des Chors, Ajax sei nun von seinem blinden Wahnsinn erlöst; am Ende jedoch wird er sich den Tod geben. Im Licht des Tages enthalten ist somit der Schatten des Todes – das Licht gibt dem Sänger das Leben und nimmt es ihm zugleich.

Diese Dialektik der Sängerexistenz ist auch eine Dialektik der Sprache. Wenn die Ode ihren großen geschichtsphilosophischen Bogen vom »Jugendlicht« zur Schlußvision spannt, dann um die dichterische Sprache darin zu situieren. In den nächtlichen Mittelstrophen spannt diese Sprache ihre großen, dynamischen Satzbrücken über die Zeilen- und Strophengrenzen hinweg, und dort kann sie sich als »Lied« auch selbst thematisieren. Von dort aus schlägt sie in der 3. Strophe den Vergleichsbogen zurück in die Jugend: »Es leuchteten / Die Blumen, wie die eigenen Augen, mir«. Der Vergleich bezeichnet die Differenz, der er entstammt: »Augen« und »Blumen« sind im Augenblick des Sprechens nicht mehr identisch. In der anderen Richtung, symmetrisch dazu[44], komprimiert die dichterische Sprache diesen Vergleich zur Metapher: In der 11. Strophe heißt es nun, dem Licht zugewendet: »es blühet mein Auge dir«. Subjekt und Objekt des Sehens werden in dieser Metapher so in eins gesetzt, daß sie als höchst kunstvoller, wenn auch naturalisierter Übergang die Differenz zwischen dem noch nächtlichen Auge des Sängers und dem erscheinenden Licht sowohl annulliert wie markiert. Als Blume, Figur der Rede, wächst diese Metapher dem Lichte zu. Die poetische Sprache erscheint so in einem dynamischen Übergangsstadium, in dem sie vom Ursprung die im Vergleich abgemessene Distanz trennt, in dem sie aber auch die Identität mit dem, was sie bezeichnen möchte, nur ästhetisch, als Metapher, antizipieren kann. Jene reflektierte Metaphorizität der Rede, die sich bei Diderot am Widerstand der Blindheit aufbaut und die den Übergang von einer anthropologischen in eine ästhetische Diskursform bildet, wird so bei Hölderlin zum Ort des dichterischen Sprechens selbst. Das zu helle Licht des Tages jedoch wird dieser Sprache gefährlich. In den Schlußstrophen wechselt denn auch der Ton: Die poetische Sprache scheint im rhythmisch-repetitiven Stammeln an einen Grenzwert zu stoßen; in dem Licht des Tages flammt sie ekstatisch auf und erlischt.

---

42 Dies klammert die Interpretation Schmidts (Anm. 38) aus.
43 Dies Hölderlins eigene Übersetzung der Chorpassage mit Vers 694 (StA 5, S. 280) – er hat aus der Tragödie bloß Bruchstücke übersetzt. – Auf die tragische Implikation des Mottos weist Ryan (Anm. 38) hin; sie berechtigt ihn, Hölderlins Gedicht selbst als »tragische Ode« zu werten.
44 Auf diese Symmetrie weist Schmidt (Anm. 38), S. 32, hin und darauf, daß sich hier die Richtung des Sehens umkehrt.

Der ästhetische Diskurs konstituiert sich also auch bei Hölderlin aus einer Antinomie zum Licht. Insofern setzt auch Hölderlin beim zeitgenössischen romantischen Paradigma der »Nacht« an – Hölderlin rechnet denn auch *Chiron*, die völlig umgearbeitete Zweitfassung von *Der blinde Sänger*, zu seinen *Nachtgesängen*. In dieser »Nacht« entfaltet die Romantik ihre »viewless wings of Poesy«[45], und in dieser Nacht ist die synästhetische Verschmelzung der Sinne angesiedelt, wie sie der blinde Sänger in Brentanos *Die lustigen Musikanten* (1803) programmatisch formuliert: »Durch die Nacht, die mich umfangen, / blickt zu mir der Töne Licht.«[46] Als eigener, akustischer Klang vom »Licht« schreibt sich auch Hölderlins Gedicht in jene literarische Remythisierung der Blindheit ein, welche die Romantik prägt – Madame de Staël sieht um 1800, an Herder anknüpfend, zwei blinde Dichter, Homer und Ossian, am Ursprung der ganzen abendländischen Literatur.[47] Hölderlin jedoch entfaltet, hoch reflektiert, die ganze geschichtsphilosophische und poetologische Dialektik des Sängermythos: Die »Nacht« des »blinden Sängers« ist der Ort eines »Lichts«, das nur dank der »Nacht« herbeigesungen werden kann. »Nacht« wird dabei zur umfassenden Metapher, denn sie meint ja nicht nur jene der Blindheit, von der im Text nur der Titel direkt spricht. Insofern muß das ganze Gedicht, nicht nur seine einzelnen Redeblumen, als geschichtsphilosophische und poetologische Metapher, und das heißt: selbstreflexiv, gelesen werden: Die Opposition zwischen »Licht« und »Nacht« als Ort der poetischen Rede selbst.

In dieser spannungsvollen Opposition eine Brücke zu schlagen, wird für Hölderlin zunehmend problematischer. Zu vermitteln ist ja nicht nur zwischen diesen Gegensätzen, sondern zusätzlich zwischen Wahrnehmung und Sprache, zwischen Sehen und Sagen.[48] Auch dafür muß nun immer wieder die Metapher des »Blühens« einspringen, die so nicht bloß zwischen dem Auge und dem Licht, sondern auch zwischen Vision und Wort vermitteln soll. Berühmtestes Beispiel die 5. Strophe aus *Brod und Wein*, die gegenüber einem allzu »blendenden« »Glück« utopisch fordert: »Nun, nun müssen dafür Worte, wie Blumen, entstehn« (StA 2, 1, S. 93).[49] Diese Utopie ist ein bloßes Postulat, herausgetrieben aus einem schon austrocknenden Boden, in dem das Subjekt der Rede keine Wurzeln schlagen kann. So unpersönlich die Formel, so abwesend das Subjekt, das sie stiftet. Wie am Ende des »blinden Sängers« scheint sich der Ort des Subjekts in der metaphorischen Rede nicht festmachen zu lassen – oder umgekehrt: In der Metapher der »Worte wie Blumen« erscheint die Abwesenheit des Subjekts. In der ersten Fassung des *Empedokles* heißt es analog, aber expliziter: »Es sprechen, wenn ich ferne bin, statt meiner / Des Himmels

---

45 So die unter anderem am blinden Milton inspirierte »Ode to a Nightingale« von John Keats (1820).
46 Vgl. dazu P. U. (Anm. 2), S. 233 ff.
47 Vgl. dazu Paulson (Anm. 3), p. 121 ff.
48 Auf die bei Hölderlin wieder aktivierte etymologische Verwandtschaft der beiden Begriffe macht Söring (Anm. 35), S. 38 f. aufmerksam.
49 Zum ganzen visuellen Strophenkontext dieser Stelle und ihren rhetorischen Implikationen vgl. Rainer Nägele: Text, Geschichte und Subjektivität in Hölderlins Dichtung – »Uneßbarer Schrift gleich«. Stuttgart 1985, S. 96 ff.

Blumen, blühendes Gestirn« (StA 4, 1, S. 68f.). Solche Metaphorik ist eine Brücke, die sich selbst einreißt, eine Allegorie, die Abwesenheit präsent macht.[50] »Blume« wird – in der Formulierung Paul Celans – zum »Blindenwort«.[51]

Jene metaphorische Übergänglichkeit zwischen Blindheit und Sehen und zwischen diesem und der poetischen Sprache, in der sich gleichzeitig die romantische Synästhesie wie selbstverständlich begründet[52], wird also durch die Selbstreflexivität von Hölderlins Metaphorik sowohl gestiftet wie subvertiert. In einem der späten *Phaëton*-Fragmente bringt Hölderlin direkt auf den Begriff, daß jede hoffnungsvolle Metaphorik nur allzu leicht ersetzbar wäre durch einen Vergleich, der die Vorzeichen umkehrt: »Ein heiteres Leben seh' ich in den Gestalten mich umblühen der Schöpfung, weil ich es nicht unbillig vergleiche den einsamen Tauben auf dem Kirchhof« (StA 2, 1, S. 373). Unter den Blumen des »heiteren Lebens«, das auch hier nur metaphorisch aufblühen kann, weil es durch eine bestimmte Form des »Sehens« angeleitet ist, liegt der Kirchhofboden; gegen die harmonisierende Metapher steht der dissoziierende Vergleich. Die Gestalt der Realität hängt allein an den Bilderketten der Sprache. Der Anfang des zitierten Fragments tastet sich einer solchen Kette entlang zurück: Von den »Blumen« zum »Auge« der Liebe, dem der Blumenvergleich nicht genügen kann, bis hin zum blutenden Schmerz, der hinter dem allem zu stehen scheint:

»Giebt es auf Erden ein Maaß? Es giebt keines. Nemlich es hemmen den Donnergang nie die Welten des Schöpfers. Auch eine Blume ist schön, weil sie blühet unter der Sonne. Es findet das Aug' oft im Leben Wesen, die viel schöner noch zu nennen wären als die Blumen. O! ich weiß das wohl! Denn zu bluten an Gestalt und Herz, und ganz nicht mehr zu seyn, gefällt das Gott?« (StA 2, 1, S. 372f.)

Der Mensch, blutend an »Gestalt« und »Herz«, ist nicht mehr »ganz« – im Kontext des Fragments läßt sich hier eine Anspielung auf Ödipus nach seiner Selbstblendung erkennen.[53] Darüber hinaus revoziert Hölderlin hier jene anthropologischen und ästhetischen Projekte der Aufklärung, die auf den »ganzen« Menschen abzielen; der »ganze Mensch« ist kein realisierbares »Maaß«. »Ganz« machen kann den Menschen keine ärztliche Kunst, aber auch keine neue romantische Mythologie. Der »ganze Mensch« ist ein »Blindenwort«. Schon Diderot hatte seinen sprunghaften, von der Imagination geleiteten, halb anthropologischen, halb literarischen Diskurs in der Differenz zwischen Sehen und Blindheit begründet. Hölderlin nun zeigt in seinen Texten den Riß. Dort wurzeln seine Blindenwörter, die dort aufblühen wie die »Rebe« des Empedokles, im Riß zwischen Licht und Nacht.

50 Vgl. dazu Anselm Haverkamp: Laub voll Trauer. Hölderlins späte Allegorie. München 1991.
51 Paul Celan: Blume. In: Ders.: Gesammelte Werke in fünf Bänden. Hrsg. v. Beda Allemann. Frankfurt a. M. 1983, Bd. 1, S. 164.
52 Vgl. dazu P. U. (Anm. 2), S. 195ff.
53 Vgl. dazu und zur Deutung des ganzen Fragments Renate Böschenstein: Hölderlins Ödipus-Gedicht. In: Hölderlin-Jahrbuch 27 (1990/91), S. 131–151, hier S. 141.

»L'âme est une neurologie en miniature«:
Herder und die Neurophysiologie Charles Bonnets

RALPH HÄFNER (München)

Bereits Caroline Herder zeugte in ihren von Johann Georg Müller herausgegebenen *Erinnerungen aus dem Leben Joh. Gottfrieds von Herder* für dessen außerordentliches Interesse an den psychophysiologischen und gehirnanatomischen Forschungen Franz Joseph Galls; Herder »sehnte sich, diesen Mann selbst zu sehen, und mit ihm über seine Bemerkungen und Schlüsse zu sprechen, da sie in die feinsten organischen Gesetze der menschlichen Natur einschlagen«.[1] Galls Untersuchungen[2] boten ihm nach Carolines Bericht reiches Material für seine eigenen »Nachforschungen über die Organisation des Menschen«, die ihn zusammen mit Ritters Theorie über das Verhältnis zwischen Galvanismus und Elektrizität sowie mit Abraham Gottlob Werners »geognostischem System« in seinen letzten Lebensjahren vordringlich beschäftigten.[3]

Die Frage nach den Quellen, die zur Entstehung der in einem wesentlichen Aspekt der Gehirnphysiologie seiner Zeit verpflichteten Anthropologie Herders führten, bleibt in den vor allem im Hinblick auf die *Ideen* exponierten Ausführungen Caroline Herders der Sache entsprechend unberücksichtigt. Anders als Herders Aufnahme der Sinnespsychologie, deren Quellen als weit-

---

1 Vgl. die Erinnerungen aus dem Leben Joh. Gottfrieds von Herder. Gesammelt und beschrieben von Maria Carolina von Herder, geb. Flachsland, 3 Teile. In: Johann Gottfried Herder: Sämmtliche Werke. [Abt.:] »Zur Philosophie und Geschichte«. Bde. 20–22. Stuttgart, Tübingen 1830, hier: XXII, 109. Zu Galls Verhältnis zu Herder vgl. auch Erna Lesky: Gall und Herder. In: Clio Medica 2(1967), 85–96; dies.: Einleitung. In: Franz Joseph Gall 1758–1828. Naturforscher und Anthropologe. (Hg. E. Lesky). Stuttgart, Wien 1979, 9–35, hier: 10.
2 Zu Herders Lebzeiten erschienen: Philosophisch-medicinische Untersuchungen über Natur und Kunst im kranken und gesunden Zustande des Menschen. 1. Bd. Wien 1791. 2. Aufl. Leipzig 1800; Des Herrn Dr. F. J. Gall Schreiben über seinen bereits geendigten Prodromus über die Verrichtungen des Gehirns der Menschen und Thiere an Herrn Joseph Freiherr von Retzer. In: Der Neue Teutsche Merkur. 12. Stück, Dezember 1798, 311–382. (Nach E. Lesky (Hg.): Franz Joseph Gall (Anm. 1), 206).
3 Erinnerungen. In: J. G. Herder: Sämmtliche Werke (Anm. 1), XXII, 108f.

gehend gesichert gelten dürfen⁴, scheinen sowohl der Zeitpunkt als auch die Art der Rezeption der Physiologie Albrecht von Hallers und Charles Bonnets, trotz der scharfsinnigen Hinweise Karl Lamprechts am Ende des vergangenen Jahrhunderts⁵ sowie der für die *Ideen* grundlegenden Untersuchungen Hugh Barr Nisbets⁶, noch ungeklärt zu sein. Herders Bemerkungen über Bonnet in den *Ideen* zählen zu den wenigen Zeugnissen, die eine unmittelbare Beziehung auf die Schriften des Genfer Naturforschers belegen. Daß Herder sich dort abschätzig über die von Bonnet vertretene Auffassung der Konstanz der Arten und über die von ihm entwickelte Praeformationstheorie äußerte, war vor allem durch die Aufnahme der Lehre einer Epigenesis bei Caspar Friedrich Wolff⁷ und durch die Lektüre der Schriften Diderots und Jean Baptiste Robinets begründet, in denen er die scheinbar plausiblere These eines kontinuierlichen, alle Gattungs- und Artgrenzen negierenden und daher für neuartige Naturproduktionen prinzipiell offenen ›Natursystems‹ erläutert fand. Aufgrund dieser kritischen Einschätzung Herders wurde auch in jüngeren Beiträgen zur Forschung der Anteil Bonnets an seinem Denken als eher unbeträchtlich gewertet oder aber auf den Gedanken der Palingenesie eingeschränkt.⁸ Aber die Wirkung Bonnets auf Herders psychologische Schriften der Bückeburger und frühen Weimarer Jahre beschränkte sich nicht nur auf die physiologische Grundlegung der Psychologie, sondern erhellt zugleich, wie sich zeigen

---

4 Vgl. unter den neueren Beiträgen v. a. Raymond Immerwahr: Diderot, Herder, and the Dichotomy of Touch and Sight. In: Seminar 14 (1978), 84–96; Jean Chabbert: Le jeune Herder et Diderot: une relation paradoxale? In: Beiträge zur Romanischen Philologie 24 (1985), 281–287; Beate Monika Dreike: Herders Naturauffassung in ihrer Beeinflussung durch Leibniz' Philosophie. Studia Leibnitiana, supplementa. Bd. X. Wiesbaden 1973; Wolfgang Proß: Herder und die Anthropologie der Aufklärung. In: J. G. Herder: Werke. Hg. W. Proß. Bd. 2. Darmstadt 1987, 1128–1229; Jörn Stückrath: Der junge Herder als Sprach- und Literaturtheoretiker – ein Erbe des französischen Aufklärers Condillac? In: W. Hinck (Hg.): Sturm und Drang. Ein literaturwissenschaftliches Studienbuch. Kronberg/Ts. 1977, 81–96; Ralph Häfner: Herder und Morelly. Ein Beitrag zu Herders Psychologie um 1770. In: Euphorion (87) 1993, 329–346. Diese Studie enthält die aus Herders Nachlaß edierte Nachschrift nach Morellys Physique de la beauté.
5 Cf. Karl Lamprecht: Herder und Kant als Theoretiker der Geschichtswissenschaft. In: Jahrbücher für Nationalökonomie und Statistik, III. Folge, 14 (1897), 161–203.
6 Hugh Barr Nisbet: Herder and the Philosophy and History of Science. Cambridge 1970, vor allem in den Abschnitten »The brain and the physical basis of mind« und »The nerves and the neurological basis of mind« (ibid. 254–266).
7 Vgl. Wolffs Theoria generationis von 1759 und hierzu H. B. Nisbet: Herder and the Philosophy and History of Science (Anm. 6), 203–205.
8 Vgl. hierzu die in Anm. 4 genannte umsichtige Studie von B. M. Dreike sowie die weit ausgreifende, wirkungsgeschichtlich orientierte Untersuchung von Jacques Marx: Charles Bonnet contre les lumières 1738–1850. Studies on Voltaire and the Eighteenth Century. Bde CLVI. CLVII. Oxford 1976, zum Problem: 437–438 (durchgehende Paginierung); H. B. Nisbet: Herder and the Philosophy and History of Science (Anm. 6), 202. Zuletzt: Michele Cometa: Palingenesi. Figure della »Verjüngung« in Johann Gottfried Herder. In: Margherita Cottone (Hg.): Figure del romanticismo. Kronos. Bd. 1. Venedig 1987, 25–59, hier: 29.

wird, einen zentralen Gedanken seiner Kulturtheorie, nämlich die Frage nach der moralischen Begründung der menschlichen Handlungen.

Inhalt und Intention der neurophysiologischen Forschung ebenso wie der Naturforschung im allgemeinen werden im 18. Jahrhundert weitgehend von einer produktiven Rezeption antiker Lehrbegriffe bestimmt, deren Bedeutung allerdings wesentlich anders akzentuiert worden ist. Carl von Linnées Natursystem beruht zwar auf denselben begriffsbildenden Grundlagen der platonisch-akademischen Tradition, die hundert Jahre zuvor auch Jean Bauhin in seiner *Historia Plantarum Universalis* (1650/51) zur Anwendung gebracht hatte, aber seine Methode ist auf einen durch Beobachtung geschulten Kanon von Kriterien ausgerichtet, die Bauhins kompilatorischem Verfahren noch gänzlich fremd gewesen waren. »In scientia Naturali«, so lautete Linnées Regel, »Principia veritatis Observationibus confirmari debent«.[9] Auch in der reich differenzierten Literatur zur Psychologie läßt sich ein vergleichbarer Wandel beobachten. Noch Johann Baptist van Helmonts Seelenlehre definiert »Archeus« als des Lebens seelisches Prinzip durch eine eklektische Aufreihung verschiedener klassischer Quellen, indem er die pseudo-hippokratische Impetus-Lehre mit den *rationes seminales* der Stoa und Augustins kontaminiert.[10] Eine unkritische Auswertung dieser Quellen sowie ihre Verbindung mit bestimmten Aspekten theosophischer und alchimistischer Lehren, so etwa mit des Knorr von Rosenroth *Cabbala denudata*, führen zudem zu einem oft genug willkürlichen Synkretismus, hinter dem Helmonts Ergebnisse im Bereich der physiologischen Psychologie zu verschwinden drohen.[11] Zwar bediente sich auch Albrecht von Haller mit dem für die Nervenphysiologie seines Jahrhunderts zentralen Begriff der *irritabilitas* eines Wortes, das, wie Owsei Temkin zeigen konnte, über Francis Glisson unmittelbar auf die dem zweiten nachchristlichen Jahrhundert zugehörige Platon-Exegese des Apuleius sowie vor allem auf Galens Physiologie zurückführt[12], doch deutet seine Verwendung bei Haller nicht mehr auf ein Zitat klassischer Gelehrsamkeit, sondern auf ein Verfahren, das Charles Bonnet als die seiner Zeit eigentümliche »Kunst der Beobachtung« zu bestimmen versuchte.[13] Bonnet unterstellte dem Altertum nicht, daß es gänzlich auf Beob-

---

9 Carl von Linné: Philosophia botanica in qua explicantur Fundamenta Botanica cum Definitionibus partium, Exemplis terminorum, Observationibus rariorum, Stockholm 1751, 287.
10 Vgl. etwa die »Clavis ad Obscuriorum sensum reserandum«, s. v. ›Archeus‹, von Michael Bernhard Valentin in: Johann Baptist van Helmont: Opera omnia, novissima hac editione ab innumeris mendis repurgata [...], [Frankfurt] 1707, ohne Paginierung.
11 Zu Helmonts Beschäftigung mit der Knorrschen Cabbala denudata vgl. Walter Pagel: Helmont. Leibniz. Stahl. In: Sudhoffs Archiv für Geschichte der Medizin 24 (1931), 23–30.
12 Owsei Temkin: The Classical Roots of Glisson's Doctrine of Irritation. In: Bulletin of the History of Medicine 38 (1964), 297–328, hier: 298. 306ff. Vgl. hierzu auch den vorzüglichen Überblick bei M. D. Grmek: La notion de Fibre vivante chez les médecins de l'école iatrophysique. In: Clio Medica 5 (1970), 297–318, hier: 300f.
13 Vgl. hierzu Jacques Marx: L'art d'observer au XVIIIe siècle: Jean Senebier et Charles Bonnet, in: Janus 61 (1974), 201–220, *passim*. Weitere Literatur zu Bonnets Œuvre

achtungen verzichtet habe, aber eine wesentliche Innovation erblickt er in der *systematischen Bewertung* von Beobachtungen und der aus ihnen abgeleiteten wissenschaftlichen Resultate: »L'Esprit d'Observation,« so schrieb er in dem 1760 veröffentlichten *Essai analytique sur les facultés de l'âme,* »cet esprit universel des Sciences & des Arts, n'est que l'Attention appliquée avec régle à différens Objets. Un Philosophe qui nous traceroit les Régles de l'Art d'observer, nous enseigneroit les Moyens de diriger & de fixer l'Attention.«[14] Die hier von Bonnet vorgeschlagene Methode gewinnt eine über den Bereich der Naturforschung hinausreichende Bedeutung, indem sie den Forscher über die Einsicht in die »Geschichte der Aufmerksamkeit« (*histoire de l'attention*) zugleich zur Erkenntnis der Geschichte einer Kultur des menschlichen Verstandes anleitet. Bonnet entwickelte seine psychologischen Forschungen, wenn auch nicht immer explizit, im Horizont dieser kulturgeschichtlichen Analyse der menschlichen Aufmerksamkeit, in der er die Quelle des »génie« erkannte[15]; seine Replik auf Montesquieus Begriff der »loi naturelle« am Ende des *Essai analytique* betraf vor allem die Frage nach der Genesis und civilen Gültigkeit von Moralität. Was sich hier scheinbar nur als ein Anhang zu den Ausführungen über die Entstehung unserer Empfindungen ausnimmt, ist in der Tat das einem einzelnen Beispiel exemplifizierte Movens der Bonnetschen Überlegung. Bereits in dem 1754 in Leiden anonym erschienenen *Essai de psychologie* hatte Bonnet im einzelnen zu zeigen versucht, wie das individuelle und näherhin geschichtliche Handeln des Menschen aus der klimatisch und geographisch bedingten Konformation des Wissens, d.h. des Empfindens und Erkennens, abzuleiten sei, so daß weder die in dem menschlichen Willen beschlossene Freiheit des Handelns eingeschränkt werde, noch auch auf die Norm eines allgemein gültigen Tugendgesetzes bezug genommen werden müßte. Diese Untersuchungen mußten für Herder deshalb von eminenter Bedeutung sein, weil sich in ihnen ein von ihm selbst einst gefordertes Postulat zu erfüllen schien: Die Kulturgeschichte des menschlichen Verstandes ist nur dann in dem ihr eigentümlichen Gang erkennbar, wenn in ihr die Methode des Erkennens mit dem Inhalt des

---

insbesondere zu seinen psychologischen Schriften: V.A.C. de Caraman: Charles Bonnet. Philosophe et naturaliste. Sa vie et ses œuvres. Paris 1859, bes. 119–137 und 156–178; Max Offner: Die Psychologie Charles Bonnet's. Eine Studie zur Geschichte der Psychologie. In: Schriften der Gesellschaft für psychologische Forschung. I. Sammlung, Heft V, Leipzig 1893, 553–722; Edouard Claparède: La Psychologie de Charles Bonnet. Mémoire publié à l'occasion du Jubilé de l'Université [de Genève]. 1559–1909. Genf 1909; immer noch unentbehrlich Raymond Savioz: La philosophie de Charles Bonnet de Genève. Bibliothèque d'histoire de la philosophie. Paris 1948; Giovanni Rocci: Charles Bonnet. Filosofia e scienza. Biblioteca di »de homine«, serie 2°, volume II. Florenz 1975; Jean Starobinski: L'Essai de Psychologie de Charles Bonnet: Une version corrigé inédite. In: Gesnerus 32 (1975), 1–15; Lorin Anderson: Charles Bonnet and the Order of the Known. Dordrecht, Boston, London 1982; ders.: Charles Bonnet's Taxonomy and Chain of Being. In: Journal of the History of Ideas 37 (1976), 45–58.

14 Charles Bonnet: Essai analytique sur les facultés de l'âme. Kopenhagen 1760, facsimilierter Neudruck: Genf 1970, 184f. (§ 279).
15 Ibid. 313 (§ 530).

Erkannten stets zur Deckung kommt. Die »äußere Methode« der Interpretation wäre dann zugleich »innerer Geist« der zu interpretierenden Daten dieser Geschichte.[16]

Die im weitesten Sinne mit den Problemen der Neurophysiologie befaßten Quellenschriften, die Herder im Rahmen seiner auf die Kulturgeschichte des menschlichen Verstandes ausgerichteten psychologischen Physiologie benutzte, reichen von den frühesten Zeugnissen der ›heidnischen‹ Antike über die Patristik bis in die Gegenwart seiner Zeit. Insbesondere die Forschungen des 17. Jahrhunderts, so Knorrs *Cabbala denudata*[17] sowie van Helmonts *Opera*[18], mit denen er sich nachweislich vor 1776 beschäftigt hatte, scheinen einen gewissen Eindruck auf ihn ausgeübt zu haben. Hierzu treten etwa noch die *Opuscula philosophica* (1690) des jüngeren van Helmont[19], des mit Leibniz verbundenen »philosophus per Vnum in quo omnia«[20], der bestimmte Aspekte der Seelenlehre seines Vaters aufnahm und im Sinne Leibnizens umformte. Lessings Übersetzung von Juan Huartes *Prüfung der Köpfe zu den Wissenschaften* lernte Herder 1767 kennen[21]; sie wurde ihm insbesondere für die Frage nach der Lokalisation der Gehirnfunktionen bedeutsam.[22] Von den Schriften Bonnets finden sich nach Ausweis seines im Hinblick auf die Übersiedlung nach Weimar angefertigten Bücherverzeichnisses vom 21. Juni 1776 der genannte *Essai analytique*, die *Considérations sur les corps organisées* (1762), die *Contemplation de la Nature* (1764) und die *Palingénésie philosophique* (1769) in der Orginalausgabe sowie in Lavaters Übersetzung in seiner Bibliothek.[23] Aufgrund eines Textvergleichs und teilweise wörtlicher Anspielungen benutzte er zu diesem Zeitpunkt auch Bonnets *Essai de psychologie*, den erst der Versteigerungskatalog von 1804 als in seinem Besitz befindlich ausweist.[24] Dieser Überblick, der nahezu alle Hauptschriften des Genfer Naturforschers umfaßt, legt ein kontinuierliches Interesse an dessen Forschungen nahe, ein Interesse,

---

16 Johann Gottfried Herder: Ueber Christian Wolf[f]s Schriften. In: Sämtliche Werke. Hg. Bernhard Suphan. 33 Bde., Berlin 1877–1913, Reprint Hildesheim, New York 1967–1968 (im folgenden zitiert als SWS), hier: XXXII, 157.
17 Nachlaß Herder, Kapsel XXXIV 2 (zum Ordnungsprinzip vgl. unten Anm. 23): Nr. 319. 320 (4°).
18 Ibid., Nr. 45 (2°).
19 Dieser – anonym publizierte – Band erscheint 1804 in Herders Bibliothekskatalog: cf. Bibliotheca Herderiana. Weimar 1804, facsimilierter Neudruck: Köln 1979, Nr. 4675, 1. (Im folgenden wird dieses Verzeichnis zitiert als BH mit zugehöriger Buchnummer).
20 Franciscus Mercurius van Helmont: »Vita Authoris« (nicht paginiert). In: J.B. van Helmont: Opera omnia, (Anm. 10).
21 Herder Nachlaß, Kapsel XXXIV 2: Nr. 189 (8°).
22 Vgl. H.B. Nisbet: Herder and the Philosophy and History of Science (Anm. 6), 255–256.
23 Nachlaß Herder, Kapsel XXXIV 2. Herder verzeichnete seine Bibliothek in dieser Aufstellung nach Formaten, die hier nach den von ihm verwendeten Ordnungsnummern in Klammern wiedergegeben werden; Bonnets Werke finden sich dort (in der im Text genannten Reihenfolge) unter den Nummern: 134 (4°), 260 (8°), 398. 399 (8°), 412. 413 (8°), 83. 84 (8°).
24 Cf. BH 3411.

das Herder, soweit ich sehe, an dem Werk keines anderen Wissenschaftlers seiner Zeit mit derselben Intensität teilnehmen ließ. Diese Beobachtung ist wohl darin begründet, daß die Lektüre der beiden physiologischen Werke Albrecht von Hallers[25] sowie die neuerdings beobachtete nähere Beschäftigung mit der *Naturlehre* Krügers[26] ihm nicht jenen, mit dem Ausblick auf die Unsterblichkeit der Seele auch durchaus theologisch akzentuierten kulturgeschichtlichen Horizont eröffnen konnten, so wie er ihn bei Bonnet vorfand. Herders Vorbehalte gegenüber der von Bonnet geübten Teleologie, die den theologischen Status seiner Forschungen bezeichnen, markieren allerdings auch die Grenzen dieses produktiven Rezeptionsverhältnisses. Ebenso wie seine Aufnahme von Robinets *De la Nature*, die seinem Exzerpt zufolge bezeichnenderweise durch das Problem der Moralität und des »moralischen Triebes« charakerisiert war[27], fand er bei Bonnet den Ansatz zu einer Geschichtstheorie, die das als Geschichte veräußerlichte menschliche Handeln aus den inneren Handlungen des menschlichen Organismus auslegen zu können schien.

Am Beginn der zweiten Fassung der Schrift *Vom Erkennen und Empfinden der menschlichen Seele* (1775) führt Herder die Trias »Elastizität«, »Reizbarkeit« und »Sinnlichkeit« ein[28] und umreißt damit die auf den neuesten Ergebnissen der Nervenphysiologie beruhenden Grundlagen seiner Seelenlehre. In der Elastizität der unbelebten ›Natur‹ erblickt er ein in Newtons Schwerkraft zu seinem Begriff gekommenes Analogon zu den Erscheinungen des Lebens, welches das Allgesamt der Weltdinge als eine mechanische oder doch als mechanisch erklärbare Einheit der Gegensätze, wie Wärme und Kälte, Selbstheit und Mitteilung, »Abweichungen« und »Rückgänge«, umgreift. Es ist für Herders gesamte Kulturtheorie von entscheidender Bedeutung, daß er die Seelenlehre mit diesem Ausblick auf den Bau des Weltganzen einleitet, so wie er schon in der Skizze *Zum Sinn des Gefühls* die Bemerkungen über die Funktion des Gefühlssinnes kosmologisch überhöhte. Die Welt, so Herder 1775, ist ein »Avtomat, das sich zwar nicht Bewegung geben, aber *sich wiederherstellen* kann«.[29] Im Abschnitt 36 seiner Schrift *De l'interprétation de la nature*, aus der Herder hier nahezu wörtlich zitiert, nannte Diderot das Weltganze einen »elastischen Körper«, der sich aus einer großen Anzahl durch Attraktionskräfte gleichsam sich selbst koordinierender »Moleküle« zu der Erscheinung eines kontinuier-

---

25 A. v. Haller: Primae lineae physiologiae in usum praelectionum academicarum auctae et emendatae (Göttingen 1751); ders.: Elementa physiologiae corporis humani (Lausanne 1757–1780).
26 Vgl. hierzu J. G. Herder: Werke. Bd. 1. Hg. U. Gaier. Frankfurt/M. 1986, 1258. 1286; J. G. Herder: Werke. Hg. W. Proß. Bd. 2. Darmstadt 1987, Anhang, *passim* (vgl. Register s. v. ›Krüger‹).
27 Cf. Werke. Hg. W. Proß, (Anm. 26), 1226–1229.
28 H. B. Nisbet: Herder and the Philosophy and History of Science (Anm. 6), 256, führt mit Beziehung auf die Ideen (vgl. SWS XIII, 81–82) diese Trias auf Haller zurück (»[...] Haller's three ›Kräfte‹, which he adopted under the title of ›Elasticität‹, ›Reizbarkeit‹ and ›Empfindung‹ [...]«).
29 SWS VIII, 271 (Hervorhebung R. H.).

lichen Ganzen zusammenschließe. Sobald diese Moleküle, so folgerte Diderot, von einer ihre Zusammenordnung störenden Kraft beeinflußt werden, streben sie danach, »soit à se restituer dans leur premier ordre, si la force perturbatrice vient à cesser, soit à se coordonner relativement aux lois de leurs attractions, à leurs figures, etc., et à l'action de la force perturbatrice, si elle continue d'agir«.[30] In dieser Versuchsanordnung erkennt Herder ein Gesetz der »Fortbildung, Verjüngung, Verfeinerung«, indem schon in der unbelebten Natur »vom Triebsand' und Stein an, durch Salze, Krystalle und Schneeflocken, Mineralien und Metalle alles sich der Organisation nahet«.[31] Entsprechend vermutete Diderot in der Entstehung der Metalle und Edelsteine einen im Sinne Leibnizens kontinuierlichen, wenn auch unerkennbaren Prozeß der Gestaltung und Umwandlung der Materie: »S'agit-il d'éloigner, de rapprocher, d'unir, de diviser, d'amollir, de condenser, de durcir, de liquéfier, de dissoudre, d'assimiler, [la nature] s'avance à son but par les degrés les plus insensibles.«[32]

Erst hier, bei der Frage nach der Möglichkeit eines Überganges der unbelebten Natur zu den Erscheinungen des Lebens, setzt Herders Aufnahme der Irritabilitätslehre Hallers und Bonnets ein. Ohne diesen Übergang erklären zu wollen, rechtfertigt er die Einleitung seiner Seelenschrift durch diese Betrachtung des Weltganzen mit der Analogie der Gesetze der »grossen Welt« zu den regelmäßigen Erscheinungen der Seele als einer »kleinen Welt«[33], denn, so wußte er aus Hallers Lehre vom Reiz, das Vermögen der Muskel- und Nervenfasern, sich zusammenzuziehen und wieder auszubreiten, vollziehe sich nach einem Gesetz, das der Newtonschen Attraktionskraft vergleichbar ist: »tamquam legem adtractioni similem.«[34] Dieses Vermögen der Irritabilität unterscheidet sich darin von den Phänomenen der Elastizität, daß es die Fasern, wie Herder unter ausdrücklicher Beziehung auf Haller erläutert, nicht in eine mechanische Schwingung versetzt, sondern vielmehr eine einmalige Reaktion auf einen der Seele äußerlichen Reiz hervorruft.[35] Wie er in der »toten Materie« den Anfang zur lebendigen Organisation fand, so scheint ihm der »Keim der Empfindung« bereits in der Reizbarkeit des Fasergewebes angelegt zu sein und er folgert: »Vielleicht hat sich die todte Materie durch alle Stuffen und Gänge des Mechanismus hindurch gewunden und bis zu dem Lebensfünklein hinauf-

---

30 Denis Diderot: Œuvres philosophiques. Hg. P. Vernière. Paris 1964, 207f.
31 SWS VIII, 271.
32 Denis Diderot: Œuvres philosophiques, (Anm. 30), 211f.
33 Cf. SWS VIII, 272.
34 Zitiert nach: G. Rudolph: Hallers Lehre von der Irritabilität und Sensibilität. In: K.E. Rothschuh (Hg.): Von Boerhaave bis Berger. Die Entwicklung der kontinentalen Physiologie im 18. und 19. Jahrhundert mit besonderer Berücksichtigung der Neurophysiologie. Vorträge des Internationalen Symposions zu Münster/Westf. 18.–20. September 1962. Medizin in Geschichte und Kultur. Bd. 5. Stuttgart 1964, 14–34, hier: 28.
35 In dieser Beziehung weicht Herder offensichtlich von Bonnets Auffassung im Essai de psychologie ab; dort argumentierte dieser – ähnlich wie übrigens auch Johann Georg Sulzer – noch ganz im Sinne der mechanischen Relation von Druck und Stoß. Vgl. V.A.C. de Caraman: Charles Bonnet, (Anm. 13), 128; M. Offner: Die Psychologie Charles Bonnet's, (Anm. 13), 578–579.

geläutert, das zwar nur Beginn der Organisation ist, dennoch aber wie mächtig noch in den Empfindungen einer Menschenseele waltet.«[36] Herder versucht die bis hierher vermutete *Analogie* zwischen diesen Bereichen durch die Annahme eines *stetigen Übergangs* aufzulösen, die allerdings nicht mehr durch die Physiologie Hallers motiviert sein konnte; sie eröffnet eine Perspektive, die über seine Lektüre der mikroskopischen Untersuchungen John Needhams vom Jahr 1766, über Diderots und Maupertuis' Disput über den Begriff eines stetigen »Ganzen« sowie über die Kontinuitäts- und Unsterblichkeitsspekulation bei Roger Joseph Boscovich und Moses Mendelssohn eine komplexe Problemstellung erkennen läßt, die in den Schriften Bonnets, wenn nicht zu einer Lösung, so doch zu einer differenzierten Beurteilung des kontinuierlichen Seins im ganzen geführt hat.[37]

Soweit die Argumentation Herders erkennen läßt, setzt er die »erste Triebfeder des Reizes« in ein »schlagendes Herz«. Durch die Vermittlung eines den Körper durchziehenden »feinen Faserngewebes« gelangt diese im Verhältnis zu den mechanischen Vorgängen »höhere lebendige Bewegung« ins Gehirn[38]; angeregt durch die Empfindung der Objekte der »äußeren Welt«, wird der »Reiz des Herzens« durch die Leitung eines »elektrischen Stromes«, »Äthers«, einer »fortzündenden Flamme« zur »Idee des Gehirns«.[39] Zwar hatte noch Johann Baptist van Helmont die Übertragung dieses äußeren Reizes durch einen »Spiritus vitalis« erklärt, »qui, in corde aequè ac cerebrô volatilisatus, motu suo omnes functiones, in oeconomiâ animali occurrentes, promovet, aliis Microcosmetor«.[40] War hiermit die mikrokosmische Struktur des Nervengebäudes rudimentär bezeichnet, so weisen Herders Termini aber unmittelbar auf die Ausführungen Bonnets über die physiologische Konstitution der »personalité« zurück; in dem *Essai de psychologie* führte dieser aus: »Les Esprits Animaux destinés à transmettre à ce Corps Eteré les ébranlemens de l'Objet, y produiroient-ils des impressions durables, source de la Personalité? Les Esprits Animaux eux mêmes seroient-ils d'une nature analogue à celle de la Lumière ou de la Matière Electrique?«[41] Diese von Bonnet vermutete Analogie der dem Körper äußeren Medien des Lichtes und der Erscheinungen der Elektrizität mit dem Medium der inneren Reizübertragung, des »Nervensaftes« oder des »Esprit Animal«, schafft bei Herder offensichtlich die Bedingung für die Mög-

---

36 SWS VIII, 272.
37 Einen Teil dieses Problemfeldes habe ich unter Auswertung einer größeren Zahl von Quellenschriften in meiner demnächst erscheinenden Untersuchung über Johann Gottfried Herders Kulturentstehungslehre. Studien zu den Quellen und zur Methode seines Geschichtsdenkens. Hamburg 1994, darzulegen versucht.
38 SWS VIII, 275.
39 SWS VIII, 285f.
40 J.B. van Helmont: Opera omnia, (Anm. 10), »Clavis«, s.v. ›Archeus‹. Zur Frage des Bewegungsursprungs aus dem Gehirn (Galenos) oder Herzen (Aristoteles) vgl. M.D. Grmek: La notion de fibre vivante, (Anm. 12), 299.
41 Ch. Bonnet: Essai de psychologie. London 1755 [*recte*: Leiden 1754], 268. Zu Bonnets Neurophysiologie vgl. insbesondere Max Offner: Die Psychologie Charles Bonnet's, (Anm. 13), 578–579.

lichkeit sinnlicher Erfahrung der erscheinenden Welt. Der Mensch als Organ sinnlicher Kräfte, »der ganze innere Mensch«[42], entspricht daher gerade dem »Organ des Gottes, in dem Alles lebt und empfindet«[43], dem »Sensorium der Schöpfung«. In dem Maße, in dem Herder Newtons in den *Opticks* (1704) erläutertes und in der Folge heftig umstrittenes Lehrstück Gottes als eines »sensorium numinis« einer spinozistischen Interpretation unterzieht, gewinnen seine in der Seelenschrift verwendeten theologischen Metaphern eine anthropologische Dimension; Gott als das »große Auge der Welt« ist das Zentrum eines »allgemeinen Organs«, der Mittelpunkt eines durchaus im Sinne des Diderotschen »corps élastique« interpretierbaren allgemeinen und belebten Kräftefeldes. »Von meines Auges Gränze hat das grosse Auge der Welt ein allgemeines Organ ausgebreitet, das den Gegenstand mit ihm zusammenhange und jenen ihm empfindbar mache.«[44] Unter dem Himmel Hesperiens gab der Sonnengott seiner irdischen Geliebten Leucothoë zu bedenken:

> ›Ille ego sum‹ dixit, ›qui longum metior annum,
> Omnia qui video, per quem videt omnia tellus,
> Mundi oculus. [...]‹[45]

Wie genau Herder Ovids Dichtung wiedergab, zeigt die wahre Gestalt (*vera species*) des Sonnengottes, der als reines Medium des Glanzes (*nitor*)[46] zugleich alles erblickt und allem Irdischen die Sehkraft anzuwenden ermöglicht; dieses Vermögen bezeichnet den Gott selbst, insofern alle Erkenntnis »durch ihn« (*per quem*) vollzogen wird. Ovids ›heidnisches‹ Mythologem verdeutlicht folglich in Herders Interpretation, daß menschliche Erkenntnis insofern göttlich ist, als sie durch das den Sinnen äußerliche »Medium« auf das Göttliche im Menschen, von dem das Motto seiner Seelenschrift spricht, zurückweist.

Diese Fähigkeit der menschlichen Seele, »die ganze Schöpfung sich einzuverleiben«[47], ist also einerseits abhängig von der Art des sinnlichen Mediums, das bei Herder stets im Sinne der Korpuskularlehre Robert Boyles und der Differenzierungen Bonnets und Sulzers als aus kleinsten Materieteilchen bestehendes Aggregat gedacht wird, und sie ist zum anderen bestimmt durch das Verhältnis des »organischen Reizes« zur Beschaffenheit des Nervenbaues. Die Art der sinnlichen Empfindung und der aus ihr abgeleiteten oder abstrahierten Gedanken, wie sie sich dem Gedächtnis als »Ideen« und »Begriffe« darstellen, ergibt sich demnach aus diesen die je unterschiedliche Organisation des menschlichen Körpers determinierenden Bedingungen: »Wir erkennen nie den Gegenstand, selbst unsern Organischen Reiz nicht selbst, sondern *wie und wiefern* ihn der Nervenbau uns zuführt.«[48] Indem die Sinnesorgane dazu bestimmt

---

42 SWS VIII, 277.
43 SWS VIII, 282.
44 SWS VIII, 283.
45 Ovid: Metamorph. IV, 226–228. Zur Herkunft der Metapher vgl. Hesiod: erg. 266: πάντα ἰδὼν Διὸς ὀφθαλμὸς καὶ πάντα νοήσας.
46 Ibid. IV, 231.
47 SWS VII, 42.
48 SWS VIII, 288 (Hervorhebung R. H.).

sind, »à incorporer à l'Ame le Monde entier«[49], vermag sich die »Persönlichkeit« der Seele, so Bonnet, in genauer Analogie zur äußeren Welt und infolge der *Beziehungen* wiederholter Empfindungen zu bilden.[50] Diese Persönlichkeit, die die Individualität eines Individuums allererst konstituiert, entwickelt sich auf der Ebene der Sinnlichkeit ebenso im Horizont der Erscheinungen, wie die Bildung des Gehirns an die Reizbarkeit der sinnlichen Objekte gebunden war: »le Cerveau se modèle [...] sur les Objets.«[51] Die Entwicklung der Persönlichkeit, die Bonnet schon an dem Polypen als eine bestimmte Form der die Empfindungen miteinander verbindenden »Erinnerung« (*souvenir*) erkannt haben wollte, steht daher in einem genauen Verhältnis zur organischen Bildung des Gehirns.[52] Die Entstehung einer neuen Persönlichkeit (*fondement d'une nouvelle personalité*) begründet Bonnet in den *Considérations sur les corps organisés* mit dem Hinweis auf die schon den praeformierten Keimen eigene Reizbarkeit, welche auf das Dasein (*présence*) einer »Seele« deutet, die sich aber noch nicht zur Identität eines sich selbst als ein »Ich« (*Moi*) empfindenden Bewußtseins (*conscience*) hin ausgebildet habe.[53]

Auch hier noch hält Bonnet den Dualismus zwischen dem Körper und der Seele als einer »substance simple«[54] aufrecht. Herders Unentschlossenheit in dieser Frage dokumentiert sich vor allem darin, daß er bisweilen mit Buffon, dessen These Bonnet in den *Considérations* ausführlich referiert hatte[55], einen durch die materiellen, gleichwohl lebendigen Moleküle ermöglichten *stetigen* Übergang des Stofflichen zum Geistigen in Erwägung zieht, dann aber auch wieder eine bloße Analogie zwischen den physiologischen Vorgängen des Körpers und der Tätigkeit des Gehirns erkennen will: »*Dunkle Ideen* in Absicht der Seele sind Physiologisch in Ansehung des Körpers eine *Saat dunkler Reize*, die der Gedanke weckt und die das große Medium des Nervensystems dem Gedanken zuströmet.«[56] Der Begriff der »Vergeistigung«, wie ihn John Locke einst zur Diskussion stellte und den auch Bonnet zur Erklärung dieses Übergangs, trotz der Bedenken, die Leibniz in seiner umfassenden Replik auf Lockes *Essay* gegen ihn erhoben hatte, bereitwillig wieder aufgenommen hatte, schien Herder zumindest einen Ansatz zur Überwindung dieses Dualismus zu liefern. Aber die Entsprechung eines *inneren* Mediums, des die Empfindung in der Form des Reizes übermittelnden Nervensystems, zu dem der empfindenden Seele äußerlichen sinnlichen Medium der phänomenalen Welt vermochte in Herders Seelenschrift auch umgekehrt einiges Licht auf das im

---

49 Cf. Ch. Bonnet: Essai de psychologie, (Anm. 41), 50.
50 Ibid. 133.
51 Ch. Bonnet: Essai analytique, (Anm. 14), 260 (§ 445).
52 Ch. Bonnet: Considérations sur les corps organisés. 1762, Reprint Paris 1985 (Corpus des œuvres de philosophie en langue française), Seconde partie, chapitre 3: »Idées sur le métaphysique des Insectes qui peuvent être multipliés de bouture, etc.«
53 Ibid. 275–277.
54 Cf. ibid. 273
55 Ch. Bonnet: Considérations sur les corps organisés, (Anm. 52), 71–108.
56 SWS VIII, 286f.

Handeln sich wiederum materialisierende Erkennen der menschlichen Seele zu werfen, wie sie sich in der kulturellen und sittlichen Differenzierung der Geschichte der Menschheit darstellt. Hatte Bonnet diese kulturgeschichtliche, die Moralität des Menschen sowie der Tiere bedenkende Perspektive zum Ausgangs- und Zielpunkt seines Versuchs über die »Handlungen der Seele« (*operations de l'ame*) gemacht[57], so rückt sie bei Herder in der zweiten Hälfte der Seelenschrift von 1775 in den Mittelpunkt seiner Untersuchung der Wirkungen der »inneren Elasticität und Stärke« der Seele.[58]

Herders Jahre in Bückeburg (1771–1776) waren zumindest zu Beginn seines Aufenthaltes geprägt von einem freundschaftlichen Verhältnis zu dem Grafen Friedrich Ernst Wilhelm zu Schaumburg-Lippe, und der kontinuierliche Gedankenaustausch mit Wilhelm, der bei einer vielseitigen Bildung vor allem durch eine Reihe militärwissenschaftlicher Schriften hervorgetreten war, kam in mancher Hinsicht auch seinen eigenen Forschungen zugute. Wenn er in seinen Briefen in zunehmendem Maße Unzufriedenheit mit seiner Stellung in Bückeburg äußerte, so war er hierzu ohne Zweifel durch die (auch in Weimar allerdings nicht geringere) Überlastung mit den ihm obliegenden amtlichen Geschäften veranlaßt worden. Für die Weimarer Zeit notierte Caroline Herder: »Herder sagte oft: ›wenn ich mein eigener Herr wäre, ich würde mich wo einschließen und eine Zeit lang ausschließlich mit Naturwissenschaften beschäftigen.‹«[59] Dieser Ausruf hat sicherlich auch für die Bückeburger Jahre seine Gültigkeit. Da Herders Briefwechsel mit dem Grafen naturgemäß gering blieb, sind wir nur unzureichend über den Inhalt ihrer Gespräche unterrichtet; mit ziemlicher Wahrscheinlichkeit dürfte auch Helvétius' Kulturtheorie, die er aus der allem Leben eigentümlichen (freilich nicht in dem präzisen Sinne Hallers interpretierbaren) »sensibilité physique« hervorgehen ließ, erörtert worden sein. Mit ihr hatte sich Wilhelm wohl schon in den 1760er Jahren näher beschäftigt. In Ergänzung zu Helvétius' Ausführungen über die Wirkung der »Umstände« auf die Denkart hielt er sich in einer Notiz fest: »[...] comme la sensibilité de nos sens dépend de notre organisation, qui est evidemment différente parmi les hommes, il est évident aussi que différents objets affectent différemment différens hommes; et comme ces affections de bien ou de mal phisique déterminent nos propensités à telles ou telles actions, et que ces propensités forment nos caractères, il est démontré que les caractères différeront et diffèrent entr'eux en conséquence de la différence d'organisation.«[60] Wilhelms Resultat, das im wesentlichen dem geistreichen Buch *De l'Esprit* (1758) von Claude-Adrien Helvétius verpflichtet ist, stellt dieser Paraphrase nach vor

---

57 So der Untertitel des Essai de psychologie von 1754.
58 SWS VIII, 290.
59 Erinnerungen aus dem Leben Joh. Gottfrieds von Herder. In: J. G. Herder: Sämmtliche Werke (Anm. 1), XXII, 109.
60 Wilhelm Graf zu Schaumburg-Lippe: Schriften und Briefe. Hg. C. Ochwadt. Veröffentlichungen des Leibniz-Archivs, Bde. 6–8. Bd. 1: »Philosophische und politische Schriften«. Frankfurt/M. 1977, 174.

allem das Verhältnis der Handlungen zur Organisation der Sinne und zur Art der sinnlichen Erfahrung heraus. Die Ergebnisse, zu denen Herder etwa zur selben Zeit gelangt, gehen allerdings über diese gewissermaßen triviale Bemerkung entschieden hinaus; sie verweisen auf ein neurologisches Fundament seiner Erkenntnistheorie, in der Bonnets Physiologie der Nervenfasern die wohl entscheidende Bedeutung zukommt.

Schon in der Ende 1766 entstandenen[61] Skizze *Von der Verschiedenheit des Geschmacks und der Denkart unter den Menschen* hatte sich Herder mit dem Verhältnis der klimatisch und geographisch je unterschiedlichen »Bildung des Körpers« zur jeweiligen »Denkart« eines Menschen oder Volkes beschäftigt.[62] Ausgehend von dem für die Methode der Geschichtsschreibung höchst bedeutsamen und seit dem 16. Jahrhundert verschärften Pyrrhonismusstreit stellt er zunächst die Frage nach einer »Grundregel der Wahrheit«, deren Gültigkeit allezeit, d.h. unabhängig von dem Fortgang der beständig sich wandelnden Denkart der Völker gesichert wäre.[63] Herder knüpft hiermit zwar noch an die 1761 von der Königlich Preußischen Akademie ausgeschriebene Preisfrage nach der Gewißheit metaphysischer Wahrheiten und nach dem *criterium veritatis* an, akzentuiert sie aber in dieser Schrift zum ersten Mal im Hinblick auf seine neurophysiologische Hypothese. Er richtete seine Untersuchung auf die Beziehung der Organisation des Körpers zur landschaftlichen Differenzierung der Denkart, indem er sie im Sinne Bonnets durch die je »besondre Struktur« der »Empfindungsfasern«[64] zu erklären versuchte und griff mit diesem Erklärungsmuster zugleich über die stets auf die äußere Gestalt des Schädels fixierten Deutungen der überlieferten physiognomischen Literatur, wie man sie noch bei Lavater findet, hinaus.[65] Über die individuelle oder »eigensinnige Art der Empfindung« führte Herder aus: Eines jeden Menschen »Faserngewebe hat gleichsam einen ihm eignen Ton durch einen Zufall bekommen,«[66] und die »Abweichungen und Unterschiede« der Art zu empfinden zeigen sich von diesem »Eigensinn der Empfindung« unmittelbar abhängig.[67] Dieser das Nerven-

---

61 Die Datierung folgt C. Redlich in SWS XXXII, 533; vgl. Herders Brief an Johann Georg Scheffner vom 23. September/4. Oktober 1766 in: J.G. Herder: Briefe. Hg. W. Dobbek, G. Arnold. Bd. 1. 2. Aufl. Weimar 1984, 65.
62 SWS XXXII, 22.
63 Cf. SWS XXXII, 18−20.
64 SWS XXXII, 24.
65 Vgl. hierzu Georges Lanteri-Laura: Histoire de la phrénologie. L'homme et son cerveau selon F.J. Gall. (Galien. Histoire et philosophie de la biologie et de la médecine.), Paris 1970, 11−63 (Kap. 1: »Le cerveau et le crâne, objets d'investigation scientifique au XVIIIe siècle«); einen konzisen Überblick bietet der Aufsatz von Giulio Barsanti: L'uomo tra »storia naturale« e medicina 1700−1850. Gli strumenti geometrici e la localizzazione delle funzioni cerebrali. In: G. Barsanti, S. Gori Salvellini, P. Guarnieri, C. Pogliano (Hg.): Misura d'uomo. Strumenti, teorie e pratiche dell'antropometria e della psicologia sperimentale tra '800 e '900. Istituto di storia della scienza. Cataloghi mostre. No. 3. Florenz 1986, 12−49.
66 SWS XXXII, 24.
67 SWS XXXII, 25.

gebäude strukturierende und individualisierende »Ton«[68], der die Handlungen des Menschen auf je bestimmte Weise determiniert, stellt sich »entweder während der Schwangerschaft der Mutter, oder in der frühesten Zeit« eines menschlichen Lebens ein.[69] Herder, der diesen für seine Kulturentstehungslehre zentralen Gedanken in die durch den Begriff der »Gewohnheit« umschriebene Problematik der Traditionsbildung überleitet, ließ sich auch hier fast wörtlich von Bonnets *Essai de psychologie* inspirieren; in dem Kapitel: »L'Habitude, source des Goûts, des Penchants, des Inclinations, des Mœurs, ou Caractère« kam dieser zu dem Ergebnis, daß die Empfindungsfähigkeit jedes Lebewesens von den Beziehungen der Nervenfasern zueinander, die er die jedem Körper eigenen »Bestimmungen« nennt, determiniert werde: »Le corps apporte donc en naissant des déterminations particulières, en vertu desquelles il est plus ou moins susceptible de certaines impressions. Les mêmes Objets ne produisent donc pas les mêmes effets sur tous les Cerveaux. *Chaque Cerveau a dès la naissance un ton*, des rapports qui le distinguent de tout autre.«[70] Diese innere Spannung der Fasern nennt er, vermutlich mit Beziehung auf Giorgio Baglivi, einen Schüler Malpighis[71], auch »Grundkraft« (*force originelle*), deren Intensität über die Fähigkeit sowie den Umfang, die empfangenen Eindrücke (*impressions*) als erinnerbares Wissen zu bewahren, entscheidet.[72] Anders als Helvétius, der dem Aspekt der Erziehung und der durch sie erworbenen Gewohnheit die entscheidende Rolle bei der Differenzierung des Wissens zumaß, erblicken Herder und Bonnet gerade in dem Wechselspiel zwischen den im Grunde unwandelbaren Naturanlagen (*dispositions naturelles*) und der Gewohnheit eine für die Kulturgeschichte des Menschen regulative Funktion. Innerhalb der »Geschichte der Aufmerksamkeit« (Bonnet) sorgt die Gewohnheit für eine gewisse Konstanz der Lebensverhältnisse und garantiert derart allererst die Kohaerenz einer kulturellen Einheit. Die durch Erziehung festgebildete Gewohnheit, so Herder, wird dem Menschen eines gewissen Lebensraumes und einer bestimmten Lebenszeit »zur zweiten Natur«[73], die durch die Fähigkeit zur Aufmerksamkeit verändert zu werden vermag. Bereits in dieser frühen Skizze gebraucht Herder den Begriff der »zweiten Natur«, der in den *Ideen* dann an prominenter Stelle in dem unmittelbar von Bonnet entlehnten Gedanken einer »zweiten Genesis« des geschichtlichen Menschen entfaltet werden wird.[74]

---

68 Diese Lehre geht im Zusammenhang mit der Kontraktion der Nervenfasern bis auf Galenos zurück: vgl. M. D. Grmek: La notion de fibre vivante chez les médecins de l'école iatrophysique, (Anm. 12), 299.
69 SWS XXXII, 24.
70 Ch. Bonnet: Essai de psychologie, (Anm. 41), 210 (Hervorhebung R. H.).
71 Baglivi spricht von einer der Faser eigenen »vis innata« oder »vis insita«; vgl. M. D. Grmek: La notion de fibre vivante, (Anm. 12), 313.
72 Cf. Ch. Bonnet: Essai de psychologie, (Anm. 41), 208: »Plus une Fibre a de force originelle, plus elle a de capacité à retenir les impressions qu'elle a contractées.«
73 SWS XXXII, 25.
74 Vgl. K. Lamprecht: Herder und Kant als Theoretiker der Geschichtswissenschaft, (Anm. 5) 176f. Lamprecht scheint allerdings den Begriff einer »zweiten Genesis« für einen genuinen Ausdruck Herders zu halten.

Diese Erziehung durch die Dinge der dem Menschen sinnlich erscheinenden Welt, wie sie Rousseaus *Emile* im einzelnen zur Anschauung brachte, drückt dem Gehirn gemäß der Neurologie Bonnets »neue Bestimmungen« (*nouvelles déterminations*) ein, die den Ton der Seele, dieser »Neurologie en miniature«[75], verändern und auf diese Weise die Art der menschlichen Handlungen generieren: »La force de l'Education modifie la force du Naturel. L'Education est une seconde Naissance, qui imprime au Cerveau de nouvelles déterminations.«[76]

Bonnet war sich darüber im klaren, daß er mit diesen Überlegungen einem gewissen Determinismus huldigte, den er im Vorwort durch eine *interpretatio christiana* der stoischen *necessitas* und insbesondere der Lehre Marc Aurels zu verteidigen suchte; aber der Inhalt des Begriffs der »Religion« ist bei ihm ganz im Sinne einer bestimmten Spielart der stoischen Morallehre und näherhin in der Weise einer Handlungstheorie motiviert, in der Gott zwar die Funktion eines alles kosmische Geschehen regelnden »Destin inévitable« einnimmt, deren eigentlicher Mittelpunkt jedoch der Mensch ist und dessen Handlungen stets auf das im Sinne Montesquieus gesellige Leben (»Société«) in Familie, Volk oder Staat gerichtet sind: »Dieu n'est point l'Objet direct de la Religion; c'est l'Homme.«[77] Der Kern dieser Handlungstheorie verweist mit dem Begriff des »Instinct Moral« auf ein gleichsam verinnerlichtes »Naturrecht«[78], deren Interpretation allerdings zugleich die Grenze dieser Modernisierung des antiken Gedankens bei Bonnet beschreibt. Denn er begründet es in einer Weise, die, wie seine Auseinandersetzung mit Montesquieu am Ende des *Essai analytique* zeigt, gänzlich zu einer Paralyse der traditionellen Naturrechtslehre führen wird. Herders Auslegung des Begriffs der »Moralität«, deren Grundgedanke bereits im *Journal meiner Reise im Jahr 1769* vorliegt und in den verschiedenen Fassungen der Seelenschrift wieder aufgegriffen wird, ist – neben den Anregungen, die er aus der Lektüre Robinets zog – zumindest zu einem Teil der komplexen Bonnetschen Problematisierung verpflichtet. Indem Montesquieu, so Bonnet, den Begriff eines unwandelbaren »abstrakten Naturrechts« (*Droit Naturel abstrait*) stillschweigend voraussetze, werde er auf den Irrtum eines »allgemeinen Begriffs des Naturgesetzes« geführt, welches er in die – allezeit identischen – Beziehungen (*rapports*) der natürlichen und moralischen Wesen zueinander setze. Wie der Magnet allezeit das Eisen anziehe, so ziehe das Glück (*Bonheur*) stets ein jedes moralische Wesen an.[79] Demgegen-

---

75 Ch. Bonnet: Essai de psychologie, (Anm. 41), 13.
76 Ibid. 217.
77 Ibid. p. XV.
78 Zum Problem vgl. grundsätzlich Wolfgang Proß: »Natur«, Naturrecht und Geschichte. Zur Entwicklung der Naturwissenschaften und der sozialen Selbstinterpretation im Zeitalter des Naturrechts (1600–1800). In: Internationales Archiv für Sozialgeschichte der deutschen Literatur 3 (1978), 38–67.
79 Vgl. Bonnets Referat der These Montesquieus in: Ch. Bonnet: *Essai analytique*, 544 (§ 857), und Montesquieu: De l'esprit des lois. Première partie. Livre premier. Chapitre premier: »Des lois dans le rapport qu'elles ont avec les divers êtres«. In: Œuvres complètes. Hg. R. Caillois. Paris 1951, II, 232–234.

über behauptete Bonnet gerade umgekehrt, daß das Naturgesetz, weit entfernt, als abstraktes und *a priori* gültiges Prinzip vorausgesetzt werden zu können, vielmehr *als eine Wirkung* aus diesen je individuellen Beziehungen erst hervorgehe. Bereits in dem Abschnitt »De l'Ordre« führte er 1754 aus: »L'Ame a sa Nature, ses Facultés, d'où dérivent ses Rapports aux Etres environnans. La Loi Naturelle est l'effet de ces Rapports.«[80] Dieses Gesetz ist als Wirkung der Beziehungen allerdings nicht mehr im Sinne Montesquieus schlechthin unwandelbar, und die aus ihm entspringende Ordnung *verhält sich stets* zu dem individuellen Charakter der Seele, der sich aus den Beziehungen derselben zur Außenwelt hin konstituiert; das Naturgesetz läßt sich daher im Hinblick auf die moralische Welt (*Monde Intelligent*) als ein stets veränderliches System von Beziehungen einzelner handelnder Individuen zueinander beschreiben: »L'Ame observe cette Loi, ou ce qui revient au même, l'Ordre, lorsqu'elle agit conformément à sa Nature, ou à ses Rapports.«[81] In der Folge dieses Gedankens bezeichnet der »moralische Instinkt« also keineswegs ein allen Lebewesen gleichermaßen und unwandelbar innewohnendes moralisches Prinzip, dem die als Beziehungen zur Außenwelt erscheinenden Handlungen zu gehorchen hätten, er ist vielmehr eine die jeweilige Befindlichkeit der Seele bestimmende, wenngleich durch äußere Umstände (*circonstances*) veränderliche Empfindung dieser Beziehungen: »L'Ame a le Sentiment des Rapports. Le Tempérament, l'Education, l'Habitude le rendent plus ou moins vif. Ce que quelques Philosophes ont nommé Instinct Moral ne se réduiroit-il point à ce Sentiment?«[82] Im Hinblick auf die Bildung staatlicher Gemeinschaften gibt Herders Nachschrift nach Robinets *De la Nature* weiteren Aufschluß über die Folgerungen, die der These Bonnets zu entnehmen waren: »Les premières loix n'etoient pas un nouveau joug, mais [des] expressions simples des sentiments moraux: la liberté naturelle n'est que le droit de faire ce que la nature permet, et la liberté civile [est le droit de faire ce] que la loi permet.«[83]

Zur Zeit seines Studiums bei Kant 1763/64 hatte Herder Gelegenheit, sich mit dem Problem eines aus dem »subjektiven Prinzip« des Menschen begründeten »Moralischen Gesetzes« auseinanderzusetzen; die zuerst im Rahmen der Kantschen Vorlesungen über Moralphilosophie[84] erörterte Problematik des »moralischen Gefühls«, das Kant vor allem anhand der schottisch-englischen *moral-sense*-Philosophie und insbesondere der Schriften Francis Hutchesons in

---

80 Ch. Bonnet: Essai de psychologie, 182.
81 Ibid.
82 Ibid.
83 J. G. Herder: Nachschrift nach Robinets De la Nature. In: Herder: Werke. Hg. W. Proß, (Anm. 26), 1228.
84 Kant trug zu dieser Zeit sein Kolleg über Moralphilosophie anhand des Lehrbuchs Friedrich Christian Baumeisters (Elementa philosophiae: 1747) sowie anhand von Baumgartens Initia philosophiae practicae primae (1760) vor, die er durch teils umfangreiche Bemerkungen vor allem zu den englischen Philosophen, aber etwa auch im Hinblick auf Johann Heinrich Samuel Formeys Histoire abrégé de la philosophie (1760; Kant benutzte die deutsche Ausgabe von 1763) ergänzte.

polemischer Absicht entwickelte[85], gab Herder damals den Anlaß zu einer neben der erkenntniskritischen und ästhetischen Perspektive auch die Frage nach dem Ursprung und den Entstehungsbedingungen von Moralität einbeziehenden Skizze, die unter dem Titel einer »negativen Wissenschaft« wesentliche Aspekte der später von ihm entfalteten »Anthropologie« *in nuce* enthielt.[86] Herder kam später verschiedentlich auf diese Skizze zurück. Im *Reisejournal* nimmt er den Eingang derselben in fast wörtlicher Gestalt wieder auf, indem er die »Tugend« zu einem »abstrakten Namen« erklärte und ausrief: »Wenn werde ich so weit seyn, um alles, was ich gelernt, in mir zu zerstören und nur selbst zu erfinden, was ich denke und lerne und glaube?«[87] Hatte ihm Kants eigenwillige Interpretation der englischen Philosophie der ersten Jahrhunderthälfte, insbesondere Shaftesburys, bereits den subjektiven Grund des »moralischen Gefühls«[88] und damit die Möglichkeit einer »subjektiven Sittenlehre«[89] vor Augen geführt, so begründet er jenes 1775 ganz in der Weise der Bonnetschen Neurologie: »Moralisches Gefühl« sei »Nachhall einer zitternden Fiber und eines einstimmigen Nervenbaues.«[90] Die Korrektur, die Bonnet an der Naturrechtslehre des *Esprit des Loix* vornahm, fand ihren Niederschlag in der These, daß das Verhältnis zwischen dem »inneren Bau der Empfindung« und dem »Bau der Gedanken« die Art der »Sprache«, der »Religion und Moral der Völker«, der Künste und Wissenschaften als unmittelbarer Ausdruck oder »Abdruck ihrer [sc. der Völker] Empfindungen und der ihnen entsprechenden Gedanken« zu interpretieren sei. »Glück« ist keine in Beziehung auf ein abstraktes Naturrecht definierbare und allezeit gültige Maxime, es steht vielmehr in Abhängigkeit zu einem die »Denkart« prägenden natürlichen und kulturellen Ambiente: »Der Bacha in seinen Wollustgärten fühlet eine andre, als die

---

85 Vgl. Immanuel Kant: Gesammelte Schriften (Akademie-Ausgabe). Bd. XXVII. Berlin 1974, 3 ff. *passim*, 1069–1070.
86 Diese dem Berliner Nachlaß zugehörige Skizze habe ich in meiner oben (Anm. 37) genannten Dissertation ediert; vgl. dort auch die Hinweise zur Frage ihrer Entstehungsbedingungen und zu den Problemen ihrer Interpretation (Erster Teil, Kapitel 6). Vgl. auch Der Handschriftliche Nachlaß Johann Gottfried Herders. Katalog im Auftrag und mit Unterstützung der Akademie der Wissenschaften in Göttingen bearbeitet von Hans Dietrich Irmscher und Emil Adler. Wiesbaden 1979, 241 f.
87 Journal meiner Reise im Jahr 1769. Hg. K. Mommsen. Historisch-Kritische Ausgabe. Stuttgart 1976, 12. In der Skizze formulierte er: »Erst muß man zerstören, dann aufbauen, man zerstöre alle Systeme durch eine negative Wissenschaft, und führe alsdenn aus dem subjektiven Principium eines auf, was ganz wenig behauptet, die Grade der Gewißheit bei jedem Satz bestimmt: [...]« (Vgl. die in der vorhergehenden Anmerkung genannte Edition).
88 Vgl. Herders Nachschrift der Kantschen Vorlesung über Moralphilosophie (sog. »Praktische Philosophie Herder«) in: Immanuel Kant: Gesammelte Schriften (Anm. 85), 5: »Das moralische Gefühl ist unzergliederlich, Grundgefühl, der Grund des Gewißens.« Auch hier, im Bereich der Ethik, erscheint der Begriff des Unzergliederlichen, der Herder im Versuch über das Seyn dann bekanntlich zur Begründung des »Seins« dienen wird.
89 SWS XXXII, 58.
90 SWS VIII, 296.

Glückseligkeit Newtons.«[91] Bonnets Trias: Empfinden – Denken – Handeln[92] kehrt denn auch am Schluß der Seelenschrift von 1775 in dem Modell einer sich bildenden Gesellschaft wieder, das von einem in die Empfindung eingesenkten Erkennen über ein tatenarmes, an ›spekulativer‹ Erkenntnis um so reicheres Stadium bis zu einem »tatvollen« Zeitalter reicht, in dem das »Maß des Erkennens und der Empfindung« in ein Gleichgewicht geführt ist.[93]

Unter den ersten Reaktionen auf Herders preisgekrönte *Abhandlung über den Ursprung der Sprache* (1772) findet sich der denkwürdige Brief des Grafen Wilhelm, den dieser am 22. Februar 1772 an Herder sandte. In ihm äußerte er seine Bedenken gegenüber einer »progressiven Vervollkommnung des menschlichen Geschlechts im gantzen genommen«[94], wie sie Herder in einem »Vierten Naturgesetz« dargelegt hatte. Wilhelm begründete seinen Vorbehalt mit dem Hinweis auf den Mangel an gesicherten Daten, die zu dieser Annahme Anlaß geben könnten und stellt, wohl mit Beziehung auf die kritische Stellungnahme des Barons von Holbach[95], die folgenden Fragen: »Werden die Kenntnisse der Menschen von Zeitalter zu Zeitalter wirklich immerfort gehäufet? Sind die Menschen einer solchen fortgehenden Vermehrung der Kenntniße fähig? Oder müssen nicht viele bey denen folgenden Generationen notwendig wieder verlöschen? Ja ferner, in welchem Sinn ist Vermehrung der Kenntnisse und Verbesserung der Menschen einerley?«[96] In einer Überlegung, die Herders Intention in seiner Geschichtsphilosophie von 1774 vorwegzunehmen scheint, gab er zu bedenken, man habe vielmehr »die *verschiedenen Verhältnisse der Werthe* (wenn man sich so ausdrücken kann) des Menschlichen Geschlechts von Zeit- zu Zeitalter« zu »vergleichen« und zu »bestimmen«.[97] Wilhelm umschrieb damit den Kern einer Geschichtstheorie, deren erkenntnistheoretisches Fundament Herder in der Auseinandersetzung mit Bonnets neurophysiologisch bestimmter Morallehre sich zu erarbeiten bestrebt war. Die Auflösung des Naturrechts zugunsten einer aus dem »subjektiven Prinzip« hervorgegangenen Handlungstheorie bot demnach die Möglichkeit, menschliches Handeln nicht auf eine allgemein gültige Norm hin zu interpretieren, sondern als auf einer gewohnheitsmäßigen Übereinkunft beruhend zu verstehen.

Bonnets Beitrag zur Kulturgeschichte des menschlichen Verstandes wurde in sachlicher, terminologischer und sprachbildlicher Hinsicht für Herders Ge-

---

91 SWS VIII, 302.
92 Eine verwandte, aufeinander bezogene Dreiteilung verwendet auch Francis Glisson in Beziehung auf die Nerven- oder Muskelfaser: »perceptio«, »appetitus«, »motus«; vgl. M. D. Grmek: La notion de fibre vivante, (Anm. 12), 301.
93 SWS VIII, 330f.
94 Wilhelm Graf zu Schaumburg-Lippe: Schriften und Briefe. Hg. C. Ochwadt. Bd. 3: »Briefe«. Frankfurt/M. 1983, 345. Dieser Brief ist bereits abgedruckt in den von Johann Georg Müller edierten Erinnerungen aus dem Leben Joh. Gottfrieds von Herder. In: J. G. Herder: Sämmtliche Werke (Anm. 1), XX, 265–267.
95 Vgl. den Forschungsbericht von Carlo Borghero: Il ritorno del rimosso. Per un bilancio di dieci anni di studi italiani di storia della filosofia sul secolo XVIII, in: Rivista di filosofia 82 (1991), 427–454, hier: 429.
96 Wilhelm Graf zu Schaumburg-Lippe: Schriften und Briefe (Anm. 94), 345.
97 Ibid. (Hervorhebung R. H.).

schichtsphilosophie der 1770er Jahre fruchtbar; zu ihr gehören auch, wie gezeigt werden konnte, die psychologischen Schriften dieser Zeit, deren kulturgeschichtliches Anliegen in *eminenter* Weise erst in den *Ideen* zum Vorschein kommen wird. Daß die Fragen der Neurophysiologie auch für dieses Werk von großer Bedeutung geworden sind, belegt die Aufmerksamkeit, mit der Herder die neuesten fachwissenschaftlichen Publikationen verfolgt und auswertet.[98] Insbesondere das Problem des »Nervensaftes«, dessen Verknüpfung mit den Erscheinungen der Elektrizität auch Herder im Anschluß an Bonnet hervorgehoben hatte[99], erregte in der wissenschaftlichen Diskussion des Jahrzehnts vor der Publikation des ersten Bandes der *Ideen* reges Interesse. Einen konzisen Überblick über die Geschichte der Neurophysiologie seit den Anfängen bei den Griechen über die arabische Tradition bis hin zu den italienischen »instauratores anatomes«[100] bot Georg Prochaska im ersten Teil seines Werkes *De structura nervorum*; er verteidigte darin die Annahme eines Nervensaftes gegen die Auffassung der Funktionsweise des Nervengebäudes vermittels intermittierender Nervenschwingungen.[101] Wilhelm G. Ploucquet gab in seiner 1782 erschienenen *Skizze der Lehre von der menschlichen Natur*, diesem »Versuch einer populären Physiologie«[102], zu bedenken, man dürfe sich »den Nervensaft schon etwas minder ätherisch vorstellen«, als dies bisher geschehen sei[103], und grenzte seine Untersuchung im Hinblick auf den »geistigen Reiz« oder den »Willen der Seele« ein: »Uebrigens müssen wir die Erklärung, wie die Seele in den Körper würke, den Metaphysikern überlassen.«[104] Ploucquets »Physiologie oder Anthropologie« steht hier noch gänzlich in der Tradition der medizinischen Anthropologie und umgeht damit die für Herder entscheidende Problematik einer Erklärung, wie die willkürlichen, kulturproduktiven Handlungen des Menschen aus seiner (neuro-)physiologischen Konstitution begründet werden können. Ploucquet dissoziiert die Erscheinungsformen des Menschlichen in einzelne Teildisziplinen, denn er folgte offensichtlich nicht dem erweiterten Begriff einer Anthropologie, die den Fragen der akademischen Metaphysik und Ethik nicht nur nicht gegenübersteht, sondern dieselben vielmehr als ihr eigenes Anliegen betrachtete. Der Intention Herders und Bonnets verwandt zeigt sich demgegenüber Johann D. Metzgers in seinen *Adversaria medica* mitgeteilte, die Briefform wahrende Abhandlung *De virtute nervorum, eorum-*

---

98 Vgl. Nachlaß Herder, Kapsel XXVIII 6: foll. 90v–97r; dort finden sich Auszüge aus den im folgenden genannten Schriften. Vgl. auch H. B. Nisbet, Herder and the Philosophy and History of Science (Anm. 6), 252 und 281, Anm. 146.
99 Zur Geschichte des »Nervensaftes« von Galenos über Boerhaave bis zu Haller vgl. die Hinweise bei H. B. Nisbet: Herder and the Philosophy and History of Science (Anm. 6), 258–259.
100 G. Prochaska: De structura nervorum. Tractatus anatomicus Tabulis aeneis illustratus, Wien 1779, »Sectio I«, 1–44.
101 Ibid. 78 f.
102 W. G. Ploucquet: Skizze der Lehre von der menschlichen Natur, »Rechenschaft« (= Vorrede, nicht paginiert).
103 Ibid. 119.
104 Ibid. 125.

que in C[orpore] H[umano] imperio.[105] Der bedeutende Neurophysiologe und -anatom[106] setzt das Kriterium angenehmer und unangenehmer Empfindungen in das dem Menschen eigene »sensorium commune«, und die Reizübertragung geschieht auch bei ihm durch einen Nervensaft, den er gegenüber dem von ihm sonst hoch geschätzten Baglivi verteidigt: »externi corporis actio fluidum nerveum ad commune sensorium repellit, ut ibi idea voluptatis dolorisqve oriatur.«[107] Johann Christoph Andreas Mayer schließlich gab 1779 eine »für Aerzte, und Liebhaber der Anthropologie« bestimmte *Anatomisch-Physiologische Abhandlung vom Gehirn, Rückmark, und Ursprung der Nerven* heraus; sie zeichnete sich vor allem durch die vorzüglichen, die Nervenstränge der einzelnen Sinne räumlich vergegenwärtigenden Kupferstiche aus, die von dem Berliner Kupferstecher Hopfer angefertigt wurden.[108] Mayer referierte verschiedene Thesen über die Ursachen der Weichheit und Festigkeit des Gehirns in den verschiedenen Lebensaltern des Menschen und wies anhand zahlreicher klinischer Beispiele auf deren mögliche Bedeutung anomaler Entwicklungen des Gehirns hin; im vierten Buch der *Ideen*, in dem Herder nur auf Haller, den englischen Gehirnanatomen Thomas Willis[109] und den Göttinger Anatomen Heinrich A. Wrisberg[110] verweist, finden sich dann mehrfach Reminiszenzen, die unzweideutig auf die Schriften Mayers, Metzgers und Prochaskas verweisen.[111] Sie sind eingefügt in die Betrachtung des »Stufengangs von Organisationen«, in dem sich eine kontinuierlich aus einem »Haupttypus«[112] sich differenzierende ›Natur‹ im Sinne Robinets auch in der Bildung des Gehirns wiederholt. Das Verhältnis von anatomischer Bildung und psychologischer oder sittlicher Wirkung, im besonderen also der Grundgedanke, daß auch die »feinere Denkungsart des Geschöpfs« »physiologisch« auf den »Bau des Gehirns« zurückgeführt wer-

---

105 J.D. Metzger: Epistola ad celeberrimum Neubauerum [...] De virtute nervorum. In: Adversaria medica. 2 Bde. Maastricht, Frankfurt/M. 1775/1778, hier: I, 107–126.
106 Zu Metzgers späteren wichtigen Veröffentlichungen zählen: Ueber Irritabilität und Sensibilität als Lebensprincipien in der organischen Natur. Königsberg 1794, und: Ueber den menschlichen Kopf: mit Bemerkungen über D. Galls Schädeltheorie. Königsberg 1803.
107 J.D. Metzger: Adversaria medica, (wie Anm. 105), I, 113.
108 Ohne Zweifel handelt es sich um den Maler und Zeichner Johann Bernhard Gottfried Hopfer (1716–1789) oder aber um seinen noch um 1800 in Berlin tätigen Sohn C.W. Hopfer; vgl. die »Vorrede« in: J.C.A. Mayer: Anatomisch-Physiologische Abhandlung vom Gehirn, Rückmark, und Ursprung der Nerven. Berlin, Leipzig 1779.
109 Thomas Willis, dessen Cerebri anatome seit 1664 in mehreren Auflagen erschien, trug auch einiges zu dem seit Geronimo Rorario ausgiebig diskutierten, von Herder aufmerksam verfolgten Problem der Tierseelen bei (vgl. De anima brutorum: 1672).
110 Wrisbergs Observationes de animalculis infusoriis (1765) lernte Herder vielleicht schon im Zusammenhang mit seinen Exzerpten aus Needham kennen. 1777 folgten Observationes anatomicae de quinto pare nervorum encephali, auf die sich Herder hier beziehen dürfte. Im Jahr 1780 gab Wrisberg schließlich eine vermehrte Ausgabe von Hallers Primae lineae physiologiae heraus.
111 Vgl. SWS XIII, 115–131.
112 SWS XIII, 122f.

den könne[113], gründet sich aber offensichtlich in wesentlichen Aspekten auf die Psychophysiologie in Bonnets erstem *Essai*. Von ihm nahm Herders Reflexion über den Zusammenhang des Nervenbaues mit den menschlichen Handlungen in den 1760er Jahren ihren Anfang, und er bleibt, von mannigfaltigen Anregungen des zeitgenössischen Wissens überlagert, untergründig auch für die Anthropologie der *Ideen* noch bestimmend.

---

113 Cf. ibid.

Erkennen und Empfinden
Anthropologische Achsendrehung und Wende zur Ästhetik bei Johann Georg Sulzer

Wolfgang Riedel (Berlin)

I. Psychologia empirica oder die Theorie der Empfindungen

Von einer »Achsendrehung im Begriff des Menschen« sprach Georg Simmel im Blick auf Schopenhauers Willenslehre. Erstmals in der Geschichte der Philosophie habe sie die Vernunft aus ihrer anthropologischen Zentralstellung gerückt und an ihrer Statt die »dunkle Begehrlichkeit« und »Ruhelosigkeit des Wollens«, das lust- und qualvolle Streben nach Dasein und Fortpflanzung zur Mitte des Menschen erklärt, mit einem Wort, die Triebnatur als »Wesensgrund« seines Daseins begriffen. Auch eine kopernikanische Wende! Simmel erkennt in Schopenhauers Metaphysik der Biologie die Wende zur Lebensphilosophie und in der von ihr vollzogenen »Vernichtung des Vernunftcharakters« des menschlichen Seins eine Epochenscheide der abendländischen Anthropologie.[1] Große Worte ohne Zweifel. An ihnen ist jedoch soviel richtig, daß seit Schopenhauer der Dezentrierungen der Vernunft kein Ende ist (worin sich nicht zuletzt die Tatsache spiegelt, daß seit dem neunzehnten Jahrhundert die Biologie – sei es als Evolutionstheorie, Sinnesphysiologie, Trieblehre, Ethologie, Genetik oder Autopoiesistheorie – als Leitdisziplin im Ensemble der Wissenschaften vom Menschen fungiert). Simmels Optik hat sich bis heute behauptet. Hinter Freud und Nietzsche ist Schopenhauer die am weitesten zurückgeschobene Horizontkulisse des gegenwärtigen anthropologischen Denkens, so es sich, auch in seinen geisteswissenschaftlichen Rezeptionsformen, als ein Denken des Menschen am Leitfaden des Leibes begreift. Psychologische und anthropologische Theorien vor dieser Zeitschwelle erstrahlen im Licht der Teilhabe an gegenwärtigen Diskursen; im Dunkel dahinter liegt das Andere: die Wüsten des falschen Bewußtseins und die Wildnisse der Torheit. Zu diesen ›dark ages‹ der Gegenwartsphilosophie gehört auch die Aufklärung; sie wurde durch jenen Epochenschnitt zum Mittelalter der Postmoderne. Indes, historia non facit saltus. So liegen denn auch nirgendwo anders als hier, im achtzehnten Jahrhundert, die Wurzeln eben jener ›neuen Wissenschaft‹ vom Menschen als Natur- und Triebwesen. Es handelt sich dabei freilich um eine Denktradition, die

---

1 Georg Simmel: Schopenhauer und Nietzsche (1907). Hamburg 1990, S. 81 ff.

philosophiegeschichtlich vergessen, weil durch den Siegeszug des deutschen Idealismus verdrängt wurde: die Tradition der »empirischen Psychologie«.[2] Sie ist der Hintergrund, durch dessen Ausblendung Denker wie Schopenhauer und Nietzsche zu philosophiegeschichtlichen Findlingen werden. Ich will im folgenden versuchen, eines der zentralen Themen der deutschen Aufklärungspsychologie ein wenig auszuloten, und zwar am Beispiel eines ihrer führenden Köpfe, Johann Georg Sulzer.

Als Grenzgänger zwischen Rationalismus und Empirismus ist Sulzer eine exemplarische Übergangsfigur zwischen Früh- und Spätaufklärung. Schon die wissenschaftlichen Leitsterne seiner Jugend, Christian Wolff, dessen *Deutsche Metaphysik* er früh las, und der Schweizer Naturforscher Johann Geßner, der ihn am Zürcher Gymnasium unterrichtete, stehen für die doppelte Orientierung seines Denkens: hier ein deduktiv-systematisches Philosophieren, das sein methodisches Ideal in der Mathematik findet (als Professor für Mathematik wurde Sulzer 1747 nach Berlin, ans Joachimsthalsche Gymnasium, berufen), dort die Prinzipien der Beobachtung und Induktion, ein in physikalischen und botanischen Studien erworbener Hunger nach Tatsachen. Der Übergangscharakter Sulzers zeigt sich auch im Wandel seiner wissenschaftlichen Interessen. Thema der frühen Schriften bis etwa 1750 ist die Wissenschaft von der Natur, empirisch als Physik, metaphysisch als Physikotheologie.[3] Im Zentrum der mittleren und späten dagegen steht die Wissenschaft vom Menschen, stehen Psychologie und Ästhetik. Die Verlagerung der philosophischen Königswege zwischen Früh- und Spätaufklärung tritt in der intellektuellen Biographie Sulzers beispielhaft zutage. Lange bevor in den siebziger und achtziger Jahren Autoren wie Tetens und Herder, Platner und Hißmann, Meiners und Tiedemann, Abel und Moritz die empirische Seelen- und Menschenkunde zur Leitwissenschaft der philosophischen Forschung erheben, vollzog er diese Wende zur Psychologie und wurde damit zu einem der wichtigsten Vordenker der psychologisch-anthropologischen Zentrierung des Wissens in der deutschen Spätaufklärung.

---

2 Dazu Vf.: Influxus physicus und Seelenstärke. Empirische Psychologie und moralische Erzählung in der deutschen Spätaufklärung und bei Jacob Friedrich Abel. In: Jürgen Barkhoff, Eda Sagarra (Hg.): Anthropologie und Literatur um 1800. München 1992, S. 24–52; Weltweisheit als Menschenkunde. In: Vf. (Hg.): Jacob Friedrich Abel. Quellen zum Philosophieunterricht an der Stuttgarter Karlsschule 1773–1782. Würzburg (im Druck).
3 Johann Georg Sulzer: *Gespräch von den Cometen*. Zürich 1742; Versuch einiger moralischer Betrachtungen über die Werke der Natur. Berlin 1745; Untersuchung Von dem Ursprung der Berge. Zürich 1746; Unterredungen über die Schönheit der Natur. Berlin 1750; Hg.: Johann Jacob Scheuchzers [...] Natur-Geschichte des Schweitzerlandes. 2 Tle. Zürich 1746. – Eine neuere Sulzer-Bibliographie fehlt. Ein Schriftenverzeichnis enthält der zweite Teil der in der folgenden Anmerkung genannten Sammlung der Aufsätze. Die bedeutendste Studie stammt von Anna Tumarkin: Der Ästhetiker Johann Georg Sulzer. Leipzig 1933. Weitere Literaturhinweise gibt mein Sulzer-Artikel in: Literatur-Lexikon. Autoren und Werke deutscher Sprache. Hg. Walther Killy. Bd. 11. Gütersloh, München 1991, S. 287–289.

Sulzers psychologische Abhandlungen erschienen seit 1751 in französischer Sprache in den Jahrbüchern der Berliner Akademie der Wissenschaften, der er seit 1750 angehörte. 1773 brachte er die wichtigsten auch auf Deutsch heraus.[4] Was Sulzer an der Seelenkunde interessierte und welche Richtung nach seiner Ansicht die Erforschung des Psychischen einzuschlagen habe, geht bündig aus den knappen Paragraphen 203 bis 210 seines *Kurzen Begriffs aller Wissenschaften* hervor, einem popularenzyklopädischen Manuale aus dem Jahr 1745, das, gründlich überarbeitet, 1759 in zweiter Auflage erschien.[5] Zwar übernimmt er aus der wolffianischen Schulphilosophie die Unterscheidung von »Psychologia empirica« als beschreibender oder Fakten- und »Psychologia rationalis« als erklärender oder Wesenswissenschaft (§ 204), doch ist nicht zu übersehen, daß der in dieser Arbeitsteilung implizierte Führungsanspruch der Psychologia rationalis von ihm nicht mehr oder nur noch pro forma getragen wird. Als Theorie der »einfachen Substanz« (§ 203) oder »vis repraesentativa«, als welche sie Wolff im Anschluß an die cartesische res cogitans-Lehre definierte[6], und als Abkömmling der älteren »Pneumatologie« oder Geisterlehre (§ 203) verstand sich die Psychologia rationalis als eine metaphysische Disziplin, als Ontologie der immateriellen Wesen, zuständig nicht zuletzt für den Begriff der »Seele in Ansehung ihrer Unsterblichkeit« (§ 208). Doch waren es nicht diese Probleme, die Sulzer zur Psychologie führten. Einerseits scheint ihm zum Thema Seele als »einfaches Wesen« vorerst alles gesagt zu sein, andererseits läßt er erkennen, daß die auf der Basis des cartesianischen Substanzendualismus vorgenommene Definition der Seele als ›Bewußtsein‹ angesichts der Komplexität des Psychischen zu kurz greife. Die Psychologie aus reinen Vernunftschlüssen stoße an ihre Grenzen; offenkundig ließen sich »nicht alle Eigenschaften der Seele aus ihrem Wesen [substantia simplex, res cogitans, W. R.] herleiten« (§ 210). Nicht die Psychologia rationalis, sondern die Psychologia empirica ist es daher, von der sich Sulzer Fortschritte in der Seelenkunde verspricht. An der empirischen Naturforschung geschult, fordert er, Psychologie in erster Linie als Erfahrungswissenschaft zu betreiben, sprich so zu verfahren »wie in der Physik mit den körperlichen Dingen, welche man durch Erfahrungen und Versuche kennen lernt« (§ 204). Alle Seelenmetaphysik nach pneumatologischem Vorbild wird von ihm vorerst einmal zurückgestellt – zugunsten von Erfahrung und »Beobachtung« (§ 205), zugunsten einer als »Experimentalphysik der Seele« (§ 204) aufgefaßten »empirischen Psychologie«, deren »Erweiterung« er den »Liebhabern der Weltweisheit« denn auch dringend empfiehlt (§ 206).

---

4 Johann Georg Sulzer: Vermischte philosophische Schriften. Aus den Jahrbüchern der Akademie der Wissenschaften zu Berlin gesammelt. Leipzig 1773 (^{2}1781, ^{3}1800). Postum gab Friedrich von Blanckenburg einen zweiten Teil heraus: J.G.S.: Vermischte Schriften. [...] Nebst einigen Nachrichten von seinem Leben, und seinen sämtlichen Werken. Leipzig 1781 (^{2}1800). Beide Teile als Neudruck in einem Band: J.G.S.: Vermischte philosophische Schriften. Hildesheim, New York 1974.
5 Johann Georg Sulzer: Kurzer Begriff aller Wissenschaften und andern Theile der Gelehrsamkeit. 2. Aufl. Leipzig 1759.
6 Christian Wolff: Psychologia rationalis. 2. Aufl. Frankfurt, Leipzig 1738 (^{1}1734), §§ 47f., 66f.

Auf drei Feldern soll diese Erweiterung stattfinden. Sie liegen allesamt jenseits des von der wolffischen Psychologie erforschten Gebiets klarer und deutlicher Erkenntnis, in den sogenannten »dunkeln Gegenden« des menschlichen Geistes, in der »Tiefe der Seele« (§ 205f.). Sulzer folgt hier Baumgarten, der die Beschränkung der Psychologie und Gnoseologie auf die von der Helle des Bewußtseins ausgeleuchteten Bereiche (»regnum lucis«) aufgab und den für die deutsche Philosophie des achtzehnten Jahrhunderts so folgenreichen Anstoß gab, auch und gerade das »regnum tenebrarum« hinter dem »complexus clararum perceptionum« zu erforschen, den »campus obscuritatis« der undeutlichen und dunklen Vorstellungen, den er auch als »fundus animae«, als subliminalen Unter- und Hintergrund des »campus claritatis« distinkter Denkakte bezeichnet.[7] Das erste der von Sulzer ins Auge gefaßten Forschungsfelder, der Bereich der »undeutlichen und dunklen Begriffe« sowie der »anschauenden Erkenntnis« (§ 206), deckt sich denn auch unmittelbar mit der von Baumgarten unter dem Titel »gnoseologia inferior« oder Ästhetik proklamierten Psychologie der »perceptio obscura« und »cognitio sensitiva«.[8] Der zweite Bereich geht jedoch schon über den von Baumgarten vorgezeichneten Rahmen hinaus. Er umfaßt das Gebiet der »außerordentlichen psychologischen Fälle, welche sich aus den bekannten Eigenschaften der Seele noch nicht auflösen lassen«, darunter »Ahndungen« (damit hatte sich freilich auch schon Baumgarten befaßt[9]) und »Träume«, vor allem aber das weite Feld geistiger und seelischer Störungen, die »merkwürdigste Zerstreuungen« und »besondere Arten der Verwirrung des Geistes« bis hin zur »Tollheit« (§ 207). Als einer der ersten Psychologen des deutschen achtzehnten Jahrhunderts fordert Sulzer die Ausdehnung der Seelenkunde über die Analyse der gesunden Geistesfunktionen hinaus, formuliert er das Desiderat einer ›Seelenkrankheitslehre‹. Hier ist ein Grundanliegen des *Magazins zur Erfahrungsseelenkunde* (1783–93) vorweggenommen. Wie später Moritz nimmt Sulzer dabei die Medizin und ihre zwiefache Lehre vom menschlichen Körper, Physiologie und Pathologie, zum Vorbild. Und wie Moritz empfiehlt er – auch hierin wie später dieser dem Beispiel der Ärzte folgend – die empirische Methode einer möglichst ausgedehnten pathographischen Kasuistik, um so allererst eine Basis für eine künftige Psycho-

---

7 Alexander Gottlieb Baumgarten: Metaphysica. 7. Aufl. Halle 1779 (¹1739), §§ 511, 514, 518 (III/I, Psychologia empirica). Zur Psychologie des Dunklen und damit zur frühen Begriffsgeschichte des ›Unbewußten‹ grundlegend: Kurt Joachim Grau: Die Entwicklung des Bewußtseinsbegriffes im 17. und 18. Jahrhundert. Halle 1916. Diese Studie erweist auf breiter Materialbasis, daß die Psychologie des Unbewußten, wie man treffend gesagt hat, der »modernen Bewußtseinsphilosophie als ihr Schatten« von Anfang an auf dem Fuße folgt: Ludger Lütkehaus: Einleitung. In: Ders. (Hg.): »Dieses wahre innere Afrika«. Texte zur Entdeckung des Unbewußten vor Freud. Frankfurt/M. 1989, S. 7–45, hier: 13. Zu Baumgarten und Sulzer, die für diese Gleichzeitigkeit in besonderem Maße einstehen, jetzt auch Hans Adler: Fundus Animae – der Grund der Seele. Zur Gnoseologie des Dunklen in der Aufklärung. In: *DVjs* 62 (1988), S. 197–220.
8 Alexander Gottlieb Baumgarten: Aesthetica. Tl. I. Frankfurt/O. 1750, § 1; ders., Metaphysica (Anm. 7), §§ 511, 533.
9 Ebd., §§ 610 ff.

pathologie zu schaffen. Es wäre, so wörtlich, »sehr gut, wenn die Zufälle aller Arten der Tollheit in Absicht auf die Psychologie, mit dem Fleiße beschrieben würden, welchen man auf die Beschreibungen der besonderen Kranckheiten anzuwenden pflegt« (§ 207).[10] Bei dem dritten Forschungsfeld schließlich handelt es sich um die »Harmonie zwischen dem Zustand des Leibes und der Seele« (§ 207), jenen psychophysiologischen Komplex also, der als Lehrstück vom ›commercium mentis et corporis‹ in der wolffianischen Scholastik üblicherweise das letzte Kapitel der Psychologie ausmachte, der sich aber, wie bekannt, seit Platners *Anthropologie für Aerzte und Weltweise* von 1772 als Lehre von der leib-seelischen Einheit des Menschen verselbständigen und, ich erinnere nur an Herder oder Schiller, als Leitphilosophie der deutschen Spätaufklärung und Antagonistin der Transzendentalphilosophie etablieren wird.

Dunkle Vorstellungen, Dysfunktionen der Vernunft und psychophysischer Kommerz – wir werden sehen, wie weit Sulzer in diese neuen, um die Jahrhundertmitte noch so gut wie unerschlossenen Gebiete der Seelenkunde vordringt. Die erste und im achtzehnten Jahrhundert auch bekannteste psychologische Abhandlung Sulzers stammt aus dem Jahr 1751 und widmet sich dem *Ursprung der angenehmen und unangenehmen Empfindungen.*[11] Die Themenwahl war wegweisend, Sulzers Arbeiten der fünfziger und sechziger Jahre konvergieren in einer Theorie der Empfindungen. Die Schrift von 1751 atmet freilich noch ganz den Geist der scholastischen Psychologie. Von »Wolf« und dessen Begriff der vis repraesentativa geht Sulzer hier zunächst noch aus: Das »Wesen der Seele« liege in der »Vorstellungskraft« (4f.). Ihre einzige, »natürliche« und ihrer »Substanz« gemäße »Thätigkeit« sei, »Ideen hervorzubringen« (schulphilosophisch ›repraesentatio‹) (5). Jedwede seelische Aktivität sei mithin als eine Modalität dieser »Grundkraft«, als ein »Denken« (schulphilosophisch ›cogitatio‹) aufzufassen (9), und so – darin sieht Sulzer hier seinen eigenen und neuen Beitrag – auch das Empfinden: »Jedermann weiß, auf welche Art der Herr von Wolf alle intellektuellen Fähigkeiten der Seele daraus [aus der Vorstellungkraft, W. R.] hergeleitet hat. Ich meines Theils werde hier diesen Grundtrieb, als den Ursprung aller angenehmen und unangenehmen Empfindungen, betrachten, die gleichsam der Saame der Leidenschaften sind [...]. Denn ich gestehe, daß mir in der Theorie des Vergnügens weder Wolf noch Cartesius Genüge leisten« (11). Eine Theorie der Leidenschaften und des Vergnügens also, eine Psychologie von Lust und Unlust (»Schmerz«) ist hier Sulzers Ziel. Der Weg dorthin führt in dieser Schrift noch über einen aus dem »Wesen der Seele« abgeleiteten Begriff der Empfindung, der diese – Resultat der angewandten deduktiven Methode – nur als Spielart der Vorstellung, als

---

10 Vgl. Karl Philipp Moritz: Vorschlag zu einem Magazin einer Erfahrungs-Seelenkunde. In: Deutsches Museum 1 (1782), S. 485–503. Moritz wünscht hier »dem menschlichen Geschlechte eine Seelenkrankheitslehre, die es noch nicht hat« (486). Die Rubriken des »Magazins« lauten bekanntlich nach medizinischem Schema »Seelenkrankheitskunde«, »Seelennaturkunde«, »Seelenzeichenkunde« sowie »Seelenheilkunde und Diätetik«.
11 Sulzer, Schriften (Anm. 4), [Tl. I], S. 1–98.

eine Form von Erkenntnis fassen kann. Zu welchen Ergebnissen Sulzer dabei im einzelnen kommt, braucht uns in diesem Zusammenhang nicht weiter zu interessieren. Nur soviel sei gesagt, daß, nachdem er die Empfindungen von vornherein intellektualisiert hat, er am Ende keine Schwierigkeiten hat, die »intellektuellen« und »moralischen Vergnügungen« als das Maximum menschlicher »Glückseligkeit« schlüssig aus dem Lustprinzip abzuleiten (23 ff., 77 ff.).

Es ist deutlich zu sehen, wie sehr sich Sulzer hier noch auf den von Baumgarten vorgezeichneten Pfaden der Erweiterung der Psychologie bewegt. Baumgarten will ja auch mit seiner Theorie der Sinnlichkeit (aisthesis) und der dunklen Vorstellungen den Rahmen der Wolffischen Seelenlehre überschreiten, doch kann er ihn mit der von dort übernommenen Basisdefinition der Seele als »vis repraesentativa«[12] im Grunde gar nicht verlassen, vielmehr schleppt er gleichsam die immanenten Grenzen dieser Psychologie stets mit sich mit. Denn auch bei ihm kommt Sinnlichkeit nur als Modalität des Vorstellens und Erkennens (»repraesentatio sensitiva«, »cognitio sensitiva«[13]) vor. Die »unteren«, im campus obscuritatis wirkenden Seelenvermögen sind wie die oberen als *Erkenntnis*vermögen (»facultas cognoscitiva inferior«) gedacht; ihre Theorie, die auch »logica facultatis cognoscitivae inferioris« genannte Ästhetik, ist als *Erkenntnis*theorie (gnoseologia inferior) konzipiert.[14] Was Baumgarten in den dunklen Tiefenschichten der Seele zu finden erwartet, ist nicht etwas, das der Vernunfterkenntnis, die oben ihr Licht verbreitet, gänzlich fremd wäre, sondern ein ihr per definitionem, als Vorstellung, Wesensverwandtes und Ähnliches, ein »analogon rationis«.[15]

Sulzer blieb in seiner Theoriebildung bei jenem frühen Versuch indes nicht stehen. 1763 veröffentlichte er eine Abhandlung, die das Problem der Empfindung auf neuen Wegen angeht: *Anmerkungen über den verschiedenen Zustand, worinn sich die Seele bey Ausübung ihrer Hauptvermögen, nämlich des Vermögens, sich etwas vorzustellen und des Vermögens zu empfinden, befindet.*[16] Schon der Titel markiert den Bruch, der gegenüber dem früheren Ansatz vollzogen ist. Die Basishypothese der einen seelischen Grundkraft ist aufgegeben. An die Stelle des Monismus der Vorstellungskraft tritt der Dualismus »zweyer Vermögen« (225), tritt die Opposition von Vorstellen und Empfinden. Dies ist der entscheidende Schritt über Wolff und vor allem auch über Baumgarten hinaus.

---

12 Baumgarten, Metaphysica (Anm. 7), § 506.
13 Baumgarten, Aesthetica (Anm. 8), §§ 1, 17; Metaphysica, §§ 521, 533, 534 ff.
14 Ebd., §§ 520, 533; Aesthetica, §§ 1, 14.
15 Ebd., § 1; Metaphysica, § 533. Bei Baumgarten sehe ich daher einen »grundsätzlichen Perspektivenwandel« in der deutschen Aufklärungsphilosophie (Adler [Anm. 7], S. 197) noch nicht, bei Herder, den Adler als »Endpunkt« dieses Wandels ins Auge faßt (210 ff.), freilich sehr wohl. Doch ist hier, wie wir noch sehen werden, der Beitrag Sulzers in Rechnung zu stellen. Zu Baumgartens Sinnlichkeitstheorie als *Erkenntnis*lehre erschöpfend: Ursula Franke: Kunst als Erkenntnis. Die Rolle der Sinnlichkeit in der Ästhetik A. G. Baumgartens. Wiesbaden 1972; Hans Rudolf Schweizer: Ästhetik als Philosophie der sinnlichen Erkenntnis. Basel 1973. Unter Einbeziehung der philosophischen Vorgeschichte seit Leibniz: Horst-Michael Schmidt: Sinnlichkeit und Verstand. München 1982.
16 Sulzer, Schriften (Anm. 4), [Tl. I], S. 225–243.

Empfinden wird hier nicht mehr gefaßt als unterer Grenzwert auf einer Skala abgestufter Erscheinungsformen der vis repraesentativa, sondern als etwas, dem mit dem Vorstellungsbegriff schlechterdings nicht mehr beizukommen ist. Während Baumgarten das Verhältnis von oberen und unteren Seelenvermögen mit Hilfe des leibnizianischem Erbgut entnommenen Kontinuitätsgedankens zu fassen sucht (»natura non facit saltum ex obscuritate in distinctionem«[17]), bricht Sulzers Abhandlung von 1763 mit eben dieser insgeheimen Identitätstheorie von Rationalität und Sinnlichkeit und wechselt – ein folgenreicher Schritt – zu einem dichotomisch-disjunktiven Denkmodell. Der »Zustand der Empfindung« und der der Vorstellung oder des »Nachdenkens« haben nichts mehr mit einander gemein, sie sind vielmehr so grundsätzlich »verschieden« und einander »entgegengesetzt«, daß man, so Sulzer, »in Versuchung geräth, [...] zwo Seelen in dem Menschen« anzunehmen, »eine vernünftige und eine empfindende« (225, 229). Das disjunktive Paradigma ermöglicht Sulzer, die Empfindung nicht mehr nur als Analogon und Grenzwert der Erkenntnis zu konzipieren, sondern als etwas, das ihr gegenüber als totaliter aliter gedacht werden muß. Zugespitzt gesagt, Sulzer ›erfindet‹ die Empfindung als das Andere der Vernunft. Hier liegt eine der frühesten Wurzeln für den seit Schopenhauer anthropologiegeschichtlich dominanten Dualismus von Intellekt und Trieb. Es ist freilich bezeichnend, daß dieser Dualismus sich im achtzehnten Jahrhundert noch nicht so recht durchsetzt. Zwar sollte Sulzers Neuansatz in der Empfindungspsychologie auch unmittelbare Folgen zeitigen, am sichtbarsten bei Herder, doch führen diese in eine etwas andere, wiewohl nicht minder zukunftsträchtige Richtung. Denn auf niemand anders als auf Sulzer geht bekanntlich jene Preisaufgabe der Berliner Akademie der Wissenschaften aus dem Jahr 1774 über das Verhältnis von Erkennen und Empfinden zurück, als deren Beantwortung Herder seine für die Psychologie- und Anthropologiegeschichte nicht nur des achtzehnten Jahrhunderts höchst bedeutsame Schrift *Vom Erkennen und Empfinden der menschlichen Seele* (1778) verfassen wird.[18] Herders physiologisch-genetische Psychologie, die das Erkennen aus dem Empfinden und nicht wie vorher das Empfinden aus dem Erkennen ableitet, negiert zwar den dichotomischen Ansatz der Akadamiefrage wieder, um aufs neue die Einheit der Seelenkräfte zu proklamieren, eine Einheit allerdings, die jetzt von unten nach oben aufgebaut wird. Für diese Drehung der Ableitungsrichtung ist Sulzers Schrift von 1763 gewissermaßen die ideengeschichtliche Gelenkstelle. Denn der Richtungswechsel (wenn man so will, von einer deduktiven zu einer genealogischen Psychologie) wurde erst möglich, nachdem Sulzer die ursprüngliche, von den oberen Seelenvermögen her gedachte Einheit von Erkennen und Empfinden radikal trennte, den auf die Vorstellungsfunktion reduzierten Empfindungsbegriff ad acta legte und so die Vorausset-

---

17 Baumgarten, Aesthetica (Anm. 8), § 7.
18 Johann Gottfried Herder: Vom Erkennen und Empfinden der menschlichen Seele (1778, 1774, 1775). In: Ders.: Sämmtliche Werke. Hg. Bernhard Suphan. Berlin 1877–1913. Bd. 8, S. 165–333.

zung dafür schuf, das Phänomen Empfindung und also auch den Aufbau des Seelischen neu zu konzipieren.

Um die Differenz zwischen Erkennen und Empfinden herauszustellen, zeichnet Sulzer zunächst den idealtypischen Fall des konzentrierten Nachdenkens, bei dem der Strahl der »Aufmerksamkeit« auf einen »einzigen hellen Punkt« gerichtet ist, bei dem »nur ein einziger [...] deutlicher Begriff in der Seele« steht und schon die »benachbarten Punkte« in ein diffuses, nurmehr »mittelmäßiges Licht« getaucht sind (228). Diese nach dem Modell der optischen Punktfixierung (227) gedachte geistige Konzentration bewirke ein »Vergessen seiner selbst«, gleichsam eine Lösung des Bewußtseins vom empirischen Ich (228). Der in das Objekt seiner Vorstellung Versunkene »wird ein abstraktes Wesen«, das mit der konkreten Situation, in der es sich befindet, nicht mehr »zusammenhängt«, sich selbst und seine Umgebung nicht mehr wahrnimmt (229). Die Seele ist ganz erfüllt vom vorgestellten Gegenstand; sie wird eins mit der von der vis repraesentativa simulierten Sache. Ganz anders der Zustand der Empfindung. Diese ist »eine Handlung der Seele, die mit dem Gegenstande, der sie hervorbringt, oder veranlasset, nichts gemein hat« (229). Im »Schmerz« wird nicht die »Nadel«, die ihn verursacht, abgebildet, sondern der eigene Zustand erfahren: »Nicht den Gegenstand empfindet man, sondern sich selbst« (229). Diesen Subjektbezug des Empfindens formuliert der *erste Hauptsatz* der Sulzerschen Psychologie: »Bey dem Nachdenken ist der Verstand mit einer Sache beschäfftiget, die er als ausser sich betrachtet; bey der Empfindung ist die Seele bloß mit sich selbst beschäfftiget« (229f.). Empfindungen sind Selbstgefühle der Seele. In ihnen wird, *zweiter Hauptsatz*, nichts vorgestellt; es handelt sich vielmehr, so muß man Sulzer verstehen, um ein bloßes Gewahren von »angenehmen« und »unangenehmen« (229) Reizen, um ein gänzlich bild- und begriffsloses Gefühl der Lust oder Unlust, das die jeweiligen Vorstellungen »begleitet« (136). Diese Reize nun und damit das gesamte Gebiet der Empfindungen sind – *dritter Hauptsatz* – aufs engste mit dem Körper verquickt. Hier liegt genau das Gegenteil jener Abstraktion vom empirischen Ich beim Erkenntnisakt vor: »Während des Nachdenkens geht in dem Körper nichts vor, das die Idee von uns selbst erwecken könnte; alles ist da vollkommen stille und ruhig; da hingegen der Zustand des Empfindens allemal mit irgend einer sinnlichen Empfindung vergesellschaftet ist. Der Schmerz ziehet die Brust zusammen, das Vergnügen hingegen erweitert dieselbe. Es gehen merkliche Veränderungen in dem Kreislaufe des Blutes und in den Nerven der Gedärme vor, wenn die Seele nur eine einigermaßen starke Empfindung hat. Bey dem Nachdenken dagegen scheinen nur sehr wenige Nerven schwer erschüttert zu werden [...]« (232). In der Empfindung spürt die Seele, daß sie einen Leib hat; Empfindungen sind gleichsam Evidenzerfahrungen des commercium mentis et corporis.

Genau an dieser Stelle liegt denn auch der Ansatzpunkt für Sulzers anthropologische Achsendrehung. Die durch den wolffischen Cartesianismus in psychologicis in die deutsche Schul- und Popularphilosophie des achtzehnten Jahrhunderts getragene (und weitgehend kanonisierte) ›distinctio mentis et corporis‹ setzt mit der Abtrennung der Geister- von der Körperwelt die menschliche

Seele nicht nur als ein Reich der Vernunft und der Unsterblichkeit, sondern zugleich als ein Reich der Freiheit, jenseits des Kontinuums mechanischer Kausalität und physischer Notwendigkeit. Der »Grund der Freyheit«, welcher »in der Materie nicht zu finden« ist, wird als essentielle Qualität jener »anderen Substanz, welche vom Körper wesentlich unterschieden«, gedacht; die Immaterialitätsprämisse begründet und verbürgt das Dogma der Willensfreiheit.[19] Daher kann Wolff zuversichtlich deduzieren: »Voluntas & Noluntas non potest cogi.«[20] Keinerlei äußere Kraft besitzt Macht über die Willensentscheidungen der Psyche: »nec ulla vi externa effici potest, ut quid velimur, vel nolimus.«[21] Denn das Urteil über bonum und malum ist nach Wolff ein Urteil über Vorstellungen und damit ein Geschehen innerhalb der substantia simplex.[22] Die Substanzentrennung wirkt so als ein Kausalitätsunterbrecher, der die Seele von allen äußeren Einflüssen isoliert. Physische Kräfte und Motive können sie gar nicht erreichen, sie ›verpuffen‹ gleichsam im Hiat zwischen res extensa und res cogitans. Hier endet das Reich der Notwendigkeit. Die Welt, zu der die Seele gehört, ist eine Sphäre reiner Selbstbestimmung: »Anima se ipsam determinat at volendum, & nolendum.«[23]

Eben diese Autonomie und Willensfreiheit (schulphilosophisch ›spontaneitas‹[24]), die ja doch, und nicht nur nach Wolff, die Basis allen vernünftigen Handelns und damit das »fundamentum totius philosophiae moralis«[25] ausmacht, sieht sich Sulzer aufgrund seiner empfindungspsychologischen Befunde gezwungen, in Frage zu stellen. Die optimistischen Konstruktionen unbedingter Selbstbestimmung erweisen sich auf dem Prüfstand der empirischen Beobachtung als brüchig. Sulzer, in der Philosophiegeschichte als ein Denker verbucht, der über den wolffianischen Rationalismus nicht hinauskommt, offenbart – nicht nur, wie wir noch sehen werden, in der Schrift von 1763 – in der Freiheitsfrage eine Skepsis, wie man sie in anderen deutschen Texten dieser Zeit schwerlich finden wird. Möglicherweise contre cœur, aber dafür um so deutlicher muß er einsehen, daß der Bereich des Seelischen kein autonomes, von den Kausalitätszwängen der res extensa befreites Gebiet ist. Im Gegenteil: wie die »materielle« unterliegt auch die »intellektuelle Welt« strengen »Gesetzen«; nicht als Reich der »Freyheit« zeigt sie sich dem nüchternen Blick des Empirikers, sondern als eines der »Nothwendigkeit« (243). Die Einbruchstelle dieser Heteronomie ist das Empfinden (als Sinnes- sowohl wie als Lust-Unlust-Reiz). Denn hier gibt es, *vierter Hauptsatz* Sulzers, keinerlei Spontaneität: »Es ist also gewiß, daß der Mensch nicht Herr über die ersten Bewegungen seiner Seele ist. Es bleibt ihm nicht die geringste Freyheit übrig, zu empfinden, oder nicht zu

---

19 Johann Georg Walch: Philosophisches Lexicon. 4. Aufl. Hg. Justus Christian Hennings. Leipzig 1775 (¹1726). Bd. 2, Sp. 761–772, Art. »Seele«, hier: 762f.
20 Christian Wolff: Psychologia empirica. 2. Aufl. Frankfurt, Leipzig 1740, S. 696–711, De Libertate, § 927.
21 Ebd.
22 Ebd., § 892.
23 Ebd., § 932.
24 Ebd., § 933.
25 Ebd., § 945.

empfinden« (242). Sulzer definiert die »Empfindungen und ihre unmittelbaren Folgen« daher als »unwillkührliche Handlungen der Seele« und in diesem präzisen Sinn als »Leidenschaften« (242). Mit dieser Unwillkürlichkeit verbündet sich, *fünfter Hauptsatz*, eine weitere Eigenschaft, die die Empfindungen der seelischen Autonomie nicht weniger entzieht und die man zwar anachronistisch, aber begriffsgeschichtlich nicht ganz ungerechtfertigt ihre Unbewußtheit nennen könnte: »Wir empfinden das Verlangen, oder den Abscheu, ohne zu wissen, warum, wir werden von Kräften in Bewegung gesetzt, die wir nicht kennen« (241).

Ein bitterer Befund. Weder Freiheit noch Vernunft steuern das Verhalten des Menschen; gefesselt als Gängelband der Empfindungen, ja blind tastet er sich durch sein Leben: »Meistentheils kennet er weder die Gründe, die sein Urtheil, noch die Antriebe, die seine Handlungen bestimmen« (242f.). Das »Bewußtseyn« steht auf denkbar schwachem Posten.[26] Denn sobald die Seele als vis repraesentativa agiert, gerät sie, wie wir sahen, in jenen »abstrakten« Zustand, in dem sie mit Körper und Nerven nur noch lose vergesellschaftet, aus dem Lust-Unlust-Komplex gewissermaßen ›ausgehängt‹ und daher, je klarer und deutlicher sie denkt, desto weniger in der Lage ist, als Antrieb zu wirken: »keine einzige deutliche Idee kann bewegen« (213). Kehrseite der »großen Stille«, in der die Seele sich im Zustand des Nachdenkens befindet (213), ist die praktische Ohnmacht der vernünftigen Reflexion. Jede Vorstellung – *sechster Hauptsatz* der Sulzerschen Psychologie – muß gegen gleichzeitig auftretende Empfindungen den Kürzeren ziehen. Denn diese setzen die Seele, unterstützt von der assoziierten Erregung des »Nervensystems«, augenblicklich in »unruhige Bewegung« und nehmen sie ganz und gar ein. Die heteronomen Empfindungen also, und nicht die selbstbestimmten Vorstellungen und Denkakte, sind die ersten und »wahren antreibenden Kräfte in der Seele« (213, 215f.).

Welche Konsequenzen sich aus diesem Ansatz ergeben, führt Sulzer bereits in einer kleinen Abhandlung von 1759 vor, die zu den erstaunlichsten seelenanalytischen Beiträgen des deutschen achtzehnten Jahrhunderts gehört: *Erklärung eines psychologischen paradoxen Satzes: Daß der Mensch zuweilen nicht nur ohne sichtbare Gründe sondern selbst gegen dringende Antriebe und überzeugende Gründe handelt und urtheilet.*[27] Auch dies eine skeptische Stellungnahme zu »dem berüchtigten Streite von der Freiheit« (99). Auf Prinzipienfragen will sich Sulzer dabei nicht einlassen, er argumentiert wiederum nur als Empiriker und ›Physiker der Seele‹, dem »Beobachtung« und nicht zum letzten »eigne Erfahrung« unzweideutig vor Augen führen, wie problematisch es schon angesichts der alltäglichen »Tyranney der Leidenschaften« und der »unwiderstehlichen Gewalt der Vorurtheile« um die »Herrschaft des Willens« und der Vernunft bestellt ist (100f.). Was dieser bemerkenswerte Aufsatz entwickelt, ist nichts geringeres als eine Theorie der Fehlleistungen avant la lettre. Sulzer

---

26 Vgl. Sulzer, Schriften (Anm. 4), [Tl. I], S. 199–224, Von dem Bewußtsein und seinem Einflusse in unsre Urtheile (1764).
27 Ebd., S. 99–121.

zeichnet darin ein kleines Panorama allvertrauter Dysfunktionen, die sich sämtlich als Verselbständigung, als Insubordination des Körpers gegenüber der Seele äußern. Der Eigenwille des Leibes markiert für Sulzer eine unübersehbare Grenze ihrer Herrschaft: »Die Muskeln entziehen sich unserm Befehle, keine Anstrengung des Willens ist hinreichend, sie in Gang zu bringen; oder sie bewegen sich doch wider unsern Willen, und selbst so, daß alle Macht der Seele nicht vermögend ist, sie aufzuhalten« (101). Die von ihm aufgezählten Phänomene reichen von der Starrheit vor Schrecken über das Stammeln, Stottern und alle Fälle, in denen »uns die Zunge den Gehorsam versaget« (»Zuweilen redet man in eben dem Augenblicke, da man sich die größte Mühe giebt, stille zu schweigen«), sowie über sympathetische Effekte (»Man gähnet oft, wenn man einen andern gähnen sieht, [...] so sehr man sich dessen auch zu erwehren sucht«) und unpassende Diktate der »Nothdurft« bis hin zu einer letzten Gruppe von körperlichen Eigenmächtigkeiten und Dysfunktionen, von der Sulzer schreibt, daß er sie zwar ebenfalls »umständlich anführen könnte«, von denen er aber dezenterweise »lieber will«, »daß man sie im *Montagne* lese, der sie in seinen *Versuchen* gesammelt hat« (102f.). Gemeint ist der Eigenwille des Geschlechts und die Symptomatik der psychogenen Impotenz beim Manne, denen Montaigne das berühmte einundzwanzigste Kapitel des ersten Buchs seiner *Essais*, »De la force de l'imagination«, gewidmet hat.[28] Die Berufung auf »diesen sinnreichen Schriftsteller« (103) an dieser Stelle ist ein bedeutsames Indiz. Sie gibt meines Erachtens den entscheidenden Hinweis auf den ideengeschichtlichen Hintergrund der Lösung Sulzers von den pneumatologischen Erblasten der scholastischen Psychologie. Der empirisch-realistische ebenso wie der skeptische Geist, der uns aus Sulzers psychologischen Schriften entgegentritt, ist der Geist der *Essais*.

---

28 Montaigne: Essais. In: Ders.: Œuvres complètes. Hg. Albert Thibaudet, Maurice Rat. Paris 1989 ([1]1962), S. 11–1097, hier: 95–105. Das intime Material dieses Kapitels hat Montaigne in den zu Lebzeiten erschienen Ausgaben *a* und *b* (1580, 1588) nicht veröffentlicht. Erst in die postume Edition *c* (1595) wurde es nach den Randglossen seines Handexemplars aufgenommen. – Die erste deutsche Übersetzung der »Essais«, von Johann Daniel Tietz, war gerade erschienen: Michaels Herrn von Montagne Versuche. 3 Bde. Leipzig 1753/54. Sie war mir im Original nicht zugänglich. Der Vergleich des wörtlichen Montaigne-Zitats bei Sulzer (S. 103) mit dem Neudruck dieser Übersetzung (Michel de Montaigne: Essais. 3 Tle. Hg. Winfried Stephan. Zürich 1992. Tl. 1, S. 147) zeigt indes einen abweichenden Wortlaut, so daß Sulzer wohl nicht die deutsche, sondern eine französische Ausgabe benutzt hat. – Für das Kapitel über die Einbildungskraft gibt er die Nummer »20« an (S. 103). Tatsächlich haben manche alte Drucke der »Essais« (auch die Tietzsche Übersetzung) hier eine um eine Position verschobene Kapitelzählung, die sich daraus ergibt, daß dort der XIV. Essay erst als XL. erscheint. So auch in einer mir vorliegenden Ausgabe, die das von Sulzer benutzte Stück ebenfalls als »Chap. XX« führt: Les Essais de Michel Seignevr de Montaigne. Derniere Edition. Paris: Blageart 1649, S. 64–75, De la force de l'imagination (erwähntes Zitat S. 70). – Zu Montaignes Anthropologie, trotz Starobinski (Montaigne en mouvement. Paris 1982. Dt. 1986), nach wie vor Hugo Friedrich: Montaigne. 2. Aufl. Bern 1967, S. 91–195; Erich Auerbach: Mimesis. 4. Aufl. Bern 1967, S. 271–296.

Fast alle Beispiele, die Sulzer in seinem Aufsatz bringt, kann man auch schon bei Montaigne nachlesen; ebenso die Konklusion daraus, daß es »keinen Theil unsers Körpers« gebe, der nicht imstande sei, »seine Dienste unserm Willen« zu »verweigern« (103).[29] Neu an Sulzers Versuch über die Fehlleistungen ist also nicht das empirische Material, sondern sein Weg, diese Phänomene zu erklären. Hierbei ist im übrigen auch zu sehen, welche Denkmöglichkeiten sich aus Sulzers dichotomischem Ansatz ergeben. Er erlaubt ihm, Hypothesen zu formulieren, die sich in der Psychologiegeschichte erst sehr viel später durchsetzen werden, daß nämlich erstens die Seele der Schauplatz eines Konflikts heterogener, ja feindlicher Regungen sei, und zwar zweitens einer klaren oder bewußten und einer dunklen oder unbewußten (beziehungsweise, wie Platner die »dunklen Vorstellungen« bereits nennen wird, »bewußtlosen«[30]). Und mit Hilfe eben dieser Annahme, daß »man zu gleicher Zeit zwo einander zuwiderlaufende Vorstellungen haben kann, davon die eine klar und die andere dunkel ist« (110), sucht Sulzer die genannten Dysfunktionen zu klären. Im Widerstand des Körpers gegen die als perceptio clara gefaßte seelische Intention setzt sich eine eben dieser Absicht entgegengerichtete dunkle Vorstellung durch (die sich im übrigen häufig aus den »Jahren unsrer Kindheit« herschreibt, 110). Mit Leibniz nimmt Sulzer an, daß auch die dunklen Vorstellungen wirken, und zwar nicht obwohl, sondern weil sie dunkel sind (107). Verborgen und in dem Sinne ›unbewußt‹ agierend, »daß wir selbst nicht wissen, wie die Sache in uns vorgeht« (108), stellen sie eine »überlegene Kraft« dar, »die uns nöthiget, gegen unser Guthbefinden zu handeln« (105), ja die in Konfliktfällen »allezeit die Oberhand über die Bestrebungen des Willens« behält (110). Sie führt nicht nur zu den geschilderten Fehlleistungen, sondern sorgt vor allem auch dafür, daß Leidenschaften und Vorurteile (die hier als »dunkle Urtheile« aufgefaßt werden, verwandt dem ›je ne sais quoi‹ des Geschmacksurteils, 108ff.) im Kampf mit der Vernunft meist siegreich bleiben. Den psychologischen Grund solcher Überlegenheit von Vorstellungen, die unterhalb der seit Herbart so genannten Bewußtseinsschwelle liegen, sieht Sulzer abgekürzt gesagt darin, daß – und dies ist der Schlüsselgedanke dieses Textes und zugleich der *siebte* und letzte *Hauptsatz* der Sulzerschen Empfindungslehre – die »klaren« Vorstellungen auf den »Verstand« wirken, die »dunklen« aber »unmittelbar« auf die »Empfindung« (115). Damit ist die Begründungskette geschlossen. Denn warum Empfindungsreize gegenüber Verstandesvorstellungen grundsätzlich im Wirkungsvorteil sind, besagte oben bereits der sechste Hauptsatz (hier 111 ff.). Während die »Vernunft« noch die perceptio clara erwägt und »wenigstens auf etliche Augenblicke beschäfftiget ist«, hat die »Empfindung« sie schon »überraschet«, sich ungehindert der Seele »bemächtigt« und »bringt die Handlung hervor« (115).

---

29 Montaigne, Œuvres (Anm. 28), S. 100. Montaigne wendet sich hier gegen hybride Postulate einer »toute-puissance de nostre volonté«, wie er sie bei Augustinus und seinem Kommentator Vives findet (101).
30 Ernst Platner: Philosophische Aphorismen. 2. Aufl. Leipzig 1784. Tl. 1, § 385 u. ö.

Sulzers Psychologie des Dunklen und der Empfindungen nimmt in der Frühgeschichte der ›Entdeckung des Unbewußten‹ im deutschen achtzehnten Jahrhundert eine gewisse Sonderstellung ein. Bezeichnenderweise ist ja das Terrain, auf dem die perceptiones obscurae im Jahrhundert der Aufklärung Karriere machen, die Ästhetik. Das zeigen nicht nur, wie Hans Adler uns belehrt hat, Baumgarten und Herder[31], oder, wie Ludger Lütkehaus etwa für Schiller, Goethe und Jean Paul dokumentiert hat, die Psychologie des Genies, die den schöpferischen Akt als einen »unbewußten« versteht;[32] das zeigen auch die Theorien des ästhetischen Urteils in der Tradition des ›je ne sais quoi‹ sowohl wie in der assoziationspsychologischen Linie des britischen Criticism, der, wie etwa Home oder Gerard, Einfälle und Geschmacksurteile auf die Gesetze der ›Ideenverknüpfung‹ und damit auf unwillkürliche Geistesoperationen zurückführt (wie denn überhaupt die Assoziationspsychologie ein zentrales, in seiner Bedeutung noch nicht recht gesehenes Kapitel in der Frühgeschichte der Entdeckung des Unbewußten darstellt).[33] Hier, auf ästhetischem Gebiet, zeigt jenes Dunkle und Unbewußte, wie könnte es anders sein, sein freundliches Antlitz. Hier liegen, so meine Vermutung, die Wurzeln für einen begriffsgeschichtlichen Strang, den ich den enthusiastischen nennen möchte, und der, über die wesentlichen Etappen Herder, Schelling, Hartmann, Nietzsche und Jung laufend, das Unbewußte als ›deus in nobis‹ und Quelle aller seelischen und geistigen Produktivität begreift. Doch gerade dieses ist es nicht, was Sulzer ins Auge faßt. Seine an Montaigne geschulte realistische Psychologie gewahrt im Unbewußten – wenn ich richtig sehe, zum ersten und in dieser elaborierten Form um die Mitte des deutschen achtzehnten Jahrhunderts auch einzigen Mal – ein pathogenes Potential. Es liegt nahe, diesen mehr als kritischen Blick auf die in der »Tiefe der Seele«, gleichsam ›hinter ihrem Rücken‹ waltende Dynamik subrationaler Kräfte der illusionslosen Haltung des Empirikers und damit dem Pionier der späteren »*Erfahrungs*seelenkunde« zuzurechnen. Doch ist Sulzers Aufmerksamkeit hier auch durch ein retroversives Moment seines Denkens geschärft, durch seine Bindung an die Wertungen der alten Aufklärung, an ihr tiefes Mißtrauen gegen alles, was nicht Vernunft ist in der Seele des Menschen. Zu sehr in die bereits zerfallende Episteme seiner

---

31 Adler (Anm. 7), S. 204ff., 210ff.
32 Lütkehaus (Anm. 7), S. 73–75 (Schiller an Goethe, 27. 3. 1801; Goethe an Schiller, 3. 4. 1801; Jean Paul, Vorschule der Ästhetik, § 13). Vgl. Götz Müller, unten S. 719ff.
33 Gleichsam in einer Parallelaktion nehmen die Theorie der dunklen Vorstellungen und die Assoziationspsychologie die Autonomie des ›Ich denke‹ in die Zange. Verkürzt gesagt, stellt jene das *Bewußtsein*, diese die *Freiheit* von Denkakten in Frage, entdeckt jene das *Unbewußte*, diese das *Unwillkürliche* mentaler Prozesse. Dies wird im 18. Jh. nicht immer distinkt geschieden. Lichtenbergs berühmtes »*es* denkt, sollte man sagen« meint m. E. beides (Georg Christoph Lichtenberg: Sudelbücher. Heft K. 1793–1796. Nr. 76. In: Ders.: Schriften und Briefe. Hg. Wolfgang Promies. Bd. 2. München 1971, S. 412). Explizit verknüpft Moritz jene beiden Ansätze in seinem Essay über den Unterschied zwischen »ich denke« und »es dünkt mich« (Magazin zur Erfahrungsseelenkunde 1, 1783, 1. St., S. 92–106, Sprache in psychologischer Rücksicht).

Generation verstrickt, um zum Enthusiasten des fundus animae werden zu können, wird Sulzer zu dessen erstem Pathologen und begründet so einen zweiten Strang in der Begriffsgeschichte des Unbewußten, den skeptischen. Er führt zu Freud.³⁴

II. Ut musica poesis oder die Sprache der Empfindung

Die »Wende zur Ästhetik«, so hat sich dem philosophiegeschichtlichen Gedächtnis seit Odo Marquards Thesen von 1962 eingeprägt, habe Kant vollzogen. Die Philosophie, notorische »Künstlerkritik« seit Platon – »Jetzt inthronisiert sie

---

34 In dieser Weise wären m. E. sowohl der ideengeschichtliche Abriß zu differenzieren, den Lütkehaus in seiner Einleitung (Anm. 7) gibt, als auch die klassische Marquard-Linie von Schelling zu Freud: Odo Marquard: Transzendentaler Idealismus. Romantische Naturphilosophie. Psychoanalyse. Köln 1987. – Sulzers Abhandlung von 1759 war im 18. Jh. nicht ohne Wirkung geblieben (die freilich erst spät, nicht vor der deutschen Ausgabe von 1773, einsetzt). Der Übersetzer und Kommentator des damals berühmtesten Buches zum Thema zitiert Sulzer als Autorität und jene Abhandlung als Standardwerk: Ludwig Anton Muratori: Über die Einbildungskraft des Menschen. Mit vielen Zusätzen hg. v. Georg Hermann Richerz. Tl. 2. Leipzig 1785, S. 193 f., 235. Jean Paul hat sie als Exzerpt seiner poetischen Privatenzyklopädie einverleibt: Jean Paul-Nachlaß (Deutsche Staatsbibliothek Berlin), Fasz. 1a, Verschiedenes aus den neuesten Schriften, Bd. 6 (1780), S. 75–81, Wienach dunkle Ideen die Seele mehr bewegen als deutliche. Diese Hinweise verdanke ich Götz Müller, dessen Beitrag zu vorliegendem Band sich mit den literarischen Folgen von Jean Pauls früher Sulzerlektüre befaßt. Vgl. G. M.: Jean Pauls Exzerpte. Würzburg 1988, S. 63. 1782 exzerpierte Jean Paul auch das entsprechende Kapitel der »Essais« (ebd., 123), das, nebenbei bemerkt, natürlich auch Muratori kannte (Tl. 2, S. 192). – Ansatz und Wortwahl lassen mich vermuten, daß auch der junge Schiller, durch seinen Lehrer Abel früh mit Sulzers psychologischen Schriften bekannt gemacht, auf jene Abhandlung von 1759 zurückgreift, wenn er in § 5 seiner dritten Dissertation die Ohnmacht des »Denkens« gegenüber den Imperativen der »tierischen Empfindungen« herausstellt und darlegt, warum diese »mit unwiderstehlicher und gleichsam typrannischer Macht die Seele zu Leidenschaften und Handlungen fortreißen, und über die geistigsten [Regungen] nicht selten die Oberhand bekommen«: Friedrich Schiller: Versuch über den Zusammenhang der tierischen Natur des Menschen mit seiner geistigen (1780). In: Ders.: Werke und Briefe. [Frankfurter Ausgabe]. Bd. 8. Theoretische Schriften. Hg. Rolf-Peter Janz. Frankfurt/M. 1992, S. 119–163, hier: 129. Ganz klar (aber bislang nicht bemerkt) ist m. E. der Sulzer-Bezug in § 15, wo Schiller das Ende Franz Moors aus den gleichzeitig entstandenen »Räubern« kommentiert. »Verworrene« Vorstellungen, »in den Jahren der Kindheit eingesaugt«, »überrumpeln« den »Verstand«, ehe »der langsamere Gang der Vernunft sie einholen und noch einmal zerfasern könnte«, und dies zumal im ›Traum‹, wo »das ganze System der dunkeln Ideen in Bewegung« gerät und »die Seele in ihren Tiefen erschüttert« wird. Auf eben diese Weise überrumpelt das »Gewissen« den analytisch-zergliedernden, bis zum Nihilismus aufgeklärten Verstand des Franz. Gerade als das dem Kind implantierte Vorurteil (»Torheit unserer Ammen«, »Pöbelfurcht«), als welches dieser »Philosoph« unter der Theaterschurken des 18. Jhs. es begreift, um sich seiner durch radikale »Skelettisierung der Begriffe« entledigen zu können, entzieht es sich diesem Depotenzierungsversuch, da es, jeder Kritik durch die oberen Erkenntnisvermögen unzu-

die Kunst. Jetzt huldigt sie der Dichtung. Jetzt verklärt sie das sogenannte ›Irrationale‹«. Und zwar suche das Denken die Ästhetik als »Ausweg« dort, wo Philosophie als »Wissenschaft« (im Sinne des achtzehnten Jahrhunderts) nicht mehr und als »Geschichtsphilosophie« (im Sinne des neunzehnten) noch nicht trägt. Diese Suche nach einem Ausweg sei Symptom einer selbstdiagnostizierten »Ohnmacht der Vernunft«, der »wissenschaftlichen« wie der »moralischen«. Sie zwinge Kant »auf den Weg der Wende zur Ästhetik« und damit zur »Methode Kuckucksei«: »das, was die Vernunft selbst nicht auszubrüten vermag, soll im Nest der Triebe ausgebrütet werden.« Die resignierte Vernunft tritt die Verwirklichung des Vernünftigen an die Sinnlichkeit ab. Diese Konsequenz wird nach Marquard, der hier Kant verläßt, von Schiller gezogen, in den *Briefen über die ästhetische Erziehung des Menschen*.[35] Ob diese philosophiegeschichtliche Figur Kant gerecht wird, ist fraglich. Wer so unerschütterliches Vertrauen in die reine praktische Vernunft besitzt wie der Dogmatiker des kategorischen Imperativs, und wer auf der anderen Seite von so entschiedenen Vorbehalten gegenüber den sittlichen Möglichkeiten der Sinnlichkeit beseelt ist, daß er das im achtzehnten Jahrhundert seit Shaftesbury und Rousseau virulente »moralische Gefühl« (moral sense) als »Bestimmungsgrund im Prinzip der Sittlichkeit« kategorisch ablehnt, kann im Schönen (als »Symbol des Sittlich-Guten«) bestenfalls einen Flankenschutz seiner moralphilosophischen Leitlinie sehen, die unter der Generalmaxime »*Herzensunterwerfung* unter *Pflicht*« steht.[36] Wenn andererseits Schiller in den *Briefen über die ästhetische Erziehung* schreibt, daß die »Ausbildung des Empfindungsvermögens [...] das

---

gänglich, als unwillkürliche perceptio obscura auf dem »Grund des Denkorgans« (fundus animae!) wirkt und diesen sowie in eins damit »den ganzen Bau der Nerven« »aufrüttelt« (ebd., 145f.; vgl. Die Räuber. Schauspielfassung, V/1). – Reinhard Brandt danke ich einen Beleg für die Rezeption Sulzers in der neuen, seit Meißner und Moritz als Hauptzweig der Erfahrungsseelenkunde sich herausbildenden Kriminalpsychologie, der die tiefgreifenden juristischen Folgen jener Theorie des Unbewußten exemplarisch vor Augen führt: In Immanuel David Maucharts »Allgemeinem Repertorium für empirische Psychologie und verwandte Wissenschaften« (6 Bde. Nürnberg, Tübingen 1792–1801) wird ein »Vater- und Muttermord aus dunkeln Vorstellungen« (3, 1793, S. 112–116) in den psychologischen, wohl von Mauchart selbst (»M.«) stammenden »Bemerkungen« dazu (ebd., 120–143) unter Berufung auf Sulzer und Montaigne und im ausgiebig zitierenden Rückgriff auf die Abhandlung von 1759 als unbewußt motivierte und vollzogene Tat erklärt (130ff.). Hier hat man gleichsam einen Urtext aller künftigen Plädoyers auf Unzurechnungsfähigkeit. – Eine Fundgrube einschlägiger Fallberichte ist natürlich schon das »Magazin zur Erfahrungsseelenkunde« (in den mir bekannten Stücken allerdings ohne expliziten Rekurs auf Sulzers Theorie). Vgl. etwa den Kasus »Handlung ohne Bewußtseyn der Triebfedern, oder die Macht der dunklen Ideen« (3, 1785, 2. St., S. 80–89) oder die Berichte über unbewußt motivierte Mordwünsche (ebd., 58–62; 3. St., 61–81) und über Fehlleistungen (1, 1783, 2. St., 38–43; 3. St., 46–75).

35 Odo Marquard: Kant und die Wende zur Ästhetik. In: ZfphF 16 (1962), S. 231–243 u. 363–374, hier: 233, 237, 365, 367, 369, 372.
36 Immanuel Kant: Kritik der praktischen Vernunft (1788). In: Ders.: Werke. Akademie-Textausgabe. Berlin 1968. Bd. 5, S. 1–163, hier: 38–41, 155; Kritik der Urtheilskraft (1790), ebd., S. 165–485, hier: 351–354, § 59, Von der Schönheit als Symbol der Sittlichkeit.

dringendere Befürfnis der Zeit« sei, so argumentiert er damit gerade nicht, wie Marquard meint, als »Kantianer«, sondern gegen Kant, genauer gegen die *Kritik der praktischen Vernunft*. Der dort vermuteten »einseitigen moralischen Schätzung« des Menschen, bei der es nur darum gehe, »die Vernunft [...] befriedigt« zu sehen (wenn nämlich »ihr Gesetz nur ohne Bedingung gilt«), hält Schiller eine »vollständige anthropologische Schätzung« entgegen, in der »die lebendige Empfindung zugleich eine Stimme hat«. Im Unterschied zu Kant braucht Schiller die Stimme der Empfindung, weil er der Überzeugung ist, daß »der Weg zu dem Kopf durch das Herz muß geöffnet werden«. Aus Einsicht in die Insuffizienz einer bloßen »Aufklärung des Verstandes« (die im übrigen »im Ganzen so wenig einen veredelnden Einfluß auf die Gesinnungen« ausübe, daß sie eher noch »die Verderbnis durch Maximen befestigt«) vollzieht Schiller jene Wende zur Ästhetik, derzufolge die Kultivierung der Sinnlichkeit leisten soll, was der Kritik des Vernunftgebrauchs nicht gelang.[37] Der Philosoph der deutschen Aufklärung jedoch, der Schiller bei dieser Wende vorausging, ja der sie auf seine Weise bereits vollständig durchgeführt und begründet und damit den entscheidenden Anstoß zur Idee einer *ästhetischen* Erziehung gegeben hat, war nicht Kant, sondern, darauf wurde in der Forschung auch gelegentlich hingewiesen, Sulzer. Und der Krisenpunkt, an dem der ästhetische »Ausweg« gesucht werden mußte, war auch nicht der Übergang vom naturwissenschaftlichen zum geschichtsphilosophischen Denken, sondern, historisch etwas früher anzusetzen, der Übergang von der Philosophie als Metaphysik zur Philosophie als Anthropologie beziehungsweise der Wechsel von der Psychologia rationalis zur Psychologia empirica als ›Fundamentalwissenschaft‹ vom Menschen.

1771 und 1774 erschien in zwei Bänden Sulzers *Allgemeine Theorie der Schönen Künste*, ein alphabetisches Lexikon der Realien und Begriffe (anfangs auch Personen) aller Kunstgattungen, angelegt sowohl als ein Handbuch der künstlerischen Techniken und zugleich – in einer Reihe von Schlüsselartikeln – als eine Philosophie des Schönen und der Kunst. Die alphabetische Gliederung hat, zumal vor dem Hintergrund der philosophischen Ästhetiken des neunzehnten Jahrhunderts, seit jeher den theoretischen Anspruch dieses Werks desavouiert. Doch muß man Sulzer in diesem Punkt historische Gerechtigkeit widerfahren lassen. Die Fülle des Wissens in das Prokrustesbett einer systematischen Anordnung zu spannen, wäre dem Empiriker Sulzer als ein verstiegenes Vorhaben erschienen. Auch war die Idee der topisch-systematischen Enzyklopädik in der Mitte des achtzehnten Jahrhunderts nur noch in ihrer didaktischen Schwundstufe, als enzyklopädische Propädeutik für den Schul- oder Weltgebrauch (wie etwa Sulzers *Kurzer Begriff aller Wissenschaften*) lebendig, jedoch als Ordnungsform eines nicht zuletzt auch auf materiale Vollständigkeit angelegten Wissens, wie schon der *Zedler* oder die *Encyclopé-*

---

37 Friedrich Schiller: Über die ästhetische Erziehung des Menschen in einer Reihe von Briefen (1795). In: Werke (Anm. 34), Bd. 8, S. 556–676, hier: 565 (4. Br.), 568f. (5. Br.), 582 (8. Br.).

die beweisen, hoffnungslos obsolet.[38] Dasselbe gilt für den Eklektizismusvorwurf, der die Philosophengeneration zwischen Schul- und Transzendentalphilosophie lange wie ein Bannstrahl traf. Die eklektische Methode, zu der sich Sulzer am Ende seiner Vorrede zur *Allgemeinen Theorie* mit der Wendung gegen die »Sekten und Schulen« im »Reiche des Geschmacks« und der Berufung auf die »Freyheit« der eigenen Urteilskraft bekennt, wird heute sachlicher und ihrem Selbstverständnis im siebzehnten und achtzehnten Jahrhundert angemessener als genuine Form kritischen und empirienahen Philosophierens gewürdigt.[39] Die Hindernisse, die den Philosophiehistoriker davon abhalten könnten, dieses Werk als die »Theorie«, die es sein will, ernst zu nehmen, bestehen somit nicht mehr. Schwieriger mag es für den Germanisten sein, angesichts der negativen Aufnahme bei der ›Sturm und Drang‹-Generation, durch die die *Allgemeine Theorie* in den Ruch kam, bereits bei ihrem Erscheinen veraltet zu sein, zu einem unbefangenen historischen Urteil zu kommen. Zumal es sich bei den ablehnenden Kritiken Goethes und Mercks in den *Frankfurter Gelehrten Anzeigen* auch nicht nur um die Reaktion der literarischen Avantgarde auf Sulzers unverhohlene Reserve gegenüber der zeitgenössischen Literatur handelt, vielmehr mit dem literarischen Konservatismus, der Bodmers *Noachide* gegen Wielands *Agathon* ausspielt, eine unleugbare Schwäche des Werks benannt wird.[40] Von einem Verriß durch Autoren, die später von der Literaturgeschichte kanonisiert wurden, erholt sich ein Buch in aller Regel nicht mehr. So blieb auch das Ansehen der *Allgemeinen Theorie* in der Germanistik getrübt. Die literarische Öffentlichkeit der Zeit dagegen reagierte naturgemäß pluralistisch, ja sie war, im ganzen gesehen, eher gegenteiliger Meinung. Mehrere Auflagen und großangelegte Anschlußprojekte wie Blanckenburgs *Zusätze* (1786/87) und die achtbändigen *Nachträge* von Dyck und Schaz (1792–1808) zeugen vom verlegerischen und wissenschaftlichen Erfolg der *Allgemeinen Theorie*. Zudem belegen schon Blanckenburg als postumer Herausgeber oder Schiller und Jean Paul als eifrige Benutzer, daß dieses Werk auch eine literarhistorisch ernstzunehmende Rezeptionsgeschichte hatte. Dessen ungeachtet wird der Historiker der *Allgemeinen Theorie* insgesamt besser gerecht, wenn er sie nicht so sehr vom Kontext der zeitgenössischen Literatur und Literaturkritik her zu verstehen sucht, sondern von dem der zeitgenössischen Philosophie, und in ihr nicht eine dem literarischen Diskurs verbundene Poetik sucht, son-

---

38 Vgl. Wilhelm Schmidt-Biggemann: Topica universalis. Eine Modellgeschichte humanistischer und barocker Wissenschaft. Hamburg 1983, S. 291 f.
39 Zur Neubewertung der Eklektik: Helmut Holzhey: Philosophie als Eklektik. In: Studia Leibnitiana 15 (1983), S. 19–29; Werner Schneiders: Vernünftiger Zweifel und wahre Eklektik. Zur Entstehung des modernen Kritikbegriffes. Ebd. 17 (1985), S. 143–161; Wilhelm Schmidt-Biggemann: In nullius verba iurare magistri. Über die Reichweite des Eklektizismus. In: Ders.: Theodizee und Tatsachen. Das philosophische Profil der deutschen Aufklärung. Frankfurt/M. 1988, S. 203–222.
40 Vgl. Goethe: Werke. Sophienausgabe. I. Abt. Bd. 37. Weimar 1896, S. 206–215 (Goethe), 193–197 (Merck). Ausgesprochen positiv, wenn auch im einzelnen kritisch, wurde die »Allgemeine Theorie« von Herder in der ADB rezensiert: Werke (Anm. 18), Bd. 5, S. 377–400.

dern das, was sie in ihren Leitartikeln auch sein will, nämlich eine philosophische Ästhetik, eine Anthropologie des Schönen und der Kunst.

Sulzers Hinwendung zur Ästhetik resultiert aus philosophischer Not. Sein psychologischer Befund, daß der Mensch als intellektuelles wie moralisches Wesen weder frei noch vernünftig sei, ist die Bankrotterklärung einer Aufklärung, die sich auf die Kritik des Vernunftgebrauchs beschränkte. Die Theorie der Prädominanz von Empfindungen und dunklen Vorstellungen betrifft ja nicht nur die Grenzphänomene der Psychopathologie und Psychosomatik, sondern vor allem auch das Aktions- und Bewährungsfeld der Aufklärung par excellence, das Gebiet der Vorurteilskritik. Wenn Vorurteile als »dunkle Urteile« und also unmittelbar auf die Empfindung wirken, so ist gegen sie kein Kraut der Vernunft gewachsen. Da »Gründe« gegen Empfindungen stets den Kürzeren ziehen, können Vernunftschlüsse gegen Individual-, »Standes«- oder »Nationalvorurtheile«, es seien noch »so abgeschmackte Meynungen und Gebräuche«, auch »nichts ausrichten«. Um einen habituellen Irrtum aufzugeben, »ist es nicht genug, zu beweisen, daß es ein Irrthum sey; man muß es empfinden« (119f.). Gegen Empfindungen helfen nur Empfindungen: »Soll die Wahrheit würksam werden, muß sie in Gestalt des Guten nicht erkannt, sondern empfunden werden; denn nur dieses reizt die Begehrungskräfte« (III, 64, *Kunst, Künste*).[41] Darum, so Sulzer, braucht die Philosophie die Ästhetik. Denn die Kunst und das Schöne haben im Unterschied zur philosophischen Reflexion unmittelbaren Zugang zum Empfinden. Nicht nur wirken Geschmacksurteile als dunkle Urteile direkt auf die Empfindungen, das Entscheidende ist nach Sulzer, daß es sich hierbei überhaupt nicht um Erkenntnisurteile handelt: das Schöne werde nicht *erkannt*, sondern *empfunden*. Der Dualismus von Erkennen und Empfinden liegt der *Allgemeinen Theorie* als psychologisches Axiom zu Grunde. Mit seiner Hilfe begründet Sulzer die Eigenständigkeit des Ästhetischen. Das disjunktive Schema erlaubt ihm, das ästhetische Wohlgefallen von objektbezogenen Erkenntnisakten, sie seien noch so undeutlich oder dunkel, strikt zu trennen und also auch hier den kognitiven Ansatz Baumgartens zu überwinden: »die Erkenntniß urtheilet über das, was wahr, oder falsch ist«; »über das, was gefällt, oder mißfällt«, »entscheidet« jedoch allein die »Empfindung« (II, 43, *Empfindung*). Die Definition des Geschmacks als »Vermögen, das Schöne zu *empfinden*« (II, 297, *Geschmak*) bindet die ästhetische Urteilskraft unmittelbar ans Lustprinzip. Unabhängig davon, ob es dem »Verstand« als »vollkommen« oder dem moralischen Urteil als »gut« erscheint, »vergnügt das Schöne« ausschließlich durch die »Annehmlichkeit«, mit der es in die Sinne beziehungsweise in die »Einbildungskraft« fällt (ebd.). Das Schö-

---

41 Johann Georg Sulzer: Allgemeine Theorie der Schönen Künste in einzeln, nach alphabetischer Ordnung der Kunstwörter aufeinander folgenden, Artikeln abgehandelt. 4 Tle. Neue vermehrte Auflage. [Hg. Friedrich von Blanckenburg]. Leipzig 1786–87. Blanckenburg »vermehrte« diese postume Neuausgabe um ausführliche bibliographische »Zusätze« zu den Artikeln; den Artikelbestand selbst wie auch Sulzers Text beließ er. Auf dieser Ausgabe beziehen sich die Band-, Seiten- und Artikelangaben oben im Text.

ne oder Häßliche eines Gegenstandes teile sich nicht als Vorstellungsinhalt mit, sondern als ein Gefühl von »Lust« oder »Unlust« (II, 45), als Empfindung des angenehmen oder unangenehmen Gemütszustands, der eine Vorstellung begleitet. Qua Empfindung »fühlen« wir auch im ästhetischen Wohlgefallen nicht eigentlich das Objekt, sondern »allein uns selbst; unsre uns gefallende oder mißfallende Existenz« (IV, 331, *Sinnlich*). So ist es nach Sulzer auch nicht der »Zwek« der »schönen Künste«, »uns zu unterrichten, sondern uns zu rühren, oder in Empfindung zu setzen« (III, 333; II, 44, u.ö.). Da sie mithin vermögen, was alle Reflexion nicht kann, nämlich auf die wahren Antriebskräfte des Menschen zu wirken, werden die Künste von Sulzer als ancillae philosophiae dienstverpflichtet. Wie er als Psychologe zum Kritiker der Verstandesaufklärung wurde, so wird er als Aufklärer, der er dabei immer blieb, zum Theoretiker der ästhetischen Erziehung. Denn die Psychologie des Erkennens und Empfindens diagnostiziert nicht nur die moralische Ohnmacht der Vernunft, sie weiß auch ein Antidot wider die Allmacht der Empfindungen: die Empfindungen selbst. Wo der Mensch als unvernünftiges Wesen definiert ist, wird die Sinnlichkeit zur ultima ratio der Aufklärung. Die Künste übernehmen nun die Aufgabe der Philosophie; als ihre »Schwestern« und »Gehülfen der Weisheit« (II, 44; III, 64) sollen *sie* nun den Menschen perfektibilieren, und zwar auf der Ebene der Empfindungen. Malerei und Plastik, Musik und Dichtung sollen eine Schule der menschlichen Sinnlichkeit dergestalt sein, daß die von ihnen ausgelösten Lust/Unlustempfindungen nach und nach kultiviert und erhöht werden zu »moralischen Empfindungen« (II, 43f.). Moralisierung der Empfindung, so lautet der philosophische Auftrag an die »schönen Künste«, Sublimierung der Sinnlichkeit ist ihr »letzter Endzwek« (ebd.). Wie später das Schillersche Konzept der ästhetischen Erziehung basiert freilich auch dasjenige Sulzers auf einer moralanthropologischen Vorentscheidung, auf der (strittigen) Prämisse nämlich, daß die Sinnlichkeit des Menschen, daß Empfindungen und Leidenschaften überhaupt sittlichkeits- oder zumindest versittlichungsfähig sind. Auch an der *Allgemeinen Theorie* erweist sich, daß, wo immer im deutschen achtzehnten Jahrhundert ›Rehabilitierungen der Sinnlichkeit‹ vorgenommen werden, ein stillschweigender Rückversicherungsvertrag mit der moral sense-Theorie geschlossen ist, die die Triebnatur moralphilosophisch legitimiert und so eine ›vollständige anthropologische Schätzung‹ des Menschen, gerade in ethischer Hinsicht, überhaupt erst möglich macht. Sulzer hat die Lehre vom »sittlichen Gefühl« (II, 297 u.ö.) wohl über Spalding (mit dem er befreundet war) kennengelernt, mit dessen Shaftesbury-Übersetzungen von 1745 und 1747 die moral sense-Theorie in der deutschen und insbesondere in der Berliner Aufklärung ihre Wirksamkeit zu entfalten begann.

Der Optimismus, mit dem Sulzer Möglichkeiten und Reichweite der ästhetischen Erziehung beurteilt, steht in bemerkenswertem Kontrast zu der Skepsis, die er sonst als Psychologe an den Tag legt. Sein Glaube an die Plastizität und Meliorisierungsfähigkeit der Empfindungen scheint grenzenlos. Hier wird er zum Utopiker. Mit den Künsten habe nicht nur der Philosoph, sondern auch der Gesetzgeber und jeder »Menschenfreund« ein Mittel an der Hand, »aus dem Menschen [...] alles [zu] machen, dessen er fähig ist« (III, 64, *Kunst,*

Künste). Sulzers Utopie, die »Glükseligkeit der Menschen« vermittels der Kunst als »Werkzeug« einer »weisen Politik« zu erreichen (ebd., 62), bezieht ihre Zuversicht aus der Gewißheit, mit der ›Theorie der Sinnlichkeit‹ den Schlüssel zur »völligen Herrschaft über den Menschen« gefunden zu haben: Wer die Empfindungen regiert, regiert den ganzen Menschen (ebd., 76). In seiner Begeisterung für diese »so wichtige Wissenschaft« und die in ihr entdeckte moralisch-politische Panazee wird ihm die »Aesthetik« zu einer Theorie der psychischen Manipulation, zu einer Psychagogik des Unbewußten im Namen des pursuit of happiness (ebd.). Da die ästhetische Menschenführung an den Empfindungen und damit im Bereich der unwillkürlichen und ›bewußtlosen‹ Wirkungen ansetzt, hat der so Geführte gegen sie weder eine Chance, sich zu wehren, noch überhaupt das Bewußtsein, geführt zu werden. Weise verabreichte Lust/Unluststimuli »reizen ihn unwiderstehlich zu seiner Pflicht« (ebd.). Als »politische« Psychotechnik (ebd.) schließt Sulzers Ästhetik gleichsam eine Lücke in der Utopie des aufgeklärten Absolutismus, nicht zuletzt, weil sie die dem Utopiker sonst so unbequeme Selbstbestimmung der Individuen ausschaltet: »Der gute Regent« werde mit Hilfe der Künste »wie ein andrer Orpheus die Menschen selbst wider ihren Willen, aber mit sanftem liebenswürdigem Zwange, zu fleißiger Ausrichtung alles dessen bringen, was zu ihrer Glükseligkeit nöthig ist« (ebd., 64). Die schönen Künste als psychagogische Herrschaftsmittel des ›bon roi‹, als Vollzugsorgane einer unmerklichen, aber umso zwangsläufigeren Konditionierung zum Allgemeinwohl. Das ist in der Tat die ›Methode Kuckucksei‹: Ästhetik als List der Vernunft! Beispielhaft steht Sulzers *Allgemeine Theorie* für die Bonhomie, ja Unschuld, mit der der aufgeklärte Wille zum Wissen umschlägt in Herrschaftstechnik und Willen zur Macht, darin durchaus vergleichbar einem anderen psychagogischen Projekt großen Stils in der deutschen Spätaufklärung, Weishaupts Illuminatenorden. Die entscheidende Differenz zwischen Sulzers und Schillers Idee der ästhetischen Erziehung besteht denn auch darin, daß dieser auf der »Freiheit« als conditio sine qua non des ästhetischen Zustands bestehen wird.[42]

Paradigma der ästhetischen Wirkung, des »sanften«, aber »unwiderstehlichen« »Zwangs« auf die Empfindungen, auch »wider Willen«, ist für Sulzer die Musik (III, 351, 358, 353, *Musik*); keine andere Kunst besitzt wie sie die »Zauberkraft, so gewaltig über unser Herz zu herrschen« (I, 197, *Ausdruk in der Musik*) und jede nur denkbare »Leidenschaft zu erweken« (II, 296, *Gesang*). Schon der unmittelbar physiogologische Impakt der Musik, ihre Fähigkeit, »Bewegungen des Körpers« zu stimulieren, ja sogar »Krankheiten« zu heilen, zeige, daß sie »an Kraft alle andern Künste weit übertreffe« (III, 353 u. ö.). Und bereits der ›vorästhetische‹ Musikgebrauch in Krieg und religiösem Kult beweise den immensen »Einfluß der Musik auf die [...] Gemüther« (die »Griechen« sind Sulzer daher auch Vorbild für eine Erziehung der Jugend zu Patriotismus und Frömmigkeit durch Lieder und Gesänge) (III, 354ff.). In Sulzers Ästhetik nimmt die Musik daher die erste Stelle ein. Sie ist die Kunst,

---

42 Schiller, Ästhetische Erziehung (Anm. 37), S. 631 ff. (20. Br.), 643 ff. (23. Br.) u. ö.

an der sich ihm das Wesen der Künste offenbart, die exemplarisch vorführt, was es heißt, »auf den Menschen nicht, in sofern er denkt, oder Vorstellungskräfte hat, sondern in sofern er empfindet«, zu wirken (III, 351). Weil die psychagogische Effizienz der Kunst an der Musik am eindrucksvollsten zutage tritt, wird sie – statt wie zuvor die Malerei – für Sulzer auch zum Vorbild der Dichtung, wird sie zum ästhetischen Schlüsselphänomen, im Vergleich mit dem sich auch das Wesen des Poetischen erst eigentlich erhellt.

Doch genau hier, am Berührungspunkt von Musik und Dichtung, stößt Sulzer zu Einsichten in die Psychologie des Ästhetischen vor, die die erklärte Intention der *Allgemeinen Theorie*, die moraldidaktische Instrumentalisierung der Künste, im Grunde unterlaufen. Voraussetzung für die Analogie von Musik und Dichtung ist die Definition der Musik als einer Sprache: »Sprache der Empfindung«, »Sprache der Leidenschaften«, »Sprache des Herzens«, so lauten die wiederkehrenden Formulierungen (III, 351f., 364; I, 199, *Ausdruk*; II, 382, *Harmonie*; III, 300, *Melodie*; IV, 93, *Rhythmus*; IV, 306, *Singen*, u. ö.). Diese Definitionen sind um 1770 geläufig und signifikant zugleich. Sie artikulieren das Selbstverständnis der musikalischen Empfindsamkeit seit Carl Philipp Emanuel Bach und damit eine grundsätzlich »neue Idee der Musik«, eine »musikalische Revolution«, die auf dem »Grunderleben« beruht, »daß der Mensch *sich selbst in der Musik ausdrücken* kann«.[43] In der germanistischen

---

[43] Ich bin kein Spezialist für Geschichte der Musikästhetik und stütze mich daher im folgenden auf die einschlägige musikwissenschaftliche Forschung. Den nachstehend aufgeführten Titeln verdanke ich erhebliche Belehrung. Zur »neuen Idee der Musik« als Ausdruck der empfindenden Subjektivität seit etwa 1750 grundlegend: Hans Heinrich Eggebrecht: Das Ausdrucks-Prinzip im musikalischen Sturm und Drang. In: Ders.: Musikalisches Denken. Aufsätze zur Theorie und Ästhetik der Musik, Wilhelmshaven 1977, S. 69–111 (die Zitate: 70f., 73); zuletzt Arno Forchert: Vom »Ausdruck der Empfindung« in der Musik. In: Hermann Danuser u. a. (Hg.): Das musikalische Kunstwerk. FS Carl Dahlhaus. Laaber 1988, S. 39–50. Zur historiographischen Neubewertung des musikalischen 18. Jhs. grundsätzlich: Carl Dahlhaus: Einleitung. In: Ders. (Hg.): Neues Handbuch der Musikwissenschaft. Bd. 5. Die Musik des 18. Jahrhunderts. Laaber 1985, S. 1–70; Peter Rummelmöller: Die musikalische Vorklassik. Kassel 1983. Zur musikalisch-rhetorischen Affektenlehre den gleichnamigen Artikel von Walter Serauky sowie den Barockartikel von Friedrich Blume in: Die Musik in Geschichte und Gegenwart. Allgemeine Enzyklopädie der Musik. 17 Bde. Hg. F. Blume. Kassel, Basel 1948/51–86 (= MGG). Bd. 1, Sp. 113–120 u. 1275–1338. (Ein Handbuch übrigens, wie es für die Literaturwissenschaft nicht existiert und besonders den Germanisten vor Respekt erblassen läßt.) Für die britische Musikästhetik des 18. Jhs. und ihre Wechselbeziehung zur Poetik grundlegend: John W. Draper: Poetry and Music in Eighteenth Century Aesthetics. In: Englische Studien 67 (1932/33), S. 70–85; Herbert M. Schueller: Literature and Music as Sister Arts: An Aspect of Aesthetik Theory in Eighteenth-Century Britain. In: PhQ 26 (1947), S. 193–205; Ders.: »Imitation« and »Expression« in British Music Criticism in the 18th Century. In: The Musical Quarterly 34 (1948), S. 544–566. Überblicksweise auch: Karl H. Darenberg: Studien zur englischen Musikästhetik des 18. Jahrhunderts. Hamburg 1960. Zum Stichwort ›ut musica poesis‹: D. Rogerson: »Ut Musica Poesis«: The Parallel of Music and Poetry in Eighteenth Century Criticsm. Phil. Diss. Columbia University 1946 (unpubl.). Zuletzt: Ruth Katz, Ruth Hacohen: »Ut Musica Poesis«. The Crystallization of a Conception concerning Cognitive Processes

Empfindsamkeitsforschung wird die Schlüsselrolle, die der Musik im ästhetischen ›Emotionalismus‹ ab etwa 1750 zukommt, bei weitem nicht angemessen berücksichtigt.[44] Dabei stellt die neu aufgefaßte Musik in gewissem Sinn die empfindsamste der Künste dar. Mehr noch als Malerei und Dichtung wurde sie im achtzehnten Jahrhundert als Medium der Gefühle und des Gefühlsaustausches entdeckt. Noch zu Beginn des Jahrhunderts hatte Leibniz die Musik ganz traditionell an die Mathematik gebunden, sie selbst als »exercitium arithmeticae occultum nescientis se numerare animi« und das Wohlgefallen an ihr – schon ganz im Sinne der Baumgartenschen cognitio confusa – als »plaisir intellectuel confusement connu« definiert.[45] Doch während noch in den dreißiger Jahren der wolffianische Musiktheoretiker Lorenz Christoph Mizler ganz im Geiste dieser Definitionen die Tonkunst zur vernunftgemäßen »scientia« erheben und mit dem mathematischen Wissenschaftsideal der Schulphilosophie in Einklang bringen konnte, wird spätestens seit C. Ph. E. Bachs berühmten »Aus

and »Well-made Worlds«. In: FS Dahlhaus, S. 17–37. Zur Wechselbeziehung zwischen Literatur- und Musikästhetik im deutschen 18. Jh. als Überblick trotz Einschränkungen immer noch brauchbar: Johannes Mittenzwei: Das Musikalische in der Literatur. Halle 1962. – Die Germanistik hat auf diesem komparatistischen Grenzgebiet das 18. Jh. eher vernachlässigt. Ihre Beschäftigung mit der musikalisch-poetischen Wechselbeziehung ist eine Domäne der Romantikforschung geblieben, d. h. sie setzt in der Regel erst am Ausgang des Jhs. an, bei Wackenroders »Berglinger«-Erzählung und -Aufsätzen in den »Herzensergießungen eines kunstliebenden Klosterbruders« (1797) und »Phantasien über die Kunst« (1799). Vgl. zuletzt Barbara Naumann: »Musikalisches Ideen-Instrument«. Das Musikalische in Poetik und Sprachtheorie der Frühromantik. Stuttgart 1990. Zu Wackenroder im Rückblick aufs 18. Jh.: Peter Michelsen: Die »Aufbewahrung der Gefühle«. Zur Musikauffassung Wilhelm Heinrich Wackenroders. In: FS Dahlhaus, S. 51–65; sowie der Kommentar der historisch-kritischen Ausgabe: W. H. W.: Sämtliche Werke und Briefe. Bd. 1. Hg. Silvio Vietta. Heidelberg 1991, S. 359ff., 374ff., 389ff. Für den vorromantischen Zeitraum zuletzt: Friedhelm Solms: Disciplina aesthetica. Zur Frühgeschichte der ästhetischen Theorie bei Baumgarten und Herder. Stuttgart 1990, S. 193–241 (zu Herders Musikästhetik und ihrer sinnes- und nervenphysiologischen Grundlegung); im Blick auf Goethe: Helmut Müller-Sievers: »... wie es keine Trennung gibt«: Zur Vorgeschichte der romantischen Musikauffassung. In: Athenäum 2 (1992), S. 33–54. Den unbefriedigenden Forschungsstand konstatiert (und bestätigt, jedenfalls für das 18. Jh.) auch das einzige einschlägige Handbuch jüngeren Datums, das freilich strenggenommen keines ist, sondern eine »Essaysammlung« (S. 10), nach dem Muster ›Wege der Forschung‹: Steven Paul Scher (Hg.): Literatur und Musik. Ein Handbuch zur Theorie und Praxis eines komparatistischen Grenzgebietes. Berlin 1984, S. 9–25, Einleitung.
44 Ausnahme: Lothar Pikulik: Leistungsethik contra Gefühlskult. Über das Verhältnis von Bürgerlichkeit und Empfindsamkeit in Deutschland. Göttingen 1984, S. 271–280. – Friedrich Schlegels bekanntes Wort »Die Musik ist eigentlich die Kunst dieses Jahrhunderts«, 1799 ausgesprochen und gern als Prognose des 19. Jhs. gelesen, meint – und trifft! – als Rückblick ebensosehr das 18. (F. S.: Literary Notebooks. Hg. Hans Eichner. Frankfurt/M. u. a. 1980, S. 166).
45 Gottfried Wilhelm Leibniz an Goldbach, 17. 4. 1712. In: Leibnitii Epistolae ad Diversos. Hg. Chr. Kortholt. Leipzig 1734–42. Bd. 1, S. 241 (Br. 154); Ders.: Principes de la nature et de la grâce, fondés en raison (1714). In: Ders.: Philosophische Schriften. Bd. 1. Hg. Hans Heinz Holz. Darmstadt 1965, S. 414–439, hier: 436.

der Seele muß man spielen« die Musik als die genuine Ausdrucksform der empfindenden Subjektivität begriffen, als eine, so Sulzer, »Ergießung des Herzens« (I, 145, *Arie*).[46] Diese Wende reflektiert sich in den Ästhetiken von Batteux bis Kant und darüber hinaus in der Standarddefinition der Musik als Sprache der Empfindung.[47] Als ästhetischer Topos der mittleren und späten Aufklärung belegt sie, daß selbst mitten im sogenannten Zeitalter des Rationalismus das ›Andere der Vernunft‹ mühelos seine Sprache fand. Innerhalb der deutschen Tradition sind die musikästhetischen Überlegungen Herders, Heinses und Schubarts am bekanntesten. Da jedoch Heinses und Schubarts Gedanken zur Tonkunst in Buchform erst um die Jahrhundertwende erschienen und Herders *Viertes kritisches Wäldchen* von 1769 – mit seiner Kritik der mathematischen Musikauffassung (»denken« von »Verhältnissen«) im Namen einer Ästhetik der »Berauschung« (»fühlen« von »Tonwollust«) einer der bemerkens-

---

46 Lorenz Christoph Mizler: Dissertatio quod musica scientia sit et pars eruditionis philosophicae. 2. Aufl. Leipzig, Wittenberg 1736 (^{1}1734); Carl Philipp Emanuel Bach: Versuch über die wahre Art das Clavier zu spielen. 2 Tle. Berlin 1753–62. Tl. 1, S. 119 (III, § 7). – Die neue Idee der Musik als Ausdruck der Empfindung beerbt in gewisser Weise das alte ›affectus exprimere‹ der barocken Musikrhetorik. Doch während dort darunter – v. a. im Blick auf Oper und Oratorium – die ›explicatio textus‹, das ›sensum textuum exprimere‹, d. h. die Darstellung typischer, situationsgebotener Affekte der Protagonisten durch bestimmte musikrhetorische »Figuren« gemeint war, geht es jetzt um den möglichst authentischen, individuellen und (in der Ausführung) spontan wirkenden Ausdruck der zärtlich oder stürmisch fühlenden Innerlichkeit des Komponisten sowohl wie des Aufführenden und des Zuhörers. Die Musikwissenschaft hat diese Differenz im Unterschied von »etwas ausdrücken« und »sich selbst ausdrücken« zu fassen versucht. Vgl. Eggebrecht (Anm. 43), S. 81.

47 Charles Batteux: Einschränkung der schönen Künste auf Einen einzigen Grundsatz. Leipzig 1751, S. 224–264, Von der Musik und Tanzkunst. Hier: 237 (»Sprache des Herzens«) u. ö.; Melchior Grimm: Art. »Poème lyrique«. In: Jean le Rond d'Alembert, Denis Diderot (Hg.): Encyclopédie ou dictionnaire raisonné des sciences, des arts et des metiers. Bd. 12. Paris 1765, S. 823–836, hier: 824 (»la langue du sentiment & des passions«); Daniel Webb: Observations on the Correspondence between Poetry and Music. London 1769, S. 151 (»the native and proper language of [...] passion«); Johann Gottfried Herder: Viertes Kritisches Wäldchen (entst. 1769, publ. 1846). In: Ders.: Werke (Anm. 18), Bd. 4, S. 3–198, hier: 114f. (»Sprache der Empfindung«, »Sprache der Leidenschaften«); Johann Nikolaus Forkel: Musikalisch-kritische Bibliothek. 3 Bde. Gotha 1778/79. Bd. 1, S. 66 (»Sprache [...] der Empfindung«); C. Ph. E. Bach nimmt diese Wendung in seiner Rezension des Werkes auf, vgl. MGG (Anm. 43), Bd. 1, Sp. 937; Jean-Jacques Rousseau: Essai sur l'origine des langues (postum 1782). In: Ders.: Œuvres complètes. Bd. 1. Paris 1898, S. 370–408, hier: 399f. (»langage inarticulé«, »signes de nos affections, de nos sentiments«); Christian Friedrich Daniel Schubart: Ideen zu einer Aesthetik der Tonkunst (entst. 1784, publ. 1806). In: Ders.: Gesammelte Schriften. Stuttgart 1839–40. Bd. 5, S. 15; Kant, Kritik der Urtheilskraft (Anm. 36), S. 328, § 53 (»allgemeine jedem Menschen verständliche Sprache der Empfindungen [...] Sprache der Affecten«); Friedrich Schiller: Über Matthissons Gedichte (1794). In: Ders.: Werke (Anm. 34), Bd. 8, S. 1016–1037, hier: 1023 (»Darstellung von Empfindungen«); Wilhelm Heinse: Hildegard von Hohenthal (1795/96). In: Ders.: Sämmtliche Werke. Hg. Carl Schüddekopf. Bd. 5 u. 6. Leipzig 1903, hier: 5, 238 (»Musik im strengsten Verstande ist die Sprache der Leidenschaften«) u. ö.

wertesten Texte in diesem Zusammenhang⁴⁸ – gar erst 1846 aus dem Nachlaß herausgegeben wurde, muß die *Allgemeine Theorie* als die wichtigste (im Rahmen einer allgemeinen Kunstphilosophie!) und wirkungsmächtigste deutsche Musikästhetik der späten Aufklärung angesehen werden. Daß sie dieser Rang erreichte, war freilich nicht allein Sulzers Verdienst. Mit Johann Philipp Kirnberger, einem Mitglied des Berliner Komponistenkreises um Friedrich II., dem auch C. Ph. E. Bach angehörte, hatte er den »führenden deutschen Musiktheoretiker seiner Zeit«⁴⁹ als Berater und Koautor für die fachmusikalischen Artikel gewonnen. Und Johann Abraham Peter Schulz, der ab dem Buchstaben S für diese Materie verantwortlich zeichnete (III, Vorrede), war ein Schüler Kirnbergers und C. Ph. E. Bachs sowie der Begründer der zweiten Berliner Liederschule, die – ganz im Geiste von Rousseaus Liedästhetik – einen natürlichen Volkston anstrebte. Tatsächlich ist Rousseau auch die meistzitierte musiktheoretische Autorität der *Allgemeinen Theorie*. Dieser hatte sich bekanntlich als Verfasser eines großen Teils der Musikartikel der *Encyclopédie* einen Namen gemacht und seinen musikalischen Anschauungen sowohl durch sein *Dictionnaire de musique* von 1767, das aus jenen *Encyclopédie*-Beiträgen hervorging, aber auch über die *Nouvelle Héloïse* eine enorme Wirkung verschafft.⁵⁰

›Sprache‹ ist die Musik nach Sulzer (respektive Kirnberger und Schulz) als »Melodie« (III, 299 ff.) und »Rhythmus« (IV, 82 ff.). Nicht erst im artikulierten Gesang, sondern schon als bloße Folge »unartikulierter Töne« (III, 364), nur differenziert durch Höhe, Tempo, Takt und Akzent, sei sie »der Rede ähnlich« und wie diese auch »verständlich«, sprich als kommunikatives Medium tauglich (II, 384). Sulzer folgt hier einer verbreiteten Zwei-Sprachen-Lehre, die er vermutlich von Batteux übernommen hat. Schon dieser unterschied zwischen der Verbalsprache als der »Stimme der Vernunft«, als Sprache des begrifflichen Denkens und Bezeichnens, und den bloßen »Tönen und Gebärden« als »Stimme des Herzens«, als Sprache der »Leidenschaften«.⁵¹ Und auch bereits bei Batteux steht zu lesen, daß die nonverbale Sprache der Musik (wie die der Mimik und Gestik) der Wortsprache überlegen sei, weil sie erstens auch all den

---

48 Herder (Anm. 47), S. 90–123, [»Aesthetik des Gehörs«], hier: 90, 113.
49 MGG (Anm. 43), Bd. 7, Sp. 950–956, Art. »Kirnberger«, hier: 955.
50 Rousseauistische Motive der Musikästhetik der »Allgemeinen Theorie« sind erstens die Vorrangstellung der Melodie vor der Harmonie, Topos der Rameau-Kritik, wie er ebenso etwa auch bei Herder (Anm. 47, S. 112 ff.) anzutreffen ist (II, 30 f., »Einklang«; II, 296, »Gesang«; II, 382 ff., »Harmonie«; III, 231, »Lied«; III, 299, »Melodie«); zweitens die Vorrangstellung der Vokal- vor der Instrumentalmusik (II, 296; III, 220; III, 299; III, 350, 357, »Musik«; IV, 305 f., »Singen«); drittens die Betonung des Ausdruckscharakters der Musik und die Geringschätzung der Tonmalerei (II, 285, »Gemählde«; III, 351; III, 388, »Nachahmung«; III, 469, »Oper«); und viertens das Lob der Einfachheit und die Ablehnung des Virtuosentums, die v. a. auf eine Vereinfachung des Ariensatzes im Dienste eines naturgemäßeren Ausdrucks zielen (I, 147, »Arie«; II, 30; III, 138, »Lauf«; III, 215, »Lied«; III, 314; III, 357 f., 361; III, 469 f., 475; IV, 88, »Rhythmus«; IV, 307). – Zu Schulz: MGG (Anm. 43), Bd. 12, Sp. 245–253.
51 Batteux (Anm. 47), S. 227.

inneren Zuständen, die »keine Worte erreichen können«, adäquaten Ausdruck verleihe und zweitens – da unabhängig von Wortzeichen und Idiomen – eine überall verständliche Universalsprache sei, ein »allgemeiner Dolmetscher [...] bis ans Ende der Welt«.⁵² Nur zu naheliegend, daß Sulzer diese Zwei-Sprachen-Lehre auf seinen Dualismus von Erkennen und Empfinden projiziert (III, 351 u. ö.). Musik braucht als ›Sprache‹ keine Wörter, weil Empfindungen keine Vorstellungen sind; sie darf, ja sie muß sogar begriffslos sein, weil ihr Gegenstand Begriffen sich entzieht. Während oft genug »der Verstand keine Worte findet, das was das Herz fühlet, auszudrücken« (III, 138), »verräth« schon der bloße Ton »Freude oder Schmerz«, sind Melodie und Rhythmus »an sich selbst« in der Lage, »alle Leidenschaften abzubilden« (I, 198 f., *Ausdruk*) und diese auch »schneller, sicherer und kräftiger [...] als durch die Wortsprache« mitzuteilen (III, 303). Das zeigt sich sinnfällig an der Vokalmusik. Was Lied und Gesang zu einer ›Ergießung des Herzens‹ macht und ihre sympathetischen Wirkungen in den Herzen ihrer Hörer auslöst, ist ja nicht der Text, sondern sind Rhythmus und Melodie (II, 382 u. ö.).

Die Entdeckung des Sprachcharakters der Musik führt die Entdeckung des Musikcharakters der Sprache im Gefolge. Das an der Vokalmusik zutage tretende Phänomen, daß hier gleichsam in zwei Sprachen zugleich geredet wird, in der Sprache der Wörter oder der Vorstellungen und in der Sprache der Töne oder der Empfindungen, überträgt Sulzer auf die Dichtung und gelangt so zur der Erkenntnis, daß das Poetische an der Poesie gerade das sei, was an ihr nicht Sprache ist, sondern »den Charakter der Musik an sich hat« (I, 145, *Lebendiger Ausdruk*). Die romantische Poetik der Sprachmusik hat hier ihre Wurzeln. Klang und Akzent, Rhythmus und Takt (hier Vers) – gerade das also, was den Repräsentationscharakter der Sprache transzendiert und sie mit der wortlosen Rede der Musik verbindet, macht die Elemente des Poetischen aus. Sulzer faßt sie zusammen im Begriff des »Tons«. Dieser allein sei es, der die bloße Wortsprache in eine »Sprache des Herzens« verwandle (I, 144). Wiederum greift der Dualismus von Erkennen und Empfinden. Die Vorstellungsinhalte eines Gedichts wirken nur auf den Verstand, allein der Ton, als die Musik der Sprache, besitzt »das Gepräge der Empfindungen« (ebd.), vermag Gefüh-

---

52 Ebd., S. 245, 227. Daß die Musik auszudrücken vermag, was keine Sprache sagen kann, geht bekanntlich auf einen augustinischen Topos zurück (Ennarationes in psalmos, 32). Von den religiösen auf säkulare Empfindungen übertragen, wird er im 18. Jh. allenthalben aktiviert. Vgl. Forkel (Anm. 47), S. 66: Als »Sprache der Empfindung und nicht der Begriffe« fange die Musik »erst da an, [...] wo andere Sprachen nicht mehr hinreichen und wo ihr Vermögen sich auszudrücken ein Ende hat«. Oder Heinse (Anm. 47), Bd. 5, S. 243: »Die Musik herrscht vorzüglich, wo sie ausdrückt, was die Sprache nicht vermag [...]. Der Jubelton [...] übertrifft alle andre Sprache. So läßt sich [...] das Wallen des Herzens, die hohe Flut in Adern und Lebensgeistern durch nichts besser ausdrücken. Worte sind Erfindungen der ruhigen Besonnenheit. Der heilige Augustinus hält bloße Töne des Entzückens ohne Worte für die beste Sprache gegen Gott.« Den Hinweis auf Augustinus hat Heinse möglicherweise aus der auch von ihm vielbenutzten Ästhetik Sulzers: Allgemeine Theorie (Anm. 41), III, 138, »Lauf, Läufe«.

le und Leidenschaften anzusprechen (IV, 450 ff., *Ton*). Und wie die Musik braucht er dazu weder Bilder noch Begriffe, denn »das Herz [...] hat kein Auge zum sehen, erkennet nicht, sondern fühlt nur« (I, 144). Was die poetische Wirkung betrifft, müssen daher »Redner und Dichter den Tonsetzer und den Sänger zu ihrem Lehrer annehmen« (IV, 451). *Ut musica poesis!* (Nebenbei bemerkt, zeigt dies auch, daß Sulzer, wenn er von Dichtung spricht, nicht so sehr gedruckte und gelesene Texte vor Augen hat, sondern gesprochene und gehörte gleichsam vor Ohren.)

Die Wesensverwandtschaft von Musik und Dichtung sieht Sulzer entwicklungsgeschichtlich bestätigt. Ursprünglich waren beide ungeschieden und eins, im Gesang (II, 252 f., *Gedicht*; IV, 4, *Recitativ*). Und dieser hat seine letzte Wurzel im unartikulierten »Freuden- oder Angstschrey« (III, 349, *Musik*). Durch Rhythmisierung und Melodik wurde aus diesem »Geräusch« Gesang (III, 303). Tatsächlich praktiziert Sulzer hier schon so etwas wie eine »genealogische« Methode, nämlich eine Ableitung von »Etwas aus seinem Gegentheil«, des Hohen aus dem Niedrigen, des »Vernünftigen aus Vernunftlosem«.[53] Gut psychologisch sucht er das Wesen eines Phänomens vom Ursprung her zu erhellen. Der Schrei wird so zum Paradigma dessen, was noch an Dichtung und Musik Sprache der Empfindung, ›Ausdruck‹, ist. Von ihm her begreift Sulzer menschliches Ausdrucksgeschehen als Affektentladung. »Ergießung des Herzens« – das Bild ist durchaus wörtlich zu nehmen; wir singen, um Empfindungen nach außen abzuführen, »auszuschütten«, zu »entladen« (I, 144, *Arie*). Wo der ›Strom der Empfindungen‹ anschwillt, hat der Betroffene keine Wahl; der Innendruck der Affekte erzwingt die Abfuhr. Oder, frei nach Lukas 6,45: Der Dichter *muß* reden, »weil ihn seine Empfindung nicht schweigen läßt« (II, 252, *Gedicht*, auch 255). Die »Gemüthsbewegung« invertiert in eine vokale, das heißt physische; der seelische Empfindungsimpuls fließt über die Außenseite des Körpers ab. Am Paradigma des Schreis wird so zugleich deutlich, daß es sich hier nicht nur um ein psychisches, sondern ebensosehr um ein physiologisches Phänomen handelt. Onto- und phylogenetisch seien die »von der Empfindung dem Menschen gleichsam ausgepreßten Töne« des Vergnügens und des Schmerzes mit der ebenso ursprünglichen und natürlichen Ausdrucks*motorik* (rhythmischen »Bewegungen« wie »Hin- und Herwanken des Körpers«, »Wiegen« usw.) assoziiert, nicht anders als auf fortgeschrittener Stufe Gesang und Tanz (II, 295 f., *Gesang*; II, 253, *Gedicht*). In den vokalen wie gestischen Ausdrucksbewegungen des Empfindens ›spricht‹ immer auch der Körper.

Sulzer folgt hier den Spuren Rousseaus. Dieser schrieb bekanntlich im zweiten *Discours*, daß die Sprache nicht als Medium der Verständigung über Daten der Außenwelt entstanden sei, sondern, wie bei Kindern, als unartikulierte Schrei- und Gebärdensprache, die innere Zustände wie Hunger, Schmerz oder

---

53 Friedrich Nietzsche: Menschliches, Allzumenschliches. Bd. 1 (1878). In: Ders.: Sämtliche Werke. Kritische Studienausgabe. Hg. Giorgio Colli, Mazzino Montinari. Bd. 3. München u. a. 1980, S. 23.

Angst ›äußert‹ (»cri de la nature«).⁵⁴ Eine zweite mögliche Quelle ist die ähnlichlautende Ausdruckstheorie Louis de Cahusacs in den Artikeln *Chant, Danse* und *Geste* der *Encyclopédie*. »Les sons de la voix« und »les mouvemens [...] du corps« sind ihrzufolge die primäre Universalsprache der Empfindung, die naturgegebenen Mittel, Innenzustände nach außen zu wenden.⁵⁵ Die radikalste Theorie der »expression« findet sich bei Daniel Webb. Er vollzieht die vollständige Reduktion auf materia und motus. Physikalisch betrachtet, seien Töne Bewegungen (»vibrations«). Also sei die Musik, wie auch die Dichtung (»verse is motion«), allen anderen Formen von Bewegung wesensverwandt. Dies erkläre nicht nur ihre physiologische Wirkung und ihre Nähe zum Tanz, es erhelle auch ihre Affinität zu Empfindungen und Leidenschaften. Denn auch diese »produce motions in [...] the human body«.⁵⁶ Und sehr viel mehr läßt sich nach Webb über die »passions« auch nicht herausbringen. Wir erfahren sie leibhaft, als motorische, kongestive oder nervöse Erregung, und können ›sie selbst‹, als seelisches Geschehen, nicht anders als in Analogie zu ihrer körperlichen Wirkung fassen, nämlich als »motions« (*motus* animi, Gemüts*bewegungen*). Im Motionscharakter erkennt Webb denn auch »the agreement of music and passion«, »the natural relation between sound and sentiment«. Die Kommunikation zwischen Affekt, Motorik und Musik (respektive Poesie) basiere auf der »coincidence of movements«, auf einer Art psychophysischem Bewe-

---

54 Jean-Jacques Rousseau: Discours sur l'origine de l'inégalité (1755). In: Ders.: Œuvres (Anm. 47), Bd. 1, S. 71–152, hier: 94. Hieran schließt der etwa zur selben Zeit entstandene »Essai sur l'origine des langues« an. Danach war die erste Form der Sprache (nach dem Schrei) der Gesang (»les premières langues furent chantantes«). In ihm war Sprache zunächst nichts als Musik, eine »voix de la nature«, die sich ohne Artikulation und Wortzeichen, allein durch Melodie, Tonlänge, Akzent und Rhythmus mitteilte (ebd., 374f., 407). Zu Rousseaus Sprachtheorie: Ronald Grimsley: Jean-Jacques Rousseau and the Problem of ›Original‹ Language. In: Ders.: From Montesquieu to Laclos. Studies on the French Enlightenment. Genf 1974, S. 27–35; Jean Starobinski: Rousseau. München 1988, S. 450–479. Zu Rousseaus Musiktheorie: Ders.: Das Rettende in der Gefahr. Kunstgriffe der Aufklärung. Frankfurt/M. 1990, S. 237–265. – Eine ähnliche Genealogie der Sprache und Musik aus dem »Sprachgeschrey« übrigens auch bei Herder (Anm. 47), S. 115f. Und auch für Heinse (Anm. 47) »waren Sprache und Musik ursprünglich Eins« (Bd. 5, S. 236), ist die Musik als Sprache der Leidenschaft die Sprache der »Natur« (112) und also der Gesang das, »was in den bildenden Künsten das Nackende ist« (13). Die Musik steht zur Dichtung, so könnte man zum Verhältnis dieser beiden Künste im späten 18. Jh. im Geiste Heinses und Herders sagen, wie die Plastik zur Malerei. Vgl. Helmut Pfotenhauer: Um 1800. Konfigurationen der Literatur, Kunstliteratur und Ästhetik. Tübingen 1991, S. 27ff., 79ff.; sowie den Beitrag von Inka Mülder-Bach zu vorliegendem Band.
55 Encyclopédie (Anm. 47), Bd. 3, 1753, S. 140–143; Bd. 4, 1754, S. 623; Bd. 7, 1757, S. 651f. (hier das Zitat). – Über die hier immer nur am Rande angesprochene Gestik (und Mimik) als ›natursprachliches‹ Parallelphänomen zu Ton und Gesang vgl. in Kürze den Art. »Gebärde« von Alexander Košenina in: Historisches Wörterbuch der Rhetorik. Hg. Gert Ueding. Tübingen 1992ff. Bd. 3.
56 Webb, Observations (Anm. 47), S. 3, 12, 5 (im Anschluß an Cicero: De Oratore, III, 216).

gungskontinuum.⁵⁷ Und auf eben darauf beruhe auch die expressive Kommunikation der Individuen. Denn nichts als Bewegung teile sich im tonalen und mimisch-gestischen Ausdruck mit; daher sein Nichtangewiesensein auf Begriffe und Vorstellungen. Kein Zufall, daß wir auch bei Webb auf die Zwei-Sprachen-Lehre stoßen, hier gefaßt als Unterschied von description und expression. Die Sprache der Zeichen und Bilder beziehe sich allein auf die »visible objects« der Außenwelt: »we describe the circumstances and qualities of external objects«. Die Sprache von sound und motion dagegen drücke jene Innenzustände aus, die die auf Sichtbarkeit angewiesene Beschreibungssprache nicht angemessen artikulieren könne, weil sie nicht als Vorstellungen gegeben seien, sondern als Bewegungen: »the agitations and affections of our minds.«⁵⁸

Die Parallelen zwischen Webb und Sulzer liegen auf der Hand. Soweit ich sehen kann, beruft sich Sulzer zwar nirgends explizit auf ihn, Hinweise, die eine Kenntnis der *Observations* vermuten lassen, gibt es jedoch zur Genüge.⁵⁹ Bei Webb wie bei Sulzer ist die Musik sozusagen die physiologischste der Künste, und damit die vernunftfernste. In dieser Ferne zur Vernunft verkörpert sie das Ästhetische am reinsten. Was die didaktische Intention Sulzers angeht, so liegt freilich gerade darin auch ein Dilemma. Man kann den Menschen über das als das Nichtvernünftige gefaßte Ästhetische vielleicht manipulieren, ob man ihn so auch moralisieren kann, steht dahin. Schiller sah, daß man dazu von der Empfindung auf irgend eine Weise schließlich doch zur »Reflexion« kommen müsse.⁶⁰ In gewisser Weise bezeichnet dieses Dilemma einmal mehr Sulzers Übergangsstellung. Er wollte in seiner Ästhetik noch beides: die Musik und die Moral. Danach trennen sich ihre Wege. Kant, der den moralischen Faden aufnimmt und hofft, daß »der Geschmack [...] gleichsam den Übergang vom Sinnenreiz zum habituellen moralischen Interesse ohne einen gewaltsamen Sprung möglich [macht]«, löst die aisthesis vom Empfindungsbegriff und

---

57 Ebd., S. 2, 6f.
58 Ebd., S. 134, 138. Folgerichtig gibt er dem ›ut pictura poesis‹-Paradigma den Abschied (133); vielmehr gehörten Dichtung und Musik als »sister arts« zusammen (132). Wo Dichtung als »expression« gefaßt wird, lautet die Devise ›ut *musica* poesis erit‹. Blickt man von hier aus zurück auf die deutsche Poetik der Zeit, springt ins Auge, wie sehr Lessings »Laokoon« und Sulzers »Allgemeine Theorie« in diesem Punkt als Komplementärstücke zusammengehören.
59 Sulzer, Allgemeine Theorie (Anm. 41), I, 198, »Ausdruk« (Leidenschaft als ›motus‹, »Gemütsbewegung«; Musik als Medium, diese »Bewegungen abzubilden«); III, 302, »Melodie« (Als Folge von Tönen in der Zeit »erweket« die Musik »den Begriff der Bewegung«; von daher »natürliche Analogie« mit dem »Gang des Körpers« dem »Tanz«); III, 349, 353, 359, »Musik« (Ton als »Bewegung der Luft«, als »Stoß«, der auf Nerven und »Geblüt« wirkt, als »körperliche Kraft«). – Die »Observations« waren in der deutschen Spätaufklärung bekannt. Eschenburg übersetzte sie: Daniel Webb's Betrachtungen über die Verwandtschaft der Poesie und Musik. Leipzig 1771. Herder rezensierte diese Ausgabe in der ADB: Werke (Anm. 18), Bd. 5, S. 309–311. Auf die Bedeutung der britischen Ausdruckstheorie für die deutsche Poetik hat, wenn ich recht sehe, erstmals mit Nachdruck Anna Tumarkin hingewiesen: Die Überwindung der Mimesislehre in der Kunsttheorie des XVIII. Jahrhunderts. In: Harry Maync u. a. (Hg.): Festgabe Samuel Singer. Tübingen 1930, S. 40–55.
60 Schiller, Ästhetische Erziehung (Anm. 37), S. 648 ff. (Br. 24 u. 25).

faßt sie wieder als »Anschauung« in der Tradition der cognitio sensitiva, denn anders als auf kognitivem Weg kann Schönheit als »Symbol« gar nicht perzipiert werden.[61] Entsprechend weiß er mit der Musik nichts Rechtes anzufangen. Weil sie nur »lauter Empfindungen ohne Begriffe« gibt und zur geforderten »Erweiterung der Vermögen, welche in der Urtheilskraft zum Erkenntnisse zusammenstimmen müssen«, nichts beiträgt, vielmehr »bloß mit den Empfindungen spielt«, nimmt sie »unter den schönen Künsten den untersten [...] Platz« ein.[62] Der Weg der Musikästhetik läuft denn auch an Kant (und Schiller[63]) vorbei,

---

61 Kant, Kritik der Urtheilskraft (Anm. 36), S. 354, 352 (§ 59).
62 Ebd., S. 328f. (§ 53).
63 Über die »Macht der Musik« und den »musikalischen« Charakter der Poesie, die »poetische Musik« des Hexameters zumal, hat Schiller von seiner Stäudlin-Rezension »Proben einer Teutschen Aeneis« aus dem Jahre 1781 (Werke [Anm. 34], Bd. 8, S. 866–875, hier 867f.) bis zu den nachgelassenen Bemerkungen zu Körners »Über Charakterdarstellung in der Musik« von 1795 (ebd., 1081–1084) und darüber hinaus immer wieder nachgedacht – unverkennbar auf den Spuren Sulzers sowohl wie Kants. Zu einer geschlossenen Theorie kam es jedoch nicht; die Notate sind verstreut. Wie für Sulzer (und Webb) besteht für Schiller »der ganze Effekt der Musik [...] darin, die inneren Bewegungen des Gemüts durch analogische äußere zu begleiten und zu versinnlichen« (1024, Über Matthissons Gedichte). Diese äußere Bewegung ist der »Ton«; auf ihm als dem unmittelbar »körperlichen materiellen« Element der Musik beruht deren »spezifische Macht« über das Gemüt (1083f.): »Der Weg des Ohrs ist der [...] nächste zu unsern Herzen. Musik hat den rauhen Eroberer Bagdads bezwungen, wo Mengs und Korregio alle Malerkraft vergebens erschöpft hätten« (174, Über das gegenwärtige teutsche Theater). Im Unterschied zu Sulzer sieht Schiller in dieser »*Macht* der Musik«, eben weil sie unserer Sinnlichkeit »blind gebietet« (1083) und »der Geist [...] oder das Prinzip der Freiheit im Menschen der Gewalt des sinnlichen Eindrucks zum Raube wird«, ein ästhetisch höchst problematisches Moment (427, Über das Pathetische; 640, Ästhetische Erziehung, 22. Br.; beides wohl im Anschluß an Kant). Sympatischer ist ihm daher das Musikalische der *Dichtung*, denn hier geht die Musik, als »Darstellung von Empfindungen« (welche, auch dies ganz nach Sulzer, »*ihrem Inhalte nach* keiner Darstellung fähig sind«, sondern nur »*ihrer Form nach*«, d. h. als Bewegung, 1023), eine Symbiose mit Sprache (»Text«) und Vorstellung (»Ideen«) ein (1025), so daß nicht nur die Sinnlichkeit, sondern auch der Geist angesprochen wird. Dies liegt natürlich ganz auf der Linie des Schillerschen Grundgedankens einer ästhetischen Synthesis von Sinnlichkeit und Vernunft. Die Dichtung rangiert daher im System der Künste vor der Musik. In ihr ist das Musikalische gleichsam aufgehoben; erst in Sprache verwandelt, genügt dieses zugleich der Forderung nach »wahrer ästhetischer Freiheit«: Nur die Poesie kann »uns, wie die Tonkunst, mächtig fassen, zugleich aber, wie die Plastik [hier als Metapher für Anschauung und ästhetische Distanz], mit ruhiger Klarheit umgeben« (641). Damit zielt Schiller zugleich auf die Aufhebung der Alternative ›ut pictura poesis‹ *oder* ›ut musica poesis‹. Von der »doppelten Verwandtschaft der Poesie mit der Tonkunst und mit der bildenden Kunst« spricht denn auch eine im Blick auf Klopstock verfaßte Fußnote zu »Über naive und sentimentalische Dichtung« (756). Gemeint ist die sowohl mimetisch (»bildend«) auf die Gegenstände der Außenwelt wie zugleich expressiv/suggestiv (»musikalisch«) auf die Innenzustände des Gemüts bezogene *Doppel*funktion der Dichtung (ebd.), welcher sich, so wäre in Schillers Sinn zu extrapolieren, ihr primärer Rang unter den Künsten verdankt. – Vgl. jetzt auch, v. a. zur Auseinandersetzung mit Körner: Carl Dahlhaus: Formbegriff und Ausdrucksprinzip in Schillers Musikästhetik. In: Achim Aurnhammer u. a. (Hg.): Schiller und die höfische Welt. Tübingen 1990, S. 156–167.

über Herder, Heinse, Schubart, Wackenroder in die Romantik und – zu Schopenhauer. In seiner Ästhetik nimmt die Musik bekanntlich wieder die erste Stelle ein, als ebenso »allgemeine« wie »unmittelbare« »Sprache« des »Willens«. Während Dichtung und bildende Kunst nur »Darstellungen« von »Ideen« der »erscheinenden Welt« geben könnten, sei die Musik »Ausdruck« ihres (der Welt) wie auch unseres eigenen »innersten Wesens«; in ihr spreche das »An sich« hinter allen Erscheinungen.[64] Es ist nicht schwierig, in dieser Unterscheidung eine Variante der Zwei-Sprachen-Lehre des achtzehnten Jahrhunderts wiederzuerkennen. Das ist kein Zufall. Denn was Schopenhauers Dualismus von Vorstellung und Wille, dem die Musik ihren restitutierten Rang verdankt, zugrunde liegt, ist nichts anderes als die Disjunktion von Erkennen und Empfinden. Anschauung und Intellekt geben uns die Welt inklusive des eigenen Körpers als Vorstellung, dieser Körper selbst aber gibt sie uns als Willen, und zwar in »Affektionen« der Lust und Unlust. Diese Affektionen sind nichts anderes als Sulzers Empfindungen, nämlich *keine Vorstellungen*; in ihnen wird nichts angeschaut oder erkannt.[65] Der Wille, immerhin das Wesen der Welt, kann nur ›empfunden‹ werden. Und zwar, so Schopenhauer, nur auf zwei Weisen: leibhaft und in der Musik – oder, mit Webbs Begriffen, als *motion* und *sound*. Für die Utopie einer Rationalisierung der menschlichen Natur ist in dieser ›musikalischen Ästhetik‹ kein Raum mehr; wer die »Sprache der Empfindung« philosophisch ernst nimmt, hört auf, den Menschen bessern zu wollen. Schopenhauer ist bekanntlich als Psychologe einer der großen Realisten der deutschen Philosophie (auch er stammt aus der Schule Montaignes). Als Ästhetiker freilich ist er einer ihrer großen Melancholiker; im cri de la nature der Musik vernimmt er sozusagen immer nur die Weisheit des Silen. Wenn hier überhaupt noch ein philosophischer Auftrag an die Künste und gar an die Musik ergeht, so kann sein Ziel nicht mehr Erziehung sein, sondern bestenfalls noch Trost.

---

64 Arthur Schopenhauer: Die Welt als Wille und Vorstellung. Tl. 1 (1819), § 52. In: Ders.: Sämtliche Werke. Hg. Wolfgang Frhr. von Löhneysen. Bd. 1. Darmstadt 1974, S. 356–372, hier 359, 364, 368.
65 Ebd., S. 158f. (§ 18): »Man hat aber gänzlich unrecht, wenn man Schmerz und Wollust Vorstellungen nennt; das sind sie keineswegs, sondern unmittelbare Affektionen des Willens in seiner Erscheinung, dem Leibe: ein erzwungenes augenblickliches Wollen oder Nichtwollen des Eindrucks, den dieser erleidet.«

Die Notstandsgesetzgebung im ästhetischen Staat
Anthropologische Aporien in Schillers philosophischen Schriften

CARSTEN ZELLE (Siegen)

I.

Daß der Mensch frei ist, aber sterblich – die Einsicht in diesen unglücklichen Widerspruch, der der Mensch zur Gänze ist, profiliert Schillers anthropologische Diagnose und erklärt den Impuls, der seine philosophischen Schriften der neunziger Jahre bewegt. Indem sie den Versuch unternehmen, diese Wunde zu schließen, reißen sie sie stets wieder auf. Wenn diese Schriften den »eigentlichen Kulminationspunkt der anthropologischen Ästhetik in Deutschland«[1] bilden, so nicht deswegen, weil in ihnen die widersprüchliche anthropologische Dimension des Menschen ›versöhnt‹ würde, wie es die verbreitete, an

---

NA = Friedrich Schiller: Werke. Nationalausgabe. Begr. Julius Petersen. Weimar 1943 ff. [nicht abgeschlossen]. Zit.: NA Bd., S.
ÄE = Friedrich Schiller: Über die ästhetische Erziehung des Menschen. Briefe an den Augustenburger, Ankündigung der ›Horen‹, und letzte, verbesserte Fassung. Hg. Wolfhart Henckmann. München 1967. Zit.: Nr. Brief, ÄE S.
Hanser = Friedrich Schiller: Sämtliche Werke. Hg. Gerhard Fricke, Herbert G. Göpfert. 5 Bde. 7. Aufl. [¹1958/59]. München 1984. Zit: Hanser Bd., S.
Körner = Briefwechsel zwischen Schiller und Körner. Hg. Klaus L. Berghahn. München 1973.

1 Lothar Bornscheuer: Zum Bedarf an einem anthropologiegeschichtlichen Interpretationshorizont. In: Germanistik – Forschungsstand und Perspektiven. Vorträge des Deutschen Germanistentages 1984. Hg. Georg Stötzel. 2. Teil: Ältere Deutsche Literatur/Neuere Deutsche Literatur. Berlin, New York 1985, S. 420–438, hier: 432. Vgl. Elizabeth M. Wilkinson, L. A. Willoughby: ›The Whole Man‹ in Schiller's Theory of Culture and Society. On the Virtue of a Plurality of Models. In: Essays in German Language, Culture and Society. Ed. Siegbert S. Prawer. London 1969, S. 177–210. Meine Vorlage geht auf Überlegungen zurück, die ich zuerst in Vorträgen zum Thema »›Anmut und Würde‹. Schillers doppelte Ästhetik in seinen philosophischen Schriften der neunziger Jahre« an der Faculteit der Letteren an der Rijksuniversiteit te Utrecht (29. Nov. 1990), am Instytut Filologii Germanskiej an der Uniwersitet Wroclawski (22. Febr. 1991) sowie am Institut für Allgemeine und Vergleichende Literaturwissenschaft der Universität-GHS-Essen (27. Juni 1991) vorgestellt habe. Ich danke Jatti Enklaar-Lagendijk, Norbert Honsza sowie Horst Albert Glaser für ihre freundlichen Einladungen.

Hegel[2] orientierte Lesart will, sondern weil Schiller bereit ist, diese Ambivalenz in ihrer Konsequenz zu durchdenken. Die idealistische Entzweiung von Welt und Ich wird von Schiller anthropologisch entscheidend tiefer gelegt – das Ich allein sind zwei. Es geht ihm daher nicht um eine Anthropologie des *ganzen* Menschen, sondern um eine *vollständige* Anthropologie des Menschen in seiner gemischten Natur: Diese mag mit sich zusammenstimmen, wie es bei der Empfindung des Schönen der Fall ist, und sie kann unerträglich gegeneinander gespannt sein, wie das Erlebnis des Erhabenen vermittelt. Dem entsprechen zwei Begriffe von Freiheit – sie tritt sowohl in der Schönheit als auch im erhabenen Entschluß, gegen die Sinne zu handeln, in Erscheinung. Schillers zweifache anthropologische Sicht, in der ein frommes und ein schwarzes Menschenbild miteinander in Konflikt geraten, versuche ich im folgenden im Kreuzungspunkt von Ästhetikgeschichte und Politik näher zu profilieren. Dabei orientiere ich mich an zwei grundlegenden Beobachtungen.

Erstens: An die Tatsache, »daß es innerhalb der Ästhetik einen wesentlichen Bruch mit der Ästhetik selbst gibt«[3], hat kürzlich Jean-François Lyotard im Zusammenhang einer Neuprofilierung des Sublimen zurecht erinnert. Überfliegt man ihre Geschichte, so wird man von einer doppelten Ästhetik der Moderne sprechen können, wofür bereits öfters plädiert wurde.[4] Schon die Geburt der modernen Ästhetik aus der Querelle des Anciens et des Modernes steht in Zeichen einer Dualität. Mit der gleichzeitigen Veröffentlichung von

---

2 Georg Wilhelm Friedrich Hegel: Vorlesungen über die Ästhetik I. Hg. Eva Moldenhauer, Karl Markus Michel. Frankfurt/M. 1970 (= Theorie-Werkausgabe, 13). Aus der »Zwiespältigkeit« des Menschen, in »zwei Welten zu leben«, leitet Hegel bekanntlich ab, daß es Funktion der schönen Kunst sei, »jenen versöhnten Gegensatz« darzustellen (S. 81 f.). Schiller müsse nun, wie Hegel mit Blick auf die Abhandlung über Anmut und Würde und die ästhetischen Briefe in einem historischen Abriß seines »wahren« Kunstbegriffs hervorhebt, »das große Verdienst zugestanden werden«, über Kant hinaus »Einheit und Versöhnung« (S. 89) als Prinzip des Schönen gedacht zu haben: »Das Schöne ist also [bei Schiller] als die Ineinsbildung des Vernünftigen und Sinnlichen und diese Ineinsbildung als das wahrhaft Wirkliche ausgesprochen.« (S. 91)
3 Das Undarstellbare – wider das Vergessen. Ein Gespräch zwischen Jean-François Lyotard und Christine Pries. In: Das Erhabene. Zwischen Grenzerfahrung und Größenwahn. Hg. Christine Pries. Weinheim 1989, S. 319–347, hier: 320. Trotz Vorbehalt gegenüber dem »›unglücklichen‹ Neo-Sublimismus« der Postmoderne kommt auch Hans-Jürgen Schings (Beobachtungen über das Gefühl des Erhabenen bei Goethe. In: Begegnung mit dem »Fremden«. Grenzen – Traditionen – Vergleiche. Akten des VIII. Internationalen Germanisten-Kongresses, Tokyo 1990. Hg. Eijiro Iwasaki. München 1991, Bd. 7, S. 15–26, hier: 26 und 15) zu dem Ergebnis, daß das Erhabene die Ästhetik des 18. Jahrhunderts »spaltet« – es ist freilich dadurch noch nicht »das Fremde in aestheticis«.
4 Verf.: Schönheit und Erhabenheit. Der Anfang doppelter Ästhetik bei Boileau, Dennis, Bodmer und Breitinger. In: Das Erhabene (Anm. 3), S. 55–73 und Verf.: Schönheit und Schrecken. Zur Dichotomie des Schönen und Erhabenen in der Ästhetik des achtzehnten Jahrhunderts. In: Literaturkritik – Anspruch und Wirklichkeit. DFG-Symposion 1989. Hg. Wilfried Barner. Stuttgart 1990, S. 252–270 und 370–372 (Diskussion).

Art poétique und *Traité du Sublime* gelang Boileau 1674 der paradoxe Coup, der ihn zum antiken Begründer der ästhetischen Moderne machte, indem er neben der Charta der doctrine classique zugleich auch den Hebel zu ihrer Beseitigung vorlegte. Die beiden gleichursprünglichen poetologischen Hauptschriften Boileaus verhalten sich zueinander »wie Ausgrenzendes und Ausgegrenztes«[5], insofern die Ausbildung einer Ästhetik des Erhabenen die Wiederkehr dessen ist, was aus der klassizistischen Poetik des Schönen verdrängt ward. Das gilt mutatis mutandis auch für unseren Klassiker Schiller!

Zweitens: In dem »dunkelsten und düstersten«[6] (vierten) Kapitel der *Politischen Theologie* stellt Carl Schmitt einmal mit Blick auf die Staatsphilosophie der Gegenrevolution fest, daß jede politische Idee irgendwie zur Natur des Menschen Stellung nimmt und voraussetzt, »daß er entweder ›von Natur gut‹ oder ›von Natur böse‹ ist«.[7] Nun mag es zwar zutreffen, daß der ›Natur‹zustand, von dem wir als vergesellschaftete Menschen immer schon kategorial getrennt sind, eine ideale Projektionsfläche bietet.[8] Da es freilich »keinerlei privilegierten Standpunkt« gibt[9], gilt das für den Ideologen in gleicher Weise wie für den Ideologiekritiker. Das von Schmitt ins Spiel gebrachte anthropologische Prüfungsverfahren läßt sich daher mit Gewinn methodologisch auf die unterschiedlichen Konzepte der Ästhetik übertragen.

Beide Beobachtungen will die Vorlage verbinden, insofern die Linie einer doppelten Ästhetik mit Blick auf Schillers philosophische Schriften der neunziger Jahre ästhetikgeschichtlich perspektiviert, zugleich aber auch anthropologisch fundiert werden soll. Denn einerseits knüpfen die begrifflichen Verdoppelungen des Jenaer Ästhetikprofessors (Anmut/Würde, naiv/sentimentalisch und die »doppelte Schönheit«, die die ästhetischen Briefe disponieren) an die Tradition einer doppelten Ästhetik von Schönheit und Erhabenheit an, die das 18. Jahrhundert ausgebildet hatte. Andererseits hebt Schiller in diesen ästhetischen Begriffen aber auch jenes dualistische Menschenbild auf, das bereits der Medizinstudent seinen Überlegungen zugrundegelegt, freilich zugleich mittels

---

5 Winfried Wehle: Vom Erhabenen oder Über die Kreativität des Kreatürlichen. In: Frühaufklärung. Hg. Sebastian Neumeister. München (= Romanistisches Kolloquium VI), im Druck. Ich danke Herrn Prof. Dr. Wehle (Eichstätt) für die freundliche Überlassung des Typoskripts sowie des vorangehenden Entwurfs.
6 Jacob Taubes: Carl Schmitt – ein Apokalyptiker der Gegenrevolution [Vortrag 20. Juli 1985]. In: ders.: Ad Carl Schmitt. Gegenstrebige Fügung. Berlin 1987, S. 7–30, hier: 18.
7 Carl Schmitt: Politische Theologie. Vier Kapitel zur Lehre von der Souveränität [1922; ²1934]. Berlin 1985, S. 72. Vgl. ders.: Der Begriff des Politischen [1927]. Text von 1932. Berlin 1963, S. 59 ff.
8 Aleida und Jan Assmann: Kultur und Konflikt. Aspekte einer Theorie des unkommunikativen Handelns. In: Kultur und Konflikt. Hg. Jan Assmann, Dietrich Harth. Frankfurt/M. 1990, S. 11–48, hier: 17. Die bei den Assmanns zugrundeliegende Unterscheidung von gutem agonalem (Rivale) und bösem aggressiven Streit (Feind), erscheint mir gleichermaßen statisch wie blauäugig zu sein.
9 Niklas Luhmann: Reden und Schweigen. In: Niklas Luhmann, Peter Fuchs: Reden und Schweigen. Frankfurt/M. 1989, S. 7–20, hier: 11.

einer angenommenen »Mittelkraft« zu überwinden getrachtet hatte. Die öfters konstatierten Widersprüche in Schillers ästhetischer Theorie[10] werden auf diese Art zwar nicht aufgelöst, aber als Resultanten unterschiedlicher anthropologischer Perspektivierungen sichtbar gemacht und in ihrer gegenläufigen Spannung erhalten, in der eine utopische Anthropologie des Schönen von einer dualistischen Anthropologie des Erhabenen überlagert und dementiert wird. Nur innerhalb dieser Dynamik, die seine theoretischen Schriften durchdringt, lassen sich nachgeordnete Fragen (etwa nach Schillers Spielbegriff oder seiner Triebtheorie) sinnvoll angehen. Während Schiller im Umfeld des Schönen (menschliche, geschlechtliche oder politische) Mitte und Einheit formuliert, reflektiert seine Ästhetik des Erhabenen einen Riß. Gegen die innere Natur als Abgrund amorpher Triebe, die äußere Natur als Chaos und die Geschichte als Schädelstätte erfährt das Individuum in der negativen Lust des Erhabenheitserlebnisses seine Freiheit. Gegenüber dem Schönen bleibt daher das Erhabene für Schiller ultima ratio und Notstandsgesetzgebung im ästhetischen Staat.[11]

II.

Es braucht nicht eigens hervorgehoben zu werden, daß die Vorstellung vom Menschen als eines ›unseligen‹ oder ›zweideutigen‹ Mitteldings zwischen Engel und Vieh seit Albrecht von Haller[12] auch für die eigentümlich antithetische Grundstruktur und Gestaltungsweise von Schillers Werk prägend geworden ist. Den Physiologen Haller hat der junge Mediziner, den sentimentalischen Dichter der Tragiker geschätzt. Ein schlagendes Licht auf das »Einheitliche und Durchgängige dieses dualistisch-antithetischen Zuges«[13] in Schillers Gesamtwerk werfen schon die frühen medizinischen Disserationen aus der Zeit

---

10 »Wie verträgt sich das Erhabene mit dem Ästhetischen, mit der Heiterkeit, der Gemütsfreiheit, die doch zur Kunst, zur Rezeption von Kunst gehören soll?« In: Friedrich Schiller. Kunst, Humanität und Politik in der späten Aufklärung. Hg. Wolfgang Wittkowski. Tübingen 1982, hier: »Schlußdiskussion«, S. 409 (Hans-Jürgen Schings).
11 Wolfgang Riedel (»Der Spaziergang«. Ästhetik der Landschaft und Geschichtsphilosophie der Natur bei Schiller. Würzburg 1989, S. 97, Anm. 3) spricht von einer »Philosophie für den Ernstfall«, die aber Schillers Utopie des Schönen keineswegs zurücknehme. Vgl. dagegen Odo Marquard: Transzendentaler Idealismus, Romantische Naturphilosophie, Psychoanalyse [ungedr. Habil. 1963]. Köln 1987, S. 185–190 (›Ästhetik des Scheiterns‹).
12 Siehe Hallers Lehrgedichte ›Gedanken über Vernunft, Aberglauben und Unglauben. An den Herrn Professor Stähelin‹ (1729, Z. 17: »Unselig Mittel-Ding von Engeln und von Vieh!«) und ›Über den Ursprung des Übels‹ (1734, Z. 107: »Zweideutig Mittelding von Engeln und von Vieh«). Albrecht von Haller: Die Alpen und andere Gedichte. Stuttgart 1965, S. 24 und 63.
13 Walter Müller-Seidel: Das Pathetische und Erhabene in Schillers Jugenddramen. Diss. Heidelberg 1949 (masch.), S. 7f.

der Karlsschule. Sie weisen jedoch zugleich auch darauf hin, daß Schiller stets bemüht war, zwischen Leib und Seele einen Ausgleich zu denken. In der 1779 verfaßten *Philosophie der Physiologie* rekurriert der Medizinstudent auf eine »Mittelkraft«, die zwischen Geist und Materie tritt »und beede verbindet«, da ohne sie ein »Riß« in der Welt, d.h. in der Kette ihrer Wesen wäre (NA 20, 13). Auf den Nachweis, »daß die thierische Natur [des Menschen] mit der geistigen sich durchaus vermischet« (NA 20, 68), zielte auch die ein Jahr später eingereichte, dritte Dissertationsschrift, mit der Schiller endlich promoviert wurde. Es ist von kompetenter Seite[14] der historische Kontext mit der damaligen Anthropologie der philosophischen Ärzte und ihrem kartesianisch-antikartesianischen Erbe herausgestellt worden, in den Schillers medizinisch-psychologische Frühschriften eingebettet sind. Mir scheint jedoch seine in ein ›Saitengleichnis‹ gefaßte Ansicht über die Wechselwirkung von Körper und Seele, bei der »die heterogenen Principien des Menschen gleichsam zu *Einem* Wesen« würden und »die innigste Vermischung dieser beiden Substanzen« statt habe (NA 20, 63f.), nicht gänzlich in jener »Harmonie von beyden«[15] aufzugehen, mit der Platner zuvor das als Anthropologie approbierte Problem des commercium mentis et corporis aufgefaßt und die Möglichkeit von Spannung und Mißklang, die ein solches gegenseitiges Verhältnis eben auch bedeuten kann, eskamotiert hatte. Einklang ist bei heterogenen Prinzipen eben nur *eine* Form möglicher Beziehung – so wie der zivile Umgang miteinander nicht die Konkurrenz der bourgeoisen Handelspartner vergessen machen sollte.

Interessant und vorausdeutend auf die Methode, mit der es Schiller über ein Jahrzehnt später gelingen sollte, in der anmutigen Bewegung des Körpers die diese bewirkende moralische Ursache zu erkennen, ist in dem *Versuch über den Zusammenhang der tierischen Natur mit seiner geistigen* insbesondere der Paragraph über die Pathognomik, d.h. die »*Physiognomik der Empfindungen*« (NA 20, 68–70), den Schiller zur Stützung seiner These einer »innige[n] Korrespondenz der beiden Naturen« anführt. Die Möglichkeit physiognomischen Erkennens, d.h. des Schließens vom Äußeren aufs Innere, wurde in der Schul- und Popularphilosophie des 18. Jahrhunderts, insbesondere unter Zugrundelegung eines die kartesianische Substanz*trennung* verwerfenden Influxionismus[16] durchaus bejaht, mochte auch die Reichweite und Sicherheit des physiognomi-

---

14 Wolfgang Riedel: Die Anthropologie des jungen Schiller. Zur Ideengeschichte der medizinischen Schriften und der »Philosophischen Briefe«. Würzburg 1985.
15 Ernst Platner: Anthropologie für Aerzte und Weltweise. Erster Theil [mehr nicht erschienen]. Leipzig 1772, S. iv. Vgl. Alexander Košenina: Ernst Platners Anthropologie und Philosophie. Der ›philosophische Arzt‹ und seine Wirkung auf Johann Karl Wezel und Jean Paul. Würzburg 1989. Es entspricht Platners anthropologischer Harmonienlehre, wenn er in seiner Neue[n] Anthropologie für Aerzte und Weltweise [...]. Erster Band [mehr nicht erschienen]. Leipzig 1790, § 805, S. 345f. das Erhabene depotenziert und die Momente von Dynamik und Schrecken, die die meisten ästhetischen Schriftsteller des 18. Jahrhunderts mit dieser Kategorie verbinden, als unwesentlich ausgrenzt.
16 Zu den beiden Kommunikationsrichtungen von ›influxus physicus‹ und ›influxus animae‹ vgl. Riedel: Die Anthropologie des jungen Schiller (Anm. 14), bes. S. 17ff. und Košenina: Ernst Platners Anthropologie (Anm. 15), bes. S. 26ff.

schen Verfahrens strittig sein.[17] Wie eine Vorwegnahme des Satzes aus *Über Anmut und Würde*, daß sich der Geist seinen Körper bilde (NA 20, 265) und dessen Echo in Wallensteins Replik »Es ist der Geist, der sich den Körper baut« (*Wallensteins Tod,* III 13, NA 8, 258), lesen sich Schillers Aussagen über die Bildung des Körpers durch die Seele: Durch Wiederholung graben sich die Gemütsbewegungen in die Körpermaschine immer tiefer ein, bis sie endlich ganz organisch geworden sind: »So formiert sich endlich«, faßt Schiller das Außenwändigwerden des Innern zusammen, »die feste perennierende Physiognomie des Menschen, daß es beinahe leichter ist, die Seele nachher noch umzuändern als die Bildung« (NA 20, 70). Die Außenseite des Körpers offenbart uns also die Seele in gleicher Weise, wie später aus der anmutigen Bewegung die schöne Seele zu uns sprechen wird. Aus der von Schiller physiognomisch hergestellten Korrespondenz von Innen und Außen, Geist und Materie, ergibt sich zwanglos die Harmonie von moralischer Güte und körperlicher Schönheit, aber auch von moralischer Bosheit und körperlicher Häßlichkeit. Jeder wohlwollende und edle Affekt verschönert den Körper wie umgekehrt jede niederträchtige und gehässige Gemütsbewegung den Leib »in *viehische* Formen zerreißt« (NA 20, 68).»Je mehr sich der Geist vom Ebenbild der Gottheit entfernet,« so Schillers Harmonienlehre der Schöngutheit, »desto näher scheint auch die äussere Bildung dem Viehe zu kommen [...]« (NA 20, 68). Schönheit drückt Tugend, Häßlichkeit Laster aus – das ist des Mediziners Kalokagathie, mit der Schiller gleichermaßen an die schottische moral-sense-philosophy und ihre Lehre von einer ›moral grace‹[18] wie an Lavaters Physiognomik anschließt. Daß das kalokagathische Dogma den verwachsenen Lichtenberg[19] in den Grundfesten seiner Identität bedroht hat, sollte man dabei nicht vergessen! Gleichwohl – man braucht Schillers physiognomische Überlegungen nur von der Statik des Geist-Materie-Problems in die Dynamik einer Handlung, durch die Freiheit erscheint, hinüberzuspielen und den physiognomischen Influxus

---

17 Vgl. Verf.: Physiognomie des Schreckens im achtzehnten Jahrhundert. Zu Johann Caspar Lavater und Charles Lebrun. In: Lessing Yearbook XXI (1989), S. 89–102 und 15. Abb.; Karl Riha/Verf.: Nachwort. In: Johann Caspar Lavater. Von der Physiognomik und Hundert Physiognomische Regeln. Frankfurt/M. 1991, S. 109–145 sowie Verf.: Soul-Semiology: On Lavater's Physiognomic Principles. In: The Faces of Physiognomy. Ed. Ellis Shookman. Columbia S.C. 1993, S. 40–63.
18 Der Shaftesbury-Einfluß auf Schillers Schönheitsvorstellung, den zuerst Oskar Walzel (Einleitung in Schillers philosophische Schriften. In: Schillers Sämtliche Werke. Säkular-Ausgabe in 16 Bänden. Stuttgart, Berlin 1904/05, Bd. XI, S. v–lxxxiv, hier: ix ff.) herausgestellt hat, ist kürzlich mit Blick auf Schillers durchgängigen Neoplatonismus erneut geltend gemacht worden. Vgl. David Pugh: »Die Künstler«: Schiller's Philosophical Programme. In: Oxford German Studies 18/19 (1989/1990), S. 13–22 und ders.: Schiller as Platonist. In: Colloquia Germanica 24 (1991), S. 273–295. Eine philologische Antwort auf die entscheidende Frage, »how Schiller became a Platonist« (S. 289) bleibt Pugh freilich schuldig.
19 Vgl. Horst Gravenkamp: Geschichte eines elenden Körpers. Lichtenberg als Patient. Göttingen 1989 (= Lichtenberg-Studien, Bd. 2). Die einschlägige Lichtenberg-Skizze, die Blumenbachs Sohn zugeschrieben wird, ist heuer durch alle Feuilletons geschleift worden.

ins Ästhetische zu wenden, und man erhält einen Grundgedanken von Schillers Abhandlung *Über Anmut und Würde*.

Freilich liegen zwischen den medizinischen und den philosophischen Schriften gut zehn Jahre – neben vielem anderen also die Französische Revolution, Schillers Studium der Kantischen Philosophie zwischen Ende Februar 1791 und Oktober 1792 sowie die die Lektüre unterbrechenden Schübe von Schillers Krankheitsausbruch, der ihn im Mai 1791 auf Leben und Tod liegen läßt. Letzteres sollte nicht gering beurteilt werden, denn im persönlichen Umgang mit seinem Leib, hat Schiller ihn als Freund nicht schätzen lernen können. Der Einfluß Kants macht sich vor allem in der Bestärkung von Schillers Anthropologie dahingehend geltend, daß er den Menschen nunmehr durchgehend als Doppelwesen auffaßt, das in zwei Welten gleichermaßen beheimatet ist. Daß der Mensch zugleich ein physisches und ein metaphysisches Wesen sei, war freilich in Schillers Denken bereits soweit ausgebildet, daß Kant für ihn keine Initialerkenntnis, sondern allenfalls Bestätigung seiner bisherigen Aufklärungsvorstellungen bot.[20] Insbesondere aber zog neben Kants rigoristischer Ethik vor allem dessen Ästhetik die Aufmerksamkeit Schillers auf sich, da sich der Königsberger in der *Kritik der Urteilskraft* (1790), deren zweimaliges Studium das überlieferte Handexemplar eindrucksvoll bezeugt[21], gerade darum bemühte, in transzendentaler Absicht jene »unübersehbare Kluft« (KU A xix; auch A li) zwischen dem Sinnlichen und Übersinnlichen zu überbrücken und einen »Übergang« (KU A xxiii; auch A liv) vom Gebiete des Naturbegriffs zum Freiheitsbegriff zu ermöglichen. Inwieweit die Ankündigung eines Übergangs, eine Passage, die Schiller sich angestrichen hat[22], von Kant im weiteren umgesetzt worden ist, will ich hier nicht entscheiden – der Brückenschlag im § 59 erscheint eher fragil, da das Schöne nicht so sehr »Symbol des Sittlichguten« (KU § 59, A 254) ist, sondern, wie Kant einschränkt, nur als dessen »Analogie« (ebd., A 255 ff.) fungiert.[23]

Zwar befinden sich unsere Erkenntnisvermögen Einbildungskraft, durch die ein Gegenstand in der Vorstellung gegeben ist, und Verstand, der die Vorstellung einem Begriff subsumieren soll, bei dem ästhetischen Geschmacksurteil in einem freien, harmonischen Spiel, das Lust erzeugt, weswegen wir den beurteilten Gegenstand oder[24] die Vorstellung, durch die er uns gegeben ist, als

---

20 Helmut Koopmann: »Bestimme Dich aus Dir selbst«. Schiller, die Idee der Autonomie und Kant als problematischer Umweg. In: Friedrich Schiller. Kunst, Humanität und Politik in der späten Aufklärung. Hg. Wolfgang Wittkowski. Tübingen 1982, S. 202 ff., bes. S. 210.

21 Friedrich Schiller: Vollständiges Verzeichnis der Randbemerkungen in seinem Handexemplar der »Kritik der Urteilskraft«. In: Materialien zu Kants »Kritik der Urteilskraft«. Hg. Jens Kulenkampff. Frankfurt/M. 1974, S. 126–144.

22 Schiller: Vollständiges Verzeichnis (Anm. 21), Nr. 1), S. 127.

23 Eine genaue Exegese der Überbrückungsversuche, die Kant in der Kritik der Urteilskraft versucht, bietet Jean-François Lyotard: Das Interesse des Erhabenen [frz. 1988]. In: Das Erhabene (Anm. 3), S. 91–118.

24 Das »Gleiten des Gedankens« in Kants Analytik des Schönen hebt Konrad Marc-Wogau (Das Schöne [1938]. Gekürzt in: Materialien zu Kants »Kritik der Urteilskraft« [Anm. 21], S. 295–327, hier: 311) heraus.

›schön‹ bezeichnen. Bekanntlich aber wird in Kants *Kritik der Urteilskraft* die reizende Kontemplation des Schönen durch die rührende Intensität des Erhabenheitserlebnisses ergänzt. Während das Wohlgefallen am Schönen vermittelt, daß der Mensch in die Welt paßt, gewährt die negative Lust des Erhabenen ein Geistesgefühl, daß wir über sie hinaus sind. Kant entdeckt in unserer Rede von der ›erhabenen Natur‹ eine Verwechselung, insofern Erhabenheit nämlich kein Prädikat unermeßlicher oder gewaltiger Dinge ist, diese sind vielmehr ungestalt, formlos und gräßlich, sondern Erhabenheit ist ein Prädikat der Vernunft, welche unser Gemüt angesichts jener Erscheinungen »sich fühlbar [!] machen kann« (KU § 28, A 104). Daß das eigentlich Erhabene in keiner sinnlichen Form enthalten ist, sondern nur die Idee der Vernunft betrifft, hat Schiller sich ebenfalls sorgfältig angestrichen[25] und daraus vor allem den Mechanismus indirekter bzw. negativer Darstellung der Freiheit in seiner Tragödientheorie abgeleitet, demgemäß nur der Widerstand gegen die Gewalt der Gefühle »[...] das freye Princip in uns kenntlich [macht]« (NA 20, 196).

Grundsätzlich gilt, daß Schillers Neigung, einen Ausgleich zwischen der sinnlichen und der übersinnlichen Welt zu schaffen, im Umfeld der ersten Klasse der Begriffe seiner doppelten Ästhetik: Schönheit, Anmut, schmelzende Schönheit und Naivität geschieht, während die Notwendigkeit, die moralische Unabhängigkeit menschlichen Handelns vom Bereich der Sinnlichkeit herauszustellen, in der anderen Kategorie der Begriffe: Erhabenheit, Würde, energische Schönheit und Sentimentalität bewerkstelligt wird. Die eine Reihe zielt auf eine utopische, die andere auf eine tragische Anthropologie mit jeweils entsprechenden Geschichtsbildern und Naturverständnissen.[26]

Aufgrund seiner Professur an der Philosophischen Fakultät der Universität Jena sieht sich Schiller im Wintersemester 1792/93 genötigt, »Vorlesungen in Ästhetik« auszuarbeiten. Da Schiller bei schlechter Gesundheit ist, finden sie privatissime in seinem Haus vor 24 Zuhörern statt. Neben den Erklärungen nach Edmund Burke und Karl Philipp Moritz kommt Schiller nachweislich einer von Christian Friedrich Michaelis überlieferten Nachschrift[27] auch aus-

---

25 Schiller: Vollständiges Verzeichnis (Anm. 21), Nr. 65)–67), S. 135.
26 Wolfgang Riedel (Influxus physicus und Seelenstärke. Empirische Psychologie und moralische Erzählung in der deutschen Spätaufklärung und bei Jacob Friedrich Abel. In: Anthropologie und Literatur um 1800. Hg. Jürgen Barkhoff, Eda Sagarra. München 1992, S. 24–52, bes. 49 ff.) hat jetzt angedeutet, daß die beiden parallelen Theoriekomplexe Schillers auf zwei diametral entgegengesetzte »Diskurswelten« einer psychologischen und einer moralphilosophischen Ordnung des Denken bei seinem Lehrer Abel zurückgeführt werden können. Für Pugh: Schiller as Platonist (Anm. 18), S. 283 ff., ist Schillers Dichotomie zweier ästhetischer Theorien Folge der ambivalenten platonisch-plotinschen Ontologie hinsichtlich der Bewertung der materiellen Welt.
27 Die Einschätzung von Michaelis' Nachschrift schwankt: Während der Kommentar von Benno von Wiese in der Nationalausgabe bei ihrer Benutzung zur »Vorsicht« (NA 21, S. 384) mahnt, bedauert Helmut Pfotenhauer (Würdige Anmut. Schillers ästhetische Verlegenheiten und philosophische Emphasen im Kontext bildender Kunst. In: ders.: Um 1800. Konfigurationen der Literatur, Kunstliteratur und Ästhetik. Tübingen 1991, S. 157–178, hier: 171, Anm. 32), daß sie »viel zu wenig« beachtet

führlich auf die Analytik des Schönen durch Kant zurück, an dessen Bestimmungen er einerseits den Gedanken hervorhebt, daß das Schöne »Mittelglied zwischen der Sittlichkeit und Sinnlichkeit« (NA 21, 81) sei, andererseits aber kritisiert, daß die Kantische Kritik ein objektives Prinzip des Geschmacksurteils »leugnet« (NA 21, 81) und es vielmehr »nur auf der subjektiven formalen Bedingung eines Urteils überhaupt« (KU § 35, A 143) gründet. Schiller fordert dagegen, daß auch die »objektive Beschaffenheit der für schön gehaltenen Gegenstände« (NA 21, 81) untersucht werden müsse. Vor seinen Studenten schlägt er deswegen die berühmte Definition vor, die er in der zeitgleichen Korrespondenz mit seinem Freund Körner wiederholt, daß nämlich »Schönheit [...] Freiheit in der Erscheinung« sei (NA 21, 83; vgl. an Körner, 23. Febr. 1793). Über dieses »Licht« (an Körner, 21. Dez. 1792), das ihm bei seiner Ästhetikvorlesung hinsichtlich eines objektiven Begriffs des Schönen aufgegangen sei, wollte Schiller in einem philosophischen Dialog unter dem Titel »*Kallias, oder über die Schönheit*«, den er zur Ostermesse 1793 in Aussicht stellte, öffentlich Rechenschaft abgeben, doch ist es dazu nicht gekommen.[28]

In seiner im Mai 1793, also unmittelbar im Anschluß an die Ästhetikvorlesung im Wintersemester und die sogenannten Kallias-Briefe an Körner, für die *Neue Thalia* niedergeschriebenen Abhandlung *Über Anmut und Würde* sieht Schiller daher die Schönheit als eine »Bürgerin zwoer Welten« an, weil sie in der sinnlichen Natur ihre »Existenz« empfängt und in der Vernunftwelt ihr »Bürgerrecht« erlangt (NA 20, 260).[29] Diese gegenständliche Bestimmung wird freilich von Schiller auch an dieser Stelle nur behauptungsweise eingeführt, da er deren Beweis auf eine Analyse des Schönen »versparc« (NA 20, 261), die er später vorzulegen »hoffe« (NA 20, 266). Doch ist aus dieser Bestimmung immerhin hier schon soviel zu ersehen, daß der Geschmack »zwischen Geist und Sinnlichkeit in die Mitte tritt, und diese beiden einander verschmähenden Naturen, zu einer glücklichen Eintracht verbindet« (NA 20, 261). Damit hat Schiller im Schönen Sinnlichkeit und Vernunft miteinander versöhnt – eine Absicht, auf die bekanntlich auch die Erziehung zu Geschmack und Schönheit in den ästhetischen Briefen zielt, wenn durch sie »das Ganze unsrer sinnlichen und geistigen Kräfte in möglichster Harmonie« (20 Br., Anm., ÄE 150) ausge-

---

würde. Im Unterschied zu Kant oder Hegel ist für Schiller m. W. niemals der Versuch unternommen worden, systematisch nach Vorlesungsnachschriften (Sommersemester 1789 bis Wintersemester 1792/1793) zu suchen.

28 Auch die Wiederaufnahme des Projekts, die »Theorie des Schönen« zu entwickeln und einen »ersten Band« zur Ostermesse 1794 drucken zu lassen, weswegen Schiller seine Kallias-Briefe vom Februar 1793 von Körner zurückfordert (an Körner, 10. Dez. 1793), kommt nicht zustande.

29 Wie neue Einsichten und früher Erlerntes sich in Schillers Ausführungen überlagern, wird deutlich, wenn man bedenkt, daß Haller als Einleitung zu seiner oben (Anm. 12) zitierten anthropologischen Faustformel gedichtet hatte, daß das sterbliche Geschlecht im Himmel und im Nichts sein »doppelt Bürgerrecht« (›Über den Ursprung des Übels‹ [Z. 104]) habe.

bildet werden soll.³⁰ Doch was ist die Bedingung der Möglichkeit dieser Mitte? Schiller steht nämlich vor der paradoxen Situation, daß einerseits Schönheit als Erscheinung ein »bloße[r] Effekt der Sinnenwelt« (NA 20, 260) ist, andererseits »buchstäblich genommen, und logisch betrachtet«, wie Kant betont, »[...] Ideen nicht dargestellt werden [können]« (KU Allg. Anm. nach § 29, A 114; vgl. KrV, B 370 ff.). Daraus erklärt sich der für Kant geltend gemachte negative Modus der Fühlbarmachung der Vernunft durch das Erhabene sowie der Aufdeckung des Fortschritts in der Geschichte durch den Enthusiasmus, den die Zuschauer angesichts der Französischen Revolution aufbrachten. Schiller dagegen sieht in der menschlichen Anmut die Möglichkeit gegeben, der »große[n] Schwierigkeit« (NA 20, 277) beizukommen, seine Definition von Schönheit als Freiheit in der Erscheinung angesichts der Tatsache zu halten, daß Freiheit *außerhalb* der Sinnenwelt, Schönheit aber nur *innerhalb* der Sinnenwelt liegt.

Betrachtet man nun die menschliche Gestalt nicht unter dem logischen Gesichtspunkt in ihrer Vollkommenheit, sondern urteilt über sie nur nach dem Geschmack, so erscheint sie uns als schön. Diese »organische« (NA 21, 83) oder, wie Schiller nun sagt, diese »architektonische Schönheit« (NA 20, 262) ist Werk der Natur allein. Zwar *wissen* wir, daß diese Schönheit von Freiheit beseelt ist, aber wir können das nicht *sehen,* denn diese Freiheit *erscheint* nicht: »Gesetzt [...], man könnte bey einer schönen Menschengestalt ganz und gar vergessen, was sie ausdrückt, man könnte ihr, ohne sie in der Erscheinung zu verändern, den rohen Instinkt eines Tigers unterschieben, so würde das Urteil der Augen vollkommen dasselbe bleiben, und der Sinn würde den Tiger für das schönste Werk des Schöpfers erklären« (NA 20, 258). Erst wenn die architektonische Schönheit der menschlichen Gestalt durch Gebrauch des Willens in Handlung versetzt wird, dann tritt die Freiheit in der Bewegung in Erscheinung. Empfinden wir nun ein ästhetisches Wohlgefallen, so nennen wir die Bewegung anmutig. »Die Freyheit«, sagt Schiller, »regiert jetzt die Schönheit. Die Natur gab die Schönheit des Baues, die Seele giebt die Schönheit des Spiels. [...] Anmuth ist die Schönheit der Gestalt unter dem Einfluß der Freyheit [...]« (NA 20, 264). Anmut ist Schönheit in der Bewegung – jedoch nur der willkürlichen, d. h. der durch Willen gelenkten Bewegung. Bewegungen, die bloß der Natur angehören, etwa unwillkürliche Bewegungen im Schlaf, unkontrollierbare Zuckungen und die Bewegungen der Tiere können nie anmutig sein.

Freilich nimmt Schiller nun noch eine entschiedene Feinabstimmung vor, insofern die Anmut etwas unterhalb einer willkürlichen und etwas oberhalb

---

30 Vgl. Schillers 1795 verfaßte Abhandlung Über die notwendigen Grenzen beim Gebrauch schöner Formen: »Die Wirkungen des Geschmacks überhaupt genommen sind, die sinnlichen und geistigen Kräfte des Menschen in Harmonie zu bringen, und in einem innigen Bündniß zu vereinigen.« (NA 21, 3). Zurecht betont Riedel: »Der Spaziergang« (Anm. 11) mit Blick auf Passagen, wie diese, Schillers »utopische Anthropologie« einer ›ganzheitlichen‹ Menschenlehre (S. 19) – der hier zitierte, harmoniegebietende »Geschmack« verlangt indes zu seiner Supplementierung nach einem »Geistesgefühl«, das die Dissonanz des Erhabenen wachruft.

einer unwillkürlichen Bewegung eingepegelt wird. Anmutig sind quasi solche Bewegungen, die nicht mehr dem Trieb, aber noch nicht der willkürlichen Zwecksetzung gehorchen. Folgen wir Schiller also auf das Gebiet, »worinn man die Grazie zu suchen hat« (NA 20, 267): Wenn wir den Arm ausstrecken, um nach einem Gegenstand zu greifen, dann führen wir einen Zweck aus, und die Bewegung, die der Arm macht, wird durch die Absicht, die erreicht werden soll, vorgeschrieben. »Aber«, wirft Schiller nun ein, »welchen Weg ich meinen Arm zu dem Gegenstand nehmen und wie weit ich meinen übrigen Körper will nachfolgen lassen – wie geschwind oder langsam; und mit wie viel oder wenig Kraftaufwand ich die Bewegung verrichten will, in diese genaue Berechnung lasse ich mich in *dem* Augenblick nicht ein, und der Natur in mir wird also hier etwas anheim gestellt.« Die willkürliche Bewegung, die aufgrund einer Zwecksetzung »*erfolgt*«, wird durch eine unwillkürliche Bewegung, deren Grund in einem »moralischen [!] Empfindungszustand«[31] des Handelnden liegt, »*begleitet*« bzw. von ihr überlagert, wodurch Stimmung, Ton sowie Art und Weise der Gesamtbewegung bestimmt wird (NA 20, 267). Der Zweck der Handlung ist übersinnlichen Ursprungs, die Ausführung der Bewegung hingegen von sinnlicher Form. Diese Feinabstimmung, die Schiller zur Umkreisung der Anmut hier vornimmt, streift eine Anzahl verzwickter Probleme der Ästhetik am Ende des 18. Jahrhunderts, wie das der Naivität, denn die Grazie darf um ihre Anmut nicht wissen, oder das des Paradox' des Schauspielers, denn dessen Natürlichkeit ist Resultat seiner Kunst, oder das der Griechen, bei denen Natur und Sittlichkeit »wunderbar schön« (NA 20, 254) zusammenflossen.

Schillers Bestimmung der Anmut, als demjenigen, »was bey absichtlichen Bewegungen unabsichtlich« geschieht (NA 20, 271), zielt darauf, ein objektives Pendant zu Kants subjektiver Schönheitsformel als einem Wohlgefallen am freien Spiel der Erkenntniskräfte Einbildungskraft und Verstand zu schaffen. Die Bedingung der Möglichkeit unabsichtlich absichtlicher Handlungen, in denen Freiheit als Schönheit in Erscheinung tritt, scheint nun tatsächlich gegeben, denn andernfalls würden wir mancher menschlichen Handlung das Prädikat ›Anmut‹ nicht zusprechen.

In Hinsicht auf die Doppelnatur des Menschen bezeichnet die anmutige Bewegung ein Moment des Ausgleichs und der Mitte. Neigung und Pflicht stimmen harmonisch zusammen und die Anmut des Menschen ist Ausdruck seiner Einheit mit sich selbst. Weder unterdrückt die Vernunft hier die Sinnlichkeit, noch wird die Vernunft durch den Affekt beherrscht. Schönheit steht zwischen Wollust und Würde in der Mitte. In diesem Zusammenhang äußert Schiller seine Vorbehalte gegen die imperative Form der Kantischen Moralphilosophie,

---

31 Das Adjektiv macht mich in Schillers Argumentation erstaunen. Indem er die Empfindung sittlich adelt, übernimmt er zwar den Kern der englischen Moral-Sense-Philosophie und steht damit in der Tradition der im Zuge der Spalding-Abbt-Mendelssohn-Debatte gewonnenen ›Bestimmung des Menschen‹. Zugleich löst sich damit jedoch Schillers kantisches Problem strenggenommen auf, und überdies erklärt die Zustimmung zum sittlichen Trieb den Bankrott des Menschen als eines moralischen Wesens: Was er nicht aus Vernunft vollbringt, muß ihm als Trieb unterlegt werden – der Wunsch, Gutes zu tun.

da hier der Mensch nicht in Einigkeit, sondern im »Krieg« (NA 20, 282) mit sich selbst vorgestellt wird, insofern die sinnliche Hälfte des Menschen mit ihrem Hang zum radikal Bösen nur durch den Willen im Zaum gehalten werden kann. Solange Schiller im Hinblick auf Schönheit (oder deren begriffliche Derivate) argumentiert, lehnt er ein solch negatives Menschenbild ab, denn, heißt es gegen Kant gerichtet, es sei »kein gutes Vorurtheil für einen Menschen, wenn er der Stimme des Triebes so wenig trauen darf, daß er gezwungen ist, ihn jedesmal erst vor dem Grundsatz der Moral abzuhören [...]« (NA 20, 287).

Kant hat der Kritik in einer freundlichen Reaktion auf Schillers *Über Anmut und Würde* in der zweiten Auflage von *Die Religion innerhalb der Grenzen der bloßen Vernunft* (1794) konzediert, daß nach seiner Moralphilosophie in der Tat dann, wenn von der Pflicht die Rede sei, sich die Grazien »in ehrerbietiger Entfernung« zu halten hätten: »Nur nach bezwungenen Ungeheuern wird Herkules *Musaget*, vor welcher Arbeit jene gute Schwestern zurück beben« (B 11f., Anm.). Auf Herakles ist Schiller zurückgekommen – freilich nicht auf den Musenanführer, sondern auf die Himmelfahrt des *Hercules oetaeus*, mit der das Gedicht *Das Reich und die Schatten* (1795, Fssg. 1804: *Das Ideal und das Leben*) seine Teleologie symbolisch abschließt und die Schiller im gleichen Jahr in der Form der Idylle gestalten wollte. Darüber hat er sich im Zusammenhang mit der Arbeit an der Geschichtsphilosophie der ästhetischen Gattungen in der Abhandlung *Über naive und sentimentalische Dichtung* (1795/96) gegenüber Wilhelm von Humboldt brieflich näher erklärt. In seiner Idylle von der »Vermählung des Herkules mit der Hebe«[32] wollte Schiller allen Gegensatz des Wirklichen mit dem Ideal aufheben und damit nach *Elysium* hinführen. Voll Licht und ganz ohne Schatten, wäre die annoncierte Herkules-Idylle zugleich ein »Ideal der Schönheit« gewesen, mit dem es dem sentimentalischen Dichter gelungen wäre, über den naiven zu triumphieren, und hätte den Rezipienten mit einem »Gefühl eines unendlichen Vermögens« erfüllt (NA 20, 472f.). Freilich hat Schiller seine Herkules-Idylle ebensowenig zustande gebracht, wie die Menschheit Elysium. Er hat dagegen den Krieg, in den das menschliche Doppelwesen sich mit sich selbst verwickelt, in der Tragödie künstlerisch gestaltet, und die ästhetische Kategorie dieses Ungleichgewichts ist das Pathetischerhabene.

Gegenüber den Spannungen einer exzentrischen Anthropologie ohne Mitte verrät der Charakter einer »*schönen Seele*«, daß Sinnlichkeit und Vernunft tatsächlich sich in Übereinstimmung miteinander befinden. Dies sei das »Siegel der vollendeten Menschheit« und »Grazie ist ihr Ausdruck in der Erscheinung«

---

[32] An Wilhelm von Humboldt, 29. und 30. Nov. 1795, NA 28, 115−122, hier: 118ff. In der Diskussion des Beitrags von Norbert Oellers (Idylle und Politik. Französische Revolution, ästhetische Erziehung und die Freiheit der Urkantone. In: Friedrich Schiller. Kunst, Humanität und Politik in der späten Aufklärung [Anm. 10], S. 114−133) ist einerseits angemerkt worden, daß Schiller gar nicht die Idylle gemeint habe, »sondern die Utopie« (Reinhold Grimm, S. 135), und andererseits zurecht gefragt worden, warum eine solche »[...] Geschichte der Idyllenkonzeption den Begriff des Erhabenen [ignoriert]« (Hans-Jürgen Schings, S. 136).

(NA 20, 287f.) – menschliches Verhaltensideal, teleologische Geschichtsphilosophie und Politik sind in Schillers Schönheitsbegriff zusammengebunden. Eine solche Überfrachtung kann nicht gutgehen, weshalb Schillers Scheitern des Schönen regelmäßig eine zweite ästhetische Kategorie hervortreibt. Zur Anmut der schönen Seele tritt die Würde einer erhabenen Gesinnung.

Schiller faßt nun die symmetrische Kommunikation zwischen Natur und Freiheit in ein politisches Bild. Die Anmut gleicht der liberalen Regierung, in der weder der Regent seinen Willen gegen die Neigung der Bürger, noch die Bürger ihre Neigungen gegen den Willen des Regenten behaupten. In dem einen Falle wäre die Regierung nicht liberal, in dem anderen Falle wäre die Regierung gar keine Regierung. Das eine Extrem erinnert Schiller an eine Monarchie, »wo die strenge Aufsicht des Herrschers jede freye Regung im Zaum hält«. Das andere Extrem erinnert ihn an eine »wilde *Ochlokratie*«, an eine Pöbelherrschaft also, wo alles, wie Schiller fürchtet, »dem brutaleren Despotismus der untersten Klassen [...] anheimfällt« (NA 20, 281f.). Nimmt man den Komparativ ›brutal*eren*‹ Despotismus als Indiz und hört man genau hin, so entscheidet sich Schiller im Zweifelsfall für das Zaumzeug der Monarchie – also, und dafür diente das Bild, für die Herrschaft der Vernunft über die Sinnlichkeit. Politik und Körperpolitik zieht Schiller zusammen. Der Ausgleich zwischen den Prinzipien, der individuell in der schönen Seele und gattungsgeschichtlich für die vollendete Menschheit angestrebt wird, erscheint mir eher nach dem macchiavellistischen Motto ›Wen Du nicht besiegen kannst, den mache Dir zum Freund‹ als eine politische List der Sittlichkeit gegenüber dem Trieb, oder wie Schiller sagt: »Der bloß *niedergeworfene* Feind kann wieder aufstehen, aber der *versöhnte* ist wahrhaft überwunden« (NA 20, 284).

Auch in den Briefen *Über die ästhetische Erziehung des Menschen,* in denen die Regierungs- und Staatsmetaphorik in anthropologischer Hinsicht noch ausgebaut wird, kann man beobachten, wie Schillers kriegerische Rhetorik seine philosophische Intention hintertreibt. Denn philosophisch bezweckt der Gedanke des Schönen bei Schiller in der Tat die Synthese nie ermüdender antithetischer Setzungen – philosophisch: Natur/Vernunft, ästhetisch: Stofftrieb/Formtrieb, politisch: niedere/zivilisierte Klassen, geschichtlich: Verwilderung/Erschlaffung, sittlich: Anmut der Frau/Würde des Mannes. Rhetorisch faßt Schiller freilich diese Versöhnung stets in Bilder von Gewalt, Überwältigung oder Unterdrückung. Bevorzugt wird vor allem die Gebiets- und Reichs- sowie die damit zusammenhängende Kriegs- und Kampfmetaphorik. Kultur entpuppt sich als Krieg gegen die sinnlichen Neigungen des Menschen. Das Geheimnis des großen Künstlers sieht Schiller darin, daß dieser »*den Stoff durch die Form vertilgt*« (22. Br., ÄE 156).[33] Mit dem Schönen gelingt eben nicht »die Vision einer unterdrückungsfreien Kultur auf der Ebene einer reifen Zivilisa-

---

33 »[I]nevitable violence« (Pugh: Schiller as Platonist [Anm. 18], S. 280) prägt auch andernorts Schillers Bild künstlerischer Arbeit, wie z.B. die des Bildhauers in dem schon zitierten, zeitgleichen Gedicht »Das Reich der Schatten«: »Und beharrlich ringend unterwerfe / Der Gedanke sich das Element. / [...] / Nur des Meißels schwerem Schlag erweichet / Sich des Marmors sprödes Korn.« NA 1, 247, Z. 75ff.

tion«[34], wie Herbert Marcuse in *Eros und Civilisation* (1955) mit Blick auf Freuds Dichotomie von Lust- und Realitätsprinzip die Schillersche Versöhnungsutopie zu aktualisieren vermeinte, vielmehr ist in dieser Ineinsbildung Herrschaft und Unterdrückung immer mitgedacht, und zwar in Hinsicht auf den von Schiller angespielten Antagonismus von unteren und oberen Volksklassen, das Verhältnis von Individuum und Gesellschaft, den Gegensatz von weiblichem und männlichem Geschlecht sowie endlich die Spannung zwischen individueller Freiheit und Selbstbeherrschung. So entlarvt sich das Spiel der Schönheit als Kriegsspiel im Dienst der Vernunft.[35]

Ein weiteres Bildfeld neben dem politischen und kriegerischen ist das geschlechtliche, in das Schiller seine ästhetischen Zergliederungen gerne einkleidet. In seinem Aufsatz *Sublime Manliness and Lovely Feminity in the Age of Goethe* hat Raymond Immerwahr[36] einen geistesgeschichtlichen Abriß der sexuellen Topik gegeben, mit der auch Schiller Anmut und Würde konnotiert. Da Anmut einen Ausgleich mit der Sinnlichkeit sucht, der weibliche Körper aber von zärtlicherem Bau sowie größerer Leichtigkeit und Biegsamkeit ist, wird man Anmut eher bei dem weiblichen Geschlecht finden. Dieser Vorteil in Hinsicht auf die Natur, ist freilich ein Mangel im Blick auf die Freiheit, denn der weibliche Charakter wird sich, womit Schiller in seiner Abhandlung vom langen Abschnitt der ›Anmut‹ zum kürzeren Abschnitt der ›Würde‹ überleitet, selten »zu der höchsten Idee sittlicher Reinheit erheben« (NA 20, 289). Später geschrieben, aber in die gleiche Richtung zielen die Distichen *Macht des Weibes,* in denen sich Schiller über die geschlechtliche Dichotomie in ethischen Dingen noch genauer erklärt hat:

[...]
Kraft erwart ich vom Mann, des Gesetzes Würde behaupt er,
  Aber durch Anmut allein herrschet und herrsche das Weib.
Manche zwar haben geherrschet durch des Geistes Macht und der Taten,
  Aber dann haben sie Dich, höchste der Kronen, entbehrt.
[...]. (NA 1, 286)

---

34 Herbert Marcuse: Triebstruktur und Gesellschaft. Ein philosophischer Beitrag zu Sigmund Freud [am. 1955]. Frankfurt/M. 1987, S. 195. Marcuse schränkt jedoch seine an den »explosiven Eigenschaften der Schillerschen Konzeption« (S. 188) ästhetischer Erziehung zum Schönen orientierte »Vision« einer repressionsfreien Gesellschaft im Hinblick auf die destruktive und hemmungslose Form polymorph-perverser Triebstruktur wieder ein: Die libidinöse Ordnung der Triebe stehe »jenseits von Gut und Böse – und keine Kultur kann auf diese Unterscheidung verzichten« (S. 222). Sein Buch endet dann auch melancholisch (S. 233).
35 Ich folge hier der feinen Dekonstruktion von Rose Riecke-Niklewski (Die Metaphorik des Schönen. Eine kritische Lektüre des Versöhnung in Schillers »Über die ästhetische Erziehung des Menschen in einer Reihe von Briefen«. Tübingen 1986), die die »grundlegende[n] Ambivalenz des Schönen« (S. 101) bei Schiller dadurch hervortreibt, daß sie gegen die philosophische Intention des Verfassers die Rhetorik seines Textes mobilisiert.
36 In: Tradition and Creation. Essays in Honor of Elisabeth Mary Wilkinson. Leeds 1978, S. 46–62.

Die männliche Würde freilich ist von Fall zu Fall notwendig, um sich gegenüber den Zumutungen, die »die Existenz in der Sinnenwelt« (NA 20, 289) mit sich bringt, zu wappnen. Für Schiller bleibt der anmutige Ausgleich der Sinne mit der Sittlichkeit Ideal – Paradies, kommunistische Gesellschaft oder Utopie, also für Orte vor, nach und jenseits der Geschichte. *In* der Geschichte dagegen herrscht Krieg, und man tut gut daran, die menschliche Willensfreiheit durch Brechung der Naturnotwendigkeit und der Begierden in sich, auch in gleichgültigen Dingen, zu üben und damit die Selbständigkeit als moralisches Wesen zu beweisen. Das Schlachtfeld, auf dem dieser Krieg ästhetisch ausgetragen wird, ist die Tragödie. Im Unterschied zu der nur angedeuteten »Theorie der Idylle« (NA 20, 473) oder kurzen Hinweisen auf die Komödie[37] hat Schiller über deren Regeln in eigenen, an Kants Analytik des Erhabenen anschließenden Aufsätzen separat Auskunft gegeben. Ziel der Tragödie ist die nur negativ mögliche Darstellung des Erhabenen durch das Auf-die-Bühne-bringen sinnlichen Schmerzes, weil, wie Schiller im Abschnitt über die Würde andeutet, sich der Mensch im Unterschied zum Tier, dazu entschließen könne, den »Schmerz [...] zu behalten« (NA 20, 290). Im Entschluß, gegen die Sinne zu handeln, tritt Freiheit in die Erscheinung. Auf diese Weise sind die bekannten Anfangssätze aus der gleichzeitig enstandenen Schrift *Über das Pathetische* zu verstehen, daß in der Tragödie das Sinnenwesen tief und heftig leiden muß: »Pathos muß da seyn, damit das Vernunftwesen seine Unabhängigkeit kund thun und sich *handelnd* darstellen könne.« (NA 20, 196) Von einer plötzlichen Verwandlung von Anmut in Würde war Schiller schon einige Jahre zuvor fasziniert gewesen, als er bei der Reinigung seines Geschmacks durch die Übersetzung der Alten entdeckt, wie sich der schöne weibliche Charakter der Iphigenie auf Aulis, diese Mischung aus Schwäche und Stärke, Zaghaftigkeit und Heroismus, schließlich ermannt[38] und die Opferung annimmt:

Iphigenie: [...] Doch nein. Ich will ja freudig sterben.[39]

»Kann etwas [...] erhabener seyn«, schwärmt Schiller in den *Anmerkungen* seiner Euripides-Übertragung für seine Heldin, »als die – zulezt doch freiwillige – Aufopferung einer jungen und blühenden Fürstentochter für das Glück so vieler versammelten Nationen?« (NA 15 I,76)

Der Mensch ist das Tier, das ›Nein‹ sagen kann[40] – wenn die tragische Anthropologie in der existenzialistischen Philosophie unseres Jahrhunderts

---

37 Die Komödie würde, wenn sie ihr Ziel erreichte, »alle Tragödie überflüssig und unmöglich machen« (NA 20, 446). Die aus dem Nachlaß veröffentlichte Notiz »Tragödie und Comödie« (NA 21, 91–93) zielt in die gleiche Richtung.
38 »Sapere aude. / Ermanne dich, weise zu sein.« (An den Augustenburger, 11. Nov. 1793, ÄE 29) Dazu, daß die Weisheit kriegerisch ist, vgl. Klaus H. Kiefer: Zur Definition aufklärerischer Vernunft. Eine kritische Lektüre von Kants »Beantwortung der Frage: Was ist Aufklärung?« In: WW 1/1991, S. 15–27.
39 NA 15 I, 74.
40 Diesen Hinweis auf die Anthropologie von Max Scheler finde ich in dem Artikel »Anthropologie« von Jürgen Habermas in: Philosophie. Hg. Alwin Diemer, Ivo Frenzel. Frankfurt/M. 1958 (= Das Fischer Lexikon), S. 19–35, hier: 23 (»Scheler nennt darum den Menschen auch einen Neinsagenkönner, einen Asketen des Lebens.«)

wiederauflebt, so weist das weniger darauf hin, daß Schiller sich von einem idealistischen Freiheitsbegriff gelöst hätte, sondern »wie abhängig der Existenzialismus von der idealistischen Philosophie geblieben ist«.[41] Erhabenheit, Angst, Ekel oder Verlorensein stehen einander näher, als das gipserne Pathos des ersten Schlüsselworts dieser Begriffskette und der zeitliche Abstand zwischen den philosophischen Orten ihrer Glieder vermuten läßt – sie sind jedoch nur unterschiedliche Perspektiven auf das gleiche dramatische Geschehen menschlicher Exzentrizität, das der »gebildete[n] *Kantianer*« (Goethe)[42] Schiller im philosophischen Denkmedium seiner Zeit versuchte, zur Sprache zu bringen.

Während Schillers Gedanken zur Anmut darauf zielen, das dualistische Menschenbild ›überwinden‹, graben seine Überlegungen zur Würde die Kluft um so tiefer. Entgegen der ›Anmut‹, die Schiller als Erscheinung der schönen Seele, in der Sinnlichkeit und Vernunft harmonieren, definiert hatte, ist ›Würde‹ der Ausdruck von Geistesfreiheit und erhabener Gesinnung, bei der die Triebe durch moralische Kraft beherrscht werden. Es ist mir undeutlich geblieben, wie Schiller sich das Verhältnis von Anmut und Würde vorgestellt hat. Revoziert der zweite Abschnitt der Schrift nicht die Überlegungen, die der erste Abschnitt exponiert hatte? Zwar heißt es, daß die schöne Seele sich im Affekt in eine erhabene »verwandeln« (NA 20, 294) *müsse,* doch wenn im Krisenfalle die Würde gegenüber der Anmut den Vorzug erhält, kann diese dann noch darauf Anspruch erheben, »höchste der Kronen«, Siegel vollendeter Menschheit und reifste Frucht der Humanität zu sein? Offenbar kollidieren hier zwei anthropologische Zielprojektionen. Ein Übergang ist in dieser doppelten Anthropologie weder als Kontinuität noch als dialektische Vermittlung denkbar, sondern höchstens im Ruck einer plötzlichen Verwandlung – in einer Zeitform also, die selbst schon zur Ästhetik des Erhabenen gehört. Gegenüber der Ansicht, daß eine Vereinigung von Anmut und Würde logisch unmöglich sei, hat Benno von Wiese im Kommentar der *Nationalausgabe* eine Dialektik der beiden Menschenbilder vorgeschlagen: »Eine Welt, in der es nur Anmut gäbe, wäre zwar ein Paradies, aber die dem Menschen auferlegte Bestimmung zur Freiheit könnte nicht hervortreten; eine Welt, in der es nur Würde gäbe, wäre eine unerlöste, d. h. die Welt ohne Versöhnung schlechthin. Anmut und Würde fordern sich daher gegenseitig, wenn auch ihre Vereinigung *in einem* Menschen immer nur *Ideal* bleiben kann« (NA 21, 230). Jedoch: Schiller selbst hat das »Ideal vollkommener Menschheit« ausschließlich in der Zusammenstimmung von Sittlichem und Sinnlichem gefordert, die die Anmut vollbringt, und davon die Würde als Ausdruck eines »Widerstreit[s]« zwischen beiden

---

41 Wolfgang Düsing: Schillers Idee des Erhabenen. Diss. Köln 1967, S. 16. Dementsprechend hat Walter Hinderer (Zwischen Person und Existenz: Vergleichende Bemerkungen zu Schillers philosophischer Anthropologie. In: GRM 21 (1971), S. 257–268, hier: 267) Schiller in die Philosphiegeschichte »zwischen Martin Heidegger und Max Scheler« gestellt.
42 Goethe: Erste Bekanntschaft mit Schiller. 1794 [1817]. In: ders.: Werke. Sophienausgabe. Bd. 36. Weimar 1893, S. 246–252, hier: 251.

Prinzipien als unverträglich abgegrenzt (NA 20, 298). Eine kryptodialektische Synthesekategorie, wie die in den anschließenden großen Abhandlungen eingeführte ›Idealschönheit‹ (sowie anthropologisch damit konvergierend, einen ›höhern Begriff‹ der Menschheit), kennt Schiller zu diesem Zeitpunkt noch nicht – der Widerstreit sollte jedoch der gleiche bleiben, wenn auch auf einer höheren Stufe.

III.

Doch will ich diese Aporie hier nicht weiter verfolgen, denn das würde nur zu weiteren Aporien führen. Schiller ›löst‹ den einen Widerspruch, indem er einen neuen schafft – das ist der Impuls[43], der Schillers philosophisches Schreiben vorantreibt. In Verfolgung dieser schismatisierenden Ästhetik[44] changiert Schillers Natur- und Menschenbild je nachdem, ob es aus der Perspektive des Schönen oder des Erhabenen beleuchtet wird. In der Sicht einer geschichtsphilosophischen Lesart der Abhandlung *Über naive und sentimentalische Dichtung* schließlich scheint die anthropologische Ambiguität historisch auf den griechischen Menschen in seiner harmonischen Totalität und das moderne Subjekt mit seiner Freiheit aus der Entfremdung verteilt – die Hypothek eines »höhern Begriff[s]« (NA 20, 437 und 439 f.) von der Idee der Menschheit bürdet Schiller den Frühromantikern auf.

Vielmehr möchte ich versuchen, die Frage zu beantworten, auf die die doppelte Ästhetik in Schillers philosophischen Schriften der neunziger Jahre die Antwort gab. Eine besondere Dringlichkeit hatte die Klärung ästhetischer Fragen nämlich dadurch erhalten, daß Schiller aufgrund der Enttäuschung über den Verlauf der Französischen Revolution insbesondere nach den Septembermorden 1792 und nach der Köpfung des Königs am 21. Januar 1793 zur Ansicht gelangt war, durch Ästhetik zur *menschlichen* Emanzipation beitragen zu können, nachdem in seinen Augen die *politische* Emanzipation Schiffbruch erlitten hatte und gescheitert war. In den Briefen an den Augustenburger, der Vorstufe zu den Briefen *Über die ästhetische Erziehung des Menschen,* die zeitlich an die Schriften *Über Anmut und Würde* und *Über das Pathetische* anknüpfen

---

43 »Ein Werk, und sei es noch so vielfältig, wird fast immer von einer Besessenheit, einer Idee getragen [...]«. Teresa Cadete: Schillers Ästhetik als Synchronisierung seiner anthropologischen und historischen Erkenntnisse. In: Weimarer Beiträge 37 (1991), S. 839–852, hier: 839.

44 In Anknüpfung an das Buch von Thomas Weiskel (The Romantic Sublime. Studies in the Structure and Psychology of Transcendence. Baltimore, London 1976) hat Linda M. Brooks (Sublime Suicide: The End of Schiller's Aesthetics. In: Friedrich von Schiller and the Drama of Human Existence. Ed. Alexej Ugrinsky. New York, Westport CT, London 1988, S. 91–101) die zweideutige Dynamik in Schillers Ästhetik als »bifurcated quality«, »see-saw pattern« und »schismatic process« (bes. S. 92 f.) bezeichnet, diese jedoch nicht bis in den Aufbau der ästhetischen Briefe hinein verfolgt. Diese stehen für sie auf der Seite von Kallias.

und die ihrer Art nach ein Fürstenspiegel sind, mit dem sich Schiller für ein dreijähriges Stipendium bedankte, gesteht er, daß die Kunst überflüssig wäre, wenn die politische Gesetzgebung der Vernunft verwirklicht würde. Das Ende der Kunst ist quasi durch das Mißlingen der Revolution bloß aufgeschoben. Es scheint, als habe das Ästhetische nur einen *provisorischen* Wert, solange es noch nicht zu einer »Regeneration im Politischen« (13. Juli 1793, ÄE 20) gekommen sei. Und danach sieht es im Juli 1793 nicht aus. Vielmehr urteilt Schiller gegenüber seinem fürstlichen Gönner: »Der Versuch des französischen Volks, sich in seine heiligen Menschenrechte einzusetzen, und eine politische Freiheit zu erringen, hat bloß das Unvermögen und die Unwürdigkeit desselben an den Tag gebracht, und nicht nur dieses unglückliche Volk, sondern mit ihm auch einen beträchtlichen Teil Europens, und ein ganzes Jahrhundert, in Barbarei und Knechtschaft zurückgeschleudert.« (ÄE 20)

Dabei ist es wohl weniger der politische Ekel vor dem Terror der jakobinischen »Schindersknechte« (an Körner, 8. Febr. 1793), der auch vor Königsthronen nicht halt macht, sondern vor allem das aus *Über Anmut und Würde* bekannte Ochlokratietrauma, wovon Schiller angesichts des Verlaufs der Pariser Staatsumwälzungen schon sehr früh befallen wird. Insbesondere die dionysische Entgrenzung der Volksmassen, und darunter namentlich diejenige der Frauen, hat Schiller schockiert. So teilte ihm am 13. Oktober 1789 seine Braut Charlotte von Lengefeld eine Neuigkeit mit, die sie in einem Brief ihres Schwagers Beulwitz[45] eben gelesen hatte: »– von den Pariser Frauens erzählt er schöne Geschichten die hoffe ich, nicht so sein sollen, es hätten sich einige bei einem erschlagenen Garde du Corps versammelt, sein Herz heraus gerißen, und sich das Blut in Pokalen zu getrunken. Es wäre weit gekommen, wenn sie so sehr ihre Weiblichkeit vergessen könnten« (NA 33 I, S. 411). Die Szene streicht die selbst »Kannibalen« besänftigende Utopie des Jubellieds *An die Freude* (1786, Z. 73ff.) durch. Ob die Erzählung auf einem Ereignis beruht, oder ob Beulwitz' Männerphantasie die Ausschreitungen, zu denen es beim Marsch der Frauen nach Versailles insbesondere am frühen Morgen des 6. Oktober 1789 in der Tat gekommen war[46], mit Angstlust imaginiert, ist in unserem

---

45 Am 4. Mai 1789 waren die schwarzburg-rudolstädtischen Prinzen Ludwig Friedrich und Carl Günther zu ihrer ›Kavalierstour‹ in Begleitung von Regierungsrat Ketelholt und Hofrat Beulwitz, dem Gatten von Charlottes Schwester Caroline, aufgebrochen, die sie u. a. nach Frankreich und Paris sowie in die Schweiz (Zürich, Bern, Genf) führen sollte. Das betreffende Schreiben Friedrich Wilhelm Ludwig von Beulwitz' scheint verloren, da unter seinen drei Briefen an Charlotte, die sich aus dem Zeitraum 1789–1820 im Weimarer Goethe-Schiller-Archiv (Sign. 83/1700) erhalten haben, der früheste vom 15. Dez. 1789 aus Genf datiert. Ich danke Herrn Dr. Georg Kurscheidt (Alverskirchen) und Frau K. Küntzel (Weimar) für einschlägige Hinweise.
46 »Die Männer waren die Helden des 14. Juli, die Frauen die des 6. Oktober. [...] Die Männer haben die Bastille genommen, und die Frauen haben den König gefangen.« (Michelet) Beide Geschehen waren schon im Moment ihres Ereignisses zum Mythos geworden, so daß es schwierig ist, Beulwitz' Nachricht historisch zu werten. Offenbar werden unterschiedliche Ereignisse durch das mythische Schema der Mänaden zu der ›schönen Geschichte‹ integriert. In keiner der von mir konsultierten Berichte (Jules Michelet: Die Frauen der Revolution [frz. 1854]. Frankfurt/M. 1984, S. 24ff.; Georges Rudé: Die Massen der Französischen Revolution [engl. 1959]. München, Wien 1961,

Zusammenhang eher unwichtig. Mag Schiller auch dem Bericht über den Pariser »Aufruhr«, den ihm der Revolutionshistoriograph Friedrich Schulz nach seiner Rückkunft aus Frankreich zwei Wochen nach Charlottes diesbezüglichem Brief gibt, eher skeptisch gegenüberstehen und sich für eine andere Geschichte aus dem »Tumult« in Versailles interessieren[47], der Bacchantinnentopos der Pariser Poissarden[48] hat sich Schiller jedoch so ins Gedächtnis eingeschrieben, daß er die Szene anarchischer Triebentfesselung später immer wieder dichterisch aufgegriffen hat[49], u. a. in den berühmten Versen der *Glocke,* in der die revolutionäre Parole nach »Freiheit und Gleichheit!« das schockierende Bild der Erinnerung neu hervorruft:

[...]
Da werden Weiber zu Hyänen
Und treiben mit Entsetzen Scherz,
Noch zuckend, mit des Panthers Zähnen,
Zerreißen sie des Feindes Herz.
[...][50]

Für Schiller scheitert die Französische Revolution nicht 1792/93, sondern schon im Oktober 1789 – also in erster Linie nicht politisch im Jakobinismus, wie für die meisten seiner Schriftstellerkollegen[51], sondern von Anfang an

    S. 88ff.; Susanne Petersen: Marktweiber und Amazonen. Frauen in der Französischen Revolution. Köln 1987, S. 62ff.) wird jedoch im Zusammenhang mit dem Marsch der Pariserinnen nach Versailles, auf den Beulwitz mit der Nennung der königlichen Leibgardisten anspielt, weiblicher Kannibalismus erwähnt.
47 An Caroline von Beulwitz und Charlotte von Lengefeld, 30. Okt. 1789, NA 25, 312.
48 Friedrich Schulz: Geschichte der großen Revolution in Frankreich [1790]. Hg. Gerhard Konzielek. Frankfurt/M. 1989, bes. S. 13–24 (Beschreibung und Abbildung der Poissarden in Paris von Schulz und Kraus. Mit einem illuminirten Kupfer von letzterem. Weimar und Berlin 1789). In Schulz' Erzählung des Marsches der Frauen nach Versailles (S. 229ff.) rasen die »Weiber« zwar »wie wilde Tiere« und tragen die Köpfe von zwei getöteten »Gardes du Corps« auf »blutigen Stangen« in einem karnevalesken Triumphzug zurück nach Paris – »kannibalisch« (S. 249) sehen sie freilich nur aus.
49 Vgl. Burghard Dedner: Die Ankunft des Dionysos. In: Die andere Welt. Studien zum Exotismus. Hg. Thomas Koebner, Gerhard Pickerodt. Frankfurt/M. 1987, S. 200–239, bes. 221ff.
50 NA 2 I, 227ff., Z. 365–368. Inge Stephan (»Da werden Weiber zu Hyänen ...« – Amazonen und Amazonenmythen bei Schiller und Kleist. In: Feministische Literaturwissenschaft. Dokumentation der Tagung in Hamburg vom Mai 1983. Hg. Inge Stephan, Sigrid Weigel. Berlin 1984 [= Argument-Sonderband, AS 120], S. 23–24) geht auf die hier herausgestellten Zusammenhänge nicht ein, sondern wertet die Verse als »Abwehrprojektion« gegenüber dem Umsturz der Herrschaftsverhältnisse oder der Umkehr der Geschlechterrollen im allgemeinen und als eine »Denunziation« radikaler Emanzipationsforderungen wie denjenigen von Olympe de Gouges oder anderer Frauen im Verlaufe der Französischen Revolution im besonderen – das sind sie auch, aber nicht nur!
51 Vgl. Rudolf Vierhaus: »Sie und nicht wir« – Deutsche Urteile über den Ausbruch der Französischen Revolution. In: Deutschland und die Französische Revolution. Hg. Jürgen Voss. München 1983 (= Beihefte der Francia, Bd. 12), S. 1–15. Ulrich Karthaus (Schiller und die Französische Revolution. In: JDSG 33 [1989], S. 210–239, hier: 210f.) hebt hervor, daß sich eine angebliche Sympathie Schillers für die Revolution in ihrem Anfangsstadium »schwer belegen« lasse und eine solche Ansicht »falsch« sei.

menschlich, weil, wie Schiller an den Augustenburger schreibt, »der wilde Despotismus der Triebe [...] alle jene Untaten aus[heckt], die uns in gleichem Grad anekeln und schaudern machen« (ÄE 21). Vor dem Erschrecken vor der Menschennatur, das Schillers anthropologische Kehre in der Ästhetik verursacht, wird auch die Kritik an der Arbeitsteiligkeit der Moderne (6. Br., ÄE 89−96) eher blaß.[52] Es ist nicht die gesellschaftliche Entfremdung, sondern vielmehr die menschliche Exuberanz, mit der die ›schöne‹ Geschichte von den Pariser Frauen konfrontiert, der gegenüber Schiller sich nicht hat beruhigen und es daher bei einer Bildung zum Schönen auch nicht hat belassen können. Der ästhetischen Erziehung wird dadurch ein doppelter Kursus aufgegeben, denn als Ursache der Regression macht Schiller neben der »Verwilderung« der Triebe auch die »Erschlaffung« der Kultur verantwortlich, insofern der sinnliche Mensch »nicht tiefer als zum Tier herabstürzen« kann, »fällt aber der aufgeklärte [Mensch], so fällt er bis zum Teuflischen herab« (ÄE 21). Schiller verallgemeinert hier also einerseits das wilde Treiben der Pariser Volksmassen und andererseits den Terrorismus des Wohlfahrtsausschusses.

Vor dem Hintergrund, daß der bürgerliche Traum ins Trauma verkehrt wurde, wird man die Konzeption einer ästhetischen Erziehung der Menschen zu situieren haben. Bevor man dem Bürger eine Verfassung geben könne, schließt Schiller aus seiner politischen Erfahrung, müsse man vielmehr für die Verfassung Bürger erschaffen. Hier setzt das Programm ästhetischer Erziehung an, in dem Schiller die Aporie der 1782/84 formulierten Nationaltheateridee noch einmal zu übertrumpfen versucht.[53] Die Schaffung veredelter Charaktere ist, doziert Schiller gegenüber dem Augustenburger gerade in jenem Brief (13. Juli 1793), dem er ein Separatum von *Über Anmut und Würde* anlegt, die Aufgabe einer ästhetischen Kultur, die die bloß philosophische Aufklärung ergänzen müsse, da es nicht so sehr an »Licht« als vielmehr an »*Wärme*« fehle. Da nun, nach Schillers Diagnose, das Zeitalter an einem zweifachen Gebrechen, an Verwilderung *und* Erschlaffung, leide, müsse die »ästhetische Bildung«, dessen Programm in dem sogenannten ›Einschluß‹ der Augustenburger-Briefe, d.h. einer Anlage zum Brief vom 11. November 1793, entworfen wird, doppelt wirksam werden, »wenn sie *auf der einen Seite* die rohe Gewalt der Natur entwaffnet und die Tierheit erschlafft, wenn sie *auf der andern* die selbsttätige Vernunftkraft weckt und [den] Geist wehrhaft macht« (ÄE 36). Diese »doppelte Wirkung« verspricht sich Schiller einerseits vom Schönen, das der Verwilderung entgegenarbeitet, indem es den sinnlichen Menschen »auf[ge]löst«, und andererseits vom Erhabenen, das der Erschlaffung entgegenwirkt, indem

---

52 Dagegen Jürgen Bolten: Einleitung. Zum denk- und werkgeschichtlichen Kontext der Briefe »Über die ästhetische Erziehung des Menschen«. In: ders. (Hg.): Schillers Briefe über die ästhetische Erziehung. Frankfurt/M. 1984, S. 9−29, hier: 22.
53 Schiller: Über das gegenwärtige teutsche Theater (1782): »Bevor das Publikum für seine Bühne gebildet ist, dörfte wohl schwerlich die Bühne ihr Publikum bilden.« (NA 20, 82). Schon Lessing formulierte das Paradox theatralischer Erziehung in seiner Klage »Über den gutherzigen Einfall, den Deutschen ein Nationaltheater zu verschaffen, da wir Deutsche noch keine Nation sind!« (Hamburgische Dramaturgie [1767/68], St. 101−104).

es den rationalen Menschen »an[ge]spannt« (ÄE 37). Mit Schönheit soll die Roheit poliert, mit Erhabenheit die Dekadenz gebremst werden. Es geht Schiller um die Bändigung menschlicher Tiere und kultureller Teufel. Daher besteht die Aufgabe, die er in der theoretischen Fundierung der ästhetischen Erziehung zu bewältigen hat, in der Rechtfertigung einer »doppelten Behauptung [...]: *erstlich*: daß es das Schöne sei, was den rohen Sohn der Natur verfeinert, und den bloß sensualen Menschen zu einem rationalen erziehen hilft; *zweitens*: daß es das Erhabene sei, was die Nachteile der schönen Erziehung verbessert, dem verfeinerten Kunstmenschen Federkraft erteilt und mit den Vorzügen der Verfeinerung die Tugenden der Wildheit vereinbart« (ÄE 38).

Dieses Dispositionsschema hat Schiller, als er den Briefen an den Augustenburger »eine ganz neue Gestalt« (an Friedrich Christian von Augustenburg, 20. Jan. 1795, NA 27, 125) gab, übernommen, nicht zuletzt, weil es durch die Auseinandersetzung mit dem »achtungswürdige[n]« Kunstverdikt Rousseaus (10. Br., ÄE 107) noch an Dringlichkeit gewonnen hatte.[54] Nur mit dem Einbau des Erhabenen in die Ästhetik war dem kulturkritischen Einwand, daß Schönheit auf dem Untergang der Tugend gründe, entgegenzutreten, mochte Schillers Verständigung mit Goethe in der Zwischenzeit auch seine Einstellung zur Sinnenwelt verändert haben, was ihn für das ›Mönchische‹ (vgl. an Goethe, 22. Dez. 1798 und 2. Aug. 1799) an der Königsberger Ethik sensibilisiert haben wird. Der sechzehnte ästhetische Brief nimmt die Unterscheidung einer »*auflösenden*« und einer »*anspannenden*« Wirkungsart des Schönen respektive Erhabenen unter der modifizierten Terminologie einer ›schmelzenden‹ und ›energischen‹ Schönheit wieder auf.[55] Schiller formuliert nun als Programm für

---

54 Vgl. Bernd Bräutigam: Rousseaus Kritik ästhetischer Versöhnung. Eine Problemvorgabe der Bildungsästhetik Schillers. In: JDSG 31 (1987), S. 137–155, hier: 155.
55 Um die Einheit der Erziehungskonzeption der ästhetischen Briefe zu retten, weisen Elizabeth M. Wilkinson und L. A. Willoughby (Friedrich Schiller: On the Aesthetic Education of Man. Ed. and transl. with an Introduction [1967]. Reprint Oxford 1984) die Identität von Erhabenheit und energischer Schönheit zurück (S. xlii und lviii). Sie führen die Unterscheidung zwischen schmelzender und energischer Schönheit statt dessen über Kant (KU Allg. Anm. nach § 29, A 121f.) auf eine bei Edmund Burke (A Philosophical Enquiry into the Origin of our Ideas of the Sublime and the Beautiful [1757, ²1759], III 18) vorgenommene Aufzählung der Qualitäten des Schönen selbst zurück (S. 255f). Für Burke ist aber nur »a delicate frame, without any remarkable appearance of strenght« schön, denn Stärke ist wesentliches Attribut seiner Definition des Erhabenen. Auch Kant zielt an der beigezogenen Stelle durchaus auf einen Gegensatz von Schönheit und Erhabenheit, und zwar in Hinsicht auf die jeweilige physiologische Wirkung: Ein jeder Affekt von der »wackern Art [...] ist ästhetisch-erhaben«, der Affekt von der »schmelzenden Art« dagegen kann zum »Schönen der Sinnesart« gezählt werden. Die Unterscheidung zwischen der anspannenden Wirkung und der abspannenden des Schönen, um die es Schiller geht, war im 18. Jahrhundert ästhetisches Allgemeinwissen und war Kant schon früh durch Mendelssohns Burke-Rezension von 1758 (»Spannen der Nerven«/»Erschlaffung«) und später durch Lektüre des vierten Kapitels von Burkes Buch über die wirkenden Ursachen des Erhabenen und Schönen in Garves Übersetzung (1773) vermittelt worden: »Schön und erhaben ist nicht einerley. Jenes schwellet das Herz auf und macht die Aufmerksamkeit starr und angespannt. Daher ermüdet es. Dieses läßt die Seele gleichsam in einer weichlichen Empfindung schmeltzen und [...] indem sie die Ner-

den »Fortgange« der Untersuchung, daß zunächst »die Wirkungen der schmelzenden Schönheit an dem angespannten Menschen« und danach »die Wirkungen der energischen [Schönheit] an dem abgespannten [Menschen]« geprüft werden sollen, »um zuletzt beide entgegen gesetzte Arten der Schönheit in der Einheit des Ideal-Schönen auszulöschen« (16. Br., ÄE 135). Der dialektische Spitzenbegriff einer Idealschönheit, die vom bloßen Ideal der Schönheit unterschieden werden muß, hatte Schiller in *Über Anmut und Würde* noch gefehlt, weswegen das Verhältnis der beiden Pole zueinander aporetisch bleiben mußte. Vom dialektischen Dreisprung aus gesehen, verschiebt sich das ›Ideal‹ quasi von der These zur Synthese. Damit rückt es freilich nur noch mehr in die Ferne. Das Ideal, so Schiller jetzt im Gegensatz zu seiner vorangegangenen Schrift in einer Passage, in der er durch Beschwörung des antiken Junokopfs aus der römischen Villa Ludovisi, die verspannten Dichotomien zur Ruhe bringen will[56], »ist weder Anmut noch ist es Würde [...]; es ist keines von beiden, weil es beides zugleich ist« (15. Br., ÄE 132).[57] *Ausgelöscht* ist der *Widerstreit* erst im Götter-, nicht im Menschenantlitz. Das Gleichgewicht idealer Schönheit »[kann] von der Wirklichkeit nie ganz erreicht werden [...]« (16. Br., ÄE 132). In der Empirie bleibt es dagegen bei dem Hiat einer »doppelte[n] Schönheit« (16. Br., ÄE 135), der aufgrund der *zweifachen* Art der Freiheit des Menschen, als »gemischte Natur« und als »Intelligenz« betrachtet (19. Br., ÄE 147, Anm.), nicht geschlossen werden kann. Die Lehre von den zwei Arten der menschlichen Freiheit ist in der Schrift *Über das Erhabene* noch ausgebaut worden. Diese durchgängige Dualisierung der Kategorien führt Schiller in anthropologische Aporien, die sein ästhetisches Denken vor sich hertreiben und dessen Dynamik es hier offenzulegen gilt.

Sowenig das Ideal-Schöne in der Erfahrung existiert, sowenig gibt es den »Ideal-Menschen« (16. Br., ÄE 135), dessen Formung sich Schiller freilich nach den enttäuschenden Erfahrungen der Französischen Revolution zunächst von dem Plan einer ästhetischen Bildung versprochen hatte. Daß der Mensch

---

ven nachläßt versetzt sie das Gefühl in sanfter Rührung die doch wo sie zu weit geht sich in Mattigkeit Überdruß und Ekel verwandelt« (Immanuel Kant: Bemerkungen in den »Beobachtungen über das Gefühl des Schönen und Erhabenen« [1764]. Hg. Marie Rischmüller. Hamburg 1991, S. 20).

56 Vgl. Helmut Pfotenhauer: Anthropologie, Transzendentalphilosophie, Klassizismus. Begründungen des Ästhetischen bei Schiller, Herder und Kant. In: Anthropologie und Literatur um 1800 (Anm. 26), S. 72–97, bes. 94 ff. sowie Pfotenhauer: Würdige Anmut (Anm. 27), bes. S. 170 ff.

57 Während Pfotenhauers (Anm. 27 und 56) Dekonstruktionen von Schillers plastischem Klassizismus stets mit dem Zitat der Juno Ludovisi kulminieren, versucht Kenneth P. Wilkox (Anmut und Würde. Die Dialektik der menschlichen Vollendung bei Schiller. Diss. 1977 [Kurzfassung in: Jahrbuch für Internationale Germanistik, Reihe B, 5 (1980), S. 215–222]), von dieser Passage aus, die Aporie der Schrift »Über Anmut und Würde« ex post in einen fünfstufigen Erziehungsprozeß aufzulösen: 1) Natur und Vernunft waren einst in Harmonie (»Anmut«), 2) Natur rebelliert gegen die Vernunft (»Sinnlichkeit«), 3) Vernunft unterdrückt die Natur (»Würde«), 4) Unterdrückung führt zur Sublimation (»Veredelung der Triebe«, wodurch 5) die Harmonie wieder hergestellt wird (»Anmut«).

unvollendet bleibt und es dies zu ertragen gilt – diese Einsicht scheint Schiller erst im Verlauf der Abfassung der ästhetischen Briefe gekommen zu sein. Ihre Konzeption scheitert nicht nur, weil unter der Hand sich ihr Ziel ändert und »aus einer Erziehung durch die Kunst eine Erziehung zur Kunst«[58] wird, sondern vor allem, weil sie ihre angekündigte Gliederung nicht erfüllen und vorher abbrechen. Das Dispositionsschema bleibt unausgefüllt.

Der Rest der ästhetischen Briefe 17 bis 27 wird in der *Horen*-Fassung von 1795 noch unter der Überschrift »Die schmelzende Schönheit« (ÄE 136) gedruckt. Weiteres und »mehr« sollte in einer Buchfassung erscheinen, damit »das Publikum auch wirklich ein neues Buch und nicht bloß den Abdruck eines alten erhalte« (an Cotta, 12. Jan. 1795, NA 27, 1927). Das geplante Buch und damit die Fortsetzung des in der Disposition Entworfenen, d.h. Ausführungen zur energischen Schönheit und »zuletzt« über das Ideal-Schöne (und über den Ideal-Menschen) kamen in der angekündigten Form nicht zustande. Die Briefe *Über die ästhetische Erziehung des Menschen* blieben Fragment. Das Torsohafte an ihnen scheint Schiller, im Unterschied zu seinen heutigen Exegeten[59], durchaus bewußt gewesen zu sein, denn er hat es später zu verwischen getrachtet, tilgt er doch 1801 bei der Sammlung seiner *Kleineren prosaischen Schriften* (Bd. III), die den Wiederabdruck der ästhetischen Briefe bringen, die erwähnte Zwischenüberschrift und streicht etwa im ersten Abschnitt des 18. Briefs bei der auf rhetorische Steigerung hin angelegten Wiederholung des Begriffs »schmelzende Schönheit« beide Male das Attribut (18. Br., ÄE 139).

---

58 Hans-Georg Gadamer: Wahrheit und Methode. Grundzüge einer philosophischen Hermeneutik [1960]. 5. Aufl. Tübingen 1986 (= Ges. Werke, Bd. I), S. 88 [= 78/79]. Dazu die Diskussion im Anschluß an den Vortrag von Dieter Borchmeyer: Ästhetische und politische Autonomie: Schillers ›Ästhetische Briefe‹ im Gegenlicht der Französischen Revolution. In: Revolution und Autonomie. Deutsche Autonomieästhetik im Zeitalter der Französischen Revolution. Hg. Wolfgang Wittkowski. Tübingen 1990, S. 278–290 und 290–296 (Diskussion).

59 Trotz aller Hinweise auf das »Fragmentarische« (Benno von Wiese, NA 21, 267) der ästhetischen Briefe (vgl. Walzel: Einleitung [Anm. 18], S. lv »Fragment« sowie Wilkinson/Willoughby [Anm. 55], S. lviii »shape of a torso«) wird dieser Tatbestand in ihren einschlägigen Interpretationen weder gegenwärtig gehalten noch jemals zum Ausgangspunkt der Deutung gemacht: »Man muß nun nicht Schillers [...] Theorie des Erhabenen in den Kontext der ›Briefe‹ einbringen, da sie nur als eine Zwischenstufe und ein Moment in der Konstruktion erscheint, das wir schon längst überschritten haben, und das in den ›Briefen‹ nicht wieder aufgenommen wird.« Hans-Georg Pott: Die Schöne Freiheit. Eine Interpretation zu Schillers Schrift »Über die ästhetische Erziehung des Menschen in einer Reihe von Briefen«. München 1980, S. 109 und 148, Anm. 10. Ulrich Tschierske (Vernunftkritik und ästhetische Subjektivität. Studien zur Anthropologie Friedrich Schillers. Tübingen 1988) geht auf den Zusammenhang von Schillers ästhetischen Schriften mit seiner Theorie des Pathetischerhabenen ausdrücklich nicht ein, »weil dies nur der Gegenstand einer ganz eigenen Arbeit sein könnte.« (S. 283, Anm. 88). Cathleen Muehleck-Müller (Schönheit und Freiheit. Die Vollendung der Moderne in der Kunst. Schiller – Kant. Würzburg 1989, bes. S. 253–258) weist den Fragmentcharakter der ästhetischen Briefe entschieden zurück, da ihre Vollständigkeit in der »Erziehungstheorie« liege.

IV.

Als einen gewissen »Ersatz« (NA 21, 390 [Kommentar]) für den nicht zustande gekommenen Teil der ästhetischen Briefe über die energische Schönheit mag man die Schrift *Über das Erhabene* ansehen, die erstmals in der genannten Sammelausgabe von 1801 erschien – und zwar dem Abdruck der revidierten Fassung der Briefe vorangestellt, wie die Abhandlung *Über das Pathetische* ihm nachgestellt war. Dieser Paratext signalisiert, daß die ästhetische Erziehung zum Schönen durch die ästhetische Erziehung zum Erhabenen nicht nur ergänzt, sondern zugleich auch *begrenzt* wird.

Die Entstehung der kurzen Schrift *Über das Erhabene* ist positiv nicht zu bestimmen. Die Meinungen darüber schwanken zwischen 1793 und 1801. Ihre inhaltliche Datierung ist freilich mit dem Problem belastet, ob wir dem Schiller der *versöhnten* oder dem Schiller der *ertragenen* Widersprüche das letzte Wort überlassen wollen. Wer daran interessiert ist, aus hegelianisierender Perspektive der Versöhnung, Schillers Fortschritt gegenüber Kant in der Synthese der Widersprüche im Idealschönen herauszustellen, der wird versucht sein, die Erhabenheitsschrift als eine frühe Fingerübung einer ersten Aneignung Kantischer Gedanken gegenüber dem (angeblich) reiferen Verständnis der ästhetischen Briefe herunterzuspielen.[60] Wer dagegen geneigt ist, wie ich, die Aporien des Versöhnungskonzepts offen zu halten und die damit verbundene doppelt Ästhetik zu konturieren, der wird sich gerne einem späteren Datierungsvorschlag anvertrauen.[61]

---

60 »In my view ›Ueber das Erhabene‹, like the other essays on ›the sublime‹ and ›the pathetic‹, is an early exercise in the first appropriation of Kantian ideas and is in no way to be placed beside the ›Esthetic Letters‹.« Jeffrey Barnouw: The Morality of the Sublime. In: Studies in Romanticism 19 (1980), S. 497–514, hier 510, Fußn. 15.

61 Überspitzt gesagt, läuft die Einschätzung von Schillers Ästhetik auf eine Datierungsfrage hinaus: Oskar Walzel datiert die Erhabenheitsschrift auf 1793 (Säkularausgabe [Anm. 18], Bd. XII, S. 396 ff.) und spricht im Hinblick auf die Verknüpfung des Erhabenen mit dem Problem der ästhetischen Erziehung von einer »lässigen Redaktion 1801«. Benno von Wiese kommt zu abwägenden, aber widersprüchlichen Daten: »keinesfalls vor 1794 [...], jedoch auch nicht später als höchstens 1796« (NA 21, 330), sie sei aber »wohl« vor Drucklegung unter Einbeziehung der neuen Erkenntnisse »noch einmal überarbeitet« worden (NA 21, 329). Fricke/Göpfert bringen vor allem die »reife Schönheit« insbesondere im zweiten Teil des Aufsatzes in Anschlag, um eine zeitlich nicht lange vor dem Veröffentlichungstermin liegende »durchgreifende Überarbeitung bzw. Ergänzung« früherer Aufzeichnungen zu begründen (Hanser V, S. 1195). Julius A. Ellias, der Übersetzer der Schrift ins Englische (Schiller: Naive and Sentimental Poetry and On the Sublime. Two Essays. Transl., with Introduction and Notes. New York 1966) hat den interessanten Vorschlag gemacht, den Beginn der Schrift ins Jahr 1793 zu datieren, den zweiten Teil jedoch, beginnend mit dem Absatz »Aber nicht bloß das Unerreichbare für die Einbildungskraft [...]« (NA 21, 47, Z. 26 ff.), bis zum Schluß wegen der radikal veränderten metaphysischen Grundlagen als einen späteren Zusatz »probably just before publication in 1801« (S. 220, vgl. S. 52 und 79) zu betrachten. Helmut Koopmann (Friedrich Schiller II: 1794–1805. 2., erg. Aufl. Stuttgart 1977, S. 18) kommt nach Diskussion einiger Datierungsvorschläge dagegen zu dem Schluß, daß Schiller sie »wirklich schon zwischen 1794 und 1796 geschrieben und [...] kurz vor der Drucklegung noch einmal durchgesehen und dabei einzelne

Denn die Schrift schließt zwar einerseits an die Abhandlung *Über das Pathetische* von 1793 an und könnte in der Tat als deren »Fortsetzung«[62] geplant gewesen sein, sie setzt aber andererseits auch das Dispositionsschema des Einschlusses im Brief an den Augustenburger vom 11. November 1793 und dessen Wiederaufnahme im 16. ästhetischen Brief von 1795 voraus. Das Programm wird ausdrücklich wiederholt, insofern aus dem »Kennzeichen guter und schöner, aber jederzeit schwacher Seelen« die Notwendigkeit erwachse, ihnen einen »rüstigern Affekt« zum Begleiter zu geben (NA 21, 41). Bekanntlich hat Schiller in dem »vermutlich« (NA 2 II A, 300) im Oktober 1795 entstandenen Epigramm »Schön und erhaben« (1795; 1805 u. d. T.: »Die Führer des Lebens«) diesen Gedanken dichterisch ausgeprochen und ihn nach Herders Einwand, daß der erhabene Genius nicht erst im Tode von Bedeutung sei, sondern er uns schon während des Lebens »hilfreich zur Seite« stehen müsse (von Herder, 10. Okt. 1795, NA 35, 375), in klarstellender Form auch prosaisch umschrieben. Herder hatte die »Kluft [...], / Wo an der Ewigkeit Meer schaudernd der Sterbliche steht« (NA 1, 272), als »Grab« (NA 35, 375) gedeutet, Schiller jedoch die »gefährlichen Stellen« und die »schwindlichte Tiefe« (NA 21, 41) gemeint, wo die Grenze zwischen Leib und Seele verläuft, die uns schon im Leben zerreißt. Diesen Riß spüren wir im Erhabenheitserlebnis als eine vermischte Empfindung von »*Wehseyn*« und »*Frohseyn*«, wodurch uns erfahrbar wird, »daß die Gesetze der Natur nicht nothwendig auch die unsrigen sind« (NA 21, 42). Wie durch eine Impfung[63] führe die Rührung durch das Pa-

---

neue Begriffe eingefügt« habe. Bei Klaus Sallmann (Schillers Pathos und die poetische Funktion des Pathetischen. In: JDSG 27 [1983], S. 202–221, hier: 203, Anm. 8) heißt es – leider ohne weitere Begründung – bündig: »Über das Erhabene [...], 1801 publiziert, ist 1795 verfaßt.« Die jüngste Ausgabe von Schillers Theoretischen Schriften. Hg. Rolf-Peter Janz. Frankfurt/M. 1992 (= Bibliothek Deutscher Klassiker, 78), S. 1448ff., bietet keine neuen Aspekte, um das Datierungsproblem zu lösen. Sucht man für die Überarbeitung der drei Abhandlungen, die in Bd. III der Kleineren prosaischen Schriften zusammengestellt wurden, nach Anhaltspunkten, so findet man auch hinsichtlich der Revision der ästhetischen Briefe wenig. Schiller meldet am 4. Dez. 1800 seinem Verleger Crusius, daß er den dritten Teil seiner »Prosaischen Schriften bei Göpferdt [dem Buchdrucker in Jena] drucken lassen« (NA 30, 218f.) werde. Von der Redaktion am dritten Band könnten die Klagen über die fatale Häufung der »Geschäfte« an Crusius (15. Jan. 1801) und Goethe (26. Febr. 1801) zeugen. Für die Überarbeitungsthese von Über das Erhabene ist nun von Belang, daß er den Anfang Mai 1801 erschienenen Band gegenüber Schelling als »Abdruck einiger frühern philosophischen Abhandlungen« bezeichnet (an Schelling, 12. [und 13.?] Mai 1801, NA 31, 35). Das spricht nicht dafür, daß Schiller die Schrift in den vorangehenden Monaten einer durchgehenden Überarbeitung unterzogen oder gar um fast ein Drittel ergänzt hat.

62 Die Thalia-Fassung schloß mit der Ankündigung »(Die Fortsetzung künftig.)« (NA 21, 188, Lesarten).

63 »Das Pathetische [...] ist eine Inokulation des unvermeidlichen Schicksals« (NA 21, 51). Schon in den »Philosophischen Briefen« wählte Schiller das Wort »Einimpfung« (NA 20, S. 113f.); vgl. Riedel: Die Anthropologie des jungen Schiller (Anm. 14), S. 211. Bei der Blatterninokulation, auf die Schiller hier zielt und die ihm aus seiner Feldscher-Ausbildung praktisch bekannt gewesen sein dürfte, handelte es sich um eine durchaus gefährliche, auch bei günstigem Verlauf sehr unangenehme und moral-

thetische zu einer »Fertigkeit« (NA 21, 51) im Erhabenen. Diese Überlegung greift auf die »Lebensphilosophie« (NA 20, 151) zurück, die der früheren Schrift *Über die tragische Kunst* (1792) an den Anfang gestellt war. Doch wer einen Habitus ausgebildet hat, »sich von sich selbst zu trennen« (NA 20, 151), um mit sich, wie mit einem Fremden umzugehen, wird wohl kaum in der Lage sein, eine *schöne* Subjektivität auszubilden. Das Ideal ist für den Einzelnen nicht erreichbar, es könnte nur in der Gattung verwirklicht werden. Der Ausweg in eine *Geschichte* in idealschöner Absicht ist aber durch den anthropologischen Ansatz der ästhetischen Briefe, in der das Telos von Kants Geschichtsidee quasi aus der Zeit ins Innere des Menschen hineingezogen wird[64], verstellt und erschiene in Hinsicht auf das Geschichtsbild, in das der Erhabenheitsaufsatz endet, auch aussichtslos. »Wende zur Lebenswelt« und »Absage an Geschichtsphilosophie« ist die Formel[65], mit der die Konstellation umschrieben wurde, die zur Konjunktur anthropologischen Denkens führt. Das mag »vollkommen sinnlos«[66] für die Entwicklung der Aufklärung gewesen sein – auf Schiller trifft sie zu.

Da sich das Schöne bloß um den Menschen als ein sinnlich-übersinnliches Doppelwesen, das Erhabene aber um den »*reinen Dämon*« (NA 21, 52) in ihm verdient mache, muß die ästhetische Erziehung, die Schiller in den *Briefen* ab-

philosophisch stets umstrittene Form medizinischer Vorsorge, bei der kranke Materie – Eiter! – übertragen wurde. Schillers iatrische Metaphorik könnte von der Betroffenheit durch die Blatternimpfung von Humboldts Sohn Wilhelm (geb. 5. Juni 1794), wegen der Schillers Frau Charlotte mit ihrem gerade einjährigen Sohn Karl nach Rudolstadt und Etzelbach ›auswichen‹ (an Goethe, 7. Sept. 1794), motiviert worden sein, zumal dem gleichen Brief die Schrift »Vom Erhabenen« als Ergänzung zu Goethes Lektüre der »Fortgesetzte[n] Entwicklung des Erhabenen« (1801 u. d. T.: Über das Pathetische) beilag. Auch der 1795 von Faust und Juncker aus Halle in Aussicht genommene Versuch, die Blattern in Europa mittels vollständiger Inokulation der Bewohner auszurotten, mag Schiller bewogen haben, einen gerade aktuellen Fachterminus in ästhetischer Absicht aufzugreifen. Die Kuhpockenvakzination dagegen, die Edward Jenner (1749–1823) seit 1796 gezielt praktizierte und die sich nach ihrer Publikation im Juni 1798 mit erstaunlicher Geschwindigkeit durchsetzte (Einführung z. B. im Herzogtum Braunschweig im Jahr 1800), muß Schiller damals noch unbekannt gewesen sein. Für einschlägige Hinweise danke ich Herrn Dr. Peter Albrecht (Braunschweig, brieflich 21. Juli 1992) und Herrn Dr. Wolfgang Riedel (Berlin, brieflich 7. Okt. 1992).

64 Vgl. Klaus Vieweg: Anthropologie und Weltgeschichte – Kant und Schiller. In: Friedrich Schiller – Angebot und Diskurs. Zugänge, Dichtung, Zeitgenossenschaft. Hg. Helmut Brandt. Berlin, Weimar 1987, S. 92–98. Die von Bernd Bräutigam (Konstitution und Destruktion ästhetischer Autonomie im Zeichen des Kompensationsverdachts. In: Revolution und Autonomie [Anm. 58], S. 244–259 und 260–263) mit Spaemanns Formel einer »›Inversion der Teleologie‹« (S. 255) herausgestellte Funktion der Autonomieästhetik, dem Menschen zu einem »Bei-sich-selbst-Sein im Zustand der Kultur« zu verhelfen (S. 262), gilt wohl nur für ihren schönen Teil.
65 Odo Marquard: Zur Geschichte des philosophischen Begriffs »Anthropologie« seit dem Ende des 18. Jahrhunderts [1963]. In: ders.: Schwierigkeiten mit der Geschichtsphilosophie. Frankfurt/M. 1973, S. 122–144 und 213–248.
66 So die Kritik von Wolfgang Pross: Herder und die Anthropologie der Aufklärung (Nachwort). In: ders. (Hg.): Johann Gottfried Herder: Werke. Bd. II: Herder und die Anthropologie der Aufklärung. München, Wien 1987, S. 1128–1216, hier: 1133

gebrochen hatte, um einen Kursus in Erhabenheit ergänzt werden, in dem freilich das bisher Gelernte in anderem Licht erscheint. Mit dem Durchbruchserlebnis des Erhabenen, bei dem »plötzlich und durch eine Erschütterung« der selbständige Geist aus den Netzen einer verfeinerten Sinnlichkeit gerissen wird, »worin uns das Schöne gern immer gefangen halten möchte« (NA 21, 45), hat Schiller nun ein desillusioniertes, negatives Natur- und Geschichtsbild verbunden.[67] Schon die Rhetorik, in die die Beschreibung des Durchbruchserlebnis gefaßt ist, hat die Einschätzung des Schönen verwandelt. Schiller schreibt das, als sei er sich nicht sicher, ob die schöne Seele nicht doch wohl eher ein leichtes Mädchen sei, wie es in der Szene aus Fénelons ›Abenteuer des Telemachs‹, die sich anschließt, dann auch evoziert wird: »Die Schönheit unter der Gestalt der Göttinn Calypso hat den tapferen Sohn des Ulysses bezaubert, und durch die Macht ihrer Reizungen hält sie ihn lange Zeit auf ihrer Insel gefangen. Lange glaubt er einer unsterblichen Gottheit zu huldigen, da er doch nur in den Armen der Wollust liegt, – aber ein erhabener Eindruck ergreift ihn plötzlich unter Mentors Gestalt, er erinnert sich seiner bessern Bestimmung, wirft sich in die Wellen und ist frey« (NA 21, 45). Das Interesse am Erhabenen ist hier in erster Linie nicht so sehr (à la Theweleit) durch die ›Panzerung‹ des Charakters motiviert, sondern vielmehr durch die Situation der Entscheidung – also gerade durch jene Zuspitzung, wo die ganzheitliche Erziehung zu Geschmack und Schönheit durch ihre Supplementierung um das Geistesgefühl des Erhabenen gefährdet wird und kollabiert.

Wo die schöne Seele eine Buhlerin und die Freiheit zum Erhabenen die *bessere* Bestimmung als die Freiheit im Schönen ist, erlischt das Vertrauen in Natur und Geschichte. So ist das Erhabene die Rückzugsposition des Menschen, wenn ihm nichts mehr bleibt. Aus dieser Perspektive erscheint die Natur als »wilde Bizarrerie« und »gesetzlose[s] Chaos«, in der kein »weiser Plan«, sondern der »tolle Zufall« regiert (NA 21, 48), der »aller Regeln [...] spottet« (NA 21, 50), und die Geschichte (wie dem Engel aus Benjamins neunter geschichtsphilosophischer These) als Trümmerhaufen und als Schreckensspur »einer alles zerstörenden und wieder erschaffenden, und wieder zerstörenden Veränderung« (NA 21, 52). Diese Sicht auf die Weltgeschichte als einer Wiederkunft des Gleichen nimmt den Einblick vorweg, den Schiller uns schließlich durch den Monolog »des 2ten Demetrius« am Schluß der Tragödie geben wollte, »indem er in eine neue Reihe von Stürmen hinein blicken läßt und gleichsam das Alte von neuem beginnt« NA 11, 226). Mit solchem schwarzen Naturbegriff hat Schiller jede Möglichkeit eines Ausgleichs abgeschnitten und durch die Naturalisierung der Geschichte jede Hoffnung auf ein Fortschreiten fahren lassen – demgegenüber bleibt nur noch die Chance, »sich in die heilige Frey-

---

67 Vgl. Jörg Heininger: Die Kanaille Franz, der ästhetische Staat und die Theorie der Komödie. Zum Widerspruch von Ideal und Wirklichkeit bei Schiller. Diss. Jena 1986 (masch.), S. 130f. Vgl. Rolf-Peter Janz: Die ästhetische Bewältigung des Schreckens. Zu Schillers Theorie des Erhabenen. In: Geschichte als Literatur. Form und Grenzen der Reproduktion von Vergangenheit. Hg. Hartmut Eggert, Ulrich Profitlich, Klaus R. Scherpe. Stuttgart 1990, S. 151–160.

heit des Geistes zu flüchten« und sich gegebenfalls »moralisch zu entleiben« (NA 21, 51).[68]

Es ist mit der philosophischen Anthropologie des 18. Jahrhunderts, versteht man sie als ein Wissen, das um das gegenseitige Verhältnis von Leib und Seele kreist, wie mit der Ästhetik, die als Wissenschaft von der sensitiven Erkenntnis gleichermaßen der Sinnlichkeit und dem Verstand zugewendet sein muß, um ihrer Aufgabe nachzukommen. Beide versammeln ein grenzüberschreitendes Wissen – sie sind Grenzwissenschaften. Wie man nun in der Ästhetik nur die Hälfte ihrer Wahrheit erführe, wenn man sich auf die Durchdringung des Schönen begrenzte und für das Erhabene blind bliebe, denn »zur Aesthetic gehöret nicht nur das Schöne, sondern auch das Erhabene«[69], so würde man sich in der Anthropologie um eine andere Wahrheit betrügen, beschränkte man die Auffassung vom ganzen Menschen auf eine harmonische Kommunikation und schlösse die Möglichkeit einer unerträglich gesteigerten Asymmetrie des Leib/Seele-Verhältnisses aus. Beide Möglichkeiten werden vielmehr durch die anthropologische Sichtweise der zweideutigen Menschennatur bei Strafe eines deterministischen Materialismus als gleichursprünglich gesetzt. Schiller faßt daher den ganzen Umfang seiner anthropologischen Ästhetik zusammen, wenn er gegen Ende der Schrift *Über das Erhabene* folgert, daß »[...] das Erhabene zu dem Schönen hinzukommen [muß], um die *ästhetische Erziehung* zu einem vollständigen Ganzen zu machen, und die Empfindungsfähigkeit des menschlichen Herzens nach dem ganzen Umfang unsrer Bestimmung, und also auch über die Sinnenwelt hinaus, zu erweitern« (NA 21, 52).

Der preußische Schulreformer Süvern hatte im Mai 1800 dem Weimarer Klassiker seine kritische Schrift *Über Schillers Wallenstein in Hinsicht auf die griechische Tragödie* überreicht. Darin suchte Süvern auf dem Hintergrund von Schillers und Schlegels geschichtsphilosophischer Replik auf die Querelle des Anciens et des Modernes Einsicht in die »grosse Gränzscheidung zwischen *Alten* und *Neuern*«, um dadurch einen neuen Zugang zur griechischen Tragödie zu erlangen. Gegenüber dem alten Muster falle nun Schillers *Wallenstein* ab. Denn während die griechische Tragödie in Hinsicht auf ihre Wirkung durch die Erregung von Mitleid und Furcht kathartisch »hindurchgeht« und in eine Stimmung versetzt, »welche ein gedeihliches fröhliches Menschenleben macht«, lasse Schillers Drama, nach Süverns Ansicht, den Zuschauer in »Kleinmuth«,

---

68 »Suizid als finale Form der Selbsterhaltung« – das wäre ein treffendes Fazit für Schillers Dramaturgie des Erhabenen. Vgl. Linda M. Brooks: Sublime Suicide (Anm. 44). Der zitierte Satz von Hartmut Böhme (Die anthropologische und autobiographische Dimension der Frage und des Fraglichen im Werk Hubert Fichtes. In: Anthropologie und Literatur um 1800 [Anm. 26], S. 247–274, hier: 258) kommentiert jedoch die Problematik von Sartres Stück »Tote ohne Begräbnis« (frz. 1946), bei dessen Hamburger Erstaufführung Hubert Fichte 1950 den François spielte.
69 Collegium des Herrn Professors Kant über Meyers=Auszug aus der Vernunft=Lehre. Nachgeschrieben von Hermann Ulrich Freiherr von Blomberg [ca. 1771]. In: Immanuel Kant: Gesammelte Schriften. Bd. 24 I. Berlin 1966 (= Akademieausgabe), S. 7–301, hier: 47.

»Erbitterung« und »Ängstlichkeit« zurück.[70] (In dem kurzen Aufsatz *Über Wallenstein* [1800/1801] sollte Hegel ganz ähnlich empfinden.) Nachdem er sich nochmals mit Goethe »über griechische und moderne Tragödie«[71] verständigt hat, kommt Schiller mit einiger Verspätung auf Süverns Kritik zurück und verspricht, darauf bei anderer Gelegenheit »weitläuftiger« einzugehen, deutet aber soviel schon an, daß die Sophokleische Tragödie nicht zum Maßstab der gegenwärtigen gemacht werden dürfe: »Unsere Tragödie [...] hat mit der Ohnmacht, der Schlaffheit, der Charakterlosigkeit des Zeitgeistes und mit einer gemeinen Denkart zu ringen, sie muß also Kraft und Charakter zeigen, sie muß das Gemüth zu erschüttern, zu erheben, aber nicht aufzulösen suchen. Die Schönheit ist für ein glückliches Geschlecht, aber ein unglückliches muß man erhaben zu rühren suchen« (An Süvern, 26. Juli 1800, NA 30, 177). Aus solchem »Kummer«[72] heraus wächst das Interesse für das Erhabene bis heute.

Das ist um 1800 der Stand von Schillers tragischer Anthropologie der Moderne. Im Zweifelsfall glaubte er nicht an eine »fromme Natur«[73], weder eine innere noch eine äußere, mochte er auch, wie wir, auf eine solch schöne Utopie hoffen.

---

70 Johann Wilhelm Süvern: Über Schillers Wallenstein in Hinsicht auf die griechische Tragödie. Berlin 1800, S. 16, 161 und 157. Das Buch befindet sich noch heute in Schillers Bibliothek, weist jedoch keinerlei Randbemerkungen, Anstreichungen oder ähnliches auf (Frau Ch. Tezky, Leiterin des Schillermuseums Weimar, briefliche Auskunft vom 20. Nov. 1990).
71 Goethes Werke. Sophienausgabe. III 2: Tagebücher 1790−1800. Weimar 1888, S. 301 (14. Juli 1800: »Abends Schiller [...]«).
72 Jean-François Lyotard: Der Widerstreit [frz. 1983]. München 1987, Nr. 257, S. 296.
73 Schiller: Der Spaziergang (1795 u. d. T.: Elegie; überarb. 1799, gedr. 1800), NA II/1, S. 308−314, Z. 194.

Die Rehabilitation des Schwärmers
Theorie und Darstellung des Schwärmens in Spätaufklärung und früher Goethezeit

MANFRED ENGEL (Erlangen)

I.

1776 stellt Wieland in seinem *Teutschen Merkur* – einem beliebten Brauch der Aufklärung folgend – drei Fragen zur Diskussion. Die zweite davon lautet:

> »Wird durch die Bemühungen kaltblütiger Philosophen und Lucianischer Geister gegen das was sie Enthusiasmus und Schwärmerey nennen, mehr Böses oder Gutes gestiftet? Und, in welchen Schranken müßten sich die Anti-Platoniker und Luciane halten, um nützlich zu seyn?« (Wieland 1776, 82)[1]

Die in dieser Doppelfrage versteckten Implikationen erschließen sich teils aus der Tradition der Schwärmerdiskussion und ihren argumentativen Topoi[2], teils aber auch erst aus der von Wieland ausgelösten Debatte.

Erstens legt die Aufgabenstellung nahe, daß »Enthusiasmus und Schwärmerei [...] der angegriffene Teil« sind, »den man auch wohl verkenne, – gegen den man zu weit zu gehen in Gefahr sei« (Lessing, 668). Die aufklärerische Position scheint also im Laufe des Jahrhunderts an Kredit verloren zu haben; ihr – nicht aber der Schwärmerei – müssen Grenzen gesetzt werden. Die Gründe für diese Veränderung lassen sich – zweitens – aus den Implikationen der höchst erklärungsbedürftigen Bezeichnungen ableiten, mit denen Wieland die zwei Fraktionen der Schwärmergegner benennt. »Kaltblütige Philosophen« und »Lucianische Geister« stehen nicht nur für zwei Diskursarten – begriffliche Abhandlung und Satire –, sondern vor allem für die zwei traditionsreichen Hauptlinien der Schwärmerkritik, die sich auch in der *Merkur*-Debatte wiederfinden.

Die »kaltblütigen Philosophen« bemühen sich um eine argumentativ stringente Widerlegung der Schwärmerei vom quasi-olympischen Standpunkt der

---

1 Zur Entlastung des Anmerkungsteils sind Quellentexte und Sekundärliteratur zum »Schwärmer« in einem bibliographischen Anhang zusammengestellt. Wird im folgenden nur mit Autor und Seitenangabe zitiert, so läßt sich die genaue Fundstelle immer über diese Bibliographie ermitteln.
2 Vgl. dazu Schings (1977), der sich vor allem auf die Frühaufklärung konzentriert.

Vernunft aus. Von emotionaler Hitze[3] wie auch von allen persönlichen Interessen frei stehen sie, mindestens ihrem eigenen Selbstverständnis nach, als unparteiische Schiedsrichter über dem Streit.[4] Satire gehört so nicht zu ihren bevorzugten Waffen; Mendelssohn etwa fordert kategorisch dazu auf, den Schwärmer nicht zu verspotten, sondern aufzuklären, »die Vorurtheile nicht zu *unterdrücken*, sondern sie zu *beleuchten*« (141). Die meisten Aufklärer zweifeln allerdings inzwischen daran, daß solche Vorurteilskritik den Schwärmer selbst überzeugen kann; denn der ist ja von seiner Konstitution her ein in seinem Denken wie Handeln nicht vernunftgeleitetes Wesen.[5] Man kann also eigentlich nur darauf hoffen, ihn aus der Gemeinschaft der Vernünftigen auszugrenzen und zu isolieren.

Die satirische Schwärmerkritik in der Nachfolge von Shaftesburys »test of ridicule« erwartete sich dagegen durchaus eine direkte Wirkung. Shaftesbury begründete das Verfahren allerdings nicht aus der Vernunftresistenz, sondern aus der Vernunfttranszendenz des Schwärmens: Durch rationale Prüfung allein lassen sich falscher und echter (da göttlich inspirierter) Enthusiasmus nicht unterscheiden, da auch letzterer »something vast, *immane*, and (as Painters say) *beyond Life*« an sich hat, voller »Extravagance and Fury« ist (Shaftesbury, 372).

Die Antworten auf Wielands Frage zeigen nun jedoch, daß sich in der deutschen Spätaufklärung ein neues Verständnis der »Lucianischen Geister« herausgebildet hat: Während man unter den »kaltblütigen Philosophen« meist die deutschen Aufklärer von Wolff bis zu den Berlinern versteht, wird die Fraktion der Spötter fast immer mit den französischen Aufklärern identifiziert – wobei zwischen einem Deisten wie Voltaire und einem atheistischen Materialisten

---

3 Vgl. Wielands Kritik an Häfelin: »die Präsumtion ist immer wider den, der mit Heftigkeit und Bitterkeit spricht [...]. Vor dem Aeropagus des ruhigprüfenden Menschenverstandes gilt auch nicht der kleinste Anschein von Leidenschaft« (Häfelin, 134).

4 Am reinsten wird dieses Idealbild des Aufklärers von Lessing entworfen. Er erklärt die Formulierung »kaltblütige Philosophen« für ebenso tautologisch wie »stählerne Degen« (668); anders als der selbst enthusiastische und schwärmerische Satiriker mengt sich der Philosoph nicht in den Streit: »Ohne sich mit den Mücken herumzuschlagen, die vor ihm herschwärmen, kostet seine bloße Bewegung, sein Stillsitzen sogar, nicht wenigen das Leben« (673).

5 Vgl. etwa Locke: »Vernunftgründen gegenüber sind sie [die Schwärmer] verschlossen, weil sie [vermeintlich] darüber hinaus sind« (II, 408); Lessing: »Schwärmereien [ist] nur durch Schwärmerei Einhalt zu tun« (673). Die Skepsis an der Aufklärbarkeit der Schwärmerei wächst, wenn sie nicht als »selbstverschuldete Unmündigkeit«, sondern als Seelenkrankheit begriffen wird: »Wahrheitsforscher haben aus Beobachtung der menschlichen Seelenkräfte gelernt, wie die Neigung zum Wunderbaren hinreissen kann – wie Leidenschaften, und besonders geschmeichelte oder betrogene Hoffnung, den Verstand bezaubern – welche Stärke die gehäuften undeutlichen Vorstellungen oder lebhaften Empfindungen haben, bey beständiger Richtung der Einbildungskraft auf dergleichen Gegenstände, alles Vermögen des gesunden Denkens zu ersticken [...], so daß keine Vernunftschlüsse dagegen wirken können« (Reimarus, 333–335).

wie d'Holbach kein großer Unterschied zu bestehen scheint.⁶ Damit aber gerät »spottende« Schwärmerkritik in den Verdacht, nicht nur die schwärmerischen Exzesse, sondern alle ihr zugrunde liegenden Ideale und Werte überhaupt anzugreifen, ja durch ihre nihilistischen Tendenzen die Menschen geradezu in die Schwärmerei zu treiben. Der »schale, nervenlose Atheismus, den die französirenden Schriftsteller durch Witz und Persiflage zu unterstützen gewußt haben«, ist »Ursache der Schwärmerei«, denn: »Man will lieber von *Gespenstern* umgeben sein, als in einer todten Natur zwischen lauter Leichnamen wandeln. Man will lieber im Schlaraffenlande als länger *ohne Gott* leben« (Mendelssohn, 140f.).⁷

Wieland selbst dagegen scheint nicht die »Lucianischen Geister«, sondern die »kaltblütigen Philosophen« für die bedenklichere Partei gehalten zu haben.⁸ Wenn er sie als »Anti-Platoniker« apostrophiert, attestiert er gerade ihnen – nicht den Spöttern – den materialistischen Affekt gegen alle transempirischen Ideale, gegen einen Glauben an das »Schöne und Gute, Vollkommene und Göttliche« in der menschlichen Natur (Wieland 1775, 135).

Gleichgültig aber, ob das Mißtrauen sich nun primär gegen die »kaltblütigen« oder gegen die spottenden Schwärmerkritiker richtet – in jedem Fall erscheint die aufklärerische Position als defizitär. Die Gründe dafür lassen sich etwa aus Wielands *Agathon* erschließen: An Hippias, dem Gegenspieler des Helden, zeigt sich, daß die Aufklärungsphilosophie in ihrem avanciertesten Stadium ihre Vorurteilskritik auf alle über Selbsterhaltung und Selbststeigerung hinausführenden Werte ausdehnt; sie ist daher nicht mehr imstande, die praktisch offensichtlich notwendigen moralischen Ideale theoretisch stringent zu begründen. Der Schwärmer Agathon handelt zwar nach diesen Idealen, kann sie aber nur gefühlsmäßig und also nicht intersubjektiv überzeugend darlegen; außerdem scheitert er immer wieder durch sein unübersehbares Defizit an Weltklugheit und Weltkenntnis. Vor dem Hintergrund dieser aporetischen Konstellation wird die verborgene Virulenz von Wielands *Merkur*-Aufgabe deutlich; ihre Fragestellung muß jedoch nun – mindestens in ihrem zweiten Teil – selbst als fragwürdig gelten: Kann eine aporieverdächtige Problemkonstellation wirklich durch bloße Terrainabsteckung nach dem Motto: »Bis hierher Kritik, und nicht weiter« aufgelöst werden?

Immerhin könnte eine solche Terrainabsteckung zu einer Klärung der Positionen beitragen. Dem arbeitet die dritte – im »nennen« versteckte – Implikation der *Merkur*-Frage vor: Wie die aufklärerische, so ließe sich auch die Ge-

---

6 Vgl. etwa: Eberhard, 364, 376f.; Häfelin, 128; Herder, 1776, 139; Kleuker, 241f. u. 335f.; Schlosser, 786; Stolz, 81ff. Als mustergültiger »Lucianischer Spötter« wird dagegen gelegentlich Sterne genannt (Kleuker, 240; Eberhard, 396).
7 Nur Wezel verteidigt die Position der Spötter und nimmt vor allem Voltaire energisch vor den Angriffen Schlossers in Schutz (63 u. 64ff.).
8 1775 schreibt Wieland über »Menschen, die [den] Enthusiasmus nie erfahren haben«: »Wie frostig, düster, unthätig, wüst und leer jene. Wie heiter und warm, wie voller Leben, Kraft und Muth, wie gefühlvoll und anziehend, fruchtbar und wirksam für alles was edel und gut ist, diese [Enthusiasten]« (136). Kaltblütigkeit erscheint also als das größere Übel.

genposition ausdifferenzieren. Wieland selbst hatte schon 1775 vorgeschlagen, zwischen »Schwärmerei« und »Enthusiasmus« zu unterscheiden. Auch solche Differenzierungsversuche haben eine lange Tradition – wenn auch nicht unbedingt in der von Wieland vorgeschlagenen Terminologie. Die meisten Gegner der Schwärmerei und alle ihre Befürworter räumen ein, daß Schwärmerei ein »Verhältnißbegriff« ist – wie Jenisch das nennen wird –, in dem »das *mehr* oder *minder* bestimmt werden« muß (213f.). In der Regel differenziert man dabei nach dem Werttelos des Schwärmens: Ist dieses ein konsensfähiges Gut[9], so wirkt sich das schwärmerische Verhalten durchaus segensreich aus. Ganz in diesem Sinne unterscheidet Wieland zwischen Schwärmerei:

> »eine Erhitzung der Seele von Gegenständen, die entweder gar nicht in der Natur sind, oder wenigstens das nicht sind, wofür die berauschte Seele sie ansieht,«

und Enthusiasmus:

> »eine Erhitzung der Seele, die nicht Schwärmerei ist, sondern Wirkung des unmittelbaren Anschauens des Schönen und Guten, Vollkommenen und Göttlichen in der Natur und unserm Innersten, ihrem Spiegel! Eine Erhitzung, die der menschlichen Seele, sobald sie mit gesunden, unerschlafften, unverstopften, äußern und innern Sinnen sieht, hört und fühlt, was wahrhaft schön und gut ist, eben so natürlich ist, als dem Eisen im Feuer glühend zu werden« (1775, 134f.).

Schwärmerei ist daher »Krankheit der Seele, eigentliches Seelenfieber: Enthusiasmus ist ihr wahres Leben« (136). »Der Schwärmer ist begeistert wie der Enthusiast, nur daß diesen ein Gott begeistert und jenen ein Fetisch« (137).

Wiederum zeigt sich also, daß die Schwärmerdebatte komplexer geworden ist. Locke hatte Schwärmerei noch uneingeschränkt verwerfen können: Wer über das »lumen naturale« der Vernunft verfügt, bedarf keiner zusätzlichen Erleuchtung. Daß diese einfache Antwort in der Spätaufklärung kaum mehr gegeben wird, hat wohl vor allem zweierlei Gründe. Der eine liegt in einer konzeptuellen Schwachstelle der aufklärerischen Argumentation: Deren Leitprinzipien sind Konsens – die Orientierung am »common sense«, am »sensus communis« – und ein mittleres Maß, die Vermeidung von Extremen. Damit aber lassen sich Innovation, Originalität und ein auf überdurchschnittlichem Einsatz und überdurchschnittlicher Energie beruhendes Handeln nicht begründen; das »Außerordentliche und Auffallende« gerät von vornherein in den Verdacht des »Excentrischen«, da es »gemeiniglich schon aus gewissen Verirrungen [der] Einbildungskraft und einer Schwäche der Urtheilskraft« entsteht (Garve, 397).[10] Da jedoch gerade das aufklärerische Reformstreben auf Energie und Innovation nicht verzichten kann, muß man zunehmend einräumen, daß Einseitigkeit und ein gewisses Maß an Blindheit für die zu überwindenden

---

9 Vgl. etwas Eberhard: »Die Wahrheiten, die der ruhigen Vernunft bereits eingeleuchtet, die in den Herzen zu beleben, und ihnen durch die Sinne und Imagination Kraft zu geben, das ist der Enthusiasmus, den man befördern muß« (378).
10 Vgl. auch: »Man darf nur den nicht gewöhnlichen Gang der Ideen gehen, etwas Neues, zur Zeit noch wenigens Bekanntes, zur Untersuchung empfehlen, mit Wärme darüber sprechen und gleich wird man [...] als Schwärmer gescholten« (›Archiv‹, 5).

Widerstände notwendig sein können[11], wenn nur die Orientierung an prinzipiell konsensfähigen – »wahren und soliden« (Meister, 20) – Zielen gewährleistet bleibt:

> »In einer gelinden Bedeutung gebrauchen wir das Wort Schwärmer von Plan- und Projectmachern und andern Leuten der Art, die irgend eine Idee mit dem Grade der Lebhaftigkeit denken, der mit dem gewöhnlichen Ideengange unverhältnißmässig ist [...]. Betreffen diese zu lebhaft gedachten und mit übertriebener Wärme bearbeiteten Ideen Dinge von Wichtigkeit, z. B. menschenfreundliche Vorschläge, praktische Aussichten, oder Plane zum Wohl der Menschheit; so erheben wir den liebenswürdigen Schwärmer zu einem liebenswürdigen Enthusiasten« (Jenisch, 214f.).

Wenn er nur die Entartung zum Fantasten oder Fanatiker vermeidet, avanciert der hitzige Enthusiast so sogar zum Repräsentanten von Selbsttätigkeit[12] und zum Vorkämpfer für Freiheit und Selbstbestimmung.[13] Shaftesbury hatte also nicht unrecht, alle herausragenden Leistungen von »Heroes, Statesmen, Poets, Orators, Musicians, and even Philosophers« dem Enthusiasmus zuzuschreiben (372).

Der zweite Grund für diese mindestens partielle Aufwertung des Enthusiasmus liegt in der anthropologischen Fundierung aller geistigen Leistungen. Wenn die Vernunft nicht vom Körper unabhängig ist, bedarf sie der Stimulation durch »erhitzte« Lebensgeister. Selbst der sich so ganz als kaltblütiger Philosoph gebende Lessing räumt in seinem Beitrag zur Debatte ein, daß ihm »spekulativer Enthusiasmus« als heuristisches Hilfsmittel durchaus willkommen ist; freilich müssen so gewonnene Einfälle – in einer Art Zwei-Phasen-Modell – dann noch kritisch geprüft werden.[14]

Ganz kann man auf Enthusiasmus also nicht mehr verzichten. Wielands Differenzierungsversuch ist so nur die starke Variante einer generellen Aufwertung von erhitztem Gefühl und erhitzter Einbildungskraft. Seine eigene *Merkur*-Frage hat er mit dieser Unterscheidung von Enthusiasmus und Schwärmerei

---

11 Vgl. etwa: »Ausserordentliche Unternehmungen werden schwerlich ohne einen ziemlichen Grad von Enthusiasmus durchgesetzt werden« (Meister 1775, 19 – alle Meister-Zitate im folgenden, wenn nicht anders angegeben, aus der Vorlesung von 1775); »Der Mensch ist keiner starken Leidenschaft, keiner tiefen Empfindung fähig, ohne eine Anwandlung von Schwärmerey« (Jenisch, 217).

12 So etwa Jenisch: Enthusiastische Einseitigkeit beruht darauf, daß man »aus der fortgehenden Reihe [der] Ideen eine« »absondert« »und zu dem anfangenden Gliede einer neuen Kette« macht – damit aber beweist sie »einen verstärkten Grad der innern Selbsttätigkeit. (Dieses *primum mobile* des gesamten geistigen Systems in der lebendigen Welt.)« (215f.).

13 So etwa – mit mancherlei Bedenken und Einschränkungen – Hume (84) und Garve (391).

14 »Er sucht sich die dunkeln lebhaften Empfindungen, die er während des Enthusiasmus gehabt hat, wenn er wieder kalt geworden, in deutliche Ideen aufzuklären« (671). Ähnlich argumentiert auch der noch dogmatischere Aufklärer Eberhard, wenn er sich gegen den Vorwurf zu großer »Kälte« verteidigt: »Die Ausbildung der Vernunft bringt es nicht mit sich, daß man die Einbildungskraft verschmähe. [...] Man will nur, daß sie unter der Lenkung der Vernunft stehen« soll (364).

aber allenfalls zur Hälfte beantwortet. Denn auch der Enthusiast – Agathon oder Peregrin Proteus demonstrieren dies überdeutlich – bedarf einer korrigierenden Kritik, deren Grenzen eben noch zu bestimmen wären.

Gemessen an der – aus ihren Implikationen rekonstruierten – Dringlichkeit und Komplexität der Fragestellung muten die Antworten recht enttäuschend an. Statt das Problem weiterzudenken, vertreten die Teilnehmer an der Schwärmerdebatte[15] zumeist dogmatisch ihre vorgefaßten Positionen. Dabei lassen sich fünf Parteien unterscheiden: 1. die (meist deistischen) Aufklärer (Adelung, Eberhard, Garve, Lessing, Lichtenberg, Meister, Mendelssohn, Nicolai, Pockels, Reimarus, Richerz, Spazier); 2. die (anti-deistischen) Vertreter einer neuen Gefühlsreligion nach dem Vorbild Lavaters (*Archiv*, Häfelin, Schlosser, Stolz); 3. der neue, tendenziell monistische Organizismus (Herder, Kleuker); 4. die Stürmer und Dränger; 5. die französischen Materialisten. Die letzten beiden Gruppen sind nicht direkt vertreten[16]; als Extremisten der »schwärmerischen« bzw. der aufklärerischen Position fungieren sie jedoch für alle anderen jeweils als Hauptgegner bzw. als die (auszugrenzende) Radikalvariante der eigenen Position.[17]

Die Vertreter der ersten und zweiten Gruppe beziehen etablierte und kaum konsensfähige Gegenpositionen: Die *Aufklärer* sehen sich in die Defensive gedrängt, denn der Zeitgeist scheint die Schwärmerei zu begünstigen. Allenthalben treten neue »Gothen, Vandalen, Longobarden, Sarazenen« auf, die »das Licht der Vernunft und der Wissenschaften wieder auslöschen, und Finsterniß über Europa verbreiten möchten« (Reimarus, 317):

> »Wir hören seit ein paar Dezennien so viel von wunderthätigen Männern, weissagenden Weibern, geistersehenden Philosophen, aus den Gräbern heraufbeschworener Verstorbenen, daß wir beynahe glauben sollten, es sey irgend ein mesmerischer Dämon aus den höhern Regionen auf unsern Erdball herabgestiegen, und habe eine Menge grosser und kleiner Köpfe unsrer Zeitgenossen durch einen geheimen geistigen Magnetismus desorganisirt. Eine Erscheinung, die uns auf der Stufe der Aufklärung, zu wel-

---

15 Ich werde im folgenden das gesamte spätaufklärerische Quellenmaterial, das in der Bibliographie nachgewiesen ist, diskutieren, also nicht nur die direkten Antworten auf Wielands Frage (das wären die Beiträge von Eberhard, Häfelin, Herder 1776, Kleuker, Lessing, Schlosser und Wezel). Zur Merkurdebatte im engeren Sinne vgl. Schings 1977, 270–272; dazu und zur spätaufklärerischen Schwärmerdiskussion generell vgl. Heinz, deren vorzüglicher Arbeit ich mehr Anregungen verdanke, als ich im einzelnen nachweisen kann.
16 Wezel steht den Franzosen zwar nahe, führt in seinem Beitrag aber keine spezifisch materialistischen Argumente an. Herder und Lavaters Anhänger wiederum sind, trotz deutlicher Affinitäten, nicht einfach zum Sturm und Drang zu rechnen. Ersterer hat sich in seiner Schrift ›Vom Erkennen und Empfinden der menschlichen Seele‹ nicht nur von der abstrakten Spekulation mechanistischer Philosophie, sondern auch vom einseitigen Gefühlskult der Kraftgenies abgegrenzt; letztere unterscheiden sich von den Stürmern und Drängern vor allem durch ihre Orientierung an der Offenbarungsreligion.
17 Zu den frz. Materialisten vgl. Anm. 6; zum Sturm und Drang etwa: Eberhard, 377 (»kraftrufende Vernunftfeinde«); Herder 1776, 146; Häfelin, 216f.; Lichtenberg, 366, 371f. u. passim.

cher wir uns durch so viele Kämpfe hinaufgearbeitet haben, [...] befremdend seyn muß« (Jenisch, 211).[18]

Berühmt-berüchtigte Schwärmer der Spätaufklärung wie Cagliostro, Mesmer und Lavater sind also keine Einzelerscheinungen:

»Überall wimmelt es von Theosophen und Chiliasten, Rosenkreuzern und Alchimisten, hermetischen Philosophen und Parazelsisten, Geistersehern und Geisterbannern, Inspirirten und apokalyptischen Träumern.«[19]

Der unüberhörbar gereizte Ton[20] – von der »Seuche der Schwärmerey« ist die Rede (Reimarus, 317), von einer sich ausbreitenden »Krankheit«, einer »schleichenden Pestilenz« (Pockels, 226f.) – verhindert differenziertes Analysieren und Argumentieren. Statt dessen malt man gerne das Schreckgespenst eines neuen finsteren Zeitalters an die Wand:

»man dürfte die kraftrufenden Vernunftfeinde fort machen lassen; so hätten wir sie wieder, diese Unwissenheit, und die falsche Wissenschaft, den Dummheitsstolz; den Eigendünkel, den Menschenhaß, den hartsinnigen, herrschsüchtigen Blutdurst auf ihren Fersen« (Eberhard, 377).

Die Aufklärer präsentieren den Schwärmer daher bevorzugt in der Gestalt, in der er ihnen als Gegner schon immer am greifbarsten war: als Religionsschwärmer und Fanatiker[21]; Thomas Müntzer und die Wiedertäufer, Inquisition und Kreuzzüge werden wieder und wieder als abschreckende Beispiele herbeizitiert.

Ganz im Sinne der Tradition gilt Schwärmerei bevorzugt als Folge einer moralischen Defizienz – sie beruht auf Denkfaulheit und Stolz[22] –, seltener als Folge konstitutioneller Einseitigkeit und/oder Melancholie[23]; ihre gegenwärti-

---

18 Die wohl umfassendste Liste findet sich bei Reimarus, ergänzt von Lichtenberg, der sich gerade – der Anlaß für Reimarus› Brief – mit dem Manuskript der schwärmerischen »Weissagungen« des verstorbenen Superintendenten Ziehen von Zellerfeld auseinandersetzen mußte.
19 So Friedrich Gedike 1784 in einem (unpublizierten) Vortrag vor der Berliner Mittwochsgesellschaft; zitiert nach: Hinske, Aufklärung u. Schwärmer, 6.
20 Die einzige Ausnahme bildet hier Lessing, der sich zum gleichermaßen ab- wie aufgeklärten Weisen stilisiert – ein Selbstbild des Aufklärers, das von der Debatte nicht bestätigt wird.
21 Auch Meister, der erotische, moralische, politische und religiöse Schwärmerei unterscheidet, widmet sich fast ausschließlich der Religionsschwärmerei. Dies erklärt sich natürlich auch daraus, daß erotische und moralische Schwärmerei nur das Individuum selbst schädigen, nicht die Gemeinschaft; vgl. etwa Garve, 392f. Im Zusammenhang mit der Französischen Revolution wird die politische Schwärmerei an Bedeutung gewinnen (Garve, 373).
22 Vgl. etwa: Eberhard, 357; Pockels, 226ff.; Spazier, 32 u. 35ff.
23 Eine konsequent physiologische Erklärung der Schwärmerei ermöglicht zwar, sie als Krankheit abzuwerten, schwächt aber die Möglichkeit zu aufklärerischer Einflußnahme und moralischem Appell. Auf physiologische Voraussetzungen verweisen etwa Meister, 37 (»blöde Seele« und »schwache Organe«), Garve, 374ff.; Spazier, 26ff.; auf Melancholie Meister, 37f. u. Spazier, 21ff.

ge Konjunktur wird zurückgeführt auf die Mode der Empfindsamkeit und ihre verzärtelnde Wirkung auf die Jugend[24] bzw. auf eine ganz generelle Dekadenz.[25]

Konventionell bleiben auch die anthropologischen Erklärungsmuster: Der Schwärmer vertraut zu sehr auf die unteren Erkenntnisvermögen.[26] Nicht daß man Gefühl und Imagination generell abwerten will – nur bedürfen diese »als Kinder, die leicht irre gehn, der Aufsicht der Vernunft als Gouvernante«.[27] Die Begründungen dafür sind ebenfalls wohlvertraut: Das »vernunftlose Gefühl« steht unter der »Herrschaft des Körpers«, »steigt und fällt mit der Temperatur der Luft und des Wetters. So wird denn das Thermometer und Barometer Recht und Unrecht, Wahrheit und Falschheit machen«. Und: Wahrheitskriterium des Gefühls kann allein »die Stärke oder Schwäche der Empfindung« sein – die aber »ist individuel und läßt sich nicht mittheilen« (Eberhard, 377f.). Nur die Vernunft garantiert die allgemeine und intersubjektiv überprüfbare Geltung von Aussagen.

Auch in den Beiträgen der *Gegenpartei* dominiert der Religionsschwärmer – nur diesmal mit positivem Vorzeichen, da die bloße Vernunftreligion des Deismus – »bilderloses, symbolisches Gemächt droben im Kopf« – weder Gottvertrauen begründen, noch »Triebfeder« zu moralischem Handeln sein kann (Häfelin, 122).[28] Auch »Raisonnement« über religiöse Fragen »soll aus Empfindung ausgehen, in Empfindung zurückkehren, sonst ists leer, öd, unfruchtbar« (Häfelin, 120). Was die positive Schwärmerei – auch hier meist Enthusiasmus genannt – von ihrer negativen Variante unterscheidet, ist die Übereinstimmung mit der göttlichen Offenbarung.[29] Zwar gibt man sich gerne ganzheitsorientiert – Kopf *und* Herz sollen angesprochen werden (Häfclin, 118) –, gegen die *geglaubte* Offenbarung sind jedoch keine Argumente zugelas-

---

24 Auf die schädliche Wirkung der (Roman-)Lektüre weisen etwa hin: Meister, 13ff. (Musterbeispiel ist hier der ›Werther‹) und Pockels, 224f.; vgl. auch Spazier, 43ff.
25 Vgl. etwa Pockels: »die jetzige, allgemein werdende, ausschweifende, nervenschwächende, empfindelnde Lebensart, der ungeheure Luxus, die damit verbundene fehlerhafte frühe Erziehung und Verzärtelung unsrer Generation« (226).
26 Vgl. etwa Garve: »Daß der Schwärmer seiner Einbildungskraft zu viel einräumt, darüber sind sich alle einig« (337). Die Überbetonung von Gefühl und Einbildungskraft wird häufig durch assoziationspsychologische Argumente ergänzt; vgl. etwa Meister, 5ff. u. Jenisch, 215f.
27 Leonard Meister, Ueber die Einbildungskraft. Bern 1778, S. 98.
28 Vgl. auch: »Der Spott macht alles kleiner; die Schwärmerey alles größer; die ist näher bey der Wahrheit, ist reicher, ist glücklicher« (Schlosser, 787).
29 Einige Beispiele für diese Abgrenzung: »Schwärmerey ist der Zauberzustand einer Menschenseele, wo sie [...] ihre eignen ungeheursten Einbildungen [...] für wirkliche Empfindungen hält; gar als feste, göttliche Offenbarungen verehret und als solche verehret wissen will« (Häfelin, 115); Schlosser unterscheidet »den unnatürlichen, falschen, schiefen Enthusiasmus vom wahren, edlen, männlichen Enthusiasmus des Patrioten, des Tugendfreundes und des Christen« (785); »Schwärmerey ist [...] nichts anders als ein übernatürlicher Enthusiasmus«, »der Schwärmer kann sich nie in den Zustand kalter Überlegung oder Beurtheilung versetzen« (F. W. v. Schütz im ›Archiv‹, 5).

sen.³⁰ Wie nicht anders zu erwarten, treten auch hier physiologische und psychologische Erklärungsmuster eher selten auf und dienen meist zur Ausgrenzung des zu extremen, fehlgeleiteten Schwärmers.³¹

Herder und sein Freund *Kleuker* schließlich vertreten zwar die bewußtseinsgeschichtlich und anthropologisch avancierteste Position; dennoch – oder vielmehr: eben darum – tragen sie zur Beantwortung von Wielands Frage nur wenig bei: Im neuen organizistischen Weltbild, wie es Herder etwa in seiner Schrift *Vom Erkennen und Empfinden der menschlichen Seele* (3. Fassung: 1778) entworfen hat, gibt es für die Polarität von erhitzter Imagination und kalter Vernunft keinen Raum mehr; beide verfehlen die neue Norm der Ganzheitlichkeit, nach der Erkennen ohne Empfinden, Empfinden ohne Erkennen gleichermaßen »abstrakt« und daher wertlos sind. Daß warmes Schwärmen und kaltes Philosophieren gleichgesetzt werden – *Philosophei und Schwärmerei, zwo Schwestern* heißt der Beitrag – mag die aufklärerischen Philosophen besonders hart getroffen haben, insgesamt ist Herders kritischer Rundumschlag aber von geradezu salomonischer Gerechtigkeit.

Vor allem Kleukers Beitrag zeigt jedoch, daß die neue Position nicht einfach jenseits der Debatte steht, sondern auch eine neue Ratlosigkeit impliziert. Die Theo- bzw. Ontodizee des organizistischen Monismus – als Abwehr schwärmerischer Melancholie eine seiner wichtigsten Leistungen – setzt voraus, daß die Norm der Ganzheitlichkeit nicht unbedingt in jedem Individuum verwirklicht sein muß. Wenn aber »zur Vollständigkeit des harmonischen Wohlklangs auch Dissonanzen erfordert« werden, wenn »alle Farben im Prisma der menschlichen Kräfte gut und nöthig sind« (Kleuker, 224 u. 340 f.), können sich selbst die einseitigsten Charaktere – die kältesten Aufklärer und die hitzigsten Schwärmer – vom Ganzen her gerechtfertigt sehen. Historismus und Individualismus führen letztlich zum Relativismus.³² Damit aber ist Wielands Frage weniger obsolet als vielmehr unbeantwortbar geworden:

---

30 Und schon gar nicht die Angriffe der Spötter, denen die schärfste Kritik gilt; Häfelin spricht etwa vom »Henkersgeschäft eines Satirikers«. Wieland merkt dazu an: »Der kleine Mann hat, wie wir sehen, einen feinen Begriff von der Satyre« (210; vgl. auch 218f.).

31 Vgl. etwa: »Je tiefer man sich in den Empfindungsstrom taucht, um so mehr verliert vielleicht die Helle des Kopfes und die Kälte der Überlegung; Schnellkraft zersprengt das Führband und reißt unterweilen heillos in Irre« (Häfelin, 117); »alles ist übertrieben in [des Schwärmers] Vorstellung, seine Seele kann sich nicht ermannen, sie ist beständig im Taumel unzähliger vielfacher Empfindungen« (›Archiv‹, 5); »ein Schwärmer legt seine Ideen hin, wie sie ihm seine erhitzte Imaginazion darstellt« (›Archiv‹, 383).

32 Vgl. etwa: »Die wirklichen Universalgeseze [...] sind ausser der Sphäre der historischen Natur gemacht« (Kleuker, 252); »Was helfen alle Appellationen auf das Grundgesetz der allgemeinen praktischen Menschenvernunft, das nach allen Zonen und Zeiten sich chamäleontisch metamorphosirt, und verschieden ausgelegt wird?« (332f.); »Wir sehen nun, daß keine Spezies wissenschaftlicher Menschen sich für das einzige Archiv aller Einsicht und Methodik halten dürfe; daß alles nach seiner Ordnung geschäzt, und in allen Hauptwerken des menschlichen Geistes die Goldader zu beurtheilen sey« (344).

»Auch die Begriffe des Guten und Bösen müssen nicht nach einzelnen Sprüchen und Phänomenen, sondern nach dem Umriß des Zusammenhangs aller Zeiten, Ursachen und Wirkungen gemessen werden. Und wer vermag das in einem Winkel der Zeit und der Welt?« (Kleuker, 337)

Insgesamt ist die Schwärmerdebatte der Spätaufklärung also von konzeptueller Erschöpfung gekennzeichnet: Aufklärer und Schwärmer bekämpfen einander mit traditionellen Argumenten ohne jede Aussicht auf gegenseitige Überzeugung, und für den aus dem Sturm und Drang heraus entwickelten Organizismus Herders ist der Schwärmerbegriff keine relevante Kategorie mehr, ohne daß die mit ihm implizierten Probleme überzeugend gelöst wären.

Erst 1787 erscheint im *Magazin zur Erfahrungsseelenkunde* ein wirklich zukunftsweisender Beitrag, der ahnen läßt, daß der Schwärmer im idealistischen (nach-Kantschen) Argumentationszusammenhang eine neue Bedeutung und Würde bekommen wird. Daniel Jenischs *Über die Schwärmerey und ihre Quelle in unseren Zeiten* ist ein faszinierendes Dokument, da es den bewußtseinsgeschichtlichen Paradigmenwechsel in nuce demonstriert. Jenisch begründet Schwärmerei zunächst einmal gut anthropologisch aus assoziationspsychologisch erklärbaren, durch Erfahrung und kalte Vernunft aber ungedeckten Ideenverknüpfungen (213ff.) und aus einem »verstärkten Grad der innern Selbstthätigkeit« mit einem Übergewicht der »untern Seelenkräfte«, das »wie eine Art von Verschwörung wider die obern, wider Vernunft und Urtheilskraft angesehen werden« kann (216). Dann aber wechselt er jäh in das vermögenspsychologische Argumentationsmuster der Kantschen Philosophie[33]: Der Schwärmer stellt sozusagen die gesteigerte Variante des unkritischen Metaphysikers dar; mit Hilfe seiner Einbildungskraft versinnlicht er die Vernunftideen.[34] Vor diesem Hintergrund läßt sich die Konjunktur der Schwärmerei in der Spätaufklärung nun schlüssig als Reaktion auf ein metaphysisches Defizit erklären:

»wie höchst eingeschränkt [ist] unsere Erkenntnis der Natur, und wie unzulänglich für die Befriedigung der wichtigsten und letzten Erkenntnis-Bedürfnisse [...]. Von der ersten Ursache der Natur, ihrem Wesen, Eigenschaften, Einflusse auf die Welt und Zusammenhange mit uns – welcher *Neuton*, oder *Haller*, oder *Leibnitz* kann [...] befriedigende Antwort geben? Und eben so unsern großen Wunsch für Fortdauer und Unsterblichkeit, welcher *Socrates*, welcher *Mendelssohn* kann ihn hinlänglich begründen und stärken?« (223)

Damit aber kompensiert Schwärmerei nur – wie immer unzulänglich – ein menschliches Grundbedürfnis, das die Philosophie offensichtlich nicht mehr befriedigen kann.

---

33 Weder Jenisch noch der ebenfalls kantianisch argumentierende Salomon Maimon verwenden die Kantschen Termini in lupenrein kritizistischer Weise; diese Unterschiede sind hier aber ohne Belang. Zu Kants Schwärmerbegriff vgl. die Belegstellensammlung bei Hinske.

34 Maimon wird daher präzise definieren: »Die *Schwärmerei* ist ein Trieb der *produktiven Einbildungskraft* (das Dichtungsvermögen,) Gegenstände die der Verstand, nach Erfahrungsgesetzen, für *unbestimmt* erklärt, zu bestimmen« (131).

II.

Konzeptuelle Erschöpfung und die verschärfte Konfrontationssituation lassen die Schwärmerdebatte der Theoretiker – sieht man von Jenisch und Maimon ab – also weitgehend zu einer bloßen Neuinszenierung bekannter Topoi werden. Neue Einsichten sind in dieser Epoche wesentlich der Literatur zu verdanken. Genau das hatten sich ja Herder und Moritz von »Lebensbeschreibungen und Weissagungen der Dichter« erhofft.[35]

Vor allem der anthropologische Roman[36] der Spätaufklärung ist ein wahres Kompendium der Schwärmerkunde. Gattungsgeschichtlich gesehen, geht er aus der Vereinigung zweier Genres hervor: der Autobiographie und des philosophischen Thesenromans[37]; ersterer verdankt er seine anthropologische – physiologische und individual- bzw. sozialpsychologische – Vertiefung, letzterem sein Interesse an der Klärung epistemologischer, moralischer und metaphysischer Fragen. Da mir die Behandlung einzelner Werke hier nicht möglich ist, versuche ich, aus den wichtigsten Texten die drei Bereiche zu rekonstruieren, in denen es zu den interessantesten Innovationen kommt: Pathogenese, Symptomatik und Bewertung des Schwärmens.[38]

---

35 J.G. Herder, Vom Erkennen und Empfinden der menschlichen Seele (3. Fassung). In: Ders.: Werke. Hg. von Wolfgang Proß. Bd. 2: H. u. die Anthropologie der Aufklärung. Darmstadt 1987, 675; vgl. auch Karl Philipp Moritz, Aussichten zu einer Experimentalseelenlehre. In: Ders.: Werke in 3 Bden. Hg. von Horst Günther. Frankfurt 1981. Bd. 3, 88ff.

36 Zum Terminus vgl. Schings (1980).

37 Zum ausführlichen Nachweis vgl. meine Arbeit: Der Roman der Goethezeit. Bd. 1: Anfänge in Klassik und Frühromantik: Transzendentale Geschichten (= Germanistische Abhandl., 71). Stuttgart 1993.

38 Hier das im folgenden zugrunde gelegte Textkorpus mit den verwendeten Siglen:
   Ad = Christoph Martin Wieland: Agathodämon. Aus einer alten Handschrift [1799]. In: Ders.: Sämmtliche Werke. Hamburger Reprintausgabe, hg. v. der Hamburger Stiftung zur Förderung von Wissenschaft u. Kultur. Hamburg 1984. Bd. 32.
   Ag = Ders.: Geschichte des Agathon. Erste Fassung [1. Fassung 1766/67; 2.: 1773; 3.: 1794]. In: Ders.: Werke in 12 Bden. Bd. 3. Hg. v. Klaus Manger (= Bibl. dt. Klassiker, 11). Frankfurt 1986.
   All = Friedrich Heinrich Jacobi: Eduard Allwills Papiere. Faksimiledruck der erweiterten Fassung von 1776 aus C.M. Wielands ›Teutschem Merkur‹ (= Deutsche Neudrucke, Reihe 18. Jhd.). Nachwort v. Heinz Nicolai. Stuttgart 1962.
   AR = Karl Philipp Moritz: Anton Reiser. Ein psychologischer Roman [in vier Teilen 1785–1790]. In: Ders.: Werke in 3 Bden. Hg. v. Horst Günther. Frankfurt 1981. Bd. 1.
   B = Johann Carl Wezel: Belphegor oder Die wahrscheinlichste Geschichte unter der Sonne [1776] (= it 776). Hg. v. Hubert Gersch. Frankfurt 1984.
   C = Jean-Jacques Rousseau: Les Confessions [1782/89]. In: Ders.: Œuvres complètes (= Bibliothèque de la Pléiade). Hg. v. Bernhard Gagnebin u. Marcel Raymond. Paris 1959ff. Bd. 1.
   Can = François-Marie Voltaire: Candide, ou l'optimisme [1759]. In: Ders.: Romans et contes. Text établi sur l'édition de 1775 (= Classiques Garnier). Hg. v. Henri Bénac. Paris 1960.
   DS = Wieland: Der Sieg der Natur über die Schwärmerei oder Die Abenteuer des Don Sylvio von Rosalva [1764]. In: Ders.: Sämmtliche Werke. Bd. 11 u. 12.

1. *Pathogenese*: Zum Schwärmer wird man durch innere Anlage und äußere Umstände.[39] Die konstitutionellen Voraussetzungen des Schwärmens übernimmt der anthropologische Roman als verfügbare Stereotype aus der Tradition. Immer sind die unteren Erkenntnisvermögen disproportional entwickelt: »sehr zarte Empfänglichkeit für sinnliche Eindrücke« paart sich mit einer »äußerst beweglichen, warmen und wirksamen Einbildungskraft« (PP 27, 55).[40] Innovativer ist die Ableitung des Schwärmens aus einer krisenhaften Defiziterfahrung, bei der sich zwei Hauptlinien unterscheiden lassen: In philosophisch akzentuierter Argumentation liegt der Ursprung des Schwärmens im Leiden an der anthropologischen Differenz, dem Mißverhältnis zwischen der Geist- und der Tiernatur des Menschen; Schiller hat dafür in seinen *Philosophischen Briefen* die folgende prägnante Formulierung gefunden:

> »unglükseliger Widerspruch der Natur – dieser freie emporstrebende Geist ist in das starre unwandelbare Uhrwerk seines sterblichen Körpers geflochten, mit seinen kleinen Bedürfnissen vermengt, an seine kleinen Schiksale angejocht – dieser Gott ist in eine Welt von Würmern verwiesen. [...] Die Vernunft ist eine Fakel in einem Kerker« (NA 20, 112).

Dieser Widerspruch setzt den schwärmerischen Projektionsmechanismus in Gang:

    Gs = Friedrich Schiller: Der Geisterseher [1787–89]. In: Ders.: NA 16: Erzählungen. Hg. v. Hans Heinrich Borcherdt. Weimar 1954.
    JS = Johann Heinrich Jung-Stilling: Lebensgeschichte [in sechs Folgen 1777–1817]. Vollständige Ausgabe, mit Anmerkungen hg. v. Gustav Adolf Benrath. Darmstadt 1976.
    PP = Wieland: Peregrinus Proteus [1791]. In: Ders.: Sämmtliche Werke, Bd. 27 u. 28.
    R = Rousseau: Les Rêveries du Promeneur solitaire [1782]. In: Ders.: Œuvres complètes. Bd. 1.
    T = Jung-Stilling: Theobald oder die Schwärmer. Eine wahre Geschichte [1784]. In: Ders.: Sämmtliche Schriften, Bd. 6. Stuttgart 1837. Faksimilereprint: Hildesheim 1979.
    W = Johann Wolfgang von Goethe: Die Leiden des jungen Werthers. Erste [1774] und zweite [1787] Fassung [Paralleldruck] (= Akademieausgabe). Hg. v. Erna Merker. Berlin (Ost) 1954.
    Wol = Jacobi: Woldemar. Faksimiledruck nach der Ausgabe von 1779 (= Dt. Neudrucke, Reihe 18. Jhd.). Nachwort v. Heinz Nicolai. Stuttgart 1969.
    WL = Ludwig Tieck: William Lovell [1795/96] (= RUB 8328). Hg. v. Walter Münz. Stuttgart 1986.

39 In theoretischen Schriften wird die Einwirkung von Außenfaktoren dagegen erst relativ spät ausführlich erörtert; Garve nennt etwa neben »Dispositionen des Körpers und Geistes« auch »Begebenheiten, Lagen und Schicksale« und »Ursachen, die in den Zeitumständen und der allgemeinen Lage der Menschen und Völker liegen« (374–391); vgl. auch Spazier, 37f. (»Noth und Armuth«).

40 Dieses Übergewicht der unteren Erkenntnisvermögen kann natürlich auch durch Außenfaktoren verstärkt, u.U. auch überhaupt erst hervorgerufen werden: etwa eine einsame, weltabgeschiedene Kindheit und damit mangelnde Ausbildung des Verstandes, der Weltklugheit (z.B. Ag 64 u. 203ff.) oder fehlende Schulung der Vernunft, des Selberdenkens (z.B.: »eine vernachlässigte Erziehung und frühe Kriegsdienste hatten seinen Geist nicht zur Reife kommen lassen« Gs 46; dazu kam eine »bigotte, knechtische [religiöse] Erziehung« 103).

»Zwey unverträglich scheinende Eigenheiten unsrer Natur vereinigen sich, die Idee von dem, was man *Dämonen* oder *Götter* nennt, in unsrer Seele zu erzeugen: auf der einen Seite, ein angeborner instinktmäßiger Drang, uns über diese sichtbare Welt, den für unsern Geist allzu engen Kreis der Sinne, Bedürfnisse und Leidenschaften, ins Unendliche empor zu schwingen; auf der andern, die Unmöglichkeit, jemahls (wenigstens in diesem Erdenleben) aus den Schranken heraus zu kommen, die unsrer Vorstellungskraft von innen und außen gesetzt sind. Nichts von allem was wir sehen und hören [...] kann jenem wunderbaren Triebe genug thun. Nichts erscheint uns so schön, so groß, so vortrefflich in seiner Art, daß wir nicht etwas noch schöneres, größeres und vortrefflicheres in dieser Art *denken* könnten, oder, oft sogar wider unsern Willen *ahnen* müßten. [...] immer finden wir irgend eine Erwartung getäuscht; alles sollte sich, meinen wir, besser schicken und in einander fügen, alles leichter und schneller zum Zweck eilen, reiner zusammen klingen, kurz schöner und vollkommener seyn, als es nach unserm Maßstab ist. Daher diese lieblichen Träume der Dichter und Filosofen von einem goldnen Weltalter, von Götter- und Heldenzeiten, von Unschuldswelten, Atlantiden und Platonischen Republiken« (Ad 23–25).

Was hier philosophisch abstrakt formuliert ist, kann sich anthropologisch konkretisieren: Vor allem das Wissen um die Vergänglichkeit der Physis und dessen Extremform, die Todesangst, werden zum Skandalon der menschlichen Existenz:

> »Das Leben des Menschen, das sein Alles scheint, ist Nichts; immer von einem Augenblicke verschlungen, der schon dahin ist ehe man gewahr wurde daß er da war« (PP 27, 262).[41]

Ein zweites Skandalon liegt in der Determination durch Anlagen und Umwelt – entsetzt muß etwa Anton Reiser erkennen, »daß er sich selbst nicht entfliehen konnte« (AR 223)[42] – und in der Abhängigkeit alles Geistigen von der Physis: »Der Mensch hängt mit allen seinen Ideen bloß von seinem Körper ab« (WL 411). Damit wird aber deutlich, daß die anthropologische Überwindung des cartesianischen Dualismus die ersten negativen Folgelasten zu zeitigen beginnt.

Neben solch allgemein-anthropologische Defizite (bzw. an ihre Stelle) treten – in einer zweiten Argumentationslinie – spezifische Erfahrungen einer lebensweltlichen Defizienz. Topisch sind vor allem drei Konstellationen. Die erste ließe sich – in moderner Terminologie – als Extremvariante des »Dramas des begabten Kindes« (Alice Miller) begreifen: Familie und soziales Umfeld bieten den geistigen Interessen des Heranwachsenden keinerlei Anregung und Ansporn, ja vereinigen sich sogar, ihre Entfaltung nach Kräften zu behin-

---

41 Vgl. auch: »Zeigen Sie mir ein Wesen, das dauert, so will ich tugendhaft sein« (Gs 161); die stärkste Radikalisierung der Vergänglichkeitsangst findet sich bei William Lovell: »Wie die Fäden eines Weberstuhls flimmert und zittert das menschliche Leben vor meinen Augen, ein ewiges Wechseln und Durcheinanderschießen, und dabei doch das langweilige, ewige Einerlei« (300).
42 Vgl. auch: »Ich kann den Kreis überschreiten, den meine Geburt um mich gezogen hat – aber kann ich auch alle Wahnbegriffe aus meinem Gedächtnis herausreißen, die Erziehung und frühe Gewohnheit darein gepflanzt [...] haben?« (Gs 123).

dern.⁴³ Nicht weniger bedrückend ist, zweitens, das sich oft anschließende Dilemma einer Intellektuellenexistenz, in der sich geistige Überlegenheit mit sozialer und/oder pekuniärer Unterlegenheit verbindet.⁴⁴ Drittens können lebensweltliche Defizite auch aus einer ganz spezifischen Verlusterfahrung entstehen: etwa der Verweigerung oder dem Tod der Geliebten.⁴⁵

Entscheidend ist, daß all diese Erlebnisse einem Ich mit übergroßer Sensibilität widerfahren, das auf narzißtische Kränkungen überaus empfindlich reagiert. Die »fatalen bürgerlichen Verhältnisse« (W 75) verdichten sich so für den Schwärmer leicht zu einem allumfassenden Verhängniszusammenhang: »Von außen her schien sich alles zu vereinigen, um ihn zu demütigen und niederzubeugen« (AR 173). Er ist »mancher Verletzung bloßgestellt«, die er ohne seine übersteigerten Glücksphantasien »nicht empfände«:

> »Alle die Dumpfheit, Achtlosigkeit, Geringschätzung, Flüchtigkeit der Menschen um mich her, und die noch ärgere Schmach ihrer vorüberrauschenden Entzückungen trifft mich, verwundet mich« (All 25f.).

Das dem Schwärmer eigene Intimitäts- und Glücksideal, das diese Kränkungen noch schrecklicher macht, verdankt er nicht selten seiner extensiven Lektüre. In autobiographisch gefärbten Texten liest der Held alle Bücher, die er sich nur verschaffen kann – so Rousseau, Jung-Stilling⁴⁶ oder Anton Reiser, dem das Lesen eine Sucht ist, »wie es den Morgenländern das Opium sein mag, wodurch sie ihre Sinne in eine angenehme Betäubung bringen« (177); in philosophisch akzentuierten Werken hat der Autor den Lesestoff gezielter ausgewählt – für Peregrinus Proteus etwa wird in der an theosophischen und hermetischen Werken reichen Bibliothek seines Großvaters Platons *Symposion* zum persönlichkeitsbestimmenden Schlüsseltext (PP 27, 64 ff.). In Rousseaus *Confessions* fungiert die gemeinsame Lektüre von Vater und Sohn als prägende Urszene schlechthin, von der her der Beginn des desaströsen Mißverhältnisses zwischen »desir« und »pouvoir« datiert:

> »Ces émotions confuses que j'éprouvois coup sur coup n'alteroient point la raison que je n'avois pas encore: mais elles m'en formérent une d'une autre trempe, et me donnerent de la vie humaine des notions bizarres et romanesques, dont l'experience et la réflexion n'ont jamais bien pu me guerir. [...] Cet amour des objets imaginaires et cette

---

43 Besonders ausgeprägt ist dieses Dilemma bei Rousseau, Jung-Stilling und Anton Reiser; verstärkt wird es bei den beiden letzteren durch eine Diskrepanz zwischen pietistischem bzw. quietistischem Gefühlskult und der außerordentlichen Kälte der Eltern-Kind-Beziehung.
44 Vgl. z.B. Rousseau, Werther.
45 Vgl. etwa Werther, Balder in WL.
46 Zur Illustration hier die Liste seiner wichtigsten Lektüren: W. Salzmann: ›Kaiser Octavianus‹; Volksbücher (›Vier Heymonskinder‹, ›Hans Clauert‹, ›Schöne Melusine‹, ›Schöne Magelone‹); G. Arnold: ›Leben der Altväter‹; J.H. Reitz: ›Historie der Wiedergeborenen‹; ›Reineke Fuchs‹; Bibel; ›Ilias‹; Paracelsus; Jakob Böhme; ›Till Eulenspiegel‹; Ziegler: ›Asiatische Banise‹; E. v. Meteren: ›Beschreibung des Niederländischen Krieges‹; Milton: ›Verlorenes Paradies‹; E. Young: ›Nachtgedanken‹; Klopstock: ›Messias‹; erst in Straßburg, über 30 Jahre alt, wird er dann durch Goethe mit Ossian, Shakespeare und Fielding bekannt gemacht.

facilité de m'en occuper acheverent de me dégouter de tout ce qui m'entouroit, et déterminerent ce gout pour la solitude, qui m'est toujours resté depuis ce tems-là« (C 8 u. 41).

2. *Symptomatik*: Am wichtigsten ist hier zunächst einmal die genaue Beschreibung der projektiven Mechanismen der Einbildungskraft. Die Skala reicht dabei von der stimmungsbedingten Colorierung des Wahrgenommenen[47] über seine Idealisierung – oder auch Dämonisierung – bis hin zur direkten Projektion: der schwärmerischen Ahndung und Erwartung zukünftigen Glücks[48] oder direkter Visionen des Transempirischen als Versuch, »schon in diesem Leben mit den höhern Geistern in Gemeinschaft zu kommen« (Ag 209). Ich illustriere hier nur die mittlere Ebene, da sie den Sinn der imaginativen Überformung am deutlichsten zeigt. Die Außenwelt wird den inneren Sehnsüchten – ihren Inhalten wie ihrer Intensität – angeglichen, wird vertraut und heimatlich, alles Negative ist abgeblendet. Hier drei Beispiele mit steigender Imaginationsaktivität:

»Der Ort, wo Stilling Kohlen brannte, war drei Stunden von Tiefenbach; man ging beständig bis dahin im Wald. Henrich, der alles idealisirte, fand auf diesem ganzen Wege lauter Paradies; alles war ihm schön und ohne Fehler. Eine recht düstere Maybuche, die er in einiger Entfernung vor sich sah, mit ihrem schönen grünen Licht und Schatten, machte einen Eindruck auf ihn; alsofort war die ganze Gegend ein Ideal und himmlisch schön in seinen Augen« (JS 55).

»Und wie sollte ich [Sylli Clerdon] nicht an Liebe glauben, ich, der die Brust so enge davon ist? Nur die Hyacinthe hier! wie oft stand ich nicht vor ihr, mit klopfendem Busen; sog an ihrem Wesen mit all meinem Sinn, bis es meine Nerven durchbebte, und ich die schöne, gute in mir lebendig hatte, und – nennt es Thorheit, Unsinn, Schwärmerey – und ich Gegenliebe von ihr fühlte! So pfleg ich eines jeden Dinges, von welchem Wohlthun unmittelbar ausgeht, es sey aus Gestalt oder Geist, Liebe, Harmonie, Gemählde, was es wolle; ich halte es an mich, leih ihm Heerd und Feuer, ruhe nicht, bis sein inneres Wesen, das Gute, Schöne, das Wohltun in mich strömt, Leben in mir empfangen hat und Liebe« (All 25).

»Mon imagination ne laissoit pas longtems deserte la terre ainsi parée [die Landschaft um die Érémitage]. Je la peuplois bientôt d'etres selon mon cœur, et chassant bien loin l'opinion, les prejugés, toutes les passions facties, je transportois dans les asiles de la nature des hommes dignes de les habiter. Je m'en formois une societé charmante dont je ne me sentois pas indigne. Je me faisois un siecle d'or à ma fantaisie et remplissant ces beaux jours de toutes les scenes de ma vie qui m'avoient laissé de doux souvenirs, et de toutes celles que mon cœur pouvoit desirer encore, je m'attendrissois jusqu'aux larmes sur les vrais plaisirs de l'humanité« (Rousseau, Lettres à Malesherbes III; Œuvres complètes 1, 1140).[49]

---

47 Ein bekanntes Beispiel ist die diametral verschiedene Naturerfahrung Werthers in den Briefen vom 10. Mai bzw. vom 18. August – bedingt durch seine veränderte Stimmungslage.
48 Vgl. etwa: »die Zukunft wurde immer glänzender und schimmernder vor seinen Blikken; die Lampen waren schon angezündet, der Vorhang aufgezogen, und alles voll Erwartung, der entscheidende Moment war da« (AR 318).
49 Schwundstufe der »rêveries« – und damit ihr innerster Kern – ist das reine »sentiment de l'existence depouillé de toute autre affection«, »un sentiment précieux de contentement et de paix«: »tant que cet état dure on se suffit à soi-même comme Dieu« (R 1047).

Es ist jedoch unmöglich, diese Imaginationsanstrengung dauerhaft aufrechtzuerhalten[50], daraus ergibt sich – ein zweites wichtiges Symptom – die typische Emotionskurve des Schwärmers: das manisch-depressive Verhaltensmuster. Durch Wirklichkeitskontakt jäh desillusioniert, stürzt der Held von den Höhen seiner imaginativen Aufschwünge in die tiefsten Abgründe der Verzweiflung; Rückzug in sich selbst – »ich kehre in mich selbst zurük, und finde eine Welt« (W 10) –, häufiger aber noch Melancholie und Misanthropie sind die Folgen:

> »Mein erstes Gefühl in diesem schmerzlichen Augenblick war die *Höhe*, von welcher ich gefallen war, und die *Tiefe*, worin ich lag. [...] ich wurde finster, mißmuthig und übellaunisch; alles umher verlor seinen Reitz und Glanz, und nahm die Farbe meiner düstern Seele an; ich verachtete mich selbst, und zürnte bitterlich auf diejenigen, die mich dazu gebracht hatten« (PP 27, 222f.).

Dieses Erlebensmuster wird vielfältig psychologisch ausdifferenziert – etwa als Wechsel von Allmachts- und Selbstvernichtungsphantasien bei Anton Reiser –, aber auch konzeptuell variiert. Wird der ins Meta-Physische strebende Schwärmer desillusioniert, kann er sich auch in eine Verabsolutierung der Sinnlichkeit und/oder materialistische Freigeisterei flüchten – er wechselt sozusagen vom Primat der Einbildungskraft zu dem der Empfindung.[51] Freilich stellt ihn der momentane Sinnlichkeitsrausch auf Dauer genausowenig zufrieden wie die Ekstasen der Imagination; auch hier sind Desillusionierungserfahrungen also unvermeidlich. Die radikalen psychologischen wie weltanschaulichen Wechselbäder, denen der Schwärmer ausgesetzt ist, geben seinem Ich etwas Diskontinuierliches, Proteushaftes, das sich bis zur Auflösung jeder festen Persönlichkeitskontur steigern kann.[52]

Bevorzugt wird das Weltverhältnis des Schwärmers an seinen Liebesbeziehungen[53] entfaltet. Hier zeigen sich nicht nur die Mechanismen der Projektion

---

50 Werther etwa führt sein Unglück zurück auf den Verlust der »heiligen belebenden Kraft, mit der ich Welten um mich schuf« (W 103).
51 Vgl. dazu etwa den ›Geisterseher‹, wo der Wechsel vom metaphysischen Schwärmen zum Kult des Augenblicks von ausführlichen philosophischen Reflexionen begleitet ist (123ff.), oder William Lovell, der drei Phasen durchläuft: empfindsam-moralische, sensualistisch-materialistische und metaphysische Schwärmerei. Auch Wielands Schwärmer verlieren sich mitunter in verabsolutierter Sinnlichkeit (vgl. z.B. PP 27, 219ff. u. 28, 54ff.).
52 Vgl. etwa: »Sie fragen mich aus meinem gestrigen Leben. Ich sage Ihnen, daß ich nur von heute an bin und sein will« (Gs 135). Am weitesten geht diese Identitätsauflösung bei William Lovell, den F. Schlegel zu Recht einen »Menschen ohne Charakter« genannt hat; vgl. dazu Manfred Frank: Das Problem »Zeit« in der deutschen Romantik. München 1972, bes. S. 255–299.
53 Ersatzweise auch an ebenso enthusiastischen Freundschaftsverhältnissen: »Er umarmte mich, ich ihn – unsre Seelen flossen zusammen – Und um uns ward's Elysium« (AR 230; vgl. auch 234ff.) – so imaginiert Anton Reiser in einem seiner poetischen Versuche seine Freundschaft zu dem schon durch den Namen als ersehntes alter ego ausgewiesenen Philipp Reiser (156ff.); auch hier bleiben natürlich Enttäuschungen nicht aus, vgl. etwa die Abschiedsszene (309f.). Eine dritte, selten genutzte Möglichkeit liegt darin, daß sich der Held selbst als Künstler versucht; dann wird er zum Di-

– die Geliebte wird zu einem quasi-göttlichen Wesen stilisiert[54] – und der Desillusionierung[55], sondern auch die Körperfeindlichkeit des Schwärmers. Mag er auch sinnliche Ekstasen kennen – wirklich charakteristisch für ihn ist doch das Streben nach einer vergeistigten, platonischen Liebe.[56]

Die Beschreibung der Symptome wird komplettiert durch einen umfangreichen Katalog schwärmerischen Fehlverhaltens. Weltverkennen und verstärkte Empfindlichkeit gegen narzißtische Kränkungen schränken die Realitätstüchtigkeit des Schwärmers ein[57]; ihm fehlt es an Weltklugheit, die – so der nüchtern-pragmatische Lukian – »die große Tugend des gesellschaftlichen Lebens ist« (PP 27, 105). Als Enthusiast (im Sinne Wielands) ist er Gesinnungsethiker[58]; fällt diese ethische Bindung weg, wird er zum gefährlichen Egozentriker und Egoisten wie Lovell. Auf jeden Fall scheitert er letztlich an der – verkannten oder übermächtigen – Realität, was im aufklärerischen Wertekodex eher gegen als für ihn spricht.[59] Noch stärker diskreditiert den Schwärmer seine Täuschbar-

lettanten, der Kunst und Leben verwechselt und seine Affizierbarkeit durch Kunstwerke fälschlich für »Bildungskraft« hält, durch die allein plastische und in sich geschlossene Kunstwerke entstehen können (vgl. dazu vor allem AR 380ff: ›Die Leiden der Poesie‹).

54 Im ›Geisterseher‹ etwa setzt sich die durch das geheimnisvolle Zwielicht und durch die ästhetisierte und mit allen Attributen des Wunderbaren aufgeladene Atmosphäre »entzündete Phantasie« des Prinzen – so erklärt es ihm, gut anthropologisch, der Baron von F** – »etwas Idealisches, etwas überirdisch Vollkommenes« zusammen (Gs 133) zu einem theophaniegleichen Frauenbild: »sie betete zu ihrer Gottheit, und ich betete zu ihr« (131). Eine taugliche Beschreibung kann er von diesem Himmelswesen bezeichnenderweise nicht geben: »Gerade die leidenschaftliche Aufmerksamkeit [...] hatte ihn gehindert, sie zu *sehen*; [...] nach seiner Schilderung war man eher versucht, sie im Ariost oder Tasso als auf einer venezianischen Insel zu suchen« (137).

55 Da sich alles Werthafte für den Schwärmer in der Geliebten zentriert (»›Tausend Tode – eher als Dich missen! – O, Du weißt nicht, wie an Dir mir alles hängt, wie an Dir mir so alles gelegen seyn muß« Wol 175), muß ihr Verlust, ja schon ein marginaler Vertrauensbruch, eine minimale Differenz im Fühlen zum völligen Zusammenbruch alles Welt- und Menschenvertrauens führen: »Ich hab' entdeckt, daß alle Freundschaft, alle Liebe nur Wahn ist, Narrheit ist« (238).

56 Wohldosiert und vom Autor so arrangiert, daß das Objekt der Begierde auch einen sittlichen Wert hat, kann sinnliche Liebe eine – mindestens vorübergehende – Schwärmerheilung bewirken; vgl. etwa Agathons Verführung durch die schöne Danae.

57 Obwohl sie letztlich scheitern, sind die Enthusiasten durchaus willens- und handlungsstark, mindestens zeitweise auch mitreißend und überzeugend. Schwärmer der autobiographischen Tradition sind dagegen ich-schwach und durchsetzungsunfähig – vor allem wohl, weil sie von Beifall und Zustimmung abhängig bleiben: Anton Reiser »dachte nicht leichtsinnig genug, um ganz den Eingebungen seiner Phantasie zu folgen, und dabei mit sich selber zufrieden zu sein; und wiederum hatte er nicht Festigkeit genug, um irgend einen reellen Plan, der mit seiner schwärmerischen Vorstellungsart durchkreuzte, standhaft zu verfolgen« (AR 312).

58 »Da ich mein Gesetz *in mir selbst* hatte, so dachte ich nicht an die Gesetze von *Parium* [der Heimatstadt]« (PP 27, 75).

59 Insgesamt eher positiv ist dagegen die Distanz zu materialistischem Gewinnstreben: »Jede auf Geschäfte [...] verwandte Zeit war, nach meiner Schätzung, verlorne Zeit« (Ad 67).

keit; immer wieder wird er zum leichten Opfer anthropologisch geschulter Manipulatoren – sozusagen dem schurkischen Pendant der »philosophischen Ärzte« – wie Kerinthus (PP), dem Armenier (Gs) oder Rosa (WL).

3. *Bewertung*: Obwohl seine Einbildungskraft dem Schwärmer immer wieder üble Streiche spielt, ist sie keineswegs einfach nur schädlich. Zwar stört sie den Realitätskontakt – aber das kann in einer extremen Notlage ja gerade segensreich sein.[60] Für die in besonders bedrückenden Situationen aufwachsenden und lebenden Helden (wie etwa Stilling und Reiser) sind die Fluchträume der Imagination und Lektüre nicht nur überlebensnotwendig – sie bieten auch die oft einzige Möglichkeit zu Persönlichkeitsbildung und -entwicklung.[61] Weil die schwärmerische Phantasie so das drückende Gewicht der Welt erleichtert und/oder weil sie ein zwar unkluges, aber zutiefst moralisches Verhalten begründet, ist die Bewertung des Phänomens – anders als in den theoretischen Schriften – in den Romanen und Autobiographien höchst ambivalent geworden. Das hat sicher auch damit zu tun, daß die besonders problematische Variante des Religionsschwärmers deutlich in den Hintergrund tritt[62] und daß Schwärmerkuren nicht mehr möglich zu sein scheinen.[63]

Eine besonders radikale Form dieser neuen Ambivalenz sei abschließend an Tiecks *William Lovell* illustriert, der ansatzweise bereits die Epochenschwelle zur Goethezeit überschreitet. Das zeigt sich schon am neuen Begründungsschema zur Entstehung des Schwärmens: Nicht widrige Umstände und auch nur bedingt besondere Anlagen sind verantwortlich[64], sondern die Verweigerung des krisenhaften Übergangs vom Paradies der Kindheit ins Erwachsenenleben:

> »Bis itzt ist mein Leben ein ununterbrochener Freudentanz gewesen [...], in der glücklichsten Beschränktheit liebt' ich Gott wie einen Vater, die Menschen wie Brüder und mich selbst als den Mittelpunkt der Schöpfung [...]. Itzt steh' ich vielleicht auf der Stufe, von wo ich in die Schule des Elends mit ernster Grausamkeit verwiesen werde, um mich vom Kinde zum Manne zu bilden [...]. Ich ahnde eine Zeit, in welcher mir meine jetzigen Empfindungen wie leere kindische Träume vorschweben werden [...].

---

60 So findet Agathon in äußerster Bedrängnis Trost in seinem Glauben an das »majestätische All«: »wohltätiger Einfluß dieser glückseligen Schwärmerei, welche die Natur dem empfindlichsten Teil der Sterblichen, zu einem Gegenmittel gegen die Übel, denen sie durch die Schwäche ihres Herzens ausgesetzt sind, gegeben zu haben scheint« (Ag 244).

61 Beispielsweise bewahrt Reiser die Lektüre davor, durch die »fortgesetzte [schlechte] Behandlung wirklich niederträchtig gesinnt« zu werden, da er sich bei ihr »wieder in den edlen Gesinnungen der Großmut, Entschlossenheit, Uneigennützigkeit und Standhaftigkeit« übt (AR 172).

62 Sie steht allerdings im Mittelpunkt einiger hier nicht behandelter Romane (Hippel: ›Kreuzzüge des Ritters A bis Z‹; Nicolai: ›Sebaldus Nothanker‹; Jung-Stilling: ›Theobald und die Schwärmer‹).

63 Während Don Sylvio noch problemlos zu kurieren war, sind beispielsweise Peregrinus Proteus, Werther und Anton Reiser gleichermaßen unheilbar.

64 Das zeigt sich schon allein daran, daß fast alle Romanfiguren eine schwärmerische Phase durchmachen – auch die, die wie Wilmont, Mortimer oder Emilie Burton eigentlich durch ihre nüchterne Konstitution dagegen geschützt sein müßten.

Wenn dieses glühende Herz nach und nach erkaltet, dieser Funke der Gottheit in mir zur Asche ausbrennt und die Welt mich vielleicht verständiger nennt, – was wird mir die innige Liebe ersetzen, mit der ich die Welt umfangen möchte? – Die Vernunft wird die Schönheiten anatomieren, deren holder Einklang mich itzt berauscht: ich werde die Welt und die Menschen mehr kennen, aber ich werde sie weniger lieben« (WL 16 u. 18).

Wenn die Orientierung am Realitätsprinzip allenfalls noch einen pragmatischen Wert hat, wird die schwärmerische Erwartung potentiell zur neuen Norm. So geht ja auch Werther an der Intensität seines Fühlens zugrunde, zu der es im Text keine gleichwertige Alternative gibt. Diese Entwertung der geordneten bürgerlichen Lebenswelt wird gestützt und gesteigert durch die Krisentendenzen des anthropologischen Menschenbildes: Das Ich erscheint im *Lovell* nicht nur als physisverfallen und sinnlichkeitsbestimmt, es muß auch – nicht zuletzt als Konsequenz der Erfahrungsseelenkunde – »in seinem Innern« einen »Abgrund« entdecken, vor dem es »zurückschaudert« (378).[65]

III.

Damit ist die Rehabilitation des Schwärmers vorbereitet, die nur noch einer neuen konzeptuellen Basis bedarf; diese liefert die idealistische Philosophie mit ihrer Aufwertung der Einbildungskraft und mit den Neudefinitionen der »intellektuellen/intellektualen Anschauung« bei Schelling, Hölderlin, F. Schlegel und Novalis.[66]

Die Rehabilitation vollzieht sich jedoch nicht auf einmal, und sie bleibt nicht ohne Einschränkungen – wie sich an den vier wichtigsten Romanen der frühen Goethezeit ablesen läßt: den *Lehrjahren*, dem *Hyperion*, der *Lucinde* und dem *Ofterdingen*.[67] Ein an den Schwärmerporträts des spätaufklärerischen Ro-

---

65 Angespielt ist damit vor allem auf eine Kindheitserinnerung Lovells: Auf einem Berg ergriff ihn »die unbegreifliche Lust«, seinen Jugendfreund Burton »in die Tiefe hinunterzustoßen« (314). Zu dieser Passage gibt es direkte Parallelen im ›Magazin zur Erfahrungsseelenkunde‹: ›Geschichte eines im frühesten Jünglingsalters intendirten Brudermordes‹ (III, 142–145) und ›Über meinen unwillkührlichen Mordentschluß‹ (III, 237–248).
66 Vgl. etwa Vietta, 255 ff. u. Manfred Frank: »Intellektuale Anschauung«. Drei Stellungnahmen zu einem Deutungsversuch von Selbstbewußtsein: Kant, Fichte, Hölderlin/Novalis. In: Ernst Behler/Jochen Hörisch (Hg.): Die Aktualität der Frühromantik. Paderborn 1987, S. 96–126.
67 Hier das im folgenden zugrunde gelegte Textkorpus mit den verwendeten Siglen:
F = Dorothea Schlegel: Florentin [1801]. Roman, Fragmente, Varianten (= Ullstein Tb 37053). Hg. u. mit einem Nachwort versehen von Liliane Weissberg. Berlin 1987.
FSW = Ludwig Tieck: Franz Sternbalds Wanderungen. Eine altdeutsche Geschichte [1798]. Studienausgabe (= RUB 8715). Hg. von Alfred Anger. Stuttgart 1983.
H = Friedrich Hölderlin: Hyperion oder der Eremit in Griechenland [1797/99]. In: Ders.: Sämtliche Werke. Frankfurter Ausgabe [= FA]. Bd. 10 u. 11. Hg. v. Michael Knaupp u. Dietrich E. Sattler. Frankfurt 1982.

mans geschulter Leser wird nicht nur an den Helden, sondern auch an einigen *Nebenfiguren* schnell die bekannten Symptome entdecken.

In den *Lehrjahren* sind etwa der Harfner und die schöne Seele[68] ganz offensichtlich Religionsschwärmer – ersterer als Katholik, letztere als Protestantin. In beiden Fällen entfaltet Goethe Pathogenese, Symptomatik und Heilungsversuche mit der Motivationsdichte eines anthropologischen Romans. Der Harfner, konstitutionell zu »schwärmerischer Ruhe« neigend (WML 581), verfällt im Kloster in einen heftigen Wechsel zwischen »den höchsten Ahndungen überirdischer Wesen« und dem »völligsten Unglauben« (584); von dieser religiösen Schwärmerei heilt ihn kurzzeitig die Liebe zu Sperata. Als sich diese als seine Stiefschwester erweist, besteht er in schwärmertypischer Egozentrik zunächst auf der Stimme seines »Herzens« (ebd.), gerät dann aber bald in einen selbstzerstörerischen Konflikt zwischen den Räsonnements des »ungebundenen freien Verstandes« und den mächtigen »frühern Eindrücken der Religion« (585), der nach dem gewaltsamen Entzug der Geliebten schnell zum Wahn eskaliert. Aus dem melancholischem Daseins- und Weltekel bildet seine Phantasie einen umfassenden Verhängniszusammenhang: Er sieht sich von »einem unerbittlichen Schicksal« verfolgt (206); »in sich gekehrt« betrachtet er »sein hohles, leeres Ich, das ihm als ein unermeßlicher Abgrund« erscheint (438). Während der Harfner sich letztlich als unheilbar erweist, findet die »schöne Seele« zumindest zur Stabilität innerer Selbstgesetzgebung[69]: Die »Selbstständigkeit ihrer Natur« bewahrt sie vor allem, »was mit der edlen, liebevollen Stimmung nicht harmonisch war« (520). Sie projiziert jedoch – in »der zartesten Verwechslung des subjektiven und objektiven«[70] – dieses innere Ideal in einen transzendenten Gott[71], was eine völlige Heilung ihrer »kränklichen Anlage« (350)[72] verhindert: »Weltliche Dinge« nimmt sie nur mit »gefühlloser Deutlichkeit« wahr (393); ihren Körper sieht sie »als einen äußern Gegenstand«,

---

HvO = Novalis: Heinrich von Ofterdingen [1802]. In: Ders.: Schriften. Die Werke Friedrich von Hardenbergs. Hist.-krit. Ausgabe [= HKA]. Hg. von Paul Kluckhohn, Richard Samuel u. a. Bd. 1: Das dichterische Werk. 3. Aufl. Darmstadt 1977.

L = Friedrich Schlegel: Lucinde [1799]. In: Ders.: Kritische Ausgabe [= KA]. Hg. von Ernst Behler unter Mitwirkung von Jean-Jacques Anstett u. Hans Eichner. München 1958ff. Bd. 5.

WML = Johann Wolfgang von Goethe: Wilhelm Meisters Lehrjahre [1795/96]. In: Ders.: Sämtliche Werke nach Epochen seines Schaffens [Münchner Ausgabe = MA]. Hg. von Karl Richter u. a. Bd. 5, hg. von Hans-Jürgen Schings. München 1988.

Für ausführliche Interpretationen und Auseinandersetzungen mit der Forschung muß ich auf die in Anm. 37 genannte Monographie verweisen.

68 Auf Sperata, Aurelie und Mignon, die ebenfalls eine Reihe von Schwärmersymptomen zeigen, kann ich hier nicht eingehen.
69 Als »Trieb, der mich leitet und mich immer recht führt« (WML 422).
70 Goethe an Schiller, 18. 3. 95; MA 8.1, 70.
71 Schon Peregrin Proteus hatte den Rat des Dionys nicht befolgen können: »Das was du suchest [...] *ist in dir selbst oder es ist nirgends*« (PP 28, 129).
72 Ihre Schwärmerei wurde durch eine frühe Erkrankung ausgelöst: »Mit dem Anfange des achten Jahres bekam ich einen Blutsturz und in dem Augenblick war meine Seele ganz Empfindung und Gedächtnis« (360; vgl. auch 519).

»als ein, ihr fremdes, Wesen an« (417); und sie lebt in einer geradezu grotesk übersteigerten Angst vor den Abgründen ihrer Natur (394 ff.).

An die Stelle von Goethes melancholischen Religionsschwärmern treten im *Hyperion* die subjektiven Idealisten Adamas und – vor allem – Alabanda. Zwar projizieren sie ihr Ideal nicht mehr in die Transzendenz: »In uns ist alles« (H 594; vgl. auch 619). Diese ausschließliche Orientierung am »Gott in uns«, der sie ihre enthusiastische »Begeisterung«, ihr »Feuer« und ihre Handlungsenergie verdanken, entfremdet sie jedoch dem eigenen Körper, ihren Neigungen (756) und – sind ihre idealistischen Veränderungshoffnungen als projektive Überformungen entlarvt – dem Irdischen schlechthin[73]; Alabanda: »Ich bins gewohnt geworden, die Außendinge abzuschütteln, wie Floken von Schnee; wie sollt' ich dann mich scheun, den sogenannten Tod zu suchen?« (733)[74]

Der Figurenkonstellation aller vier Romane liegt als konstruktives Prinzip eine Skala zugrunde, die von extremer Innen- zu extremer Außenorientierung reicht. Das Maximum an Außenorientierung repräsentiert gewöhnlich der verstandes- und gewinnorientierte, im schlechten Sinne weltverlorene Bürger.[75] Die charakterisierten Schwärmer verkörpern offensichtlich das gegenteilige Extrem: Ihre melancholische Disposition, ihre Verachtung der Außenwelt und der eigenen Physis sind Fehlhaltungen, die der Held vermeiden muß. Die damit (als noch zu präzisierende Leerformel eines idealen Weltverhaltens) angedeutete Mittelposition ist freilich gleichermaßen geschieden von aufklärerischer Diätetik wie von einer Hegelschen Synthese. Ihren besonderen Vermittlungsmodus hat am präzisesten F. Schlegel bestimmt: »Die wahre Mitte ist nur die, zu der man immer wieder *zurückkehrt* von den exzentrischen Bahnen der Begeisterung und der Energie, nicht die, welche man nie verläßt« (KA 8, 50).

Was sich an den Nebenfiguren ex negativo andeutet, wird am Lebensweg der *Helden* konkret. Alle Hauptfiguren zeigen unverkennbar Züge eines schwärmerischen Weltverhaltens. Ausnahmslos sind sie durch überaus aktive, »feurige« Einbildungskraft und Begeisterung ausgezeichnet, deren Wirken im aufklärerisch-empirischen Weltbild als Verfehlung und projektive Überfor-

---

73 Adamas, den »trauernden Halbgott« (590), läßt die Begegnung mit Hyperion wieder auf die Verwirklichbarkeit des vergangen und verloren geglaubten Ideals hoffen – und er setzt seine rastlose Suche danach fort (595).

74 In der ›Lucinde‹ und im ›Ofterdingen‹ finden sich keine schwärmerischen Nebenfiguren: Eine »schwermütige« Disposition ist bei zwei Frauen aus den ›Lehrjahren der Männlichkeit‹ nur angedeutet (L 50 f.), beim Freund Antonio eine übermäßige Empfindsamkeit (74 ff.); in der geplanten Fortsetzung scheint Guido als ausgesprochener Melancholiker angelegt (86 ff.). Im ›Ofterdingen‹ finden sich Spuren des Schwärmersyndroms nur im Lied des Jünglings aus dem Atlantis-Märchen (HvO 225 ff.), in Schwanings erstem Lied (272 ff.) und in der »heißen Schwärmerey«, die den Grafen von Hohenzollern in seiner Jugend veranlaßte, für kurze Zeit zum »Einsiedler« zu werden (236). Eremiten – deren Dasein schon für Anton Reiser »an sich selber Poesie ist« (AR 382) – vertreten dann auch im ›Sternbald‹ die Position einer schwärmerisch-dilettantischen Weltabsage (vgl. etwa FSW 254 ff.).

75 Etwa Werner und sein Vater in den ›Lehrjahren‹, die gescholtenen Deutschen im ›Hyperion‹, die »aschgrauen« Alltagsmenschen in der ›Lucinde‹ (L 7), Heinrichs Vater im ›Ofterdingen‹.

mung der Wirklichkeit gedeutet werden müßte. Ich erinnere nur an Wilhelms schwärmerisches Verkennen von Mariane und ihrer Theaterwelt (z.B. WML 56ff.) und an Hyperions Verklärung des Freiheitskampfes; Julius scheint sich wenigstens zeitweise an die Setzungen seiner Phantasie zu verlieren (z.B. L 7f., 68ff.), und Heinrich spricht gar – man erinnere sich an Jacobis Sylli Clerdon – einen Stein »stillgerührt« und »lautweinend« als »Hofkaplan« (den Lehrer seiner Kindheit) an, obwohl er unmittelbar zuvor genau bemerkt hat, daß es sich nur um einen Felsen handelt (HvO 320f.). Alle Helden sind in schwärmerischer »Ahndung« und »Sehnsucht« an einem Ideal orientiert; alle suchen es in einer übersteigert absoluten Liebe zu verwirklichen, die jedem Schwärmer Ehre gemacht hätte; alle erleiden sie den manisch-depressiven Wechsel von enthusiastischem Aufschwung und Desillusionierung durch die prosaische Gemeinheit und Widerständigkeit der Wirklichkeit. Hier zeigt sich allerdings bereits ein bezeichnender Unterschied: Während Wilhelm und Hyperion ständig melancholiegefährdet erscheinen, ist dies Julius nur in der – durch Genrewechsel und Er-Form deutlich vom Text abgegrenzten – Frühphase der *Lehrjahre*; Heinrich schließlich muß nur ein einziges Mal – nach dem Tod von Geliebter und Kind – eine kurze Melancholiephase durchstehen (HvO 319–322). Und auch die Heilung des Helden als Überwindung zu einseitiger Schwärmerei (»Schwärmerkur«) vollzieht sich recht unterschiedlich: bei Wilhelm durch die Fülle der Erfahrungen, vor allem aber durch den Besitz Natalies[76], bei Hyperion in der Erinnerungs- und Reflexionsphase des Niederschreibens seiner Lebensgeschichte, bei Julius in der Vorgeschichte der *Lehrjahre*; bei Heinrich schließlich kann von einer ausdrücklichen Korrektur in der kontinuierlichen Entfaltung des innerlich bereits vollzählig Vorhandenen kaum mehr die Rede sein.

Schon diese oberflächliche Betrachtung erweist, daß die Rehabilitation des Schwärmers immer vorbehalts- und widerstandsloser erfolgt. Ich versuche abschließend, die konzeptuellen *Unterschiede zum anthropologischen Roman* in fünf Thesen zusammenzufassen:

1. *An die Stelle einer durch Anlage und Umweltfaktoren bedingten Krankheitsgeschichte des Schwärmers tritt eine allgemein-menschliche Triade:* Durchgängig wird Schwärmerei nun an der Übergangsphase vom Jüngling zum Mann angesiedelt; sie endet nicht in desillusionierter Anpassung an die Prosa der Wirklichkeit, sondern in einer Synthese der Gegensätze auf höherer Ebene; Wilhelm etwa findet zwar ins tätige Leben zurück, nicht aber in den Kaufmannsberuf. Mit den Attributen des pathologischen Falles verliert die Vita der Helden auch zunehmend die Elemente einer spezifischen Fallgeschichte. Selbst in den dem anthropologischen Roman noch am nächsten stehenden *Lehrjahren* hat Goethe konstitutionelle und milieuhafte Eigenheiten stark

---

[76] Das »happy end« verdankt Wilhelm keineswegs den – in der Praxis durchgängig wirkungslosen – Eingriffen der Turmgesellschaft, sondern dem angetrunkenen Friedrich und damit – letztlich – dem vom Autor auf der Symbolebene des Textes gestifteten figuralen Nexus (Bild vom Königssohn).

reduziert[77]; im *Hyperion* und im *Ofterdingen* wird die Entfremdung von der Familie und ihrer Weltsicht durch das Auftauchen eines »Fremden« in Gang gesetzt, der die Helden auf das transempirische Potential ihrer fast schon verschütteten Innenwelt verweist[78] – also auf eine innere Bestimmung statt äußerer Determinationsfaktoren. In der *Lucinde* schließlich ist die Jugendgeschichte – als letztes Rudiment des anthropologischen Erzählschemas – nicht nur als eigene Textsorte von der romantischen Romanform der »Arabesken« abgegrenzt, sondern auch schon von dieser angesteckt[79]; komplementär ergänzt wird sie von dem rein transzendentalphilosophisch begründeten triadischen Entwicklungsschema der auf sie folgenden *Metamorphosen* (L 59–61).

2. *Die produktive Einbildungskraft findet nicht mehr ihre äußere Grenze an einer transsubjektiven Objektivität, sondern hat ihr inneres Maß in einem gesetzmäßigen Wechsel von Produktion und Rezeption bzw. Reflexion*: Das heißt nicht, daß die Wirklichkeit ihre Widerständigkeit einfach verliert; alle Helden müssen lernen, daß das Ideal nicht einfach als wirklich vorausgesetzt werden darf, sondern erst zu realisieren ist. Das dazu nötige aktiv-kreative Weltverhalten – mindestens in der *Lucinde* und im *Ofterdingen* gibt es zwischen Poesie und Poiesis keinen kategorischen Unterschied mehr[80] – muß jedoch vor allem zwei neue Kriterien erfüllen: Es muß bewußt[81] und – als »gebildete«, »notwendige Willkür« (F. Schlegel[82]) – gesetzmäßig sein.

Gesetzmäßig wirkt die Einbildungskraft, wenn sie die zwei polaren Triebe im Wechsel vereinigt, die der Transzendentalphilosophie als Grundprinzipien aller Bewußtseinstätigkeit, der Naturphilosophie als Grundprinzipien anorganischer wie organischer Organisation gelten. Immer wechseln dabei Selbstbe-

---

77 Das wird vor allem im Vergleich mit der ›Theatralischen Sendung‹ deutlich: Dort war Wilhelms Schwärmerei etwa noch zusätzlich durch die unglückliche Ehe der Eltern motiviert; die Symbolebene (Bild vom Königssohn) mit ihrem lebensprägenden Figuralnexus fehlte dagegen völlig.

78 Ähnlich schon in den ›Lehrjahren‹: Der »Fremde« (vermutlich der Abbé), der den Jüngling in ein erstes Schicksalsgespräch verwickelt, hatte ja schon den 10jährigen Knaben kennengelernt, als er beim Verkauf der Bildersammlung als Gutachter fungierte (WML 67f.). Dieser Verkauf aber löste mittelbar Wilhelms Theaterleidenschaft aus: Da er sich im »neuen leeren Haus« unbehaglich fühlt, schenkt ihm die Mutter ein Puppentheater (12f.).

79 »Auch in dem was reine Darstellung und Tatsache scheint, hat sich Allegorie eingeschlichen, und unter die schöne Wahrheit bedeutende Lügen gemischt« (L 59).

80 Die ›Lehrjahre‹ kennen dagegen noch den Dilettantismusvorbehalt der klassischen Autonomieästhetik: Wilhelm muß lernen, – der eindeutigste Erkenntnisfortschritt in seiner ansonsten recht fragwürdigen »Bildung« –, Kunst und Leben nicht mehr zu verwechseln. Im ›Hyperion‹ gilt statt dessen ein – an Schillers ›Ästhetische Briefe‹ erinnerndes – Zwei-Phasen-Modell: Direkte Weltveränderung muß erst durch (mytho-)poetische Bewußtseinsveränderung vorbereitet werden. Julius dagegen praktiziert die Kunst und Leben vereinigende romantische »Lebenskunst« (KA 1, 136), und Heinrich sollte – gegen Klingsohrs »klassischen« Vorbehalt (HvO 285) – zum Dichter *und* Helden werden.

81 In den ›Lehrjahren‹ vertritt die Stelle bewußter Imaginationstätigkeit das Wissen um die Grenze zwischen Kunst und Leben.

82 KA 2, 312; vgl. Novalis: »Wahnsinn nach Regeln und mit vollem Bewußtseyn« (HKA 2, 547).

zug und Objektbezug miteinander ab. Für diese zwei Grundtriebe gibt es in der Goethezeit eine Fülle von Namen und Konzepten: Form- und Stofftrieb (Schiller), Systole und Diastole (Goethe), Selbsttätigkeit und Empfänglichkeit (W. v. Humboldt), Zentripetal- und Zentrifugalkraft (Fichte), bewußte und bewußtlose Tätigkeit (Schelling), usw.[83] Auch die Helden der vier untersuchten Romane werden auf das neue Einheitsprinzip des gleichgewichtigen Wechsels dieser Grundtriebe verpflichtet.[84]

Daß das schwärmerische Verhalten so den Hautgout solipsistischer Weltlosigkeit verliert, dürfte unmittelbar einsichtig sein. Bewußtseinsgeschichtlich ungleich aufregender ist jedoch, daß sich mit dem neuen Konzept der Einheit im Wechsel eine verborgene Berührungsstelle zwischen anthropologischem und idealistischem Diskurs offenbart. Der Ursprung dieses Polaritätsdenkens liegt wohl im zukunftsträchtigsten Element von Newtons mechanistischem Weltbild: dem Nebeneinander von Anziehungs- und Abstoßungskraft. Herder[85] hat diese Zwei-Kräfte-Lehre zum Fundament seines organizistischen Weltbilds gemacht und mit ihrer Hilfe den cartesianischen Dualismus zweier Substanzen in eine monistische Polarität umgedeutet, die auf horizontaler Hin- und Herbewegung und vertikaler Läuterung beruht: Ausdehnung und Zusammenziehen, Wärme und Kälte, Empfangen und Geben, Tun und Leiden, Liebe und Haß sind nur analoge Varianten dieses »*Einen* Gesetzes«.[86]

Daß die Zwei-Triebe-Lehre wirklich die konzeptuelle Schnittstelle zwischen anthropologischem und idealistischem Diskurs darstellt, zeigt sich auch daran, daß über sie anthropologische Elemente immer wieder neu in den idealisti-

---

83 Als umfassendste Darstellung vgl. dazu Ernst Behler: Die Geschichte des Bewußtseins. Zur Vorgeschichte eines Hegelschen Themas. In: Hegel-Studien 7 (1972), S. 169–216.
84 *Hölderlin*: »Bestehet ja das Leben der Welt im Wechsel des Entfaltens und Verschließens, in Ausflug und in Rükkehr zu sich selbst, warum nicht auch das Herz des Menschen?« (H 622), »Wir stellen im Wechsel das Vollendete dar« (768). *F. Schlegel*: »Die lebendige Einheit des Menschen kann keine starre Unveränderlichkeit sein, sie besteht im freundschaftlichen Wechsel« (KA 8, 52); »das Wesen des Geistes ist, sich selbst zu bestimmen und im ewigen Wechsel aus sich heraus zu gehn und in sich zurückzukehren« (2, 314); »ewiger Wechsel von Enthusiasmus und Ironie« (319); vgl. in der ›Lucinde‹ den »Wechsel« von Männlichem und Weiblichem, Poesie und Religion, Sehnsucht und Ruhe, Hitze und Kälte, Treue und Scherz, etc. *Novalis*: »Streben nach Einheit – Streben nach Mannichfaltigkeit – durch wechselseitige Bestimmung beyder durch Einander – wird jene höhere Synthesis der Einheit und Mannichfaltigkeit selbst hervorgebracht – durch die Eins in Allem und Alles in Einem ist« (HKA 2, 589); im ›Ofterdingen‹ sind so der »Weg der Erfahrung« und der »Weg der innern Betrachtung« (HvO 208) nur die zwei Seiten einer Medaille. *Goethe* gibt in den ›Lehrjahren‹ keine vergleichbar griffige Formel; daß es um die Vermittlung von Selbst- und Weltbezug geht, ist aber klar.
85 Auch Goethes Konzept von »Polarität und Steigerung« stammt mittelbar von Newton, da es angeregt wurde durch Kants (auf Newton zurückgehende) Unterscheidung von Attraktiv- und Repulsivkraft in den ›Metaphysischen Anfangsgründen der Naturwissenschaft‹ (vgl. ›Campagne in Frankreich‹; MA 14, 468). Zur enormen Wirkung von Newtons Konzept vgl. Rolf Christian Zimmermann: Goethes Polaritätsdenken im geistigen Kontext des 18. Jhds. In: JDSG 18 (1974), S. 304–347.
86 ›Vom Erkennen und Empfinden der menschlichen Seele‹ (1778); Zitat: Werke 2, 667.

schen Argumentationsrahmen einwandern. So kann etwa Novalis Elemente der Brownschen Erregungstheorie in sein idealistisch gegründetes Modell einer »Wechselrepräsentation« von Ich und Welt eingemeinden, indem er sie zum Ideal eines Gleichgewichts von Sthenie und Asthenie, von Reizbarkeit und innerer Sensibilität umdeutet.[87]

3. *Statt an narzißtischen Kränkungen zu scheitern, wird der Held mit sich und der Welt ausgesöhnt*: Wilhelm, Hyperion, Julius und Heinrich sind gleichermaßen von einer schwärmerischen Erwartung motiviert. Anders als in spätaufklärerischen Texten konstruieren die Autoren hier jedoch die – nicht mehr mimetisch begriffene – Romanwelt so, daß »Sehnsucht« und »Ahndung« der Helden erfüllt werden können. Die Zeichen – Träume und Symbole – trügen nicht mehr, sondern gründen in einer verläßlichen prästabilierten Harmonie zwischen Ich und Welt. Als letztes Ziel aller Entwicklungsprozesse erscheint so die Aufhebung vom Fremdheit und Melancholie und das Einheimischwerden des Schwärmers im Lebensganzen.[88]

4. *Vor dauerhafter Melancholie rettet die Helden eine nicht desillusionierbare, da nicht auf Projektion beruhende Liebeserfahrung; Verlust bzw. Entzug der Geliebten werden erträglich, da diese Erfahrung unverlierbare Symbolqualität erhält*: In der Erfüllung ihrer Liebe wird allen Helden das ersehnte Ideal zur erfahrbaren Realität; dies – und nur dies – kuriert vom melancholischen Weltekel. Ihr Glück ist jedoch meist von begrenzter Dauer: Diotima und Mathilde sterben (wie auch Sternbalds Geliebte); Wilhelm muß Natalie auf lange Zeit verlassen; Julius imaginiert sich ausführlich den Tod Lucindes. Im Handlungsschema der Romane hat dieses Motiv den Sinn, den Helden über ein bloß privates Glück hinauszuführen, ihm aktives, weltgestaltendes Handeln zu ermög-

---

87 Zu Novalis' »romantischer Medizin« vgl. Herbert Uerlings: Friedrich von Hardenberg, genannt Novalis. Werk u. Forschung. Stuttgart 1991, bes. 166–178, u. Rita Wöbkemeier, Erzählte Krankheit. Medizinische u. literarische Phantasien um 1800. Stuttgart 1990, bes. S. 65–89. Der wichtigste Text blieb leider ungeschrieben: das für den zweiten Teil des ›Ofterdingen‹ geplante Gespräch mit dem philosophischen Arzt Sylvester.

88 ›Lehrjahre‹: »Was kann uns rühren, als die stille Hoffnung, daß die angeborne Neigung unsers Herzens nicht ohne Gegenstand bleiben werde? [...] uns rührt das Anschauen jedes harmonischen Gegenstandes; wir fühlen dabei, daß wir nicht ganz in der Fremde sind, wir wähnen einer Heimat näher zu sein, nach der unser Bestes, Innerstes ungeduldig hinstrebt« (WML 423); mit der Erfüllung seiner im Königssohn-Bild chiffrierten Sehnsucht sendet die Welt Wilhelm die seiner Sehnsucht »antwortenden Gegenbilder« (MA 6.2, 349). ›Hyperion‹: »Auch wir sind also Kinder des Hauses [...], sind es und werden es seyn« (H 650); am Ende der Schreibebene findet der Held zur vollendeten Ontodizee: »die Wonne, die nicht leidet, ist Schlaf, und ohne Tod ist kein Leben« (770). ›Lucinde‹: Auch Julius überwindet seine ursprüngliche Weltabsage – »Er stand [...] auf frischem Grün einer kräftigen mütterlichen Erde, und ein neuer Himmel wölbte sich unermeßlich über ihm im blauen Äther« (L 49), »Alles ist beseelt für mich, spricht zu mir und alles ist heilig« (67) – und erreicht ein Gleichgewicht von »Sehnsucht« und »Ruhe« (78–80). ›Ofterdingen‹: Der »Trieb überall zu Hause zu seyn« (HKA 3, 434), wird in Heinrichs Lebensweg durchgängig befriedigt; »Schicksal und Gemüth« sind nur »Namen Eines Begriffes« (HvO 328), daher gehen wir »immer nach Hause« (325).

lichen. Entscheidend ist, daß die Verlusterfahrung nicht mehr zum Rückfall in Melancholie führt. Für Hyperion, Julius und Heinrich ist die in der Liebe erreichte Vereinigung Einheitserfahrung schlechthin, Erfahrung des Absoluten als des einigenden Grundes aller Widersprüche. Damit aber verliert der Tod seinen Schrecken: Das Liebeserlebnis gewinnt zeichenhafte Repräsentanz, und die Geliebte wird zum unverlierbaren Mittler.[89]

5. *Die schwärmerische Religiosität wird zur re-ligio an das Ganze, den Zusammenhang der Dinge; diesen Einheitsgrund der Welt verdinglicht die Phantasie nur noch mittelbar und bewußt in einer »Neuen Mythologie«*: Da die höchst reale Einheitserfahrung der Liebe nun an die Stelle der ins Transzendente strebenden und auf höchst zweifelhaft bleibende Theophanien angewiesenen Religiosität spätaufklärerischer Schwärmer tritt, ist auch die neue Religion prinzipiell diesseitsbezogen, schließt also ein »Gedenke zu leben« (WML 542) ein. Vor allem aber ist sie nur strukturell, nicht inhaltlich festgelegt. Schleiermachers Definition des romantischen Religionsbegriffs gilt grundsätzlich auch für Hölderlin, Schlegel und Novalis: Religion ist »Sinn und Geschmack fürs Unendliche«; »alles Einzelne als einen Teil des Ganzen [...] hinnehmen, das ist Religion«.[90] Diese Religion erhebt zwar über ein bloßes »Leben der Nothdurft«, die Auffassung der Welt als eines mechanischen »Maschinengangs« (Hölderlin; FA 14, 45). Sie wird aber nie zum Aberglauben verdinglicht; ihre bildlichen Konkretisierungen bleiben als Zeichen bewußt und gehören so zum Epochenprojekt einer »Neuen Mythologie«, an dem alle vier Romane mitarbeiten.[91]

Die Rehabilitation des Schwärmers setzt also dessen Metamorphose voraus: bewußten Imaginationsgebrauch in gesetzmäßigem Wechsel zwischen Selbst- und Weltbezug, umfassende Lebensbejahung und das Wissen um den Zeichencharakter aller Setzungen. Die enorme Aufwertung des solchermaßen umgedeuteten imaginativen Weltverhaltens bleibt jedoch letztlich gebunden an die

---

89 Die Trennung am Schluß der ›Lehrjahre‹ müßte vom neuen Entsagungskonzept der ›Wanderjahre‹ her diskutiert werden. ›Hyperion‹: »Ich hab' es Einmal gesehn, das Einzige, das meine Seele suchte, und die Vollendung, die wir über die Sterne hinauf entfernen, die wir hinausschieben bis an's Ende der Zeit, die hab ich gegenwärtig gefühlt. Es war da, das Höchste, in diesem Kreise der Menschennatur und der Dinge war es da. Ich frage nicht mehr, wo es sei; es war in der Welt, es kann wiederkehren in ihr, es ist jezt nur verborgner in ihr« (H 644; vgl. auch: 642 u. 652). ›Lucinde‹: »Es waren mir nur heilige Sinnbilder, alles Beziehungen auf die eine Geliebte, die die Mittlerin war zwischen meinem zerstückten Ich und der unteilbaren ewigen Menschheit; das ganze Dasein ein steter Gottesdienst einsamer Liebe. [...] dann weiß ich's nun, daß der Tod sich auch schön und süß fühlen läßt« (L 71). ›Ofterdingen‹: Heinrich zu Mathilde: »Du bist die Heilige, die meine Wünsche zu Gott bringt, durch die er sich mir offenbart, durch die er mir die Fülle seiner Liebe kund thut. Was ist die Religion als ein unendliches Einverständniß, eine ewige Vereinigung liebender Herzen« (HvO 288).
90 Friedrich Daniel Schleiermacher: Über die Religion. Reden an die Gebildeten unter ihren Verächtern [1799] (= Meiners Phil. Bibl. 255). Hamburg 1970, S. 30 u. 32.
91 Vorstufe dieser »neuen Mythologie« ist in den ›Lehrjahren‹ das klassisch-symbolische Kunstwerk des »Saals der Vergangenheit« (WML 541 ff.) und das ästhetische Ritual der dort stattfindenden Exequien Mignons (575 ff.).

kurze (früh-goethezeitliche) Phase des geschichtsphilosophischen Optimismus am Ende des 18. Jahrhunderts. Schon in Dorothea Schlegels *Florentin* verwandelt sich der Weg wieder in das Ziel: »Meine Wirklichkeit und meine Befriedigung liegt in der Sehnsucht und in der Ahndung« (F 157). Wird die schwärmerische Erfüllung so ins Schwärmen selbst verlagert, muß das Schwärmersyndrom erneut virulent werden.

Bibliographischer Anhang:
Der Schwärmer in Spätaufklärung und früher Goethezeit

1. Theoretische Texte

Johann Christoph ADELUNG: Geschichte der menschlichen Narrheit oder Lebensbeschreibungen berühmter Schwarzkünstler, Goldmacher, Teufelsbanner, Zeichen- u. Liniendeuter, Schwärmer, Wahrsager, u. anderer philosophischen Unholden. 7 Bände. Leipzig 1785–89.

ARCHIV DER SCHWÄRMEREY U. AUFKLÄRUNG. Hg. v. F.W.v. Schütz. Bd. 1, H. 1–6 u. Bd. 2, H. 7–12. Altona 1788. Besonders die folgenden Artikel: Ueber Schwärmerey [Vorwort des Herausgebers], Bd. 1, S. 4–6; Ueber Religionsvereinigung, Bd. 1, S. 30–35; Ueber Schwärmerey u. Aufklärung. Ein Sendschreiben an den Herausgeber des Archivs, Bd. 2, S. 369–388.

Johann Erich BIESTER, Aberglauben u. Schwärmerei in Wirkung u. Rückwirkung aufeinander. In: Berlinische Monatsschrift 6 (1785), S. 375–380.

CAGLIOSTRO [Giuseppe Balsamo]. Dokumente zu Aufklärung u. Okkultismus (= Bibl. d. 18. Jhds.). Hg. u. mit Erläuterungen v. Klaus H. Kiefer. München 1992.

Johann August EBERHARD: Von der Lehre der Gebets- u. Glaubenskraft, wie auch von der Schwärmerey u. Enthusiasmus [Sammelrezension v. zehn einschlägigen Publikationen zum Thema, darunter auch der Vorlesung Meisters, der Merkurfrage u. der Antworten Häfelins u. Schlossers]. In: Allgemeine deutsche Bibliothek 30 (1777), S. 311–401.

Johann Gottlieb FICHTE: Die Grundzüge des gegenwärtigen Zeitalters (Meiners Phil. Bibl. 247). Hg. v. Alwin Diemer. 4. Aufl. Hamburg 1978, bes. S. 117–132 (8. Vorlesung).

Christian GARVE: Ueber die Schwärmerey [aus dem Nachlaß, entstanden nach 1789]. In: C. G.: Gesammelte Werke. Im Faksimiledruck hg. v. Kurt Wölfel. Hildesheim 1985. 1. Abt.: Die Aufsatzsammlungen. Bd. 3: Versuche über verschiedene Gegenstände aus der Moral, der Literatur u. dem ges. Leben, S. 331–406.

[Johann Caspar HÄFELIN:] Eines Ungenannten Antwort auf die Frage ... In: Der Teutsche Merkur (1776) III, S. 111–131 u. 207–218 (mit Stellungnahmen Wielands: S. 132–136 u. 218–220).

[Johann Gottfried HERDER:] Philosophei u. Schwärmerei, zwo Schwestern. In: Der Teutsche Merkur (1776) IV, S. 138–149.

Ders.: Rez. von: M.C.F. Duttenhofer, Geschichte der Religionsschwärmerey in der christlichen Kirche. Bd. 1 [1796]. In: Erfurter Nachrichten (1797), 22. Juni. Hier nach: Ders.: Sämtliche Werke. Hg. v. Bernhard Suphan. Berlin 1878 ff. Bd. 20, S. 277–282.

David HUME: Über Aberglauben u. Enthusiasmus [zuerst in: Essays: Moral and Political, Bd. 1. London 1741]. Hier nach: Ders.: Politische u. ökonomische Essays. 2 Bde. Übersetzt v. Susanne Fischer. Hg. mit einer Einleitung v. Udo Bermbach (= Meiners Phil. Bibl. 405). Hamburg 1988. Bd. 1, S. 77–85.

Daniel JENISCH: Über die Schwärmerey u. ihre Quelle in unseren Zeiten. In: Gnothi Sauthon oder Magazin zur Erfahrungsseelenkunde 5 (1787). Hier nach: Karl Philipp Moritz: Die Schriften in 30 Bden. Hg. v. Petra u. Uwe Nettelbeck. Nördlingen 1986. Bd. 5, S. 211–224.

Johann H. JUNG-STILLING: Theorie der Geisterkunde oder Was von Ahnungen, Gesichten u. Geistererscheinungen geglaubt u. nicht geglaubt werden müßte [1808]. Nördlingen 1987.

Immanuel KANT: Träume eines Geistersehers, erläutert durch Träume der Metaphysik [1766]. In: Ders.: Werkausgabe in 12 Bden. Hg. v. Wilhelm Weischedel. Frankfurt 1978. Bd. 2, S. 941–989.

Johann Friedrich KLEUKER: Beantwortungsversuch einer im deutschen Merkur aufgeworfenen Frage. In: Deutsches Museum 1777 (Bd. 1), S. 223–254 u. 331–346.

Adolph, Freiherr von KNIGGE, Ueber mystische Betrüger, Geisterseher, Goldmacher und dergleichen, und über die Anhänglichkeit unsers Zeitalters an die Mystik. In: Ders.: Ueber den Umgang mit Menschen. 5. Aufl. Hannover 1796 [zuerst: 1788]. 3. Teil, S. 186–192. Hier nach dem photomechanischen Nachdruck: A.F.K.: Sämtliche Werke. Hg. von Paul Raabe. Nendeln 1978. Bd. 10, S. 724–730.

Gotthold Ephraim LESSING: Über eine zeitige Aufgabe [unveröffentlichte Aufzeichnung aus dem Nachlaß, entstanden wohl in der zweiten Jahreshälfte 1776]. In: Ders.: Werke u. Briefe in 12 Bden. Hg. v. Wilfried Barner u.a. Bd. 8: Werke 1774–1778. Frankfurt 1989, S. 667–675.

Georg LICHTENBERG: Antwort [auf das Schreiben v. Reimarus] In: Göttingisches Magazin 3 (1782), 4. Stück. Hier nach: Ders.: Vermischte Schriften. Hg. v. Ludwig Christian Lichtenberg u. Friedrich Kriss. Bd. 4. Göttingen 1802, S. 345–381.

John LOCKE: Versuch über den menschlichen Verstand [An Essay Concerning Human Understanding, zuerst 1690]. Dt. v. C. Winckler. 2 Bde. Hamburg ^{4}1981 (= Meiners Phil. Bibl. 75); bes. Buch IV, Kap. XIX: ›Über die Schwärmerei‹, erstmals in der 4. Auflage v. 1700 (hier: Bd. 2, S. 404–417).

Salomon MAIMON: Über die Schwärmerei. In: Magazin zur Erfahrungsseelenkunde 10 (1793); Nach Moritz: Schriften [s. Jenisch] 5, S. 130–159.

Leonard MEISTER: Ueber die Schwermerei. Eine Vorlesung. Bern 1775 [Teilabdruck unter den Titel ›Auszüge aus einer Vorlesung über die Schwärmerei‹ in: Der Teutsche Merkur (1775) IV, S. 134–151; dazu Wieland, 1775]. Rezensiert in: Der Teutsche Merkur 1776 I, S. 190.

Ders.: Helvetische Szenen der neuern Schwärmerey u. Intoleranz. Zürich 1785.

Moses MENDELSSOHN: Soll man der einreißenden Schwärmerey durch Satyre oder äußere Verbindung entgegenarbeiten? In: Berlinische Monatshefte 1785. Hier nach: Ders.: Gesammelte Schriften. Jubiläumsausgabe. Bd. 6,1: Kleinere Schriften I. Bearbeitet v. Alexander Altmann. Stuttgart 1981, S. 137–141.

Karl F. MÜCHLER: Kriminalgeschichten. Aus gerichtlichen Akten gezogen. Erster Theil [nur dieser erschienen]. Berlin 1792, bes.: ›Ermordung eines Kindes, aus Schwermuth u. religiöser Schwärmerei‹ (S. 131–140) u. ›Mord aus religiöser Schwärmerei‹ (S. 201–222).

Friedrich NICOLAI: [Vorrede zu] Drei Lustspiele wider Schwärmerei u. Aberglauben 1) Der Betrüger 2) Der Verblendete 3) Der sibirische Schaman. Von I. K. M. d. K. a. R. [Katharina II.]. Berlin 1788, I–XVI. Wieder abgedruckt in: Cagliostro, hg. K.H. Kiefer (s.o.), S. 144–148.

NOVALIS: Apologie der Schwärmerey [ca. 1788–90]. In: Ders.: Schriften. Die Werke Friedrich Hardenbergs. Hg. v. Paul Kluckhohn, Richard Samuel u.a. Hist.-krit. Ausgabe [= HKA]. Bd. II: Das philosophische Werk I. 3. Aufl. Darmstadt 1981, S. 20–22.

Carl Friedrich POCKELS [Anhang zum Aufsatz v. Jenisch, ebd., S. 224–228].

[Christoph REIMARUS:] Über die Schwärmerei unserer Zeiten. Ein Schreiben eines Ungenannten [s.a. Lichtenbergs Antwort]. In: Göttingisches Magazin 3 (1782), 4. Stück. Hier nach: Georg Lichtenberg: Vermischte Schriften. Hg. v. Ludwig Christian Lichtenberg u. Friedrich Kriss. Bd. 4. Göttingen 1802, S. 316–344.

Georg Hermann RICHERZ: Von der Schwärmerey und: Nachtrag zur Abhandl. des Herausgebers von der Schwärmerey [der Nachtrag besteht weitgehend aus einem Zitat aus Platners ›Philosophischen Aphorismen‹ § 460]. In: Ludwig Anton Muratori, Über die Einbildungskraft des Menschen [Della Forza della Fantasia Umana, 1745]. Mit vie-

len Zusätzen hg. von G. H. R., Universitätsprediger in Göttingen. Leipzig 1785. Bd. 2, S. 155—179 u. 326—329.
Friedrich SCHILLER: Enthousiasmus I u. II [aus dem Nachlaß]. In: Ders.: Werke. Nationalausgabe [= NA]. Hg. v. Jürgen Petersen u. a. Bd. 21: Philosophische Schriften, Zweiter Teil. Hg. v. Benno v. Wiese. Weimar 1963, S. 94 f.
[Johann Georg SCHLOSSER:] Ueber Spott u. Schwärmerey. In: Deutsches Museum 1776, 9. Stück, S. 785—787. Hier nach: Johann Carl Wezel: Kritische Schriften. Bd. 1, S. 161—163.
Anthony Ashley Cooper, 3rd Earl of SHAFTESBURY: A Letter Concerning Enthusiasm [zuerst: 1708]. Nach: Ders.: Standard Edition [zweisprachig]. Hg. v. Gerd Hemmerich u. Wolfram Benda. Bd. I, 1: Ästhetik. Stuttgart 1981, S. 302—375.
Karl SPAZIER: Der neue Origines oder Geschichte eines religiösen Schwärmers. Nebst einer Abhandlung über die Quellen u. Gefahren der Schwärmerey. Berlin 1792.
[Johann Jacob STOLZ:] Joseph Gedeon Kr.: Über Schwärmerey, Toleranz u. Predigtwesen. Upsal [Leipzig] 1776.
Johann Carl WEZEL: Ueber Spott u. Schwärmerey [Teil der Rezension des ›Deutschen Museum‹, 1776, 2. Bd.; aus: Rez. zu Schlosser]. In: Neue Bibliothek der schönen Wissenschaften u. der freyen Künste. Hier nach: Ders.: Krit. Schriften (Dt. Neudrukke, 18. Jhd.). Im Faksimiledruck hg. v. Albert R. Schmitt. Stuttgart 1971. Bd. 1, S. 244—250.
Christoph Martin WIELAND: ⟨Enthusiasmus u. Schwärmerei⟩. In: Der Teutsche Merkur (1775) IV, S. 151—155 [Zusatz Wielands zum Vorabdruck aus Leonard Meister: Ueber die Schwärmerey, s. dort]. Hier nach: Ders.: Sämtliche Werke. Leipzig 1840. Bd. 35, S. 134—137.
[Ders.:] Fragen. In: Der Teutsche Merkur (1776) I, S. 82.

2. Sekundärliteratur

Heinz Otto BURGER: Die Geschichte der unvergnügten Seele. Ein Entwurf. In: DVjs 34 (1960), S. 1—20.
Horst FLASCHKA: Schwärmertum. In: H. F.: Goethes ›Werther‹. Werkkontextuelle Deskription u. Analyse. München 1987, S. 168—172.
Hans-Erwin FRIEDRICH: Der Enthusiast u. die Materie. Von den ›Leiden des jungen Werthers‹ bis zur ›Harzreise im Winter‹ (= Trierer Studien zur Lit. 21). Frankfurt 1991.
Gerda GEYER: Wieland u. das Schwärmertum. Diss. Graz 1967.
Jutta HEINZ: Die Figur des Schwärmers in den späten Romanen C. M. Wielands. Magisterarbeit Erlangen 1991.
Dies.: Von der Schwärmerkur zur Gesprächstherapie. Symptomatik und Darstellung des Schwärmers in Wielands ›Don Sylvio‹ und ›Peregrinus Proteus‹. Erscheint in: Wieland-Studien 1993.
Norbert H. HINSKE: Die Aufklärung u. die Schwärmer – Sinn u. Funktion einer Kampfidee. In: Aufklärung 3 (1968) H. 1, S. 3—6.
Ders.: Zur Verwendung der Wörter »schwärmen«, »Schwärmer«, »Schwärmerei«, »schwärmerisch« im Kontext v. Kants Anthropologiekolleg. In: Aufklärung 3 (1968) H. 1, S. 73—81.
Isabel KNAUTZ: Epische Schwärmerkuren. Johann Karl Wezels Romane gegen die Melancholie. Würzburg 1990 (Studien zur Lit. u. Kunstgesch. 1).
Ronald A. KNOX: Christliches Schwärmertum. Ein Beitrag zur Religionsgeschichte. [engl. Originalausgabe unter dem Titel: Enthusiasm. A chapter in the history of religion with special reference to the 17th and 18th century. Oxford 1951]. Dt. v. Paula Havelaar u. Auguste Schorn. Köln 1957.
Joseph KOHNEN: ›Kreuz- u. Querzüge des Ritters A bis Z‹. Theodor Gottlieb v. Hippel als Kritiker der Geheimen Gesellschaften des ausgehenden 18. Jhds. In: Aufklärung 3 (1968) H. 1, S. 49—72.

Lothar KREMENDAHL: Humes Kritik an den Schwärmern u. das Problem der »wahren Religion« in seiner Philosophie. In: Aufklärung 3 (1968) H. 1, S. 7–27.

Hermann KURZKE: Friedrich v. Hardenbergs ›Apologie der Schwärmerey‹. In: JFDH 1983, S. 132–146.

Victor LANGE: Zur Gestalt des Schwärmers im dt. Roman des 18. Jhds. In: Herbert Singer/Benno v. Wiese (Hg.), Fs. für Richard Alewyn. Köln 1967, S. 151–164.

Gerhard Johan REIMER: The Schwärmer in the novelistic writings of C. M. Wieland. Diss. Michigan State University 1968.

Gerhard SAUDER: Empfindsamkeit. 3 Bde. Bisher erschienen: Bd. 1: Voraussetzungen u. Elemente. Stuttgart 1974 u. Bd. 3: Quellen u. Dokumente. Stuttgart 1980 [zu Enthusiasmus u. Schwärmerei bes. Bd. 1, S. 137ff.].

Fritz SCHALK: Der Artikel »mélancholie« in der Diderotschen Enzyclopädie. In: F. S., Studien zur frz. Aufklärung. Frankfurt 1977, S. 206–220.

Hans-Jürgen SCHINGS: Melancholie u. Aufklärung. Melancholiker u. ihre Kritiker in Erfahrungsseelenkunde u. Lit. des 18. Jhds. Stuttgart 1977.

Ders.: Der anthropologische Roman. Seine Entstehung u. Krise im Zeitalter der Spätaufklärung. In: Studien zum 18. Jhd. 3 (1980), S. 247–275.

Ders.: Agathon – Anton Reiser – Wilhelm Meister. Zur Pathogenese des modernen Subjekts im Bildungsroman. In: Wolfgang Wittkowski (Hg.): Goethe im Kontext. Kunst u. Humanität, Naturwissenschaft u. Politik v. der Aufklärung bis zur Restaurationszeit. Ein Symposium. Tübingen 1984, S. 42–68.

Hans H. SCHULTE: Zur Geschichte des Enthusiasmus im 18. Jhd. In: Publications of the English Goethe Society 39 (1968/69), S. 85–122.

Peter SPO: Enthusiasmus. In: Johann Knobloch u. a. (Hg.): Europäische Schlüsselwörter. Wortvergleichende u. wortgeschichtliche Studien. Bd. II: Kurzmonographien. I. Wörter im geistigen u. sozialen Raum. München 1964, S. 50–67.

Brigitte THORAND: Zwischen Ideal u. Wirklichkeit. Zum Problem des Schwärmertums im ›Peregrinus Proteus‹. In: Thomas Höhle (Hg.): Das Spätwerk C. M. Wielands u. seine Bedeutung für die dt. Aufklärung. Halle 1988, S. 91–100.

Jürgen VIERING: Schwärmerische Erwartung bei Wieland, im trivialen Geheimnisroman u. bei Jean Paul. Köln 1976.

Silvio VIETTA: Literarische Phantasie: Theorie u. Geschichte. Bd. 1: Barock u. Aufklärung. Stuttgart 1986.

Liliane WEISSBERG: Geistersprache. Philosophischer u. lit. Diskurs im späten 18. Jhd. Würzburg 1990; bes. Kap. 3: Logik u. Schwärmertum: Kants Anthropologie von Zeichen u. Bild, S. 62–91.

Karl Tilman WINKLER: Enthusiasmus u. gesellschaftliche Ordnung. »Enthusiasm« im engl. Sprachgebrauch in der ersten Hälfte des 18. Jhds. In: Aufklärung 3 (1968) H. 1, S. 29–48.

Margit WULFF: Wielands späte Auseinandersetzung mit Aberglauben u. Schwärmerei. Diss. University of Texas, Austin 1968.

Vexierbilder der literarischen Anthropologie
Möglichkeiten und Alternativen des Menschen im europäischen Reiseroman des 17. und 18. Jahrhunderts

Hans Esselborn (Köln)

I. Anthropologisches Denken im fiktiven Reiseroman

Nach O. Marquard sind für die Anthropologie »v. a. die Natürlichkeiten – z. B. Leib – und natürlichen Verschiedenheiten des Menschen bedeutsam und thematisch: Geschlechter, Lebensalter, Temperamente, Charaktere, Rassen«.[1] Als ihr Zentrum sieht er die »fundamentale Symbiose mit der ›Physiologie‹« an[2], d. h. das Problem des commercium mentis et corporis, das seit der Zweisubstanzenlehre Descartes akut ist. Damit entscheidet er sich für den engeren Begriff des 18. Jahrhunderts, grenzt aber die beiden Denker weitgehend aus, die an seinem Ende in Deutschland die Anthropologie in Verbindung mit der Ethik und Geschichtsphilosophie auf einen Höhepunkt geführt haben, nämlich Kant und Herder.[3] Gerade die umfassenden anthropologischen Überlegungen des letzteren v. a. in den *Ideen*, in denen »das Problem des Zusammenhangs zwischen Leib und Seele und die Stellung des Menschen in der Hierarchie der Lebewesen« behandelt wird[4], sind mit ihrer Verbindung von exakter Wissenschaft, Weltanschauung und Rhetorik besonders geeignet, die Voraussetzungen einer literarischen Anthropologie im weiteren Sinne zu klären.

---

1 Odo Marquard: Anthropologie. In: Historisches Wörterbuch der Philosophie. Hg. v. J. Ritter. Bd. 1., Darmstadt 1971, Sp. 364. Vgl. O. Marquard: Zur Geschichte des philosophischen Begriffs ›Anthropologie‹ seit dem Ende des 18. Jahrhunderts. In: Colloquium Philos. (1965), S. 209–239. Vgl. Mareta Linden: Untersuchungen zum Anthropologiebegriff des 18. Jahrhunderts. Bern 1976.
2 Marquard: Anthropologie, Sp. 366.
3 S. Christian Grawe: Herders Kulturanthropologie. Die Philosophie der Geschichte der Menschheit im Lichte der modernen Kulturanthropologie. Bonn 1967. Grawe beschreibt den gängigen Anthropologiebegriff des 18. Jahrhunderts als »allgemeine Psychologie« (S. 115), stellt aber Herder mit seiner Bestimmung des Menschen in Relation zu den Tieren und seiner Kulturanthropologie als den fruchtbarsten anthropologischen Denker der Zeit dar.
4 Hugh Barr Nisbet: Herders anthropologische Anschauungen in den ›Ideen zur Geschichte der Menschheit‹. In: Jürgen Barkhoff und Eda Sagarra (Hg.): Anthropologie und Literatur um 1800, München 1992, S. 1–23, Zitat S. 2.

Pfotenhauer betont in seinem einschlägigen Buch das Interesse am »›ganzen Menschen‹ als einem leibseelischen Ensemble«.[5] Dabei bezieht er sich auf das Individuum und nicht auf die Rasse oder Gattung. »Für diese Anthropologie des Einzelmenschlichen wird dann die Autobiographie als Quelle der Erkenntnis des ganzen Menschen bedeutsam.«[6] Neben diese Literatur, die individuell ausgerichtet ist und in der psychologischen »Erfahrungsseelenkunde« gipfelt, könnte man eine andere, gleichfalls anthropologische stellen, die von der Menschheit als Gattung ausgeht und sich mit ihren Möglichkeiten und Alternativen beschäftigt, verbunden mit einer Theorie der zivilisatorischen Entwicklung.

Stützt sich die erstere auf die Medizin, besonders die Anatomie und Physiologie, und bedient sich der traditionellen Vorstellung des commerciums, so letztere auf die Biologie, z. B. die Wiederholung der Phylogenese in der Entwicklung des Embryos und bezieht sich auf das überlieferte Bild der Kette der Wesen.[7] Mit seiner Hilfe versucht Herder in den *Ideen*, die Stellung des Menschen innerhalb der Natur, und d. h. genauer: im Verhältnis zu den Tieren zu bestimmen. Der Mensch erscheint dabei doppeldeutig, einerseits als das vollkommenste irdische Wesen, das sich v. a. durch seinen aufrechten Gang auszeichnet, und er wird deshalb als der »erste Freigelassene der Schöpfung« bezeichnet; andererseits aber ist er als Übergang von den irdischen Lebewesen zu den überirdischen Geistern gedacht.

> »Wenn also der Mensch die Kette der Erdorganisation als ihr höchstes und letztes Glied schloß: so fängt er auch eben dadurch die Kette einer höhern Gattung von Geschöpfen als ihr niedrigstes Glied an: und so ist er wahrscheinlich der Mittelring zwischen zwei in einander greifenden Systemen der Schöpfung.«[8]

Herders Verwendung des naturmythischen Konzepts der Kette der Wesen führt aber nicht nur zur metaphysischen Konsequenz der Annahme »höherer Wesen anderer Welten«[9], sondern auch zur zentralen Bedeutung der Perfekti-

---

5 Helmut Pfotenhauer: Literarische Anthropologie. Selbstbiographien und ihre Geschichte am Leitfaden des Leibes. Stuttgart 1987, S. 1.
6 Pfotenhauer: Anthropologie, S. 5.
7 S. Arthur O. Lovejoy: The great Chain of Being. A Study of the History of an Idea. Cambridge/Mass. 1950.
8 Johann Gottfried Herder: Sämmtliche Werke in 33 Bden. Hg. v. Bernhard Suphan. Berlin 1877–1913. Bd. 13, S. 194 vgl. S. 348. Das vorhergehende Zitat findet sich S. 146, die Betonung des aufrechten Ganges S. 110–114. Vgl. die Bestimmung des Menschen als »Mittelding von Engeln und von Vieh« durch Albrecht von Haller in: Gedichte. Hg. v. Ludwig Hirzel. Frauenfeld 1882, S. 129 und den Aphorismus »So wird uns der Vetter Engel und der Vetter Affe auslachen.« Georg Christoph Lichtenberg: Schriften und Briefe. Hg. v. Wolfgang Promies, 2. Aufl. München 1973, Bd. I, S. 296 (D 436).
9 Nisbet: Herders anthropologische Anschauungen, S. 7. Vgl. die Bewohner der Planeten, deren Geistigkeit in Analogie zur Schwerkraft Kant in der vorkritischen »Allgemeinen Naturgeschichte und Theorie des Himmels« von 1755 konstruiert. Noch in nachkritischer Zeit spricht er von der »Menschengattung (welche, wenn man sie sich als eine Spezies vernünftiger *Erdwesen*, in Vergleichung mit denen auf anderen Planeten, als von Einem Demiurgus entsprungene Menge Geschöpfe denkt, auch *Rasse*

bilität des Menschen in der Anthropologie, die in den *Ideen* in die Betonung der Erziehung und Kultur mündet.¹⁰ Die Betonung der empirischen Erfahrung läßt nämlich die oberen Glieder der Kette, die Engel und Erzengel, obsolet werden¹¹, so daß der Mensch, der vorher noch durch seinen Ort zwischen den materiellen wie den geistigen Gliedern bestimmt war, zu einem nur noch nach unten, zu den Tieren, abgegrenzten Wesen wird. Er wird damit zum »noch nicht festgestellten Tier« zum »großen Gedankenstrich im Buche der Natur«¹², d. h. offen für viele Möglichkeiten. Für Herder, dessen Humanitätsbegriff ein ideales Leitbild errichtet, und für Kant, dessen »intelligibles Wesen« eine normative, rein geistige Form des Menschen darstellt, ist die Richtung durch die früheren oberen Kettenglieder noch vorgegeben, die geradezu einen Sog zur Vervollkommnung und Vergeistigung ausüben.¹³

Die entsprechende individuelle Literatur ist der Bildungsroman, der sich auf das Konzept des Bildungstriebes aus Blumenbachs Embryologie stützt.¹⁴ Die Entwicklung der Menschheit als vervollkommnungsfähiger, aber auch bedürftiger Gattung, die bei Kant in der *Anthropologie in pragmatischer Hinsicht* als

genannt werden kann.« »Anthropologie in pragmatischer Absicht«, Kant-Studienausgabe, hg. v. Wilhelm Weischedel, Bd. VI, S. 688. Auch »Die Grundlegung zur Metaphysik der Sitten« spricht mehrfach von »allen vernünftigen Wesen«, hält also nichtmenschliche für möglich. Vgl. Jean Ferrari: La question de l'homme chez Kant conduit-elle à la définition d'un humanisme? In: Akten des 7. Intern. Kant-Kongresses, hg. v. G. Funke. Bonn 1991, S. 127–155.

10 Vgl. Nisbet: Herders anthropologische Anschauungen, S. 5: »Die Perfektibilität (...) ist also das eigentliche Merkmal des menschlichen Charakters.« Nach Grawe bedeutet dies keine Überschreitung der Gattungsgrenzen. Er zitiert S. 29 einen Brief Herders an Mendelssohn vom April 1769: »Alle Kreise und Sphären in der Welt werden verrückt (...), wenn der Mensch ein Engel, und der Engel ein Gott, und das Thier ein Mensch, und der Stein ein Thier werden soll«.

11 Vgl. »Die unendliche Standeserhöhung der Geister von Engel zu Erzengel, (...) die *melodische* Fortschreitung zu sublimieren Wesen hinauf wurde doch wahrlich nur – *angenommen;* ich glaube an eine *harmonische*, an ein ewiges Steigen, aber an keine erschaffne Kulmination ...« Jean Paul: Werke in 6 Bde., hg. v. Norbert Miller, München 3. Aufl. 1970ff, Bd. 4, S. 597.

12 Die Zitate stammen von: Friedrich Nietzsche: Jenseits von Gut und Böse, Nr. 62. In: Werke in 3 Bden, hg. v. Karl Schlechta, München 1955, Bd. 2, S. 623, bzw. von Jean Paul: *Werke*, Bd. 1, S. 8. Vgl. Bd. 1, S. 867: »werden auf *Pflanzenmenschen*, auf *Tiermenschen* endlich *Gottmenschen* kommen?«

13 Die Vervollkommnung wird bei Herder in den »Ideen« und »Humanitätsbriefen« entwickelt und zwar als Erziehung und Bildung. Während er aber an eine Vervollkommnung des Individuums mit Hilfe der Seelenwanderung denkt, betont Kant in der Rezension der »Ideen«, daß es nur einen Fortschritt der Gattung geben könnte. Vgl. Hans Dietrich Irmscher: Die geschichtsphilosophische Kontroverse zwischen Kant und Herder. In: Bernhard Gajek (Hg.): Hamann – Kant – Herder. Acta des 4. Intern. Hamann-Kolloquiums. Frankfurt/M. 1987.

14 Wilhelm Voßkamp: Der Bildungsroman – eine deutsche Zeitutopie? Zur Funktionsgeschichte des Romans im 19. Jh. In: Beiträge zur Fachtagung von Germanisten aus Ungarn und der BRD. Bonn 1989, S. 117–129, nennt S. 118 diesen Roman »eine individualpsychologisch fundierte Zeitutopie des vervollkommnungsfähigen und sich stetig vervollkommnenden Individuums.«

Zunahme an Vernunft und Sittlichkeit gedacht ist, könnte sich auch als biologische Evolution und als Fortschritt im Gebrauch der Technik zeigen.[15]

Die These dieses Aufsatzes ist nun, daß in den satirischen und fiktiven Reiseromanen sowie den kollektiven Robinsonaden des 17. und 18. Jahrhunderts eine literarische Anthropologie der menschlichen Gattung entworfen wird. Dies geschieht sowohl durch die Darstellung anderer Möglichkeiten der Menschheit, z. B. biologischer Variationen, wie durch Alternativen zu ihr in Form anderer vernünftiger Wesen, die im Konzept der Kette der Wesen als Pflanzen, Tiere und Geister gedacht werden können. Die Deutung dieser Texte als Herausforderungen des gewohnten Menschenbildes des damaligen Europäers erweist sie zugleich als Vexierbilder der neuen Anthropologie, die versucht, den Menschen empirisch zu bestimmen. Symptomatisch dafür ist eine Stelle aus Savinien Cyrano de Bergeracs *Les Estats et Empires de la Lune* (Paris 1657), in der die vierfüßigen, aber menschenartigen Mondbewohner Herders zentrales Argument vom aufrechten Gang des Menschen schon im voraus widerlegen:

> »Nous autres, nous marchons à quatre piedz parce que Dieu ne se voulut pas fier d'une chose si précieuse à une moins ferme assiette (...). il les (les hommes) abondonna au caprice de la Nature, laquelle, ne craignant pas la perte de si peu de chose, ne les appuya que sur deux pattes.«[16]

Die fiktiven Reiseromane ermöglichen in diesem Verhältnis auch ein neues, evolutionäres Bild der menschlichen Gattung und ihre Neudefinition als eines Wesens, das durch den Gebrauch von Technik bestimmt wird. Die Negation des Gegebenen und die Andeutung unrealisierter Möglichkeiten läßt diese Texte, die kaum zum literarischen Kanon gehören, oft als fantastisch, bizarr oder gar abwegig erscheinen. Aber sie sind weder absurd noch uninteressant, wenn man die zukunftsträchtigen Gedanken herausschält und mit modernen Vorstellungen verbindet.

Für das anthropologische Denken in der Literatur zeichnen sich v. a. im 18. Jahrhundert fünf günstige Bedingungen ab, die hier aber z. T. nur erwähnt werden können: 1. Die Diskussion um die Darstellung möglicher Welten als Aufgabe der Literatur besonders bei Gottsched, Baumgarten und Breitinger.[17]

---

15 Dies setzt einen Kulturbegriff voraus, der die Arbeit als materiellen Stoffwechsel mit der Natur betont. Vgl. Johannes Rohbeck: Die Fortschrittstheorie der Aufklärung. Französische und englische Geschichtsphilosophie in der 2. H. des 18. Jhs. Frankfurt/M., New York 1987.
16 Zit. nach Cyrano de Bergerac: Les œuvres libertines. Ed. par Frédéric Lachèvre. T. 1°: L'autre monde. Paris 1921, S. 53. Vgl. ebenda: »comme ilz ont la teste tournée devers le ciel! C'est la disette où Dieu les a mis de toutes choses qui les a situés de la sorte, car cette posture suppliante tesmoigne *qu'ilz cherchent au Ciel pour se plaindre à Celuy* qui les a créez«. Vgl. Jacques Prévot: Cyrano de Bergerac Romancier. Paris 1977, bes. S. 39–48. Madeleine Alcover: La pensée philosophique et scientifique de Cyrano de Bergerac. Paris, Genève 1970 ist für die anthropologische Fragestellung unergiebig.
17 Vgl. Hans-Joachim Mähl: Die Republik des Diogenes. Utopische Fiktion und Fiktionsironie am Beispiel Wielands. In: Utopieforschung. Interdisziplinäre Studien zur neuzeitlichen Utopie. Hg. von Wilhelm Voßkamp, Frankfurt/M. 1985, Bd. 3, S. 50–85.

2. Die Säkularisation religiöser Vorstellungen, die den Menschen aus der theologischen Definition entläßt.[18] 3. Die Orientierung am naturwissenschaftlichen Denken zusammen mit der Wendung zur Empirie, welche das Irrationale, Magische und rein Fantastische ausschaltet. 4. Der Abbau des normativen und idealen Denkens, der sich in der Verzeitlichung der Utopie, etwa in Merciers *L'an 2440* zeigt und evolutionäre Vorstellungen begünstigt.[19] 5. Die reale Entwicklung der Technik verbunden mit der naturwissenschaftlichen Erkenntnis, welche zu neuen Spekulationen über die zivilisatorische Bestimmung des Menschen anregt.

Guthke behandelt in seinem umfassenden Buch als einer der wenigen im deutschsprachigen Bereich das Thema der »Mehrheit der Welten«, speziell die menschenähnlichen Lebewesen auf anderen Sternen, wie sie in der geistigen Spekulation und in den literarischen Planetenreisen erscheinen. Er entwickelt diesen »Mythos der Neuzeit« aber als abstraktes philosophisches und theologisches Problem, nicht als erzählerisches Ausmalen einer imaginären Realität, so daß die fiktiven Reisen nur kurz besprochen werden. Zudem beschränkt er sich meist auf die *Existenz* anderer vernünftiger Wesen und die Herausforderung, welche sie für das Selbstverständnis des Menschen und das Christentum bedeuten.[20] So tritt die anthropologische Fragestellung zurück, die eine möglichst genaue Konkretisierung von Alternativen zum vorhandenen Menschen in Anlehnung an die empirischen Wissenschaften voraussetzt. Die sonstige Forschung zu den einschlägigen Texten betont v. a. ihren utopischen Charakter und den Anteil der Zeitsatire[21], wenn sie nicht geistesgeschichtliche, biografi-

---

18 Vgl. Sven-Aage Jørgensen: Utopisches Potential in der Bibel. Mythos, Eschatologie und Säkularisation. In: Utopieforschung. Bd. 1, S. 375–401.
19 Vgl. Reinhart Koselleck: Die Verzeitlichung der Utopie. In: Utopieforschung. Bd. 3, S. 1–14.
20 Karl S. Guthke: Der Mythos der Neuzeit. Das Thema der Mehrheit der Welten in der Literatur- und Geistesgeschichte von der kopernikanischen Wende bis zur Science Fiction. Bern, München 1983, besonders S. 250ff. Die Art seiner Fragestellung ergibt sich aus folgendem Zitat S. 188f: »Die Frage ›was ist der Mensch‹ wird also durch den Vergleich nicht mit Tieren, Wilden oder auch Engeln beantwortet, sondern durch die Gegenüberstellung mit menschenähnlichen Lebensformen, die die philosophische Anthropologie auf anderen Planeten plausibel imaginiert. Und in der Antwort wird der Mensch, statt seinerseits vernunftstolz das Maß aller Dinge abzugeben, seinerseits gemessen – und oft unzulänglich befunden.« Vgl. Marjorie Nicolson: Voyages to the Moon. New York 1960 und Darko Suvin: Poetik der Science Fiction. Zur Theorie und Geschichte einer literarischen Gattung. Frankfurt/M. 1957, S. 140ff.
21 Vgl. Michael Winter: Utopische Anthropologie und exotischer Code. Zur Sprache und Erzählstruktur des utopischen Reiseromans im 18. Jahrhundert. In: Erzählforschung 3. Hg. v. Wolfgang Haubrichs. Göttingen 1978, Lili Beiheft 8, S. 135–175. Winter spricht zwar von der Anthropologie, ordnet sie aber der Utopie unter, vgl. S. 164: »anthropologische Frage nach dem bestmöglichen Menschen«. Martin Schwonke: Vom Staatsroman zur Science Fiction. Eine Untersuchung über Geschichte und Funktion der naturwissenschaftlich-technischen Utopie. Stuttgart 1957 behandelt die betreffenden Reiseromane unter »Utopien der Aufklärung«, S. 22–31. Zu den französischen Romanen vgl. Hans-Günther Funke: Zur Geschichte Utopias. Ansätze aufklärerischen Fortschrittdenkens in der französischen Reiseutopie des 17. Jhs. In: Utopieforschung, Bd. 2, S. 299–319.

sche u. ä. Erläuterungen gibt. Deshalb ist es angebracht, den Anteil des anthropologischen Möglichkeitsdenkens vom Entwurf einer idealen Gesellschaft und ihrer Hohlform, der Zeitsatire, zu unterscheiden.

1. Die klassische Utopie entwirft ein Ideal oder bringt Normen zur Geltung (eventuell in der negativen Form der Satire), während der fiktive Reiseroman mit der Art möglicher oder alternativer Wesen darstellend experimentiert.

2. Ist der Gegenstand der klassischen Sozialutopie die Beschreibung einer alternativen Staats- und Gesellschaftsordnung, so geht es bei den fiktiven Reisen hauptsächlich um die biologischen Variationen der Gattung samt ihrem Verhältnis zur Umwelt.

3. Die literarische Form des Reiseberichts ist für die Utopie nur das Mittel zum Erreichen des idealen Staats, während die erzählerische Entfaltung einer meist spannenden Reisehandlung ein wesentlicher Zweck der Romane ist, die schon den Transport nutzen, um alternative Möglichkeiten vorzuführen. Fast alle Reisen in ferne Länder und natürlich alle auf andere Himmelskörper finden als Flug mit Hilfe von Vögeln, von echten und künstlichen Flügeln oder von komplizierteren Geräten wie luftleeren Gefäßen und Raketen statt, welche eine fortgeschrittene Technik vorführen. Bei Cyrano von Bergerac werden außerdem magische Mittel gebraucht.[22] Die Fähigkeit zum Fliegen ist nicht nur ein Urwunsch der Menschheit, sondern zugleich das Zeichen einer höheren Seinsstufe (vgl. die Engel) oder Entwicklung, welche die natürlichen Grenzen der menschlichen Gattung überschreitet.

Für das anthropologische Denken geeignet sind die Reiseromane, in denen wissenschaftliche Erkenntnisse aus der Geografie, Biologie, Ethnografie und Astronomie und das methodisch konsequente Denken die Momente des Abenteuerlichen und Fantastischen zurückgedrängt haben, die etwa den französischen »roman imaginaire« oder »extraordinaire« beherrschen.[23] Sie sind angeregt von den Reiseberichten, die seit der Entdeckung der neuen Welt und der Umsegelung der Erde das empirische Protokoll der Entdeckungsreise mit dem ethnografischen Blick auf fremde Völker verbinden, vgl. etwa Forsters Reise in die Südsee. Damit wird gegenüber den ausschweifenden Fantasien von seltsamen Lebewesen, wie sie in der Antike gängig waren und die noch lange nachwirken, ein realistischerer Boden gewonnen.

Die kollektive Robinsonade ist dank dem Pathos des zivilisatorischen Fortschritts ebenfalls zur Darstellung anthropologischer Möglichkeiten und zwar im evolutionären Sinne geeignet. Eine andere Form sind die satirischen Entdeckungsreisen, die eine zusätzliche Rückbindung an die Realität durch die Normen des Verfassers wie durch die Bezugspunkte seiner Zeitkritik besitzen. Doch sollte man bei Swift und bei Voltaire das Maß an Interesse nicht unterschätzen, das über den aktuellen Zustand der europäischen Gesellschaften hinaus dem Entwurf des Menschen als eines vernünftigen Wesens überhaupt

---

22 Vgl. Jules Duhem: Histoire des idées aéronautiques avant Montgolfier. Paris 1943.
23 Vgl. Ralph Rainer Wuthenow: Die erfahrene Welt. Europäische Reiseliteratur im Zeitalter der Aufklärung und R. R. W.: Inselglück. Reise und Utopie in der Literatur des XVIII. Jhs. In: Utopieforschung, Bd. 2, S. 320–335.

bzw. seiner Alternativen gelten. Wird bei den einen Reisen der Besuch von Gegenden imaginiert, die noch nicht entdeckt sind oder gar nicht existieren, etwa auf der Südhalbkugel der Erde oder in ihrem Innern, so entdecken die anderen menschenähnliche Lebewesen außerhalb der Erde, zunächst auf dem Mond, dann auf den Planeten.

Es ist kein Zufall, daß die einschlägigen Reiseromane vorwiegend aus dem englischen und französischen Bereich stammen, denn beide Nationen haben Kolonialerfahrungen, aber zugleich eine gewisse Distanz zu den Entdeckungen, während die Spanier und Portugiesen mit ihren Reiseberichten noch unmittelbar die Perspektive der Europäer auf die Fremden übertrugen, die einfach als Wilde und Barbaren erschienen. Zudem haben England und Frankreich stärkeren Anteil an der Aufklärung und der Entwicklung der Anthropologie. Die wenigen einschlägigen deutschen Texte kompensieren den Mangel an konkreter ethnografischer Erfahrung durch die Betonung der theologischen und philosophischen Problematik.

II. Variationen des Menschen

Aus der Fülle der fiktiven Reiseromane, die im 17. und 18. Jahrhundert andersartige vernünftige Wesen (wie der aufklärerische terminus technicus lautet) erwähnen, sind nur wenige für die anthropologische Fragestellung relevant. Denn es muß eine einigermaßen ausführliche, kohärente und auf den Körper bezogene Beschreibung geben, damit die Abweichungen von der gewohnten Gestalt des Menschen mit ihren sozialen Konsequenzen deutlich werden. Die verbleibenden Texte haben einen sehr unterschiedlichen Charakter und die Darstellung anderer vernünftiger Wesen ist oft nur ein Nebenmotiv. Ich versuche trotzdem eine Korpusbildung aus anthropologischer Sicht, um eine neue Dimension dieser Texte zu entdecken – unbeschadet der ursprünglichen Intention der Autoren und der bisherigen Einordnung der Forschung, die meist mit einem viel zu weiten Begriff von Utopie operiert. Um nicht bei einer Sammlung von Einzelheiten stehen zu bleiben, möchte ich erstens die Möglichkeiten des Menschen und zweitens die Alternativen zu ihm in folgende Systematik, unabhängig von Sprache und Zeit der Romane, einfangen.

1. Der Mensch kann in den Romanen in dreierlei Hinsicht von der dem Leser vertrauten Normalgestalt abweichen: a) er kann geistiger und damit vollkommener sein, was die Romane oft im religiösen Sinne verstehen; b) er kann in seiner körperlichen Form mehr oder minder große Unterschiede aufweisen, ohne zum anderen Lebewesen zu werden, und c) er kann im zivilisatorischen Stand variieren, besonders durch einen fortgeschrittenen Gebrauch von Technik, der auf Verhalten und Instinkte einwirkt. 2. Ebenso können die Alternativen zum Menschen in dreierlei Hinsicht differieren: a) sie können geistiger und vernünftiger sein, ohne doch reine Geister oder Engel zu werden; b) es kann sich im Gegenteil um materiellere und niedrigere Geschöpfe handeln, um Tiere oder sogar Pflanzen, die aber »vernünftig« und dem irdischen Men-

schen potentiell überlegen sind, und c) es können andeutungsweise mechanische Wesen gedacht werden, welche die Stelle des Menschen einnehmen.

Traditionell wirkt die erste deutsche Planetenreise, Eberhard Christian Kindermanns *Die Geschwinde Reise auf dem Lufft-Schiff nach der obern Welt* (Leipzig 1744). Die Reise von sechs allegorischen Figuren, der fünf Sinne und der Fama, führt von der Erde zum Marsmond. Dort lebt eine Menschenart, die der irdischen sehr gleicht, aber geistiger ist:

> »Selbiger hatte alle Gliedmassen, die ein auf dieser Welt befindlicher Mensch haben soll; doch war dieser Körper nicht so crud, wie die Menschen auf der Unterwelt haben, sondern von einem fluiden und doch fest zusammen gesetzten crystallinen Wesen; wenn daher die Sonne unter solche Menschen scheint, sehen sie wie lauter Sonnen aus.«[24]

Die Begründung für diese unklare physische Abweichung ist aber nicht materieller, sondern religiöser Art, denn die Bewohner des Marsmondes sind zwar ebenso wie die irdischen Menschen von Gott geschaffen und kennen den Brudermord, aber nicht die Auflehnung gegen Gott. Deshalb leben sie nach seinen Geboten glücklich in einer Art von Paradies, in dem die Natur die Bäume »himmelhoch« zu einer Stadt zusammenwachsen läßt (S. 19). Da die oberirdischen Menschen aber noch körperhaft sind, sind sie nicht ganz »elastisch«, also reiner Geist, wie ein verklärter Toter, welcher den Reisenden im Weltraum begegnet, »ein durch die Putrefaction elastisch gewordener Mensch, der nunmehro vermögend, mit seinem elastischen Körper in alle Sphären einzugehen« (S. 12). Die Bewohner des Marsmondes sind also ein Zwischenglied zwischen den Menschen und den Geistern, jene aber haben vor diesen den Vorzug des technischen Wissens voraus, das die Weltraumfahrt mit Hilfe luftleer gemachter Kugeln erlaubt, abgesehen von der theologischen Differenz der Erlösung durch Christus.

In Francis Godwins *The Man in the Moone or Discourse of a Voyage Thither* (London 1638), also etwa ein Jahrhundert eher, werden die physischen Eigenschaften der außerirdischen Wesen stärker betont. Zwar leben auch sie in einer Art Paradies ohne Schwächen und Laster und sind frömmere Christen; doch wird ihre Überlegenheit durch ihre Riesengröße und proportional längere Lebensdauer materiell untermauert. Dadurch ergibt sich ein Übergang von der religiösen Vervollkommnung des Menschen zu seiner biologischen.[25]

---

24 Zit. nach dem Faksimiledruck, Berlin 1864, S. 17. Götz Müller: Gegenwelten. Die Utopie in der deutschen Literatur. Stuttgart 1989 meint S. 153: »Insgesamt ist der Ausflug Kindermanns auf den Mars eine theologische Veranstaltung.« Der Roman von Ignaz Geiger: Reise eines Erdbewohners in den Mars von 1790, Faksimiledruck hg. v. Jost Hermand, Stuttgart 1967, ist eine Zeitsatire ohne anthropologische Dimension.

25 Vgl. Guthke: Mythos, S. 144: »Godwins Gedankenexperiment (...) zielt auf die Frage nach einer anderen Möglichkeit des Menschlichen im Horizont des von der »Neuen Naturwissenschaft« erschlossenen Kosmos, ja unter Umständen auch im Gefolge eines rudimentären biologischen Evolutionsdenkens, wie es erst im 19. Jahrhundert in der Science Fiction geläufig wird.«

Gabriel de Foigny macht in seinem etwa gleichzeitigen Roman *La terre australe connue* (Vannes 1676) die vollkommene soziale Ordnung von einer biologischen Variation abhängig, nämlich dem Hermaphroditismus. Die normalen Menschen werden als »demi homme« angesehen und als »monstres« getötet.[26] Aus der sexuellen Selbstgenügsamkeit und der Gleichheit aller Personen wird das Fehlen jeglicher Leidenschaft abgeleitet, nicht nur der Liebe, sondern auch des Ehrgeizes, der Habgier u. ä. Aus den Einzelwesen ohne Egoismus bildet sich eine gleichförmige und glückliche Gesellschaft, die keiner staatlichen Ordnung bedarf, da eine prästabilierte Harmonie ohne soziale Regeln und sprachliche Kommunikation herrscht. Dagegen führt die vollkommene Gesellschaft der Australier, aus der der sinnliche und neugierige Ich-Erzähler zuletzt wieder ausgeschlossen wird, einen ständigen und erbitterten Kampf gegen fremde Eindringlinge: riesige Raubvögel, menschenähnliche Wesen und feindliche Europäer. Hierbei werden die größten technischen Leistungen wie die Beseitigung von Bergen und ganzen Inseln, sowie der Bau von Transportmaschinen und die Unterminierung von Festungen vollbracht. Foignys Roman ist von der Verteilung der Gewichte her hauptsächlich als soziale Utopie einer unitären Gesellschaft zu bezeichnen, doch ist es bemerkenswert, daß dazu eine biologische Abnormität die anthropologische Grundlage bietet und damit eine technische Überlegenheit verbunden ist.

Paltock geht in seinem Roman *The Life and Adventures of Peter Wilkins* (London 1751) ebenso von einer biologischen Variation des Menschen aus, die er gleichfalls im sagenhaften Südkontinent ansiedelt. Der Ich-Erzähler entdeckt dort Wesen, die ganz dem Menschen gleichen und mit ihm Kinder zeugen können, aber aufgrund einer Art zusätzlicher fester Haut um den Körper in der Luft fliegen und im Wasser schwimmen können. Dieser »groundee«, der in mehreren Abbildungen erklärt wird, dient sonst als eine vollständige Bekleidung. Die fliegenden Menschen haben also von Natur aus eine Vollkommenheit, welche der Europäer nur durch künstliche Hilfsmittel erreichen kann: er läßt sich später auf einer Art Sänfte durch die Luft tragen.

Doch wird das Motiv der einfachen Zivilisation ohne Metalle und Tiere, aber mit Königen und Sklaven nicht dazu benutzt, eine ideale Menschenrasse zu schildern, da die Struktur zunächst der individuellen und dann der kollektiven Robinsonade, d. h. die Einrichtung des Erzählers mit einer einheimischen Frau und seinen Kindern und dann seine politische, technische und geistige

---

26 Vgl. Gabriel de Foigny: La terre australe connue. Edition établie, présentée et annotée par Pierre Ronzeaud. Paris 1990, S. 83. Die Kinder werden anscheinend ohne Partner gezeugt: »les enfants venaient dans leurs entrailles comme les fruits viennent sur les arbres«, S. 135. Die Religion spielt in diesem Roman eine untergeordnete Rolle, auch wenn der Herausgeber, S. XLVIII ff. darauf hinweist, daß es Spekulationen über die hermaphroditische Natur Adams vor dem Sündenfall gibt. Vgl. Pierre Ronzeaud: L'utopie hermaphrodite. La terre australe connue de G. de Foigny. Marseille 1982 u. P. Kuon: Utopischer Entwurf und fiktionale Vermittlung. Studien zum Gattungswechsel der literarischen Utopie zwischen Humanismus u. Frühaufklärung. Heidelberg 1986. Der Roman von Denis Vairasse: L'histoire des Sévérambes. Paris 1678 ist eine Gesellschaftsutopie ohne wesentliche anthropologische Züge.

Kultivierung der Eingeborenen die Motive der Sozialutopie überwuchert. So wird die Flugfähigkeit trotz ihrer großen Möglichkeiten schließlich zu einer Art blindem Motiv und die fliegenden Menschen erscheinen nicht als vollkommenere Wesen vergleichbar den Engeln, sondern eher als harmlose Wilde, die sich gerne zivilisieren und bekehren lassen. Damit wird auch der anthropologische Kontrast zugunsten eines ethnografischen zurückgedrängt. Man kann aus dem Roman allerdings auch den Schluß ziehen, daß für den Menschen die technischen Möglichkeiten wichtiger sind als die biologischen.

Nicolas Edme Restif de la Bretonne wählt ebenfalls den hypothetischen Südkontinent der Erde als Freiraum der ethnografischen, biologischen und anthropologischen Phantasien seines Romans *La Découverte australe par un Homme-volant* (Paris 1781). Hier entdecken seine Hauptfiguren auf jeder der Inseln eine andere Art von Tiermenschen, die aber nicht wie üblich als Degenerationserscheinung angesehen werden, sondern als vorläufige Entwürfe der Natur,

> »qui sont le premier dégré jusqu'à l'Homme qui s'effectue le dernier de tous, en passant par tous les dégrés de l'animalité, dont il est la perfection connue. La Nature a fait mille essais, mille efforts (...) avant de produire l'Homme.«[27]

Die Tiermenschen, die als Kreuzungen zwischen dem Menschen und nicht nur den bekannten Säugetierrassen, sondern auch Fröschen, Schlangen und Vögeln beschrieben und abgebildet werden, erweitern die Welt um eine Fülle von Bastarden, die von den herrschenden Menschen nicht vernichtet, sondern durch Erziehung und Rassenmischung vervollkommnet werden (S. 160). Das Ziel, nämlich der Mensch, wird vage durch die Vernunft definiert, während die biologische Gestalt wechseln kann (S. 130).

Das Nervenzentrum des Romans bilden aber nicht diese evolutionären Vorstellungen, sondern die Technik, speziell die künstlichen, aber mit Muskelkraft betriebenen Flügel (S. 40ff.). Der einfache Held des Romans bekommt mit ihrer Hilfe nicht nur die Tochter eines Adeligen zur Frau, sondern macht sich auch zum Herrscher über viele Inseln und Untertanen im Südland. Ein Resümee, das seinen individuellen Aufstieg beschreibt, ließe sich auch auf die Geschichte der Gattung übertragen:

> »Son extrême sagacité a fait son sort: il est le premier Inventeur de ces ailes factices avec lesquelles nous volons, & que ses Fils ont perfectionnées: il s'est comporté dans son Empire en Prince sage & juste.« (S. 211)

Der Aufstieg des Menschen durch technische Fertigkeit wird an anderer Stelle allerdings in Frage gestellt, wenn sich der Held von der Größe und Kraft der »Patagonier« gedemütigt fühlt (S. 100). Deshalb soll seine Familie durch Heiraten mit den Riesen zu einer Ehrfurcht einflößenden Rasse entwickelt werden. Der Roman vermischt also in einer Zeit, in der über die Evolution erst

---

[27] Nicolas Edme Restif de la Bretonne: La découverte australe par un Homme-volant ou le Dédale français. Nouvelle philosophique. Zitiert nach der Ausgabe von Jacques Lacarrière. Paris 1977, S. 219. Marc Chadourne: Restif de la Bretonne ou le siècle prophetique. Paris 1958, geht nicht auf die anthropologischen Züge des Romans ein.

spekuliert wird, eine Vervollkommnung des Menschen durch technische Erfindungen mit einer durch biologische Höherzüchtung. Dazu kommt noch die Idee des kulturellen Lernens von der idealen Gesellschaft der »Megapatagonier«. Doch werden diese drei Möglichkeiten weder genügend begründet, noch sinnvoll miteinander verbunden. Der Roman ist auch ästhetisch nicht gelungen: störend sind z. B. die Sterotypie der Entdeckung weiterer Rassen von Tiermenschen und die eklatanten Widersprüche zwischen der egalitären Ideologie und der Selbstherrlichkeit des Helden. Die künstlichen Flügel als isolierte Erfindung wirken wie ein magischer Trick, um der Hauptfigur und ihren Nachkommen eine physische Überlegenheit zu verschaffen.

Die Folgen fortgeschrittener Wissenschaft und Technik stellt auch Jonathan Swift im dritten Teil von *Gulliver's Travels* (London 1726) anhand der fliegenden Insel Laputa dar, die mit Hilfe eines starken Magneten über dem Land Balnibarbi gehalten und gesteuert wird. Interessant ist in unserem Zusammenhang nicht die offenkundige Satire auf die Royal Society und die Unterdrückungsmaßnahmen der Engländer in Irland, sondern die Einheit von wissenschaftlich-technischer Überlegenheit, rücksichtsloser Herrschaft und emotionaler und praktischer Degeneration bei den Bewohnern von Laputa. Diese Fanatiker der mathematischen Wissenschaften sind jedem natürlichen Bedürfnis entfremdet und unfähig zur Kommunikation. Sie repräsentieren eine Zivilisation, die durch Distanz zur Natur zwar zur Herrschaft über diese und die anderen Menschen gelangt ist, aber dies durch selbstzerstörerische, soziale und psychische Defekte erkauft hat. So liegt der Wert dieser Reiseepisode über die Zeitsatire hinaus im anthropologischen Angsttraum einer möglichen Fehlentwicklung des Menschen.

III. Alternativen zum Menschen

Bleibt der Mensch in vielen Romanen trotz biologischer Variation und zivilisatorischer Veränderung noch im Rahmen seiner Gattung, so werden in anderen v. a. die Alternativen zu ihm ausgemalt, da er anscheinend die Position des vernünftigen Wesens nicht adäquat ausfüllen kann. Die Spekulation mit Geistern hat eine lange Tradition, doch kann offensichtlich selbst im religiösen Denken die Stelle des Menschen nicht etwa durch Engel eingenommen werden, und die einschlägigen Reiseromane halten trotz aller Vergeistigung an der Verbindung mit der Materie fest.

Cyrano de Bergerac, der noch viel magisches und traditionelles Denken wiedergibt, beschreibt Wesen, bei denen der Geist oder die Seele eindeutig den Körper determinieren. Auf dem Mond begegnet dem Ich-Erzähler ein hilfreiches Geschöpf, das aus der Sonne, dem Zentrums des Geistes und Lebens stammt, und in einer Art willkürlicher Seelenwanderung sich immer einen neuen Körper aussuchen kann, wenn der alte verbraucht ist (S. 37). Dieses Wesen spielte in der Geschichte der irdischen Philosophie eine große Rolle, da es das Daimonion des Sokrates und der Lehrer anderer Denker war. Das traditionelle Motiv der unsterblichen Seele, für die der Körper nur ein Kleid ist, wird hier aber mit naturalistischen Zügen angereichert und so leicht parodiert. Einer anderen Art geistiger Wesen begegnet der Ich-Erzähler auf der Sonne. Es handelt sich um einen Herrscher mit seinem Volk, die sich durch reine Phantasieleistung in jede beliebige Gestalt und stoffliche Beschaffenheit verwandeln können, ohne ihre Identität zu gefährden.

> »Nous sommes des animaux comme vous; car encor que quand il nous plaist nous donnions à nostre matière (...) la figure et la forme essentielle des choses ausquelles nous voulons nous métamorphoser, cela ne conclud pas que nous soyons des *Esprits*. (...) il est infallible que nostre imagination ne rencontrant aucun obstacle dans la matière que nous compose, elle l'arrange comme elle veut, et, devenue maistresse de toute nostre masse, elle la fait passer, en remuant toutes ses particules, dans l'order nécessaire à constituer en grand cette chose qu'elle avoit formée en petit.« (S. 145).

Diese Verbindung von atomistischer Theorie im Sinne von Cyranos Lehrer Gassendi und magischem Denken, das an Stahls zeitgenössische Auffassung erinnert, daß sich die Seele den Körper baut, markiert gut die frühe anthropologische Position des Autors, dem es auf die Demütigung des Menschen ankommt, nicht aber auf ein schlüssiges Gegenmodell.

Ein solches entwirft dagegen Voltaire in seinem *Micromégas* (Paris 1752)[28], wo ein Bewohner eines Mondes des Sirius und einer des Saturn die Erde besuchen. Sie sind, proportional der Ausdehnung ihrer Planeten, nicht nur wesentlich größer, sondern auch körperlich vollkommener: sie leben entsprechend länger und haben auch wesentlich mehr Sinne, wodurch sie mehr Erfahrungen und Erkenntnisse sammeln können. Aufgrund ihres Wissens, besonders über die Schwerkraft können sie von einem Himmelskörper zum anderen reisen. Entscheidend ist aber, daß sie vernünftiger sind, und d. h. hier toleranter und weniger hochmütig. Dieser Aspekt läßt ihre körperlichen Merkmale – sie sind anscheinend einfache Vergrößerungen des menschlichen Modells – zurücktreten. Die größere Vollkommenheit der Außerirdischen dient als anthropologisches Ideal zur Erziehung des Menschen.

Entwerfen die geistigeren Alternativen zum Menschen das Bild eines vollkommenen vernünftigen Wesens, das als Leitbild dienen könnte, so hat das Ausmalen vernünftiger Tiere und Pflanzen, die von Natur aus materieller und niedriger sind, die Funktion, dem Menschen einen verzerrenden Spiegel vorzuhalten. Cyranos Vogelstaat auf der Sonne (S. 147–164) zielt v. a. auf den Hochmut des Menschen, der sich als Herr der Natur fühlt und die anderen Geschöpfe unterdrückt und tötet. Der Ich-Erzähler wird wegen seiner bloßen Zugehörigkeit zu dieser eingebildeten und gefährlichen Rasse auch zu einem grausamen Tod verurteilt und nur dank einer früheren guten Tat begnadigt.

Wesentlich subtiler verfährt Swift bei der Konfrontation der Yahoos, wahrscheinlich vertierter Abkömmlinge von Menschen, und der Houyhnhnms, edler und vernünftiger Pferde im 4. Teil von Gullivers Reisen. Natürlich wird hier

---

28 Vgl. den Nachdruck der Ausgabe von 1752 und die Interpretation von Ira O. Wade: Voltair's Micromégas. Proncenton 1950.

in der beißenden Beschreibung der englischen Verhältnisse, die das vernichtende Urteil der tugendhaften Pferde vorwegnimmt, der Gesellschaft der Zeit ein kritischer Spiegel vorgehalten. Aber noch grundsätzlicher wird das Ideal eines vernünftigen Wesens im Gegensatz zu dem Zerrbild der häßlichen, schmutzigen, gierigen, sinnlichen und egoistischen Yahoos herausgestellt, die für die Houyhnhnms zugleich die einzige Kategorie des Bösen darstellen. Die vernünftigen Wesen sind dagegen nicht nur denkfähig, klug und einsichtig, tugendhaft, gut und ohne Leidenschaften, sondern besitzen neben den moralischen auch anthropologisch relevante Merkmale: nämlich Sprache, wenn auch nicht die Schrift, gewisse technische Fertigkeiten wie den Hausbau und herrschen v. a. über die anderen Wesen auf ihrer Insel.

Die unnachsichtige Kritik der menschlichen Schwächen, die beim Ich-Erzähler bis zu Haß, Ekel und Verachtung der eigenen Person geht, erfolgt in anthropologischer, nicht in sozialer Perspektive. Am bemerkenswertesten sind die Definitionen des Menschen als eines Wesens, dessen Vernunft entartet ist oder mißbraucht wird. Dies ist aus der Perspektive der vernünftigen Pferde gesehen, bei denen die patriarchalisch-idyllische Gesellschaftsverfassung und das sittlich-philosophische Denken mit den ursprünglichen und einfachen Instinkten in vollem Einklang stehen.

»He looked upon us as a Sort of Animals to whose Share, by what Accident he could not conjecture, some small Pittance of *Reason* had fallen, whereof we made no other Use than by its Assistance to aggravate our *natural* Corruptions, and to asquire new ones which Nature had not given us. That, we disarmed our selves of the few Abilities she bestowed; had been very successful in multiplying our original Wants, and seemed to spend our whole Lives in vain Endeavours to supply them by our own Inventions.«[29]

Der Mensch als von der Natur instinktmäßig nicht festgelegtes Wesen fällt durch den falschen Gebrauch seiner Denkfähigkeit als Yahoo noch unter die untersten Tiere, da er die Freiheit nicht zur geistigen und sittlichen Vervollkommnung benutzt, sondern zum Ausleben seiner Begierden besonders mit Hilfe der neuerworbenen technischen Möglichkeiten, z. B. im Krieg.

Gegenüber Swifts tragischem Ton wirkt die Beschreibung der Baummenschen im ersten Teil von *Nicolai Klimii iter subterraneum* von Ludwig Holberg (Leipzig 1741) als witzige und possenhafte Alternative zum Menschen. Der Roman schildert außer verschiedenen Baumgesellschaften auf dem Planeten Nazar im hohlen Innern der Erde noch zahlreiche Staaten aus unterschiedlichen Tieren oder aus monströsen Variationen des Menschen. Diese sind aber von geringem Interesse für die vorliegende Fragestellung, da dabei die satirischen und fantastischen Momente überwiegen. Konkreter in ihren körperlichen Voraussetzungen, so daß sich auch anthropologische Erkenntnisse gewinnen lassen, werden nur die Bäume im Staate Potu beschrieben, der weit-

---

29 Zitiert nach Jonathan Swift: Gulliver's Travels 1726. Ed. by Herbert Davis. Oxford (Basil Blackwell) 1959, S. 259, vgl. S. 278. Vgl. W. B. Carnochan: Lemuel Gulliver's Mirror for Man. Berkeley, Los Angeles 1968 u. Milton P. Forster (Hg.): A Casebook on Gulliver among the Houyhnhnms. New York 1961 u. 1966.

gehend als positive Utopie einer gerechten Gesellschaft erscheint. Die vernünftigen Bäume sehen erstaunlich menschenähnlich aus, dadurch:

> »daß jeder Baum eben so viele Arme als Zweige und so viele Finger als Knospen habe, ferner daß oben auf den Stämmen Köpfe standen, die den menschlichen nicht unähnlich sahen, und daß sie statt der Wurzeln zwei Füsse hatten, die aber sehr kurz waren und den Schildkrötengang der Bewohner dieses Planeten verursachten. (...) Zwar kamen mir diese Bäume gesellig vor, da sie mit Sprachvermögen und einer Art von Vernunft begabt waren, so daß man sie gewissermaßen unter die vernünftigen Geschöpfe rechnen konnte.«[30]

Aus der Anatomie der Bäume (Vielzahl der Hände!) wird ihre große mechanische Geschicklichkeit abgeleitet, die auch zu einer fortgeschrittenen Technik führt; zudem kann man aus der Art der Füße nicht nur ihre Langsamkeit beim Gehen erklären, sondern auch ihre Bedächtigkeit in allen Dingen. Sicherlich spielt dabei auch eine Rolle, daß Pflanzen im traditionellen Verständnis als nur vegetative und nicht sensitive Geschöpfe keine Leidenschaften besitzen. Die Bäume sind jedenfalls im Denken nicht nur langsam, sondern auch gründlich und im Handeln vernünftig und gerecht. Sie stellen im Sinne der Aufklärung deshalb ein positives Vorbild vor, v. a. wenn man sie mit den schnellebigen und oberflächlichen Affen in Mezendore vergleicht. Holbergs phlegmatische Baummenschen, deren Physiologie derjenigen der menschlichen sehr ähnlich ist, erscheinen insgesamt eher als soziale und psychologische Alternative denn als anthropologische. Es bleibt aber die Provokation des Menschen als einzig vernünftigen Wesens durch das fantastische und ungewohnte Gegenmodell.

Die radikalste und modernste Alternative zum Menschen ist die der Maschine, die vom spektakulären Bau von Automaten im 18. Jahrhundert angeregt wurde. Sie wird aber damals kaum in romanhafter Form gestaltet, sondern findet sich eher als Gedankenentwurf in den Jugendsatiren Jean Pauls, besonders in der vom Maschinenmann.[31] Hier wird beschrieben, wie die organischen Glieder und Funktionen des Menschen durch mechanische ersetzt werden, so daß dieser selbst zur Maschine wird. Jean Paul hat dabei v. a. ein unnatürliches und entfremdetes soziales Verhalten vor Augen, aber die späteren Spekulationen über Roboter und Computer, die den biologischen Menschen ersetzen und beherrschen, zeigen, daß hier ein anthropologisches Problem angesprochen ist. Der Fortgang der menschlichen Zivilisation als einer technischen rückt nicht nur die Biologie in den Hintergrund, sondern macht den Menschen als organisches Wesen sogar obsolet. Seine zivilisatorische Evolution bedroht seine physische Grundlage, nämlich den Körper, so daß man wirklich von einer

---

30 Zitiert nach der fotomechanischen Reproduktion (Berlin 1983) der deutschen Übersetzung der 2. Aufl.: Niels Klimm's Unterirdische Reisen. Berlin 1788, S. 21. Cyrano läßt in seiner Mondreise, S. 67ff. einen vernünftigen Kohl mit unsterblicher Seele behaupten, allein die Pflanzen besäßen die vollkommene Philosophie.
31 Jean Paul: Sämtliche Werke, 2. Abt. Jugendwerke und vermischte Schriften, 2. Bd. Auswahl aus des Teufels Papieren 1789. Der Maschinen-Mann nebst seinen Eigenschaften, S. 446–453. Vgl. Einfältige aber gutgemeinte Biographie einer neuen angenehmen Frau von bloßem Holz, S. 393–422.

Herausforderung der Anthropologie sprechen kann, die im Thema des Roboters später zu einem modernen Mythos wird.

IV. Der anthropologische Blick auf den Menschen

So unterschiedlich die Darstellung vernünftiger Wesen in den betrachteten Romanen auch ist, so sind doch mehr Gemeinsamkeiten zu finden, als es zunächst scheint, und die Abweichung des literarischen Entwurfs von der realistischen Beschreibung ist bei genauerer Betrachtung geringer als erwartet. Selbst die Tier- und Pflanzenstaaten zeigen eine von zeitgenössischen Gesellschaften vertraute Verhaltensweise, so daß man eher den Eindruck verfremdender Einkleidungen hat. Ebenso sind die Variationen des Menschen nicht so tiefgreifend, da sie meist punktuell und nicht systematisch sind. Hierbei zeigt es sich, daß zwar empirische Erfahrungen, etwa mit neuentdeckten Kulturen verarbeitet wurden, aber nur wenig wissenschaftliche Erkenntnisse. Ethnologie und Kulturanthropologie beginnen sich auch erst zu etablieren, so daß etwa Swifts Verknüpfung des Gebrauchs von Technik mit der zivilisatorischen Veränderung des Menschen als ein Beitrag hierzu angesehen werden kann. Anatomie und Biologie spielen bei den körperlichen Variationen eine Rolle, wenn auch noch eine anerkannte wissenschaftliche Theorie der biologischen Evolution fehlt. Doch ist offensichtlich der Zusammenhang zwischen anatomischen Abweichungen und physiologischen, oder gar sozialen und psychischen Folgen kaum durchdacht, so daß die seltsamsten Wesen wie Europäer agieren.

Die fiktiven Reiseromane sind also nicht an der zeitgenössischen Wissenschaft zu messen, sondern von ihrem literarischen Charakter her zu werten. Sie entwickeln ihre Anthropologie hauptsächlich aus Wunsch- und Alpträumen des Menschen mit Hilfe von Phantasie und Fabulierlust, aber auch im Rückgriff auf ältere Vorstellungen. Dies zeigt sich etwa am Motiv des Fliegens oder der Reise durch Luft und Weltraum, das bei allen Romanen mehr oder minder zentral ist, als Sprung in eine ganz andere Welt oder als auszeichnendes Merkmal anderer Wesen. Haben wir hier ein uraltes Motiv vor uns, so ist der Alptraum der Veränderung des Menschen durch die Technik und seiner Verdrängung durch die Maschine jüngsten Datums.

Die Idee der Vervollkommnung des Menschen, die sicher auch als Wunschziel anzusprechen ist und die in geistiger und sittlicher Hinsicht für Kants und Herders Anthropologie zentral ist, findet in den Romanen ein erstaunlich schwaches Echo, verständlicherweise eher im 18. als im 17. Jahrhundert. So dienen auch die Romane nur selten der Perfektion des Menschen, am ehesten bei Voltaire, der dazu das Leitbild der außerirdischen Geschöpfe entwirft, die zwar anatomisch als vollständig verschieden beschrieben, aber immer als »hommes« bezeichnet werden. Auch Swift steht zwar in der Bewegung der Aufklärung, und Vernunft ist sein Zentralbegriff in der Episode der edlen Pferde, aber der Glaube an die Besserungsfähigkeit des Menschen ist vom Pessimismus des Autors verschüttet, so daß eher ein Rückgang hinter die bestehende Zivilisation als Ausweg erscheint. Die Australier Foignys sind wie die Baummenschen Holbergs zwar vollkommener, können aber wegen ihrer inkommensurablen Natur kaum nachgeahmt werden.

Häufiger ist die Provokation und Demütigung des Menschen durch die Darstellung von Alternativen, die sich mit der Satire als kritischer Projektion verfehlter Normen nach außen verbindet. Die Kritik stellt die eine extreme Wirkung der Konfrontation des empirischen Menschen mit anderen Möglichkeiten dar; die andere ist die Selbsterkenntnis aus dem Kontrast. Festzuhalten ist aber, daß die fiktiven Reiseromane schon aufgrund ihrer Erzählstruktur eine fast unüberbrückbare Distanz zwischen den beschriebenen, ungewöhnlichen, aber vernünftigen Wesen und der vom Leser erfahrbaren Menschenwelt aufrechterhalten. Es ist nämlich immer ein einzelner Reisender, der als Augenzeuge in eine fremde Welt kommt und sich dort anpaßt, dann aber zurückkehrt und seine Beobachtungen meist schriftlich mitteilt. Darauf beruht die oft beschworene Glaubwürdigkeit des Berichtes über die Existenz unbekannter und unzugänglicher, exotischer Lebewesen.[32]

Die geografische Entfernung ist Symptom für die anthropologische zwischen dem europäischen Menschen und den erdachten Alternativen, so daß die Begegnung kaum Folgen auslöst. Eine Ausnahme ist Gulliver, dessen Leben in England von seiner Erfahrung im Land der Houyhnhnms geprägt bleibt. Die grundlegende Differenz zwischen der realen Erfahrung und den fiktiven Berichten, die sich in der literarischen Struktur der Reise spiegelt, verhindert auch weitgehend ein dynamisches Bild des Menschen, das Realität und Fiktion als zwei Stadien eines evolutionären Vorgangs vorstellen müßte. Die dargestellten fremden Wesen bleiben die anderen, die höchstens indirekt einen Punkt der menschlichen Evolution markieren. Zu den ausdrücklich nichtmenschlichen Alternativen gibt es sowieso keinen denkbaren Übergang. Die fiktiven Reiseromane des 17. und 18. Jahrhunderts entfalten also noch nicht bewußt die Vorstellung einer evolutionären Veränderung des Menschen, sei es in biologischer, kultureller oder technischer Hinsicht, wie es später von der Science Fiction immer wieder durchexerziert wird. Ihre anthropologische Bestimmung der Gattung ist also eher statisch als dynamisch, ein Nebeneinander von Möglichkeiten statt eines geschichtlichen Kontinuums konstruierend.

Trotzdem gibt es in den Romanen erstaunlich viele Konstanten der vernünftigen Wesen über Unterschiede des Aussehens und der Anatomie hinweg. Vernunft, allerdings in einer weiten und oft vagen Bedeutung, ist das entscheidende Kriterium, nur in älteren und traditionelleren Werken spielt noch die Frage einer unsterblichen Seele eine Rolle.[33] Grundlegend ist daneben die Verbin-

---

[32] Erst die moderne Science Fiction hebt diese Distanz auf in der folgenschweren und massenhaften Konfrontation vernünftiger Lebewesen verschiedener Art, ein Motiv, das nach Guthke: Mythos, S. 335 ff. gleichzeitig von Kurd Laßwitz (»Auf zwei Planeten« 1897) und H. G. Wells (»The War of the Worlds«) in die Literatur eingeführt wurde.

[33] Vgl. Cyrano, S. 52 und S. 150. Für Godwin und Kindermann ist sogar noch das Christentum der Außerirdischen selbstverständlich.

dung von Körper und Geist: reine Geister sind ebensowenig Gegenstand der Romane wie bloße Tiere. Mit dem Geist verbindet sich der Gebrauch von Sprache, wenn auch nicht unbedingt von Schrift, und meist das Vorhandensein von Religion und Wissenschaft. Auf der anderen Seite ist mit der körperlichen Seite eine zivilisatorische Umgestaltung der Umwelt, eventuell mit Hilfe überlegener Technik, und die physische Herrschaft über die anderen Lebewesen verknüpft. Hinzu kommen Staatenbildung und soziale Differenzierung nach Berufen und Rängen.

Die Nähe zur Empirie wie zur theoretischen Anthropologie des 18. Jahrhunderts ist also groß, obwohl diese in gewissem Sinne als wissenschaftliche Antwort auf die früheren überschießenden Spekulationen von anderen vernünftigen Wesen verstanden werden kann, die im Reiseroman des 17. und 18. Jahrhunderts z.T. noch eine letzte Zuflucht finden. So könnten die imaginierten Möglichkeiten und Alternativen zum Menschen als veraltet und widerlegt gelten, und der individuelle anthropologische Roman der Goethezeit, der sich an der Autobiografie wie an der Bildungsidee orientierte, beschränkt auch die Möglichkeiten des Menschenbildes und hält sich in der Nähe der alltäglichen Wirklichkeit. Er bedient sich der Psychologie, um das Verhältnis von Körper und Geist zu erforschen und des Konzepts der individuellen Vervollkommnung, um den Konflikt progressiv zu entschärfen.

Aber die Ängste und Wünsche der menschlichen Gattung, die sich im fiktiven Reiseroman literarisch artikuliert haben, sind damit nicht abgegolten, sondern sie wirken weiter und markieren die Defizite des individualistischen anthropologischen Romans vom Ende des 18. Jahrhunderts. Sie bestimmen die Science Fiction des 20. Jahrhunderts, deren Zentralmotiv nach Guthke die Begegnung mit den Außerirdischen ist.[34] Die spätere Science Fiction handelt von der Zukunft der Gattung und glaubt an die Evolution des Menschen durch Technik, aber auch durch Kultur und Biologie. Sie definiert und beschreibt die Träger der Romanhandlung als intelligent, behandelt sie allerdings faktisch meist als materielle Wesen, die als Angehörige einer technisch fortgeschrittenen Zivilisation die Natur beherrschen, aber im unerbittlichen, darwinistischen Lebenskampf mit anderen Wesen begriffen sind.[35] Von daher könnten die fiktiven Reiseromane, deren Beliebtheit mit dem 18. Jahrhundert abnimmt, auch als partielle Vorformen der Science Fiction beschrieben werden, denen G. Müller im Gegensatz zur Utopie ein anthropologisches Denken bescheinigt, nämlich eine »andere Biologie«, eine »Spiegelung der conditio humana« und eine »Relativierung des Anthropozentrismus«.[36]

---

34 Nach Guthke: Mythos, S. 33 ist »das Thema der Begegnung des *homo sapiens* mit seinem außerirdischen Vis-à-vis, in der ›Fachsprache‹: des Encounter mit den Aliens« das Thema, »das kraft seiner Zentralität und Verbreitung den Großteil der Science Fiction geradezu definiert«.
35 Die Solidarität der Menschheit als bedrohter Gattung gegenüber den fremden Wesen betont Jörg Hienger: Literarische Zukunftsphantastik. Eine Studie über Science Fiction. Göttingen 1972, S. 55f., vgl. auch: Ulrich Suerbaum, Ulrich Broich und Raimund Borgmeier: Science Fiction. Theorie und Geschichte, Themen und Typen, Form und Weltbild. Stuttgart 1981, S. 67ff.
36 G. Müller: Gegenwelten, S. 155.

Unter Einbeziehung dieser literarischen Perspektive kann man zusammenfassend sagen, daß die fiktiven Reiseromane des 17. und 18. Jahrhunderts in spekulativen, idealisierenden und verzerrenden Bildern die Gattung des Menschen als nicht festgelegt entwerfen und somit ihre damalige Definition durch die empirische wissenschaftliche Anthropologie in Frage stellen. Dies gilt selbst für die Biologie des Menschen mit ihren sozialen Folgen, auch wenn zunächst nur gleichzeitige Variationen ausgemalt werden und die Idee der Evolution, die sich einem heutigen Leser aufdrängt, erst am Ende des 18. Jahrhunderts thematisiert wird. Bei Restif de la Bretonne und bei Paltock ist auch die größte Annäherung an die zeitgenössische Naturgeschichte gegeben, die besonders in der Form und Intention der detaillierten Abbildungen auffällt.

Die Bestimmung der Gattung als offen gilt noch viel mehr für ihren religiösen und geistigen Charakter, der als vervollkommnungsfähig, zunächst sittlich, später dann kulturell mit steigender Betonung der materiellen Zivilisation gedacht wird. Zentral ist offensichtlich die Entfaltung und Selbstveränderung der Gattung, die sich aus den Möglichkeiten der Technik ergibt, auch wenn diese damals mehr imaginiert als realisiert werden können. Die Schriftsteller ersinnen aber keineswegs überwiegend ein optimistisches Bild der Menschheit, wie meist bei der späteren Science Fiction. Vielmehr überwiegt bis ins frühe 18. Jahrhundert die Skepsis, ob der Mensch seinen Rang als vernünftiges Wesen und als Herr der Natur behaupten kann. Dominieren zunächst theologische und moralische Zweifel, so werden später die sozialen und praktischen Errungenschaften des europäischen Menschen und die sich daraus ergebenden Veränderungen kritisch gesehen, so besonders eindrücklich bei Swift. Also müssen auch die negativen Merkmale und Tendenzen der menschlichen Rasse in ihre Beschreibung aufgenommen werden. Der ganze Mensch bedeutet somit von den besprochenen Romanen her die Menschheit als Kollektivum in der Variabilität und Potentialität ihrer gegenwärtigen und zukünftigen Möglichkeiten: geistig, biologisch und technisch.

Philosophische Nachrichten aus der Südsee
Georg Forsters *Reise um die Welt*

MICHAEL NEUMANN (Münster)

In den sechziger Jahren des 18. Jahrhunderts begann das »Zweite Entdeckungszeitalter«[1], das auf ganz neue Weise im Zeichen der Wissenschaft stand. Wohl findet sich die zweckfreie Neugierde aufs Unbekannte[2] in den Reiseberichten schon seit Beginn der Neuzeit; der Konquistador Cortés etwa gab dem Impuls der curiositas noch inmitten einer von einem Hinterhalt bedrohten Bergüberquerung nach.[3] Doch blieb solch genuin theoretisches Interesse zufälliges Beiwerk des eigentlichen Reisezwecks. Wo doch wissenschaftliche Expeditionen unternommen wurden, wie etwa durch die Astronomen Richer (1672), Halley (1676, 1698–1700), Maupertuis (1736) und La Condamine (1735–44)[4], da standen sie im Dienst praktischer Anwendung: Fortschritte in der Astronomie förderten unmittelbar die Navigation. Demgegenüber gewann im Zweiten Entdeckungszeitalter die Wissenschaft einen mitbestimmenden Einfluß: die Reise-Instruktionen wuchsen sich zu ganzen Forschungsprogrammen aus; die Reisen selbst wurden von Gruppen unterschiedlicher Fachwissenschaftler durchgeführt oder begleitet. Als die bahnbrechenden Beispiele solcher wissenschaftlichen Expeditionen gelten die Unternehmungen von Carsten Niebuhr in Arabien (1761–67), Peter Simon Pallas in Nordasien (1768–74) und James Cook im Südmeer (1768–79).[5]

---

1 John H. Parry: The Age of Reconnaissance, Ldn 1963, S. 326; s. a. Urs Bitterli: Die ›Wilden‹ und die ›Zivilisierten‹, Mchn 1976, S. 28–35.
2 Zu deren neuzeitlicher Qualität s. Hans Blumenberg: Die Legitimität der Neuzeit, T. 3: Der Prozeß der theoretischen Neugierde, Ffm 1973.
3 S. Tzvetan Todorov: Die Eroberung Amerikas, Ffm 1985, S. 127f.
4 S. O[skar] Peschels Geschichte der Erdkunde, Mchn ²1877, S. 535–45. Noch Cooks erste Südseefahrt stand in dieser Tradition astronomischer Forschungsreisen: s. J. C. Beaglehole: The Life of Captain James Cook (= The Journals of Captain James Cook on his voyages of discovery, hg. v. J. C. B., Bd. IV), Ldn 1974, S. 99–104 u. 117.
5 So Dietmar Henze in: Schmitt Eberhard (Hg.): Dokumente zur Geschichte der europäischen Expansion, Bd. 2: Die großen Entdeckungen, Mchn 1984, S. 7f. Vgl. a. ders.: Enzyklopädie der Entdecker und Erforscher der Erde, Bd. I, Graz 1978, S. 646–715; und Peter J. Brenner: Der Reisebericht in der deutschen Literatur (= IASL, 2. Sdh., Tübingen 1990), S. 267–72.

Die dänische Expedition nach Arabia Felix war wohl die erste Forschungsreise, die einen umfangreichen Fragenkatalog abzuarbeiten hatte.[6] Der Göttinger Orientalist J.D. Michaelis[7], der das Unternehmens initiiert hatte, selbst aber nicht teilnahm, wollte vor allem Fragen der historischen Bibelkritik einer Klärung näher führen und entwarf dazu eine Liste von hundert Fragen, die er mit seinen Göttinger Kollegen und Freunden Walch, Heilmann, Röderer und Büttner Punkt für Punkt diskutierte.[8] Der dänische Minister Bernstorff ließ durch Professoren der Universität Kopenhagen eine königliche Instruktion erstellen, welche diese philologischen um biologische und geographische Fragen erweiterte: man solle in Arabien »so viele Entdeckungen für die Gelehr-

---

6 Schon 1665 veröffentlichte Robert Boyle in der ersten Nummer der *Philosophical Transactions* der Royal Society »eine Liste von Fragen zur inventarisierenden Beschreibung eines Landes nach den drei Reichen der Natur«, die großen Widerhall fand und zu vielfacher Nachahmung anregte (Justin Stagl, Klaus Orda u. Christel Kämpfer: Apodemiken. Bibliographie, Paderborn u.a. 1983, S. 23; vgl. William E. Stewart: Die Reisebeschreibung und ihre Theorie im Deutschland des 18. Jahrhunderts, Bonn 1978, S. 57–61). Einen historisch-ethnologischen Fragenkatalog legte Montesquieu zu Anfang des 18. Jahrhunderts einem Chinesen vor, der sich in Paris aufhielt (s. Sergio Moravia: Beobachtende Vernunft, Ffm Bln Wien 1977, S. 89 u. 276[3]). Als G. Forster sich dann 1787 auf die russische Pazifik-Expedition vorbereitete, bat er Herder und Goethe um eine Liste der sie interessierenden Fragen (AA XV 32; dazu Ludwig Uhlig: Georg Forster und Herder. In: Euph. 84 (1990), S. 339–66, hier 350f.). – Die Entwicklung solcher Fragebögen und Reiseinstruktionen aus den älteren Apodemiken wurde erstmals durch Justin Stagl systematisch erforscht: Vom Dialog zum Fragebogen. In: Kölner Zs. f. Soziologie u. Sozialpsychologie 31.3 (1979), S. 611–38; Die Apodemik oder »Reisekunst« als Methode der Sozialforschung vom Humanismus bis zur Aufklärung. In: Rassem Mohammed u. ders. (Hg.): Statistik und Staatsbeschreibung in der Neuzeit, Paderborn u.a. 1980, S. 131–204; [zusammenfassend:] Der wohl unterwiesene Passagier. In: Krasnobaev B.I., Robel Gert u. Zeman Herbert (Hg.): Reisen und Reisebeschreibungen im 18. und 19. Jahrhundert als Quellen der Kulturbeziehungsforschung, Bln 1980, S. 353–84; Das Reisen als Kunst und als Wissenschaft. In: Mitt. d. Anthropol. Ges. in Wien 111 (1981), S. 78–92).

7 Michaelis hatte an der Göttinger Universität seit 1745 »zunächst als rechte Hand des großen Polyhistors Albrecht von Haller« Einfluß gewonnen (Rudolf Smend: Deutsche Alttestamentler in drei Jahrhunderten, Göttingen 1989, S. 17) und wurde dabei Zeuge eines spektakulären Fehlschlags: Haller gründete 1752 in Göttingen eine Gesellschaft eigens zu dem Zweck, eine Forschungsreise nach Amerika zu finanzieren. Als Reisender wurde Christlob Mylius ausgewählt, der jedoch, als er noch vor Antritt der Reise in London starb, die aufgebrachten Mittel bereits gänzlich ausgegeben hatte (s. Reimer Eck: Christlob Mylius und Carsten Niebuhr. In: Göttinger Jb. 1986, S. 11–43, bes. 11–18).

8 S. 22.–26. Seite der unpaginierten »Vorrede« in Johann David Michaelis: Fragen an eine Gesellschaft Gelehrter Männer, die auf Befehl Ihro Majestät des Königes von Dännemark nach Arabien reisen, Ffm 1762; und Litterarischer Briefwechsel von Johann David Michaelis, hg. v. J.G. Buhle, 3 Bde., Lpz 1794–96, II 20f. – Planung und Vorbereitung der Reise sind durch den Briefwechsel zwischen Michaelis und Bernstorff gut dokumentiert: a.a.O., I 297–403; darin (299–324) auch ein erstes Memorandum von Michaelis zu den Aufgaben der Reise. Vgl. ferner J.D. Michaelis: Lebensbeschreibung von ihm selbst abgefaßt, Rinteln Lpz 1792, S. 66–75.

samkeit machen, als möglich seyn wird«.[9] Darüber hinaus lud Michaelis die ganze Gelehrten-Republik ein, sich mit Fragen an der Unternehmung zu beteiligen. Sieben Wissenschaftler und die französische Académie des inscriptions et belles lettres antworteten auf die Einladung.[10] Die hundert Fragen von Michaelis, die königliche Instruktion und der Fragenkatalog der Akademie wurden gedruckt[11], die Schreiben der Korrespondenten den Reisenden handschriftlich mitgegeben.

Die Reisegruppe selbst titulierte Michaelis nicht zu Unrecht als eine »Gesellschaft gelehrter Männer«: sie bestand aus einem Orientalisten, einem Naturhistoriker, einem Arzt, einem Mathematiker und einem Maler. Nur Niebuhr, als Mathematiker für die Kartographie zuständig, überlebte das Abenteuer.[12] Daß die Wissenschaft trotzdem daraus reichen Nutzen ziehen konnte[13], ist nach seiner eigenen Erklärung[14] nicht zuletzt auf die Fragebögen zurückzuführen, deren Ausführlichkeit ihm auch die Bearbeitung fremder Sachgebiete ermöglichte.

Die interdisziplinäre Zusammenstellung solcher Expeditionen ist typisch für das Zweite Entdeckungszeitalter. An Bougainvilles Südsee-Fahrt von 1766—69 nahmen ein Naturforscher, ein Astronom und ein Zeichner teil.[15] Pallas leitete eine Expedition aus zehn Naturforschern und Medizinern mit je unterschiedlichen Schwerpunkten im Bereich von Geographie, Biologie und Ethnologie.[16]

---

9 A.a.O., 1. Seite der unpag. »Instruction« (Fragen, a.a.O.). Mit der Instruktion erhielt Michaelis noch weitere Fragen und Anregungen von vier Kopenhagener Professoren: Briefwechsel, a.a.O., I 445—88.
10 S. a.a.O., 18. Seite der Vorrede. Fünf dieser Schreiben sind abgedruckt in: Briefwechsel, a.a.O., I 419—44 u. II 96—112.
11 Anm. 8. Michaelis hat im Druck die Instruktion um einige Passagen gekürzt (s. ebd., 21. Seite der Vorrede), die vor allem das Verhalten der Reisenden untereinander regeln. Sie ist – nach der Abschrift des Orientalisten von Haven – vollständig wiedergegeben in: Stig Rasmussen (Hg.): Carsten Niebuhr und die Arabische Reise 1761—1767, Heide in Holstein 1986, S. 59—78. – Eine französische Übersetzung erschien 1768 in London, eine holländische und eine zweite französische 1774 in Amsterdam.
12 Eine ausführliche Darstellung der Expedition aus allen verfügbaren Quellen hat Thorkild Hansen gegeben: Det lykkelige Arabien, Kopenhagen 1962 (dt.: Reise nach Arabien, Hbg 1965).
13 S. Dietmar Henze in Carsten Niebuhr: Reisebeschreibung nach Arabien und den umliegenden Ländern, 3 Bde, Kopenhagen 1774/78 u. Hbg 1837 (Nachdr. Graz 1968), Bd. I, S. III*—XXII*, u. in C.N.: Beschreibung von Arabien, Kopenhagen 1772 (Nachdr. Graz 1969), S. III*—XIII*; und St. Rasmussen (Anm. 11), S. 45—53.
14 Beschreibung, a.a.O., S. XVIIf.
15 Louis-Antoine de Bougainville: Reise um die Welt, [hg. v. Klaus-Georg Popp], Stg 1980, S. 87, 92 u. 456; und K.H. Kohl (Anm. 56), S. 205.
16 Peter Simon Pallas: Reise durch verschiedene Provinzen des Russischen Reichs, 4 Bde., St. Petersburg 1771—76, Nachdr. Graz 1967. »Die Ergebnisse dieser Reise«, so Dietmar Henze in seinem Vorwort (Bd. I, S. XII), »reichen von der geologisch-mineralogischen Detailbeschreibung über zoologische und botanische, ganze Monographien bildende Ausführungen bis zur ethnographischen, ökonomischen, handelspolitischen, medizinischen und pharmazeutischen Untersuchung.« S. jetzt auch Folkwart Wendland: Peter Simon Pallas (1741—1811), 2 Tle., Berlin 1991.

Auf seiner ersten Fahrt nach Tahiti, wo er im Auftrag der Royal Society den Venusdurchgang des Jahres 1769 beobachten sollte, wurde Cook von dem Astronomen Charles Green, den Biologen Joseph Banks und Daniel Solander, sowie den Malern Buchan und Parkinson begleitet.[17] Ein Mitglied der Royal Society schrieb an Linné: »Niemals fuhr jemand zur See, der für den Zweck der Naturwissenschaft besser ausgerüstet gewesen wäre.«[18] Auf Cooks zweiter Weltreise bestand das Forscher-Team aus den Astronomen Wales und Bayly, dem Naturforscher Johann Reinhold Forster, dessen Sohn Georg als Zeichner und dem Maler Hodges[19]; in Südafrika warben die Forsters noch den Linné-Schüler Sparrman an.

Zweifellos waren die »gemeinnützigen Bemühungen zur Erweiterung menschlicher Kenntnisse«, die Georg Forster als die Bestimmung der englischen Forschungsfahrten dieser Zeit angibt (11)[20], nicht der erste Zweck, den die beteiligten Regierungen damit verbanden. Nur die dänische Arabien-Expedition scheint ausschließlich wissenschaftlichen Interessen gedient zu haben.[21] 1764 – im Jahr nach dem Ende des Siebenjährigen Krieges, der Frankreich seine nordamerikanischen Kolonien gekostet hatte – eröffnete Bougainville mit der Gründung einer französischen Niederlassung auf den Malvinen (Falkland-Inseln) den Wettlauf um neue Kolonien, zu dem seine eigene Südsee-Fahrt ebenso beitrug[22] wie die Fahrten, die die englischen Kapitäne Byron, Wallis, Carteret und Cook im selben Jahrzehnt unternahmen.[23] Pallas reiste im Auftrag Katharinas II., die Nachrichten über einen »noch wenig erschlossenen Ko-

---

17 S. J. C. Beaglehole (Anm. 4), S. 142–47.
18 John Ellis, 1768: »No People ever went to sea better fitted out for the purpose of Natural History« (zit. nach J. C. Beaglehole: a.a.O., S. 146).
19 S. a.a.O., S. 301–03.
20 Georg Forsters *Reise um die Welt* wird im laufenden Text zitiert nach Gerhard Steiners einbändiger Edition im Insel-Verlag (Ffm 1967; Taschenbuch 1983), die übrigen Werke werden in den Anmerkungen nach der Akademie-Ausgabe (= AA) nachgewiesen: Georg Forsters Werke. Sämtliche Schriften, Tagebücher, Briefe, hg. v. d. Deutschen Akademie der Wissenschaften zu Berlin, Bln 1958ff. (noch nicht abgeschlossen). – Die deutsche Ausgabe der *Reise um die Welt* (Bln 1778–80), von Georg Forster und Rudolf Erich Raspe nach der englischen Ausgabe (Ldn 1777) übersetzt, wurde von Georg Forster durch Auszüge aus Cooks Tagebüchern und eigene Zusätze ergänzt und an manchen Stellen überarbeitet (s. dazu Ruth Pritchard Dawson: Georg Forster's ›Reise um die Welt‹, Diss. Univ. of Michigan 1973, S. 46–49).
21 Vgl. St. Rasmussen (Anm. 11), S. 8: die dänische Expedition bietet das »erste große Beispiel für eine rein aus wissenschaftlichen Gründen durchgeführte Forschungsreise«. Der dänische König betrachtete die Finanzierung des Unternehmens als Teil seiner auch sonst ausgebreiteten Mäzenatentätigkeit.
22 S. K.-G. Popp in: L.-A. de Bougainville (Anm. 15), S. 408–22.
23 Dazu J. C. Beaglehole (Anm. 4), S. 117–27; D. Henze, Enzyklopädie (Anm. 5), I 314f., 439–41, 507–10, 646f., 675f. u. 696; und Eberhard Schmitt in: Dokumente (Anm. 5), II 532–534; ferner die Denkschriften von Bougainville, dem Earl of Egmont und Alexander Dalrymple, sowie die geheimen Zusatzinstruktionen der Admiralität für Cooks erste Reise: ebd., II 578–83, 33–36 u. 583–86 (dazu J. C. Beaglehole: a.a.O., S. 147–52).

lonialraum« gewinnen wollte.[24] Gleichwohl hatten nie zuvor wissenschaftliche Interessen einen vergleichbaren Einfluß auf die Planung und Durchführung von Entdeckungsreisen nehmen können.

Forsters Programm

Während die Forschungen von Niebuhr anthropologisch interessante Details nur en passant erbrachten, rückten die Forsters anthropologische Fragen von Anfang an in den Mittelpunkt ihres Interesses. »Meine Absicht dabey war«, so Georg Forster in der Vorrede seiner *Reise um die Welt* (17), »die Natur des Menschen so viel möglich in mehreres Licht zu setzen«; Johann Reinhold Forsters systematische Auswertung der Reise[25] widmet dem 6. Kapitel ›Vom Menschengeschlechte‹ zwei Drittel des ganzen Textes. Georg Forsters Reisebeschreibung basiert auf dem umfangreichen Tagebuch seines Vaters[26] und eigenen Aufzeichnungen (14).[27]

Beide Forsters waren hervorragende Kenner der vorhandenen Reiseliteratur. Neben den zahllosen Einzelberichten bildeten, seit Richard Hakluyt 1589 seine Anthologie englischer See- und Entdeckungsreisen publizierte[28], besonders derartige Sammlungen die Grundlage neuer Entdeckungsfahrten. Als in weiten Kreisen beliebte Lektüre prägten sie die allgemeinen Erwartungen; als Dokumentation vorhandener Erfahrungen wurden sie von Kapitänen und Wissenschaftlern studiert. Thomas Astley und Prévost, der Autor von *Manon*

---

24 D. Henze (Anm. 16), S. V.
25 Observations made during a Voyage round the World, on Physical Geography, Natural History and Ethnic Philosophy [...], Ldn 1778; ins Deutsche übersetzt »und mit Anmerkungen vermehrt« von Georg Forster als: Bemerkungen über Gegenstände der physischen Erdbeschreibung, Naturgeschichte und sittlichen Philosophie auf seiner Reise um die Welt gesammlet, Bln 1783 (Nachdr. hg. v. Hanno Beck unter dem Titel: Beobachtungen während der Cookschen Weltumsegelung 1772–1775, Stg 1981).
26 The Resolution Journal of Johann Reinhold Forster. 1772–1775, 4 Bde., hg. v. Michael E. Hoare, Ldn 1982. Erhalten ist auch ein Entwurf J.R. Forsters für den Anfang des Reiseberichts: AA IV 446–65.
27 Ein Fragment dieser Aufzeichnungen ist erhalten: AA IV 93–107; dazu G. Steiner, ebd., S. 138. Zu den Quellen für Georg Forsters Bericht s. R.P. Dawson (Anm. 20), S. 25–37. – Die Querelen um das von der Admiralität J.R. Forster auferlegte Publikationsverbot, das durch Georg Forsters Autorschaft umgangen wurde, sind durch Robert L. Kahn (AA IV 126–35) und Michael E. Hoare (The tactless philosopher. Johann Reinhold Forster, Melbourne 1975, S. 154–69) rekonstruiert worden.
28 The Principall Navigations, Voiages, Traffiques and Discoveries of the English Nation [...], Ldn 1589 (bereits 1598–1600 erschien eine stark erweiterte Neuauflage). Mit dem mehrbändigen Opus wollte Hakluyt seine elisabethanischen Zeitgenossen dazu begeistern, es den Spaniern als Entdecker und Koloniegründer gleichzutun; ein viktorianischer Historiker hat es als »das große Prosaepos der modernen englischen Nation« gepriesen (zit. in Robert Blake (Hg.): Die englische Welt, Mchn 1983, Sp. 129b).

Lescaut, gaben die verbreitetsten Kollektionen des 18. Jahrhunderts heraus[29]; Cook und die Forsters griffen unterwegs vor allem zu den Anthologien von Alexander Dalrymple und John Hawkesworth.[30] Die Herausgeber beschränkten sich durchaus nicht immer auf die Rolle des Kompilators: Jean-Frédéric Bernard etwa eröffnet 1715 seinen *Recueil de voiages au Nord* mit einem ›Essai d'Instructions Pour Voyager utilement‹.[31] Eine derartige Anleitung verfaßte 1759 auch der Linné-Schüler Erik Nordblad.[32] Die Forschungsprogramme der Entdeckungsreisen bauen auf diesen Vorarbeiten systematisch auf. So verpflichtete die königliche Instruktion die Teilnehmer der dänischen Expedition nach Arabia Felix ausdrücklich auf die Beachtung von Linné/Nordblads *Instructio*[33]; Johann Reinhold Forster führte die *Fragen* von Michaelis mit.[34] Beeindruckt von den Erfolgen, die Joseph Banks nach der ersten Cook-Reise feiern konnte, hatte Forster sen. sich durch das Studium der Reiseliteratur[35] systematisch darauf vorbereitet, es ihm nachzutun. In den zahl- und umfangreichen Anmerkungen zu französischen, schwedischen und deutschen Reise-

---

29 Thomas Astley: A New General Collection of Voyages and Travels [...], 4 Bde., Ldn 1745–47; Antoine-François Prévost: Histoire générale des voyages [...], 16 Bde., Paris 1746–59 (die ersten vier Bände bilden eine Übersetzung von Astleys ersten Bänden). Zu diesen Sammlungen s. U. Bitterli (Anm. 1), S. 239–58; Peter Boerner: Die großen Reisesammlungen des 18. Jahrhunderts. In: Maczak Antoni u. Teuteberg Hans Jürgen (Hg.): Reiseberichte als Quellen europäischer Kulturgeschichte, Wolfenbüttel 1982, S. 65–72; und P. J. Brenner (Anm. 5), S. 272f.

30 A. Dalrymple: An Historical Collection of the Several Voyages and Discoveries in the South Pacific Ocean, Ldn 1770/71; Dalrymple war einer der einflußreichsten Propagatoren des legendären »Südlandes« (s. Dokumente: Anm. 5, II 33 u. 523; und D. Henze: Enzyklopädie: Anm. 5, Bd. I, 1983, S. 7f.). J. Hawkesworth: An Account of the Voyages undertaken [...] for making Discoveries in the Southern Hemisphere [...], 3 Bde, Ldn 1773.

31 Nach U. Bitterli (Anm. 1, S. 75) »ein erstaunlich vollständiges Inventar von noch zu lösenden geographischen Problemen und ein Forschungsprogramm für künftige Seefahrer«; nach J. Stagl (Apodemiken: Anm. 6, S. 19) fast nur ein »Plagiat« von R. Boyles Fragebogen.

32 Instructio peregrinatoris, Upsala 1759: »Eine von Linné inspirierte, sehr gut und systematisch aufgebaute Dissertation, die schon bald unter Linnés Namen gedruckt und zitiert wurde.« (J. Stagl: a.a.O., S. 79) Als Schrift von Linné begegnet sie von der königlich-dänischen Instruktion (Anm. 33) und J. R. Forsters Vorwort zu Osbecks *Voyage* (Anm. 36: Bd. I, S. VIII) bis zu S. Moravia (Anm. 6, S. 127 u. 285[8]).

33 (Anm. 8), S. 12f. der »Instruction«. S. a. Buhle (Anm. 8), I 407.

34 S. Briefwechsel (Anm. 8), III 55 u. 374; und Journal (Anm. 26), III 413. Zuvor hatte er sie in Michaelis' Auftrag bereits an Banks und Solander überreicht (Briefwechsel, a.a.O., III 345–49, 360f. u. 364).

35 S. J. R. Forsters für den deutschen Verleger entworfene Anzeige der *Reise um die Welt*: man gedenke, »mit völliger Kenntniss aller vorhergehenden Entdeckungen in der SüdSee, uns eine Originalbeschreibung zu liefern.« Im übrigen habe die »Lesung vieler Reisebeschreibungen« zu der Einsicht geführt, daß zwar die »Beschreibungen der Reisen welche die Welt bisher gelesen und gekannt, [...] eine ganze grosse Büchersammlung« ausmachen, darunter aber »nur sehr wenige von algemeiner Nuzbarkeit, und zugleich lehrreich und unterhaltend geschrieben« sind. (›Nachricht an das Publikum‹. In: Archiv f. d. Studium d. neueren Sprachen u. Litt. 1893, Bd. 90, S. 34–39).

berichten, die sein Sohn ins Englische übersetzte, präsentierte er sich als vertraut mit allen für eine Expedition wünschbaren Wissenschaften[36]; im Vorwort zur Bougainville-Übersetzung gab er einen Entwurf dessen, was man unter den Bedingungen des Zweiten Entdeckungszeitalters von derlei Reisen wissenschaftlich erwarten konnte und sollte.[37]

Mit kritischem Blick auf die vorhandene Reiseliteratur entwirft Georg Forster dann in der Vorrede der *Reise um die Welt* ein neues Programm der »philosophischen« Reisebeschreibung:

1. »haben selten zween Reisende einerley Gegenstand auf gleiche Weise gesehen, sondern jeder gab, nach Maßgabe seiner Empfindung und Denkungsart, eine besondre Nachricht davon« (17). Ein Bewußtsein von der Perspektivität des Erkennens zeigte bereits die dänische Instruktion mit der Forderung, jeder Reisende solle sein eigenes Tagebuch führen, damit »man in Europa eine Sache kennen lernet, die zwey Reisende aus einem verschiedenen Gesichtspuncte beschrieben haben, und das zuverlässiger glaubet, was von mehrern Zeugen bestätiget ist.« Dies zielte freilich zunächst auf den interdisziplinären Charakter der Expedition[38], doch wird auch die Subjektivität der Wahrneh-

---

36 Peter Kalm: Travels into North America [...], 3 Bde., Warrington 1770/71; Jean Bernard Bossu: Travels through that part of North America formerly called Louisiana [...] together with an abstract of the most useful and necessary articles contained in Peter Loefling's Travels through Spain and Cumana in South America, 2 Bde., Ldn 1771; Peter Osbeck: A Voyage to China and the East Indies Together with A Voyage to Suratte, by Olof Toreen and An Account of the Chinese Husbandry, by Captain Charles Gustavus Eckeberg [...], 2 Bde., Ldn 1771; Lewis de Bougainville: A Voyage Round the World [...], Ldn 1772; Johann Hermann Baron von Riedesel: Travels through Sicily [...] and a tour through Egypt [...], Ldn 1773. – In den *Philosophical Transactions* der Royal Society 58 (1768), S. 214–16, hatte er mit der Publikation einer eigenen Karte der Wolga schon früher diskret auf seine Qualifikation als wissenschaftlicher Entdeckungsreisender hingewiesen. – Als Vorbild wissenschaftlichen Reisens galten ihm die Expeditionen der Linné-Schule: s. Vorwort zu Osbeck, Bd. I, S. VIIIf.

37 S. VIIIf.: »Every true patriot will join in the wish, that our English East India Company, prompted by a noble zeal for the improvement of natural history, and every other useful branch of knowledge, might send a set of men properly acquainted with mathematics, natural history, physic, and other branches of literature, to their vast possessions in the Indies, and every other place where their navigations extend, and enable them to collect all kinds of useful and curious informations; to gather fossils, plants, seeds, and animals, peculiar to these regions; to observe the manners, customs, learning, and religion of the various nations of the East; to describe their agriculture, manufactures, and commerce; to purchase Hebrew, Persian, Braminic manuscripts, and such as are written in the various characters, dialects, and languages of the different nations; to make observations on the climate and constitution of the various countries; the heat and moisture of the air, the salubrity and noxiousness of the place, the remedies usual in the diseases of hot countries, and various other subjects. A plan of this nature, once set on foot in a judicious manner, [... must] become a means of discovering many new and useful branches of trade and commerce.« Neben der Breite der Interessen wird hier auch deutlich, wie weit Forster sen. von einer eigentlich methodischen Reflexion des wissenschaftlichen Reisens noch entfernt ist.

38 Es soll auch »der Philologus manche Wörter, die in die Naturgeschichte gehören, aus derselben erläutern, der Physicus aus der Naturgeschichte die Bibel erläutern, und der Mathematicus mit auf die Physicalia merken« (Anm. 8: 6. Seite der Instruction).

mung angesprochen: Widersprüche zwischen den Diarien sollen ausdrücklich nicht beseitigt werden, da sie vielmehr »für ein Merkmal der historischen Treue« anzusehen seien.[39]

Solches Eingehen auf die Subjektivität des Forschers läßt empiristische Einflüsse vermuten; denkbar ist aber auch ein Zusammenhang mit den Reflexionen über den Perspektivismus des Historikers, die 1752 von Chladenius angestoßen und später von dem Göttinger Historiker Gatterer weitergeführt wurden.[40] Die Folgerungen für die wissenschaftliche Methodik bleiben in der dänischen Instruktion jedoch noch rudimentär. Georg Forster dagegen, der rechtfertigen muß, warum er neben Cooks offiziellem Bericht noch eine zweite Beschreibung publizieren will, präzisiert den Charakter der subjektiven Differenz: »die Verschiedenheit unsrer Wissenschaften, unsrer Köpfe und unsrer Herzen haben nothwendigerweise eine Verschiedenheit in unsern Empfindungen, Betrachtungen und Ausdrücken hervorbringen müssen« (15). Im Zeichen des auf die Empfindung gebauten Individualismus sind die Unterschiede der fachlichen Ausbildung nur mehr ein Moment in der viel grundsätzlicheren Differenz der »Köpfe und Herzen«, die zur Differenz des gesamten Erkenntnisprozesses führt – von den sinnlichen Wahrnehmungen über deren rationale Verarbeitung bis zur sprachlichen Formung.[41]

Daraus folgt für eine *»philosophische Geschichte der Reise«* (11), daß der Leser wissen muß, »wie das Glas gefärbt ist, durch welches ich gesehen habe« (18). Nur wenn der Betrachter auch seine »Empfindungen reden« läßt[42], kann der Leser die betrachteten Fakten und die daran geknüpften Betrachtungen einschätzen.[43] Wie neu dieses Verfahren war, erhellt aus dem Befremden der ersten Rezensenten, die zwar »die vielen guten und angenehmen Nachrichten« hervorhoben, für die »Ergießungen des Herzens« und eine vorgeblich »oft de-

---

39 A.a.O.
40 S. Peter Hanns Reill: Die Geschichtswissenschaft um die Mitte des 18. Jahrhunderts. In: Vierhaus Rudolf (Hg.): Wissenschaften im Zeitalter der Aufklärung, Göttingen 1985, S. 163–93, hier 174–76; zu Chladenius Peter Szondi: Einführung in die literarische Hermeneutik, Ffm 1975, S. 73–86. – Dies ist nicht zu verwechseln mit der »ichbetonten Reisebeschreibung« des früheren 18. Jahrhunderts, deren »detailliertere Darstellung der Privatsphäre des Autor-Erzählers« nach W. E. Stewart (Anm. 6: S. 33f. u. 74–94) dazu diente, die Darstellung als selbst erlebt zu beglaubigen. Stewart bleibt allerdings so fixiert auf sein Kriterium der Glaubwürdigkeit, daß er Forsters methodische Relativierung der Objektivität als eine »im Zeichen des Geniekults vollzogene [...] Selbstentäußerung des Autors« als »Selbstzweck« mißversteht (S. 97 u. 99). Entsprechend sieht er in dem Maße, in dem »die Subjektivität des Autor-Erzählers in den Mittelpunkt des Interesses rückt [...] das Erkenntnisobjekt aus dem Gesichtsfeld der Theoretiker« schwinden (S. 124).
41 Was hier erstmals zu Bewußtsein kommt, wird sich später als ein unauflösliches Kernproblem jeder ethnologischen Forschung erweisen: s. Hans-Jürgen Heinrichs: Ethnopoesie. In: Kohl Karl-Heinz (Hg.): Kat. Mythen der Neuen Welt, Bln 1982, S. 272–77).
42 R.P. Dawson (Anm. 20) hat nachgezeichnet, wie dieses Programm stilistisch realisiert wird.
43 Auf diesen Punkt kommt Forster 1792 im Vorwort zu Rochons *Reise nach Madagaskar und Ostindien* (AA V 615–38) noch einmal ausführlich zurück: s. S. 625–29.

klamatorische und gesuchte« Sprache und Erzählung mehrheitlich aber kein Verständnis aufbrachten.⁴⁴

Daß er sich der Färbung seines Glases bewußt ist, bietet gleichwohl keinen Vorwand für relativistische Willkür: Forster ist sich sicher, daß sein Glas doch »nicht finster und trübe vor meinen Augen gewesen ist.« Und er beschreibt, was den »menschlichen Schwachheiten« seiner Perspektive die Waage halten soll: »Alle Völker der Erde haben gleiche Ansprüche auf meinen guten Willen. [...] Zugleich war ich mir bewußt, daß ich verschiedne Rechte mit jedem einzelnen Menschen gemein habe; und also sind meine Bemerkungen mit beständiger Rücksicht aufs allgemeine Beste gemacht worden, und mein Lob und mein Tadel sind unabhängig von National-Vorurtheilen, wie sie auch Namen haben mögen« (18). Ungeachtet der subjektiven Beschränktheit seiner Erkenntnis zielt der Reisende »mit philosophischen Augen« (535) doch auf die Überwindung von Vorurteilen. Als aufgeklärter Bürger aber ist er nicht nur dem Staat verpflichtet, in dessen Auftrag er seine Untersuchungen durchgeführt hat, sondern darüber hinaus dem »allgemeinen Besten«, d.h. der Menschheit: wiederholt fordert Forster, daß die europäischen Reisenden den Menschen anderer Völker als ihren »Brüdern« entgegentreten sollten (453, 520).

2. Forster wendet sich gegen zwei Hauptübel im Umgang mit früheren Reisebeschreibungen. Einerseits hätten Philosophen sich aus den Widersprüchen der Berichte herausgesucht, was zu ihren Absichten paßte und darauf Systeme aufgebaut, »die von fern ins Auge fallen, aber, bey näherer Untersuchung, uns wie ein Traum mit falschen Erscheinungen betrügen.« Im Gegenzug habe man dann gefordert, »doch nur Thatsachen [zu] sammeln«: so bekamen die Gelehrten »einen vermischten Haufen loser einzelner Glieder, woraus sich durch keine Kunst ein Ganzes hervorbringen ließ; und indem sie bis zum Unsinn nach *Factis* jagten, [... wurden sie] unfähig, auch nur einen einzigen Satz zu bestimmen und zu abstrahiren«. (17)

Die Anklage gegen die Willkür philosophischer »Systeme« ist zu dieser Zeit schon ein Topos.⁴⁵ Auch Bougainville etwa polemisiert gegen die Systeme der Schreibtisch-Philosophen. Seine Formulierung macht noch einmal den Kon-

---

44 Zitate nach AA IV 173f. aus *Neueste Critische Nachrichten* 1778, S. 366, und *Nürnbergische gelehrte Zeitung* 1778, S. 540f. Forsters Antwort: AA IV 52f. – Zu den normativen Vorstellungen, die solche Kritik bestimmten, s. Uwe Hentschel: Die Reiseliteratur am Ausgang des 18. Jahrhunderts. In: IASL 16.2 (1991), S. 51–83, hier 54–63. Dieselbe Kritik übte noch 1877 Oskar Peschel (Anm. 4), S. 493.

45 S. Ernst Cassirer: Die Philosophie der Aufklärung, Tübingen 1932, S. 1–35; Fritz Schalk: Einleitung zu: Die französischen Moralisten, Mchn 1973, Bd. I, S. 16–25; Panajotis Kondylis: Die Aufklärung im Rahmen des neuzeitlichen Rationalismus, Mchn 1986, S. 298–309. – Der Abkehr von der Systemphilosophie entspricht die Zuwendung zu jener empirischen Anthropologie, der auch Georg Forster sich zugehörig fühlt: s. Odo Marquard: Art. Anthropologie. In: HWPh, Bd. I, Basel 1971, bes. Sp. 363f.; S. Moravia (Anm. 6), S. 17–64; und Hans-Jürgen Schings: Der anthropologische Roman. In: Fabian Bernhard, Schmidt-Biggemann Wilhelm u. Vierhaus Rudolf (Hg.): Deutschlands kulturelle Entfaltung. Die Neubestimmung des Menschen, Mchn 1980, S. 247–75, bes. S. 249–51 u. 257f.

text deutlich, indem diese Polemik steht: er trachte nicht »danach, irgendeine Hypothese aufzustellen oder zu bekämpfen. Selbst wenn die sehr fühlbaren Unterschiede, welche ich in den verschiedenen Weltgegenden, wo ich gewesen, beobachtet habe, mich nicht vor dem Systemgeist bewahrt hätten, der heute so sehr nach der Mode ist und dabei so wenig vereinbar mit der wahren Philosophie,« usf.[46] Hier klingt immer noch Newtons gegen den spekulativen Cartesianismus gerichtetes »Hypotheses non fingo«[47] nach, das dem Empirismus des 18. Jahrhunderts zum Schlagwort gegen jegliche Formen von »Metaphysik« diente.

Forsters Kritik richtet sich jedoch nicht nur gegen die »Systemphilosophen« im Sinne der empiristischen Kritik. Seit der Entdeckung Amerikas trugen Reiseberichte wesentlich zu dem Bild bei, das man sich in Europa von der Welt machte.[48] Auch die Philosophen nutzten diese Quellen als empirisches Belegmaterial für ihre meist spekulativ gewonnenen Thesen. Ob Hobbes oder Locke, Bayle oder Montesquieu, Hume, Voltaire oder Rousseau – sie alle zitierten aus Reiseberichten, aber sie alle zitierten aus der Vielfalt widersprüchlicher Nachrichten überwiegend das, was ihren vorweg aufgestellten theoretischen Sätzen entsprach.[49] Statt neuen Einsichten den Weg zu bereiten, dienten die Reiseberichte so vornehmlich zur Bestätigung vorhandener Meinungen. Dagegen will Forster mit dem vorurteilslos erarbeiteten Reisebericht ein Instrument für neue, nicht schon im vorhinein entwerfbare Erkenntnisse gewinnen: an die Stelle von blind sammelnden Reisenden und hohl spekulierenden Philosophen sollen Philosophen treten, die sich selbst auf die Reise machen, oder Reisende, die sich philosophische Augen zulegen.

Statt Systemgeist also empirische Induktion: »Ein Reisender,« so Forster (17), »der nach meinem Begriff alle Erwartungen erfüllen wollte, müßte Rechtschaffenheit genug haben, einzelne Gegenstände richtig und in ihrem wahren Lichte zu beobachten, aber auch Scharfsinn genug, dieselben zu verbinden, allgemeine Folgerungen daraus zu ziehen, um dadurch sich und seinen Lesern

---

46 (Anm. 15), S. 21. In dieser Polemik erschöpfen sich dann auch schon die methodischen Vorüberlegungen, die Bougainville seinem Unterfangen widmet. – Die Kritik an Hypothesen und Systemen findet sich auch in J.R. Forsters *Bemerkungen* (Anm. 25), S. 189f.

47 Vgl. G. Tonelli in: HWPh, Bd. III, Basel 1974, Sp. 1262: im 18. Jahrhundert »galten ›Hypothese‹ und ›System‹ als Synonyma«. – Zu Newtons zweideutiger Stellung zu den »Hypothesen« s. P. Kondylis (Anm. 45), S. 226–35.

48 S. Paul Hazard: Die Krise des europäischen Geistes, Hbg 1939, 5. Aufl., S. 35–55; und Wilhelm E. Mühlmann: Geschichte der Anthropologie, 2. Aufl., Ffm 1968, S.40–47. Vgl. auch oben S. 6.

49 Allein in Pufendorfs Schriften hat Horst Denzer (Moralphilosophie und Naturrecht bei Samuel Pufendorf, Mchn 1972, S. 352–54) die Zitation von 36 Reiseberichten nachgewiesen. Allerdings wird das Zitieren hier, wie ähnlich auch bei Grotius, als ein »Belegverfahren zur ständigen Relativierung und Überprüfung der getroffenen Aussagen« verwendet (so Wolfgang Proß: Herder und Vico. In: Sauder Gerhard (Hg.): Johann Gottfried Herder 1744–1803, Hbg 1987, S. 88–113, hier 92), steht Forsters Forderungen also bereits näher.

den Weg zu neuen Entdeckungen und künftigen Untersuchungen zu bahnen.«[50] Die eigentümliche Bindung der Beobachtung an die Rechtschaffenheit erinnert dabei noch einmal an den prekären Zusammenhang zwischen unhintergehbarer Subjektivität und geforderter Vorurteilslosigkeit.

3. Nach den »Empfindungen« und »Betrachtungen« werden die »Ausdrükke« (15)[51] Gegenstand der methodischen Reflexion: »Nicht nur die Mannigfaltigkeit der Gegenstände, sondern auch die Reinigkeit und Anmuth des Styls bestimmen unser Urtheil und unser Vergnügen über Werke der Litteratur« (18). Für die sprachliche Darstellung wird das Recht auf originale Individualität um das Ziel einer breiten Verständlichkeit ergänzt: hierin stellt sich Forster auf die Seite der aufgeklärten Popularphilosophen. Wenn er sich dennoch entschuldigt, er habe »nicht elegant«, sondern nur »deutlich und verständlich« sein wollen, so ist das weniger eine rhetorische captatio benevolentiae, denn ein Reflex auf die schwierigen Entstehungsbedingungen: die deutsche Übersetzung stammte zu beträchtlichen Teilen aus einer anderen Feder; Forster selbst aber wandte sich nicht ohne Bangen[52] an ein deutsches Publikum, ohne je in Deutschland gewesen zu sein. Solche aktuellen Bedenken überlagern für die sprachliche Gestaltung die methodische Reflexion.

Bauformen des »philosophischen« Reiseberichts

In der Reisebeschreibung selbst liegt das Hauptgewicht nicht, wie zeitgenössisch üblich, auf der Erzählung der See-Abenteuer, sondern auf den Berichten von den Landaufenthalten. Nautische Unkenntnis (15) und anthropologisches Interesse wirken hier in dieselbe Richtung.[53] Gleichzeitig hilft die Unterteilung nach einzelnen Aufenthalten bei der, auf Grund der chronologischen Anordnung, schwierigen Strukturierung des riesigen Stoffes. Die einzelnen Berichte sind nach dem Schema von Beobachten, Verknüpfen und Folgern aufgebaut: zunächst werden die auffälligen Erlebnisse und Beobachtungen chronologisch erzählt; dann folgt eine systematische Zusammenfassung, die zu grundsätzlichen Schlüssen überleitet. Derlei Resümes finden sich gelegentlich auch schon in den *Journals* von J. R. Forster, der die für ihn ereignisärmeren Tage der Seefahrt dergestalt zu einer ersten Auswertung der gesammelten Informa-

---

50 Uwe Japp leitet Forsters Formulierung von Lockes Bestimmung von Sensation und Reflexion ab (Aufgeklärtes Europa und natürliche Südsee. In: Piechotta Hans Joachim (Hg.): Reise und Utopie, Ffm 1976, S. 10–56, hier 28), Heinz Schwabe von der »Forderung der ars inveniendi, die Chr. Wolff in seiner ›Deutschen Logik‹ aufgestellt hatte.« (Georg Forsters Verhältnis zur zeitgenössischen Philosophie. In: Hübner Hans u. Thaler Burchard (Hg.): Georg Forster (1754–1794), Halle 1981, S. 55–70, hier 60.)
51 S. oben S. 9.
52 S. G. Steiner: AA IV 168, und Horst Fiedler: AA V 681.
53 Nicht zu vergessen die Ökonomie: für einen erfolgreichen Absatz des Buches mußte Forster anderes bieten als Cook.

tionen nutzte, doch hat Georg Forster dieses zufällige Aufbau-Schema methodisch systematisiert und ausgebaut.

Auch die Zusammenfassungen folgen einem bestimmten Schema, das freilich nur bei besonders umfangreichen Resümes vollständig sichtbar wird, so etwa in der Beschreibung von Tanna, einer Insel der Neuen Hebriden. Forster beginnt mit einer genauen Bestimmung der geographischen Lage und Größe der Insel (804). Es folgt die Beschreibung von Gesteinen, Bodenschichten und Wasserbeschaffenheit (804f.); die Insel ist vulkanischen Ursprungs, was zur Widerlegung von Buffons Theorie führt, »›daß Volkane nur in den höchsten Gebirgen vorhanden,‹ weil dieser Schriftsteller, zu Unterstützung seiner Hypothese, vorgiebt, daß dergleichen unterirdische Feuer überall ›nur an der Oberfläche der Erde‹ vorhanden wären«.

Nachdem derart eine spekulative Hypothese durch empirische Anschauung[54] widerlegt ist, wendet Forster sich dem »Pflanzenreich« (805f.) und danach dem »Tierreich« (806) zu. Dann kommt er zu seinem Hauptthema: der »Bevölkerung« (806–12), gegliedert nach Lebensgrundlage, Sprache, Maß der Zivilisation, Staatsverfassung, Religion und abschließender Charakterisierung. Dieser Aufbau folgt dem »länderkundlichen Schema«[55] mit seiner aufsteigenden Reihe von Geologie, Hydrographie, Meteorologie, Pflanzen, Tieren, Menschen, nach dem auch J. R. Forster seine *Observations* eingerichtet hatte. Eine Ausnahme macht nur die Witterung, die nicht zwischen Wasser und Pflanzen, sondern im Zusammenhang mit der Bevölkerung abgehandelt wird: hier wirkt sich das zeitgenössische Interesse an der Klimatheorie[56] aus. Das Schema aber wird von Forster nicht als ein äußerliches Dispositionsmuster verwendet, sondern aus dem Sachzusammenhang entwickelt: Bodenbeschaffenheit, Wasser-

---

54 Vgl. S. 124: »Augenschein geht über die deutlichsten Vernunftschlüsse«.
55 S. Hanno Beck in: Dokumente (Anm. 5), II 37³. Dieses Schema wurde vorbereitet durch die Geographia Generalis des Bernhardus Varenius (1650; 1672 neu hg. v. Isaac Newton; zahlreiche Nachdrucke u. engl. Überss.; dazu Josef Schmithüsen: Geschichte der geographischen Wissenschaft, Mannheim 1970, S. 122; und Martin Schwindt in B.V.: *Descriptio regni Japoniae,* hg. v. M.S. u. Horst Hammitzsch, Darmstadt 1974, S. XXI–XXIII). J. R. Forster selbst beruft sich für den »Plan und die Anordnung meines Werks« auf den Linné-Schüler Torbern Bergman (Bemerkungen: Anm. 25, S. V), der in seiner *Physicalischen Beschreibung der Erdkugel* (Upsala 1766, dt. Greifswald 1769) des Varenius »Unterscheidung nach den irdischen und den durch die kosmische Außenwelt bedingten Erscheinungen nicht mehr gemacht, sondern die Gesamtheit der irdischen Gegenstände nach den Naturreichen abgehandelt [hatte ...] die organische Natur, die bei Varenius [...] im Zusammenhang mit bestimmten Geländeteilen erschien, wurde nun rein botanisch und zoologisch betrachtet« (J. Schmithüsen, a.a.O., S. 141). Bergmans Buch, die »erste physikalische Geographie« überhaupt, bildete auch die Grundlage für Kants geographische Vorlesungen (O. Peschel: Anm. 4, S. 808² u. 806f.).
56 S. dazu Waldemar Zacharasiewicz: Die Klimatheorie in der englischen Literatur und Literaturkritik, Wien 1977; Karl-Heinz Kohl: Der entzauberte Blick, Ffm 1986, S. 112–20; Gonthier-Louis Fink: Von Winckelmann bis Herder. In: Sauder (Anm. 49), S. 156–76; und Helmuth Kiesel: Das nationale Klima. In: Wiedemann Conrad (Hg.): Rom–Paris–London, Stg 1988, S. 123–34.

bestand, Flora, Fauna und Klima werden als die natürlichen Bedingungen studiert, die den menschlichen Zivilisationen ihre je konkrete Gestalt verleihen. Die abschließende Charakterisierung der Bevölkerung – methodisch die Schlußfolgerung aus den »Verknüpfungen« der Zusammenfassung – fragt dann, inwieweit die natürlichen Bedingungen den Charakter dieser Menschen wirklich verständlich machen.

Besonders deutlich wird dieses Verfahren, wenn die Resümes die Gestalt eines Vergleichs annehmen – ein Verfahren, das sich in der ethnologischen Forschung des 18. Jahrhunderts erst durchzusetzen begann.[57] So vergleicht Forster etwa die Freundschaftlichen Inseln (Tonga- und Samoa-Inseln) mit den Societäts-Inseln (vor allem Tahiti und Raiatea) (414–17). An der Ähnlichkeit der Sprachen liest er ab, daß beide Völkerschaften »von einem gemeinschaftlichen Stamm-Volke herkommen«. Selbst die nachhaltigsten Unterschiede können daher »bloß von der Verschiedenheit des Bodens und des Clima beyder Inseln veranlaßt worden« sein (414). Die Societäts-Inseln besitzen hohe Berge. Diese ziehen »die Dünste der Atmosphäre beständig an sich;« es gibt daher viel Wasser und also konnten sich große Wälder entwickeln. Der Holzreichtum ermöglicht geräumige Häuser und zahllose, große Canots. Dazu haben die Einwohner reichlich Trinkwasser und können häufig baden; letzteres bewahrt sie vor vielen Krankheiten.[58] Um das Glück voll zu machen, kommen zum Wasser der Berge noch fruchtbare Böden der Ebene, so »daß die mehresten Gewächse fast ohne alle Cultur gedeihen«. Solcher Überfluß allerdings zeigt zwiespältige Wirkungen. Er erleichtert nicht nur das Leben, sondern führt zu Luxus und vergrößert die sozialen Unterschiede (415).

Ganz anders auf den Freundschaftlichen Inseln. Berge fehlen hier ganz (390) oder sind doch nur niedrig (373). Entsprechend müssen sich die Einwohner mit dem Regenwasser begnügen. Zum Baden haben sie sich »entweder mit faulem stinkendem Regenwasser aus etlichen wenigen schlammigen Pfützen, oder gar mit salzigem Wasser [zu] behelfen« (414f.); folglich findet man bei ihnen häufig Aussätzige. Da zudem nur eine »dünne Schicht von Erde« vorhanden ist, müssen die Ressourcen sorgfältig genutzt werden: man findet auf diesen Inseln fast nur Fruchtbäume und sonstige Nahrungspflanzen. Nutzholz ist daher Mangelware: die Häuser sind klein und unbequem, die Canots nach

---

57 S. Hans Plischke: Von den Barbaren zu den Primitiven, Lpz 1925, S. 81–84; und W. E. Mühlmann (Anm. 48), S. 44f.
58 Die hygienische Bedeutung des Badens beschäftigt Forster mit auffallender Beständigkeit: s. a. S. 309, 531, 665, 808. Hier mag er unter dem Einfluß von Cooks Bemühungen stehen, durch besonderen Proviant, reichliche Kleidung und sorgfältige Hygiene (häufiges Baden, regelmäßige Reinigung des Schiffes) seine Mannschaft gesund zu halten (33–37). Cook, dessen Schiff zwischen 1772 und 1775 etwa 60000 Meilen zurücklegte, z. T. in extremem antarktischem Klima und manchmal über Monate ohne Landkontakt, verlor nur einen einzigen Mann durch Krankheit: die Methoden für solchen Schutz der Mannschaft demonstriert zu haben, zählt zu seinen wichtigsten Leistungen für die Geschichte der Seefahrt. (s. James Watt: The Effect of Health on Cook and his Crew. In: Cordingly David (Hg.): Capt. James Cook. Navigator, 2. Aufl., Ldn 1990, S. 102–07.)

Zahl und Größe gering. Die Insulaner haben regelmäßige, eingezäunte[59] Pflanzungen angelegt, die viel Arbeit erfordern und doch keinen Überfluß abwerfen. Zur Arbeitsamkeit einmal gewöhnt, wenden sie auch an ihre Geräte wie an ihre Erholung mehr »Mühe, Geduld und Geschicklichkeit«, so »daß sie nach und nach auf neue Erfindungen gefallen sind und es in den Künsten ungleich weiter gebracht haben als die *Tahitier*« (416). Die Kargheit der natürlichen Voraussetzungen führt also zur Kompensation durch technisch-zivilisatorische Entwicklung. Gering erscheinen dagegen die Unterschiede im »Regierungs- und Religions-System«: hier habe sich die gemeinsame Herkunft bislang als stärker erwiesen denn die natürlichen Unterschiede der Inseln – da die soziale Ungleichheit hier unabhängig vom Luxus der Lebensumstände auftritt, muß die Ebene der Interpretation gewechselt werden.

So entschieden empirisch diese Betrachtungen und Vergleiche orientiert sind, gewinnen sie gelegentlich doch geradezu idealtypischen Charakter. Beim Abschied von Raiatea wirkt Forsters Charakterisierung der Bewohner wie eine Evokation des »edlen Wilden«: »Sie kennen die geselligen Tugenden und Pflichten und üben sie auch getreulich aus.« Wie er oft beobachten konnte, geben sie sich mit den kleinsten Portionen Essen zufrieden, »damit nur keiner leer ausgehen mögte!« Ihre Gastfreundschaft gegenüber den Europäern ist überwältigend, und all dieser Edelmut wird als selbstverständlich geübt: »Was übrigens ihren Tugenden, als der Gastfreyheit, der Guthervigkeit und der Uneigennützigkeit, einen doppelten Werth giebt, ist dieses, daß sie selbst sich derselben nicht einmal bewußt sind, und es gleichsam den Fremdlingen, die zu ihnen kommen, überlassen aus dankbarer Erkenntlichkeit, ihren Tugenden Denkmäler zu stiften.« (639–41)

Forster ist sich seiner Sache um so sicherer, als ein junger Mann von Raiatea ein dreiviertel Jahr auf Cooks Schiff mitgefahren ist und wiederholt Anlaß gab, seine »wahre Empfindsamkeit« zu bewundern (445, vgl. 520). Allerdings versteht Forster Maheine, der so deutlich dem europäischen Topos entspricht, ausdrücklich nicht als einen Repräsentanten des Naturzustands: als die Expedition ein kannibalisches Mahl beobachtet, legen die Engländer, vom Ekel über moralische Empörung bis zu purer Neugier, recht unterschiedliche Reaktionen an den Tag – nur »der junge Mensch von den Societäts-Inseln, zeigte bey diesem Vorfall mehr wahre Empfindsamkeit als die andern alle. Geboren und erzogen in einem Lande, dessen Einwohner sich bereits der Barbarey entrissen haben und in gesellschaftliche Verbindungen getreten sind, [... floh er] nach der Cajütte, um seinem Herzen Luft zu machen.« Man findet ihn dort – Beweis für die allverbreitete Empfindsamkeit des menschlichen Herzens – in Tränen aufgelöst (445; vgl. 369, 520). Nimmt man den Kannibalismus als ein Anzeichen primitiver Zivilisation, so rührt Maheines Erschütterung also aus der Begegnung mit einer eben erst überwundenen Zivilisationsstufe her.

---

59 Auch das Ausmaß der Umzäunungen wird von Forster jeweils sorgfältig verzeichnet (379, 393, 666, 719, 760, 767, 782 u. ö.). Er sieht in den »Verzäunungen« – in der Sache mit, in der Wertung gegen Rousseaus *Diskurs über die Ungleichheit* (Anm. 68, S. 174) – »einen höhern Grad von Cultur« (379).

Der Kontext ist bezeichnend: der Topos des edlen Wilden dient dazu, den Europäern die Schattenseiten ihres Zivilisations-Fortschrittes vor Augen zu führen[60] – ohne daß Forster damit beabsichtigte, den zivilisatorischen Fortschritt grundsätzlich in Frage zu stellen.[61] Während jedoch Lahontan, Montesquieu und Voltaire ihre Huronen und Perser als fiktive Antithesen zur europäischen Realität schufen[62], verwendet Forster den Topos im Angesicht höchst realer fremder Kulturen: er ist hier weniger Medium der Europa-Kritik denn methodischer Kunstgriff, um – für sich wie für den Leser – den Gestus der eigenen Überlegenheit auf Distanz zu bringen[63], der sich in der Konfrontation mit dem Fremden unwillkürlich einzustellen droht.[64]

Der Vergleich mit Europa stand auch schon im Hintergrund der Idylle vom »liebenswürdige[n] Volk« auf Raiatea, »welches bey allen seinen Unvollkommenheiten, vielleicht unschuldigern und reinern Herzens ist, als manche andre, die es in der Verfeinerung der Sitten weiter gebracht und bessern Unterricht genossen haben« (639). Die methodisch-didaktische Absicht läßt Forster im Resümee zu Raiatea sogar gänzlich auf seine Ableitung von den natürlichen

---

60 Ein Verfahren, das seit Lahontans *Nouveaux Voyages* (1703) in der aufgeklärten Literatur sehr beliebt war. Am einflußreichsten wurden Montesquieus *Lettres persanes* (1721), deren Perser freilich nicht gerade als »Wilde« zu bezeichnen sind. S. dazu Urs Bitterli (Anm. 1), S. 411–25; Winfried Weißhaupt: Europa sieht sich mit fremdem Blick, 3 Bde., Ffm u. a. 1979; Gerd Stein (Hg.): Exoten durchschauen Europa, Ffm 1984; und Hartmut Kugler: Das Streitgespräch zwischen ›Zivilisierten‹ und ›Wilden‹. In: Schöne Albrecht (Hg.): Akten d. VII. Int. Germanisten-Kongresses, Tübingen 1986, II 63–72).
61 Eine derart fundamentale Zivilisationskritik ist vor Rousseau mit dem Gebrauch dieses Topos kaum je verbunden. Der didaktische Hinweis auf die natürliche Unschuld der »edlen Wilden« verträgt sich schon vom Ersten Entdeckungszeitalter an konfliktlos mit der Überzeugung, daß diese Wilden nach europäischen Maßstäben zu zivilisieren seien: s. z.B. Peter Martyr von Anghiera: Acht Dekaden über die Neue Welt (1503ff.), dt. v. Hans Klingelhöfer, Bd. I, Darmstadt 1972, S. 42, 61 u. 133; und Montaigne: Essais (1580/88), I 31 u. III 6 (hg. v. Maurice Rat, Paris 1962: I 235f. u. II 343f.).
62 Vgl. Wolf Lepenies: Soziologische Anthropologie, Mchn 1971, S. 96–99 (allerdings wird die Konstruktion des »Wilden« aus der Negation des Europäers durch ihren kritischen Gebrauch noch nicht, wie Lepenies meint, »antiethnozentristisch«); und K.-H. Kohl (Anm. 56), S. 23–32, 65–76, 104–10 u. 171–74. Dagegen besteht Werner Krauss, obwohl er die Tendenz zur europakritischen Fiktion nicht grundsätzlich bestreitet, darauf, daß der »Mythos vom ›bon sauvage‹« auf »festen, ethnographisch gesicherten Boden« gebaut sei: er »erschließt uns also einen durch das wirkliche Leben der Wilden bestätigten Wesenszug«. (Zur Anthropologie des 18. Jahrhunderts, Ffm Bln 1987, S. 32–47, hier 32.)
63 Vgl. Wolf Lepenies: Eine vergessene Tradition der deutschen Anthropologie. In: Saeculum 24 (1973), S. 50–78, hier 59f.; und Gerhart Pickerodt: Aufklärung und Exotismus. In: Koebner Thomas u. ders. (Hg.): Die andere Welt, Ffm 1987, S. 121–36, hier 132. Zum Problem der »Distanz« zur unmittelbaren Erfahrung des Anthropologen s. S. Moravia (Anm. 6), S. 122; und Hans Ulrich Gumbrecht: Wenig Neues in der Neuen Welt. In: Stempel Wolf-Dieter u. Stierle Karlheinz (Hg.): Die Pluralität der Welten, Mchn 1987, S. 227–49, hier 239f. u. 245.
64 S. Helmut Loiskandl: Edle Wilde, Heiden und Barbaren, Wien 1966; und Arno Borst: Barbaren, Ketzer und Artisten, Mchn 1988, S. 19–31.

Bedingungen verzichten. – Kurz darauf trifft man auf einen gegenläufigen Idealtypus: eine Insel, deren Bewohner eine unüberwindliche Feindseligkeit an den Tag legen. So »ungesittet« und »wild« scheinen den Engländern diese Menschen, daß Cook ihre Insel Savage Island tauft (649). Hier greift Forster wieder auf die Erklärung aus natürlichen Voraussetzungen zurück: »Die Natur selbst scheint diese Nation, schon dadurch, daß sie ihr Land fast unzugänglich bildete, zur Ungeselligkeit verurtheilt zu haben.« (648) Nicht nur Klima und Boden, auch der Verkehr mit anderen Menschengruppen bildet somit eine wesentliche Bedingung von Humanität und zivilisatorischem Fortschritt: wo er unterbunden ist, prägen sich, bei gleicher Herkunft (649) und geographischer Nachbarschaft, Charakter und Sitten der Menschen völlig unterschiedlich aus.

Andere Probleme gibt der Vergleich zwischen den Fischern von Neu-Caledonien und den Ackerbauern der Neuen Hebriden auf: obwohl jene von der Natur zu Armut und karger Nahrung verurteilt wurden, sind sie nicht nur viel weniger »wild, mißtrauisch und kriegerisch« als diese, sondern auch »von größerer und muskulöser Leibesstatur« (860f.). Forster schließt daraus: »Vielleicht muß man aber, um die verschiedene Statur der Nationen zu erklären, nicht sowohl auf die Verschiedenheit ihrer Nahrungsmittel, als vielmehr auf die Verschiedenheit der Stämme und Racen sehen, von welchen sie herkommen.« Auch »der friedliche Charakter« der Neu-Caledonier läßt sich aus den natürlichen Bedingungen nicht ohne weiteres erklären: »Will man sagen, daß sie blos *deswegen* von keinem Mißtrauen wissen, weil sie wenig zu verlieren haben, so würde ich fragen, wie es zugeht, daß die Leute von *Neu-Holland* [Australien], die doch unter gleichem Himmelsstrich, auf einem gleich dürren Boden wohnen, und noch armseliger dran sind [...], gleichwohl, ganz im Gegentheil, so wild und Menschenscheu befunden werden!« Auf den Unterschied der Stämme und Rassen greift Forster für die Erklärung des Charakters diesmal allerdings nicht zurück. Statt dessen wendet er sich gegen die einfachen Lösungen. Gegen jene »Philosophen, welche den Gemüthscharakter, die Sitten und das Genie der Völker, lediglich vom Klima abhängen lassen,« plädiert er, auf dem Hintergrund seiner zahlreichen Vergleiche, für die Annahme einer beträchtlichen Komplexität: »Der verschiedene Charakter der Nationen muß folglich wohl von einer Menge verschiedner Ursachen abhängen, die geraume Zeit über, unablässig auf ein Volk fortgewirkt haben.« (861) Dies ist, an einem für die zeitgenössische wie für die spätere anthropologische Diskussion zentralen Beispiel, ein großer Schritt von den spekulativen Hypothesen zur empirischen Wissenschaft. In der Qualität der Beobachtung wie in der Differenzierung der vergleichenden Analyse wird sich, nach dem Urteil W. E. Mühlmanns[65], noch bis zur Mitte des 19. Jahrhunderts keine ethnologische Untersuchung aus der Südsee mit Forsters Berichten vergleichen können.

---

65 Arioi und Mamaia, Wiesbaden 1955, S. 15 u. 25. – An dieser Stelle sei hingewiesen auf den Ausstellungskatalog *Georg Forster 1754-1794. Südseeforscher Aufklärer Revolutionär* des Frankfurter Museums für Völkerkunde und des Übersee-Museums Bremen, Ffm 1976: er gibt, mit reichem Bildmaterial, eine Art ethnologischen Kommentars zur *Reise um die Welt*.

»Durch ihn«, so Alexander von Humboldt[66], »begann eine neue Aera wissenschaftlicher Reisen, deren Zweck vergleichende Völker- und Länderkunde ist.«

Die Einheit des Menschengeschlechts

Solche Komplexität wird dem Forscher erst zugänglich, indem er auf den prädeterminierenden Rückhalt des festen philosophischen Systems verzichtet und sich auf die Gegenstände in ihrem Widerspruch einläßt.[67] Da es sich für den Anthropologen bei diesen »Gegenständen« eben nicht um Gegenstände, sondern um Menschen handelt, gewinnt solche Haltung eine ethische Dimension: »Alle Völker der Erde haben gleiche Ansprüche auf meinen guten Willen. [...] Zugleich war ich mir bewußt, daß ich verschiedne Rechte mit jedem einzelnen Menschen gemein habe« (18). Alle Menschen, so die naturrechtliche Überzeugung, werden mit gewissen unveräußerlichen Rechten geboren. Damit lassen sich jene Theorien kaum verbinden, die zwischen Affe und Europäer verschiedene Menschen-Gattungen ansiedeln. Wenn die Ehrlichkeit ihn nicht verschweigen läßt, wie grotesk die Melanesier auf die Europäer wirken, so ergreift Forster dies doch als Gelegenheit, solche Thesen abzuwehren: beim Reden fletschen sie »auch wohl, aus Freundlichkeit, obgleich nicht viel besser als Miltons Tod, die Zähne dazu. Dieser Umstand, nebst ihrer schlanken Gestalt, Häßlichkeit und schwarzen Farben, machte, daß sie uns beynahe als ein Affen-Geschlecht vorkamen. Doch sollte es mir herzlich leid thun, Herrn Rousseau und den seichten Köpfen, die ihm nachbeten, durch diesen Gedanken auch nur einen Schattengrund für sein Orang-Outang-System angegeben zu haben; ich halte vielmehr den Mann für beklagenswerth, der sich und seine Verstandes-Kräfte so sehr vergessen und sich selbst bis zu den Pavianen herabsetzen konnte.« (682)

Der moderne Leser mag sich hier an die späteren Proteste gegen Darwins Evolutions-Theorie erinnert fühlen, doch führt diese Assoziation in die Irre. Forsters Polemik wendet sich zunächst gegen Rousseaus Vorschlag, in den Orang-Utans, »welche ein Mittelding zwischen der menschlichen Art und den

---

66 Gesammelte Werke, 2. Bd.: Kosmos, 2. Bd., Stg [1889], S. 51.
67 Anders Gerhard Steiner (Georg Forster, Stg 1977, S. 20): »Forster sucht die individuelle Situation der Völker zu erforschen und in ein historisches System einzuordnen.« Ebendies tut Forster m. E. nicht. Seine Reisebeschreibung zielt nicht auf ein System, sondern auf die unvoreingenommene Sammlung und Reflexion des empirischen Materials. Der extreme Zeitdruck, unter dem er seinen Bericht in London verfaßte, sorgte dafür, daß dieser Gattungscharakter auch nicht durch eine nachträgliche Redaktion ins Systematische verfälscht wurde. Die in der Forschung gelegentlich vermerkten Widersprüche (z. B. Ludwig Uhlig: Georg Forster, Tübingen 1965, S. 24 f.) belegen somit eher die von Forster methodisch postulierte Dominanz der empirischen Beobachtung über die abstrakte Spekulation, als daß sie Anlaß zur Kritik böten.

Pavianen darstellen«, die Menschen des Naturzustandes zu erkennen.[68] Dahinter wird jedoch noch eine andere Position angegriffen. Daß über die Zuordnung der Menschenaffen im 18. Jahrhundert noch allgemeine Unsicherheit herrschte[69], lieferte den Befürwortern der Sklaverei Argumente für die angebliche Minderwertigkeit der Schwarzen. Tatsächlich hat Forster später im Streit mit Christoph Meiners solche Annahmen ausdrücklich bekämpft.[70]

Die Frage nach der Einheit des Menschengeschlechtes mußte im zeitgenössischen Horizont auf die Diskussion um Mono- oder Polygenese[71] führen: stammen die Menschen aus einem gemeinsamen oder aus mehreren verschiedenen Ursprüngen? Die Behandlung dieses Themas ist für Forsters wissenschaftliche Methode sehr aufschlußreich. Nirgends in der *Reise um die Welt* spricht er diese Hypothesen ausdrücklich an, doch sammelt er Material, das sich darauf bezieht. Die aus solchem Material gezogenen Schlüsse scheinen wiederholt auf die genetische Ureinheit der Menschheit zu deuten. So etwa, wenn er konstatiert, daß offenbar alle Nationen der Erde »die weiße Farbe oder grüne Zweige für Zeichen des Friedens« ansehen. Da weder das eine noch das andere »eine selbständige unmittelbare Beziehung auf den Begriff von Freundschaft« hat, muß es sich um Konvention handeln. Eine solche Konvention müßte aber dann »gleichsam noch *vor* der allgemeinen Zerstreuung des menschlichen Geschlechts getroffen worden seyn« (172). Das »gleichsam« weist dem Rückgriff auf eine biblische Formulierung den Status einer metaphorischen Abkürzung zu. Hinter der biblischen Geschichte vom babylonischen Turm scheint die naturhistorische These von der Monogenese auf. Ähnliche Beispiele ließen sich anschließen.

Übereinstimmungen stellt Forster auch im Bereich der religiösen Vorstellungen fest. Nach einer Unterhaltung mit einem tahitischen königlichen Rat wagt er »aus mehreren Umständen« zu schließen, »daß dieser einfache und einzige richtige Begriff von der Gottheit, in allen Zeiten und Ländern bekannt gewesen ist«: am Ursprung der Religion stand demnach die Überzeugung von einem einzigen Gott, »der alles erschaffen habe, aber unsichtbar sey« (285).

---

68 Jean-Jacques Rousseau (Diskurs über die Ungleichheit. Discours sur l'inégalité, hg. v. Heinrich Meier, Paderborn u. a., 2. Aufl., 1990, S. 326) zitiert aus dem 5. Bd. von Prévosts *Histoire générale des voyages* (s. oben Anm. 29): »»On trouve [...] dans le Royaume de Congo quantité de ces grands Animaux qu'on nomme *Orang-Outang* aux Indes Orientales, qui tiennent comme le milieu entre l'espéce humaine et les Babouins.'«
69 S. Urs Bitterli (Anm. 1), S. 332–39; und Heinrich Meiers Fußnote 406 in Rousseau, a.a.O., S. 334–36.
70 S. AA XI 237–51 u. 417f.; vgl. a. V 328f., VIII 193 u.ö. Dazu Friedrich Lotter: Christoph Meiners und die Lehre von der unterschiedlichen Wertigkeit der Menschenrassen. In: Boockmann Hartmut u. Wellenreuther Hermann (Hg.): Geschichtswissenschaft in Göttingen, Göttingen 1987, S. 30–75, bes. 45–64. – Gegen Ende seiner Reise erhält Forster in Kapstadt Gelegenheit, einen lebendigen Orang-Utan zu besichtigen – »dem verschiedene Philosophen die Ehre angethan, ihn für ihren nahen Verwandten zu erklären« –, und konstatiert ironisch: »Dieses Thier [...] kroch lieber auf allen Vieren, da es doch auf den Hinterbeinen sitzen und gehen konnte.« (960)
71 S. Urs Bitterli (Anm. 1), S. 327–331.

Alle weitere Zutat, unter den Wilden wie unter den Zivilisierten, ist nur das betrügerische Machwerk herrschgieriger Priester (285f., vgl. 399, 410, 450, 633).[72] Die Grundannahmen des Deismus scheinen damit bestätigt. Bemerkenswert findet er auch die überall beobachtbare Ausgestaltung der Grabstätten: »Könnte oder wollte man den ursprünglichen Bewegursachen dieser Sitte, bey so verschiednen Nationen nachspüren und sie gründlich erforschen, [...] so ließe sich vielleicht eben *daraus* beweisen, daß alle Völker einen allgemeinen Begriff von einem künftigen Zustand gehabt haben!« (857) Worin die Allgemeinheit dieses Begriffs gründet, läßt er unerörtert.

Daß solche spekulative Abstinenz durchaus bewußt gewählt ist, zeigt bald nach seiner Rückkehr die Auseinandersetzung mit Kant. Dieser hatte sich 1785 in dem Aufsatz ›Bestimmung des Begriffs einer Menschenrasse‹ für den monogenetischen Ursprung der menschlichen Rassen ausgesprochen und für die Entscheidung dieser Frage den Philosophen zum Richter bestimmt[73]: »Es liegt gar viel daran, den Begriff, welchen man durch Beobachtung aufklären will, vorher selbst wohl bestimmt zu haben, ehe man seinetwegen die Erfahrung befragt; denn man findet in ihr, was man bedarf, nur alsdann, wenn man vorher weiß, wornach man suchen soll.« Forster sah darin den Machtanspruch eben jener hypothetischen Systemphilosophie angemeldet, gegen die er sich in der *Reise um die Welt* programmatisch gewendet hatte: abermals schienen hier die Beobachtungen des Reisenden in die Grenzen und Ordnungsbegriffe gesperrt, die der Philosoph vorweg entworfen hat. Er antwortete 1786 mit dem Aufsatz ›Noch etwas über die Menschenraßen‹, in dem er die starren Schubladen der Systematiker mit den gleitenden Übergängen im Bereich der natürlichen Phänomene konfrontiert, um schließlich grundsätzlich den Primat der Empirie zu proklamieren[74]: »Mit einem Worte, die Ordnung der Natur folgt unseren Eintheilungen nicht, und sobald man ihr dieselben aufdringen will, verfällt man in Ungereimtheiten. Ein jedes System soll [nur] Leitfaden für das Gedächtniß seyn [...].« Als Kant auf diesen Angriff replizierte[75], mußte Forster allerdings entdecken, daß er sich auf einen Streit eingelassen hatte, zu

---

72 L. Uhlig (Anm. 67), S. 27, sieht in Forsters heftiger Polemik gegen die Priester einen »Nachklang von Voltaires pyrrhonistischer Religionskritik«. Forster sen. lehnte den »ungläubigen« Voltaire noch offen ab: The Critical Review 33 (1772), S. 339; zu Forsters Autorschaft s. Briefwechsel (Anm. 8), III 344.

73 (Berlinische Monatsschrift, Nov. 1785; zit. nach: Werke in zehn Bänden, hg. v. Wilhelm Weischedel, Bd. IX, 4. Aufl., Darmstadt 1975), S. 65. Mit dem ersten Satz dieser Schrift konnte sich Forster auch persönlich angegriffen fühlen: »Die Kenntnisse, welche die neuen Reisen über die Mannigfaltigkeiten in der Menschengattung verbreiten, haben bisher mehr dazu beigetragen, den Verstand über diesen Punkt zur Nachforschung zu reizen, als ihn zu befriedigen.« Gleichwohl hat er ihn an andrer Stelle zu eigener Kritik paraphrasiert (AA V 625, Z. 18f.). – Kant hatte schon 1775 mit ›Von den verschiedenen Rassen der Menschheit‹ die Monogenese zu beweisen gesucht.

74 AA VIII 146; dazu Michael Weingarten: Menschenarten oder Menschenrassen. In: Pickerodt Gerhart (Hg.): Georg Forster in seiner Epoche, Bln 1982, S. 117–48.

75 ›Über den Gebrauch teleologischer Prinzipien in der Philosophie‹ (Teutscher Merkur, Anfang 1788).

dem ihm die Waffen fehlten; es blieb nur, auf eine eigene Replik zu verzichten.[76] Gleichwohl ist Forster durch diese Kontroverse dazu getrieben worden, die systematischen Entwürfe der Wissenschaft – als deren Muster damals Linnés *Systema naturae* galt[77] – mit einer Entschiedenheit als bloß erkenntnisleitende Modelle zu bestimmen, die einem modernen Wissenschaftsverständnis wohl tatsächlich näher steht als Kant.

Um die mangelnde Beweiskraft der systemgeleiteten Hypothese vorzuführen, bemüht Forster sich in seinem Aufsatz, die Argumente für eine Polygenese möglichst stark zu machen – so stark, daß er in der Literatur gelegentlich als Polygenesist geführt wird.[78] Tatsächlich läßt er sich auch jetzt nicht festlegen[79]: »Ich erlaube mir dennoch keineswegs die Frage: ob es mehrere ursprüngliche Menschenstämme giebt? entscheidend zu bejahen.« Für den empirischen Wissenschaftler sei diese Frage nach Lage der Kenntnisse nicht beantwortbar.[80] Das Durchspielen der Argumente für die Polygenese bringt Forster aber noch zu einer anderen methodischen Einsicht, muß er sich jetzt doch selbst gegen Beifall von der falschen Seite sichern[81]: »indem wir die Neger als einen ursprünglich verschiedenen Stamm vom weissen Menschen trennen, zerschneiden wir nicht da den letzten Faden, durch welchen dieses gemishandelte Volk mit uns zusammenhieng, und vor europäischer Grausamkeit noch einigen Schutz und einige Gnade fand?« Er gibt darauf zwei Antworten: erstens hat noch kein Sklaventreiber wegen der Erinnerung an seine Verwandtschaft mit dem Gepeinigten die Peitsche sinken lassen; zweitens wäre eine solche Tabuisierung bestimmter Erkenntnisse durch das Erkenntnisinteresse auch dann gefährlich, wenn letzteres ein aufgeklärtes ist – »Nein, mein Freund, wenn Mora-

---

76 »Aus Mangel an philosophischen Vorkenntnissen und fast noch eigentlicher, weil ich den philosophischen jargon nicht verstand, gerieth ich mit Kant in Streit und laufe jetzt Gefahr vor Vieler Augen einen Sandreiter abzugeben, indem er sich mit seiner Kunstsprache in die unüberwindlichste, stachlichste Form des gehetzten Igels zusammengerollt hat« (an Jacobi, 19. 11. 1788: AA XV 208).
77 AA VIII 139, 143, 146. – Forster hat an seiner Hochachtung für Linné immer festgehalten. Gleichwohl spricht aus dieser methodologischen Relativierung des »Systems« die Annäherung an Buffon (s. L. Uhlig: Anm. 67, S. 46–55; und U. Japp: Anm. 50, S. 28–31). J. R. Forster, der wesentlich dazu beitrug, Linnés System in England durchzusetzen, hatte Buffon mit scharfer Polemik bekämpft: The Critical Review 32 (1771), S. 209–15, und 33 (1772), S. 153–57. In der *Reise um die Welt* führt G. Forster diese Kritik noch fort (s. oben S. 528); auch die Relativierung der Klimatheorie (s. oben S. 532) richtet sich wohl vor allem gegen Buffon (vgl. 699).
78 So etwa von W. E. Mühlmann (Anm. 48), S. 57; und W. Krauss (Anm. 62), S. 109.
79 AA VIII 153. Dies unterscheidet ihn von seinem Vater, der alle Zweifel daran ausräumen will, daß »das ganze Menschengeschlecht [...] von *einem* ursprünglichen Stamme entsprossen« ist (Bemerkungen: Anm. 22, S. 232).
80 A.a.O., S. 146: die »Abstammung aller Varietäten von einem ursprünglichen gemeinschaftlichen Elternpaare« könnte nur durch »unbezweifelte historische Belege« dargetan werden. – Eben diesen Weg ist später die Paläontologie gegangen; ob die Frage nach der Monogenese damit beantwortbar geworden ist, steht zur Zeit gerade wieder zur Diskussion (s. Allan C. Wilson, Rebecca L. Cann, Alan G. Thorne und Milford H. Wolpoff in: Spektrum der Wissenschaft, Juni 1992, S. 72–87).
81 A.a.O., S. 154.

listen von einem falschen Begriffe ausgehen, so ist es wahrlich ihre eigne Schuld, wenn ihr Gebäude wankt, und wie ein Kartenhaus zerfällt.«[82] Der Versuch, die wissenschaftliche Vorurteilslosigkeit durch moralische Schranken zu begrenzen, beschädigt am Ende nur den moralischen Zweck.

Andere Gemeinsamkeiten verschiedener Völker sieht Forster nicht in einem gemeinsamen historischen Ursprung, sondern in der Natur des Menschen begründet. Anläßlich einer tahitischen Prinzessin, die eine unstillbare Lust am Stehlen an den Tag legt, resümiert er: »Aber so ist es: die menschlichen Leidenschaften sind allenthalben dieselben. Sclaven und Fürsten haben einerlei Instincte; folglich muß die Geschichte ihrer Wirkungen auch überall, in jedem Lande, eine und eben dieselbige bleiben.« (587) Solche Instinkte oder »ursprünglich angebohrnen Leidenschaften« (780) verschaffen dem moralischen Widerspruch gegen die wertende Unterscheidung menschlicher Gattungen eine empirische Schützenhilfe.

Die Annahme, daß ein bestimmter Kreis von Tugenden und Untugenden allen Menschen von Natur gemeinsam sei, ist natürlich nichts Neues.[83] Forster jedoch interessiert sich vor allem für *eine* angeborene Disposition. Er registriert, daß die Eingeborenen im nördlichen Tahiti trotz schlechter Erfahrungen mit Weißen den Besuchern voller »Zutrauen und Freymüthigkeit« entgegenkommen. Aus solchem »edelmüthigen« Vergessen schließt er, »daß Menschenliebe dem Menschen natürlich sey und daß die wilden Begriffe von Mißtrauen, Bosheit und Rachsucht, nur Folgen einer allmähligen Verderbniß der Sitten sind. Man findet auch in der That nur wenig Beyspiele vom Gegentheil.« (295) Die Beobachtung bestätigt die zentrale Behauptung jener englischen Philosophen, die man heute als die Vertreter der ›Moral Sense‹-Theorie zusammenfaßt.[84] Forster sieht sich mit dieser Verifikation in Übereinstimmung mit den Erfahrungen anderer Weltreisender: »Was Columbus, Cortez und Pizarro bey ihren Entdeckungen in America, und was Mendanna, Quiros, Schouten, Tasman und Wallis in der Süd-See hierüber erfahren haben, das stimmt mit unsrer Behauptung vollkommen überein.« (295 f.)

Natur und Zivilisation

Das Faktum der angeborenen Menschenliebe beschäftigt ihn mehrfach (608, 776); insbesondere vermerkt er – sozusagen als Komplement der aktiven Menschenfreundlichkeit – immer wieder, wie frei von Mißtrauen die Insulaner den

---

82 A.a.O., S. 155.
83 Vgl. z. B. David Hume zu Anfang von Buch 3, Teil 3, Abschnitt 1, seines *Treatise of Human Nature*: »We come now to the examination of such virtues und vices as are entirely natural, and have no dependance on the artifice and contrivance of men.« – L. Uhlig (Anm. 67), S. 260, verweist auf Montesquieus *Considérations sur les causes de la grandeur des Romains*: »les hommes ont eu dans tous les temps les mêmes passions«.
84 S. Gerhard Sauder: Empfindsamkeit, Bd. I, Stg 1974, S. 73–85.

Weißen entgegentreten (352, 376, 762). Wenn er auf Tanna dann doch Eingeborene antrifft, die sogar untereinander voller Mißtrauen leben, so findet er den Grund für diese Abweichung in der unentwickelten »Staatsverfassung« (809): die weitgehende Unabhängigkeit der einzelnen Dörfer und Familien führe zu ständigen Interessenkonflikten, »die dann dem Mißtrauen und der Rachsucht unaufhörliche Nahrung geben«.

Die Argumentation ist zu Teilen überraschend. Zwar sind Mißtrauen und Rachsucht damit von der sozialen Realität abgeleitet: nicht naturwüchsig, sondern im obigen Sinne das Ergebnis »einer allmähligen Verderbniß der Sitten«. Diese Analyse führt gedankliche Motive von Montaigne, Rousseau und der Moral Sense-Theorie fort. Gleichwohl wird nicht die gesellschaftliche Entwicklung als solche, sondern im Gegenteil deren unzureichend fortgeschrittenes Stadium für die »Verderbniß« verantwortlich gemacht: Hoffnung sieht er nur in der Entwicklung eines größeren Staatswesens, das die anarchische Rivalität der Familien und Dörfer durch eine friedliche Kooperation der ganzen Insel ersetzen könnte (809f.). Diese Überlegungen reagieren offensichtlich kritisch auf Rousseaus *Discours sur l'origine et les fondements de l'inégalité parmi les hommes*, auch wenn der Name des Franzosen nur einmal – im Zusammenhang mit den Orang-Utans (682) – fällt.

Gerhard Steiner hat Forster vorgeworfen, in seiner Polemik Rousseau mißzuverstehen.[85] Nun besteht Rousseau zwar ausdrücklich darauf, in seinem *Diskurs* nicht etwa »historische Wahrheiten« geben, sondern, nach dem Vorbild der Naturwissenschaftler, »hypothetische Schlußfolgerungen« vorlegen zu wollen, »mehr dazu geeignet, die Natur der Dinge zu erhellen, als deren tatsächlichen Ursprung zu zeigen«.[86] Wenn er aber etwa bei der Diskussion der Nachrichten über Orang-Utans und andere menschenähnliche Lebewesen die Frage stellt, ob diese Lebewesen »nicht in Wirklichkeit wahrhafte wilde Menschen waren, deren Rasse, in alten Zeiten in den Wäldern zerstreut, [...] sich noch im anfänglichen Naturzustand befand«[87], – dann wird man dem Empiriker Forster, der den Hypothesen der Philosophen ohnehin nur Mißtrauen entgegenbringt, kaum allzu streng anrechnen können, daß er sich zu einer ethnologischen Diskussion herausgefordert fühlt.

---

85 Dessen Preis des Naturzustandes »war mehr zur philosophischen Verständigung, weniger als ethnologisch-wissenschaftliche Feststellung gedacht« (in G. F.: Reise, S. 1010; ähnlich L. Uhlig: Anm. 67, S. 38).

86 Rousseau (Anm. 68), S. 70: »Il ne faut pas prendre les Recherches, dans lesquelles on peut entrer sur ce Sujet, pour des verités historiques, mais seulement pour des raisonnemens hypothétiques et conditionnels; plus propres à éclaircir la Nature des choses, qu'à en montrer la veritable origine, et semblables à ceux que font tous les jours nos Physiciens sur la formation du Monde.« (dt. zit. nach H. Meier) Zur Orientierung an naturwissenschaftlicher Hypothesenbildung s. Wolfgang Proß: »Natur«, Naturrecht und Geschichte. In: IASL 3 (1978), S. 38–67, hier 46f.

87 A.a.O., S. 326: »ne seroient point en effet de véritables hommes Sauvages, dont la race dispersée anciennement dans le bois n'avoit eu occasion de développer aucune de ses facultés virtuelles, n'avoit acquis aucun degré de perfection, et se trouvoit encore dans l'état primitif de Nature.«

De facto kommt Forster mit Rousseau in der Annahme überein, daß die Menschen von Natur aus gleich sind. Er unterscheidet sich von Rousseau durch die Überzeugung, daß der Mensch im Naturzustand nicht als glücklich vorgestellt werden könne. Wie der großen Mehrheit der Aufklärer[88] erscheint Forster die Gesellschaft als ein zwar korruptibles, im Wesen aber notwendiges und wünschenswertes Institut der menschlichen Existenz und der Fortschritt als die große Hoffnung der menschlichen Gattung. Die große Verwerfungsgeste Rousseaus bleibt ihm fremd.

Daß der Naturzustand trotz aller Gleichheit kein glücklicher Zustand ist, beweisen in Forsters Augen jene Menschen, die ihm von allen Völkern am nächsten stehen. Als man auf dem Rückweg nach England Feuerland passiert, stößt Forster dort auf Einwohner, die anscheinend fast jeder Zivilisation ermangeln. Nicht nur sind sie das erste Volk, das durch die auf der Reise entwickelte Gebärdensprache der Engländer nicht erreicht wird – was »der niedrigste und einfältigste Bewohner irgend einer Insel in der Südsee verstand, begriff hier der Klügste nicht« (922) –, sie zeigen auch weder Neugier, überhaupt Kontakt aufzunehmen, noch Verlangen nach irgendetwas von dem, worüber die Engländer so vielfältig verfügen. Doch solche Bedürfnislosigkeit, von zahlreichen Autoren als die Grundbedingung des Goldenen Zeitalters beschrieben, erweist sich hier als alles andere denn paradiesisch: obwohl ganz blau vor Kälte, sind sie doch zu dumm, sich auch nur mit wärmender Kleidung zu versorgen: »Dem Thiere näher und mithin unglückseliger kann aber wohl kein Mensch seyn« (923).

Vor »dem tiefen Elend«, »worinn dies unglückliche Geschlecht von Menschen dahinlebt« (920), werde jeder Lobpreis »des ursprünglich wilden Lebens« zu »ärgste[r] Sophisterey« (923). Nur die schiere, lähmende Not kann den Menschen derart von Initiative und Erfindungsgeist abschneiden und also im Naturzustand halten. Das Denkmuster, das in Forsters Reisebericht immer wieder anklingt, wird hier besonders deutlich: ohne Zweifel hat die Natur den Menschen zur »Menschenliebe« bestimmt und befähigt; zu seinem Glück – und auf dem Weg dahin auch zu einem Zustand, der ihn erst fähig macht, solche Menschenliebe zu realisieren – muß ihm jedoch die zivilisatorische Ent-

---

88 Die Quellenlage läßt kaum erkennen, welche philosophischen Autoren Georg Forster vor seiner Reise studiert hat. Wahrscheinlich ist der Einfluß von Isaak Iselins Entwurf *Über die Geschichte der Menschheit* (1768). J.R. Forster hat das Buch enthusiastisch rezensiert (Crit. Review 33, 1772, S. 340): »In this history of our species we find one of the most interesting performances of the present century, the progress of mankind from the state of brutes to that of savages; and lastly, to that of civilization. In every stroke of his tableau, you discover the hand of a master and the philosopher, the man of feeling and of humanity, the citizen of the world and of a free country.« Auf Iselin verweist auch J.R. Forsters detaillierte Analogie zwischen dem »individuellen Wachsthum« und dem »Fortschritt der Völker zur Kultur« (*Bemerkungen*: Anm. 25, S. 269f. u. 501; vgl. a. S. V). Zu Iselins Lebensalterschema und dessen Tradition s. Michael Maurer: Die Geschichtsphilosophie des jungen Herder in ihrem Verhältnis zur Aufklärung. In: Sauder (Anm. 49), S. 146f.; zu Iselins Wirkung auf J.R. Forsters Schriften s. M.E. Hoare (Anm. 27), S. 144.

wicklung der Gesellschaft verhelfen. Nichts anderes kann den Feuerländern aus ihrem Elend und den Tannesern aus Mißtrauen und Rachsucht helfen. –

Neben seinen anthropologischen Forschungen hat Forster es als den Hauptzweck seines Reiseberichtes bezeichnet, »den Geist auf den Standpunkt zu erheben, aus welchem er einer ausgebreitetern Aussicht genießt, und die Wege der Vorsehung zu bewundern im Stande ist« (17). In der Fülle der über die Welt verbreiteten Wesen und Verhältnisse soll der Leser die Ordnung der Schöpfung erkennen lernen. Vorsehung und Natur werden in solcher Perspektive fast zu austauschbaren Begriffen. Wenn Forster Federkleid, Fettpolster und Körperbau der Pinguine oder die extrem langen Flügel der Sturmvögel beschreibt, spricht er der Natur »weise Absichten« zu (119f.). Über die Albatrosse berichtet er, sie seien nie innerhalb der Wendekreise anzutreffen: »So sorgfältig hat die Natur jedem Thiere seinen Wohnplatz angewiesen!« (421) Vergleichbare Bewunderung erfüllt ihn angesichts kleiner Koralleninseln, die allein durch ihre vielfältig nutzbaren Kokospalmen den Menschen fast alles Lebensnotwendige bereitstellen: »Solchergestalt hat die Vorsehung, nach ihrer Weisheit, sogar diese unbedeutende schmale Felsen-Riefe, für ein ganzes Geschlecht von Menschen, hinreichend mit Lebensmitteln versehen!« (544)

Der deistischen Kosmos-Vorstellung fallen Weltordnung und Vernunft zu einer Harmonie zusammen, welche jedem Teil mit seinem Ort im Ganzen auch seinen Sinn anweist. Vor solcher Stimmigkeit, mit der noch das Fremdeste sich in den großen Zusammenhang fügt, wäre eurozentrischer Hochmut Gotteslästerung. Entsprechend mündet der Vergleich zwischen tahitischer und europäischer Lebensweise in die Anerkennung der Differenz: »da die Natur, in den verschiednen Gegenden der Welt, ihre Güter bald freygebig, bald sparsam ausgetheilt hat; so ist jene Verschiedenheit in den Begriffen vom Glück ein überzeugender Beweis von der erhabenen Weisheit und Vaterliebe des Schöpfers, der in dem Entwurf des Ganzen, zugleich auf das Glück aller einzelnen Geschöpfe, sowohl in den heißen als kalten Himmelsstrichen, Rücksicht nahm.« (599f.)[89] Diese Einsicht ist die Schlußfolgerung aus den vergleichenden Studien der Reise: Georg Forster dringt damit, noch vor seiner Bekanntschaft mit Herders Schriften, zu einer individualisierenden Betrachtung der fremden Zivilisationsformen vor.[90]

Damit eröffnet sich die Möglichkeit, auch die grundsätzliche Alterität anderer Kulturen wahrzunehmen, ohne darüber die programmatisch geforderte Brüderlichkeit aller Menschen zu beschädigen. Eine Ahnung davon scheint auf, wenn Forster einmal den »allzu große[n] Abstand« beklagt, »der sich zwischen unsern weit ausgedehnten Kenntnissen und den gar zu eingeschränkten

---

89 1791 beginnt der Aufsatz ›Über locale und allgemeine Bildung‹: »Was der Mensch werden konte, das ist er überall nach Maasgabe der Lokalverhältnisse geworden. [...] So ist er nirgends Alles, aber überall etwas Verschiedenes geworden« (AA VII 45). Diese Individualität könne, so notwendig und wünschenswert auch das aufgeklärte Fortschreiten zur universalen Allgemeinheit der Vernunft für die Menschheit sei, nur um den Preis der Humanität ausgelöscht werden.
90 Vgl. W. Lepenies (Anm. 63), S. 66–71; u. L. Uhlig (Anm. 6), S. 341.

Begriffen dieses Volkes befindet«: »wir wissen gleichsam nicht, wo wir die Glieder zu der Kette hernehmen sollen, die ihre Einsichten mit den unsrigen vereinigen könnte« (217). Der Kontrast zwischen »weit ausgedehnten Kenntnissen« und »gar zu eingeschränkten Begriffen« hält freilich bewußt, daß solche Vorstellung von der Andersheit fremder Völker in eine dynamische Geschichtsauffassung eingebettet ist, die jeden statischen Zustand nur als eine Momentaufnahme innerhalb unausweichlicher Veränderung ansieht. Tatsächlich hat Forster vor den Zivilisationsformen der Südsee – weit entfernt, sie als »geschichtslos« aufzufassen, – wiederholt auf ihre historische Herkunft und zukünftige Entwicklung reflektiert. So findet er etwa in der Drei-Klassen-Gesellschaft Tahitis noch Spuren eines »ehemaligen patriarchalischen Verhältnisses«, glaubt aber auch bereits den Keim einer künftigen Revolution wahrnehmen zu können (330–32).

Fallen Vernunft und Weltordnung zusammen, so ist auch ein Phänomen wie die »Rachsucht« nach seinem Sinn zu befragen. Hat er diese einmal (809), wie oben zitiert, als das Ergebnis »einer allmähligen Verderbniß der Sitten« abgeleitet, so stellt er sie an andrer Stelle (772) als naturwüchsig vor: Rachsucht »ist uns aber eben so gut von Natur eigen« wie Menschenliebe; in diesen antagonistischen Emotionen konzentrieren sich die positiven und negativen natürlichen Leidenschaften des Menschen. Da es sie gibt, müssen auch beide ihren Zweck haben: sie sind »im Grunde zwey der vornehmsten Triebräder, durch deren gegenseitige Einwirkung die ganze Maschine der menschlichen Gesellschaft in beständigem Gange erhalten, und für Zerrüttung bewahrt wird.« Ein Mensch ohne Menschenliebe zwar wäre »ein wahres Ungeheuer«; »wer aber im Gegentheil auch durch nichts aufzubringen wäre,« schadete seiner Gemeinschaft – da die Wilden »doch selten in größeren Gesellschaften bey einander« leben, ist die unmittelbare Rachsucht jedes Einzelnen nötig, um die Familie oder das Volk gegen »Anfälle und Beeinträchtigungen« von außen zu schützen. Forster nimmt hier Kants These vom zweckmäßigen Antagonismus zwischen Geselligkeit und Ungeselligkeit vorweg, die dieser gleichermaßen aus der Annahme einer durchgängigen Zweckmäßigkeit der Natur ableiten wird.[91]

Daß die Rachsucht dem Menschen »von Natur eigen« und zweckmäßig ist, macht sie gleichwohl nicht unabänderlich. Aus den Beobachtungen seiner Reise schließt Forster im Gegenteil, daß dieses Gefühl durch die zivilisatorische Entwicklung abgebaut werden kann: ein Volk, »das nie boshafte Feinde, oder anhaltende Streitigkeiten gehabt, oder sie lange vergessen hat, das durch den Ackerbau schon zu einem gewissen Wohlstand, Überfluß und Sittlichkeit, mithin auch zu Begriffen von Geselligkeit und Menschenliebe gelangt ist, solch

---

91 ›Idee zu einer allgemeinen Geschichte in weltbürgerlicher Absicht‹ (Berlinische Monatsschrift, Nov. 1784), bes. Satz 4. Auf die Analogie zu Kant hat schon L. Uhlig (Anm. 67, S. 73) hingewiesen. – Die Versuche, die Übel der Welt durch ihren Beitrag zur Beförderung des Guten zu entschärfen, häufen sich etwa seit 1750: s. Odo Marquard, Abschied vom Prinzipiellen, Stg 1981, S. 42–46.

ein Volk weiß nichts von Jähzorn, sondern muß schon überaus sehr gereizt werden, wenn es auf Rache denken soll« (773). Die Fortschritte der Zivilisation können also der Menschenliebe zur Dominanz über die Rachsucht verhelfen.

Mit der zivilisatorischen Entwicklung wächst die Bevölkerung: Wohlstand und Überfluß können mehr Menschen ernähren. Ein solches Wachstum wiederum ist der stärkste Motor für die Ausbildung größerer gesellschaftlicher Vereinigungen und damit festerer Regierungsformen.[92] Daraus folgt »öffentlicher Ruhestand, gegenseitiges Zutrauen und allgemeine Sicherheit« (809f.). Auf diesem Hintergrund erscheint die europäische Zivilisation durch ihren materiellen Wohlstand wie durch das Ausmaß gesellschaftlicher Kooperation als die fortgeschrittenste Gesellschaft. Als drittes Kriterium wäre das Selbstbewußtsein des Aufklärers hinzuzufügen, in der Aufklärung die Menschen erst zur Mündigkeit, und damit erst eigentlich zu sich selbst, vordringen zu sehen.

Unseligerweise fördert die Zivilisation mit Wohlstand und Frieden auch Ungleichheit und Ungerechtigkeit. Auf den Societätsinseln hat Forster den Beweis zur Kenntnis nehmen müssen.[93] Als die fortgeschrittenste Region bietet Europa – und hier vor allem die sittenlose Großstadt – auch dafür das radikalste Beispiel. Als Maheine, das Musterbild des edlen Wilden, seinen Plan aufgibt, nach England mitzukommen, ist dies, nach Forsters Meinung, »für das Herz und die Sitten unsres unverdorbenen Freundes gewiß am zuträglichsten«: »Die Pracht von London hat er nun freylich nicht kennen lernen, aber dafür sind ihm auch alle die Gräuel der Sittenlosigkeit unbekannt geblieben, welche die größeren Hauptstädte Europens fast durchgehends mit einander gemein haben.« (626)[94] Zu einem frühen Zeitpunkt der Reise stellt Forster sogar grundsätzlich die Berechtigung der europäischen Forschungsreisen in Frage: »Es ist würklich im Ernste zu wünschen, daß der Umgang der Europäer mit den Einwohnern der Süd-See-Inseln in Zeiten abgebrochen werden möge, ehe die verderbten Sitten der civilisirten Völker diese unschuldigen Leute anstecken können, die hier in ihrer Unwissenheit und Einfalt so glücklich leben.« (281)

Wenn aber so der europäische Hochmut auf die Schattenseiten seines Fortschritts verwiesen wird, bietet die Realität des »wilden« Lebens bei näherer Betrachtung doch ebenfalls ein weniger »glückliches« Bild. Forster hatte, beflügelt durch Bougainvilles Schilderungen[95], im Südmeer eine glückliche Insel

---

92 Eine Argumentation, die er und sein Vater (Bemerkungen: Anm. 25, S. 201f.) wohl von Buffon (s. K.H. Kohl: Anm. 56, S. 146f.) übernommen haben.
93 S. oben S. 14.
94 Noch schärfer S. 281: »es ist eine traurige Wahrheit, daß Menschenliebe und die politischen Systeme in Europa nicht mit einander harmoniren!«
95 S. Anm. 15, S. 178–224; wirkungsgeschichtlich bedeutend war auch der Brief, den Commerson, der Naturforscher aus Bougainvilles Team, 1769 im *Mercure de France* vorweg publizierte (Dokumente: Anm. 5, II 586–93). – Tahiti-Berichte vor Forster: s. Winfried Volk: Die Entdeckung Tahitis und das Wunschbild der seligen Insel in der deutschen Literatur, Diss. Heidelberg 1934, S. 6–11; Klaus H. Börner: Auf der Suche nach dem irdischen Paradies, Ffm 1984, S. 129–43; und K.H. Kohl (Anm. 56), S. 202f. u. 208–26.

erwartet. »Wir hatten uns«, so schreibt er zu Tahiti (275 f.), »mit der angenehmen Hoffnung geschmeichelt, daß wir doch endlich einen kleinen Winkel der Erde ausfündig gemacht, wo eine ganze Nation einen Grad von Civilisation zu erreichen und dabey doch eine gewisse frugale Gleichheit unter sich zu erhalten gewußt habe, dergestalt, daß alle Stände mehr oder minder, gleiche Kost, gleiche Vergnügungen, gleiche Arbeit und Ruhe mit einander gemein hätten.« Nicht auf Menschen im Naturzustand, sondern auf die Verbindung von Zivilisation und Gleichheit richtete sich also von Anfang an seine Sehnsucht: auf eine Gesellschaft, die gerechter als die europäische, aber doch eben Gesellschaft ist.[96] Doch auch diese Hoffnung stellt sich als Illusion heraus.

Forster muß auf Tahiti eine in Luxus und Untätigkeit schmarotzende Oberschicht entdecken, die die Mehrheit der Bevölkerung in dienender Abhängigkeit hält. Tatsächlich findet er ein höheres Maß an Gleichheit allenfalls auf jenen niedrigeren Stufen der Zivilisation, die sich, wie auf Tanna, in anderer Hinsicht als unerfreulich darstellen: durch Kannibalismus etwa (759), durch Verachtung der Frauen (753)[97] und kriegerische Rachsucht (776) oder durch unerträgliche Armut (924). Weder solch primitive Gleichheit noch das Glück des einfachen Lebens in der Südsee – so Forsters Resümee beim Abschied von Tahiti – kann eine ernsthafte Alternative zur europäischen Aufklärung bieten: der Europäer muß einsehen, »daß ein Mensch von seiner Art, der zu einem thätigen Leben gebohren, mit tausend Gegenständen bekant, wovon die Tahitier nichts wissen, und gewohnt ist, an das Vergangene und Zukünftige zu denken, daß der, einer so ununterbrochenen Ruhe und eines beständigen Einerley, bald überdrüßig werden müsse, und daß eine solche Lage nur einem Volk erträglich seyn könne, dessen Begriffe so einfach und eingeschränkt sind, als wir sie bey den Tahitiern fanden« (599).[98]

---

96 Bereits in dem noch vor der Reise verfaßten ›Sendschreiben eines Freundes in London an den Übersetzer der *Nachricht von den neuesten Entdeckungen der Engländer in der Süd-See*‹ führt er verschiedene Bräuche der Tahitianer als »Beweise ihrer hohen Civilisation« an (AA V 13–26, hier 19). Insofern trifft es nicht Forster, wenn Uwe Japp wiederholt (Anm. 50: S. 16 f., 33 f., 48) konstatiert, das aufgeklärte Europa habe in der Südsee eine »absolut *ursprüngliche Natur* zu finden« gehofft. Thomas Koebner (Das verbotene Paradies. In: arcadia 18, 1983, S. 21–38) ignoriert diese Distanz zum radikalen Naturzustand völlig, um Forsters Reisebericht dem stereotypen Ablauf ›Wunschtraum vom Ausbruch aus der »verstümmelnden Zwangsanstalt der Kultur« ›Widerruf nach Einspruch des repressiven Gewissens‹ einfügen zu können, dem nach seiner These alle europäische Südseeliteratur vom 18. bis zum 20. Jahrhundert gehorcht.
97 Den gesellschaftlichen Rang der Frauen betrachtet Forster grundsätzlich als einen Indikator für den Entwicklungsstand einer Zivilisation: s. S. 779, 795 f., 812, 852; ähnlich J. R. Forster: Bemerkungen (Anm. 25), S. 212 f., der sich dafür auf Tacitus und Strabo beruft.
98 Vgl. a. G. Forsters Anmerkung zu J. R. Forsters *Bemerkungen* (Anm. 25), S. 268 (= AA V 126). – Eine differenzierte Darstellung des komplexen, aber doch nicht eigentlich widersprüchlichen Verhältnisses, das die Kritik am unaufgeklärten Europa und das Bekenntnis zur europäischen Aufklärung in Forsters *Reise um die Welt* eingehen, hat Uwe Japp gegeben: (Anm. 50), bes. S. 40–52.

Mit der Einfachheit und Eingeschränktheit wird es freilich auch auf Tahiti bald vorbei sein.[99] Der Kontakt mit den Europäern ist irreversibel, und Forster hält dies am Ende auch für richtig: »Durch die Betrachtung dieser verschiedenen Völker,« so seine abschließende Bewertung (998), »müssen jedem Unpartheyischen die Vortheile und Wohlthaten, welche Sittlichkeit und Religion über unsern Welttheil verbreitet haben, immer deutlicher und einleuchtender werden.« Daraus leitet sich die Verpflichtung ab, das, was man selbst »ohne sein Verdienst« (998) empfangen hat, auch den anderen, von der Natur noch zurückgesetzten Völkern »mitzuteilen« (800). Nur die Beförderung der europäischen Aufklärung bietet die Hoffnung, Wissenschaft und Wohlstand einmal mit Freiheit und Gleichheit vereinigen zu können. Von dieser Einsicht wird Forsters Weg dann konsequent zur Teilnahme an der Französischen Revolution führen: die gerechte Gesellschaft ist nicht in exotischer Ferne zu suchen, sondern zu Hause aktiv zu betreiben.

---

99 Den Einfluß der Cook-Reisen auf die Südsee-Zivilisationen hat Marshall Sahlins (Der Tod des Kapitän Cook, Bln 1986) aus der Sicht des modernen Ethnologen analysiert.

Diskussionsbericht

ALEXANDER KOŠENINA (Berlin)

Die Beschäftigung mit den am dritten Tag vorgestellten »Exempla anthropologica« hatte zum Ziel, den Ertrag für die Forschung weniger in der Summe der einzelnen vorgetragenen Beispiele, als vielmehr in ihren thematischen Gemeinsamkeiten aufzuspüren. Diese wurden – begünstigt durch die zeitliche Konzentration auf das letzte Drittel des 18. Jahrhunderts – in einem neuen Konzept sinnlicher Wahrnehmung und den daraus resultierenden ästhetischen Konsequenzen auf der einen und der Fiktionalisierung anthropologischer Modelle auf der anderen Seite vermutet. Immer wieder wurde dabei deutlich, daß die idealtypische Vorstellung des ganzen Menschen erst annäherungsweise zu begründen ist, wenn sie empirisch, metaphysisch und ästhetisch hartnäckig in Frage gestellt wird, wenn der Mensch also gründlich in seine einzelnen Teile und Vermögen getrennt und zergliedert wird, um ihn aus den zahllosen Befunden des Defizitären anschließend wieder zum Ideal einer funktionsfähigen und harmonischen Einheit des ganzen Menschen zu ergänzen.

Wie nachhaltig die Irritation durch die experimentelle Absonderung und Kompensation einzelner sinnlicher Wahrnehmungsvermögen – etwa bei Diderot – wirkte, zeigten die *Vorlagen von Inka Mülder-Bach und Peter Utz*. Bei beiden bildet aber die sinnesphysiologische Problemlage lediglich den anthropologischen Begründungszusammenhang für eine ästhetische Fragestellung. Auf den Wunsch nach einer weiteren Klärung von Herders Begriff der Empfindung und seiner eigentümlichen Auszeichnung des Gefühls, der Haptik gegenüber dem Auge, konnte Mülder-Bach die Hauptargumente nochmals kurz bezeichnen: während die Malerei als Kunst für das flüchtige Auge einen Körper nur in der Fläche spiegeln und damit nur vortäuschen könne, ja selbst bei polyperspektivischer Darstellung nur zu dem Traum und Zauber eines ›täfelichten Vielecks‹ komme, sei die Plastik für die – langsam und gründlich – fühlende Hand keine zeichenhafte Abbildung, sondern der authentische, dreidimensionale Körper selbst, sie sei Wahrheit und Inbe-*griff* des Schönen schlechthin. Dabei bleibt es Herders Pointe, daß die so zu erfühlende Lebendigkeit nur in der Imagination, nur in dem vorgestellten Betasten besteht und durch das verpönte Befingern sogar empfindlich gestört würde. Freilich wurde in der Diskussion – wie schon in der Vorlage – darauf hingewiesen, daß dieses sinnesphysiologisch sich dem Sensualismus verdankende Konzept in seiner erkenntnistheoretischen oder ästhetischen Übertragung als eine bloß imaginierte Haptik letztlich wiederum dem Auge geschuldet ist, das seinerseits in der Entwicklung eines jeden Menschen durch das Gefühl geschult werde. Gefragt wurde dabei auch nach dem Verhältnis Herders zu der begriffsgeschichtlichen Tradition, unter Gefühl sowohl das feinere Getast als auch die gröbere Wahrnehmung der gesamten Körperoberfläche zu verstehen, die etwa beim Umarmen einer Plastik zum Zuge käme. Gegen die allzu umstandslose Anerkennung des Arguments von der ästhetischen Überlegenheit des Tastsinns wurde aber daran erinnert, daß Herder das Gefühl zunächst physiologisch begründe und so auf eine wichtige Differenz zum Gesicht, gleichsam auf einen Widerspruch zwischen Anthropologie und Ästhetik, hinweise: angesichts eines häßlichen, ekelhaften Körpers kann sich das Auge nämlich als Fernsinn abwenden und wird physiologisch nur flüchtig affiziert, bei der haptischen Wahrnehmnung wird die unangenehme Berührung eines solchen Gegenstandes hingegen unausweichlich und unvergeßlich in die Fibern eingeschrieben. Wie Herders neue Logik sich am konkreten Kunstwerk auswirke, wurde nochmals mit Blick auf die Pygmaliongeschichte diskutiert. In ihr sei nämlich nicht nur das Motiv der Verlebendigung enthalten, sondern es gehe zugleich um das Gegenbild der Mortifikation, das für die Beliebtheit des Mythos um 1800 verantwortlich sei. Mülder-Bach versuchte diesen Hinweis zur Abgrenzung Herders von Winckelmann zu nutzen, insofern es Herder nicht um die Verlebendigung der Statue, sondern des Betrachters gehe, der in der Berührung der steinernen Plastik seinen eigenen Tod als Grenzerfahrung wahrnehmen könne. Einen Sonderfall bilde wenigstens für Winckelmann der Torso, der aber – so erläuterte Mülder-Bach auf eine Frage hin – für Herder als schöner Gegenstand der Kunst nicht vorkomme, da in ihm der lebendige Tod schleiche.

Herders Abwertung des Gesichts- gegenüber dem Tastsinn findet sein konsequentes Gegenstück in dem Diskurs der Aufklärung über die Blindheit. Ihre Dialektik entfaltet sich fast nirgends deutlicher als in der Urszene von der Blindenheilung, jenem operativen Eingriff der schlagartig zum Licht führt. Die zeitgenössische Faszination durch dieses vielschichtige, von Utz vorgestellte Problem und seine ästhetische Reflexion fand deutlichen Widerhall in einer sehr regen Diskussion. Mehrere Beiträge griffen den Gedanken von den Schattenseiten der Blindenheilung auf, wie sie in den vorgestellten Texten von Diderot und Hölderlin angelegt sind. Die Rückkehr zum Licht werde vielfach als Gewaltakt und als Quelle der Angst begriffen und sei in der romantischen Literatur sehr beliebt. Der aufklärerischen Lichteuphorie und den rasanten Fortschritten in der Ophtalmologie steht damit ein beträchtliches Angstpotential gegenüber, sei es der Blinden vor dem Licht oder der Sehenden vor der Finsternis. Hinweise auf die ironische Verwendung des Motivs vom Starstechen bei Jean Paul – bei dem umgekehrt übermäßige Phantasie erblinden läßt – oder die Ambivalenz zwischen dem Wunschtraum vom Sehen und der realen Unerträglichkeit des Lichts nach der Operation in der elften *Nachtwache des Bonaventura* wurden erörtert und auf ihre motivgeschichtliche Herkunft aus Platons Höhlengleichnis befragt. Allerdings, so betonte Utz, werde die Bedeutung des Auges im Unterschied zur platonischen und christlichen Tradition in einer neuen säkularen Hierarchie der Sinne nach der Leistungsfähigkeit für die Erkenntnis und Lebensbewältigung begründet. Dagegen wurde auch auf das Mißtrauen gegenüber der Täuschbarkeit des Auges aufmerksam gemacht, die in der Kritik am höfischen Augen-Schein und Augenspiel – auch literarisch – zur Anwendung komme. Kritische oder affirmative Ansichten über das Auge müßten aber – einigen Diskussionsbeiträgen zufolge – durch eine Beurteilung der Blindheit im Vergleich zu anderen Defiziten im System der Sinne ergänzt werden. Der Blinde sei nämlich im Unterschied zum Taubstummen ein gleichberechtigter und -befähigter Gesprächspartner in der mündlich orientierten Aufklärergesellschaft. Zwar wurde die Gebärdensprache für Gehörlose um die Mitte des 18. Jahrhunderts in Frankreich rund hundert Jahre vor der Blindenschrift entwickelt, setzte sich aber nur langsam durch und war zudem in Deutschland der Kritik der Oralisten ausgesetzt, die nur den sprechenden als den ganzen Menschen gelten ließen. Gegen die von Utz exemplarisch beschriebene Vereinzelung des Gesichtssinns wurde in der Diskussion auch an Konzepte der Vereinigung erinnert, etwa den Mythos einer Ursprache, die im sukzessiven Prozeß der schriftlichen Darstellung jene von Diderot radikal entwickelte Disparatheit der Sinne wieder aufzuheben vermag. Mit Blick auf Hölderlin und seine Vorliebe für Ton und Gesang wurde deshalb davor gewarnt, das Modell des blinden Sängers zu verallgemeinern, mithin seine Dichtung allein auf visuelle oder antivisuelle Probleme zurückzuführen.

Zur Vorlage Häfner. Während Mülder-Bach und Utz Herder als theoretischen Vermittler von sinnesphysiologischen Befunden mit ästhetischen Überlegungen vorstellten, ging es Ralph Häfner um Herders Vermittlung seiner physiologisch fundierten Psychologie mit seiner allgemeinen Kulturgeschichte und Theorie des menschlichen Verstandes und moralischen Handelns. Der anhand von exakten Filiationen und zahlreichen Denkverwandtschaften geführte Nachweis, daß es gerade die von der Forschung vielfach unterschätzten Schriften Charles Bonnets waren, die Herder in der Bückeburger und frühen Weimarer Zeit als Vorbild für die erstrebte psychophysiologisch-kulturtheoretische Liaison galten, wurde in der Diskussion überhaupt nicht in Frage gestellt. Stärkeres Interesse richtete sich hingegen auf die prinzipielle Bedeutung bestimmter Traditionen für Herder und die mit ihrer Aufdeckung verbundenen methodischen Probleme. Der Einwand, daß man gerade im Bereich der Sinnesphysiologie durch genaue Quellenstudien und die damit oftmals unterstellten Kontinuitäten Gefahr laufe, die eigentliche Originalität und Modernität Herders – etwa für die Ästhetik – aus dem Blick zu verlieren, gab Häfner Gelegenheit, sein Modell von der ›produktiven Rezeption‹ nochmals zu verdeutlichen. Denn schließlich gehe es ja nicht darum, Herders Ideen auf ein Lehrgebäude zu reduzieren, sondern um die Rekonstruktion seiner eigenständigen Denkentwicklung, die aus den unterschiedlichsten Quellen gespeist werde oder andere bewußt versiegen lasse. Gestützt wurde dieses Konzept in der Diskussion durch Hinweise auf markante Differenzen zwischen Bonnet und Herder, etwa in der Haltung zur Präformationslehre oder Bonnets Verbindung eines radikalen Sensualismus mit der These einer immateriellen Seele.

Zur Vorlage Riedel. Nachdem in vielen der vorangegangenen Diskussionen

Herder als der geheime Kopf der Anthropologiedebatte im letzten Drittel des 18. Jahrhunderts ausgemacht wurde, konnte Wolfgang Riedel von vornherein mit Zustimmung für seinen Nachweis rechnen, daß jene ›Achsendrehung‹ – von der Ableitung des Empfindens aus dem Erkennen zur völlig neuen Herleitung des Erkennens aus dem Empfinden – schon 1763 von Sulzer vorgenommen wurde. Aus der zunehmenden Physiologisierung der Psychologie, aus der Verlagerung des Interesses von der Seele auf den Körper, folgen bei Sulzer aber die düsteren, allen Aufklärungsidealen widerstreitenden Konsequenzen, daß der Mensch am Gängelband der Empfindung unfrei, unvernünftig und unbewußt sei. Auf die Frage, wie man von dieser Ausgangslage zur Kunst komme, erläuterte Riedel, daß die Ablösung der ›Psychologia rationalis‹ durch die ›Psychologia empirica‹ sich am ehesten in der Ästhetik verwirkliche. Der Grund dafür sei, daß das Schöne *empfunden* und nicht *erkannt* wird und die Kunst als Medium und Schule der Empfindungen aufgefaßt wird, besonders sinnfällig etwa in der Musik, der »Sprache der Leidenschaften«. Weder gegen Riedels Entdeckung Sulzers als einer Zentralfigur der anthropologischen, mit den Mitteln psychologischer Motivation operierenden Ästhetik, noch gegen seine These »Ut musica poesis« wurden prinzipielle Zweifel erhoben. Es wurde aber darauf hingewiesen, daß dem Argument von der Musik als einer ursprünglich-empfindsamen Natursprache der Leidenschaften die in der Vorlage ebenfalls erwähnte Gebärdensprache gleichrangig zur Seite zu stellen wäre, die Sulzer immer wieder ausführlich als den schnellsten und kräftigsten Ausdruck der Seele beschreibt. Aus ästhetischer Perspektive interessierte man sich dafür, ob die von Sulzer gelegentlich beschriebenen Zwangshandlungen und Fehlleistungen von ihm bereits unter dem Gesichtspunkt künstlerischer Verarbeitung reflektiert wurden, etwa im Sinne der von Jean Paul vorgenommenen Literarisierung im Zeichen des Komischen. Dies sei nach Riedels Kenntnis nicht der Fall, und auch die von anderer Seite hervorgehobenen Versuche Sulzers, dunkle Empfindungskräfte durch Sprache und Selbstreflexion zu beherrschen, schienen ihm zwar vorhanden zu sein, aber eine ungleich geringere Bedeutung zu besitzen als das ästhetischen Erziehungsprogramm von der ›Manipulation‹ der Empfindungen. Ein über die Vorlage hinausweisendes Bedenken betraf die inzwischen zum locus communis der Forschung avancierte Wendung von der ›Rehabilitierung der Sinnlichkeit‹. Sei diese Formulierung nicht problematisch, wenn man bedenkt, daß die Sinnlichkeit nur in dem Maße zugelassen und damit aufgewertet sei, in dem sie kultiviert und damit einer vernünftigen Ordnung unterworfen wird? Schließlich entdecke man die Sinnlichkeit, den Körper und auch das Unbewußte aus der Vernunftperspektive und der kolonialisierenden Tatkraft der Aufklärung, jenes »innere Afrika« (Jean Paul) werde ja systematisch erschlossen und kartographiert. Diesem Einwand hielt Riedel entgegen, daß, wenn beispielsweise die *moral sense*-Theorie die Empfindungen zur moralischen Instanz erhebt und die Baumgartensche Ästhetik die dunklen Wahrnehmungen gleichberechtigt neben die oberen Erkenntnisvermögen stellt, durchaus von einer radikalen Aufwertung zu sprechen sei, die gegen die vorherige Geringschätzung erfolgte. Daß sie ihrerseits mit theoretischen Mitteln vorgenommen wird und nicht unabhängig von der

Erkenntnis zu beschreiben ist – wie noch der scheinbar paradoxe Begriff der ›cognitio sensitiva‹ zeigt –, berechtige aber noch nicht zu dem Verdacht, daß die Sinnlichkeit ihrerseits immer schon vernunftkonform gewesen sei oder als durch den Prozeß der Zivilisation depotenziert erscheinen müsse.

Die ästhetische und daran anschließend sogar die politische Bedeutung des Gegensatzes von Sinnlichkeit und Vernunft entfaltete *Carsten Zelle in seiner Vorlage* über Schillers ›Notstandsgesetzgebung‹ des Erhabenen im ästhetischen Staat. In der Diskussion wurde zunächst die Frage Zelles aufgegriffen, ob sich die in der Froschung umstrittene Datierung von Schillers Schrift *Ueber das Erhabene* durch den Begriff der ›Inokulation‹ genauer eingrenzen lasse, allerdings mit einem durch medizinhistorische Fakten gestüzten negativen Resultat. Über die Bedeutung dieser Frage für Zelle wurde die Vermutung geäußert, daß ihm an einer späteren Datierung gelegen sei, weil dann die Theorie des Erhabenen zum Höhe- und Zielpunkt von Schillers Ästhetik werde, von dem aus die ästhetische Utopie einer Versöhnung von Vernunft und Sinnlichkeit als überwundenes Denkmodell erscheint. Zelle betonte demgegenüber seine Absicht, nicht das Erhabene gegen das Schöne auszuspielen, sondern auf die konzeptionelle Unvereinbarkeit und Zerrissenheit dieser beiden Positionen aufmerksam zu machen, die zu einer Entscheidung herausforderten. Allerdings wurde gegen diese dualistische These eingewandt, daß eine solche Entscheidung auch vom späten Schiller nicht gefällt werden könne. Die an der Dichotomie von Schönem und Erhabenem erwiesene – und auch an anderen begrifflichen Gegensatzpaaren Schillers illustrierbare – Spaltung sei Ausdruck einer anthropologischen Konstante, einer ubiquitären Zerrissenheit. Außerdem bilde – so wurde hinzugefügt – das aus Lust und Unlust gemischte Gefühl des Erhabenen die Spaltung und deren Synthese ja selbst schon in sich ab. Noch entschiedeneren Ausdruck fand der Zweifel an der Abtrennbarkeit der beiden Kategorien durch den von einem Teilnehmer formulierten Eindruck, daß durch eine im Anschluß an Lyotard vorgenommene Favorisierung des Erhabenen das Schöne bei Schiller wie auch bei Kant auf dem Altar des Sublimen geopfert werde. Zu dieser für beide Autoren irrigen Einschätzung gelange man durch die verzerrende Optik Lyotards und seiner Kantlektüre, bei der die Begriffe Kants mit aktuellen Inhalten aufgeladen und so insgeheim umdefiniert würden. In jedem Fall könne indessen die Theorie des Schönen neben der des Erhabenen bestehen, ohne zu einem wechselseitigen Ausschluß zu führen. Dagegen verteidigte Zelle seine Pointe einer politischen Lösung des vermeintlichen Konflikts und warf der Kantforschung vor, die Analytik des Erhabenen gegenüber der des Schönen – zum Leidwesen der Germanisten – allzusehr vernachlässigt zu haben. Schließlich wurde darauf hingewiesen, daß zu Schillers Zeit das Erhabene schon gar nicht mehr das ganz Andere des Schönen darstellte, weil die das Gefühl auslösenden Naturphänomene – wie Gebirge, Wasserfälle, Ozeane oder Blitze – durch technische, zivilisatorische oder intellektuelle Mittel als zunehmend domestiziert, entdämonisiert und weniger furchterregend galten. In der ästhetischen Angstlust habe deshalb historisch immer stärker der Genuß überwogen, die Gegensätze wurden dadurch relativiert. Die vielleicht heftigste Auseinandersetzung dieses Tages könnte möglicherweise durch die von mehreren Seiten eingebrachten Vorschläge entschärft werden, die Lösung des Problems nicht allein in Schillers Theorie, sondern zugleich in seinem dramatischen Schaffen seit Mitte der 90er Jahre zu suchen. Denn schließlich habe Schiller dort die Erschließung beider Gefühle fortgesetzt und dichterisch fruchtbar gemacht.

Wie sehr die unteren Seelenvermögen zum eigentlichen Leitthema des Tages – vielleicht auch der Tagung – wurden, verdeutlichte erneut die *Vorlage von Manfred Engel*, die anhand der spätaufklärerischen Schwärmerdebatte eine weitere Runde der Dialektik der Aufklärung einleitete. Denn das Seelenfieber der Schwärmerei rief zwar eine große Zahl von Gegnern unterschiedlichster Provenienz auf den Plan, umgekehrt beförderte ihre Kritik aber das theoretische wie literarische Interesse, die verteidigende Sympathie oder sogar Faszination durch das Phänomen geradezu heraus. Engels quellenkundige Begriffsgeschichte und konzeptionelle Klassifikation – beides eine willkommene Bestätigung und Ergänzung zu dem inzwischen erschienenen Artikel von W. Schröder im *Historischen Wörterbuch der Philosophie* – wurden im Kolloquium auf ihre Tragweite hin befragt. Gibt es etwa für die ›kaltblütigen Philosophen‹ auf der Kritikerseite nicht auch eine Entsprechung wie ›kaltblütige Schwärmer‹, die also mehr an einer Überhitzung des Kopfes als der Seele leiden? Im pointiertesten Sinne wurde dafür Kant als Beispiel angeführt, der letztlich das Lebensprinzip einem intellektuellen Fanatismus aufgeopfert habe. Zwar finde sich für diese Phänomene – so Engel – keine Entsprechung in der Begriffsgeschichte, vielleicht zählen aber doch einzelne Köpfe der Spätaufklärung zu diesem Typus. Wie schwierig die genaue Zuordnung letztlich bleibt, zeigte die Diskussion von Fällen wie Adam Weishaupt oder Franz Anton Mesmer. Denn die mit diesen Namen verbundenen Strömungen, der Illuminatismus und der tierische Magnetismus, gerieten ähnlich wie die Schwärmerei ins Zwielicht der Aufklärung, deren Kampfvokabeln oftmals zur gleichzeitigen Abwehr unterschiedlichster Gruppen herhalten mußten. Es wurde darauf aufmerksam gemacht, daß Weishaupt zwar als kaltblütiger Pedant und Terrorist gelte, zur gleichen Zeit aber in einer Figur wie Schillers Marquis von Posa der Illuminatismus im Zeichen der Schwärmerei kritisiert werde. Als ähnlich problematisch erwies sich in der Diskussion die gelegentliche Bezeichnung des Mesmerismus als Schwärmerei, die nach den historischen Kriterien Engels eigentlich nicht zulässig ist. Durch die Konzentration der Überlegungen auf die begrifflichen Kategorien und das zugrunde gelegte Epochenverständnis trat leider das von Engel so reichhaltig ausgebreitete literarische Belegmaterial während der Auseinandersetzung in den Hintergrund. Einen Ansatz bot wenigstens die Frage, wie sich bei Wieland die Unterscheidung des von ihm goutierten platonischen Begriffs von Enthusiasmus – als Wirkung des unmittelbar Schönen und Guten – von dem Seelenrausch der Schwärmerei eigentlich zu der abwehrenden Haltung gegenüber Platonikern in seinen Romanen verhalte. Dabei bleibt aber – vergleichbar mit den Romanen Wezels – stets das Problem brisant, wie weit ein Erzähler die Desillusionierung seines Helden treibt und in welchem Maße er durch die drastische Schilderung der Schwärmerei Kritik oder eben auch Sympathie beim Leser evoziert.

Die Spiegelung der Aufklärungsanthropologie in satirischen und fiktiven Reiseromanen auf der einen und Georg Forsters *Reise um die Welt* (1778/80) auf der anderen Seite wurde anhand der *Vorlagen von Hans Esselborn* und *Michael Neumann* diskutiert. In beiden Fällen wird die wissenschaftliche Neubestimmung des Menschen mit einer Außenperspektive konfrontiert, die zur Überprüfung, Relativierung oder Korrektur vorhandener Resultate herausfordert. So kann die zunächst eurozentristisch entworfene Gattungs- und Verhaltensgeschichte des Menschen durch utopisch fingierte Modelle ergänzt oder satirisch in Frage gestellt werden, durch ethnologische Befunde der Entdeckungsreisenden bestätigt oder widerlegt werden. Die von Esselborn entworfenen Differenzkriterien des Romanpersonals gegenüber Normalmenschen – intellektuelle, körperliche, zivilisatorische Eigenschaften von menschenähnlichen Wesen oder rein mechanischen Geschöpfen – wurden von den Teilnehmern auf ihre tatsächliche Variationsbreite hin befragt. Wie weit oder eng sind die Grenzen utopischer Vorstellungskraft in den von Esselborn konsultierten Texten (von C. de Bergerac, N. E. R. de la Bretonne, G. de Foigny, F. Godwin, L. Holberg, E. Chr. Kindermann, J. Swift, Voltaire) eigentlich gesteckt? Auf der Suche nach dem ganz Anderen, einer grundsätzlichen Gegenbiologie, sehe man sich in diesen Quellen aber enttäuscht. Selbst in der literarischen Phantasie scheint der Mensch das Maß aller Dinge zu sein. Dies mag mit Blick auf einige in der Diskussion benannte Vorläufer für das 18. Jahrhundert in besonderem Maße zutreffen. Ein Vorschlag zur Erklärung dieses Umstandes wurde durch die Vermutung formuliert, daß die literarische Erfindung neuer Menschenbilder wohl weniger durch biologischen Spieltrieb, als vielmehr durch das aufklärerische Phantasma einer idealen Moralität (Ausschaltung von Egoismus und unvernünftigen Leidenschaften) als Voraussetzung einer idealen Gesellschaft motiviert sei. Die Erfindung des politisch-moralischen *Vernunft*subjekts sei das eigentliche ›Figmentum‹ der utopischen Anthropologie. Eine Fortsetzung fand diese Überlegung in der Frage, wie es – in Abwandlung von Esselborns Titel – um die Vexierbilder der philosophischen Anthropologie bestellt sei. Auch hier deutet, abgesehen etwa von Platons Kugelmenschen, alles auf eine asketische Haltung. Der Mensch markiert den Grenzrahmen auch der philosophischen Vorstellungskraft. Nur Denker wie Diderot wagen wenigstens die gedankenexperimentelle Depotenzierung des Menschen, die konsequent fortgeführt natürlich eine andere Metaphysik erfordern würde. Um diesen Realismusproblemen zu entgehen, so räumte Esselborn ein, wären vielleicht die Traumerzählungen des 18. Jahrhunderts ein geeigneter Gegenstand zur Fortsetzung seiner Untersuchung. Dabei blieb allerdings die Frage offen, welchen Reiz biologische Alternativen zum Menschen in der Literatur überhaupt ausüben können, angesichts der ungleich größeren Irritationen, die von unserem eigenen, irdischen Körper ausgehen. Diesem thesenhaften Einwand zufolge verblassen nämlich utopische Entwürfe über den Menschen gänzlich gegenüber den kognitiven Erregungen, die beispielsweise von dem erkrankten, mesmerisierten, sezierten oder im Ballon hoch über die Erde getragenen Körper ausgehen.

In der Diskussion von Michael Neumanns Forster-Lektüre standen die von ihm vorgestellten heuristischen Probleme einer ethnologischen Anthropologie im Vordergrund. Prinzipielle Zustimmung fand seine Charakterisierung von Forsters empirisch fundiertem Forschungsprogramm als modern, da es die Perspektivität des Erkennens und die Subjektivität des Beobachters reflektiert, einen Mittelweg zwischen philosophischem Systemdenken und enzyklopädischer Sammelwut einschlage und durch die stilistische wie konzeptionelle Disposition eine sachgerechte Darstellungsform wähle. Allerdings wurde zugleich die Tragfähigkeit und Konsistenz der Methodenformel ›Fakten *und* Schlüsse‹, verbunden mit dem Postulat der Vorurteilslosigkeit, durch einige Fragen überprüft. Der Hinweis, daß Forsters (Landschafts-)Beschreibungen durch literarische Topoi wie den ›locus amoenus‹ oder Gattungsformen wie Idylle oder Pastorale beeinflußt seien, wurde von Neumann durch den Aufweis weiterer Vorprägungen des Beobachterblicks ergänzt. Forsters puritanische Sexualmoral und sein militanter Antiklerikalismus erschweren in der Tat eine adäquate Beschreibung religiöser, ritueller oder soziologischer Phänomene; häufig unterbleibe sie oder werde zu einem Verdikt aus Vorurteilen. Allerdings wurde in der Diskussion auch auf den umgekehrten, in der Vorlage nicht berücksichtigten, positiven Fall hingewiesen, wenn Forster bei der Schilderung von längeren Landaufenthalten einige nach gängigen Urteilsmustern festgehaltene Einschätzungen unter dem Eindruck der fremden Kultur allmählich korrigiert. Das gilt auch für manche aus anderen Reiseberichten übernommene und schließlich vor Ort revidierte Vorurteile, nach deren Bedeutung für Forster gefragt wurde, etwa im Vergleich zu deutschen Italienreisenden, die oftmals lediglich das zuvor Gelesene reproduzierten. Neben intellektuell und historisch vorgefaßten Meinungen führten die Expeditionsteilnehmer auch Waffen mit sich, die – so eine Frage – sich auch auf die Beobachterhaltung und die Metaphorik der Darstellung ausgewirkt haben könnten. Neumann räumte zwar die Bedeutung der Waffen als ein – oftmals auch lebensnotwendiges – Schutz- und Beruhigungsmittel ein und wies auf Mißbräuche hin, die nach der Rückkehr nach England Anlaß zu Kontroversen gaben, konnte aber einem Einfluß auf die Wahrnehmungs- oder Darstellungsformen nicht bestätigen. Bei der Annäherung an die fremden Völker habe man sich zumeist um Behutsamkeit bemüht und – so die Replik auf eine Nachfrage – sogar schon die Beobachtung selbst als einen problematischen und den Gegenstand verändernden Eingriff in ein zu untersuchendes Sozialsystem begriffen. Ähnlich überdacht erscheine bei Forster der Standpunkt oder Gesichtspunkt des Forschers, gleichsam die Unhintergehbarkeit seiner Subjektivität. Gegen den Einwand, mit diesem Begriff werde eine moderne Kategorie auf Forster rückprojiziert, bei ihm gehe es vielmehr um räumlichen Perspektivismus, verdeutlichte Neumann die Bedeutung der Empfindungen, die den Leser an dem Blick des Beobachters teilhaben lassen sollen. Im Unterschied zu dem in diesem Zusammenhang berufenen Empirismus Bacons werde bei Forster die Subjektivität als nicht zu vernachlässigende Größe in die epistemologische Versuchsanordnung eingebracht, um mögliche Vorurteile in Hinblick auf die zu erstrebende Vorurteilslosigkeit gerade aufdecken zu können.

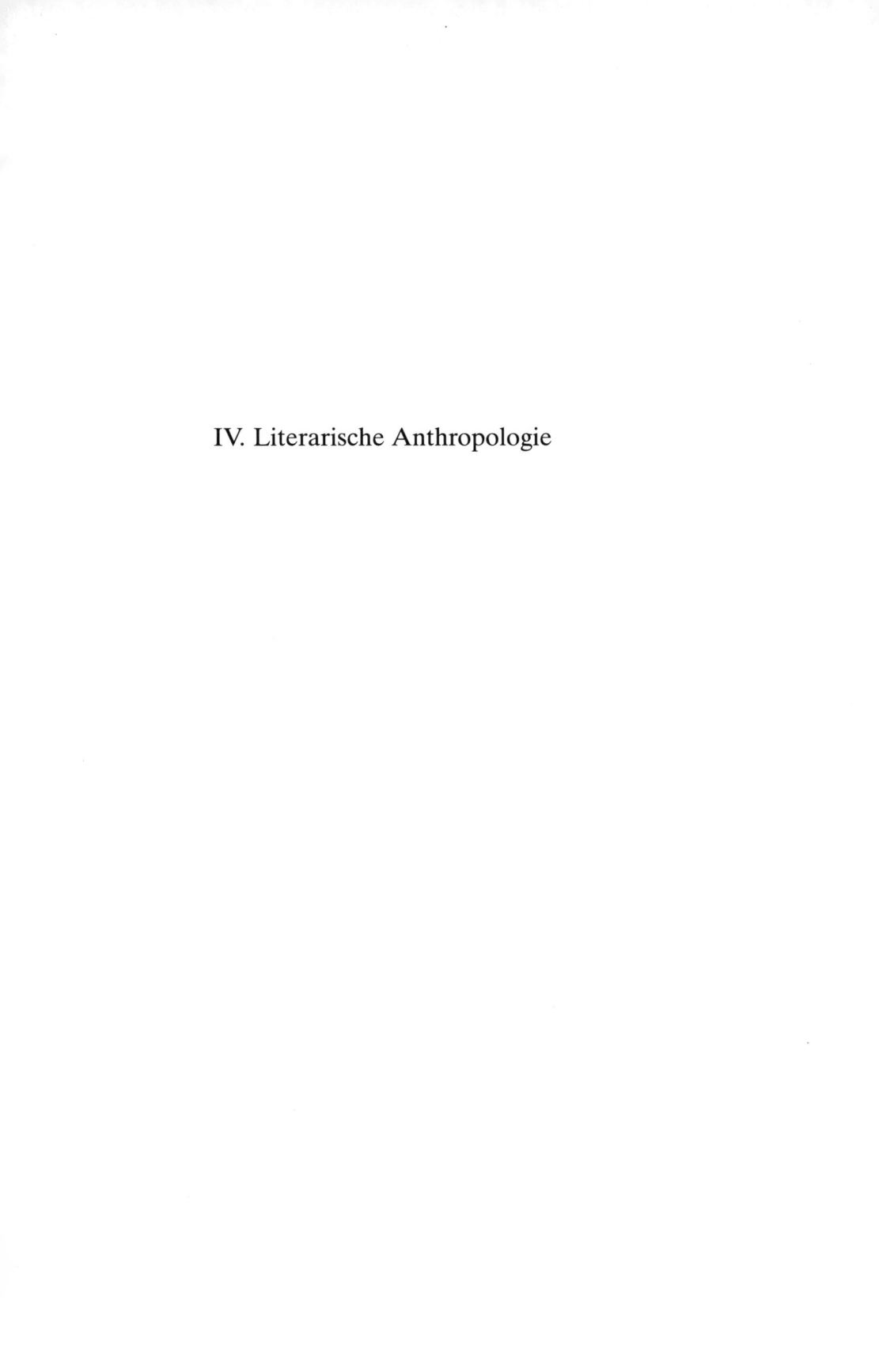

IV. Literarische Anthropologie

Einführung

HELMUT PFOTENHAUER (Würzburg)

»Literarische Anthropologie« ist in den letzten Jahren fast zum Modewort geworden. Deshalb sind hier zunächst einige Bemerkungen zur Eingrenzung unserer Aufgabe in diesem Feld am Platze.

Es versteht sich vom thematischen und zeitlichen Rahmen unseres Colloquiums her von selbst, daß hier mit »Literarischer Anthropologie« eine *historische Formation* gemeint ist. *Wolfgang Iser* hat jüngst unter dem Titel »Das Fiktive und das Imaginäre« Bausteine zu einer »Literarischen Anthropologie« in allgemeinerer, historisch übergreifender, systematischer Absicht vorgelegt. Es geht dabei um eine anthropologische Fundierung des Ästhetischen und eine ästhetische Grundlegung der Anthropologie. Hier hingegen heißt die Aufgabe historische Rekonstruktion. Dies schließt sich nur pragmatisch, nicht grundsätzlich aus. Wahrscheinlich ist dies sogar die unabdingbare Voraussetzung für die Fortführung solcher systematischer Unterfangen; die historischen Teile in Isers Untersuchung selbst sprechen dafür und liefern dafür erste Modelle.

Wenn »Literarische Anthropologie« als die Aufgabe der Erforschung einer historischen Konstellation näher bestimmt ist, stellt sich die Frage, welche Zeiten heuristisch privilegiert werden können.

Nun gibt es die *Verbindung von Anthropologie und Literatur* ja schon lange. Man denke nur an die Verknüpfung von Stil- und Affektenlehre seit der Antike oder an den Beginn der neuzeitlichen Anthropologie in der Renaissance und ihre literarische Form, die Moralistik. Aber im *18. Jahrhundert* erhält diese Konjunktion eine spezifische Brisanz. Vom wachsenden Anthropologie-Bedarf im Zuge der neuen Zumutungen von Mündigkeit, Subjektsein, Selbstdenken war vielfach bereits die Rede. Die alten metaphysischen Verankerungen des Menschen wollen durch empirisch-psychologische oder transzendentale Konturierungen abgelöst werden. Behoben werden wollen die Folgelasten der cartesianischen Substanzentrennung, welche, anthropologisch gesehen, den Menschen in eine Sinnennatur und in ein immaterielles Geistwesen aufspalten, während die Erfahrung doch lehrt, daß das eine nie ohne das andere ist. Die dadurch hervorgerufenen Vermittlungsdesiderate und Vermittlungsaporien sind zu bewältigen – auch wenn das philosophisch Prinzipielle darunter leiden mag, wenn die Vorteile säuberlicher kategorialer Trennungen aufs Spiel gesetzt werden. Empirie und Pragmatik im Bereich der Vermittlung, der Übergänge, des Commerciums werden wichtig. Wichtig werden dabei aber auch literarische und ästhetische Findigkeit und Erfindungskunst. Denn die Lizenzen des Fiktionalen und das Formenreservoir der Introspektion führen zu Modellen des Zusammenhangs, der Prägnanz, des Konfigurativen, wo sich sonst nur disiecta membra zeigen; sie können Leitbilder der Forschung und der Selbstdeutung werden. Die Anthropologiesierung des Wissens und die Ästhetisierung von Literatur und Kunst sind oft unauflöslich verknüpft; das Nachdenken über die Eigenlogik der Sinne und der Einbildungskraft befördert die Eigenständigkeit der Werke, und deren Imaginationskraft wirkt produktiv auf die Erkundung des Menschen zurück.

So wird die *Anthropologie*, und damit rekapituliere ich zu einem wesentlichen Teil, *literarisch*, und zwar ihrer *Form* und ihren *Inhalten* nach. Man denke, was die *Form* anlangt, an die Metaphernflut im Zusammenhang der Überblendungen des Getrennten von Leib und Seele, an die materiell-spirituellen Mitteldinge, die nicht wissenschaftlich nachgewiesen, sondern poetisch postuliert sind, an die fingierten mittleren Aggregatzustände zwischen Körper und Geist – von den romantischen Kategorienmischungen poetischer Physik und Chemie ganz zu schweigen. Man denke an die Aphorismenneigung vieler anthropologischer Bücher, die dem Intermittierenden, weil experimentierend und systematisch Unfertigen, dem Tentativen des Forschens Rechnung tragen und eine alte medizinisch-literarische Form aktualisieren (Platner). Und entsprechend wird ja die Aphoristik ihrerseits zum anthropologischen und naturkundlichen Experimentierfeld: so in Deutschland bei Lichtenberg. Was die *Inhalte* anlangt, so verlangt die Anthropologie nach den inneren Geschichten, welche die Aura des Authentischen im Feld des Menschlichen haben oder die Erfahrungen fiktiv in den Bereich des Möglichen ausweiten. Erinnert sei nur noch einmal an Herders »Vom Erkennen und Empfinden der menschlichen Seele« und die darin genannten drei Hauptquellen anthropologischer Erkenntnis, die Lebensbeschreibungen, die Bemerkungen der Ärzte und die Weissagungen der Dichter. Und selbst der gegen den Empiriehunger der Zeit resistentere Kant konzediert ja, daß die Kenntnisnahme von Reisebeschreibungen, ja selbst von Biographien, Schauspielen und Romanen den Anthropologen nützlich, wo nicht unentbehrlich seien (»Anthropologie in pragmatischer Hinsicht«, Vorrede).

Andererseits wird die *Literatur* über weite Teile *anthropologisch*. Sie ist Schauplatz für anthropologische *Themen* und *Motive*. Dies gilt etwa – auch hier sei einiges rekapituliert – für die Zeichenlehre, die Anleitungen zur physiognomischen Verknüpfung von Innerem und Äußerem, die man in die literarischen Gestaltungsformen hinein verfolgen kann (Schillers dramatische Figurenentwürfe wären dafür ergiebig; *Wöbkemeier* wählt als ein anderes der vielen möglichen Beispiele die Romane Jean Pauls). Dies gilt für die magnetischen Rapporte zwischen den Seelen über die Körpergrenzen hinweg – auch sie wären in ihrer literarischen Produktivität noch genauer zu verfolgen. Es gilt dies für die Lehrstücke der Psychophysik wie für die der Nachtseiten der Seele, die Kehrseiten der Vernunft oder ihre Grenzphänomene; der Wahnsinnige, der Verbrecher, aber auch der Wilde oder der Neger werden wichtig. Überdies aber verwandelt die Literatur anthropologische Denkformen in literarische *Gestaltungsformen.* Denn sie braucht zum Beispiel die Faktorenanalysen, die Einflußtheoreme und Annahmen und Beobachtungen von sozialer oder physischer Ursache und seelischer Wirkung, die die Wissenschaften vom Menschen und seiner Genese bereitstellen, um die Geschichten der Figuren und ihrer seelischen Konstitution zum stringenten Motivationsgeflecht zu verdichten (so in der Autobiographie oder im Roman und der Romantheorie, etwa bei Wieland und Blanckenburg). Die Literatur braucht die »Erfahrungsseelenkunde« oder »Experimentalseelenlehre« um des Komplexitätsgewinns im Figurenentwurf willen – nicht nur für eine differenzierende Sicht des Schwärmers und die Frage nach den Möglichkeitsbedingungen seiner Kur, sondern zunehmend auch, um jene Nachtseiten der Seele oder deren dunklen Fundus literarisch zu kolonialisieren und sich das Wissen um die Unwillkürlichkeiten, die Zwänge und seelischen Kausalitäten einzuverleiben. So werden aus moralischen Erzählungen psychologische Novellen oder Kriminalerzählungen. Oder aber die Literatur macht sich im Hinblick auf die Peripetien des Dramatischen kundig, was die menschlichen Extremsituationen anlangt, das Außersichsein (Schiller), und was die empirischen Befunde und die psychologischen Hypothesenbildungen dazu erbringen.

Es geht also – und das ist das eigentliche Aufgabenfeld dieser Sektion – um das Literarische der Anthropologie und das *eigentümlich* Anthropologische der Literatur. Es geht nicht nur um einzelne Inhalte, die genauso gut in anderen Sprachformen transportiert werden können. Es geht um den erschriebenen, den schriftlichen Menschen: Anthropologie als Literatur, literarische Anthropologie.

Diese Engführung von Literatur und Anthropologie läßt sich noch weitertreiben. Und damit komme ich bereits zu neueren Forschungen, wie sie auch in unseren Vorlagen massiv repräsentiert sind. Es ist dabei besonders nachdrücklich eben vom *Literarischen* der Anthropologie die Rede. Dies nicht zuletzt aus dem Grund, daß das Literarische im engeren Sinne von Schreiben und Schrift konstitutiv werde. Das 18. Jahrhundert, so führt *Koschorke* aus, ist eines der Alphabetisierung der Kultur. Dies hat Folgen, so die These, für das, was geschrieben wird, und für das Projekt Mensch zumal. Schrift bewirkt Distanzkommunikation; sie setzt die Ablösung von oraler Direktheit und körpernaher Interaktion voraus. Die Einbildungskraft tritt in ihr Recht; sie vergegenwärtigt das Abwesende der tätigen Körper und Sinne. Dergestalt vermittelt, werden diese spiritueller, schlackenloser. Erotik etwa wird so gleichsam medial transfiguriert und tritt eben dadurch und dadurch vielleicht allererst als Sprache in Erscheinung. Die Menschennatur, die sonst durch Hinfälligkeit bedrückt und auf beunruhigende Weise als kontingent erfahren wird, erscheint als unverstellte Humanität; ihre literale Gestalt will verstanden werden als Sprache des reinen Inneren, des Herzens. Der paulinische Topos der Herzensschrift erhält eine neue Bedeutung und Brisanz. Das Medium Schrift, das Vermittelnde, erzeugt Vorstellungen von Unmittelbarkeit und Direktheit, die so intensiv und nachdrücklich sind wie kaum je zuvor. So soll dann auch das Leben zum Ganzen zusammentreten, zu einer spontanen und aufrichtigen Konfiguration mit unüberbietbarer Evidenz. Der ganze Mensch, wie gesagt erscheint als der erschriebene Mensch. Die Abkehr von der Rhetorik um jener unverstellten Expressivität des Individuellen willen vollzieht sich im Medium einer Rhetorik und Topik des Unrhetorischen und Spontanen (darauf weist *Geitner* im Zusammenhang der Ich-Literatur hin). Eine Analyse solcher Schreibweisen wird diese daher nicht nur nach ihren manifesten Intentionen beurteilen, sondern immer auch die latente Macht des literarischen Mediums mitbedenken, in denen sie sich artikulieren.

Man hat einmal gesagt, literarische Produktion sei wie das, was Sheherezade tut: gegen den Tod anschreiben oder -erzählen (Foucault, »Qu'est-qu'un auteur?«). Dies gilt im besonderen Maße für unser Untersuchungsfeld der neu erfahrenen, weil metaphysisch zunehmend ungeschützten Endlichkeit und physischen Determination des einzelnen. Dagegen werden – literarisch gesehen – die Ganzheiten aufgeboten, von denen hier die Rede ist und die mit dem Trauma der Desintegration zusammenzusehen und deshalb gleichsam als Palimpseste zu lesen sind. Die Vorlage von *Geitner* will darauf aufmerksam machen, daß so nicht nur die Entwürfe des authentischen Ich zustande kommen, die alles andere als ein bloßes Abbild vorgängiger Realität gelebten Lebens seien, sondern auch, damit unauflöslich verbunden, die ständigen Bezweiflungen, Korrekturen, Selbstbeargwöhnungen und Läuterungsbemühungen, welche jenes »Ich« zum tendenziell unaufhörlichen, tendenziell selbstreferentiellen Schreibvorgang machen. Denn das Leben, im Buchstaben fixiert, konstituiert sich so als ganzes und wird – wie die Rede vom toten Buchstaben zeigt – zugleich mortifiziert. Die Zeichen sind eben nicht das Leben; und so ergibt sich ein ständiges Zurückverweisen, ein Hin und Her von Zeichen und Bezeichnungen, um die Imagination unmittelbarer Lebendigkeit und Authentizität und das gegenläufige Innewerden bloßer Signifikation – oft hinter dem Rücken des Autors und seiner Absichten – literarisch zu agieren. Darin, so könnte man folgern, konstituiert sich dieses Ich ästhetisch allererst; nur so, als dieses Differentielle, als dieses unausgesetzt Schreibende und im Schreiben sein Anderes, das ganze Leben Imaginierende, ist es vielleicht überhaupt zu haben.

Vier Vorlagen befassen sich explizit – wenn auch aus verschiedenen Perspektiven – mit diesem Thema des eigentümlich Literarischen, Schriftlichen, Rhetorischen oder Topischen der Anthropologie: die schon genannten von *Koschorke* über »Empfindsamkeit«, die von *Geitner* über Lavaters Tagebücher und von *Goldmann* über Autobiographie; hinzu kommen und voraus gehen *Galles* Reflexionen über den französischen Roman der Aufklärung. Dabei, so könnte man den Vorlagen folgend behaupten, zeigt sich also der *erschriebene*, der schriftlich konstituierte Mensch nicht zuletzt als der *eingeschriebene* – dieses Modewort hier einmal im strengen Sinne genommen – als derjenige also, der sich in den vorgegebenen Sprechweisen findet und wiederfindet. Die Frage wäre dabei, ob diese seine Textualität den »ganzen Menschen« als Illusion erscheinen läßt, weil die Einheit von Sinnlichkeit und Vernunft, von Leib und Seele, von Bewußtem und Unbewußtem, nicht einfach zu finden, zu vergegenwärtigen oder aufzuklären ist, sondern sich das Disparate zum Zusammenhang des Lebens – fern aller Selbsttransparenz und Autonomie – nur nach vorgängig elaborierten Mustern, also heteronom ergibt; oder ob nicht gerade dieses Textuelle das eigentlich Produktive ist, die mythopoetische Kraft quasi, die es erlaubt, noch die entlegensten Dinge des Lebens prägnant werden zu lassen und als Ganzes zur Sprache und zur Existenz zu bringen. Dies ließe dann auch die Exuberanz und Aktualität dieses Schrifttums begreifen, der man mit der bloßen Rückführung auf das Althergebrachte, Invariante in ihm nicht gerecht würde. Auch die Topologie des autobiographischen Schreibens (*Goldmann*) wird daher der Frage nach der für die damalige Zeit spezifischen Anverwandlung der affektiven Gemeinplätze und Stützpunkte der memoria unterzogen werden müssen.

Dies sind einige der Fragestellungen der genannten vier Vorlagen. Rudolf *Behrens* beschäftigt sich mit dem französischen Roman in der Frühaufklärung, und zwar unter dem Aspekt der unbewußten, gleichsam körperlich induzierten Motivationen, welche traditionelle Erzählmuster – verbürgte Weltmodelle und auktorial garantierte Zusammenhänge und Finalitäten – konterkarieren. Dieser Beitrag steht mit dem von *Galle* in thematischem und historischem Zusammenhang. Galle exponiert neben der medial, durchs Schreiben, und besonders das der Briefe, gestifteten oder am Leben erhaltenen Liebe noch einen anderen wichtigen, komplementären Gesichtspunkt: den des Traumatischen des unvermittelt Physischen, des Nicht-Diskursivierbaren, welches gewaltsam hereinbricht und gegen dessen Erscheinungen im Leben wie gegen das Endliche dieses Lebens selbst angeschrieben werden muß. Rita *Wöbkemeier* und Götz *Müller* widmen sich einem der großen Erben der anthropologischen Literatur des 18. Jahrhunderts, einem der virtuosen Spieler mit ihren Motiven: Jean Paul. *Wöbkemeier* analysiert die als anthropologisches Konzept bereits betrachtete Physiognomik als literarisches Gestaltungsmittel und verweist auf dessen sozusagen kitzligen Punkt, den weiblichen Charakter. Das Paradox über den Schauspieler (Diderot) und mehr noch über die Schauspielerin besagt ja, daß nicht die Übereinstimmung von Innen nach Außen, sondern umgekehrt gerade die artistisch gesteuerte Divergenz den Effekt der Echtheit produziere. Dennoch werden Frauen, so *Wöbkemeier*, und Jean Pauls idealistische weibliche Charaktere zumal, auf das Wunschbild unverstellter Einheit des Herzens und seiner leiblichen Expression festgelegt. Die Schauspieler, das wären dann die anderen, die Männer, wie etwa Roquairol im »Titan«. Wäre dieser Befund richtig, so ergäbe sich die Gefahr der Spannungs- und Unterschiedslosigkeit weiblicher Figurationen im Werk des Dichters. Götz *Müller* liefert, ausgehend von Adam Bernd und Karl Philipp Moritz und mit dem Fluchtpunkt bei Jean Paul und E. T. A. Hoffmann, eine kleine Geschichte jenes Zentralvermögens der Ästhetik, Psychologie und Literatur der Zeit, der Einbildungskraft. Er erzählt von ihrer Verdächtigung, die ihre Wichtigkeit ex negativo zeigt, und ihren Nobilitierungen; er spricht die Tag- und Nachtseiten des Menschen an, deren Dramaturgin sie ist.

Am Ende steht Ulrich *Gaiers* Beitrag über Hölderlin – ein Rückblick auf die Geschichte unseres Themas und die Untersuchung eines anspruchsvollen poetologischen Projekts des Menschen, das man als Versuch einer Summe und vielleicht auch als besonders elaborierte Infragestellung oder Zuspitzung zur Krise auffassen könnte (erinnert sei in diesem Zusammenhang auch noch einmal an die Vorlage von *Utz* aus der dritten Sektion). Bemerkenswert, daß auch und gerade hier der anthropologische Entwurf sich allererst als Sprache und Schreiben, als Schrift, realisiert. Noch einmal also literarische Anthropologie im wörtlichen Sinne.

Vieles kommt in dieser Sektion zur Sprache, vieles nicht. Sie ist vielleicht unvollständiger als die anderen. Daß es Lichtenberg selbst in seinem zweihundertsten Todesjahr nicht zu einem eigenen Beitrag, was das Literarische seiner Schriften anlangt, gebracht hat, daß Schiller und Goethe als Poeten fehlen, daß Moritz, dessen Todestag sich im Jahr vor dem Erscheinen des Bandes zum zweihundertsten Male gejährt hat, weitgehend ausgeklammert bleibt, daß von Masochismus gesprochen wurde (Sektion II), aber nicht von de Sade, um nur einiges zu nennen – all dies war nicht gewollt und wird bedauert. Es ist dies den Themenvorschlägen geschuldet, unter denen auszuwählen war. Und so zeigt sich, daß selbst ein so umfangreicher Band vielleicht vor allem ein Hinweis ist auf die Notwendigkeit weiterer Forschung in diesem Felde.

Die Spur des Körpers

Zur Kartographie des Unbewußten in der französischen Frühaufklärung

RUDOLF BEHRENS (Bochum)

I. Die Vorgeschichte einer Vorgeschichte

Die Entdeckungsgeschichte des Unbewußten setzt einem Konsens gemäß um 1800 – mit Schellings *System des transscendentalen Idealismus* – ein und kann ihrerseits auf eine ausgeprägte Vorgeschichte zurückblicken.[1] Am Ende dieser Vorgeschichte der Vorgeschichte ist es die Anthropologie Kants (1798), die in dem Kapitel »Von den Vorstellungen, die wir haben, ohne uns ihrer bewußt zu sein« (§ 5) ein Fazit aus einer säkularen Diskussion über die Bedeutung unbewußter aber deutlicher Perzeptionen zieht. Es ist ein Fazit, demgemäß »das Feld *dunkler* Vorstellungen das größte im Menschen [ist]«.[2] Gleichzeitig mit diesem erstaunlichen Eingeständnis des in der Lebenspraxis obsiegenden »Spiel[s] dunkler Vorstellungen«, die der Verstand vergeblich als »Täuschung« zu durchschauen vermöge, aktiviert Kant eine geographische Metaphorik, die eine zweifache zeitliche Perspektivierung einschließt. Sie ist zugleich eine Bestandsaufnahme mangelhaften menschlichen Selbstbewußtseins im Zeichen

---

1 Relativ wenig hilfreich für die Frühgeschichte des zunächst rudimentären Begriffes ist die groß angelegte Studie von Henry F. Ellenberger (Die Entdeckung des Unbewußten. Ins Deutsche übertragen von G. Theusner-Stampa. Bern/Stuttgart/Wien 1973), die nach einem ersten Kapitel zu ›magischen‹ und rituell-zeremoniellen ›Psychotherapien‹ die Entdeckung des Unbewußten im wesentlichen mit Messmer beginnen läßt. – Anders dagegen die umfangreiche und anregende Einleitung bei Ludger Lütkehaus (Hg.): »Dieses wahre innere Afrika«. Texte zur Entdeckung des Unbewußten vor Freud. Frankfurt am Main 1989, S. 7–45. Hier wird der Aufklärungsepoche zwischen Leibniz und dem deutschen Idealismus eine entscheidende Rolle zugesprochen. – Zum Datum 1800 vgl. neuerdings die einschlägige Arbeit von Odo Marquard (Transzendentaler Idealismus, Romantische Naturphilosophie, Psychoanalyse [= Schriftenreihe zur Philosophischen Praxis, Bd. 3]. Köln 1987). – Aufschlußreich im Hinblick auf den auch hier in den Blick rückenden Begriff der ›imagination‹ als zentraler Kategorie einer ›unbewußten‹ Determination menschlichen Verhaltens, soweit sie eine popularphilosophische Anthropologie des 18. Jahrhunderts betrifft, ist auch Esther Fischer-Homberger: Krankheit Frau und andere Arbeiten zur Medizingeschichte der Frau. Bern/Stuttgart/Wien 1979.

2 Anthropologie in pragmatischer Absicht. Herausgegeben und eingeleitet von W. Becker (= Reclams Universalbibliothek, Bd. 7541). Stuttgart 1983, S. 48.

vollzogener Aufklärung, und sie birgt auf die Zukunft hin eine explorative Dimension in sich. Die Tatsache nämlich, daß »auf der großen *Karte* unseres Gemüts nur wenige Stellen *illuminiert* sind«, könne »uns Bewunderung über unser eigenes Wesen einflößen«.³ Denn, so sinngemäß Kant, würde nur »eine höhere Macht« ein fiat lux über diesen unerreichbaren Teil des menschlichen Gemüts aussprechen, so würde ihm »gleichsam eine halbe Welt [...] vor Augen liegen«.

Diese ›halbe Welt‹ verfügbar und damit tendenziell auch beherrschbar zu machen, wird das Bemühen der aufkommenden Subjekt-Philosophie sein. Noch Freuds, für die moderne Psychoanalyse verbindlich gewordene topologische Metaphorik von dem Seelenleben als einem Ensemble, das sich aus »Instanzen, Bezirken, Provinzen« zusammensetzt⁴ und die Erschließung der dem Es zugehörigen »Region« als eine Art »Trockenlegung der Zuydersee«⁵ verlangt, zehrt von dieser Metaphorik der Urbarmachung. In dieser Metaphorik liegt von vorneherein eingeschlossen, daß das Unbewußte in der Moderne primär unter dem Vorzeichen des bedrohlichen ›Anderen der Vernunft‹⁶ und damit im Hinblick auf wünschenswerte Disziplinierung gefaßt wird. Die »Kulturarbeit«, die Freud zur Zähmung des Es als anthropologische Zielgröße einfordert, hat deshalb, wie Ernst Bloch pointiert hervorgehoben hat, einen Begriff des Unbewußten zur Voraussetzung, der eine regressive Dimension impliziert.⁷ Aus ihm erwächst keine visionäre und orientierende Leistung; muß das Unbewußte als die Region des Verdrängten und als Speicherraum zensierter Triebregungen und Erfahrungen doch immer nur als ein Erinnerungsraum gedacht werden, auf den eine Symptomatik ›zurückgeführt‹ werden kann.

Daß mit diesem freudianischen Begriff des Unbewußten die Störfaktoren gegenüber dem Bewußtsein akzentuiert, die orientierenden Leistungen ver-

---

3 Ebd. S. 47.
4 Aus den vielen entsprechenden Stellen sei folgende aus »Der Mann Moses und die monotheistische Religion« (Studienausgabe Bd. IX, Frankfurt am Main 1974, S. 459–581, hier: 543) zitiert: »Wir sondern jetzt in unserem Seelenleben, das wir als einen aus mehreren Instanzen, Bezirken, Provinzen zusammengesetzten Apparat auffassen, eine Region, die wir das eigentliche ›Ich‹ heißen, von einer anderen, die wir das ›Es‹ nennen.« – Zur topischen Struktur des Freudschen Begriffs des Unbewußten und der Überlagerung der Begrifflichkeit von bewußt/vorbewußt/unbewußt mit der ›regionalen‹ Aufteilung in Über-Ich/Ich/Es vgl. Georg Huber: Sigmund Freud und Claude Lévi-Strauss. Zur anthropologischen Bedeutung der Theorie des Unbewußten. Wien 1986, S. 66ff.
5 So der Schlußsatz in der 31., nie wirklich gehaltenen Vorlesung »Die Zerlegung der psychischen Persönlichkeit«: »Ihre Absicht [diejenige der Psychoanalyse] ist ja, das Ich zu stärken, es vom Über-Ich unabhängiger zu machen, sein Wahrnehmungsgefühl zu erweitern und seine Organisation auszubauen, so daß es neue Stücke des Es aneignen kann. Wo Es war, soll Ich werden. Es ist Kulturarbeit etwa wie die Trockenlegung der Zuydersee.« (Studienausgabe Bd. I, 8. Auflage, Frankfurt am Main 1978, S. 496–516, hier: 516.)
6 Vgl. dazu die Ausführungen bei Hartmut Böhme, Gernot Böhme: Das Andere der Vernunft. Zur Entwicklung von Rationalitätsstrukturen am Beispiel Kants (= stw 542). Frankfurt am Main 1985, S. 362ff.
7 Vgl. E. Bloch: Das Prinzip Hoffnung. Frankfurt am Main 1959, S. 61.

nachlässigt und die gesellschaftsstabilisierenden Faktoren verdeckt werden[8], liegt auf der Hand. So ist es auch wenig verwunderlich, daß einem die gleichsam disziplinarischen Vorzeichen, unter denen der ›Aufklärer‹ Freud das Unbewußte zu seinem Zentralbegriff modelliert, bei der Rückverfolgung der Begriffsgeschichte in der Aufklärung des 18. Jahrhunderts wiederbegegnen. Es ist dabei bezeichnend, daß aus der Warte Kants die gut hundertjährigen Bemühungen um eine anthropologische Auslotung des »fundus animae« (Baumgarten) einigermaßen defizitär erscheinen. Sie harren – wie eingangs vorgeführt – einer wünschenswerten Erleuchtung, die das Partielle des Bewußtseins um die terra incognita einer schwer zugänglichen Seelenregion zu einem Ganzen erweitern soll. In der Tat stehen die Zeichen für die erfolgreiche »Trockenlegung der Zuydersee« nicht unbedingt gut in den Anthropologien der Aufklärung. Noch Johann Georg Sulzers 1759 im Konditional geäußerte Vermutung, daß im Falle einer genauen Analyse des »Betragen[s] der Seele bey der undeutlichen Erkenntnis [...] dieser Theil der Philosophie noch sehr erweitert werden«[9] könnte, weist auf erhebliche Verlegenheiten der Konzeptualisierung, die in Karl Philipp Moritz' *Vorschlag zu einem Magazin einer Erfahrungs-Seelenkunde* (1782) das Verfahren empirischer Fallsammlung als adäquate Annäherung an die Polymorphie unausgeloteter Phänomene des Psychischen stimulieren.

Blickt man nun aus der heutigen (und deutschen) Forschungsperspektive auf die historische Eröffnung dieser Diskussion, um sich der diskursiven Rahmenbedingungen dieses ›Anfangs‹ einer Konzeptualisierung zu vergewissern, so stößt man auf Leibniz und dessen Positivierung der »cognitio clara et confusa« als einem Ausgangspunkt möglich gemachter Rede vom Unbewußten.[10] Seine Theorie der »petites perceptions«, die nicht wie in der cartesischen Gnoseologie bloße Fehlwahrnehmungen sind sondern im Sinne der lex continui Körper und Seele verbinden und unterhalb der Apperzeptionsebene eine unfaßbare Art von erkenntnishaltiger Wahrnehmung erlauben, wäre demnach der konzeptuelle Startpunkt, von dem aus sich die Lehre der cognitio obscura über Wolff, Baumgarten bis Moritz vermittelt, bis sie über die Kantsche Anthropologie in die moderne Subjektphilosophie überführt wird. Nun ist es leicht, diese Ursprungsdatierung auf die Zeit zwischen der Entstehung der *Nouveaux essais* (1704) und der *Monadologie* (1714) mit Hinweis auf frühere Theoretisie-

---

8 In welchem Maße das Unbewußte ein auch gesellschaftlich produzierter und strukturierter Raum ist, zeigt sich bei Mario Erdheim: Die gesellschaftliche Produktion von Unbewußtheit. Eine Einführung in den ethnopsychoanalytischen Prozeß (= stw 465). Frankfurt am Main 1984.
9 Kurzer Begriff aller Wißenschaften und andern Theile der Gelehrsamkeit, worin jeder nach seinem Inhalt, Nuzen und Vollkommenheit kürzlich beschrieben wird (1759), § 206, S. 159.
10 So ganz apodiktisch bei Lütkehaus, Einleitung (Anm. 1), S. 19. – Ebenfalls bei dem dort geltend gemachten neuesten Referenztext für die Bedeutung des 18. Jahrhunderts für die Vorgeschichte des Unbewußten, bei Hans Adler: »Fundus Animae – der Grund der Seele. Zur Gnoseologie des Dunklen in der Aufklärung.« In: DVjs 62 (1988), S. 197–220. – Die Rückführung auf Leibniz ist ebenfalls ganz selbstverständlich bei Gernot Böhme: Anthropologie in pragmatischer Hinsicht. Darmstädter Vorlesungen (= edition suhrkamp, Bd. 1301). Frankfurt am Main 1985, S. 36.

rungen des ›Unbewußten‹ bei Nicolas Malebranche (*Recherche de la vérité* [1675]) und andere Theoretiker im Bereich der französischen Moralistik zu situieren und um einige Jahre weiter zurück zu verschieben. Die dort entwickkelte Konzeption der »liaison des traces« und die Metaphorik der Spur in der Bestimmung einer körperlich kontaminierten aber de facto unbewußten Wahrnehmung diagnostizieren nämlich weitaus differenzierter und wirkungskräftiger unbewußte Wahrnehmungs- und Speicherungsprozesse als dies bei Leibniz der Fall ist. Daß es sich bei den »idées confuses« Malebranches und seiner Anhänger im Gegensatz zu den »petites perceptions« Leibnizens nicht bzw. nicht unbedingt um sachhaltige, auf eine empirisch verfügbare Realitätserfahrung zurückweisende Wahrnehmung handelt, schmälert dabei nicht die mögliche ›Vorleistung‹ der malebranchistischen Anthropologie für die sukzessive Entfaltung des Begriffs vom Unbewußten. Im Gegenteil ließe sich ja behaupten, daß es gerade der permanente Illusions- und Täuschungsverdacht ist, der – in der Gnoseologie Malebranches im weiteren Kontext einer jansenistisch eingefärbten, pessimistischen Anthropologie entwickelt – den Grundstein dafür legt, daß in der Zukunft das Unbewußte grundsätzlich als ein Verdächtiges gelten wird. Die Wirkung Malebranches auf die deutsche Aufklärungsanthropologie ist deshalb im Gegensatz zu dem bekannten Einfluß auf die französische Frühaufklärung erst noch zu entdecken; punktuelle aber exponierte Zeugnisse wie diejenigen Adam Bernds[11] bestärken jedenfalls den Eindruck, daß der topisch gewordene Ursprung ›Leibniz‹ für den Diskurs über das Unbewußte eine Fehlorientierung ist.

Eine Vordatierung, die den Ausgangspunkt der konzeptuellen Rede vom Unbewußten von Leibniz auf Malebranche verschiebt, wäre aber kaum der Rede wert, wenn mit dieser Korrektur nicht auch erhebliche Veränderungen in der *literarischen* Perspektivierung der Thematik zu erwarten wären. Genau darum wird es aber in unserem Beitrag gehen. Nicht die weitere Rückverlagerung eines ideengeschichtlichen Datums steht hier zur Debatte, sondern der Umstand, daß unabhängig vom angeblichen leibnizianischen Ausgangspunkt die malebranchistische Anthropologie einerseits im Bereich moralistischer Literatur und andererseits im Felde des Romans einen Raum eröffnet hat, in dem jene Dimension apokrypher Modifikationen der Seele ausgemessen wird, die in der deutschen Aufklärung letztlich erst im Kontext der Wolffschen psychologica empirica möglich ist. Wenn etwa François Lamy im Anschluß an Malebranche in *De la Connoissance de soi-même* (1694–1698) für das psychische Innenleben die noch bei Kant auftretende Metaphorik einer vielfältig gestalteten Landschaft mit ›Riffen‹, ›Abgründen‹, ›Stürmen‹ und ›labyrinthischen Pfaden‹ benutzt, deren »carte exacte« nicht zu zeichnen sei[12], so evoziert er mit seiner Rhetorik die engen Grenzen des moralistischen Diskurses gegenüber seinem Gegenstand, über den er immerhin vier Bände und einige Supplemen-

---

11 Vgl. dazu Hans-Jürgen Schings: Melancholie und Aufklärung. Melancholiker und ihre Kritiker in Erfahrungsseelenkunde und Literatur des 18. Jahrhunderts. Stuttgart 1977, S. 116–118.
12 Bd. II, Paris 1698, préface, unpaginiert.

te zu schreiben weiß. Gleichwohl schickt er mit dieser Anleihe bei der preziösen Metaphorik[13] – bildlich gesprochen – den romanesken Diskurs auf den Weg, das Defizit systematischen Zugriffs durch die offene narrative Form zu kompensieren. Der moralistische Traktat legt einen solchen ›Gattungssprung‹ vom Systematischen zum Narrativen schon deshalb nahe, weil er selbst bei der Erfassung der »pensées imperceptibles« auf das Erzählerisch-Anekdotische angewiesen ist: Das Unbewußte bedarf zur Sichtbarmachung der temporalen erzählerischen Dimension. Sie dynamisiert den statischen Begriff des Subjekts und liefert die psychische Mechanik der Person den Kontingenzen der Zeit aus. Das Vergessen, das Verdrängen und die unterhalb der Apperzeption tätigen Steuerungsvorgänge implizieren zeitliche Differenzen, die eben nur im narrativen Diskurs artikuliert werden können.[14] Prévost und Marivaux, die exponiertesten Vertreter des frühaufklärerischen Romans, werden diesen Weg im Medium des »roman à la première personne« auf unterschiedliche Weise, wie wir sehen werden, gehen. Ein entscheidender Schritt zur weiträumigeren Vermessung des ›Unbewußten‹, so lautet deshalb der Ausgangspunkt unserer Thesen, wird ermöglicht durch die narrative Ausfaltung derjenigen psychophysiologischen Theoreme zur »perceptio confusa«, die im systematischen Diskurs Malebranches' und seiner Adepten aufgrund mangelnder Anschaulichkeit zu einer Narrativierung geradezu herausfordern. Eine zweite These soll diese behauptete Exploration anthropologischer terra incognita durch den Gattungswechsel noch spezifizieren. Die Entdeckung des Unbewußten – so wird sich zeigen – ist in diesem Zusammenhang eigentlich die literarische Entdeckung des Körpers auf dem Wege coenästhetischer Selbstwahrnehmung.[15] Für den physiologisch-moralistischen Diskurs gilt dabei noch folgendes: Was nicht zum Bewußtsein gelangt, aber dennoch das Handeln des Subjekts weitreichend bestimmt, sind Sedimentierungen sensitiver Wahrnehmungen, die dem Bewußtsein entgehen, deren körperliche Reflexe aber dennoch als diffuse Empfindungen spürbar werden können. So wird der Körper zum Generator, zum Speicher und zum Artikulationsmedium verdeckter Steuerungsvorgänge, die das Subjekt in seiner Selbstreflexivität erheblich begrenzen. Daß der Bereich der kör-

---

13 Der nahtlose Übergang zwischen preziöser Moralistik und der Seelenanalyse im jansenistischen und oratorianischen Umfeld des späten 17. Jahrhunderts ist zuletzt herausgearbeitet worden bei Benedetta Papàsogli: Il »Fondo del cuore«. Figure dello spazio interiore nel Seicento francese. Pisa 1991.
14 Unsere These bewegt sich deshalb in dem zuletzt von Dieter Steland (Moralistik und Erzählkunst von La Rochefoucauld und Mme de Lafayette bis Marivaux. München 1984) umrissenen Rahmen, der das Verhältnis von Reflexion und Narration als entscheidende Übergangsschiene von der Moralistik zum Roman interpretiert. Allerdings finden die von uns behandelten Texte hier keinen Platz; so bleiben die Bedeutung der körperlichen Wahrnehmung und die Auslotung unbewußter Regungen in den behandelten Romanen eher peripher.
15 Zu dem Begriff der coenaesthesis, der – 1794 geprägt – als ›Gemeingefühl‹ u.a. die Selbstwahrnehmung des Körpers und die Wahrnehmung der körperlichen Verarbeitung externer Sinnenreize betrifft, vgl. zuletzt Jean Starobinski: Kleine Geschichte des Körpergefühls. Konstanz 1987, S. 13–29.

perlichen »pensées imperceptibles« deshalb mit erhöhter Aufmerksamkeit bedacht und in moralistischer Perspektive mit einem Vermeidungsgebot versehen wird, versteht sich von selbst. Aber im Medium des Romans verkehren sich die Perhoreszierungen, mit denen der moralistische Diskurs die Spuren des Körpers in konfusen Wahrnehmungen belegt, in Anreize, das moralistisch eingezäunte empirische Feld wenn nicht exakter zu vermessen, dann doch experimental zu durchschreiten. Den Möglichkeiten des Erzählens in der Ich-Form gemäß wird sich dies so vollziehen, daß das perspektivische Spiel der Narration des Ich-Romans genau die Fläche ist, auf der sich auch das nicht Bewußte coenästhetischer Wahrnehmung gegen die bewußte Erzählstrategie abbildet.

II. Das Spiel der Spuren

Ein Kernstück desjenigen, was als ›malebranchistische‹ Anthropologie Eingang in den Roman des 18. Jahrhunderts finden wird, ist in dem Kapitel zur »imagination« im ersten Buche von *De la Recherche de la vérité* (1675) entwickelt und in François Lamys *De la Connoissance de soi-même* in moralistischer Hinsicht ausgearbeitet. Lamy bewegt sich damit in dem weiten diskursiven Feld, das durch eine Reihe von fast gleichlautenden Traktaten zur ›Selbsterkenntnis‹ von La Mothe Le Vayer, Jacques Abbadie, Pierre Nicole und anderen konstituiert wird.[16] Auf der Basis cartesischer Psycho-Physiologie rückt bei Malebranche und bei Lamy der Begriff der »liaison des traces« als die Bezeichnung desjenigen Phänomens in den Vordergrund, das unterhalb der reflektierbaren Wahrnehmungen der Seele körperliche Automatismen verursacht, die sich dem direkten Zugriff des Bewußtseins entziehen.[17] Verursacht wird diese Störung durch Bahnungen, die sich den »fibres« des Gedächtnisses durch den Fluß der »esprits animaux« beim sinnlichen Eindruck und bei jeden Gedanken okkasionell begleitenden Modifikationen des Vorstellungsvermögens einschreiben. Nach dieser Theorie des Gedächtnisses als Wachstafel hinterlassen folglich wahrgenommene Objekte über die Sinne unbemerkt körperliche Spuren, die sich als Speicher der memoria und der Einbildungskraft festschreiben. Umgekehrt reproduzieren die gespeicherten Sinneseindrücke von körperlichen Bildern bei entsprechender Reaktivierung durch einen Rückfluß der »esprits animaux« den ursprünglichen ›Eindruck‹ im Raume der »imagination«[18], so-

---

16 Vgl. die summarische Darstellung bei Catherine Glyn Davies: ›Conscience‹ as Consciousness: The Idea of Self-Awareness in French Philosophical Writing from Descartes to Diderot (= Studies on Voltaire and the Eighteenth Century, Bd. 272). Oxford 1990, hier bes. S. 10ff.
17 Ich präsentiere hier gedrängt und zugespitzt eine subtil ausdifferenzierte Theoriebildung, die in ideengeschichtlicher Perspektive am besten in einer schon älteren Studie zugänglich gemacht wurde: Geneviève Lewis: Le Problème de l'inconscient et le cartésianisme. Paris 1950, hier bes. S. 200ff.
18 Vgl. Nicolas Malebranche: De la Recherche de la vérité. Livres I–III. In: Ders.: Œuvres complètes. Hrsg. v. Geneviève Rodis-Lewis. Bd. I. Paris 1972, S. 217ff.

fern nur die jeweilige Bahnung durch entsprechende Modifikationen der Seele erneut – und ggf. eben unwillkürlich – mit »esprits animaux« beschickt oder durch die Aktivierung »benachbarter« Spuren erregt wird. Am gefährlichsten erweisen sich dabei die nicht zum Bewußtsein gelangenden »traces confuses«. Denn sie reaktivieren sich ihrerseits »par machine«[19], indem sie durch bestimmte Korrelationsfaktoren sich wechselseitig ohne Zutun des Bewußtseins erregen.[20] Alle Tätigkeit der memoria, alle »habitudes«, aber auch altersbedingte und von der biologischen Disposition her verursachte Ausprägungen dieser Bahnungen leiten sich aus diesen unterschiedlich gespeicherten und reaktivierbaren Erregungen ab, so daß die »liaison mutuelle des traces«[21] von Malebranche zu einem fundamentalen Datum für die Moral überhaupt erhoben wird.

Nun sind nicht die Details dieser mechanistischen Psycho-Physiologie interessant, sondern die generellen Vorzeichen, unter denen die Selbsttätigkeit des Körpers gesehen wird. Es sind Vorzeichen, die solches Eigenleben sensitiver Wahrnehmung unter dem Aspekt nicht domestizierbarer Differenz bzw. Individualität[22] und im Hinblick auf einen Kontrollverlust des Bewußtseins präsentieren. M. a. W.: Die Selbsttätigkeit der körperlichen Spuren ist für das Subjekt wegen mangelnden Zugriffs des Bewußtseins kontingent. Überhaupt sind es die Verluste an Kontrolle und damit ein Abgleiten körperlicher Vorgänge in einen unbelangbaren kontingenten Status, die den Moralisten Lamy auf den Plan rufen. Hinzu kommen die beängstigenden Netze von interpersonalen Übertragungen über sinnliche Eindrücke, Sympathie-Relationen, die etwa in der rhetorisch gestalteten Kommunikation auf der Basis körperlicher Bewegungen – und seien es nur diejenigen des euphonischen Wohlklangs – jenseits rationaler Kontrollierbarkeit Einfluß gewinnen. Auch hier ist es letztlich eine Form der Kontingenz, die deshalb Angst macht, weil sie sich der unübersehbaren Unterschiedlichkeit der biologischen Dispositionen verdankt und deshalb der rationalen Steuerung entgleitet.[23]

Sieht man näher hin, so wird diese Kontingenz noch durch einen asynchronen Effekt verschärft. Denn die »imagination« als körperliche Einbildungskraft reaktiviert die Bilder der Vergangenheit und synthetisiert sie, als seien sie gegenwartsbezogen. Das ›maschinelle‹ Nachfahren ihrer Spuren im Mechanis-

---

19 Ebd. S. 208.
20 Vgl. ebd. S. 222 ff.
21 Ebd. S. 222.
22 So im Kapitel »Des illusions qui regardent l'imagination« bei Lamy, De la Connoissance. Bd. III (Anm. 12), hier S. 117.
23 Ersichtlich ist dies z. B. an der Obsession, mit der Lamy in der folgenden Passage immer wieder die Differenz als ein ausschlaggebendes Moment betont. Hier spricht er von den sinnlich kontaminierten ›Nebenideen‹, den »idées accessoires«, die in der rhetorischen Rede unterhalb des Bewußtseins einen Effekt herstellen: »[ils] *se glissent furtivement* dans l'esprit des auditeurs, & cela *differemment, suivant la diversité* de leur temperament, de leur âge, de leurs inclinations, de leurs habitudes: & les remuet *aussi differemment, suivant les dispositions de leur machine.*« (Ebd. S. 234; Hervorh. von mir, R. B.)

mus der »liaison des traces« trübt ja die unmittelbare Realitätswahrnehmung durch zeitliche Überlagerung mit gespeicherter Vergangenheit. So gilt auch der Schlaf als eine prekäre Phase. Denn er ist schon nach einem Argument des Cartesianers Louis de la Forge dadurch gekennzeichnet, daß hier die einmal gebahnten ›Spuren‹ sich einer erneuten Reaktivierung durch den Fluß der »esprits animaux« deshalb leichter öffnen und entsprechend nachhaltige Bilder vergangener Wahrnehmung oder imaginärer Produktion erzeugen, weil die benachbarten »traces« stillgestellt sind und der unwillkürlichen Ausdehnung der aktivierten Spur keinen Widerstand entgegensetzen.[24] So wird die Identität einer Person in ihrem Gegenwartsbezug potentiell durch die asynchronen Effekte ihrer gespeicherten Körperwahrnehmungen gestört, wenn nicht zerstört; wird doch auch die Skala pathologischer Realitätsverzerrungen von der »inquiétude« über die Melancholie bis hin zur »folie« aus einer dysfunktionalen Mechanik der »imagination« heraus erklärt.[25]

Aber nicht nur durch unterschiedlich erworbene und gespeicherte Sinneseindrücke erweist sich der Körper als das Medium, in dem die Identität der Person durch zeitversetzende Effekte gebahnter Spuren beeinträchtigt wird. Die Abhängigkeit von den kontingenten Bahnungen mag noch so groß sein; sie wird in ihrer Wirkkraft in den Schatten gestellt durch erbliche Dispositionen schon längst eingeschriebener Spuren. In einer interessanten Passage vergleicht Malebranche die durch Sinneseindrücke erworbenen Spuren mit Wunden, die letztlich vernarben so wie die »traces acquises« veröden, sofern sie nicht reaktiviert werden. Dagegen bleiben die »traces naturelles« als zeitlich invariable Determinationsfaktoren bestehen: »[ils] ne s'effacent point, mais les autres se guérissent avec le temps.«[26] Gerade dies, wenn man so will, die unterschiedliche Bestandsdauer, – so deutet Malebranche an – hat erhebliche Konsequenzen auf dem Gebiete der »morale«.[27] Aus welchem Grunde, das spricht er nicht direkt aus; aber man wird kaum fehlgehen in der Annahme, daß es für Malebranche die Instabilität von zeitverschoben wirksamen Bedingungsfaktoren ist, die eine Zügelung des körperlich kontaminierten Affektlebens zum Zwecke der Selbsttransparenz zugleich erzwingt und schwer macht.

Was nun die explikative Funktion dieser Theorie coenästhetischer Wirkprozesse betrifft, so ist sie bei Malebranche und seinen Nachfolgern durchaus ambivalent. Als ein Zusammenhang physischer und psychischer Bewegungen, der an das okkasionalistische Analogon zum commercium corporis et mentis angrenzt, stellt das physiologische Kommunikationssystem der »traces« zunächst einmal erhebliche Bereiche der Leib-Geist-Synthese als ein anthropologisches Fundament sicher, das elementare menschliche Artikulationen erlaubt: Die grundsätzliche Möglichkeit sprachlicher Zeichenbildung und Verständigung ist

---

24 Vgl. Louis de la Forge: Traité de l'esprit de l'homme. In: Ders.: Œuvres philosophiques. Avec une étude bio-bibliographique. Hrsg. von Pierre Clair. Paris 1974, S. 260f.
25 Vgl. ebd. S. 255ff. und Malebranche, De la Recherche (Anm. 18), S. 320ff. (Livre second. Troisième partie, »De la communication contagieuse des imaginations fortes«)
26 Malebranche, De la Recherche, S. 251 (II, I, VII, § VI).
27 Vgl. ebd. S. 251.

hier neben den Leistungen des Gedächtnisses und der Einbildungskraft zu nennen[28], näherhin die Auslösung bildhafter, energetischer Affektprozesse über rhetorische Figuren.[29] Aber es gibt schon bei Malebranche keinen Zweifel daran, daß mit dieser psycho-physiologischen Theorie auch ein neues Instrumentarium moralistischer Analytik bereitgestellt wird[30], das ein Raster zum theoretischen Ausfiltern aller der Seele durch den Körper zukommenden Sensationen entwirft.[31] So wird der moralistische Diskurs zu einer Art Herzens- und Körperpolizei. Hygiene des Bewußtseins und Prophylaxe gegenüber materialen Kontaminationen des Denkens sind seine erklärten Ziele. Damit öffnet sich der menschliche Körper als ein Feld unterschiedlichster zeitverschobener Bahnungen in einem viel stärkerem Maße dem aufdeckenden Zugriff, als dies in der klassischen Moralistik grundsätzlich der Fall sein konnte; muß doch die Moralistik des 17. Jahrhunderts, weil die Regularien der »bienséances« den menschlichen Körper allenfalls im Komischen zulassen, das Körperliche in einem weiten Abstand belassen. Die Selbstbetrugsmanöver, die bei La Rochefoucauld und Pascal im Zeichen der »imagination« enthüllt wurden, erhalten deshalb erst bei Malebranche ein biologisches Fundament nachgereicht. Gleichzeitig wird aber dem Körper als Verursacher und Speicherraum unbewußt sich durchsetzender Mechanismen eine angstbesetzte Position zugewiesen. Denn die Faszinationskraft des Körperlichen liegt ja in seiner unhintergehbar maschinenhaften Selbsttätigkeit, die auch dem auf sich selber sich wendenden Subjekt ein Generator undurchdringbarer Kontingenzen wird.

Daß der moralistisch sezierende Diskurs mit seiner Aufdeckung der mit Spuren durchfurchten terra incognita auch ein Faszinosum angstbesetzter Körperlichkeit entwirft, wird im übrigen in solchen Passagen deutlich, in denen körperliche Mißbildungen im menschlichen Fötus durch überstarke »imagination« der schwangeren Frau mit unbewußt gebliebenen aber zeitlich wirkkräftigen ›Spuren‹ erklärt werden. Nicht nur die unbewußte Prägung der Wahrnehmungsfähigkeit des Ungeborenen durch entsprechend der Wahrnehmung oder Imagination der Mutter disponierte »fibres« erläutert Malebranche in diesem Rahmen; entscheidender ist, daß die Berichte von monströsen Entstellungen der Leibgestalt den psycho-physiologischen Diskurs in die Nähe anekdotischer Horror-Kolportage rücken. Ganz zwanglos fügen sich nämlich die Berichte von Deformationen Neugeborener, deren körperliche Monstrositäten sozusagen

---

28 Vgl. Ginette Dreyfus: Le fondement du langage dans la philosophie de Malebranche. In: Le Langage. Actes du XIIIe congrès des sociétés de philosophie de langue française. Neuchâtel 1966, S. 137–142.
29 Vgl. Vf.: Problematische Rhetorik. Studien zur französischen Theoriebildung der Affektrhetorik zwischen Cartesianismus und Frühaufklärung. München 1982, S. 42ff. und 146.
30 In dieser Perspektive hat zuletzt Geneviève Rodis-Lewis die *Recherche* gelesen: Malebranche ›moraliste‹. In: XVIIe Siècle 159 (1988), S. 175–190.
31 Vgl. das Fazit bei Malebranche am Ende des zweiten Buches, S. 376: »[...] toutes les pensées qu'a l'ame par le corps ou par dépendance du corps, sont toutes pour le corps: [...] elles sont toutes fausses ou obscures: [...] elles ne servent qu'à nous unir aux biens sensibles [...].«

Analogiebildungen zu den sensoriellen Wahrnehmungen der Schwangeren sind, in das analytische Raster des Diskurses ein.[32] So tendiert schon der moralistische Diskurs an seinen Rändern zu einer narrativ-anekdotischen Inszenierung des Beängstigenden. Er bereitet damit jene Gattungsüberschreitung vor, die Prévost nicht nur in seinen Romanen vollzieht, sondern in den erzählten Anekdoten seiner Journalistik in ihrer Genese erkennen läßt, wenn er z. B. in *Le Pour et le contre* eine Geschichte vergleichbarer Thematik erzählt, »qui aurait été d'une grande utilité au père Malebranche pour son chapitre de l'imagination«.[33]

III. Unbewußtes Erzählen: Prévosts *Histoire d'une Grecque moderne*

Prévosts Romanhelden, dies hat die Forschung seit einiger Zeit gesehen, sind allesamt nach den Vorgaben der Anthropologie Malebranches konstituiert.[34] Ihre »inquiétude« als grundsätzliche innere Verfaßtheit, wie sie Malebranche in augustinischer Tradition als eine Konsequenz permanenter »circulation de pensées & de désirs«[35] begreift, ist hier zu nennen[36], dann die Blindheit gegenüber der Lenkung durch sensorielle Reize und der Wille, sich gleichwohl den Spuren körperlich-sensitiver Eindrücke zu entziehen. Alles dies bestimmt ihren Lebensweg, auch wenn sie ihn als Ich-Erzähler zumeist nur unzureichend in seiner jeweiligen Kausalität darzustellen vermögen. Sofern nun noch, wie das bei vielen Romanen Prévosts der Fall ist, die Suche nach einem providentiellen oder wenigstens deistisch-naturfinalistischen Lebenszusammenhang in den Vordergrund tritt, rückt der Körper und sein sensitives Instrumentarium in die Funktion ein, durch seine ›maschinelle‹ Selbsttätigkeit und eine Querlage zur teleologischen Selbstdeutung der Helden die latente Roman-Theodizee

---

32 Vgl. etwa Malebranche, De la Recherche, S. 238 ff., oder Lamy, De la Connoissance, Bd. III, S. 219 ff. – Zum größeren Zusammenhang im Kontext von Gebärmutter und Hysterie vgl. Fischer-Homberger, Krankheit Frau (Anm. 1), S. 115 ff.

33 In: Ders.: Œuvres de Prévost. Hrsg. v. Jean Sgard. Bd. VII. Grenoble 1985, S. 137.

34 Zur generellen Fortschreibung der Anthropologie Malebranches im 18. Jahrhundert vgl. André Robinet: La Tradition malebranchiste au XVIIIe siècle. In: Revue de l'Université de Bruxelles 1972, 2/3, S. 166–187. – Zur direkten Verarbeitung einzelner anthropologischer Aspekte, die sich allesamt in einem augustinischen Kontext bewegen, vgl. Jean Deprun: Thèmes malebranchistes dans l'œuvre de Prévost. In: L'Abbé Prévost. Actes du Colloque d'Aix-en-Provence, 20 et 21 décembre 1963. Aix-en-Provence 1965, S. 155–172. – Eine konsequente, wenn auch in vielerlei Hinsicht fragwürdige, weil primär ideengeschichtlich ausgerichtete Deutung einiger Romane Prévosts in Hinblick auf die unterlegte Anthropologie Malebranches wurde zuletzt vorgelegt bei Alan J. Singermann: L'Abbé Prévost. L'Amour et la morale. Genève 1987.

35 Malebranche, De la Recherche, S. 195.

36 Die einschlägige Studie ist hier Jean Deprun: La Philosophie de l'inquiétude en France au XVIIIe siècle. Paris 1979.

– die Integration kontingenter Störfaktoren in eine romaneske Entelechie-Struktur – zu dementieren. Zwei Themen kristallisieren sich dabei als zentral heraus, das explizite Thema der Phantasmen einer Kontingenz-Angst[37] und das implizite Thema einer labyrinthischen Erinnerung, die eine glaubhafte Rekonstruktion des Erlebten von vorneherein vereitelt und somit auch die erzählerisch behauptete Kausalität in Mißkredit bringt.[38] So bewegt sich der durchschnittliche Ich-Erzähler Prévosts noch im nachhinein auf unsicherem Gebiet; die retrospektive Narration droht in den Sog jener Bilder und Phantasmen zu geraten, denen der »héros inquiet« aus sensorieller Begierde oder aus seiner überladenen »imagination« heraus nicht zu entkommen vermochte. Ganz im Gegensatz zu Marivaux macht sich hier im übrigen das mangelnde Ausspielen eines »double registre« bemerkbar, auf dem der Erzähler die perspektivische Divergenz von Erzählzeitpunkt und erzähltem Geschehen zwar offenzuhalten aber auch in eine virtuelle Konvergenz zu verwandeln vermag.

Im Falle der *Histoire d'une Grecque moderne* (1740) bestimmt nun ein Raffinement die Erzählung, das sie besonders dazu geeignet macht, das narrative Ausspekulieren unbewußter sensitiver Determinanten vorzuführen. Ein Ich-Erzähler, der französische Botschafter im türkisch-osmanischen Konstantinopel, situiert sich hier von vorneherein in einer Position unzulänglichen Begreifens. Er berichtet davon, wie er vergebens eine schöne Griechin aus dem Serail eines befreundeten Türken losgekauft, sie im Sinne westlicher Autonomievorstellungen erzogen hat, und wie sie sich gerade aufgrund der bereitwilligen Aneignung solch moralisch gestützten Selbstverständnisses seinem verdeckten Begehren entziehen konnte. Von vorneherein steht so die narrative Rekonstruktion unter einem massiven Verdacht. Sie scheint – wie der Erzähler es selbst gleich zu Beginn formuliert – durch den Affekt der »passion violente« in ihrer Sachhaltigkeit getrübt.[39] Das sexuelle Begehren, unerfüllt aber damit nicht weniger die Wahrnehmung prägend, schlägt auf seiten des Erzählers durch auf eine defizitäre Einsicht in die inneren Beweggründe der schönen Théophé, sich den Ansprüchen »de son libérateur, de son père et de son dieu« (S. 18) zu entziehen. Da dieses Begehren zum Zeitpunkt der erzählerischen Rekonstruktion immer noch ungestillt ist – die schöne Griechin stirbt bald

---

37 Die Angst, kontingenten Determinationsfaktoren ausgeliefert zu sein, betrifft einmal die Erfahrungen körperlicher Abhängigkeiten, stärker aber noch die Erfahrung, statt konsistenten Lebensverläufen der Willkür undurchschaubarer Koinzidenzen überantwortet zu sein, die nur im theoretischen Diskurs eine Plausibilisierung qua Theodizee-Modell erhalten können. Vgl. dazu Verf.: Umstrittene Theodizee, erzählte Kontingenz. Die Krise teleologischer Weltdeutung und der französische Roman, 1670–1770. Tübingen 1994, Teil 4, Kap. IV.
38 Die Funktion einer »labyrinthischen Erinnerung«, die auf der Ebene des »discours« ein Analogon zu den topographischen Labyrinthen in der Form abenteuerlichster Irrfahrten Prévostscher Helden darstellt, wurde zuletzt herausgearbeitet bei Jean Sgard: L'Abbé Prévost. Labyrinthes de la mémoires. Paris 1986.
39 »Une passion violente, ne fera-t-elle point changer de nature à tout ce qui va passer par mes yeux ou par mes mains?« – In: Œuvres de Prévost. Bd IV. Grenoble 1982, S. 11. Nach dieser Ausgabe wird der Text in Zukunft mit einfacher Seitenangabe im laufenden Text zitiert.

nach der Übersiedlung nach Frankreich – färbt es schon deshalb auf die sprachliche Konstruktion der erlebten Vergangenheit ab, weil nur die retrospektive Imagination des Erzählers eine kompensatorische Erfüllung verspricht, allerdings um den Preis einer permanenten Verzerrung der Geschichte, die man freilich anders als über den Diskurs des Erzählers nicht erfassen kann. So wird der Erzähler von vorneherein zu einem diskursiven Pygmalion, der in seiner Schrift das schillernde Wunschbild eines Liebesobjektes entstehen läßt.[40]

Aber ein zweiter Verdacht ist noch weitaus konsequenzenreicher: Im Laufe der Narration wird dem Leser das Angebot des Erzählers, die eigene »sincérité« aufgrund der affektischen Kontamination des eigenen Diskurses als fragwürdig zu verwerfen, suspekt; suggeriert sie doch als eine Art Meta-Aufrichtigkeit eine potentielle Selbsttransparenz, die im Erzählten immer wieder dementiert wird. So verdeckt gerade der moralistische Gestus, mit dem der Erzähler den Leser über die Möglichkeit eigener affektiver Verblendung aufklärt, daß jenseits des eingestandenen Begehrens noch eine andere und weitaus komplexere Dynamik das Handlungsgeschehen bestimmt. Demnach ist es nicht eigentlich die »passion violente«, die als partiell unbewußte ›Mechanik‹ das philanthropische Unternehmen des Erzählers unterminiert. Vielmehr sind es die nicht eingestandenen Phantasmen der Eifersucht und eine eigentümlich inzestuöse Inszenierung der Handlung, die dem Leser als überraschende Lücken im Selbstbewußtsein des Erzählers ins Auge fallen. In der Konzentration auf die Eifersuchtsthematik soll dies in der Folge dargelegt werden.

Die Bedingungsfaktoren, die die Bewußtseinsdefizite im Kontext der gegebenen Figurenkonstellation verursachen, sind in der Erzählung zunächst einmal als physiologische Disposition der Figuren gefaßt. Der Erzähler sieht sich nämlich mit außergewöhnlicher »imagination« bedacht.[41] Formulierungen wie »j'étais comme enivré« (S. 56) oder »Je ne fus pas le maître de mon transport à ce discours« (S. 53) forcieren die Bedeutung solcherart Disposition, die durch komplementäre Einsichten in das Unreflektierte ›konfuser‹ Wahrnehmungen noch einsichtiger wird.[42] Der Erzähler ist zudem, wie er durchaus zu erkennen gibt, von der Intensität sinnlicher Anschauungen, vor allem jedoch von einem geradezu oralen Verschlingen in der visuellen Wahrnehmung gefesselt.[43] War es

---

40 Auf den Pygmalion-Aspekt verweist James P. Gilroy: Prévost's Théophé: A Liberated Heroine in Search of Herself. In: The French Review 60/3 (1987), S. 311–318, hier S. 313.

41 Vgl. S. 49: »Cependant, à peine l'obscurité et le silence de la nuit eurent-ils commencé à recueillir mes sens que toutes les circonstances qui venaient de se passer à mes yeux se représentèrent presque aussi vivement à mon imagination.« – Vgl. ebenfalls S. 65, wo von der kaum kontrollierbaren Einbildungskraft gesprochen wird, und S. 92, wo es selbstironisch heißt: »Ce n'était pas du côté de mon imagination que j'avais des obstacles à combattre.«

42 Vgl. etwa S. 53 (»Je n'examinais point d'où me venait la chaleur qui animait toutes ces offres [...]«, oder S. 55: »Je pensai *confusément*, et sans oser me l'avouer à moi-même, que la présence continuelle de ce jeune homme m'ôterait la liberté d'être seul avec Théophé.« (Hervorh. von mir. R.B.)

43 Z.B. S. 39: »[...] je demeurai quelque temps à la regarder avec un goût, ou plutôt avec une avidité, que je n'avais jamais sentie.«

ursprünglich ein Ausgeliefertsein an den Gesichtssinn, das den Erzähler trotz seiner Vater- und Erzieherrolle an Théophé gebunden hatte und die Leidenschaft unter dem Deckmantel der Philanthropie indizierte, so wird der Gesichtssinn in der späteren Phase der Eifersucht[44] zum primären Sensorium, um die Phantasmen der überreizten »imagination« zu nähren: »[...] en portant un œil curieux dans toutes les parties de la chambre« sucht er wie besessen nach einem geheimen Zugang zu Théophés Zimmer, bis seine »agitations [...] à cette vue« (S. 103; Hervorh. v. m., R. B.), einer ihm unbekannt gebliebenen Tür, ihren Höhepunkt erreichen. Überhaupt füllt sich der Affekt der Eifersucht, der das erzählte Ich während der zweiten Romanhälfte beschäftigt, in der visuellen Wahrnehmung bzw. der imaginierten Phantasmagorie erst eigentlich auf. Der Autonomieverlust des Subjekts, der in der Literatur des 17. Jahrhunderts das Substrat des Eifersuchtsmotivs bildet[45], radikalisiert sich so bei Prévost zu heilloser Abhängigkeit von der Mechanik der Körperwahrnehmungen.

Blickt man von dieser psycho-historischen Disposition des Ich-Erzählers auf seine Antagonistin, so fällt hier ein Mangel dispositioneller Charakterisierung auf, der auf bezeichnende Weise wettgemacht wird. So gut wie nichts erfährt der Leser nämlich darüber, aus welchen Bedingungen heraus sich Théophé den doppelbödigen Botschaften ihres Gönners standhaft entzieht, obwohl sie doch ihrem eigenen Bekunden nach als Frau nur dazu erzogen wurde, dem Begehren der Männer derart zu willfahren, daß das eigene Begehrtwerden als Machtmittel in »bonheur« und »fortune« umgemünzt werden kann (S. 22). Dagegen erfährt man im Roman viel von der Veranlagung einer »inquiète Sicilienne« (S. 95), die Théophés geradezu narzißtische Sympathie genießt und auf deren Drängen hin durch den Erzähler ebenfalls aus dem Serail ausgelöst wird. Von ihr berichtet Théophé dem Erzähler – und dieser dem Leser –, daß der Vater, dessen Mutter einen notorisch libertinen Lebenswandel geführt hatte, seine Tochter durch eine abgeschiedene klösterliche Erziehung gegen all diejenigen Einflüsse hatte abschirmen wollen, die in seiner eigenen Familie den moralischen Niedergang verursacht hatten (S. 73). Nun ist es bezeichnenderweise ein Spiegel, der – zufällig durch einen Bijouterie-Händler in das Gewahrsam eingeschleppt – der schönen Sizilianerin die Augen über die Verführungskraft des eigenen Leibes öffnet und sie damit entgegen der wohlmeinenden Erziehung des Vaters zu einem unstillbaren Begehren des Begehrtwerdens disponiert. Wenn nun die schöne Sizilianerin auf Drängen Théophés hin ebenfalls vom Er-

---

44 Die erste Nennung des Begriffs erfolgt erst S. 71, also schon in der zweiten Hälfte des Romans, und dort bezeichnenderweise in negierter Form.
45 So die Ausführungen bei Erich Köhler: Klassik I. Hrsg. v. Henning Krauß (= Vorlesungen zur Geschichte der Französischen Literatur). Stuttgart 1983, S. 77–87. – Unter dem Aspekt der erzählerischer Verzerrung und der ›aliénation‹ des Subjekts hat Jean Rousset die *Histoire d'une Grecque moderne* mit Robbe-Grillets Roman *La Jalousie* (1957) verglichen (Narcisse romancier. Paris 1972, S. 139 ff.). Zur Dominanz des Eifersuchtmotivs unter den Bedingungen literarischer und psychohistorischer Moderne und der damit einhergehenden Parzellisierung des Ichs sei verwiesen auf Roland Galle: Eifersucht und moderner Roman. In: Rudolf Behrens/Richard Schwaderer (Hrsg.): Italo Svevo. Ein Paradigma europäischer Moderne. Würzburg 1990, S. 21–36.

zähler auf die Bahn der Tugend bzw. okzidentieller Autonomievorstellungen gebracht wird, dann wird sie auf dieser Bahn *nicht* fortschreiten; sie entgleitet dem Erzähler und gerät rasch in den libertinen Kontext, zu dessen Vermeidung die jahrelange Erziehung hatte dienen sollen. Offenkundig setzen sich bei ihr, malebranchistisch gesprochen, die hereditären »traces« einer Empfänglichkeit gegenüber den Verführungen der Sinne durch, reaktiviert durch die ausführlich beschriebene Entdeckung des eigenen Spiegelbildes. Deshalb ›spiegelt‹ sie in der Logik der Erzählung nur per negationem die Situation Théophés, die ihrerseits durchaus in ihr ein alter ego wahrnehmen will, jedenfalls in der verzerrenden Darstellung des Erzählers, dessen nicht artikulierte Wünsche möglicherweise die Parallelsetzung erst motivieren. Aber die Parallelisierung der beiden Lebensläufe enthüllt letztlich nur, daß sich bei der Sizilianerin die erblich erworbenen »traces« durchsetzen, während eine solche – offenbar nicht gegebene – physiologische Disposition im Falle Théophés dem systematischen Double-bind des Erzählers ironischerweise entgegenkäme aber tatsächlich nicht entgegen*kommt*. Will er doch – unbewußt – im Zuge einer wohlgemeinten Umerziehung Théophés zur Tugend ihre Abhängigkeit zur Erregung einer Leidenschaft nutzen.

Bliebe man nun auf dieser Ebene einer Figurenanalyse stehen, so erschiene der Roman auf die rätselhafte schöne Griechin zentriert, deren Haltung letztlich nur als der Effekt einer verborgen gebliebenen Konversion oder der Einwirkung einer Gnade gedeutet werden kann.[46] Aber damit entgeht einem die tragende Dimension der Ironie in der Narration, auf die es uns hier ankommt. Denn erst im Aufbau einer Distanz zwischen dem ›falschen‹ Wissen des Erzählers über sich selbst und einer nur angedeuteten Dimension des Unbewußten wird die mangelnde Selbsttransparenz des Erzählers für den Leser erfahrbar. Und dies eben als dramatische Ironie, die erzählerische Darstellung und supponierte Geschichte permanent auseinandertreten läßt.[47]

Entscheidend für diesen Ironie-Effekt ist, daß der Erzähler sich selbst, mehr aber noch sein jeweiliges Gegenüber, in solcher Begrifflichkeit präsentiert, die von vornherein den physiologisch-moralistischen Kontext körperlich kontaminierter »imagination« aufruft und demnach fälschlich eine analytische Penetranz nahelegt. Um nur einige Beispiele zu nennen: Der Erzähler zitiert Théophé, die von der »première trace que [s]a mémoire conserve« (S. 19), später von den »traces« der Jugendzeit (S. 22) und wiederum später (S. 33) von den völlig erloschenen »traces« der Erinnerung an ihre Mutter berichtet. Seine eigene »imagination« beschreibt er als bedrohliche Selbsttätigkeit der Sinne (S. 49, 65). Anderen wiederum unterstellt er ganz selbstverständlich, die ima-

---

46 So bei Singermann, L'Abbé Prévost (Anm. 34), S. 223.
47 Auf die Ironie-Effekte in der erzählerischen Gestaltung wird zuletzt hingewiesen bei Jean-Paul Sermain: *L'Histoire d'une Grecque moderne* de Prévost: Une rhétorique de l'exemple. In: *Dix-huitième siècle* 16 (1984), S. 357–367. Sermain sieht allerdings die Ironie vorrangig in dem Umstand begründet, daß der Erzähler seine retrospektiv-analytische Position nicht hinreichend von derjenigen des erzählten Ich absetzen kann (vgl. S. 364).

ginative Reizbarkeit Théophés »par *la vue* d'un lieu charmant« zum Zwecke der Verführung auszunutzen (S. 72). In bezug auf Théophés Einbildungskraft fürchtet er ironischerweise wiederum, daß er ihre »imagination vive« durch eine aufgezwungene Lektüre der *Essais* Nicoles und der *Logique de Port-Royal* entfacht habe (S. 81); ein insofern schwindelerregender Gedanke, als dort im Vorgriff auf Malebranche die Gefährlichkeit der körperlichen »pensées imperceptibles« ausgiebig diskutiert wurde. Die besondere Ironie dieser Stelle liegt auch darin begründet, daß der Erzähler in einer unbewußten Spiegelung seiner eigenen Problematik überschießender »imagination« an Théophé etwas aufdecken will, was den blinden Fleck der eigenen Selbstwahrnehmung ausmacht: die Möglichkeit nämlich, daß es gerade die ausgrenzende und abwehrende Intention des moralistischen Diskurses ist, die eine körperlich kontaminierte Einbildungskraft über die Lektüre erst richtig stimuliert. Solcherart zur Schau gestellte Vertrautheit mit dem einschlägigen moralistischen Intrumentarium kulminiert auch in einer Szene, die zugleich eine Klimax der Eifersucht anzeigt. Der Erzähler, der davon berichtet, wie er Théophé in Paris aus Eifersucht nachstellt, diagnostiziert bei der Gouvernante seines Schützlings »les ridicules imaginations« (S. 115), eine »imagination gâtée« (S. 114), die sie ihrerseits den Verführungskünsten derjenigen ausliefere, die es auf Théophé abgesehen hätten. Dagegen konstatiert er an sich selber nach der peinlichen Bloßstellung ihrer – gemutmaßten – Verführer, wie die »charmes« Théophés ihn mit einer »honnête complaisance« derart beeindrucken, daß dies trotz seines gesundheitlich angeschlagenen Zustandes längst vergessene Spuren aktiviert[48] und bezeichnenderweise in seiner Einbildungskraft genau jene Bilder produziert, die an das Faszinosum des Lasters gebunden sind.[49] M.a.W.: Die eigentümliche Rührung durch die eifersüchtig angezweifelte ›Tugend‹ geht über die angesprochene »Spur« nahtlos über in ein Begehren. Auf engerem Raum läßt sich die Konvertierung moralistischer Analyse in eine permissive Lizenz zur eigenen Lust kaum durchführen!

Faßt man diese Befunde zusammen, so erhellt auf Anhieb der ironische Effekt: Der Erzähler bewegt sich in jenem Diskurs, der ihm theoretisch eine Einsicht in die Dynamik des eigenen körperlichen Begehrens vermitteln könnte. Das Konzept der »traces« als eine Psychologie von Sedimentierung und Reaktivierung sinnlicher Eindrücke bestimmt ja noch seine eigene Sprache und Wahrnehmung, führt aber dennoch nicht zu einer befriedigenden Selbsttransparenz. Im Gegenteil könnte man behaupten, daß die halbwegs bewußte Obsession einer Abhängigkeit von den Spuren der »imagination« unbewußt auf die erzählerische Rekonstruktion der Eifersuchtssituation durchschlägt. Denn der Ironie-Effekt erreicht einen geradezu komischen Höhepunkt, wenn der Erzähler Théophés Bett durchwühlt, um an der »figure du lit« die verborgenen

---

48 S. 115: »[...] me renouvela des traces que je croyais mieux effacées.«
49 »Mon affaiblissement même ne fut point un obstacle, et je suis encore à comprendre comment des sentiments d'honnêteté et de vertu produisirent sur moi les mêmes effets que l'image du vice.« (ebd.)

»traces« einer vermuteten Untreue zu entdecken und sich dennoch an der »forme [...] imprimée« des begehrten Körpers seiner selbst zu vergewissern:

> J'observai jusqu'aux moindres circonstances *la figure du lit*, l'état des draps et des couvertures. J'allai jusqu'à mesurer la place qui suffisait à Théophé, et à chercher si rien ne paraissait foulé hors des bornes que je donnais à sa taille [...] il me semblait que rien n'était capable de me faire méconnaître *ses traces*. Cette étude, qui dura longtemps, produisit un effet que j'étais fort éloigné de prévoir. N'ayant rien découvert qui n'eût servi par degrés à me rendre plus tranquille, la *vue du lieu* où ma chère Théophé venait de reposer, *sa forme que je voyais imprimée*, un reste de chaleur que j'y trouvais encore, *les esprits qui s'étaient exhalés d'elle* par une douce transpiration, m'attendrirent jusqu'à me faire baiser mille fois tous les endroits qu'elle avait touchés. Fatigué comme j'étais d'avoir veillé toute la nuit, *je m'oubliai si entièrement dans cette agréable occupation que le sommeil s'étant emparé de mes sens*, je demeurai profondément endormi dans la place même qu'elle avait occupée. (S. 104, Hervorh. v. mir. R. B.)

So entäußert sich die halluzinatorische Fixierung auf das Labyrinth sensorieller Spuren in die Spurensuche im praktischen Leben. In kaum überbietbarer Ambiguisierung der Sprache[50] wird das Bett selber über die Metaphorik der Spur zur imaginären memoria. Deren vermeintliche Spuren fährt der eifersüchtig Begehrende nach, um des »Eindrucks« habhaft zu werden, der ihm die Gewißheit über die eigene Nichtigkeit geben könnte, dessen Absenz ihm allerdings auch die offenbar gewünschte Perpetuierung des Eifersuchtsgefühls garantiert. Daß ihm über diese »agréable occupation« schließlich der Schlaf die Sinne raubt und er – zum Erstaunen der später Hinzukommenden – justament auf dem Umriß des begehrten Körpers einschläft, pointiert dabei noch die eigentümliche Selbstvergessenheit, in der Angst und Wunsch, Negation und Erfüllung in einem symbolischen Akt koinzidieren. Aber den kann eben nur die erzählerische Rekonstruktion in einem imaginären Entwurf zustandebringen.

IV. Marivaux' *La Vie de Marianne* oder das Telos des Körpers

Prévosts Protagonisten erfahren das Unbewußte und ihren Körper als eine Quelle von Orientierungsverlust. Weit entfernt davon, das Subjekt in der coenästhetischen Selbstwahrnehmung zu stabilisieren, produzieren die Spuren des Körpers ein physiologisches Labyrinth, das sich in der sprachlichen Ambiguität und in der narrativen Positionslosigkeit der Ich-Erzähler noch einmal spiegelt. Die konzeptuellen Vorgaben moralistisch gewendeter Psycho-Physiologie

---

50 Daß dieser Roman ganz grundsätzlich in seiner narrativen Strategie darauf fußt, daß der Erzähler ambivalente Bilder bzw. eine latent ›umkippende‹ Semantik der Sprache benutzt, in deren Uneindeutigkeit ein Spielraum für gleichsam unbewußte Strategien erzählerischer Ambiguisierung geschaffen wird, ist dargelegt bei Peter V. Conroy, Jr.: Image claire, image trouble dans l'*Histoire d'une Grecque moderne de Prévost*. In: Studies on Voltaire and the Eigteenth Century 217 (1983), S. 187–197.

werden demnach folgerichtig bis hin zur narrativen Inszenierung des ›Unheimlichen‹ genutzt. An ihrem Körper als Reservoir des Unbewußten scheitern deshalb noch die Gutwilligsten unter Prévosts Helden, die drei großen Romane zeigen dies auf je unterschiedliche Weise.[51]

Im Verhältnis zu dieser Perhorreszierung des körperlichen Unbewußten entwirft Marivaux in seiner *Vie de Marianne* (1734–1739) eine völlig anders gelagerte Erfahrungsmöglichkeit. Die coenästhetische Wahrnehmung und damit auch ein sensitiver Zugang zu den jenseits des Bewußtseins liegenden Bedingungsfaktoren des eigenen Selbst nehmen hier eine orientierende Funktion an. Allerdings verdankt sich diese divergierende Körperthematik auch der Andersartigkeit der handlungsbezogenen und narrativen Konstruktion dieses Romans. Sie möge hier vorderhand in wenigen Worten erläutert werden.

Marivaux' Ich-Erzählerin erzählt in brieflichem Plauderton einer fiktiven Adressatin die Geschichte ihres Lebens, die gerade deshalb erzählenswert wird, weil sie mit dem Verlust einer sozialen Identität durch einen Überfall auf die elterliche Kutsche problematisch geworden ist und – noch im nachhinein – zu einer wenigstens erzählerischen Kohärenzbildung herausfordert. Durch den Verlust der Eltern jeden Wissens um die eigene Herkunft beraubt, wird die junge Marianne als Waise zunächst einmal das Objekt gesellschaftlicher Zuwendung, bevor sie selber zum Subjekt wird und sich damit als Handlungsfähige erfährt, die die Interaktion zwischen ihr und dem Gegenüber mitgestaltet. Unter dem Leitbegriff der »charité«, der sich semantisch rasch dem Aspekt sexueller Zudringlichkeit ihres ersten Gönners öffnet, vollzieht sich diese Zuwendung auf der Bahn eines sozialen Aufstiegs, bis Marianne sozusagen durch eine ästhetische Reprise des Initialunfalls, durch eine unglückliche Fußverletzung nämlich, die Aufmerksamkeit eines zufälligen Beobachters auf sich zieht und mit dieser Bekanntschaft eine vielversprechende Liebesbeziehung zu dem jungen Adligen Valville eingeht. Hinsichtlich des Stellenwerts orientierender Körperwahrnehmungen sind nun zwei Besonderheiten des Plots entscheidend:

Erstens die Tatsache, daß mit diesem glückhaften Liebeserlebnis nur eine illusionäre und vorübergehende Identitätsfindung ermöglicht wird. Bezeichnenderweise verläßt Valville Marianne angesichts einer durchaus verführerischen Ohnmacht einer anderen jungen Pensionistin des Klosters, in dem Marianne die Zeit vor der ins Auge gefaßten Heirat verbringt. Die ›Liebe‹ Valvilles entpuppt sich spätestens hier als Produkt einer psycho-physiologischen Erregbarkeit, die an den doppeldeutigen Eindruck einer körperlichen ›Schwäche‹ gebunden ist. So mündet für Marianne die vielversprechende Kompensation des Identitätsdefizits in eine offene Situation ein. Der Roman endet entsprechend

---

51 Hinsichtlich einer totalisierenden Interpretation der drei großen, die ›barocke‹ Form noch einmal neu funktionalisierenden Romane sei verwiesen auf Jean Sgard: Prévost romancier. Paris 1968. – Die Inszenierung des ›Unheimlichen‹ und der Bezug zum Schauerroman wird besonders herausgearbeitet bei Jean Fabre: L'Abbé Prévost et la tradition du roman noir. In: J.F.: Idées sur le roman de Madame de Lafayette au Marquis de Sade. Paris 1979, S. 100–119.

fragmentarisch, wenn mit den letzten drei Büchern die Nonne Tervire ihre eigene desaströse Lebensgeschichte erzählt und damit den Glücks- und Orientierungsverlust Mariannes zu relativieren trachtet. Fraglich bleibt so aber bis zum Schluß, von welcher Position aus die *erzählende* Marianne ihr Leben rekapituliert, wenn auch von Anfang an durch entsprechende Hinweise an der glückhaften und gesicherten Lage der Erzählerin kein Zweifel besteht. Da das erzählte Leben und die Position der Erzählerin durch den abrupten Abbruch des Romans aber nie konvergieren, bleibt auch die in der Narration angelegte Teleologie letztlich unverbindlich und hinsichtlich ihrer Tragfähigkeit nicht belangbar.

Zweitens sind die narrativen Konsequenzen entscheidend, die sich aus dem offenen Ende des Romans ergeben. Daß es sich bei der fragmentarischen Konstruktion um ein ästhetisch gewolltes erzählerisches Torso handelt, läßt sich kaum bezweifeln, auch wenn die ältere Forschung immer auch künstlerische Schwächen in Erwägung gezogen hat.[52] Würde nämlich die ausgesparte Konvergenz tatsächlich eintreten, so müßte sich die im Roman zur Diskussion gestellte Teleologie der Romanhandlung auf geradezu märchenhafte Weise erfüllen. Das Experiment, unter dem die Romankonstruktion angetreten war, die Frage nämlich, ob und wie beim zufälligen Ausfall identitätssichernder Instanzen die Romanheldin einen Lebensweg gehen würde, der ihr von ihrer mutmaßlichen Geburt her eigentlich ›zukäme‹, ob sich folglich die gesellschaftliche Positionierung auch gegen die Kontingenzen der Sozialordnung als eine wesensmäßige Zielstrebigkeit durchsetzt, dieses Experiment würde damit aufs glücklichste bestätigt – aber unglaubwürdig; die nachfolgenden »suites anonymes«, abgesehen von derjenigen der Mme Riccoboni, zeigen allesamt eine solche Lösung an, die den Roman in gewisser Weise trivialisiert.[53] Schon deshalb wäre die Lösung aber wenig überzeugend, weil damit die im Roman selbst vorgebrachten providentiellen und religiösen Sinnangebote an Mariannes Selbstdeutung, die sich wegen der moralischen Zwielichtigkeit der sie vertretenden Figuren von vornherein kompromittieren, eine überraschende Bestätigung fänden. Das problemgeschichtliche Potential des Romans, das kontroverse Austragen von Deutungskonflikten, die sich aus der Konkurrenzstellung providentialistischer, deistischer und rein kontingenzorientierter Weltsichten ergeben, wäre damit neutralisiert. Dagegen ermöglicht die fragmentarische Form des Romans einmal, daß die von Marianne zur Geltung gebrachten Deutungsmuster ihres Lebenszusammenhangs, die eine teleologische Linie im eigenen Selbst ansiedeln, bis zum Ende hin als Angebote gelten können, die auch einer Dementierung fähig sind. Zum anderen wird erst durch das offene Ende möglich, daß der Roman über einen langen Zeitraum hinweg mit der ›romanesken‹

---

[52] Vgl. die Diskussion bei William H. Trapnell: Marivaux' unfinished narratives. In: French Studies 24 (1970), S. 237–259.

[53] Überzeugend nachgewiesen wird diese trivialisierende Funktion bei Renate Baader: Wider den Zufall der Geburt. Marivaux' große Romane und ihre zeitgenössische Wirkung. München 1976 (= Münchner Romanistische Arbeiten 44).

Struktur einer in der Selbstdeutung der Figur angelegten Finalität spielt, um dann in der Verweigerung des romanhaften Endes die medialen Bedingungen des Experimentes zu betonen und damit das dargelegte Geschehen in einen offenen Horizont der Beurteilung zu stellen.[54] Wenn aber die erzählerische Finalität durch das offene Ende nicht mehr verbürgt ist und fiktionsintern durch die Desavouierung providentieller Deutungsmuster zusätzlich belastet wird, wenn andererseits das Experiment des Romans in der Konfliktstellung zwischen Kontingenz des Lebens und teleologischem Anspruch des Individuums auf Identitätssicherung besteht, dann tritt diejenige erzählerische Ebene, auf der ein teleologisches Moment dennoch zur Geltung kommt, in besonders profilierter Weise hervor. Ruht doch auf ihr die gesamte Beweislast bei der Dementierung einer sich durchsetzenden Kontingenz. In pointierter Formulierung könnte man deshalb sagen, daß gerade das Wegfallen erzählerischer Konventionen zur Garantierung einer ›romanesken‹ Auflösung der Romanhandlung andere Erzählelemente mit einem Zwang zur Teleologisierung ausstattet.

Das Medium, in dem sich in *La Vie de Marianne* diese kontingenzreduzierende Teleologie als eine unbewußte und gleichsam spontane abbildet, ist nun der Körper bzw. das körperliche Empfinden der Heldin. Die schon von Leo Spitzer vorgebrachte These, nach der eine »prästabilierte Harmonie« zwischen dem Empfinden der Heldin und ihrer unkenntlich gewordenen gesellschaftlichen Position besteht und der »intuition« noch zugänglich bleibt, während sie für die Gesellschaft empirisch nicht mehr faßbar ist[55], läßt sich so auf eine in den Körper zurückverlegte Naturfinalität beziehen. Die Eröffnung eines psychisch ausdifferenzierten Innenraums, in dem die Erzählerin – einem weiten Konsens der Forschung gemäß – die äußere Konfliktlage zwischen Kontingenzerfahrung und teleologischem Anspruch interiorisiert und den »cœur« samt seiner Selbstbestätigungsmanöver im Zeichen des amour-propre zum primären Mittel der Subjektwerdung werden läßt[56], schließt nämlich die körperliche Sensation als einen unbewußten Zugang zur verschütteten Finalität der Lebenslinie mit ein. Die schon von Jean Rousset geltend gemachte Divergenz von ›Fühlen‹ und ›Denken‹, die sich aus dem distanzierenden Spiel der Erzählerin im »double registre« zwischen retrospektiver Überschau und empathischem Nacherleben ergibt[57], gründet ja letztlich auf der Möglichkeit, im sensiti-

---

54 Vgl. dazu Vf., Umstrittene Theodizee (Anm. 37), Teil 4, Kap. V/3.
55 Vgl. Leo Spitzer: A propos de la *Vie de Marianne*. Lettre à M. Georges Poulet. In: L. S.: Romanische Literaturstudien. Tübingen 1959, S. 248–276.
56 Am deutlichsten hat vielleicht Henri Coulet mit seiner bahnbrechenden Arbeit (Marivaux romancier. Essai sur l'esprit et le cœur dans les romans de Marivaux. Paris 1975) auf den Prozeß der Interiorisierung der dilemmatischen Situation Mariannes hingewiesen und die Konstituierung einer Psyche aus den gegebenen Bedingungen einer sozialen Nicht-Existenz heraus als das Thema des Romans hervorgehoben. Vgl. ebd. S. 220ff.
57 Vgl. die bekannt gewordene Argumentation bei J. R.: Marivaux ou la structure du double registre. In: Studi Francesi 1 (1957), S. 58–63, und ders.: Narcisse romancier. Paris 1972, S. 104–131.

ven Bereich einen orientierenden Gegenpol zur Kompensation mangelhafter rationaler Zugänglichkeit eines Unbewußten zu sehen. Inwieweit diese Eröffnung eines selbstreflexiven Innenraums über körperliche Sensationen verläuft, soll hier an einigen wenigen Beispielen herausgearbeitet werden.

Mariannes in vielen Situationen erprobte Einsicht, daß der »orgueil« als eine natürliche Ausstattung gelten kann, die dem Individuum die Selbstbehauptung ausgehend durch eine narzißtische Rückwendung auf den eigenen Leib ermöglicht[58], ist eine fundamentale Erkenntnis, die fast alle entscheidenden Interaktionen der Heldin bestimmt. Dieses intuitive Selbstwertgefühl tritt als Garantieinstanz für das Zustandekommen einer Selbstreflexivität auf, die de facto insofern nur eine partielle ist, als eigentlich der »instinct«, das unbewußt-körperhafte Erspüren des jeweils ›Richtigen‹, die Sinnhaftigkeit einer Handlung garantiert: »Notre âme sait bien ce qu'elle fait, ou du moins son instinct le sait bien pour elle.« (S. 80) Diese Aussage bezieht sich zwar im gegebenen Kontext zunächst einmal bloß darauf, daß sich Marianne intuitiv in einer für sie kritischen Situation dem Weinen überläßt. Aber wenig später wird deutlich, daß der Rekurs auf das Konzept einer spontanen Entlastung der Psyche durch unwillkürliche Körperzeichen nicht von der Zielstrebigkeit zu trennen ist, die diese expressive Authentizität in ein unbewußtes Kalkül der Finalität stellt; der Effekt nämlich wird ganz selbstverständlich mitverbucht: »voyez si mes pleurs m'avaient bien servie.« (S.83) Daß der sensitiv-instinktive Erkenntniszugang bei Marianne grundsätzlich unter einem derart teleologischen Anspruch steht, erhellt auch in der großen Thematik des ersten Buchs, wo die Subjektwerdung aus der unwillkürlichen sinnlichen Orientierung heraus entwickelt wird. Aufschlußreich ist dabei schon die Beschreibung der Einfahrt in Paris, mit der das Mündel in eine neue Lebensphase eintritt:

> »Je ne saurais vous dire ce que je sentis en voyant cette grande ville, et son fracas, et son peuple, et ses rues. C'était pour moi l'empire de la lune: *je n'étais plus à moi*, je ne me ressouvenais plus de rien, j'allais, j'ouvrais les yeux, j'étais étonnée, et voilà tout.
> Je me trouvais pourtant dans la longueur du chemin, et alors *je jouis de toute ma surprise: je sentis mes mouvements*, je fus charmée de me trouver là, je respirais un air qui réjouit mes esprits. *Il y avait une douce sympathie entre mon imagination et les objets que je voyais*, et je devinais qu'on pouvait tirer de cette multitude de choses différentes *je ne sais combien d'agréments* que je ne connaissais pas encore; enfin il me semblait que les plaisirs habitaient au milieu de tout cela. Voyez si ce n'était pas là *un vrai instinct de femme*, et même un *pronostic de toutes les aventures qui devaient m'arriver*. Le destin ne tarda pas à me les annoncer.« (S. 17; Hervorh. von mir. R. B.)

Die Formulierungen in dieser Sequenz sind schon in ihrer Abfolge bezeichnend. Dem Eindruck eines Selbstverlustes (»je n'étais plus à moi«) folgt nach dem Einwirken des sinnlichen Eindrucks der luxuriösen Dinge die coenästhetische Rückwendung auf das Fühlen des eigenen Fühlens, bevor in diesem

---

58 Vgl. Marivaux: La Vie de Marianne. Hrsg. v. F. Deloffre. Paris 1963 (Garnier), S. 86f. – Nach dieser Ausgabe wird in der Folge im fortlaufenden Text mit einfacher Seitenangabe zitiert.

Selbstgenuß eine ›geheime Korrespondenz‹ zwischen der eigenen »imagination« und den wahrgenommenen Objekten wahrgenommen wird. Zumindest in der Retrospektive modelliert folglich Marianne ihr Selbst, das ihr ja wegen ihres Waisen-Status in den sozialen Umrissen entzogen ist, als den Effekt einer Interaktion, in der sich sinnlicher Eindruck, eine unbewußte Attraktion und eine geradezu narzißtische Rückwendung auf die coenästhetische Erfahrung verschränken. Es mag vielleicht zunächst übertrieben scheinen, in Anlehnung an die postcartesianische Fiberntheorie hier das unbewußte Erspüren einer ›Zugehörigkeit‹ zu den faszinierenden Objekten des Luxus im Sinne eines intuitiven ›Wiedererkennens‹ ihrer sozialen Position zu diagnostizieren. Aber die Selbstdeutung Mariannes legt dies durchaus nahe, ganz abgesehen davon, daß Marivaux der theoretische Kontext tatsächlich geläufig war[59]; ausdrücklich wird ja die Verschränkung von sinnlicher Attraktion und sensitiver Selbstwahrnehmung von Marianne auch in eine finale, identitätsstabilisierende Dimension eingebunden. Die verniedlichende und kokettierende Formulierung vom »instinct de femme« ist dabei nur das spielerische Etikett, mit dem die Erzählerin eine sozusagen topische Lesart ihrer »aventure« anbietet, die die Teleologie der Zeichenhaftigkeit dieses Erlebnisses unter einem Blickwinkel retrospektiver Selbstironie relativiert. Zweifellos vollzieht sich aber hier an der körperlichen Selbstwahrnehmung die unbewußte Erschließung eines zukünftigen Glücks und damit eines Wiederfindens der eigenen Identität. So ist es nur konsequent, wenn die folgenden Erzählsequenzen das Thema des »amour-propre« und des wachsenden Selbstwertgefühls betonen. Am prägnantesten geschieht dies dort, wo Climal, der »faux dévot«, Marianne als das Objekt seiner »charité« mit luxuriöser Wäsche ausstattet und damit einen erneuten Schub an narzißtischer Selbstwahrnehmung auslöst, in dem sich die Autonomie des Subjekts weiter festigt. Die Aufforderung, durch einen Blick in den Spiegel moralische Bedenken zu tilgen[60], eröffnet dabei eine neue Dimension der Selbstsicht, die wenige Seiten später bei der Anprobe eines ebenfalls geschenkten Kleides in einen weiteren Rahmen der Interaktion hineingestellt wird. Denn dort blickt Marianne unter eifersüchtigen Blicken einer Hausangestellten in den Spiegel und gelangt sozusagen im Begehren des Anderen dazu, sie selber zu werden:

> »[...] elle [die bei der Mme Dutour angestellte Mlle Toignon] ouvrait sur mon petit attirail de grands yeux stupéfaits et jaloux, et d'une jalousie si humiliée, que cela me fit pitié dans ma joie: mais il n'y avait point de remède à sa peine, et j'essayai mon habit le plus modestement possible, devant un petit miroir ingrat qui ne me rendait que la moitié de ma figure; et ce que j'en voyais me paraissait bien piquant.
> Je me mis donc vite à me coiffer et à m'habiller pour jouir de ma parure.« (S. 49f.)

Die Stelle erlaubt in Mariannes wachsendes Selbstwertgefühl einen Einblick, der weitaus mehr als eine einfache Entfaltung des »amour-propre« freilegt. Bezeichnenderweise ist es der narzißtisch gekränkte Blick einer Rivalin, der die

---
59 Vgl. dazu die Ausführungen bei Coulet, Marivaux romancier (Anm. 56).
60 Vgl. S. 39: »Vous êtes un enfant, taisez-vous, allez-vous regarder dans le miroir, et voyez si ce linge est trop beau pour votre visage.«

Selbstwahrnehmung Mariannes leitet[61]; und dies noch umso nachhaltiger, als der kleine Handspiegel de facto die Sicht auf sie selber so sehr einengt, daß gerade das Bruchstückhafte des eigenen Bildes, also ein Mangel, das Imaginäre der Selbstwahrnehmung erst richtig sich entfalten läßt. In diese Triade von gedoppeltem Ich und begehrendem Beobachter tritt nun in dem folgenden Romanteil ganz zwanglos die Öffentlichkeit ein, die bei dem Kirchenbesuch von der Erzählerin dazu benutzt wird, als Sehende gesehen zu werden: »Il me tardait de me montrer et d'aller à l'église pour voir combien on me regardait«. (S. 52) Hier ›errät‹ Marianne die Gedanken in den Blicken der anderen Frauen (»je devinais la pensée de toutes ces personnes-là«), und der ›Instinkt‹ bestätigt noch einmal das Funktionieren einer im Ansatz bekannten Dynamik: »mon instinct ne voyait rien là qui ne fût de sa connaissance« (S. 59).

Solchermaßen mit der Selbsterfahrung in der Fremderfahrung vertraut gemacht, erfährt Marianne die eigene »chute« (S. 67), die Fußverletzung bei einem Sturz vor den Augen Valvilles, bei der sie notgedrungen den Fuß entblößen muß, als eine unbewußte Inszenierung einer Verführung, deren Finalität subjektlos, und damit als eine in der Natur selbst angelegte Teleologie verstanden werden kann:

> »[...] je songai que j'avais le plus beau pied du monde; que Valville allait le voir; que ce ne serait point ma faute, puisque la nécessité voulait que je le montrasse devant lui. [...] on tâchait de m'y résoudre, et j'allais en avoir le profit immodeste en conservant tout le mérite de la modestie, puisqu'il me venait d'une aventure dont j'étais innocente. C'était ma chute qui avait tort.« (S. 67, Hervorh. v. mir. R. B.)

Wenn sich nun tatsächlich die Körperwahrnehmungen der Marianne allesamt in einen final ausgerichteten Code einschreiben, der ihr qua »aventure« unbewußt den Weg zur Selbstfindung in der Substitution ihrer sozialen Identität verheißt, so bleibt diese Funktion doch nicht unwidersprochen. Sie mag auf der Handlungsebene über lange Strecken hinweg für Marianne eine Evidenz gewinnen. Sie wird auch noch pointiert durch den Umstand, daß sie sich innerfiktional von einer offensichtlich ›falschen‹ Körperlesung unter providentiellen Vorzeichen abhebt.[62] Aber schon das offene Ende suspendiert in gewisser Weise die Geltung dieser These. Mehr noch wird sie freilich anfechtbar, wenn man berücksichtigt, daß Marivaux die »inconstance« Valvilles ganz ausdrücklich als einen Effekt psycho-physiologischer Erregbarkeit gefaßt hat und demnach die potentielle Widerlegung des teleologischen Körper-Kodes aus dem gleichen konzeptuellen Rahmen heraus vorführt, der die teleologische Sinnhaftigkeit

---

61 Vgl. dazu auch die folgende schöne Formulierung bei Rousset, Narcisse romancier (Anm. 56), S. 115: »On s'explore, on se scrute, mais dans le regard d'autrui.« – Zur Funktion der visuellen Wahrnehmung in Mariannes Selbstkonstituierung vgl. Marie-Paule Laden: Self-Imitation in the Eighteenth-Century Novel. Princeton, New Jersey 1987, S. 96f.
62 Vgl. Marivaux, Vie de Marianne, S. 150, wo die Superiorin des Klosters in Mariannes Physiognomie die providentiellen Zeichen der »vocation« sehen will: »Ne serait-ce pas une prédestinée qui me vient! ai-je pensé en moi-même. Car il est certain que votre vocation est écrite sur votre visage [...].«

unbewußter Körperzeichen ermöglicht hatte. Die Ohnmacht der Mlle Varton angesichts ihrer Einweisung in das Kloster, wo Marianne der Vorbereitung ihrer Hochzeit harrt, hinterläßt nämlich einen »Valville, ému de ce spectacle« (S. 350). Die Zeichen des Todes, die dem schönen Leib nach dem Bekunden der Marianne auf ›rührende‹ Weise einbeschrieben sind, ziehen Valville in den Bann. Ganz ausdrücklich betont dabei die Erzählerin, daß er, »né extrêmement susceptible d'impression« (S. 376), den Imagines seines Wahrnehmungsbedürfnisses ausgeliefert ist. Noch die Trauer Mariannes über den erwartbaren Verlust motiviert den Geliebten dazu, die Verlassene »sous une figure qui'l ne connaît pas encore«, erneut zu begehren. Und die begünstigte Varton macht selbst keinen Hehl daraus, daß diese »âme faible« das bloße Spielzeug ihrer sinnlichen Eindrücke ist: »le jouet de tout ce qu'elle voit d'un peu singulier« (S. 378).

Wenn also die sensitive Körperwahrnehmung der Marianne auf das unbewußte Erspüren einer inneren Teleologie ausgerichtet ist, dann stellt sich dem in der Figur des Valville die These entgegen, daß die physiologische Abhängigkeit von den Dispositionen der »imagination« Kontingenzen generiert, die sich im Lebenszusammenhang gegen die intuitive Selbstdeutung im Sinne einer optimistischen Naturfinalität durchsetzen. So kann die ›Natur‹ der Marianne nicht identisch sein mit der ›Natur‹ Valvilles, bzw.: die eine Konzeption dementiert zwangsläufig die andere. Spätestens hier wird aber auch wieder deutlich, daß sich die *Vie de Marianne* in einem historischen Bezugshorizont bewegt, der durch die kontroverse Diskussion deistischer Naturkonzeptionen bestimmt ist. Die große Thematik des Romans der Frühaufklärung, die probeweise Modellierung fiktionaler Welten, in denen providentielle Wirklichkeitsmodelle durch konkurrierende Konzeptionen deistischer oder libertinistisch-skeptizistischer Provenienz außer Kraft gesetzt werden[63], bestimmt letztlich den Rahmen, von dem aus die Geltungskraft der Selbstdeutung Mariannes mit dem Befund vermittelt werden kann, der in der Figur des Valville genau jene kontingenzgenerierende Abhängigkeit von ›Körperspuren‹ diagnostiziert, die der moralistische Diskurs in der Nachfolge Malebranches zum fundamentalen anthroplogischen Datum erhoben hatte. So bietet Marivaux' *Vie de Marianne* sicherlich im Vergleich zu der *Histoire d'une Grecque moderne* Prévosts die Modellierung einer Anthropologie, in der die Körperwahrnehmung einen orientierenden Zugriff auf das Unbewußte in Aussicht stellt, auch wenn durch die finale Gegenthese die Geltung dieser Erfahrung relativiert wird. Aber gleichzeitig wird deutlich, daß Marivaux und Prévost sozusagen die generelle Spannbreite abstecken, in der unterschiedlichste Einschätzungen zur Leitfunktion der körperlichen Wahrnehmung für die Modellierung eines ›Unbewußten‹ möglich sind.

---

63 Vgl. dazu generell Vf., Umstrittene Theodizee (Anm. 37) und Werner Frick: Providenz und Kontingenz. Untersuchungen zur Schicksalssemantik im deutschen und europäischen Roman des 17. und 18. Jahrhunderts. 2 Bde. Tübingen 1988.

Bilder des Körpers im Roman der Aufklärung

Roland Galle (Essen)

Paul Valérys Notiz »Somatisme (Hérésie de la fin des Temps)«[1] hält den in einer Zeit anhaltender Körperkonjunktur nahezu verblaßten Umstand fest, daß die Versprachlichung des Körpers, seiner Erscheinungsformen und Funktionen keineswegs die Selbstverständlichkeit hat, die ihr heutzutage zuzukommen scheint. Die moderne Allgegenwart des Körperlichen, von Valéry als ›Somatismus‹ bezeichnet, wird vielmehr in den Kontext eines geschichtlichen Prozesses gestellt, als Endzeitsymptom und eventuell als Merkmal der Degenerierung gekennzeichnet. Die ineins provozierte Frage nach dem Gegenbild des Körpers, das dessen Präponderanz allererst zu einer Häresie kann werden lassen, führt auf die implizite Vorstellung einer körper-neutralen Wahrheit, die aber zunächst auffallend unbestimmt bleibt. Indirekt beleuchtet freilich wird sie, wenn Valéry im unmittelbaren Kontext festhält, daß der Körper in der kodifizierten Philosophie keine Rolle spielt und dann hinzufügt: »ou n'y joue qu'un rôle effacé, honteux, dissimulé.«[2]

Der Philosophie und also einer normativen Kulturarbeit, für die hier die Philosophie synekdochisch einzustehen vermag, wird ein Bestreben zugesprochen, den Körper auszulöschen, mit Scham zu belegen, zu verstellen, ihn jedenfalls Praktiken zu unterwerfen, die sich in Formen des Tabus, der Selbstwahrnehmung, der Verkleidung und Kleidung sedimentiert haben und die, letztlich, das Gegenspiel begründen, das Valérys Aphorismus über den Körper freigibt. Es ist dies, pauschal gesagt, ein Gegenspiel von körperlicher Präsenz und kultureller Ordnung, ein Spannungsverhältnis, das dadurch charakterisiert ist, daß einerseits der Körper im Vorzeichen einer permanenten Marginalisierung steht, andererseits aber eben dieser Körper und seine Bilder, so sie denn Präsenz gewinnen können, eine gleichsam kulturdementierende Macht und Suggestivkraft besitzen können. Ist das Charakteristikum des ›Somatismus‹ als eines Zustandes am Ende der Zeiten darin zu sehen, die Allgegenwart des Körpers gleichsam spannungsfrei festzuschreiben, so zeichnen sich Zeiten, die

---

1 Paul Valery: Cahiers. 2 Bde. hg. v. J. Robinson. Bibliothèque de la Pleiade. Paris 1973, hier: I, S. 1126.
2 Ebd.

einen solchen Endpunkt noch nicht markieren, dadurch aus, der benannten Spannung Raum und Kontur zu geben.³

Das Werk des Marquis de Sade stellt im Kontext eines solchen natürlich idealtypischen Aufrisses eine Schaltstelle dar: Einerseits weist es schon voraus auf die Epoche des ›Somatismus‹, so wie die von Adorno/Horkheimer pointierte Analogie zwischen den Turnerriegen moderner Sportvereine und den Stellungsübungen in der de Sadeschen Libertingesellschaft paradigmatisch deutlich macht⁴, andererseits aber – und darin wird seit langem die interessantere Dimension dieses Werkes gesehen⁵ – läßt sich die vieltausendseitige Elaborierung körperlicher Präsenz als ein geradezu zwanghafter Versuch lesen, die Aufklärung und ihre zivilisatorische Ordnung zu unterlaufen, ja zu annihilieren, die Wirklichkeit des Körpers zu verabsolutieren und so die zivilisatorische Norm, gegen die sie gerichtet ist, der sie aber auch die Persistenz ihres Anspruchs verdankt, wie durch einen Bann zu entmächtigen. These der folgenden Darlegungen ist nun, daß diese Dynamik, die zweifellos im Werk des Marquis ihren Höhepunkt findet, darin aber auch schon umschlägt in den ganz anders gearteten ›Somatismus‹, im Roman des 18. Jahrhunderts bereits gegenwärtig ist und eine Wirklichkeit ausprägt, die, gerade weil sie oft quersteht zu den expliziten Leitthemen der jeweiligen Romane, geeignet ist, ein erweitertes, noch unbekanntes und auch abgründiges Bild von der Natur des Menschen freizugeben. Paradigmatisch soll diese These anhand von *La Vie de Marianne* (1731) und *La Nouvelle Héloïse* (1760) expliziert werden.

I.

In seinem grundlegenden Werk über den Roman des frühen 18. Jahrhunderts weist René Démoris den Erscheinungsformen des Körpers eine eher konventionelle Übersetzungsfunktion zu: »Dans la grande majorité des cas«, schreibt er in bezug auf die von ihm behandelten Romane, »le corps ne fait que traduire le sentiment: son intérêt est d'être le signe d'une réalité d'un ordre supérieur.

---

3 Valerys sehr allgemein gehaltene These ist, ihrer inhaltlichen Substanz nach, verschiedentlich historisiert worden. Mit Rückgriff auf Elias, zur Lippe und weitere prominente Vertreter einer historischen Anthropologie geben vor allem auch Hartmut und Gernot Böhme dieser Historisierung Kontur, indem sie »die Frage nach der Herkunft der Distanz zum eigenen Körper, wie sie für das 18. Jahrhundert so charakteristisch ist« zum Angelpunkt einer Untersuchung machen, deren Ergebnis sie in einer ebenso globalen wie lapidaren Feststellung bündeln: »Die Distanzierung vom eigenen Körper als bloßer Natur und die Vertierung der Leiblichkeit des Menschen sind offenbar die Kehrseite des Prozesses der Zivilisation.« Hartmut und Gernot Böhme: Das Andere der Vernunft. Zur Entwicklung von Rationalitätsstrukturen am Beispiel Kants. Frankfurt a.M. 1985, S. 54.
4 Max Horkheimer, Theodor W. Adorno: Dialektik der Aufklärung. Philosophische Fragmente. Frankfurt a.M. 1969, S. 95.
5 So z.B. Marcel Hénaff: Sade. L'Invention du corps libertin. Paris 1978.

En tant que tel, il n'a pas besoin d'être précisément représenté; et l'on sait le vague où les romanciers de l'époque laissent le portrait de leur héros.«[6]

Die Metapher des Übersetzens ist für den avisierten Sachverhalt glücklich gewählt. Sie greift die im 18. Jahrhundert virulenten Theorien der Mehrsprachigkeit auf, innerhalb derer zwischen der verbalen Sprache, der Sprache der Gestik und bisweilen einer zusätzlich unterschiedenen Sprache der Musik bzw. des Tonfalls in der Stimme unterschieden wird und den jeweiligen Sprachen, pauschal formuliert, einzelne Wirklichkeitsbereiche, die sie bevorzugt repräsentieren sollen, zugeordnet werden. Sprachgebung ist, so gesehen, Übersetzung unterschiedlicher Wirklichkeitsbereiche in je zuständige Zeichensysteme.[7] Während nun der gesamte Bereich der Rationalität der verbalen Sprache zugeschlagen wird, faßt man es als Aufgabe der Körpersprache, ein Zeichenrepertoire für Gefühle, Ängste und Affekte im weitesten Sinne zu erstellen, so diesen Bereich menschlicher Wirklichkeit durchsichtiger zu machen und mithin auf einer Ebene und in einem Kontext, der sich der Vermittlung weitgehend zu entziehen drohte, eine neuartige und erweiterte Form der Kommunikation zu begründen. Als paradigmatische Illustration dieser Mehrsprachentheorie und ihrer Wirkungsweise in der Sicht des 18. Jahrhunderts kann ein zentraler Passus aus Batteux' *Les Beaux arts réduits à un même principe* aus dem Jahre 1746 dienen:

»Les Hommes ont trois moyens pour exprimer leurs idées & leurs sentimens; la parole, le ton de la voix & le geste. Nous entendons par geste, les mouvemens extérieurs & les attitudes du corps: *Gestus*, dit Ciceron, *est conformatio quaedam & figura totius oris & corporis*.

J'ai nommé la parole la premiere, parce qu'elle est en possession du premier rang; & que les hommes y font ordinairement le plus d'attention. Cependant les tons de la voix & les gestes, ont sur elle plusieurs avantages: ils sont d'un usage plus naturel; nous y avons recours quand les mots nous manquent: plus etendu; c'est un interprete universel qui nous suit jusqu'aux extrémités du monde, qui nous rend intelligibles aux Nations les plus barbares, & même aux animaux. Enfin ils sont consacrés d'une manière spéciale au sentiment. La parole nous instruit, nous convainc, c'est l'organe de la raison: mais le ton et le geste sont ceux du cœur: ils nous emeuvent, nous gagnent, nous persuadent. La parole n'exprime la passion que par le moyen des idées auxquelles les sentimens sont liés, & comme par refléxion. Le ton et le geste arrivent au cœur directement & sans aucun détour. En un mot, la parole est un langage d'institution, que les hommes ont fait pour se communiquer plus distinctement leurs idées: les gestes & les tons sont comme le Dictionnaire de la simple nature; ils contienent une langue que nous savons tous en naissant, & dont nous nous servons pour annoncer

---

6 René Démoris: Le Roman à la première personne. Du Classicisme aux lumières. Paris 1975, S. 452.
7 Einen guten Einblick in die epochale Virulenz dieses Problems gibt: Michael Bernsen: Körpersprache als Bedingung authentischer Subjektivität? Ein Problem der englischen und französischen Empfindsamkeit. In: Rudolf Behrens und Roland Galle (Hg.): Leib-Zeichen. Körperbilder, Rhetorik und Anthropologie im 18. Jahrhundert. Würzburg 1993, S. 83–102.

tout ce qui a rapport aux besoins & à la conservation de notre être: aussi est-elle vive, courte, energique.«[8]

Im Zuge der Entfremdungsdiskussion, die für das 18. Jahrhundert und seine Wirkungsgeschichte eine so große Bedeutung gewinnen sollte, wird das Problem in den Vordergrund treten, ob und inwiefern es der Sprache der Gestik gelingen kann, der allgemeinen Verstellung und Täuschung zu entgehen und eine authentische Selbst-Aussprache zu gewährleisten. Rousseau und die seinem zweiten Discours ebenso wie seinem *Essai sur l'origine des langues* immanenten Sprachursprungstheorien werden zum Kristallisationspunkt dieser Diskussion.[9] Der herangezogene Text von Batteux, durchaus noch der Frühaufklärung zuzurechnen, stellt durch die Kontrastierung einer »langage d'institution« mit einem »Dictionnaire de la simple nature« und durch die emphatische Hervorhebung der universellen Gültigkeit der gestischen Sprache ein Begriffsrepertoire zur Verfügung, durch das dieser Text als Vorbote der späteren Debatte lesbar wird. Hier aber interessiert er nicht so sehr als früher Beitrag zur Diskussion über die Authentizität der unterschiedlichen Sprachformen, sondern vorrangig unter dem Aspekt, daß mit ihm der Sprache des Körpers – qua Sprache der Gestik – im allgemeinen Kommunikationssystem ein fester Platz zugewiesen wird und somit eine Einlaßpforte für das Körperliche geschaffen wird. Die rekurrente Wendung von der ›Übersetzung‹ der Emotionen in die Sprache des Körpers macht ineins deutlich, daß die Expressivität des Körpers unter diesen Rahmenbedingungen nicht zum Thema der Darstellung zu werden vermag. Der Körper ist vielmehr Zeichen einer eigenständigen Wirklichkeit, er fungiert damit in einem System, daß Foucault als transparent in dem Sinne bezeichnet hat, daß der Zeichenträger weitgehend hinter dem Bezeichneten, der jeweiligen Bedeutung also, zurücktritt.[10] Entscheidend an den Repräsentationen des Körpers, heißt dies, ist nicht ihr eventuelles Eigengewicht, sondern ihr Verweisungscharakter, ihre Bedeutungsfunktion.

Nach der weitgehenden Tabuisierung konkreter Körperbilder in der französischen Klassik werden so in der Frühaufklärung, in Verbindung mit der zunehmenden Aufwertung von Emotionalität und Sinnlichkeit, wieder Spielräume für die Thematisierung des Körpers erschlossen. Die Figurationen des Körpers, wie sie nun zur Sprache kommen, gelten aber nicht eigentlich der Beobachtung und Ausleuchtung konkreter körperlicher Konstitutionsmerkmale. Die vorherrschende Vagheit der Körperdarstellung, von der Démoris im angeführten Zitat zurecht spricht, hat ihre Grundlage in dem Umstand, daß die

---

8 Charles Batteux: Les Beaux arts réduits à un même principe. Paris 1773. (^{1}1746) Reprint: Genève 1969, S. 336–338.
9 Wie sehr die Sprachursprungstheorien und die Theorien über die Mehrsprachigkeit eine Einheit bilden, geht hervor aus: Ronald Grimsley: Jean-Jacques Rousseau and the Problem of ›Original Language‹. In: R. G.: From Montesquieu to Laclos. Studies in the French Enlightenment. Genève 1974, S. 27–35.
10 Michel Foucault: Les Mots et les choses. Une Archéologie des sciences humaines. Paris 1966, insbes.: S. 60–91.

Sprache des Körpers noch nicht dem Körper selbst gilt, sondern einer Realität, auf die zu verweisen sie dient. Eine ganz andere, hier nur anzudeutende Frage ist allerdings, ob nicht gleichwohl im Schatten einer solch funktionalen Zuordnung das Potential einer selbstreferentiellen Körperdarstellung befördert wird.[11] Unsere Aufmerksamkeit aber gilt, vorderhand, dem Körper als Zeichen. Eine wie große Rolle diese Zeichenfunktion und die damit zusammenfallende Transparenz der Körpersprache in der ersten Hälfte des 18. Jahrhunderts spielt, davon gibt Marivaux' *La Vie de Marianne* ein eindringliches Zeugnis.

Als Formapriori dieses Romans wird bekanntlich jenes Erzählverfahren betrachtet, das Jean Rousset als »double registre«[12] analysiert hat und welches für die durchgehende Interferenz zwischen dem distanzierten und souveränen Rückblick der ihre Lebensgeschichte erzählenden Marianne einerseits und der Vergegenwärtigung spontaner und emotional bestimmter Erlebnismodi andererseits einzustehen hat. Für uns ist diese Verdoppelung der Erzählperspektive deswegen so interessant, weil mit ihr eine nachhaltige Gestaltung emotionaler Wirklichkeit vororientiert wird, darüber hinaus aber auch eine Überbietung, Deutung und eventuell ironische Perspektivierung dieser unmittelbaren Erlebnisebene, so daß in der Romanstruktur bereits die für die Körperthematisierung als zentral angesetzte Relationierung von Zeichen und Zeichenbedeutung ihre Relevanz erweist.

Rudimentär ist die große Rolle, die eine solche Transparenz der Körpersprache in *La Vie de Marianne* spielt, bereits an einigen Passagen zu erläutern, in denen Signale des Körpers gleichsam Ersatzfunktionen übernehmen und so das Versagen der herkömmlichen Sprache kompensieren. Ihre unmittelbare Reaktion auf den Heiratsantrag, den ihr Valville in wohlgesetzten Worten gemacht hat, wird von der Erzählerin folgendermaßen wiedergegeben:

> »Quel discours, madame! Je sentis que les larmes m'en venaient aux yeux; je crois même que je soupirai, il n'y eut pas moyen de m'en empêcher; mais je soupirai le plus bas qu'il me fut possible, et sans oser lever les yeux sur lui.«[13]

Im Roman der Klassik – *La Princesse de Clèves* kann als Paradigma gelten – stellen körperliche Signale, vor allem in der Form des Errötens und Erbleichens, eine Gegenrede und eine Korrektur zu dem Selbstbild dar, das die Protagonisten von sich zu geben bemüht sind. Die veränderten Bedingungen der Frühaufklärung sind nicht zuletzt daran ablesbar, daß nur noch in Einzelfällen diese überkommene Funktion körperlicher Zeichen aktiviert

---

11 In der Herausbildung selbstbezüglicher Körperbilder kann man das Leitthema der heterogenen, aber anregungsreichen Arbeit von Anne Deneys-Tunney ausmachen: A.D.-T.: Ecritures du corps. De Descartes à Laclos. Paris 1992.
12 J.R.: Marivaux et la structure du double registre. In: Forme et signification. Paris 1962, S. 45–64.
13 Marivaux: La Vie de Marianne ou les aventures de Madame la comtesse de ***. Hg. v. F. Deloffre. Paris 1963, S. 193.

wird[14], im Regelfall aber die körperliche Entäußerung durchaus in Übereinstimmung mit dem Bild steht, das die jeweiligen Personen von sich ausgebildet und vermittelt haben. Die Tränen, Seufzer und gesenkten Augen Mariannes, mit denen sie Valvilles »discours« zuallererst beantwortet, stehen durchaus in Korrespondenz mit ihrer vorausgehenden Selbstpräsentation und geben der nun eingetretenen Situation, in der Rührung, Ergriffenheit, Stolz und Scham einander durchdringen, lediglich einen unmittelbareren Ausdruck, als die stärker in Konventionen eingebundene Sprache dies vermöchte.

Die solchermaßen eingeschränkte Sonderrolle einer körpereigenen Sprache zeigt sich explizit in einem ganz analogen Kontext, als nämlich die Mutter Valvilles dem jungen Paar in Aussicht stellt, die so unmöglich erscheinende Verbindung gegen alle gesellschaftlichen Regeln ihrerseits zu fördern und zu betreiben. Wiederum ist es so, daß eine rhetorisch pointierte Einführungsrede, in der diesmal die Mutter ihre Entscheidung begründet, konfrontiert wird mit einer intensiven körpersprachlichen Reaktion. Die aber hat Weiterungen, die zu ersten Konklusionen einladen:

> »Valville, à ce discours, pleurant de joie et de reconnaissance, embrassa ses genoux. Pour moi, je fus si touchée, si pénétrée, si saisie, qu'il ne me fut pas possible d'articuler un mot; j'avais les mains tremblantes, et je n'exprimai ce que je sentais que par de courts et frequents soupirs.
>
> Tu ne me dis rien, Marianne, me dit ma bienfaitrice, mais j'entends ton silence, et je ne m'en défends point: je suis moi-même sensible à la joie que je vous donne à tous deux. Le ciel pouvait me réserver une belle-fille qui fût plus au gré du monde, mais non pas qui fût plus au gré de mon cœur.
>
> J'éclatai ici par un transport subit: Ah! ma mère, m'écriai-je, je me meurs; je ne me possède pas de tendresse et de reconnaissance.
>
> Là, je m'arrêtai, hors d'état d'en dire davantage à cause de mes larmes; je m'étais jetée à genoux, et j'avais passé une moitié de ma main par la grille pour avoir celle de Mme de Miran, qui en effet approcha la sienne; et Valville, éperdu de joie et comme hors de lui, se jeta sur nos deux mains, qu'il baisait alternativement.« (206)

Der Rollenwechsel von Valville, der nun – im Unterschied zu der vorab angeführten Szene – auf der Seite Mariannes sich befindet, macht deutlich, daß das körpersprachliche Agieren über die einzelnen Charaktere hinausweist und eine psychohistorisch relevante Dimension gewinnt: Es gibt offensichtlich ein Ausmaß an affektiver Erschütterung, das die verbale Artikulation abschneidet und zugleich die körperliche freisetzt. Insofern wird die Sprache des Körpers als Ergänzung, Erweiterung und als Kompensation bereits etablierter Sprachen zu betrachten sein, insofern ist sie – für unsere Fragestellung besonders wichtig – selbst Vehikel des kulturellen Austauschs und also ein durchaus funk-

---

14 Ein schönes Beispiel für das wenn auch nur vereinzelte Fortwirken solcher Dementierung des öffentlichkeitsorientierten ›paraître‹ durch die Sprache des Körpers liegt in einer Szene vor, in der Marianne, Valville erwartend, diesen nicht bei Mme de Miran vorfindet: »[...] ma gaieté me quitta tout d'un coup; je pris pourtant sur moi, et je m'avançai avec un découragement intérieur que je voulais cacher à Mme de Miran; mais il aurait fallu n'avoir point de visage; le mien me trahissait, on y lisait mon trouble [...].« (238)

tionaler Kommunikationsträger. Wenn Valville die Knie der Mutter umgreift und Marianne, unfähig zu sprechen, mit zitternden Händen nur mehr einzelne Seufzer ausstößt, dann kann die Mutter – »j'entends ton silence et je ne m'en défends point« – diese Signale ohne weiteres verstehen und sich nutzbar machen. Ja, sie selbst, ursprünglich lediglich Adressatin der emotiv gesteuerten Körpersprache, kann in die Rolle empathischer Partizipation überwechseln: »je suis moi-même sensible à la joie que je vous donne à tous deux.« So hat das um die Dimension der ›sensibilité‹ sich vertiefende Bild vom Menschen sein Pendant in einer solchermaßen ausdifferenzierten Befähigung zur Zeichengebung und -rezeption.[15] Pointierter noch läßt sich sagen: Die Transformation, der das Menschenbild von der Klassik zur Frühaufklärung hin unterliegt, vergegenständlicht sich in der durch Marianne, Valville und dessen Mutter selbdritt inszenierten Überbietung der verbalen durch die gestische Sprache. Die neue auf dem Austausch der Herzen und gegen die Ränke der Welt begründete Identität findet ihren Ausdruck in einer körperlich ausagierten Ergriffenheit. Die herangezogene Szene, in der Marianne auf den Knien liegt und durch das Besuchergitter hindurch ihre Hand ausstreckt, Mme de Miran diese Hand ergreift und Valville – signifikanterweise Mutter und Geliebte nicht unterscheidend – beider Hände abwechselnd wie außer sich küßt, diese Szene setzt, als Zeichen, das intimisierte Pathos ins Bild, das dem Jahrhundert der Empfindsamkeit, bis zu Diderot hin, als Erkennungsmal wird dienen können.[16]

Den angeführten Beispielen gegenüber erschließt sich ein noch komplexerer Umgang mit den Möglichkeiten körpersprachlicher Kommunikation, sobald Zeichen des Körpers bewußt und gezielt eingesetzt werden, um Botschaften zu übermitteln und Wirkungen zu erreichen. Für die Spezifizierung der Marivaux'schen ›sensibilité‹ scheint es mir von großer Bedeutung zu sein, daß die Protagonisten – und Marianne zumal – nicht nur den Kollaps der verbalen Sprache als Widerfahrnis einer Extremsituation erleiden und im Körper-Medium kompensieren, sondern sich dieses Mediums auch aktiv zu bedienen wissen und solchermaßen die Sprache des Körpers gleichsam reflexiv durchdrungen wird. Die berühmte Kirchenszene, in der Marianne sich den Augen der Besu-

---

15 Diese Befähigung kann als Einlösung dessen gelesen werden, was Leo Spitzer in einer berühmt gewordenen Interpretation als »natürliches Genie« Mariannes bezeichnet und als »Verkettung von Sein und innerer Natur« erläutert hat. Daß Marianne ihren gleichsam teleologischen Weg soweit verfolgen und solchermaßen auch zu einem »Genie der Selbstbehauptung« avancieren kann, resultiert nicht zuletzt aus ihrer Beherrschung der den Körper mit umgreifenden Zeichensprache. Vgl. Leo Spitzer: Zur »Vie de Marianne« von Marivaux. Brief an Georges Poulet. In: D. Steland (Hg.): Französische Literatur von Ronsard bis Rousseau. (= Interpretationen 5). Frankfurt a.M. 1969, S. 240–273; hier S. 253/S. 250/S. 258.
16 In dem Maße, in dem man die Ausdruckskraft und die Originalität der angeführten Szene betont, wird man sie als Argumentationsstütze für die These von Henri Coulet heranziehen können, der, in seiner monumentalen Studie, ausführt, daß vom eher konventionellen und gleichsam banalen Gebrauch körpersprachlicher Zeichen in Marivaux' Frühwerk der Weg hinführe zu deren konkreter und häufig frappierender Verwendung in den späten Romanen. Henri Coulet: Marivaux romancier. Essai sur l'esprit et le cœur dans les romans de Marivaux. Paris 1975, insbes. S. 306–325.

cher präsentiert und schließlich zum Zentrum von deren Aufmerksamkeit wird, ist für diesen Zusammenhang ein besonders schönes Beispiel:

> »A l'égard des hommes, ils me demeurèrent constamment attachés; et j'en eus une reconnaisance qui ne resta pas oisive.
>
> De temps en temps, pour les tenir en haleine, je les régalais d'une petite découverte sur mes charmes; je leur en apprenais quelque chose de nouveau, sans me mettre pourtant en grande dépense. Par exemple, il y avait dans cette église des tableaux qui étaient à une certaine hauteur: eh bien! j'y portais ma vue, sous prétexte de les regarder, parce que cette industrie-là me faisait le plus bel œil du monde.
>
> Ensuite, c'était ma coiffe à qui j'avais recours; elle allait à merveille, mais je voulais bien qu'elle allât mal, en faveur d'une main nue qui se montrait en y retouchant, et qui amenait nécessairement avec elle un bras rond, qu'on voyait pour le moins à demi, dans l'attitude où je le tenais alors.« (62)

Es liegt auf der Hand, daß hier nun über die Körperzeichen souverän verfügt wird und Marianne sie einem Ziel subsumieren kann. Wendungen wie »pour les tenir en haleine«, »sous prétexte de les regarder« und »elle allait à merveille, mais je voulais bien qu'elle allât mal« bezeugen nachdrücklich, wie sehr die Protagonistin die von ihr gewählten Zeichen in ein Kalkül einbezieht und sie auf diese Weise instrumentalisiert. Entscheidend für eine nähere Funktionsbestimmung der nun eingesetzten Zeichen scheint mir aber zu sein, daß zwischen Marianne und ihren Adressaten ein geheimes Einverständnis, eine kommunikative Basis erstellt wird: Marianne antwortet auf das eingangs bezeugte Attachement der männlichen Kirchenbesucher mit »reconnaisance«. Es wird damit eine Komplementarität der Erwartungen sichergestellt, die als kommunikative Klammer die gesamte Szene einbindet und alle Einzelelemente trägt.

Aufgerufen wird somit ein kommunikativer Kontext, die Kirche nämlich als ein gesellschaftlich sanktionierter Ort des Werbens und des Umworbenwerdens, durch den die einzelnen Fragmente des Körpers allererst zu Zeichen werden können. Mariannes besonders schöne Augen, ihre nackte Hand und ihr weiblich gerundeter Arm sind erotische Signale, die den weiblichen Körper und seine Reize metonymisch vertreten, sie büßen die ihnen eigene Körperlichkeit partiell wieder ein, indem sie in einen kodierten Raum kultureller Bedeutung eingebunden sind und in ihm bloß zeichenhaft fungieren. In der angeführten Sequenz tritt dieser Zusammenhang in Form einer ›mise en abyme‹ dadurch hervor, daß die jeweiligen körperlichen Zeichen – das Auge, die Hand, der Arm – nicht um ihrer selbst willen in Szene gesetzt werden, sondern ihrerseits eine Verweisungsfunktion wahrnehmen. Wie spielerisch immer es um diese Verweisung bestellt sein mag, so ist die intendierte Signalwirkung der schönen Augen und der nackten Hand gerade darin fundiert, daß sie ihrerseits auf kulturelle und zivilisatorische Embleme, die Bilder in der Kirche oder den eigenen Kopfputz, verweisen, jedenfalls solchermaßen die ursprüngliche Kreatürlichkeit der Zeichenträger fest integriert wird in den kulturellen Kontext, in dem sie ihre Wirkung tun sollen.

Vor dem Hintergrund dieses weit verzweigten Geflechts einer den Roman durchziehenden Körpersemiotik heben sich Passagen ab, die offensichtlich jenseits der Wirksamkeit solch etablierter Codes anzusiedeln sind. Aus Körperzeichen werden dann, der hier erprobten Terminologie zufolge, Bilder des Körpers. Ansatzweise wird eine Sequentialisierung körperlicher Erscheinungsformen möglich. Sobald das Bedeutungssystem, in dem die einzelnen körperlichen Erscheinungen zu sehen sind, schwächer kodiert ist, kann das Eigengewicht von Körperbeschreibungen zunehmen. Entscheidend aber ist, daß mit der Durchbrechung festgeschriebener Codes ein Raum eröffnet wird, der nicht mehr der sozialen Zuordnung und Kontrolle unterliegt. Wenn der Körper davon entbunden wird, Zeichen innerhalb eines sozialen Systems zu sein, dann, so könnte man sagen, greift die Domestizierung nicht mehr, durch die sein Vorkommen bislang lizensiert war; seine Präsenz gewinnt, tendenziell, eine antisoziale und – wie sich zeigen wird – zerstörerische Dimension. Ebenso läßt sich, tentativ, formulieren: Im Roman der Aufklärung sind Tendenzen ausmachbar, daß die Suspendierung oder Dementierung eingespielter kultureller Codes über die Präsenz von Körperbildern inszeniert wird. Ist es die Leistung zivilisatorischer Arbeit, den Körper zu marginalisieren, so wird sich, gegenläufig, die Infragestellung etablierter Ordnungspositionen – so sie sich der Theoretisierbarkeit entzieht – in Bildern des Körpers manifestieren.

In diesem Kontext ist, in abgeschwächter Form, schon der Unfall zu sehen, der sich im Anschluß an Mariannes Kirchenbesuch ereignet und die Verbindung mit Valville zur Folge haben wird:

> »J'étais si rêveuse, que je n'entendis pas le bruit d'un carrosse qui venait derrière moi, et qui allait me renverser, et dont le cocher s'enrouait à me crier: Gare!
>
> Son dernier cri me tira de ma rêverie; mais le danger où je me vis m'étourdit si fort que je tombai en voulant fuir, et me blessai le pied en tombant.
>
> Les chevaux n'avaient plus qu'un pas à faire pour marcher sur moi; cela alarma tout le monde, on se mit à crier; mais celui qui cria le plus fut le maître de cet équipage, qui en sortit aussitôt, et qui vint à moi: j'étais encore à terre, d'où malgré mes efforts je n'avais pu me relever.
>
> On me releva pourtant, ou plutôt on m'enleva, car on vit bien qu'il m'était impossible de me soutenir. Mais jugez de mon étonnement, quand, parmi ceux qui s'empressaient à me secourir, je reconnus le jeune homme, que j'avais laissé à l'église. C'étai à lui à qui appartenait le carrosse, sa maison n'était qu'à deux pas plus loin, et ce fut où il voulut qu'on me transportât.« (64f.)

In deutlichem Unterschied zu allen vorausgehend erörterten Passagen sind die körperlichen Ausdrucksformen, die sich hier mehr andeuten als daß sie entfaltet würden, nicht erfahrbare Manifestation einer emotionalen Befindlichkeit. Könnte man heute, psychoanalytisch geschult, die Bedrohung Mariannes durch die Pferde als Zeichen ihrer sexuellen Ängste und auch ihres Begehrens lesen[17], so bleibt die Bedrohungsszene für die Akteure und für die Erzählerin aus solcher Zeichenhaftigkeit herausgelöst und führt eben deswegen zu dem vierfach

---

17 Einschlägig für die Pferdephobie insbesondere Sigmund Freud: Analyse der Phobie eines fünfjährigen Knaben. In: Sigmund Freud: Gesammelte Werke. Chronologisch geordnet. Hg. v. Anna Freud u. a. Bd. VII. Frankfurt a. M., London 1940–1968, S. 241–377.

variierten Schrei. Die Transformation aus der unkodierten Bedrohung in eine durch Zeichen geprägte Wirklichkeit wird offenkundig vollzogen mit dem Erscheinen Valvilles, der Marianne letztlich als Gewähr dafür gilt, wieder der Obhut einer Welt anvertraut zu sein, in der sie – obwohl Findelkind – zu Hause zu sein scheint und die sie zu deuten weiß.[18]

Unterlaufen wird eine solche zeichenhafte Wirklichkeit auch, so denke ich, durch die Ohnmacht der Mlle Varthon, in deren Folge nicht nur die Verbindung zwischen Marianne und Valville, sondern auch der teleologische Ansatz von Mariannes Lebensgeschichte zerbricht. Liegt den eingangs erörterten Konstellationen eine Reziprozität der kommunikativen Situation zugrunde, so kann dies naturgemäß für die Ohnmacht nicht in gleichem Maße gelten.[19] Es gilt im herangezogenen Beispiel um so weniger, als Mlle Varthon in dem Augenblick, in dem sie in Ohnmacht fällt, sich zwar ihrer Mutter zuwendet, aber weder Marianne noch Mme de Miran noch den schließlich am meisten affizierten Valville auch nur je gesehen hat. Die Ohnmacht, so wird durch diese Konstellation deutlich herausgestellt, ist kein Signal Mlle Varthons an die Personen, die sich ihrer annehmen werden, sie impliziert nichtsdestoweniger die Auslieferung des eigenen Körpers an den Blick des Gegenüber, figuriert geradezu als Modus wehrloser, entkodierter Selbst-Preisgabe. Anders gewendet: Der Körper – nicht mehr als Zeichen, sondern als Bild – kann erst in den Blick treten, wenn ihm die Möglichkeit, sich in einen Code einzuschreiben, genommen ist, er tendenziell zurückverwandelt ist in Natur. Diese Naturhaftigkeit des Körpers nun ruft ein Gegenbild hervor, eine durchaus komplementäre Reaktion von seiten Mariannes und Mme de Mirans, die ihrerseits dem Geltungsbereich der Natur zugehört: »Cet accident dont nous avions été témoins, Mme de Miran et moi, nous fit faire un cri [...].« (349) Als Außerkraftsetzung sozialen Reglements ist über diesen Schrei hinaus auch Valvilles erste Reaktion auf die Ohnmacht zu werten: Angesichts des ihm dargebotenen »spectacle«[20] ›vergißt‹ er die Auflage der Mutter, die vor dem Kloster abgestellte Kutsche auf keinen Fall zu verlassen und stürzt zu der Ohnmächtigen hin.

Diese bloße Präsenz des ohnmächtigen Körpers samt der komplementären Reaktion auf ihn wird dann, sukzessiv, wieder zurückübersetzt in soziale Kategorien und konventionalisierte Zeichen. Der eingangs bezeugte Schrecken

---

18 Zum Problem der Kodierungsmöglichkeiten einer teleologischen Grundstruktur in *La Vie de Marianne* und darüber hinaus im Roman des 18. Jahrhunderts siehe: Rudolf Behrens: Umstrittene Theodizee, erzählte Kontingenz. Die Krise teleologischer Weltdeutung und der französische Roman, 1670−1770. Tübingen 1994.

19 Zur Rekurrenz und Funktion der Ohnmacht in der Literatur des 18. Jahrhunderts siehe: Vf.: Inszenierungen der Ohnmacht im Jahrhundert der Aufklärung. In: Rudolf Behrens und Roland Galle (Hg.): Leib-Zeichen. Körperbilder, Rhetorik und Anthropologie im 18. Jahrhundert. Würzburg 1993, S. 103−123.

20 »Valville, ému de ce spectacle qu'il avait vu aussi bien que nous du carrosse où il était resté, oubliant qu'il ne devait pas se montrer, en sortit sans aucune réflexion [...].« (350) – Zur erschließenden Bedeutung von »spectacle« im Werk Marivaux' siehe: David Marshall: The Surprising Effects of Sympathy. Marivaux, Diderot, Rousseau and Mary Shelley. Chicago, London 1988, S. 9−83.

transformiert sich in Rührung, das bedrohliche Bild des Todes changiert mit der Rede von der eher harmlosen Leblosigkeit, zwischen Valville und Marianne schließlich kommt es ganz deutlich zu einem Austausch von Zeichen, wenn Valville die Hand der Ohnmächtigen ergreift, wenn sie später diese Hand dem ihr fremden Mann entzieht, vor allem aber wenn sie, sobald sie wieder ihre Sinne zu kontrollieren weiß und wahrnimmt, daß man sie aufgeschnürt hat, sich mit der Hand ihre Brust bedeckt: »[...] et puis, s'apercevant du petit desordre où elle était, ce qui venait de ce qu'on l'avait délacée, elle en parut un peu confuse, et porta sa main sur son sein. Levez-vous donc, monsieur, dis-je à Valville, voilà qui est fini, mademoiselle n'a plus besoin de secours.« (352)

Parallel zu Mlle Varthons Wiedererlangung kodifizierter Schamreaktionen wird mit Mariannes Wendung »voilà qui est fini« nicht nur im literalen Sinn das Ende der Ohnmacht bezeichnet, sondern darüber hinaus die Reintegration einer quasi naturhaften Befindlichkeit in einen Zustand sozialer und körperlicher Kontrolle markiert. Diesem erneut etablierten Zustand liegt ineins – wie wir gesehen haben – eine intersubjektiv lesbare Zeichensprache zugrunde. Demgegenüber hebt der »accident«, das, was während der Ohnmacht geschehen ist, als interpretationsbedürftig sich ab. Man kann auch sagen: Die Präsentation und das Anschauen des entkodierten Körpers erweisen ihre potentiell traumatische Wirkung dadurch, daß immer wieder auf dieses Ereignis rekurriert werden muß, es jedenfalls auffallend vielen Wiederholungs-, Befragungs- und Lösungsstrategien unterworfen wird. Besonders interessant ist dabei die durchaus analytische Annäherung an das befremdliche Verhalten Valvilles. Steht am Anfang Mariannes drängendes Fragen, mit dem sie für die plötzliche Veränderung zwischen Valville und ihr eine Erklärung sucht – »comment en aurais-je connu les motifs?« (352) –, so ist im weiteren ein durchgehendes Bemühen ausmachbar, das Unbekannte, Unzugängliche, für sie selbst auch Bedrohliche, das aus der Ohnmacht Mlle Varthons sich entwickelt hat, zumindest begrifflich einzuholen und transparent zu machen. Die erste entscheidende Antwort wird ihr justament durch die ungehemmten Tränen Mlle Varthons gegeben, mit denen diese auf Mariannes irrtümliche Vermutung, Valville halte sich von ihr aus Krankheitsgründen zurück, reagiert. Eben diese Tränen machen ihr unvermittelt die Ursache ihrer neuen Situation – »tout ce qui s'était passé pendant son évanouissement« (367) – bewußt und erschließen damit die entscheidende Spur, sie zu enträtseln. Verstärkt wird diese Möglichkeit zunächst durch Valvilles Brief an Mlle Varthon und das darin ausgesprochene Bekenntnis, durch deren Ohnmacht affiziert worden zu sein: »Il me dit que mon évanouissement l'avait fait trembler« (369); insbesondere aber erhalten diese Hinweise den Status einer Gewißheit durch das harsche psychologische Urteil, mit dem Mlle Varthon ihren späteren Liebhaber gleichsam analytisch seziert. Die Pointe ihres Urteils liegt darin, daß sie ihre Ohnmacht und den Sturz Mariannes nach dem Kirchenbesuch – die beiden Szenen also, von denen ausgehend die Liebe Valvilles sich jeweils entwickelt hat – als analoge Situationen zusammenzusehen vermag und daraus Rückschlüsse auf Valvilles Charakter ziehen kann: »D'où lui est venue cette fantaisie de m'aimer dans des pareilles circonstances? Hélas! je vais vous le dire: c'est qu'il m'a vue mourante. Cela a remué cette petite âme faible, qui ne tient à rien, qui est le jouet de tout ce qu'elle voit d'un peu singulier.« (378)

So interessant es auch ist, daß Mlle Varthon ihre Attacke aus einem Selbstrekurs ableitet – »il m'a vue mourante« –, der explizit lediglich ihre vorübergehende körperliche Schwäche zum Gegenstand hat, auf einer latenten Ebene – vermittelt über die ›petite mort‹ – aber auch massive erotische Konnotationen aufrufen mag[21], entscheidend für unseren Argumentationsgang bleibt die im Bild des ohnmächtig preisgegebenen Körpers enthaltene Herausforderung, ihn und das von ihm ausgehende Rätsel wieder einzuholen und zurückzuübersetzen in transparente Zeichen. Insofern aber bezeugt der ohnmächtige Körper noch im Appell, ihn in Zeichen zu übertragen, die vorgängige Negation etablierter Codes und also die eingangs herausgestellte Spannung zwischen Körperbild und kultureller Ordnung.

Am nachhaltigsten freilich verdeutlicht diese Spannung die Eingangsszene des Romans, die den Kutschenüberfall vergegenwärtigt und aus jeglicher kultureller Vernetzung herausgelöst ist. Es handelt sich – in erratischer Ferne und Fremdheit zu dem übrigen Geschehen – um ein Bild von archaischer Gewalt:

»Pendant que je criais sous le corps de cette femme morte qui était la plus jeune, cinq ou six officiers qui couraient la poste passèrent, et voyant quelques personnes étendues mortes auprès du carrosse qui ne bougeait, entendant un enfant qui criait dedans, s'arrêtèrent à ce terrible spectacle, ou par la curiosité qu'on a souvent pour des choses qui ont une certaine horreur, ou pour voir ce que c'était que cet enfant qui criait, et pour lui donner du secours. Ils regardent dans le carrosse, y voient encore un homme tué, et cette femme morte tombée dans la portière, où ils jugeaient bien par mes cris que j'étais aussi.

Quelqu'un d'entre eux, à ce qu'ils ont dit depuis, voulait qu'ils se retirassent; mais un autre, ému de compassion pour moi, les arrêta, et mettant le premier pied à terre, alla ouvrir la portière où j'étais, et les autres le suivirent. Nouvelle horreur qui les frappe, un côté du visage de cette dame morte était sur le mien, et elle m'avait baignée de son sang. Ils repoussèrent cette dame, et toute sanglante me retirèrent de dessous elle.« (11)

Ob man die wiedergegebenen Geschehnisse vorrangig wörtlich versteht, sie als Metapher eines Geburtsvorganges oder auch im psychoanalytischen Sinn als Phantasma einer Urszene liest, entscheidend für uns ist, daß hier mittels körperlicher Präsenz ein Ursprung beschworen wird, der – als Akt bloßer Gewalt – auf der Negation aller Kultur beruht. Daß dieses Gegenbild dem Lebensweg Mariannes als sein Ursprung eingeschrieben ist, macht die Tragweite dieses Romananfangs aus. So dichtgewoben im weiteren das Netz zivilisatorischer Korrespondenzen auch ist, all den Szenerien des ›attendrissement‹, der ›galanterie‹ und auch ›sensibilité‹ ist dieses »terrible spectacle« des Anfangs als

---

21 Zur Genese einer weiblichen Sonderanthropologie im Frankreich des 18. Jahrhunderts und näherhin zur Bedeutung der ›petite mort‹ siehe neuerdings: Claudia Honegger: Die Ordnung der Geschlechter. Die Wissenschaft vom Menschen und das Weib; 1750–1850. Frankfurt a.M. 1991, S. 126–167.

stets präsente Gegenwirklichkeit vorangestellt. Wird, wie ausführlich dargelegt, die Funktionsfähigkeit und Integrität des gesellschaftlichen Zusammenlebens durch die Transparenz zirkulierender Zeichen sichergestellt, so erweist die erratische Sonderrolle dieses Anfangs sich dadurch, daß in ihm Archaik und Gewalt eine Präsenz des Körpers ausbilden, die sich gegen eine kommunikative Einbindung als blind zu erweisen vermag: Nicht als lesbares Zeichen fungiert dieses Bild des Grauens, sondern höchstens als ein Appell, der aber zurückverweist auf die Natur des Rezipienten und so – je nach dessen Ausstattung – Neugierde, Mitleid oder auch Gleichgültigkeit zu wecken vermag.

Hatten wir den Sonderstatus der Ohnmachtsszene bereits daran festmachen können, daß sie im nachhinein zu einer ganzen Sequenz von Deutungsansätzen führt, offenbar also eine ursprüngliche Unzulänglichkeit beinhaltet, die erst in immer neuen Anläufen in den Kreislauf transparenter Zeichen übertragen werden kann, so läßt sich aus dieser Relation vollends ein Modell für die Zuordnung der Eingangskatastrophe gewinnen. Man kann den gesamten Lebensbericht Mariannes als einen kontinuierlichen Versuch lesen, des Urtraumas habhaft zu werden, einer gesellschaftlichen und lebens-teleologischen Ordnung Validität zu geben, die, so läßt sich nun sagen, immer neu gegen die Ursprungserfahrung errungen werden muß. Die so auffallende Insistenz, mit der Marianne nahezu ein dutzendmal ihre Lebensgeschichte – kaum variiert und abbreviaturhaft zusammengefaßt – immer neu zu erzählen unternimmt, kann in einer solchen Perspektive funktional einsichtig werden. In den immer neuen Ansätzen, ihre Geschichte zu erzählen, soll der Bann gebrochen werden, der aus der Ursprungskatastrophe nachwirkt. Der teleologische Weg, den Marianne, gestützt auf ihren ›instinct de la femme‹, zu begehen scheint, hat – wie schließlich auch die Komplementärgeschichte der Mlle Tervire zeigt – im Ursprung Mariannes ein Kontrapost. Dieses Kontrapost manifestiert sich in Bildern des entkodierten Körpers und dem Bann, der ihnen eigen ist.

II.

Die These, die den hier vorgetragenen Überlegungen zugrundeliegt, besagt, daß im Roman des 18. Jahrhunderts die Gestaltgebung des Körpers – im Sinne des eingangs angeführten Aphorismus von Valéry – einer permanenten Marginalisierung unterliegt, einer kontinuierlichen Arbeit, die darauf gerichtet ist, den Körper auf Distanz zu stellen, mit Scham zu belegen, metonymisch zu substituieren und ihn solchermaßen in den Kreislauf einer kulturell fundierten Selbstverständigung zu integrieren. Sie besagt aber auch, daß diese Funktionalisierung des Körpers durchbrochen wird durch Vergegenwärtigungen körperlicher Präsenz, die dann ineins geeignet sind, den kulturellen Zusammenhang, der die Marginalisierung getragen hat, in Frage zu stellen, ja zu dementieren und solchermaßen eine Gegenwirklichkeit in Szene zu setzen, die für die Ambivalenzen der Aufklärung eine paradigmatische Bedeutung gewinnt. Selbst der Roman, der die Sublimierung des Körperlichen emphatisch zu seinem Programm erhebt, Rousseaus *La Nouvelle Héloïse*, kann sich, diese These zu erläutern, als geeignet erweisen.

Dabei kann es nicht einfach darum gehen, an Rousseaus Roman die adversative Relation von Zeichen und Bild, um die wir die Argumentation zu *La Vie de Marianne* gruppiert haben, noch einmal zu erweisen. In *La Nouvelle Héloïse* fungiert die Evokation des Körpers nicht so sehr als zusätzlicher oder privilegierter Zeichenträger in einem noch schwachen kommunikativen System, sondern eher als Instanz der Selbstvergewisserung. Mehr noch als bei Marivaux ist das beide Romane bestimmende Identitätspostulat in *La Nouvelle Héloïse* aus der sozialen Verflechtung herausgelöst, auf eine innerpsychische Dimension verlagert und als Autonomieproblem virulent. Daraus resultiert eine Funktionsverschiebung der Modalitäten, in denen Evokationen des Körpers in den Roman eingehen. Nicht die kommunikative Zeichenhaftigkeit ist der Erweis für die Integration des Körpers in den Diskurs der Liebenden, der ineins der Diskurs der ›sensibilité‹ ist, sondern eher ein dialektisches Verhältnis von Ferne und Nähe, von Absenz und Präsenz, das ich in Anlehnung an Deneys-Tunney als Mediatisierung des Körpers bezeichnen will und das sich jedenfalls dadurch auszeichnet, den Körper im Modus einer jeweils mitgeführten inneren Distanzierung aufzurufen. In dem Kreislauf der den Roman konstituierenden und auch bewegenden Sprache der Empfindsamkeit findet der Körper erst als in diesem Sinne mediatisierter seinen Platz. Das Kontrapost einer solchen Einbindung des Körpers in den kulturell legitimierten Diskurs liegt, entsprechend, in der Beschwörung absoluter Nähe, die als Präsenz des Körpers bezeichnet werden soll und – darin durchaus analog zu den Bildern des Körpers in *La Vie de Marianne* – geeignet sein kann, eine Gegenwirklichkeit zu begründen, die ihrerseits die kulturelle Ordnung zu zerstören droht.

Gegenstand des Briefes, mit dem der Roman eröffnet wird, ist, daß Saint-Preux es unternimmt, seiner adeligen Schülerin Julie d'Etanges seine Liebe zu gestehen. Auffallend ist nun, daß er sein erstes Geständnis schon mit einem an ihn selbst gerichteten Fluchtappell – »Il faut vous fuir, Mademoiselle, je le sens bien«[22] – beginnt, so daß im unmittelbaren Anfang bereits die Erzwingung der Nähe, wie sie durch die Offenlegung der Liebe erreicht wird, mit einer distanzschaffenden Gegenbewegung zusammenfällt. Wie nachhaltig diese dialektische Verschränkung von gleichzeitigem Bestreben nach Nähe und Distanz die Imagination des Gegenübers trägt, das zeigt sich sehr deutlich noch im weiteren Verlauf dieses ersten Briefes, vor allem wenn Saint-Preux sich an die von ihm Angebetete mit folgender Bitte wendet:

»mais par pitié, détournez de moi ces yeux si doux qui me donnent la mort; dérobez aux miens vos traits, votre air, vos bras, vos mains, vos blonds cheveux, vos gestes; trompez l'avide imprudence de mes regards; retenez cette voix touchante qu'on n'entend point sans émotion: soyez, hélas, une autre que vous même, pour que mon cœur puisse revenir à lui.« (II, 33)

---

22 Jean-Jacques Rousseau: Œuvres complètes. 4 Bde. hg. v. B. Gagnebin u. M. Raymond. Bibliothèque de la Pléiade. Paris 1959–1969, hier II, S. 31.

Saint-Preux beschwört einerseits in einer frappierenden Enumeration den Körper der Geliebten – ihre Augen, ihre Gesichtszüge, ihre Mienen, ihre Arme, ihre Hände, ihre blonden Haare, ihre Gestik, ihren Tonfall – und erschafft damit ein Bild ihrer Körperlichkeit, das, wie explizit hervorgehoben wird, sich dem Verlangen des vorstellenden Blicks verdankt, dem Begehren Saint-Preux' also korrespondiert, muß andererseits aber diese Vergegenwärtigung der Geliebten offenbar an die permanent mitgeführte Aufforderung binden, eben diese Präsenz, die er aufruft, fernzuhalten.[23] Nicht weniger dicht nämlich als mit einzelnen Vorstellungsformeln von Julies Körper ist der herangezogene Text mit Appellen an die Geliebte durchsetzt, eben den von ihm evozierten Körper seinen Blicken vorzuenthalten. Mit Wendungen wie »détournez«, »dérobez«, »trompez«, »retenez«, vor allem aber mit dem abstrahierenden und zusammenfassenden »soyez [...] une autre que vous même« tritt sehr schön die Entstellungsarbeit hervor, die, schon am Beginn des Romans, der evozierten körperlichen Präsenz gegenüber vorgenommen werden muß. Julies Körper ist vergegenwärtigbar nur im Modus einer Abwehr, die ihrerseits Voraussetzung für die psychische und physische Integrität Saint-Preux' ist. Die Körper-Präsenz impliziert – so viel ist offenkundig – eine Gefährdung, von der wiederum eine Gegenwehr ausgeht, ein Bemühen, die drohende Nähe auf ganz unterschiedliche Art und Weise zu mediatisieren. Diese Mediatisierung, so werden wir sehen, ist die Voraussetzung, unter der der Körper überhaupt aufnehmbar ist in den Diskurs der Empfindsamkeit; sie manifestiert sich in sehr unterschiedlichen Konstellationen und Erscheinungsformen und erweist nicht zuletzt dadurch ihre Schlüsselstellung für immer neu erprobte Möglichkeiten der Selbstvergewisserung.

Ein besonders einprägsames Beispiel wird entfaltet, wenn Julie eine vorübergehende Trennung des Paares verfügt und Saint-Preux auf eine längere Reise entlassen hat. Während dieser Reise nun entwirft Saint-Preux mit besonderer Einläßlichkeit den Körper seiner Geliebten als ein Objekt seines Begehrens:

»Oui, cruelle, quoique vous ayez su faire, vous n'avez pu me séparer de vous tout entier. Je n'ai traîné dans mon exil que la moindre partie de moi-même: tout ce qu'il y a de vivant en moi demeure auprès de vous sans cesse. Il erre impunément sur vos yeux,

---

[23] Die Intensität von Julies körperlicher Präsenz ist erstmals – wenn ich richtig sehe – von Jean Ehrard herausgestellt worden: J. E.: Le Corps de Julie. In: Thèmes et figures du siècle des lumières. Mélanges offerts à Roland Mortier. Hg. v. Raymond Trousson. Genève 1980, S. 95–106. Zuzustimmen ist der weitreichenden These Ehrards, daß die cartesianische Disjunktion von ›corps‹ und ›âme‹ den Libertinage-Roman insofern noch bestimme, als in ihm der Körper ein Objekt der Bemeisterung bleibe, Rousseau aber unter diesen Vorzeichen nicht mehr hinreichend zu fassen sei. Als wenig hilfreich erweist es sich meines Erachtens aber, wenn Ehrard die materialistische Überwindung des Dualismus für *La Nouvelle Héloïse* in Anspruch nehmen will. Selbst die dabei vollzogene Abgrenzung von d'Holbach und die Einordnung des Romans in eine »vision biologique qui s'apparente au naturalisme de Diderot« (105) trägt nicht als Explikationsbasis für die ja zentralen Modalitäten der Körperdarstellung.

sur vos levres, sur votre sein, sur tous vos charmes; il pénetre par tout comme une vapeur subtile, et je suis plus heureux en dépit de vous, que je ne fus jamais de votre gré.« (II, 69)

Just in dem Moment, in dem Saint-Preux physische Distanz zu Julie aufgezwungen ist, kann er ihre Nähe rhetorisch ausspielen und deren erfüllenden Genuß imaginieren. Der so häufig ausgesparte Körper der Geliebten kann hier nun phantasmatisch vergegenwärtigt werden, die vorgestellte Nähe wird offensichtlich zur Kompensation der erzwungenen Trennung. Hochinteressant ist indessen die Begründungsfigur, auf der das Funktionieren dieser Kompensation aufruht.

Saint-Preux beginnt mit der Behauptung, daß es ihm gelungen sei, die von Julie verfügte Trennung gleichsam außer Kraft zu setzen, sie zu überlisten und so zu ermöglichen, was zu verhindern ihr Ziel gewesen sei: die unmittelbare sinnliche Erfahrung der Geliebten. Dieser List des Begehrens nun schreibt Saint-Preux es zu, Julie metonymisch – mittels ihrer Augen, ihrer Lippen, ihrer Brüste und all ihrer Reize – als erotisches Objekt genußvoll zu erfahren und auch, wie die Metaphernwahl unschwer zu erkennen gibt (»pénetre par tout comme une vapeur subtile«), sexuell zu besitzen. Der Besitz der Geliebten freilich vollzieht sich, kennzeichnenderweise, eher im Modus einer präödipal geprägten Konfluenz als in dem einer genitalen Eroberung. Und so liegt die Pointe von Saint-Preux' List gerade darin, daß die von ihm hergestellte Nähe sich einer Disjunktion von Körper und Seele verdankt, er die Seele zum besten Teil seiner selbst ernennt und seinen Körper implizit für tot erklärt. Saint-Preux' so intensive Vergegenwärtigung der erotisch besetzten Geliebten hat mithin – über die Mediatisierung ihres Körpers in einem Akt der Imagination hinaus – die Negation des eigenen Körpers zur Voraussetzung, und erst auf dieser Basis kann auch die phantasierte Verschmelzung als »impunément« wahrgenommen werden. Vor allem aber dürfte in dieser Mediatisierung des fremden und der korrespondierenden Negation des eigenen Körpers, man kann auch sagen, in der so erreichten Neutralisierung der körperlichen Unmittelbarkeit, die Voraussetzung dafür liegen, daß Saint-Preux die skizzierte Nähe als ›Glück‹ wahrzunehmen weiß und sie derart absetzt gegen die Präsenz von Julies Körper, der er zuvor, in der noch zu besprechenden ›scène du bosquet‹, ausgeliefert war.

Solch kompensatorische Vergegenwärtigungen des oder der Geliebten stehen nicht isoliert. Sie reihen sich vielmehr ein in ein ganzes Spektrum weiterer Mediatisierungsformen, denen gemeinsam ist, daß in ihnen der andere jeweils unter Einbeziehung und Profilierung seiner Körperlichkeit als Bereicherung, als Stimulans, als Quelle des Glücks und – vor allem – einer nie versiegenden ›sensibilité‹ erfahren wird. In diesem Sinne ist eines der schönsten Genrebilder des Romans zu erörtern, die Szene, in der Saint-Preux Julie gegenüber entwirft, wie er sie zusammen mit ihrer Freundin Claire beobachtet hat, beide zueinander gewandt, gefühlvoll miteinander und wohl mit Julies prekärer Situation befaßt:

»paisible et pure jouïssance qui n'as rien d'égal dans la volupté des sens, jamais, jamais ton pénétrant souvenir ne s'effacera de mon cœur. Dieux! quel ravissant spectacle ou plutôt quelle exstase, de voir deux Beautés si touchantes s'embrasser tendrement, le visage de l'une se pencher sur le sein de l'autre, leurs douces larmes se confondre, et baigner ce sein charmant comme la rosée du Ciel humecte un lis fraichement éclos! J'étois jaloux d'une amitié si tendre; je lui trouvois je ne sais quoi de plus intéressant qu'à l'amour même, et je me voulois une sorte de mal de ne pouvoir t'offrir des consolations aussi cheres, sans les troubler par l'agitation de mes transports.« (II, 115)

Werden die beiden Freundinnen auch einläßlich in ihrer körperlichen Nähe zueinander vor Augen gestellt – vor allem die symmetrische Zuordnung von Gesicht und Busen, die sich miteinander vermischenden Tränen und der Lilienvergleich tragen die dem skizzierten Bild eigene Sinnlichkeit –, so ist von Saint-Preux in seine Präsentation doch von vornherein eine Relativierung, eine Brechung eben dieser Sinnlichkeit mit eingeschrieben. Gegeneinander gestellt werden zuerst die »pure jouïssance«, die er aus dem Anblick der Freundinnen gewinnt, und die »volupté des sens« als deren Gegenbild, dann auch die beobachtete »amitié« und der erfahrene »amour«, schließlich noch – die kommunikative Modellhaftigkeit der Szene zu untermalen – die »consolations« der Freundinnen gegen die eigenen »agitations«. Es handelt sich also um ein Netz von Bezügen und Einbindungen, die allesamt die Funktion haben, den »ravissant spectacle« zu entkörperlichen, die von Saint-Preux empfundene »exstase« gerade darin begründet zu sehen, daß der von ihm wahrgenommenen Szene die so nachhaltig evozierte Sinnlichkeit auch wieder entzogen wird.

Maßgeblicher noch als dieses explizite Interpretationsraster scheint mir für die der Szene zugrundeliegende Mediatisierung der Umstand zu sein, daß Saint-Preux, als ausgeschlossener männlicher Beobachter, eine Modalität spezifisch weiblicher Sinnlichkeit entwirft, die von ihm selbst schlechterdings nicht erfahren werden kann, ihm auf uneinholbare Art entzogen ist, die insofern gewissermaßen sentimentalischen Charakters ist. War die Trennung von Julie in der vorausgehend erörterten Szene temporärer Art, so beruht die Trennung Saint-Preux' von der den Freundinnen vorbehaltenen Intimität auf einer gleichsam anthropologischen Differenz. Und eben diese uneinholbare Differenz profiliert die Mediatisierung der vorgestellten Sinnlichkeit, sie auch begründet Saint-Preux' singuläre »exstase«.

Als letztes, ganz manifestes Beispiel dafür, daß das Unterlaufen körperlicher Präsenz den Diskurs der empfindsamen Herzen steuert, kann uns der Brief gelten, den Saint-Preux – noch allein, aber schon in Julies Zimmer – in Erwartung der einzigen Liebesnacht, die im Roman zur Sprache kommt, schreibt. Der Geliebten entgegenfiebernd, konzentriert sich Saint-Preux auf Kleidungsstücke Julies, die in ihrem Zimmer umherliegen und entwirft sich ihren Körper aufgrund dieser Substitute. Naheliegenderweise ist diese Szene als Ausweis für Rousseaus fetischistische Neigungen gelesen worden.[24] Was hier interessiert, ist eher, daß sie sich einfügt in die durchgängige Mediatisierung des Körpers. Die einzelnen Kleidungsstücke fungieren gleichsam als Negativ, aus dem allererst auf den noch entzogenen Körper geschlossen werden kann:

---

24 Siehe: Jean-Louis Lecercle: Rousseau et l'art du roman. Genf 1979, S. 138.

»ce deshabillé élégant et simple qui marque si bien le goût de celle qui le porte; ces mules si mignonnes qu'un pied souple remplit sans peine; ce corps si délié qui touche et embrasse ... quelle taille enchanteresse ... au devant deux legers contours ... ô spectacle de volupté ... la baleine a cedé à la force de l'impression ... empreintes délicieuses, que je vous baise mille fois! ... Dieux! Dieux! que sera-ce quand ... Ah, je crois déja sentir ce tendre cœur battre sous une heureuse main! Julie! ma charmante Julie! je te vois, je te sens par tout, je te respire avec l'air que tu as respiré; tu penetres toute ma substance; que ton séjour est brulant et douloureux pour moi! Il est terrible à mon impatience. O vien, vôle, ou je suis perdu.

Quel bonheur d'avoir trouvé de l'encre et du papier! J'exprime ce que je sens pour en tempérer l'excès, je donne le change à mes transports en les décrivant.« (II, 147)

Der Text kann schließlich evident machen, wie die eingebrachten Mediatisierungsverfahren mit inneren Erfordernissen der ›sensibilité‹ zur Deckung gebracht sind. Vorderhand hebt sich ab, daß die Folge, in der die einzelnen Kleidungsstücke Saint-Preux' Aufmerksamkeit binden, eine sich steigernde erotische Besetzung zu erkennen gibt. Von der Wahrnehmung des Kopfputzes führt Saint-Preux' Blick mit zunehmender Erregung über Julies Halstuch, Nachtgewand und Pantoffeln, bis er schließlich an ihrem Mieder, dessen Ausmuldungen und den zugehörigen Fischbeinstäbchen sich leidenschaftlich entzündet. Maßgeblich für die Weise, in der erotische Spannung zur Entfaltung gebracht wird, ist nun, daß diese Wahrnehmungen jeweils mit den korrespondierenden Imaginationen von Julies Körper interferieren, es also durchgehend ein geradezu geordnetes Wechselspiel von Wahrnehmung und Vorstellung gibt. Unter dem Mediatisierungsaspekt läßt sich dieses Wechselspiel so beschreiben, daß in ihm die körperliche Präsenz – Julies Haare, Füße, Taille und Busen – zur aus Requisiten abgeleiteten Projektion wird und umgekehrt die erotisierende Kleidung nurmehr als Funktion für einen imaginierenden Entwurf von Körperlichkeit dient. Die ja auch situationsspezifische Erotisierung und Spannungssteigerung wird offensichtlich gerade durch diese kontinuierliche Interferenz untermalt und befördert. Wobei von besonderem Interesse ist, daß die von Saint-Preux erfahrene erotische Spannung – »tu penetres toute ma substance« – eine Inversion der üblichen Rollenzuweisung männlich/weiblich impliziert und mit dieser Diffusion überkommener Grenzziehung eine Grundintention der ›sensibilité‹ aufgreift.[25]

Vor allem aber erlaubt die solchermaßen fundierte Konstruktion erotischer Spannung den schließlichen medialen Wechsel von Beobachtung und Empfindung hin zur Verschriftlichung. Zu deren Charakterisierung wird konklusionsartig und im Modus der Reflexivität ein Umgang mit Wirklichkeit thematisch, der keineswegs auf den Vorgang des Schreibens eingeschränkt ist, vielmehr, so unsere These, schon die Darstellung körperlich erotisierter Wirklichkeit prägt. Die Abarbeitung bedrohlicher Unmittelbarkeit, die der Verschriftlichung von

---

25 Besonders aufschlußreich für diesen Zusammenhang – näherhin für die Bedingungen der Möglichkeit, unter denen Rousseau Liebe erfährt und konzipiert – ist das Kapitel »La mythologie de l'amour et l'érotique du sein«, in: Marc Eigeldinger: Jean-Jacques Rousseau. Univers mythique et cohérence. Neuchâtel 1978, S. 153–180.

Erfahrung explizit zugesprochen wird – »J'exprime ce que je sens pour en tempérer l'excès« – ist, in abgeschwächter Form, auch bereits der Mediatisierung eigen, wie wir sie an den Beispielen der weit entfernten und daher besonders intensiv imaginierten Julie, der uneinholbar entrückten Freundinnen und der aus Kleidungsrequisiten erschlossenen Körperlichkeit Julies erörtert haben. Der Akt des Schreibens ist, insofern, Mediatisierung par excellence.

Er ist dies auch unter dem Gesichtspunkt, daß es Ziel der Verschriftlichung keineswegs ist, Leidenschaften zu löschen oder zu neutralisieren, es vielmehr mit der angesprochenen Täuschung der Sinne lediglich darum geht, sie kommunikabel zu machen und zu öffnen auf die ›sensibilité‹. Sieht man deren wesentliches Merkmal darin, ehemals individuell oder monologisch restringierte Affekte in empathisch aufgenommene und sympathetisch ausgetauschte Empfindungen, Gefühle und Leidenschaften zu transformieren, so wird offenkundig, daß die skizzierte Mediatisierung der Körperdarstellung und die Verschriftlichung von Leidenschaftserfahrungen ihren gemeinsamen Nenner darin haben, den Bann des Autistischen, der aller Unmittelbarkeit droht, zu lösen und eine Dimension des kommunikativen Austauschs zu ermöglichen.[26]

Profiliert wird diese Einbindung der Mediatisierung in den Diskurs der ›sensibilité‹ nicht zuletzt kontrastiv durch die wenigen Konstellationen, in denen im Aufscheinen von Körperpräsenz die kommunikativ fundierte Empfindsamkeit zu kollabieren droht. Gleichsam als Präfiguration einer solchen Situation ist die berühmte, schon in der Erstausgabe in einem Kupfer festgehaltene Szene im Lustwäldchen anzusehen, in der Julie ihrem Lehrer einen ersten leidenschaftlichen Kuß gibt. In Saint-Preux' unmittelbar sich anschließender Beschwörung nimmt die Szene folgende Gestalt an:

> »Mais que devins-je un moment après, quand je sentis ... la main me tremble ... un doux frémissement ... ta bouche de roses ... la bouche de Julie ... se poser, se presser sur la mienne, et mon corps serré dans tes bras? Non, le feu du ciel n'est pas plus vif ni plus prompt que celui qui vint à l'instant m'embraser. Toutes les parties de moi même se rassemblerent sous ce toucher délicieux. Le feu s'exhaloit avec nos soupirs de nos levres brulantes, et mon cœur se mouroit sous le poids de la volupté ... quand tout à coup je te vis pâlir, fermer tes beaux yeux, t'apuyer sur ta cousine, et tomber en défaillance. Ainsi la frayeur éteignit le plaisir, et mon bonheur ne fut qu'un éclair.« (II, 64f.)

Gegen die unterschiedlichen Formen der Mediatisierung setzt sich die hier eingebrachte Präsenz des Körpers scharf ab. War alle Mediatisierung darauf gerichtet, Spielräume und Brechungen für die Darstellung von Körperlichkeit zu gewinnen, so zeichnet sich in der nun vorliegenden umstandslosen Benennung der Körper (»la bouche de Julie«, »la mienne«, »mon corps«, »tes bras«) sowie der Häufung distanzentziehender Verben (»poser«, »presser«, »serrer«) ein of-

---

26 Nachdrücklich hat Hans Robert Jauß die kommunikative Dimension der ›sensibilité‹ als deren zentrales Erkennungsmerkmal herausgearbeitet: H. R. J.: Rousseaus ›Nouvelle Héloïse‹ und Goethes ›Werther‹ im Horizontwandel zwischen französischer Aufklärung und deutschem Idealismus. In: H. R. J.: Ästhetische Erfahrung und literarische Hermeneutik. Frankfurt a. M. 1982, S. 585–653.

fensichtlich gegenläufiges Verfahren ab, das durch Saint-Preux' Vergleich seines eigenen Zustands mit einem verzehrenden Feuer, vor allem aber durch das von ihm formulierte Gefühl einer Kontraktion aller Körperteile auf einen einzigen Punkt der Empfindung noch konturiert wird. Die die Szene abschließenden komplementären Reaktionen der Ohnmacht und des Schreckens, die sich nicht zuletzt in der ihnen gemeinsamen Sprachlosigkeit treffen, zeigen dann spätestens an, daß die mit dem Kuß gesetzte Wirklichkeit eine Gewalt der Passion aufruft, die mehr erschrickt als verlockt und das Modell der ›sensibilité‹ außer Kraft zu setzen droht.

Die Gefährdung, die in Saint-Preux' Wahrnehmung aus dem Kuß erwächst, wird nicht nur dadurch deutlich, daß Julie unmittelbar im Anschluß an den zitierten Brief des Geliebten eine vorübergehende Trennung verfügt, sondern mehr vielleicht noch dadurch, daß Rousseau, gleichsam als erster Kommentator, dem Kupferstecher für die Szene im Wäldchen Anweisungen gibt, die dem Text gegenüber deutlich andere Akzente setzen. Rousseau scheint geradezu bemüht darum, die Szene in die Gesetzmäßigkeit der ›sensibilité‹ zurückzuholen, indem er aus der Situation, die Saint-Preux als »fatal moment« (II, 65) sowie als »tourment horrible« (ebd.) erfährt, ein rokokohaftes Genrebild macht: »Le jeune homme a les deux bras étendus vers Julie; de l'un, il vient de l'embrasser, et l'autre s'avance pour la soutenir: son chapeau est à terre. Un ravissement, un transport très-vif de plaisir et d'allarmes doit régner dans son geste et sur son visage. Julie doit se pâmer et non s'évanouir.« (II, 763) Gerade diese deutliche Korrektur aber zeigt, wie sehr Saint-Preux durch Julies Küsse, ihre vielzitierten »baisers [...] acres« (II, 65), eine Gegenwirklichkeit erfahren hat, die zu bannen wohl das wichtigste Anliegen des sich solange fortschreibenden Romans ist.

Wie nachhaltig dem für den Roman konstitutiven Bemühen, die erste in eine zweite Natur zu transformieren und dieser zweiten kulturellen Ordnung Geltung zu verschaffen, immer wieder eine Gegenstimme eingeschrieben ist, könnte als Raster für eine umfassende Interpretation des Romans dienen.[27] Hier soll als einziges weiteres Beispiel der Brief herangezogen werden, mit dem Julie zu der schon erwähnten Liebesnacht einlädt. Dieser Brief bekommt sein besonderes Gewicht dadurch, daß Julie ihre Erwartungen an Saint-Preux und die Nacht mit ihm in recht allgemeinen und abstrakten Wendungen der ›sensibilité‹ bekundet, post festum schließlich auf diese Nacht mit keinem einzigen Wort mehr eingeht und insofern dem Bild besonders scharfe Konturen verleiht, mit dem sie Saint-Preux und sich selbst dem rasenden Vater ausgesetzt sieht. Nachdem Julie ihren Freund mit dem stolzen Wort »nous ne quite-

---

[27] Ausgehend von dem Versuch, die Funktion des in *La Nouvelle Héloïse* rekurrenten Geständnisses zu analysieren, bin ich, was den zweiten Teil des Romans betrifft, zu der Feststellung gekommen, daß die Normen von Clarens nicht erst mit Julies Schlußbrief aufgekündigt, sondern durch ein ganzes Netz vorausgehender, verdeckter Geständnisse bereits einer latenten Brüchigkeit überführt werden. Siehe: Vf.: Geständnis und Subjektivität. Untersuchungen zum französischen Roman zwischen Klassik und Romantik. München 1986, S. 111–171.

rons point cette courte vie sans avoir un instant gouté le bonheur« (II, 145) zu sich geladen hat, fährt sie folgendermaßen fort:

> »Mais songe, pourtant, que cet instant est environné des horreurs de la mort; [...] je connois trop mon pere pour douter que je ne te visse à l'instant percer le cœur de sa main, si même il ne commençoit par moi; car sûrement je ne serois pas plus épargnée, et crois-tu que je t'exposerois à ce risque si je n'étois sûre de le partager?
>
> Pense encore qu'il n'est point question de te fier à ton courage; il n'y faut pas songer, et je te défens même très expressement d'apporter aucune arme pour ta deffense, pas même ton épée: aussi bien te seroit-elle parfaitement inutile; car si nous sommes surpris, mon dessein est de me précipiter dans tes bras, de t'enlacer fortement dans les miens, et de recevoir ainsi le coup mortel pour n'avoir plus à me séparer de toi; plus heureuse à ma mort que je ne le fus de ma vie.« (II, 145f.)

Von Tony Tanner ist die hier entfaltete phantasmatische Vorstellung Julies zum Grundstein einer Deutung gemacht worden, der zufolge vom väterlichen Gesetz und der väterlichen Macht auf Julie eine inzestuös untermalte Faszinationskraft ausgeht, der sie sich mit der Annahme des Vatersubstituts Wolmar als Ehemann ergibt. Der schließliche Verzicht auf Saint-Preux ist, diesem Ansatz nach, in der hier imaginierten Erwartung schon vorgeprägt.[28]

Diesen Zugang partiell aufgreifend, konzentrieren wir uns auf das so eindringliche Bild, in dem Julie Saint-Preux und sich selbst eng umschlungen als gemeinsames Opfer väterlicher Gewalt vor Augen führt. Die Imagination körperlicher Präsenz findet in diesem Bild einen besonderen Höhepunkt. Unschwer ist zu sehen, wie gegenüber der Szene im Lustwäldchen eine Steigerung vorgenommen ist: Die Imagination nicht-mediatisierter Körpernähe, die Saint-Preux schon bei Julies Kuß als »tourment horrible« (II, 65) erfahren hatte, wird nun nicht mehr nur mit Ohnmacht und Schrecken beantwortet, sondern als so elementare Bedrohung erlebt, daß der beide Körper durchbohrende Vater als Projektion eben dieser Bedrohung dienen kann. Ausschlaggebend für unsere Fragestellung scheint mir zu sein, daß mit diesem präsentischen Bild der vom Schwert des Vaters durchbohrten Körper die Rahmenbedingungen der ›sensibilité‹ außer Kraft gesetzt sind. Imaginiert wird eine Wirklichkeit, die in ihrer Realisation nicht nur die Negation der ›sensibilité‹, sondern als Akt der Gewalt und des Inzests die aller kulturellen Ordnung bedeutet. Der Roman der Aufklärung, so können wir tentativ formulieren, schreibt der vielschichtigen Entfaltung zivilisatorischer Bestrebungen, die auszubilden sein manifestes Telos ist, deren abgründige Infragestellung in Formen körperlicher Präsenz ein. Kündigt er damit de Sade schon an, so weiß er dieses Menetekel doch noch – im Valéryschen Sinn – als ›Hérésie‹ zu verorten.

---

28 Tony Tanner: Adultery in the Novel. Contract and Transgression. Baltimore, London 1979, S. 113–178.

Alphabetisation und Empfindsamkeit

ALBRECHT KOSCHORKE (München)

I.

Bekanntlich bringt die Aufklärung ein umfassendes Alphabetisationsprogramm mit sich. Vor allem in der zweiten Hälfte des 18. Jahrhunderts kommt es zu einer breiten Verschriftlichung von Kommunikation.[1] Schreiben, zuvor eine auf bestimmte Professionen eingeschränkte und weitgehend von Spezialisten ausgeübte Tätigkeit, wird in den Trägerschichten der aufgeklärten Kultur erstmals ein Alltagsphänomen. Über den gewachsenen technischen Bedarf an schriftlichen Informationen hinaus zeigt sich das an dem habituell werdenden Privatgebrauch von Schrift, sei es in der Form des Tagebuchs und anderer Buchführungsarten, sei es im anschwellenden Briefverkehr. Das Gleiche gilt für den Umgang mit gedruckten Werken. Verbesserungen des Postwesens, Ausbreitung und Kapitalisierung des Buchmarktes bilden dafür die materiellen Grundlagen. Von »Lesewuth« und »Autorsucht« ist in den zahlreichen zeitgenössischen Polemiken die Rede, die eine explosionsartige Verbreitung des Schriftgebrauchs diagnostizieren und darin eine Bedrohung hergebrachter familialer und gesellschaftlicher Strukturen sehen.

Schriftlichkeit hört auf, sich an Privilegien zu knüpfen. Den Musterfall eines privilegierenden Umgangs mit Schrift bildete das alte Christentum: im Zentrum des Glaubens das Buch schlechthin, die Bibel, konzentrisch angeordnet um diese Mitte eine Hierarchie von Interpreten, während die Vermittlung an das Volk durch Prediger erfolgte, also in mündlicher Form. Die durch den Buchdruck bedingte zunehmende Lektüre von Glaubensschriften seit der Reformation, das Zurückdrängen des den Gelehrten vorbehaltenen Lateins, schließlich der Übergang vom Erbauungsschrifttum zur schönen Literatur, für den in Deutschland Namen wie Gellert oder Klopstock stehen, geht kommuni-

---

1 »Was vor allen Details und Einzeltrends auffällt, ist die sprunghaft wachsende Verschriftlichung der Kommunikation.« (Nikolaus Wegmann: Diskurse der Empfindsamkeit. Zur Geschichte eines Gefühls in der Literatur des 18. Jahrhunderts. Stuttgart 1988. S. 15) – Zu den Schwierigkeiten der statistischen Verifikation solcher Prozesse bei Bestätigung der allgemeinen Tendenz: Ernst Hinrichs: Einführung in die Geschichte der Frühen Neuzeit. München 1980. S. 100 ff.

kationshistorisch mit einem kontinuierlichen Rückzug der oralen Zwischeninstanzen zwischen Buch und Rezipient, mit einer Dezentralisierung des Buchwissens einher. Dieser Vorgang betrifft nicht nur den religiösen Bereich. Auch in der Literatur löst sich Schriftlichkeit aus ihrer Einbettung in mündliche Interaktionen. Sie entzieht sich dem Paradigma der Rede, das, kodifiziert in der alteuropäischen Universalwissenschaft der Rhetorik, sprachliche Äußerungen grundsätzlich an Adressaten und Situationen band und damit eine kommunikative Praxis repräsentierte, die ihre Gültigkeit mit der Durchsetzung typographischer Reproduktionsformen schrittweise verlor.[2] Während die klassische Rhetorik das Schreiben als inferiores Hilfsmittel behandelt hatte, tritt die Schrift nun in wachsendem Maß in Konkurrenz zur Rede und prägt ihr die eigenen Strukturen auf. Literale Kommunikation – um diesen langwierigen Prozeß schlagwortartig abzukürzen – verhält sich zur mündlichen Interaktion nicht mehr subsidiär, sondern substitutiv.

Das bringt auch auf der Rezipientenseite neue Habitualisierungen hervor. Wie einer Studie Erich Schöns zu entnehmen ist, drängt stumme individuelle Buchlektüre mit immobilisiertem Körper, dem Modell gelehrter Disziplinierung nachempfunden, in wachsendem Maß den lauten Vortrag und die daran geknüpften, in der Tradition der Rhetorik verankerten kollektiven Rezeptionen zurück.[3] Die Etablierung dieses Lesetyps verbindet sich mit der Abkehr vom alten Öffentlichkeitsmodell und der Entstehung privater Lebensräume. Insofern enthält die vordringende Literalität tatsächlich, so wie es die Lesesucht-Kritiker befürchten, ein die alten Sozialstrukturen gefährdendes Element: sie setzt korporative Gruppenbindungen und Konsenszwänge außer Kraft und gibt Potentiale der Individualisierung frei, die sich nicht in den herkömmlichen sozialen Umgang integrieren lassen.

Ausbildung von Innerlichkeit stellt sich insofern als Begleitphänomen des Alphabetisationsprozesses dar.[4] In einer oralen, selbst in einer schriftgestützten

---

2 Hierzu neuerdings: Gisbert Ter-Nedden, Das Ende der Rhetorik und der Aufstieg der Publizistik. Ein Beitrag zur Mediengeschichte der Aufklärung. In: Hans-Georg Soeffner (Hg.): Kultur und Alltag. Göttingen 1988 (= Soziale Welt. Sonderband 6). S. 171–190.

3 Vgl. Erich Schön: Der Verlust der Sinnlichkeit oder Die Verwandlungen des Lesers. Mentalitätswandel um 1800. Stuttgart 1987. S. 63ff.

4 Vgl. Schön, 99ff. »Mit dem Verzicht auf das laute Lesen wird das Lesen von außen nach innen genommen. Und damit trägt es seinen Teil dazu bei, dieses ›Innen‹, wie wir es uns heute vorstellen, überhaupt erst zu bilden.« (ebd., 114) – Stone findet mit Bezug auf die Entwicklung in England Ansätze dazu schon im 17. Jahrhundert vor: »At the same time, there developed a series of almost wholly new genres of writing, the intimately self-revelatory diary, the autobiography and the love letter. [...] these products were the result of a shift from an oral to a written culture among the laity. Literacy is probably a necessary precondition for the growth of introspection.« (Lawrence Stone: The Family, Sex and Mariage in England 1500–1800. London 1977. S. 226) – Zum Zusammenhang zwischen Literarisierung und Individualisierung im späten 18. Jahrhundert vgl. Georg Jäger: Freundschaft, Liebe und Literatur von der Empfindsamkeit bis zur Romantik: Produktion, Kommunikation und Vergesellschaftung von Individualität durch »kommunikative Muster ästhetisch vermittelter Identifikation«. In: SPIEL 9 (1990), Heft 1, S. 69–87.

rhetorischen Kultur ist der Satz »Ich bin einsam« streng genommen nicht sagbar, weil er die Gegenwart eines Adressaten, die er leugnet, zugleich voraussetzt. Innerlichkeit hat hier keinen diskursiven Ort, weil es eben für die Abgewandtheit des Individuums von den Interaktionen, die sein Leben bestimmen, kein Medium gibt. Erst Schriftlichkeit in ihrer reinen Form gestattet es, Nicht-Kommunikation zu kommunizieren, und legt damit den Boden für fundamentale Paradoxien der Dichtung seit der Mitte des 18. Jahrhunderts: sei es auktorial in bezug auf die Idee des solitär und kontextlos produzierenden Genies, sei es thematisch im Hinblick auf empfindsame Seelenschwärmerei und romantische Liebe, die als grundsätzlich einsame, weltabgewandte Gefühle mitgeteilt werden.

Der Alphabetisationsschub, der zumal die empfindsame Generation prägt, und die im exzessiven Schriftverkehr jener Zeit erörterten Fragen der Affektmodellierung scheinen also in einer engen Beziehung zueinander zu stehen. Sie sind auf eine gemeinsame Ursache zurückführbar: nämlich die wachsende gesellschaftliche Interdependenz, die das alte körperdominierte Beziehungsgefüge zwischen den Individuen und die entsprechenden kognatischen und korporativen Strukturen auflöst und in ein komplexes System vielstufiger Distanzkommunikationen transformiert.

Jede Gesellschaft, so ließe sich verallgemeinernd sagen, erzeugt im Netzwerk ihrer Kommunikationen eine bestimmte Menge an ›Abwesenheit‹. Je vielstufiger die kommunikativen Prozesse werden, desto höher ist ihr Abstraktionsgrad, ihr Anteil an virtuellen Abwesenheiten. Im gleichen Maß müssen sowohl auf medialer als auch auf psychologischer Ebene neue Integrationsmöglichkeiten bereitgestellt werden. Die wichtigste traditionelle Technologie, Abwesenheit kommunikabel zu halten, ist die Schrift. Um die Verschriftlichung durchzusetzen, bedarf es aber einer neuen affektiven Instrumentierung. Mit der Ausdehnung gesellschaftlicher Interdependenz geht auf der Subjektseite ein Anpassungszwang zu einer entsprechenden Steigerung psychischer Mobilität einher. Die affektiven Besetzungen müssen über immer längere Vermittlungsketten immer größere Distanzen bewältigen. Sie müssen sich räumlich wie zeitlich an etwas adaptieren, was mit einem Begriff von Norbert Elias als »Langsicht« zu bezeichnen wäre. Infolgedessen werden sie aus dem Bereich der nahen Interaktionen, also der im wesentlichen oralen und physischen Kontakte zwischen Sippengenossen oder Mitgliedern der gleichen Produktionsgemeinschaft in einer vorindustriellen Ökonomie, abgezogen und heften sich an die weitläufigen Vermittlungen des Netzes der Distanzbeziehungen an.[5]

Die Ausdehnung ihrer mentalen Reichweite wird mit der Schwächung ihrer Gegenwartsbezogenheit erkauft. Die Lustbesetzungen strukturieren sich um; in stärkerem Maß als zuvor gehen nun Lust und Entfernung eine Art von Symbiose ein. Die Affekte, die sich den neuen Verkehrsformen adaptieren, gewin-

---

5 Vgl. Karl-Heinz Osterloh: Die Entstehung der westlichen Industriegesellschaft und die Revolution der Interaktionsweisen. Europäischer Kulturwandel als psychosoziales Problem. In: Archiv für Kulturgeschichte 58 (1976), S. 340−370.

nen eine flüchtigere, geistigere Konsistenz. Vergeistigung ist dabei nicht in erster Linie durch eine wie auch immer begründete Änderung moralischer Prämissen bedingt, sondern ein Struktureffekt des Kommunikationssystems.

Welche Wirkungen die Erfindung des Buchdrucks in kommunikationstechnischer und kognitiver Hinsicht auf die Gesellschaft der frühen Neuzeit ausübte, geht aus Michael Gieseckes ausführlichen Studien zu diesem Thema hervor. Die »Verschriftlichung des Lebens«, deren Anfänge Giesecke nachzeichnet[6], bildet einen heterogenen Prozeß, aus dem sich bestimmte kritische Zeitpunkte wohl nur unter heuristischem Vorbehalt isolieren lassen. Dennoch spricht vieles dafür, daß er erst in der Aufklärung im Zuge der zunehmenden Intensivierung des Schriftgebrauchs seine volle lebensweltliche Relevanz entfaltet. Im Verlauf des 18. Jahrhunderts werden zwei Tendenzen deutlich, die sich bei genauem Hinsehen wechselseitig bedingen: einerseits die endgültige Durchsetzung einer von literalen Techniken der Wissensverarbeitung und -vermittlung beherrschten Kultur, die sich zumal in den bürgerlichen Sozialisationen widerspiegelt, und andererseits die verstärkte Entwicklung und Veralltäglichung körperenthobener Affekte, wie sie besonders die Literatur der empfindsamen Periode betreibt. Auf eine Formel verkürzt: Empfindsamkeit und bürgerliche Alphabetisation sind zwei Seiten des gleichen Prozesses.

II.

Johann Heinrich Campes *Neues Abeze- und Lesebuch* soll die Kinder zum Lesenlernen motivieren. Deshalb wird ihnen unter der Überschrift ›Ein Mittel auf hundert Meilen weit mit seinen Freunden zu sprechen‹ eine Geschichte erzählt. Sie handelt von August und Christel, die »immer sehr gute Freunde waren«. Durch einen Umzug werden die beiden auseinandergerissen. Ihr Trennungsschmerz ist groß, aber der Vater weiß Abhilfe.

> »Ihr müsst euch, sagte Augusts Vater, ein Sprachrohr anschaffen, um in der Ferne noch miteinander reden zu können.
>
> Ach, hat man denn ein solches Sprachrohr, riefen Beide, wodurch man hundert Meilen weit sprechen kann?
>
> Bis jetzt noch nicht, antwortete der Vater; aber ihr müsst versuchen, ob ihr nicht selbst eins von der Art erfinden könnt.
>
> *August* und *Christel* schlugen die Augen nieder, und fingen von neuen an zu weinen.
>
> Hört, Kinder, sagte darauf der Vater, es bedarf keiner solchen Erfindung; es ist schon längst ein sicheres Mittel bekannt, wodurch ihr abwesend ganz vernehmlich mit einander reden könnt.
>
> Wenn ihr Lust habt, so wollen wir euch das Mittel lehren.

---

6 Michael Giesecke: Sinnenwandel, Sprachwandel, Kulturwandel. Studien zur Vorgeschichte der Informationsgesellschaft. Frankfurt/M. 1992. S. 73 ff. u. passim. – Ders.: Der Buchdruck in der frühen Neuzeit. Eine historische Fallstudie über die Durchsetzung neuer Informations- und Kommunikationstechnologien. Frankfurt/M. 1991.

O thue es, thue es doch! riefen die beiden Knaben, indem sie sich schmeichelnd ihm in die Arme hingen.
Ihr habt von diesem Mittel schon gehört, fuhr der Vater fort; es ist die schöne Kunst zu *schreiben* und zu *lesen*.
Sobald ihr diese gelernt habt, könnt ihr alle eure Gedanken auf Papier heften, und sie euch einander alle Wochen durch die Post zuschicken.
Dann wisst ihr eben so gut, als wenn ihr euch einander gesprochen hättet, was jeder von euch gedacht hat und wie er sich befindet.«[7]

Diese kleine Geschichte erteilt eine doppelte Lehre. Ihr didaktischer Hauptzweck besteht darin, die Alphabetisation, der die Kinder unterzogen werden, als etwas Begehrenswertes hinzustellen. Wer lesen und schreiben kann, kann eine bestimmte Form von Schmerz vermeiden: den Trennungsschmerz. Durch die Übermittlung von auf Papier gehefteten Gedanken, wie Campe hölzern und präzise formuliert, läßt sich das Getrenntsein überwinden. Der zweite Teil der Lehre sagt folglich, daß Freundschaft nicht an Nachbarschaft gebunden ist. Insofern mündlicher Kontakt der Gedankenübermittlung dient, ist er medial ersetzbar.

Aber Medien sind niemals bloße Substitute. Sie verändern, indem sie zu ersetzen scheinen. Der Eingriff, den sie dabei vornehmen, erfolgt, ohne von den Betroffenen je ganz durchschaut zu werden. Campes Fabel kann hier zum Muster dienen. Sie führt den Schriftverkehr als erweiternde Prothese akustischer Verständigung an. Mit den Mitteln der Mündlichkeit ist das, wie die Kinder schnell begreifen, unmöglich: es gibt kein Sprachrohr, das gesprochene Worte über hundert Meilen trägt. Also muß eine emergente mediale Ebene gefunden werden. Und diese Form, »abwesend ganz vernehmlich mit einander« zu »reden«, heißt Schrift. Doch indem das Schreiben scheinbar mühelos in die Funktion des Sprechens rückt, bleibt verschwiegen, was das Medium *nicht* ersetzt. Campe läßt die Kinder damit zufrieden sein, ihre Freundschaft als Austausch von Gedanken fortzusetzen. Seine Geschichte hat also einen Hintersinn: die Funktion der Alphabetisierung besteht nicht nur darin, intellektuelle Substrate zu übermitteln, sondern auch darin, die Körper, die zuvor die Träger der Verbindung waren, zu unterschlagen.

Ihrer medialen Form nach legt Schriftlichkeit die Körper darauf fest, absent zu sein. Sie aktiviert die Aufteilung des Menschen zwischen Geist und Körper, die in den Zeiten Platons gemeinsam mit der Durchsetzung des Alphabets entstand, indem sie den Körper aus dem Spiel nimmt und den Geist verkehren läßt. Schrift (was auch immer Derrida dazu sagt) funktioniert platonisch.

Die Urszene des Schreibens, wie Campe sie erfindet, entspricht in ihrer kindgemäßen Adaption durchaus dem allgemeinen Bewußtseinsstand der Epoche. Gellerts erstmals 1742 publizierte Abhandlung vom Briefeschreiben, die maßgeblich für die Abkehr von professioneller Briefrhetorik und für die Einführung des Briefes als alltäglichen Umgangsmittels ist, nimmt program-

---

7 Joachim Heinrich Campe: Neues Abeze- und Lesebuch. Braunschweig 1807. Reprint Leipzig 1973. S. 184f.

matisch die antike Formel auf, daß der Brief ein Gespräch zwischen Abwesenden sei, um sie nur stilbezogen einzuschränken.[8]

Doch die Norm vom Brief als Gespräch, die Gellert reaktiviert und zugunsten einer breiten Privatisierung des Mediums gegen den offiziösen »Kanzleistil« durchsetzt, ist nicht bloß in stilgeschichtlicher Hinsicht relevant. Sie legt auch das imaginative Feld fest, dem fortan alle auf Schrift bezogenen Akte zugehören. Im Gegensatz zur humanistischen Schreibkunst wird es im 18. Jahrhundert zum geltenden literarischen Ideal, Mündlichkeit zu simulieren. Und diese »Mimesis von Mündlichkeit«[9], die Gellert für den Brief fordert und die eine extreme literarische Ausprägung im Invektivstil der Stürmer und Dränger findet, fällt paradoxerweise mit der Verabschiedung des Redeprimats der herkömmlichen Rhetorik zusammen.

Das Phantasma des Gesprächs verdrängt die Praxis der Rede. In dem Maß, in dem die schriftliche Kommunikation sich von der Aufgabe befreit, rhetorische Konversationstechniken zu supplementieren, nimmt sie Züge einer scheinbaren Mündlichkeit an. Es kommt zu einer Art von sekundärer Oralisierung des Schreibens, die sich im übrigen mit einer wachsenden Tendenz zu inszenierten Sentimentalitäten verbindet. Nicht nur heften sich in einem charakteristischen Übergangsprozeß an die durchsetzungsbedürftigen literalen Techniken noch orale Verhaltensfiktionen – Briefe »sprechen«, sie werden »verschlungen«, geküßt und an den Leib gepreßt –, es geht auch kaum ein Schreibakt vor sich, der sich nicht durch alle Vermittlungen hindurch als intime Interaktion mit dem Adressaten verstünde, und kaum eine emphatische Lektüre, die nicht von entsprechenden Phantasien geleitet wäre.

Wie sich das Phantasma des Briefgespräches umsetzt, läßt eine gleichsam als Geleitstück zu Gellerts Brieflehre von dessen Vertrautem Rabener entworfene Szene sehen: »Ich stelle mir vor, daß Sie neben mir sitzen, und daß ich alles, was ich schreibe, Ihnen mündlich sage.«[10] Das Schreiben, das unter dem Primat des Sprechens steht, wird von der notwendigen Selbsttäuschung begleitet, daß der Adressat gegenwärtig sei. Es ist an die Einbildung einer unmöglichen Präsenz gekoppelt. Und das gilt selbst dort, wo die Tatsache der Trennung ak-

---

8 »Das erste, was uns bey einem Briefe einfällt, ist dieses, daß er die Stelle eines Gesprächs vertritt. Dieser Begriff ist vielleicht der sicherste. Ein Brief ist kein ordentliches Gespräch; es wird also in einem Briefe nicht alles erlaubt seyn, was im Umgange erlaubt ist. Aber er vertritt doch die Stelle einer mündlichen Rede, und deswegen muß er sich der Art zu denken und zu reden, die in Gesprächen herrscht, mehr nähern, als einer sorgfältigen und geputzten Schreibart.« (Christian Fürchtegott Gellert: Briefe, nebst einer praktischen Abhandlung von dem guten Geschmacke in Briefen. Leipzig 1751. In: Ders.: Die epistolographischen Schriften. Faksimiledruck nach den Ausgaben von 1742 und 1751. Stuttgart 1971. Dort S. 2f.)
9 Vgl. Robert H. Vellusig: Mimesis von Mündlichkeit. Zum Stilwandel des Briefes im Zeitalter der technischen Reproduzierbarkeit der Schrift. In: Theo Elm und Hans H. Hiebel (Hg.): Medien und Maschinen. Literatur im technischen Zeitalter. Freiburg 1991. S. 70–92.
10 Zit. n. Rainer Brockmeyer: Geschichte des deutschen Briefes von Gottsched bis zum Sturm und Drang. Diss. Münster 1961. S. 55.

zentuiert wird, wie sich überhaupt in den Briefwechseln der Zeit die Trauer über das physische Getrenntsein und die Feier einer kompensierenden geistigen Nähe in unterschiedlichen Tonhöhen ohne erkennbaren Widerspruch mischen. »Ich will«, schreibt Klopstock an Maria Sophia Schmidt, die ›Fanny‹ seiner Gedichte, »mich Ihrer Erlaubniß bedienen, oft, u lange Briefe an Sie zu schreiben. Dieß wird zwar eben so seyn, als wenn ich Sie in einem Nebenzimmer wüßte, u durch eine geschloßne Glashüre Sie anredete, ohne Sie zu sehen, u ohne daß Sie mir antworteten. Aber unterdeß wären Sie doch auf einige Augenblicke in dem Nebenzimmer, u ich redete Sie an.«[11] Auch hier ist das Schreiben ein Sprechen, das die Adressatin in unmittelbare Nähe zum Schreibenden rückt; zugleich bleibt die mediale Verschiebung, die das Oxymoron der undurchsichtigen Glastür verbildlicht, gewahrt und läßt, wie intensiv auch die Imagination von Nähe sich ausgestaltet, den idealen und poetischen Charakter der Liebe ungefährdet.

In der Folge solcher imaginierten Unmittelbarkeiten lagert sich an die Akte des Lesens und Schreibens ein tausendfacher Fetischismus an. Denn Schriftlichkeit schafft allein auf Grund ihrer medialen Struktur exakt jene Bedingungen, aus denen auf semantischer Ebene die Fetische der Empfindsamkeit hervorgehen: Distanz, die Nähe suggeriert und eine Sprache der Distanzlosigkeit freigibt; Abschneidung des Körpers, die durch ungehinderte Zusammenkunft der Geister abgegolten wird; Abstreifung des Äußerlichen, die es ermöglicht, daß die hüllenlosen Innerlichkeiten ineinanderfließen.

So treibt die Medialisierung eine neue Mythologie der Unmittelbarkeit hervor. Der Name dieser Mythologie ist Empfindsamkeit. Ihr Schauplatz und ihr Übungsfeld sind die empfindsamen Briefwechsel, seien sie biographischer oder fiktionaler Natur, im weiteren Sinn alle Formen des Schriftverkehrs. Strukturanaloge Vorgänge lassen sich auch in anderen Bereichen finden, zum Beispiel in der Geschichte der Theater- und Kunstrezeption: Separierung und Immobilisierung der Körper einerseits, Spiel der Einbildungskraft andererseits, jenes zentralen ästhetischen Vermögens, das im Zeichen des Versprechens steht, das Abgeschnittene auf imaginärer Ebene wiederzuerstatten.

Was Campe am Beispiel der beiden durch die beruflichen Umstände der Väter auseinandergerissenen Freunde illustriert, trifft einen das 18. Jahrhundert prägenden kollektiven Prozeß. Die wachsende gesellschaftliche Mobilität macht veränderte Verkehrsformen nötig. Auf der Ebene der Zeichenkommunikation sind es die Medien, die eine Zwischenträgerrolle zwischen den auseinandergerückten Individuen übernehmen und dabei das Versprechen übermitteln, den Mangel, der durch wachsende soziale Distanz erfahrbar wird, zu supplementieren. Daran knüpft sich ein Wandel der affektiven Kontrolle. Die empfindsamen Briefwechsel bieten in gewisser Weise die Fortsetzung von Campes Geschichte, die von der Alphabetisation der Freundschaft handelt.

---

11 Friedrich Gottlieb Klopstock: Werke und Briefe. Hist.-krit. Ausgabe. Hg. Horst Gronemeyer u. a. Abteilung Briefe. Berlin New York 1979 ff. Bd. I, S. 146. – Editorische Sonderzeichen wurden der Lesbarkeit halber getilgt.

Sie suchen nach Möglichkeiten der Wahrheitsfindung, die nicht von Körperzeichen gewährleistet wird, von Vertrauen, das außerhalb der Reichweite persönlicher Interaktionen besteht, von Nähe, die nicht auf sinnlichem Kontakt beruht.

Empfindsame Literatur wäre demzufolge so etwas wie ›mediales Probehandeln‹ unter den existentiellen Bedingungen der Schriftlichkeit. Was modellbildend besonders die Romanfiguren tun: nämlich in gerührten Regungen ihre Körperlichkeit negieren, entspricht dem, was dem empfindsamen Leser, Prototyp einer neuartigen einsamen und wortlosen Buchrezeption, allein schon durch seine Leserschaft auferlegt ist. Die Romane semantisieren einen medialen Effekt, sie erzählen die psychodramatischen Abläufe dazu. Sie transponieren die neue, an die zunehmende gesellschaftliche Interdependenz und Medialisierung angebundene Affektkultur in die alten Interaktionszonen: die familiären und erotischen Beziehungen, die nun, bei fortschreitender Einschränkung und Entwertung der körpersprachlichen Ausdrucksmittel, zur Verbalisierung drängen und sich dabei in wachsendem Maß an die Artikulationsformen der Schriftkultur, als der semantisch am weitesten entwickelten Stufe der Verbalität, adaptieren.

Alle Schlüsselbegriffe der empfindsamen Periode – Tugend, Seelenfülle, Sympathie, Zärtlichkeit, Freundschaft –, die sich im Rahmen der neuen bürgerlichen Sozialität entwickeln, werden vorzugsweise in schriftlichen Verkehrsformen, sei es in gedruckter Literatur, sei es mit den Mitteln von Briefwechsel und schriftlicher Introspektion, symbolisch erprobt. Die Schrift ist dabei keineswegs nur Träger von Inhalten und als Medium neutral; sie unterhält eine enge Komplizenschaft mit der Ideologie von Tugend/Entkörperung/Seele, für die sie das Forum bietet.[12] Allgemeiner ausgedrückt: *Schriftlichkeit ist das kommunikationstechnische Korrelat des diskursiven Phänomens ›Seele‹.*

III.

Alphabetisation hat insofern zunächst privativen Charakter. Sie bildet eine Armatur gegen sinnliche Verführungen aus. Denn das Lesen läßt den Körper latent werden. »Die Seele«, schreibt Hemsterhuis in seinem *Brief über das Verlangen*,

> »ewig in ihrem Wesen und allem Zusammenhang mit dem, was wir Raum und Zeitfolge nennen, ihrer Natur nach zuwider, bewohnt einen Körper, der sehr verschiedenartig von der Natur der Seele zu sein scheint. Ihre Verbindung mit diesem Körper ist also sehr unvollkommen. Denn in der Zeit, in der Sie diese Zeilen lesen, haben Sie, wenn ich Sie nicht daran erinnere, keine Vorstellung, keine Idee Ihrer Beine, Ihrer Arme

---

12 Zu diesem Zusammenhang: Lothar Müller: Herzblut und Maskenspiel. Über die empfindsame Seele, den Briefroman und das Papier. In: Gerd Jüttemann u. a. (Hg.): Die Seele. Ihre Geschichte im Abendland. Weinheim 1991. S. 267–290.

oder der andern Teile Ihres Körpers. Das Nichtdasein aller dieser Teile würde in dem Ich, das in Ihnen denkt, für den Augenblick durchaus keine Änderung hervorgebracht haben.«[13]

Lesen ist eine Art von Selbsterfahrung, die die Unzusammengehörigkeit und das Auseinanderstreben von Leib und Seele manifest macht. Der Leser, an dem sich so etwas wie eine temporäre Amputation vollzieht, nähert sich im Akt der Lektüre dem Ideal einer rein intellektuellen Existenzweise an. Seine moralische Aufgabe besteht darin, diesen Zustand der Körperferne zu stabilisieren. Es ist im 18. Jahrhundert ein Gemeinplatz, daß die durch Bücher erwerbbare Bildung bei den Lesern eine gesteigerte Sensibilität, und das heißt Vergeistigung, mit sich bringt. Die Einsamkeit, die für das Lektüreerlebnis grundlegend wird, arbeitet einer feineren Nuanciertheit des Seelenlebens zu und befördert zugleich die Resistenz gegenüber äußeren, sinnlichen Reizen.

Die empfindsamen Helden ebenso wie die Schriftsteller selbst beziehen ihre ganze Seelenkraft aus ihrem Vermögen, sich zum Lesen oder Schreiben zurückzuziehen und, in der Unveränderlichkeit des geschriebenen Wortes gespiegelt, eine vom flüchtigen Alltagsumgang abgewandte persönliche Identität zu formen. Sophie von LaRoche hat diese Funktion der absondernden Beschäftigung mit Schrift durch einen Handlungszug in der *Geschichte des Fräuleins von Sternheim* offen dargelegt: die Tante, die das Fräulein für weitgespannte Hofintrigen gefügig machen und letztlich dem begehrlichen Fürsten ausliefern will, dabei jedoch über deren Tugendhaftigkeit fast verzweifelt, greift zu dem Mittel, die Bücher zu beschlagnahmen, die dem Fräulein eine unangreifbare semantische Privatsphäre sichern. Doch weiß sich die Titelheldin zu helfen, indem sie mit noch größerem Eifer ihr Briefjournal fortsetzt und sich auf diese Weise umso wehrhafter zeigt.[14] Schon für Richardsons Pamela war das Schreiben selbst, auch ohne die Hoffnung auf einen Adressaten, ein Mittel, der Verführung zu widerstehen. Die Grenze zwischen Tugendhaften und Verführern ist mit der Grenze zwischen denen, die sich durch Bücher bilden, und denen, die sich in zerstreuender Geselligkeit erschöpfen, weitgehend deckungsgleich.

So heftet sich auch eine soziale Opposition an das Alphabetisierungsprogramm. Die bürgerlich-puritanische Verhaltenslehre verdammt die Orte des höfischen Vergnügens und seiner Imitationen, jene Welt der Opern, Bälle, Empfänge, Salons, als Stätten der Prostituierung. Sie untersagt jede ostentative Selbstdarbietung des eigenen Körpers. Während die Hofkultur danach strebt, soziale Beziehungen und Konflikte zu personalisieren, werden sie im Berufsbürgertum in zunehmendem Maß über impersonale Mechanismen vermittelt.[15] Mit den moralischen Umwertungen geht folglich eine Umpolung der kommu-

---

13 François Hemsterhuis: Über das Verlangen. In: Ders.: Philosophische Schriften. Hg. Julius Hilß. Bd. 1. Karlsruhe Leipzig 1912. S. 45–70. Dort S. 54f.
14 Sophie von La Roche: Geschichte des Fräuleins von Sternheim. Hg. Barbara Becker-Cantarino. Stuttgart 1983. S. 79ff.
15 Norbert Elias: Die höfische Gesellschaft. Untersuchungen zur Soziologie des Königstums und der höfischen Aristokratie. Frankfurt/M. 1983. S. 92, 153 und passim.

nikativen Strategien einher. Denn das kommunikationstechnische Äquivalent einer durch Geld und Ware vermittelten Sozialität ist die Schrift, wie auch von kulturkritisch inspirierten Schriftstellern herausgestellt wird.[16] In dem gleichen Moralisierungsprozeß, in dem Scham an die Stelle erotischer Reizbarkeit, Rührung an die Stelle sinnlicher Genüsse treten, weicht auch das komplizierte Gefüge der Konversationskultur mit ihren Anforderungen an Körpereinsatz, Geistesgegenwart, Witz und Charme einer alphabetischen Kultur schlichter Häuslichkeit und einsam-asketischer Bildungslektüre.

Im Unterschied zu den Hofleuten und denen, die als ihre bürgerlichen Nachäffer diskreditiert werden, zelebrieren die Empfindsamen bei allen Arten des außerhäuslichen Umgangs, die nicht letztlich schriftbezogen sind, sei es literarisch oder religiös, innerliche Absenz. Sie schätzen die repräsentative Öffentlichkeit nicht, sind allergisch gegen frivole und modische Reize, verachten orale Kontaktformen wie etwa den Klatsch, der sich nun einer Welle von Denunziationen gegenübersieht, und retten sich, wann immer sie können, in die freie Natur – eine Erfahrung, die wie keine andere literarisch induziert ist – oder in ihre Kammern, um dort durch Brief oder Tagebuch von ihrem gesellschaftlichen Unwillen Zeugnis abzulegen und sich dem stillen Glück der Bücherwelt zu überlassen. Die empfindsame Geselligkeit selbst gründet auf dieser Erfahrung der Abkehr. Wer sich darin übt, mit restringiertem Körper seinen Empfindungen nachzuspüren, ist auch zur Sympathie mit anderen Geistern befähigt. Umgekehrt kann sich von einer sozialen Außendefinition nur emanzipieren, wer Zugang zum semantischen Depot des Inkommunikablen hat: zur empfindsamen Selbstbetrachtung, zur Dichtung. Nur Schrift garantiert die Reserve, die die Empfindsamen als Gemeinschaft Abwesender miteinander verbindet, nur die Ankopplung an den semiotischen Speicher der Schrift erlaubt es, die Erfahrung der Individuation zum kollektiven Lebensgefühl derer aufzuwerten, die draußen stehen. In Abkehr von der weitgehenden Einbindung der Körper in den von Mündlichkeit beherrschten Geselligkeitsformen entstehen inkommunikable Innerlichkeiten, sich selbst ausspiegelnde Höhlungen, die mit den Mitteln direkter Interaktion nicht mehr erreichbar sind und sich allein schriftlich (in einem Zeichensystem, das Absenz darstellen kann) artikulieren. Nicht umsonst besteht die Lieblingsbeschäftigung empfindsam Liebender gerade in der Lektüre und Nachahmung von empfindsamen Liebesgeschichten, das heißt in der symbolischen Inszenierung von Körperferne.[17]

Zumal die Abstinenz vom Tanz als einem erotischen Vergnügen entwickelt sich zu einem stereotypen empfindsamen Gruppensignal, das bis zu Bettine von Arnims schriftlicher Goethe-Liebe und in die Texte der Romantiker fort-

---

16 Am entschiedensten vielleicht bei Adam Müller: Zwölf Reden über die Beredsamkeit und deren Verfall in Deutschland (1812), Dritte Rede.
17 Vgl. hierzu und zu den erotischen Implikationen des Lesens im 18. Jahrhundert allgemein: Friedrich A. Kittler: Autorschaft und Liebe. In: Ders. (Hg.): Austreibung des Geistes aus den Geisteswissenschaften. Programme des Poststrukturalismus. Paderborn u. a. 1980. S. 142–173.

wirkt.[18] Und weil bürgerliche Affektmodellierung in der Regel am Modell der Frau ansetzt, wird in immer neuen Varianten der Charakterkontrast zwischen Tänzerin und Leserin ausgeführt und zementiert.

Bodmer und Breitinger veröffentlichen im *Mahler der Sitten* die angebliche Zuschrift einer Leserin, die nach eigenem Bekunden »in der Gesellschaft der galantesten Mannspersonen« nur »schlechtes Vergnügen« findet[19], sich von den »Sachen, auf welche die Reden bey dem Frauenzimmer insgemein fallen, als Kleider, Karten, Nachreden«[20] entfremdet hat und nach anderen kulturellen Übungen auch das Vergnügen der Lektüre des *Spectator* entdeckt. »Seitdem ich diese Lust von dem Lesen zu kosten angefangen habe, hat die Lust, die ich hiebevor von den harmonischen Tönen der Musik, von cadanzirten Tritten [...] empfangen hatte, bey mir nicht wenig von ihrem Reitze verlohren. Ich fühle, ich höre, und sehe weit mehr liebliches, und in stärckerm Masse, wenn ich in meinem Zuschauer lese.«[21] Und das Psychogramm der idealen Leserin schließt: »Das ist nun mein unschuldiges und vergnügtes Leben.«[22]

Richtiges Lesen bewirkt nicht nur eine phantasmatische Intensivierung der Reize – selbst Gefühl und Gehör werden nach der Auskunft dieser fingierten Leserin durch Lektüre stärker in Anspruch genommen als durch physische Realität –, sondern es verbindet damit auch den Vorteil, den Geist in eine gleichsam a priori schuldlose Welt zu entführen. Benekens *Jahrbuch für die Menschheit* von 1788 enthält einen von Leonhard Meister verfaßten Modelldialog, in dem ein Mann namens Karl seine Gattin Louise über angemessenes weibliches Freizeitverhalten ins Bild setzt:

»L. Tanz, Conzert und Kartenspiel füllen doch die müssigen Stunden weit angenehmer aus, als todte Lectüre!

K. Kartenspiel zählt meine Louise gewiß nicht im Ernst dahin. Tanz und Concert? Freylich geben sie Dem, der das liebt, recht sehr viel Vergnügen; aber wer kann und wer darf es oft genießen? Lectüre ist nicht nur weit weniger kostbar, weit weniger gefährlich – ihr Genuß ist auch unendlich reiner und freyer.«[23]

---

18 »So hab' ich Dich geliebt, indem ich dieser inneren Stimme willfahrte, blind war ich und taub für alles, kein Frühlingsfest und kein Winterfest feierte ich mit, auf Deine Bücher, die ich immer lesen wollte, legte ich den Kopf und schloß mit meinen Armen einen Kreis um sie, und so schlief ich einen süßen Schlaf, während die Geschwister in schönen Kleidern die Bälle besuchten [...].« (Bettine von Arnim: Goethes Briefwechsel mit einem Kinde. Hg. Waldemar Oehlke. Frankfurt/M. 1984. S. 70f.)
19 Johann Jacob Bodmer, Johann Jacob Breitinger: Der Mahler der Sitten. Von neuem übersehen und stark vermehret. 2 Bde. Zürich 1746. Reprint Hildesheim New York 1972. Bd. I, S. 323.
20 Ebd., 324.
21 S. 326.
22 S. 328f.
23 L[eonhard] Meister: Ueber die weibliche Lectüre. In: Friedrich Burchard Beneken (Hg.): Jahrbuch für die Menschheit oder Beyträge zur Beförderung häuslicher Erziehung, häuslicher Glückseligkeit und praktischer Menschenkenntniß. Bd. 2. Hannover 1788. S. 35–50. Dort S. 38.

Für die Frau, die noch zivilisatorischer Formung bedarf, ist Bücherlesen, abgeleitet von der Metapher der ›toten Buchstaben‹, »todte Lectüre«. Verglichen mit den Mädchen, die tanzen gehen, stirbt die Lesende Abend für Abend einen kleinen alphabetischen Tod. Der Mann widerspricht ihr darin eigentlich nicht, aber er belehrt sie, die Annullierung des Körpers durch Lektüre von einer anderen Seite zu sehen: »ihr Genuß ist [...] unendlich reiner und freyer«. Der Tod des Buchstabens ist nur der Durchgang zu einer spirituellen, medial verwalteten Welt.

IV.

Auf den Tod des Buchstaben folgt die Auferstehung des Geistes. »[...] Ihre Abwesenheit von uns«, schreibt Bodmer 1747 an Sulzer, »und unsere von Ihnen, wäre nicht besser, als der bittere Tod, wenn wir nicht in den Briefen auferstünden und lebten«.[24] Es wurde oben schon angedeutet, wie die klassischen Briefleser des 18. Jahrhunderts die Formel vom Brief als Gespräch in ein Ensemble von Phantasmen übersetzten. Auf den ersten Blick kann man das metonymische Eintreten der Schrift für den Schreiber in dem konventionellen Sinn verstehen, daß das Schriftzeugnis eine wenn auch unzureichende Entschädigung für die Absenz seines Urhebers bietet. In der zeitgenössischen Brieftopik sind solche Unvollkommenheitsbekundungen durchaus geläufig; nähme man sie beim Wort, so schiene der neue literarische Verkehr im wesentlichen aus einem weitreichenden Ressentiment gegen die Schriftlichkeit selbst zu bestehen. Aber das Substitut Schrift beschränkt sich nicht auf diese dienstbare Rolle. Es bindet fetischistische Energien an sich, die wie jeder Fetisch nicht mehr auf das, was sie ersetzen, zurückführbar sind. Die mediale Gegenwart entwickelt ihre eigenen Valenzen und Intensitäten. »Ich erhielt Deinen Brief«, schreibt St. Preux an Julie in Rousseaus *Nouvelle Héloïse*, einem der epochemachenden Muster brieflicher Liebe, »mit der gleichen Entzückung, mit der mich Deine Anwesenheit erregt hätte; und im Ungestüme meiner Freude war mir ein bloßes Blatt Papier Ersatz für Dich«.[25] Und wenig später:

> »Doch wie sollte man Dich nicht kennenlernen, wenn man Deine Briefe liest? Wie sollte man sich zu einem so rührenden Tone, zu so zärtlichen Gefühlen eine andere Gestalt hinzudenken als die Deinige? Sieht man nicht bei jedem Satz den sanften Blick Deiner Augen? Hört man nicht bei jedem Wort Deine reizende Stimme? Welche andre als Julie hat jemals so wie sie geliebt, gedacht, geredet, gehandelt, geschrieben? Wundre Dich also nicht, wenn Deine Briefe, die Dich so deutlich zeigen, zuweilen auf Deinen Dich anbetenden Geliebten die gleiche Wirkung als selbst Deine Gegenwart ausüben! Wenn ich sie wieder und wieder lese, verliere ich den Verstand, meine Ge-

---

24 Wilhelm Körte (Hg.): Briefe der Schweizer Bodmer, Sulzer, Geßner. Aus Gleims litterarischem Nachlasse. Zürich 1804. S. 70f. (Brief vom 12. 9. 1747.)
25 Jean Jacques Rousseau: Julie oder Die neue Héloïse. München 1988. S. 246.

danken verirren sich in fortdauerndem Taumel, verzehrendes Feuer durchdringt mich, mein Blut gerät in Wallung und schäumt, eine wilde Glut läßt mich zittern. Ich glaube, Dich vor mir zu sehen, Dich zu berühren, Dich an meine Brust zu drücken – anbetungswürdiges Wesen! Bezauberndes Mädchen! Quelle von Entzücken und Wollust! Wie kann ich, wenn ich Dich erblicke, nicht die für die Seligen geschaffnen Huris sehen?«[26]

Körperliche Entfernung ist hier durchaus nicht nur als Mangel begriffen. Vor den Augen der Einbildungskraft entsteht das real Entzogene neu und in nicht minderer Stärke. In seinen autobiographischen Texten wird Rousseau den Eigenwert imaginärer Erfahrungen verteidigen und damit das Paradox einer Unersetzbarkeit des Ersatzes berühren.[27] So materialisiert die Schrift eine Trennung, die sich in den metaphorischen Nebenhandlungen, die ihren Gebrauch begleiten, fortwährend zu verflüchtigen scheint. Nicht instrumentell, sondern nach dem alten Topos des Seelenspiegels[28] als physiognomisches Ausdrucksmittel verstanden, läßt die Schrift Stimme, Bild, Gestalt, Körper der Geliebten wiedererstehen: ein fast identisches Doppel, nur eben um die Tatsache dieser Verdopplung vom Urbild entfernt.

Durch das ›Fenster‹ der Schriftlichkeit, um Klopstocks Schreibinszenierung aufzunehmen, werden die Personen, so scheint es, nur umso näher aneinandergeführt. Die mediale Distanzierung hindert das Begehren nicht, sondern entfacht es; sie läßt es überhaupt zur Sprache gelangen und bietet die Lizenz, Dinge zu sagen oder symbolisch auszuführen, die mit dem Reglement direkter mündlicher Interaktion unvereinbar wären. Die Gefühlswallungen von St. Preux beim Anblick der Zeilen der illegitimen Geliebten sind nur ein Beispiel dafür.[29] Er kann in verbotenen »Taumel« und »wilde Glut« geraten, die Schreiberin »berühren« und umarmen und doch zugleich in ihr »die für die Seligen geschaffnen Huris sehen«, das heißt die gebotene Distanz in himmlische Entrückung übersetzen.

Immer wieder umspielen die Briefwechsel quälend-lustvoll die Grenze oder den Übergang zwischen Schrift und Körper. »Komm her, mein süßes Mädchen«, schreibt Johann Heinrich Voß an Ernestine Boie, seine Braut, »und sez

---

26 Ebd., 250f.
27 So in den ›Dialogues‹ im Rückblick auf die ersten Erfahrungen mit Lektüre: »Von seiner Kindheit an hat alles dazu beigetragen, seine Seele von den Orten, die sein Körper bewohnte, loszubinden, um sie in jene ätherischen Gegenden [...] zu erheben und dort zu befestigen.« (Rousseau richtet über Jean-Jacques. In: Jean Jacques Rousseau: Schriften. Hg. Henning Ritter. Bd. 2. München Wien 1978. S. 436; vgl. 479ff.)
28 Vgl. Wolfgang G. Müller: Der Brief als Spiegel der Seele. Zur Geschichte eines Topos der Epistolartheorie von der Antike bis zu Samuel Richardson. In: Antike und Abendland 26 (1980), Heft 1, S. 138–157.
29 Eine ähnliche Szene bietet sich, als St. Preux das einem Brief beigelegte Porträt der Geliebten erhält, wie überhaupt der Austausch von Porträts und Schattenrissen ein Analogon zur Fetischisierung des Geschriebenen bildet. Vgl. Rousseau: Julie (Anm. 25), 287f.

dich auf meinen Schoß; ich will dir ein wenig erzählen.«[30] Man kann zumal mit Bezug auf das expandierende Genre der Brautbriefe von einer vollständigen Schoßmystik sprechen. »Was ists, liebste Freundin, das Sie mir auf meinem Schoosse wohl sagen könnten?« heißt eine Stelle in Herders Briefwechsel mit Caroline Flachsland. »Sitzen Sie denn schreibend nicht auf meinem Schoos? Ach, Himmel, Ein Wort aus Ihrem Herzen, ists mir denn nicht eben so, als ob ichs hörte, küßend erhörte?«[31] In anderen Briefen vertieft sich das Bild solcher Intimität zu gefühlvollen Infiltrationsphantasien: »Erlauben Sie, daß ich von Zeit zu Zeit mit dem Tagebuch meiner Merkwürdigkeiten fortfahre, und sie der einzigen Freundin in den Schoos schütte, mit der ich gegenwärtig auf der Welt spreche.«[32] – »Laßen Sie mich in Ihren Schoos und kleinen, unschuldigen Busen weinen, meine gute F.«[33]

Es wird hier schon erkennbar, daß die mediale Substituierung die Körper in ein anderes Register transferiert. Sie werden zu symbolischen Diskursinstanzen. Wenn Herder vom »kleinen, unschuldigen Busen« seiner Braut spricht, so stellen die beiden Adjektive klar, daß statt des Geschlechtsmerkmals der Sitz der Gefühle gemeint ist, und ähnlich steht die Befeuchtung ihres Schoßes nicht im Zusammenhang mit Sexualsekreten, die im Gegenteil gerade zu dieser Zeit das Ziel einer rigorosen Eindämmung werden, sondern mit den Flüssigkeiten, in denen Empfindsamkeit zirkuliert: Tränen und Tinte. Auch zwischen Männerfreunden spielt diese Metaphorik eine Rolle. »In Deinen Schoß laß mich stille Thränen des harmenden Zweifels weinen«, äußert sich Lavater an Herder.[34] Jens Baggesen eröffnet seinen Briefwechsel mit Reinhold mit der Versicherung, daß es ihm ein »wahres Bedürfniß« sei, »Alles, was auf den besseren Theil meines Selbstes bleibenden Eindruck gemacht hat, in den Schoos Ihrer theilnehmenden Freundschaft auszuschütten«[35], und schildert seine Dankbarkeit über erhaltene Korrespondenz in Bildern femininer Beglückung: »O, mein Reinhold! ich bin in dem Moment des Empfangens jedes Ihrer Briefe *nichts als Empfänglichkeit*; mein ganzes Wesen wird nicht blos durchströmt, sondern im Strome des seligen Genusses aufgelöst, und Alles, was ich in diesen wonnevollen Augenblicken äußern kann, ist convulsivscher Dank in beinahe tödtender Freude.«[36]

In welchem Umfang auch empfindsames Schreiben sich als ein Strömen, Vergießen, Zusammenfließen gebährdet, das mitunter orgiastische Züge an-

---

30 Johann Heinrich Voß: Brief an Ernestine Boie (1774). Erstdruck in: Ernst-Peter Wieckenberg (Hg.): Einladung ins 18. Jahrhundert. Ein Almanach aus dem Verlag C. H. Beck. München 1988. S. 158.
31 Herders Briefwechsel mit Caroline Flachsland. Hg. Hans Schauer. 2 Bde. Weimar 1926/28. Brief vom 17. 8. 1771, Bd. I, S. 287.
32 Ebd., I, 211 (11. 5. 1771).
33 Ebd., 334 (5. 10. 1771).
34 Aus Herders Nachlaß. Hg. Heinrich Düntzer und Ferdinand Gottfried v. Herder. 3 Bde. Frankfurt/M. 1856f. Bd. 2, S. 44 (Brief vom 14. 3. 1773).
35 Aus Jens Baggesen's Briefwechsel mit Karl Leonhard Reinhold und Friedrich Heinrich Jacobi. 2 Bde. Leipzig 1831. Bd. 1, S. 1 (Brief vom 10. 12. 1790).
36 Ebd., I, 96 (28. 9. 1791).

nimmt, es transportiert spirituelle Substanzen, und die Seelenverschmelzung, die der Briefverkehr induziert, ist kein minderer Ersatz, sondern steht in erklärter Konkurrenz zu physischer Interaktion. Die einschlägigen Briefwechsel wären voll von Doppeldeutigkeiten, wenn nicht die Verfasser das Funktionieren der Körper-Seele-Metonymien, die sich an die Schreiber-Schrift-Metonymie heften, als selbstverständlich voraussetzen könnten.

Etwas Ähnliches gilt von den inflationären Symbolhandlungen, die das Herz des Korrespondenten betreffen. Der »innigste [...] Kuß auf Dein Herz«, den Herder seiner Braut übermittelt[37], würde als galante Liebeseröffnung in handfeste Zärtlichkeiten übergehen oder, wörtlich verstanden, peinigende anatomische Assoziationen erzeugen; in Wahrheit bezieht sich die Innigkeit des Kusses, ohne sich bei der Körperhülle aufzuhalten, allein auf das unkörperliche Innere des Körpers der Frau. Man kann gelegentlich sogar den Entstehungsprozeß solcher metaphorischen und zugleich affektiven Formungen mitvollziehen. »Wissen Sie wohl«, schreibt Klopstock an Meta in dem noch anakreontisch-scherzhaften Ton der fünfziger Jahre, »daß ich oft so närrisch bin, u Ihre Briefe küsse. [...] Ja, wenns nur der Brief allein wäre, den ich küßte, so wär es sehr romanhaft. Aber – ja aber! Eine gewisse kleine Hand, die schrieb; ein gewisses blaues Auge das zusah, als die Hand schrieb; ein gewisses unvergleichliches Herz (doch ein Herz kann man ja nicht küssen) ja, ... u was denn nun noch mehr? Ich muß hier nur aufhören, ich glaube sonst ich gebe Ihnen mehr, als ein Mäulchen, wenn Sie auch noch so böse werden.«[38] Hier ist die erotische Anzüglichkeit noch nicht im empfindsamen Fetischismus aufgegangen, und so bleibt auch metaphorisch präsent, daß der Kuß auf das weibliche Herz uneigentlich ist und den Gedanken an andere Küsse und Körperpartien weckt. Andererseits wird schon die Filiation offengelegt, die dann die empfindsame Stilisierung bestimmt: der Kuß wandert vom Brief zur schreibenden Hand über das kontrollierende Auge zum Herzen, das die Hand lenkt, als der diskursiven Verbürgungsinstanz dieses Schreibens. Die libidinösen Besetzungen kehren also nicht oder bloß scheinbar vom Substitut zum Substituierten, von der Schrift zum Körper zurück, sondern schlagen an der Weggabelung zwischen Rokoko und Empfindsamkeit eine Richtung ein, die im Namen der ›Herzensschrift‹ umso tiefer in die Phantasmatik der Substitutionen hineinführt.

Bei Baggesen und Reinhold wird von einem Brief als »dieser neuesten Ergießung Ihres Herzens in das meinige« geschrieben werden.[39] Im skripturalen Fluß verlieren die Körper ihre materielle Undurchdringlichkeit. »Wie freue ich mich darauf«, so wieder Herder an Caroline, »in Ihren Briefen den Strom Ihres Herzens zu sehen, und ich weiß, es wird ein zutrauendes, offnes vergnügtes Herz seyn!«[40] Der Kontext dieser indirekten Ermahnung zeigt, daß Herder seine Braut vor der »Unruhe« der Geschlechtlichkeit bewahrt sehen will. Ero-

---

37 Herders Briefwechsel (Anm. 31), II, 260 (30. 10. 1772).
38 Klopstock an Meta Moller, 29. 10. 1751. In: Klopstock (Anm. 11), Briefe II, S. 99.
39 Reinhold, 1. 1. 1791, In: Baggesen's Briefwechsel (Anm. 35) I, 8.
40 Herder an Caroline, 23. 4. 1771, Briefwechsel (Anm. 31), I, 176.

tische Erregung macht den Körper und damit den Weg zum Herzen undurchlässig. »Mein Geist soll Dich umschweben, er soll Dein Bette bewachen, aber nie, nie werde es mit einem Seufzer beunruhiget, das Bette, das Dich voraus immer heiter und Sorgenlos in seine Ruhe einschloß.«[41] Caroline antwortet folgsam und keusch: »ich fliege mit meiner ganzen Heiterkeit und Fröhlichkeit in Ihre Arme, um da auszuruhen«.[42]

Für diesen platonischen Verkehr sind Schriftlichkeit und die daraus resultierende wechselseitige Abwesenheit der Kommunikanten weniger Defizit als Bedingung. Ein jahrelanger Briefwechsel wie der zwischen Caroline Flachsland und Herder vertritt die Stelle der Tugendprobe, die eines der Hauptmotive der älteren Liebesromanzen und ihrer trivialisierten zeitgenössischen Ausläufer war. All das Umarmen, Küssen, Ergießen, Verschmelzen entspricht nur deshalb der empfindsamen Moralität, weil es sich über mediale Zwischenträger und in einer Verschiebung ereignet, die alle dabei stimulierten Affekte in einen höheren, spirituellen Aggregatzustand umsetzt. Das moralische Training der Alphabetisation besteht darin, sich an das strukturell bedingte Niveau der Vergeistigung anzupassen, sich die Negation des Körpers und die Affirmation seiner Abwesenheit – als Seele – subjektiv zu übereignen. Sie steigert sich in dem Maß, in dem der Schreiber sich vorbehaltlos, mit offenem Herzen und strömender Seele, den Transformationen der Verschriftlichung überläßt. Darin besteht der Gegensatz zu den diplomatischen billets d'amour der höfischen Kultur, die das Schreiben noch als Umweg in einem Bezugskreis rhetorischer Persuasion auffaßt und deshalb in der bürgerlichen Moralistik als lügenhafter Gegensatz zur Authentizität der Herzensschrift befehdet wird.[43]

So liegt die Funktion der Vergegenwärtigungsphantasien, die an den Schriftverkehr geknüpft sind, weniger darin, kommunikative Abwesenheit zu vermindern, als darin, sie semantisch zu stabilisieren. Was als Beziehungsideal intimer Seelenfreundschaft eingeführt wird, ist das Produkt dieses Effekts. Ein illustratives Beispiel bietet dafür – im Vorfeld der eigentlich empfindsamen Zirkel – das Wechselspiel zwischen imaginierter Nähe und bürgerlicher Distanz, das die modellbildende Korrespondenz des Gleim-Kreises vorführt. »So lange ich sie gelesen«, antwortet Gleim auf Briefe von Jacobi und Uz, »glaubte ich in Ihrer Gesellschaft zu seyn.«[44] Aber diese Art von Gesellschaft hat wenig mit einem wirklichen Zusammensein gemein, das, so zärtlich die Beteiligten es herbeizusehen scheinen, selten von Intimitätsangst und verstecktem Unbehagen frei bleibt.[45] Im Gegenteil: »Wahre Freundschaft«, so Ewald von Kleist,

---

41 Ebd.
42 Ebd., I, 180.
43 Ein Beispiel wäre der Brief in Schillers ›Kabale und Liebe‹. Zum Problem der Täuschung überhaupt, die alle Authentifizierungsstrategien unterläuft, vgl. neuerdings das aperçureiche Buch von Manfred Schneider: Liebe und Betrug. Die Sprachen des Verlangens. München Wien 1992.
44 Briefwechsel zwischen Gleim und Uz. Hg. Carl Schüddekopf. Stuttgart Tübingen 1899. S. 386.
45 Darauf finden sich immer wieder Hinweise, vor allem in der Korrespondenz von Gleim mit Ramler und Ewald von Kleist.

»ist auf keine sinnliche Empfindung gerichtet; die persönliche Unbekanntschaft hindert nichts.«[46] »Doch seys«, versichert Caroline eine Generation später dem entfernten Herder, »wir sind vielleicht jetzt mehr beysammen als sichs solche körperliche Menschen nicht träumen können. [...] ja mein Vortreflichster, es ist süße in der Entfernung zu lieben, und es erhebt die Seele zu einer Höhe und Stärke, die man vielleicht nicht im beständigen Umgang fühlte.«[47]

Es sind die Körper, die im ›Tod‹ des Buchstabens mit zu Tode kommen. Und es sind die Seelen, die durch den ›Geist‹ der Schrift über alle Akzidenzien von Raum und Zeit hinweg schwerelos zueinanderfinden. »Ich bin«, versichert Siegwart, der Titelheld von Millers Roman, seiner in einem Kloster eingeschlossenen Geliebten, »jeden Augenblick bey dir; meine Seele ist stets ausser ihrem Körper, und umschwebt dich.«[48] Schriftlichkeit bietet nicht nur erst die Möglichkeit zu solchen Mitteilungen; sie versachlicht das hier episodisch und erlebnishaft geschilderte Verlassen der Körperhülle zu einer kommunikativen Struktur. So wirkt sie über ihre Fetischfunktion hinaus, die den Körper der Kommunikanten ins Imaginäre rückt und zum Ziel objektlos-schwärmerischer Gefühlsproduktion macht, als ein transfiguratives Prinzip[49], das ihn zuletzt überwindet. Deshalb kann Herder von einem Brief an Caroline sagen: »Es ist für mich recht die Stunde der Vergeistigung und einer kleinen Himmelfahrt, wenn ich zu Ihnen komme.«[50] Und darum kann etwa Baggesen den Brief seines Freundes einen »Engel« nennen[51], wie überhaupt diese Art von Briefverkehr nach dem Modell himmlischer Kommunikation organisiert ist, in der sich geistige Wesen, von aller Äußerlichkeit befreit, in vollkommener Harmonie miteinander befinden.

V.

Der Dichter, heißt eine neuerdings gern zitierte Passage bei Herder, »soll Empfindungen ausdrücken: – Empfindungen durch eine gemahlte Sprache in Büchern ist schwer, ja an sich unmöglich. Im Auge, im Antlitz, durch den Ton, durch die Zeichensprache des Körpers – so spricht die Empfindung eigentlich, und überläßt den todten Gedanken das Gebiet der todten Sprache. Nun, armer Dichter! und du sollst deine Empfindungen aufs Blatt mahlen, sie durch

---

46 Kleist an Uz, 19. 12. 1746. In: Ewald von Kleist's Werke. Hg. August Sauer. 3 Bde. Berlin 1880. Bd. 2. S. 64.
47 Herders Briefwechsel (Anm. 31), I, 194f. (6. 5. 1771).
48 Johann Martin Miller: Siegwart. Eine Klostergeschichte. Faksimiledruck nach der Ausgabe von 1776. Stuttgart 1971. 2 Bde. Bd. 2, S. 991.
49 In ähnlicher Bedeutung spricht Neumann vom »transfiguralen Prinzip« literarischer Zeichenordnungen: Gerhard Neumann: ›Lasst mich weinen ...‹ Die Schrift der Tränen in Goethes *West-östlichem Divan*. In: Oxford German Studies 15 (1984). S. 48–76. Dort S. 56.
50 Herders Briefwechsel (Anm. 31), II, 66 (21. 3. 1772).
51 Baggesen's Briefwechsel (Anm. 35), I, 96 (28. 9. 1791).

einen Kanal schwarzen Safts hinströmen, du sollst schreiben, daß man es fühlt, und du sollst dem wahren Ausdrucke der Empfindung entsagen; du sollst nicht dein Papier mit Tränen benetzen, daß die Tinte zerfließt, du sollst deine ganze lebendige Seele in todte Buchstaben hinmahlen, und parliren, statt auszudrükken.«[52]

Auf der Ebene der sinnlichen Existenz konstituiert Schrift ein System der Verschiebungen, Ungleichzeitigkeiten, des unaufholbaren Aufschubs; sie zerstört die Unmittelbarkeit persönlicher Interaktion. Andererseits aber besorgt sie durch den Durchgang vom Buchstaben zum Geist die Konversion jener ersten in eine sekundäre Präsenz, die gerade durch physische Abwesenheit bedingt und deren Modus das Imaginäre ist. Denn das 18. Jahrhundert ging von einer einfachen Definition der Einbildungskraft aus: als »Supplement der Sinne«[53] ist sie das Organ für Abwesendes, und ihre Aufgabe besteht darin, das, was keine aktuale sinnliche Präsenz hat, der Seele gegenwärtig zu machen. Mit dem Autarkwerden von Schrift rücken die kommunikativen Beziehungen überhaupt in das Geltungsgebiet der Einbildungskraft. Semiotisch entspricht dem der durch Schrift bedingte Ausschluß natürlicher Zeichen. Nach den Poetiken des 18. Jahrhunderts, die den Primat der Dichtung über der Malerei behaupten, besteht das Privileg der alphabetischen Schrift gerade im arbiträren Charakter ihrer Zeichen, die nur als verschwindende Träger von Bewußtseinsgehalten fungieren und sich deshalb zu rein intellektuellen Operationen eignen.[54] Nur wo die Signifikanten keine sinnliche Verwandtschaft mit ihrem Gegenstand mehr besitzen, können die Seele und in ihrem Dienst die Imaginationskraft unbeeinträchtigt tätig sein. Phantasie setzt die Stillegung der Sinne voraus.[55] So bildet sich auf der Rückseite medialer Vermittlung eine neue Art von Unmittelbarkeit: eine Koinzidenz der Gemüter, die im Vorstellungsraum ›hinter‹ den Signifikanten und unter Abstoßung der Signifikanten entsteht.

Die schriftliche Botschaft ist insofern eher als die mündliche dazu geeignet, Zugang zur Innerlichkeit des Rezipienten zu finden. Zwar sind ihr die drei Wirkungen lautlicher Interaktion: physische Nähe, Reziprozität, Gleichzeitigkeit des Sprechens und Hörens, versagt. Dafür ist die Schriftkommunikation vom physischen Ursprung des Gesprochenen frei, sie kennt den Körper nur als

---

52 Johann Gottfried Herder: Über die neuere Deutsche Litteratur. Dritte Sammlung. In: Herders Sämmtliche Werke. Hg. Bernhard Suphan. 33 Bde. Berlin 1877 ff. Bd. 1, S. 394 f.
53 Johann George Sulzer: Untersuchung über den Ursprung der angenehmen und unangenehmen Empfindungen. In: ders.: Vermischte philosophische Schriften. Leipzig 1773. Reprint Hildesheim New York 1974. S. 26.
54 Den Anfang machen hier offenbar die Schweizer Ästhetiker. Eine Stelle für viele: »Endlich enthält die Poesie einen besondern Vortheil daher, daß sie sich der blossen Worte bedienet; denn da dieses willkührliche Zeichen der Begriffe und Bilder sind, die sich alleine dem Verstande vernehmlich machen, kan sie dadurch ihre Bilder unmittelbar in das Gehirn anderer Menschen schildern [...].« (Johann Jacob Breitinger: Critische Dichtkunst. Faksimiledruck nach der Ausgabe 1740. 2 Bde. Stuttgart 1966. Bd. 1, S. 19 f.)
55 Art. »Einbildungskraft«, in: Johann Georg Sulzer: Allgemeine Theorie der Schönen Künste. 2. Aufl. Leipzig 1792. Reprint Hildesheim 1967/70. Bd. 2. S. 11 f.

einen Vorstellungsinhalt, während der kommunikative Vorgang selbst die Körper ohne Mühe gleichsam durchkreuzt und ausschließlich an die Seelen adressiert ist.

Auf dieser Stufe sind die Körper keine Realitäten mehr, die die Seelen trennen und von ihrer Transfiguration und Verschmelzung abhalten, sondern Seelenprodukte, hervorgebracht von einer Vorstellungskraft, die am Nullpunkt der Sinne, am Punkt der medialen Entwirklichung tätig zu werden beginnt. Unter den Bedingungen der Schrift sind Körper grundsätzlich ›wiederkehrende‹ Körper. Die Schrift ist das Gitter, das sie verschwinden und wiederkehren läßt, die Gelenkstelle zwischen dem Realen und dem Imaginären. Der »tote Buchstabe« markiert die Durchgangsstelle von ihrer realen Mortifikation zu ihrer imaginären Wiedererstattung. Jenseits dieses Todesstadiums stellt sich ein sympathetischer Zusammenklang der Geister her, der dem Geltungsbereich mechanischer Gesetze nicht mehr angehört und seine Beschreibungsmittel in der neueren Physik immaterieller, alles Trennende penetrierender Ströme findet: in der Welt der Elektrizität und des Magnetismus, zweier Phänomene, deren paradigmatische Wirkung sich nicht nur auf das medizinische Menschenbild (wie im Fall des Mesmerismus), sondern auch auf die literarische Anthropologie erstreckt.[56]

Immer steht dabei die Schrift als Prinzip der Differenzerzeugung zugleich im Zeichen eines Versprechens reiner, uneingeschränkter Gegenwart. Man findet dieses Doppelphantasma – Tötung und Erweckung, die den Tod ›vergessen‹ läßt und dem psychoanalytischen Begriff der Verdrängung analog arbeitet; scheinbare Transparenz der Signifikanten, die das Bezeichnete in Wahrheit vom mimetisch postulierten Urbild weg in eine medial konstituierte Welt verschieben – auch in anderen, im engeren Sinn ästhetischen Zusammenhängen. Ähnlich der Schrift fungiert der Marmor, in einem durchaus analogen Kontext des aufgeklärten Bildungsdenkens, als ein Kältemedium, das über die Etappe der Tödlichkeit hinweg sinnliches in imaginär reproduziertes ›Leben‹ übersetzt. Daß das Studium von Plastiken einem sinnlichen Buchstabieren ähnelt, gehört zu den Topoi der zeitgenössischen Kunstbeschreibung; umgekehrt hat auch das Lesen es mit einem kalten und harten Material zu tun, das sich im Lektüreakt erwärmt, belebt und verflüssigt. Im Briefwechsel zwischen Herder und Lavater wird dieser Zusammenhang anläßlich von Herders *Plastik*-Schrift expliziert. Wie der Marmor nach Herders Worten im ästhetischen Genuß »sich beleben und zuletzt ganz verschwinden« sollte, so soll »das harte Buchstabieren zum harmonischen, fließenden Lesen« und damit zum Eintritt in die Welt des Lebens der Bedeutungen führen.[57]

---

56 Ein Beispiel: Christoph Martin Wieland: Sympathien. In: Ders.: Sämmtliche Werke. Bd. 13. Leipzig 1798. Neudruck Hamburg 1984. S. 127–208. Bes. S. 133f.
57 Lavater hatte geschrieben: »Ich glaub', es ist der harte Marmor an der Bildsäule, die ich nun mit der geistigsten Fingerspitze betaste, und der nicht Fleisch werden will.« Darauf Herder im Juli 1779: »Daß Dich die ›Plastik‹ gedrückt hat, glaub' ich gern [...]. Der Marmor sollte sich beleben und zuletzt ganz verschwinden (*si diis placet*); denn sieh einmal aufs zweite Blatt, was noch folgen sollte, und wovon die ›Plastik‹ nur das erste, härteste, dürftigste Element ist. Element indeß ist, wie das harte Buchstabieren zum harmonischen, fließenden Lesen. Der liest freilich schlecht, der im Lesen buchstabirt, noch schlechter aber, der nie oder in schweren Fällen nicht buchstabiren gelernt. So mit Plastik und dem Gefühl des Schönen.« (Aus Herders Nachlaß (Anm. 34), II, 181 bzw. 183.)

Die Patenschaft Pygmalions erstreckt sich so auch auf das Lesen, das aufhört, rhetorische Repetition zu sein, und zum Verstehen in dem emphatischen Sinn des 18. Jahrhunderts wird. Auch hier ist eine Affektivität am Werk, die wie im Fall Pygmalions den Körper, der nur Körper und kein Zeichen ist, verschmäht und sich Erfüllung allein im Versprechen der Verkörperung des Zeichens, in einer Erotisierung des Mediums selbst erträumt: eine Ästhetik der Verfehlung, die sich den Anschein der Erfüllung gibt. Zu methodischer Relevanz kommt das pygmaliontische Prinzip der Zeichenbelebung in der Hermeneutik, die in ihrer Neukonstitution um 1800 dicht an den Bildapparat der Alphabetisationskampagne im Aufklärungsjahrhundert anschließt.»Jedes Buch«, heißt es bei Bergk, einem an Kant geschulten Verfasser von Denk- und Lesepropädeutiken,»ist eine todte Masse, die bloß dadurch belebt wird, daß wir mit unserm Verstand selbstthätig bei der Lectüre desselben verfahren. Wir müssen daher dasjenige aus uns selbst hervorlangen, was dieses Todtengerippe nicht enthält, und wir müssen ihm durch Selbstthätigkeit Geist einhauchen, wenn es kraftlos zu Boden sinken will.«[58] Das ist das rezeptive Gegenstück zu Herders Klage, daß man die Empfindung nicht unmittelbar an den Leser überschreiben kann. Anders als nach dem rhetorischen Modell der Rede ist unter den Bedingungen emergenter Schriftlichkeit die Beziehung zwischen Autor und Leser unterbrochen. Auf der einen Seite gibt es das geistige Leben des Autors, das er in Signifikanten deponiert; auf der anderen Seite die hermeneutische Selbsttätigkeit des Lesers, die durch den Tod der Schrift zugleich gesichert und heraufgerufen ist. Zwischen beiden steht die Materialität des Textes, die wie die Natur bei Kant bedeutungsleer ist. Gegenüber dem rhetorischen Modell direkter affektiver Übertragung liegt das Neue der Lesekunst um 1800 darin, gerade die Kontingenz zwischen den Kommunikanten, die mortifizierende Wirkung der Zeichen, über die sie sich verständigen, hervorzuheben. Nichts soll an dem Nullstadium toter Materialität vorbeiführen und die rezeptive Freiheit des Lesers infragestellen. Die Durchsetzung einer vollen Arbitrarität der Zeichen bildet erst die semiotische Basis dafür, eine Vielzahl autonom gesetzter, subjektiver Sinnwelten zu proklamieren, wie es die Hermeneutik um 1800 im Gefolge des Idealismus tut.

Wenn aber verstehende Lektüre glückt, hat Geist Geist induziert, und das Todesstadium der Signifikanten verschwindet aus dem Bewußtsein. Bergk äußert sich nicht zu den Einfühlungsprozeduren, die seit Schleiermacher für die Hermeneutik maßgeblich sind. Aber auch bei ihm treten über die Differenzkonstitution der Schrift hinweg Autor und Leser in Kontakt und lassen zuletzt aus dem doppelten Monolog auf einen unsichtbaren Partner zu eine schwerelose Konversation der Geister werden. »Der Leser«, so Bergk, »unterhält mit dem Verfasser eines Buches ein Gespräch, worin jeder seine Gedanken gegen die Gedanken des Andern austauscht, jeder dem Andern nachhilft, und wo Einer durch den Andern belebt, erbauet und belehrt wird.«[59]

---

58 Johann Adam Bergk: Die Kunst, Bücher zu lesen. Nebst Bemerkungen über Schriften und Schriftsteller. Jena 1799. Reprint München Berlin 1971. S. 184.
59 Ebd., 174.

VI.

Man kann den medialen Mechanismus, der die intellektuelle Subjektkonstitution im 18. Jahrhundert prägt, auch in Begriffen der Fragmentierung und der Ganzheit beschreiben. Denn die Identitätsbildungsprogramme, die mit dem Programm der Alphabetisation zusammengehen, greifen nur, insoweit sie die gewissermaßen voralphabetischen Identitäten, mit denen sie es anfangs zu tun haben, zerstören. Sie statuieren einen Mangel, dessen Behebung sie dann in einer Arbeit unendlicher Perfektibilisierung in Aussicht stellen. Die Moralischen Wochenschriften und ähnliche Organe, die zugleich der Verbreitung des Schriftgebrauchs und der bürgerlichen Moralvorstellungen dienen, müssen auf beiden Ebenen ihr Publikum erst rekrutieren: eine Leserschaft, die alphabetischer Indoktrination und auf diesem Weg moralischer Belehrung zugänglich ist und schließlich in deren Abhängigkeit gerät. Der Hauptfeind der Tugendlehre ist nicht so sehr das Laster als die Selbstgenügsamkeit, und zwar sowohl in bezug auf sittliche Lebensführung im engeren Sinn als auch auf Anschluß an den Bildungsdiskurs überhaupt.

Kommunikationssysteme verhängen Selbstbefriedigungsverbote.[60] Sie unterbinden Kurzschlüsse unterhalb der Systemebene. Luhmann nennt als eine solche Kurzschlußhandlung, bezogen auf den Code der Liebe, die Onanie.[61] In der Tat erklärt sich die Erbitterung, mit der die Antimasturbationskampagne im 18. Jahrhundert geführt wurde – mit ihrem Höhepunkt in der empfindsamen Periode – weniger aus einem Ressentiment gegen verschwenderische Lust als solche mit den bekannten zerstörerischen Folgen als aus dem Zorn über die Selbstabschließung des Onanisten, der sich gegenüber jedem pädagogischen und sozialen Impetus immun macht, dem allgemeinen Bildungswerk entzieht und insofern den Begriff des Menschen als eines perfektiblen Wesens überhaupt verfehlt. Deshalb muß das Schicksal solcher Delinquenten in Bildern der Stagnation und Infantilisierung, schließlich des physischen und geistigen Niedergangs geschildert werden. Nichts ist gefährlicher für die Moral als ein Narzißmus, der keinen Mangel fühlt. Die Lesepropädeutiken, die sich zumal der Zurichtung der Frau verschreiben, haben eine erklärtermaßen antinarzißtische Tendenz. Auch hier entwerfen sie ein Gegenbild zur Leserin, in einer Antithetik, die dem Gegensatz zwischen philantropischem Zögling und Onanisten analog ist: das der koketten Frau, die ihre Zeit damit verschwendet, sich im Spiegel anzusehen. Martens hat auf die Verbreitung dieses Antimodells im Umkreis der Moralischen Wochenschriften hingewiesen[62]; vermutlich über den Pietismus vermittelt, ist es im gesamten aufklärerischen Moralschrifttum mit seiner Stoßrichtung gegen weibliche Reizentfaltung, Eitelkeit und Verstellung auffindbar.

---

60 Niklas Luhmann: Einführende Bemerkungen zu einer Theorie symbolisch generalisierter Kommunikationsmedien. In: Ders.: Soziologische Aufklärung 2. Aufsätze zur Theorie der Gesellschaft. Opladen 1975. S. 170–92. Dort S. 181.
61 Ebd.
62 Wolfgang Martens: Die Botschaft der Tugend. Die Aufklärung im Spiegel der deutschen Moralischen Wochenschriften. Stuttgart 1968. S. 532.

Die Aufgabe der durch Lesen vermittelbaren Bildung besteht darin, die Selbstbespiegelung der koketten Frau zu unterbrechen. Sie soll den Spiegel mit dem Buch vertauschen und sich dadurch kommunikativ anschlußfähig machen, das heißt den Intruisionen männlicher Moralschriftsteller öffnen. Die Alphabetisationskampagne setzt damit ein, die Idee einer im Spiegel sichtbar werdenden körperlichen Ganzheit zu destruiren: sei es, daß unter Rückgriff auf barocke Drastik die Spiegelbetrachterin die Pocken bekommt und sich dadurch von ihrer Eitelkeit weg zur Tugend führen läßt, sei es, daß man sie mit Anschluß an das weite Feld der Marmorfrauen-Motivik »einem leblosen Venus=Bilde« gleichstellt[63] oder mit den Metaphern der Marionette und der Puppe in Verbindung bringt, wie sie im Zeitalter des ausgehenden Cartesianismus für das nur Körperliche und Mechanische geläufig waren.

Doch diese Destruktion äußerer Makellosigkeit wird sogleich von dem Versprechen einer inneren Vervollständigung abgelöst. »So eifersüchtig bin ich wol nicht, daß ich Ihnen alle Vertraulichkeit mit ihrem Spiegel verbiete«, heißt es scheinbar konziliant in Leonhard Meisters *Sittenlehre* mit Wendung an die prospektive Leserin (der Autorfiktion nach die Braut):

> »fürnemlich aber erwarte ich, daß Sie mit sich selber vertraut seyen. Wenn es für Sie interessant ist, zu untersuchen, wie sich auf ihren Wangen die Lilien mit den Rosen, sollte die Untersuchung für Sie weniger interessant seyn, wie sich in ihrer Seele Begriffe mit Begriffen, Empfindungen mit Empfindungen verweben? Wie eine Leidenschaft, ein Gedanke aus dem andern entsteht, und wie sich ihre Aeste und Zweige in einander verlieren? Hier ist es, wo ich Ihnen aus Mangel eines geprüften Freundes oder einer vertrauten Gespielin solche Schriften empfehle, die uns mit der Natur und dem Ursprung der Gemüthsbewegungen, mit ihrer Vermischung und ihren gegenseitigen Verhältnissen, die uns mit uns selber, mit unsern Tugenden und mit unsern Fehlern bekannt machen.«[64]

So wird die Selbstbespiegelung der Frau nicht einfach nur zerstört, sondern erweitert: um die Vermittlung durch ein Schrifttum, hinter dem in erster Linie schriftstellernde Männer stehen. Die naive narzißtische Ganzheit wird ihr verdorben, aber den sichtbar gewordenen Mangel kann die Frau beheben, wenn sie sich einer diskursiven Führung anvertraut. Und doch wird sich die Ganzheit niemals wieder schließen. Aller Topik zum Trotz ist weibliche Tugend niemals vollkommen; sie besteht vielmehr darin, sich dem Zwang zu beständiger Vervollkommnung zu unterstellen. Wahre Tugend existiert nur in Form einer unaufhörlichen Bewährung. Dieser Zwang der Verzeitlichung garantiert den dauerhaften Anschluß der tugendwillig gemachten Frau an die medialen Instanzen der Moralität. Wie das Schuldprinzip der Kirche ihre Gläubigen sicherte, sichert das Tugendprinzip der Aufklärungspublizistik eine ständiger Belehrung bedürftige Leserschaft. Wer einmal an den Diskurs angeschlossen ist, kann sich nicht wieder in Übereinstimmung mit sich selber bringen; er bleibt in

---

63 Beide Beispiele bei Martens, 534.
64 Leonard Meister: Sittenlehre der Liebe und Ehe, nebst einer Beylage über die helvetische Galanterie. Winterthur ²1785. S. 10f.

einer Maschinerie des Mangels gefangen. Insofern ist die Leserin von Sittenschriften enger verwandt mit der Romansüchtigen, die sich imaginäre Erfüllung erhofft, als es die moralistischen Antithese, die sie gegeneinander ausspielt, vermuten ließe. Beide erwarten ihre Vervollständigung von der gleichen Instanz, die sie fragmentiert hat. Beide folgen einem Ganzheitsversprechen, das medial codiert ist und sich nur um den Preis der Medialisierung selbst erfüllt.

VII.

Wenn es richtig ist, daß die Alphabetisation nicht einfach einen neutralen Boden für Bildungs- und Erkenntnisprogramme abgibt, sondern schon ihrer Funktionsweise nach, als kommunikatives Apriori, den Prozeß der Subjektformung bedingt, ja wenn subjektive Identität sich überhaupt erst im Spiegel der Beständigkeit der Schrift als pädagogisch-autobiographische Konstruktion herstellt, dann hat das Auswirkungen auch auf den Begriff und die Methodik der literarischen Anthropologie. Sie wird ihre Inhalte nicht einfach aus den schriftlichen Quellen beziehen können – was dem alten Schema entspräche, daß Literatur, in welcher hermeneutisch zu berücksichtigenden Vermittlung auch immer, Ausdruck und Wiedergabe sozialhistorischer Realitäten ist, daß sie etwas abbildet, was außerhalb von ihr liegt –, sondern muß den Faktor Schrift selbst in Rechnung stellen. Die für die Literatur relevanteste sozialhistorische Realität des 18. Jahrhunderts scheint in der simplen und deshalb leicht zu übersehenden Tatsache zu bestehen, daß die für die bürgerliche Gesellschaft grundlegenden Affektmodellierungen und Subjektdefinitionen sich im *Medium der Schriftlichkeit* vollziehen, daß sie Elemente eines erstmals zu voller Ausprägung gelangten neuartigen Kommunikationssystems sind. Die Entstehung der Industriegesellschaft fällt mit den Anfängen der Mediengesellschaft zusammen, und folglich ist auch die Literatur, hier im weitesten Sinn verstanden als Summe aller geschriebenen Texte, nicht allein Spiegel der sozialen Prozesse, sondern einer ihrer maßgeblichen Operatoren.

Es wurde gezeigt, daß die aufgeklärte Schriftkultur auf der Basis der Abschneidung der Körper neue Imaginationen der Präsenz, individueller und kommunikativer Vervollständigung entstehen läßt. Es wurde weiter gezeigt, daß dem ein zweistufiges phantasmatisches System entspricht: auf eine Phase der Beraubung, in der ›Körper‹ und ›Leben‹ durch Transfer in arbiträre Signifikanten abgetötet werden, folgt eine Phase der Rekompensation, in der das ›Leben‹ als Bedeutung wiederaufersteht. In dieser Wiederherstellung von Ganzheit rückt der privative Prozeß, der ihr vorausgeht, in ein diskursives Unbewußtsein; er wird namenlos. So usurpiert das Medium die Erinnerung an das, was vorher war, und läßt es als sein virtuelles Produkt erscheinen. Die literarisch induzierte Erfahrung gibt sich als voller aus, als es eine nichtalphabetisierte wäre. In den empfindsamen Romanen wird das zu einem trivialen Schema: Klopstock-Leser als Prototypen enthusiastischer Leserschaft lieben tiefer, dringen im Geist der Seelenliebe zu einem emphatisch-ganzheitlichen Menschsein vor, während die, die den Schritt der Sublimierung nicht vollziehen, als partikular erscheinen und von Dekompositionen welcher Art auch immer bedroht sind. Liebe und Literatur verschränken sich hier in einer Weise, die es unmöglich macht, sie entlang einer supponierten Grenze zwischen lebensweltlichem Ursprung und dessen Reproduktion zu sondern. Die Empfindsamkeit stellt insofern eine entscheidende Etappe in dem doppelten Prozeß der Medialisierung der Erotik und der Erotisierung der Medien[65] dar, der von da an die Strukturen des gesellschaftlichen Imaginären beherrscht. Die »Rehabilitation der Sinnlichkeit«[66], die sich im 18. Jahrhundert in Lossagung von den rationalistischen Restriktionen zugetragen haben soll, ist medienhistorisch nur ein Effekt ihrer Codierung. Sie spiegelt keine Lockerung der gesellschaftlichen Affektökonomie wider, die sich angesichts der Kontinuität zwischen Aufklärungsmoralistik und Viktorianismus auch kaum denken läßt, sondern markiert den Beginn des Prozesses medialer Monopolisierung der Lust, der in der Industrie des Unbewußten heute mündet.[67] Wie der empfindsame Transfer von Literatur in Leben oder die klassizistische Konjunktion von Weiblichkeit und Marmor – signifikant in Herders Begierde, den »Marmor« zu »fühlen«, die das Seitenstück zum Platonismus seiner Brautbriefe bildet[68] – sinnfällig machen, wird die sinnliche Lust im Prozeß ihrer scheinbaren Freigabe erst recht an ästhetische Repräsentanzen gefesselt. Das schränkt auch den Stellenwert der anthropologischen Konzepte von bildsamer Ganzheit ein, die den ästhetischen Entwurf des Menschen komplementieren. Die Diskurse, die sich im 18. Jahrhundert um das Wesen des Menschen herausbilden, sind auf dieses Signifikat nicht abbildend-inhaltlich, sondern performativ bezogen.

---

65 Ähnlich Müller (Anm. 12), S. 284.
66 Vgl. Panajotis Kondylis: Die Aufklärung im Rahmen des neuzeitlichen Rationalismus. Stuttgart 1981. S. 42 ff.
67 Fredric Jameson: Postmodernism, or The Cultural Logic of Late Capitalism. In: New Left Review 146 (1984). S. 53–92. Dort S. 78 u. passim.
68 Herders Programm einer visuellen Simulation von Taktilität, den »gleichsam unter der fühlenden Hand belebten Marmor« »zu sehen, als ob man tastete und griffe«, wird vielleicht am deutlichsten in seinem ›Vierten kritischen Wäldchen‹. Herder (Anm. 52), Bd. 4, S. 66 bzw. 65.

Zur Poetik des Tagebuchs
Beobachtungen am Text eines Selbstbeobachters

URSULA GEITNER (Köln)

Um 1780 glaubt man, vom Tagebuch Außergewöhnliches erwarten zu können. Anthropologisch-psychologisches Interesse entdeckt das Tagebuch als Instrument, welches den allenthalben gesuchten unmittelbaren Zugang zum Menschen, so wie er eigentlich ist, zu bahnen verspricht. Hochgestimmte Erwartungen dieser Art, wie Moritz sie in Lavaters *Geheimem Tagebuch* adäquat erfüllt sieht[1], lösen sich jedoch schon bald, ganz unabhängig von literarisch-ästhetischer Bewertung[2], in Vorsicht, Skepsis und Kritik auf: Das Tagebuch verführt, so sieht es Moritz dann 1789, zu eitel-ambitionierter literarischer Präsentation und produziert damit, was es beseitigen, ›verhüllt‹, was es entschleiern, maskiert einen Autor, der als Mensch demaskiert werden sollte.[3] Distanzierungen dieser Art beruhen, wie der folgende Beitrag zeigen will, auf Irritationen, die durch eine teils alarmierte, teils faszinierte Entdeckung schriftlich-literarischer Medialität ausgelöst werden. In dieser kritischen, die kontraproduktive, ›verschleiernde‹ Medialität des Bekenntnisses reflektieren-

---

1 Karl Philipp Moritz: Aussichten zu einer Experimentalseelenlehre (1782). In: Ders.: Werke. Hg. v. Horst Günther. Bd. 3. Frankfurt/M. 1981, S. 85–99, hier: 89.
2 Erstaunlicherweise spielt das ästhetische Kriterium schon früh eine Rolle, wird jedoch gleichzeitig zugunsten des anthropologischen zurückgedrängt. So schreibt der Ich-Erzähler in Kosmanns *Spitzbart*, einem romanhaften Text von 1785: »Wohlbedächtig habe ich dieses Stück aus meinem Tagebuch unverändert wörtlich so abdrucken lassen, als [ich] es damals hinschrieb, ungeachtet ich wohl weiß daß es ästhetisch [!] ein sehr unreifes Produkt ist. Ich darf aber doch hoffen, daß es jedem Menschenfreund, jedem Forscher der Menschheit willkommen seyn wird, da es ganz Abdruck meines damaligen Ichs ist, da er meine Seele, nach dem ganzen Umfang meines damaligen Ideenkreises und mein Herz nach aller seiner Unverdorbenheit darin lesen kann.« ([Johann Wilhelm Andreas Kosmann]: Spitzbart der zweite oder die Schulmeisterwahl. Ein Gemählde menschlicher Entwürfe, Leidenschaften oder Thorheiten. Nicht Roman, sondern Beytrag zur Philosophie und Geschichte der Menschheit. Als ein Pendant zum Leben des Herrn M. Sebaldus Nothanker. Berlin u. Halle 1785, S. 27.)
3 Karl Philipp Moritz: Über Selbsttäuschung. Eine Parenthese zu dem Tagebuch eines Selbstbeobachters. In: Ders.: Die Schriften in dreißig Bänden. Hg. v. Petra u. Uwe Nettelbeck. Bd. 7. Nördlingen 1986, S. 223–225. – Siehe dazu Raimund Bezold: Popularphilosophie und Erfahrungsseelenkunde im Werk von Karl Philipp Moritz (= Epistemata, Bd. 8). Würzburg 1984, S. 152–166.

den Perspektive wird das Verhältnis von Mensch und Autor, Individuum und Text, Ausdruck und Schrift, Bekenntnis und Literatur, Originalität und Imitation problematisch; und es sind eben diese Probleme, denen sich schon Lavaters Tagebuch, ohne das Authentizitäts-Anliegen eines Moritz etwa bloß zu bebildern, mit Bezug auf das eigene, ›aktuelle‹ Schreiben zu stellen versucht. Der Aufweis dieser selbstreferentiellen Auseinandersetzung, die Lavaters Tagebuch führt, ermöglicht eine Lektüre seines Textes, welche dessen immer mitlaufende poetologische Reflexionen ernst nimmt und eröffnet darüber hinaus Aufschlüsse über einen um 1770 kurrenten Textbegriff, welcher vom Text-Verständnis des Tagebuchs, das zu eben dieser Zeit neu konstituiert wird, in entscheidenden Merkmalen bestimmt ist: von der Vision einer schlechthin individuellen, monologischen, intentional kontrollierten und stets gegenwärtigen Rede, die ein Gegenüber voraussetzt, das, einem hermeneutischen Wunsch Herders entsprechend, fähig ist, »ein Buch in eine Person, und tote Buchstaben in Sprache zu verwandeln« und damit zu ermöglichen, worauf es ankommt: »alsdenn hört man und denkt und fühlt mit dem Autor.«[4]

Zunächst jedoch lassen sich mit Hilfe der Reflexionen Lavaters gerade jene literaturwissenschaftlich eingespielten Unterscheidungen korrigieren, welche der Selbstdarstellung des Tagebuchtextes folgen, ohne diese ihrerseits zu problematisieren. Dies gilt etwa für die Unterscheidungen von privat/öffentlich, innen/außen, tief/oberflächlich, authentisch/literarisch und für alle Versuche, dem Menschen im Schriftsteller auf die Spur kommen zu wollen, Versuche, die hinter jene Bemerkung Lichtenbergs zurückfallen, welche – charakteristischerweise noch zweifelnd und staunend – die Differenz beider schon markiert: »Wer ist dieser *Ich*? bin ich und der Schreiber nicht einerlei?«[5]

I.

Kann über eine Antwort auf die Frage nach der literarisch-ästhetischen Dignität des modernen Tagebuchs wohl nach wie vor gestritten werden, so scheint demgegenüber die Frage nach der Funktion der Gattung seit längerem zufriedenstellend beantwortet. Wer Tagebuch sagt, muß auch Subjektivität sagen, jedenfalls dann, wenn es um den modernen Neubeginn der Gattung, wenn es ums 18. Jahrhundert geht: Mag man die Bezugsgröße nun Selbstbewußtsein, Ich-Bewußtsein, Verinnerlichung oder (mit leichter Negativkonnotation:) Subjektivismus nennen – im Anschluß an entsprechende Vorgaben der Renaissance

---

4 Johann Gottfried Herder: Über die neuere deutsche Literatur. Fragmente I, II, 11 [Charakter einiger neuern eigentümlichen Schriftsteller]. In: Ders.: Werke. Hg. v. Wolfgang Pross. Bd. 1: Herder und der Sturm und Drang. 1764–1774. München–Wien 1984, S. 91–142, hier: 133 f.
5 Georg Christoph Lichtenberg: K 38. In: Ders.: Schriften und Briefe. Hg. v. Wolfgang Promies. Bd. 2: Sudelbücher II. Materialhefte, Tagebücher. München 1971. S. 403. – Lichtenbergs Unterscheidung wird erst einer späteren (erzähltheoretisch analysierenden) Autobiographie-Forschung geläufig werden.

und geprägt von Pietismus und Empfindsamkeit entwickelt sich das Tagebuch, so wollen es die vorgenommenen meist geistesgeschichtlich akzentuierten Ableitungen, von bloß chronikhaft-›objektiver‹ Registratur zum Medium, in dessen Schutz sich, wie es in einer neueren Arbeit heißt, »die auswachsende Subjektivität artikulieren, das heißt, kennenlernen, anschauen und ausdrücken lernen konnte«.[6] Sie verweigert im Idealfall kategorisch Publikation und Kommunikation und zeichnet sich, folgt man den impliziten Bewertungen, durch eben diese Verweigerung aus. Das so begriffene ›echte‹ und ›reine‹ Tagebuch, das vom literarisch-künstlerisch stilisierten begrifflich abgehoben werden soll[7], wird dabei als Text eines Autors verstanden, der Veröffentlichung nicht nur nicht anstrebt, sondern idealerweise nicht einmal denkt. Subjektivität in diesem Sinn ist ›bei sich bleibende‹, private Selbstbezogenheit, rückhaltlos-aufrichtig-intime Selbstbeobachtung, die ihren Charakter verlöre, setzte sie sich absichtlich-planvoll literarischer Kommunikation aus.[8]

So oder ähnlich lauten die charakteristischen Beschreibungen, mit deren Hilfe man das Tagebuch an seinem modernen ›Ursprung‹ aufsuchen möchte. Die Rekonstruktionen dieses Ursprungs verbinden sich nahezu regelmäßig mit dem Namen Lavater. Er steht für eine Form noch religiös motivierter Introspektion, die, von der ›Verinnerlichungs‹-Vorgabe profitierend, schon zur säkularisierten, psychologisch-moralischen Selbstbeschreibung tendiert[9] und eben damit ›wie geschaffen‹ ist, die moderne Zukunft des Tagebuchs zu eröffnen. Es gehört zur Eigenart der genannten Forschungstopoi und ihrer Ursprungs-Annahmen, daß sie sich regelmäßig auf sich selbst, weniger aber auf den Text beziehen, den sie kommentieren wollen. Auf diese Weise entsteht der eigenartige Effekt, daß die Emphase, mit welcher Subjektivität – und sei es in ihren immer auch diagnostizierten ›exaltiert‹-pathologischen Zügen – beschrieben und darüber hinaus nicht selten als unhintergehbarer moderner Wert postuliert wird[10], die Lektüre jener aufgerufenen Subjektivitäts-Zeugen eher zu verhindern als anzuregen scheint. Die Häufung von Fehlern, die schon bei

---

6 Georg Guntermann: Vom Fremdwerden der Dinge beim Schreiben. Kafkas Tagebücher als literarische Physiognomie des Autors (= Studien zur deutschen Literatur, Bd. 111). Tübingen 1991, S. 19. – Vgl. dazu auch Ralph-Rainer Wuthenow: Europäische Tagebücher. Eigenart – Formen – Entwicklung. Darmstadt 1990, S. 7–13; Gustav René Hocke: Europäische Tagebücher aus vier Jahrhunderten. Motive und Anthologie. 3. Aufl. Wiesbaden–München 1986, S. 72; Peter Boerner: Tagebuch. Stuttgart 1969, S. 44; Rüdiger Görner: Das Tagebuch. Eine Einführung (= Artemis Einführungen, Bd. 26). München–Zürich 1986, S. 13f.
7 Siehe dazu Hocke (Anm. 6), S. 19ff.
8 Eines der »echtesten Tagebücher Europas« sind für Hocke deshalb die erst lange nach Constants Tod aus dem Nachlaß veröffentlichten *Journeaux intimes* (Hocke [Anm. 6], S. 25ff.).
9 So etwa Günter Niggl: Geschichte der deutschen Autobiographie im 18. Jahrhundert. Theoretische Grundlegung und literarische Entfaltung. Stuttgart 1977, S. 68.
10 Diese Wert-Emphase geht zurück insbesondere auf Ernst von Bracken: Die Selbstbeobachtung bei Lavater. Ein Beitrag zur Geschichte der Idee der Subjektivität im 18. Jahrhundert (= Universitäts-Archiv. Philosophische Abt., Bd. 10). Münster 1932, S. 3f.

einfacher – bibliographisch-philologischer – Beschreibung des *Geheimen Tagebuchs* unterlaufen, verblüfft ebenso wie die Tatsache, daß die Nennung des Eigennamens (Johann Kaspar Lavater), die den genannten Topoi vorausgeht oder auf dem Fuße folgt, suggeriert, das *Geheime Tagebuch* von 1771, das erste der beiden veröffentlichten Tagebuchtexte Lavaters, sei unter dessen Namen erschienen. Schon beim Eigennamen, dessen unkommentierte Nennung hier den Effekt zeitigt, den charakterisierten Subjektivitätsanspruch auf so schlichte wie effiziente Weise zu bestätigen, fängt es also an: Eine auf das Subjektivitäts-Label konzentrierte Lektüre meint, gerade die elementare Organisation des Textes bzw. in diesem Fall: seiner Paratexte zugunsten der – wie auch immer begriffenen – Autorpersönlichkeit außer acht lassen zu können.[11] Um gleich beim Eigennamen anzusetzen: Tatsächlich erscheint 1771 in Leipzig ein anonymer Text mit dem Titel: »Geheimes Tagebuch. Von einem Beobachter Seiner Selbst.« Der fehlende Autorname steht, so ließe sich annehmen, als Zeichen dafür, daß die Stelle des ›Beobachters Seiner Selbst‹ offengehalten und damit prinzipiell von all jenen besetzt werden kann, welche ihrerseits bereit sind, sich selbst ›(geheim) zu beobachten‹. Wird auf diese Weise dem Interesse einer sowohl auf Selbst- als auch auf Menschenkenntnis zielenden Anthropologie entsprochen, die neben dem Gattungssubjekt auch das ›individuelle‹ Subjekt berücksichtigt und das Tagebuch als allgemein applikables Exemplum individueller Beobachtung begreift[12], so bleibt die Funktion des Eigennamens, auch und gerade, weil er fehlt, gleichwohl gewahrt. Die Möglichkeit nämlich, die zentralen literarischen Instanzen des Textes, also Erzähler und Figur, die im »Ich« nahezu ununterscheidbar koinzidieren, auf einen verantwortlichen Autor zurückzulesen – diese Lektüremöglichkeit gewährleistet ein Herausgeber, der die Existenz jenes anonymen Autors beglaubigt und zugleich, eine weitere, stärkere Beglaubigung, angibt, »weggelassen« zu haben, was diesen kenntlich machen könnte.[13] Am Anfang des modernen Tagebuchs stehen mithin offensichtlich – aber dennoch nicht überflüssig zu bemerken – das publizierte Geheimnis und der manipulierte Text.

---

11 Der Autorname, dessen Angabe gerade bei sog. referentiellen Texten unerläßlich scheint, schwärmt gewissermaßen unkontrolliert in den gesamten Epitext – und damit auch in den darunter zu subsumierenden literaturwissenschaftlichen Kommentar – aus. Siehe dazu Gérard Genette: Paratexte. Das Buch zum Beiwerk des Buches. Mit e. Vorw. v. Harald Weinrich u. a. d. Franz. übers. v. Dieter Hornig. Frankfurt/M. 1989, S. 42. – Zu »Anonymität« vgl. ebd., S. 45ff.
12 Daran ändern auch Moritz' kritische Überlegungen nicht viel. Über das Projekt Carl Friedrich Pockels', Tagebücher in Serie zu publizieren, siehe Mareta Linden: Untersuchungen zum Anthropologiebegriff des 18. Jahrhunderts. Bern–Frankfurt/M. 1976, S. 202ff.
13 [Johann Kaspar Lavater]: Geheimes Tagebuch. Von einem Beobachter Seiner Selbst. Leipzig 1771. Vorbericht des Herausgebers. S. 5–8, hier: 7. – Der Herausgeber ist Georg Joachim Zollikofer (1730–1788), seit 1758 Pfarrer in Leipzig und Lavater seit 1764 persönlich bekannt. Vgl. dazu die informativ-positivistische Darstellung von Dietrich Gerhardt: Lavaters Wahrheit und Dichtung. In: Euphorion 46 (1952), S. 4–30.

Der autobiographische Pakt, welcher die Person des Autors als zentrale Referenz (der Lektüre) verwendet und die Rückbindung der Erzählinstanzen an eben diese – mit dem Eigennamen indizierte – Person gewährleistet, kann also trotz der anonymen Verfasserschaft des *Geheimen Tagebuchs* und einer damit einhergehenden, notwendig moderierten »Leidenschaft für den Eigennamen« geschlossen werden.[14] Für die enorme Wirksamkeit eben jenes Pakts, welcher gerade auf Grundlage des sowohl textuellen als auch referentiellen Elements ›Autorname‹ die Suche nach dem Autor institutionalisiert, spricht, daß noch die neueren literaturwissenschaftlichen Beschreibungen die unreflektierte Nennung des Namens (Lavater) der Analyse seiner Funktion vorziehen.

Die eilige Unterstellung, man habe es im Fall Lavater mit schlechthin subjektiv-individuellem Ausdruck zu tun, verführt, wie bereits der Eigenname demonstriert, paradoxerweise dazu, die individuelle literarische Organisation des Tagebuch-Textes zu ignorieren. Ohne nun Subjektivität als ›geistige Haltung‹ oder als Zustand eines individuell-isolierten Bewußtseins zu apostrophieren und das Tagebuch als dessen quasi unmittelbar-aliterarisches Sediment zu begreifen, soll deshalb hier – in Abkehr von gebräuchlichen geistes- und funktionsgeschichtlichen Situierungskonventionen – versucht werden, Subjektivität als Modus und Resultat spezifischer literarischer Kommunikation zu begreifen. Dabei ist insbesondere die Kategorie des Autors und der Autorabsicht neu zu befragen. Das sensible Thema der Publikations-Absicht, die Frage nach der (letztlich immer nur ›konstruktiv‹-mutmaßlich feststellbaren) Absicht des Autors, Kommunikation eingehen oder aber verweigern zu wollen, ist in erster Linie Bestandteil jener Entschlüsselungsverpflichtungen, die der autobiographische Pakt der ›naiven‹ Lektüre auferlegt. Doch auch für die (mit größerer Reichweite und Allgemeinheit ausgestatteten) Intentionalitätsannahmen literaturwissenschaftlicher Interpretationsweisen ist dieser Pakt nicht zuletzt bestimmend geworden. Dabei bleibt, was die Publikations-Absicht angeht, in der Regel unberücksichtigt, daß Selbstauskünfte des Autors, Beschreibungen seiner eigentlichen Absicht, ebenso interpretationsbedürftig sind wie die i.e.S. autobiographischen Notate selbst, und es bleibt darüber hinaus unbemerkt, daß die (erfahrungsgemäß geschätzte) Verweigerung von Kommunikation, wird sie im Tagebuch behauptet, in erster Linie Element eines poetologischen Lay-outs – und nicht entscheidbar wahr oder unwahr, glaubhaft oder unglaubwürdig ist.

Der Frage, wie Subjektivität im Tagebuch sprachlich-literarisch kommuniziert wird, zieht die Frage nach der poetologischen Reflexivität der Gattung nach sich. Bekanntlich ist das Tagebuch im System ›legitimer‹ Gattungen des 18. Jahrhunderts nicht repräsentiert. So ist es, wie zu zeigen sein wird, gerade für die Tagebücher Lavaters kennzeichnend, daß der Autor in ihnen selber an einer Poetik arbeitet, welche die ›neue‹ Gattung zu begründen versucht. Innerhalb des sich gerade neu etablierenden autobiographisch-bekenntnishaften Diskurses sucht sich das Tagebuch als *die* literarische Form zu profilieren, wel-

---

14 Dazu grundlegend Philippe Lejeune: Der autobiographische Pakt (1973/1975). In: Günter Niggl (Hg.): Die Autobiographie. Zu Form und Geschichte einer literarischen Gattung (= Wege der Forschung, Bd. 565). Darmstadt 1989, S. 214–257, hier: 241.

che ein rückhaltloses, sei es religiöses, sei es moralisches Bekenntnis[15] aufnehmen und damit jene – an anderer Stelle eher zu cachierende – Wahrheit getreu abbilden kann. Doch die Möglichkeit, sich im Tagebuch mit dem Willen zur Offenbarung Wahrheit zu ›erschreiben‹ und sie ohne Verluste zu transportieren, wird in dieser Poetik ebenso grundlegend und nachdrücklich behauptet wie sie, unerwarteter- und verblüffenderweise, reflexiver Überprüfung ausgesetzt wird. Die im Tagebuch auftretenden textbezogen-selbstreferentiellen Beobachtungen korrigieren auf ebenso eigenwillige wie aufschlußreiche – und daher im einzelnen darzustellende – Weise jene Bekenntnis-Poetik, deren programmatische Postulate noch die literaturwissenschaftlichen Lektüreweisen (und deren Authentizitäts-Recherchen) entscheidend bestimmen konnten.

II.

Die Versuche Lavaters, sein Tagebuch als Dokument aufrichtig-authentischer Selbstbeobachtung zu deklarieren, sind auf Schritt und Tritt von Zweifeln umstellt. Und es scheint fast so, als wolle die kommentierende Vorrede des Herausgebers diesen Zweifeln Einhalt gebieten. Sie erstellt eine Signatur der Gattung, des Tagebuchs, wie es sein sollte. Dabei versichert der Herausgeber, daß das *Geheime Tagebuch* des Selbstbeobachters »das wahre und ächte Tagebuch eines Mannes ist, dessen erste und letzte Angelegenheit es war, sein Herz genau zu kennen«. (6) Das Prädikat des Wahren und Echten kann hier nicht meinen, daß man es mit einem authentischen Text im modernen textphilologischen Sinn zu tun hat (denn dann begönne die wahre Versicherung eingestandenerweise mit einer Lüge); vielmehr soll die Aufmerksamkeit auf jene intime Verbindung von Autor und Text gelenkt werden, welche in der »offenen« Gemütsart des Selbstbeobachters ihr geeignetes Fundament findet. Verbietet es sich aus Gründen der Anonymitätswahrung, zur Person des Autors weitere Angaben zu machen, so darf dem Publikum der Mensch gerade nicht verschwiegen werden. Scheint der Autor als ›offener Charakter‹, als der er dem Herausgeber bekannt, ja vertraut ist, in gewisser Hinsicht bereits disponiert,

---

15 Vgl. die Artikel »Bekennen«, »Bekennen Christum«, »Bekenntniß des Mundes«. In: Johann Heinrich Zedler: Grosses vollständiges Universal-Lexicon Aller Wissenschaften und Künste [...]. Bd. 3. Halle u. Leipzig 1733, Sp. 1003/4. – Zur Verbindung von Beichtbekenntnis und Subjektivität siehe Alois Hahn: Zur Soziologie der Beichte und anderer Formen institutionalisierter Bekenntnisse: Selbstthematisierung und Zivilisationsprozeß. In: Kölner Zeitschrift für Soziologie und Sozialpsychologie 34 (1984), S. 408–434. Mit der Institutionalisierung der Beichte entsteht Subjektivität – als Folge sozialer Kontrolle (ebd., 409). An diese These knüpft in seiner Rekonstruktion der Autobiographie des 18. Jahrhunderts an: Manfred Schneider: Die erkaltete Herzensschrift. Der autobiographische Text im 20. Jahrhundert. München–Wien 1986, S. 32. Schneiders ideologiekritisches Verfahren (Stichwort: »Polizeileidenschaft«) ist als (aufs genaue Gegenteil setzende) Antwort auf hypertrophe Subjektivitätsannahmen zu verstehen.

ein wahres Tagebuch zu führen, so ist dessen eigentlich-»ächte« Qualität aus dem Tatbestand der Geheimhaltung abzuleiten, daraus also, daß das *Geheime Tagebuch*, anders etwa als der (bekennende) Brief oder die in der Regel auf Publikation und Lektüre hin berechnete Autobiographie, nicht adressiert ist – schon gar nicht an ein anonymes Publikum. Deshalb muß die Publikation, so die Mutmaßung des Herausgebers, den Autor und, wichtiger noch: den Leser erschrecken. Denn der Umstand, daß das im Schutz des Privat-Geheimen Aufgezeichnete jetzt vor aller Augen erscheint, muß den Selbstbeobachter, der sich nun vom ›gemeinen Schriftsteller‹ kaum mehr unterscheiden läßt, ins Zwielicht rücken. Um dies zu vermeiden, nimmt der Herausgeber die Suche nach der eigentlichen (Publikations-)Absicht auf, eine Suche, die zum signifikanten Merkmal des autobiographisch-*diaristischen* Pakts avancieren wird, eines Paktes, welcher hier, im Zusammenspiel von Tagebuchtext und kommentierender Vorrede, richtungsweisend geschlossen und dessen Einrichtung exemplarisch beobachtet werden kann. Der Herausgeber, ein Gewährsmann, der auch seine eigenen Versicherungen und Beglaubigungen jenem Willen zum bekenntnishaften Diskurs unterwirft, den seine Tagebuch-Vorrede zu explizieren versucht, entscheidet, daß der Selbstbeobachter, »dieser liebe Mann[,] an alles in der Welt eher gedacht haben [mag], als daß seine Empfindungen und Beobachtungen einmal unter die Augen des Publikums treten sollten«. (6f.) Abzulesen sei dies, so begründet der Herausgeber seine apodiktische Entscheidung, dem Text selbst, den darin festgehaltenen Beobachtungen: »[D]ie Nachläßigkeit und Treuherzigkeit, mit der sie geschrieben sind, wird einen jeden leicht davon überzeugen können«, daß der Autor vom Verdacht, je an Veröffentlichung auch nur gedacht zu haben, freizusprechen ist. Die Begriffe Nachlässigkeit und Treuherzigkeit erläutern hier eine Schreibart, die (in der Tradition und Neuinterpretation des *sprezzatura*-Begriffs) insofern ›nachlässig‹[16] ist, als sie nicht als rhetorisch-stilistisch ›gekünstelt‹ erscheint, und treuherzig (man könnte auch sagen: *naiv*) können die Beobachtungen deshalb genannt werden, weil sie den vorliegenden Gedanken, Gefühlen, Motiven und Absichten und damit dem Herzensengagement die Treue wahren, sie in der Schrift unverzerrt, unmittelbar zur Geltung bringen. Die Autorabsicht, von der gesagt wird, daß sie ›wirklich‹ darauf aus ist, das Geheime geheim halten zu wollen, wird also mit Hinweis auf den naiv-treuherzig-nachlässigen, ethisch-ästhetischen Charakter der diaristischen Schreibart beglaubigt. Demgegenüber verfährt eine spätere Literaturwissenschaft, obwohl sie im gleichen Muster bleibt, vorzugsweise umgekehrt: Die (unterstellte) Absicht des Autors, die dem Text vorausgeht und ihn prägt, ist – neben anderen Indizien – heranzuziehen, um das Tagebuch als echt, als authentisch und ›unmittelbar‹ charakterisieren zu können. Und genau dieser Weg ist es, der vom Selbstbeobachter des *Geheimen Tagebuchs* selbst vorgegeben wird.

Sein Tagebuch gerät zum wahren Bekenntnis nicht zuletzt deshalb, weil es sich vor den Beobachtungen anderer schützt, die Situation der Abkehr nutzt,

---

16 Vgl. Ursula Geitner: Die Sprache der Verstellung. Studien zum rhetorischen und anthropologischen Wissen im 17. und 18. Jahrhundert (= Communicatio, Bd. 1). Tübingen 1992, S. 59.

um den identitätsgefährdenden Verführungen, welche durch die Gegenwart und das Urteil anderer immer gegeben scheinen, zu entgehen: »Es ist von Menschenkennern die richtige Bemerkung gemacht worden, daß die Aufrichtigkeit gerade da aufhöre, wo wir es zu merken anfangen, daß wir beobachtet werden«, und deshalb gilt, daß das Tagebuch »niemals irgend einem Menschen, wer er auch immer seyn mag«, unter die Augen kommen darf. (12f.) Selbstbeobachtung, von der später Kant sagen wird, daß sie in jedem Falle auf ein Paradox zuläuft[17], soll dem einsamen Tagebuchautor Gewähr bieten, die »Tiefen« seines Herzens rückhaltlos auszuloten. »Du aber, mein Herz sey redlich!«, lautet der Imperativ, unter welchen der Selbstbeobachter seine Beobachtungen zu zwingen versucht. (12) Die ersehnte Redlichkeit findet in der Rede, genauer: in der Schrift statt, denn – eigentlich überflüssig, daran zu erinnern – wir befinden uns bereits im Tagebuch, im Text. Daran zu erinnern, heißt jedoch auch zu registrieren, daß eben nicht die Verweigerung der Publikation, sondern, dem entgegen, die Beschreibung jener gewollten Verweigerung sich geltend macht. Nimmt man dies nicht als literarisches Faktum zur Kenntnis, sondern unterstellt statt dessen ›eigentliche‹ und – unter Umständen – durchkreuzte Absichten, so besteht Gefahr, gerade in jene ›naive‹ Poetik adäquaten Ausdrucks zurückzufallen, welche das Tagebuch – versuchsweise – vertritt. Das Verhältnis von Tagebuch und Sprache[18] wird jedoch, erscheint es auch zunächst unproblematisch, zum zentralen Thema des Selbstbeobachters. Das traditionelle Tagebuch, läßt man einmal seine typischen Formen bis zum *Geheimen Tagebuch* Revue passieren, reflektiert sein Medium, die Schrift-Sprache, demgegenüber nicht. Sie erscheint vielmehr als der diaristisch-datenorientierten Registratur untergeordnetes Vehikel, als willfähiges Instrument religiös motivierter Selbst-Beurteilung und ökonomisch-moralischer Bilanzierung[19], als in den Dienst des Gedächtnisses[20] und (später:) der Bildung[21]

---

17 Ist der Selbstbeobachter »im Affekt«, so kann er nicht beobachten, beobachtet er, so ist er nicht (mehr) in dem Zustand, den er beobachten will. So Immanuel Kant: Anthropologie in pragmatischer Hinsicht. In: Ders.: Schriften zur Anthropologie, Geschichtsphilosophie, Politik und Pädagogik. Hg. v. Wilhelm Weischedel. Bd. 2. Frankfurt/M. 1977, S. 401. – Dies muß insbesondere für die Nachträglichkeit der schriftlichen Aufzeichnung gelten, die Kant freilich nicht berücksichtigt. – Zum Problem der Selbsttäuschung vgl. Bezold (Anm. 3) und Helmut Pfotenhauer: Literarische Anthropologie. Selbstbiographien und ihre Geschichte – am Leitfaden des Leibes. Stuttgart 1987, S. 20f.
18 Vgl. Karl Pestalozzi: Das Tagebuch als Mittel der Introspektion. In: Therese Wagner-Simon/Gaetano Benedetti (Hg.): Sich selbst erkennen. Modelle der Introspektion. Göttingen 1982. S. 154–174, hier: 169f.
19 So bei Albrecht von Haller: Tagebuch seiner Beobachtungen über Schriftsteller und über sich selbst. Hg. v. Johann Georg Heinzmann. 2. Tl. Bern 1787, S. 221–319. – Vgl. außerdem Christian Fürchtegott Gellert: Tagebuch aus dem Jahre 1761. Hg. v. T. O. Weigel. 2. Aufl. Leipzig 1863, S. 23f.
20 In privat-politischem Zusammenhang bei Nicolaus Hieronymus Gundling: Einleitung zur wahren Staatsklugheit. Aus desselben mündlichen Vortrag [...]. Frankfurt u. Leipzig 1751, S. 838.
21 In Wienholts ›Bildungsgeschichte‹ heißt es, daß er und seine Kommilitonen zwei Diaria führten: eines über ihre Lektüre, eines »über unsern moralischen Wachsthum« (Arnold Wienholt: Bildungsgeschichte als Mensch, Arzt und Christ. Zum Theil von ihm selbst geschrieben. Bremen 1805, S. 47).

gestelltes Notationssystem, aber auch bereits, folgt man einem richtungweisenden, die Bekenntnisfunktion ausdrücklich berücksichtigenden Hinweis Gellerts, als (unbestimmt-unproblematisiertes) Medium eines bekennenden einsamen Monologs.[22] Die einsame und selbst-adressierte Rede bleibt jedoch sozusagen nicht ›bei sich selbst‹, sondern benutzt das geschriebene Wort, das Partizipationsmöglichkeiten für andere eröffnet, deren Realisierung aber zugleich qua Entschluß ausschließt. Sprache wird dabei anderen immerhin denkmöglichen Verfahren zeichenhaft-symbolischer Notation jedenfalls vorgezogen.[23]

Ist also eine ›kreatürliche‹ Lektüre unter den selbstauferlegten Bedingungen der Geheimhaltung einerseits nicht vorgesehen und andererseits doch potentiell nicht auszuschließen, so wird demgegenüber, dem prominenten Vorbild der *Confessiones* gemäß, die göttliche Lektüre zur maßgeblichen Referenz. Sich ihrer ständig versichernd, beabsichtigt der Selbstbeobachter, alles »so genau niederzuschreiben, als wenn ich Gott selbst mein Tagebuch vorlesen müßte«. (13) *Manifestus sum,* wie Augustinus schreibt: Gott liest bzw. hört und sieht doch damit nur bestätigt, was er schon weiß; die Wahrheit der geständigen Kreatur ist ihm jenseits dessen, was diese von sich preisgibt, unvermittelt zugänglich. Auch die an dieser Stelle auftretenden Aporien sind von Augustinus her bekannt; im Text des Selbstbeobachters werden sie jedoch in einen neuen Kontext gestellt. Denn anders als Augustinus, der, wie nach ihm Rousseau, absichtlich vor Menschen und d. h. unter den Bedingungen kreatürlich-opaker Kommunikation und das heißt: in der Schrift[24] bekennt, weist der Selbstbeobachter eben dies, die fremdadressierte und der Interpretation ausgesetzte ›Selbstmitteilung‹, im Namen des Authentischen zurück. Der Text, welcher allein Gott und damit den schon instruierten Leser berücksichtigt, ist authentisch auch deshalb, weil, auf Autorenseite, nicht ein freier, sich selbst vollends überlassener ›Schöpfer‹ angenommen wird. Eigentlicher Autor ist das

---

22 Christian Fürchtegott Gellert: Moralische Vorlesungen. Nr. 7: Allgemeine Mittel, zur Tugend zu gelangen und sie zu vermehren. In: Ders.: Sämmtliche Schriften. Leipzig 1769. 6. Tl., S. 178.

23 Lavaters Geheimschrift, die sich sowohl im *Geheimen Tagebuch* von 1771 als auch verstärkt im zur Publikation freigegebenen Tagebuch von 1773 findet, müßte in diesem Zusammenhang interpretiert werden. Ob sie von den Zeitgenossen entschlüsselt wurde oder entschlüsselt werden konnte ist, ist m. W. nicht definitiv bekannt, scheint jedoch sehr wahrscheinlich, da es sich um simple Codierungs-Systeme handelt. In den verschlüsselten Einträgen geht es i. d. R. um Probleme der Askese, um mangelnde moralisch-charakterliche Konsequenz überhaupt. Siehe dazu Gerhardt (Anm. 13), S. 24. – Die Geheimschrift spiegelt m. E. die Situation des Geheimen Tagebuchs: Es wird geschrieben und geheimgehalten (codiert), und doch ihre Lektüre (Decodierung) nicht auszuschließen. Auch die ›willkürlichste‹ Chiffrierung ist lesbar: Eine Inschrift seines Grabsteins, die Lavater in Geheimschrift aufsetzt, wird eines Tages ›Normalschrift‹ sein: »Es freut sich, wer dieses liest«, heißt eine Zeile jener Grabschrift. Die Stelle ist – wie alle weiteren Stellen – entschlüsselt bei Gerhardt (Anm. 13), S. 26.

24 Damit sind, geht es um das Bekenntnis vor Menschen, »in confessione« und »in stilo« identisch (Augustinus: Bekenntnisse/Confessiones. Eingel., übers. u. erl. von J. Bernhart. Frankfurt/M. 1987, S. 486).

Gewissen. Das Gewissen diktiert, der Mensch wird zum Medium, der Text Seismograph innerer Prozesse.

Im *Erinnerer*, einer von Lavater und anderen herausgegebenen Wochenschrift, findet sich das so vorbildhafte wie unerreichbare Modell eines solchen, eines vollends ›wahren‹ Textes. Der Erinnerer selbst berichtet von einem Traum, in dem er von einem Greis in einen Palast geführt wird, an dessen Pforte Engel stehen. Im Palast, als eine Art Zwischenreich beschrieben, trifft man auf ein großes Buch, das »lauter Menschennamen« verzeichnet.[25] Diese Eigennamen, Zeichen notwendiger Individualisierung der Heilsbemühungen und Heilserwartungen[26], sind die Namen derer, die bald sterben werden. Vom Verzeichnis jener Namen führt der Weg dann in einen Raum, in dem weitere Bücher in penibel-bürokratischer Ordnung präsentiert werden. Eine eben verstorbene und deshalb jetzt in den Palast eingegangene Gestalt liest dort entsetzt, was über sie aufgezeichnet wurde: Noch in seinen letzten Stunden hat, wie er wohl weiß, jetzt aber schwarz auf weiß nachlesen muß, dieser Elende versucht, den Schein zu wahren und zu signalisieren, was er nicht fühlte: gen Himmel erhobene Augen, von »kalten Seufzern« begleitet, haben noch in letzter Minute täuschen wollen – »das las er«, berichtet uns der Erinnerer, der, neben ihm stehend, ebenfalls lesen kann, was geschrieben steht. (7) Entsetzen und Trostlosigkeit, die der wahre Text bei der gerade verstorbenen Kreatur auslöst, haben ihren Grund nicht zuallererst in der Tatsache, daß sie gesündigt, vielmehr liegt die eigentliche Verfehlung darin, daß sie sich dazu nicht bekannt, die Zurufe des Gewissens überhört und dem Schein bis zuletzt Vorschub geleistet hat. Die Topographie des Palastes bebildert Struktur und Organisation des bekennenden Textes: Von den Eigennamen als Zeichen der individualisierten Heilserwartung zu den Bekenntnissen, die hier, »von der Wahrheit« selbst fixiert (12), Muster des idealen Tagebuchtextes sind. Deshalb auch schließt der Erinnerer seiner Version himmlisch-bürokratischer Buchführung[27], die in Carl Schmitts *Buribunken* als »Organisation des obligatorischen Kollektivtagebuchs«[28] säkularisiert zurückzukehren scheint, eine Empfehlung an: Die Leser werden aufgefordert, ein »moralisches Tagbuch« zu führen und in diesem Tagebuch »das Innere, die Bewegungsgründe, Triebfedern und Absichten« (12) unverstellt zu notieren, gerade so, wie es jener traumhaft vorbildliche Text vorgibt.[29]

---

25 Der Erinnerer. Eine Wochenschrift. Zürich 1766. 1. Stk. S. 3.
26 Damit ist die (für den Christen auch heikle) Selbstbezüglichkeit (» – ich, ich, – «, wie Lavater in *Nachdenken über Mich selbst* ausruft) gerechtfertigt. Siehe [Johann Kaspar Lavater]: Nachdenken über Mich Selbst. 2. Aufl. Zürich 1771 [1. Aufl. 1770], S. 17. – Nach 1 Kor. 11,31 sollte jeder sich selbst richten. Dies ist das Motto des Tagebuchs von 1773 und findet sich auch in: Nachdenken über mich selbst, S. 4.
27 Siehe Hans Blumenberg: Die Lesbarkeit der Welt. Frankfurt/M. 1981, S. 29ff.
28 Carl Schmitt: Die Buribunken, ein geschichtsphilosophischer Versuch. In: Summa 1 (1917/18). H. 4 (1918), S. 89–106, hier: 101.
29 Auch Rousseau führt *selber* Buch, um mit diesem vor seinem Richter zu erscheinen. Vgl. Blumenberg (Anm. 27), S. 31f.

Das explizit säkularisierte moralische Bekenntnis, welche das ›tout dire‹ und *intus et in cute* Rousseaus sozusagen vorwegnimmt und das Tagebuch nun in Menschenhand weiß, kann dessen Poetik zwar am Traum-Tagebuch orientieren, stößt dabei jedoch unweigerlich auf jene Differenz, welche in der Verwiesenheit der bekennenden Kreatur auf das Medium des Bekenntnisses, die Schrift-Sprache, zu entdecken ist. Wie angedeutet, strengt die ›offizielle‹ Poetik sich an, dieses Medium zu ignorieren, indem sie eine genaue Übersetzung des Innern ins Äußere als unwillkürlich-spontane, automatisch-mimetische Operation begreift. Sprache, damit zum selbstlosen Mittler erklärt, ist Herzenssprache, die in einer der zeitgenössisch-typischen Formulierungen so beschrieben wird: »Diejenige Sprache, durch die man Empfindungen ausdrückt, die man wirklich fühlt, nennt man die Sprache des Herzens.«[30] Sie zu verstehen, muß heißen, Medialität und Materialität zu negieren: »Man muß den Gedanken auffangen, nicht wie er auf dem Pappier steht, sondern wie er dastehen würde, wann ihn das Herz ohne Hülfe der Sprache hätte ausdrücken können …« (164) Will der Selbstbeobachter einerseits einem herzenssprachlich motivierten Bekenntnis entsprechen, so entgeht ihm andererseits nicht, daß es ein Medium beansprucht, welches als Herzenssprache zwar naiv-verharmlosend interpretiert, nicht jedoch begriffen ist. Denn die Sprache ist, wie Lavaters *Aussichten in die Ewigkeit* wenig später formulieren, Prinzip der Willkür schlechthin; an die Stelle natursprachlich-wahrer, unwillkürlicher Zeichen, wie sie mit der ›einfältigen‹ Gebärde und dem spontan hervorgebrachten Laut ursprünglich vorliegen, sind »Verdrehungen« und »Verstümmlungen«[31] getreten, dominante Kennzeichen der Wort-, insbesondere aber der Schrift-Sprache. Von dieser kritischen Jetztzeitdiagnose nährt sich die Hoffnung auf reine Referentialität und Transparenz, welche ungefähr zu gleicher Zeit Lavaters Physiognomik ins Werk setzt. Die physiognomische ›Feststellung‹ natürlicher Zeichen, repräsentiert in den ›festen Teilen‹, ermöglicht den Aufweis eindeutiger Signifikant-Signifikat-Beziehungen.[32] Die Hoffnung auf transparente Verhältnisse eröffnen in ähnlicher Weise die *Aussichten in die Ewigkeit*: Dort wird – die entsprechenden Konstruktionen Bonnets und Swedenborgs[33] geben den

---

30 Entwurf einiger Abhandlungen vom Herzen. Frankfurt u. Leipzig 1773. S. 162.
31 [Johann Kaspar Lavater]: Aussichten in die Ewigkeit, in Briefen an Herrn Joh. George Zimmermann. Bd. 3. Zürich 1773, S. 102. – Wenn es in der Ewigkeit noch »Worte« geben sollte, so müßten diese »getreue unwillkürliche Bilder« (sprich: Repräsentationen des Innern) sein (ebd., 104).
32 Siehe dazu Hartmut Böhme: Der sprechende Leib. Die Semiotiken des Körpers am Ende des 18. Jahrhunderts und ihre hermetische Tradition. In: Dietmar Kamper/ Christoph Wulf (Hg.): Transfigurationen des Körpers. Spuren der Gewalt in der Geschichte. Frankfurt/M. 1989, S. 144–181; Geitner (Anm. 16), S. 239–270; Richard Gray: Die Geburt des Genies aus dem Geiste der Aufklärung. Semiotik und Aufklärungsideologie in der Physiognomik Johann Kaspar Lavaters. In: Poetica 23 (1991), S. 95–138.
33 Vgl. Herrn Carl Bonnets philosophische Untersuchung der Beweise für das Christenthum. Samt desselben Ideen von der künftigen Glückseligkeit des Menschen. Aus d. Franz. v. Johann Caspar Lavater […]. Frankfurt am Mayn 1774, S. 323 ff. – Swedenborgs Himmel- und Höllekonstruktionen stehen bei Lavater für das Verhältnis von

Rahmen vor – ohne Hindernis, »unmittelbar«[34] kommuniziert; Ausdrucks- und Verstehensprobleme, welche die irdischen Verhältnisse beschweren, wären damit auf ewig erledigt.

Der bekenntnishafte Ausdruck des Tagebuchs muß sich demzufolge im und zugleich: gegen das als Willkür, Verdrehung und Verstümmelung verstandene Medium behaupten. In vorsichtiger Distanzierung von jener selbstverordneten Poetik seismographisch-herzenssprachlichen Ausdrucks bahnt sich die Erkenntnis an, daß die adäquat-naive Aufzeichnung, welche im Tagebuch gelingen soll, vom Prinzip der Willkür, von Arbitrarität und Kontingenz immer schon bedroht ist. Für diese Bedrohung entwickelt Lavaters Text ein außerordentliches und in gewisser Weise unzeitgemäßes Gespür. Und es ist dieses Gespür, welches seinen Text gleichsam in die Selbstreflexion treibt. Daneben und in signifikanter Weise quer dazu steht indes der – elaboriert dann bei Rousseau[35] auftretende – Versuch, das textförmige Bekenntnis vom Mangel, nicht in erwünscht-adäquater Weise referentialisieren zu können, sozusagen loszusprechen. Damit wäre ihm ein elitärer Sonderstatus inmitten verstümmelt-verzerrter Kommunikation eingeräumt. Der Tagebuchtext, der sich gegen die Erkenntnis seiner Bedingungen zu immunisieren versucht, treibt sie damit nolens volens voran.

Die kritisch-prüfende Bezugnahme auf den eigenen Text beginnt schon mit dem ersten Eintrag des *Geheimen Tagebuchs*. Hier, am 1. Januar 1769, berichtet der Selbstbeobachter, daß er sich vorgenommen habe, die zum Neujahrstag fälligen konventionellen Glückwünsche nicht »bloß mit dem Munde« zu überbringen, sondern das »Herz« aus ihnen sprechen zu lassen. (19) Das erwünschte Entsprechungsverhältnis von Zunge und Herz wird jedoch, kaum postuliert, schon wieder infragegestellt. Denn, so heißt es über die Glückwünsche, von denen er sich versprochen hatte, daß sie zum wahren Ausdruck wohlwollender Empfindung und zum Dokument guter Absicht geraten: »Einigemal liefen die Worte den Empfindungen vor. –« (19) Mit dieser Diagnose ist mehr gesagt, als daß es hier eine persönliche und zufällige Verfehlung zu bekennen gelte. Die »Beleidigung der Wahrheit«, die Störung jener Adäquation von Empfindung und Sprache, ist vielmehr dem »Wunschformular« (19) anzulasten, einer allgemeinen Vorschrift also, welche die individuelle Rede reguliert: Die Gefühle, der Sprache vermeintlich vorgegeben, werden zu deren Effekt; das sprachliche Formular ist es, das ihnen damit zu merkwürdiger Existenz verhilft. Der Selbstbeobachter orientiert hier die Aufmerksamkeit auf die (eigene) Sprache an einer topischen Kritikfigur, die sich insbesondere im Zusammenhang der

---

Realität und Idealität, von Irdischem und Himmlischem, Gegenwart und (ewiger) Zukunft. Siehe Emanuel Swedenborg: Himmel und Hölle nach Gehörtem und Gesehenem [1758]. A. d. Lat. v. Friedemann Horn. Zürich 1977. – Dazu grundlegend Ernst Benz: Swedenborg und Lavater. Über die religiösen Grundlagen der Physiognomik. In: Zeitschrift für Kirchengeschichte 57 (1938), S. 153–216.

34 Aussichten (Anm. 31), S 105.
35 Siehe dazu Jacques Derrida: Grammatologie. Übers. v. Hans-Jörg Rheinberger und Hanns Zischler. Frankfurt/M. 1983; Jean Starobinski: La transparence et l'obstacle. Suivi de Sept essais sur Rousseau. Paris 1971.

poetologischen Auseinandersetzung mit Brief und Briefstellern und deren nun inkriminierter monströser und ›leerer‹ Verbalität bewährt hat: »Worte sind also das Hauptstück unserer Glückwunschungsschreiben. Wenn man diese hat, so hat man alles«[36], heißt es in überzogen-satirischem Ton schon 1741 im Text eines Martin Scribler [!]. Die rhetorischen Formular-Vorschriften sind jedoch nicht, wie die Kritik des Kanzlistisch-Pedantischen oder Geschwollen-Luxuriösen glauben machen könnte, allein und vorrangig aus stilistischen Gründen obsolet; sie sind auch und gerade deshalb der Vergangenheit zu überantworten, weil sie Inneres nur als sprachliches Artefakt denken lassen. Die Umschreibung des Topos vom Brief als ›Spiegel der Seele‹[37] läßt Gellert an prominenter Stelle das Problem des verstellten Textes bemerken.[38] Mit diesem Problem belastet nun der Selbstbeobachter in der Kritik des Formulars seinen eigenen Text – wohl in der Hoffnung, ihn so zu entlasten.

Im Anschluß an diesen ersten Eintrag ist es in der Folge insbesondere und immer wieder das Gebet, an welches die Frage nach der Möglichkeit expressiv-bekenntnishafter Artikulation gerichtet wird: Das Gebet, das aus der ›Fülle des Herzens‹ gesprochen werden soll (*ex abundantia cordis os loquitur* – Matth. 12, 34; Luk. 6, 45), ist Zwiesprache mit Gott, Unterredung mit einem Beobachter also, der nicht zu überreden ist. Es geht um den Versuch des Betenden, seine Ansprache zum ›vollen‹, empfindungsgesättigten, engagiert-beseelten Ausdruck zu machen und damit jenem Mangel zu entkommen, welcher der Sprache eingeschrieben ist, prinzipiell willkürlich und nicht unmittelbares Mittel des Ausdrucks zu sein. Das ›volle‹ an Gott gerichtete Wort unterscheidet sich damit von jenen gängigen gesellschaftlich-geselligen Konversationen, in denen, so eine typische Wendung, nichts als ›leere Worte‹[39] gewechselt werden. Selbst in Konversationen, in denen es um Religion geht und in denen deshalb, wie der Selbstbeobachter meint, anderes zu erwarten wäre, wird im Stil eines Buches geredet, wird kalt und gekünstelt nachgesprochen, was man gelesen hat, anstatt, wie zu ergänzen wäre, zu sagen, was man empfindet.[40] Ganz anders demgegenüber jenes übermenschliche und doch in gewisser Weise zukunftweisend-utopische Kommunikationsverhalten der Ewigkeit: Hier berühren sich Seelen, die einander den »tiefsten Grund ihrer Natur« eröffnen, die, statt als gebildete, kalte Leser einander aufzuwarten, »unaufhörlich sich offen-

---

36 Martin Scribler [d.i. Gottlieb Wilhelm Rabener]: De epistolis gratulatoriis [...]. In: Belustigungen des Verstandes und des Witzes. Leipzig 1741, S. 203–226, hier: 214, § 7.
37 Wolfgang G. Müller: Der Brief als Spiegel der Seele. Zur Geschichte eines Topos der Epistolartheorie von der Antike bis zu Samuel Richardson. In: Antike und Abendland 26 (1980), S. 138–157, hier: 150f.
38 Auch die neue ›natürlich-naive Schreibart‹ läßt also ein verstelltes Herz und einen verstellten Text zu (Christian Fürchtegott Gellert: Briefe, nebst einer Praktischen Abhandlung von dem guten Geschmacke in Briefen. Leipzig 1751, S. 82).
39 Moritz nimmt genau diese Wendung der Konversations-Kritik auf, um sie nun auf die »leere[n] Worte« des bekennenden Tagebuchs anzuwenden (Moritz, (Anm. 3), S. 224).
40 Siehe: Geheimes Tagebuch (Anm. 13), S. 165. Daß Menschen wie Bücher – und damit eigentlich *nicht* – ›reden‹, ist Topos der Schrift- und Buchdruckkritik und findet sich bei Herder, Moritz und anderen.

baren«[41] und damit, wie Lavater eigens hervorhebt, an jene so irdisch-kreatürliche wie privilegierte Situation anknüpfen, in der ein Freund »laut dachte« und »empfindbar empfand«[42] – und sein Gegenüber auf diese unmittelbare Weise partizipieren läßt.

Das *Tagebuch* sucht seinen sprachlichen Status im Vergleich zu bestimmen: Es situiert sich zwischen dem Gebet als einsamem Bekenntnis vor Gott und jenem spontanen Offenbarungswillen, welcher das Gespräch, die Kommunikation unter Freunden und Menschenfreunden bestimmt. Dabei geraten zwei Interessen miteinander in Konflikt: die Sehnsucht nach emphatisch-›brüderlicher‹ Kommunikation in einer Gemeinschaft, die, der Ewigkeitsvision nachgebildet, sich selbst an Offenbarungsansprüche bindet, zum einen und zum anderen die anthropologisch motivierte Einsicht, die besagt, daß nur eine sich von den Beobachtungen anderer lösende Selbstbeobachtung und demzufolge selbstadressierte Selbstmitteilung zu authentischen Resultaten führen kann. Es mag dieser Konflikt und der nur schwer dissimulierbare Offenbarungs- und Mitteilungsdrang gewesen sein, der Lavater schließlich veranlaßte, auf die Veröffentlichung seines *Geheimen Tagebuchs* mit Nachsicht, ja mit verhaltener Freude zu reagieren.[43] Doch bedarf es nicht der Spekulation über eigentliche Absichten (heimliches Anvisieren oder konsequente Verhinderung der Publikation), um zu erfahren, daß das *Geheime Tagebuch* über mögliche Folgen einer möglichen Veröffentlichung nachdenkt. Auffällig ist, daß der Text immer wieder hermeneutische Probleme aufwirft, die nicht allein ein auf Besonderheiten der Bibelexegese gerichtetes Interesse des Theologen dokumentieren. Verstehen wird vielmehr grundsätzlich als Operation reflektiert, der auch und gerade der eigene Text unterzogen werden könnte.

III.

Ist der 1. Eintrag des Tagebuchs, wie gesehen, den Problemen der Rede, des Ausdrucks und des Schreibens gewidmet, so behandelt der 2. Eintrag, nur einen Tag später, den Komplementärvorgang, das Verstehen. Im Zentrum steht hier, und zwar ausgehend von der Heiligen Schrift, Schrift überhaupt. Eine Stelle aus dem Matthäus-Evangelium (Matth. 5,42), die – eine Gewohnheit des sich mahnenden und prüfenden Selbstbeobachters – zur Maxime des Tages erhoben wird, bedarf der Auslegung, um appliziert werden zu können. Von seiner Frau gefragt, wie das, was der erwählte Tagesspruch aussage, zu »verstehen« sei, antwortet der Gefragte: »So, wie es lautet!«. (28) Selbst überrascht von dieser prompten Auskunft und damit doch nicht eigentlich zufrieden, setzt

---

41 Aussichten (Anm. 31), S. 141.
42 Ebd., S. 132.
43 Für Weitergabe und Redaktion des Manuskripts wird von Lavater ein Dritter verantwortlich gemacht – was nur bestätigt, daß der Text als Manuskript schon zirkulierte. Siehe dazu Gerhardt (Anm. 14), S. 6.

der Selbstbeobachter zu einer neuen Antwort an – ohne indes von der anscheinend so spontan gewählten Referenz auf den Laut abzurücken. Das mit der Stelle Gemeinte, so der Neueinsatz, sei eben so zu verstehen, »wie wir es verstehen würden, wenn wir diese Worte selbst und unmittelbar aus dem Munde Jesu vernähmen.« (29) Die privilegierte Position derer, die aus dem Munde vernehmen, was dann eigentlich gar nicht mehr verstanden, sondern nur noch vernommen werden muß, wird als so ideale wie unwahrscheinliche Verstehensbedingung ausgegeben und kann deshalb einen nur ›irrealen‹ Vergleich abgeben: Die Worte Jesu in der Schrift sind, wie der Ausleger mit Nachdruck wiederholt, so zu verstehen, »[w]ie wir sie verstehen würden[,] wenn er sie uns *sagte*«, und deshalb, so die hermeneutische Schlußfolgerung, »müssen wir sie ohne Zweifel verstehen, wenn er sie uns *schriftlich* hinterlassen hat.« Die Differenz von Gesagtem und Geschriebenem, die kaum eröffnet, schon wieder eingeebnet wird, führt den Selbstbeobachter im Anschluß daran zu hermeneutischen Überlegungen größerer Reichweite. Dabei wird der Ton auffälligerweise apodiktisch-beschwörend: »Denn«, so heißt es, »was *geschrieben* ist, hat keinen andern Verstand, als das, was mit denselben Worten *gesagt* ist.« Sagen und Schreiben, im Druck jeweils fett hervorgehoben, werden miteinander identifiziert. Als Exemplum fungiert das Evangelium, dessen Botschaft auch in Textform an Klarheit, Prägnanz, Eindeutigkeit, kurz: an Einfalt nichts einbüßt – immer vorausgesetzt, sie trifft auf ein gleichgestimmtes, ein einfältiges Rezeptionsvermögen, auf, wie es heißt, »redliche, einfältige, der Wahrheit offenstehende Herzen«. Doch die sachlich und zeitlich akzentuierte Identifikation von Gesagtem und Geschriebenem sowie von Artikulation und Rezeption impliziert zugleich, daß das miteinander Identifizierte zunächst zu unterscheiden ist. Und es ist eben diese Unterscheidung, auf die es in der Folge – wider Erwarten – ankommt. Doch zunächst führt eine Linie vom ›lauten Denken‹ und ›empfindbaren Empfinden‹ als idealer Verstehenssituation über die Rede Jesu zur Heiligen Schrift. Von ihr wird angenommen, daß sie mündliche Rede gleichsam konserviere[44], ihr nichts hinzufüge, nichts wegnehme und sie deshalb, darauf liegt die Betonung, als den selben, den Verstehensbedingungen der Mündlichkeit unterstellt gedacht werden könne. Eine Stimme, die Stimme Gottes, die aus einer Wolke ertönt, sagt, auf wessen Stimme zu hören ist (Matth. 17,5).[45] Das Tagebuch bezieht sich in seinem Kommentar zu dieser Stelle nicht auf die gelesene und zu lesende Schrift, sondern auf »diese Stimme«, die durch »Mark und Bein« geht, hermeneutische Zweifel und Ungewißheit ausschließt, den Glauben damit bestätigt oder erneuert.

Laut, Rede und Stimme gelten als die auszuzeichnenden Elemente einer Sprache, welche sich unmittelbarer, quasi physischer Effekte sicher sein kann,

---

44 Die Schrift bedarf der Rechtfertigung, welche darin gefunden wird, daß Jesus selber sie gewollt habe, weil sie das sicherste Überlieferungsmedium sei. Siehe: Geheimes Tagebuch (Anm. 13), S. 238f.
45 »Und siehe, eine Stimme sprach aus der Wolke: Dieß ist mein lieber Sohn, an welchem ich Wohlgefallen habe; den sollt ihr hören! [...] Konnten sich die Jünger mit ihrem Gesichte und Gehöre betrügen?« (Geheimes Tagebuch (Anm. 13), S. 159) – Wie in der Physiognomik wird ›Anwesenheit‹ zur entscheidenden Voraussetzung von Erkenntnis und Verstehen.

und die, durch Mark und Bein gehend, erreicht, daß man sich ihrer Wirkung eben nur durch Abwesenheit entziehen kann. Der Tagebuchautor ignoriert, indem er die Stimme hört und die Gegenwart der Jünger zu eigener Anwesenheit stilisiert, jene Differenz von Geschriebenem und Gesagtem, die seine ersten hermeneutischen Überlegungen immerhin anregte. Die Parallele zum eigenen Text, zum *Geheimen Tagebuch* erscheint evident: Das Geschriebene wird, in der Hoffnung auf unproblematisches Verstehen, zum Gesagten, indem die Stimme des Autors auf das Gehör des Lesers trifft, welcher, in Bann geschlagen, ›glaubt‹[46], was ihm von einem anwesenden, einem sprechenden »Ich« gesagt, bedeutet wird. Nicht nur die Inszenierungen mündlicher Rede, welche in den Tagebucheinträgen immer wieder auftreten, bieten den Vorteil, eine eben noch gegenwärtige Gegenwart, die im Akt des Schreibens schon zu verschwinden droht, in der Aufzeichnung ›direkt‹, in direkter Rede zu präsentieren. Ohnehin ist in dieser Beziehung das Tagebuch innerhalb des autobiographischen Diskurses – ähnlich dem Brief – privilegiert: Das ›writing to the moment‹ fördert die Suggestion reiner Gegenwärtigkeit, während die bekenntnishafte Autobiographie die räumliche und zeitliche Differenz von Erleben und Verschriftlichung als strukturelles Hindernis (im Rousseauschen Sinn) überwinden muß, und auch der Brief mit dem Moment der Adressatenbezogenheit die unwägbare Zukunft des eigenen Textes als dessen zukünftige Gegenwart denken muß.[47]

Noch über jene direkte Wiedergabe eben noch gegenwärtiger und doch schon verblassender Rede hinaus, auf welche der Tagebuchtext sich verlegt, präsentiert er sich selbst als Mündlichkeit und nutzt deren stilistische Register, darunter insbesondere den reduzierten Satz, sei es als Ellipse oder (wirkungsvoller noch:) als Aposiopese.[48] Die Stimme des Autors ist im Ausruf präsent, und unter den Interjektionen wird das um 1770 signifikant-bedeutsame »Ach«, das Empfindung, Stimme und Natur-Laut zusammenbringt, zum Signum voller Rede, zum Zeichen der Anwesenheit des Sprechers als ›Empfinders‹. Doch konträr dazu ist es gerade jenes »Ach«, das dazu beiträgt, den eigenen Text zu irritieren, ihn einer anderen, programmatisch nicht bedachten Poetik zu überführen. Das »Ach«, welches gerade erst das Image eines Naturlauts erhält und dem seine goethezeitliche Transzendentalsignifikat-Karriere noch bevorsteht[49],

---

46 Die Menschen, heißt es bei Augustinus, die sein Bekenntnis »hören«, sind bereit, ihm zu glauben (*credituri volunt*). Siehe Augustinus (Anm. 24), S. 490f.
47 Dies führt unweigerlich zur Verwendung literarisch-persuasiver Strategien. Siehe dazu Albrecht Schöne: Über Goethes Brief an Behrisch vom 10. November 1767. In: Singer, Herbert/Wiese, Benno von (Hg.): Festschrift für Richard Alewyn. Köln–Graz 1967, S. 193–229.
48 Zum ›tiefen‹ Schweigen siehe Georg Stanitzek: Blödigkeit. Beschreibungen des Individuums im 18. Jahrhundert. (= Hermaea. Germanistische Forschungen. Neue Folge, Bd. 60). Tübingen 1989, S. 134ff.; und zur Sprache allgemein Kamal Radwan: Die Sprache Lavaters im Spiegel der Geistesgeschichte (= Göppinger Arbeiten zur Germanistik, Bd. 75). Göppingen 1972.
49 Siehe dazu Friedrich A. Kittler: Aufschreibesysteme 1800/1900. München 1985, S. 11–59.

tritt im Tagebuchtext zunächst auf, um emotionales, nach Expression verlangendes Engagement unmittelbar zu artikulieren. Den Tod des Freundes – ein Ereignis, welches das *Geheime Tagebuch* insgesamt bestimmt – registriert der Autor direkt, als Beobachter der Begleitumstände und als Selbstbeobachter: »Wir traten mit dem Lichte hinzu – und merkten, daß er seinem Ende näher wäre – ich seufzte halb laut.« (93) Die Ehefrau des Sterbenden gibt diesem Seufzer Nachdruck: »Ach! theure, theure Seele! – ach! er stirbt –« Die gemeinschaftliche, sich im seufzenden »Ach« bezeugende Trauer wird durch »heisse Thränen«, ›jetzt‹ in kalter Tinte beschrieben, gleichsam bestätigt.

Der Autor beobachtet den Eintritt des Todes und zugleich sich selbst bzw.: seinen Text. Die schriftliche Vergegenwärtigung der Sterbeszene, welche traditionellerweise als Mahnung im Sinne des *memento mori* fungiert, zeigt daneben und darüber hinaus die vom Verblassen bedrohte Empfindung der Trauer, die sich im eruptiven Satz und in jenem seufzenden »Ach« bezeugte. Die Präsenz der Trauer suggeriert die Anwesenheit des Trauernden, des Autors. Er, der spricht und weint, läßt Interjektion und Träne – als schlechthin natürliche Zeichen – einander gegenseitig verifizieren. Doch kann auch dieses suggestive Arrangement nicht darüber hinwegtäuschen, daß das Subjekt des Aussagens nicht das der Aussage ist, der Schreibende nicht der ›Empfinder‹. Das »Ach«, jene Buchstabenfolge, welche an der Aura des Naturlautes partizipiert, will den Effekt der Identität des *empfindenden* Menschen mit dem diese Empfindung *beschreibenden* Autor hervorrufen – und ist doch umstellt von Markierungen, die nicht auf die Identität beider, sondern auf deren Differenz hinweisen: Der Gedankenstrich als Zeichen der Unaussprechlichkeit, Überlegenheit und Unausschöpflichkeit von Gefühl und Gedanke oder das Ausrufezeichen, das auf die natürlich-lautliche Expressivität verweist –, sie ›kommentieren‹ unbarmherzig, daß man sich eben in der Schrift befindet. Die Schrift, welche die Illusion der Gegenwärtigkeit erzeugt, ist es, die diese Illusion zugleich zurücknimmt, ja zerstört. Ihr, der auch im zeitgenössischen Diskurs schon nachgesagt wird, kalt, distanziert, ja falsch und damit nur unheilvolle Potenzierung einer Sprache zu sein, welche sich ohnehin von ihren Signifikaten entfernt und sich damit ihrer Aufgabe, diese zu repräsentieren, entledigt, kann auch mit heißen Tränen und jenem empfindungsgesättigten »Ach« nicht aufgeholfen werden. Das »Ach« ist in eine Situation übersetzt, in der keine lautförmigen Interjektionen artikuliert, sondern Buchstaben geschrieben und gelesen werden. Gerade die vom »Ach« angeführten Immunisierungsstrategien, mit denen der Text Schutz vor hermeneutisch-interpretativen Zweifeln sucht, führen zur irritierenden Einsicht, daß die Gegenwart des Ereignisses in der Beschreibung von der Gegenwart des Schreibens – als Ereignis eigenen Zuschnitts, eigener Qualität – zu trennen ist.[50]

---

50 Einen literarischen Kommentar dazu gibt Goethe im *Werther*: »Ach«, heißt es im Brief vom 10. Mai, »könntest du das wieder ausdrücken, könntest du dem Papiere das einhauchen, was so voll, so warm in dir lebt, daß es würde der Spiegel deiner Seele« (Johann Wolfgang Goethe: Die Leiden des jungen Werther. In: Ders.: Werke. Hamburger Ausgabe in 14 Bdn. Hg. v. Erich Trunz. Bd. 6. 12. Aufl. München 1989, S. 9).

Das wird am »Ach« selbst demonstriert: Es taucht zwar einerseits in seiner Funktion der Anzeige ›vollen‹ Ausdrucks unzählige Male im Text auf, unter dem Eindruck des Todeserlebnisses oft mehrfach auf einer einzigen Seite, doch andererseits wird diese Serialität, ähnlich wie wenig später im Werther die ›Wiederholung‹[51], mit besorgt-fasziniertem Interesse beobachtet. Es mag dieses spezielle und kritische Interesse sein, welches das bedeutsam-bedeutungsschwere »Ach« der Sterbebettszene durch eine Reihe charakteristischer Variationen führt: Ein Brief an einen Freund, in welchem der Selbstbeobachter über den Tod des gemeinsamen Freundes berichtet, gibt dem traurig-zärtlichen Gefühl, das sich im »Ach« dokumentierte, noch einmal nach, jetzt zwei Tage nach dem Ereignis. Dabei wird die Vergegenwärtigung von Trauer und Teilnahme ebenso plastisch wie die Beweglichkeit der Schrift, welche das »Ach« jenseits des eigentlichen, des situationsgebundenen Ausdrucks unbehelligt wieder auftreten lassen kann. Das »Ach; wie er starb!« (103) des Briefes will einerseits Vergangenheit und Gegenwart noch einmal zusammenbringen und läßt doch andererseits die Grammatik für sich sprechen. Doch trotz der im Präteritum deutlich hervortretenden Distanz zum Erlebten und trotz der Tatsache, daß verfänglicherweise ein Beobachter, eben der Brief-Adressat, im Spiel ist, wird noch kein Zweifel am Ausdruck des Gefühls wach. Anders verhält es sich schon im Fall einer der folgenden Variationen: Bei seiner Rückkehr antwortet der Selbstbeobachter, von seiner Frau nach dem Freund gefragt, mit dem Satz: »ach! er ist schon begraben – sagte ich – ohne Tränen, und schon lange nicht mehr mit der warmen Empfindung, mit welcher ich sein Grab verlassen hatte.« (126 f.) Das »Ach« erscheint hier als ›Pseudo-Laut‹ oder aber als Laut, der bereits beseufzt, daß sein eigentliches Signifikat, die Empfindung der Trauer, verloren ist. Und eine Steigerung dieses Verlustes wird mit einer weiteren Variation geboten, mit einem »Ach«, das wiederum auf die Sterbestunde als Stunde der Wahrheit bezogen ist. Ein vermeintlicher Freund erkundigt sich nach dem Toten mit den Worten: »Ach! ist es wahr, daß unser Freund todt ist? und Sie sagen mir es nicht?« (139) Dieses »Ach«, das seinerseits als unwillkürlich-wahre Artikulation der Bestürzung verstanden werden will, erregt den Zweifel des (Selbst-)Beobachters. Sein Tagebuch hält fest: »Die Miene, mit welcher er sich traurig stellte, war mir unerträglich.« – »Ach«, nun als buchstäblich verstelltes Phänomen entlarvt, hat seinen ursprünglichen Charakter, natürliches Zeichen und wahrer Laut zu sein, hier vollends verloren und steht damit in anderer, in neuer Beziehung zum Tod: Konnte der Tod des Freundes zunächst als Stunde des Bekenntnisses[52] und des wahren Gefühls gelten, so verkehrt sich seine Bedeutung im Fortgang des Ta-

---

51 Brief vom 10. September, in dem Wilhelm über Lottes – von zwei »ach« eröffnete – Sätze schreibt: »Sie sagte das! o Wilhelm, wer kann wiederholen, was sie sagte! Wie kann der kalte, tote Buchstabe diese himmlische Blüte des Geistes darstellen!« (Ebd., S. 58).
52 Dem Tod des Freundes geht ein bekenntnishafter Dialog voraus: »Ach!«, gesteht der Freund, »mein Freund [...] – ich habe [..] wissentlich eine Verläumdung sagen können – –« (Geheimes Tagebuch [Anm. 14], S. 78 f.).

gebuchtextes ins Gegenteil, er wird zum Bild der Leblosigkeit, der Kälte, des Verlustes, der Lücke, der Leere.

Argwöhnt der Beobachter schon gegenüber jenem gesprochenen »Ach« des vermeintlichen Freundes bloße Inszenierung, so muß dieser oder ein ähnlicher Verdacht, denkt man an das im schriftkritischen Diskurs fixierte ›Ton-Buchstaben-Gefälle‹, insbesondere für die Schrift und somit für den eigenen Text gelten. Der naive Repräsentationsgedanke, der Inneres im Äußeren aufgehoben glaubt und sich im »Ach« noch einmal spiegeln und gerade mit ihm als signifikantem Zeugen der Einfalt jeden hermeneutischen Zweifel ausschließen wollte, zieht diesen Zweifel nun – Signifikant unter Signifikanten – unabweislich auf sich. Vom »Ach«, sofern es geschrieben ist und damit seinen ursprünglichen Ort im »lebendigen Zusammenhange« verloren hat, heißt es bei Herder, daß es den »entgegengesetztesten Empfindungen« Ausdruck gebe, den Leser der Buchstaben – anders als den Hörer der »Accente« – zu letztlich nicht ans Ziel gelangender, unabschließbarer Interpretation zwinge.[53] Für den Selbstbeobachter bedeutet dies, daß er, der als Mensch, als Empfinder und ›sprechender‹ Bekenner verstanden werden möchte, sich als Schriftsteller und damit als Produzent interpretationsbedürftiger Texte zu begreifen hat; die beseelte, lebendige Rede, welche der Selbstbeobachter auch und gerade in der Position des schriftstellerischen »Ich« zu führen meint, verblaßt wie jenes »Ach«, das seine Referenz verloren und aus dem situativen Kontext, dem lebendigen Zusammenhang gerissen, vom unmittelbar wirkenden ethischen Laut zur auslegbaren Buchstäblichkeit wird. Die erschrockene Neugier und die verhohlene Faszination, welche der Selbstbeobachter auf den Tod (des Freundes) richtet, speist sich nicht zuletzt aus der Beobachtung des Textes, in welchem die Stimme verstummt, das ›lebendige‹ Ich zur buchstäblich-literarischen Instanz und das beseelte Bekenntnis zum bezweifelbaren Artefakt erstarrt. Im Zentrum des Textes steht die Erfahrung des Todes: als Übergang vom lebendigen Bekenntnis zur leblosen Schrift. So wird der Leichnam als »blaß, kalt, stumm und Empfindungslos« beschrieben (109), und jener Totenschädel, welchen der Selbstbeobachter sich zulegt, um *media in vita* an den Tod gemahnt zu werden, ist zugleich Erinnerung daran, daß das, was eben noch lebendig-physiognomisches Zeichen, »Ausdruck der Seele« war (122), im Akt des Schreibens unversehens zum toten Zeichen wird.

---

53 Zwar kann auch das mündliche »Ach« nicht eindeutig referieren, jedoch ist es der Schrift insofern überlegen, als es andere ›ruft‹ und so die gegenwärtige Situation, den pragmatischen Kontext, für sich sprechen läßt. Siehe Johann Gottfried Herder: Über den Ursprung der Sprache. In: Ders.: Werke. Hg. v. Wolfgang Pross. Bd. 2: Herder und die Anthropologie der Aufklärung. München-Wien 1987, S. 251–357, hier: 256. – Die »Accente« ermöglichen – inmitten künstlicher Sprache – unmittelbaren Ausdruck und ethische Wirkung (ebd., S. 254).

IV.

Daß die Schrift und damit der Tagebuch-Text nicht vom *naiven* Ausdrucks- und Repräsentationsgedanken, nicht vom Ausdruck des Eigenen, sondern eher von der Lektüre des anderen her zu verstehen sind – diese Einsicht, die sich im *Geheimen Tagebuch*, das glaubhaft machen will, geheim-privater und damit vor jeder fremden Lektüre zu schützender Text bleiben zu sollen, bereits ankündigt, wird im von Lavater selber zur Publikation freigegebenen zweiten Teil des Selbstbeobachter-Tagebuchs, das mit dem Titel »Unveränderte Fragmente aus dem Tagebuche eines Beobachters seiner Selbst; oder des Tagebuches Zweyter Theil« 1773 erscheint, nahezu beherrschendes Thema. Das autorisierte Tagebuch, das schon während der Niederschrift die Antizipation einer Veröffentlichung kaum mehr abweisen kann, setzt damit die hermeneutischen Überlegungen des ersten, des *Geheimen Tagebuchs* konsequent fort. Unmittelbaren Anlaß dazu bietet zunächst die Kritik, welche das *Geheime Tagebuch* auf sich zog. Lavater resümiert in einem dem Text als Vorrede beigegebenen Brief an den Herausgeber die dem ersten Tagebuch gewidmeten Rezensionen. Dabei geht es vorderhand um basale Unterscheidungen, die getroffen worden und zu treffen sind, es geht um Gattungsprobleme. Die Versuche der Kritik, das *Geheime Tagebuch* zu klassifizieren, zeugen von Irritationen, denen auf je unterschiedliche Weise, mit je unterschiedlichen Gattungsetiketten begegnet wurde. Erscheint es, wie Lavater berichtet, den einen als Exemplum der Sittenlehre, dem es also nachzufolgen gilt, so lesen andere, gewöhnt an eine der Lieblingsgattungen Moralischer Wochenschriften, den Text als Charakter-Skizze im theophrastschen Sinn. Wiederum andere meinen, es mit einem theologischen Pasquill zu tun zu haben. Damit, so korrigiert Lavater, sei an der Absicht des Autors sozusagen vorbeigelesen worden: Der »Gesichtspunkt«[54], den der Autor als »Beobachter« einnimmt und der Lektüre unter dem Titel: »Beobachtungsgeschichte« vor- und verordnen wollte, wurde, wie er beinahe beleidigt konstatieren muß, konsequent verfehlt. (VIII f.) Die Mißachtung des Gesichtspunkts, des *scopus scribentis*, widerstreitet einer Hermeneutik, welche in der Erhebung der Autorintention ihre vorrangige Aufgabe sieht.[55]

---

54 Johann Caspar Lavater: An den Herausgeber des geheimen Tagebuchs. In: Unveränderte Fragmente, S. XI.
55 Damit stützt sich Lavater auf eine allgemeine, im 17. und 18. Jahrhundert zentrale hermeneutische Forderung; Es ist danach vorrangig die Autorintention (*scopus scribentis*) und auf diese Weise: der Sinn des Textes zu ermitteln. Dabei kann auch unterstellt werden, daß der Autor eigentliche Absichten verstellt. Siehe Manfred Beetz: Nachgeholte Hermeneutik. Zum Verhältnis von Interpretations- und Logiklehren in Barock und Aufklärung. In: DVjs 55 (1981), S. 591–628. Zum Rekurs auf den Autor siehe Peter Szondi: Einführung in die literarische Hermeneutik. Studienausgabe der Vorlesungen. Bd. 5. Frankfurt/M. 1975, S. 116–143. – Interessanter und z. T. hellsichtiger als die akademisch-philologische Hermeneutik sind die hermeneutischen Implikationen der juristischen Urheberrechts-Debatte. Im Gegenzug zur Signifikationshermeneutik wird ein Mitteilungsbegriff verwendet, der die Produktivität der Lektüre denkt. Siehe Heinrich Bosse: Autorschaft ist Werkherrschaft. Über die Entstehung des Urheberrechts aus dem Geist der Goethezeit. Paderborn–München–Wien–Zürich 1981, S. 57–64.

Jene kritische Revision der Kritiken des *Geheimen Tagebuchs*, welche Lavater in der Vorrede zum 1773er Tagebuch, den *Unveränderten Fragmenten*, vornimmt, zeugt zum einen von der für die zeitgenössische Lektüre gegebenen Schwierigkeit, das Tagebuch gattungskonform zu situieren. Sie dokumentiert andererseits und darüber hinaus die Anstrengung des Autors, potentiellen und (erfahrungsgemäß) wahrscheinlichen Fehllektüren Einhalt zu gebieten. Es soll nichts unversucht bleiben, was den Text vor rohem, wildem und ›pöbelhaftem‹ Zugriff schützen könnte. Rohes Publikum und Familiarität auf der einen und Schriftsteller und Mensch auf der anderen Seite[56] – das sind Leitunterscheidungen des Versuchs, hermeneutische Probleme vor dem Hintergrund einer (perhorreszierten) Ausweitung schriftlich-literarischer Kommunikation zu diskutieren. Der Mensch, der in kleiner, ›familiärer‹ Gemeinschaft spricht und gehört wird, steht im Gegensatz zum Schriftsteller, der unadressiert schreibt und unkontrolliert gelesen wird. Gerade unter den neuen, proto-modernen Kommunikationsbedingungen wird jene von Plato geschürte Angst revitalisiert, das Geschriebene stehe hilflos und ungeschützt in der Welt herum und sei damit allen nur denkbaren Zugriffen ausgesetzt.[57] Der Text, der sich unter Bedingungen einer nicht regulierbaren literarischen Kommunikation ›herumtreibt‹ auch bei jenen, für die er nicht gemacht ist, ist darin dem lebendigen und beseelten Wort unterlegen.[58] Im Gegensatz zum ›einfältigen‹ Wort ist dem Text, wie es bei Plato heißt, nichts Klares zu entnehmen[59] – und für Lavater muß dies heißen, daß sein ›Eigenstes‹, sein Tagebuch-Text, gegen seinen erklärten Willen, seine Absichten und Motive gelesen werden kann oder stärker noch: gelesen werden muß. Auf diese Gefährdung seines Textes reagiert Lavater mit dem Versuch, ihn eben nicht ungeschützt in die Welt zu entlassen, ihm eine autoritative Hermeneutik beizugeben, die Schutz bieten, die ihn in Schutz nehmen

---

56 Schriftsteller sind Menschen, Leser sind Menschen, Schriftsteller und Leser sind Geschwister, heißt es im Brief an den Herausgeber (Unveränderte Fragmente (Anm. 54), S. XXIV). Der christliche Bruder, der Augustinus' Bekenntnisse ›hört‹ (Augustinus (Anm. 24), S. 493), wird hier zum Familienmitglied; Lavater entspricht damit einer (Hermeneutik der) Familiarität, wie sie an prominenter Stelle unter dem Lemma »Familiarité« in der *Encyclopédie* beschrieben wird. Die einander Vertrauenden »posent leurs secrets dans les cœurs sensibles« (Diderot/d'Alembert: Encyclopédie ou dictionnaire raisonné [...], Bd. 6 [1756], 390).
57 Phaidros 274e. – Siehe dazu Aleida u. Jan Assmann: Schrift und Gedächtnis. In: Assmann, Aleida u. Jan/Hardmeier, Christoph (Hg.): Schrift und Gedächtnis. Beiträge zur Archäologie der literarischen Kommunikation. München 1983, S. 265–284; außerdem im selben Band Wolfgang Raible: Vom Text und seinen vielen Vätern oder: Hermeneutik als Korrelat der Schriftkultur, S. 20–23. – Lavaters Jugend-Autobiographie grenzt in einer Vorbemerkung aus dem Jahre 1779 Familie und vertraute Freunde, die zu Lesern (für ihn: Zuhörern) ausersehen sind, gegen eine nicht zugelassene Lektüre des »rohen Publikums« ab. Roh ist mithin jede Lektüre, die nicht im ›liebend‹-familialen Einverständnis mit dem Autor operiert, den Radius des Familiär-Bekannten überschreitet und, der Kontrolle des Autors entzogen, unbekannte Gesichtspunkte wählt. Siehe: Lavaters Jugend von ihm selbst erzählt. Hg. v. Oskar Farner. Zürich 1939, S. 9.
58 Vgl. Plato, Phaidros 276a.
59 Ebd., 274c.

soll. Im Zentrum der Gefährdung steht das Bekenntnis, die ›Selbstmitteilung‹, die sich als entdeckende Selbst-›Offenbarung‹ und als Entdeckung einer besonderen Gattung, als Entdeckung diaristischer ›Offenbarung‹ versteht. Und wenn es auch, wie das Tagebuch stellenweise konzedieren muß, nicht immer gelingen kann, im wünschenswert rigid-authentischen Sinne wahr zu sein, so muß sich doch wenigstens die Absicht, der Wille zur Wahrheit, im Bekenntnis immer wieder unter Beweis stellen und verstanden, d.h. kommuniziert und akzeptiert werden. Wird diese Zentralabsicht hingegen dem Zweifel ausgesetzt, entsteht der Verdacht des theatralischen Textes – ein Verdacht, der auf den Schauspieler (im Menschen) zielt.[60] Und eben diesen Verdacht haben literaturwissenschaftliche Beschreibungen immer wieder zum Kriterium ihrer Lektüren gemacht, in der gutgemeinten charakterologischen Absicht, hiermit zum eigentlichen Menschen vorzudringen.[61]

Jenseits des im Tagebuch – mehr und mehr marginalisierten – göttlichen Sehepunkts konturiert sich in den *Unveränderten Fragmenten*, dem Tagebuch von 1773, ein imaginiert-idealer Leser, der im Anschluß an entsprechende Vorgaben pietistisch-affektiver Hermeneutik[62] die Gesinnung des Autors erspürt und den ›Glauben‹ an ihn zur unbezweifelbaren Grundlage und nicht zum immer auch gefährdeten Resultat aller Auslegungsoperationen macht. Wird dieser Leser einerseits sehnend ›herbeigeschrieben‹, so rechnet der Text andererseits mit einer Lektüre, die, eben weil sie die ausdruckshaft beseelte Rede und damit den ›gegenwärtigen‹ Autor nicht vernehmen kann, entseelt, enteignet. Die Grab-Inschrift, die Lavater in seinem Tagebuch für sich selbst, für sein eigenes Grab entwirft, ist zu lesender autobiographischer Text in diesem Sinn: Ein abwesender Autor, das Aussagesubjekt, spricht – sozusagen ›aus dem Off‹ – über ein Ich, das, nun zum »Er« geworden, den kommenden unbekannten Leser explizit berücksichtigt.[63]

Das ›lebendige‹ Ich des Textes möchte den Leser einerseits auf seine hermeneutischen Losungen verpflichten und muß andererseits bemerken, nicht mehr

---

60 Zum Schauspieler siehe Kant (Anm. 17), S. 414.
61 Im Anschluß an Richard M. Meyer (Zur Entwicklung des Tagebuchs. In: Ders.: Gestalten und Probleme. Berlin 1905, S. 281–298) auch Wolfgang Schmeisser: Studien über das vorromantische und romantische Tagebuch. Diss. masch. Freiburg 1952, S. 193. – Lavaters Text ist danach nicht ›herzenssprachlich‹ verfaßt.
62 Siehe Johann Jacob Rambach: Erläuterung über seine eigenen Institutiones Hermeneuticae Sacrae [1723]. In: Gadamer, Hans-Georg/Boehm, Gottfried (Hg.): Seminar: Philosophische Hermeneutik. Frankfurt/M. 1979, S. 62–68. – Siehe dazu Klaus Weimar: Historische Einleitung zur literaturwissenschaftlichen Hermeneutik. Tübingen 1975, S. 59–65.
63 Unveränderte Fragmente, S. 134: »[I]ch kam unschuldiger weise auf den Gedanken an eine Grabschrift für mich ... Hier ist sie: Der diesen Staub der Erde giebt, / Er war geseegnet und geliebt. / Er hatte der Unsterblichkeit / In seiner Nacht sich oft gefreut! / Es freue sich, wer dieses liest, / Daß er, gleich ihm unsterblich ist.« (Entschlüsselung bei Gerhardt (Anm. 13), S. 26) – Lesen ist hier zugleich Trauer. Zum Verhältnis von Trauer und Text siehe Anselm Haverkamp: Kryptische Subjektivität – Archäologie des Lyrisch-Individuellen. In: Frank, Manfred/Haverkamp, Anselm (Hg.): Individualität (= Poetik und Hermeneutik, Bd. 13). München 1988, S. 347–383.

(aber auch nicht weniger) bieten zu können als den Aufweis der Bedingungen, unter denen (s)ein Text verstanden und das heißt: gelesen werden muß. Denn: »Empfindungen haben keine Bilder in der Natur; und was sind Worte anders als Bilder.« (90f.) Nicht unwillkürliche Repräsentation von Empfindung, sondern willkürliche Herstellung von Bedeutung ist es, was dem Selbstbeobachter jenseits selbstgenügsamen Schweigens bleibt. Diese Einsicht müßte nun dem Christenmenschen eigentlich vertraut sein. Luthers Unterscheidung von Gottes- und Menschenwort legt fest: Das »menschlich wort bringt nit weßenlich oder die natur des hertzen mit sich«, sondern eben nur »bedeutlich«.[64] Was dem Lutherschen Christenmenschen als hybride Überschätzung der eigenen Fähigkeiten erscheinen muß, soll der Mensch, wie ihn Lavaters positive Ausdrucks-Anthropologie[65] konzipiert, dennoch erreichen können.

Die beunruhigende Erkenntnis, nicht also ›wesentlich‹, sondern nur ›bedeutlich‹ kommunizieren zu können, motiviert den Tagebuchautor, die Möglichkeiten der Sprache erneut zu erkunden. In diesem Zusammenhang sind, wie schon im ersten *Geheimen Tagebuch*, gerade jene mündlichen Formen interessant, welche von Schriftlichkeit und Literalität zwar gleichsam tangiert, nicht aber vollständig bestimmt sind. Gebet und Predigt stellen Prüfsteine dar, anhand derer das Verhältnis von ›Wort‹ und ›Wesen‹ zu befragen ist. Das Tagebuch läßt eine Predigt seines Autors kritisch Revue passieren und hält fest, daß einige Stellen dem Sprecher »recht von Herzen« gingen, muß dann jedoch bekennen, das sich anschließende (gemeinsam gesprochene) Gebet habe eine »entsetzliche Kaltsinnigkeit« spüren lassen –, willkommener Anlaß, das vermißte Gefühl, den kalten Sinn, nun im bekennenden Notat zu beklagen: Er hätte »weinen mögen« angesichts dieses Gebets, notiert der Diarist und vertraut dann eine schon bekannte, eine charakteristischerweise allgemein gehaltene Klage dem Tagebuch an: »Ach!«, heißt es dort, »wie ist alles Schall und Leichnam!« (86) Der Ach-Ausruf erinnert das zentrale Thema des *Geheimen Tagebuchs*. Der Tod des Freundes, dem ein bekenntnishaft-inniger Dialog der Freunde voranging, und die Trauer, deren allmähliches Verblassen sich im modifizierten »Ach« dokumentierte, ließen in verhohlen-eingestandener Selbstreferenz den eigenen Text, eben noch lebendig und beseelt, als sterbenden, entseelten Körper erscheinen. Der Leichnam bringt dieses Thema in Erinnerung. Konsequenterweise heißt es deshalb gleich im Anschluß ans zitierte »Ach! wie ist alles Schall und Leichnam«: »Wo ist Geist? Wo Natur? Wo Leben und Empfindung?« (86) Auch der mit »Ach« eröffnete Satz, wendet man ihn – wozu alles herausfordert – auf sich selbst an, macht da keine Ausnahme; er ist Leichnam und Schall zudem, als reflektierter Schall Widerhall der klagenden Seufzer, die im ersten Tagebuch zu ›hören‹ waren. Das gemeinsame Gebet, das als nur ›dahergesagt‹, als tot, kalt, empfindungs- und bedeutungslos

---

64 WA 10/1, 188. 9ff.; zit. n. Weimar (Anm. 62), S. 28f.
65 Siehe Horst Weigelt: Lavater und die Stillen im Lande. Distanz und Nähe. Die Beziehungen Lavaters zu Frömmigkeitsbewegungen im 18. Jahrhundert. Göttingen 1988, S. 104f.

beschrieben wurde, wird nur dann wahre und empfindungsvolle Rede, wenn das rechte Engagement vorangeht. Deshalb lautet eine (an den Freund Hasenkamp brieflich gerichtete) Empfehlung zum Gebet: »[D]ein Wortgebet sey *Herzenswahrheit* – dein Blick *Glauben* – dein aufgehobner Arm *Umfassung*, dein zum Flehen gebognes Knie – *Danksagung* für das, warum du flehest. Ists nicht das, so ists *Leichnam*.« (262f.) Auf die Schilderung des beseelten Gebets und einer entsprechenden Körpersprache, der *eloquentia cordis*, folgt das Bild des Leichnams, zugleich Erinnerung an die nur körperlich-mechanische Äußerung, an die rhetorische *eloquentia corporis*, die kalkulierte, leblos-kalte Artikulation. Mag für den Sprecher und Akteur, der seine Artikulationen an die zitierte Maxime der Beseelung zu binden sucht, das Problem gelöst scheinen, so beginnt es für dessen Beobachter da, wo er, ohne sich unmittelbaren Zugang zu jener indizierten Herzenswahrheit verschaffen zu können, auf die Interpretation ihrer Zeichen verwiesen bleibt. Einem solchen Beobachter ist der Leser des Bekenntnistextes vergleichbar; die Unausweichlichkeit der Interpretation, welche sich ja im Fall der schriftlich-›toten‹ Artikulation noch in anderer, komplexerer Weise stellt als im Fall jener aufgerufenen Körpersprache, ist Schicksal des Textes, ein Schicksal, vor dem sein Autor ihn wider besseres Wissen bewahren möchte. Dabei stößt er von neuem auf ein altbekanntes Hindernis. Sokrates erörtert dies im Dialog mit Phaidros. Die Schrift, so heißt es dort, suggeriert (glaubhaft), daß ihre Produkte lebendig seien, und produziert damit eine charakteristische und doch selten bemerkte Täuschung. Denn erst, wenn das Geschriebene befragt wird auf das, was es sagen wollte und sagen will, schweigt es still oder, was dasselbe ist, antwortet mit den immergleichen Worten. (274e) Lavater will indes die Heilige Schrift von den allgemeinen Bedingungen, unter denen Schriftliches zu verstehen ist, ausnehmen. Dies gilt insbesondere für das Buch des Neuen Bundes, die Evangelien, welche, die Worte Jesu wiedergeben und den stummen Text, wie imaginiert, mit der Stimme von Gottes Sohn wieder-beleben. Das Evangelium, bestehend aus »Tönen und Buchstaben«, ist damit Rede *und* Schrift, Text *und* Nicht-Text. »Das Evangelium bringt nichts in unser Herz hinein, so wenig als ein treuer Ausleger in den Text.« Das Evangelium legt den Menschen aus, nicht dieser den Text. Im Grunde ist das Evangelium bereits »in aller Herzen geschrieben«. So ist es ein »Commentar (die Auslegebibel) über unser Herz«, Kommentar, aber wiederum kein Text, denn: »Gott und der Mensch ist immer der Text.« Buchstabe, Kommentar und Text sind als Schriftphänomene dem Menschen nachzuordnen: »Alle Buchstaben sind nur Auslegung; was sage ich, sind nur Bild, Copie, Umriß, Schatten...« (XXII)

So deutlich die platonischen Reminiszenzen und damit die Auszeichnung mündlicher Rede[66], so deutlich ist auch der Verweis auf die paulinische Antithese von *gramma* und *pneuma*, der zufolge der Buchstabe tötet, der Geist

---

66 Im Vergleich zu mündlicher ist geschriebene Rede bloß »Schattenbild« (Phaidros 276a).

aber lebendig macht (2 Kor. 3,6).⁶⁷ Die Antithese gibt dem Tagebuch-Text ein Leitschema seiner Selbstbeschreibung vor: Als in Tafeln aus Stein geschrieben bzw. gemeißelt wird der Buchstabe des alten Testaments, das mosaische Gesetz, abgehoben von jener Schrift, die mit dem Geist des lebendigen Gottes, nicht mit Tinte, in Herzen von Fleisch geschrieben ist (2 Kor. 3,1−7). Entsprechend ist die Gemeinde ein Brief Christi (2 Kor. 3,3), sie ist die neue Schrift (Röm. 2,25) − der Text ist der Mensch, wie Lavater interpretiert. Mit der Gegenüberstellung von Geist und Buchstabe, welche die hermeneutischen Reflexionen des Tagebuchs steuert, ist nicht die im engeren Sinn hermeneutisch-auslegungstechnische Frage gemeint, welche Origenes im Anschluß an Paulus aufwirft, die Abstufung unterschiedener Verstehensweisen, die mit der Allegorese möglich und bei Augustin dann zum mehrfachen Schriftsinn ausgebaut wird.⁶⁸ Lavater zitiert die asymmetrische Unterscheidung von Geist und Buchstabe, weil es ihm darum geht, seinem Text etwas von jenem lebendigen Geist einhauchen zu wollen. Tod, Vergänglichkeit und Verhüllung sind Merkmale des Buchstabens, so wie er im Korintherbrief charakterisiert wird, während der Geist für die unverhüllte lebendige Mitteilung und das lebendige Verstehen einstehen soll. Das Wort Gottes, auf diese Weise mitgeteilt, ist dabei − im Anschluß an Sebastian Francks Kritik des Literalsinns − Sprache allenfalls im metaphorischen Sinn.⁶⁹ Vom Geist eines solchen Geist-Konzeptes soll, indem es dies beschreibt, auch das Tagebuch bestimmt sein; es soll, wie das Evangelium es nachweislich tut,»sentimens« (195) entwickeln, Empfindungen, die, ins Bekenntnis eingegangen, ihm identisch und unverhüllt zu entnehmen sind.⁷⁰ Dagegen opponiert der Buchstabe, der die Attribute des Leichnams trägt, nämlich blaß, kalt, stumm, empfindungslos, also, wie es in einer für die Schriftkritik des ausgehenden 18. Jahrhunderts klassischen Umschreibung des Paulus-Satzes heißt, toter Buchstabe ist. Lavater begreift den so verstandenen Buchstaben als Synekdoche des eigenen Textes als entseeltem.

Jene ›Selbstmitteilung‹, die in Analogie zum Evangelium »sentimens« darstellen und zugleich bewirken soll, lebt vom Buchstaben, von der Lektüre und damit vom anderen. So heißt es bei Friedrich Schlegel, der, was bei Lavater noch ungläubig-ängstliche Sorge, als eines der unhintergehbaren »Grundgesetze der schriftstellerischen Mitteilung« postuliert: Den Gegenstand der Mitteilung, ein »etwas«, das es mitzuteilen gilt, vorausgesetzt, muß man »jemand haben, dem man's mitteilen wollen darf«, sich darauf vorbereiten, daß man

---

67 Siehe B. Cohen: Letter and Spirit in Jewish and Roman Law. New York 1953, S. 109−135.
68 Hörisch schließt allerdings Allegorese und ›Geist‹ kurz. Jochen Hörisch: Die Wut des Verstehens. Zur Kritik der Hermeneutik. Frankfurt/M. 1988, S. 37f.
69 Vgl. dazu Christian Janentzky: J. C. Lavaters Sturm und Drang im Zusammenhang seines religiösen Bewußtseins. München 1916, S. 289ff. Und: Jan-Dirk Müller: Buchstabe, Geist, Subjekt: Zu einer Problemfigur bei Sebastian Franck. In: MLN 106, 3 (1991), S. 648−674.
70 Auch eine Signifikationshermeneutik: An die Stelle des identisch zu transportierenden Gedankens und der Sinnidentität tritt das empfundene und wiederempfundene Gefühl. Zur Signifikation: Weimar (Anm. 62), S. 16.

»wirklich mitteilen« und das bedeutet eben: »mit ihm teilen« können muß.[71] Das Teilen denkt den anderen und hebt die Phantasmagorie der einsamen, ungeteilten, bei sich bleibenden, in sich vollendeten Äußerung auf. Mitteilen heißt deshalb mit Schlegel »nicht bloß sich äußern, allein«. Denn in einem solchen Fall »wäre es treffender«, so Schlegel, »zu schweigen«. Schweigende Selbstmitteilung – eine paradoxe Form, die auch Lavater schon erwogen hatte. Doch mit dem Buchstaben wird das Selbst Gegenstand von Lektüre und die Gefahr akut, daß aus dem genannten »etwas« etwas anderes wird.

Der dem *naiven* Repräsentationsgedanken korrespondierende Kommunikationsbegriff, der den Transport von Identischem unterstellt, löst sich dem Tagebuchautor unterderhand, sozusagen: unter der Feder auf, und an die Stelle jenes naiven Mitteilungs-Konzeptes könnte treten, was Schlegel in seiner nüchtern-analytischen Re-Interpretation des rhetorischen Communicatio-Begriffs als Grundgesetz schriftlicher Kommunikation festhält. Doch im Gegensatz dazu überwiegt im Tagebuch die Sorge der Verzerrung, des Verlustes, der Enteignung. Es droht die Auflösung dessen, was eigentlich gesagt, was in der Formulierung Schlegels: ›allein‹ geäußert werden sollte. Kein Zufall ist wohl, daß das Problem der Mitteilung im Tagebuch an einer Stelle hervortritt, an welcher nach den Möglichkeiten von Selbstmitteilung im Medium des Briefs gefragt wird. Denn das unter dem Gesichtspunkt authentischer Mitteilung einerseits privilegierte Medium rückt andererseits die Adressierung und mit ihm jenen beschriebenen Sachverhalt der Teilung in den Blick. Deshalb auch kehrt hier der Buchstabe zurück. Im Brief an eine Freundin dankt Lavater zunächst für deren »schwesterlich gütige Zuschrift«, um dann der »vielen guten Seelen«, die ihn unterstützen, zu gedenken, Seelen, die er kenne oder auch nicht kenne. (54) Die damit aufgerufene gleichsam familiär organisierte kontrastiert jener anonymen Kommunikation, in welcher das *Geheime Tagebuch* bereits zirkuliert. Das Bemühen, sich der Adressaten als guter Seelen und sich damit adäquat-wohlwollender Lektüre zu versichern, ist typisches Merkmal jener freundschaftlich-elitären Briefwechsel[72], welche qua Publikation das Paradox intimer Öffentlichkeit inszenieren. Im Brief an eine Freundin heißt es in eher hoffnungsfrohem Ton – und nicht etwa mit dem signifikanten »Ach« der Resignation – über die ›guten Seelen‹, denen er seine Briefe und damit sich selbst

---

71 Friedrich Schlegel: Kritische Fragmente, Nr. 98. In: Kritische Friedrich-Schlegel-Ausgabe. Bd. 2: Charakteristiken und Kritiken I (1786–1801). München–Paderborn–Wien 1967, S. 158. – Die Denkfigur der Mitteilung entspricht der Konzeption eines freien sympoetisch-symphilosophierenden Lesers, wie er vom »synthetischen Schriftsteller« entworfen und erwartet wird (ebd., S. 161). Bei Bergk ist vom selbsttätigen Leser, ja von »Herrschaft« über den Stoff die Rede. Johann Adam Bergk: Die Kunst, Bücher zu lesen. Nebst Bemerkungen über Schriften und Schriftsteller. Jena 1799, S. 415. – Zu Lektüre bei Schlegel siehe Norbert W. Bolz: Der Geist und die Buchstaben. Friedrich Schlegels hermeneutische Postulate. In: Ulrich Nassen (Hg.): Texthermeneutik. Aktualität, Geschichte, Kritik. Paderborn–München–Wien–Zürich 1979, S. 79–112.
72 [Gleim, Johann Wilhem Ludwig/Lange, Samuel Gotthold]: Freundschaftliche Briefe. Berlin 1746. Vorwort, unpag.

ausliefert: »o wenn ich allen diesen nur auch etwas mehr als ein todter Buchstabe wäre!« (54) Das »Ich« als geistig-beseelte und insofern ›lebendige‹ Zentral-Instanz des Tagebuchs erweist sich so – trotz des hellen Vokals – als mit allen Attributen des Buchstäblichen belastetes Phänomen. Die Hoffnung des Autors, er könne in einem imaginären Jenseits des Textes gleichsam gedankenförmig sinnhaft kommunizieren, wird so erneut und nun an empfindlichster Stelle mit toter Buchstäblichkeit und Mit-Teilung als Selbst-Verlust konfrontiert. Die ›Selbigkeit‹ der Mitteilung ist gefährdet wie das Selbst der Mitteilung. Doch im Gegensatz zur am »Ach« sich einstellenden Erfahrung, daß Sprache nicht(s) transportieren, sondern nur bedeuten kann, soll im »Ich« als eigentlichem Signifikat der sprechende, sich sprechend mitteilende Mensch, die Stimme des Autors, erhalten bleiben.

V.

In jenem »Ich« kommen die personalen Instanzen mit dem illusionistischen Effekt zur Deckung, daß vergegenwärtigtes Erlebnis und schriftliches Bekenntnis oft ununterscheidbar werden, d.h. die Differenz aufgehoben scheint, welche das erzählte vom erzählenden Ich, das Aussagesubjekt von dem der Aussage trennt. Der Eigenname beglaubigt solche Identität und markiert zugleich als Index der Individualität die Unverwechselbarkeit der Selbstmitteilung. Werden diese drei Instanzen miteinander kombiniert, kann und soll der Eindruck entstehen, ein lebendig-sprechendes Wesen – statt eines Textes, der eben diesen menschlichen Eindruck literarisch produziert – vor Augen zu haben. Der Sachverhalt aber, daß prinzipiell jeder sich in der Rolle des »Ich« mitteilen kann, gerät bei Lavater in Konflikt mit jener literarischen Konstruktion der Unverwechselbarkeit. Dieser Konflikt mag ein Grund dafür sein, daß Lavaters Tagebuch, welches seine poetologische Begründung so forciert betreibt, die Bezugnahme auf autobiographische Texte auffälligerweise ausspart.[73] Dies erstaunt insofern, als der – wie auch immer organisierte – Verweis auf prominente ›Vorgänger‹, wie er sich etwa in Rousseaus *Confessions* findet und eben damit gerade zur Individualisierung des Textes beiträgt, einer poetologischen Absicherung der Gattung behilflich sein könnte. Vergleich und Ver-

---

73 Die Bezugnahme auf Rousseau als widersprüchlich-paradoxalen Autor der *Lettres de la Montagne* ist eher kritisch und bezogen auf unsere Frage unspezifisch. Gleichwohl scheint eines zu imponieren: »Rousseau sagt alles, wie er denkt« (Geheimes Tagebuch (Anm. 13), S. 136). – Nicht unwahrscheinlich, daß Lavater die ersten Bücher des zirkulierenden *Confessions*-Manuskriptes kennt; siehe Olivier Guinaudeau: Jean-Gaspard Lavater. Etudes sur sa vie et sa pense jusqu'en 1786. Paris 1924, S. 508f., Anm. 67. – Lavaters Autobiographie der Jugendjahre enthält unter dem Datum 1. August 1782 einen Verweis auf Rousseaus Bekenntnisse; Lavater gibt an, seine eigene Autobiographie fortsetzen und »reine, vollständige Wahrheit« aufschreiben zu wollen (Lavaters Jugend (Anm. 57), S. 75).

gleichbarkeit des einen mit dem anderen »Ich« wirken jedoch offensichtlich problematisch im Kontext des Bemühens, das Selbst des Tagebuchs rückhaltlos und d.h. auch: ohne Rücksicht auf konventionelle literarische Vorgaben, auf schon Geschriebenes, mitzuteilen. Das »Ich« des autobiographisch-diaristischen Diskurses, eine so allgemein verfügbare wie jeweils schlechthin individuell zu besetzende Rolle, läßt sich nicht umstandslos einem Konzept von Genialität und Originalität eingliedern, das – mit und nach Eward Young – jeden Kopierverdacht von sich weisen möchte. Darüber hinaus, und jenem Originalitätsansinnen zuwiderlaufend, müßte sich das »Ich«, nähme es Bezug auf autobiographische Vorläufer, auf andere ›Ichs‹, als deren Leser situieren und damit das schlechthin Eigene als vom anderen bedingt begreifen. Muß schon die Individualität eigentlich unaussprechlich – und also eigentlich im Schweigen – erscheinen und fällt es entsprechend schwer, sich zur Sprache als allgemeinem Medium individueller Mitteilung affirmativ zu verhalten, so steht der Text, als Text unter Texten markiert, im Verdacht, nach Maßgabe ›vergleichbarer‹ Exemplare verfaßt zu sein, – auch wenn angestrebt ist, gerade dies vergessen zu machen. Der Selbstbeobachter behandelt das Problem literarischer Kommunikation und möglicher Epigonalität auf seine Weise. Er stellt sich die Frage, ob es tunlich sei, die Gewohnheiten eines von ihm geschätzten, »äußerst nachahmungswürdig[en]« Mannes, eines Herrn O***, zu imitieren. Aus Herrn O*** würde dann ein Originalgenie, aus dem Selbstbeobachter – in Anspielung auf Theut, den ägyptischen Schriftgott – ein literarischer Affe: »Ich müßte ein Nachahmer, ein Affe, ein Nachbether des Herrn O*** heißen – und das würde kränkend für mich seyn.«[74] Mag die Unvergleichlichkeit für den Menschen (eben im Gegensatz zum Schriftsteller) auch behauptet werden können, so gibt sich der Text – gegen seine tabula-rasa-Geste – unweigerlich als Element literarischer Kommunikation zu erkennen, als Element, das Vorgaben aufnimmt und neue Anschlüsse organisiert. Lavater reflektiert dies am Beispiel des Exemplums: Als falsch qualifiziert er jene Lektüren seines ersten, des *Geheimen Tagebuchs*, welche meinen, es mit einem exemplarischen Text, und dies muß heißen: mit einer formularhaften Anweisung zur Selbstbeobachtung zu tun zu haben. Das Gattungssubjekt, welches damit in den Vordergrund träte, wird vielmehr zugunsten des individuellen Subjekts zurückgedrängt. Und doch soll das Schema gewissenhafter moralisch-religiöser Selbstbeobachtung und entsprechender bekenntnishafter Verschriftung als verbindlich ausgewiesen werden. Die Universalisierbarkeit des Bekenntnisses läßt deren serielles Auftreten zu, ja verlangt es, und gefährdet damit sowohl im strengen Sinn individuelle als auch authentische Artikulationen, ein Problem, das schon die pietistische Bekenntnisgeschichte sah – ohne freilich deshalb vom Formular, der musterhaften »confession« abzuweichen. Es wurde, so liest man in der Vorrede zur *Historie der Wiedergebohrnen*, häufig »geschrieben«, aber nicht »empfunden« und, dies der letztlich unabweisbare Verdacht: Nur wenige schreiben

---

[74] Gleichzeitig entsteht damit dem Christen das Problem des Ehrgeizes. Nicht Originalität, sondern Adaption des Bekenntnis-Musters wäre danach erforderlich (Geheimes Tagebuch (Anm. 13), S. 153f.).

»nach eigner Erfahrung«[75] – ein Sachverhalt, für den Lektüre, hier verstanden als bloß äußere, erfahrungsferne literarische Überformung des eigenen Innern, verantwortlich gemacht werden kann.

Um 1770 muß sich das Problem in zugespitzter Weise stellen: Im *Erinnerer*, jener von Lavater mitherausgegebenen Wochenschrift, wird dem Publikum, wie erläutert, ans Herz gelegt, ein »moralisches Tagbuch«[76] zu führen. Die Wochenschrift selbst ist als eine Art Tagebuch konzipiert, dessen Autor, der ›Erinnerer‹, sich seinem Publikum zunächst als von anti-›litterarischem‹ Ressentiment und einer nahezu uneingeschränkten Lese-Aversion beseelt präsentiert. Daß der Erinnerer nicht liest und dies bekennt[77], soll ihm zur Auszeichnung gereichen. Was auf den ersten Blick merkwürdig erscheint: daß der Erinnerer nicht erinnern will, daß und woran Texte erinnern, wird erst vor dem Hintergrund des Gedächtnis-Konzeptes plausibel, welches der Autor im Anschluß an sein bekenntnishaft stilisiertes Porträt skizziert. Ähnlich wie das Evangelium nur aufweckt und erinnert, was bereits ins Herz geschrieben ist, erinnert der Erinnerer an jene unmittelbar christlich-religiösen Qualitäten, die dem Menschen allgemein und ihm selbst, als würdigem Repräsentanten, gegeben scheinen. Nächsten- und Menschenliebe und deren Derivate sind diejenigen aus einer Art moralisch-religiösem Sinn hervorgehenden Eigenschaften, derer es erinnernd ›inne-zu-werden‹ gilt.[78] Das Innere weist (in diesem platonisierend-›lavaterisierten‹ Sinn) positive Markierungen auf und kann deshalb abgehoben werden von bloß ›äußerlicher‹ willkürlicher Beschriftung und ebenso willkürlich-hatloser Belesenheit.

So unerhört paradox das eigene ›literarische‹ Unternehmen sich vor diesem Gedächtniskonzept notwendig ausnimmt, so merkwürdig muß außerdem erscheinen, daß das Tagebuch des Erinnerers in die (ihrerseits zum Tagebuch stilisierte) Wochenschrift eingelassen ist. Es bleibt also nicht bei jener allgemein gehaltenen Empfehlung, jeder möge ein Tagebuch und damit ein schriftliches Gedächtnis anlegen. Es wird zugleich demonstriert, wie das Allgemeine zu individualisieren ist; es wird öffentlich vorgeschrieben, was privat und individuell geschrieben und erinnert werden kann. Das 8. Stück des *Erinnerers*, das das Datum 1. März 1765 trägt, verzeichnet einen Tagbucheintrag vom 17. Februar. Der Erinnerer bekennt in diesem Eintrag eine eben erst begangene Verfehlung; er entblößt hier, was er verheimlichen, er gesteht, was er auch verschweigen könnte: Von der Kirche nach Hause kommend, muß er zur Kenntnis nehmen, daß ein Tintenfaß über eins seiner Papiere ausgeflossen ist. Ohne an sich zu halten und seine Wut auch nur versuchsweise zu kalmieren, beschimpft er, gerade aus dem Gottesdienst entlassen, den Schuldigen, seinen Knecht, auf

---

75 Johann Henrich Reitz: Historie Der Wiedergebohrnen [1698–1745]. Bd. 1. 3 Tle. [1698–1701]. Hg. v. Hans-Jürgen Schrader. Tübingen 1982. Vorrede, unpag.
76 Der Erinnerer (Anm. 25), S. 12.
77 Der Erinnerer. Eine Moralische Wochenschrift. Bd. 1. Zürich 1765. 1. Stk., S. 9f.
78 Ebd., S. 3. – Das Erinnerungskonzept Lavaters zeigt Parallelen zu Sebastian Francks ›Buch des Herzens‹ und dem ihm ›eingeschriebenen Erinnerer‹ (Jan-Dirk Müller (Anm. 69), S. 665f.).

harsche und demütigende Weise. Doch schon bald danach, so berichtet der Eintrag, hört er sein Herz sprechen, begreift sich als eigentlich tiefer Verschuldeten, registriert die Rebellion seines Gewissens, zeigt Reue, mißtraut seinem plötzlichen Reuegefühl, vergißt Tränen, fragt nach deren eigentlicher Bedeutung – und schreibt dies auf, wie das Tagebuch notiert. Das Gewissen setzt sich durch, der Knecht wird um Verzeihung gebeten, die eigene Verfehlung auch ihm bekannt.[79] Die Tagebuch-Episode des Erinnerers belegt zum einen, daß der gute Mensch bzw. der gute Autor nicht derjenige ist, der seine Fehler und Schwächen, um ein makelloses Exemplum zu geben, verschweigt[80], und zeigt außerdem, wie schwer es auch und gerade dem Christenmenschen fällt, sich stets an Grundsätze zu binden und so Charakter, sprich: Identität auszubilden. Doch wichtiger noch als diese moralisch-religiöse Komponente ist das Bekenntnis zum Bekenntnis, das der Erinnerer mit dem doppelten Geständnis seiner Verfehlungen ablegt – und damit zugleich exemplarisch anzeigt, was auf welche Weise in welchem Stil bekannt werden kann. Das Lesen, eben noch diskriminiert, wird hier zur Voraussetzung der Wahrheit, der wahren Selbstbeobachtung; die Vor-Schrift muß geduldet werden, weil erst sie die wahre Tagebuch-Registratur ins Werk zu setzen verhilft.

Das Tagebuch, welches der *Erinnerer* seinem Publikum präsentiert, erinnert bis in die Sprache hinein an Lavaters erst sechs Jahre später erscheinendes erstes, *Geheimes Tagebuch*. Setzt man nun voraus, daß beide Texte – wie wohl wahrscheinlich – aus einer Feder stammen, ließe sich immerhin noch auf den unverwechselbar persönlich-einheitlichen Stil des einen und einzigen Autors abstellen. Demgegenüber erscheint ein anderes Faktum befremdend, jedenfalls für eine heutige, an den Usancen und Kategorien der literaturwissenschaftlich-literargeschichtlichen Interpretation orientierte Lektüre. Das *Geheime Tagebuch* verzeichnet unter dem Datum 23. Januar 1769 eine jener typischen Verfehlungen, die das Tagebuch bekennt: Der Selbstbeobachter gesteht und prüft, prüft, was er gesteht, um sich so zum aufrichtigen Bekenntnis und damit zum wahren Text vorzuarbeiten. Ist der genannte Eintrag in diesem Sinne musterhaft, so verblüfft allerdings dessen Gegenstand, denn wieder geht es um – ein Tintenfaß. Diesmal ist es, in leichter Variation der Tintenfaß-Episode von 1765, eine Magd, die, auf frischer Tat ertappt, die Schimpftiraden ihres wiederum aufbrausenden, maßlos unbeherrschten Herrn über sich ergehen lassen muß. (193f.) Das Erlebnis, im Tagebuch nach dem writing to the moment-Prinzip ›sofort‹ festgehalten, ist hier zum Ergebnis rhetorisch-poetischer Variation geworden, zur Übung, die Fremdes, Vorgegebenes aufnimmt und in veränderter Fassung wiedergibt. Ein Originalitätsanspruch, wie ihn der ideale schöpferisch-geniale Autor um 1770 zu stellen pflegt, kann dabei nur schwerlich geltend gemacht werden. Darüber hinaus jedoch wird (leichtsinnigerweise) aufs Spiel gesetzt, was es gerade zu beweisen gilt: daß das Bekenntnis wahr und

---

[79] Der Erinnerer (Anm. 25), S. 68–72.
[80] Dies wird um 1780 allgemeiner diskutiert werden anhand der Rousseauschen Halsband-Anekdote und der *Confessions* überhaupt. Siehe dazu Pfotenhauer (Anm. 17), S. 28–34.

einzigartig, daß es durch die Koordination von Ort, Zeit und Person zu individualisieren ist. Verletzt wird damit, was man vom autobiographischen Diskurs und dessen Rezeptionsregeln erwartet: die Schließung und Einhaltung des referentiellen Paktes. Er verlangt, daß das, was eben nur empirisch-historisch verifiziert werden kann, mit Hilfe entsprechender Recherchen auch verifiziert werden sollte. Liest man die beiden Tagebuch-Texte von 1765 und 1769 zusammen, schwindet indes die Möglichkeit, den Autor, das Subjekt, über das Erlebnis, jenes einmalig-individuelle Zusammenspiel von Ort, Zeit und Person zu individualisieren. Das Bekenntnis wird lesbar als Variation, als amplifizierte Wiedergebrauchsrede. Die Funktion des Eigennamens ist damit fast außer Kraft gesetzt. Statt dessen erscheint das ›Ich‹ als Rolle, eine namenlose, nicht-referentielle Instanz, ein anonymes literarisches Produkt. Der anti-›litterarische‹ Affekt des Erinnerers, entscheidendes Element seiner Selbstdarstellung, läßt einen Text zu, der gelesen, angeeignet und variiert wird. Das Tagebuch, das diesen Tintenfaß-Text aufnimmt, wird zum Beweis dafür, daß auch die ›innere‹ Erinnerung eine Erinnerung an Texte, an Geschriebenes und Gelesenes ist – und es mag kein Zufall sein, daß diese Erinnerung vergessen wird. So hat sich die Tinte in der Episode des *Geheimen Tagebuchs* nur, wie der Selbstbeobachter betont, über ein »weißes Papier« (194) ergossen, und insofern gäbe es nichts, was gelöscht werden könnte. Doch andererseits ist ein »Maculatorbogen«, ein schon bedrucktes (Alt-)Papier in Mitleidenschaft gezogen worden, das gedruckte Tagebuch des Erinnerers? Auf diese Weise jedenfalls wäre die literarische Erinnerung gelöscht – oder gerade noch entzifferbar. Und das auslaufende Tintenfaß, welches im Tagebuch des Erinnerers Geschriebenes verwischte, macht damit die Quelle unlesbar (oder möglicherweise doch lesbar?), aus der beide Tagebuch-Erinnerungen sich speisen, ohne an sie zu erinnern. Der reklamierte Anspruch des Tagebuchs, als schlechthin unvergleichliche Emanation zu erscheinen, wird mit der Tintenfaß-Variation ebenso konterkariert wie aufrechterhalten. Aufrechterhalten insofern, als das Tagebuch als Text erscheint, der sich innerhalb literarischer Kommunikation profiliert und in diesem Sinn Text eines Individuums, individueller Text ist.

Topos und Erinnerung
Rahmenbedingungen der Autobiographie

STEFAN GOLDMANN (Darmstadt)

Nach der Lektüre von Walter Scotts *The Life of Napoleon Buonaparte* (1827) schrieb Goethe an seinen Berliner Freund Karl Friedrich Zelter:

> »Das Werk fand ich sehr bequem als Topik zu gebrauchen, indem ich Capitel nach Capitel beachtete, was ich allenfalls Neues empfing, was mir in die Erinnerung hervorgerufen ward, sodann aber nie vergessenes Selbst-Erlebtes hineinlegte an Ort und Stelle, so daß ich jetzo schon nicht mehr weiß, was ich im Buche fand und was ich hineingetragen habe. Genug mir ist der lange, immer bedeutende und mitunter beschwerliche Zeitraum von 1789 an, wo, nach meiner Rückkunft aus Italien, der revolutionäre Alp mich zu drücken anfing, bis jetzt ganz klar, deutlich und zusammenhängend geworden; ich mag auch die Einzelheiten dieser Epoche jetzt wieder leiden, weil ich sie in einer gewissen Folge sehe.«[1]

Diese dichte Formulierung ist das Ergebnis einer Reihe von metaphernreichen Versuchen[2], das als problematisch erlebte Verhältnis von Literatur und lebendiger, subjektiver Erinnerung auseinanderzusetzen. Im Anschluß an die antike Rhetorik lieferte die Topik für Goethe und seine Zeitgenossen Fixpunkte für feste Überzeugungen, vagierende Gedanken und halbbewußte, affektive Erinnerungen. Die einzelnen Kapitel[3] der zitierten Biographie bilden Rubriken und »Fundgruben« der auktorialen Argumentation und der lektorialen Selbsterinnerung.[4]

---

1 Johann Wolfgang Goethe: Werke. Hg. im Auftrage der Großherzogin Sophie von Sachsen. Abt. IV, Bd. 43. Weimar 1908 [Nachdruck: München 1987], S. 284. Im folgenden bezieht sich die Abkürzung WA auf diese Weimarer Ausgabe.
2 So heißt es beispielsweise gegenüber Karl Friedrich Reinhard: »Ich habe das Werk als ein wohlgestricktes Netz betrachtet, womit ich die Schattenfische meiner eignen Lebenstage aus den anspülenden Wellen des lethischen Sees wieder herauszufischen in den Stand gesetzt ward.« (Goethe [Anm. 1], S. 267; vgl. auch S. 240).
3 Kapitel, lateinisch caput, ist ein figürlicher Ausdruck für locus, den Hauptgesichtspunkt der Argumentation (Jacob und Wilhelm Grimm: Deutsches Wörterbuch. Bd. 2. Leipzig 1860 [Nachdruck: München 1991], Sp. 606.)
4 »Sedes argumentorum« (Marcus Fabius Quintilianus: Ausbildung des Redners. Zwölf Bücher. Hg. und übers. von Helmut Rahn. Bd. 1. [= Texte zur Forschung Bd. 2] Darmstadt 1972, S. 554 [inst. V. 10, 20] sowie Marcus Tullius Cicero: Topik. Übers. und hg. von Hans Günter Zekl. [= Philosophische Bibliothek Bd. 356] Hamburg 1983, S. 6 [top. 8]). Zur ursprünglichen Identität der Topoi der inventio und der memoria vgl. Stefan Goldmann: Topoi des Gedenkens. Pausanias' Reise durch die

Einem »bequemen Schematismus«[5] erweisen sie sich als loci communes im eigentlichen Sinn, als Allgemeinplätze, auf denen Fremd- und Eigenerfahrungen ausgetauscht und vergleichbar werden. Der Bezug auf die auktorial vorgegebenen Topoi strukturiert Trauma und Affekte, den drückenden »revolutionären Alp«, und generiert die Erzählung des Lesers. Die Lektüre eines ebenbürtigen Erzählers wird zur »Unterhaltung« aufgrund struktureller Ähnlichkeiten des Erlebens.[6] Kein Wunder, daß am Ende dieses Ineinanderwebens von Walter Scotts historischer Erzählung, die sozusagen die Kettfäden bildet, mit dem Einschuß von Goethes eigener Erinnerung, die hermeneutisch schwer zu lösende Frage steht: »Wer denn eigentlich spricht und zu wem?«[7]

Was Goethe an seinem literarischen alter ego bewußt erprobt, scheint ein allgemeines Phänomen insbesondere des autobiographischen Schreibens zu umreißen. Dieses Verhältnis von Literatur und Erinnerung wird im allgemeinen literarhistorisch als »Einfluß« gefaßt: Beginnt Goethe seine Autobiographie mit dem Hinweis auf sein Horoskop, so hat er dieses Motiv entweder aus Cardanos eigener Lebensbeschreibung oder aus den Künstlerbiographien Vasaris entlehnt.[8] Berichtet Christoph Wilhelm Hufeland, wie er in seiner Jugend eifrig Disteln köpfte, so erscheint dieser phasenspezifische Charakterzug in gattungshistorischer Perspektive als Allusion an ein aus Karl Philipp Moritz' *Anton Reiser* stammendes Motiv, das bis hin zu Peter Weiss noch Wirkung auszustrahlen vermag.[9] Eine stark literarisierte Autobiographie wie Salomon

---

griechische Gedächtnislandschaft. In: Anselm Haverkamp und Renate Lachmann (Hg.): Gedächtniskunst. Raum – Bild – Schrift. Studien zur Mnemotechnik. (= edition suhrkamp 1653) Frankfurt/M. 1991, S. 145–164, hier 150f.

5 Goethe, WA, Abt. I, Bd. 42.2, S. 478.
6 Goethe nennt Scott, welcher ihm »brüderliches Vertrauen« entgegenbringt (vgl. Johann Peter Eckermann: Gespräche mit Goethe in den letzten Jahren seines Lebens. Teil 3, Magdeburg 1848, S. 178 [25. 7. 1827]), »den ersten Erzähler des Jahrhunderts« (Goethe, WA, Abt. IV, Bd. 43, S. 239 sowie S. 194 und Abt. I, Bd. 42.2, S. 478), mit dem er sich gern unterhält (ebd., S. 479). Zu den lebensgeschichtlichen Analogien, zu denen Goethe z. B. das Erdbeben von Lissabon und den »Theekasten-Sturz bey Boston« anführt, vgl. Goethe, WA, Abt. IV, Bd. 43, S. 178, 188 und Abt. I, Bd. 42.2, S. 479.
7 Goethe, WA, Abt. I, Bd. 42.2, S. 480. Wird hier die Standpunktgebundenheit und Urteilsfindung noch ausführlich vor dem forensischen Hintergrund der antiken Topik problematisiert (vgl. Goethe, WA, Abt. IV, Bd. 43, S. 195 und 240), so spricht Goethe drei Jahre später gegenüber dem Kanzler Friedrich von Müller: Unterhaltungen mit Goethe. Hg. von Renate Grumach. München 1982, S. 204 [31. 3. 1831], nur noch von Scotts »stockenglischer Sinnes- und Urteilsweise«.
8 Goethe, WA, Abt. I, Bd. 26, S. 11; Des Girolamo Cardano von Mailand eigene Lebensbeschreibung. Übers. von Hermann Hefele. (= Lebensläufe, Biographie, Erinnerungen, Briefe Bd. 18) München 1969, S. 12f.; Giorgio Vasari: Leben der ausgezeichnetsten Maler, Bildhauer und Baumeister, von Cimabue bis zum Jahre 1567. Übers. von Ernst Förster. Bd. 5, Stuttgart, Tübingen 1847 [Nachdruck: Worms 1983], S. 259f.
9 Walter von Brunn (Hg.): Hufeland – Leibarzt und Volkserzieher. Selbstbiographie von Christoph Wilhelm Hufeland. Stuttgart 1937, S. 49f.; Karl Philipp Moritz: Anton Reiser. Ein psychologischer Roman. Hg. von Wolfgang Martens. (Universal-Bibliothek Nr. 4813–18) Stuttgart 1975, S. 28; Peter Weiss: Abschied von den Eltern. (= edition suhrkamp 85) Frankfurt/M. 1964, S. 61.

Maimons Lebensgeschichte kündigt schon in der Kapitelüberschrift einen »Diebstahl à la Rousseau« an[10], womit wir Goethes zitierte Reflexion in der literarischen Praxis wiederfinden. Diese Einzelbeobachtungen gilt es jedoch in gattungsgeschichtlicher Perspektive zu systematisieren.

Unter den Quellgründen neuzeitlicher Autobiographie nennt Georg Misch die griechische Gerichtsrede, die laudatio funebris und die antike Biographik.[11] Apologie, Todesbewußtsein und die Sicherung des Nachruhms sind mithin Impulse, die der Autobiographie zugrundeliegen. Diese Ursprünge der Gattung werden vom Autobiographen stets von neuem aktualisiert[12]. Das Leben schreibt sich vom Tode her[13], der als Zäsur, als einschneidende Grenze überhaupt erst die Bedingung für die Erinnerung schafft.[14] Die Erinnerung orientiert sich dabei an einer Topik, die zur Gliederung eines Lebenslaufes gesellschaftlich relevante Gesichtspunkte vermittelt. Zur Charakterisierung einer zu betrauernden, zu lobenden oder zu verteidigenden Person verfügt die Rhetorik über sogenannte »argumenta a persona«, Beweisgründe, die aus dem Leben einer Person genommen werden, wie genus, natio, patria, sexus, aetas, educatio et disciplina, habitus corporis, fortuna, conditio, animi natura, studia, acta dictaque, commotio, nomen et cognomen.[15] Im Anschluß an Sueton, der solch einen feststehenden, in sich aber variablen Katalog von Gesichts-

---

10 Salomon Maimons Lebensgeschichte von ihm selbst erzählt und hg. von Karl Philipp Moritz. Neu hg. von Zwi Batscha. Frankfurt/M. 1984, S. 48.
11 Georg Misch: Geschichte der Autobiographie. Bd. I.1, 4. Aufl. Frankfurt/M. 1976, S. 158–180, S. 224–229 und Bd. IV.2, 1969, S. 661.
12 So gestaltet z.B. Rousseau seine *Bekenntnisse* zu einer Verteidigungsrede vor dem höchsten Richter des Jüngsten Gerichts (Jean-Jacques Rousseau: Bekenntnisse. Hg. von Konrad Wolter und Hans Bretschneider. Bd. 1. Leipzig, Wien 1916, S. 16).
13 Plutarch: Große Griechen und Römer. Übers. von Konrat Ziegler. Bd. 5. Zürich, Stuttgart 1960, S. 7 [Alx. 1] und S. 244 [Dtr. 1] sowie Bd. 2, 1955, S. 200 [Ni. 1], schrieb in Anlehnung an Platon: Der Staat. Übers. von Rudolf Rufener. Zürich, München 1973, S. 515 [rep. X, 617d: βίων παραδείγματα], »Muster von Lebensläufen«. Diese Paradigmen wurden in der Unterwelt vergeben, ein literarisch wie ethnographisch verbreitetes mythologisches Motiv (vgl. z.B. Vergil: Aeneis. Lateinisch-Deutsch. Hg. von Johannes Götte. Darmstadt 1983, S. 261ff. [Aen. VI,710ff.]).
14 Das Todesbewußtsein des Autobiographen äußert sich beispielsweise in der Tatsache, daß er meist während oder nach einer Alterskrankheit dem Impuls zur Niederschrift nachgibt (Günter Niggl: Geschichte der deutschen Autobiographie im 18. Jahrhundert. Theoretische Grundlegung und literarische Entfaltung. Stuttgart 1977, S. 80; Johann Gottfried Seume: Mein Leben. (= Universal-Bibliothek Nr. 1060/60a) Stuttgart 1961, S. 3; Joh. Froitzheim (Hg.): Autobiographie des Pfarrers Karl Christian Gambs (1759–1783). Straßburg, Leipzig 1909, S. 21). Auch die Datierung einer Autobiographie mitten im Prozeß ihrer Niederschrift kann als ein Symptom von Todesangst gedeutet werden (Hufeland [Anm. 9], S. 85).
15 Quintilian (Anm. 4), S. 557f. [inst. V. 10,23f.]. Vgl. auch Friedrich Andreas Hallbauer: Anweisung zur verbesserten Teutschen Oratorie. Jena 1725 [Nachdruck: Kronberg 1974], S. 299: »Man beschreibet eine *Person*, wenn man redet von ihren Namen, *Geschlecht, Vaterlande, Auferziehung, Gaben des Gemüths, Leibes* und *Glückes, Verrichtungen* und *Thaten, Eigenschaften, Ort* und *Zeit, wo* und *wenn sie gelebet, Lebens=Art, Alter, Tod, Begräbniß, u.d.g.* Man muß eben nicht alles bey einer Person anbringen, es sey denn in Lebensläuffen: die Absicht der Rede wird schon lehren, was man von einer Person sagen soll.«

punkten seinen Kaiserbiographien zugrundelegte[16], beschreibt auch Girolamo Cardano, unter der Aufsicht der römischen Inquisition, sein Leben in 54 topisch geordneten Kapiteln.[17] Diese Topoi sind noch für die überwiegend chronologisch verfahrenden Autobiographien des 18. Jahrhunderts bindend, wie es ein Blick auf die Gattung, aber auch auf die Anweisungen zur Abfassung eines Lebenslaufes bestätigen wird. Diese Regeln finden sich innerhalb der Rhetorik-Handbücher im Kontext der Parentation, die trotz ihrer schon erwähnten gattungsgeschichtlichen und psychologischen Relevanz von der Autobiographie-Forschung wenig beachtet wurde. Neben der Leichenpredigt und der Leichabdankung gehörte auch die Verlesung des Lebenslaufes, die »Personalien« des Verstorbenen, zur Parentation.[18] Dieser Lebenslauf wurde oftmals vom Verstorbenen selbst für diesen Zweck verfaßt.[19] In der *Anweisung zur verbesserten teutschen Oratorie* rubriziert Friedrich Andreas Hallbauer (selbst verfaßte) Lebensläufe unter die Geschichtsschreibung[20] und empfiehlt eine *Ord-*

---

16 Vgl. Friedrich Leo: Die griechisch-römische Biographie nach ihrer literarischen Form. Leipzig 1901 [Nachdruck: Hildesheim 1965] sowie Wolf Steidle: Sueton und die antike Biographie. (= Zetemata. Monographien zur Klassischen Altertumswissenschaft Heft 1) München 1963.

17 Hieronymus Cardanus: De propria vita. In: Ders.: Opera omnia. Bd. 1, 1663 [Nachdruck: Stuttgart-Bad Cannstatt 1966], S. 1–54.

18 Parentationen erfordern vier Teile, »nemlich *das Lob und die Betaurung des Verstorbenen, den Trost für die Leidtragenden, und den Danck für die Leichenbegleiter.*« (Hallbauer [Anm. 15], S. 462; vgl. auch Christian Schröter: Gründliche Anweisung zur deutschen Oratorie nach dem hohen und sinnreichen Stylo der unvergleichlichen Redner unsers Vaterlandes. Teil 2, Leipzig 1704 [Nachdruck: Kronberg 1974], S. 1 ff.). Zur Forschungssituation siehe das zusammenfassende Referat von Sibylle Rusterholz: Leichenreden. Ergebnisse, Probleme, Perspektiven ihrer interdisziplinären Erforschung. In: Internationales Archiv für Sozialgeschichte der deutschen Literatur 4 (1979), S. 179–196. Als Beispiel eines am Grabe vorgetragenen Lebenslaufes, der den antiken Enkomiontopoi epitaphischer Rede (vgl. dazu Joachim Soffel: Die Regeln des Menanders für die Leichenrede in ihrer Tradition dargestellt, hg. und übers. Meisenheim a. Gl. 1974) verpflichtet ist, siehe Baltzer Siegmund von Stoschs Rede auf den verstorben Andreas Gryphius, in: Maria Fürstenwald (Hg.): Trauerreden des Barock. (= Beiträge zur Literatur des XV. bis XVIII. Jahrhunderts Bd. IV) Wiesbaden 1973, S. 225–234.

19 »Viele pflegen ihren Lebenslauff auch selbst vor ihrem Ende aufzusetzen, welches das beste ist. Wenn man alle neue Jahre sich erinnert, was einem begegnet, und solches aufzeichnet, dient es zu besonderer Erweckung.« (Hallbauer [Anm. 15], S. 664). Schafft der Tod als Zäsur die Bedingung der Möglichkeit der Erinnerung, so wäre die sprachgeschichtlich zu beantwortende Frage nach dem Gebrauch und Horizont des vollendeten bzw. unterbrochenen »Lebenslaufes« auch von kulturanthropologischem Interesse.

20 »Lebens=Läuffe oder Personalien sind nichts anders, als Historien, in welchen man das Leben eines noch Lebenden, oder bereits Verstorbenen ordentlich, und zwar entweder schlechthin, oder mit untermischten locis communibus und meditationibus, ferner ohne, oder mit einem vorher angeführten Satze, erzehlet. Der stilus muß so beschaffen seyn, wie es eine Historie erfordert.« (Hallbauer [Anm. 15], S. 662) Als autobiographische Beispiele schweben ihm besonders Gelehrtenautobiographien vor. Günter Niggl (Anm. 14), S. 50, führte als ersten Beleg einer Reflexion über Autobiographien innerhalb eines Lehrbuchs der Rhetorik Johann Joachim Eschenburgs »Entwurf einer Theorie und Literatur der schönen Wissenschaften« (1783) an.

nung, nach der folgende Punkte innerhalb der Lebensgeschichte zu berühren sind:

»a) *Die Geburt.* Dabey die Zeit, der Ort, die Eltern, Groß=Eltern väterlicher und mütterlicher Seite, und die, welche etwa aus den Vorfahren berühmt und merkwürdig sind, angeführet werden ...

b) *Die Erziehung.* Dabey der Tauffe, der Baten, der vornehmsten Präceptoren auf Schulen und Universitäten, auch der Wissenschaften, darinne die Unterweisung geschehen, und wie glücklich diese von statten gegangen, gedacht wird.

c) *Die Gaben des Gemüths,* als ein guter Verstand, Gedächtniß, etc. *und des Leibes,* als Gesundheit, Schönheit, etc.

d) *Die Tugenden.* Man sollte zwar auch der Fehler und Laster gedencken: denn es ist dieses keinem ein Schimpf, wenn dieselbe dermassen angeführet werden, daß man bezeiget, wie er sich denselben wiedersetzet, und sie abzulegen sich bemühet, ja es gereichet ihm vielmehr zu sonderbarer Ehre und andern zu desto mehrerer Erbauung: allein es ist noch nicht Mode worden [...].

e) *Das Glück und Unglück.* Die Vermählung, die Kinder, die Ehrenämter, die Gefährlichkeiten, u. d. gl.

f) *Die Thaten* oder Verrichtungen, *Studia, Schriften, Reisen, etc.*

g) *Die letzte Kranckheit und der Tod* mit ihren Umständen, welche der Medicus meist aufzusetzen pfleget.«[21]

Das ist das in sich variable Grundschema, nach dem sich die Gelehrtenautobiographien des 18. Jahrhunderts organisieren. Vermittelt wird es über die Kompendien der Rhetorik, über die literarischen Vorbilder der Gattung und die mündliche Praxis der Grabrede. Dieser verzweigten Tradition ist sich der mit Friederike Brion befreundete Theologe Karl Christian Gambs durchaus bewußt, wenn er seinen spät erfüllten, doch gleich zu Beginn seiner Autobiographie formulierten Berufswunsch aus der jugendlichen Lektüre einer Leichenpredigt hervorgehen läßt.[22] Und wenn Christoph Wilhelm Hufeland, der populäre, an Ciceros und Quintilians Rhetorik geschulte Arzt, in seiner Le-

---

21 Hallbauer (Anm. 15), S. 663f.; vgl. auch S. 757 sowie Schröter (Anm. 18), S. 1ff., S. 166ff. und Erdmann Uhse: Wohl-informirter Redner, worinnen die oratorischen Kunst-Griffe vom kleinesten bis zum grösten, durch kurtze Fragen und ausführliche Antworten vorgetragen werden. Leipzig 1712 [Nachdruck: Kronberg 1974], S. 394ff. Das selbe Schema begegnet in Christoph Martin Wieland: Geschichte des Agathon. Hg. von Klaus Schaefer. Berlin 1961, S. 380: »Wie ein solcher Mann – so gebohren – so erzogen – mit solchen Fähigkeiten und Dispositionen – mit einer solchen besondern Bestimmung derselben – nach einer solchen Reihe von Erfahrungen, Entwicklungen und Veränderungen – in solchen Glüks-Umständen – an einem solchen Ort und in einer solchen Zeit – in einer solchen Gesellschaft – unter einem solchen Himmels-Strich – bey solchen Nahrungs-Mitteln (denn auch diese haben einen stärkern Einfluß auf Weisheit und Tugend, als sich manche Moralisten einbilden) – bey einer solchen Diät – kurz, unter solchen gegebenen Bedingungen [...] – ein so weiser und tugendhafter Mann habe seyn können, und [...] unter den nemlichen, oder doch sehr ähnlichen Umständen, es auch noch heutzutage werden könnte.« In bezug auf diesen »Topos« spricht Hans-Jürgen Schings: Melancholie und Aufklärung. Melancholiker und ihre Kritiker in Erfahrungsseelenkunde und Literatur des 18. Jahrhunderts. Stuttgart 1977, S. 35, von einer »anthropologischen Kategorientafel«.
22 Gambs (Anm. 14), S. 23.

bensbeschreibung einleitend behauptet:»Die Sterne, unter denen wir geboren werden, das sind unsre Eltern, die Zeit, der Ort, die herrschende Religion«[23], dann weist die Wortwahl sowohl auf Punkt a) der zitierten oratorischen Vorschrift als auch auf den gattungsgeschichtlich schwindenden Topos der Nativitätsstellung, der hier, wie ich vermute, als Versuch der Absetzung und Distanznahme gegenüber Goethes autobiographischer Einleitung verstanden sein will. Doch halten wir uns stellvertretend für alle anderen Autobiographien der Epoche an die so lebendig geschriebene Lebensgeschichte Johann Gottfried Seumes, die ganz im Rahmen dieses Ordnungsmodells zu einem rhetorischen Kunstwerk wird: gleich zu Beginn der Hinweis auf Punkt g), die letzte Krankheit[24], dann Punkt a), die Schilderung der Zeit- und Ortsumstände seiner Geburt und die Charakterisierung der Eltern und des Großvaters[25], darauf Punkt b) mit der Erwähnung der Taufpaten[26] und Erzieher, deren strenge Methoden kritisch und ausführlich in dieser pädagogisch ausgerichteten Autobiographie beschrieben werden.[27] Von den Gaben des Gemüts (Punkt c) betont er sein starkes Gedächtnis, das ihm in der dogmatischen Topik sehr zustatten kam[28], verweist mehrfach auf sein melancholisches Temperament[29] und die frühe Verletzung seines linken Auges.[30] Ausführlich erwähnt er seine leibliche und geistige Diät[31] und kommt immer wieder auf das Glück und Unglück (Punkt e) in seiner von widrigen Umständen so reichen Sozialisation zu sprechen. Darüber hinaus verfügt er über mannigfaltigen, humoristisch eingesetzten, rhetorischen Schmuck, beschwört die Antike in Vergleichen und Metaphern[32], greift zu Fachbegriffen, um seine Redegewalt ironisch zu unterstreichen und streut in didaktischer Absicht die von der Theorie geforderten loci communes, »sinnreiche Anmerkungen und heilsame Lehren«, ein. Damit wird seine Autobiographie, wie es gattungstheoretisch Herder gefordert hatte[33], zu einem vollblü-

---

23 Hufeland (Anm. 9), S. 25.
24 Seume (Anm. 14), S. 3.
25 Die Erwähnung der Leichenpredigt am Grabe des Großvaters ist mehrfach determiniert (Seume [Anm. 14], S. 4f.): Seume beschreibt selbst sein Leben, um nicht, wie es dem toten Großvater widerfuhr, »einem Sudler oder Hyperkritiker« (S. 3) in die Hände zu fallen. Topisch geleitet ist auch der Hinweis, daß ein namensgleicher theologischer Autor aus Frankfurt nicht zu seinen Vorfahren zählt (S. 5).
26 Seume (Anm. 14), S. 6.
27 Zur Schullaufbahn vgl. Seume (Anm. 14), S. 6–7 und 16–49; zu seinen Universitätsstudien vgl. S. 49–56.
28 Seume (Anm. 14), S. 24.
29 Seume (Anm. 14), S. 23 und 56, sowie verdeckt S. 6.
30 Seume (Anm. 14), S. 8. Zu diesem kleinscheinenden Merkmal vgl. auch Gambs (Anm. 14), S. 26, welcher von seinem Glasauge, und Hufeland (Anm. 9), S. 85, welcher die Geschichte seiner rechtsseitigen Erblindung erzählt, sowie Cardano (Anm. 8), S. 24f.: »Auf dem linken Augenlid habe ich ein linsenförmiges Mal, so klein, daß es nicht leicht zu sehen ist.«
31 Seume (Anm. 14), S. 41–43.
32 Seume (Anm. 14), S. 9, 10 und 16.
33 Johann Gottfried Herder: Maß der Adrastea in Denkwürdigkeiten seiner selbst. In: Ders.: Werke. Hg. von Heinrich Düntzer. Bd. 14, Berlin o. J., S. 184–187; vgl. auch Niggl (Anm. 14), S. 107f.

tigen, lebenswahren Exempel, an dem psychologisch-pädagogische Irrtümer der Erzieher aufgedeckt und »einige Wahrheiten« gesagt werden.[34]

Neben diesen produktionsästhetischen Fixpunkten der Argumentation, die zugleich als mnemotechnische Hilfsmittel fungieren, begegnen in der Autobiographie des 18. Jahrhunderts weitere Topoi vor allem in der Rede über die eigene Kindheit. Im Zuge der Ablösung der Temperamentenlehre durch ein entwicklungsgeschichtliches, zunehmend organizistisches anthropologisches Modell, wächst die Aufmerksamkeit gegenüber charakterbildenden Erlebnissen und Entwicklungsstationen. Dabei durchdringen Beobachtungen und Fragestellungen anthropologischer Disziplinen wie die Pädagogik, Psychologie, Medizin und Ethnologie (Geschichtsphilosophie) zunehmend den autobiographischen Diskurs über die Kindheit. Zum Topos und damit zum Quellgrund des autobiographischen Erzählens wird das psychologische Interesse an dem frühesten erinnerbaren Erlebnis als erstes Zeugnis des Selbstbewußtseins und der spezifischen Charakterprägung.[35] Ebenso richtet sich die autobiographische Erinnerung auf den ersten Theaterbesuch und die ersten eigenen poetischen Gehversuche.[36] Die autobiographischen Kindheitsgeschichten sind zugleich Stellungnahmen zur zeitgenössischen pädagogischen Diskussion, indem sie aufgrund leibhaftiger Erfahrung »Winke für Erzieher« bieten: Hervorgehoben wird die Bedeutung des Hosenfestes[37], der Zeitpunkt des Lesen- und

---

34 Autobiographien bilden im 18. Jahrhundert ein Forum pädagogischer Diskussion. Hufeland (Anm. 9), S. 43 f., schildert anekdotenhaft die Vorteile der alten Pädagogik gegenüber Basedows Reformpädagogik. Friedrich Christian Laukhard: Leben und Schicksale, von ihm selbst beschrieben, und zur Warnung für Eltern und studierende Jünglinge. Halle 1792, will mit seinem »Buch einen nicht unebnen Beitrag zur praktischen Pädagogik« (Bd. 1, S. XII) leisten. Seume (Anm. 14), S. 4, hofft, daß seine Erzählung »vielleicht hier und da die Jugend belehrt und in guten Grundsätzen befestigt«. Autobiographien liefern »Winke für Erzieher« (Hufeland, S. 43; Moritz [Anm. 9], S. 238).

35 Vgl. Moritz' Revison der ersten drei Bände seines psychologischen Journals: Gnothi sauton oder Magazin zur Erfahrungsseelenkunde als ein Lesebuch für Gelehrte und Ungelehrte. Bd. 4, St. 3, 1786 [Nachdruck hg. von Anke Bennholdt-Thomsen und Alfredo Guzzoni. Lindau 1979], S. 4. Hufeland entwarf eine Chronologie seiner frühesten Erinnerungen bis zu seinem siebten Lebensjahr (hierzu vgl. Stefan Goldmann: Christoph Wilhelm Hufeland im Goethekreis. Eine psychoanalytische Studie zur Autobiographie und ihrer Topik. Stuttgart 1993). Zur frühesten Erinnerung siehe Hufeland (Anm. 9), S. 26; Seume (Anm. 14), S. 6; Maimon (Anm. 10), S. 24 f.; Adam Bernd: Eigene Lebens-Beschreibung. Hg. von Volker Hoffmann. (= Die Fundgrube Nr. 55) München 1973, S. 24 f.; auch unwillkürliche Handlungen und Erinnerungen – Durchbrüche des Unbewußten – wurden zunehmend notiert (Hufeland, S. 42 f.).

36 Hufeland (Anm. 9), S. 53; Seume (Anm. 14), S. 39; Bernd (Anm. 35), S. 81.

37 Hufeland (Anm. 9), S. 26; Johann Karl Musäus: Modischer Lebenslauf eines unmodischen Weltbürgers. In: Nachgelassene Schriften. Hg. von August von Kotzebue. Leipzig 1791, S. 33–61, hier S. 35; Christoph Pfaff: Lebenserinnerungen. Kiel 1854, S. 16; Johann Basedow hatte in seinem Methodenbuch 1770 »*Absätze des Lebens*« gefordert, wobei jede Lebensepoche ihre besonderen Pflichten und Rechte haben« sollte. »Eine vernünftige Mode sollte andre Kleider bei der Kindheit, andre bei der

Schreibenlernens³⁸, die Erwähnung der durch Ammenmärchen inokulierten Gespensterfurcht³⁹, die immer übertriebene und meist ungerechte Züchtigung bei einem kindlichen Diebstahl, sowie, vor dem Hintergrund der Onaniedebatte, die erfolgreiche oder (in satirischen Autobiographien) mißglückte Abwehr sexueller Versuchung⁴⁰, schließlich die kränkende, aber auch den Ehrgeiz provozierende Anrede »Du dummer Junge«.⁴¹ Überhaupt richtet sich die Aufmerksamkeit auf das Kleinscheinende, die minutiae⁴², denen topische Bedeutung und damit erst große Wirkung zugesprochen wird. Anleihen aus dem ethnologischen Diskurs finden sich bei der Beschreibung kindlicher Eigentumskonflikte während medizinische Erfahrung im Topos der Pockenerkran-

    ersten und andre bei der zweiten Jugend einführen« (Johann Bernhard Basedow: Das Methodenbuch für Väter und Mütter der Familien und Völker. In: Ausgewählte pädagogische Schriften. Hg. von A. Reble. Paderborn 1965, S. 81–163, hier S. 110).

38 Dieser Topos wird auch erwähnt, wenn man sich *nicht* mehr an die Zeit und den Prozeß des Erlernens erinnern kann, wie z. B. Seume (Anm. 14), S. 6; Madame Roland: Memoiren aus dem Kerker. Eine Jugend im vorrevolutionären Frankreich. Zürich, München 1987, S. 38.

39 Bernd (Anm. 35), S. 49f.; Moritz (Anm. 9), S. 36; Hufeland (Anm. 9), S. 36f.; Goethe, WA, Abt. I, Bd. 26, S. 16f.; Jean Paul: Selberlebensbeschreibung. In: Ders.: Werke in zwölf Bänden. Hg. von Norbert Miller. Bd. 12, München, Wien 1975, S. 1065f.; vgl. auch Jean-Jacques Rousseau: Emil oder über die Erziehung. Hg. von Ludwig Schmidts. Paderborn 1978, S. 121f.

40 Johann Peter Frank: Seine Selbstbiographie. Hg. von Erna Lesky. Bern, Stuttgart 1969, S. 34 u. 35, widerstand der Verführung, Laukhard (Anm. 34), S. 13 u. 45f., erlag ihr. Madame Roland (Anm. 38), S. 59ff., beschreibt ausführlich einen Verführungsversuch. Lazarus Bendavid erwähnt in seiner Autobiographie als Jugendlektüre Voltaires *Pucelle* und die *Thérèse philosophe* (M. S. Lowe [Hg.]: Bildnisse jetztlebender Berliner Gelehrten mit ihren Selbstbiographien. 2. Sammlung, Berlin 1806, S. 22); vgl. auch die in Hufelands Autobiographie betreffende, bislang unterdrückte Passage im Anhang meiner Dissertation (Anm. 35).

41 Gambs (Anm. 14), S. 23 u. 35; Seume (Anm. 14), S. 16; Hufeland (Anm. 9), S. 32; Moritz (Anm. 9), S. 111; vgl. auch Laukhard (Anm. 34), S. 105 u. 109.

42 Vgl. Moritz (Anm. 9), S. 6 u. 122 sowie Friedrich von Blanckenburg: Versuch über den Roman (1774). [Nachdruck: Stuttgart 1965] (= Sammlung Metzler 39), S. 208 u. 217. Dieser Topos innerhalb der Autobiographie und des Romans leitet sich aus dem anthropologischen Programm der Parallelbiographien Plutarchs her; siehe Plutarch (Anm. 13), Bd. 5, S. 7 [Alx. 1]. Das Kleinscheinende ist ein genuines Beobachtungsfeld innerhalb der Medizin. Leibniz fordert, eine »Exactissima interrogatoria Medica per artem combinatorem zu formieren, damit keine Circumstanz noch Indication ohne Reflexion entwischen könne« und wünscht die »temperamentorum indicationes et contraindicationes in Regeln zu bringen und zu dem Ende alle Minutias, darin ein Mensch in Compagnie essen, trinken, schlafen, postur, gestibus, lineamenten etwas Sonderbares und Eignes hat, anzumerken, gegeneinander zu halten, mit dem was ihm vorher an seinem Leib begegnet, comparieren, auf das was ihm hernach begegnet, Achtung geben, einem jeden historiam naturalem seines Leben nach vorgeschriebenen Interrogatoriis formieren und gleichsam ein Journal halten lassen, oder das er nicht kann, ihm darin die Hand bieten, dadurch in kurzer Zeit connexio indicationum inter se et cum causis ein unglaublicher Apparatus wahrer Aphorismorum und Observationum entstehen wird« (zit. nach Heinrich Schipperges: Moderne Medizin im Spiegel der Geschichte. [= dtv Wissenschaftliche Reihe Nr. 4044] Stuttgart 1970, S. 256f.).

kung[43] und der individuell angewandten diätetischen Regeln schon immer einen elementaren Bestandteil der Autobiographie bildete.

Diese aus dem Leben gegriffenen und von der Rhetorik festgehaltenen gattungskonstituierenden wie epochenspezifischen Topoi eines Lebenslaufes lassen sich in sozialanthropologischer Perspektive als Schwellensituationen auffassen. Geburt, Taufe, Heirat, Krankheit und Tod, Erziehungszeremonien und Berufspraktiken bezeichnen Stationen des Wandlungs- und Reifungsprozesses eines Individuums. An diese Schwellensituationen knüpfen sich Übergangsriten, die den Einzelnen durch Initiationen der religiösen Gemeinschaft oder beruflichen Zunft an- und eingliedern.[44] Topoi sind demnach diskursive Plätze sozialer Bedeutsamkeit, Prägestätten des zoon politikon. Sie markieren Zäsuren, Brüche in jeder Form: Einbrüche der Gesellschaft in das sogenannte »Individuuum«[45], triebhafte »Durchbrüche«[46] und Abbrüche innerhalb des Sozialisationsprozesses auf dem Weg zur »Identität«.[47] Es sind dieselben schon erwähnten Bruchstellen, an denen autobiographische Erinnerungen notgedrungen in all ihren »pathologischen« Erscheinungsformen einsetzen.

Seitdem sich innerhalb der Pädagogik die Ansicht durchgesetzt hat, daß »die kleinen, fast unmerklichen Eindrücke unserer zarten Kinderjahre sehr wichtige und dauernde Folgen«[48] haben, sucht auch die autobiographische Rückerinnerung jene Orte zu fixieren, an denen die prägenden Einflüsse in die tabula rasa der wachsweichen Kinderseele einmündeten. Da allerdings die »eigentlich« prägenden frühesten Kindheitserlebnisse überwiegend der Amnesie zum Opfer fallen, bedarf es einer gesellschaftlich vermittelten Topik, die Koordina-

---

43 Cardano (Anm. 8), S. 16; Hufeland (Anm. 9), S. 26; Bendavid (Anm. 40), S. 11; Goethe, WA, Abt. I, Bd. 26, S. 52f.; Gambs (Anm. 14), S. 22 u. 26.
44 Vgl. Arnold van Gennep: Übergangsriten (Les rites de passages). Übers. von Klaus Schomburg und Sylvia Schomburg-Scherff. Frankfurt/M., New York, Paris 1986.
45 Jean Paul beschreibt den Erziehungsprozeß als eine schmerzhafte Tätowierung: »Gewöhnlichen Eltern schwebt aber statt eines Urbildes ein ganzes Bilderkabinett von Idealen vor, die sie stückweise dem Kinde auftragen und tätuieren einätzen.« (Jean Paul: Levana oder Erziehlehre. In: Ders.: Werke [Anm. 39], Bd. 9, S. 556). Hufelands kindlicher »Starrsinn und Trotz wurde mit Gewalt gebrochen« (wie Anm. 9, S. 32).
46 Hier ist in erster Linie an das für die pietistische Autobiographie charakteristische Duchbruchserlebnis zu denken, ein Begriff, der im Verlauf der Gattungsgeschichte von der religiösen Sphäre auf die Intellektualität übertragen wurde (vgl. die von Niggl [Anm. 14], S. 13, 142 u. 151, angeführten Belegstellen zu Johann Christian Edelmann, Karl Friedrich Bahrdt, Salomon Maimon und Johann Gottfried Seume). Adam Bernd (Anm. 35), S. 18, wiederum beschreibt »Ausbrüche von Melancholie«.
47 Wie ein tiefer Bruch in der Familien- und Lebensgeschichte Schliemanns in seiner Rückerinnerung durch ein lebhaftes Erinnerungsbild, das dem europäischen Bildgedächtnis entstammt, »verdeckt« wird und zum Ausgangspunkt eines Kontinuitätsbedürfnisses werden kann, habe ich dargelegt in: Der Mythos von Trojas Untergang in Schliemanns Autobiographie. Zur Archäologie eines Erinnerungsbildes. In: Joachim Herrmann (Hg.): Heinrich Schliemann. Grundlagen und Ergebnisse moderner Archäologie 100 Jahre nach Schliemanns Tod. Berlin 1992, S. 37–48. Gambs Autobiographie (Anm. 14), S. 61, bricht mit der Erzählung der lebensgeschichtlichen Katastrophe ab, die zugleich den »Wendepunkt« zur beruflichen Identität bezeichnet.
48 John Locke: Einige Gedanken über die Erziehung. Übers. von Johann B. Deermann. Paderborn 1967, S. 9.

ten und Orientierungspunkte für die Rückerinnerung bereitstellt. Topik in diesem Sinn ist das Schatzhaus des für eine Epoche anthropologisch Wissenswerten, das es zu hüten, anzuwenden und zu vermehren gilt. Mithin bilden die autobiographischen Topoi im Zuge des Zivilisationsprozesses eroberte Inseln der Menschenkenntnis, Haltepunkte des Selbstbewußtseins und der introspektiven Aufklärung.[49] Dort, wo Amnesie herrscht, setzt die topisch geleitete Phantasie mit ihren bekannten Mechanismen der Verdichtung und Verbildlichung, der Verschiebung und der Verkehrung ins Gegenteil ein. Die frühen Kindheitserinnerungen setzen sich meist aus Erzählungen der Elterngeneration zusammen oder verwandeln sich in Deckerinnerungen, in denen die Inhalte der prägenden Erlebnisse »aufgehoben« sind. Beide Erinnerungsformen, die mündliche Überlieferung durch die Eltern wie die prägnante Verdichtung von Erinnerungsmaterial aus verschiedenen infantilen und pubertären Entwicklungsstadien, ähneln in ihrer Erscheinung mythologischen Produktionen.[50] Da der Autobiograph sich zum Heros, zum Kulturbringer stilisiert, steht ihm die Heroenmythologie als Paßform zur Verfügung.[51] Ebenso wie sie gleich zu Beginn die problemreiche Geburt des Helden thematisiert, erzählen Cardano und Goethe, daß sie »fast wie tot« bzw. »für todt auf die Welt« kamen.[52] Seume, welcher eine Vielzahl von Mythologemen auf sich bezieht, berichtet, daß er von seiner Mutter nicht gestillt, als kleines Kind einmal bewußtlos aus einem Fluß gezogen und ein andermal von einem Apfelbaum (der den ganzen Abstand zum Paradies bezeichnet) fast erschlagen wurde.[53] Seine Autobiographie zitiert typische Motive des ›Mythos von der Geburt des Helden‹[54], wel-

---

49 Augustinus schöpft bei der Beschreibung seiner frühesten Kindheit aus der antiken Literatur, Erzählungen seiner Eltern und eigener Beobachtung an anderen Kleinkindern: »Was nun dies mein frühestes Lebensalter anlangt, Herr, an das ich mich nicht mehr erinnere, von dem ich nur durch Aussagen anderer etwas weiß und durch Vermutungen, aus der Beobachtung anderer Kinder geschöpft – mag das auch noch so zuverlässig sein –, so scheue ich mich fast, es zu diesem meinem zeitlichen Leben hinzuzurechnen. Denn es ist nicht minder versunken in der Nacht der Vergessenheit als jenes, das ich im Mutterleibe zugebracht. [...] Doch siehe, ich übergehe jene Zeit. Was hab ich auch mit ihr zu schaffen, deren Spuren längst verwischt sind?« (Aurelius Augustinus: Bekenntnisse. Übers. von Wilhelm Thimme. Zürich, Stuttgart 1950, S. 39f.). Für Bernd (Anm. 35), S. 22, sind die Wochen nach seiner Geburt, in denen er nur geweint und geschrien habe, ein Gleichnis seines Lebens und ein Hinweis auf das noch zu durchwandernde Jammertal.
50 Vgl. Sigmund Freud: Eine Kindheitserinnerung des Leonardo da Vinci. In: Ders.: Gesammelte Werke. Bd. 8. Hg. von Anna Freud. Frankfurt/M. 1978, S. 151f.
51 Vgl. Otto Rank: Der Mythus von der Geburt des Helden. Versuch einer psychologischen Mythendeutung. (= Schriften zur angewandten Seelenkunde Heft 5). Leipzig, Wien 1922.
52 Cardano (Anm. 8), 13; Goethe, WA, Abt. I, Bd. 26, S. 11.
53 Seume (Anm. 14), S. 6, 8 u. 9. Vgl. auch Maimons (Anm. 10), S. 16f., Erzählung, wie er dreijährig auf der Flucht einer Hausmagd aus dem Arm fiel und ein Bauer, welcher ihn zufällig gefunden, seinen Eltern wieder zustellte.
54 Vgl. Rank (Anm. 51); heranzuziehen ist Ernst Kris und Otto Kurz: Die Legende vom Künstler. Ein geschichtlicher Versuch. (= edition suhrkamp 1034). Frankfurt/ M. 1980, welche den im Mythos gründenden Topoi innerhalb der Künstlerbiographik der Renaissance nachgehen.

cher zumindest zweimal geboren wird.[55] Ein weiteres Motiv aus der Heroenmythologie begegnet in der ausführlichen Beschreibung eines in der Kindheit verübten Diebstahls: Augustinus und Seume stehlen Obst aus Nachbars Garten[56], Hufeland leicht entzündliches Phosphor aus des Vaters Apotheke[57], Schillers Freund Friedrich Wilhelm von Hoven das Rohr einer Tabackspfeife[58], usf. Diese stereotype Handlung erfährt durch den Sozialhistoriker eine andere Auslegung als durch den Literarhistoriker. Dem einen gilt sie als Indiz für eine reale Mangelsituation[59], der andere deutet sie als Anspielung auf den Sündenfall, mithin auf die Erbsünde. Rousseaus Zeitgenossen wiederum ziehen aus derartigen kindlichen Handlungen das Argument, daß ein Kind angeblich noch nicht in der Lage sei, zwischen Mein und Dein zu unterscheiden, und dem otaheitischen Wilden vergleichbar, noch nicht über einen klaren Eigentumsbegriff verfüge.[60] In gattungsgeschichtlicher Perspektive erscheint die Beschreibung dieser Delikte als Umformung der Heroenmythologie ins Anekdotische und Private. Hatte einst Prometheus in einem Rohr das Feuer vom griechischen Olymp gestohlen und der listige Hermes, den Windeln noch nicht entwachsen, seinem Bruder Rinder geraubt, so schwindet zwar in der Übersetzung dieser Mythologeme ins Autobiographische ihre gesellschaftliche Relevanz, doch erhalten bleibt die in ihnen eingeschlossenen und durch sie bezeichneten Triebkonflikte und Affektkonstellationen der individuellen Kindheit, wie etwa die Auflehnung gegenüber dem Vater und der Futterneid gegenüber dem Bruder. Wenn dem Autobiographen auch der gesamte Motivschatz der antiken Mythologie zur Disposition steht, so halte ich jedoch die Herakles-Mythologie, wie sie von Theokrit und Diodor überliefert wurde, für die eigentliche Matrix autobiographischer Kindheitsbeschreibung und heroischer Selbstdarstellung. Schon Theokrits Idyll vom kleinen Herakles[61] enthält das rhetorisch

---

55 Vgl. z. B. Diodorus Siculus: Geschichts-Bibliothek. Übers. von Adolf Wahrmund. (= Langenscheidtsche Bibliothek sämtlicher griechischen und römischen Klassiker in neueren deutschen Musterübersetzungen Bd. 29). Stuttgart 1867, 4. Buch, S. 53 [Diod. IV, 39]. Explizit werden auch christliche Taufe und pietistisches Durchbruchserlebnis als »Wiedergeburt« erwähnt (vgl. Anm. 46 und Bernd (Anm. 35), S. 21).

56 Augustinus (Anm. 49), S. 61f.; vgl. auch S. 54; Seume (Anm. 14), S. 37; Rousseau (Anm. 12), S. 49f., spezialisierte sich auf das Stechen und Stehlen von Spargel.

57 Hufeland (Anm. 9), S. 4f.

58 Friedrich Wilhelm von Hoven: Lebenserinnerungen. Berlin 1984, S. 10.

59 Lloyd deMause: Evolution der Kindheit. In: Ders. (Hg.): Hört ihr die Kinder weinen. Eine psychogenetische Geschichte der Kindheit. Frankfurt/M. 1977, S. 12—111, hier S. 62, mit Bezug auf Augustinus.

60 Zu der geschichtsphilosophisch begründeten Analogie von Kindheit und Wildheit, wie sie von Isaak Iselin und den beiden Forstern in der Ethnologie ausgearbeitet und von Kant und Jean Paul in der Pädagogik, von Seume und Bogumil Goltz innerhalb der Autobiographie aufgegriffen wurde, vgl. vom Verf.: Die Südsee als Spiegel Europas. Reisen in die versunkene Kindheit. In: Thomas Theye (Hg.): Wir und die Wilden. Einblicke in eine kannibalische Beziehung. Reinbek 1985, S. 208—242, hier S. 215—219.

61 Theokrit: Die echten Gedichte. Übers. von Emil Staiger. Zürich, Stuttgart 1970, S. 129—136 [Theokr. 24].

vermittelte biographische Schema⁶², das den Namen der Eltern, die herausragenden Kindertaten mit den an sie geknüpften Prophezeiungen⁶³, die Aufzählung der Lehrer und Erzieher mitsamt den auftauchenden Konflikten, aber auch die Erwähnung der eingehaltenen Diät verlangt, und später auch von Autobiographen in direkter Anspielung auf ihr eigenes Leben appliziert und wiedererzählt wird.⁶⁴ Diodor erwähnt die schwierige, durch den Zorn der Hera hinausgezögerte Geburt, die Aussetzung des Säuglings, und das kräftige, der ›Stiefmutter‹ derart schmerzliche Saugen, daß sie ihn sofort wieder absetzte, »wegwarf«.⁶⁵ Aus dieser frühkindlichen Konstellation, die durch die Dynamik mit einem Zwillingsbruder intensiviert und verwickelter wird, läßt sich der starke Ehrgeiz dieses »Wohltäters der Menschheit« genetisch erklären. Ausgezeichnet durch »Scharfsinn« und »Frömmigkeit«, ist er aufgrund seiner entbehrungsreichen zwölf zivilisatorischen Arbeiten, die die Entwilderung, Reinigung und Urbanisierung der Lebenswelt zum Ziel hatten, Vorbild eines jeden Kulturschaffenden. Er ist *das* Paradigma des Kulturbringers schlechthin, welcher – per aspera ad astra – durch Kulturleistung »Unsterblichkeit« erlangt.⁶⁶

62 Noch Benjamin Hederich: Gründliches mythologisches Lexicon. Hg. von Johann Joachim Schwaben. Leipzig 1770 [Nachdruck: Darmstadt 1967] ordnet sein mythologisches Material zu den Hauptgöttern und Heroen nach diesem biographischen Schema, nur um die beiden Paragraphen »eigentliche Historie« und »anderweitige Deutung« erweitert (vgl. die Eintragungen zu Jupiter, Juno, Ulysses etc.).
63 Prophezeiungen und Omina sind ebenfalls ein beliebter Topos der Autobiographie; vgl. Hufeland (Anm. 9), S. 50 u. 60; Seume (Anm. 14), S. 6; Maimon (Anm. 10), S. 63.
64 In Anspielung auf die Kindheit des Herakles weiß Karl Friedrich Zelter: Selbstdarstellung. Hg. von Willi Reich. Zürich 1955, S. 9, humorvoll von sich selbst zu berichten: »Von Schlangenwürgen und dergleichen fiel nichts vor«. Wie Herakles – und in seiner Nachfolge Äneas – wird auch Cardano (Anm. 8), S. 17 von dem Zorn der Hera/Juno verfolgt. Die heroische Auflehnung gegen die Züchtigung durch den Lehrer schildert Seume (Anm. 14), S. 20. Schon Plutarch ließ seine Helden von Herakles träumen, vgl. Plutarch (Anm. 13), Bd. 1, 1954, S. 46 sowie Bd. 5, S. 361; siehe auch Rousseau (Anm. 39), S. 125. Das im 18. Jahrhundert bis hin zu Heinrich Heine verbreitete Motiv vom »Knaben, der Disteln köpft« (Goethe, WA, Abt. I, Bd. 2, S. 76; vgl. auch die Brief-Autobiographie der Anna Luise Karsch an Johann Georg Sulzer vom 1. 9. 1762, in: Deutsche Lehr- und Wanderjahre. Selbstschilderungen berühmter Männer und Frauen. Bd. 1, Berlin 1873, S. 5: »Alle Disteln waren meine Feinde, und mit kriegerischem Muth hieb ich allen die Köpfe ab.«) führe ich ebenfalls auf die Herakles-Mythologie zurück (nach Pausanias: Reisen in Griechenland. Hg. von Felix Eckstein. Bd. 2, Darmstadt 1986, S. 135 f. [Paus. VI, 23. 1]; vgl. aber auch Arthur Henkel: Disteln und Mohn. (Ein Scherflein zur Tradition literarischer Bilder). In: Gerhard Buhr, Friedrich A. Kittler, Horst Turk (Hg.): Das Subjekt der Dichtung. Festschrift für Gerhard Kaiser. Würzburg 1990, S. 555–566).
65 Diodor (Anm. 55), S. 16 f. [Diod. IV, 9]. Ähnliches erlebten Bernd (Anm. 35), S. 24, und Seume (Anm. 14), S. 6, welche beide erwähnen, daß sie mit Kuhmilch aufgezogen wurden. Frank (Anm. 40), S. 31, wurde als Säugling durch seinen jähzornigen Vater von der Brust der Mutter »zu der offenen Tür auf eine weite Strecke hinausgeworfen«.
66 Vgl. Diodor (Anm. 55), S. 15–53 [Diod. IV, 8–39]. Daß Herakles' Reise durch die griechische Welt, sein Besuch in der Unterwelt, seine Einweihung in die Mysterien, seine Versklavung, und schließlich sein Feuertod unterschwellig auf Stationen der

Die Affinität von Mythos und autobiographischer Kindheit liegt in dem Begriff der Ursprungsgeschichte. Mythos und Autobiographie begründen. Der Mythos bildet den Rahmen, in den der Autobiograph seine Kindheitsgeschichte einschreibt. In der von Theokrit und Diodor aufbereiteten Form wird der Herakles-Mythos für den neuzeitlichen Autobiographen zu einem textuellen Gedächtnisraum. An dieser Stelle ist auf die Vorstellung der antiken Mnemotechnik[67] zurückzugreifen und an ihre vergessene Verbindung zur rhetorischen Findungslehre zu erinnern. Die Topoi der inventio, die Fundgruben der Argumentation, entsprechen den Topoi der memoria, ja, sind mit ihnen identisch.[68] Bei der Verfertigung einer Rede hat der Redner drei Aufgaben zu erfüllen: die Stoffsammlung (inventio), die Stoffanordnung (dispositio) und die stilistische Durcharbeitung des topisch gefundenen und angeordneten Materials mittels der Figurenlehre (elocutio).[69] In dem anschließenden vierten Stadium (memoria) gilt es, die entworfene Rede innerhalb des künstlichen Gedächtnisses des Rhetors in kraftvolle, affektive Bilder (agentes imagines[70]) zu übertragen – was ja die Figurenlehre leistet – und auf feste Plätze (loci) zu verteilen, so daß die Bilder beim Vortrag der Rede (actio), dem fünften Stadium, durch imaginäres Abschreiten derselben Plätze wieder abgerufen werden können. Die Enkomiontopoi bzw. die loci a persona sind in diesem vorgeschlagenen Textgedächtnis die festen Plätze, an die, wie in einer Gemälde- und Skulpturengalerie, Erinnerungsbilder geheftet und Erinnerungsfiguren aufgestellt sind. Über die

---

Initiation hinweisen, kann hier nur angedeutet werden. Die überraschenden Parallelen zur Christus-Mythologie finden sich zusammengestellt bei Friedrich Pfister: Herakles und Christus. In: Archiv für Religionswissenschaft 34 (1937), S. 42–60.

67 Zur Gedächtniskunst vgl. die grundlegende Studie von Frances A. Yates: Gedächtnis und Erinnern. Mnemotechnik von Aristoteles bis Shakespeare. Berlin 1990, sowie Herwig Blum: Die antike Mnemotechnik. (= Spudasmata Bd. 15) Hildesheim, New York 1969.

68 Die ursprüngliche Identität von Gedächtnis- und Argumentationsort läßt sich durch ethnographische Forschung noch heute belegen. Vorbild des locus communis ist das Grab des Stammvaters (Eponym), um den herum die Gesellschaft sich gruppiert und an den sie sich gebunden fühlt. Im Rhythmus der Feste und in Krisenzeiten versammelt sich die Gesellschaft um sein Grab, steht auf gemeinsamen Boden und gewinnt von hier aus Argumente, die den Zusammenhalt der Gruppe gegenüber dem ›Anderen‹ beschwören; vgl. vom Verfasser (Anm. 4); zur Lokalisierung der Geschichte der Ahnen in der australischen Landschaft siehe Bruce Chatwin: Traumpfade. München 1990; zu den loci communes als Fundgruben moralischer Emphase vgl. Lothar Bornscheuer: Topik. Zur Struktur der gesellschaftlichen Einbildungskraft. Frankfurt/M. 1976, S. 69 sowie Marcus Tullius Cicero: De oratore. Über den Redner. Hg. von Harald Merklin. (= Universal-Bibliothek Nr. 6884) Stuttgart 1981, S. 513 [De or. III, 106f.].

69 Zur antiken Rhetorik, insbesondere zu den officia oratoris, vgl. Ernst Robert Curtius: Europäische Literatur und lateinisches Mittelalter. Bern, München 1973, S. 77; Heinrich Lausberg: Handbuch der literarischen Rhetorik. Eine Grundlegung der Literaturwissenschaft. Bd. 1, München 1973, S. 139f.; Gert Ueding und Bernd Steinbrink: Grundriß der Rhetorik. Geschichte, Technik, Methode. Stuttgart 1986, S. 195–216.

70 [Pseudo-Cicero]: Rhetorica ad C. Herennium. (= The Loeb Classical Library No. 403) Cambridge, London 1981, S. 220 [Rhet. Her. III, 37].

Epochen hinweg bleiben diese Plätze in ihrer Mehrzahl unverändert; es sind die Erinnerungsbilder und Gedankenfiguren, an denen sich die Phantasie abarbeitet.[71]

In diesen Gedächtnisplätzen – ob sie nun in der Landschaft oder im Textgelände situiert sind – liegt, wie es die Antike formulierte, eine Kraft verborgen.[72] Verschüttet sind an diesen Orten die Affekte, die im Zuge der Gattungs- und Individualgeschichte unterdrückt und begraben werden mußten, jedoch unerledigt aus der Verdrängung heraus noch wirksam bleiben. Aus diesem Grund wiederholen Autobiographen eher Literatur anstatt ihre Lebensgeschichte zu erinnern und literarisch durchzuarbeiten. In Anlehnung an Aby Warburg können die Topoi zusammen mit dem Bild- und Zitatenschatz der Antike als »Pathosformeln« bezeichnet werden, affektiv aufgeladene »Dynamogramme«.[73] Indem der Autobiograph auf die Pathosformeln des Mythos zur Darstellung der eigenen Lebensgeschichte zurückgreift, schafft er eine symbolische Repräsentation, durch die er das Eigene im Fremden vorstellt.[74] Die Aneignung des Fremden und die Verfremdung des Eigenen in der Autobiographie geschieht im Zeichen des Symbols, das auf Verborgenes nur verweist und nicht etwa es als Ganzes vergegenwärtigt. Die Überformung der zu erinnernden Kindheit durch Anleihen aus der antiken Mythologie und Literatur dient der Darstellung gesteigerter Leidenschaft und Sinnlichkeit. Die Sinnlichkeit des Kindes war im 18. Jahrhundert zwar anerkannt, unterlag aber innerhalb des Erziehungsprozesses einer rigorosen Abwehr.[75] In der »Übertragung« und »Wie-

---

71 Als kulturgeschichtliche Analogie ist an die heiligen Tempelplätze der Antike oder Mesoamerikas zu erinnern, über welchen die Christen, meist aus denselben Bauelementen, ihre Kirchen erbauten.
72 Marcus Tullius Cicero: Über die Ziele des menschlichen Handelns. De finibus bonorum et malorum. Hg. von Olof Gigon und Laila Straume-Zimmermann. München Zürich 1988, S. 312 [fin. V, 2.]: »So groß ist die Kraft der Vergegenwärtigung an solchen Orten, daß man nicht ohne Grund von ihnen die Mnemotechnik abgeleitet hat.«
73 Vgl. hierzu Martin Warnke: Vier Stichworte: Ikonologie – Pathosformel – Polarität und Ausgleich – Schlagbilder und Bilderfahrzeuge. In: Werner Hofmann, Georg Syamken, Martin Warnke (Hg.): Die Menschenrechte des Auges. Über Aby Warburg. Frankfurt/M. 1980, S. 61–68. Wie die Renaissancemalerei auf Pathosformeln aus der Antike zurückgriff, um leidenschaftliche Zustände und Gesten darzustellen, so zitiert der Autobiograph vorgeprägte literarische Bilder und Sentenzen, um gesteigerte Bewegung beim Leser zu erzeugen.
74 Ein besonders prägnantes Beispiel liefert Salomon Maimon (Anm. 10), S. 48, der in einem Kapitel seiner Autobiographie gleich drei Topoi zitiert: »Der Schüler weiß mehr als der Lehrer. Ein Diebstahl à la Rousseau. Der Gottlose schafft sich an und der Fromme bekleidet sich damit.«
75 Isaak Iselin: Über die Geschichte der Menschheit. Basel 1786 [Nachdruck: Hildesheim, New York 1976], S. XXXIII f., zufolge sind den einzelnen Lebensaltern entsprechende Anlagen zugeordnet. Nach diesem Ordnungsmodell erscheint das *Kind* von *Sinnlichkeit* beherrscht, der *Jüngling* von der *Einbildungskraft*, der *Mann*, wenn ihn die Entwicklung bis dahin nicht fehlgeleitet hat, von der *Vernunft*. Zur Sinnlichkeit des jungen Hufelands vgl. (Anm. 9), S. 32 und Anhang meiner Dissertation (Anm. 35). – Die Verknüpfung von bürgerlicher Kindheit und antikem Pathos findet sich noch in Freuds Konzept des »Ödipus«-Komplexes.

derholung«[76] mythologischer Elemente von gesteigerter Leidenschaftlichkeit »erinnert« sich der Autobiograph nicht nur seiner eigenen unerledigten Triebkonflikte, sondern er sucht zugleich den Leser durch dieselben affektiven paradigmatischen Erinnerungsbilder zu bewegen und zu überzeugen.

Maurice Halbwachs zufolge ruft der Einzelne seine Erinnerungen mit Hilfe eines Bezugsrahmens des sozialen Gedächtnisses herauf:

> »Um seine eigene Vergangenheit wachzurufen, muß ein Mensch oft Erinnerungen anderer zu Rate ziehen. Er nimmt auf Anhaltspunkte Bezug, die außerhalb seiner selbst liegen und von der Gesellschaft festgelegt worden sind.«[77]

In unserem Kontext erweisen sich die rhetorischen Topoi als die von Halbwachs gemeinten »Anhaltspunkte«. Von der Gesellschaft sind sie in dem Sinn festgelegt, als sie Gründungs- und Affektplätze der Interaktion zwischen dem Individuum und der Gesellschaft bezeichnen. Sie stecken das Feld ab, auf dem der autobiographische Diskurs gedeiht, doch die Darstellung des »ganzen Menschen«, in seiner Entfaltung als Vernunftwesen und als Triebnatur, bleibt illusorisch und unendliche Aufgabe des einzelnen wie der Gattung als ganzer.[78]

Der »Fortschritt« der Gattung liegt in der Entfaltung der geprägten Bilder und Motive, in ihrer Imitation, Parodie, in ihrer Verkehrung ins Gegenteil, Vertiefung oder Übersteigerung. Innovationen, denen innerhalb der Gattung Vorbildcharakter zukommt, sind das Ergebnis von Akzentverschiebungen innerhalb des Topos- und Bilderbestandes. Diese wiederum finden ihren Grund in der Einverleibung neuer Elemente, etwa aus Mythos, Novelle und Roman, denen aus der Perspektive eines die Epoche dominierenden (z. B. religiösen oder anthropologischen) Diskurses plötzlich veränderte Bedeutung und neue Relevanz zuwächst. Zugleich stehen die Autobiographien zueinander in einem Dialog, liefern toposbedingte Parallelstellen und erläutern sich gegenseitig.

---

76 Beide Begriffe im psychoanalytischen Sinn aufgefaßt; vgl. Jean Laplanche und J.-B. Pontalis: Das Vokabular der Psychoanalyse. Bd. 2, Frankfurt/M. 1980, S. 550–559 u. 627–631.

77 Maurice Halbwachs: Das kollektive Gedächtnis. Frankfurt/M. 1985, S. 35.

78 Selbstbeschreibungen »am Leitfaden des Leibes« akzentuieren den alten biographischen wie medizinischen Topos der Diätetik mit ihrer Beobachtung der sex res non naturales (vgl. Schipperges [Anm. 42], S. 104f.). Kombinierte Bernd medizinische Krankengeschichten mit seiner eigenen Lebensgeschichte und erweiterte Rousseau den besonders in den Kaiserbiographien Suetons beliebten Topos der Sexualität (Werner Krenkel: Sex und politische Biographie. In: Wissenschaftliche Zeitschrift der Wilhelm-Pieck-Universität Rostock 19 (1980), gesellschafts- und sprachwissenschaftliche Reihe H. 5, S. 65–76) um die Darstellung der Sinnlichkeit des Kindes, so übersteigerte Restif de la Bretonne diese Tendenz der Autobiographie derart, daß er heute nur noch als Pornograph, nicht aber als der autobiographisch arbeitende Anthropologe bekannt ist, der er war. In seiner wohl ebenso fiktiven wie psychologisch wahren Autobiographie »Monsieur Nicolas ou Le cœur humain dévoilé« schildert er die Entwicklungsgeschichte seiner Triebnatur, wobei er eine ungeheure Fülle anthropologischen Wissens ausbreitet – z. B. zur Genese des Fußfetischismus' oder zur kindlichen Enuresis nocturna. Er widmet sich den Durchbruchstellen der Triebe und beschreibt mithin den Stoff, aus dem die autobiographischen Kindheitsanekdoten, welche die Geheimbiographien ihrer Autoren enthalten, gewebt sind.

Wo ein Autor betreten schweigt oder den realen Zusammenhang seiner Erlebnisse in seiner Erinnerung zerstückelt und in fremde Kontexte stellt, plaudert ein anderer unbeschwert weiter[79] und verrät mitunter das Motiv für das Schweigen des ersteren.

Topik ist die Methode, in Krisenzeiten die richtigen Argumente am rechten Platz zur Überzeugung der Mitmenschen bereitzustellen. Sie liefert dem Autobiographen sowohl theoretisch als auch in traditionellen Beispielen ein vorgeprägtes Sprachangebot von Standpunkten (loci) und Bildern (agentes imagines). Im Abschreiten der mehrfach determinierten Topoi »erinnert«, nach dem Modell der memoria, und »erfindet«, nach dem Modell der inventio, der Autor seinen »Lebenslauf«. Zwischen Innovation und Tradition[80] bezeichnet dieses »diskursive« dialogische Prinzip[81] »die geprägte Form, die lebend sich entwickelt«.[82]

---

79 Vgl. z. B. Hufelands (Anm. 9), S. 36f., Schilderung seiner Gespensterangst mit derjenigen von Adam Bernd (Anm. 35), S. 48f.
80 Vgl. auch Georg Christoph Lichtenberg: Sudelbücher II. In: Schriften und Briefe. Hg. von Wolfgang Promies. Bd. 2, München 1975, welcher sich mit der Lehre von den loci topici, den Erfindungsmitteln, intensiv beschäftigt hatte (S. 501, L 806), und sich notierte, wie die Romanlektüre des Andreas Hartknopf. Eine Allegorie [1786] von Karl Philipp Moritz. [Nachdruck: Stuttgart 1968] (= Sammlung Metzler 69), S. 53–56, zur stärkeren Beachtung der eigenen, flüchtig und assoziativ auftauchenden Erinnerungen, für die es noch keine Rubriken, noch keine Topik gibt, die sie festhält und wieder auffinden läßt, beizutragen vermag: »So wie es schon schmerzt, manche Entdeckung nicht gemacht zu haben, sobald man sie gemacht sieht, obgleich noch ein Sprung nötig war, so schmerzt es unendlich mehr, tausend kleine Gefühle und Gedanken, die wahren Stützen der Philosophie, nicht mit Worten ausgedrückt zu haben, die, wenn man sie von andern ausgedrückt sieht, Erstaunen erwecken. Ein gelernter Kopf schreibt nur zu oft, was alle schreiben können, und läßt das zurück, was er schreiben könnte, und wodurch er verewigt werden würde. Solche Bemerkungen, wie Hartknopf beim Ziehbrunnen macht, habe ich in meinem Leben sehr viele gemacht.« (S. 197, H 141).
81 Es ist auch auf Analogien innerhalb der Kunstgeschichte zu verweisen: Ernst H. Gombrich: Kunst und Illusion. Zur Psychologie der bildlichen Darstellung. Übers. von Lisbeth Gombrich. Köln 1967, S. 94f. u. 194, hat gezeigt, wie noch im 18. Jahrhundert in der Landschaftsmalerei ebenso wie im Portrait ein Wechselspiel zwischen überlieferten Schemata und individueller Anpassung stattfand. Wiedergegeben wird nicht photographische Realität, sondern epochenspezifische Schemata, die sich aus einem Grundschema herleiten: »Die spezifische Information über das Objekt, das er [der Künstler; S. G.] vor sich hat, seine einzelnen charakteristischen Züge und Formen, werden gleichsam Schritt für Schritt in ein vorgegebenes Schema wie in ein Formular eingesetzt. [...] Wenn für die Information, die uns wesentlich erscheint, keine Rubrik da ist, muß sie wegbleiben.« (S. 95f.).
82 Goethe, WA, Abt. I, Bd. 3, S. 95.

Physiognomische Notlage und Metapher
Zur Konstruktion weiblicher Charaktere bei Jean Paul

Rita Wöbkemeier (Hamburg)

I.

In Jean Pauls naturphilosophischen, anthropologischen und poetologischen Überzeugungen hat die Physiognomik eine zentrale Position. Sie wirkt sich entsprechend auf seine literarische Praxis aus – thematisch und in seiner Schreibweise. Die geheimnisvolle Beziehung von verborgenem Innen und sichtbarem Außen stiftet die Grundlage seiner Metaphernbildung, bestimmt den Zusammenprall des Dissonanten im Jean Paulschen Witz. Destilliert sind diese Praktiken aus der lebenslangen Auseinandersetzung mit der Herausforderung der Wissenschaften an die Religion, mit dem Bedürfnis, eine Anthropologie im Lichte der Transzendenz wissenschaftlich abzusichern.

Von Modellen direkter Verbindungen in der Erklärung physiognomischer Phänomene hält Jean Paul gemäß seiner Auffassung des Körpers als Gefängnis der Seele nichts. Zwischen beiden gibt es keine Verbindung. Die ideelle Kontur der Seele hat keinen Spiegel in der Gestalt des Körpers, und die Empfindungen der Seele können keine angemessene Sprache in den Äußerungen des Körpers finden; es gibt keine authentische Übersetzung.

Bei allem Bewußtsein über die Unzulänglichkeiten des verbalen Sprachvermögens, das »Innere« auszusprechen, gilt es Jean Paul doch grundsätzlich höher als die »Körpersprache«; die Lüge der Zunge ist entsprechend verwerflich.[1] Gleichwohl und dazu in gewissem Widerspruch ist das physiognomische Phänomen für Jean Paul unabweisbar. In der »Vorschule« spricht er von der unbekannten Gewalt, die »mit Flammen zwei so spröde Wesen, wie Leib und Geist, in *ein* Leben verschmelzte« (»Vorschule« § 49: I/5, 182), und in dem älteren »Magie«-Aufsatz führt er aus, daß die menschliche Phantasie, der Sinn

---

1 »Das Zungenband ist das Seelenband, und es gibt keinen andern Gebrauch als Sprachgebrauch«, heißt es in der »Levana«. In: Jean Paul: Sämtliche Werke. Hg. von Norbert Miller. Erste Abteilung, Bd. 5. 5. Aufl. München, Wien 1987, S. 515–874, hier: 790 (§ 113).
  Ich zitiere Jean Paul im fortlaufenden Text nach der von Miller herausgegebenen zehnbändigen Ausgabe (München, Wien 1959 ff.), Band I/5 in der 5. (1987), Band I/6 in der 4. korrigierten Auflage (1987).

fürs Unendliche, sich des physiognomischen Schließens im Alltag unentwegt bediene (vgl. I/4, 204).

Sein dissonanter bildlicher Witz zielt auf einen transzendenten Garanten für eine wenn auch unbekannte Beziehung von Signifikat und Signifikant im natürlichen Zeichen. Alles hat eine Bedeutung – in der »Vorschule« hat diese Position Vorrang.

In den letzten zehn Jahren ist dem Physiognomik-Aspekt im Werk Jean Pauls erhöhte Aufmerksamkeit gewidmet worden. Während Werner Gerabek eher eine positive Würdigung der Physiognomik bei Jean Paul walten sieht, hat Gunnar Och sich dem Urteil Götz Müllers angeschlossen und auf die widersprüchliche Haltung Jean Pauls hingewiesen. In dessen poetischer Praxis, so kann ich Och zusammenfassen, überwiege die körperzeichentheoretische Skepsis, die Inkommensurabilität von Zeichen und Bezeichnetem dominiere.[2]

Andreas Käuser hat die Reflexion und die Darbietung des Physiognomischen bei Jean Paul in einen epistemologischen Kontext eingebettet. Er verortet in der Wiederbelebung des Interesses am Physiognomischen im letzten Drittel des 18. Jahrhunderts die Krise eines auf binäre Repräsentation verpflichteten Zeichenmodells, in dem das Phänomen nämlich nicht faßbar sei. Die Versuche wissenschaftlicher Begründung scheiterten demgemäß, es langte nur zu Quasi-Theorien[3], und vorzüglich und erstmals Jean Paul habe dem physiognomischen Phänomen, das als Ausdruck nur in der Performanz zu verstehen sei, seine angemessene Behandlung angedeihen lassen, indem er den Diskurs ins Ästhetische und Literarische transformierte. Erst das beginnende 20. Jahrhundert konnte das Ausdrucksverstehen wieder an die Wissenschaft zurückreichen. In einer jüngeren Arbeit hat Käuser seine These dahingehend radikalisiert, daß er im physiognomischen Phänomen den Auslöser der Geisteswissenschaften und ihrer Hermeneutik ausmacht, deren Eigenständigkeit

---

2 Vgl. Werner Gerabek: Naturphilosophie und Dichtung bei Jean Paul: das Problem des Commercium mentis et corporis (= Stuttgarter Arbeiten zur Germanistik, Nr. 202). Stuttgart 1988. Derselbe: Jean Paul und die Physiognomik. In: Sudhoffs Archiv 73 (1989), S. 1–11. Gunnar Och: Der Körper als Zeichen. Zur Bedeutung des mimisch-gestischen und physiognomischen Ausdrucks im Werk Jean Pauls (= Erlanger Studien, Bd. 62). Erlangen 1985. Götz Müller: Jean Pauls Ästhetik und Naturphilosophie. Tübingen 1983. Ders.: Jean Pauls Ästhetik im Kontext der Frühromantik und des deutschen Idealismus. In: Walter Jaeschke und Helmut Holzhey (Hg.): Früher Idealismus und Frühromantik. Der Streit um die Grundlagen der Ästhetik (1795–1805) (= Philosophisch-literarische Streitsachen, Bd. 1). Hamburg 1990, S. 159–173, hier besonders: 165–169.

3 Vgl. allgemein zu diesem Thema: Karl Pestalozzi: Physiognomische Methodik. In: Adrien Finck und Gertrud Gréciano (Hg.): Germanistik aus interkultureller Perspektive (= Collection Recherches Germaniques, no. 1). Straßburg 1988, S. 137–153. Gerhard Neumann: »Rede, damit ich dich sehe«. Das neuzeitliche Ich und der physiognomische Blick. In: Ulrich Fülleborn und Manfred Engel (Hg.): Das neuzeitliche Ich in der Literatur des 18. und des 20. Jahrhunderts. Zur Dialektik der Moderne. München 1988, S. 71–107, 107–108. Richard Gray: Die Geburt des Genies aus dem Geiste der Aufklärung. Semiotik und Aufklärungsideologie in der Physiognomik Johann Kaspar Lavaters. In: Poetica 23 (1991), S. 95–138.

am Ende des 19. Jahrhunderts von Dilthey eingefordert wurde – ein Prozeß der wissenschaftlichen Disziplinierung eines im 19. Jahrhundert ästhetisch und lebensweltlich durchgesetzten Verstehens.[4]

Die schwankenden Aussagn Jean Pauls zur Lesbarkeit der Natur in seinen pragmatischen Texten kann man so den unterschiedlichen epistemologischen Modellen zuordnen. In der poetischen Praxis literarisiert die Metapher den Ausdruck, und der Witz trägt der Arbritrarität der Zeichen Rechnung.

Wo Jean Paul seinen Figuren einen Charakter und ein Äußeres verleiht, kommt es zu entsprechend unterschiedlicher Korrelierung. Während die unpassende Verkörperung (freier Geist im Gefängnis eines defekten, auch häßlichen, störenden Körpers) den Humoristen vorbehalten bleibt, ist der Körper, der seine Existenz fast vergessen macht, weil er zum Unstofflichen, Ätherischen tendiert, überwiegend bei Frauenfiguren zu finden.[5] Diese Frauen haben ein dazu passendes Inneres, und auch ihre pathognomischen Verlautbarungen stimmen damit überein. Die weniger ätherischen Charaktere unter den Frauen zeigen ebenso eine verläßliche Körpersprache.

Frauen bei Jean Paul, von zumeist höfischen Fallenstellerinnen abgesehen, sprechen wahr mit Leib und Zunge. Sie befinden sich in Übereinstimmung mit sich selbst, sie vermitteln Aufrichtigkeit, die gar nicht anders kann.[6]

Diese Konstruktion von Frauenfiguren hat eine Rückversicherung in Jean Pauls Überzeugungen über die Natur der Geschlechter, mit der er sicher nicht allein stand. Frauen sind nach einer zentralen Aussage seiner »Erziehlehre« sozusagen aus einem Guß, da sie kein Selbst-Bewußtsein haben, nicht selbstreflexiv sein können, damit Natur sind.

»Ein Mann hat zwei Ich, eine Frau nur eines und bedarf des fremden, um ihres zu sehen. Aus diesem weiblichen Mangel an Selbstgesprächen und an Selbstverdopplung erklären sich die meisten Nach- und Vorteile der weiblichen Natur. Daher können sie [...] weder poetisch noch philosophisch sich zersetzen und sich selber setzen [...].«
(»Levana« § 81: I/5, 684)

---

4 Vgl. Andreas Käuser: Physiognomik und Roman im 18. Jahrhundert (= Forschungen zur Literatur- und Kulturgeschichte, Bd. 24). Frankfurt/Main u. a. 1989. Ders.: Die Physiognomik des 18. Jahrhunderts als Ursprung der modernen Geisteswissenschaft. In: GRM 41 (1991), S. 129–144. Ders.: Die Verdoppelung des Ich. Jean Pauls physiognomische Poetik im »Komet«. In: Jahrbuch der Jean-Paul-Gesellschaft 26/27 (1991/92), S. 183–196.
  In den Zusammenhang der Physiognomik-Diskussion des 18. Jahrhunderts gehört auch die Diskussion über »Ursprache«. Vgl. dazu Richard Gray (Anm. 3), hier besonders: S. 109–114. Gabriel Falkenberg: Sprache als Ausdruck: Notizen zur Herausbildung des Expressivismus. In: Norbert Oellers (Hg.): Germanistik und Deutschunterricht im Zeitalter der Technologie. Selbstbestimmung und Anpassung. Vorträge des Germanistentages Berlin 1987. Band 1: Das Selbstverständnis der Germanistik. Aktuelle Diskussionen. Tübingen 1988, S. 78–91, hier besonders: 81, 85f.
5 Vgl. Och (Anm. 2), Kapitel »Physiognomie und Charakter«.
6 Zum kulturellen Leitbild der Aufrichtigkeit vgl. Lionel Trilling: Das Ende der Aufrichtigkeit. Übersetzt von Henning Ritter. Frankfurt/Main, Berlin 1983. (Sincerity and Authenticity, 1972. Deutsche Erstausgabe München, Wien 1980)

Ist sie sich selbst der blinde Fleck, so kann sie über diesen nur vom Gegenüber aufgeklärt werden, im Spiegel des anderen wird sie sich erst durchsichtig. Ihre Gabe, am anderen Körper, im anderen Herzen zu lesen, ist Intuition, die auf rezeptiver, anschauender Disposition beruht – so wie die ästhetische Theorie des 18. Jahrhunderts das sinnlich gebundene Geschmacksurteil als unteres Erkenntnisvermögen gegenüber den Tätigkeiten des Verstandes zu rehabilitieren suchte.

Spricht Jean Paul der Frau den »Mangel der Selbst-Teilung« zu (»Levana« § 98: I/5, 717), so spricht er ihr die Fähigkeit ab, reflektiert Rollen einzunehmen, mithin die Fähigkeit, Schauspielerin zu sein. Deshalb ist die Frau physiognomisch so zuverlässig, aber auch von so verletzlicher Oberfläche. Die weiblichen Figuren in Jean Pauls Romanen sind durch ihre Eindeutigkeit entsprechend festgelegt, haben wenig Entwicklungspotential. Sie sind von Beginn an offen einsehbare Charaktere, die keine Überraschungen erwarten lassen. Die Zuverlässigkeit hat ihren Preis. Die Körper zahlen dafür: Die »höheren« Frauentypen neigen, wie im Fall Lianes im »Titan«, zur Verflüchtigung, handlungsmäßig dokumentiert in Krankheit und Kränklichkeit, mangelnder Sinnenschärfe (Blindheit), sie tendieren zur wächsernen und marmornen Oberfläche, wie Natalie im »Siebenkäs«; auf die typologisch robusteren und einfacheren Frauen warten Wunden und vor allem immer die Lebensbedrohung durch Schwangerschaft.

II.

Der Versuch, die Kunst des Ausdrucklesens als Wissenschaft zu fassen oder ihr wenigstens Regeln zu geben, hat ein Anwendungsfeld und zugleich einen Widerpart in der Schauspielkunst.

Die Entwicklungen und Reformen des Theaters im 18. Jahrhundert unterstreichen die wachsende Bedeutung des Ausdrucks. Das neue bürgerliche Selbstbewußtsein, das sich paradigmatisch auf der Bühne formulierte, stellte veränderte Anforderungen an die Schauspielkunst. So wie das Bürgertum dem Adel eine eigene, seinem Selbstverständnis angemessene Körpersprache entgegenzusetzen suchte, wollte es diese auch auf der Bühne sehen. Zwischen dem Bedürfnis nach Wahrhaftigkeit und der Gefahr, in deren Extrem, nämlich exaltiert dargebotene Empfindung, zu verfallen, bildeten Natur und Vernunft die Eckwerte bürgerlicher Körpersprache[7]: Natur und Vernunft als Themen des neuen bürgerlichen Dramas sollten auch so dargestellt werden. Mit den In-

---

[7] Vgl. Wolfgang Kemp: Die Beredsamkeit des Leibes. Körpersprache als künstlerisches und gesellschaftliches Problem der bürgerlichen Emanzipation. In: Städel-Jahrbuch. Neue Folge, Band 5. München 1975, S. 111–134. Ilsebill Barta: Der disziplinierte Körper. Bürgerliche Körpersprache und ihre geschlechtsspezifische Differenzierung am Ende des 18. Jahrhunderts. In: Dies. u.a. (Hg.): Frauen, Bilder, Männer, Mythen. Kunsthistorische Beiträge. Berlin 1987, S. 84–106.

halten wandelte sich somit in der zweiten Hälfte des 18. Jahrhunderts die gesamte Bühnenästhetik: vom räumlichen Konzept der Bühnen angefangen, über Bühnenbild, Kostüm, Einführung einer Regie-Instanz bis zum Sprechstil.[8] Voraussetzungen für diese ästhetischen Entwicklungen waren die einschneidenden Veränderungen in der äußeren Organisationsform des Theaters, die Disziplinierung und Verbürgerlichung der Wandertruppen zu den Ensembles der stehenden Bühnen.

An die Kunst der Schauspieler legte man nun andere Maßstäbe an. Das natürliche und glaubhafte Spiel wurde zur Richtlinie. Die inneren Vorgänge der Figuren, ihre Gefühle, sollten in Handlung, Gebärde und Mimik wiedererkennbar dargeboten werden. David Garrick war für die kontinentalen Bühnenreformer und Theaterinteressierten die bewunderte Verkörperung dieses Prinzips. Dessen Durchsetzung im deutschen Theaterraum schuf die Voraussetzung für die Modifikationen, die um die Jahrhundertwende, vom Weimarer Theater ausgehend, den idealistischen Stil prägten. Dieser hatte sich den rhetorikverpflichteten Formenkanon des klassischen französischen Theaters anverwandelt und war gekennzeichnet von wieder stärker betonter Statik und Wertschätzung des malerischen Augenblicks.[9]

Das Studium des Gefühlsausdrucks und dessen möglichst getreue Wiedergabe auf der Bühne bildeten so ein Anwendungsfeld des physiognomischen, genauer des pathognomischen Interesses. J.J. Engels schrieb seine »Ideen zu einer Mimik« für den Theatergebrauch. Einen Widerpart des physiognomischen Leseanspruchs bildet die Schauspielkunst aber insofern, als es hier um die Machbarkeit des Ausdrucks geht. Lavater hatte den Wahrheitsanspruch seiner Bemühungen um das Entziffern der körperlichen Signifikanten auf die »festen Teile« begrenzt, wenngleich erst im 4. Band der »Fragmente«, wo er einschränkt, daß die Pathognomik mit der Verstellungskunst zu kämpfen habe. Sein ursprüngliches Ziel war Erkennen aller unmittelbaren Körperäußerungen des Menschen.[10]

---

8 Vgl. Winfried Klara: Schauspielkostüm und Schauspieldarstellung. Entwicklungsfragen des deutschen Theaters im 18. Jahrhundert (= Schriften der Gesellschaft für Theatergeschichte, Bd. 43). Berlin 1931. Eva Morschell-Wetzke: Der Sprechstil der idealistischen Schauspielkunst (= Die Schaubühne, Bd. 48). Emsdetten 1956. Erika Fischer-Lichte: Semiotik des Theaters. Eine Einführung. Band 2: Vom »künstlichen« zum »natürlichen« Zeichen. Theater des Barock und der Aufklärung. Tübingen 1983. Wolfgang F. Bender (Hg.): Schauspielkunst im 18. Jahrhundert. Grundlagen, Praxis, Autoren. Stuttgart 1992.

9 Die aufkommende Mode der tableaux vivants und der Attitüde nehmen diese Vorliebe auf und ziehen wie die Liebhaberaufführungen das theatralische Darstellen in private Öffentlichkeiten. Zur Weimarer Theaterästhetik vgl. Klara, Morschell-Wetzke, Bender (alle Anm. 8) und Wolfgang F. Bender: »Mit Feuer und Kälte« und – »Für die Augen symbolisch«. Zur Ästhetik der Schauspielkunst von Lessing bis Goethe. In: DVjs 62 (1988), S. 60–98, hier besonders: 79–98.

10 Vgl. Johann Caspar Lavater: Physiognomische Fragmente zur Beförderung der Menschenkenntnis und Menschenliebe. (Leipzig, Winterthur 1775–1778) Eine Auswahl, hg. von Christoph Siegrist. Stuttgart 1984. Hier: Erster Versuch, Kapitel »Von der Physiognomik«. S. 21–24. Vierter Versuch, Kapitel »Physiognomik und Pathognomik«. S. 275–276.

Unmittelbarkeit oder Unwillkürlichkeit des Körperzeichens war zum Wahrheitskriterium von Subjektivität im Ausdruck geraten. Beurteilen kann dies logischerweise nur ein anderer, ein Publikum. Selbstbeobachtung würde die »Wahrheit« zerstören.

Das vornehmlich in den siebziger Jahren durchgesetzte Natürlichkeitsgebot in der Bühnenkunst gebiert nun das Paradox, das Diderot in seiner Schrift auf eben diesen Begriff bringt. Im sogenannten »Kampf um Empfindung und Berechnung« schlägt sich Diderot auf die Seite der Berechnung, dabei die von Rémond de Sainte Albine geäußerte Position ablehnend, ein Schauspieler müsse die vom Stück geforderten Gefühle in sich hervorbringen, sich also identifizieren, um quasi automatisch den entsprechenden Ausdruck sichtbar zu machen. Diderot rechnet kalte Beobachtungsgabe im Studium der Natur und die Einübung in die Technik der gefühlsunabhängigen Hervorbringung jedes beliebigen Ausdrucks – gleichsam wie unter Laborbedingungen jederzeit reproduzierbar – zu den einzig zuverlässigen Instrumenten des guten Schauspielers, dessen Spiel »immer mit der gleichen Genauigkeit, der gleichen Kraft und der gleichen Wahrhaftigkeit« erfolgt.[11]

Sofern die physiognomische Ambition auf das Erkennen des Gegenübers aus ist, auf Beurteilung von Aufrichtigkeit, wird ihre Fragwürdigkeit von der Schauspielkunst im Grundsatz demonstriert. Sicherheit im Umgang mit Menschen zu gewinnen, Menschenkenntnis zu erwerben – diese Bedürfnisse wuchsen in einer sich differenzierenden Gesellschaft, in der die Expansion der Stadt die Schere zwischen privat und öffentlich aufklaffen ließ und in der das herkömmliche soziale Zeichensystem zunehmend aufweichte. Die Lehren der Beredsamkeit des Körpers samt ihrer impliziten Verstellungskunst erschienen verwerflich; gegen die Manierismen und Maskeraden der höfisch-feudalen Sphäre wurde die Schrift der Natur gesetzt. Verunsicherung ging von dem Gespür aus, daß – anders als in der platonischen und christlichen »theatrum mundi«-Metapher, die das anerkannte menschliche Rollenspiel transzendent absicherte – das Hineinschlüpfen in Rollen und eine gleichsam innerweltliche Selbstverdopplung dem freien Willen jedes Menschen obliegen. Der Schauspieler also als Prototyp des modernen Menschen schlechthin, so wie es Soziologie und – je nach Standort – Kulturanthropologie und -kritik bis in unsere Tage diskutieren.[12]

---

11 Denis Diderot: Das Paradox über den Schauspieler. In: Ders.: Ästhetische Schriften. Aus dem Französischen übersetzt von Friedrich Bassenge und Theodor Lücke. 2. Band. Frankfurt/Main 1968, S. 481–538, hier: 485. Zur genannten Empfindungs-Berechnungs-Debatte vgl. Fischer-Lichte (Anm. 8), S. 103–130. Ulrike Stephan: Gefühlsschauspieler und Verstandesschauspieler. Ein theatertheoretisches Problem des 18. Jahrhunderts. In: Hans Körner u. a. (Hg.): Empfindung und Reflexion. Ein Problem des 18. Jahrhunderts. Hildesheim 1986, S. 99–116.

12 Vgl. zusammenfassend und auf unsere ästhetischen Belange eingehend: Richard Sennett: Verfall und Ende des öffentlichen Lebens. Die Tyrannei der Intimität. Übersetzt von Reinhard Kaiser. Frankfurt/Main 1986. (The Fall of Public Man. New York 1974, 1976. Deutsche Erstausgabe Frankfurt/Main 1983). Annette Meyhöfer: Das Motiv des Schauspielers in der Literatur der Jahrhundertwende (= Kölner germani-

Rousseau schildert um die Mitte des Jahrhunderts die Bedrohung durch den Schauspieler in Kategorien moralischer Verwerflichkeit. »Was ist das Talent des Schauspielers?« fragt er im 1758 erschienenen Brief an d'Alembert anläßlich dessen Enzyklopädie-Artikel über Genf. Er antwortet selbst:

> »Die Kunst, sich zu verstellen, einen anderen als den eigenen Charakter anzunehmen, anders zu erscheinen, als man ist, kaltblütig sich zu erregen, etwas anderes zu sagen, als man denkt, und das so natürlich, als ob man es wirklich dächte, und endlich seine eigene Lage dadurch zu vergessen, daß man sich in die eines anderen versetzt.«[13]

Rousseau fürchtet für den Theaterbesucher eine ebensolche Schwächung des Selbst-Seins. Diderot hat in seiner Schrift »Rameaus Neffe« ein solch diffuses Individuum dargestellt, jedoch ohne Rousseaus Moralkriterien darauf anzuwenden. In der Dialogstruktur der Schrift werden vom Sprecher »Moi« zwar die Positionen der »Aufrichtigkeit« eingenommen, sein Gegenüber, Rameaus Neffe, der in kürzester Zeit sich mimetisch in alle Rollen und Situationen des Gesprächs zu begeben weiß, hat aber die Möglichkeit, sich darzustellen und auszudrücken, so daß diesem zwielichtigen Kostgänger und Hofnarr der Besitzenden schon allein durch die Form des Textes ästhetische Gerechtigkeit widerfährt.[14]

Beide Schriften Diderots, die heute als kanonisch für dieses Thema im 18. Jahrhundert gelten, wurden erst im 19. Jahrhundert veröffentlicht (zuvor kursierten Manuskripte, deren Geschichte und Verbreitungsgrad sich nicht klar umreißen lassen), die Problematik aber, die Diderot auf den Punkt brachte, hat die Gemüter allgemein bewegt. Lesen wir Knigges »Über den Umgang mit Menschen« unter dicser Perspektive, so gibt sich diese aufklärerisch gewandelte Variante der traditionsreichen Lebensklugheitsbücher als programmatische Gratwanderung: bei der Unterweisung in den Selbsterhaltungstechniken des »Neffen« doch gleichsam ein »Anti-Rameau« sein zu wollen. Angestrebt wird

---

stische Studien, Bd. 27). Köln, Wien 1989. Odo Marquard: Identität: Schwundtelos und Mini-Essenz – Bemerkungen zur Genealogie einer aktuellen Diskussion. In: Ders. und Karlheinz Stierle (Hg.): Identität (= Poetik und Hermeneutik VIII), München 1979, S. 347–369, hier besonders: 365–369. In demselben Band: Hans Robert Jauß: Soziologischer und ästhetischer Rollenbegriff. S. 599–607.

Zum »Entrhetorisierungsprozeß« des 18. Jahrhunderts im Zeichen des Ausdrucks und transparenter, »natürlich«-idealer Kommunikation vgl. Ursula Geitner: Die Sprache der Verstellung. Studien zum rhetorischen und anthropologischen Wissen im 17. und 18. Jahrhundert (= Communicatio. Studien zur europäischen Literatur- und Kulturgeschichte, Bd. 1). Tübingen 1992.

13 Jean Jacques Rousseau: Brief an Herrn d'Alembert über seinen Artikel »Genf« im VII. Band der Enzyklopädie und insbesondere über den Plan, ein Schauspielhaus in dieser Stadt zu errichten. In: Ders.: Schriften. Hg. von Henning Ritter. Bd. 1. München, Wien 1978, S. 333–474, hier: 414.

14 Denis Diderot: Le Neveu de Rameau. In: Ders.: Œuvres complètes. Édition Herbert Dieckmann – Jean Varloot. Bd. 12. Paris 1989, S. 69–196. Einführung von Henri Coulet: S. 33–45.

»die Kunst, sich bemerken, geltend, geachtet zu machen, ohne beneidet zu werden; sich nach den Temperamenten, Einsichten und Neigungen der Menschen zu richten, ohne falsch zu seyn; sich ungezwungen in den Ton jeder Gesellschaft stimmen zu können, ohne weder Eigenthümlichkeit des Characters zu verliehren, noch sich zu niedriger Schmeicheley herabzulassen.«[15]

Knigges Rat lautet:

»Der, welchen nicht die Natur schon mit dieser glücklichen Anlage hat gebohren werden lassen, erwerbe sich Studium der Menschen, eine gewisse Geschmeidigkeit, Geselligkeit, Nachgiebigkeit, Duldung, zu rechter Zeit Verleugnung, Gewalt über heftige Leidenschaften, Wachsamkeit auf sich selber und Heiterkeit des immer gleich gestimmten Gemüths; und er wird sich jene Kunst zu eigen machen. Doch hüte man sich, sie zu verwechseln mit der schädlichen, niedrigen Gefälligkeit des verworfnen Sclaven, der sich von Jedem misbrauchen lässt, sich Jedem preisgibt, um eine Mahlzeit zu gewinnen, dem Schurken huldigt, und um eine Bedienung zu erhalten, zum Unrechte schweigt, zum Betruge die Hände biethet und die Dummheit vergöttert.«[16]

Entsprechend anerkennt Knigge wie Lichtenberg nicht die Tyrannei physiognomisch-moralischer Menschenerkenntnis und keinen moralischen Wahrheitsgehalt der aktiven Körpersprache.[17] Doch dem Dilemma des ständigen faktischen Gewärtigseins von Ausdruck entgeht auch Knigge nicht – in seinen Ratschlägen zur Beurteilung von Menschen hebt er aufschlußreich auf die Beobachtung von Unwillkürlichkeit ab, darin Richard Sennett in seinem Befund der bürgerlichen Öffentlichkeitsscheu aus Angst vor unbewußtem Selbstverrat bestätigend[18]:

»Richte Deine Achtsamkeit auf die kleinen Züge, nicht auf die Haupt-Handlungen, zu denen Jeder sich in seinen Staatsrock steckt! Gieb Acht auf die Laune, die ein gesunder Mann beym Erwachen vom Schlafe, auf die Stimmung die er hat, wenn er des Morgens, wo Leib und Seele im Nachtkleide erscheinen, aus dem Schlafe geweckt wird!«[19]

Bei der anempfohlenen Geschmeidigkeit im gesellschaftlichen Umgang zieht Knigge aber deutlich die Demarkationslinie vor dem professionellen Schauspieler. Hier befindet er sich ganz in Koalition mit Rousseaus Warnungen:

»Die tägliche Abwechselung von Rollen benimt dem Character die Eigenheit; Man wird zuletzt aus Gewohnheit, was man so oft vorstellen muß; Man darf dabey nicht Rücksicht auf seine Gemüths-Stimmung nehmen, muß oft den Spaßmacher spielen, wenn das Herz trauert, und umgekehrt; Dies leitet zur Verstellung [...].«[20]

---

15 Adolph Freiherr Knigge: Über den Umgang mit Menschen. In: Ders.: Sämtliche Werke. Hg. von Paul Raabe. Bd. 10. Nendeln 1978 (Photomechanischer Nachdruck der Ausgabe letzter Hand, d.i. 5. verbesserte und vermehrte Auflage. Hannover 1796), S. 22 (= Erster Theil, S. 8).
16 Knigge (Anm. 15), S. 22f. (= Erster Theil, S. 8f).
17 Vgl. Knigge (Anm. 15), S. 98–100 (= Erster Theil, S. 84–86).
18 Sennett hat dies mit dem neuen, das heißt im 19. Jahrhundert sich entfaltenden Persönlichkeitsbegriff bzw. -kult im Zusammenhang gesehen und erklärt (vgl. Sennett (Anm. 12), S. 196–251); was er beschreibt, hat sich aber bereits im letzten Drittel des 18. Jahrhunderts zumindest strukturell vorbereitet.
19 Knigge (Anm. 15), S. 136f. (= Erster Theil, S. 122f.).
20 Knigge (Anm. 15), S. 660 (= Dritter Theil, S. 122).

Der moralischen Fragwürdigkeit der Schauspielkunst als Praxis professioneller Verstellung assistierte die schlechte soziale Reputation des Schauspielberufs und der Schauspieler. Trotz der neuen Konzeption des Theaters als moralischer Anstalt und des Versuchs, den Stand und seine Repräsentanten zu verbürgerlichen, trotz des nun sich in Anfängen entwickelnden Star-Systems, das als Kehrseite der Ächtung das Gewerbe mit Glamour zu überziehen begann, blieben der Beruf und die Person des Schauspielers für das »anständige« Bürgertum degoutant. Dies hatte seine sehr handfeste Grundlage in der tatsächlichen Zusammensetzung der Schauspielerschaft, den Sozialbiographien, der so gut wie nicht existierenden Ausbildung, der wirtschaftlichen und sozialen Unsicherheit des Berufs. »Das Theater ist eine Zuflucht, niemals aber eine Sache der freien Entscheidung«, klagt Diderot.[21]

Bisher habe ich bewußt vom »Schauspieler« gesprochen. Der beschriebene Sachverhalt trifft in zugespitzter Form auf die Schauspielerin zu, und, da wir im »Paradox des Schauspielers« lediglich die Verdichtung des physiognomischen Problems sehen, allgemein auf die Frau. Als weiblicher Mensch sitzt die Schauspielerin im »Paradox« geradezu in einer Falle.

Streng genommen kann es gar keine Schauspielerinnen geben, zumindest nicht nach den Diskursen des 18. Jahrhunderts. Diese, verstärkt durch die den Rationalismus der Frühaufklärung relativierende Empfindsamkeitsepoche, verwiesen die Frau in den Bereich der Natur und richteten sie – ebenso wichtig – im Privaten häuslich ein. Die Naturalisierung der Frau fand mit Unterstützung der Wissenschaften statt. Die Festschreibung der Geschlechterrollen, vorzüglich der Differenz der Natur, geschah mit Hilfe der Medizin und in Kooperation mit Philosophie in der neuen Disziplin der Anthropologie, wo wiederum eine weibliche Sonderanthropologie sich ausbildete.[22] Verstellung und Öffentlichkeit sind die Sakrilegien der Schauspielerin an diesem Modell der Frau.

> »Ich wage Ihnen zu versichern: unsere junge Anfängerin ist nur deshalb noch weit von der Vollkommenheit entfernt, weil sie noch zu sehr Neuling ist, um gar nichts zu empfinden. Und ich sage Ihnen voraus: wenn sie fortfährt zu empfinden, sie selbst zu bleiben und den begrenzten Instinkt der Natur dem unbegrenzten Studium der Kunst vorzuziehen, so wird sie sich niemals zur Höhe der Darstellerinnen erheben, die ich Ihnen genannt habe. Sie wird schöne Augenblicke haben, aber sie wird nicht schön sein. Es wird ihr ergehen wie der Gaussin und vielen anderen, die nur deshalb ihr gan-

---

21 Diderot (Anm. 11), S. 515. Vgl. dazu: Peter Schmitt: Schauspieler und Theaterbetrieb. Studien zur Sozialgeschichte des Schauspielerstandes im deutschsprachigen Raum 1700–1900 (= Theatron. Studien zur Geschichte und Theorie der dramatischen Künste, Bd. 5). Tübingen 1990.
22 Vgl. Claudia Honegger: Die Ordnung der Geschlechter. Die Wissenschaften vom Menschen und das Weib 1750–1850. Frankfurt/Main, New York 1991. Lesley Sharpe: Über den Zusammenhang der tierischen Natur der Frau mit ihrer geistigen. Zur Anthropologie der Frau um 1800. In: Jürgen Barkhoff, Eda Sagarra (Hg.): Anthropologie und Literatur um 1800 (= Publications of the Institute of Germanic Studies, University of London, Vol. 54). München 1992, S. 213–225.

zes Leben manieriert, schwach und eintönig waren, weil sie niemals die engen Schranken durchbrechen konnten, in die sie ihre Empfindsamkeit eingeschlossen hielt.«[23]

Beherrscht also die Schauspielerin ihre Kunst und agiert sie souverän und professionell als eine Person, die einen Beruf vor der Öffentlichkeit ausübt, so verletzt sie ihre Natur. Hält sie sich an ihre vermeintliche Natur, so kann sie ausschließlich qua Intuition die Empfindsam-Naive auf der Bühne geben (die allerdings das weibliche Rollenfach im bürgerlichen Drama von den siebziger Jahren des 18. Jahrhunderts an entscheidend prägte) und die Trennung von Rolle und Wirklichkeit, Öffentlichkeit und Privatleben nicht praktizieren, das heißt, das öffentliche Begehren, das sich auf sie richtet, nicht in ihrer Berufssphäre ausbalancieren, sondern wahrhaftig zur »öffentlichen Person« werden. Damit wiederum affirmiert sich der schlechte Ruf der Theaterleute, welcher durch die Reformbestrebungen und strengen Reglements einiger Prinzipalen doch abgestreift werden sollte. Bis hin zu Catharina Elisabeth Velten und der Neuberin waren Prinzipalinnen keine Seltenheit, und in den Wandertruppen hatten die Frauen keine Sonderrollen, sondern waren gleichberechtigte Truppenmitglieder. Die Entwicklung zu den stehenden Bühnen, die Anstrengungen um Seßhaftigkeit und Disziplin, um die sich gerade Caroline Neuber verdient machte, drängten die Frauen in die problematische Position und machten sie im beschriebenen Sinn zur »riskanten Person in der moralischen Anstalt«.[24] Umgekehrt ist die Schauspielerin eine Herausforderung an die, wie Ursula Geitner formuliert, »eben erst geschaffene Einrichtung [...]: die des *Weibes*«.[25]

1758 ärgerte sich Rousseau noch (im bereits erwähnten Brief an d'Alembert) über die weiblichen Bühnenfiguren: Schon im wirklichen Leben würden die selbstbewußten Frauen, die in Gesellschaften den Ton angäben, (zu Unrecht natürlich) hoch geschätzt, aber:

---

23 Diderot (Anm. 11), S. 529.
24 Vgl. Klaus Laermann: Die riskante Person in der moralischen Anstalt. Zur Darstellung der Schauspielerin in deutschen Theaterzeitschriften des späten 18. Jahrhunderts. In: Renate Möhrmann (Hg.): Die Schauspielerin. Zur Kulturgeschichte der weiblichen Bühnenkunst. Frankfurt/Main 1989, S. 127–153. Zur Situation der Frau auf dem Theater bis zur Aufklärung vgl. in demselben Band: Kristine Hecker: Die Frauen in den frühen Commedia dell'arte-Truppen. S. 27–58. Renate Baader: Sklavin – Sirene – Königin: Die unzeitgemäße Moderne im vorrevolutionären Frankreich. S. 59–87. Barbara Becker-Cantarino: Von der Prinzipalin zur Künstlerin und Mätresse. Die Schauspielerin im 18. Jahrhundert in Deutschland. S. 88–113. Zur Sozialgeschichte der Schauspielerinnen vgl.: Gisela Schwanbeck: Sozialprobleme der Schauspielerin im Ablauf dreier Jahrhunderte (= Theater und Drama, Bd. 18). Berlin 1957. Inge Buck: Zur Situation der Frauen am Theater im 18. Jahrhundert am Beispiel von Karoline Schulze-Kummerfeld (1745–1815). Eine Theatergeschichte von unten oder: Ein Porträt am Rande der Lessingzeit. In: Peter Freimark, Franklin Kopitzsch, Helga Slessarev (Hg.): Lessing und die Toleranz. Beiträge der vierten internationalen Konferenz der Lessing Society in Hamburg vom 27. bis 29. Juni 1985. Sonderband zum Lessing Yearbook. Detroit, München 1986, S. 313–324.
25 Ursula Geitner: Die Frau als Schauspielerin. Auskünfte einer Metapher. In: Dies. (Hg.): Schauspielerinnen. Der theatralische Eintritt der Frau in die Moderne. Bielefeld 1988, S. 252–283, hier: 252.

»Noch schlimmer ist es auf der Bühne. In der Welt wissen sie im Grunde nichts, obgleich sie über alles urteilen, auf dem Theater aber sind sie gelehrt in der Gelehrsamkeit der Männer und dank den Verfassern Philosophen, und so stellen sie unser Geschlecht mit seinen eigenen Talenten völlig in den Schatten. [...] Gehen Sie die Mehrzahl der modernen Stücke durch, immer kommt eine Frau vor, die alles weiß und die die Männer alles lehrt [...].«[26]

Das empfindsame bürgerliche Drama macht Schluß damit. In Übereinstimmung mit den Anstrengungen des anthropologischen Diskurses wird das Rousseausche Frauenideal auch auf der Bühne verkörpert: Tugend (nicht mehr notwendig mit Vernunft liiert und geschlechtsunabhängig wie in der Frühaufklärung, sondern verengt auf weibliche Unschuld[27]) und Naivität – also unverstellte Natur. Diese Rolle führt Diderots Paradox verschärft vor. Die unverstellte Natur muß ja von der Schauspielerin dargestellt werden! Ein Schlaglicht auf diesen Rollentypus und seine Schwierigkeiten wirft eine Bemerkung von Lessing im 10. Stück der Hamburgischen Dramaturgie, in dem er eine Aufführung des Lustspiels »Die neue Agnese« von J.F. Löwen bespricht. Die Rolle der Agnese wird so charakterisiert: »das liebe Mädchen ist von der reizendsten, verehrungswürdigsten Unschuld«, und über die Leistung der jungen Schauspielerin urteilt Lessing:

> »Alter, Figur, Miene, Stimme, alles kömmt ihr hier zu statten; und ob sich, bei diesen Naturgaben, in einer solchen Rolle schon vieles von selbst spielet: so muß man ihr doch auch eine Menge Feinheiten zugestehen, die Vorbedacht und Kunst, aber gerade nicht mehr und nicht weniger verrieten, als sich an einer Agnese verraten darf.«[28]

Tugend und Unschuld, die von Natur aus offen und unwillkürlich zu Tage zu liegen haben – sonst sind sie nicht echt –, sind also spielbar. Diese Erfahrung des »täuschend echt« schlägt auf die Frau zurück, ihre Rollenzuschreibung muß notwendig anfangen zu schillern. Was die Schauspielerin beherrscht, die Kunst der Naivität, gehört in der Folge *auch* zur Natur der Frau. Es wird hundert Jahre später, wie Ursula Geitner zeigen kann, den dominierenden Definitionspart übernehmen: »An der modernen Schauspielerin wird ablesbar, was es mit dem Wesen der Frau noch auf sich hat.«[29]

Dieser Frauentypus ist dem 18. Jahrhundert unmoralisch. Die Literatur hat selbstverständlich auch Modelle dafür geschaffen; sie gehören überwiegend dem Adel an. Auch das Gegeneinander beider Frauentypen ist geläufig: Cécile

---

26 Rousseau (Anm. 13), S. 382f.
27 Vgl. Silvia Bovenschen: Die imaginierte Weiblichkeit. Exemplarische Untersuchungen zu kulturgeschichtlichen und literarischen Präsentationsformen des Weiblichen. Frankfurt/Main 1979, S. 158–190. Inge Stephan: »So ist die Tugend ein Gespenst«. Frauenbild und Tugendbegriff bei Lessing und Schiller. In: Lessing und die Toleranz (Anm. 23), S. 357–374, hier besonders: 360–363.
28 Gotthold Ephraim Lessing: Hamburgische Dramaturgie. In: Ders.: Werke und Briefe in zwölf Bänden. Hg. von Wilfried Barner. Bd. 6: Werke 1767–1769. Hg. von Klaus Bohnert. Frankfurt/Main 1985, S. 181–694, hier: 233f.
29 Geitner (Anm. 25), S. 259. Vgl. auch die in diesem Band dokumentierten und im Nachwort referierten Reflexionen unseres Jahrhunderts (Heinrich Mann, Robert Musil, Julius Bab u.a.).

de Volanges und die Marquise de Merteuil, Sara Sampson und die Marwood, Emilia Galotti und die Orsina, Luise Miller und die Milford (wobei für die Orsina und die Milford von ihren Schöpfern um Verständnis geworben wird).[30]

Auf der Basis der naturgegebenen Differenz zeigt der Diskurs über die Frau am Ende des 18. Jahrhunderts eben diese Gemengelage von Transparenz und Undurchsichtigkeit. Kant als einer der Repräsentanten der pragmatischen Anthropologie neigt in seiner Bestimmung der weiblichen Natur – wobei er die Einwirkungsmöglichkeit von Kultur, also Geschichte, mitreflektiert – zu letzterer Position. »Der Mann ist leicht zu erforschen, die Frau verrät ihr Geheimnis nicht.«[31] Wenn mit der Zivilisationsstufe des Luxus Galanterie zur Mode werde, entdecke sich schließlich der weibliche Charakter der Koketterie. Kant braucht diesen Begriff hier im Zusammenhang weiblicher Eroberungssucht, Koketterie benennt aber eben das Gegenteil von Naivität. Sehr deutliche Definitionen lesen wir bei Knigge, der vor »groben Koketten und Buhlerinnen« wie folgt warnt:

»Unbeschreiblich fein sind solche verworfne Geschöpfe in der Kunst, sich zu verstellen, unverschämt zu lügen, Empfindungen zu heucheln, um ihre Habsucht, ihre Eitelkeit, ihre Sinnlichkeit, ihre Rache, oder irgend eine andre Leidenschaft zu befriedigen. Unendlich schwer ist es, zu erforschen, ob eine Buhlerinn Dir würklich um Dein Selbst willen anhängt.«[32]

Wie für Kant ist für Knigge Koketterie nur die Extremform der Norm:

»Das weibliche Geschlecht besitzt, in viel höherm Grade als wir, die Gabe, seine wahren Gesinnungen und Empfindungen zu verbergen. Selbst Frauenzimmer von weniger feinen Verstandes-Kräften haben zuweilen eine besondre Fertigkeit in der Kunst, sich zu verstellen.«[33]

Der Mann sei gut beraten zu wissen, welche Rolle eine Frau darstellen will:

»Frauenzimmer haben zuweilen sonderbare Grillen; man weiß nicht immer, wie sie sich vorstellen, daß sie aussehen, wie sie gern aussehen mögten. Die Eine affectirt Simplicität, Unschuld, Naivetät; die Andre macht Anspruch an hohe Grazie, Adel und Würde, in Gang und Gebehrde; die Eine sähe es gern, wenn man sagte: ihr Gesicht verrathe so viel Sanftmuth; Eine Andre mögte männlich klug, entschlossen, geistvoll, erhaben

---

30 Vgl. Stephan (Anm. 27), S. 366f. Ursula Frieß: Buhlerin und Zauberin. Eine Untersuchung zur deutschen Literatur des 18. Jahrhunderts. München 1970. Emil Staiger: Rasende Weiber in der deutschen Tragödie des 18. Jahrhunderts. In: Ders.: Stilwandel. Studien zur Vorgeschichte der Goethezeit. Zürich, Freiburg 1963, S. 25–74. In diesen Zusammenhang gehört auch das Thema der »verführten Unschuld« als permanente Versuchung, Bewährung und Opferung der Frau, vgl. Stephan (Anm. 27), S. 371ff. Hellmuth Petriconi: Die verführte Unschuld. Bemerkungen über ein literarisches Thema (= Hamburger Romanistische Studien. Allgemeine Romanistische Reihe, Bd. 38). Hamburg 1953.
31 Immanuel Kant: Anthropologie in pragmatischer Hinsicht. In: Ders.: Werkausgabe. Hg. von Wilhelm Weischedel. Band 12. 4. Aufl. Frankfurt/Main 1982, S. 395–690, hier: 649 (B 283, A 285).
32 Knigge (Anm. 15), S. 368 (= Zweiter Theil, S. 116).
33 Knigge (Anm. 15), S. 376 (= Zweiter Theil, S. 124).

aussehn; Diese mögte mit ihren Blicken zu Boden stürzen können; Jene mit ihren Augen alle Herzen wie Butter zerfliessen machen; Die Eine will ein gesundes und frisches, die Andre ein kränkliches, leidendes Ansehn haben.«[34]

Umgekehrt wird der Frau eine vorzügliche physiognomische Begabung zugestanden, »so schnell zu errathen, zu begreifen, Gedanken aufzufassen, Minen zu verstehn«.[35]

Schillers ästhetische Schriften, seine Bestimmungen des Naiven, der Anmut, der schönen Seele zeigen das Dilemma »Frau« in klassischer Weise: das Weibliche als ideeller Hort der unwillkürlichen Sittlichkeit, der Anmut – die aber mit der »betrüglichen Toilettenkunst«, falscher Anmut, zu kämpfen habe.[36] Die Schillerschen Anmutungen an die Schauspielkunst haben ihren Fluchtpunkt im Unmöglichen: Wenn er seine Geringschätzung der »theatralischen Grazie« erläutert und vom Schauspieler neben »Wahrheit« der Darstellung, die sich seiner Kunst verdanken müsse, auch »Anmuth der Darstellung« erwartet, das heißt natürliche Schönheit, die nicht erlernt sein dürfe, mithin unwillkürlicher Ausdruck seines sittlichen Charakters sein muß, so dürfte die Schauspielerin doch erhebliche Schwierigkeiten mit der »Wahrheit der Darstellung« bekommen.[37] Da Schiller sich bemüht, die Anmut geradezu physiologisch in der Frau zu verankern, nämlich in der zarten, biegsamen Fiber des weiblichen Körpers, die sich »unter dem leisesten Hauch des Affekts« wie dünnes Schilfrohr neige[38], scheint die Frau den Kriterien der »wahren« Darstellung, d.i. einer künstlerisch kontrollierten, gar nicht gewachsen zu sein. Neigt die »schöne Seele« in ihrer Konsequenz zur Hysterie?

III.

In der »Vorschule« gibt Jean Paul indirekt Auskunft darüber, daß es schwierig sei, weibliche Charaktere im Roman individualisierend zu gestalten. Sie seien deswegen zur Darstellung sittlicher Ideale am besten geeignet. Die Argumentation verfährt freilich anders herum – sie geht aus von der Schwierigkeit, sittliche Ideale darzustellen, das »Allgemeinere durch individuelle Formen auszusprechen« (»Vorschule« § 58: I/5, 217).

> »Aber geschehen muß es, auch der Engel hat sein bestimmtes Ich. Daher die meisten sittlichen Ideale der Dichter Weiber sind, weil sie, weniger individuell als die Männer, den Gang der Sonne mehr wie eine Sonnenuhr und Sonnenblume still bezeichnen, als wie eine Turmuhr und deren Türmer laut anschlagen. Daher find' ich die tragischen

---

34 Knigge (Anm. 15), S. 355f. (= Zweiter Theil, S. 103f.).
35 Knigge (Anm. 15), S. 379 (= Zweiter Theil, S. 127).
36 Friedrich Schiller: Ueber Anmuth und Würde. In: Schillers Werke. Nationalausgabe. Bd. 20. Weimar 1962, S. 251–308, hier: 307. Vgl. dazu Bovenschen (Anm. 27), S. 220–256.
37 Schiller (Anm. 36). S. 269f. (Anmerkung).
38 Schiller (Anm. 36), S. 288f.

Rollen, welche jedes individuelle Überwiegen verdammen und ausschließen, eben darum besser meistens von den Weibern gespielt, deren Eigentümlichkeit ins Geschlecht zerschmilzt.« (»Vorschule« § 58: I/5, 217)

Das Kapitel über die Techniken der Darstellung menschlicher Gestalt befaßt sich wohl deswegen mit der *schönen* Gestalt – und hier finden wir auch viele der in Jean Pauls Praxis immer wiederkehrenden Verfahren als Phantasiehilfen theoretisch begründet: etwa die Schleier, die gehoben werden, die Rot-weiß-Kontraste, die Perspektivierungen (das Gesehenwerden durch den männlichen Helden), also den Voyeurismus, dem die weibliche Gestalt ausgesetzt ist.

Im letzten Roman-Torso Jean Pauls, im »Komet«, ist die weibliche Hauptfigur, sofern wir die jeweilige Geliebte der männlichen Helden als solche bezeichnen wollen, der Problematik der Charakterisierung enthoben und lebt vollends nur im Angeblicktwerden durch den Mann. Amanda ist die pure Oberfläche, weil sie eine Wachsbüste ist und ihr lebendiges Vorbild dem Helden entzogen bleibt, auf immer dem Vergangenheitsbezirk seiner Kindheit angehört. Hier kann nun endgültig keine Verstellung, keine Täuschung durch das Äußere mehr stattfinden, die physiognomische Zeichenbeziehung ist stillgestellt bzw. in die Phantasie des Nikolaus Marggraf verwiesen. In der Lesart Käusers haben wir es dabei mit dem romanesken Ausstellen des poetologischen Zeichenverständnisses Jean Pauls zu tun, der Manifestation der negierten Mimesis und genuinen poetischen Charakterschöpfung, insofern die Wachsbüste zum absoluten – nicht repräsentierenden – Zeichen geworden ist. Es fällt auf, daß die von Käuser konstatierte »Krise der körperlichen Zeichen«[39], der Jean Paul angemessen mit der Verlagerung des Ausdrucksverstehens in die Kunst antworte, im »Komet« satirisch-reflexiv in zweifacher Weise vorgeführt wird: Während Marggrafs Einbildungskraft ihn dem unkontrollierten Schauspielertum verfallen läßt – »er setzte, wie ein Schauspieler, die fremde (Seele, R. W.) an die Stelle der seinigen und entsann sich dann von der eigenen kein Wort mehr« (I/6, 590) –, so wird Amanda eben zur Wachsbüste.

Sicherlich können wir dies auch als selbstkritische Volte Jean Pauls sehen, der hier seine lebenslänglich erprobten, ureigenen Autorpraktiken satirisiert. (Und es kostet einige Mühe, hier nicht der Versuchung des Biographisierens zu erliegen.)

Wächsernes Personal findet in Jean Pauls Werk verbreitet kritische Anwendung, wenn die Künstlichkeit dieser Figuren in die Irre führt. Der Gebrauch dieser Requisiten kulminiert im »Titan«, wo sie in den Inszenierungen und Täuschungen rund um Albano vielfältig eingesetzt werden. »Titan« ist der Roman Jean Pauls, in dem Theater als Metapher und Motiv eine zentrale Position innehat und das Geschehen um den männlichen Protagonisten eine einzige Inszenierung ist, die wiederum Inszenierungen enthält, in denen dem Helden von seinen Mitspielern Rollen zugewiesen werden sollen. Albanos Leistung ist es dabei, lediglich seine Rolle in der großen Inszenierung des Autors auszufül-

---

39 Käuser (1991/92) (Anm. 4), S. 191.

len, sonst aber nicht zum Schauspieler zu werden, sondern derselbe zu bleiben, der er zu Beginn war – das heißt, er entwickelt sich auch nicht.[40]

Allgemein benutzt Jean Paul das Theater als Metapher für das irdische Leben im Sinne der barocken Weltdeutung, wie sie im spanischen Theater des Calderon wirksam wurde: das Diesseits als Schein, das Leben ein Traum, nach dem Tod die unbekannte Wahrheit. Diese zeit seines Lebens erarbeitete, bearbeitete, heimlich angezweifelte und wieder verteidigte Haltung formuliert Jean Paul exponiert in der poetologisch wichtigen Schrift »Über die natürliche Magie der Einbildungskraft«. Der, für den das Leben mehr sei als eine Rolle, sei »ein Komödiantenkind, das seine Rolle mit seinem Leben verwirrt und das *auf dem Theater zu weinen anfängt*«. Jean Paul fügt noch an, dies sei ein Gesichtspunkt, »der metaphorischer scheint, als er ist«. (I/4, 198)

Da dieses Lebenstheater jedoch unhintergehbar ist und Jean Paul an einem positiven Schöpfungsbegriff festhält, bedeutet seine Scheinhaftigkeit keinen Freibrief für ästhetische Existenz. Nur der Künstler darf sein Tun als Spiel vorführen, was Jean Paul auch tut – ansonsten gilt auf dem Theater das Wahrhaftigkeitsgebot. Das heißt, daß auf gleichsam untergeordneten Ebenen in den poetischen Texten Jean Pauls die Theatermetaphorik negativ aufgeladen ist.[41] Entsprechendes gilt für das Schauspielerische. Der Humorist ist die Figur, die deutlichst aus der physiognomischen Homogenität entlassen ist und berechtigt ist, die »theatrum mundi«-Vorstellung in den Romanen darzulegen und über das Rollenspiel zu reflektieren. Der Humorist darf sein Ich teilen. Er ist auf seinem komischen Theater »sein eigner Hofnarr und sein eignes komisches italienisches Masken-Quartett [...], [...] Regent und Regisseur dazu«. (»Vorschule« § 34: I/5, 133) Bezeichnend ist aber, daß die stärkste Inkarnation des Humoristen, Schoppe/Leibgeber im »Titan«, an seiner Selbstreflexivität zugrunde geht.

Theatralität und Verstellung charakterisiert bei Jean Paul sonst kritisch die Welt der Höfe, des Adels. Diese ist auch der Ort, wo wir Frauen antreffen, die der Schauspielerei fähig sind, die intrigant agieren und zu Verführerinnen der männlichen Protagonisten zu werden drohen. Im »Titan« ist es die Fürstin Isabella, die, eingeführt als große majestätische Gestalt, frei und bezeichnenderweise zu Pferde »dahergesprengt« kommend, in der Folge zu Verstellung und Berechnung bereit ist. Sie ist aus der Perspektive Albanos mit Verständnis gezeichnet, ihr Charakter wird ihrer Geschichte zugeschrieben – als Fehlentwicklung überdurchschnittlicher Anlagen:

---

40 Vgl. Gudrun Mauch: Theatermetapher und Theatermotiv in Jean Pauls »Titan« (= Göppinger Arbeiten zur Germanistik, Nr. 140). Göppingen 1974. Hans-Christoph Koller: Bilder, Bücher und Theater. Zur Konstituierung des Subjekts in Jean Pauls »Titan«. In: Jahrbuch der Jean-Paul-Gesellschaft 21 (1986), S. 23–62.
41 Vgl. zur Ambivalenz des Theatralischen bei Jean Paul auch Monika Schmitz-Emans: Dramatische Welten und verschachtelte Spiele. Zur Modellfunktion des Theatralischen in Jean Pauls Romanen. In: Jahrbuch der Jean-Paul-Gesellschaft 22 (1987), S. 67–93.

> »Wie viele edle Weiber, die es sonst für höher hielten zu bewundern als bewundert zu werden, wurden kräftig, kenntnisreich, beinahe groß, aber unglücklich und kokett und kalt, weil sie nur ein Paar Arme fanden, aber kein Herz dazu, und weil ihre heiße hingegebne Seele kein Ebenbild antraf, womit eine Frau gerade ein unähnliches meint, nämlich ein höheres Bild! Der Baum mit den erfrornen Blüten steht dann im Herbste hoch, breit, grün und frisch und dunkel vom Laube da, aber mit leeren Zweigen ohne Früchte.« (I/3, 431 f.)

Sie imitiert Liane, um Albano zu gewinnen, kann aber diese Rolle nicht kalt durchhalten, ohne (vorübergehend) der Vorgabe tatsächlich ähnlich zu werden (»wider Willen«, I/3, 593), da das auf Albano gerichtete Begehren »ihre Gesundheit und ihren Charakter« erschütterte (I/3, 593). Später schließlich wird sie in ihrer gekränkten Eitelkeit aus zweifach abgewiesenem Begehren zur Anstifterin und bösen Muse Roquairols, dem sie den Gedanken zu Lindas Verführung eingibt und ihn so zu ihrer Rache benutzt.

Linda, als eine der drei für den Helden in Frage kommenden Geliebten, ist der Fürstin – abzüglich deren lebensgeschichtlich hergeleiteter Unmoral und Kälte – ebenbürtig. Sie wird als genialischer Charakter profiliert, als Titanide. (Davon, daß Jean Pauls Studium der ihm, dem inzwischen bekannten Autor, entgegenkommenden Frauen in die Gestaltung einging, brauche ich hier nicht zu reden.) Linda ist über jede Form der Verstellung erhaben. Ihre Körpersprache ist authentisch, ihr steht in ausreichendem Maße und Niveau auch die Verbalisierung zu Gebot. In die Beschreibung der Erscheinung und des Wesens Lindas sind männliche Züge gemischt; die Umrisse dieses Frauentyps meiden das Rundliche, das den Typus Lenette/Rabette charakterisiert (Lenette: »[...] und auf dem vollen runden Gesichtchen – alles ründete sich daran, Stirn, Auge, Mund und Kinn – blühten die Rosen weit über die Lilien hinüber [...].« I/2, 36). Die erste Beschreibung Lindas wird von der Fürstin gegeben:

> »Sie ist majestätisch gebauet, länger als ich, und schön, zumal ihr Kopf, ihr Auge und Haar. Doch sie ist mehr plastisch als malerisch schön, eher einer Juno oder Minerva ähnlich als einer Madonna. Aber sie hat Eigenheiten. Sie verträgt sich mit keinen Frauen, außer den schlichten und blindguten [...]. Die Männer hält sie für schlecht und sagt, sie würde sich verachten, wenn sie je die Frau oder Sklavin eines Mannes würde; aber sie sucht sie der Kenntnisse wegen. [...] Sie lieset viel [...] und scheint es, nach ihrem Putze zu schließen, wenigstens an unserem Hofe auf keine Eroberungen anzulegen.« (I/3, 510 f.)

Ihr Stolz und ihre Unabhängigkeit, ihre Intellektualität, poetische Entzündbarkeit und schließlich ihre Fähigkeit zur Leidenschaft werden im Roman gehörig abgestraft. Linda verschwindet gedemütigt aus der Handlung. Sie hat sich der Maßlosigkeit schuldig gemacht; ihre Liebe für Albano zielt darauf, alles andere für ihn ersetzen zu wollen, alles zu besetzen (vgl. I/3, 690 f.), und sie ist alles zugleich – »ein Kind, ein Mann und eine Jungfrau« (I/3, 697).

Damit die Intrige gelingen kann, mit der ihr Verhängnis eingefädelt wird, bedarf es neben der Stimmengleichheit Roquairols und Albanos der partiellen, nämlich Nachtblindheit Lindas und ihrer Wahl einer Blinden als Begleiterin. Der körperliche Defekt macht die vielfach als Göttin Apostrophierte für die irdischen Irrtümer tauglich, macht die Stolze zum Opfer, holt sie damit auf dieselbe Stufe wie Rabette, die frühere Beute Roquairols. Aber das moralische Urteil des Romans ist härter, weil der körperliche Defekt nichts entschuldigt (sind die Wahrnehmungen unserer irdischen Sinne doch nach Jean Paul sowieso nur unvollständig und trügerisch). Wiederum ist es die vom Typ her ähnliche Fürstin, die, nachdem sie bereits der ersten Beschreibung Lindas ihren Mund leihen mußte, vor Roquairol raisonniert:

> »›Bleibt Sie unschuldig bei Ihnen, so haben Sie niemand beleidigt, und niemand hat verloren; bleibt Sie es nicht, so war Sie es entweder nicht, oder Sie verdiente die Probe und Strafe, getäuscht zu werden.‹« (I/3, 732)

Zudem ist Linda, wenn auch ohne ihr Zutun, von den komplizierten Inszenierungen ihres Vaters, ins Werk gesetzt mit Hilfe von illusionistischen Gaukeleien, Bildnissen, körperlosen Stimmen, als Marionette desavouiert.

Eine der Linda ähnliche Struktur zeigt die Natalie des »Siebenkäs«. (Die Verwandtschaft und Verschränkung beider Frauenfiguren im Entstehungsprozeß des »Titan« kommt in Jean Pauls Vorarbeiten zum Ausdruck.[42]) Die erste Charakterisierung, auch hier indirekt, in einem Brief Leibgebers: »ein reiz-, kraft-, geist- und seelenvolles Mädchen« (I/2, 126). Mehr noch als Linda wird sie mit Männlichkeit in der Erscheinung ausgestattet. Bei der ersten Begegnung mit dem Helden wird die Technik des aufgehobenen Schleiers benutzt (ebenso sah Albano Linda zum ersten Mal), enthüllt wird »ein weiblicher Kopf, der vom Halse des vatikanischen Apollo abgesägt und nur mit acht oder zehn weiblichen Zügen und mit einer schmalern Stirn gemildert war« (I/2, 359), später ist von männlicher Heiterkeit die Rede (vgl. I/2, 372). Auch Natalie ist Titanide, diesmal eine unbemittelte: »hat nichts und akzeptiert nichts, ist arm und stolz, leichtsinnig-kühn und tugendhaft« (I/2, 367). Aber auch Natalie hat den Linda-Fehler (»eine Vorliebe zum gesuchten Großen«, I/2, 394), ist »herrlich – dichterisch – schwärmerisch in Briten und Gelehrte verliebt« (I/2, 367). Sie wird rechtzeitig (und nicht so unerbittlich wie Linda) gedemütigt durch die Enttarnung ihres Verlobten, des ehr- und treulosen Windbeutels und Siebenkäs-Gegenspielers Rosa. Diese stolzbrechende Läuterung, das Opferwerden, sowie die Trauer um den vermeintlich toten Siebenkäs feminisieren Natalie gleichsam.

Natalie ist als Frauenfigur Jean Pauls eine ausgesprochen leblose Gestalt, weil sie starke allegorische Züge tragen muß. Sie ist die Graböffnung, die Pforte zur Auferstehung von den Toten. Ihr Name allein, Natalie – Geburtstag (Christi) –, gibt Hinweise auf diese Funktion, die zur Apotheose Siebenkäs' gehört, der am Ende »mit der Hand voll Dornen und Blut« (I/2, 564) aufersteht von den Toten, von den lebendig Toten. Deutlich wird Natalie in der Perspektive Siebenkäs' zur Plastik, und zwar zur Grab-Plastik: »wie ein Engel auf dem Grabe eines Säuglings« (I/2, 407) erscheint sie. Das Grab ist im Kon-

---

42 Vgl. Eduard Berend: Einleitung. In: Jean Pauls Sämtliche Werke. Historisch-kritische Ausgabe. Erste Abteilung. 8. Band. Hg. von Eduard Berend. Weimar 1933, S. XXV, XXVIII f.

text dieser Stelle das Leben, »mit einer einzigen, aber so engen, so fernen, oben hereinleuchtenden Öffnung hinaus in den Himmel, in die freie Luft, in den Frühling, in den hellen Tag« (I/2, 407). In der Schlußszene wird das Bild wieder aufgenommen. Siebenkäs klagt im Angesicht seines leeren Grabes über das folternde Geschick, welches uns »das wächserne Bild eines Engels auf die Brust gelegt und uns damit ins kalte Leben gesenkt«. Eine Anmerkung erklärt sogar: »Man gab sonst den Toten wächserne Engelbilder mit ins Grab.« (I/2, 564f.) Natalies Einschmelzung in die wächserne Konsistenz ihrer allegorischen Seite und ihre Bindung an die Nacht werden schon zu Beginn ihrer Bekanntschaft mit Siebenkäs angedeutet (vgl. die Episode mit der Weintraube aus Wachs, die Siebenkäs versehentlich zerquetscht – I/2, 450f. und 455).

Durch Siebenkäs wird am Ende des Romans auch Natalie gleichsam verlebendigt und aus ihrer Wachs- und Statuenexistenz erlöst, freilich endet hier eben der Roman. Die Schlußszene entwirft auch die Sprachutopie: die Seele kann sich ausdrücken (bezeichnenderweise obliegt hier der wichtige Part Natalie) – körpersprachlich zunächst (Tränen statt Stimme) und schließlich: »die fliegende Seele fand die Zunge, und sie sagte mit betenden Händen [...].« (I/2, 565) Dies alles in einer Stellung der Erhabenheit, »das Haupt gegen den Himmel« – darin eine Wiederaufnahme der vormaligen Trennungsszene, in der aber die Sprache noch nicht erlöst, sondern durch Musik, nämlich Leibgebers Waldhornspiel ersetzt ist: »Sie riß ihr Haupt zurück, und die Töne gingen wie redende Schmerzen zwischen ihnen hin und her«. (I/2, 408)

Der schwärmerisch-genialische Charakterzug, der an Natalie und Linda kritisiert werden muß, ist bei der von Jean Paul vollständig positiv konzipierten Idoine im »Titan« getilgt und der Konzentration auf wirklichkeitszugewandte praktische Tätigkeit gewichen. Idoine ist des Fürsten Albano würdig; in dem Identitäten-Verwirrspiel, das mit den anderen Hauptakteuren und -aktricen des Romans veranstaltet wird, hat sie nur einmal, gegen ihre Neigung, aber aus therapeutischer Einsicht, eine Rolle angenommen. Sie spielte die verstorbene Liane, der sie äußerlich bis auf ein paar Zugaben gleicht, die sie dem Natalie/Linda-Typus annähern (»stolzer und länger ihre Gestalt, blasser ihre Farbe, denkender die jungfräuliche Stirn«, I/3, 791, und die kleinen Blatternarben, die sie zur Irdischen stempeln – vgl. I/3, 825).

Liane, die Ätherische, kaum von dieser Welt, seelendurchsichtig, kränklich und zum Mystizismus neigend, mit zeitweiliger Blindheit geschlagen und früh sterbend, gleichsam ein irrtümlich an die Erde gebundener Engel, hat umgekehrt auch einmal Idoine dargestellt. Liane, obwohl dem schauspielerischen Prinzip entgegengesetzt, wird wiederholt dazu gezwungen, Rollen zu übernehmen. Sie tut dies sogar gern, nicht aus Lust am Rollenspiel, sondern weil sie allen gefällig sein will, keine Bitte abschlagen kann, und sie verliert sich auch jedesmal in der ihr angetragenen Rolle.[43] Hier liegt die Crux der Liane-Figur. Zu Beginn des zweiten Bandes wird sie vom Erzähler noch als Ideal von Frau angesprochen:

---

43 Vgl. dazu Mauch (Anm. 40), S. 57f.

»Welche paradiesische Mischung von unberechneter Scheu und überfließender Freundlichkeit, Stille und Feuer, von Blödigkeit und Anmut der Bewegung, von scherzender Güte, von schweigendem Wissen! Dafür gebührt ihr der herrliche Beiname Virgils: die *Jungfräuliche.* In unsern Tagen der weiblichen Krachmandeln, der akademischen Kraftfrauen, der Hopstänze und Doubliermarschschritte im platten Schuh kommt der virgilianische Titel nicht oft vor. [...] Warum warest du so reizend-unbefangen, zarte Liane, als weil [...] deine heilige Schuldlosigkeit noch das verdächtige Auspähen der entlegensten Absichten, das an die Erde gebückte Behorchen des kommenden Feindes und alle kokette Manifeste und Ausrüstungen ausschloß?« (I/3, 277f.)

Die auch als »schöne Seele« etikettierte Liane führt genau das vor, was auch das (Schillersche) Konzept der »schönen Seele« in seiner Konsequenz fragwürdig macht. Das unwillkürliche Sein, das stumm im Schein aufgeht, läuft Gefahr, umzukippen in Beliebigkeit. Immun gegen die Einschreibungen der biographischen Zeitlichkeit und gegen die Notwendigkeit der Entscheidung zur einzelnen moralischen Handlung, ist die schöne Seele genauso a-sozial wie das eloquente Böse und potentiell ein Gefäß für Wahnsinn und Verbrechen.[44] Zunächst - wie oben angedeutet - neigt sie zu dem, was im 19. Jahrhundert nosographisch als Hysterie Karriere machte. Schon romanintern im »Titan« als gefährlich kritisiert (aus Albanos Mund, vgl. I/3, 371f., 391f.), muß offen bleiben, ob Liane stirbt, weil sie eben ein irrtümlich Mensch gewordener Engel ist, oder ob ihr mystischer Todesglaube und ihre Visionen ihre Gesundheit untergraben.

Liane ist insofern das Schillersche »dünne Schilfrohr«, das sich unter dem leisesten Hauch neigt. In diesem Licht können wir Liane in der Tat als Blutsverwandte ihres Bruders Roquairol erkennen. Dieser gilt im »Titan« und in Jean Pauls Gesamtwerk als die Schauspielerfigur schlechthin und aus literaturgeschichtlicher Perspektive als frühe Gestaltung eines Epochentyps, der das 19. Jahrhundert begleitete, nämlich die ästhetische Existenz. Die Eigenschaften dieses Gegenspielers und abgespaltenen Komplementärcharakters Albanos werden biographisch und psychologisch hergeleitet; die Mitteilung der Lebensgeschichte Roquairols ist Anamnese. Der Befund könnte der zeitgenössischen Krankheitslehre gemäß Asthenie lauten, erworben durch biographisch verfrühte und zu hohe Reizzufuhr, die nach immer stärkeren Stimulantien verlangt, um ein Existenzgefühl herbeizuführen.

Roquairols intrigante Inszenierungen und seine Fähigkeit zum kalten Spiel lassen auf den kontrollierten Schauspieler schließen, sind jedoch seiner permanenten Verwischung von Leben und Theater unterworfen:

»[...] unfähig, wahr, ja kaum falsch zu sein, weil jede Wahrheit zur poetischen Darstellung artete und diese wieder zu jener - leichter vermögend, auf der Bühne und auf dem tragischen Schreibpult die wahre Sprache der Empfindung zu treffen als im Leben [...].« (I/3, 264)

Roquairol, dem derart Identität abzusprechen ist, dessen Seele aus mehreren Seelen besteht, also aus keiner (vgl. I/3, 253), der immer wechselnde Mensch

---

44 Vgl. dazu Käuser 1989 (Anm. 4), S. 112f.

(vgl. I/3, 251), der sich in seinen Rollen verliert, hat gleichwohl ein kaltes Zentrum der Besonnenheit (vgl. I/3, 264f.). Als Schauspieler des eigenen Lebens, im permanenten Liebhabertheater, ist Roquairol gewissermaßen eine tödliche Zusammenfassung aus Serlo und Aurelie, des Theater-Geschwisterpaars aus »Wilhelm Meister«, und dessen, wofür die beiden theatralisch stehen, professionelle Berechnung und Identifikation. Eine zumindest ideell-reflexive Beeinflussung der Roquairol-Problematik durch den »Meister«-Roman ist denkbar, wobei der Typus Roquairol natürlich auch zeitgeistig in der Luft lag.[45]

Während Roquairol sein Leben auf die Bühne zieht und im Leben Rollenspieler ist, sich damit im Theatralischen der Identität entzieht, ist seine Schwester Liane in ihre Eindeutigkeit und Transparenz festgeschweißt. An beiden zusammen vollzieht sich im »Titan« eine Inszenierung, die am Ende des 19. Jahrhunderts vom Phänomen der Hysterie und von deren begleitendem wissenschaftlichen Diskurs vorgeführt werden wird. Vorzugsweise Lianes temporäre Erblindungen in emotionalen Überlast-Situationen sind wie hysterische Symptome, in die diese weiße Frau sich vor ihrer eigenen Eindeutigkeit rettet. Sie setzt ihre fremden Körperzeichen dagegen, einerseits Blindheit, andererseits Visionen, und begibt sich in Nicht-Identität. Roquairol dagegen obliegt die Identitätsdiffusion, die als Theatralität und Verstellung kritisiert werden kann, so wie es die Debatten über Simulation in der Hysterie vollziehen werden und wie es die nosographische Konstruktion der Hysterie selbst inszeniert.[46] Roquairol ist insofern eine »weibliche« Figur. Die Rollenverteilung an die Geschlechter in Jean Pauls poetischer Umsetzung des Ausdrucksphänomens – verstanden als Krise der Körperzeichen und ihrer Lesbarkeit – läßt das nicht zu, weil sie Frauen nicht aus der Natur entlassen kann, auch wenn die Problematik der »schönen Seele« der Liane schon eingeschrieben ist.

---

45 Eine Art Denkzusammenhang Roquairol/Goethe hat nachweislich bestanden – Jean Paul hat Charakterzüge für seinen Roquairol bei den Vorarbeiten zum 53. Zykel unter der Überschrift »Goethe« zusammengetragen. Nach dem ersten Weimarer Aufenthalt, der Jean Paul mehr mit Hörensagen über Goethe bekannt machte als mit diesem selbst, gewinnt die Figur Roquairol erst Eingang in die Vorarbeiten für den »Titan«. Die Rezeption des »Meister«-Romans findet in dieser Phase statt. Der ungewöhnliche Name selbst, Roquairol, hat bei Jean Paul eine etwas dunkle und unklare Genese (vgl. Berend, Anm. 42, S. XXXV). Jean Paul hat ihn demnach einer Sammlung pikaresker Anekdoten entnommen. Merkwürdig berührt hat mich trotzdem eine spielerische anagrammatische Kritzelei während der Formulierung dieses Textes: Aus SERLOAURELIE *fast* RO(Q)UAIR(O)L entlassend, starrte mich übriggebliebene SEELE an.

46 Vgl. Marianne Schuller: »Weibliche Neurose« und Identität. Zur Diskussion der Hysterie um die Jahrhundertwende. In: Dietmar Kamper und Christoph Wulf (Hg.): Die Wiederkehr des Körpers. Frankfurt/Main 1982, S. 180–192. Dies.: Hysterie als Artefaktum. Zum literarischen und visuellen Archiv der Hysterie um 1900. In: Götz Großklaus und Eberhard Lämmert (Hg.): Literatur in einer industriellen Kultur (= Veröffentlichungen der Deutschen Schillergesellschaft, Bd. 44). Stuttgart 1989, S. 445–467. Ursula Geitner: Passio Hysterica – Die alltägliche Sorge um das Selbst. Zum Zusammenhang von Literatur, Pathologie und Weiblichkeit im 18. Jahrhundert. In: Renate Berger u. a. (Hg.): Frauen – Weiblichkeit – Schrift (= Literatur im historischen Prozeß, Neue Folge 14). Berlin 1985, S. 130–144.

Irritieren die »einfacheren« Frauenfiguren (die Hausfrauen, Ehefrauen, Mütter) mit der ständigen Bedrohung ihrer materiellen Leiblichkeit durch blutende Wunden (Fortpflanzungs-Sexualität)[47], so entziehen sich die »höheren« Charaktere mit tendenziell hysterischen Symptomen ihrer völligen Transparenz. Die Wunden der Romanfrauen lassen sich so als ein buchstäblicher Riß im Verkörperungs- und Metaphorisierungsprozeß lesen, die pathische weibliche Körpersprache der Ohnmachten und Erblindungen als »Ausfall«, als Verdunkelungen der medialen Körperhülle. Diese »physiognomische Notlage« ist die zwingende Kehrseite der physiognomischen Zuverlässigkeit.

Eine bemerkenswerte Ausnahme weiblicher Charaktergestaltung ist Theoda, die Tochter des Katzenberger. (In der »Levana«, § 101: »Geheime Instruktion eines Fürsten an die Oberhofmeisterin seiner Tochter«, I/5, 725—737, tauft Jean Paul das weibliche Traumobjekt pädagogischer Maßnahmen übrigens ebenso.) Ihre physiognomische Ausstattung umfaßt wie bei Idoine Wirklichkeitsmale: »einige Pockengruben« nämlich im »geistreichen beweglichen« und außerdem »beseelten und wie Frühling-Büsche zart- und glänzend-durchsichtigen Angesicht«. (I/6, 93) Ohne diese stolze Figur, »das kühne Feuer-Mädchen« (I/6, 207), an die Koketterie zu verraten und ohne sie übermäßig zu demütigen – man könnte die Verkennungsaffäre mit Nieß als Lernprozeß verbuchen –, hat Jean Paul hier einen weiblichen Charakter geschaffen, der sich nicht an die üblichen Festschreibungen des Autors hält. Theoda ist mit der Einfügung ihrer Briefe kompositorisch eine eigenen Erzählebene vergönnt, die die Ereignisse einerseits perspektiviert noch einmal erzählt, kommentiert und darüber hinaus die Selbstreflexion der Figur offenbart. Bemerkenswert ist aber vor allem, daß Theoda darin deutliche humoristische Ansätze zeigt. Das ist, Jean-Paul-Leserinnen wissen es zu schätzen, ein erstaunliches Zugeständnis.

---

47 Vgl. Rita Wöbkemeier: Erzählte Krankheit. Medizinische und literarische Phantasien um 1800. Stuttgart 1990, S. 205, 215f. Jean Pauls anthropologische Begründung: »Daher deren (der Weiber, R. W.) Sorge und Achtung für ihren Körper – mit welchem ihre Seele mehr *ein* Stück ausmacht als unsere –, daher ihre Furcht vor Wunden, weil diese ein doppeltes Leben treffen, und ihre Gleichgültigkeit gegen Krankheiten, deren einige die Schwangerschaft sogar unterbricht, so wie der Mann weniger Wunden als Krankheiten scheuet, weil jene mehr den Körper, diese mehr den Geist aufhalten.« (»Levana« § 85: I/5, 689.)

Die Einbildungskraft im Wechsel der Diskurse
Annotationen zu Adam Bernd, Karl Philipp Moritz und Jean Paul

GÖTZ MÜLLER (Würzburg)

»Wo wohnen Sie? Wie heißen Sie? Wer sind Sie?«

Als Karl Philipp Moritz im Sommer 1792 das Manuskript der »Unsichtbaren Loge« las, das ihm ein Unbekannter mit der Bitte um Veröffentlichung zugeschickt hatte, glaubte er an ein Pseudonym, hinter dem sich einer der Großen verstekke. »Wo wohnen Sie? Wie heißen Sie? Wer sind Sie? – Ihr Werk ist ein Juwel; es haftet mir, bis sein Urheber sich mir näher offenbart!« Moritz vermittelte sofort den Druck des Romans durch seinen künftigen Schwager, den Verleger Matzdorf in Berlin. Richter antwortete am 29. Juni 1792: »O Th[euerster], welche Freude macht mir Ihr Beifal und die Aehnlichkeit, die meine Seele vielleicht mit Ihrer hat! Sie solten den thonigten bäotischen Boden kennen, in den mich das Schiksal gepflanzt und gedrükt«; die von beiden Seiten betonte Seelenverwandtschaft hatte biographische Wurzeln. Beide Autoren entstammten ärmlichsten Verhältnissen, beide erkämpften ihre Autorschaft gegen außerordentliche Widerstände. Als der neunundzwanzigjährige Winkelschulmeister Richter von Moritz erlöst wurde, war er der Verzweiflung über die Erfolgslosigkeit seiner schriftstellerischen Bemühungen nahe. Moritz starb ein Jahr darauf am 26. Juni 1793. Dem Bruder bekannte Jean Paul, daß er die Emanuels Sterben im »Hesperus« geschrieben habe, »damit *Er* es lese«. Der im selben Satz erwähnte Vernichtungstraum im 38. Kapitel weist – wie Jean Pauls »Experimentalnihilismus« überhaupt – Parallelen zu den Chaos-Entwürfen und den makabren Spielen auf, die Moritz im »Anton Reiser« und sein Bruder in einem Brief beschreiben.[1]

In Briefen an den Bruder Johann Christian Conrad Moritz, der bei Matzdorf den Druck des »Hesperus« betreute, suchte Jean Paul Details über den Charakter und die Eigenarten des verehrten Toten zu erfahren. »Sie und unser Freund Matzdorf sollten musivische Steingen aus seinem Leben zu seiner Biographie zusammensezen: ich würde den Rahmen, das heist die Noten darum

---

1 Karl Philipp Moritz: Andreas Hartknopf. Hrsg. v. H.J. Schrimpf. Stuttgart 1968, S. 426f. u. 433. Die Briefwechsel im Anhang kommentiert der Hrsg. in seinem Nachwort. – Zu den poetischen Chaos-Entwürfen und den makabren Spielen, in denen Reiser als Fatum figuriert, vgl. K. Ph. Moritz: Anton Reiser. Ein psychologischer Roman. Hrsg. v. K.-D. Müller. München 1971, S. 21 u. 346.

schnizen.« Dazu kam es nicht. Sicher ist jedoch, daß sich Jean Paul intensiv mit dem Charakter von Karl Philipp Moritz beschäftigte und durch die Briefe des Bruders über Informationen verfügte, die über den autobiographischen Roman »Anton Reiser« hinausgehen. Der »Andreas Hartknopf« gehörte ohnehin, wie Jean Paul selbst bestätigte, zu seinen Schoßbüchern.[2]

Diese Beziehungen sind dokumentiert und kommentiert: was jedoch bisher keine Beachtung gefunden hat, ist Jean Pauls intensive Lektüre des »Magazins für Erfahrungsseelenkunde« und das, was er daraus gemacht hat. Es läßt sich nachweisen, daß einige Fallgeschichten von Jean Paul verwendet und literarisiert wurden; dazu gehört auch die Leidensgeschichte von Adam Bernd, die in Auszügen im »Magazin« abgedruckt wurde. Außerdem verbindet diese Autoren der Diskurs über die Einbildungskraft, die in der Anthropologie der Zeit eine außerordentlich bedeutende Rolle spielte.

Die Einbildungskraft als Kompensation

Karl Philipp Moritz forschte im »Anton Reiser« und in dem von ihm gegründeten »Magazin zur Erfahrungsseelenkunde« intensiv nach den Ursachen vernunftresistenter Verhaltensweisen. Er verfuhr im Ansatz durchaus schon tiefenpsychologisch, wenn er die unbewußte Determination der Seele als Folge der Verdrängungen und Kompensationen beschrieb, die auf seelische Läsionen in der Kindheit zurückgehen. »Wenn dasjenige, das jetzt unser Ich ausmacht, schon einmal in andern Verhältnissen war, so müßten wohl nur die halberloschenen Kindheitsideen das feine unmerkliche Band seyn, wodurch unser gegenwärtiger Zustand an den vergangnen geknüpft wurde« – unsere »Kindheit wäre dann der *Lethe*, aus welchem wir getrunken hätten«, um zu einer umgrenzten Persönlichkeit zu werden. Die starken, doch verschütteten Eindrücke der Kindheit versetzten uns »gleichsam in ein Labyrinth«, woraus wir »nicht wieder zurückfinden können«. Moritz wählte den Weg der Anamnesis. Die »Erinnerungen aus Anton Reisers frühesten Kinderjahren waren es vorzüglich, die seinen Charakter und zum Theil auch seine nachherigen Schicksale bestimmt haben«. Der Zugang erscheint allerdings verschlossen; die frühe Kindheit ist dem Erwachsenen »ein undurchdringlicher Vorhang«. Zum Ziel der biographischen Bemühung wird es daher, den vergessenen Weg noch einmal mit Bewußtsein zurückzulegen, um die ins Unbewußte abgesunkene Wegmarken, die das spätere Leben deutlich bestimmen, noch einmal aufzusuchen und womöglich zu verstehen.[3]

---

2 Andreas Hartknopf, S. 434. Jean Paul bezeichnete den »Hartknopf« in seinem Brief als eines seiner »Schoos-Bücher« (S. 437).
3 Gnothi sauton oder Magazin zur Erfahrungsseelenkunde als ein Lesebuch für Gelehrte und Ungelehrte. Hrsg. v. A. Bennholdt-Thomsen u. A. Guzzoni. Lindau 1978f., Bd. 4 (1786), 3. St., S. 2 u. S. 4. Der Trank des Vergessens wird auch im »Andreas Hartknopf« von 1786 erwähnt: »Die allerfrüheste Kindheit war ihm gleichsam der Letheefluß, aus welchem wir Vergessenheit aller unser früheren Zustände trinken« (Anm. 1), S. 56.

In seiner Spätzeit fragte das Unternehmen der Aufklärung nach der Ursache der hartnäckigen Widerstände, die den Fortschritt der Vernunft behinderten, obwohl die wesentlichen Ursachen der Verfinsterung geklärt schienen. Es war, um eine von Kosellek stammende Metapher zu benutzen, die Sattelzeit der Psychologie. Zuständig für die »Erfahrungsseelenkunde« waren Selbstbeobachter und »moralische Ärzte«, die nicht wie die Vernunftmoral von den »Individuis« abstrahieren, sondern »spezielle Beobachtungen« mitteilen sollten.[4]

Bei der Lokalisierung der Widerstände gegen den Fortschritt der Vernunft stieß die Spätaufklärung erneut auf die Tücken der Einbildungskraft, deren Dienste als niedere sinnliche Erkenntnis so notwendig wie unberechenbar waren. Im »Anton Reiser« ist das zentrale Organ aller Freuden und Leiden die Einbildungskraft. Die Freuden: der junge Reiser »realisierte sich« durch Umbildung seiner Heimatstadt eine »ganze idealische Romanenwelt, so gut er konnte«. Die aggressiven Komponenten seiner Phantasie erhitzten sich an einer Predigt, worin »das Krachen des Weltbaues, das Zittern und Zagen des Sünders, das fröhliche Erwachen der Frommen, in einem Kontrast dargestellt wurde«. Die Einbildungskraft wird ihm so zur Kompensation der tristen Verhältnisse, in denen er leben muß. »So bestanden von seiner Kindheit auf seine eigentlichen Vergnügungen größtenteils in der Einbildungskraft, und er wurde dadurch einigermaßen für den Mangel der wirklichen Jugendfreuden, die andre in vollem Maße genießen, schadlos gehalten.« Weil seine Phantasie – Moritz differenziert wie die meisten der damaligen Autoren nicht zwischen Phantasie und Einbildungskraft – sein einziges Glück ist, verfällt er auf die Idee, zum Theater zu gehen: »hier fand seine Phantasie einen weit größeren Spielraum, weit mehr wirkliches Leben und Interesse, als in dem ewigen Monolog des Predigers.« Er glaubt auf der Bühne all das sein zu können, »wozu er in der wirklichen Welt nie Gelegenheit hatte«, er will Rollen und Empfindungen »durch ein kurzes, täuschendes Spiel der Phantasie in sich wirklich machen«. Auch dieser Wunsch steht im Zeichen der Kompensation. »Das Theater deuchte ihm eine natürlichere und angemessnere Welt, als die wirkliche Welt, die ihn umgab.[5]

Die Leiden der Einbildungskraft folgen auf dem Fuße: in ihrer kompensatorischen Funktion gewährte sie »im Grunde eine bloße Betäubung seines innern Schmerzes, keine Heilung desselben«. Anton Reiser verfängt sich zunehmend in »Schwärmereien«, die durch die habituelle Ausblendung der Realität entstehen. Das Leben im Rausch der Imagination sieht sich vom Identitätsverlust bedroht. Da Reiser bloß in seiner abgeschlossenen Ideenwelt lebte, so war ihm ja alles das »wirklich, was sich einmal fest in seine Einbildungskraft eingeprägt

---

4 Vgl. K. Ph. Moritz: Vorschlag zu einem Magazin einer Erfahrungs-Seelenkunde [...]. In: Deutsches Museum, Bd. 1, 1782. Abgedruckt in: Gnothi sauton oder Magazin zur Erfahrungsseelenkunde als ein Lesebuch für Gelehrte und Ungelehrte. Hrsg. v. A. Bennholdt-Thomsen u. A. Guzzoni. Lindau 1978f., Bd. 1, S. [2f.].

5 Moritz: Anton Reiser (Anm. 1), S. 77, 81, 105, 130, 140. Vgl. dazu Hans-Jürgen Schings: Melancholie und Aufklärung. Melancholiker und ihre Kritiker in Erfahrungsseelenkunde und Literatur des 18. Jahrhunderts. Stuttgart 1977, S. 226 ff.

hatte«; der »Scheidewand« zwischen »Traum und Wahrheit« droht daher der Einsturz. Das ist genau der Punkt, wo nach zeitgenössischer Auffassung der Wahnsinn beginnt. Reiser muß »in seinem imaginierten Zustande die Gesellschaft der Menschen fliehen«, um seine illusionäre Welt aufrechterhalten zu können. Der Reiz des Wirklichen verblaßt, der »Wahn« der »idealischen Welt« ist ihm lieber als »Ordnung, Licht und Wahrheit«.[6] In seinem psychologischen Roman, der eine kaum verhüllte Autobiographie ist, beschreibt Moritz an sich selbst das, wovor die Aufklärung ständig warnte. Befürchtet wird der Realitätsverlust, sei es durch religiöse Schwärmerei, durch den furor poeticus, durch die Theaterleidenschaft oder im schlimmsten Falle durch den Wahnsinn.

Die Imaginatio involontaria

1780 exzerpierte der 17jährige Jean Paul nahezu vollständig Johann Georg Sulzers Aufsatz »Erklärung eines psychologischen paradoxen Satzes: Daß der Mensch zuweilen nicht nur ohne sichtbare Gründe sondern selbst gegen dringende Antriebe und überzeugende Gründe handelt und urtheilet.« Sulzer geht der für die Aufklärung beunruhigenden Frage nach, warum bei aller Erziehung zu vernünftigem Verhalten ein unausrottbarer Rest an Unvernunft bleibt, der sich in unreflektierten Idiosynkrasien und Vorurteilen äußert. Hören wir einen Ausschnitt aus Jean Pauls Exzerpt: Es gibt »Abneigungen, deren Ursachen man vergeblich nachforschen würde, weil sie sich auf eine Idee oder einen Vorfal beziehen, die sich von den Jahren unsrer Kindheit herschreiben, und welche die Zeit ganz verdunkelt hat. Dadurch lassen sich viele Paradoxen erklären. Man erstaunt zuweilen darüber, daß sehr verständige Leute Vorurtheile hegen, die uns unverzeihlich zu sein scheinen. Diese Vorurtheile sind ganz gewis natürliche Folgen von irgend einer dunkeln in dem Grunde der Seele schlechthin verborgenen Idee.«[7]

Ich kann mich kurz fassen, weil Wolfgang Riedel sich ausführlich mit Sulzers Aufsatz befaßt. Nach Sulzer bringen dunkle Ideen stärkere Empfindungen als die deutlichen hervor mit der Folge, daß nicht das Klare, sondern das Unbestimmte und Unzugängliche vielfach unsere Handlungen bestimmt. Was diese Darstellung so modern erscheinen läßt, ist die Vermutung, daß der Zeitpunkt der Einwurzelung dieser Ideen in der Kindheit anzusetzen sei. Philosophisch rekurriert Sulzer auf Leibniz, demzufolge die Perzeption von der Apperzeption (oder der bewußten Vorstellung) unterschieden werden muß. »Darin haben nämlich die Cartesianer sehr gefehlt, daß sie die Vorstellungen, deren man

---

6 Moritz: Anton Reiser (Anm. 1), S. 157, 161, 310, 346.
7 Jean-Paul-Nachlaß, Fasz. 1a, Bd. 6 (1780), S. 75. Der Aufsatz steht in: Johann George Sulzers vermischte Philosophische Schriften. Aus den Jahrbüchern der Akademie der Wissenschaften zu Berlin gesammelt. Leipzig 1773, S. 99–121. Vgl. dazu den Aufsatz von Wolfgang Riedel in diesem Band.

sich nicht bewußt wird, für nichts rechneten.«[8] Die kaum oder gar nicht wahrnehmbaren »petites perceptions« liegen gewöhnlich unterhalb der Bewußtseinsschwelle; sie vereinigen nicht nur komplexe Geräusche (das Rauschen des Waldes oder des Meeres) zu einem unbestimmten Gesamteindruck, sie bestimmen nach Leibniz vor allem auch eine Vielzahl von alltäglichen Entscheidungen, über die der Verstand und das Bewußtsein keine Rechenschaft ablegen können: warum wir uns z.B. am Ausgang einer Allee nach rechts und nicht nach links wenden. Wenn diese Entscheidungen – so Sulzer – gegen die gewöhnliche Verständigkeit einer Person verstoßen, ablesbar an der von ihnen hervorgerufenen paradoxen Verhaltensweise, so wird diese Unvernunft zu einem – im schlimmsten Fall – pathologischen Problem.

Sulzer erzählt von einem rechtschaffenen, verständigen Mann, der eine zeitlang den Namen den höchsten Wesens nicht nennen hören konnte, »ohne einige gotteslästerliche Reden gegen dasselbe auszustoßen. Die Haare stunden ihm dabey vor Abscheu zu Berge, und er gab sich alle Mühe, seine Gotteslästerungen durch Handlungen der Anbetung zu verbergen, oder dadurch zu vergüten.«[9] Diese paradoxe Haltung, der Kampf von »zwo Seelen« in der Brust dieses Mannes, interessiert Sulzer. Was ist der Fall? Die Lästerung erscheint als unwillkürlicher Zwang, die Vergütung durch verstärktes Beten als bewußter Versuch der Rekompensation. Dem Mann ist sein Zwang peinlich, er versucht, seiner Herr zu werden, doch er vermag es nicht; er kann ihn nur, so gut es geht, kaschieren.

Der berühmte Melancholiker Adam Bernd – dessen Autobiographie im »Magazin zur Erfahrungsseelenkunde« in Auszügen abgedruckt und analysiert wurde – schrieb in seiner Leidensgeschichte, daß er 1704 von einem derartigen Zwang zur Blasphemie befallen wurde. Er konnte sich der »Gottes-lästerlichen Gedanken« nicht erwehren, die ihm, dem Prediger, unwillkürlich in den Sinn kamen. »Die Imagination stellte mir diese Gedanken so lebhaftig in meiner Seelen vor, daß ich mir oft den Mund mit der Hand zuhalten mußte, damit mich das lebendige Bild nicht verleitete, die Lästerung auszusprechen.« Es ist die Einbildungskraft, die lebendige Bilder vor die Seele stellt; mit äußerster Kraftanstrengung wehrt sich der Theologe dagegen, daß diese Imaginatio involontaria aus dem Innern nach außen dringt. Das unwillentliche Aufsteigen der Imaginatio bringt den Prediger in ernsthafte Konflikte mit seiner Profession: besonders an Pfingsten und an anderen Feiertagen »sind die Anfechtungen insgemein am stärksten«. Bernds Begründung: der »Teufel« trachte zu solchen Zeiten mehr als sonst, den Christen zuzusetzen.[10] Wie kann sich der Teufel in die Einbildungskraft gleichsam einschleichen und dort für Bilder sorgen? Er kann »in den Körper eines Menschen wirken, die Nerven und Fibern, samt dem Nervengeist, in eine solche Bewegung setzen, als erforderlich ist, wenn

---

8 Gottfried Wilhelm Leibniz: Monadologie, 14, in der Übersetzung von A. Buchenau.
9 Sulzer (Anm. 7), S. 104.
10 Adam Bernd: Eigene Lebensbeschreibung. Hrsg. v. V. Hoffmann. München 1973, S. 139f.

der Mensch glauben soll, dies oder jenes Bild zu sehen, oder dieses oder jenes zu hören, und zu fühlen«.[11]

Adam Bernd erfaßt ob der gotteslästerlichen Gedanken, die er nicht einmal nachträglich niederzuschreiben wagt, die Angst, zur Hölle verdammt zu sein; er ringt um die »handgreifliche Hülfe Gottes«. Aus »Furcht und Zittern« befreit ihn endlich ein Traum und der Zuspruch des Beichtvaters.[12] Festzuhalten ist, daß Adam Bernd den Zwang zur Gotteslästerung zunächst gänzlich theologisch interpretiert, als Kampf zwischen Gott und seinem minderen Widersacher.

Jean Paul kannte Sulzers Aufsatz und die Leidensgeschichte von Adam Bernd.[13] Er machte aus dem Zwang zur Gotteslästerung ein humoristisches Kabinettstück. Bei einer Ordination zum Feldprediger wird der Theologe Attila Schmelzle von einer Imaginatio involontaria angefallen, die den ganzen Akt zu zerstören droht. Es war »etwas in mir (weßwegen ich seitdem jeden Einfältigern in Schutz nehme, der sonst dergleichen dem Teufel anschrieb!) – dieses Etwas warf die Frage in mir auf: ›gäb' es denn etwas Höllischeres, als wenn du mitten im Empfange des Abendmahls verrucht und spöttisch zu lachen anfingest?‹« »Sogleich rang ich mit diesem Höllenhund von einem Einfall herum« – und tatsächlich beginnt er, die Oblate zwischen den Zähnen, unwillkürlich und unbeherrscht zu lachen.[14]

Auch hier haben wir einen, der nicht anders kann, obwohl er offenbar nicht will. Oder will er insgeheim doch? Die Idee, sich kontrovers zu der Feier zu verhalten und zu lachen, gewinnt Übermacht und wird unwiderstehlich. Die Imaginatio involontaria hat – »*mechanice* und *brutaliter*« – körperliche Folgen, wenn sich der Einspruch der Vernunft nicht durchsetzen kann.[15]

Der entscheidende Unterschied zu dem Analytiker Sulzer und zu dem Betroffenen Adam Bernd ist die Form, in der Jean Paul diese Zwanghandlung literarisiert. Er macht daraus ein »will- oder unwillkürliches Luststück, bei dem ich so oft gelacht, daß ich mir für die Zukunft ähnliche Charakter-Gemälde zu machen vorgesetzt«.[16] Es ist ein Luststück voller Peinlichkeiten, wenn man sich

---

11 Justus Christian Hennings: Von Geistern und Geistersehern. Leipzig 1780, S. 364. Vgl. dazu und zum Thema überhaupt Wilhelm Schmidt-Biggemann: Maschine und Teufel. Jean Pauls Jugendsatiren nach ihrer Modellgeschichte. Freiburg, München 1975, S. 143–154, bes. S. 152.
12 Adam Bernd (Anm. 10), S. 141, 144.
13 Zentrale Auszüge aus Adam Bernds Lebensbeschreibung wurden im »Magazin zur Erfahrungsseelenkunde« Bd. 5 (1787), 1. St., S. 103–127 und im 2. St., S. 17–39 abgedruckt. Ein Exzerpt aus Adam Bernd ist im Jean-Paul-Nachlaß, Fasz. 2c, Bd. 34 (1802), Nr. 208 nachweisbar. In den Studien zum »Komet« schreibt Jean Paul über Süptitz, der dort noch »Misery« heißt: »Gleicht dem Magister Bernd« (Jean-Paul-Nachlaß, Fasz. 16, »12 Misery«, Nr. 5). In Nr. 6 wird der Zwang zum Anspeien notiert (vgl. A. Bernd, S. 137).
14 Jean Pauls sämtliche Werke. Historisch-kritische Ausgabe. Hrsg. von Eduard Berend, I. Abt., Bd. 13, S. 35. »Des Feldpredigers Schmelzle Reise nach Flätz« entstand 1807.
15 Adam Bernd (Anm. 10), S. 137. Vgl. Magazin zur Erfahrungsseelenkunde, Bd. 5, 1. St., S. 123.
16 Jean Paul, I. Abt., Bd. 13, S. 3.

einmal in die reale Rolle des Feldpredigers versetzt. Die höchst problematische Situation zeigt einen Menschen, der die Freiheit des Willens verloren hat. Jean Paul macht aus den Leiden, die uns Adam Bernd so eindringlich schildert, durch seine Poetisierung Lust.

Schmelzle litt schon immer unter unbezwingbar aus dem Nichts auftauchenden Ideen – besonders in der Kirche. »Wie furchtbar war nicht meine Phantasie schon in der Kindheit, wo ich, wenn der Pfarrer die stumme Kirche in Einem fort anredete, mir oft den Gedanken: ›wie, wenn du jetzt geradezu aus dem Kirchstuhle herauf schrieest: ich bin auch da, Herr Pfarrer!‹ so glühend ausmalte, daß ich vor Grausen hinaus mußte!«[17]

Es ist höchst wahrscheinlich, daß Schmelzles Phantasie dem »Magazin zur Erfahrungsseelenkunde« entnommen wurde, denn dort wird von dieser Konstellation gleich zweimal unter dem wichtigen Titel »Willensfreiheit« berichtet. Der anonyme Einsender: »auf einmal war es mir so, als würde ich laut reden *müssen*, ich war darüber in der entsetzlichsten Furcht, und dieser Gedanke quälte mich oft die ganze Predigt über.« Im nächsten Band entdeckt nach der Lektüre dieses Selbstbekenntnisses ein Leser, daß es ihm genauso ergangen ist.

> »Noch neuerlich geschah mir in der Kirche, das mir oft geschah, der innere heiße Drang, laut reden zu *müssen*. / Ich stellte mir alle Folgen vor, und der Zwang, den ich mir thun *muste*, preßte mir entsetzliche Angst aus. / Ich war darüber böse auf mich, konnte es mir durch nichts erklären, als daß der Fall, *närrisch zu werden*, bei mir eintreten könnte.«[18]

Was ist der Fall? In der Kirche darf nur der sich geltend machen, der dazu amtlich bestellt ist und zum Zeichen seiner Würde auf der Kanzel steht. Beide werden unwillkürlich von der an sich lustbetonten Idee befallen, gegen diese institutionelle Regel zu verstoßen – was ihnen, weil verboten, Angst macht.

Die Anthropologisierung der Teufelsphysik

Adam Bernd berichtet, daß er zunächst den Teufel für solche Imaginationen, die ein massiver Eingriff in die Willensfreiheit sind, verantwortlich machte – einen Teufel, der, wie es seiner theologischen Position entspricht, die Verehrung des höchsten Wesens durch Gotteslästerungen nach dem Begriffsraster der Besessenheit hintertreibt. Es war eine der entscheidenden Leistungen der Frühaufklärung, das Besessenheitsmodell mit seinen wüsten Konsequenzen zu anthropologisieren; an die Stelle des Teufels trat die verwirrte Einbildungskraft. Aus dem Besessenen wurde ein psychisch Gestörter, aus dem theologischen Problem wurde ein medizinisches. Adam Bernd schildert repräsentativ diesen Wechsel:

---

17 Ebd., Bd. 13, S. 6.
18 Magazin zur Erfahrungsseelenkunde, Bd. 1 (1783), 2. St., S. 100. Der Bericht ist gezeichnet mit »M.«; er könnte von Moritz selbst stammen.

»Jetzt, da ich nach der Philosophie solches betrachte, kann ich es leichter aus der Natur, und aus den Kräften der Imagination, wie solche bei schwachen Leibern und Gemütern, so *Temperamenti melancholici* [haben], und zur Furcht geneigt sind, anzutreffen, auflösen. Dazumal aber dachte ich nicht anders, als daß der Satan allein sein Spiel mit mir hätte, und mich mit solchen Einfällen quälete, dessen Mitwürkung ich doch bei dergleichen Zufällen keineswegs in Zweifel zu ziehen gesonnen bin.«[19]

Adam Bernd schwankt zwischen der theologischen Teufelsphysik und einer psychologisch aufgefaßten Einbildungskraft. Er schwankt zwischen dem Besessenheitsmodell, in dem sich der Teufel insinuierend der Einbildungskraft des Menschen bediente und sich derart in ihn ›einbildete‹, und der aufgeklärten Vermögenspsychologie.

Nach dem cartesischen Modell beruht die Einbildungskraft auf körperlichen Spuren, die Sinneseindrücke und Wortzeichen im Gehirn hinterlassen haben. Den umgekehrten Weg nimmt die Einbildungskraft, wenn sie auf den Körper wirkt: Der Leib handelt dann nach der Idee im Gehirn. Adam Bernd beschreibt mehrfach eindrucksvoll die Kraftanstrengung, der es bedarf, um sich dem ›eingedruckten‹ Bild zu widersetzen, wenn es dem Verstand nicht mehr gelingt, die Freiheit des Willens zu bewahren.[20]

Jean Pauls Attila Schmelzle ist aufgeklärt, er glaubt nicht an den Teufel. Sein unwillkürliches Gelächter beim Abendmahl wird von vornherein psychologisch interpretiert; zugleich weiß er sehr wohl, daß solche Phänomene »sonst« dem Teufel zugeschrieben wurden. Jean Paul hält in der Komposition der Szene beide Ebenen präsent. An Schmelzle, dem die Lachmuskeln unwillkürlich die Zähne zusammenpressen, so daß er die Oblate nicht aufessen und damit das Sakrament genießen kann, stellt der Bürgermeister die klassische Frage: »Lacht denn der lebendige Gott-Seibeiuns aus Ihnen?«[21]

Jean Paul, von Jugend an ein Spezialist für Teufelsphysik, bemüht auch gern an anderer Stelle den Gottseibeiuns. »Da der Teufel eine eigne Liebhaberei für Zwiespalt hat: so sucht er mir gerade, wenn ich durch einen Ehrenbogen gehe, den Grimm meiner Freunde zuzuwenden.«[22] Die Rede ist von »Des Amts-Vogts Josuah Freudel Klaglibell gegen seinen verfluchten Dämon«. Freudel leidet unter all den Fehlleistungen, die in der »Psychopathologie des Alltagslebens« aufgelistet sind: er verwechselt in seinem Predigtmanuskript die abschließende Nutzanwendung mit dem Eingang; er vergißt, daß er einen Leichenzug anführen muß und nimmt zur Unzeit eine Purganz u.s.f. Josuah Freudel bezeichnet das, was den freien Willen behindert, als einen Dämon, »der den mit den besten Projekten *schwangern* Menschen in *Ratten*-Form unter die Füße schießet«.[23]

---

19 Adam Bernd, S. 40, vgl. S. 129. Vgl. Hartmut Böhme, Gernot Böhme: Das Andere der Vernunft. Zur Entwicklung von Rationalitätsstrukturen am Beispiel Kants. Frankfurt 1985, S. 400.
20 Adam Bernd, S. 137, vgl. 185. Vgl. Schings (Anm. 5), S. 116.
21 Jean Paul, I. Abt., Bd. 13, S. 36.
22 Jean Paul, I. Abt., Bd. 5, S. 202.
23 Jean Paul, I. Abt., Bd. 5, S. 199.

Sigmund Freud handelt im letzten Kapitel seiner »Psychopathologie des Alltagslebens« von dem Aberglauben, verdeckte innere Motivationen fremden Mächten zuzuschreiben. Friedrich Theodor Vischer taufte diese abergläubische Form der Fehlleistung »Tücke des Objekts«. Vischers »Auch Einer«, der ständig seine Brille verlegt, dämonisiert ihre ›Widerspenstigkeit‹ als diabolische Bosheit; er ruft mit feierlicher Stimme »Todesurtheil! Supplicium!« und vollzieht sogleich den Urteilsspruch, indem er die Brille zertrampelt.[24]

Moritzens Bruder schildert 1795 in einem Brief an Jean Paul, wie Karl Philipp Moritz eine Schuhschnalle, an der er sich verletzt hatte, mit den Worten hinrichtete: »Die verfluchden kleinen leblosen Dinger, wenn die sich auch noch gegen einen auflehnen wollen!!«[25] Nach Freud weiß der Abergläubische nichts von der inneren Motivation seiner »zufälligen Handlungen und Fehlleistungen«, dafür ist er geneigt, »im Zufall ein Ausdrucksmittel für etwas draußen ihm Verborgenes zu sehen«, er projiziert seine unbewußte Motivation nach außen.[26]

Fehlleistungen sind mißglückte Handlungen, wie die französische Übersetzung »acte manqué« sehr schön ausdrückt. Jean Pauls Freudel verdirbt seine Hochzeitsnacht, weil er sich ausgerechnet jetzt an einen bis dato vergessenen juristischen Schriftsatz erinnert, den er nun als großes Anstatt aufsetzt. Für Freudel ein Beispiel, wie der Dämon die besten Vorsätze durchkreuzt. Jean Paul bietet eine doppelte Auslegung an, eine dämonische und eine psychologische. Die Fehlschlagungen Freudels beruhten angeblich auf ›Zerstreuung‹, also auf mangelhafter Aufmerksamkeit und einem zerrütteten Gedächtnis. Nun gehört das Gedächtnis zu den wesentlichen Leistungen der Einbildungskraft; wie jeder weiß, liegt das Versagen des Gedächtnisses nicht in unserer Macht. Das Gedächtnis kann zwar geübt werden, doch es bleibt unbeherrschbar. Zu dieser Unbeherrschbarkeit gehört, daß es sensibel auf gewisse Blockaden oder eben auf Verdrängungen reagiert. Die Frage ist doch, warum es Freudel nicht vorher oder nachher einfällt, daß er dringend und unverzüglich seinen Schriftsatz aufsetzen muß, sondern eben gerade beim Anbruch seiner Hochzeitsnacht. Freud berichtet von einer nicht unähnlichen Konstellation in der »Psychopathologie des Alltagslebens«: ein junger Ehemann verläßt bei einem Zwischenhalt den Zug, in dem seine frisch angetraute Frau sitzt. Er versäumt, abgelenkt und zerstreut, rechtzeitig wieder einzusteigen; Freud sieht darin einen »unbewußten Protest« gegen die Eheschließung.[26] Fehlleistungen sind für Freud auf der bewußten Seite mißglückte Handlungen, auf der unbewußten geglückte, denn im Vergessen, Versprechen, Verlesen, Verschreiben, Ver-

---

24 Friedrich Theodor Vischer: Auch Einer (1878). Zitiert nach F. Th. Vischer. 1807–1887. Bearbeitet v. H. Schlaffer u. D. Mende. Marbacher Magazin 44 (1987), S. 64. Die langen Listen über die ›äußeren‹ und ›inneren Teufel‹, die Fehlschlagungen und Ärgernisse geringer Art verursachen, sind bei Vischer nur noch eine leere Reminiszenz an eine einstmals ernsthafte Diskussion (vgl. S. 61).
25 Brief von Johann Christian Conrad Moritz an Jean Paul vom 3. Oktober 1795. In: K. Ph. Moritz, Andreas Hartknopf (Anm. 1), S. 436.
26 Jean Paul, I. Abt., Bd. 5, S. 201 f. Sigmund Freud: Zur Psychopathologie des Alltagslebens. Hrsg. v. A. Mitscherlich. Frankfurt, Hamburg 1954, S. 216.

greifen und Verlieren macht sich ein unbewußter Wunsch oder eine Befürchtung geltend, der der bewußten Intention zuwiderläuft.

Man darf annehmen, daß Andreas Hartknopf bei seiner Antrittspredigt mit den besten Projekten schwanger ging. Als er die Kanzel besteigt, stößt der neue Prediger unabsichtlich die den Heiligen Geist verkörpernde Taube von der Kanzeldecke herab, noch ehe er seine häretische Theologie der Viereinigkeit entwickelt, in der dem Heiligen Geist sein Eckplatz durch das allesverbindende Wort streitig gemacht wird. Die herabfallende Taube nimmt die Gemeinde, »wie von einem bösen Dämon angehaucht«, gegen den neuen Pfarrer ein. Die Fehlleistung kann als Folge einer paradoxen Haltung interpretiert werden: Der Prediger Hartknopf tritt ein Amt an und hält eine Antrittspredigt, die der orthodoxen Lehre erheblich widerspricht. Das Mißgeschick ist so zufällig nicht, denn unbewußt rüttelt Hartknopf schon anfangs an der Dreieinigkeit und an der Position des allesbelebenden Geistes.[27]

Auch der Theologe Süptitz in Jean Pauls »Komet« bemüht den Teufel. »Es ist bekannt genug, daß der Hof- und Zuchthausprediger ein ordentliches Lehrgebäude hatte, worin er den Satz festgestellt, daß der Arihman oder der Teufel, d.h. nämlich Teufelchen oder boshafte Geschöpfe den Menschen mit mikroskopischen Wunden, mit elenden Kleinigkeiten hetzen, deren ein guter Engel von Verstand sich in die Seele hinein schämen würde.« Genüßlich entwickelt Jean Paul die alte Teufelsphysik, wonach der »Beelzebub« zwar keine körperlichen Kräfte, wohl aber »durch seine organische Hülle (jeder Geist muß eine haben) sich mit jeder Menschenseele in einen magnetischen Bezug« setzen und so seine Gedanken denken lassen könne.[28]

Worunter leidet Süptitz? Der Prediger hat z.B. Angst, im Gasthaus könnte ihn nächtens ein Nachbar behorchen, wenn er »im Schlaf die unsittlichsten Reden ausstoße – weil der Teufel ordentlich meinem frömmsten Wachen und Wandel zum Trotze mich im Schlaf Niederliegenden in die sündlichsten Träume hinein schleppt«.[29] Der Teufel wird ein weiteres Mal als Verursacher dessen bemüht, was angeblich dem Wachbewußtsein wesensfremd ist. In seinem Essay »Über das Träumen« schrieb Jean Paul: »Fürchterlich tief leuchtet der Traum in den in uns gebaueten Epikurs- und Augias-Stall hinein; und wir sehen in der Nacht all die wilden Grabthiere oder Abendwölfe ledig umherstreifen, die am Tage die Vernunft in Ketten hielt.«[30] Als unwillkürliches Produkt der Einbildungskraft ist der Traum am weitesten von der Freiheit der Vernunft entfernt.

---

27 Andreas Hartknopf (Anm. 1), S. 173, 175.
28 Jean Paul, I. Abt., Bd. 15, S. 427.
29 Ebd., S. 429.
30 Jean Paul, I. Abt., Bd. 7, S. 407.

Der Wechsel der Diskurse in der Frühaufklärung

Das zweite Buch von Malebranches »De la Recherche de la Vérite« (1674–78, dt. erst 1776–84) ist gänzlich der Einbildungskraft gewidmet. Es bildet für alle folgenden Werke zu diesem Thema das Grundgerüst. Nachdem Malebranche im ersten Buch die Unzuverlässigkeit der Sinne geschildert hat, macht er sich nun daran, die Gefährlichkeit der Einbildungskraft zu analysieren. Er beginnt mit dem alten Imaginationsbegriff, der Einprägung körperlicher Male in den Fötus durch die Vorstellungen der Schwangeren. Es folgt eine ausführliche Warnung vor der Lektüre gewisser Autoren, die die Einbildungskraft des Lesers in unerfreulicher Weise korrumpieren können – genannt wird unter anderen neben Tertullian und Seneca Montaigne. Ihnen gelänge es durch ihren raffinierten Stil, die Einbildungskraft der Leser zu erregen und fehlzuleiten. Das ist das Problem von »Don Quijote«.

Der dritte Teil »De la Communication contagieuse des Imaginations fortes« warnt vor den Visionären, die abwesende oder nicht existente Objekte vor Augen haben und andere zu dieser Realitätsverkennung verleiten. In der Übersetzung von Georg Hermann Richerz lautet ein entscheidender Passus folgendermaßen:

> »Aber die Visionairs der Einbildungskraft stellen sich die Dinge ganz anders vor, als sie sind, und imaginiren sich Dinge, die nicht sind. Fast niemals gehen sie die Mittelstraße. Das Unbedeutende streichen sie heraus, und vergrössern das Kleine. Nichts scheint ihnen so, wie es ist. Sie bewundern alles, entrüsten sich über alles. Wenn ihre natürliche Constitution sie zur Furchtsamkeit disponirt, so erschrecken sie über alles und erzittern vor einem fallenden Laub. Wenn sie indeß, was gewöhnlich der Fall ist, Blut und Nervensaft in Ueberfluß haben, so weiden sie sich an eitlen Hoffnungen, überlassen sich ihrer eitlen Einbildungskraft, und erbauen Luftschlösser mit großem Wohlgefallen daran. Sie sind immer heftig in ihren Leidenschaften, unbiegsam in ihren Meinungen, voll von sich selbst, und sehr zufrieden mit sich selbst. Wollen sie für schöne Geister und Schriftsteller gehalten seyn, was für Ausschweifungen erlauben sie sich dann! Sie copiren nie die Natur. Ihre Schreibart ist geziert, gezwungen und hochtrabend, mit Figuren und Hyperbeln überfüllt. Wollen sie ein frommes Leben führen, so werden sie aus Nachsicht gegen ihre Phantasie, leicht den Juden und Pharisäern gleich. Dies heißt, sie bleiben gewöhnlich bloß bey äussern Ceremonien und unbedeutenden Uebungen stehn, werden skupulös, furchtsam abergläubig, u.s.w.«[31]

Entscheidend ist, daß die Visionäre – und dazu gehören auch die Schriftsteller, sofern sie nicht Philosophen sind – durch die Imagination contagieuse für an-

---

31 Ludwig Anton Muratori: Über die Einbildungskraft des Menschen. Mit vielen Zusätzen hrsg. von Georg Hermann Richerz, 2 Tle., Leipzig 1785, Tl. 1, S. 167f. (= Delle Forza della Fantasia Umana. Venedig, 3. Aufl. 1766). Nach den Angaben von Richerz im Vorwort hat Muratori, der 1750 starb, das Buch 1745 geschrieben. Die höchst umfangreichen Zusätze von Richerz enthalten alle wesentlichen Positionen der Diskussion über die Einbildungskraft. – N. Malebranche: De la Recherche de la Vérité (1674–78, 6. Aufl. 1712). Hrsg. v. F. Bouillier. Paris 1910, Bd. 1, S. 239 (2. Buch, 3. Tl.). – Daß Jean Paul Muratori kannte, geht aus dem Exzerpt in Fasz. 2b, »Exzerpten 29. Band. Jenner 1798«, Nr. 342 hervor.

dere gefährlich werden können. Man unterwirft sich ihnen und ihrem Urteil und weiß nicht warum. Dieses ›Je ne sais quoi‹, minder gefährlich beim Geschmacksurteil, entstünde durch die ansteckende Wirkung der Einbildungskraft unter Ausschluß der Vernunft. Richerz nennt Malebranche einen scharfen Ankläger der Einbildungskraft, der ihre unentbehrlichen Leistungen unterschätze oder gar verkenne: die des Gedächtnisses und der Auffindung von Ähnlichkeiten. Diese Leistungen sind segensreich, sofern sie von Urteilskraft begleitet werden.

Das entscheidende Kapitel von Malebranches Untersuchung hat den Titel »Des Sorciers par Imagination, et des loups-garous«. Es beginnt mit dem Satz: »Le plus étrange effet de la force de l'imagination, est la crainte déréglée de l'apparition des esprits, des sortilèges, des caractères, des charmes des lycanthropes ou loups-garous, et généralement de tout ce qu'on s'imagine dépendre de la puissance du démon.« Malebranche handelt von der Idee einer unsichtbaren Macht, die die Kraft hat, Menschen in Hexer oder Werwölfe zu verwandeln. Der Jesuit Malebranche argumentiert theologisch: Sicherlich *könne* es Dämonen geben, die ihre Bosheit über den Menschen mit Erlaubnis Gottes ausübten (»par une permission particulière d'une puissance supérieure«).[32] Doch lehre uns die Heilige Schrift, daß das Reich des Satans zerstört und der Dämon durch Jesus Christus in der Tiefe angekettet sei bis zum Ende der Welt. Nach dieser Argumentation kann es gegenwärtig keine Hexer geben. Wer also der Hexerei verdächtigt werde, leide unter einer verwirrten Einbildungskraft. Er könne Imagination und Realität nicht mehr klar unterscheiden und halte Erzählungen vom Hexensabbat für selbsterlebt.

Am Anfang der »Meditationes« stellt Descartes die Frage, wie Traum und Wirklichkeit mit Sicherheit unterschieden werden können. Malebranche, der Descartes sehr sorgfältig studiert hat, diskutiert diese Frage im Rahmen des Kapitels über das Hexenwesen. »La principale raison qui nous empêche de prendre nos songes pour des réalités, est que nous ne pouvon lier nos songes avec les choses que nous avons faites pendant la veille: car nous reconnaissons par là, que ce ne sont que des songes.«[33] Für Malebranche sind Hexen und die Zauberer, wenn sie nicht mit Gift operieren, nichts als visionaires d'imagination. Der Glaube an Hexen bringt Hexen hervor, denn die Einbildungskraft ist ansteckend (Imaginatio contagiosa). Die Folge dieser Naturalisierung des Teufels- und Dämonenglaubens: die Zuständigkeit für den Diskurs über dieses Phänomen verlagert sich vom Hexengericht auf die Medizin. Das Argument Malebranches brachte allerdings nicht nur Entlastung, sondern eine neue Belastung: Die Einbildungskraft als psychologisches Vermögen stand von nun an unter schwerer Anklage.

Noch siebzig Jahre später handelt L. A. Muratoris Buch »Della Forza della Fantasia Umana« (1745, dt. 1785) ›Von den Würkungen der Einbildungskraft, die man auf Rechnung der Magie schreibt‹. Er befaßt sich darin ausführlich

---

32 Malebranche, Bd. 1, S. 273, 278.
33 Malebranche, Bd. 1, S. 277. Vgl. Schings (Anm. 5), S. 117.

mit Frauenzimmern, die sich angeblich fleischlich mit Dämonen vermischen, also mit der Theorie, »daß unkörperliche Substanzen zur Erzeugung einer körperlichen Nachkommenschaft einen Körper annehmen könnten.« Er zitiert den abscheulichen Jesuiten Del Rio mit seiner ausgeklügelten Beschreibung von Succubus und Incubus und er erklärt, wie schon Malebranche, die Erzählungen vom Hexensabbat als unflätige – und das heißt: sexuelle – Phantasien, die durch den Glauben an entsprechende Erzählungen in den Stand der Wirklichkeit versetzt worden seien. »Im Traume kam es ihnen vor, als ob auch sie an den Unterhaltungen mit jenen geistigen Liebhabern Theil nähmen.«[34]

Die »visionaires d'imagination« haben eine korrumpierte Einbildungskraft oder – modern gesprochen – eine ecclesiagene Neurose. Noch Freud verfolgt diese Interpretationslinie, wenn er sich tiefenpsychologisch mit einer »Teufelsneurose im siebzehnten Jahrhundert« befaßt: »Die Besessenheiten entsprechen unseren Neurosen, zu deren Erklärung wir wieder psychische Mächte heranziehen. Die Dämonen sind uns böse, verworfene Wünsche, Abkömmlinge abgewiesener, verdrängter Triebregungen.«[35]

Muratori bleibt bei aller Anthropologisierung vorsichtig: »Unstreitig sind die Exorzisten von Gott in den Stand gesetzt, wahre Besessene zu heilen.« Ohne sich auf theologische Diskussionen einzulassen, setzt er allerdings dagegen, daß »man da nichts von Besessenen wisse, wo man keine Exorzisten kennt«. 1784 merkt Richerz dazu an, daß nur der römische Stuhl daran Schuld sei, daß auch jetzt noch eine Existenz wie der Exorzist und Mesmer-Konkurrent Gaßner sich breitmachen könne, und erzählt noch einmal die Geschichte der frühen Aufklärung, indem er Thomasii »Kurze Lehrsätze vom Laster der Magie« (dt. 1702) herbeizitiert.[36]

Jean Paul, ein ausgezeichneter Kenner der ganzen Diskussion im 17. und 18. Jahrhundert, thematisierte noch in einem Spätwerk »Der Komet« diesen Wechsel der Diskurse. Es stellt sich dort nämlich die Frage, ob »Kain«, der gefährliche Konkurrent des eingebildeten Fürsten, vom Teufel besessen ist und also exorziert werden muß, oder ob er ein Kranker und infolgedessen – durch Magnetismus – kuriert werden kann. Nicht zufällig ist es der Theologe *und* Psychologe Süptitz, der diese beiden Diskurse alternativ zur Disposition stellt.[37]

---

34 Muratori (Anm. 31), Tl. 2, S. 185, 187f., 190.
35 In: Sigmund Freud: Studienausgabe. Bd. VII. Zwang, Paranoia, Perversion. Frankfurt 1973, S. 287.
36 Muratori, Tl. 2, S. 193f., 195, 203. – Muratori (Tl. 2, S. 192) geht an dieser Stelle auch auf den Impotenzzauber (»nouement d'aiguillette«, Nestelknüpfen) ein, den Montaigne in »De la force de l'Imagination« angeführt und nach dem Leitsatz des Essays »Fortis imaginatio generat casum« interpretiert hatte (Michel de Montaigne: Essais [Versuche] nebst des Verfassers Leben [...]. Üb. v. J.D. Tietz. Nachdruck d. Ausg. 1753/54, Zürich 1992, S. 135, 141). Auch nach Muratori führt die Angst zu versagen zum Versagen. Vgl. dazu Sulzer (Anm. 7), S. 103 und den Aufsatz von Wolfgang Riedel in diesem Band.
37 Zur Frage, ob Kain exorziert oder magnetisiert wird, vgl. vom Verf.: Die Literarisierung des Mesmerismus in Jean Pauls Roman »Der Komet«. In: F.A. Mesmer und die Geschichte des Mesmerismus. Hrsg. v. H. Schott. Stuttgart 1985, S. 185–199, bes. S. 190 ff.

Die Poetisierung pathogener Formen der Einbildungskraft

Die Phantasie blieb in der Aufklärung ein umstrittenes Vermögen, obwohl es ohne sie – in Gestalt der Facultas fingendi – nichts Neues und damit keinen gedanklichen Fortschritt gäbe. J. G. Krüger umreißt 1756 in einem »Versuch einer Experimental-Seelenlehre« das Dilemma mit den treffenden Worten: »Je gewißer es ist, daß wir ohne Einbildungskraft keine Vernunft haben würden, desto wunderbarer ist es, daß sich diese Vernunft vor nichts so sehr als vor dieser Mutter zu fürchten hat.«[38]

Die Poesie hatte unter diesen Bedingungen keinen leichten Stand. Bekannt ist die strenge Beschränkung der Einbildungskraft bei Gottsched und die Lockerung dieser Quarantäne bei Bodmer und Breitinger, welche die sinnliche Darstellung des Möglichen unter der Bedingung der Wahrscheinlichkeit erlaubten.[39] Wieland thematisierte seit dem »Don Sylvio de Rosalva« immer wieder den »Sieg der Natur über die Schwärmerey«; man kann daher Wielands Romane Desillusionsromane nennen, weil in ihnen die Helden »Schwärmerkuren« unterzogen und so von den trügerischen Bildern ihrer erhitzten Einbildungskraft befreit werden.[40] Die Bekämpfung dieser Illusionen vollzog sich freilich mit den Mitteln der literarischen Illusion, weswegen letzterer ein angemessener Freiraum gegenüber der Schwärmerei erkämpft werden mußte. Um diesen Freiraum ging es Wieland, als er 1775 im »Teutschen Merkur« Leonhard Meisters Schrift »Über die Einbildungskraft« kritisierte: »Schwärmerey nenne ich mit Herrn M. und der ganzen Welt die Erhitzung der Seele von Gegenständen, die entweder gar nicht in der Natur sind, oder wenigstens das nicht sind, wofür die berauschte Seele sie ansieht. Aber es gibt auch eine Erhitzung der Seele, die nicht Schwärmerey ist, sondern die Würkung des unmittelbaren Anschauns des Schönen, Guten, Vollkommenen und Göttlichen in der Natur, in unserm Innersten, ihrem Spiegel« – und das ist der »Enthusiasmus«, »Strahl, Ausfluß, Berührung von Gott« oder, »wie Plato saget, Gott in uns«.[41] Die Argumentation erlaubt eine prekäre Doppelstrategie: die Rettung der Poesie im Zeichen der platonischen Anamnesis und die Bekämpfung der religiösen und politischen Schwärmerei, die allerdings – und das ist das Prekäre daran – von Wieland häufig ebenfalls auf den Platonismus zurückgeführt wird.

1785 differenzierte Georg Hermann Richerz in seiner Muratori-Übersetzung erneut die Grenzen von Dichtung und Schwärmerei. Der Schwärmer »hält seine eingebildeten Gefühle für unerzwungene unverstellte Würkungen eines

---

38 Johann Gottlob Krüger: Versuch einer Experimental-Seelenlehre. Halle u. Helmstädt 1756, S. 144.
39 Vgl. A. Nivelle: Kunst- und Dichtungstheorien zwischen Aufklärung und Klassik. Berlin 1960.
40 Schings (Anm. 5), S. 197–203. Vgl. S. 204f.
41 Christoph Martin Wieland: Werke, hrsg. v. H. Düntzer. Berlin: G. Hempel 1879ff., Tl. 32, S. 369f. Vgl. dazu den Aufsatz von Manfred Engel in diesem Band. Engel beschreibt sehr richtig die Bewertung von »Enthusiasmus« und »Schwärmerei« in Wielands Aufsatz nicht als Dichotomie, sondern als recht unbestimmte »Gradation«.

wahrhaftig vorhandenen Gegenstands. Der Dichter weiß es, daß er von einem selbstgeschaffnen Phantome in Affekt gesetzt wird. Der Schwärmer sieht den von ihm bewunderten Gegenstand verworren und undeutlich. Der Dichter klar und deutlich.« Damit glaubt Richerz, ein hinreichenden Schutzwall gegen schädliche Fanatiker aller Art errichtet zu haben; ausgegrenzt werden »Convulsionairs«, Ekstatiker und Märtyrer, »die zur Beglaubigung ihrer Hirngespinste mit unglaublichem Muthe jede Folter aushielten, und mit unüberwindlichem Starrsinn eher den Tod erwählten, als gehorchten, wenn ihnen die Obrigkeit Stille gebot.« Noch immer ist schreckliche Erinnerung an die Glaubenskriege vernehmbar, die Zeit, in der spitzfindige theologische Fragen »ganze Menschengeschlechter gegen einander bewaffneten«.[42] Während beim Dichter die Produkte der Imagination im Medium der Schrift bleiben, überschreitet der Schwärmer die Schranke zur Sphäre des realen Handelns und Leidens.

Der schlimmste Fall verwirrter Einbildungskraft ist nach übereinstimmender Meinung der Wahnsinn. »Wahnsinn besteht in einer gewaltsamen Verwirrung der im Gehirn aufbewahrten Bilder. Vermittels derselben entzieht sich die Einbildungskraft auch in währendem Wachen des Menschen dem Gehorsam gegen den Verstand.« Das ohnehin unzuverlässige, eigensinnige Gedächtnis wird durch die verworrene Einbildungskraft zu einem Verwirrspiegel; es nimmt dem Wahnsinnigen »die Freyheit, zu betrachten, was er will«. Muratori vergleicht diese Unfreiheit mit der Unfreiheit des Schlafenden, der »an dem freyen Gebrauch des Willens verhindert ist«. Da die Seele bei allen ihren Verrichtungen auf die im »Magazin der Einbildungskraft« gelagerten »materiellen« und »intellektuellen Ideen« samt ihren Bezeichnungen angewiesen ist, führt die Verwirrung der Einbildungskraft zum Zusammenbruch der Identität.[43]

Exemplarisch ist die vielfach erzählte Geschichte von Johann Matthias Klug, einem vielseitig gebildeten Mann, der früher hohe offizielle Ämter ausgeübt hatte. Er verfiel auf die Einbildung, er werde, weil er »gegen den König von Preussen, oder eigentlich gegen dessen Gesinnungen in Ansehung der Religion, ein Buch geschrieben« habe, von diesem ständig verfolgt. Er verrammelte mit Stangen und Ketten seine Wohnung und den Kamin, versah sich mit Flinten und Pistolen, brach Schießscharten durch die Wand und baute sich einen Ofen, den er innerhalb der Stube heizte und zugleich zum Kochen gebrauchen konnte. Auf diese Weise baute er sein Zimmer mit großem Scharfsinn zur Festung aus.[44] Reil zitiert in den »Rhapsodieen« diesen Fall von Verfolgungswahn aus dem »Magazin zur Erfahrungsseelenkunde« und fügt hinzu: »Diese Kranken muss man beschäftigen, ihnen bessere Ideen von der Güte des menschlichen Herzens beibringen, sie überreden, daß ihre Feinde gestorben

---

42 Muratori (Anm. 31), Tl. 2, S. 158, 160.
43 Muratori, Tl. 2, S. 2, 4.
44 Magazin zur Erfahrungsseelenkunde, Bd. 1, 1. St., S. 9. Vgl. das Exzerpt im Jean-Paul-Nachlaß, Fasz. 2a, Bd. 9 (1785), S. 25. Vgl. v. Verf: Jean Pauls Exzerpte. Würzburg 1988, S. 166.

sind, oder sie mit denselben in ein solches Verhältniss bringen, dass sie nicht nur keines Leides, sondern vielmehr Wohlthaten von ihnen empfangen.«[45]

Der Verfolgungswahn, wenn auch in milderer Form als im Falle des Herrn Klug, ist ein von Jean Paul wohl bebautes Feld. Attila Schmelzle fühlt sich – eine Folge seiner »Phantasie« – verfolgt durch falsche Anklagen; so könnte z. B. ein schlechter Kerl durch das Kerkergitter rufen: »Drunten steht mein Spießkamerad, der Schmelzle!« Oder: ein »unzüchtiges Mädchen« könnte ihn »blos durch ihr Eidwort« zum Vater ihres unehelichen Kindes erklären. »Auf diese Weise kann sich ja der erste beste Hausvater mit Frau und Kindern oder ein Geistlicher, der im Tieger logiert, von der ersten schlimmsten Aufwärterin, die er oder die ihn leider abends zufällig kennen lernen, um Ehre und Unschuld gebracht sehen!« Wiederum geht es um Ängste, wo die Lüste nicht weit sind. Schmelzle scheint es zu ahnen: »Gott weiß, wer mir allein jene tollkecken Phantasien und Gelüste eingeknätet hat.«[46]

Der Rektor Fälbel, der mit seiner Schulklasse alle bemerkenswerten Orte visitiert, versagt sich den Besuch eines Gefängnisses aus Angst, einer der Einsitzenden könnte ihn fälschlich als Komplizen denunzieren. Er erinnert sich an die Geschichte eines Höfer Schullehrers,

»dem ein Dieb, dem er einmal ein Almosen scheltend gereicht, in Leipzig als seinen Komplicen fälschlicher Weise angegeben, worauf der ehrliche Schulmann abgeholt, in Leipzig torquiert und mit Noth und Sprenkel des Galgens entrissen worden. Das könnte nun mehrern rechtschaffenen Leuten begegnen – es könnte mich z. B. der Delinquent Mergenthal, wenn ich in besuchte und ihn entweder durch mein Trink- und Saufgeld oder durch mein Gesicht aufbrächte, aus Bosheit denunzieren und aussagen, ich hätte gestohlen mit ihm. Wer haftete mir für das Gegentheil, und wer nähme sich eines unschuldigen Rektors an, wenn ihn ein solcher Post- und Ehrenräuber auf die Folter und Galgenleiter versetzt hätte?«[47]

Fälbel hat Angst davor, die Scheidewand zwischen ihm, dem Rechtschaffenen, und dem Delinquenten könnte einbrechen. Irgendwo schlummert in ihm ein ständig waches Schuldbewußtsein, das auf halbbewußten Wunschphantasien beruhen mag. Obwohl ständig im Dienste aufgeklärter Ordnung und Tugend, hat er insgeheim dennoch Bedenken, die Obrigkeit könnte im Zweifelsfall zu ganz anderen Ergebnissen kommen und seine Glaubwürdigkeit demontieren.

Zwischenfrage: Warum sind eigentlich Zwänge komisch?

Fälbel, Schmelzle, Süptitz leiden ständig unter Zwängen oder Zwangslagen, die ihre Freiheit erheblich beschränken. Nach Hobbes ist Lachen ein Zeichen der Überlegenheit dessen, der sich nicht – oder nicht mehr – im Zustand der »infirmity« befindet: »a sudden glory arising from some sudden conception of

---

45 [Johann Christian Reil]: Rhapsodieen über die Anwendung der psychischen Curmethode auf Geisteszerrüttungen. Halle 1803, S. 335 f.
46 Jean Paul, I. Abt. Bd. 13, S. 6, 36, 34.
47 Jean Paul, I. Abt., Bd. 5, S. 242 f.

some eminency in ourselves, by comparison with the infirmity of others, or with our own formerly.«[48] Lachen entsteht aus dem Vergleich eines unbelasteten, überlegenen Betrachters mit einer Person in einem Zustand der Schwäche. Zwangslagen sind ohne Zweifel Lagen, in denen sich die »infirmity« eines Menschen in extremer Weise zeigt. Jean Paul bringt in der »Vorschule der Ästhetik« das (im »Don Quichote« nicht auffindbare) Beispiel von Sancho Pansa, der eine Nacht über einem seichten Graben verbringt, weil er ihn irrtümlich für einen gähnenden Abgrund hält.[49] Diese Kontrasttheorie, die auf den Gegensatz und Vergleich zwischen einem Belasteten und einem Unbelasteten baut, hat bei allen Variationen Bestand. Sie beschreibt die kommunikative Ausgangslage.

Auf Shaftesbury beruht eine andere, objektive Komponente. Sein »Test of ridicule« erklärt das Lächerliche zum Probierstein dessen, was als ehrwürdig, ernst, wichtig oder erhaben gilt. Seine kühne These: Wenn die prätentierte Bedeutsamkeit dem Test nicht standhält, so ist das angeblich Ehrwürdige oder Erhabene selbst in Zweifel zu ziehen. Shaftesbury zielt vor allem auf die Parteien der religiösen Eiferer mit ihrem ausschließenden Wahrheitsanspruch.[50] Die Inkongruenz zwischen Anspruch und wirklicher Sachlage wird auch von Beattie angezielt: »Laughter arises from the view of two oder more inconsistent, unsuitable, or incongruous parts or circumstances.«[51]

Eine solche Inkongruenz bietet Moritz im »Andreas Hartknopf«: als dieser in ein »falsches Hallelujah« ausbricht, stürzt von der Orgel ein Engel herab, und alles, »was von dem Feierlichen nicht ächt« ist, verweht wie Spreu im Winde. Die anschließende Reflexion ist durchaus im Sinne des »Test of ridicule«:

»Warum sind die Anekdotenbücher so voll von komischen Predigergeschichten? Warum hat man nichts lieber als Erzählungen von Unschicklichkeiten und Lächerlichkeiten des Pfarrers auf der Kanzel?

Kömmt es nicht daher, weil man einen gewissen angenommenen feierlichen Ernst schon voraussetzt, mit dem das geringste Komische weit mehr, als im gemeinen Leben absticht?«[52]

Josuah Freudel verwechselt die Nutzanwendung am Ende mit dem Anfang der Predigt, er verliert unter seiner riesigen Perücke während des Kanzelliedes den

---

48 Thomas Hobbes: Human nature. Engl. Works, hrsg. v. Molesworth, Bd. 4, London 1848, S. 46f. Vgl. dazu die Stelle aus dem »Leviathan«: »*Plötzlicher Stolz* ist die Leidenschaft, die jene *Grimassen* hervorbringt, die man *Lachen* nennt. Er wird entweder durch die plötzliche eigene Tat verursacht, die einem selbst gefällt, oder durch die Wahrnehmung irgendeines Fehlers bei einem anderen, wobei man sich selbst Beifall spendet, indem man sich damit vergleicht. Und dies kommt meistens bei Leuten vor, die sich bewußt sind, daß sie selbst nur äußerst geringe Fähigkeiten besitzen.« (Hobbes, Leviathan, hrsg. v. I. Fetscher. Frankfurt 1984, S. 44).
49 Jean Paul, I. Abt., Bd. 11, S. 97f. u. Anm.
50 Zu Shaftesburys »Test of ridicule« und zu Jean Pauls komplizierter Kontrasttheorie des Komischen und des Humors vgl. v. Verf.: Jean Pauls Naturphilosophie und Ästhetik. Tübingen 1983, S. 218–239.
51 J. Beattie: On laughter and ludicrous composition. Edinburgh 1776, S. 590f.
52 Andreas Hartknopf (Anm. 1), S. 262.

Kontakt zur Gemeinde, weil er fieberhaft am Umbau seiner Predigt arbeitet, er schleicht sich, als er das gänzliche Mißlingen seines Auftritts erkennt, heimlich davon, indem er die Perücke, das Zeichen seiner Amtswürde, ohne Inhalt auf dem Kanzelpulte stehen läßt. Er ist dem feierlichen Ernst, der von ihm verlangt wird, nicht gewachsen, und eigentlich will er ihm – wie auch Hartknopf – gar nicht entsprechen. Er predigt fortan nie mehr und wird Amtsvogt. Damit kommt ein Moment ins Spiel, das entschieden über die Kontrasttheorie hinausgeht; denn hier ist das Amt und die geforderte Form seiner Ausübung mitbetroffen.

Nach Plessner erfährt der Mensch im Komischen »nicht nur subjektiv« eine Grenze »als sein Unvermögen, mit der Sache fertig zu werden, sondern zugleich als Struktur der Sache, die es verbietet«.[53] Der offizielle Anspruch, mit dem der Belachte nicht fertig wird, wird seinerseits in Zweifel gezogen. Die Erwartung, die nach Kant im Lächerlichen zu Nichts wird, wird als Erwartung selbst fragwürdig oder gar nichtig.

Joachim Ritter geht auf diesem Wege weiter, wenn er im Lachen Institutionen oder Normen berührt und mitbetroffen sieht, die dem Glück und der Heiterkeit entgegenstehen. In der Kollision, die der Komik zugrundeliegt, kommt nach Ritter der Zusammenhang zwischen dem Verpönten und dem, was diese Ausgrenzung fordert und aufrechterhält, zum Vorschein. Was »mit dem Lachen ausgespielt und ergriffen wird, ist diese geheime Zugehörigkeit des Nichtigen zum Dasein; sie wird ergriffen und ausgespielt, nicht in der Weise des ausgrenzenden Ernstes, der es nur als das Nichtige von sich weghalten kann, sondern so, daß es in der ausgrenzenden Ordnung selbst als gleichsam zugehörig sichtbar und lautbar wird«.[54]

Schmelzle leidet in Form der Imaginatio involontaria unter der Idee, sich kontrovers zur kirchlichen Feier zu verhalten; diese Idee hat unwiderstehliche körperliche Folgen. Was ist an dieser Zwangslage komisch, einmal abgesehen von der unnachahmlichen Erzählweise Jean Pauls? Komisch wird hier die Unfreiheit der Fremdbestimmung des als frei definierten Menschen durch die Natur; paradoxerweise bringt die Zwangshandlung Entlastung, nämlich die Entlastung, nicht das tun zu müssen, was die offizielle Situation verlangt. Der Regelverstoß wird durch die Unfähigkeit Schmelzles, der Idee zu widerstehen, gewissermaßen entschuldigt. »Komisch ist es, wenn im kulturellen, durch Sitte oder Schicklichkeit festgelegten Kontext plötzlich das Körperliche in seinen natürlichen Bedingungen sich unversehens zur Geltung bringt.«[55] Verantwort-

---

53 Helmut Plessner: Lachen und Weinen. Eine Untersuchung nach den Grenzen menschlichen Verhaltens. In: Ders.: Philosophische Anthropologie. Hrsg. v. G. Dux, Frankfurt 1970, S. 100. Generell definiert Plessner das Komische als »Kollision mit irgendeiner Norm«, die dadurch entsteht, daß der Mensch »mehreren Ebenen des Daseins zugleich angehört«, z. B. der geistigen und leiblichen, der individuellen und der sozialen (96).
54 Joachim Ritter: Über das Lachen. In: Blätter für deutsche Philosophie 14 (1940), S. 10.
55 Karlheinz Stierle: Komik der Handlung, Komik der Sprachhandlung, Komik der Komödie. In: Das Komische. Hrsg. v. W. Preisendanz u. R. Warning. München 1976, S. 241.

lich ist nicht mehr der freihandelnde Mensch, sondern seine anthropologische Struktur, die dem Anspruch des Freihandelns Grenzen setzt. Objektiv wird aber auch die Institution lädiert; der Betrachter oder Leser kann und darf so über eine Situation lachen, in der »die offiziellen Verhältnisse momentan über den Haufen geworfen« sind, ohne selbst eine reale Kollision mit ihnen wagen zu müssen. »Das erspart – und dies ist der Aspekt Freuds: risus statt nisus – vorübergehend den Aufwand, der zur Stabilisierung dieser offiziellen Verhältnisse nötig ist.«[56] In diesem Sinne kann selbst die komische Darstellung von Zwangshandlungen Entlastung von kulturellen Zwängen gewähren. Wer, überwältigt von der Einbildungskraft, gegen die Gebote der Vernunft und der Tugend handelt, gewährt dem Betrachter das kosten- und folgenlose Vergnügen, selbst einen Moment ihre lastenden Gebote zu mißachten.

Die Heilung der Einbildung durch Einbildung

»Die Phantasie ist in der Cur der Verrücktheit dem Arzte vorzüglich wichtig.«[57] Karl Philipp Moritz war körperlich krank, doch daneben offenbar auch ein Hypochonder. Sein langjähriger Arzt und Freund Marcus Herz berichtet, er habe mit physischer Krankheit Hypochondrie, Melancholie und schwärmerische Todesphantasien verbunden. Er folgte – da er an seinen baldigen Tod dachte – nicht den Anweisungen seines Arztes und nahm nicht die verordnete Medizin. Um ihn aus seinen Todesphantasien herauszureißen, verfiel Marcus Herz auf den Gedanken, Unvernunft durch eine Überdosis Unvernunft zu kurieren. Ich »muß durch die Verkündigung seines gewissen Todes eine vollkommene Resignation auf jeden Gedanken der Wiedergenesung in ihm erregen, und indem ich seine Furcht vor dem Tode ab- und nur auf die Art des Todes hinlenke, eine völlige Ergebenheit in mich und meine kunstmäßigen Verordnungen in ihm bewirken.« Die paradoxe Methode, eine unbestimmte Todessüchtigkeit durch die Verkündigung des gewissen Todes zu bekämpfen, schlug an; Moritz nahm gewissenhaft seine Arznei, richtete seine Gedanken resignativ auf das sichere Ende – und kam von sich aus zu dem Schluß: »Hören Sie, lieber Herz, ich halte für möglich, daß ich nicht sterbe.«[58]

In seinen »Rhapsodieen über die Anwendung der psychischen Curmethode auf Geisteszerrüttungen« (1803) berichtet Reil von diesem Fall. Er setzt ihm andere Berichte zur Seite, so den von einem Tagelöhner, der sich während der Französischen Revolution durch einige Reden verdächtig gemacht hatte, die

---

56 Odo Marquard: Exile der Heiterkeit. In: Das Komische (Anm. 55), S. 141f.
57 Johann Christian Reil: Rhapsodieen (Anm. 45), S. 277.
58 Marcus Herz: Etwas Psychologisch-Medizinisches. Moritz Krankengeschichte. In: C. W. Hufeland, Journal der practischen Arzneykunde und Wundarzneykunst, Bd. 5, 2. St., Jena 1798, S. 290. Vgl. Raimund Bezold: Popularphilosophie und Erfahrungsseelenkunde im Werk von Karl Philipp Moritz. Würzburg 1984, S. 118f. Ich verdanke dem Buch von Bezold zahlreiche Einsichten in die Struktur des »Magazins zur Erfahrungsseelenkunde«.

Guillotine fürchtete und darüber wahnsinnig wurde. Der bekannte Psychiater Pinel richtete eine ehrfuchtsgebietende »Commission« ein, die über seine Verbrechen richten sollte. »Diese lud den Kranken vor, protokollrte seine Aussagen und sprach ihn dann, kraft einer Vollmacht der Nation, mit allen Formalitäten loss, welches gute Wirkung that.« Ebenso wurde ein Kranker geheilt, dem der »Tod seines vermeinten Feindes in den Zeitungen« verkündet wurde.[59] Reil nannte diese Form von therapeutischer Inszenierungen Theaterkuren.

Es handelt sich um psychische Kuren, die auf Umlenkung der Einbildungskraft durch andere Vorstellungen beruhen. Einer solchen Kur unterzieht Jean Paul, der im »Quintus Fixlein« als Arzt auftritt, seinen Helden. Ausgangspunkt ist eine Familienlegende, gemäß der alle männlichen Fixleins im 32. Lebensjahr sterben; da Fixlein nicht genau weiß, wie alt er ist (die Kirchenbücher sind verbrannt), kann er sich damit trösten, vielleicht schon heimlich »über das Schelmjahr weggewischt zu sein, ohne daß es ein Henker gemerkt hat«. Als allerdings bei der Abnahme eines alten Turmknopfs die Gewißheit seines bevorstehenden Geburtstags gegeben ist, verfällt er in Todesangst: »die Phantasie blies jetzt im Dunkel den Staub der Todten auf«, der »Glaube ans Sterben pulsierte im ganzen Geäder des Armen«, die »(gleichsam arsenikalischen) Phantasien seines sonst beruhigten Kopfes« vergifteten den Körper, »das Herz trieb brennende Naphtaquellen in das Gehirn« – ein influxus physicus, wie er im Buche steht. Die psychische Kurmethode, wie sie von Reil propagiert wurde, empfahl eine Umlenkung der schädlichen Vorstellungen durch Strenge, Arbeit, neue sinnliche Empfindungen, Wechsel der Umgebung, und, wenn es denn sein muß, auch durch Täuschung des Patienten. Jean Paul in der Rolle des Arztes bringt Fixleins Mutter dazu, ihn als ein an den Blattern erkranktes »Kind von acht Jahren« zu behandeln. »Etwas Vernünftiges hätt' er weniger aufgefasset und begriffen als dieses Närrische.«[60]

Um die Versetzung in die Kindheit plausibel zu machen, gibt die Mutter dem Fixlein sein altes Spielzeug. Es ist nicht unmöglich, daß es sich hier um eine Reminiszenz aus dem »Magazin zur Erfahrungsseelenkunde« handelt. Denn dort berichtet Marcus Herz, wie er selbst im Fieber nach einem »Regiment hölzerner Soldaten, einer Kegelbahn« verlangte und zusammen mit seiner Frau und seinem Schwiegervater damit spielte – mit gutem therapeutischen Erfolg.[61]

Durch das alte Spielzeug fühlt sich Fixlein nicht nur in die Kindheit, sondern auch in das Gefühl einer damals überstandenen Krankheit versetzt – wo er durch seine Spielwaren genesen. Nun muß der Beruhigte nur noch überzeugt werden, der in seiner Vorstellung gefährliche Kantatesonntag sei vorbei; die Uhr wird eine Woche vorgerückt, der Anlaß der Einbildung ist damit verschwunden, der Kranke über das gefährliche Datum hinweggehoben. Es han-

---

59 Johann Christian Reil: Rhapsodieen (Anm. 45), S. 284f. Jean Paul hat Reil 1805 exzerpiert (vgl. v. Verf.: Jean Pauls Exzerpte. Würzburg 1988, S. 235).
60 Jean Paul, I. Abt., Bd. 5, S. 92, 170f., 173. Vgl. dazu ausführlich v. Verf.: Jean Pauls Naturphilosophie und Ästhetik. Tübingen 1983, S. 208–217.
61 Magazin zur Erfahrungsseelenkunde, Bd. 1, 2. St., S. 63.

delt sich um eine Kur, die »Einbildung durch Einbildung« heilt; die gefährlichen Einbildungen werden, um die schädlichen Vorstellungen des Patienten abzulenken, durch eine vorgetäuschte Realität ersetzt.[62]

Ebenfalls eine psychische Kur soll den Wahnwitz von Nikolaus Marggraf heilen, der sich einbildet, ein Fürstensohn zu sein. Ausgerechnet der von vielerlei Zwängen getriebene Theologe und Psychologe Süptitz ist der philosophische Arzt. Er unterstützt den Wunsch Marggrafs, sich auf die Suche nach seinem Fürstenvater zu begeben, denn »wörtlicher Widerstand [...] presse und höle die fixe Idee nur noch tiefer und fester in sein Gehirn – die heitern Zerstreuungen der Reise, der Wechsel neuer Ideen heile Leib und Geist – und ein geschickter Seelenlehrer, der ihn begleite, könne unvermerkt hier mit Blick, dort mit Wort, heute umschleichend, morgen ganz ansprengend, die Spielwalze seiner Ideen so glücklich verschieben, daß sie ein ganz anderes Lied vorspiele.«[63] Der Arzt geht auf die fixe Idee ein, um sie dann unter geänderten Umständen mit Hilfe des verbliebenen Verstandes auszuheben. Das Verfahren ähnelt dem von Marcus Herz, der dem todessüchtigen Moritz verkündet, er werde gewiß sterben. Auch dort wird die fixe Idee nicht bekämpft, sondern präzisiert und mit einem Schein von Realität untermauert.

Die Neubewertung der Einbildungskraft

Zu den großen Leistungen der Einbildungskraft gehört das Gedächtnis; es setzt uns erst instand, Sinneseindrücke und Wortzeichen mittels der Assoziation der Ideen aufzubewahren und so Vergangenheit und Gegenwart zu verbinden. Allerdings, so Richerz 1785: »Das Gedächtnis liebt die Freyheit. Mit Zwang läßt sich ihm schwerlich etwas aufdringen, auch nicht mit Zwang etwas von ihm herausfordern, wovon wir doch wissen, daß es uns nicht ganz entfallen seyn kann.« Das Gedächtnis beweist »Eigensinn«, es gehört leider zu jener niederen sinnlichen Erkenntnis, die wir bei aller Übung nie völlig in unserer Gewalt haben. Es narrt uns unerwartet mit gänzlichem Ausfall oder mit Fehlleistungen, die etwas anderes als das Gesuchte zutage bringen.[64]

Zu bekämpfen ist die Unordnung der Einbildungskraft. Doch andererseits wird diese philosophisch dringend gebraucht – das ist die paradoxe Situation Kants und noch mehr des deutschen Idealismus. Bei Kant liefert die Einbildungskraft durch ihr Vermögen, Bilder gegenwärtig nicht präsenter Dinge zu erinnern oder vorwegzunehmen, die figürliche Synthesis, durch die vergangene, gegenwärtige und zukünftige Gestalten vereinigt und damit einem zusammenfassenden Begriff zugänglich gemacht werden. Die Einbildungskraft ist eine »verborgene Kunst in den Tiefen der menschlichen Seele, deren wahre Handgriffe wir der Natur schwerlich jemals abraten, und sie unverdeckt vor

---

62 Jean Paul, I. Abt., Bd. 5, S. 173.
63 Jean Paul, I. Abt., Bd. 15, S. 247.
64 Muratori (Anm. 31), Tl. 1, S. 201f.

Augen legen werden«.⁶⁵ Die dunkel und unverständlich wirkende Einbildungskraft, die in Form von Bildern Anschauungen für die Begriffe liefert, ist so dem hellen, durchsichtigen Verstand vorgeordnet, denn sie generiert den Stoff und damit die Basis zu seinen Unterscheidungen.

Zentral wird die Einbildungskraft für die Philosophie unmittelbar nach Kant. Für Fichte entsteht die Vorstellung, die Realität für uns, aus der produktiven Einbildungskraft. »Der Verstand lässt sich als die durch Vernunft fixirte Einbildungskraft, oder als die durch Einbildungskraft mit Objecten versehene Vernunft beschreiben. – Der Verstand ist ein ruhendes, unthätiges Vermögen des Gemüths, der blosse Behälter des durch die Einbildungskraft hervorgebrachten«. Wir seien nur deshalb der festen Überzeugung einer Realität der Dinge außer uns, »weil wir uns des Vermögens ihrer Production nicht bewusst werden«.⁶⁶

Schelling will diese bewußtlose Welterzeugung der Einbildungskraft durch Anamnese einholen; der unbewußte Weg der welterzeugenden Vernunft soll noch einmal mit Bewußtsein zurückverfolgt werden. Wie schon in der Debatte über die Einbildungskraft ist die unbewußte Synthese des Genies der Paradefall. Für Schelling kann das künstlerische Genie zum Organon der Philosophie werden, weil es das unbewußt Produzierte in eigener Person durchschaut und zur Erscheinung bringt, ein Fall der – und das ist der Jammer von Schellings Transzendentalphilosophie – sonst nirgends anzutreffen ist.⁶⁷

Nach Schiller versetzt Poesie durch einen freien Effekt unserer produktiven Einbildungskraft in bestimmte Empfindungen. Einbildungskraft ist für Schiller »frey von allen Gesetzen«, eine »Spontanität des Gemüts«; sie verleiht die Fähigkeit des Idealisierens der Wirklichkeit und produziert so ein scheinhaftes Bild, das dennoch dauerhafter ist als diese. Derartige Positivität genießt die Einbildungskraft freilich nur, solange sie in ihrem rechtmäßigen Gebiet – der »Welt des Scheins, in dem wesenlosen Reich der Einbildungskraft« – bleibt und keine Existenzaussagen macht. Sobald sie auf das Gebiet der Theorie, vor allem aber – im Sinne des Blochschen Tagtraums – auf das Gebiet der Realität übergreift, sind ihre Produkte unzulässig. Anderseits entwirft die Einbildungskraft jedoch ein Bild von der Totalität der menschlichen Natur und vom Reich der Freiheit, das, befestigt durch ästhetische Erziehung, in die gesellschaftliche Realität herüberreichen soll.⁶⁸

---

65 Kant: Kritik der reinen Vernunft, A 142. Vgl. H. u. G. Böhme: Das Andere der Vernunft (Anm. 19), S. 180f.
66 Fichtes Werke. Hrsg. v. I. H. Fichte Bd. 1, S. 233, 234 (Grundlage der gesamten Wissenschaftslehre, 1794).
67 Vgl. F. W. J. Schelling: System des transzendentalen Idealismus (1800). In: Ders.: Schriften von 1799–1801. Darmstadt 1975, S. 619: »Das Kunstwerk reflektirt uns die Identität der bewußten und bewußtlosen Thätigkeit.« Die Kunst ist das »Organon zugleich und Document der Philosophie«, weil sie das »Bewußtlose im Handeln und Produciren und seine ursprüngliche Identität mit dem Bewußten« vereinigt, »was im Leben und Handeln [...] ewig sich fliehen muß« (627f.).
68 Friedrich Schiller: Sämtliche Werke. Hrsg. v. G. Fricke u. H. G. Göpfert, 5. Aufl., Bd. 5, S. 530, 556, 658. Vgl. dazu wie zu Fichte und Schelling Karl Homann: Zum Begriff der Einbildungskraft nach Kant. In: Archiv für Begriffsgeschichte 14 (1970), S. 266–302.

Nach Jean Paul idealisiert die Einbildungskraft jeden Gegenstand und jede Biographie; diese Idealität entsteht durch die von der Phantasie vorgespiegelte Unendlichkeit, die über die realen Begrenzungen hinweggeht. Die Phantasie verklärt und vergrößert das Abwesende, sie steigert die Gegenwart durch unsere Wünsche und Hoffnungen, sie verwandelt die schlechte Realität durch Poetisierung. Die Phantasie ist der Sinn des Grenzenlosen, sie übersteigert im Erhabenen die scharfabgeteilten Felder der Natur, sie beseelt physiognomisch Leiber und legt leblosen Dingen durch Personifikation einen Geist und damit etwas Grenzenloses bei. Der Traum, in dem die Einbildungskraft allein regiert, ist das »Mutterland der Phantasie«; die geniale Hervorbringung von Poesie gleicht daher der Unwillkürlichkeit des Traums.[69]

Schillers strenge Scheidung zwischen der Welt des Scheins und der Realität wird von Jean Paul angetastet; nur die Einbildungskraft macht das bürgerliche Leben erträglich – durch den Tagtraum, durch die Verwandlung des Realen in ein Spiel, durch die poetische Übersteigerung der Affekte. Die Phantasie ist der »köstliche Ersatz« der Wirklichkeit. Erwünscht ist nun die der Einbildungskraft zuvor stets angelastete Überformung der Realität; anstatt voll Kummer die reale Armut zu beklagen, sollen sich der Dichter und der Mensch fühlen, als spielten sie eine Gastrolle in »Gay's Bettleroper«.[70] Jean Pauls Essay »Über die natürliche Magie der Einbildungskraft« positiviert all das, was Malebranche und seine Nachfolger bis hin zum »Anton Reiser« zu Lasten der Phantasie vorzubringen wußten. Zugleich macht Jean Paul die Realitätsverkennung und die krankmachenden Gefahren der Phantasie auf breiter Front zum literarischen Thema, tragisch im »Titan«, humoristisch im »Quintus Fixlein« und rein komisch im »Komet«.

Für Jean Paul ist es ausgemacht, daß die dunkle Tätigkeit der Seele die helle Seite dominiert. »Eh' einer einen wizigen p. Einfal hat: ahndet er schon dunkel dieses Verhältnis; er strengt sich an und findets.« Diese Leistung der »dunkel wirkenden Seele«, die ebenso »unbewust das stahlsche Herz regiert«, ist dem Verstand allemal vorgeordnet. »Bei jedem fremden Saz empfindet man *dunkel* seine Richtigkeit oder Falschheit. Es [giebt] mehr dunkle als helle Thätigkeit in der Seele.« Die Überzeugung von Wahrheit kommt aus dem Dunkel der Seele, die Synthese vergessener Erfahrungen durch die Einbildungskraft bestimmt die Überzeugung von der Wahrheit eines Satzes – dem Beweis vorgeordnet und durch Spontaneität wirkungsmächtiger als dieser. »Warum leuchtete uns eine Maxime von Rochefoukault, die ohne Beweis da steht und deren Beweis ein Blik über mehrere aber vergessene Erfahrungen ist, dennoch ein, wenn sie nicht von diesen Erfahrungen dunkel abgedrukt (als Schieferabdruck) in uns gelegen wäre?«[71]

---

69 Jean Paul, I. Abt., Bd. 5, S. 187 und Bd. 7, S. 405.
70 Ebd., S. 188. Vgl. ebd.: »Leute, deren Kopf voll poetischer Kreaturen ist, finden auch außerhalb desselben keine geringern.«
71 Jean-Paul-Nachlaß, Fasz. 8a, [Philosophische] Untersuchungen I (1790–93), Nr. 12, Nr. 40.

Dieses dunkle Wahrheitsgefühl regiert das innovative Denken, es ist der Weg, Neues zu erfinden. Daher sind »dunklere Gefühle« den helleren vorzuziehen, sie gewähren die Überschau komplexer Probleme besser als die logische Zergliederung der Begriffe oder die algebraische Rechnung. Das Unbewußte wird so zur Grundlage des bewußten Denkens, eine anthropologische Grundlage, die letzten Endes auf die Schöpfung zurückgeführt wird. »Unser Irthum daß wir uns unser *ganz* bewust zu sein glauben, da doch das, wodurch das Bewustsein entsteht, nicht in diesem sein kan.« Das Unbewußte, dieses »innere Afrika«, ist so allemal größer als das Bewußte, jene bekannte Region, an die ein riesiges unbekanntes Territorium grenzt.[72] Wenn das Unbewußte – und dieser Begriff wird hier zum Synonym der Einbildungskraft – der wahre Quell der Innovation ist, so ruhte der neue Gedanke »früher ohne Bewußtsein in dir«; es bedarf nur des Anlasses oder Reizes, »so erfährst du von dir, was du weißt« – ein unbewußtes Wissen, das eben deswegen entschieden über das Erlernte hinausgeht. Weil das so ist, wird der Mensch »täglich klüger als er weiß«.[73] Genau das ist die Grundfigur von Schellings Transzendentalphilosophie: die Figur einer unbewußten, welterzeugenden Vernunft, die qua Einbildungskraft hinter dem Rücken des bewußten Subjekts agiert.

In Jean Pauls Ästhetik wird das Unbewußte im Rahmen der Genietheorie wichtig. »Das Mächtigste im Dichter, welches seinen Werken die gute oder böse Seele einbläst, ist gerade das Unbewußte.« Dieser Satz in § 13 der »Vorschule der Ästhetik« steht unter der Überschrift »Der Instinkt des Menschen«. Die Rubrik »Instinkt« ist eine der wichtigsten in den »Philosophischen Untersuchungen«. Der unbewußte Instinkt ist höherrangig als das »Bewustsein, das doch nichts thut, nur dem Gethanen und Thätigen zusieht«.[74] Der Instinkt ist ein geistiger Wille, der dem Subjekt vorausliegt und hinter seinem Rücken dennoch geistig agiert. Das geistig Freie daran ist nicht die Wahlfreiheit des Menschen, die auf Reflexion und Entschluß beruht, sondern eine Freiheit, die dem Menschen vorausläuft – es ist die Freiheit des Schöpfers, der den Instinkt in den Menschen gelegt hat, es ist göttliche Freiheit.

Der Begriff des Unbewußten, den wir heute einlinig auf Freud zurückbeziehen, ist bei Jean Paul mehrdeutig. Er umschließt Leibniz' petites perceptions, Sulzers dunkle Vorstellungen, Jacobis Instinkt-Begriff und die heute sogenannten konditionierten Reflexe. Das Unbewußte hat natürlich auch seine Nachteile: die unwillkürlichen Blasphemien, die krankmachenden Einbildungen, die Zwänge aller Art und die dahinter verborgenen Gelüste. Der Traum erweckt Fleischeslaster, die angeblich dem Wachbewußtsein fremd sind, er zeigt, wie schon zitiert, einen Augias-Stall. Doch nur ganz selten werden in den Essays von Jean Paul die wirklichen Nachtseiten berührt, in der Regel ist

---

72 Jean Paul: [Philosophische] Untersuchungen I, Nr. 51 und [Philosophische] Untersuchungen II (1794–1801), Nr. 20, Nr. 91. – Vgl. dazu »Dieses wahre innere Afrika«. Texte zur Entdeckung des Unbewußten vor Freud. Hrsg. v. L. Lütkehaus. Frankfurt 1989. Der Titel entstammt Jean Pauls »Selina« (II. Abt., Bd. 4, 291).
73 Philosophische Untersuchungen III (1801), Nr. 418.
74 Philosophische Untersuchungen III, Nr. 27.

die Nacht wohltätig. Jean Paul erinnerte sich noch 1816 an den tiefen Eindruck, den auf ihn während seines Leipziger Studiums das Shakespeare-Zitat aus Platners Vorlesung machte: »We are such stuff / As dreams are made on, and our little life / Is rounded with a sleep.«[75] Begriffsgeschichtlich gilt der Anthropologe Ernst Platner als der erste, der in den »Philosophischen Aphorismen« (1776) von »Unbewußtseyn« sprach.

Im Blick auf die Zwänge, die fixen Ideen, die Verwirrungen der Einbildungskraft spricht Jean Paul erstaunlicherweise *nicht* vom Unbewußten. Obwohl er Zwangshandlungen in großer Zahl beschreibt, ist bei ihm auch nicht im Ansatz das Konzept eines Unbewußten zu finden, das *pathogene* Einflüsse geltend macht. Das Unbewußte ist für ihn ein Geschenk von uneingeschränkter Positivität; die unwillkürliche Einbildungskraft wird im Zeichen der Romantik nicht nur von jedem Makel befreit, sie steht nun entschieden über dem zergliedernden, kritischen Verstand. Mehr noch, das Unbewußte ist im Blick auf den Magnetismus, der Jean Paul faszinierte, heilsam und sogar offenbarend.

Odo Marquard hat die eigentümliche Dichtomie zwischen dem heilen und heilenden Unbewußten und dem erst später namhaft gemachten unheilen philosophiegeschichtlich beschrieben.[76] Seine These wird durch Jean Pauls philosophische Überlegungen bestätigt. Jean Paul berauschte sich an den romantischen Lichtgestalten des Unbewußten, *obwohl* er in seinen Werken eine intime Kenntnis seiner Nachtseiten bewies.

Coda: Pater Sgambari oder das serapiontische Prinzip

Muratori berichtet von dem gelehrten Jesuitenpater Sgambari, der sich einbildete, »daß er zum Kardinal kreirt wäre«. Den Pater Provinzial, der ihn zu bessern trachtete, brachte der scharfsinnige, gleichwohl verrückte Jesuit Sgambari in folgendes Dilemma: »Entweder halten Sie mich für einen Narren, oder nicht. Im lezten Fall begehn Sie an mir ein großes Unrecht, daß Sie mit mir in einem solchen Ton reden« – und nicht in dem Ton, der gegenüber einem Kardinal angemessen ist. »Im erstern Falle halte ich Sie, mit ihrer Erlaubniß, für

---

75 Die Stelle aus Shakespeares »Tempest« (IV. Akt, 1. Szene) zitiert Jean Paul im »Vita-Buch«, Nr. [466] (Jean-Paul-Nachlaß, Quartheft in Fasz. 10). – Zum Begriff des Unbewußten in der Bedeutung der »petites perceptions« von Leibniz vgl. Ernst Platner: Philosophische Aphorismen. Neue durchaus umgearbeitete Auflage, Tl. 1, Leipzig 1784, § 73: »Im Zustande des Unbewußtseyns (69) werden die vorschwebenden Ideen bloß aufgefaßt von der Seele, aber nicht anerkannt.«
76 Vgl. Odo Marquard: Transzendentaler Idealismus. Romantische Naturphilosophie. Psychoanalyse. Köln 1987. Vgl. bes. die Begriffe der heilen, ›verzauberten Romantiknatur‹ und der ›unheilen Triebnatur‹, die von Schopenhauer und Nietzsche ›ermächtigt‹ wird (S. 198–209). Dem kann man ein heiles Unbewußtes bei Jean Paul (auch bei Carl Custav Carus u. a.) und ein unheiles zur Seite stellen, das von diesen Autoren geahnt, aber begrifflich ausgeklammert wird.

einen größern Narren, als mich selbst, weil sie sich vorstellen, einen Narren durch bloßes Zureden wieder zurecht bringen zu können.«[77]

Dem aufmerksamen Leser mag das Argument bekannt vorkommen; es wird – kaum variiert – vom Namenspatron der »Serapionsbrüder« wiederholt: »Sie behaupten, daß ich mich für den Märtyrer Serapion halte, und ich weiß recht gut, daß viele Leute dasselbe glauben und vielleicht nur so tun, als ob sie es glaubten. Bin ich nun wirklich wahnsinnig, so kann nur ein Verrückter wähnen, daß er imstande sein werde mir die fixe Idee, die der Wahnsinn erzeugt hat, auszureden.« Soweit entspricht das Argument dem des Paters Sgambari. Der zweite Teil ersetzt den Kardinal durch den frommen Einsiedler und dreht die Schraube um eine Windung weiter: »Bin ich aber nicht wahnsinnig und wirklich der Märtyrer Serapion, so ist es wieder ein törichtes Unternehmen mir das auszureden und mich erst zu der fixen Idee treiben zu wollen, daß ich der Graf P** aus M- und zu Großem berufen sei.«[78]

Da es gänzlich unmöglich war, den eingebildeten Kardinal Sgambari von seinem »schmeichelnden Wahn zurückzuführen«, der Jesuit aber, bis auf diesen Punkt, völlig vernünftig und ein sehr tüchtiger Theologe war, schlägt Muratori eine höchst ungewöhnliche Therapie vor: Sgambari wäre geheilt worden und wieder gänzlich zur Vernunft zurückgekehrt, wenn »ein Pabst die Barmherzigkeit gehabt hätte, ihn wirklich zum Kardinal zu machen«.[79] Anstatt die Einbildung durch andere Vorstellungen – notfalls durch eine andere Einbildung – zu verscheuchen, macht hier ein Arzt den einzigartigen Vorschlag, den luftigen Wahn in amtliche Realität zu verwandeln.

Auch der Versuch, dem Grafen die Einbildung, er sei der Märtyrer Serapion, auszureden, erweist sich als gänzlich unmöglich. Statt dessen entdeckt der Laientherapeut in ihm das Prinzip der Poesie; Serapion wird zum Namenspatron der Erzählerrunde, weil die Gestaltungen seiner Phantasie bei aller Zerrüttung ein »hohes Dichtertalent« verrieten. Die Schwärmereien eines problematischen Geistes gewährten einen »Blick in die schauerlichste Tiefe der Natur«.[80] Ein anderer Poesie- und Naturbegriff ist hier entstanden, ein Konzept, das den Zusammenhang von abweichendem Verhalten und Kreativität und damit das Risiko der Phantasie akzeptiert.

Es ließe sich zeigen, daß in die Erzählung von Serapion der gesamte Diskurs der Aufklärung über die Gefährlichkeit der Einbildungskraft eingegangen ist; nun – nach der romantischen Wende – wird dieser mehr als ein Jahrhundert währende Diskurs für E. T. A. Hoffmann – wie zuvor für Jean Paul – zum Humus neuer Formen der Poesie. So bewegt sich Hoffmanns Schauerroman »Die Elexiere des Teufels«, der im Gespräch über Serapion erwähnt wird, genau auf

---

77 Muratori (Anm. 31), Tl. 2, S. 9.
78 E. T. A. Hoffmann: Die Serapions-Brüder. Hrsg. v. W. Müller-Seidel, München 1963, S. 23.
79 Muratori (Anm. 31), Tl. 2, S. 9. Ellinger hat als Quelle Reils »Rhapsodieen« (Anm. 45, S. 316) ermittelt. Reil beruft sich auf Muratori. Die Anmerkung von Segebrecht in der Ausgabe der Serapions-Brüder gibt leider das so beachtliche wie wichtige Argument nur zur Hälfte wieder.
80 E. T. A. Hoffmann: Die Serapions-Brüder (Anm. 78), S. 27, 29.

der Grenzlinie zwischen Teufelsphysik und erhitzter Einbildungskraft. Entspringt die Identitätsstörung des Helden jener dämonischen »dunklen Macht, die über uns gebietet« (Vorwort) und uns zum blinden Werkzeug unbekannter Zwecke macht, oder den Lüsten und Ängsten des Unbewußten, über die das Bewußtsein wacht wie ein »Zollinspektor« über die Ausfuhr verbotener Güter? Der alte Diskurs generiert hier eine neue Gattung, die der Phantastischen Literatur. Sie lebt – unter anderem – von dem Zweifel des Lesers, ob das Geschehen übernatürlich oder anthropologisch zu interpretieren sei. Vor allem aber zeugt diese Literatur von einer Wende im Diskurs über die Einbildungskraft, denn im serapiontischen Prinzip sind die von der Aufklärung aufgerichteten Grenzwände zwischen der Facultas fingendi und dem Verdacht pathogener Schwärmerei papierdünn geworden.[81]

81 In der Diskussion war dieser letzte Satz umstritten. Der Einwand: dem stehe das von E. T. A. Hoffmann konstatierte »Prinzip der Duplizität« entgegen, demgemäß die Außenwelt als Hebel der inneren wirke und zu wirken habe. In der Tat läßt Serapion diese Anbindung des Inneren an die sinnliche Wahrnehmung und an den kommunikativ ermittelten Konsens dessen, was als Außenwelt zu betrachten ist, vermissen. Obwohl Serapion derart einzig in seiner Phantasie lebt und obwohl er infolgedessen, was die Einschätzung der Realität um ihn her betrifft, als Wahnsinniger zu betrachten ist, wird er dennoch zum Schutzpatron der Erzählerrunde. In den Erzählungen Serapions von seinen Begegnungen mit Dante, Ariost etc. treten alle Gestalten »mit einem glühenden Leben hervor, daß man fortgerissen, bestrickt von magischer Gewalt wie im Traum daran glauben muß, daß Serapion alle selbst wirklich von seinem Berge erschaut.« (26f.) Diesem Urteil über Serapions dichterische Potenz qua Phantasie schließen sich alle Mitglieder der Freundes- und Erzählerrunde an: Der Einsiedler war ein »wahrhafter Dichter« (54). Freilich ist er auch ein Wahnsinniger, denn er statuierte »keine Außenwelt«, die nach Kantscher Lehre den Intellekt in Bewegung setzt. Serapion negiert die sinnliche Wahrnehmung und setzt gänzlich auf die Einbildungskraft. Nun verpflichtet sich jeder der Serapionsbrüder, in seinen Produktionen »das Bild, das in seinem Innern aufgegangen recht zu erfassen mit allen seinen Gestalten, Farben, Lichtern und Schatten, und dann, wenn er sich recht entzündet davon fühlt, die Darstellung ins äußere Leben« zu tragen – wie eben Serapion, der gleichwohl als »wahnsinnig« gilt (55, vgl. 100). Ausdrücklich wird bei Gelegenheit einer Erzählung konstatiert, sie sei nicht eigentlich »serapiontisch zu nennen«, da der Erzähler die beschriebenen Bilder und Gestalten mit »leiblichen Augen« geschaut, also der äußeren Realität nachgezeichnet habe (74). Inwieweit die einzelnen Erzählungen, die, wenngleich in anderer Form, zunächst einzeln veröffentlicht wurden, in der Tat dem serapiontischen bzw. dem Prinzip der Duplizität entsprechen, ist eine andere, in der Forschung vielfach umstrittene Frage (Zitat nach der Ausg. in Anm. 80).

»... ein Empfindungssystem, der ganze Mensch«
Grundlagen von Hölderlins poetologischer Anthropologie im 18. Jahrhundert

ULRICH GAIER (Konstanz)

In seinen *Anmerkungen zur Antigonae* von 1804 schreibt Hölderlin über »die Regel, das kalkulable Gesez« dieser von ihm übersetzten Tragödie des Sophokles:

> »Sie ist eine der verschiedenen Successionen, in denen sich Vorstellung und Empfindung und Räsonnement, nach poëtischer Logik, entwikelt. So wie nemlich immer die Philosophie nur ein Vermögen der Seele behandelt, so daß die Darstellung dieses Einen Vermögens ein Ganzes macht, und das blose Zusammenhängen *der Glieder* dieses Einen Vermögens Logik genannt wird; so behandelt die Poësie die verschiedenen Vermögen des Menschen, so daß die Darstellung dieser verschiedenen Vermögen ein Ganzes macht, und das Zusammenhängen *der selbstständigeren Theile* der verschiedenen Vermögen der Rhythmus, im höhern Sinne, oder das kalkulable Gesez genannt werden kann.«[1]

Die gleichzeitig geschriebenen *Anmerkungen zum Oedipus* bekräftigen den anthropologischen Anspruch dieser Poetik:

> »Das Gesez, der Kalkul, die Art, wie, ein Empfindungssystem, der ganze Mensch, als unter dem Einflusse des Elements sich entwikelt, und Vorstellung und Empfindung und Räsonnement, in verschiedenen Successionen, aber immer nach einer sichern Regel nacheinander hervorgehn, ist im Tragischen mehr Gleichgewicht, als reine Aufeinanderfolge.«[2]

Mit einigen seiner Formulierungen und mit der Gesamtkonzeption dieses Kalküls greift Hölderlin auf die Fragmente gebliebenen poetologischen Aufsätze zurück, die als »Homburger Aufsätze« von 1799 bekannt und kontrovers interpretiert worden sind[3]; diese späten Äußerungen stellen jedoch mit den Begrif-

---

1 Hölderlin Sämtliche Werke, Stuttgarter Ausgabe [künftig: StA]. Hrsg. v. Friedrich Beißner. Bd. 5. Stuttgart 1952, S. 265.
2 StA 5, S. 196.
3 Monographien dazu: Lawrence Ryan: Hölderlins Lehre vom Wechsel der Töne. Stuttgart 1960; Ulrich Gaier: Der gesetzliche Kalkül. Hölderlins Dichtungslehre. Tübingen 1962; Michael Konrad: Hölderlins Philosophie im Grundriß. Analytischer Kommentar zu Hölderlins Aufsatzfragment ›Über die Verfahrungsweise des poetischen Geistes‹. Bonn 1967; Fred Lönker: Welt in der Welt. Eine Untersuchung zu Hölderlins ›Verfahrungsweise des poetischen Geistes‹. Göttingen 1989.

fen des Kalküls, des ganzen Menschen, der Logiken von Vermögen außerhalb der Verstandeslogik und dem Anspruch, daß Poesie mit höherer »poetischer Logik« zu einer Integration des von der Philosophie auseinandergenommenen Menschen fähig sei, eine deutlichere Beziehung zu der anthropologisch orientierten Poetik des 18. Jahrhunderts her als die früheren Aufsätze. Während diese bisher fast nur immanent, mit gelegentlichen Seitenblicken auf die unmittelbar zeitgenössische Philosophie interpretiert wurden, kann der durch die späten Äußerungen eröffnete Blick auf die Tradition Begriffszusammenhänge, Absichten und Ansprüche von Hölderlins Poetik sichtbar machen, die einer nur auf Hölderlins Texte konzentrierten Untersuchung verborgen bleiben.

Unter diesem Gesichtspunkt hebe ich aus den zitierten Äußerungen folgende Bestimmungen heraus, um sie dann im einzelnen auf dem Hintergrund der Tradition zu kommentieren:
– Hölderlins Ausgangs- und Zielbegriff ist »der ganze Mensch«.
– »Der ganze Mensch« kann durch die Beziehung der »Vermögen« dargestellt werden, die Hölderlin als »Vorstellung und Empfindung und Räsonnement« bezeichnet.
– Die Philosophie behandelt diese Vermögen gesondert als jeweils Ganze; der Zusammenhang ihrer Glieder heißt jeweils »Logik«.
– Die Poesie behandelt den Zusammenhang der Vermögen so, daß ihre Darstellung »ein Ganzes macht«; dieses Ganze heißt vielleicht deshalb »Empfindungssystem«, weil der Zusammenhang weder gedacht noch vorgestellt, sondern nur empfunden werden kann; man könnte dann einen Darstellungs- und einen Rezeptionsaspekt unterscheiden, wobei der Rezeptionsaspekt den Sinn der anthropologischen Poesie als Metatheorie enthielte: der Leser oder Hörer soll durch die Poesie die Empfindung (intellektuelle Anschauung) seiner selbst als ganzen Menschen gewinnen können.
– Der Zusammenhang »der selbstständigeren Theile« der in poetischer Darstellung zum Ganzen gefaßten Vermögen ist (aus metaphysischen oder/und anthropologischen Gründen) an die Sukzession der Zeit gebunden und gestattet verschiedene Sukzessionen, die aber alle einer »sichern Regel« des Nacheinander-Hervorgehens folgen.
– Die anthropologische Poetik mit den genannten Regeln gilt für die Tragödien des Sophokles; Hölderlin fordert, daß »man die Poësie, auch bei uns, den Unterschied der Zeiten und Verfassungen der Alten abgerechnet, zur μηχανη der Alten erhebt«; »jener gesezliche Kalkul« soll auch »der modernen Poësie« dazu verhelfen, daß »ihre Verfahrungsart berechnet und gelehrt, und wenn sie gelernt ist, in der Ausübung immer zuverlässig wiederholt werden kann«.[4] Der poetische Kalkül wird also durch »den Unterschied der Zeiten und Verfassungen« nicht tangiert.

---

4 StA 5, S. 195.

I. Der ganze Mensch

Die Formel vom ganzen Menschen stellt sich in Opposition zu Vorstellungen, die den Menschen nur unter einer partiellen Hinsicht zur Kenntnis nehmen oder die unaufhebbare Geteiltheit des Menschen behaupten, dabei aber gleichzeitig den Anspruch erheben, über »den Menschen« zu reden oder gar von dem partiellen Zugang aus auf ihn als Gesamtheit wirken zu können. Demgegenüber fordern und suchen Proponenten des ganzen Menschen erstens die Vollständigkeit der Hinsichten, zweitens die grundsätzliche Bereitschaft, auch »niederen« Teilen und Fähigkeiten Funktion und Wert zuzumessen, endlich Konzeptionen über das Zusammenwirken der Teile und Fähigkeiten, meist auch über Sinn und Wert dieses Zusammenwirkens.

Schränkt man die Vertreter partieller Hinsichten nicht nur auf »Einzelwissenschaften« ein[5] und sucht ihre Gegner nicht erst seit deren Bestehen, so öffnet sich eine Traditionslinie, die weit hinter das 18. Jahrhundert als die Entstehungsperiode unserer Einzelwissenschaften zurückreicht. Ich erinnere nur an Platon, der in vielen Dialogen ein trichotomisches Menschenbild vertritt und die Fähigkeiten einzeln diskutiert, ja ihre Analoga im *Staat* in Menschengruppen auseinandernimmt, dann aber, wiederum im *Staat*, ihr notwendiges Zusammenwirken beschreibt oder sie z.B. im *Phaidros* im Bild von den zwei Rossen und ihrem Wagenlenker zusammengreift. Ich erinnere an die Galenische Humoralmedizin, die das Zusammen- und Gegeneinanderwirken der Körpersäfte und des aus ihnen komponierten Menschen lehrte; ähnliche Grundprinzipien der lebenden Organisation begegnen in hippokratischen Schriften, wo »eine Essenz die andere überwindet, [...] da es immer heißt, *superat et superatur*«.[6] Der alttestamentliche Totalbezug des Menschen auf Gott, den er liebhaben soll »von ganzem Herzen, von ganzer Seele, von allem Vermögen« (5 Mose 6,5) wird, am deutlichsten bei Lukas, als »das vornehmste und größte Gebot« (Mt 22,36–38) wiederholt: »Du sollst Gott deinen Herrn lieben von ganzem Herzen, von ganzer Seele, von allen Kräften und von ganzem Gemüte und deinen Nächsten wie dich selbst.« (Lk 10,27); in der Form, die die ganzen Körperkräfte[7] in den religiösen Bezug einschließt, stellt sich das Gebot zu dem auf Herz, Seele und Gemüt reduzierten bei Matthäus (22,37) und vollends zu der paulinischen Abwertung des Fleisches gegenüber dem Geist (Röm 8,9) in Opposition.

---

5 D. Rössler, Art. »Mensch, ganzer«. In: Joachim Ritter (Hg.): Historisches Wörterbuch der Philosophie. Bd. 5. Darmstadt 1980, Sp. 1106.
6 Friedrich Christoph Oetinger: Swedenborgs irdische und himmlische Philosophie. Hrsg. v. Karl Chr. Eberhard Ehmann und Erich Beyreuther. Stuttgart 1977 (= Sämtl. Schriften II 2), S. 239.
7 ἐν ὅλῃ τῇ ἰσχύϊ σου (Lk 10,27). Dem entspricht 5 Mose 6,5, wo die »äußerste Kraftanstrengung« nicht nur den Körper, sondern rabbinisch sogar den »Geldbesitz« einbezieht (Theologisches Wörterbuch zum Alten Testament. Hrsg. v. G.J. Botterwek u.a. Stuttgart 1984. Bd. 4, Sp. 613).

Diese Anstöße in Religion, Philosophie und Medizin, denen die Erziehungslehren von der musischen Bildung der Griechen[8] bis zur allseitigen Ausbildung des Rhetors nach Cicero oder Quintilian an die Seite gestellt werden müssen, generieren jeweils eigene Traditionen, die hier nicht verfolgt werden können. In für die Neuzeit maßgeblicher Weise wurden sie von Marsilio Ficino zusammengegriffen, kosmologisch begründet, poetologisch unterstützt und mit Ficinos Platon-Kommentaren bis zum Ende des 18. Jahrhunderts als Lehre des »Divus Plato« weitergereicht. Hier ist es insbesondere die Begeisterungslehre, die die Ganzheit des Menschen zu vollenden anleitet und zugleich die Poesie anthropologisch funktionalisiert. Die Aufgabe der aus der Einheit Gottes herabgestiegenen Menschenseele ist es, »das gefallene Universum wiederzubringen, denn durch ihr segensreiches Handeln wird das Universum, ursprünglich spirituell, jetzt aber materiell geworden, ohne Unterlaß geläutert und von Tag zu Tag spiritualisiert«.[9] Zunächst ist es hier die täglich neue Schwierigkeit, die inkompatiblen und streitenden Elemente im Körper aufzubauen und im Gleichgewicht zu halten, ein Geschäft, das dauernde Aufmerksamkeit erfordert und die Seele oft zerteilt, schwankend und schwindlig werden läßt.[10] Nun soll aber die Seele nicht nur den Kontakt zur ursprünglichen Einheit nicht verlieren, sondern sogar die durch ihre Harmonisierungs- und Kulturarbeit spiritualisierte Natur zu Gott zurückbringen:

»Zweifellos kann das Gemüt nicht zur Einheit zurückkehren, wenn es nicht selbst Eines wird. Es ist aber Vielheit geworden, weil es in den Körper herabgesunken, in verschiedenartige Tätigkeiten zerstreut und auf die unendliche Menge der körperlichen Dinge gerichtet ist. Deshalb schlafen seine oberen Teile fast, die unteren herrschen über die andern. Jene sind erstarrt, diese aufgewühlt, das ganze Gemüt ist von Zwietracht und Nichtzusammenstimmung erfüllt. Da ist zunächst die poetische Begeisterung nötig, um durch musikalische Anspannung zu erwecken, was erstarrt ist, um durch harmonische Lieblichkeit zu besänftigen, was in Aufruhr ist[11], um endlich die dissonante Zwietracht durch die Zusammenstimmung des Verschiedengerichteten zu vertreiben und die mannigfaltigen Teile des Gemüts aufeinander abzustimmen. [...] Die erste Begeisterung temperiert also das Nichtzusammenstimmende und Dissonante. Die zweite macht aus dem Temperierten ein Ganzes aus seinen Teilen. Die dritte hebt das eine Ganze über die Teile hinaus. Die vierte führt es zum Einen, das über dem Wesen und über dem Ganzen ist.«[12]

---

8 Vgl. Werner Jaeger: Paideia. Die Formung des griechischen Menschen. 3 Bde. Berlin 1933/47 u. ö.
9 Marsile Ficin: Théologie platonicienne de l'immortalité des âmes. Texte critique établi et traduit par Raymond Marcel. 3 Bde. Paris 1964–70. Bd. 3, S. 118.
10 Ebd. S. 131–137.
11 Hier scheint die Grundlage für Schillers Begriffe der energischen und der schmelzenden Schönheit wie auch für seine anthropologisch kritischen Begriffe des Wilden und des Barbaren in den Briefen *Über die ästhetische Erziehung des Menschen* gegeben zu sein.
12 Marsilio Ficino: Über die Liebe oder Platons Gastmahl. Hrsg. u. eingel. v. Paul Richard Blum, lat.-dt. Hamburg 1984, S. 354/356 (Übersetzung von mir).

Die Begeisterungen in aufsteigender Reihe vollenden also das im Körper beginnende Werk der Harmonisierung des Menschen zur Ganzheit und führen die dann vollständig belebte und mit sich und der Natur übereinstimmende Seele zu Gott zurück. Da ohnehin alle Begeisterungen sich poetisch äußern[13], ist die höhere Poesie ein magisches Instrument[14], welches die Ganzheit des Menschen bewirkt und ihn der kosmischen Einheit zuführt.[15] Als solches und mit dieser Wirkung gilt die Poesie bei den Mystikern und Hermetikern des 16. und 17. Jahrhunderts, von denen noch die Frühromantiker lernten: Die im 18. Jahrhundert gegen die Zersplitterung in Einzelgesichtspunkte und Einzelwissenschaften sich etablierende Anthropologie des ganzen Menschen ist nicht etwa eine Neuentdeckung, sondern greift mit Inhalten und Argumenten auf die in der *magia naturalis* der Renaissance neu formulierte antike Tradition zurück.

Dies tun im 18. Jahrhundert nicht nur Schwärmer und Poeten, sondern auch etablierte Philosophen der Aufklärung. Kondylis hat darauf aufmerksam gemacht, daß Christian Thomasius in einer der ersten maßgeblichen Aufklärungsschriften schreibt:

> »Wenn der Mensch nicht weiß, worinnen seine *Vernunft* bestehet, wie will er dieselbe brauchen die *Wahrheit* zu erforschen. Wie will er aber wissen, was seine Vernunft sey, wenn er nicht vorher weiß, was *der ganze Mensch* sey.«[16]

Dies ist auf dem Hintergrund der cartesischen Spaltung von *res cogitans* und *res extensa* eine bemerkenswerte Forderung, die überhaupt der Vernunft eine Definition und Rolle zu geben scheint, die so gar nicht dem heutigen rationalistischen Bild von der *ratio* in der Frühaufklärung entspricht. Vernunft hat vor allem bei Christian Wolff den Charakter eines Vermögens, das nicht die Adäquation eines Begriffs mit seinem objektiven Korrelat, sondern das Zusammenstimmen von Sätzen und Erfahrungen beurteilt, und zwar letztlich aufgrund wiederum konsensueller Erfahrungen. Christian Schröer hat überzeugend herausgearbeitet, daß »man Wolff nicht einer Adaequations-, sondern eher einer Art Kohärenztheorie der Wahrheit zurechnen« muß.[17] Wenn es deshalb bei Wolff heißt, »wer ein vollkommenes Leben lebt, lebt nach der Ver-

---

13 Michael J. B. Allen: Marsilio Ficino and the Phaedran Charioteer [Übersetzung des Phaidros-Kommentars mit Einleitung]. Berkeley, Los Angeles, London 1981, S. 84.
14 Daniel P. Walker: Spiritual and Demonic Magic from Ficino to Campanella. London 1958, S. 235 zitiert aus der *Poetica* Tommaso Campanellas die Auffassung, das Gedicht sei »instrumentum magicum« (Ausg. v. L. Firpo. Roma 1944, p. 267).
15 Vgl. die Darstellung von Giordano Brunos Poetik in Gerhart von Graevenitz: Mythos: zur Geschichte einer Denkgewohnheit. Stuttgart 1987, S. 1–33.
16 Christian Thomasius: Einleitung in die Vernunftlehre. Halle 1691 (ND Hildesheim 1968), S. 95; Hinweis bei Panayotis Kondylis: Die Aufklärung im Rahmen des neuzeitlichen Rationalismus. Stuttgart 1981, S. 549f.
17 Christian Schröer: Naturbegriff und Moralbegründung. Die Grundlegung der Ethik bei Christian Wolff und deren Kritik durch Immanuel Kant. Stuttgart, Berlin, Köln, Mainz 1988, S. 33–41: »Der Begriff des ›Zusammenstimmens‹ erweist sich bei Wolff somit als der Kern der Vernunft selbst.« (S. 41).

nunft«[18], so bedeutet dies, daß alle freien Handlungen untereinander und mit den natürlichen, körpereigenen Verhaltensweisen zusammenstimmen müssen (PU II § 1) und daß nicht die Befolgung von material ethischen Sätzen, sondern die formale Zusammenstimmung unter den Handlungen es ist, die den Grad der Vollkommenheit des Lebens fühlbar macht. Und auch bei Wolff ist es mit Einsehen, Wollen, Ausführen der möglichst vollständige Gebrauch aller unserer Fähigkeiten (ausdrücklich auch der natürlich-körperlichen) der erst »menschliche Handlungen« konstituiert und, wenn sie zusammenstimmen, vollkommenes Leben ermöglicht. Ausdrücklich zitiert Wolff in diesem Zusammenhang die besprochene Stelle aus Lk 10,27 und bindet die formale Ethik der Zusammenstimmung aller unserer Handlungen untereinander, mit denen der andern Menschen und mit der Welt, an die Grundbestimmung einer natürlichen Religion: »Das letzte Ziel menschlicher Handlungen besteht in ihrer Eignung, die höchste Vollkommenheit Gottes zu repräsentieren, d. h. seine Herrlichkeit zu offenbaren.« (PU II § 29) Schwierigkeiten beim Übergang von der Erkenntnis in den Willen, von der Erkenntnis zum Tun des Guten begegnet Wolff mit der Konzeption der »lebendigen Erkenntnis«, die im Gegensatz zur bloßen toten Erkenntnis zum Handlungsmotiv wird (PU II § 244). Gewißheit und Überzeugung transformieren eine tote in eine lebendige Erkenntnis (PU II § 246, 248); bewiesene Wahrheiten werden erst zu lebendigen Erkenntnissen, wenn man sich an sie gewöhnt hat und die Dinge, von denen sie handeln, in der Wirklichkeit erfahren hat:

> »Zur lebendigen Erkenntnis brauchen wir nicht weniger die Überzeugung a posteriori als a priori. [...] Wir müssen uns also alle Mühe geben, daß unsere unteren (Erkenntnis)-Fähigkeiten mit den oberen zusammenstimmen. Das ist aus dem einzigen Grund notwendig, daß, wer eine lebendige Erkenntnis von dem gewinnen will, was er erkennt, nicht weniger a posteriori als a priori überzeugt wird, damit die Überzeugung auf jede Art geschieht.« (PU II § 249 nota)

Noch stärker wird die Zustimmung zu einem verstandesmäßig bewiesenen Satz, wenn nicht nur die »apriorische« Gewißheit des Verstandes und die »aposteriorische« der sinnlichen Erfahrung übereinstimmen, sondern auch noch die *imaginatio* mit einer eigenen Form der Gewißheit hinzutritt (PU II § 301). Wolff greift hier wie Aristoteles[19] auf das im Volk verbreitete topische Wissen zurück, die allgemeine Ansicht über das, was am wahrscheinlichsten und glaubhaft ist in den Fällen, »die auch anders sein können«. Aus diesem allgemein bestehenden und bekannten Wissen, das nicht Anschauung und nicht Erkenntnis, sondern »anschauende Erkenntnis« und die mit ihr verbundene Ge-

---

18 Christian Wolff: Philosophia practica universalis methodo scientifica pertractata pars posterior. Mit einem Nachwort von Winfried Lenders. Hildesheim, New York 1979 (= Christian Wolff Gesammelte Werke. Hrsg. u. bearb. v. Jean Ecole, J.E. Hofmann, M. Thomann, H.W. Arndt. Hildesheim 1964ff. II 11; künftig PU II mit Paragraphennummer zitiert, Übersetzungen von mir), § 55. Definition der ratio als Fähigkeit, den Zusammenhang der allgemeinen Wahrheiten [also nicht deren Adäquation] einzusehen, in PU I § 259.
19 Poetik, Kap. 25 u.ö.

wißheit der Vorverständigung aller impliziert, werden die Fabeln gedichtet (PU II § 306f.), und auch die Fabelgeschichten sind nicht Demonstration für den Verstand und nicht empirische Erfahrung für die sinnliche Anschauung, sondern anschauende Erkenntnis, ins fiktionale (PU II § 302) Modell erhobene Form von Erfahrung (PU II § 308). Die vollständige Form der Fabel besteht aus drei Teilen: der »Wahrheit, die man andern beibringen will«, einem wirklichen Fall, auf den sie anwendbar ist, und dem erdichteten Modell aus dem Fundus des topischen Wissens (PU II § 309). »Eine größere Gewißheit kann für den Erkennenden nicht sein, als wenn er von der Wahrheit kraft Beweis überzeugt und durch die Leistung der Beispiele der eigenen Erfahrung und der Fabeln ihn ihr befestigt wird. Deshalb, da die Gewißheit eine lebendige Erkenntnis bewirkt, wird diese in jeder Hinsicht absolut sein« (PU II § 323). Mit dem Konsens der Demonstration, der Erfahrung und der topisch gespeisten Erfindung, der Zusammenstimmung von Verstand, Sinnlichkeit und Imagination (PU II § 317), wird durch die erzeugte lebendige Erkenntnis die Neigung zum entsprechenden Handeln erweckt, auch Theorie und Praxis, Erkennen, Wollen und Tun kommen in Konsens miteinander.

Da die Zustimmung zu der Wahrheit und die allseitige Zusammenstimmung unseres Wesens »unserer Vollkommenheit Anzeichen ist, anerkennen wir nicht ohne Wohlgefallen diese Gewißheit. Nicht selten freuen wir uns sogar darüber«, d.h. genießen dauerndes wiederkehrendes Wohlgefallen daran (PU II § 301). Das Wohlgefallen, die Lust nämlich ist die Anzeige unserer Vollkommenheit[20], die sich im Konsens aller unserer Vermögen als dem perfekten Leben und seiner wahren Schönheit (PU II § 341) manifestiert.

Dichtung ist also auch bei Christian Wolff, dem Vater der deutschen Aufklärung, das Instrument der Integration des geteilten Menschen. Es handelt sich nicht nur, wie man meinen könnte, um die didaktische Gattung der Fabel; schon in seiner *Deutschen Politik* hat Wolff erkennen lassen, daß er gerade auf die »unschuldige Lust« einer ergötzenden Dramatik und Oper besonderen Wert legt[21], daß also »Fabel« in der PU im weiten Sinn des aristotelischen μύθος zu verstehen ist. Was den ganzen Menschen herstellt, in die Zusammenstimmung seiner Natur zurückführt, zur Offenbarung der Herrlichkeit Gottes macht, ist die mit Wohlgefallen, ja dauernder Freude erfahrene Zusammenstimmung aller seiner Vermögen, wobei der Inhalt der Zusammenstimmung nur Anlaß ist, ihre formale Qualität aber, die Angemessenheit der Vermögen zueinander, die sich in ihrem freien Spiel manifestiert, den eigentlichen Grund der metaphysisch begründeten Lust gibt.[22]

---

20 Christian Wolff: Psychologia Empirica. ND Hildesheim 1968 (= Gesammelte Werke II 5), § 544. 550.
21 Deutsche Politik (= Gesammelte Werke I 5), § 390.
22 Die Nähe zu Kant ist unverkennbar. Die Modellhaftigkeit der fiktionalen Fabel, d.h. ihre Qualität, in einem erdichteten Bild zahllose wirkliche Fälle zur »anschauenden Erkenntnis« zu bringen und damit dem Verstand »viel zu denken zu geben«, ist vielleicht Grundlage für das Konzept der »ästhetischen Ideen« in der Kritik der Urteilskraft (§ 49).

Es ist zu erwarten, daß auch der Wolff-Schüler Baumgarten eine Lehre von der Integration des Menschen speziell im Medium der Dichtung aufbaut. In der Tat ist das in der *Aesthetica* (§ 28ff.)[23] dargelegte Konzept des *felix aestheticus* die Vorstellung vom musischen Menschen, der mit harmonisch angeborenen und entwickelten Anlagen die göttliche Herrlichkeit der schönen Welt, die Vollkommenheit schöner Dinge, Verhältnisse und Gedanken, die Lust an der Harmonie genießt, mit der die eigene Seele sich dem Schönen gleichstimmt. Gegenüber der allgemeinen anthropologischen Vollkommenheitslehre Wolffs, die in dem Genuß der Dichtung nur ihre Spitze hat, ist der *felix aestheticus* Baumgartens jedoch verhältnismäßig eingeschränkt: die Ausbildung seiner Fähigkeiten ist partiell – er braucht nur eine Allgemeinbildung, die keinesfalls spezialistisch vertieft werden darf (Aesth. § 64, 67) –, er muß auf wissenschaftliche und geschäftliche Tätigkeit verzichten und hat damit einen reduzierten anthropologischen Status. Ganzheit als Harmonie heteronomer Fähigkeiten, bei Wolff noch jedem Menschen im Gebrauch all seiner Vermögen aufgegeben, wird hier zur partialen Lebensform eines musischen Spezialisten, der als der Spielende den erfolgreichen spezialisierten Geschäftsleuten und Wissenschaftlern verdächtig ist, zugleich aber als Synekdoche einer unerreichbaren Vollendung des Menschen von ihnen sentimentalisch beäugt und an schwärmerischen Sonntagen als Genie verehrt wird.

Dichter in dürftiger Zeit kündigen sich an. Bei Kant ist das Schöne nur noch auf den Konsens zweier von vielen Erkenntnisvermögen begründet; die Beziehung zur Sittlichkeit läßt sich nur noch als Symbol fassen[24]; die Ganzheit des Menschen ist nicht mehr herstellbar, »das übersinnliche Substrat aller seiner Vermögen (welches kein Verstandesbegriff erreicht)«[25] bildet vielleicht den Zielbegriff einer ungeschriebenen Metaphysik Kants[26], ist aber nicht einmal mehr Ziel der von ihm angedeuteten Integrationsgesten.[27] Auch die Dichtung, so wichtig sie in der *Kritik der Urteilskraft* als Domäne des Genies ist (§ 53), hat nicht mehr die Funktion und Fähigkeit, den ganzen Menschen zu integrieren; ihre Leistungen bleiben bemerkenswert vor allem durch die ästhetischen Ideen, aber partial.

Es erscheint deshalb fast heroisch, wenn Schiller mit seiner »vollständigen anthropologischen Schätzung«[28] und Hölderlin mit seinem Empfindungssystem

---

23 Alexander Gottlieb Baumgarten: Aesthetica. 2 Tle. Frankfurt/O. 1750/1758 (ND Hildesheim 1961).
24 Kritik der Urteilskraft § 59.
25 Ebd. § 57 Anm. 1 (S. 242 der Originalausgabe).
26 Ebd. V f.
27 So sollen z. B. in Beziehung auf »das übersinnliche Substrat aller [...] Vermögen [...] alle unsere Erkenntnisvermögen zusammenstimmend« gemacht werden; dies sei »der letzte, durch das Intelligibele unserer Natur gegebene Zweck« (KdU, S. 242); Die Zusammenstimmung aller unserer Vermögen überhaupt als letzter, durch das Anthropologische unserer Natur gegebener Zweck, die hier analog gefordert werden könnte, wird jedoch m. W. nirgends erwähnt.
28 *Über die ästhetische Erziehung des Menschen*, Brief 4; Schillers Werke, Nationalausgabe. Hrsg. v. Julius Petersen u. a. [NA] Bd. 20, S. 316.

des »ganzen Menschen« und der zuverlässigen Herstellung seiner Integration sich gegen die zunehmende Einschränkung der durch die Poesie bewirkten Ganzheit wie gegen die im gleichen Zuge zunehmende Spezialisierung und Arbeitsteiligkeit in der Gesellschaft[29] aufbäumen. Was berechtigt sie dazu?

II. »Vorstellung und Empfindung und Räsonnement«

Die Wahl von Hölderlins Begriffen scheint auf den traditionellen vermögenspsychologischen Kontext zu verweisen, in dem auch Wolff argumentiert hatte; Verstand, Imagination und Sinnlichkeit umfassen für diesen alle Erkenntnisvermögen, ihr Konsens in der Auffassung eines Sachverhalts schafft nicht nur lebendige handlungsmotivierende Erkenntnis, sondern als ästhetische Konsenserfahrung die Lust an dem Moment menschlicher Vollkommenheit und Natürlichkeit. So gesehen scheint Hölderlin über Wolff gar nicht weit hinauszukommen; die Spezialisierung und Arbeitsteiligkeit scheint hintergehbar, die Vermögen in ihre naturgewollte Komplementarität rückführbar.

Nun sind schon bei Wolff die drei verschiedenartigen Erkenntnisquellen mit ihren spezifischen Gewißheiten nicht miteinander zu verrechnen; sie können nur in *consensus* gebracht werden, einander gegenseitig stützen, *confirmare*; die je unzulängliche Verstandes- und Erfahrungserkenntnis passen nicht einfach ineinander, sondern müssen in eine nicht problemlose Ehe (*connubium*) miteinander gebracht werden[30], die wie der *consensus* eine Sache selbständiger »Persönlichkeiten« ist (PU II § 299). Eine dritte selbständige »Persönlichkeit« ist dann die Fabel als Kind des lustvoll erfahrenen *consensus* der Ehepartner Verstand und Erfahrung. – Bei Baumgarten und Späteren geht die Verselbständigung der »Stämme« der Erkenntnis, ihrer Leistungsart, Reichweite und Ergebnisse noch viel weiter als bei Wolff. Und hier kommt Hölderlins zitierte Formulierung in den Blick, daß

>»immer die Philosophie nur ein Vermögen der Seele behandelt, so daß die Darstellung dieses Einen Vermögens ein Ganzes macht, und das bloße Zusammenhängen *der Glieder* dieses Einen Vermögens Logik genannt wird.«

Das heißt: es geht Hölderlin gar nicht mehr um die Vermögen und ihr Zusammenwirken in der Seele z.B. zum Zweck einer gesicherten Erkenntnis, sondern es geht um Philosophien, die sich je eines der Erkenntnisvermögen zu eigen gemacht, den Zusammenhang seiner Glieder erforscht und, wie etwa Baumgarten[31], diese »Logik« als Instrument zur Verbesserung der Leistungsfähigkeit des untersuchten Erkenntnisvermögens verstanden haben. So hatte un-

---

29 Vgl. die Zeitkritik Schillers im 6. Ästhetischen Brief und Hölderlins Scheltrede über die Deutschen gegen Ende seines *Hyperion*.
30 Psychologia Empirica § 497.
31 Aesthetica § 3.

ter anderen Breitinger von einer »Logick der Phantasie« gesprochen[32], Herder suchte die »Logik des Affekts« zu bestimmen[33]; die im 18. Jahrhundert sich etablierenden Schulen des Idealismus, Materialismus, Empirismus, Sensualismus, Analogismus bauen die Diskurse aus, die sich aufgrund dieser Logiken entwickeln und jeweils den Anspruch auf Welterklärung erheben. Wenn Hölderlin also in poetischer Logik »die verschiedenen Vermögen des Menschen [behandelt], so daß die Darstellung dieser verschiedenen Vermögen ein Ganzes macht, und das Zusammenhängen *der selbstständigeren Theile* der verschiedenen Vermögen der Rhythmus, im höhern Sinne, [...] genannt werden kann«, so kann es nicht nur um die Vermögen und ihr Zusammenwirken zur Erkenntnis, auch nicht um die aus ihren Logiken entwickelten Diskurse[34], wohl aber um die Vermögen in ihrer Diskursfähigkeit gehen: Die Poetik befaßt sich gar nicht mit den Aspekten der Vermögen, wo sie unselbständig sind, vielleicht sogar voneinander abhängen: sie sucht den Zusammenhang gerade ihrer »selbstständigeren Theile«, wie sie in den Logiken und ihren Diskursen herausgearbeitet worden sind oder sich historisch herausgestellt haben. Die poetische Ganzheit soll also die Vermögen betreffen, sofern sie sich verselbständigt, spezialisiert haben und zugleich jeweils mit universalem Anspruch auftreten. Gelingt dieser Versuch poetischer Integration, dann ist nicht nur der Mensch zur Ganzheit gefügt, sondern aufgehoben in der Ganzheit sind dann die weltanschaulichen und politischen Parteiungen, die dem Menschen möglichen verschiedenen Kulturen des Denkens, des individuellen und gesellschaftlichen Handelns, der Religion und Ästhetik, kurz, die möglichen historischen Äußerungen dieser Vermögen. Die anthropologische Integration, die traditionell den »Menschen überhaupt« meinte, bezieht sich jetzt auf den Menschen in seiner geschichtsbildenden Kraft und Geschichtlichkeit. Was zur Ganzheit gefaßt werden soll, ist, vor der erneuten folgenschweren Spezialisierung und Perspektivierung durch Hegel und durch Marx, die Phänomenologie des Menschen.

Herder ist nach meiner Kenntnis der erste, der aus den sich bekämpfenden Logiken und Diskursen des 18. Jahrhunderts die Konsequenz gezogen hat, daß diese Logiken nichts als Systematisierungen seiner eigenen Vermögen, die Diskurse nichts als Produkte waren, die sich aus der Absolutsetzung oder zumindest einseitigen Schätzung eines der Vermögen mit Notwendigkeit ergaben. Er meinte ihre Reduzierbarkeit auf drei Grundvermögen – Verstand, Einbildungskraft, Sinnlichkeit – zu erkennen und nahm sich vor, als »*triceps*« zu den-

---

32 Johann Jacob Breitinger: Critische Abhandlung von der Natur, den Absichten und dem Gebrauche der Gleichnisse. Zürich 1740, S. 3 ff.
33 Johann Gottfried Herder: Frühe Schriften 1764–1772. Hrsg. v. Ulrich Gaier. Frankfurt 1985, S. 90.
34 Dafür plädiert Karlheinz Stierle: Die Identität des Gedichts. Hölderlin als Paradigma. In: Karlheinz Stierle und Odo Marquard (Hg.): Identität. München 1979, S. 505–552. Die bloße Dialogizität von Diskursen hat schon Herder mit seiner *triceps*-Idee anthropologisch und subjektphilosophisch fundiert; bei Hölderlin greift die Fundierung in ontologisch-metaphysische Zusammenhänge.

ken, und zwar zugleich aus Gründen der Kritik an den -ismen der Aufklärung – Gegenaufklärung im Namen des ganzen Menschen[35] – , wie aus Gründen der Sprachskepsis: Wenn sich ein Sachverhalt in drei verschiedenen Diskursen rational aus Begriffen, empirisch aus Beobachtungen, analogisch aus Ähnlichkeiten darstellen läßt und wenn damit die Darstellungsmöglichkeiten erschöpft sind, dann kann die den Sachverhalt »an sich« ohnehin nicht erfassende Darstellung nur verbessert werden, wenn die Diskurse in ihr dialogisch konfrontiert werden, einander korrigieren, einschränken, ergänzen, kommentieren, rekonstruieren etc. Wenn schon der Sachverhalt sich dem Zugriff einer sprachlich-begrifflichen Fassung immer noch entziehen mag, so wird er durch den *periodus* der dreiaspektigen Rede darüber als Ungesprochenes aber dreifach Besprochenes in die Mitte gestellt, und vor allem: der Sprechende bespricht sich selbst, erfaßt sich in dem dreifachen Anderssein seiner selbst als transzendentale Synthesis seiner möglichen Reden. Ich habe die sukzessiv sich steigernde Komplexität dieser anthropologischen Selbstkonstruktion in einer Detailanalyse der Schrift *Über den Ursprung der Sprache* herausgearbeitet und kann hier nur darauf verweisen.[36]

Auch die historischen Differenzen des Denkens in den Phasen der abendländischen Kultur hat Herder als »Metempsychosis«, Seelenwanderung des Sprach-Denkens aus dem Affekt über die Imagination (den »Witz«) zum Verstand in langsam sich überlagernden Übergängen rekonstruiert[37] und daraus wichtige Konsequenzen für die sprachlichliterarische Kultur seiner Zeit gezogen: die prosaische Verstandesmäßigkeit seiner Zeit müsse durch Wiederbelebung der Sinne und Leidenschaften einerseits, der bildschöpferischen Phantasie andererseits ergänzt und so zur Basis einer modernen anthropologisch integralen Nationalkultur und -literatur umgeschaffen werden.[38] An diesem Programm hat Herder zeitlebens festgehalten und weitergearbeitet; die diskurstheoretischen Erwägungen der »Lebensalter einer Sprache« und ihre kulturhistorischen Implikate haben seine Bemühungen wiederum dreifach ausgerichtet: Einerseits ging er auf die Suche nach anthropologisch Konstantem, nach

---

35 Mit den systematischen Konsequenzen habe ich die *triceps*-Idee dargelegt in meinem Aufsatz: Poesie als Metatheorie. Zeichenbegriffe des frühen Herder. In: Gerhard Sauder (Hg.): Johann Gottfried Herder (1744–1803). Hamburg 1987, S. 202–224. Inwiefern »Gegenaufklärung« den ganzen Menschen einklagt, habe ich dargestellt in meinem Aufsatz: Gegenaufklärung im Namen des Logos: Hamann und Herder. In: Jochen Schmidt (Hg.): Aufklärung und Gegenaufklärung in der europäischen Literatur, Philosophie und Politik von der Antike bis zur Gegenwart. Darmstadt 1989, S. 261–276.
36 Ulrich Gaier: Herders Sprachphilosophie und Erkenntniskritik. Stuttgart-Bad Cannstatt 1988. Die literarischen Aspekte des Verfahrens sind herausgearbeitet in meinem Aufsatz: Herders Abhandlung über den Ursprung der Sprache als ›Schrift eines Witztölpels‹. In: Gottfried Gabriel, Christiane Schildknecht (Hg.): Literarische Formen der Philosophie. Stuttgart 1990, S. 155–165.
37 Frühe Schriften, S. 186, Z. 22 und Anm. z. St.
38 Vgl. meine zusammenfassende Analyse der 1. Sammlung der Fragmente *Über die neuere deutsche Literatur*, ebd. S. 1010–14 und den Stellenkommentar passim.

Sternen in dem himmlischen Bilderkreise, der die Erde umschlinget und der, wenn hienieden Alles wie Staub und Nebel, Trümmer und Ameisen, aufwallet und hinsinkt, *stehet* und *bleibt*, uns Zenit und Nadir, Zeichen, Zeiten und festen Standpunkt verleihet.[39]

Volkslieder, Volksdichtung überhaupt waren für ihn durch diesen Charakter der anthropologischen Konstanz gekennzeichnet.[40] Zweitens aber suchte er vor allem in seinen historischen Werken die unterschiedlichen Nationalcharaktere, die in bestimmten Perioden für sie spezifischen sprachlich-gedanklich-kulturellen Diskursformen genauer zu erfassen, vor allem durch Einbeziehung ihrer Nationalliteraturen. Drittens studierte er die »Maxima« in der Geschichte der »gebildeten Nationen«, die Momente, in denen diese Nationen Klassisches leisteten, ein Sternbild ihrer selbst für die Menschheit konstellierten und ein Glied zu der »Kette der Kultur« beitrugen.[41]

Auch Schiller betrachtet in den Briefen *Über die ästhetische Erziehung des Menschen* Formtrieb, Stofftrieb und Spieltrieb als generativ für möglicherweise einseitige oder dominant von einem dieser Triebe bestimmte Äußerungen: Zeitgenössische Lebensformen wie der Wilde und der Barbar entstehen aus einer Dominanz des Stofftriebs bzw. Formtriebs; der »ästhetisch gestimmte Mensch« (Brief 23) hält die Mitte; entsprechend gibt es, wie gesagt, die »einseitige moralische Schätzung«, der man eine einseitige sinnliche Schätzung entgegenstellen könnte, und die »vollständige anthropologische Schätzung« (Br. 4), die dann ihren Gegenstand findet, wenn die ästhetische Stimmung nicht bloß als Moment der Bestimmbarkeit (Br. 19, 21) sich manifestiert, sondern sich über die Sphären des Stofftriebs und des Formtriebs bis zu deren Aufhebung ausgebreitet hat. Entsprechend gibt es neben dem »dynamischen Staat der Rechte« und dem Konzept des »ethischen Staats der Pflichten« den »ästhetischen Staat« des »schönen Umgangs« (Br. 27): die ›Triebe‹ erscheinen als anthropologisch tiefer fundamentierte »Vermögen« und sind so noch eher geeignet, ganze Wert-, Denk- und Diskurswelten aufzubauen. Auch für Schiller bedingt der Entwicklungsstand der »Kräfte« die historischen Differenzen – er denkt weniger an ein »Absterben der sinnlichen Tierseele« wie Herder als vielmehr an eine quantitative Zunahme aller Triebe –; so konnten die Griechen auf relativ niederer Kulturstufe ein »Maximum« erreichen, das in einen »Antagonism der Kräfte« aufgelöst werden mußte, damit »die mannigfaltigen Anlagen im Menschen« entwickelt werden konnten (Br. 6). Die ästhetische Er-

---

39 Lieder der Liebe. In: Johann Gottfried Herder Volkslieder, Übertragungen, Dichtungen. Hrsg. v. Ulrich Gaier. Frankfurt 1990, S. 502. Vgl. Johann Gottfried Herder: Briefe zu Beförderung der Humanität. Hrsg. v. Hans Dietrich Irmscher. Frankfurt/M. 1991, Briefe 63 und 70. Dort werden die griechischen Götterbilder als »*anschauliche Kategorien der Menschheit*« (S. 364), als »*Klassen der Menschheit*« (S. 388) bestimmt; auch die Metapher von den »hohen Sternbildern« erscheint wieder (ebd.).
40 Vgl. in meinem Überblickskommentar zu Herders *Volksliedern* die Abschnitte ›»Volk« und »Völker«‹ sowie ›Poetik des Volkslieds‹, S. 865–892 in der in Anm. 39 genannten Ausgabe.
41 Johann Gottfried Herder: Ideen zur Philosophie der Geschichte der Menschheit. Hrsg. v. Martin Bollacher. Frankfurt 1989, S. 647–51 (Buch XV. Kap. 3).

ziehung, ob sie als Ziel oder als Mittel gedacht wird, intendiert wieder ein »Maximum« der nun durch die Kultur entwickelten Kräfte. – Diese Struktur liegt mit wenigen Modifikationen auch den Begriffen in der Abhandlung *Über naive und sentimentalische Dichtung* zugrunde, wo sich allerdings historische und anthropologisch-typologische Gesichtspunkte überlagern: Naiv ist ein historisch dominanter Typus von Weltbezug, Diskurs und Dichtung bei den Griechen, erscheint aber auch in der Moderne; sentimentalisch ist der dominante Typus der Moderne, hat aber auch Vertreter in der Antike; die »Idylle« als Vereinigung des Naiven mit dem Sentimentalischen macht gar eine neue »Klasse von Menschen« notwendig

> »welche, ohne zu arbeiten, tätig ist und idealisieren kann, ohne zu schwärmen; welche alle Realitäten des Lebens mit den wenigstmöglichen Schranken desselben in sich vereiniget und vom Strome der Gegebenheiten getragen wird, ohne der Raub desselben zu werden. Nur eine solche Klasse kann das schöne Ganze menschlicher Natur, welches durch jede Arbeit augenblicklich und durch ein arbeitendes Leben anhaltend zerstört wird, aufbewahren und in allem, was rein menschlich ist, durch ihre Gefühle dem allgemeinen Urteil Gesetze geben. [...] Denn endlich müssen wir es doch gestehen, daß weder der naive noch der sentimentalische Charakter, für sich allein betrachtet, das Ideal schöner Menschlichkeit ganz erschöpfen, das nur aus der innigen Verbindung beider hervorgehen kann.«[42]

Nur eine radikale Veränderung der menschlichen Gesellschaft stellt danach die Bedingung her, unter der der ganze Mensch noch zu verwirklichen ist: die Einbeziehung der Historie in die Anthropologie schärft deren Blick derart, daß die Verwirklichung des »schönen Ganzen menschlicher Natur« in den Raum der Utopie rückt. Der Traum von der ästhetischen Erziehung, der Existenz von »einigen wenigen auserlesenen Zirkeln«[43], in denen der ästhetische Staat wächst und die Zwangsinstitutionen des dynamischen und des ethischen Staats fröhlich subvertiert, ist ausgeträumt; der Mensch kann sich nur noch, wie schon Winckelmann wußte, im »Begriffe des Geteilten in unserer Natur«[44] finden und verwirklichen.

Hölderlin hat neben den Vermögensbegriffen »Vorstellung und Empfindung und Räsonnement«[45] vor allem das Konzept der »Töne« naiv, idealisch und

---

42 NA Bd. 20, S. 490f. Im folgenden diskutiert Schiller die Opposition von Naiv und Sentimentalisch unter den Begriffen des »Realisten« und des »Idealisten« weiter, »dem wahren Begriff dieses Gegensatzes«, den man gewinne, wenn man von den Dichtercharakteren »absondert, was beide Poetisches haben« (ebd. S. 251). In dieser Form nähert sich die Opposition den beiden Grundtrieben der früheren Abhandlung beträchtlich.
43 NA Bd. 20, S. 412.
44 Johann Joachim Winckelmann: Ausgewählte Schriften und Briefe. Hrsg. v. Walther Rehm. Wiesbaden 1948, S. 13 (Gedanken über die Nachahmung der griechischen Werke in der Malerei und Bildhauerkunst).
45 Auch die Trias »Phantasie Empfindung Leidenschaft« wird verwendet (StA 4, S. 271f.); die Kompatibilität zwischen »Leidenschaft« und »Räsonnement« wird wohl durch die Vorstellung des »Energischen« der Leidenschaft (ebd. S. 270) gestiftet; »Gedanken und Leidenschaften« werden auch an anderer Stelle zusammen genannt (S. 244. Z. 4. 7).

heroisch. Auch er führt z. B. den »natürlichen«, naiven Kunstcharakter des epischen Gedichts mit Hilfe der Schilderung eines »natürlichen« menschlichen Charakters ein (StA IV, S. 228), um danach auf den bevorzugten Gegenstand (Charaktere) und die Schreibart (»ruhige Moderation«, »Ausführlichkeit in den dargestellten Umständen«) in diesem Ton einzugehen (ebd. S. 230f.). An anderer Stelle bringt er die Modalkategorien Wirklichkeit, Notwendigkeit, Möglichkeit in Parallele (S. 243, Z. 25—28); »Aggregatzustände« der Erkenntnis – Empfindung, intellektuelle Anschauung, eigentlicherer Zweck (S. 244, Z. 29—34); Formen des Ausdrucks – bildlich, leidenschaftlich, sinnlich (ebd.); Aspekte der geistigen Behandlung – episodisch, übergängig, metaphorisch (ebd. und 245, 29f.). Die weitreichendste, ontologische Formulierung findet sich in der Abhandlung *Über den Unterschied der Dichtarten*, wo der idealischen »intellectualen Anschauung [...], welche keine andere seyn kann, als jene Einigkeit mit allem, was lebt, die [...] vom Geiste erkannt werden kann und aus der Unmöglichkeit einer absoluten Trennung und Vereinzelung hervorgeht« (S. 267f.) der heroische Ton von »Energie und Bewegung und Leben« (S. 267) und der naive einer »Einigkeit [...], die am leichtesten sich giebt« (S. 266) gegenübergestellt wird. Man erkennt die Universalität der Kategorien; *tonus* scheint am deutlichsten mit »Spannungszustand« irgendeines subjektiven oder objektiven Elements übersetzbar.[46] Mit der ontologischen Universalität dieser Kategorien knüpft Hölderlin offenbar an der neuplatonischen Lehre vom Beharren, Hervorgehen und Zurückstreben (monē, proodos, epistrophē)[47] des göttlichen Seins an, die er z. B. in Ficinos Kommentar zum *Symposion* kennenlernen konnte, wo sie in bedeutsamer Weise mit einer Theorie vom dreifachen Eros verbunden wurde.[48] So wie der Neuplatonismus diese dreigestaltige dialektische Bewegung auf allen Seinsstufen wirken sah und den Kosmos damit rekonstruierte, so sind die Spannungszustände für Hölderlin in einer reflexionsphilosophischen Hinterfragung der Ontologie nun Sprachformen des Seins und jedes Seienden; mit dieser Wendung zur Sprachlichkeit der Welt, die mit ähnlicher Stringenz durchgeführt ist wie bei Hamann und Herder, kann Hölderlin Natur- und Gesellschaftsphänomene, Geschichts- und Bewußtseinsphasen, Mythologie[49] und Poetologie einander zu Zeichen machen, »Worte wie Blumen entstehn« lassen und die Menschen als »Gespräch« betrachten, das bald Gesang werden wird. Die drei Spannungszustände erscheinen idealiter als Schweigen, Aussprechen und Verstehen (ontologisch als Sein, Ur-Teil

---

46 Auf die Beziehungen der Töne zu den Begriffen Schillers kann ich nicht eingehen, vgl. Peter Szondi: Hölderlin-Studien. Mit einem Traktat über philologische Erkenntnis. 3. Aufl. Frankfurt/M. 1977.
47 Dazu vgl. Werner Beierwaltes: Denken des Einen. Studien zur neuplatonischen Philosophie und ihrer Wirkungsgeschichte. Frankfurt/M. 1985, S. 51. 54f. u. ö.
48 Über die Liebe (wie Anm. 12), S. 36, 38.
49 Sehr instruktiv dazu Maria Behre: »Des dunkeln Lichtes voll«. Hölderlins Mythokonzept Dionysos. München 1987, wo in der Dionysosfigur die drei Spannungszustände mythologisch aufgedeckt werden.

und Vereinigung, metaphysisch als Sein, Leben und Geist[50]), im poetischen Sprechen als Grundton, Kunstcharakter und Geist (StA 4, 267, 23–30), in der Sprache als Ausdrücke des In-sich-Ruhenden, des energisch Trennenden und des sehnend Vereinigenden.

Daß Hölderlin mit dieser Zusammenführung von Ontologie und Sprachphilosophie seine Kategorien tiefer gegründet hat als Schiller, der deshalb verständlicher blieb, ist deutlich. Hegel, dessen dreischrittige Dialektik derselben Tradition entstammt, schränkte sein philosophisches Interesse auf das in Hölderlins Vereinigung wirksame Prinzip ein; Sein und Leben, die für Hölderlin dem Geist gleichwertigen Prinzipien, gerieten in abhängige Positionen, wie auch die Dichtung ihre Rolle des Ursprungs und der Vollendung aller Philosophie bei Hegel verlor. Dichtung ist bei Hölderlin deshalb auch nicht nur Instrument zur Integration des arbeitsteilig deformierten und entfremdeten Menschen, sondern ist wie die kultivierende Tätigkeit des Menschen in der *Theologia Platonica* Ficinos kosmogonische Leistung, indem Dichtung »jedem den eignen Gott« singt (StA II, S. 62), indem sie »eine Idee oder ein Bild« macht (StA IV, S. 275) und dem einzelnen versichert (auch wohl anderen hinsichtlich des für den einzelnen geschaffenen Bildes verständlich macht), »daß mehr als Maschinengang, daß ein Geist, ein Gott, ist in der Welt« und ihn ermuntert zu »einer lebendigeren, über die Nothdurft erhabenen Beziehung, in der er stehet mit dem was ihn umgiebt« (S. 278). Diese Beziehung, die nur in der poetischen Mythe sich ausdrücken, bewußt gemacht, verstärkt und gemeinschaftlich gemacht werden kann, muß also, wo sie im Ernst aufgenommen wird, das Leben des Adressaten verändern, sein Verhältnis zu Welt und Arbeit, Dingen und anderen Menschen tendenziell zum »Reich Gottes« machen.[51]

»Aber sie können mich nicht brauchen«, schrieb Hölderlin 1801 von den Deutschen (StA VI, S. 428). Auch seine Dichtung türmte zunächst die Utopien der Vaterländischen Gesänge und den Trost der Nachtgesänge, um sich dann aus der reißenden Zeit ganz in den sich selbst stets erneuernden Innenraum der Sprache zurückzuziehen. Was es mit dieser epistrophē aus der Geschichte auf sich hat, muß nun überlegt werden.

---

50 Bei Ficino »stehen Leben und Denken als *actus rectus* und *actus reflexus* in einer festen Beziehung zueinander [...], und indem man beide auf das dingliche Fundament der Substanz bezieht, ergibt sich die Dreiheit von *essentia, vita* und *intelligentia*, die mehrfach als festes Schema begegnet und offenbar von den Neuplatonikern entlehnt ist« (Paul Oskar Kristeller: Die Philosophie des Marsilio Ficino. Frankfurt/M. 1972, S. 30).

51 Vgl. meinen Aufsatz: Hölderlins vaterländische Sangart. In: Hölderlin-Jahrbuch 25 (1986/87), S. 12–59.

III. »in verschiedenen Successionen, aber immer nach einer *sichern Regel*«

Mit dieser Formulierung spielt Hölderlin offensichtlich auf seine Überlegungen zur Verfahrungsart des poetischen Geistes an, von denen sich Spuren schon in den Tübinger Hymnen finden und die er in den poetologischen Fragmenten der Homburger Zeit tabellarisch als *Wechsel der Töne*, philosophisch begründet in ⟨ *Über die Verfahrungsweise des poetischen Geistes* ⟩, gattungstheoretisch gewandt in *Über den Unterschied der Dichtarten* festzuhalten suchte (StA IV, S. 238–272).

Die drei »Töne« werden hier in Verhältnisse der Aufeinanderfolge gesetzt, und zwar nach zwei »Richtungen«: erstens auf jeder Stufe eines Textes in das Verhältnis von Grundton, Kunstcharakter und Geist[52], zweitens im Verlauf des Textes in den »Rhythmus, im höhern Sinne, oder das kalkulable Gesez«; das mittels der geregelten Sukzession von Tonkombinationen das Empfindungssystem Mensch zur Ganzheit integriere, wie Hölderlin als Leistung dieser poetischen Logik beansprucht. Die Tabellen zeigen deutlich die Beibehaltung einer Regel und die Konstitution der verschiedenen Successionen, mithin für Hölderlin der drei poetischen Stilarten, durch Veränderung der Tonkombination des Anfangs (die ihrerseits wieder auf eine »Grundstimmung« zurückgeht):

L.	T.	N.
naiv Idealisch	idealisch Heroisch	heroisch Naiv
heroisch Naiv	naiv Idealisch	idealisch Heroisch
(idealisch Heroisch / heroisch Idealisch)	(heroisch Naiv / naiv Heroisch)	(naiv Idealisch / idealisch Naiv)
idealisch Naiv	heroisch Idealisch	naiv Heroisch
naiv Heroisch	idealisch Naiv	heroisch Idealisch
heroisch Idealisch	naiv Heroisch	idealisch Naiv[53]

Nimmt man Einheit, Trennung, Vereinigung, monē, proodos, epistrophē als sachlogisch natürliche Folge an, so wird sichtbar, daß die Folge der Töne naiv → heroisch → idealisch bei den rechts stehenden Kunstcharakteren ganz, bei den links stehenden Grundtönen mit der Unterbrechung nach der dritten Stufe (Rückläufigkeit) durchgehalten ist. Liest man in Zeilen, so stellt man fest, daß die sachlogische Folge auf den drei ersten Stufen invertiert ist und die gegenläufige Reihe schnell durchschritten wird, daß auf der vierten Stufe das gegen-

---

52 So z. B. StA 4, S. 267, Z. 23–30. Es gibt eine Anzahl anderer Benennungen dieser semiotischen Stufen, z. B. Grundton, Sprache, Wirkung (S. 271), Bedeutung, Darstellung, geistige Behandlung (S. 244, Z. 29–34).

53 StA 4, S. 239. Zu »T.« (tragisch) notiert Hölderlin eine Alternative, die offenbar an der *Antigone* gewonnen wurde, während die wiedergegebene Form (die als »reguläre« bezeichnet werden kann) am *Ajax* exemplifiziert ist. Vergleichbar mit diesen Tabellen sind diejenigen im Aufsatz *Über den Unterschied der Dichtarten* (StA 4, S. 271f.), wobei der Grundton aus Platzmangel nur für das erste Tonverhältnis angegeben, dafür aber ein Wirkungston eingeführt ist, der in den drei ersten Verhältnissen dem Grundton entspricht.

läufige Tonverhältnis der dritten in das natürliche umgewendet wird.[54] Durch den Beginn mit einem bestimmten Tonverhältnis wird Position und Häufigkeit des Vorkommens eines bestimmten Tons für die ganze Sukzession festgelegt. Hinzu kommt, daß die einzelnen Stufen der Reihe bestimmte gleichbleibende Funktionen haben, die es rechtfertigen, von Anfang, Mitte und Ende der Reihe und von der Herstellung einer Ganzheit durch die Reihe zu sprechen. Diese Funktionen werden in dem Aufsatz ⟨*Über die Verfahrungsweise*⟩ ausführlich erörtert, im *Grund zum Empedokles* kurz auf die tragische Ode angewandt (StA IV, S. 149) und in einer Bemerkung zum Gesang *Der Rhein* auf eine Formel gebracht.[55] Die Regel bleibt also gleich und gibt den sechs möglichen Kombinationen von Grundton und Kunstcharakter durch die Stufe, auf der sie erscheinen, einen je spezifischen Sinn, durch den Stilarten begründet werden.

Auch diese hochkomplexen poetologischen Überlegungen Hölderlins stehen in Traditionen, deren Skizzierung hier wieder manches klären kann. Den Gedanken eines geregelten Durchgangs durch die grundlegenden Gemütshaltungen des Rezipienten und damit seine Ergreifung als Ganzheit verfolgte seit ihrem Bestehen die Rhetorik, deren drei Hauptintentionen des *docere, movere* und *delectare* vielleicht auch noch eine Bedeutungsschicht von Hölderlins Tönen bilden. So war es die Aufgabe des Rhetors in der fünfteiligen Rede nach Quintilian, von einem unterhaltsamen Prooemium in den belehrend-unterhaltenden oder belehrend-rührenden Darstellungsteil, von da in den belehrenden Argumentationsteil, dann in die Affekterregung z.B. für oder gegen den Angeklagten, jedenfalls gegen den Rhetor der Gegenseite, und endlich in die belehrende Schlußzusammenfassung überzugehen.

Mit ihren schon genannten vier Formen der Begeisterung suchte die auf Platon zurückgreifende Magie Ficinos und seiner Schüler die ganze Seele auf Gott zu richten. In seinem Büchlein *De triplici ratione cognoscendi Deum*, das Klopstock mit großer Wahrscheinlichkeit für seinen Aufsatz *Von der besten Art, über Gott zu denken*[56] benutzt hat, beschreibt Agrippa von Nettesheim[57] analog dem Buch der Natur, dem Alten und dem Neuen Testament die Stufen des rationalen, des vorstellend-deutenden und des mit ganzem Herzen begreifenden Erkennens Gottes; die letzte Stufe läßt von der rationalen Erkenntnis die vom Teufel eingegebene verwirrende Argumentation (*ratiocinatio*), von der Vorstel-

---

54 Hölderlin spricht von geradentgegengesetzten und harmonisch-entgegengesetzten Verhältnissen (StA 4, S. 246). Die Umwendung von der einen in die andere Form der Entgegensetzung heißt »Katastrophe« (S. 238).

55 »Das Gesez dieses Gesanges ist, daß die zwei ersten Parthien der Form ⟨nach⟩ durch Progreß u Regreß entgegengesezt, aber dem Stoff nach gleich, die 2 folgenden der Form nach gleich dem Stoff nach entgegengesezt sind die lezte aber mit durchgängiger Metapher alles ausgleicht.« (StA 2, S. 722) Die fünfte der hier genannten Partien hat eine »durchgängige Metapher«, ist also mehrteilig zu denken. – Auch der Aufsatz ⟨*Das Werden im Vergehen*⟩ trägt wichtige Gesichtspunkte zu den Funktionen der zwei Hälften des Kalküls bei. Zum Ganzen vgl. meine in Anm. 2 genannte Dissertation, S. 5–139.

56 Friedrich Gottlieb Klopstock: Sämmtliche Werke. Leipzig 1839. Bd. IX, S. 155–161.

57 Heinrich Cornelius Agrippa von Nettesheim: Opera. Lyon 1600 (?). ND Hildesheim. New York 1970. Bd. II, S. 454–481.

lungserkenntnis die falschen Phantasmata zurück, spannt aber die so gereinigte *ratio* und *phantasia* aufs äußerste, um mit allen Seelenkräften als ganze in die mens, das Bild des göttlichen Antlitzes aufzusteigen und Gott mit dem ganzen Herzen zu begreifen.[58] So gibt es für Klopstock auch »eine kalte metaphysische« Art über Gott zu denken, zweitens »Betrachtungen«, die »eine freiere Ordnung mit gewissen ruhigen Empfindungen« verbinden, aber in die Gefahr geraten, »Gott nach sich zu beurtheilen«.[59]

> »Sich der obersten Stufe nähern, nenne ich, wenn die ganze Seele von Dem, den sie denkt [...] so erfüllt ist, daß alle ihre übrigen Kräfte von der Anstrengung ihres Denkens in eine solche Bewegung gebracht sind, daß sie zugleich und zu einem Endzwecke wirken [...]. Die Erreichung der obersten Stufe in dieser letzten Art über Gott zu denken, ist ein Zustand der Seele, da in ihr so viele Gedanken und Empfindungen auf ein Mal und mit einer solchen *Stärke* wirken, daß, was alsdann in ihr vorgeht, durch jede Beschreibung verlieren würde.«[60]

»Das Wesen der Poesie«, so definierte Klopstock in dem Aufsatz *Gedanken über die Natur der Poesie* von 1759, »besteht darin, daß sie, durch die Hülfe der Sprache, eine *gewisse Anzahl* von Gegenständen, die wir *kennen*, oder deren Dasein wir *vermuten*, von einer *Seite* zeigt, welche die *vornehmsten* Kräfte unserer Seele in einem so hohen Grade *beschäftigt*, daß eine auf die andere wirkt, und dadurch die *ganze Seele* in Bewegung setzt.«[61] Dieses Wirken der Seelenkräfte aufeinander, das aus der von Agrippa beschriebenen Läuterung auf dem Weg zur obersten Erkenntnis vielleicht entnommen werden kann, erscheint bei Klopstock nach meiner Kenntnis zum erstenmal; er nutzt das Konzept in seiner Poetik der »heiligen Poesie«, die Ausdruck jener höchsten Art, von Gott zu denken, ist und damit alle Seelenkräfte zum bewegten Ganzen organisiert. »Verstand, Einbildungskraft, und Willen« oder »Herz« wirken hier also aufeinander, und zwar kann jede der Kräfte die zwei andern bewegen:

> »Die Kräfte unserer Seele haben eine solche Harmonie unter sich, sie fließen, wenn ich es sagen darf, so beständig in einander, daß, wenn eine stark getroffen wird, die andern mitempfinden, und in ihrer Art zugleich wirken. Der Poet zeigt uns ein Bild. Dem Bilde gibt er so viel Ebenmaß und Richtigkeit, daß es auch den Verstand reizt, oder er weiß ihm gewisse Züge mitzuteilen, die nahe an die Empfindung des Herzens gränzen. Die ungeschmückte Wahrheit, die allein den Verstand zu beschäftigen schien, hat gleichwohl unter seiner Hand einige helle Mienen der Bilder angenommen, oder sie zeigt sich mit einer solchen Würde und Hoheit, daß sie die edelsten Begierden des Herzens reizt, sie in Tugend zu verwandeln. Ist es das Herz, so der Poet angreift, wie schnell entflammt uns dies! Die ganze Seele wird weiter, alle Bilder der Einbildungskraft erwachen, alle Gedanken werden größer.«[62]

---

58 Ebd. S. 468f.
59 Klopstock (wie Anm. 56), S. 157, 158f.
60 Ebd. S. 160f.
61 Friedrich Gottlieb Klopstock: Ausgewählte Werke. Hrsg. v. Karl August Schleiden. München 1962, S. 992.
62 Klopstock (wie Anm. 56), S. 176.

Hölderlin hat diesen Einleitungsaufsatz zum 1. Band des *Messias* von 1755 zweifellos gelesen und die von Klopstock beschriebene Dialogizität[63] der Seelenkräfte und ihres sprachlichen Ausdrucks an seinen Texten genau studiert. Seine Lehre vom Verhältnis zwischen Grundton und Kunstcharakter, harmonischer und gerader Entgegensetzung der Töne, zwischen Bedeutung, Ausdruck und vermittelndem Geist ist allerdings semiotisch und ontologisch ungleich differenzierter und anspruchsvoller. Noch eine Anregung hat ihm Klopstock gegeben:

> »Es ist noch eine gewisse Ordnung des Plans, wo die Kunst in ihrem geheimsten Hinterhalte verdeckt ist, und desto mächtiger wirkt, je verborgner sie ist. Ich meine die Verbindung und die abgemeßne Abwechselung derjenigen Szenen, wo in dieser die Einbildungskraft; in jener die weniger eingekleidete Wahrheit; und in einer andern die Leidenschaft, vorzüglich herrschen: wo sie diese Szenen einander vorbereiten, unterstützen, oder erhöhn; wie sie dem ganzen eine größere, unangemerkte, aber gewiß gefühlte Harmonie geben.«[64]

Daß hier die kalkulierte Sukzession von Partien unter der Dominanz einer der Seelenkräfte gemeint ist, ist deutlich. Die Intention, wie Hölderlin auch in der Sukzession des Textes die Ganzheit herzustellen (die bei Hölderlin allerdings weit über die Bewegung der ganzen Seele hinausgeht), wird nicht ausgesprochen, liegt aber nahe. Wie in der Vorstellung, da durch bestimmte Behandlung von Sprache es möglich sein soll, daß die Seelenkräfte einander faktisch in Bewegung setzen, daß die Einbildungskraft durch die strukturierte Präsentation eines Bildes etwa den Verstand zur Analyse des Bildes bringt und damit anregt, über diese ästhetische Idee vieles zu denken, so sollen durch die kalkulierte Sukzession der Vermögen in einem Text alle Seelenkräfte nicht nur in Aktion gesetzt, sondern auch dem Gegenstand des Textes zugewandt, über ihn einander zugewandt und in seiner Erfassung vereinigt werden. Das ist eine Leistung, die nicht durch die Mitteilungsfunktion oder auch eine der anderen Zeichenfunktionen der Sprache erbracht werden kann; der Leser des Textes soll nicht nur etwas denken, vorstellen, empfinden; durch die kalkulierte Aufeinanderfolge von Denk-, Vorstellungs- und Empfindungsakten soll etwas mit ihm geschehen; er soll z.B. hier zur Empfindung seiner Ganzheit in der Zuwendung zu dem Gegenstand geführt werden. Dies ist dann die eigentliche Leistung des Textes, die er nicht als Gesamt mitteilender Zeichen, sondern als sukzessiver Schriftzug aus Zeichen erbringt.

Die Semiotik des 18. Jahrhunderts sprach hier von Hieroglyphen und widmete dem Phänomen um so größere Aufmerksamkeit, als gleichzeitig die Konventionalitätsthese in der Semantik immer mehr an Boden gewann. Christian

---

63 Ich benutze bewußt den Bachtinschen Begriff, denn es handelt sich bei den von ihm beschriebenen Phänomenen der Karnevalisierung und sprachlichen Subversion um Anwendungen eines allgemeinen poetischen Verfahrens, das in den verschiedensten Medien des poetischen Zugriffs wirken kann (bei Klopstock unter den Seelenvermögen, bei Hölderlin unter den ontologischen Kategorien) und im übrigen durch Platon, *Politeia* 398 ab erstmals beschrieben wurde.
64 Klopstock (wie Anm. 56), S. 174.

Wolff sah in der *ars hieroglyphica* eine interessante und für den nicht funktionierenden Kalkül der *ars characteristica combinatoria* wenigstens teilweise entschädigende Alternative.[65] Bei Baumgarten fordert die »lichtvolle Methode«, daß im Gedicht

> »die poetischen Vorstellungen sich so aneinander anschließen, daß das Thema allmählich immer extensiv klarer vorgestellt wird. [...] Eine dieser Regel analoge Regel läßt sich in der Ordnung bemerken, mit der in der Welt die Dinge aufeinander folgen, um die Herrlichkeit des Schöpfers zu entwickeln, das höchste und letzte Thema dieses ungeheuren Gedichts, wenn man sie [die Welt] so nennen darf.«[66]

Nicht das besprochene Thema, sondern die Art seiner Behandlung ist es, die den poetischen Charakter des Textes erzeugt und das Gedicht zu einem sukzessiven Abbild der sich zur Herrlichkeit Gottes entfaltenden poetischen Schöpfung Gottes macht. Den gleichen Theodizeecharakter mutet Lessing dem wohlgebauten Drama in seiner Überschaubarkeit zu.[67]

Herder hat sich intensiv mit dem Problem der Hieroglyphik befaßt, vor allem angesichts der auf die semantische Leistung reduzierten Sprache:

> »Im Auge, im Antlitz, durch den Ton, durch die Zeichensprache des Körpers – so spricht die *Empfindung* eigentlich, und überläßt den toten *Gedanken* das Gebiet der toten Sprache. Nun, armer Dichter! und du sollst deine Empfindungen aufs Blatt malen, sie durch einen Kanal schwarzen Safts hinströmen, du sollst schreiben, daß man es *fühlt*, und sollst dem *wahren Ausdrucke* der Empfindung entsagen [...]. Du mußt den *natürlichen Ausdruck* der Empfindung künstlich vorstellen, wie du einen Würfel auf der Oberfläche zeichnest[68]; du mußt den ganzen Ton deiner Empfindung in dem Perioden, in der Lenkung und Bindung der Wörter ausdrücken [...] – wie sehr klebt hier alles am *Ausdrucke*: nicht in einzelnen Worten, sondern in jedem Teile, im Fortgange desselben und im Ganzen.«[69]

Die Empfindungen können also hieroglyphisch durch Mittel, die hauptsächlich im syntaktischen Bereich liegen, ausgedrückt werden – so hatte schon Breitinger das Zerbrechen der grammatischen Fügungen als »eigentlichen«, d. h. hieroglyphischen Ausdruck des Affekts in der »hertzrührenden Schreibart« begründet[70] und damit die Flut der Ellipsen, Aposiopesen, Ruf- und Fragezeichen und Gedankenstriche in den Texten der »Stürmer und Dränger« heraufbeschworen.

Herder suchte darüber hinaus die »Schöpfungshieroglyphe«, d. h. denjenigen logischen Kalkül, der die Darstellung eines beliebigen Sachverhalts für

---

65 Psychologia Empirica § 152 ff., vgl. 301.
66 Alexander Gottlieb Baumgarten: Meditationes philosophicae de nonnullis ad poema pertinentibus. Lat./dt. Hrsg. v. Heinz Paetzold. Hamburg 1983, § 71 (Übersetzung von mir). Baumgarten empfiehlt übrigens im Gedicht einen Wechsel der Methoden der Vernunft, der Einbildungskraft und der Historik, ebd. § 72 f.
67 Hamburgische Dramaturgie, Stück 70.
68 D. h. auf der Fläche des Papiers (das Dreidimensionale zweidimensional).
69 Frühe Schriften (wie Anm. 33), S. 402 f.
70 Johann Jacob Breitinger: Critische Dichtkunst. Hrsg. v. Wolfgang Bender. Stuttgart 1966. Bd. II, S. 354 f.

den Gedanken erschöpfend, für die Selbst-Vorstellung des Denkens anschauend erkennbar, für die Selbst-Erfahrung des Denkens »sinnlich« nachvollziehbar machte, d.h. wie bei Baumgarten vom Verworrenen ins Klare führte. Er fand diese Hieroglyphe als Denkmethode in der biblischen Genesis und beschrieb sie in seinem Buch »*Aelteste Urkunde des Menschengeschlechts*.[71] Dieses siebenstufige Denkbild enthält die Beziehung Thesis – Antithesis – Verbindung dreimal, wobei die erste Trias sachbezogen, die zweite im Verhältnis dazu reflexiv ist und die dritte die Antithetik zwischen Sachbezug und Reflexivität im »Sabbath«, in der tätigen Ruhe des ganz Anderen verbindet. Herder macht auch plausibel, daß die Anschauung des werdenden Tags das Denkbild zur unmittelbaren sinnlichen Erfahrung bringe, daß es darüber hinaus als geometrisches Schema des Ur-Anthropos vorzustellen sei, wie schon Hamann gesagt hatte: »Die verhüllte Figur des Leibes, das Antlitz des Hauptes, und das Äußerste der Arme sind das sichtbare Schema, in dem wir einher gehn; doch eigentlich nichts als ein Zeigefinger des verborgenen Menschen in uns –.«[72] Dieses Denkbild ist also zugleich Hieroglyphe für die Sinne, für die Vorstellung und für das Denken, Bauplan des Menschen und der Schöpfung und Verfahrungsweise jedes auf Vollständigkeit und ganzheitliche Organisation abzielenden kreativen Handelns. Herder hat deshalb die Schöpfungshieroglyphe als Kalkül für das Dichten empfohlen:

> »Hieher also Dichter und Künstler! hier das gröste Ideal und Vorbild Eurer Kunst vom Himmel hinunter! Ein Gemälde des sanftesten und unermäßlichsten Inhalts, Natur in Ruhe und Natur in Bewegung, das sich zuletzt in der herrlichsten Bildnerkunst voll Kraft, Bewegung, Rathschluß, Bedeutung und Schönheit im Gottesbilde, dem Menschen, endet.«[73]

Ich habe in z.T. ausführlichen Analysen nachgewiesen, daß Herder selbst das Denkbild in den Fragmenten *Über die neuere deutsche Literatur*, der Abhandlung *Über den Ursprung der Sprache*, den *Volksliedern* und der *Aeltesten Urkunde* zur Strukturierung seiner Texte verwendet hat.[74] Für Hölderlin schon zur Zeit seiner Magisterarbeit von 1790 (*Parallele zwischen Salomons Sprüchwörtern und Hesiods Werken und Tagen*), wichtig wurde Herders Werk vom *Geist der Ebräischen Poesie*, wo Herder durch Analysen nachwies, daß in einer Anzahl von Psalmen »nicht nur Abwechslung und Gegensätze, sondern auch fortgehende lyrische Handlung« vorliegt, die ein »Ganzes« bildet, wo »Anfang

---

71 Vgl. für das folgende, auch die zitierten Stellen, meine ausführlichere Analyse in dem in Anm. 36 genannten Buch, S. 157–165.
72 Johann Georg Hamann: Sokratische Denkwürdigkeiten. Aesthetica in nuce. Hrsg. v. Sven-Aage Jørgensen. Stuttgart 1968, S. 83.
73 Johann Gottfried Herder: Sämmtliche Werke. Hrsg. v. Bernhard Suphan. Berlin 1877–1913. Bd. 6. S. 321.
74 Gerhard vom Hofe: Schöpfung als Dichtung. Herders Deutung der Genesis als Beitrag zur Grundlegung einer theologischen Ästhetik. In: G. v. Hofe, P. Pfaff, H. Timm (Hg.): Was aber bleibet stiften die Dichter? Zur Dichter-Theologie der Goethezeit. München 1986, S. 65–87 weist die Hieroglyphe als geschichtstrukturierendes Prinzip in der Bückeburger Geschichtsschrift nach. – Meine Nachweise finden sich in den Anm. 33, 36, 39 genannten Büchern.

und Ende [...] der schönen Mitte [dient], und diese Mitte bleibt im Gedächtniß«; die von Herder in den Text eingeführten Abschnitte markieren die sieben Stufen, welche durch die analysierende Paraphrase in ihrer Sukzession und Struktur erläutert werden. Von »Abwechslung der Stimmen« und »Veränderung der Tonart« ist obendrein die Rede.[75]

Es liegt nahe, in Hölderlins Dichtung »heilige Poesie« in Klopstocks und Herders Sinne zu sehen, in der er deren Anregungen aufnahm, ihre Verfahren durchdachte, tiefer begründete und hinsichtlich des philosophischen, religiösen und poetischen Anspruchs weit überbot. Denn nicht nur die ›Töne‹ sind ontologisch fundiert, auch die Schöpfungshieroglyphe wird, vor allem in der Abhandlung ⟨Über die Verfahrungsweise des poetischen Geistes⟩, als Verfahrensart der Vermittlung zwischen Geist und Materie im theologischen, anthropologischen und dichtungstheoretischen Sinne poetologisch begründet. Meine Analysen[76] haben ergeben, daß Hölderlin die Schöpfungshieroglyphe seit der Tübinger Zeit, also nach der Lektüre der *Ebräischen Poesie*, verwendet, seit etwa 1795 mit dem Tonwechsel verbunden, und daß er sie bis in die Zeit der Homburger Hymnenfragmente anwendet, wie ja auch die Anmerkungen zu den Sophokles-Übersetzungen den gesetzlichen Kalkül nicht nur postulieren, sondern in seiner siebenstufigen Form auch in der Analyse des *Oedipus Rex* verwirklicht finden.[77] Schon die Untersuchung, was »Vorstellung und Empfindung und Räsonnement« im Kontext von Hölderlins Überlegungen bedeuten, hat gezeigt, daß mit diesen ontologischen und zugleich subjektphilosophischen Kategorien Dichtung den Anspruch erhebt, Wirklichkeit nicht nur durch Veränderung des Blicks auf sie, sondern auch angesichts der Sprachlichkeit alles Seienden durch eingreifende Sprache die ergriffenen Menschen direkt zu Agenten eines weltverändernden Prozesses zu machen. Diesen Zweck konnte der hieroglyphische, an der Mitteilungsfunktion der Sprache vorbei wirkende Charakter des »gesetzlichen Kalküls« nur unterstützen. Es ging Hölderlin gar nicht mehr allein um die Ganzheit des Menschen als Empfindungssystem; mittels dieser Ganzheit sollte in seinen so veränderten, in die freie Selbstergreifung ihrer Natur geführten Lesern die Einwohnung des Geistes, der Gottheit in ihren Lebenssphären erwirkt werden. Denn gelang es, dem Adressaten »den eigenen Gott« zu singen, d. h. zu nennen und zugleich hieroglyphisch in die Erfahrung einzupflanzen, dann wurde das Leben eines Menschen in seiner Lebenssphäre und Tätigkeit verändert:

»Ich sage, jener unendlichere und mehr als nothdürftige Zusammenhang, jenes höhere Geschik, das der Mensch in seinem Elemente erfahre, werde auch unendlicher von ihm empfunden, befriedige ihn unendlicher, und aus dieser Befriedigung gehe das geistige Leben hervor, wo er gleichsam sein wirkliches Leben wiederhohle.« (StA IV, S. 276)

---

75 SW (wie Anm. 73) Bd. 12, S. 214–219. Herder fand die Schöpfungshieroglyphe auch im *Hohenlied* angewandt (Volkslieder, wie Anm. 39, S. 1250f.).
76 Vgl. ›Der gesetzliche Kalkül‹ (wie Anm. 3) und Hölderlin. Eine Einführung. Tübingen 1993.
77 Ebd. S. 168f. Lawrence Ryan in seinem in Anm. 3 genannten Buch meint dagegen, für die Vaterländischen Gesänge ein anderes Gesetz annehmen zu sollen (S. 5, 137, 229).

Hölderlin läßt keinen Zweifel daran, daß die poetische Religion, die Anwesenheit des Geistes in der Lebenssphäre, durch das damit erzeugte Bewußtsein der Freiheit politische Konsequenzen haben (S. 279) und vom einzelnen in ein »gemeinschaftliches höheres Leben« (S. 281) hinüberführen muß. Die Sphären, die Hölderlins elegische und hymnische Dichtung der Jahre 1800–1806 im Sinne dieser Poetik einer Ganzheit der Menschen und ihrer Lebenssphären zu umgreifen und in ihrem »unendlicheren Zusammenhang« mythisch zu fassen sucht, werden immer gewaltiger und führen den Dichter, der nun mythische »Namen« für den Zusammenhang von Kulturepochen oder Religionen mit ihren Diskursen finden soll, an die Grenze der Sprache und in die Sprachlosigkeit:

> Dreifach umschreibe du es,
> Doch ungesprochen auch, wie es da ist,
> Unschuldige, muß es bleiben.
> (*Germanien*, StA II, S. 152)

Ohne sich in Spekulationen über die Vollendbarkeit der hymnischen Entwürfe einzulassen, kann man in dem Anspruch; durch schöpferische Reflexion »die Sprache« für den Geist dieser ungeheuren Sphären zu produzieren (StA IV, 263), eine Selbstüberforderung sehen, die bei wachsendem Umfang der Sphären die schöpferische Reflexion und die Produktion einer Sprache, Mythe, eines Gottes für sie unmöglich machen muß.

Schiller stieß mit seinen Überlegungen an die gesellschaftlich-politischen Grenzen seiner Zeitgenossen und wich dann in Dichtung aus, die zunehmend opernhafte Züge aufnimmt, weil sie wenigstens die Utopie hieroglyphisch darstellen will, die die Wirklichkeit nicht gewährt. Hölderlin stieß mit seiner eingreifenden Dichtung an die Grenzen der Dichtung selbst, wo die poetische Sprache in das Schweigen, die Lücke zwischen dem nie mehr genügenden Sagbaren sich zurückzieht. Die späteste Dichtung bringt einen Neuansatz, der die Lebenssphäre und den Menschen nicht mehr als solche und durch Sprache zur Ganzheit zu führen sucht, sondern sie als in die Sprache selbst schon immer aufgenommen versteht:

> Der ganze Sinn des hellen Bildes lebet
> Als wie ein Bild, das goldne Pracht umschwebet.
> (StA II, S. 299)

Diskussionsbericht

CHRISTIAN BEGEMANN (Würzburg)

Zu den Vorlagen Behrens und Galle. In der Diskussion der gemeinsam behandelten Beiträge von Behrens und Galle zeigte sich ein hoher Bedarf an zusätzlicher terminologischer Klärung, aber auch an materialer Beschreibung der Kontexte. Galles strikte Unterscheidung des kulturell codierten und sozial integrierten Körperzeichens vom Körperbild, das aus den konventionalisierten Bedeutungshorizonten herausfalle und daher tendenziell antisozial und zerstörerisch sei, wurde von verschiedenen Seiten in Zweifel gezogen. Einerseits lasse sich von einer Renaturalisierung des Körperzeichens sprechen, das nicht durchweg intentional sei, andererseits trage auch das Körperbild zeichenhafte Züge. Das zeige sich im Falle der Ohnmacht, die Galle in seiner Analyse von Prévosts *La Vie de Marianne* als Beispiel eines Körperbildes beschreibt. Die Ohnmacht weise jedoch selbst Momente von Inszenierung und Konventionalisierung auf, setze also den kulturellen Code nicht außer Kraft und sei allemal für den Leser des Romans ein Zeichen. Sie müsse allerdings eher als ein Symptom denn als ein repräsentierendes Zeichen gefaßt werden. Die Möglichkeit ihrer ›Lesbarkeit‹ für die Zeitgenossen stehe dabei jedoch außer Frage, sie sei eine für bestimmte Fälle feststehende Verhaltensweise, die in der weiblichen Rollenzuschreibung verankert gewesen sei. Auch in bezug auf Malebranches Begriff der trace, der von Modellen einer konventionalisierten Körperlektüre zu unterscheiden sei, den älteren Begriff der impression und ihre lateinischen und deutschen Äquivalente (»Eindruck«, Wolffs idea materialis) zeigte sich die Notwendigkeit genauer Untersuchungen der semantischen Felder, ihrer historischen Situierungen und der Gründe ihrer Konjunktur. Eine entscheidende Neuerung liege darin, daß Malebranche im Gefolge von Descartes die Vorstellung einer Einprägung von Spuren in die memoria, die früher einen eher metaphorischen Status hatte (memoria als Wachstafel), physiologisch wende. Betont wurde ferner der Unterschied zwischen Malebranche und Leibniz: Während die traces und ihre Verknüpfungen bei ersterem ein psychopathologisches Potential darstellen und keine Erkenntnis begründen, erlaube Leibniz' spätere Theorie der cognitio obscura und der erkenntnishaltigen »petites perceptions« eine deutlich positivere Einschätzung unbewußter Faktoren. Umstritten blieb dabei – auch zwischen den beiden Referenten, die mit verschiedenen Begriffen des Unbewußten operierten –, welche Rolle man Malebranches Einschreibungen innerhalb einer »Kartographie des Unbewußten« (Behrens) überhaupt beimessen dürfe. Seit Freud werde ein Zusammenhang von Semiotik und Unbewußtem hergestellt, sei es, daß dieses aus Indizien, in denen sich die unfreiwillige Wahrheit des Individuums äußere, rekonstruiert, sei es, daß es selbst als sprachlich, also semiotisch strukturiert erkannt werde. Demgegenüber versuche Behrens mit dem Theorem der Sedimentierung sensitiver Wahrnehmungen in Spuren eher die Produktionsseite des Unbewußten zu beleuchten. Der weitestgehende Einwand dagegen bemängelte grundsätzlich die Verwendung des Begriffs des Unbewußten in diesem Zusammenhang, die eine Rückprojektion, eine ex-post-Anwendung moderner Terminologie darstelle. Der Begriff der inconscience, der, wie Behrens erwiderte, bereits im Umkreis des Cartesianismus verwendet werde, sei vom modernen Begriff des Unbewußten abzuheben, der erst in Korrelation zur Entwicklung eines neuen Beobachtertypus, des modernen Diagnostikers, entstehe. Im Gegensatz dazu betonte Böhme die Berechtigung einer historischen Rekonstruktion des Unbewußten, wollte sie aber anders gefaßt sehen als Behrens. Das Modell der trace bei Malebranche markiere nicht das erste Auftreten eines Unbewußten, vielmehr reproduziere sich in ihm noch einmal aufs genaueste der ältere Wissenstypus der Renaissance. Angesichts der von den heutigen grundlegend verschiedenen psychischen Strukturen noch des 17. Jahrhunderts plädierte Böhme dafür, die Geschichte des Unbewußten nicht als die Geschichte seiner Entdeckung, sondern als die seiner *historischen Produktion* aufzufassen, die methodisch nur im Zusammenhang mit der Geschichte der Gewissensbildung und der Entstehung bestimmter Bewußtseinsstrukturen zu beschreiben sei. Vorausgesetzt wurde dabei allerdings die Geltung von Freuds zweitem topischen Modell, das die Unterscheidung der Instanzen Es, Ich und Über-Ich einführt, für die seit dem 18. Jahrhundert sich ausbildende psychische Formation.

Zur Vorlage Koschorke. In der Diskussion des Beitrags von Koschorke, die mehrere Anschlußmöglichkeiten an das vorher Diskutierte bot, vor allem an Galles Beobachtung einer Mediatisierung von Körperpräsenz durch Verschriftlichung im Diskurs der Empfindsamkeit, erhielt der Referent Unterstützung durch verschiedene ergänzende Feststellungen. Seine These von einer empfindsamen Vergeistigung, einer Sublimierung des Eros und einer Distanzierung des Körpers im Zusammenhang mit der Durchsetzung neuer Kommunikationsstandards sei insbesondere mit Blick auf die empfindsamen Briefwechsel einleuchtend, die tendenziell referenzlos seien. Es gehe in ihnen gar nicht um besondere Gegenstände, sondern lediglich um Bearbeitung von Innerlichkeit und Herstellung einer affektiv bereinigten Gemeinschaft auf dem Wege eines Einschwingens in den Kommunikationsvorgang. Gaier stellte diese Prozesse in die Spannung von Öffentlichkeit und Privatheit. Im 18. Jahrhundert würden öffentliche Formen der Interaktion durch eine Privatisierung des Zugriffs auf die Kommunikationsmedien abgelöst, wobei solche Privatheit selbst erneuter Veröffentlichung unterliege. Die Literatur stelle die orientierungsstiftenden Modelle bereit, die die älteren öffentlichen Interaktionsmuster ersetzten. Auf der Rückseite dieser Entwicklung komme es zu dem, was die Zeitgenossen als ›Überschwemmung‹ mit Literatur erfahren hätten. Auch Koschorke sah auf die Nachfrage, welchen Status in den von ihm beschriebenen Prozessen der Medialisierung die Lesesuchtkritik einnehme, diese als komplementär zum kulturproduktiven Charakter der Alphabetisierung. Sie markiere eine ›konservative‹ Position, die angesichts des im Lesen freigesetzten Imaginären auf eine Reduzierung der Zeichenfluktuation dringe, während die ›progressive‹ Lösung dieses Problems in der Organisation des Lesens und der fiktionalen Kontrolle der Imagination bestehe (Kanonisierung von Literatur, Einrichtung von »Frauenzimmerbibliotheken« u. ä.). Widerspruch fand Koschorkes Tendenz zu geradlinigen Prozessualisierungen, die er selbst jedoch nur als heuristische Konstrukte verstanden wissen wollte. Die Behauptung einer Substitution des Körpers begebe sich in die Gefahr eines »medientheoretischen Rousseauismus« (Riedel), der unvermittelte Körperpräsenz als historischen Ausgangspunkt unterstellen müsse. Dagegen könne die Geschichte der Distanzhaltungen zum Körper ebensoweit zurückverfolgt werden, wie sich andererseits noch im späten 18. Jahrhundert Formen relativer Körperpräsenz beobachten ließen. Paradigmatisch dafür seien die Musik und der Tanz. Statt von historischen Bruchlinien und Prozessen müsse also eher von einem Panorama gleichzeitiger verschiedener Haltungen zum Körper gesprochen werden. Die Musik und den Tanz wollte der Referent allerdings nicht als Gegenbeispiele gelten lassen. Auch in ihrer historischen Entwicklung seien Tendenzen zur Entkörperlichung nachweisbar. Der Hinweis auf sie ließ freilich deutlich werden, daß das Untersuchungsfeld einer Mediengeschichte über die Schrift hinaus auf andere Medien zu erweitern sei; die Alphabetisation sei nur *ein* Faktor in einem Spektrum verschiedener Formationstypen, die in dieselbe Richtungen wirkten.

Zur Vorlage Geitner. Die Frage nach der konstitutiven Funktion von Medien konnte in der Diskussion des Beitrags von Ursula Geitner weiterverfolgt werden. Während aber Koschorke die produktive Leistung von Schriftlichkeit für eine bestimmte Form von Subjektivität herausarbeitet, akzentuiert Geitners Analyse der Poetik des Tagebuchs bei Lavater die Aporien und Selbstmißverständnisse, in die sich das Konzept einer unmittelbaren Herzenssprache verwickelt, die sich immer wieder auf ihre sprachliche und schriftliche Vermitteltheit gestoßen sieht. Das Versprechen hingegen, »Subjektivität als Merkmal und Effekt spezifischer literarischer Kommunikation« darzustellen, schien einigen Teilnehmern nicht eingelöst. Wie bereits in der vorangegangenen Diskussion wurde – nicht als Einwand gegen die Ergebnisse, wohl aber gegen die methodische Selbstverortung der Analysen Koschorkes und Geitners – vorgebracht, im 18. Jahrhundert und noch bei Hegel habe es ein ausgeprägtes Wissen um die mediale Vermittlung und Konstitution von Gefühl und Subjektivität gegeben. Die Medienproblematik sei erst im Zuge einer Hypostasierung und Ontologisierung von Subjektivität, die gerade auch die Literaturwissenschaften erfaßt habe, vergessen worden. Erforderlich sei weniger ein grundsätzlicher methodischer Neueinsatz jenseits des Problembewußtseins des 18. Jahrhunderts als die Wiedergewinnung eines verschütteten Wissens; die methodische Geste müsse nicht dekonstruktiv, sondern rekonstruktiv sein. Weder Koschorke noch Geitner wollten sich dem anschließen. Zwar trete in Lavaters Tagebuch die Angewiesenheit der natürlichen Sprache des Herzens auf das ihr äußerliche Medium der konventionellen Sprache bzw. Schrift ins Blickfeld, doch unternehme die dem Tagebuch immanente, quasi ›offizielle‹ Poetik den Versuch, diese mediale Vermitteltheit zu ignorieren. Wo ihre Erkenntnis unabweislich werde, werde sie gerade als Hindernis und Bedrohung der herzenssprachlichen Wahrheit erfahren. Mehr noch im Hinblick auf die empfindsamen Substitutionen des Körpers als auf Lavaters selbstreflexiven Text frage es sich daher, ob man statt von einem Wissen nicht eher von einem notwendigen Vergessen der medialen Konstitutionsleistungen sprechen müsse. Dieses würde, forciert gesagt, ein Unbewußtes der Texte begründen. Mit Verweis auf den Briefwechsel des Gleimkreises wurde bestätigend vermerkt, die Teilnehmer hätten ihre Empfindungen quasi »für bare Münze« genommen und nicht nur als Effekte ihrer Texte begriffen.

Zur Vorlage Goldmann. Goldmanns Vorlage lenkte den Blick von den medialen Entstehungsbedingungen von Subjektivität dezidiert auf die allgemeinen und überindividuellen Strukturen der Autobiographik. So sehr diesem Ansatz Berechtigung zugesprochen wurde, nicht zuletzt als Korrektiv älterer subjektivitätsfixierter Forschungspositionen, so sehr setzte er sich zugleich dem Vorwurf der Einseitigkeit aus, da er gerade die spezifischen Neuerungen in der Autobiographik des 18. Jahrhunderts ausblende. Genannt wurden das im Beitrag von Ursula Geitner untersuchte Programm einer sich als gänzlich unvermittelt gerierenden Aussprache des Herzens und die neue Betonung von individueller Einzigartigkeit und Unverwechselbarkeit, wie sie etwa Rousseau formuliere, dessen *Confessions* sich nicht als ein Abschreiten von Topoi begriffen hätten. Auch der Verzeitlichungsschub des 18. Jahrhunderts werde in Goldmanns ›räumlich‹ ausgerichtetem Modell nicht sichtbar, das Topoi als »diskursive Plätze« und Orientierungspunkte der Erinnerung versteht; wesentlich für die Autobiographik des 18. Jahrhunderts sei aber gerade die Überschneidung dieser beiden Dimensionen. Damit verband sich die Frage, ob sich die autobiographischen Neuerungen innerhalb oder außerhalb des Rahmens der Topik vollzogen haben bzw. ob historische Innovation auf den alten »Affektplätzen« überhaupt möglich gewesen sei. Die Meinungen gingen hier weit auseinander. Insofern Topoi nur die Plätze seien, an denen gefragt werde, könnten sich durchaus neue Erfahrungen an sie heften. Jede inventio vollziehe sich innerhalb von Topoi, wobei die Positionen der vorgegebenen Struktur je unterschiedlich besetzt würden. Das rief den Einspruch hervor, inventio sei lediglich ein *Auf*finden, keine *Er*findung von Neuem, und eine Kombinatorik von Altem ergebe nichts Neues. Von verschiedenen Seiten wurde dafür plädiert, die Transformationen der Topik im Zuge der sich allmählich auflösenden rhetorischen Modelle, die Entstehung eines neuen Toposbegriffs im 18. Jahrhundert und den Wandel in der Konzeption des Gedächtnisses bzw. im Verhältnis von memoria und Topik genauer zu fassen. Zu fragen sei etwa, zu welcher Zeit Gemeinplätze ihre Evidenz und Verbindlichkeit verlieren und zu bloßen »Nullstellen« werden, die keine affektive Energie mehr zu binden vermögen. Seit diesem Zeitpunkt setze die Autobiographie ein Vergessen voraus: Topoi würden in ihr jetzt weniger durch direkte Anknüpfung an sie wirksam, sondern eher auf dem Wege einer Kryptomnese (Koschorke). Goldmann, dem es ausdrücklich nur um die »*Rahmenbedingungen* der Autobiographie« ging, zeigte sich gegenüber solchen Historisierungsforderungen zurückhaltend. Das Ensemble der Topoi, das das Koordinatensystem für die Strukturierung von Erinnerung und Lebensgeschichte abgebe, werde von der ganzen Gattungsgeschichte gebildet, historische und individuelle Ausprägungen zeigten sich als unterschiedliche Aktualisierungen von Elementen aus diesem Bestand. Das dahinter sichtbar werdende und auch explizit formulierte Verständnis von Topoi als anthropologischen Konstanten trug Goldmann den Vorwurf ein, seine Topik begebe sich in die Nähe einer Archetypik.

Zur Vorlage Wöbkemeier. Die Diskussion des Beitrags von Rita Wöbkemeier bemühte sich zunächst noch einmal um Klärung der Situation einer »physiognomischen Notlage« bei Jean Paul, deren Befund sich im Kern mit Rüdiger Campes These von der Krise der physiognomischen Semiotik seit den 1770er Jahren berührt. Jean Pauls Haltung sei durch einen Widerspruch charakterisiert: Einerseits vereitle die Auffassung vom Körper als Gefängnis der Seele die Annahme einer direkten Verbindung beider, die sich im Sinne der Physiognomik als eine Spiegelung des Inneren im Äußeren entziffern ließe. Andererseits zeigten sich der Wahrnehmung bei Jean Paul immer beseelte Körper; in permanenten Deutungsakten werde eine verborgene Beziehung von Innen und Außen vorausgesetzt, deren Charakter aber unbekannt sei. Daher könne Jean Paul eine physiognomische Zuverlässigkeit der Frau unterstellen, der die Fähigkeit zur Schauspielerei abgesprochen werde – zu jener Form der institutionalisierten Verstellung und Simulation mithin, deren Analyse schon Jahrzehnte vorher zu einer Krise der körperlichen Zeichen, insbesondere im Falle der Frau, geführt hatte: Auf der Bühne hatte sich gezeigt, daß die unverstellte Natur, die das Wesen der Frau ausmachen und sich in ihr unmittelbar zum Ausdruck bringen sollte, nachgeahmt, gespielt, gefälscht werden konnte – mit der Folge, daß die Möglichkeit der Verstellung fortan der Natur der Frau selbst zugeschlagen und in dieser beargwöhnt wurde. Ob Jean Paul diesen Prozeß tendenziell zurückgenommen habe, blieb in der Diskussion ungeklärt. Unterschiedlich bewertet wurde hier besonders die Schauspielerei der Liane im *Titan*, die gleichwohl einem Verdikt entgehe, wie es bei Jean Paul über die höfisch-adeligen Verführerinnen verhängt wird. Die Diskussion konzentrierte sich im weiteren Verlauf auf Probleme der Geschlechterdifferenz bei Jean Paul. Aus verschiedenen Perspektiven wurde die Frage aufgeworfen, ob man bei diesem Autor überhaupt von festen Bestimmungen von Mann und Frau sprechen könne. Vielmehr lasse sich der Versuch beobachten, Geschlechtsmerkmale aufzuweichen und einen Zwischentyp zu konstruieren. Mit Blick auf das Verhältnis der Geschwister Liane und Roquairol im *Titan* wurde gleichfalls bezweifelt, daß es bei Jean Paul um eine Frauendarstellung auf der Basis empirischer Psychologie gehe. Es handle sich eher um eine Experimentalkonstellation von Figuren, denen erst sekundär Geschlechtsmerkmale aufgeprägt würden – eine Feststellung, die sich mit der These von einer »Performanz der Geschlechter« bei Jean Paul (Weissberg) berührte. Hingewiesen wurde schließlich auf die textuelle Funktionalität des schönen weiblichen Körpers, der am Punkt eines Darstellungsnotstands einspringe: Die Frau eigne sich zur Darstellung des Ideals, nicht weil es einen physiognomischen Zusammenhang gebe zwischen ihrer Schönheit und dem Sittlichen, sondern weil sie so wenig individuell gezeichnet sei, daß sie zur Darstellung eines Allgemeinen tauglich werde. Die Unindividualität und Leere der Jean Paulschen Frauen ermögliche ihre Allbedeutbarkeit.

Zur Vorlage Götz Müller. Götz Müllers Beitrag bot verschiedene Anknüpfungsmöglichkeiten an bereits diskutierte Vorlagen: von Jean Paul her an Wöbkemeier, von der Problematik der Einbildungskraft her an die von Engel untersuchte Schwärmerthematik und an die These einer neuen Funktion der Imagination in der medial vermittelten Ausbildung von Empfindsamkeit bei Koschorke. Trotz der von Müller angebrachten Differenzierungen hatten mehrere Teilnehmer Schwierigkeiten mit dem Begriff einer »Positivierung der Einbildungskraft« gegen Ende des 18. Jahrhunderts. Eine notwendige und positiv bewertete Einbildungskraft habe es, freilich immer flankiert von Warnungen vor ihrer Hypertrophie, von der Antike bis in die Aufklärung, selbst bei Gottsched, gegeben. Andererseits sei auch die Hochschätzung der Einbildungskraft in der Romantik, für die weitere stützende Belege beigebracht wurden, immer von wesentlichen Vorbehalten durchsetzt gewesen. Am Beispiel der Erzählung vom Einsiedler Serapion wurden E. T. A. Hoffmanns Doppelperspektive auf die Einbildungskraft, seine Betonung ihres pathologischen Potentials und die Schwierigkeiten einer scharfen Grenzziehung zwischen Poesie und Wahnsinn diskutiert. Insgesamt richteten sich diese Einwände weniger gegen Müllers Befunde als gegen die mißverständliche Rede von einer »Positivierung« und Aufwertung der Einbildungskraft; es handle sich eher um eine graduelle Verschiebung und eine Umakzentuierung, die allerdings unbestritten sei. Die weitere Debatte beschäftigte sich mit den Bedingungen und Gründen dieser tendenziellen Umwertung. Möglicherweise, so wurde vermutet, lasse sich das Problem mit einer Anleihe bei der Topik Freuds erhellen: Das Unbewußte, dessen Begriff, wie Müller festgestellt hatte, bei Jean Paul nahezu synonym mit dem der Einbildungskraft verwendet werde, umfasse die Instanzen des Über-Ich und des Es; es frage sich, ob nicht Jean Pauls positive Haltung zum Unbewußten auf das Über-Ich zu beziehen sei, während die von ihm beschriebenen Fehlleistungen dem Es zugeschrieben werden müßten – eine Hypothese, der Müller mit dem Hinweis entgegnete, Jean Paul blende den Es-Anteil des Unbewußten aus und stelle auch keine Verbindung zwischen diesem und den Fehlleistungen her. Andere Teilnehmer widersprachen gleichfalls und machten mit Blick auf die *natürliche Magie der Einbildungskraft* eine Kontinuität der Tradition der magia naturalis für die positiven Züge der Einbildungskraft bei Jean Paul verantwortlich. Böhme verwies auf den zivilisationsgeschichtlichen Hintergrund der von Müller beschriebenen Entwicklung. Lasse sich durch das 18. Jahrhundert hindurch ein ausgeprägter Kontrollwille gegenüber den Bildwelten der potentiell widerständigen Einbildungskraft beobachten, die mittels Techniken der rhetorischen Steuerung an die Sprache gebunden und in eine zwar zulassende, aber geordnete und restringierende Rede überführt werde, so zeige sich gegen Ende des Jahrhunderts ein neuerlicher Distanzverlust gegenüber der Macht der Bilder. Es setze ein Prozeß des Entlaufens der Bilder und sprachlichen Metaphern und der Entdeckung eines unhintergehbaren Potentials in der Sprache selbst ein. Die Anerkennung dieses irritierenden Phänomens, dem man nichts mehr entgegenzusetzen habe, bilde das Substrat der theoretischen und poetologischen Ansätze einer Positivierung der Einbildungskraft. Ergänzt und zugleich eingewendet wurde, daß das Risiko der Imagination durch die vorgängige Sprachbindung geringer geworden sei; erst dadurch sei auch die Möglichkeit einer gezielten Entfesselung der Einbildungskraft gegeben, wie sie Jean Paul mit seinem »Rauschsystem« (Götz Müller) betrieben habe. Die Emanzipation der Metaphern könne dadurch selbst zum Moment der Ökonomie eines Diskurses werden. Zu fragen sei in diesem Zusammenhang, ob nicht die sprachlicher Filterung und damit auch ›zivilisierender‹ Bearbeitung unterworfene Einbildungskraft im Sinne der von Koschorke analysierten Medialisierung quasi neu konstituiert werde und ob es nicht nur *diese* Einbildungskraft sei, die positive Wertungen erfahre. Darin zeige sich erneut die Problematik einer Rede von Rehabilitationen im 18. Jahrhundert, wie schon gegen den Beitrag Riedels eingewendet worden war: Das scheinbar *Re*habilitierte wäre tatsächlich ein diskursiv neu Formiertes.

Zur Vorlage Gaier. In der mündlichen Vorstellung seines Beitrags, der noch einmal dezidiert das anthropologische Konzept des ganzen Menschen und die Literatur zusammenführte, spitzte Gaier seine Rekonstruktion von Hölderlins poetologischer Anthropologie und anthropologischer Poetik auf die These eines rein textuellen Status der Ganzheit des Menschen zu. Hölderlins Lehre vom Wechsel der Töne, deren Dreiheit die Vermögenstrias des 18. Jahrhunderts – Vorstellung, Empfindung, Räsonnement – transformiere, ziele auf Herstellung der Empfindung der menschlichen Ganzheit in der kalkulierten Aufeinanderfolge der Töne, die der Text zu bewerkstelligen habe. Die Ganzheit sei nie als Präsenz erfahrbar, sondern nur im zeitlichen Ablauf, d. h. in der Genese und der Erinnerung. Hölderlins Poetik intendiere die Produktion von Texten, in deren Lektüre sich Ganzheit – als Text mithin – herstelle. Der Text sei der einzige Konstitutionsort des ganzen Menschen. Die faktische Zerrissenheit des Menschen werde bei Hölderlin nicht wie bei Schiller zum Anlaß einer Notstandsmoral, sondern einer Anthropodizee, die eine genaue Umkehrung der Theodizee des Jahrhundertbeginns darstelle: Der Mensch sei gerechtfertigt aufgrund der notwendigen Erfahrung seines Leidens für das Bewußtsein Gottes. In der Diskussion wurde in diesem Zusammenhang auf den Spinoza-Hintergrund eines entzweiten Gottes verwiesen, der des Menschen bedürfe. Die daraus folgende Ambivalenz im Menschenbild einer theologisch fundierten Anthropologie betreffe auch die Stellung des Dichters, dessen Vermittlerrolle stets in der Gefahr von Überhebung und Blasphemie schwebe. Vor dieser Folie, so ergänzte der Referent, seien Hölderlins Auseinandersetzung mit dem Problem der Blasphemie, sein Verdacht, sich über das Maß hinausbegeben zu haben, und schließlich sein Rückzug in die referenzlose Dichtung des Turms zu verstehen. Mit den über seine Vorlage hinausgehenden Pointierungen trug Gaier nicht nur dem Ansatz einer literarischen Anthropologie Rechnung, d. h. der Idee, daß der »ganze Mensch« nur im Medium der Literatur Realität erhalte, sondern reagierte zugleich auf das, was er, unterstützt von Schmidt-Biggemann, als theologisches Defizit der Tagung monierte. Dieser Reklamation wollten sich verschiedene Teilnehmer nicht anschließen. Im Gegenzug wurde der Verdacht laut, Gaiers Rekonstruktion einer Totalität des Werdens im Text sei nicht lediglich Analyse theologisch grundierter Argumentationsgänge, sondern begebe sich selbst in die Nähe theologischen Denkens (Böhme). Der Bedeutungsverlust des theologischen Anteils der Anthropologie sei nicht zufällig, sondern gehe auf das tendenzielle Verschwinden der Rede von der Gottebenbildlichkeit des Menschen im 18. Jahrhundert zurück. Die Anthropologie dieser Epoche markiere den Eintritt des Menschen in die Kontingenz, der, wie mit Verweis auf das Fragment »Heimat« (»Und niemand weiß«) festgestellt wurde, auch bei Hölderlin und seinem Konzept des ganzen Menschen nachweisbar sei. Es gelte daher vielmehr, Hölderlin von theologischen und substantialistischen Aspekten, die in der zeitgenössischen Anthropologie obsolet geworden seien, zu entlasten. Der Eintritt des Menschen in die Kontingenz müsse für die aktuelle methodische Beschäftigung mit der Anthropologie des 18. Jahrhunderts maßgeblich bleiben, die nicht hinter den Problemstand des von ihr Untersuchten zurückgehen dürfe.

Auswahlbibliographie zur Erforschung der (literarischen) Anthropologie im 18. Jahrhundert (1975–1993)

ALEXANDER KOŠENINA

ADLER, Hans: Fundus Animae – der Grund der Seele. Zur Gnoseologie des Dunklen in der Aufklärung. In: DVjs 62 (1988), 197–220.
- Humanität – Autonomie – Souveränität. Bedingtheit und Reichweite des Humanitätskonzepts J. G. Herders. In: Akten des VII. Internationalen Germanisten-Kongresses Göttingen 1985, Bd. 8. Tübingen 1986, 161–166.
- Die Prägnanz des Dunklen. Gnoseologie, Ästhetik, Geschichtsphilosophie bei J. G. Herder (= Studien zum 18. Jahrhundert, Bd. 13). Hamburg 1990.

ALCANDRE, Jean-Jacques: Médicine et écriture dramatique: A propos du jeune Schiller. In: Cahiers d'Etudes Germaniques 10 (1986), 211–227.

ALLESCH, Christian G.: Geschichte der psychologischen Ästhetik. Untersuchungen zur historischen Entwicklung eines psychologischen Verständnisses ästhetischer Phänomene. Göttingen, Toronto, Zürich 1987.

AURNHAMMER, Achim: Androgynie. Studien zu einem Motiv in der europäischen Literatur (= Literatur und Leben NF, Bd. 30). Köln, Wien 1986.

BAASNER, Frank: Der Begriff »sensibilité« im 18. Jahrhundert: Aufstieg und Niedergang eines Ideals (= Studia Romanica, Bd. 69). Heidelberg 1988.

BACHMANN-MEDICK, Doris: Die ästhetische Ordnung des Handelns. Moralphilosophie und Ästhetik in der Popularphilosophie des 18. Jahrhunderts. Stuttgart 1989.
- Kulturelle Texte und interkulturelles (Miß-)Verstehen. Kulturanthropologische Herausforderungen für die interkulturelle Literaturwissenschaft. In: Alois Wierlacher (Hg.), Perspektiven und Verfahren interkultureller Germanistik. Akten des 1. Kongresses für internationale Germanistik. München 1987, 653–664.

BARKHOFF, Jürgen: Allsympathie im magnetischen Geiste. Jean Paul und der animalische Magnetismus. In: Nicholas Saul (Hg.), Die deutsche literarische Romantik und die Wissenschaften. München 1991, 177–208.
- Goethes Ehrfurchtsgebärden in den »Wanderjahren« als Anthropologie vom Leibe her. In: Ders., Eda Sagarra (Hg.), Anthropologie und Literatur um 1800. München 1992, 161–186.

BARNOW, Jeffry: The Philosophical Achievement and Historical Significance of Johann Nicolas Tetens. In: Studies in Eighteen-Century Culture 9 (1979), 301–335.
- Psychologie empirique et épistémologie dans les ›Philosophische Versuche‹ de Tetens. In: Archives de Philosophie 46 (1983), 271–289.

BEGEMANN, Christian: Eros und Gewissen. Literarische Psychologie in Ludwig Tiecks Erzählung *Der getreue Eckart und der Tannenhäuser*. In: IASL 15.2 (1990), 89–145.
- Furcht und Angst im Prozeß der Aufklärung. Zu Literatur und Bewußtseinsgeschichte des 18. Jahrhunderts. Frankfurt 1987.

BEHRENS, Rudolf/Roland GALLE (Hg.): Leib-Zeichen. Körperbilder, Rhetorik und Anthropologie im 18. Jahrhundert. Würzburg 1993.

BELLEGUIC, Thierry: Anthropologie diderotienne et cybernétique: Une étude du parasitisme dans *Le Neveau de Rameau*. In: Recherches Sémiotiques/Semiotic Inquiry 11 (1991), 125–142.

BENNHOLDT-THOMSON, Anke/Alfredo GUZZONI: Der psychologische Ansatz des Karl Philipp Moritz – Zwischen Selbsterkenntnis und Selbsttäuschung. In: Jahrbuch für Verstehende Tiefenpsychologie und Kulturanalyse 1 (1981), 197–212.
– Der Irrenhausbesuch. Ein Topos in der Literatur um 1800. In: Aurora 42 (1982), 82–110.
– Nachwort zum Faksimiledruck: Gnothi Sauton oder Magazin zur Erfahrungsseelenkunde. Hg. von Karl Philipp Moritz. Lindau 1978/79. [79 S.]
BENZENHÖFER, Udo: Psychiatrie und Anthropologie in der ersten Hälfte des 19. Jahrhunderts (= Schriften zur Wissenschaftsgeschichte, Bd. 11). Hürtgenwald 1993 [darin 179–202: Bibliographia anthropologica der Jahre 1501–1848].
BERG, Eberhard: Zwischen den Welten. Über die Anthropologie der Aufklärung und ihr Verhältnis zu Entdeckungs-Reise und Welt-Erfahrung mit besonderem Blick auf das Werk Georg Forsters. Berlin 1982.
BERNEAUD-KÖTZ, Gerhard: Jung-Stilling als Arztpersönlichkeit. Laienmediziner, Arzt, Augenarzt und Staroperateur. In: Michael Frost (Hg.), Blicke auf Jung-Stilling. Festschrift zum 60. Geburtstag von Gerhard Merk. Kreuztal 1991, 19–39.
BEYSSADE, J.-M.: Anthropologie et politique chez l'Abbé de Saint-Pierre. In: Revue de Metaphysique et de Morale 88 (1983), 247–259.
BEZOLD, Raimund: Popularphilosophie und Erfahrungsseelenkunde im Werk von Karl Philipp Moritz (= Epistemata Literaturwissenschaft, Bd. 14). Würzburg 1984.
BILGER, Stefan: Üble Verdauung und Unarten des Herzens. Hypochondrie bei Johann August Unzer (1727–1799). Würzburg 1990.
BLUMENBERG, Hans: Anthropologische Annäherung an die Aktualität der Rhetorik. In: Ders., Wirklichkeiten in denen wir leben. Aufsätze und eine Rede. Stuttgart 1981, 104–136.
BÖHME, Gernot: Anthropologie in pragmatischer Hinsicht. Darmstädter Vorlesungen. Frankfurt 1985.
BÖHME, Hartmut: Der sprechende Leib. Die Semiotiken des Körpers am Ende des 18. Jahrhunderts und ihre hermetische Tradition. In: Ders., Natur und Subjekt. Frankfurt 1988, 179–211.
BÖHME, Hartmut und Gernot: Das Andere der Vernunft. Zur Entwicklung von Rationalitätsstrukturen am Beispiel Kants. Frankfurt 1983.
BORCHMEYER, Dieter: »Der ganze Mensch ist wie ein versiegelter Brief« – Schillers Kritik und Apologie der »Hofkunst«. In: Achim Aurnhammer, Klaus Manger, Friedrich Strack (Hg.), Schiller und die höfische Welt. Tübingen 1990, 460–475.
BORNSCHEUER, Lothar: Zum Bedarf an einem anthropologiegeschichtlichen Interpretationshorizont. In: Georg Stötzel (Hg.), Germanistik. Forschungsstand und Perspektiven. Vorträge des Germanistentages 1984. Bd. 2. Berlin, New York 1985, 420–438.
– Rhetorische Paradoxien im anthropologiegeschichtlichen Paradigmenwechsel. In: Rhetorik 8 (1989), 13–42.
BRAIN, Dennis Edward: From Religious Pessimism to Anthropological Skepticism. An Investigation into the Religious, Philosophical, and Historical Context of J. K. Wezel's »Robinson Krusoe«. Phil. Diss. Austin, Texas 1990.
BRANDT, Reinhard: Beobachtungen zur Anthropologie bei Kant (und Hegel). In: Franz Hespe, Burkhard Tuschling (Hg.), Psychologie und Anthropologie oder Philosophie des Geistes. Beiträge zu einer Hegel-Tagung in Marburg 1989 (= Spekulation und Erfahrung, Abt. II, Bd. 24). Stuttgart-Bad Cannstatt 1991, 75–106.
BRANTIGAN, Martha Jane: ›Magazin zur Erfahrungsseelenkunde‹. Editors, Text and Context. Baltimore, Johns Hopkins University Diss. 1981.
BROCE, Gerald: Discontent and Cultural Relativism: Herder and Boasian Anthropology. In: Annals of Scholarship 2 (1981), 1–13.
BROWN, T.M.: Descartes, Dualism, and Psychosomatic Medicine. In: W.F. Bynum, R. Porter, M. Shepherd (Hg.), The Anatomy of Madness: Essays in the History of Psychiatry. Bd. 1. London 1985, 40–62.
BRUGGER, Walter: Grundzüge einer philosophischen Anthropologie. München 1986.
BURKHARDT, Angelika: »Schon als Thier hat der Mensch Sprache«. Biologisch-anthropologische Aspekte der Sprachevolution. In: Muttersprache 97 (1987), 1–15.

BYNUM, William F./Roy PORTER (Hg.): William Hunter and the Eighteenth-Century Medical World. Cambridge, London, New York 1985.
CADETE, Teresa: Der Bogen und die Schlange. Beitrag zur Rekonstruktion von Schillers zivilisatorischem Rezept. In: JDSG 36 (1992), 197–218.
– Schillers Ästhetik als Synchronisierung seiner anthropologischen und historischen Erkenntnisse. In: Weimarer Beiträge 37 (1991), 839–852.
CAMPE, Rüdiger: Affekt und Ausdruck. Zur Umwandlung der literarischen Rede im 17. und 18. Jahrhundert (= Studien zur deutschen Literatur, Bd. 107). Tübingen 1990.
– Rhetorik und Physiognomik *oder* Die Zeichen der Literatur. In: Rhetorik 9 (1990), 68–83.
CANTARUTTI, Giulia: Moralistik, Anthropologie und Etikettenschwindel. Überlegungen aus Anlaß eines Urteils über Platners ›Philosophische Aphorismen‹. In: Giulia Cantarutti, Hans Schumacher (Hg.), Neuere Studien zur Aphoristik und Essayistik. Mit einer Handvoll zeitgenössischer Aphorismen (= Berliner Beiträge zur neueren deutschen Literaturgeschichte, Bd. 9). Frankfurt, Bern, New York 1986, 49–103.
CASEY, Timothy J.: Der große Gedankenstrich im Buche der Natur. Jean Pauls Menschenbild und Erziehlehre. In: Jürgen Barkhoff, Eda Sagarra (Hg.), Anthropologie und Literatur um 1800. München 1992, 187–212.
CERSOWSKY, Peter: Von der Anthropologie zur Kunst. Zu Wilhelm Meisters *Hamlet*-Aufführung. In: Archiv 229 (1992), 1–15.
CUNNINGHAM, Andrew/Nicholas JARDINE (Hg.): Romanticism and the Sciences. Cambridge 1990.
DAINAT, Holger: »Wie wenig irgend ein Mensch für die Unsträflichkeit seiner nächsten Stunde sichere Bürgschaft leisten könne!« Kriminalgeschichten in der Spätaufklärung. In: Jörg Schönert (Hg.), Erzählte Kriminalität. Zur Typologie und Funktion von narrativen Darstellungen in Strafrechtspflege, Publizistik und Literatur zwischen 1770 und 1920. Tübingen 1991, 193–204.
– Der unglückliche Mörder. Zur Kriminalgeschichte der deutschen Spätaufklärung. In: ZfdPh 107 (1988), 517–541.
DARNTON, Robert: Der Mesmerismus und das Ende der Aufklärung in Frankreich. Mit einem Essay von Martin Blankenburg. Frankfurt, Berlin 1986.
DAVIES, Martin L.: Karl Philipp Moritz' Erfahrungsseelenkunde: Its Social and Intellectual Origins. In: Oxford German Studies 16 (1985), 13–35.
DELFT, Louis von: Caractères et lieux: la représentation de l'homme dans l'anthropologie classique. In: Revue de littérature comparée 57 (1983), 149–172.
DEWHURST, Kenneth/Nigel REEVES: Friedrich Schiller. Medicine, Psychology and Literature. With the first English edition of his complete medical and psychological writings. Oxford 1978.
DIPPEL, Lydia: Wilhelm von Humboldt. Ästhetik und Anthropologie (= Epistemata Literaturwissenschaft, Bd. 50). Würzburg 1990.
DONOVAN, Siobhan: Christlich-theologische und philosophische Anthropologie bei Matthias Claudius. In: Jürgen Barkhoff, Eda Sagarra (Hg.), Anthropologie und Literatur um 1800. München 1992, 98–119.
DOUGHERTY, Frank W. P.: Buffons Bedeutung für die Entwicklung des anthropologischen Denkens im Deutschland der zweiten Hälfte des 18. Jahrhunderts. In: Gunter Mann, Franz Dumont (Hg.), Die Natur des Menschen. Probleme der Physischen Anthropologie und Rassenkunde (1750–1850) (= Sömmering-Forschungen, Bd. 6). Stuttgart, New York 1990, 221–279.
– Nervenmorphologie und -physiologie in den 80er Jahren des 18. Jahrhunderts. Göttinger Beiträge zur Forschung und Theorie der Neurologie in der vorgalvanischen Ära. In: Gunter Mann, Franz Dumont (Hg.), Gehirn – Nerven – Seele. Anatomie und Physiologie im Umfeld S. Th. Soemmerings (= Soemmering-Forschungen, Bd. 3). Stuttgart, New York 1988, 55–91.
DRAESNER, Ulrike: »Truth angular and splintered« – Die Subversion der Rede in der Reflexion über den Menschen. Bemerkungen über Alexander Popes *Essay on Man*. In: GRM 42 (1992), 275–303.

DUDEN, Barbara: Geschichte unter der Haut. Ein Eisenacher Arzt und seine Patientinnen um 1730. Stuttgart 1987.

DUMONT, Altrud: Die Einflüsse von Identitätsphilosophie und Erfahrungsseelenkunde auf E. T. A. Hoffmanns »Elixiere des Teufels«. In: Zeitschrift für Germanistik. N. F. 1 (1991), 37–48.

EGO, Anneliese: »Animalischer Magnetismus« oder »Aufklärung«. Eine mentalitätsgeschichtliche Studie zum Konflikt um ein Heilkonzept im 18. Jahrhundert (= Epistemata Literaturwissenschaft, Bd. 68). Würzburg 1991.

EICH, Wolfgang: Medizinische Semiotik zwischen 1750 und 1850. Ein Beitrag zur Geschichte des Zeichenbegriffs in der Medizin. Diss. Freiburg 1980.

EMBACH, Michael: Anthropologie und Geschichtsphilosophie. Das Luther- und Reformationsbild des Bückeburger Herder. In: Wirkendes Wort 38 (1988), 172–187.

ENGEL, Manfred: Der Roman der Goethezeit. Bd. 1: Anfänge in Klassik und Frühromantik. Transzendentale Geschichten (= Germanistische Abhandlungen, Bd. 71). Stuttgart 1993.

ENGELHARDT, Dietrich v.: Medizin in der Literatur der Neuzeit I: Darstellung und Deutung (= Schriften zu Psychopathologie, Kunst und Literatur, Bd. 2). Hürtgenwald 1991.

ERHART, Walter: Entzweiung und Selbstaufklärung. Christoph Martin Wielands »Agathon«-Projekt (= Studien zu deutschen Literatur, Bd. 115). Tübingen 1991.

ESSELBORN, Hans: Das Universum der Bilder. Die Naturwissenschaft in den Schriften Jean Pauls (= Studien zur deutschen Literatur, Bd. 99). Tübingen 1989.

FABIAN, Bernhard: Newtonische Anthropologie: Alexander Popes »Essay on Man«. In: Bernhard Fabian, Wilhelm Schmidt-Biggemann, Rudolf Vierhaus (Hg.), Die Neubestimmung des Menschen (= Studien zum 18. Jahrhundert, Bd. 2/3). München 1980, 150–171.

FECHNER, Jörg-Ulrich: Leidenschafts- und Charakterdarstellung im Drama (Gerstenberg, Leisewitz, Klinger, Wagner). In: Walter Hinck (Hg.), Sturm und Drang. Frankfurt 1978 (^{2}1989), 175–191.

FEDER, Lillian: Madness in Literature. Princeton 1980.

FESTA, G.: Naissance d'une anthropologie: Le Tarentisme dans la conscience des voyageurs au dix-huitième siècle. In: Studies on Voltaire and the Eighteenth Century 256 (1988), 249–258.

FINK, Karl J.: Goethe's history of science. Cambridge, New York, Port Chester, Melbourne, Sydney 1991.

– Storm and stress anthropology. In: History of the Human Sciences 6 (1993), 51–71.

FIRLA, Monika: Untersuchungen zum Verhältnis von Anthropologie und Moralphilosophie bei Kant (= Europ. Hochschulschriften, Philosophie, Bd. 80). Frankfurt, Bern 1981.

FISCHER-HOMBERGER, Esther: Krankheit Frau. Zur Geschichte der Einbildungen. Darmstadt, Neuwied 1984.

Fox, Christopher (Hg.): Psychology and Literature in the Eighteenth Century. New York 1987.

FRAYLING, Christopher/Robert WOKLER: From the Orang-Utan to the Vampire: Towards an Anthropology of Rousseau. In: R. A. Leigh (Hg.), Rousseau after Two Hundred Years: Proceedings of the Cambridge Bicentennial Colloquium. Cambridge 1982, 109–129.

FREITAG, Egon: Zur ›Völker- und Menschenkunde‹ im Schaffen Christoph Martin Wielands. In: Thomas Höhle (Hg.), Wieland-Koloquium Halberstadt 1983. Halle 1985, 289–303.

FRICKMANN, Sybille: ›Jeder Mensch nach dem ihm eignen Maaß‹ – Karl Philipp Moritz' Konzept einer ›Seelenkrankheitskunde‹. In: The German Quarterly 61 (1988), 387–402.

FRÜHWALD, Wolfgang: Die Entdeckung des Leibes. Über den Zusammenhang von Literatur und Diätetik in der deutschen Literatur des 18. und 19. Jahrhunderts. In: Mitteilungen aus dem Brenner-Archiv 10 (1991), 13–23.

FUCHS, Thomas: »Die Mechanisierung des Herzens«. Harvey und Descartes – Der vitale und der mechanische Aspekt des Kreislaufs. Frankfurt 1992.
FÜRNKÄS, Josef: Der Ursprung des psychologischen Romans: Karl Philipp Moritz' »Anton Reiser«. Stuttgart 1977.
GAIER, Ulrich: Herders Sprachphilosophie und Erkenntniskritik (= problemata, Bd. 118). Stuttgart-Bad Cannstatt 1988.
GALLE, Roland: Der erste moderne Mensch: Sozialpsychologische Überlegungen zu Rousseaus Autobiographie. In: Merkur 37 (1983), 58–66.
GEITNER, Ursula: Die »Beredsamkeit des Leibes«. Zur Unterscheidung von Bewußtsein und Kommunikation im 18. Jahrhundert. In: Das achtzehnte Jahrhundert 14.2 (1990), 181–195.
– Passio hysterica – Die alltägliche Sorge um das Selbst. Zum Zusammenhang von Literatur, Pathologie und Weiblichkeit im 18. Jahrhundert. In: Renate Berger u. a. (Hg.), Frauen – Weiblichkeit – Schrift. Berlin 1985, 130–144.
– Die Sprache der Verstellung. Studien zum rhetorischen und anthropologischen Wissen im 17. und 18. Jahrhundert (= Communicatio, Bd. 1). Tübingen 1992.
GENDOLLA, Peter: Anatomien der Puppe. Zur Geschichte des MaschinenMenschen bei Jean Paul, E. T. A. Hoffmann, Valliers de l'Isle-Adam und Hans Bellmer (= Reihe Siegen, Bd. 113). Heidelberg 1992.
GENSCHOREK, Wolfgang: Carl Gustav Carus. Arzt, Künstler, Naturforscher. Leipzig 1978.
GERABEK, Werner: Der Mensch – eine Maschine? Bemerkungen zur Anthropologie des 18. Jahrhunderts. In: Würzburger medizinhistorische Mitteilungen 6 (1988), 35–52.
– Naturphilosophie und Dichtung bei Jean Paul: Das Problem des Commercium mentis et corporis (= Stuttgarter Arbeiten zur Germanistik, Nr. 202). Stuttgart 1988.
GESCHE, Astrid: Johann Gottfried Herder: Sprache und die Natur des Menschen (= Epistemata Literaturwissenschaft, Bd. 97). Würzburg 1993.
GESSINGER, Joachim: Die Grundlegung der empirischen Sprachwissenschaft als ›Wissenschaft am Menschen‹. In: Hans Aarsleff, Louis G. Kelly, Hans-Josef Niederehe (Hg.), Papers in the History of Linguistics. Amsterdam, Philadelphia 1987, 335–348.
– Der Ursprung der Sprache aus der Stummheit. Psychologische und medizinische Aspekte der Sprachursprungsdebatte. In: Ders., Wolfert v. Rahden (Hg.), Theorien vom Ursprung der Sprache. Bd. 2. Berlin, New York 1989, 345–387.
GEYER-KORDESCH, Johanna: Cultural Habits of Illness: The Enlightened and the Pious in Eighteenth Century Germany. In: Roy Porter (Hg.), Patients and Practitioners: Lay Perceptions of Medicine in Pre-Industrial Society. Cambridge 1985, 177–204.
– Die Psychologie des moralischen Handelns. Psychologie, Medizin und Dramentheorie bei Lessing, Mendelssohn und Friedrich Nicolai. Phil. Diss. U. of Mass. 1977. Ann Arbor, Mich. 1977 [Masch.]
GLANTSCHNIG, Helga: Liebe als Dressur. Kindererziehung in der Aufklärung. Frankfurt, New York 1987.
GÖSSL, Sybille: Materialismus und Nihilismus. Studien zum deutschen Roman der Spätaufklärung (= Epistemata Literaturwissenschaft, Bd. 25). Würzburg 1987.
GOLDMANN, Stefan: Christoph Wilhelm Hufeland im Goethekreis. Eine psychoanalytische Studie zur Autobiographie und ihrer Topik. Stuttgart 1993.
– Leitgedanken zur psychoanalytischen Hermeneutik autobiographischer Texte. In: Jahrbuch der Psychoanalyse 23 (1988), 242–260.
– Die Südsee als Spiegel Europas. Reisen in die versunkene Kindheit. In: Thomas Theye (Hg.), Wir und die Wilden. Einblicke in eine kannibalische Beziehung. Reinbek bei Hamburg 1985, 208–242.
GRÄTZEL, Stephan: Die philosophische Entdeckung des Leibes. Stuttgart 1989.
GRAVENKAMP, Horst: Geschichte eines elenden Körpers. Lichtenberg als Patient (= Lichtenberg-Studien, Bd. 2). Göttingen 1989.
GRAY, Richard: Die Geburt des Genies aus dem Geiste der Aufklärung. Semiotik und Aufklärungsideologie in der Physiognomik Johann Kaspar Lavaters. In: Poetica 23 (1991), 95–138.

GROSS, Gloria Sybil: Dr. Johnson's Practice: The Medical Context for Rasselas. In: Studies in 18th Century Culture 14 (1985), 275–288.
GRÜSSER, Otto-Joachim: Justinus Kerner 1786–1862. Arzt – Poet – Geisterseher. Nebst Anmerkungen zum Uhland-Kerner-Kreis und zur Medizin und Geistesgeschichte im Zeitalter der Romantik. Berlin, Heidelberg 1987.
GUMBRECHT, Hans Ulrich: »Das in vergangenen Zeiten Gewesene so gut erzählen, als ob es in der eigenen Welt wäre«. Versuch zur Anthropologie der Geschichtsschreibung. In: Reinhart Koselleck u. a. (Hg.), Formen der Geschichtsschreibung. München 1982, 480–513.
HACKER, Margit: Anthropologische und kosmologische Ordnungsutopien: Christoph Martin Wielands »Natur der Dinge« (= Würzburger Beiträge zur deutschen Philologie, Bd. 3). Würzburg 1989.
HÄFNER, Ralph: Herder und Morelly. Ein Beitrag zu Herders Psychologie um 1770. In: Euphorion 87 (1993), 329–346.
HAGNER, Michael: Soemmering, Rudolphi und die Anatomie des Seelenorgans. »Empirischer Skeptizismus« um 1800. In: Medizinhistorisches Journal 25 (1990), 211–233.
HEINZ, Marion: Die Bestimmung des Menschen. Herder contra Mendelssohn. In: Beate Niemeyer, Dirk Schütze (Hg.), Philosophie der Endlichkeit. Festschrift für Erich Christian Schröder zum 65. Geburtstag. Würzburg 1992, 263–285.
HEIZMANN, Bertold: Ursprünglichkeit und Reflexion. Die poetische Ästhetik des jungen Herder im Zusammenhang der Geschichtsphilosophie und Anthropologie des 18. Jahrhunderts (= Europäische Hochschulschriften, Reihe 1, Bd. 373). Frankfurt, Bern 1981.
HENNING, Hans: Wezels Beitrag zur Aufklärungsphilosophie. Der »Versuch über die Kenntniß des Menschen« 1784/85. In: Neues aus der Wezel-Forschung 2 (1984), 18–30.
HERRMANN, Ulrich: Pädagogische Anthropologie und die ›Entdeckung‹ des Kindes im Zeitalter der Aufklärung – Kindheit und Jugendalter im Werk Joachim Heinrich Campes. In: Ders. (Hg.), »Die Bildung des Bürgers«. Die Formierung der bürgerlichen Gesellschaft und die Gebildeten im 18. Jahrhundert. Weinheim, Basel 1982, 178–193.
– Karl Philipp Moritz – Die »innere Geschichte des Menschen«. In: Gerd Jüttemann (Hg.), Wegbereiter der Historischen Psychologie. München, Weinheim 1988, 48–55.
– Die Pädagogik der Philanthropen. In: Hans Scheuerl (Hg.), Klassiker der Pädagogik. Bd. 1: Von Erasmus von Rotterdam bis Herbert Spencer. München 1979, 135–158.
HINDERER, Walter: Utopische Elemente in Schillers ästhetischer Anthropologie. In: Hiltrud Gnüg (Hg.), Literarische Utopie. Entwürfe. Frankfurt 1982, 173–186.
– Die Philosophie der Ärzte und die Rhetorik der Dichter. Zu Schillers und Büchners ideologisch-ästhetischen Positionen. In: ZfdPh 109 (1990), 502–520.
HINSKE, Norbert (Hg.): Die Aufklärung und die Schwärmer. [Themenheft der Zeitschrift] Aufklärung 3 (1988).
HÖFFE, Ottfried (Hg.): Der Mensch – ein politisches Tier? Essays zur politischen Anthropologie. Stuttgart 1992.
HONEGGER, Claudia: Die Ordnung der Geschlechter. Die Wissenschaft vom Menschen und das Weib, 1750–1850. Frankfurt 1991.
ISER, Wolfgang: Fictionalizing: the anthropological dimension of literary fictions. In: New literary history 21 (1989/90), 939–955.
– Das Fiktive und das Imaginäre. Perspektiven literarischer Anthropologie. Frankfurt 1991.
JÄGER, Hans-Wolf: Herder als Leser von Reiseliteratur. In: Ders., Wolfgang Griep (Hg.), Reisen im 18. Jahrhundert. Neue Untersuchungen (= Neue Bremer Beiträge, Bd. 3). Heidelberg 1986, 181–199.
JAHNKE, Jürgen: Psychologie im 18. Jahrhundert. Literaturbericht 1980 bis 1989 [ausführliche Bibliographie]. In: Das achtzehnte Jahrhundert 14.2 (1990), 253–278.
KAEMPFER, Wolfgang: Die Zukunft der Vergangenheit oder die Natur der Menschen. Überlegungen zu einer Literaturanthropologie. In: Frankfurter Hefte 36 (1981), H. 10, 53–64; H. 11, 45–54.
KAISER, Marita: Zum Verhältnis von Karl Philipp Moritz' psychologischer Anthropolo-

gie und literarischer Selbstdarstellung. In: Jürgen Barkhoff, Eda Sagarra (Hg.), Anthropologie und Literatur um 1800. München 1992, 120–140.

KÄUSER, Andreas: Physiognomik und Roman im 18. Jahrhundert (= Forschungen zur Literatur- und Kulturgeschichte, Bd. 24). Frankfurt, Bern, New York, Paris 1989.

– Das Wissen der Anthropologie. Goethes Novellen. In: Goethe Jahrbuch 107 (1990), 158–168.

KERSHNER, Sybille: »Aus Furcht, zu zerspringen«. Grenzen der Selbsterkenntnis, Krankheit und Geschlecht in popularphilosophischen Texten von Weikard, Pockels und Moritz. In: Das achtzehnte Jahrhundert 16.2 (1992), 120–136.

– Karl Philipp Moritz und die »Erfahrungsseelenkunde«. Literatur und Psychologie im 18. Jahrhundert. Herne 1991.

KIMPEL, Dieter: Das anthropologische Konzept in literaturästhetischen Schriften Lessings und Mendelssohns. In: Erhard Bahr u. a. (Hg.), Humanität und Dialog: Lessing und Mendelssohn in neuer Sicht (= Beiheft zum Lessing Yearbook). Detroit 1982, 275–286.

KITTSTEINER, Heinz D.: Die Entstehung des modernen Gewissens. Frankfurt, Leipzig 1991.

KLEINDIENST, Heike: Gottesbeweis anhand der Anatomie. Zur Typologie der anatomisch argumentierenden Physikotheologie im 18. Jahrhundert. In: Das achtzehnte Jahrhundert 15.1 (1991), 20–30.

KLUGE, Gerhard: Zwischen Seelenmechanik und Gefühlspathos: Umrisse zum Verständnis der Gestalt Amalias in »Die Räuber«. In: JDSG 20 (1976), 184–207.

KNAUTZ, Isabel: Epische Schwärmerkuren. Johann Karl Wezels Romane gegen die Melancholie (= Studien zur Literatur- und Kulturgeschichte, Bd. 1). Würzburg 1990.

KOHLENBACH, Margarete: Vereinigung und Paradox. Anthropologische Bestimmungen in der Geschichtsphilosophie und Poetik des jungen Friedrich Schlegel. In: Jürgen Barkhoff, Eda Sagarra (Hg.), Anthropologie und Literatur um 1800. München 1992, 141–160.

KONERT, Jürgen: »Caritas est viva« – Gedanken zu einem Forschungsprojekt über den Einfluß des Pietismus auf die Entwicklung von Medizin und Pharmazie [mit Bibliographie]. In: Das achtzehnte Jahrhundert 16.2 (1992), 137–152.

KOSCHORKE, Albrecht: Die Geschichte des Horizonts. Grenze und Grenzüberschreitung in literarischen Landschaftsbildern. Frankfurt 1990.

KOŠENINA, Alexander: Ernst Platners Anthropologie und Philosophie. Der ›philosophische Arzt‹ und seine Wirkung auf Johann Karl Wezel und Jean Paul (= Epistemata Literaturwissenschaft, Bd. 35). Würzburg 1989.

– Wie die ›Kunst von der Natur überrumpelt‹ werden kann: Anthropologie und Verstellungskunst. In: Jürgen Barkhoff, Eda Sagarra (Hg.), Anthropologie und Literatur um 1800. München 1992, 53–71.

KRAUSS, Werner: Zur Anthropologie des 18. Jahrhunderts. Die Frühgeschichte der Menschheit im Blickpunkt der Aufklärung. Hg. von Hans Kortum und Christa Gohrisch. München, Wien 1979 [auch als: Ullstein Materialien. Berlin 1987; wieder in: W. K.: Aufklärung II: Frankreich. Hg. von Rolf Geißler. Berlin, Weimar 1987, 62–247].

KUTSCHMANN, Werner: Der Naturwissenschaftler und sein Körper. Die Rolle der ›inneren Natur‹ in der experimentellen Naturwissenschaft der frühen Neuzeit. Frankfurt 1986.

LACHMUND, Jens/Gunnar STOLLBERG: Zur medikalen Kultur des Bildungsbürgertums um 1800: Eine soziologische Analyse anhand von Autobiographien. In: Werner F. Kümmel (Hg.), Jahrbuch des Instituts für Geschichte der Medizin der Robert Bosch Stiftung 6 (1987 [1989]), 163–184.

LANDMANN, Michael: Fundamental-Anthropologie (= Abhandlungen zur Philosophie, Psychologie und Pädagogik, Bd. 146). Bonn 1979 [darin: Herders »Ideen zu einer Philosophie der Geschichte der Menschheit« als Kulturanthropologie, 243–259].

LAQUEUR, Michael: Making Sex: Body and Gender from the Greeks to Freud. Cambridge/Mass. 1990.

LEAF, Murray J.: Man, Mind, and Science. A History of Anthropology. New York 1979.

LEPENIES, Wolf: Georg Forster als Anthropologe und als Schriftsteller. In: Akzente 31 (1984), 557–575.

- Naturgeschichte und Anthropologie im 18. Jahrhundert. In: Bernhard Fabian, Wilhelm Schmidt-Biggemann, Rudolf Vierhaus (Hg.), Die Neubestimmung des Menschen (= Studien zum 18. Jahrhundert, Bd. 2/3). München 1980, 211–226.
- Probleme einer Historischen Anthropologie. In: Reinhard Rürup (Hg.), Historische Sozialwissenschaft. Beiträge zur Einführung in die Forschungspraxis. Göttingen 1977, 126–159.

LINDEN, Mareta: Untersuchungen zum Anthropologiebegriff des 18. Jahrhunderts (= Studien zur Philosophie des 18. Jahrhunderts, Bd. 1). Frankfurt 1976.

LOCHER, Elmar: Gestik und Physiognomik in der Schauspielkunst bis Lessing. In: Italo Michele Blattafarano (Hg.), Deutsche Aufklärung und Italien (IRIS, Bd. 6). Bern u. a. 1992, 131–164.

LORENZ, Kuno: Einführung in die philosophische Anthropologie. Darmstadt 1990.

LOTTER, Friedrich: Christoph Meiners und die Lehre von der unterschiedlichen Wertigkeit der Menschenrassen. In: Hartmut Boockmann/Hermann Wellenreuther (Hg.), Geschichtswissenschaft in Göttingen. Eine Vorlesungsreihe (= Göttinger Universitätsschriften, Bd. 2). Göttingen 1987, 30–75.

LÜCK, Wolfgang: Johann Heinrich Jung-Stilling. 12. September 1740 – 2. April 1817. Wirtschaftswissenschaftler, Arzt und Schriftsteller. Lebensbilder und Werk des Siegerländer Gelehrten und Marburger Universitätsprofessors. Marburg 1990.

MANN, Gunter – DUMONT, Franz (Hg.): Die Natur des Menschen. Probleme der Physischen Anthropologie und Rassenkunde (1750–1850) (= Sömmering-Forschungen, Bd. 6). Stuttgart, New York 1990.

MANTHEY, Jürgen: Wenn Blicke zeugen könnten. Eine psychohistorische Studie über das Sehen in Literatur und Philosophie. München, Wien 1983.

MAROUBY, Christian: From Early Anthropology to the Literature of the Savage: The Naturalization of the Primitive. In: Studies in Eighteenth-Century Culture 14 (1985), 289–298.

MARTENS, Wolfgang: Gegen den Zeitgeist gerichtet. Matthias Claudius' Gedicht »Der Mensch«. In: ZfdPh 110 (1991), 505–515.
- [Nachwort zu:] Der Mensch. Eine moralische Wochenschrift. Hg. von Samuel Gotthold Lange und Georg Friedrich Meier. Teil 11 und 12 (1756). Hildesheim, Zürich, New York 1992, 413*–457*.

MATT, Peter v.: ... fertig ist das Angesicht. Zur Literaturgeschichte des menschlichen Gesichts. Frankfurt 1989.

MATTENKLOTT, Gert: Blindgänger. Physiognomische Essais. Frankfurt 1986.
- Lichtenberg als Charakterologe. In: Photorion 11/12 (1987), 39–49.
- Melancholie in der Dramatik des Sturm und Drang. Erweiterte und durchgesehene Aufl. Königstein/Ts. 1985.

MAUSER, Wolfram: Anakreon als Therapie? Zur medizinisch-diätetischen Begründung der Rokokodichtung. In: Lessing Yearbook 20 (1988), 87–120.
- Die »Balsam=Kraft« von innen. Dichtung und Diätetik am Beispiel des B. H. Brokkes. In: Udo Benzenhöfer/Wilhelm Kühlmann (Hg.), Heilkunde und Krankheitserfahrung in der frühen Neuzeit. Studien zum Grenzrain von Literaturgeschichte und Medizingeschichte (= Frühe Neuzeit, Bd. 10). Tübingen 1992, 299–329.
- Glückseligkeit und Melancholie in der deutschen Literatur des frühen 18. Jahrhunderts. Ein Versuch. In: Melancholie in Literatur und Kunst (= Schriften zur Psychopathologie, Kunst und Literatur, Bd. 1). Hürtgenwald 1990, 48–88.
- Johann Gottlob Krügers »Träume«. Zu einer wenig beachteten literarischen Gattung des 18. Jahrhunderts. In: Adrien Finck, Gertrud Gréciano (Hg.), Germanistik aus interkultureller Perspektive. En hommage à Gonthier-Louis Fink. Straßburg 1988, 49–59.
- Melancholieforschung des 18. Jahrhunderts zwischen Ikonographie und Ideologiekritik. Auseinandersetzung mit den bisherigen Ergebnissen und Thesen zu einem Neuansatz. In: Lessing Yearbook 13 (1981), 253–277.

MEIER, Albert: Die Schaubühne als eine moralische Arznei betrachtet. Schillers erfahrungsseelenkundliche Umdeutung der Katharsis-Theorie Lessings. In: Lenz-Jahrbuch. Sturm-und-Drang-Studien 2 (1992), 151–162.

MICHELSEN, Peter: Die Problematik der Empfindungen. Zu Lessings ›Miß Sara Sampson‹. In: Ders., Der unruhige Bürger. Studien zu Lessing und zur Literatur des achtzehnten Jahrhunderts. Würzburg 1990, 163–220.

MÖLLER, Joseph: Die Bedeutung einer anthropologischen Ästhetik. In: Helmut Koopmann, Winfried Woesler (Hg.), Literatur und Religion. Freiburg, Basel, Wien 1984, 22–33.

MOG, Paul: Georg Christoph Lichtenberg. Die Psychologie des ›Selbstdenkens‹. In: Gerd Jüttemann (Hg.), Wegbereiter der Historischen Psychologie. München, Weinheim 1988, 270–277.

– Ratio und Gefühlskultur. Studien zur Psychogenese und Literatur im 18. Jahrhundert (= Studien zur deutschen Literatur, Bd. 48). Tübingen 1976.

MOHR, Uta: Melancholie und Melancholiekritik im England des 18. Jahrhunderts (= Münsteraner Monographien zur englischen Literatur, Bd. 2). Frankfurt, Bern, New York, Paris 1990.

MONTIGEL, Ulrike: Der Körper im humoristischen Roman. Zur Verlustgeschichte des Sinnlichen. François Rabelais – Laurence Sterne – Jean Paul – Friedrich Theodor Vischer (= Hochschulschriften Literaturwissenschaft, Bd. 78). Frankfurt 1987.

MORAVIA, Sergio: From ›homme machine‹ to ›homme sensible‹: Changing Eighteenth-Century Models of Man's Image. In: Journal of the History of Ideas 39 (1978), 45–60.

– Beobachtende Vernunft. Philosophie und Anthropologie in der Aufklärung. Frankfurt, Berlin, Wien 1977.

MUDERLAK, Astrid: Das Magazin der Erfahrungsseelenkunde und die Technik der Psychoanalyse. Diss. München 1990.

MUEHLBECK-MÜLLER, Cathleen: Schönheit und Freiheit. Zur transzendentalen Kulturanthropologie Friedrich Schillers (= Epistemata Literaturwissenschaft, Bd. 36). Würzburg 1989.

MÜHLMANN, Wilhelm E.: Geschichte der Anthropologie. Wiesbaden ^{4}1986.

MÜLDER-BACH, Inka: Bild und Bewegung. Zur Theorie bildnerischer Illusion in Lessings *Laokoon*. In: DVjs 66 (1992), 1–30.

MÜLLER, Götz: Jean Pauls Ästhetik und Naturphilosophie (= Studien zur deutschen Literatur, Bd. 73). Tübingen 1983.

– Die Literarisierung des Mesmerismus in Jean Pauls Roman »Der Komet«. In: Heinz Schott (Hg.), Franz Anton Mesmer und die Geschichte des Mesmerismus. Stuttgart 1985, 185–199.

– Modelle der Literarisierung des Mesmerismus. In: Gereon Wolters (Hg.), Franz Anton Mesmer und der Mesmerismus. Wissenschaft, Scharlatanerie, Poesie. Konstanz 1988, 71–86.

MÜLLER, Lothar: Herzblut und Maskenspiel. Über die empfindsame Seele, den Briefroman und das Papier. In: Gerd Jüttemann, Michael Sonntag, Christoph Wulf (Hg.), Die Seele. München 1991, 267–290.

– Die kranke Seele und das Licht der Erkenntnis. Karl Philipp Moritz' Anton Reiser. Frankfurt 1987.

MÜLLER, Michael: Philosophie und Anthropologie der Spätaufklärung. Der Romanzyklus Friedrich Maximilian Klingers (= Passauer Schriften zur Sprache und Literatur, Bd. 4). Passau 1992.

MÜLLER, Thomas: Rhetorik und bürgerliche Identität. Studien zur Rolle der Psychologie in der Frühaufklärung (= Rhetorik-Forschungen, Bd. 3). Tübingen 1990.

MÜLLER, Wolfgang G.: Der Brief als Spiegel der Seele. Zur Geschichte eines Topos der Epistolartheorie von der Antike bis zu Samuel Richardson. In: Antike und Abendland 26 (1980), 138–157.

NAMOWICZ, Tadeusz: Anthropologie und Geschichtsphilosophie in Herders »Aeltester Urkunde« in ihrem Verhältnis zum Menschenbild des Sturm und Drang. In: Brigitte Poschmann (Hg.), Bückeburger Gespräche über Johann Gottfried Herder 1988. Rinteln 1989, 245–267.

NASSEN, Ulrich: Trübsinn und Indigestion. Zum medizinischen und literarischen Diskurs über Hypochondrie im 18. Jahrhundert. In: Fugen 1 (1980), 171–186.

NEUBAUER, John: The Freedom of the Machine. On Mechanism, Materialism, and the young Schiller. In: Eighteenth Century Studies 15 (1981/82), 275–290.

NEUMANN, Gerhard: ›Lasst mich weinen ...‹ Die Schrift der Tränen in Goethes West-östlichem Divan. In: Oxford German Studies 15 (1984), 48–76.

– »Rede, damit ich dich sehe«. Das neuzeitliche Ich und der physiognomische Blick. In: Ulrich Fülleborn, Manfred Engel (Hg.), Das neuzeitliche Ich in der Literatur des 18. und 20. Jahrhunderts. Zur Dialektik der Moderne. Ein internationales Symposion. München 1988, 71–108.

NEUMANN, Michael: Roman und Ritus. Wilhelm Meisters Lehrjahre (= Das Abendland NF, Bd. 22). Frankfurt 1992.

NIESTROJ, Brigitte H.: Der Körper im 18. Jahrhundert. Essays zur historischen Anthropologie. In: Das achtzehnte Jahrhundert 14.2 (1990), 153–158.

NISBET, H. B.: Herders anthropologische Anschauungen in den »Ideen zur Philosophie der Geschichte der Menschheit«. In: Jürgen Barkhoff, Eda Sagarra (Hg.), Anthropologie und Literatur um 1800. München 1992, 1–23.

OBERMEIT, Werner: ›Das unsichtbare Ding, das Seele heißt‹. Die Entdeckung der Psyche im bürgerlichen Zeitalter. Frankfurt 1980.

OCH, Gunnar: Der Körper als Zeichen. Zur Bedeutung des mimisch-gestischen und physiognomischen Ausdrucks im Werk Jean Pauls. Erlangen 1985.

OEHLER-KLEIN, Sigrid: Die Schädellehre Franz Joseph Galls in Literatur und Kritik des 19. Jahrhunderts. Zur Rezeptionsgeschichte einer medizinisch-biologisch begründeten Theorie der Physiognomik und Psychologie (= Soemmering-Forschungen, Bd. 8). Stuttgart, New York 1990.

– Samuel Thomas Soemmerings Neuroanatomie als Bindeglied zwischen Physiognomik und Anthropologie. In: Gunter Mann, Franz Dumont (Hg.), Die Natur des Menschen. Probleme der Physischen Anthropologie und Rassenkunde (1750–1850) (= Soemmering-Forschungen, Bd. 6). Stuttgart, New York 1990, 57–87.

OHAGE, August: Von Lessings »Wust« zu einer Wissenschaftsgeschichte der Physiognomik im 18. Jahrhundert. In: Lessing Yearbook 21 (1989), 55–87.

– Lichtenberg als Beiträger zu Lavaters ›Physiognomischen Fragmenten‹. In: Lichtenberg-Jahrbuch (1990), 28–51.

OSINSKI, Jutta: Über Vernunft und Wahnsinn. Studien zur literarischen Aufklärung in der Gegenwart und im 18. Jhdt. (= Bonner Arbeiten zur deutschen Literatur, Bd. 41). Bonn 1983.

OSWALD, Ellen: Figuren der Melancholie. Ludwig Tiecks »William Lovell« im Kontext von Erfahrungsseelenkunde und Pädagogik. Bern, Frankfurt, New York, Paris 1992.

PESTALOZZI, Karl: Physiognomische Methodik. In: Adrien Finck, Gertrud Gréciano (Hg.), Germanistik aus interkultureller Perspektive. En hommage à Gonthier-Louis Fink. Straßburg 1988, 137–153.

– »Zwei Seelen wohnen, ach! in meiner Brust.« In: Gerhard Buhr (Hg.), Das Subjekt der Dichtung. Festschrift für Gerhard Kaiser. Würzburg 1990, 265–282.

PETERS, Uwe Heinrich: Somnambulismus und andere Nachtseiten der menschlichen Natur. In: Kleist-Jahrbuch 1990, 135–152.

PFISTER, Manfred: Auf der Suche nach dem verlorenen Leib. In: Michael Titzmann (Hg.), Modelle des literarischen Strukturwandels (= Studien und Texte zur Sozialgeschichte der Literatur, 33). Tübingen 1991, 69–88.

PFOTENHAUER, Helmut: Literarische Anthropologie. Selbstbiographie und ihre Geschichte – am Leitfaden des Leibes (= Germanistische Abhandlungen, Bd. 62). Stuttgart 1987.

– Anthropologie, Transzendentalphilosophie, Klassizismus. Begründungen des Ästhetischen bei Schiller, Herder und Kant. In: Jürgen Barkhoff, Eda Sagarra (Hg.), Anthropologie und Literatur um 1800. München 1992, 72–97.

– Um 1800. Konfigurationen der Literatur, Kunstliteratur und Ästhetik (= Untersuchungen zur deutschen Literaturgeschichte, Bd. 59). Tübingen 1991.

PIÑERO, José M. López: Eighteenth-Century Medical Vitalism: the Paracelsian Connection. In: William R. Shea (Hg.), Revolutions in Science. Their Meaning and Relevance. Canton, Mass. 1988, 117–132.

PROSS, Wolfgang: Herder und die Anthropologie der Aufklärung. [Nachwort in:] Ders. (Hg.), Johann Gottfried Herder, Werke. Bd. II. München, Wien 1987, 1128–1216.
- Jean Pauls geschichtliche Stellung (= Studien zur deutschen Literatur, Bd. 44). Tübingen 1975.

QUILLIEN, Jean: L'anthropologie philosophique de G. de Humboldt. Lille 1991.

RADNER, John B.: The Art of Sympathy in Eighteenth-Century British Moral Thought. In: Studies in Eighteenth-Century Culture 9 (1979), 189–210.

REUCHLEIN, Georg: Bürgerliche Gesellschaft, Psychiatrie und Literatur. Zur Entwicklung der Wahnsinnsthematik in der deutschen Literatur des späten 18. und frühen 19. Jahrhunderts (= Münchner Germanistische Beiträge, Bd. 35). München 1986.
- Die Heilung des Wahnsinns bei Goethe: Orest, Lila, der Harfner und Sperata. Zum Verhältnis von Literatur und Seelenkunde und Moral im späten 18. Jahrhundert (= Literatur & Psychologie, Bd. 13). Frankfurt, Bern, New York 1983.

RICHARDS, David B.: Mesmerism in *Die Jungfrau von Orleans*. In: PMLA 91 (1976), 856–870.

RICHARDS, Robert J.: Christian Wolff's Prolegomena to Empirical and Rational Psychology: Translation and Commentary. In: Proceedings of the American Philosophical Society 124 (1980), 227–239.

RICKEN, Ulrich: Linguistique et anthropologie chez Condillac. In: Jean Sgard (Hg.), Condillac et les problèmes du langage. Genf 1982, 75–93.

RIEDEL, Wolfgang: Die Anthropologie des jungen Schiller. Zur Ideengeschichte der medizinischen Schriften und der »Philosophischen Briefe« (= Epistemata Literaturwissenschaft, Bd. 17). Würzburg 1985.
- Die Aufklärung und das Unbewußte. Die Inversionen des Franz Moor. In: JDSG 37 (1993), 198–220.
- Influxus physicus und Seelenstärke. Empirische Psychologie und moralische Erzählung in der deutschen Spätaufklärung und bei Jacob Friedrich Abel. In: Jürgen Barkhoff, Eda Sagarra (Hg.), Anthropologie und Literatur um 1800. München 1992, 24–52.
- Wunschträume/Schreckbilder. Zu Götz Müllers Literaturgeschichte der deutschen Utopie. In: IASL 16 (1991), 157–173.

ROACH, Joseph R.: The Player's Passion. Studies in the Science of Acting. Newark, London, Toronto 1985.

RÖSNER, Manfred: Die Übersetzbarkeit der Reise. Eine Skizze zur provisorischen Anthropologie Georg Forsters. In: Ders., Alexander Schuh (Hg.), Augenschein – ein Manöver reiner Vernunft. Zur Reise J. G. Forsters um die Welt. Wien, Berlin 1990, 11–27.

RÖTTGERS, Kurt: J. G. H. Feder – Beitrag zu einer Verhinderungsgeschichte eines deutschen Empirismus. In: Kant-Studien 75 (1984), 420–441.

ROGER, Joseph: Vico and Anthropological Knowledge. In: Giorgio Tagliacozzo (Hg.), Vico: Past and Present. Atlantic Highlands 1981, 157–164.

ROUSSEAU, George S.: Enlightenment Crossings. Pre- and Postmodern Discourses: Anthropological. Manchester 1991.
- (Hg.): The Languages of Psyche: Mind and Body in Enlightenment Thought. Berkeley 1990.

RUPP-EISENREICH, Britta (Hg.): Histoires de l'Anthropologie (XVIe–XIXe siècles) (= Collection d'épistémologie). Paris 1984.

Das weinende Saeculum. Colloquium der Arbeitsstelle 18. Jahrhundert. Gesamthochschule Wuppertal, Universität Münster, Schloß Dyck vom 7.–9. Oktober 1981. Heidelberg 1983.

SAGARRA, Eda: Die moralische Aufwertung des dienenden Menschen: Impulse der Anthropologie. In: Jürgen Barkhoff, Dies. (Hg.), Anthropologie und Literatur um 1800. München 1992, 226–246.

SALTZWEDEL, Johannes: Das Gesicht der Welt. Physiognomisches Denken der Goethezeit. München 1993.

SANDER, Sabine: Medizin und Gesundheit im 18. Jahrhundert. Forschungsbericht und

Bibliographie des internationalen Schrifttums (1975—1989). In: Das achtzehnte Jahrhundert 14.2 (1990), 223—252.
SAUDER, Gerhard: Empfindsamkeit. Bd. 1: Voraussetzungen und Elemente; Bd. 3: Quellen und Dokumente. Stuttgart 1974/1980.
– (Hg.): Johann Gottfried Herder (1744—1803) (= Studien zum 18. Jahrhundert, Bd. 9). Hamburg 1987.
SAUERLAND, Karol: Zur Rolle der Sinne in Herders Denken. In: Germanica Wratislaviensia 44 (1984), 53—62.
SCHAD, Michael: Novalis' Grundriß einer Menschenkunde in seinen Fragmenten. Stuttgart 1986.
SEIBERT, Regine: Satirische Empirie. Literarische Struktur und geschichtlicher Wandel der Satire in der Spätaufklärung (= Epistemata Literaturwissenschaft, Bd. 3). Würzburg 1981.
SCHINGS, Hans-Jürgen: Agathon – Anton Reiser – Wilhelm Meister. Zur Pathogenese des modernen Subjekts im Bildungsroman. In: Wolfgang Wittkowski (Hg.), Goethe im Kontext. Kunst und Humanität, Naturwissenschaft und Politik von der Aufklärung bis zur Restaurationszeit. Ein Symposium. Tübingen 1984, 42—68.
– Melancholie und Aufklärung. Melancholiker und ihre Kritiker in Erfahrungsseelenkunde und Literatur des 18. Jahrhunderts. Stuttgart 1977.
– Der mitleidigste Mensch ist der beste Mensch. Poetik des Mitleids von Lessing bis Büchner. München 1980.
– Philosophie der Liebe und Tragödie des Universalhasses. »Die Räuber« im Kontext von Schillers Jugendphilosophie (I). In: Jahrbuch des Wiener Goethe-Vereins 84/85 (1980/81), 71—95.
– Der anthropologische Roman. Seine Entstehung und Krise im Zeitalter der Spätaufklärung. In: Bernhard Fabian, Wilhelm Schmidt-Biggemann, Rudolf Vierhaus (Hg.), Die Neubestimmung des Menschen (= Studien zum 18. Jahrhundert, Bd. 2/3). München 1980, 247—275.
– Schillers »Räuber«: Ein Experiment des Universalhasses. In: Wolfgang Wittkowski (Hg.), Friedrich Schiller. Kunst, Humanität und Politik in der späten Aufklärung. Ein Symposion. Tübingen 1982, 1—25 [mit Diskussion].
SCHIPPERGES, Heinrich: Zur Begriffsgeschichte der Anthropologie. In: P. Schröter (Hg.), 75 Jahre Anthropologische Staatssammlung München 1902—1977. Festschrift zum 75. Jahrestag der Gründung am 2. August 1902. München 1977, 311—319.
– Kosmos Anthropos. Entwürfe zu einer Philosophie des Leibes. Stuttgart 1981.
– Der Medicus Schiller und das Konzept seiner Heilkunde. In: Achim Aurnhammer, Klaus Manger, Friedrich Strack (Hg.), Schiller und die höfische Welt. Tübingen 1990, 134—147.
SCHMID, Pia: Zur Geschichte des weiblichen Körpers im 18. Jahrhundert. Besprechung einschlägiger Neuerscheinungen. In: Das achtzehnte Jahrhundert 14.2 (1990), 159—180.
SCHMIDT, Hans-Dieter: Die Entwicklungsidee im Konzept der philosophischen Anthropologie J. G. Herders. In: Zeitschrift für Psychologie 191 (1983), 310—324.
SCHMIDT-BIGGEMANN, Wilhelm: Maschine und Teufel. Jean Pauls Jugendsatiren nach ihrer Modellgeschichte (= Symposion, Bd. 49). Freiburg, München 1975.
– Theodizee und Tatsachen. Das philosophische Profil der deutschen Aufklärung. Frankfurt 1988.
SCHÖNDORF, Harald: Der Leib und sein Verhältnis zur Seele bei Ernst Platner. In: Theologie und Philosophie 60 (1985), 77—87.
SCHÖNERT, Jörg/Hans Jürgen WINDSZUS: Wezels »Wilhelmine Arend oder Die Gefahren der Empfindsamkeit«. Ein früher deutscher Eheroman im Zeichen von Komik, Satire, Ironie und anthropologischer Analyse. In: Neues aus der Wezel-Forschung 3 (1991), 69—81.
SCHOTT, Heinz (Hg.): Franz Anton Mesmer und die Geschichte des Mesmerismus. Beiträge zum internationalen wissenschaftlichen Symposion anläßlich des 250. Geburtstages von Mesmer, 10.—13. Mai 1984 in Meersburg. Stuttgart 1985.
SCHRADER, Wolfgang H.: Ethik und Anthropologie in der englischen Aufklärung. Der

Wandel der moral-sense-Theorie von Shaftesbury bis Hume (= Studien zum achtzehnten Jahrhundert, Bd. 6). Hamburg 1984.

SCHRIMPF, Hans Joachim: Das Magazin der Erfahrungsseelenkunde und sein Herausgeber. In: ZfdPh 99 (1980), 161–187.

SCHUCHARD, Marsha Keith: Blake's Healing Trio: Magnetism, Medicine, and Mania. In: Blake: An Illustrated Quarterly 23 (1989), 20–32.

SCHURR, Johannes: Zur anthropologischen Problemexposition in Pestalozzis »Nachforschungen«. In: Ders. (Hg.), Humanität und Bildung. Festschrift für Clemens Menze zum 60. Geburtstag. Hildesheim u. a. 1988, 119–144.

SENCKEL, Barbara: Individualität und Totalität. Aspekte zu einer Anthropologie des Novalis (= Studien zur deutschen Literatur, Bd. 74). Tübingen 1983.

SHARPE, Lesley: Schillers frühe Anthropologie: Medizinstudium und dramatisches Schaffen. In: Medizinhistorisches Journal 23 (1988), 80–92.

– Über den Zusammenhang der tierischen Natur der Frau mit ihrer geistigen. Zur Anthropologie der Frau um 1800. In: Jürgen Barkhoff, Eda Sagarra (Hg.), Anthropologie und Literatur um 1800. München 1992, 213–225.

SPRANDEL, Rolf: Historische Anthropologie. In: Gerd Jüttemann (Hg.), Wegbereiter der Historischen Psychologie. München, Weinheim 1988, 440–448.

STANITZEK, Georg: Arztbildungsromane. Über ›bildungsbürgerlichen‹ Umgang mit Literatur zu Beginn des 19. Jahrhunderts. In: IASL 16 (1991), 32–56.

– Blödigkeit. Beschreibung des Individuums im 18. Jahrhundert (= Hermaea, N. F. Bd. 60). Tübingen 1989.

STAUM, Martin S.: Cabanis. Enlightenment and medical philosophy in the French Revolution. Princeton 1980.

STIEGLER, Ernst Michael: Das Ich im Spiegel der Kunst und der Wirklichkeit. Eine Studie zum anthropologischen Verständnis E. T. A. Hoffmanns. Phil. Diss. Frankfurt 1988.

SUTTER, Alex: Göttliche Maschinen. Die Automaten für Lebendiges bei Descartes, Leibniz, La Mettrie und Kant. Frankfurt 1988.

TATAR, Maria M.: Spellbound. Studies on Mesmerism and Literature. Princeton 1978.

THOMÉ, Horst: Roman und Naturwissenschaft. Eine Studie zur Vorgeschichte der deutschen Klassik (= Regensburger Beiträge zur deutschen Sprach- und Literaturwissenschaft, Bd. 15). Frankfurt 1978.

TOELLNER, Richard: Die Bedeutung des physico-theologischen Gottesbeweises für die nachcartesianische Physiologie im 18. Jahrhundert. In: Berichte zur Wissenschaftsgeschichte 5 (1982), 75–82.

TORTAROLA, Eduardo: Flögel, Ridolfi und Herder. Geschichte der Menschheit und Geschichtsphilosophie in Italien und Deutschland in der zweiten Hälfte des 18. Jahrhunderts. In: Italo Michele Battafarano (Hg.), Deutsche Aufklärung und Italien (IRIS, Bd. 6). Bern u. a. 1992, 293–310.

TSCHIERSKE, Ulrich: Vernunftkritik und ästhetische Subjektivität. Studien zur Anthropologie Friedrich Schillers. Tübingen 1988.

TYTLER, Graeme: Physiognomy in the European Novel. Faces and Fortunes. Princeton, New Jersey 1982.

UTZ, Peter: Auge, Ohr und Herz. Schillers Dramaturgie der Sinne. In: JDSG 29 (1985), 62–97.

– Das Auge und das Ohr im Text. Literarische Sinneswahrnehmung in der Goethezeit. München 1990.

VOGEL, Lothar: Die Anthropologie Goethes. Eine Skizze. Koblenz 1982.

VOLLHARDT, Friedrich: Die Kritik der anthropologischen Begründung barocker Staatsphilosophie in der deutschen Literatur des 18. Jahrhunderts (J. M. v. Loen und J. A. Eberhard). In: Klaus Garber (Hg.), Europäische Barock-Rezeption. Wiesbaden 1991, 377–395.

WAGNER, Peter (Hg.): Erotica and the Enlightenment. Frankfurt, Bern, New York, Paris 1991.

WEIGL, Engelhard: Aufklärung und Skeptizismus. Untersuchungen zu Jean Pauls Frühwerk. Hildesheim 1980.

WEINGARTEN, Michael: Menschenarten und Menschenrassen. Die Kontroverse zwischen Georg Forster und Immanuel Kant. In: Gerhart Pickerodt (Hg.), Georg Forster in seiner Epoche. Berlin 1982, 117–148.
WEISROCK, Katharina: Götterblick und Zaubermacht. Auge, Blick und Wahrnehmung in Aufklärung und Romantik. (= Kulturwissenschaftliche Studien zur deutschen Literatur). Opladen 1990.
WEISSBERG, Liliane: Geistersprache. Philosophischer und literarischer Diskurs im späten 18. Jahrhundert. Würzburg 1990.
– Language's Wound: Herder, Philoctetes, and the Origin of Speech. In: Modern Language Notes 104 (1989), 548–579.
WEFELMEYER, Fritz: Herders Kulturanthropologie und die Frage nach der Geschichtlichkeit des Seelischen. In: Gerd Jüttemann (Hg.), Wegbereiter der Historischen Psychologie. München, Weinheim 1988, 28–40.
WELLMAN, Kathleen: Medicine as a Key to Defining Enlightenment Issues: The Case of Julien Offray de la Mettrie. In: Studies in Eighteenth-Century Culture 17 (1987), 75–89.
WENZEL, Manfred: Die Anthropologie Johann Gottfried Herders und das klassische Humanitätsideal. In: Gunter Mann, Franz Dumont (Hg.), Die Natur des Menschen. Probleme der Physischen Anthropologie und Rassenkunde (1750–1850). Stuttgart, New York 1990, 137–167.
– Der gescheiterte Dilettant: Goethe, Soemmering und das Os intermaxillare beim Menschen. In: Gunter Mann, Franz Dumont (Hg.), Gehirn – Nerven – Seele. Anatomie und Physiologie im Umfeld S. Th. Soemmerings. Stuttgart, New York 1988, 289–329.
– Die Emanzipation des Schülers: Goethe und sein Anatomie-Lehrer Justus Christian Loder. In: Ebd., 239–257.
– Goethe und die Medizin. Selbstzeugnisse und Dokumente. Mit zahlreichen Abbildungen. Frankfurt a. M. und Leipzig 1992.
WEST, Hugh: The Limits of Enlightenment Anthropology. Georg Forster and the Tahitians. In: History of European Ideas 10 (1989), 147–160.
WINTER, Michael: Utopische Anthropologie und exotischer Code. Zur Sprache und Erzählstruktur des utopischen Reiseromans im 18. Jahrhundert. In: Wolfgang Haubrichs (Hg.), Erzählforschung. Theorien, Modelle und Methoden der Narrativik. Bd. 3. Göttingen 1978, 135–175.
WIESING, Urban: Der Dichter, die Posse und die Erregbarkeit. August von Kotzebue und der Brownianismus. In: Medizinhistorisches Journal 25 (1990), 234–251.
WINKLE, Stefan: Johann Friedrich Struensee. Arzt, Aufklärer und Staatsmann. Beitrag zur Kultur-, Medizin- und Seuchengeschichte der Aufklärungszeit. Stuttgart 1983.
WÖBKEMEIER, Rita: Erzählte Krankheit. Medizinische und literarische Phantasien um 1800. Stuttgart 1990.
WOLANDT, Gerd: Kants Völkeranthropologie als Programm. In: Hugo Dyserinck, Karl Ulrich Syndram (Hg.), Europa und das nationale Selbstverständnis: Imagologische Probleme in Literatur, Kunst und Kultur des 19. und 20. Jahrhunderts. Bonn 1988, 39–70.
WOLTERS, Gereon (Hg.): Franz Anton Mesmer und der Mesmerismus. Wissenschaft, Scharlatanerie, Poesie. Konstanz 1988.
WORKLER, Robert: Apes and Races in the Scottish Enlightenment: Monboddo and Kames on the Nature of Man. In: Peter Jones (Hg.), Philosophy and Science in the Scottish Enlightenment. Edinburgh 1988, 145–168.
WRIGHT, John P.: Metaphysics and Physiology: Mind, Body, and the Animal Economy in Eighteenth-Century Scotland. In: M. A. Stewart (Hg.), Studies in the Philosophy of the Scottish Enlightenment. Oxford 1990, 251–301.
ZELLE, Carsten: »Angenehmes Grauen«. Literarhistorische Beiträge zur Ästhetik des Schrecklichen im achtzehnten Jahrhundert (= Studien zum achtzehnten Jahrhundert, Bd. 10). Hamburg 1987.
– Physiognomie des Schreckens im achtzehnten Jahrhundert. Zu Johann Caspar Lavater und Charles Lebrun. In: Lessing Yearbook 21 (1989), 89–102.
ZUR LIPPE, Rudolf: Sinnenbewußtsein. Grundlegung einer anthropologischen Ästhetik (= Rowohlts Enzyklopädie, Bd. 423). Reinbek bei Hamburg 1987.

Personenregister

A

Abbadie, Jaques 566
Abbt, Thomas 450
Abel, Jakob Friedrich 411
Abrahams, Israel 308
Ackerknecht, Erwin H. 173
Adelung, Johann Christoph 474
Adickes, Erich 16, 20
Adler, Hans 99, 105, 134, 141, 344, 345, 348, 356, 370, 413, 415, 422, 563
Adler, Jeremy 280
Adorno, Theodor Wiesengrund 585
Alberti, Michael 43, 59, 68f., 73
Albertus Magnus 245
Albrecht, J.F.C. 48
Alembert, Jean le Rond de 83f., 180ff., 186, 649, 682, 685
Allen, Michael J.B. 728
Anderson, Lorin 393
Anghiera, Peter Martyr v. 531
Anhorn, Bartholomaeus 194
Apuleius, Lucius 392
Aquinas, Thomas v. 34f., 38, 132
Arendt, Hannah 324f., 326
Ariosto, Ludovico 723
Aristoteles 285, 397, 729
Arleux, Morel de 247
Arnauld, Anton 67
Arnim, Bettine v. 614f., 615
Arnold, Gottfried 482
Artelt, Walter 217
Ascher, Saul 308
Assmann, Aleida 442, 649
Assmann, Jan 442, 649
Astley, Thomas 521f.
Atlas, Samuel 306, 309–311

Auerbach, Erich 420
Augustenburg, Friedrich Christian v. 456, 459f., 464
Augustinus, Aurelius 35, 39, 392, 421, 434, 637, 644, 649, 670

B

Baader, Franz v. 263, 272f., 275f.
Baader, Renate 578, 685
Bab, Julius 686
Bach, Carl Philipp Emanuel 429, 431, 433
Bachelard, Gaston 77
Bachmann-Medick, Doris 17, 113
Bachtin, Michail 742
Bacon, Francis 170, 197, 552
Baggesen, Jens Immanuel 618f., 621
Baglivi, Giorgio 80, 402, 408
Bahrdt, Karl Friedrich 668
Balzac, Honoré de 243
Banks, Joseph 520, 522
Bargheer, Ernst 223
Barkhoff, Jürgen 143, 210
Barnouw, Jeffrey 463
Barruel, Augustin 65
Barsanti, Giulio 401
Barta Fliedl, Ilsebill 679
Basedow, Johann Bernhard 176, 666f.
Batscha, Zwi 306, 308, 310f., 314, 316
Bätschmann, Oskar 342
Battel, André 57
Batteux, Charles 432, 433, 586, 588
Baudelaire, Charles 380
Bauer, Franz J. 28
Bauer, Gerhard 220, 228, 230
Bauer, Josef 223
Bauhin, Jean 392

Baumgarten, Alexander Gottlieb 2, 15–20, 24f., 96ff., 102, 134, 344–346, 350, 413, 415f., 422, 427, 502, 548, 563, 731f., 743
Bayle, Pierre 56f., 525
Beaglehole, J.C. 517, 520
Beattie, James 713
Beck, Hanno 528
Becker-Cantarino, Barbara 685
Beetz, Manfred 118, 648
Begemann, Christian 140
Béguelin, Nicolaus 182
Behler, Ernst 492
Behre, Maria 737
Behrens, Rudolf 559, 593, 747f.
Beierwaltes, Werner 737
Bendavid, Lazarus 316, 327f., 667f.
Benjamin, Walter 466
Bentham, Jeremy 64
Benz, Ernst 195, 226, 255, 640
Berend, Eduard 692
Bergerac, Cyrano de 502, 504, 509, 510, 512, 551
Bergk, Johann Adam 624, 654
Bergman, Samuel Hugo 310
Bergman, Torbern 528
Bering, Dietz 306
Berkeley, George 372
Bernard, Claude 93
Bernard, Jean-Frédéric 522
Bernd, Adam 4, 559, 564, 666, 667, 669, 671, 674f., 697–723
Bernoulli, Daniel 179–182, 185
Bernoulli, Niklaus 179f.
Bernsen, Michael 586
Bernstorff, Andreas Peter Graf v. 518
Berry, David 379
Bersani, Leo 284
Berthollet, Claude Louis 280
Bezold, Raimund 298f., 303, 629, 635
Bichat, Marie Francois Xavier 177f.
Bingen, Hildegard v. 187
Bittel, Karl 225
Bitterli, Urs 517, 522, 534
Blanckenburg, Friedrich v. 4, 412, 426f., 557, 667
Blankenburg, Martin 242, 250, 258
Bloch, Ernst 143, 562
Blomberg, Herrmann Ulrich Freiherr v. 467
Blume, Friedrich 430

Blumenbach, Johann Friedrich 2, 55, 66, 112, 149, 247, 285, 290, 501
Blumenberg, Hans 167, 517, 638
Böckenförde, Ernst-Wolfgang 37
Böckmann, Johann Lorenz 210
Bode, Johann Joachim Christoph 212
Bodin, Jean 38
Bodmer, Johann Jacob 426, 615f.
Boerhaave, Herman 87, 222, 407
Boerner, Peter 522, 631
Böhme, Gernot 562f., 585, 704, 718
Böhme, Hartmut 166f., 279, 562, 639, 704, 718, 748, 752, 754
Böhme, Jakob 482
Bohse, August 118
Boie, Ernestine 617
Boileau, Pierre-Louis 442
Boisguilbert, Pierre le Pesant sieur de 91
Bolten, Jürgen 459
Bolz, Norbert 654
Bonnet, Charles 21, 60–62, 69f., 76, 80f., 83, 86f., 147, 149f., 168, 173ff., 338, 390–409, 547, 639
Bontius, Jacobus 57
Borchmeyer, Dieter 462
Borghero, Carlo 406
Borgmeier, Raimund 515
Börner, Klaus H. 542
Bornscheuer, Lothar 440, 672
Böschenstein, Renate 389
Boscovich, Roger Joseph 397
Bosse, Heinrich 648
Bossu, Jean Bernard 523
Böttiger, Karl August 361
Bougainville, Louis-Antoine de 519f., 523, 525, 542
Bougeant, Guillaume-Hyacinthe 59
Boullier, David-Renaud 60
Bovenschen, Silvia 686, 688
Boyle, Robert 398, 518, 522
Bracken, Ernst v. 631
Brandt, Reinhard 14, 27, 29, 130, 424
Bräutigam, Bernd 460, 465
Breitinger, Johann Jacob 502, 615, 622, 733, 743
Brenner, Peter J. 517
Brentano, Clemens 388
Bretonne, Nicolas Edme Restif de la 508, 516, 551, 674
Brion, Friederike 664
Brockmeyer, Rainer 610

Broich, Ulrich 515
Brooks, Linda M. 456, 467
Brown, Robert 493
Brückner, Jutta 121
Brunet, Pierre 84f.
Bruno, Giordano 728
Buchholz, Stefan 121
Buck, August 112
Buck, Inge 685
Buffier, Claude 566
Buffon, Georges-Louis Leclerc de 12, 54f., 60f.,73f., 80−95, 133, 135f., 186, 285, 399, 528, 536, 542
Burdach, Friedrich 161
Burke, Edmund 447, 460
Büttner, Christian Wilhelm 518

C

Cabanis, Pierre Jean George 116
Cadete, Teresa 456
Cagliostro, Alessandro Conte (d. i. Balsamo, Guiseppe) 210, 475
Cahusacs, Louis de 436
Calderon de la Barca, Pedro 690
Camerarius, Joachim 67
Campanella, Tommaso 67, 728
Campe, Johann Heinrich 608f., 611, 751
Campe, Rüdiger 142
Camper, Peter 66, 112, 148, 248f.
Campner, Petrus 186
Canby, Edward T. 195
Canguilhem, Georges 82, 85, 89, 93
Cann, Rebecca L. 536
Cantarutti, Giulia 116f.
Caraman, V. A. C. 393, 396
Cardano, Girolamo 661, 663f., 668f.
Cardanus, Hieronymus 249f.
Cardy, Michael 91
Carnochan, W. B. 511
Carpzovius, Benedictus 36, 38
Carr, John L. 342
Carteret, 520
Carus, Carl Gustav 161, 259
Cassirer, Ernst 368, 525
Castiglione, Baldassare 22
Celan, Paul 389
Chabbert, Jean 391
Chadourne, Marc 508
Charleton, Gualtero 87
Chatwin, Bruce 672
Cheselden, William 351, 373

Chladenius, Johann Martin 142, 251−257, 283, 524
Cicero, Marcus Tullius 660, 664, 672f., 727
Claparéde, Edouard 393
Clausberg, Karl 248
Clerdon, Jacobis Sylli 490
Cocles, Bartholomäus 250
Columbus, Christoph 537
Cometa, Michele 391
Condillac, Étienne Bonnot de 3, 60, 62, 80, 147, 171, 345, 351, 352, 353, 373
Conroy jr., Peter V. 576
Constant, Benjamin 631
Cook, James 517, 520, 522, 524., 527, 529, 532
Cortés, Hernando 517, 537
Coulet, Henri 579f., 590
Covarrubias, Didacus 36
Cramer, Konrad 128
Crusius 464
Cunningham, D. J. 112
Curtius, Ernst Robert 108, 672
Cuvier, Georges Baron de 55, 177

D

Dahlhaus, Carl 430, 438
Dalrymple, Alexander 520, 522
Dante, Alighieri 723
Darenberg, Karl H. 430
Darmanson, Jean 58
Darnton, Robert 208
Darwin, Charles 247, 533
Darwin, Erasmus 73
Daston, Lorraine 180
Daviel, Jacques 373
Davies, Catherine Glyn 566
Davies, Martin L. 299f.
Davis, John W. 351, 373
Dawson, Ruth Pritchard 520f., 524
Dedner, Burghard 458
Delaporte, François 56, 72, 76
Deleuze, Gilles 290
Demarest, M. 87
Démoris, René 585f.
Deneys-Tunney, Anne 588, 597
Denzer, Horst 117, 120, 526
Deprun, Jean 570
Derrida, Jacques 91, 320, 609, 640
Descartes, René 1, 9, 11, 41, 54, 56, 133, 146, 150, 190, 298, 499, 708, 747

Diderot, Denis 92, 94, 186, 243, 285, 345, 351f., 371–389, 391, 395ff., 545ff., 551, 559, 590, 598, 649, 681, 684f.
Dießelhorst, Malte 119
Dilthey, Wilhelm 17, 115, 678
Dinter, Annegret 342
Diodor 670ff.
Dionis, Pierre 298
Dörrie, Heinrich 342
Draper, John W. 430
Dreike, Beate Monika 391
Dreitzel, Horst 118
Dreyfus, Ginette 569
Dubos, Jean-Baptiste 3
Duchenne, Guillaume-Benjamin-Armand 247
Duden, Barbara 223f.
Duhem, Jules 504
Dülmen, Richard van 207
Dürer, Albrecht 164, 248f.
Düsing, Wolfgang 455
Dyck, Johann Gottfried 426

E
Eberhard, Johann August 471–476
Eckermann, Johann Peter 661
Edelmann, Johann Christian 668
Eggebrecht, Heinrich 430, 432
Egmont, Earl of 520
Ego, Anneliese 143, 201, 214, 217, 220, 225
Eigeldinger, Marc 601
Eliade, Mircea 225
Elias, Norbert 585, 613
Eliot, George 308
Ellenberger, Henry F. 217, 225, 561
Ellias, Julius A. 463
Ellinger, Georg 722
Ellis, John 520
Elsholtz, Johann Sigismund 164–166
Engel, Johann Jakob 17, 680
Engel, Manfred 339f., 550, 710, 752
Engelhardt, Dietrich v. 239
Engstler, Achim 309, 312
Erdheim, Mario 563
Eschenburg, Johann Joachim 437, 663
Eschenmayer, Carl August v. 215f., 332
Esselborn, Hans 339f., 551
Evans, Elizabeth 245

F
Fabre, Jean 577
Fabricius, Johann Andreas 115, 117, 125
Falkenberg, Gabriel 678
Fascher, E. 258
Faure, Michel 114
Faust, Bernhard Christoph 465
Fechner, Gustav Theodor 73
Feder, Johann Georg Heinrich 17, 114
Fénelon, François de Salignac de la Mothe 466
Fermat, Pierre de 180
Ferrari, Jean 501
Feuerbach, Anselm 36
Feuerbach, Ludwig 17, 108
Fichte, Hubert 467
Fichte, Johann Gottlieb 143, 262f., 284–297, 310, 315, 334, 492, 718
Ficino, Marsilio 134, 727, 738, 740
Fiedler, Horst 527
Fielding, Henry 314, 482
Fink, Gonthier-Louis 528
Firla, Monika 17
Fischer-Homberger, Esther 225, 228, 561, 570
Fischer-Lichte, Erika 681
Flourens, Pierre-Jean-Marie 81, 178f.
Fludd, Robert 332
Foigny, Gabriel de 507, 514, 551
Forchert, Arno 430
Forge, Louis de la 568
Forkel, Johann Nikolaus 432f.
Formey, Johann Heinrich Samuel 404
Forster, Johann Georg 212, 260f., 339f., 504, 517–544, 551f.
Forster, Johann Reinhold 520ff., 527f., 535, 543
Foucault, Michel 81, 85, 95, 136, 139, 160, 166, 184, 231, 371, 375, 558, 587
Franck, Sebastian 653, 657
Frank, Johann Peter 667, 671
Frank, Manfred 108, 484
Frank, Peter 176
Franke, Hans 217
Franke, Ursula 415
Freud, Sigmund 5, 144, 294, 340, 410, 423, 453, 562f., 590, 669, 705, 709, 715, 720, 748, 752
Freudenthal, Gideon 191
Frevert, Ute 231
Frick, Werner 583

Fricke, Gerhard 463
Fricke, Harald 116
Friedländer, David 328
Friedländer, Max 249
Friedrich II. 243, 379, 433
Friedrich, Hugo 420
Frieß, Ursula 687
Fromer, Jakob 311
Fuchs, Samuel 165
Fuchs, Thomas 270
Funke, Hans-Günther 503

G
Gabriel, Gottfried 217
Gadamer, Hans-Georg 462
Gaier, Ulrich 348, 370, 383, 559, 724, 734, 748, 753, 754
Galenos, Claudius 392, 397, 402, 407
Galiani, Ferdinando 92
Galilei, Galileo 54, 133
Gall, Franz Joseph 142, 145, 149, 156–160, 164, 173–179, 184–186, 247, 330, 390
Galle, Roland 558f., 573, 590, 747f.
Galvani, Luigi 265ff.
Gambs, Karl Christian 664, 667
Garrick, David 680
Garve, Christian 17, 114, 196, 460, 472–476, 480
Gassendi, Pierre 11, 58, 190, 510
Gassner, Johann Joseph 202–205, 225, 709
Gatterer, Johann Christoph 524
Gaub, Hieronymus 222, 229
Gedike, Friedrich 475
Geiger, Ignaz 506
Geitner, Ursula 558, 635, 639, 682, 685f., 695, 749
Gellert, Christian Fürchtegott 605, 609f., 636f., 641
Genette, Gérard 632
Gennep, Arnold van 226, 668
Gerabek, Werner 677
Gerard, Alexander 422
Gerhardt, Dietrich 632, 637, 650
Gesner, Conrad 57
Geßner, Johann 411
Gewehr, Wolf 108
Geyer-Kordesch, Johanna 226
Giesecke, Michael 608
Gilroy, James P. 572

Ginzburg, Carlo 244f.
Gleim, Johann Wilhelm Ludwig 620, 654, 750
Glisson, Francis 392, 406
Gmelin, Eberhard 214f., 219, 222, 224, 226–233, 236ff.
Gmelin, Johann Friedrich 72
Gmelin, Johann Georg 226
Goclenius, Rudolphus 189f.,332
Godwin, Francis 506, 514, 551
Goethe, Johann Wolfgang 6, 66, 141, 176, 186, 198, 207, 213, 261, 282f., 292, 331, 338, 352, 422, 426, 455, 468, 480, 482, 488ff., 492, 518, 560, 614, 645, 660–664, 667, 669, 675, 695
Goldbach, C. 431
Goldmann, Stefan 558ff., 666, 750
Goltz, Bogumil 670
Gombrich, Ernst H. 243, 675
Göpfert, Gerhard 463
Görner, Rüdiger 631
Gossiaux, Pol-P. 298
Gottlieb, J. 224
Gottsched, Johann Christoph 502, 710, 752
Gould, Stephen Jay 161
Gracián, Balthasar 118
Graevenitz, Gerhart v. 728
Grassl, Hans 225
Grau, Kurt Joachim 413
Gravenkamp, Horst 445
Grawe, Christian 499, 501
Gray, Richard 639, 677
Green, Charles 520
Grimm, Gebrüder 226
Grimm, Gunther E. 365
Grimm, Jacob 660
Grimm, Melchior 432
Grimm, Reinhold 451
Grimm, Wilhelm 660
Grimsley, Ronald 436, 587
Grmek, M.D. 392, 397, 402, 406
Grotius, Hugo 38, 122
Grüsser, Otto-Joachim 238
Gryphius, Andreas 663
Guenius 33
Guer, J.A.v. 56
Guinaudeau, Olivier 655
Gumbrecht, Hans Ulrich 531
Gundling, Nicolaus Hieronymus 122, 636
Guntermann, Georg 631

Günther, Carl 457
Gurisatti, G. 242
Guthke, Karl S. 503, 506, 514f.
Gwinner, Heinrich 36

H
Habermas, Jürgen 454
Hacking, Ian 184
Hacohen, Ruth 430
Haeckel, Ernst 55
Haen, Anton de 193, 203
Häfelin, Johann Caspar 470f., 474, 476, 477
Häfner, Ralph 338, 547
Hagner, Michael 142, 161
Hahn, Alois 634
Hahn, Paul 179
Hakluyt, Richard 521
Halbwachs, Maurice 674
Hales, Stephen 80
Hallbauer, Friedrich Andreas 662f.
Haller, Albrecht v. 2, 69, 72, 106, 146, 177, 192, 392, 395, 396, 400, 407f., 443, 448, 478, 518, 636
Halley, Edmond 517
Hälscher, Hugo 36
Hamann, Johann Georg 104, 744
Hanauer, Josef 203
Hansen, Thorkild 519
Hardenberg, Carl v. 282
Harrington, Anne 243
Harris, James 362
Harsin, Paul 91
Hartley, David 60, 62, 64
Hartmann, Eduard v. 422
Hartung, Gerald 131
Harvey, William 67, 89, 270
Hastings, H. 56, 60, 62
Hausen, Karl Renatus 22
Haven, Friedrich Christian v. 519
Haverkamp, Anselm 389, 650
Hawkesworth, John 522
Haym, Rudolf 104, 341
Hazard, Paul 526
Hecker, Christina 685
Hederich, Benjamin 670
Hegel, Georg Wilhelm Friedrich 14, 97, 250, 290, 361, 441, 448, 468, 489, 733, 738, 749
Heidegger, Martin 455
Heininger, Jörg 466

Heinrichs, Hans-Jürgen 524
Heinroth, Johann Christian 158
Heinse, Wilhelm 432, 434, 436, 439
Hell, Maximilian 199
Helmont, Franciscus Mercurius van 394
Helmont, Johann Baptist van 187, 189, 332, 392, 394, 397
Helvétius, Claude Adrien 2, 41f., 62, 339, 400, 402
Hemsterhuis, Franz 612
Hénaff, Marcel 585
Henkel, Arthur 671
Hennings, Justus Christian 56, 702
Hentschel, Uwe 525
Henze, Dietmar 517, 519-522
Herbart, Johann Friedrich 421
Herder, Caroline, geb. Flachsland 390, 618f.
Herder, Johann Gottfried 2f., 5, 9, 12f., 19, 21f., 66, 99f., 103-111, 133f., 140, 144, 148ff., 156f., 213, 258, 261, 265, 274-278, 281, 289, 300, 314, 333, 338, 340, 341-370, 381ff., 388, 390-409, 411, 414ff., 422, 432f., 437, 439, 464f., 471, 474, 477ff., 492, 500ff., 513, 518, 545-548, 556, 618-624, 628, 630, 641, 647, 665, 733, 735, 743ff.
Hermand, Jost 62, 506
Herschel, Friedrich Wilhelm 271
Herz, Marcus 20f., 299f., 309, 327, 715ff.
Hesiod 398
Hienger, Jörg 515
Hinderer, Walter 455
Hinrichs, Ernst 605
Hinske, Norbert 16, 475
Hippel, Theodor Gottlieb 486
Hißmann, Michael 17, 411
Hoare, Michael E. 521, 539
Hobbes, Thomas 20, 89, 163, 526, 712
Hocke, Gustav René 631
Hodgen, Margaret T. 116
Hodges, William 520
Hofe, Gerhard vom 744
Hoffmann, Ernst Theodor August 233, 559, 722f., 752
Hoffmann, Georg Fr. jun. 203
Hoffmanns, Friedrich 191
Hogarth, William 314
Hohenemser, Richard 356
Holbach, Paul Thiry Baron de 2, 33, 42, 62, 65, 146, 406, 598

Holberg, Ludwig 511f., 514, 551
Hölderlin, Friedrich 105, 338, 371–389, 487, 492, 494, 546f., 559, 724–746, 753f.
Hollmann, Samuel Christian 114, 127f.
Holzhey, Helmut 426
Homann, Karl 718
Home, Henry (Lord Kames) 422
Homer 388
Honegger, Claudia 233, 595, 684
Hoppius, Joachim 54
Horaz 364
Hörisch, Jochen 653
Horkheimer, Max 311f., 585
Hoven, Friedrich Wilhelm v. 670
Huartes, Juan 394
Huber, Georg 562
Hufeland, Christoph Wilhelm 3, 661f., 664–667, 670f., 673, 675
Huizing, K. 242
Humboldt, Alexander v. 266, 272, 533
Humboldt, Wilhelm v. 143, 284–297, 334, 451, 492
Hume, David 10, 17, 20ff., 33, 39, 473, 525, 537
Hutcheson, Francis 404
Huxley, T. H. 67
Huygens, Christiaan 190

I
Illyricus, Flacius 250
Immerwahr, Raymond 381, 391, 453
Ingenhousz, Ian 201
Ingensiep, Hans Werner 133
Irmscher, Hans Dietrich 103, 107, 261, 341, 350, 355f., 501
Iselin, Isaak 539, 670, 673
Iser, Wolfgang 555

J
Jacob, François 83, 93
Jacobi, Friedrich Heinrich 305, 479f., 536, 620, 720
Jaeger, Werner 727
Jäger, Georg 606
Jahn, Ilse 78
Jameson, Fredric 628
Janentzky, Christian 653
Janz, Rolf-Peter 464, 466
Japp, Uwe 543
Jäsche, Gottlob Benjamin 27
Jaucourt, Chevalier 242

Jauß, Hans Robert 602, 682
Jean Paul 4f., 240f., 261, 276, 374, 422f., 426, 501, 512, 546, 548, 556, 559, 667f., 670, 676–696, 697–723, 751ff.
Jenisch, Daniel 472, 476, 478f.
Jenner, Edward 465
Johannes ab Indagine 165, 250
Johnson, Mark 243
Jorland, Gérard 179
Juncker, Johann 464
Jung, Carl Gustav 422
Jung-Stilling, Johann Heinrich 480, 482, 486

K
Kaehler, Siegfried A. 295
Kalkreuth, Adolf v. 309
Kalm, Peter 523
Kämpfer, Christel 518
Kant, Immanuel 2, 5, 9ff., 14–31, 46, 48–53, 65, 94, 97f., 103, 113, 115, 117, 124, 130–134, 140, 144, 151, 155, 157f., 160, 182–185, 196, 250, 261f., 271f., 274f., 286f., 288f., 291f., 295, 300, 302, 305f., 309f., 311, 321f., 326f., 329, 333f., 337, 340, 348, 381, 404f., 423f., 432, 437f., 441, 446–450, 454, 460f., 463, 465, 467, 478, 492, 500, 501, 513, 528, 535, 541, 549f., 556, 561, 563f., 624, 636, 650, 670, 687, 717f., 730f.
Kapitza, Peter 263, 268, 275, 282
Käpplinger, Christiana 234, 238
Karsch, Anna Luise 670
Karthaus, Ulrich 458
Kassner, Rudolf 246, 257
Katharina II. 520
Katz, Ruth 430
Käuser, Andreas 677f., 689, 694
Keats, John 388
Kelly, Byrd 378
Kemp, Wolfgang 678
Kennedy, Pater 204
Kepler, Johannes 192
Kerner, Justinus 215f., 218, 234–239
Kersting, Wolfgang 113, 117
Ketelholt 457
Kiefer, Klaus H. 454
Kiesel, Helmuth 528
Kieser, Dietrich Georg 215, 230
Kindermann, Eberhard Christian 506, 514, 551

Kippenberg, Anton 252
Kircher, Athanasius 332
Kirnberger, Johann Philipp 433
Kittler, Friedrich A. 614, 644
Klara, Winfried 680
Klein, Melanie 243
Kleist, Ewald Georg 194
Kleist, Ewald v. 620
Kleuker, Johann Friedrich 471, 474, 477f.
Klinkosch, Joseph Taddäus 201, 204
Klopstock, Friedrich Gottlieb 96, 482, 605, 611, 617, 619, 627, 740ff., 745
Klug, Johann Matthias 711f.
Knigge, Adolph Frhr. v. 2, 116f., 135, 682f., 687f.
Knorr v. Rosenroth, Christian 392, 394
Knüppeln, Julius Friedrich 48
Koebner, Thomas 543
Kofman, Sarah 30
Kohl, Karl-Heinz 85, 528, 531, 542
Kohlenbach, Margarete 233
Köhler, Erich 573
Koller, Hans-Christoph 690
Kondylis, Panjatos 337, 525, 628, 728
Konrad, Michael 724
Koopmann, Helmut 446, 463
Kornacher, Lisette 234
Körner, Christian Gottfried 438, 448
Koschorke, Albrecht 557f., 748ff.
Koselleck, Reinhart 252f., 699
Košenina, Alexander 5, 100, 116, 222, 436, 444
Kosmann, Johann Wilhelm Andreas 629
Kotzebue, August v. 374
Kracauer, Siegfried 243
Krafft-Ebing, Richard v. 284
Krauss, Fritz B. 243
Krauss, Werner 56, 59, 62f., 65, 74, 147, 531, 536
Kretzenbacher, Heinz L. 379
Kris, Ernst 669
Kristeller, Paul Oskar 738
Krüger, Johann Gottlob 2, 61, 71, 106, 230, 299, 395, 710
Krüger, Paul 37
Kugler, Hartmut 531
Kuhn, Thomas S. 77, 277
Kuon, Peter 507
Kurscheidt, Georg 457
Kurz, Otto 669

L
La Bruyère, Jean de 115f.
La Mettrie, Julien Offray de 2, 33, 40ff., 54, 58, 60, 62, 65, 146, 339
La Rochefoucauld, François VI, Herzog v. 116f., 569, 719
Laden, Marie-Paule 582
Laermann, Klaus 685
Lahontan, Louis-Armand 531
Lamprecht, Karl 391, 402
Lamy, François 564, 566f., 570
Lange, Samuel Gotthold 126, 654
Langen, August 224
Lanteri-Laura, Georges 173f., 176, 178, 401
Laplanche, Jean 674
Laroche, Sophie v. 212, 613
Laßwitz, Kurd 514
Laukhard, Christian Friedrich 666, 667
Lausberg, Heinrich 672
Lavater, Johann Caspar 3, 5, 66, 142, 163, 166–169, 172–173, 179, 215, 247, 249f., 251f., 254–258, 315, 330f., 340, 401, 445, 474f., 618, 623, 629–659, 680, 749
Lavoisier, Antoine Laurent de 277, 280
Lawrence 112
Le Brun, Charles 247, 259, 331
Le Grand, Antoine 67
Le Vayer, La Mothe 566
Leclerc, Jean-Louis 600
Lehmann, Johann Jacob 115, 117
Lehwalder, Heinrich 107
Leibniz, Gottfried Wilhelm 2, 9, 10, 12, 18, 56f., 58f., 68, 69, 73, 99, 103, 171, 182, 344, 367, 372, 394, 396, 399, 421, 431, 478, 561, 563, 564, 667, 700, 720, 747
Lejeune, Philippe 633
Lengefeld, Charlotte v. 457f.
Lepenies, Wolf 77, 139, 170, 186, 256, 261, 531, 540
LeSage, Alain René 271
Lesky, Erna 156, 173, 176, 178, 390
Lessing, Gotthold Ephraim 12, 305, 341, 347, 362, 368, 381, 394, 437, 459, 469, 470, 473ff., 686, 743
Lessius, Leonardus 38
Lévinas, Emmanuel 242
Lewis, Geneviève 566
Librett, Jeffrey 323f.
Lichtenberg, Georg Christoph 4, 166f., 169–172, 181f., 185, 247, 250, 260f.,

264, 268, 271 ff., 280, 283, 320, 333, 422, 445, 474 f., 500, 556, 560, 630, 675, 683
Lieberwirth, Rolf 118
Lilienthal, Georg 151
Linden, Mareta 220
Linden, Mareta 499, 632
Linné, Carl v. 54, 60, 69, 71, 77, 78, 82, 133, 392, 520, 522, 536
Lippe, Rudolf zur 585
Lipsius, Justus 38 f.
Locke, John 9 f., 21, 58, 67, 136, 351, 372, 399, 470, 472, 526, 527, 668
Loiskandl, Helmut 531
Lönker, Fred 724
Lossius, Johann Christian 114
Lotter, Friedrich 534
Lovejoy, Arthur O. 60, 85, 500
Löwen, Johann Friedrich 686
Ludwig Friedrich, Prinz 457
Ludwig XV 373
Luhmann, Niklas 442, 625
Lukian von Samosata 485
Lukrez 377
Luther, Martin 651
Lütkehaus, Ludger 413, 422 f., 561, 563
Lyotard, Jean-François 441, 446, 468, 549

M
Mac Avoy, Joseph 108
Mähl, Hans-Joachim 502
Maimon, Salomon 141, 144, 298−328, 334, 478 f., 662, 666, 668 f., 671, 673
Malebranche, Nicolas 10, 564 f., 575, 583, 707 ff., 719, 747, 748
Malpighi, Marcello 402
Mandeville, Bernard de 135
Mann, Heinrich 686
Manthey, Jürgen 351 f., 375
Marc Aurel 403
Marc-Wogau, Konrad 446
Marcuse, Herbert 453
Marivaux, Pierre de Chamberlain de 565, 571, 576 f., 580 ff., 590, 596
Markovits, Francine 378 f., 381
Marquard, Odo 5, 113, 117, 239 f., 423, 424, 425, 443, 465, 499, 525, 541, 561, 682, 721
Marshall, David 593
Martens, Wolfgang 625

Marx, Jacques 391 f.
Marx, Karl 733
Matt, Peter v. 244, 255
Mauch, Gudrun 690, 693
Mauchardt, Immanuel David 128 f., 424
Maupertuis, Pierre Louis 60, 82, 397, 517
Maurer, Michael 539
Mause, Lloyd de 670
Maxwell, William 332
Mayer, Johann Christoph Andreas 408
McLaughlin, Peter 151, 193
Mead, Richard 191
Meier, Georg Friedrich 22, 56, 63, 96, 126, 134
Meier, Heinrich 534
Meiners, Christoph 113 ff., 117, 120, 122, 129, 135, 411, 534
Meister, Leonhard 473 ff., 615, 626, 710
Meißner, August Gottlieb 424
Mendel, Gregor Johann 285
Mendelssohn, Moses 299, 305, 322, 325, 328, 397, 450, 460, 469, 471, 474, 478, 501
Mentzos, Stavros 225, 237
Mercier, Louis-Sébastian 503
Merck, Johann Heinrich 261, 426
Mérian, Jean-Bernard 378, 381
Mertens, Karl Friedrich 300
Mesmer, Franz Anton 143, 192 f., 195, 198−207, 209, 213, 218, 222, 225, 332 f., 475, 550, 709
Meteren, E. v. 482
Metzger, Johann Daniel 407 f.
Meyer, Richard M. 650
Meyhöfer, Annette 681
Michaelis, Christian Friedrich 447
Michaelis, Johann David 47, 518 f., 522
Michelet, Jules 457
Michelsen, Peter 431
Miller, Alice 481
Miller, Johann 621
Milton, John 388, 482, 533
Miquel, Pierre 108
Misch, Georg 662
Mittenzwei, Johannes 431
Mizler, Lorenz Christoph 431 f.
Molyneux, William 351, 372 ff., 378, 381
Monboddo 66
Moncrift 63
Montaigne, Michel de 33, 39, 114, 116, 420, 421, 422, 424, 439, 531, 538, 707

Montesquieu, Charles Louis de Secondat 33, 39, 40, 47, 393, 403f., 518, 525, 531, 537
Moravia, Sergio 147, 244, 518, 522, 525
Morgan, Michael J. 373
Moritz, Johann Christian Conrad 697, 705
Moritz, Karl Philipp 2, 4, 98, 100, 163, 178, 260f., 298f., 301, 303, 305, 308, 309f., 314f., 322, 325f., 327, 328, 334, 411, 413f., 422, 447, 79, 559f., 629f., 632, 641, 666f., 675, 697–723
Morschell-Wetzke, Eva 680
Mortier, Roland 381
Mosheim, Johann Lorenz v. 46f.
Muehleck-Müller, Cathleen 462
Mühlmann, Wilhelm E. 526, 529, 532, 536
Mülder-Bach, Inka 19, 338, 382, 436, 545
Müller, Adam 614
Müller, Friedrich v. 661
Müller, Götz 240f., 375, 423, 506, 515, 677, 752f.
Müller, Jan-Dirk 653, 657
Müller, Johann Georg 390
Müller, Johann Valentin 203
Müller, Lothar 143, 261, 324, 612, 628
Müller, Wolfgang G. 617, 641
Müller-Seidel, Walter 443
Müller-Sievers, Helmut 431
Müntzer, Thomas 475
Muratori, Ludwig Anton 423, 707ff., 717, 721f.
Murhard, Friedrich Wilhelm August 194
Musäus, Johann Karl August 666
Musil, Robert 143, 686
Musschenbroek, Peter van 194, 201
Mylius, Christlob 518

N
Nabokov, Vladimir 284
Nägele, Rainer 388
Napoleon Buonaparte, Ajaccio 176
Nasse, Friedrich 215
Naumann, Barbara 431
Needham, John 397
Nettesheim, Agrippa v. 249, 740f.
Neuber, Caroline 685
Neumann, Gerhard 167, 621
Neumann, Michael 339f., 551f.
Newton, Isaac 54, 84, 191, 193, 271, 286, 332, 371, 377, 396, 398, 406, 478, 492, 526, 528

Nicolai, Friedrich 207, 210, 314, 474, 486
Nicolai, Heinz 479
Nicole, Pierre 566
Nicolson, Marjorie 503
Niebuhr, Barthold Georg 518f.
Nietzsche, Friedrich 5, 17, 410, 422, 435, 501
Niewöhner, Friedrich 321
Niggl, Günter 631, 662ff.
Nisbet, Hugh Barr 106, 391, 394f., 407, 499, 501
Nivelle, A. 710
Nordblad, Erik 522
Nostradamus 210
Novalis (G. F. Ph. Freiherr v. Hardenberg) 262–265, 268, 273f., 279, 281f., 487f., 491ff.

O
Obermeit, Werner 216
Och, Gunnar 677
Oehler-Klein, Sigrid 158
Oellers, Norbert 451
Oerstedt, Hans Christian 273, 275f., 278f., 281, 283
Oesterlin, Franziska 218
Oetinger, Friedrich Christoph 726
Offner, Max 393, 397
Ohage, August 167, 169
Orda, Klaus 518
Osbeck, Peter 523
Osterloh, Karl-Heinz 607
Oswald, John 64
Ovid 356, 357, 398

P
Pagel, Walter 392
Pallas, Peter Simon 517, 519, 520
Paltock, 507, 516
Papàsogli, Benedetta 565
Paracelsus, Theophrastus 115, 187ff., 332, 482
Parry, John H. 517
Parsons, James 247
Pascal, Blaise 180, 569
Passavant, Johann Carl 241, 332
Paulet, Jean-Jacques 191
Paulson, William R. 371ff., 378, 388
Paulus 653
Pausanias 670
Percival, Thomas 72

Personenregister 779

Pernety, Anton Joseph 242f.
Peschel, Oskar 517, 525
Peschier 72
Pestalozzi, Karl 250, 636, 677
Petersen, Susanne 458
Petriconi, Hellmuth 687
Pfaff, Christoph 666
Pfister, Friedrich 672
Pfotenhauer, Helmut 436, 447, 461, 499, 636, 658
Pickerodt, Gerhart 531
Pikulik, Lothar 431
Pinder, Wilhelm 356
Pinel, Philippe 177, 716
Piveteau, Jean 94
Pizarro, Francisco 537
Platner, Ernst 2, 4f., 19, 20, 33, 44f., 99−103, 114, 116, 131, 220ff., 411, 414, 421, 443, 556, 721
Platon 350, 482, 546, 551, 609, 649, 662, 710, 726f., 740, 742
Plessner, Helmut 714
Plischke, Hans 529
Ploucquet, Wilhelm Gottfried 407
Plutarch 662, 667
Pockels, Carl Friedrich 300f., 474ff., 632
Pontalis, Jean-Bertrand 674
Pope, Alexander 2, 4, 112, 117, 141, 260, 371
Popp, K.-G. 520
Porta, Gianbattista della 165f., 247, 249
Pott, Hans-Georg 462
Presser, S.G. 209
Prévost, 521, 522, 564, 570, 571, 572, 573, 574, 576, 577, 583, 747
Prévot, Jaques 502
Primatts, Humphrey 64
Probst, Christian 193
Prochaska, Georg 177, 407, 408
Proeleus, Immanuel 120
Pross, Wolfgang 348, 356, 365, 391, 403, 465
Pross, Wolfgang 99, 104, 106, 134
Proß, Wolfgang 526, 538
Ptolemäus 249
Pucci, Suzanne L. 379
Pufendorf, Samuel 37f., 40, 115, 119f., 121ff., 132, 526
Pugh, David 445, 447, 452
Puységur, Amand-Marie-Jacques Chastenet Marquis de 206, 209f., 225

Q
Quesnay, François 91
Quételet, Adolphe L. 164, 182, 184−186
Quintilian, Marcus Fabius 660, 662, 664, 727, 740
Quistorp, Johann 96

R
Rabe, Horst 119
Rabener, Gottlieb Wilhelm 610, 641
Radbruch, Gustav 36
Radwan, Kamal 644
Raible, Wolfgang 649
Rambach, Johann Jacob 650
Ramler, Karl Wilhelm 620
Rank, Otto 669
Raphael, Max 356
Rasmussen, St. 519f.
Raspe, Rudolf Erich 520
Rather, Lelland Joseph 222
Recke, Elisa v. d. 212
Regius, Henricus 67
Reil, Johann Christian 66, 145, 149, 153−156, 159, 177, 238, 329, 711f., 716, 722
Reill, Peter Hanns 524
Reimarus, Hermann Samuel 56, 61f., 74, 470, 474f.
Reinhard, Karl Friedrich 660
Reinhold, Karl Leonhard 618f.
Reitz, Johann Henrich 482, 657
Reusch, Franz Heinrich 210
Reuss, Friedrich A. 199
Ribovius, G.H. 56
Richardson, Samuel 613
Richerz, Georg Hermann 474, 707f., 710f., 717
Riecke-Niklewski, Rose 453
Riedel, Friedrich Just 347, 355
Riedel, Wolfgang 5, 141, 222, 338, 340, 443f., 447, 464, 547f., 700, 749
Riedesel, Johann Hermann Baron v. 523
Riha, Karl 445
Ritson, Joseph 64
Ritter, Joachim 714
Ritter, Johann Wilhelm 143, 260−283, 333, 390
Rivarol, Antoine de 379
Robinet, André 570
Robinet, Jean Baptiste 12, 74, 81, 94, 391f., 404

Robinson, Bryan 87
Rocci, Giovanni 393
Röd, Wolfgang 121
Rodis-Lewis, Geneviève 569
Rogerson, D. 430
Romanus, Aegidius 37
Ronzeaud, Pierre 507
Rorarius 57
Rosenfield, L. C. 56
Rössler, D. 726
Rosso, Corrado 116
Rotenstreich, Nathan 310
Rothmann, Johannes 165 f.
Rothschuh, Karl Eduard 66, 223, 239, 265 f.
Rousseau, Jean Jacques 18, 40, 60, 64, 89, 130, 207, 303, 314 f., 316, 318 f., 321, 340, 345, 350, 352, 424, 432 f., 435 f., 460, 479, 482, 526, 530 f., 533 f., 538, 587, 597, 600, 603, 616, 617, 637 ff., 644, 655, 662, 667, 670, 673 f., 682 f., 685 f., 750
Rousset, Jean 573, 579, 582, 588
Rudé, Georges 457
Rudolph, G. 396
Rummelmöller, Peter 430
Rüping, Hinrich 124
Rusterholz, Sibylle 663
Ryan, Lawrence 384, 386 f., 724, 745

S
Sabatier, Paul 177
Sacher-Masoch, Leopold v. 284, 290
Sade, Marquis de 3, 143, 284 f., 560, 585
Sahlins, Marshall 544
Sainte-Albine, Pierre Rémond de 681
Salinac, Mélanie de 380, 383
Sallmann, Klaus 464
Salzmann, W. 482
Sartre, Jean-Paul 467
Sauder, Gerhard 537
Sauerländer, Willibald 242 f.
Saul, Nicholas 239
Saunderson, Nicholas 351, 374, 376, 377, 380
Saussure, Ferdinand 370
Savery, Servington 194
Savioz, Raymond 393
Schäffer, Johann Gottlieb 197
Schalk, Fritz 525
Schaps, Regina 225

Schaumburg-Lippe, Graf Friedrich Ernst Wilhelm zu 400, 406
Schaz, Georg 426
Scheffner, Johann Georg 401
Scheler, Max 454, 455
Schelling, Friedrich Wilhelm Joseph 161, 264 f., 268, 271, 273, 277, 422 f., 464, 487, 492, 561, 718, 720
Schelling, Karl Eduard 239
Schiller, Friedrich 2, 4, 5, 12, 110, 140, 142 f., 212, 284–297, 334, 338 ff., 377, 384, 414, 422 ff., 428 f., 432, 437 f., 440–468, 480, 488, 491 f., 549, 550, 556, 560, 620, 670, 688, 694, 718 f., 727, 731 f., 735 ff., 753
Schings, Hans-Jürgen 99, 323, 564, 441, 451, 469, 479, 525, 664, 699, 704, 708, 710
Schipperges, Heinrich 667, 674
Schlegel, Dorothea 487, 495
Schlegel, Friedrich 281 f., 431, 467, 484, 487, 488 f., 491 f., 494, 653, 654
Schleiermacher, Friedrich 276, 494, 624
Schlosser, Johann Georg 471, 474, 476
Schmeisser, Wolfgang 650
Schmidt, Arno 108
Schmidt, Horst Michael 415
Schmidt, Jochen 384, 386, 387
Schmidt, Maria Sophia 611
Schmidt-Biggemann, Wilhelm 118, 120, 426, 702, 753 f.
Schmitt, Carl 442, 638
Schmitt, Eberhard 520
Schmitt, Peter 684
Schmitz-Emans, Monika 690
Schmölders, Claudia 142
Schneider, Manfred 620, 634
Schneiders, Werner 117, 121, 124, 426
Schön, Erich 606
Schöndorf, Harald 116, 222
Schöne, Albrecht 171, 644
Schopenhauer, Arthur 5, 19, 340, 410, 416, 439
Schott, Heinz 155, 217, 219, 221, 236, 238 f.
Schrimpf, Hans-Joachim 323, 327
Schröder, W. 550
Schröer, Christian 728
Schröter, Christian 663
Schubart, Christian Friedrich Daniel 202, 432, 439

Schubert, Gotthilf Heinrich 223, 228, 233, 241
Schueller, Herbert M. 430
Schuller, Marianne 227
Schuller, Marianne 695
Schulz, Friedrich 176
Schulz, Friedrich 176, 458
Schulz, Johann Abraham Peter 433
Schütz, F. W. v. 476
Schwabe, Heinz 527
Schwanbeck, Gisela 685
Schweizer, Hans Rudolf 415
Schwindt, Martin 528
Schwonke, Martin 503
Sckommodau, Hans 342
Scott, Walter 660f.
Segebrecht, Wulf 722
Selle, Christian Gottlieb 300
Seneca, Lucius Annaeus 707
Senglaub, Konrad 78
Sennett, Richard 681, 683
Serauky, Walter 430
Sermain, Jean Paul 574
Seume, Johann Gottfried 662, 664ff.
Sgard, Jean 571, 577
Shaftesbury, Anthony Ashley Cooper 405, 424, 428, 445, 470, 713
Shakespeare, William 365, 482, 721
Sharpe, Lesley 233, 684
Siegesbeck, Johann Georg 78
Silhouette, Etienne de 249
Simmel, Georg 259, 340, 410
Sinemus, Volker 118
Singer, Peter 64
Singerman, Alan J. 570, 574
Singh, Christine M. 377
Smellie, William 65
Smend, Rudolf 518
Smith, Adam 373
Snelders, H. A. M. 264
Soffel, Joachim 663
Sokrates 478, 509, 652
Solander, Daniel 520, 522
Solms, Friedhelm 431
Sömmering, Samuel Thomas 21, 112, 139, 142, 145, 148–155, 159, 177, 329
Sophokles 387, 724, 725, 745
Söring, Jürgen 383, 385, 388
Soto, Dominicus 37
Spaemann, Robert 465
Spalding, Johann Joachim 2, 428, 450

Spanos, N. P. 224
Spazier, Johann Gottlieb Karl 474ff., 480
Spener, Philipp Jacob 108
Spiess, C. F. 48
Spinoza, Baruch de 10, 753
Spitzer, Leo 579, 590
Spurzheim, Gaspar 158, 174, 177
Stackelberg, Jürgen v. 116
Staël, Madame de 388
Stafford, Barbara M. 249
Stagl, Justin 518, 522
Stahl, Georg Ernst 9f., 147, 277, 510
Staiger, Emil 687
Stanitzek, Georg 644
Starobinski, Jean 393, 420, 565, 640
Steidle, Wolf 663
Steinbrucker, Charlotte 251
Steiner, Gerhard 521, 527, 533, 538
Steland, Dieter 565
Stephan, Inge 458, 685f.
Stephan, Ulrike 681
Stern, Selma 306
Sterne, Lawrence 314, 471
Sterzinger, Don Ferdinand 203
Stewart, William E. 518, 524
Stichweh, Rudolf 161
Stierle, Karl-Heinz 116, 714, 733
Stilling, Johann Heinrich Jung 315
Stolberg, Friedrich 278
Stoller, Robert 290
Stolz, Johann Jacob 471
Stone, Lawrence 606
Störk, Anton 199
Stosch, Baltzer Siegmund v. 663
Strauss, Leo 306, 312
Ströker, Elisabeth 277
Stückrath, Jörn 391
Suerbaum, Ulrich 515
Suetonius Tranquillus, Gaius 662f.
Sulzer, Johann Georg 98, 338, 410–439, 548, 563, 616, 622, 671, 700, 701f., 720
Süßmilch, Johann Peter 46f., 65, 183ff.
Sutter, A. 56, 59f.
Süvern, Johann Wilhelm 467f.
Suvin, Darko 503
Svagelski, Jean 91
Swedenborg 195, 255, 639
Swift, Jonathan 314, 504, 509f., 512, 516, 551
Szondi, Peter 251, 524, 648, 737

T

Tanner, Tony 604
Taubes, Jacob 442
Temkin, Owsei 392
Ter-Nedden, Gisbert 606
Tertullian 707
Tetens, Johann Nicolaus 201, 204, 411
Tezky, Christiane 468
Theokrit 670, 672
Theweleit, Klaus 466
Thomasius, Christian 40, 115, 117f., 119, 121–128, 132, 135, 709, 728
Thorne, Alan G. 536
Tieck, Ludwig 480, 486f.
Tiedmann, Dietrich 411
Tieftrunk, J. H. 310
Tischner, Rudolf 225
Tittel, Gottlieb August 114
Todorov, Tzvetan 517
Toepffer, Rodolphe 248, 259
Tonelli, G. 526
Trabant, Jürgen 86
Trapnell, William H. 578
Treut, Monika 290
Trilling, Lionel 678
Tschierske, Ulrich 462
Tsouyopoulos, Nelly 223
Tulpius 57
Tumarkin, Anna 411, 437
Tyson, E. 57
Tzschirner, Heinrich G. 48

U

Uerlings, Herbert 493
Uhlig, Ludwig 518, 533, 535, 537f., 540
Uhse, Erdmann 664
Unzer, Johann August 33, 43f., 69, 71, 157
Unzer, Johann Christoph 200
Utz, Peter 338, 340, 351, 545ff., 560
Uz, Johann Peter 620

V

Vairasse, Denis 507
Valentin, Michael Bernhard 392
Valéry, Paul 584f., 596
Vallois, Henri V. 173
Varenius, Bernhardus 528
Vasari, Giorgio 661
Vellusig, Robert H. 610
Velten, Catharina Elisabeth 685
Vergil 662

Vicq-d'Azyr 177
Vierhaus, Rudolf 458
Vieweg, Klaus 465
Villey, Pierre 379
Vinci, Leonardo da 248
Vischer, Friedrich Theodor 705
Vogl, Joseph 135
Volk, Winfried 542
Vollhardt, Friedrich 135
Volta, Alessandro 265f.
Voltaire, François Marie Arouet de 40, 207, 373, 470f., 479, 504, 510, 513, 526, 535, 551, 667
Voß, Johann Heinrich 617f.
Voßkamp, Wilhelm 501

W

Wackenroder, Wilhelm Heinrich 431, 439
Wade, Ira O. 510
Walch, Johann Georg 518
Walker, Daniel P. 728
Walzel, Oskar 445, 461f.
Warburg, Aby M. 673
Warnke, Martin 673
Watelet, Charles 248
Watt, James 529
Webb, Daniel 432, 436f., 439
Weber, Christoph 194
Weber, Immanuel 120
Webster, P. C. 67
Wechsler, Judith 257
Wegmann, Nikolaus 605
Wehle, Winfried 442
Weigelt, Horst 251, 258, 651
Weikard, Melchior Adam 99
Weimar, Klaus 120, 650, 651, 653
Weingarten, Michael 535
Weinrich, Harald 632
Weishaupt, Adam 550
Weiskel, Thomas 456
Weiss, Peter 108, 661
Weissberg, Liliane 751
Weißhaupt, Winfried 429, 531
Wells, H. G. 514
Wendland, Folkwart 519
Wentzlaff-Eggebert, Harald 116
Werlhof, Paul Gottlieb 192
Werner, Abraham Gottlob 390
Wetzel, Michael 284
Wetzels, Walter D. 264, 275, 277, 282
Wezel, Johann Karl 4, 471, 474, 479, 550

White, Hayden 256
Wichmann, Johann Ernst 192
Wieckenberg, Ernst-Peter 327
Wiedemann, Conrad 314, 325
Wieland, Christoph Martin 4, 196f., 314, 339, 426, 469ff., 477, 479f., 484f., 550, 557, 623, 664, 710
Wienholt, Arnold 215, 218f., 223, 230, 232, 636
Wiese, Benno v. 447, 455, 461
Wilkinson, Elizabeth M. 440, 460f.
Wilkox, Kenneth P. 461
Willis, Thomas 408
Willoughby, L. A. 440, 460f.
Wilson, Allan C. 536
Winckelmann, Johann Joachim 4, 94, 342f., 357, 358−360, 364f., 368f., 546, 736
Winckler, Johann Heinrich 63
Winter, Michael 503
Wöbkemeier, Rita 216, 222, 224, 227, 493, 556, 559, 696, 751f.
Wolf, Jacob Gabriel 125
Wolfart, Karl Christian 215

Wolff, Caspar Friedrich 391, 563, 470
Wolff, Christian 9, 15f., 18f., 21, 46, 99, 132f., 165f., 168, 285, 299, 411f., 415, 418, 728ff., 742f., 747
Wolff, Erwin 112
Wolpoff, Milford H. 536
Wrisberg, Heinrich A. 408
Wuthenow, Ralph Rainer 306, 504, 631

Y
Young, Edward 482
Young, Robert M. 62, 173, 178
Young, Thomas 64

Z
Zac, Sylvain 309
Zacharasiewicz, Waldemar 528
Zelle, Carsten 338, 339, 340, 549
Zellerfeld, Ziehen v. 475
Zelter, Karl Friedrich 660, 671
Zimmermann 2, 299
Zimmermann, Rolf-Christian 271, 492
Zimmermann, W. 61
Zollikofer, Georg Joachim 632

GERMANISTISCHE SYMPOSIEN. BERICHTSBÄNDE.

Im Auftrag der Germanistischen Kommission der deutschen Forschungsgemeinschaft und in Verbindung mit der »Deutschen Vierteljahrsschrift für Literaturwissenschaft und Geistesgeschichte« herausgegeben von Albrecht Schöne.

BISHER LIEGEN VOR:

Abendländische Mystik im Mittelalter
Symposion Kloster Engelberg 1984
Herausgegeben von Kurt Ruh
Band VII. 1986. VI, 547 Seiten, gebunden, ISBN 3-476-00586-0

Richard Brinkmann
Expressionismus
Internationale Forschung zu einem internationalen Phänomen
Sonderband der DVjs. 1980. XIV, 360 Seiten, gebunden, ISBN 3-476-00444-9

Erzählforschung
Ein Symposion
Herausgegeben von Eberhard Lämmert
Band IV. 1982. XVI, 729 Seiten, gebunden, ISBN 3-476-00472-4

Formen und Funktionen der Allegorie
Symposion Wolfenbüttel 1978
Herausgegeben von Walter Haug
Band III. 1979. X, 810 Seiten mit 32 Abb., gebunden, ISBN 3-476-00418-X

Der ganze Mensch
Anthropologie und Literatur im 18. Jahrhundert. DFG Symposion 1992
Herausgegeben von Hans-Jürgen Schings
Band XV. 1994. Ca. 692 Seiten mit 1 Abb., gebunden, ISBN 3-476-00997-1

Klassik im Vergleich
Normativität und Historizität europäischer Klassiken
DFG-Symposion 1990
Herausgegeben von Wilhelm Voßkamp
Band XIII. 1993. VII, 649 Seiten mit 40 Abb., gebunden, ISBN 3-476-00868-1

Literarische Interessenbildung im Mittelalter
DFG-Symposion 1991
Herausgegeben von Joachim Heinzle
Band XIV. 1993. XIV, 509 Seiten mit 20 Abb. davon 14 vierfarb., gebunden,
ISBN 3-476-00879-7

Literatur und Laienbildung im Spätmittelalter und in der Reformationszeit
Symposion Wolfenbüttel 1981
Herausgegeben von Ludger Grenzmann und Karl Stackmann
Band V. 1984. XVI, 806 Seiten mit 58 Abb., gebunden, ISBN 3-476-00499-6

Literaturkritik – Anspruch und Wirklichkeit
DFG-Symposion 1989
Herausgegeben von Wilfried Barner
Band XII. 1990. XIV, 513 Seiten, gebunden, ISBN 3-476-00727-8

Mittelalter-Rezeption
Ein Symposion

Herausgegeben von Peter Wapnewski
Band VI. 1986. XIII, 645 Seiten mit 82 Abb., gebunden, ISBN 3-476-00576-3

Rom – Paris – London
Erfahrung und Selbsterfahrung deutscher Schriftsteller und Künstler in den fremden Metropolen
Ein Symposion
Herausgegeben von Conrad Wiedemann
Band VIII. 1988. XV, 719 Seiten mit 14 Abb., gebunden, ISBN 3-476-00610-7

Romantik in Deutschland
Ein interdisziplinäres Symposion
Herausgegeben von Richard Brinkmann
1978. Vergriffen, keine Neuauflage.

Text und Bild, Bild und Text
DFG-Symposion 1988
Herausgegeben von Wolfgang Harms
Band XI. 1990. XIII, 532 Seiten und 106 Bilderdrucktafeln mit 179 Abb., gebunden, ISBN 3-476-00674-3

Zur Terminologie der Literaturwissenschaft
Akten des IX. Germanistischen
Symposions der Deutschen Forschungsgemeinschaft Würzburg 1986
Herausgegeben von Christian Wagenknecht
Band IX. 1989. XIX, 445 Seiten, gebunden, ISBN 3-476-00619-0

Verlag J. B. Metzler Stuttgart · Weimar